2014年11月6日，中共中央政治局委员、中央政法委书记孟建柱，中共中央政治局委员、北京市委书记郭金龙，最高人民法院院长周强为北京知识产权法院揭牌。

2014年12月28日，中共中央政治局委员、上海市委书记韩正，最高人民法院院长周强为上海知识产权法院揭牌。

2014年12月16日，中共中央政治局委员、广东省委书记胡春华，最高人民法院常务副院长沈德咏为广州知识产权法院揭牌。

2014年2月25日，最高人民法院举行特邀科学技术咨询专家聘任仪式，最高人民法院院长周强为专家颁发聘书。

2014年4月21日，最高人民法院媒体见面会在广东省广州市召开，最高人民法院副院长陶凯元出席并讲话，并启动“知识产权司法保护广东行”宣传活动。

2014年4月22日,最高人民法院民三庭在广东省广州市举办知识产权审判“三审合一”改革试点工作座谈会，最高人民法院副院长陶凯元出席会议并讲话。

2014年7月3日，最高人民法院民三庭在湖北省武汉市举办全国法院知识产权审判工作座谈会，最高人民法院副院长陶凯元出席会议并讲话。

2014年9月25日，最高人民法院副院长陶凯元，中共上海市委常委、政法委书记姜平，上海市高级人民法院院长崔亚东，上海市人民政府副市长赵雯为中国法院知识产权保护国际交流（上海）基地揭牌。

2014年9月26日，“加大知识产权司法保护力度”全国部分法院调研座谈会在辽宁省沈阳市召开，最高人民法院民三庭庭长宋晓明出席会议并讲话。

2014年10月16日，最高人民法院公开宣判北京奇虎科技有限公司诉腾讯科技（深圳）有限公司等滥用市场支配地位纠纷上诉案。

2014年11月3日，由世界法学家协会、最高人民法院共同举办的“知识产权保护的国际视野”国际研讨会在上海市召开。图为最高人民法院副院长陶凯元与来自奥地利、捷克、波兰等国家的代表、中国部分高校知识产权专家合影。

2014年4月22日，最高人民检察院发布2013年中国检察机关保护知识产权十大典型案例。

2014年7月1日，最高人民检察院侦查监督厅组团赴欧盟进行以“刑事司法中的威慑和协作”为主题的访问交流。

2014年7月8日，公安部经侦局会同国际刑警组织在上海市举办公安机关知识产权刑事保护培训班。

2014年2月20日，海南法院举行知识产权“三合一”审判工作庭审观摩及座谈会。

2014年4月23日，湖北省高级人民法院召开新闻发布会，首次发布白皮书，公布10起典型案例。

2014年11月27日，山东省高级人民法院召开全省法院知识产权审判工作座谈会。

2014年12月5日，北京市第三中级人民法院公开开庭审理陈喆（笔名：琼瑶）诉被告余征（笔名：于正）、湖南经视文化传播有限公司、东阳欢娱影视文化有限公司、万达影视传媒有限公司、东阳星瑞影视文化传媒有限公司侵害著作权纠纷一案。

《中国知识产权司法保护年鉴(2014)》编辑委员会名单

总 目 录

分类目录

第一部分 领导讲话

第二部分 司法解释及规范性文件

第三部分　工作概况

第四部分　地方经验

第五部分 调研报告

第六部分 域外动态

第七部分 典型案例

十大案件

十大创新性案件

五十件典型案例

第八部分 大 事 记

第一部分　领 导 讲 话

全面贯彻实施专利法　保护和激励科技创新

——在中国专利法颁布30周年座谈会上的讲话

最高人民法院副院长　陶凯元

(2014年3月25日)

尊敬的陈竺副委员长,各位领导、同志们:

今天,我们在此隆重集会,纪念《中华人民共和国专利法》颁布三十周年,回顾我国专利事业的发展历程,总结专利保护的成就和经验,展望专利事业的美好未来,意义重大而深远。在此,我谨代表最高人民法院对座谈会的召开表示热烈的祝贺,向一直以来关心、支持人民法院专利审判工作的各有关部门和社会各界表示衷心的感谢!

我国专利法自1984年颁布后,历经1992年、2000年和2008年三次修订,内容和结构得以不断丰富、发展和完善,在鼓励发明创造及其推广和应用,促进科技进步和创新等方面发挥了十分重要的作用。三十年的实践证明,这是一部适应我国科技创新、经济社会发展和对外开放需要的重要法律。三十年来,人民法院作为我国专利法制建设的重要实践者、推动者和见证者,全面发挥审判职能作用,不断加大专利司法保护力度,坚持完善专利司法保护体系,为确保专利法的贯彻和创新驱动发展战略的实施提供了有力司法保障。

一是牢固树立专利审判服务大局、激励和保护创新的司法理念。各级法院始终注重围绕党和国家的中心工作,妥善处理好事关经济科技发展、社会稳定和对外开放的重大案件,激励科技创新,保护科技人才,促进社会和谐。最高人民法院明确要求专利审判必须坚持执法统一、平等保护、利益平衡和防止权利滥用的原则;强调既要保障专利权人合法的技术垄断权益,也要保障技术在市场上的自由流动和充分竞争;通过对争议法律关系及时公正的裁判,促进企业开拓市场和技术创新能力的提升;依法处理好遵守国际规则与维护国家利益的关系,既适应国际规则,又维护国家利益。

二是加强司法解释和审判监督工作,确保司法标准统一。为统一和明确司法实践中专利法适用的突出问题,在总结审判经验的基础上,最高人民法院自1985年起先后制定了10余个涉及专利问题的司法解释。为配合2001年施行的专利法修正案,最高人民法院于同年发布了专利司法解释和诉前禁令司法解释,明确了等同原则、赔偿额的计算、诉讼时效以及诉前禁令等一系列具体制度和规则。为配合2009年施行的专利法修正案,最高人民法院于同年发布了《关于审理侵犯专利权纠纷案件应用法律若干问题的解释》,明确和完善了捐献原则、禁止反悔原则、现有技术抗辩等重要的司法标准。目前,为进一步统一专利司法尺度,最高人民法院正在起草有关专利侵权、专利授权确权的司法解释和指导意见。最高人民法院还加大了审判监督和业务指导力度,对于裁判确有错误或者各地法院裁判不一致的专利案件,依法予以再审,确保司法结果的公正和司法标准的统一。

三是加强对发明创造的保护,有效激励自主创新和技术跨越。人民法院进一步完善权利要求解释规则,依法界定专利权的保护范围。适度从严把握等同侵权的适用条件,避免不适当地扩张专利权保护范围,防止压缩创新空间和损害公共利益。对技术革新具有突破和带动作用的首创发明,给予相对较高的保护强度。通过依法制止侵权行为,充分救济专利权人,保障其法定独占权的实现,从根本上激励创新;妥善审理专利授权确权纠纷案件,依法履行对专利授权确权行为的司法审查职责,强化对实质性授权条件的审查判断,细化和完善专利授权确权司法审查标准,促使专利审查规则和授权行为的规范化、科学化,不断提高专利授权质量;妥善处理专利实施许可合同等纠纷,加强保护守约方合法权益,合理认定专利技术成果开发、转让、许可、质押等环节形成的利益分配及责任承担,推动产学研用紧密结合,促进专利技术成果迅速转化为现实生产力和市场竞争力。

四是积极完善专利审判体制机制,不断满足科技创新对知识产权司法保护的新需求。人民法院始终注重专利审判人才的职业化建设,注重调查研究和坚持理论创新,涌现出一批专家型知识产权法官和先进个人、模范法官,形成了一大批具有法律开拓意义的典型案例,以东部沿海发达地区为代表的专利审判工作也赢得了国内外的普遍赞誉。与此同时,不断推进审判组织专门化。开展了由知识产权审判庭集中审理知识产权民事、行政和刑事案件的“三合一”试点工作,成效明显。根据科技创新对知识产权司法保护的新需求,优化专利审判管辖布局。在科技成果司法保护需求强烈的国家自主创新示范区、国家高技术产业基地等区域,适当增加具有审理专利案件管辖权的第一审法院,在具有特色创新资源的区域适当增加具有审理一般知识产权案件管辖权的基层法院,保障创新资源密集的区域率先实现创新驱动发展。目前,最高人民法院在中央有关部门的领导下,正在抓紧进行顶层设计和统筹规划,积极推进知识产权专门法院的设立工作。

当前,我国正处在全面建设小康社会的关键时期和实施创新驱动发展战略、加快转变经济发展方式的攻坚时期。《中共中央关于全面深化改革若干重大问题的决定》作出了“加强知识产权运用和保护,健全技术创新激励机制”的战略部署。在刚刚闭幕的十二届全国人大二次会议上,李克强总理在政府工作报告中也指出,“要把创新摆在国家发展全局的核心位置,促进科技与经济社会发展紧密结合,推动我国产业向全球价值链高端跃升。”不可否认,我国的科技实力已实现了历史性跨越,但与发达国家相比仍存在明显差距。以专利为例,虽然我国已经成为专利大国,但还不是专利强国。近年来,以《实体专利法条约》、专利审查高速公路为代表的世界专利一体化进程日益加快,美、日、欧三方加紧协调彼此在专利法律规则方面的立场，一些跨国公司更加注重通过专利战略和技术标准增强其技术垄断地位。面对日益迫切、活跃的国内创新需求和更加严峻、激烈的专利国际争夺，“给天才之火添加利益之油”的专利制度，如何通过制度自身的不断完善，大幅提升我国自主创新能力，激发社会的创造活力，真正实现创新驱动发展，是专利法需要从战略高度、宏观架构和微观规则等多层面回应的重大理论和实践问题。对此，人民法院将充分发挥知识产权保护的主导作用，以鲜活的司法实践和对规则的总结提升作出回答和贡献。

三十年弹指一挥间。过去的三十年，是人民法院专利审判工作从无到有、由弱到强的三十年，也是我国专利法律制度不断发展和完善的三十年。法律的生命和发展的动力源自波澜壮阔的社会实践。我相信，在加快国家创新体系建设和全面建成小康社会的伟大实践中，我国专利法必将进一步释放激励创新和技术跨越的巨大能量，必将不断焕发新的生机和活力。

谢谢大家！

在最高人民法院全国知识产权宣传周新闻媒体见面会上的讲话

最高人民法院副院长 陶凯元

（2014 年 4 月 21 日）

各位新闻媒体界的朋友们：

大家上午好！很高兴与大家相会在美丽的羊城。

一年之计在于春。在这万象更新的阳春时节，我们即将迎来第 14 个“世界知识产权日”。今年全国知识产权宣传周活动的主题是“保护·运用·发展”。为此，最高人民法院制订了详细的宣传周活动实施方案，将通过这一周集中展示我国知识产权司法保护的状况和进展。今年的知识产权宣传周新闻媒体见面会之所以选择在广州召开，是因为广东省委、省政府一直以来高度重视知识产权工作和知识产权司法保护。同时，近年来广东省知识产权司法保护工作取得了令人瞩目的成就，积累了不少成功经验，已成为展示中国知识产权司法保护成就的一个重要窗口。今天同时启动的“知识产权司法保护广东行”活动，也将从侵权损害赔偿证据、互联网领域知识产权保护、设立专门法院的探索以及司法保护与行政保护的对接等多个方面，向大家全面介绍广东省知识产权司法保护的情况。借此机会，我向各位简要介绍去年人民法院知识产权司法保护的总体情况。

2013 年，人民法院紧紧围绕“努力让人民群众在每一个司法案件中都感受到公平正义”的核心目标,坚持服务大局、司法为民、公正司法,深入贯彻实施创新驱动发展战略,大力加强知识产权审判工作,依法审理了大量涉及专利权、著作权、商标权以及不正当竞争和垄断行为等方面的知识产权案件,维护了公平竞争的市场经济秩序,促进了国家创新体系建设。同时,积极参与打击侵犯知识产权和制售假冒伪劣商品专项行动,全方位多角度宣传了知识产权司法保护成果,树立了我国知识产权司法保护的良好形象。主要体现在以下几个方面:

一、司法保护知识产权的主导作用进一步增强

一是依法公正高效审理了大量知识产权案件。2013 年,全国地方人民法院共审结各类知识产权一审案件 100399 件,其中民事一审案件 88286 件、行政一审案件 2901 件、刑事一审案件 9212 件,分别比 2012 年增加 5.29%、0.07%和下降 28%。通过依法公正高效审理大量知识产权案件,制止和打击各类知识产权侵权行为,切实维护了权利人的合法权益,维护了公平有序的市场经济秩序。

二是继续贯彻“加强保护、分门别类、宽严适度”的基本政策,依法保护各类知识产权。为增强创新驱动发展新动力,着重加强了对基础前沿研究、战略性新兴产业、现代信息技术产业等领域的技术成果保护,推动技术突破和技术创新;为培育品牌竞争新优势,促进品牌创新,加大了对驰名商标的保护,坚决制止假冒商标、恶意抢注等行为;为推动文化繁荣和产业发展,加强了对优秀文化资源、文化创新成果和新型文化产业(行业)的保护;为营造公平诚信的市场环境,激发市场活力,重点打击了仿冒、虚假宣传、侵犯商业秘密等不正当竞争行为;为维护权利人利益,进一步加大了损害赔偿力度,强化举证妨碍制度的运用,正确把握法定赔偿和酌定赔偿的关系,提高损害赔偿计算的科学性和合理性。

三是进一步优化知识产权案件管辖布局。截至 2013 年底,全国具有专利、植物新品种、集成电路布图设计和驰名商标案件管辖权的中级人民法院分别为 87 个、45 个、46 个和 45 个;具有一般知识产权案件管辖权的基层人民法院为 160 个,具有实用新型和外观设计专利纠纷案件管辖权的基层人民法院为 7 个。稳妥推进知识产权审判“三合一”试点。截至 2013 年底,共有 7 个高级人民法院、79 个中级人民法院和 71 个基层人民法院开展了试点工作。明天,最高人民法院将在广州召开知识产权审判“三合一”改革试点工作座谈会,全面总结经验和做法,分析存在的问题,并部署下一阶段的工作。

二、知识产权司法调研力度进一步加大

2013 年,人民法院紧紧围绕知识产权审判工作的重点和难点问题,创新调研方式,找准调研切入点,大力开展审判调研,及时总结好经验好做法,解决热点难点问题。

一是及时出台有关司法解释和加强工作指导。为规范专利代理人参与专利民事诉讼活动,2013 年 1 月,最高人民法院发布了《关于印发中华全国专利代理人协会推荐的专利代理人名单的通知》;为确保新修订的商标法的正确实施,最高人民法院及时制定并发布了《最高人民法院关于商标法修改决定施行后商标案件管辖和法律适用问题的解释》。

二是深入研究审判工作中的热点难点问题。2013年3月召开了全国法院第三次知识产权审判工作会议,4月举办了全国法院知识产权审判庭庭长研讨班,紧密结合知识产权审判实际,分析当前热点难点问题,部署安排下一阶段工作任务。

三是积极建立有权必有责、用权受监督、失职要问责、违法必追究的管理体系,严格规范和监督审判权的运行和自由裁量权的行使。此外,加强审判流程管理,对审判工作的重要流程和重要环节进行跟踪监督,实行结案定期通报制度,加强均衡结案,提升审判质效。

三、知识产权司法公开进一步推进

2013年,人民法院积极推进阳光司法,加大司法公开力度,切实保障人民群众对司法工作的知情权、参与权、监督权,提高司法透明度。

一是进一步完善和规范知识产权裁判文书网络公开制度。最高人民法院成立了知识产权裁判文书上网协调工作小组,并发布了《人民法院知识产权裁判文书上网公布暂行办法》,实行上网情况定期通报制度,大大提高了裁判文书的上网率。截至2013年底,全国各级法院通过网络公开生效的知识产权裁判文书已达61368份。

二是积极推进重大案件的深度公开,对于社会关注度高的案件,以"全媒体"形式对案件审理进行全景展示,不断提高司法公开的深度和广度。例如,最高人民法院组成了由院领导任审判长的"五人合议庭"审理奇虎公司与腾讯公司不正当竞争纠纷案,通过电视、报纸以及网络充分公开庭审的全过程,赢得了社会各界的充分肯定。

三是不断拓宽司法公开渠道,通过直播庭审、邀请人大代表旁听知识产权案件庭审、开展公众开放日活动、发布司法保护状况白皮书和典型案例等方式,全面公开知识产权案件审判情况和知识产权审判资讯,回应社会关切。

四、知识产权法官队伍素质进一步提升

最高人民法院高度重视知识产权法官队伍建设,以正规化、专业化、职业化为方向,积极采取各种措施,不断充实知识产权法官队伍,提升知识产权司法审判的能力和水平,努力建设一支政治坚定、业务过硬、作风优良、公正廉洁的高素质知识产权法官队伍。

一是大力加强知识产权专门审判机构建设,打牢知识产权审判的基层基础。

二是加强知识产权法官队伍的司法能力建设,运用专题培训、专题研讨、在职培养、交流挂职、庭审观摩、建立知识产权保护实践基地等形式,不断加大对知识产权法官的教育培训力度,扩大培训覆盖面。

三是以党的群众路线教育实践活动为契机,狠抓知识产权审判队伍司法作风建设,要求每一位审判人员都要有直面问题的勇气,以整风的精神查找作风中的缺点和不足,把司法为民的要求落到实处。

2014年是人民法院全面深化改革的开局之年,人民法院的知识产权审判工作将紧紧围绕"司法为民、公正司法"的工作主线,全面深化知识产权审判机制改革,加强知识产权审判队伍建设,不断提高知识产权审判质量和效率,让人民群众在每一个知识产权司法案件中都感受到公平正义。为此,将在以下四个方面着力推进:

一、继续加强知识产权审判监督指导,进一步规范法律适用,探索完善中国特色的知识产权司法保护制度。

二、以执法办案为第一要务,依法妥善审理好各类知识产权案件。

三、大力开展调查研究和业务指导工作,及时起草和出台司法解释、司法政策,适时开展关于专利侵权认定、涉外定牌加工、商业秘密、知识产权诉讼证据规则、互联网领域竞争、涉外知识产权审判、知识产权商业维权等重点课题的调研。

四、在中央有关部门的领导下,抓紧进行顶层设计和统筹规划,积极推进知识产权专门法院的设立。

最后,我代表最高人民法院,对各位记者朋友们表示衷心的感谢。一直以来,广大新闻媒体界的朋友们为推广知识产权理念、建设知识产权文化做了大量工作。诚挚欢迎大家多到知识产权审判的第一线走一走,看一看,亲身感受这些年知识产权审判的巨大变化,随时反映人民群众对知识产权审判的关切和期望,积极为知识产权审判的发展鼓与呼。

谢谢大家!

深入贯彻实施国家知识产权战略 进一步推进知识产权审判“三合一”改革试点工作

——在知识产权审判“三合一”改革试点工作座谈会上的讲话

最高人民法院副院长　陶凯元

(2014年4月22日)

同志们:

今天,最高人民法院在广州召开知识产权审判“三合一”改革试点工作座谈会,主要目的是总结交流此项改革试点工作的经验和做法,分析存在的问题,研究下一阶段的工作。

知识产权审判庭集中审理知识产权民事、行政和刑事案件试点工作,即知识产权审判“三合一”改革试点工作,一直以来由我院司改办牵头,由知识产权审判庭实施。今天,司改办副主任蒋惠岭同志也出席会议表明了对此项工作的重视和支持。下面,我就知识产权审判“三合一”改革试点工作谈几点意见,供大家讨论时参考。

一、高度重视,充分认识开展知识产权审判“三合一”改革试点工作是贯彻落实国家知识产权战略的重要举措

2008年6月5日国务院发布的《国家知识产权战略纲要》将我国知识产权司法改革的目标确定为“完善知识产权审判体制,优化审判资源配置,简化救济程序”。为此,明确提出的第一项具体战略措施即为“研究设置统一受理知识产权民事、行政和刑事案件的专门知识产权法庭”。

《纲要》颁布以来,最高人民法院高度重视知识产权"三合一"改革试点工作,并采取了一系列扎实有效的措施加以推进。2009年2月25日印发了《最高人民法院关于实施国家知识产权战略纲要任务分工》,其中第一项任务就是知识产权审判"三合一"工作,确定由我院司改办牵头,政治部、刑二庭、知识产权庭、行政庭参加。2009年3月23日印发的《最高人民法院关于贯彻实施国家知识产权战略若干问题的意见》第25条提出:"积极探索符合知识产权特点的审判组织模式。按照《纲要》要求,研究设置统一受理知识产权民事、行政和刑事案件的专门知识产权审判庭,尽快统一专利和商标等知识产权授权确权案件的审理分工,优化知识产权审判资源配置,实现知识产权司法的统一高效。认真总结近年来一些地方法院开展的由一个审判庭统一受理知识产权民事、行政和刑事案件试点工作,以及采用扩大合议庭组成或知识产权民事法官参与知识产权刑事、行政案件审判的探索工作,深入调查研究,认真解决试点和探索工作中出现的问题,加强统一协调和工作指导,积极稳妥地加以推进。"2010年7月15日,我院司改办牵头在江苏昆山召开了集中审理知识产权民事、行政和刑事案件试点情况座谈会,对试点工作进行了总结、交流和研讨。最高人民法院院领导对"三合一"改革试点工作给予了积极评价。

2012年12月25日,时任最高人民法院院长的王胜俊同志在第十一届全国人民代表大会常务委员会第三十次会议上所作《最高人民法院关于加强知识产权审判工作　促进创新型国家建设情况》的报告中特别强调:第一,要把开展知识产权审判庭集中审理知识产权民事、行政和刑事案件试点工作作为全面规划落实国家知识产权战略的一项重要工作任务;第二,知识产权案件"三合一"试点工作有待继续推进;第三,健全知识产权民事、行政和刑事审判沟通协调机制,加强衔接配合,形成保护合力。总结知识产权案件"三合一"试点经验,推进试点工作。2013年3月22日,周强院长在全国法院学习贯彻十二届全国人大一次会议精神电视电话会议上特别强调,要继续推行知识产权刑事、民事、行政案件"三合一"试点,加大知识产权司法保护力度,推动实施创新驱动发展战略。

为积极回应国家知识产权战略新要求的重大举措和最高法院领导的指示精神及相关部门的部署,全国不少法院积极推进"三合一"试点工作,取得了阶段性的成果。自上海浦东新区法院于1996年最早自发开展知识产权案件"三合一"试点工作以来,迄今为止,全国法院的知识产权审判"三合一"试点大体上经历了两个阶段。在2008年《国家知识产权战略纲要》颁布实施以前,有关试点基本上是各地法院自下而上地自发进行,都是源于实践的要求和推动,如上海、广东等地的部分法院;在《纲要》颁布实施之后,有关的试点基本上是在最高人民法院和各地高级人民法院的统一研究部署下开展的,采取了自上而下、上下结合的方式,成为一种有计划有组织的试点活动,如江苏法院。

二、认真研究,深入分析当前知识产权审判"三合一"改革试点工作的开展现状

截至目前,全国共有5个高级法院、94个中级法院和104个基层法院开展了知识产权审判"三合一"或"二合一"改革试点工作。此外,还有2个高院、7个中院开展

"二合一"试点。从各地法院十多年的试点实践来看,知识产权审判"三合一"不仅消除了"三分立"的弊端,还产生了预想不到的积极效果,主要体现在以下几个方面:

(一)对法院自身而言,"三合一"实现了司法资源的优化配置,提高了知识产权司法保护的效率和效益

知识产权民事、行政和刑事案件审理对象的高度关联性和复杂性,主要体现在知识产权的存在及是否构成侵犯知识产权的判断方面,这本身属于民事法律制度范畴。基于对知识产权属于私权的认识,对于知识产权及其救济的研究一般也认为是民法学术界的研究领域。从知识产权三大诉讼案件的比例来看,民事案件的数量远远大于行政和刑事案件,知识产权民事法官对知识产权原理和具体制度的掌握相对较高;知识产权行政和刑事案件数量少,刑事和行政审判庭的法官在大量其他类型案件的压力下,难以在知识产权案件上花费过多的时间和精力,以致无法形成有效的经验积累。此外,知识产权相关问题的判断有时不仅决定具体案件的裁判结果,而且还往往影响整个行业的经济活动,客观上要求裁判者必须在深刻理解知识产权法律制度和对社会各方面利益做出平衡后作出裁决,这显然是知识产权民事法官的优势。实行"三合一",由知识产权审判经验丰富的民事法官和刑事、行政审判经验丰富的法官共同审理知识产权行政和刑事案件,有助于知识产权法律适用的准确和统一,在优化司法资源配置的基础上提升了知识产权行政、刑事案件的质量。

(二)对执法机关而言,"三合一"增强了行政机关和司法机关的执法合力

知识产权特有的性质和具体制度,决定了知识产权案件具有很强的专业性和复杂性,特别是在专利、商业秘密等技术类案件中,复杂的法律问题与专业的技术问题结合在一起,更是增加了审理难度。由于知识产权案件的上述特点,导致实践中存在不太熟悉知识产权专业的公安、检察机关因担心产生错案而对此类案件不立、不捕和不起诉的现象,在一定程度上影响了打击力度。"三合一"试点以来,试点法院高度重视与当地公安、检察和行政执法机关之间的联系,并建立起与这些部门沟通协调的长效机制,共同研究处理刑事司法保护中出现的疑难和热点问题。公安、检察和行政执法机关也在此过程中进一步丰富了办理知识产权侵权和犯罪案件的经验和知识,增强了办案的能力和信心,有效提升了打击知识产权侵权和犯罪行为的合力。

(三)对权利人而言,"三合一"实现了知识产权的全方位救济

知识产权法律赋予了权利人刑事、行政、民事等多种救济途径,但"三分立"容易造成司法资源浪费、裁判标准不统一等弊端。在知识产权审判"三合一"模式下,专业的知识产权审判力量能够综合考虑三种救济途径的优势,统筹协调处理知识产权三大诉讼类型中遇到的交叉问题,从而为权利人提供全方位的救济。上海浦东法院在这方面的体会非常深刻。该院在审理知识产权刑事案件过程中,利用集中审理的专业优势,认真解答和耐心指导权利人提出的民事赔偿问题,有的权利人和被告人在该院的主持下,就民事赔偿达成了和解协议,有的权利人则在刑事案件判决后又提起民事赔偿,获得了全方位的救济;在处理刑事案件中的违法所得收缴、退赔等问

题时,该院能够注意与民事权利保护的衔接问题,判决将违法所得发还权利人或者责令退赔等。

（四）对整个社会而言,“三合一”加强了知识产权执法队伍建设,有助于推动完善知识产权法律制度

在原有的“三分立”模式下,人民法院对专业审判人员的培训基本是以审判庭为单位进行的,因此存在民事、行政和刑事审判培训条块分割的情况,造成同一问题在不同程序中得出不同的结论。实行知识产权审判“三合一”,由同一审判庭集中审理知识产权三大诉讼案件,不仅优化了司法资源配置,也强化了对审判人员三大诉讼业务的训练,包括诉讼程序、证明责任分配、证明标准等方面的训练,审判人员的综合审判能力得到显著提升。审判环节执法水平的提高,也带动了侦查、公诉环节和行政执法环节水平的提高,从而培养了一支专业精通、经验丰富的知识产权执法队伍。同时,知识产权执法队伍在总结办案经验的基础上,也在不断反思知识产权法律制度本身的合理性。“三合一”试点以后,社会各界对知识产权各种救济程序的利弊分析明显增多,从而推动了知识产权法律制度的进一步完善。

总之,知识产权审判“三合一”改革试点成绩突出、成效显著,为知识产权审判体制和工作机制的改革提供了宝贵经验,为下一步更大范围、更深层次的改革打下了良好基础。在此,我代表最高人民法院,对各试点法院为试点工作付出的辛勤努力表示衷心的感谢！对试点工作所取得的成绩表示热烈的祝贺！

在肯定成绩的同时,我们也要注意到,目前的知识产权审判“三合一”改革试点工作还存在着一些问题,主要表现在:

一是在绝大多数省级行政区域内,“三合一”的改革并不彻底,条块分割依然存在。试点法院层级较低且多属于“单打独斗”的局面,下级人民法院实现了知识产权“三合一”,但相关上诉案件到了上一级人民法院又被分散到不同的审判庭,裁判标准不统一和审判力量分散的问题仍然未得到彻底解决,上下级法院的对口业务指导和监督也难以有效开展。

二是为保证知识产权行政、刑事案件的管辖与知识产权民事案件主要由中级人民法院一审管辖相协调,以及因同一知识产权引发的民事、行政和刑事案件为同一级人民法院知识产权审判庭集中审理,各地法院采取了将知识产权刑事案件上提一级由中级人民法院管辖或者由具有一般知识产权民事案件管辖权的基层人民法院集中跨区域管辖的方法。法院系统内部的上述调整带来的一个问题是,如果公安机关和检察机关对知识产权刑事案件的管辖保持原状的话,即向同级检察机关移送审查起诉和向同级人民法院提起公诉,会产生受理知识产权刑事案件的检察机关对应的同级人民法院没有知识产权刑事案件管辖权的矛盾。

三是由于民事、刑事、行政诉讼各自有着不同的诉讼程序、证据制度和证明标准,民事、刑事、行政审判法官的司法理念和经验亦有较大差异。刑事诉讼由控诉方承担完全举证责任,并在证明标准上采用排除合理怀疑原则,要达到“事实清楚,证据确实充分,排除一切合理怀疑”的要求,被告人不承担举证义务,但享有辩护权;民事诉讼则实行“谁主张,谁举证”,采取高度盖然性原则,达到“优势证明标准”即可;而行政

诉讼,原告除了完成程序性证据的举证责任外,其余举证责任均由被告行政机关来完成。上述差异极易导致执法标准不一。

尽管如此,我们不能因此否认知识产权审判“三合一”试点工作。我们要在深入论证的基础上,对“三合一”试点工作的成效进行客观评估,对于试点工作中所反映出来的各种问题和疑惑,要加以研究和分析,有针对性地解决,将知识产权审判“三合一”改革试点工作不断推向深入。

三、坚定信心,共同推动知识产权审判“三合一”改革试点工作迈上新台阶

下一阶段,我们要在认真总结成绩经验,客观分析困难问题的基础上,坚定信心,共同推动知识产权审判“三合一”改革试点工作迈上新台阶。主要要做好以下六个方面的工作:

第一,加强组织领导,有序推进试点工作。领导重视,是各项工作取得成功的关键。“三合一”试点工作需要打破原有部门之间的分工,尤其需要各级法院领导的高度重视和强有力的支持。同时,最高院要适时出台规范性文件或指导意见,规范指导和整体推进地方法院“三合一”试点工作的统一有序进行。

第二,强化协调配合,畅通沟通渠道。为保证裁判标准的统一和上下级业务指导的顺畅,试点法院的级别要提高以加强上级法院对此项工作的指导和业务监督;同时,对纳入试点范围的刑事和行政案件的范围要明确统一,特别是知识产权刑事案件在集中管辖或提级管辖的情况下,既要加强与现行诉讼制度和习惯做法的协调,也要求上级法院牵头加强与公安机关、检察机关以及知识产权行政执法机关的协调配合。

第三,扩大试点范围,推广试点工作经验。试点法院要在所在区域逐步推广试点工作的宝贵经验,在更大的范围进行试点;没有试点的法院要认真学习试点法院已经取得的成功经验和做法,积极创造条件开展试点工作。最高人民法院要加强对各地法院的试点模式和具体做法的统一指导,以提高知识产权审判“三合一”试点工作的法律效果和社会效果。

第四,强化人才培养,打造专业审判队伍。要有针对性地加强知识产权法官对不熟悉领域的诉讼知识和能力的掌握,既要高度关注三大审判中诉讼理念的不同,又要准确把握知识产权的共同特性,正确完成不同诉讼案件审理思路的转换和协调。同时,要加强业务指导和培训,拓宽培训渠道和方式,并辅以实践运作中严格的监督管理,培养精通知识产权三类诉讼的人员,努力打造一支政治坚定、业务精通、作风优良、廉洁公正、人员稳定的专业化审判队伍。

第五,出台司法政策,推进刑事案件量刑规范化。要加强与刑事审判部门的沟通联系,对于法律、法规及司法解释未作规定或规定不明的具体问题,根据知识产权刑事案件的特殊性,充分吸收刑事审判的成熟经验,出台知识产权刑事案件量刑规范化指导意见,统一量刑标准,避免畸轻畸重。

第六,加大宣传力度,营造良好法治环境。要采取发放诉讼指南、公布典型案例等方式宣传知识产权司法保护工作,全面介绍知识产权“三合一”审判模式,引导权利人依法维护自身合法权益,理性分析诉求,合理把握诉讼预期,提高诉讼效率。

十八届三中全会通过的《中共中央关

于全面深化改革若干重大问题的决定》中明确提出："加强知识产权运用和保护，健全技术创新激励机制，探索建立知识产权法院。"目前，多地正在积极申请建立知识产权法院，一些地方对进一步推进知识产权审判"三合一"产生了疑虑。我们认为，知识产权审判"三合一"改革试点工作与知识产权法院的设立并不矛盾。将来批准设立的知识产权法院仅为极少数法院，因此，我们今后仍要坚持两条腿走路。在没有设立知识产权法院的地区，仍要进一步推进"三合一"改革试点工作。

同志们，希望这次会议能够全面总结经验做法，深入分析存在问题，达成统一共识，协调工作方向，为进一步推进知识产权审判"三合一"改革试点工作发挥重要作用。

最后，预祝会议圆满成功。谢谢大家！

充分发挥知识产权审判职能作用 为全面深化改革和实施创新驱动发展战略 提供有力司法保障

——在全国法院知识产权审判工作座谈会上的讲话

最高人民法院副院长　陶凯元

（2014年7月3日）

这次全国法院知识产权审判工作座谈会是在全面深化改革的新形势下召开的。特别是，中央全面深化改革领导小组第三次会议于6月6日审议通过了《关于设立知识产权法院的方案》，这对全国法院的知识产权审判工作和广大从事知识产权审判工作的法官来说，是一个极大的鼓舞和鞭策。本次会议的主要任务是：深入学习贯彻党的十八大、十八届三中全会和中央政法工作会议精神，回顾总结2013年全国法院知识产权审判工作情况，深入分析人民法院知识产权审判工作面临的形势和任务，进一步明确当前和今后一个时期知识产权审判工作的指导思想和工作方向。

2013年，全国各级法院紧紧围绕党和国家工作大局，全面贯彻实施创新驱动发展战略，突出工作重点，创新工作方式，加强监督指导，各项审判工作取得了新的成绩。

——坚持公正司法，知识产权案件审理有新进展。2013年，全国地方法院新收和审结知识产权民事一审案件88583件和88286件，分别比上年增长1.33%和5.29%；新收和审结知识产权民事二审案件11957件和11553件，分别比上年增长24.80%和24.33%；新收和审结知识产权行政一审案件2886件和2901件;新收和审结知识产权行政二审案件1490件和1496件,均基本与上年持平;新收和审结涉知识产权刑事一审案件9331件和9212件,分别比上年降低28.29%和28.00%;新收和审结涉知识产权刑事二审案件662件和627件,分别比上年增长14.73%和7.92%。案件基数较大的一些地方法院新收案件增长态势放缓,案件基数较小的一些中西部地区法院则呈现较快增长态势。与此同时,涉外知识产权案件增幅较大,多起案件的裁判备受国际关注,有的案件裁判所确立的法律规则为国外所借鉴,司法在解决知识产权纠纷中的主导地位和作用更加凸显。

——坚持服务大局,知识产权司法公信力有新提升。各级法院自觉践行司法为民工作宗旨,不断完善司法便民利民举措。不少地方法院因地制宜开展巡回审判,成功审理了一批案情复杂的案件,取得了良好效果。各级法院加大司法公开力度,切实保障人民群众对司法工作的知情权、参与权和监督权。对于社会关注度高的案件,以"全媒体"形式对案件审理进行全景展示,不断增强司法公开的力度和广度。如由最高人民法院院领导担任审判长的五人合议庭公开审理的奇虎公司与腾讯公司不正当竞争纠纷案,数十家新闻媒体进行了庭审直播,赢得了社会各界的高度评价。最高人民法院发布了《人民法院知识产权裁判文书上网公布暂行办法》,构建了全国法院知识产权裁判文书上网工作体系。2013年通过网络公开各级法院生效知识产权裁判文书16391份,总量已达61368份。以"4·26"世界知识产权日为契机,最高人民法院和10个高级法院分别发布知识产权司法保护状况白皮书、典型案例等,逐步构建起立体化、全方位的宣传模式,形成了新闻品牌效应。各级法院加强知识产权司法对外交流合作,参加知识产权国际会议数十次,接待美、欧等高层代表团近百人来访,积极宣传我国知识产权司法保护成就,不断扩大知识产权审判国际影响力。

——坚持调查研究,知识产权审判监督指导有新推进。最高人民法院加强司法解释的制定工作,发布《关于印发中华全国专利代理人协会推荐的专利代理人名单的通知》,规范专利代理人参与专利民事诉讼活动;发布《关于修改〈最高人民法院关于审理专利纠纷案件适用法律问题的若干规定〉的决定》,合理布局专利管辖;发布《关于商标法修改决定施行后商标案件管辖和法律适用问题的解释》,确保新商标法的正确贯彻实施。各级法院创新调研方式,及时总结经验,取得了丰硕成果。多个高级法院针对本辖区的审判重点难点问题进行了专题调研,有力指导下级法院的审判工作,并为最高人民法院制定司法解释和司法政策奠定了坚实的实证基础。各级法院建立健全知识产权审判管理制度,强化对审判工作重要流程和环节的跟踪监督,实行结案定期通报制度,加强均衡结案。开展案件和裁判文书"两评查",完善评查机制,细化评查标准,及时纠正错误。

——坚持制度创新,知识产权审判工作机制有新突破。最高人民法院合理布局一般知识产权民事纠纷案件管辖权法院,适度从严控制专利等技术类案件的管辖法院数量,使布局更加科学合理。2013年,新增具有专利纠纷案件管辖权的中级法院3个、基层法院3个;新增具有垄断民事纠纷案件管辖权的中级法院1个；新增具有涉及驰名商标认定民事纠纷案件管辖权的中级法院1个；新增具有一般知识产权民事纠纷案件管辖权的基层法院19个；指定南京铁路运输法院审理一般知识产权民事纠纷案件。同时，进一步推进知识产权审判"三合一"试点工作，2013年新增2个高级法院、40个中级法院和27个基层法院开展试点。加强知识产权审判机构建设，北京市海淀区人民法院设立了全国首家以审理知识产权案件为主的基层法院派出法庭。进一步完善技术事实查明机制，强化对鉴定意见、专家意见的审查，不断提高技术事实认定的科学性。一些法院建立健全科技专家库，改进专家型人民陪审员参审机制，大大提升了审判质效。

——坚持打造过硬队伍，知识产权审判队伍建设有新成效。各级法院以党的群众路线教育实践活动为契机，狠抓知识产权审判队伍司法作风建设，按照中央八项规定和整顿"四风"的要求，认真开展批评和自我批评，切实改进会风、文风和工作作风。进一步加大学习教育培训力度，充分运用专题研讨、庭审观摩、在职培养、交流挂职等多种培训形式，不断丰富培训内容，队伍素质进一步提升。

同志们，2013年是我国知识产权审判事业扎实推进和成效显著的一年。在此，我代表最高人民法院，向辛勤奋斗在知识产权审判岗位上的全体知识产权法官和审判辅助工作人员，表示亲切的慰问和衷心的感谢！在总结成绩的同时，我们也要清醒地看到，知识产权审判工作还存在不少薄弱环节：当前我国知识产权审判水平、能力和影响力与我国日益提升的国际政治经济地位，与我国扩大对外开放、全面深化改革和实施创新发展战略，与我国快速增长的知识产权保护需求还不能完全相适应；知识产权司法保护的思想需要进一步解放，观念需要更新，保护标准需要进一步完善，保护力度需要进一步加大，司法保护体制机制需要进一步改革；知识产权保护发展不平衡的问题仍然突出。这些问题都需要我们高度重视，采取切实可行的措施，逐步加以解决，以促进我国知识产权审判全面、协调和可持续发展。

综观当前的国际国内形势，我国知识产权审判正处于重要战略机遇期，既面临重大发展机遇，又面对诸多困难和挑战。为此，我们要善于把握机遇，勇于迎接挑战，推动知识产权审判再上新台阶。

——国际形势变化为知识产权审判带来新挑战。当前，世界经济形势错综复杂，科技发展日新月异，科技创新与商业模式深度融合，更富活力的全球创新环境正在形成，知识产权日益成为国家根本利益和国际竞争核心领域。发达国家谋求建立超越TRIPS协定的知识产权保护标准和实施机制，推行知识产权超高保护的战略意图更加明显。发展中国家面临提高知识产权保护强度的国际压力越来越大，可以回旋和选择的空间日趋狭窄。知识产权国际争端日趋深化复杂，国际知识产权诉讼日益成为跨国知识产权竞争和市场布局的工具。值得注意的是，随着我国综合国力的提高和知识产权保护状况的不断改善，国际主流声音对我国知识产权司法保护的积极评价增多，我国已经成为国际知识产权保护的重要力量，在国际知识产权体系中的话语权和影响力不断增强。同时，国内外知识产权案件的关联性增强，不同国家法院同时或者先后受理类似或者关联案件的情形时有发生。涉国际贸易因素的知识产权纠纷频发,新类型案件不断涌现,我国法院越来越频繁地被推到国际知识产权司法前沿。为此,各级法院需要立足国情,放眼世界,增强自信,以具有国际影响力的高质量裁判和不断提高的司法水平,为我国扩大对外开放、提升国际知识产权规则制定的参与度和话语权提供坚强有力的司法后盾和保障,进一步树立我国知识产权大国的良好形象。

——全面深化改革为知识产权审判提供新机遇。十八届三中全会《关于全面深化改革若干重大问题的决定》(以下简称《决定》)对全面深化改革作出了全面部署,要求“使市场在资源配置中起决定性作用和更好发挥政府作用”,“健全现代产权制度”,“加快完善现代市场体系”,“构建开放型经济新体制”。改革创新已经成为当今中国的主旋律。知识产权是市场主体参与市场竞争的核心要素和战略性资源,完善的知识产权制度和良好的知识产权保护是健全现代产权制度和完善现代市场体系的重要内容。人民法院需要充分认识保护知识产权和保障公平竞争的重要意义,通过公平公正公开的知识产权司法推动建立统一开放、竞争有序的市场体系,为全面深化改革提供有力保障。《决定》还明确提出“加强知识产权运用和保护”、“探索建立知识产权法院”,并将其作为经济体制改革的重要内容,作为“深化科技体制改革”和“健全技术创新激励机制”的重要措施。这是我国在新形势下加强知识产权保护的一项重大战略决策,也是我国知识产权保护进入新阶段的重要标志。这一战略决策为知识产权审判提供了重要的发展机遇。人民法院必须抓住机遇,以开拓创新的勇气大力加强知识产权保护,改革完善知识产权审判体制机制,为深化经济体制改革提供有力支持。

——人民群众的新期待为知识产权审判提出新要求。随着创新驱动发展成为国家重大战略,社会公众对知识产权司法保护的期待和要求越来越高。不仅要求人民法院充分保护其合法权益,而且要求司法保护要便民快捷和及时有效;不仅要求彻底解决纠纷,而且要求明晰法律标准和行为界限;不仅要求知识产权审判实体公正,而且要求程序公正和过程透明。在今年初的中央政法工作会议上,习近平总书记明确提出,政法工作要以维护社会大局稳定作为基本任务、以促进社会公平正义作为核心价值追求、以保障人民安居乐业作为根本目标,切实发挥好维护社会公平正义最后一道防线的作用。知识产权保护不仅事关国家创新发展大计,还与民生问题紧密相连。知识产权审判必须以促进社会公平正义、增进人民福祉作为价值目标,有效解决制约知识产权审判科学发展的薄弱环节,切实满足人民群众对知识产权司法保护的新需求和新期待。

今年是贯彻党的十八届三中全会精神、落实全面深化改革任务的开局之年。习近平总书记在亚信上海峰会后考察调研经济社会发展情况时指出,要“完善知识产权运用和保护机制,让各类人才的创新智慧竞相迸发”。周强院长对知识产权审判工作高度重视,多次作出重要批示并寄予厚望。根据形势任务的发展和变化,今年及今后一个时期全国法院知识产权审判工作的总体要求是:认真贯彻党的十八大、十八届三中全会和中央政法工作会议精神,贯彻落实习近平总书记系列重要讲话精神和中央关于全面深化改革的重大部署，紧紧围绕“努力让人民群众在每一个司法案件中都感受到公平正义”这个目标，牢牢坚持司法为民、公正司法这条主线，加强知识产权审判领域改革创新，完善知识产权审判体制机制，充分发挥知识产权审判的职能作用，为全面深化改革和实施创新驱动发展战略提供有力司法保障。为此，各级法院必须解放思想，勇于创新，开拓进取，不断推动知识产权审判科学发展。下面我讲六个方面的意见，供大家讨论时参考。

一、更新观念，推动知识产权审判工作与时俱进

1. 强化创新理念。创新的时代需要创新的司法，知识产权审判必须适应和反映创新的时代精神，准确把握创新的时代脉搏和发展的时代潮流，切实增强创新理念和创新意识，用新理念提出新思路、用新举措应对新情况、用新办法解决新问题。要以强烈的创新意识和责无旁贷的历史使命感推进知识产权审判改革创新，坚决破除一切妨碍知识产权审判科学发展的思想观念和体制机制弊端，实现知识产权审判工作长足发展。

2. 强化法治理念。知识产权司法保护是法治中国的重要组成部分，是国家治理体系和治理能力现代化的重要方面。知识产权审判要强化法治理念，遵循司法规律，做到四个“注重”：注重发挥司法主导作用、注重发挥知识产权审判的导向和指引功能、注重依法独立公正行使审判权、注重保证知识产权法律体系的全面有效实施。

3. 强化市场理念。知识产权是知识经济时代最重要的市场要素之一，是市场竞争最重要的工具之一。知识产权司法保护要强化市场理念，注重知识产权的财产和市场资源属性，强调以财产属性的市场规则调整知识产权关系。要从有利于财产利用和流转、有利于市场资源优化配置、有利于提高资源利用效率的角度出发规范和调整知识产权关系，以发挥市场在资源配置中的决定性作用。

4. 强化开放理念。在经济全球化日益加深、我国改革开放向纵深发展的背景下，知识产权审判必须强化开放理念，更加注重全球视野和国际眼光，以更加开放的姿态推进知识产权保护。既要高度重视国际主流和通行做法，保持司法的前沿性和前瞻性，又要敢于和善于作出创造性的司法裁判，努力引导国际司法潮流，使知识产权审判与我国日益上升的国际地位相适应。要以战略思维和长远眼光统筹规划知识产权审判工作，处理好国际国内两个关系，实现知识产权司法保护与国际知识产权保护状况的协调和平衡，增强我国市场的竞争力和吸引力。

二、提升能力，发挥司法保护知识产权的主导作用

1. 着重强化司法审查在知识产权授权确权中的主导作用。充分发挥司法对于知识产权授权确权行政行为的司法复审职能，是司法保护知识产权主导作用的核心和关键。要高度重视和加强知识产权授权确权案件的审理，不断提高知识产权授权确权案件审理能力和水平，有效行使对授权确权行为的司法审查权。要切实加大对知识产权授权确权行为司法审查的深度和力度，强化对事实认定和法律适用的审查，特别加强对程序合法性和实质授权条件的全面审查，促进授权确权行为规范化，推动授权确权质量和效率的提高。要细化和完善司法审查程序规则和证据规则，改进裁判方式,强化裁判指引,尽可能避免循环诉讼和程序往复,促进行政争议的实质性解决,尽快稳定权利状态。

2. 充分发挥对知识产权行政执法行为的司法监督职能。要强化对知识产权行政执法行为的司法监督,切实保障行政相对人合法权益,严格规范知识产权行政执法行为。既要强化对知识产权行政执法行为的程序审查,又要强化对执法标准的实体审查,依法纠正执法错误。要强化对知识产权行政执法实体标准的深度审查,及时明晰法律适用标准。行政执法机关对知识产权侵权行为人所作的行政处罚显失公正,导致行政处罚的结果与行为的违法性及其危害程度明显不成比例的,可以直接判决予以变更。要慎重对待在行政机关主持下当事人之间达成的调解协议,在相关法律或者司法解释对于司法确认的条件和程序予以明确之前,不宜对其进行司法确认。

3. 切实增强查明案件事实和合理分配举证责任的能力。查明客观事实是发挥司法保护主导作用的重要基础,是司法公正的基石。要大力提高证据审查认定和查明客观事实的能力,正确合理分配举证责任,避免机械适用“谁主张谁举证”原则,确保事实认定的准确性。根据民事诉讼法的一般规定和知识产权审判的特殊需求,完善诉讼程序和证据规则,切实减轻知识产权权利人的举证负担。提高证据审核认定能力,正确运用日常生活经验,妥善把握优势证据标准,及时公开心证,适时合理转移举证责任。根据民事诉讼法的诚实信用原则,大力推进诉讼诚信建设。本着凡是掌握证据的当事人均有责任提供证据以还原客观事实的理念,探索建立激励当事人积极提供其掌握的全部证据的诉讼机制。对于故意逾期举证、毁损证据、隐匿证据、抗拒证据保全、妨碍证人作证等不诚信诉讼行为,依法给予程序和实体制裁。

4. 大力提升知识产权法官的司法能力。要认真贯彻落实习近平总书记在今年中央政法工作会议上关于政法队伍建设的指示精神,按照“政治过硬、业务过硬、责任过硬、纪律过硬、作风过硬”的要求,进一步坚定知识产权法官理想信念,严明政治纪律,提升司法能力,改进司法作风。要着力提升知识产权法官的群众工作能力,坚持司法为民,以切实维护人民权益、实现人民群众关切和期待作为价值追求和工作目标,努力让人民群众在每一个司法案件中都感受到公平正义。要着力提升知识产权法官的维护公平正义能力,坚守法治,秉公执法,从实体、程序和实效上充分体现维护社会公平正义的要求,让人民群众感到公平正义就在身边。要着力提升知识产权法官新媒体时代的社会沟通能力,善于利用现代传媒手段,积极传播知识产权司法保护的权威声音和正能量。要着力提升知识产权法官的业务能力,加强对新法律、新领域、新技术的学习培训,使广大知识产权法官准确把握知识产权司法保护的国内外发展变化趋势,不断提高研究新情况、解决新问题的能力。要着力提升知识产权法官拒腐防变能力,引导广大法官自觉遵守“五个严禁”“十个不准”等禁令铁规,确保司法廉洁。

三、加强保护,营造良好宽松的创新环境

1. 强化创新保障,促进创新活力竞相迸发。要把保障创新和发展作为知识产权保护的重要目标,充分发挥知识产权司法

保护机制激发全社会创新动力、创造潜力和创业活力的独特作用，让一切创造社会财富的源泉充分涌流。要根据专利权等科技成果类知识产权的创新程度，合理确定保护范围和保护强度，实现科技成果类知识产权保护范围和强度与其创新高度和贡献程度相适应。既要避免创新和贡献程度高的知识产权所受保护不足，影响市场创新动力，又要避免创新和贡献程度较低的知识产权获得过高保护或者不具有创新性、不符合保护条件的知识产权获得保护，形成不合理的市场竞争障碍。要根据不同作品类型的特点和我国产业发展需求，合理确定独创性尺度，努力实现作品保护范围和强度与其独创性范围和尺度相适应。要妥善运用商标近似、商品类似、混淆、不正当手段等弹性因素，使商标权保护的强度与商标的显著性、知名度等相适应。要处理好知识产权的法定性与开放性关系。既要维护知识产权法定原则对基本知识产权类型的界定，又要在不抵触基本知识产权立法政策的前提下，适时慎重地补充承认新类型知识权益。对于能够纳入现有知识产权框架、具有保护需求且符合我国产业发展需要的，可按照其所属或者最相类似的权益类型给予保护。

2. 重视维护市场公平竞争，促进增强市场活力。反对垄断和不正当竞争，加快形成现代市场体系，是发挥市场在资源配置中的决定性作用的基础，也是优化创新环境的必然要求。要充分考虑建设统一开放、竞争有序的市场体系的现实需要，善用反不正当竞争法的原则条款和具体规定，规制各种花样翻新的不正当竞争行为。要妥当界定正当竞争与不正当竞争的界限，以是否有利于建立平等公平的竞争秩序、是否有利于提高消费者福利和社会公共利益作为衡量竞争行为正当性的根本标准，以是否符合公认的商业伦理作为重要表征。要以促进公平竞争、增强市场活力为目标，正确认定垄断行为，以是否对健康的竞争机制具有消极影响作为垄断行为是否成立的根本标准，防止把行为人的主观过错作为必要条件。要处理好技术创新与市场竞争的关系。任何技术都具有目的性和社会性，既可以成为正当竞争的手段，又可以成为不正当竞争的工具。通过技术创新形式实施的市场竞争行为并不当然具有正当性，对于网络环境下以技术创新形式出现的市场竞争行为，仍然需要从是否有利于建立平等公平的竞争秩序、提高消费者福利和社会公共利益的角度对其正当性进行评估。

3. 积极合理运用行为保全制度，及时有效保护权利人利益。行为保全制度具有迅速制止涉嫌侵权行为的制度功能。既要积极合理发挥行为保全的制度效能，依法采取知识产权行为保全措施，提高知识产权司法救济的及时性、便利性和有效性，又要准确把握保全措施的适用条件和程序，防止申请人滥用行为保全制度不正当地损害竞争对手。要强化对行为保全申请人请求保护的权益的正当性和稳定性的审查，实用新型和外观设计专利权利人申请采取行为保全时不提交专利评价报告或者检索报告，或者提交的专利评价报告或者检索报告显示其专利权存在无效理由的，原则上不宜裁定采取行为保全措施。

4. 加大损害赔偿力度，充分实现知识产权的市场价值。市场是知识产权价值的最佳判断者，知识产权的价值只有在市场中才能得到充分实现。当知识产权价值的市场实现过程因侵权行为发生阻碍,侵权损害赔偿应当充分反映和实现该知识产权的真实市场价值。人民法院要充分运用证据规则,加大释明力度,强化当事人举证,推动并引导当事人在提交证据、质证以及诉讼交锋中呈现知识产权的市场价值。要促进形成符合市场规律和满足权利保护要求的损害赔偿计算机制,使损害赔偿数额与知识产权的市场价值相契合,与知识产权对侵权行为获利的贡献率相适应。在当事人充分举证的基础上,人民法院可以探索运用市场假定法、可比价格法、行业平均法等行业或领域通用或公认的分析评估方法,提高损害赔偿计算的科学性和合理性。要强化举证妨碍制度的运用,新《商标法》第63条明确规定了关于商标侵权损害赔偿的举证妨碍制度,人民法院应积极运用,切实贯彻加强商标权保护力度的精神,并可在审理其他类型知识产权案件时参考借鉴。

四、强化指导,维护知识产权审判法治统一

1. 严格执行法律与适用司法解释,切实保证法律实施。法治乃规则之治,其核心在于以法治思维,按规则办事。保障知识产权法律适用统一,增强法律适用的稳定性和可预见性,是知识产权领域法治建设的必然要求。司法的首要任务是严格依法裁判,切实保证法律实施,这是司法的内在规定性。最高人民法院要加强司法解释工作,及时明确和统一司法标准。各级法院要严格执行知识产权法律法规,正确适用司法解释,切实维护司法统一。凡是法律法规和司法解释已有明确规定的,必须严格依照法律法规和司法解释裁判案件,不能随意创新或者个案变通。

2. 高度重视司法政策和典型案例的指引作用,提高审判指导的针对性和有效性。要重视司法政策对法律适用统一的指引作用,通过及时发布司法政策,统一知识产权司法理念、裁判方法和裁量尺度,保障知识产权法律原则和精神的贯彻落实。要继续深入贯彻"加强保护、分门别类、宽严适度"的司法保护基本政策,不断丰富和完善其要求和内涵,努力实现宽严适度的目标。要重视典型案例的指引和示范作用,正确区分典型案件的事实问题与法律问题、个案因素与普遍规则,妥善把握其体现的司法导向和可以普遍适用的裁判规则,恰如其分地运用到类似案件的裁判当中。各级法院要进一步强化知识产权审判全国一盘棋观念,认真学习贯彻最高人民法院的各类司法指导性文件,借鉴参考最高人民法院发布的典型案例。对于最高人民法院已经通过的司法指导性文件、司法判例等明确裁判标准和司法导向,要切实参照执行。

3. 大力加强审判监督和案件协调,促进裁判标准统一。要有效发挥审判监督机制纠正错误、统一法律适用的功能,加大审判监督力度,依法纠正裁判错误。要严格限制发回重审,加大提级审理、指令异地法院审理的力度,防止上下级法院相互推诿。严格执行关联案件的沟通协调和报请协调指导制度,受理或处理关联案件的法院要积极主动进行沟通协调,并及时向上级法院请示报告。相关法院之间要注意相互关注和相互借鉴,充分利用各类司法公开渠道和资讯平台,及时了解其他法院的做法和动态,实现裁判结果的协调。

4. 深入开展司法调研,及时研究新问题和总结新经验。要加强司法调研的统筹协调和总体规划,抓住知识产权司法中的重点问题和疑难复杂问题,及时制定调研计划，组织力量开展研究。要充分利用知识产权审判理论研究会、理论研究基地和调研基地等平台，发挥平台的人力聚集和辐射效应，开展专题调研、重点调研，推动提高调研质量。要建立和完善调研成果共享、利用和转化机制，及时统一和凝聚共识，推动和促成司法实际问题的解决。目前，最高人民法院正在进行专利侵权判定、行为保全等专题调研和司法解释制定工作，各级法院可同步开展相关调研，及时层报最高人民法院，为相关司法解释的制定和完善提供素材。

五、深化改革，完善知识产权审判工作机制

1. 加快推进知识产权审判体系改革。要根据十八届三中全会的要求，加强与建立知识产权法院有关问题的研究和探索。今年6月6日，习近平总书记主持召开中央全面深化改革领导小组第三次会议，审议通过了《关于设立知识产权法院的方案》。设立知识产权法院是司法体制改革的基础性、制度性措施。要大力推进知识产权法院设立工作，顺应知识产权案件审判规律，借鉴知识产权保护体制的国际经验，科学设计知识产权法院的建制设置、机构人员、地域分布、设置方式、管理模式等制度问题。深入研究和科学规划知识产权法院审判体制，合理确定案件管辖范围，逐步建立适合知识产权审判特殊需要的专门化程序和审理规则，确保知识产权法院探索取得预期效果。

2. 继续推进知识产权审判“三合一”改革试点。知识产权审判“三合一”改革试点是完善知识产权审判体系、落实国家知识产权战略的重要举措，其与设立知识产权法院并行不悖，互为补充。将来批准设立的知识产权法院仅为经济比较发达、案件数量较多的极少数中心城市的法院，在没有设立知识产权法院的地区，仍要继续探索推进“三合一”改革试点工作。

3. 合理规划知识产权案件管辖布局。最高人民法院将根据相关法院辖区的案件数量及增长趋势、司法保护需求、上下级法院的案件分配与工作均衡、区域布局、相关法院审判能力等因素，进一步明确知识产权案件管辖权授权标准，优化管辖布局。要从严集中布局专利等技术类民事案件的审判管辖，严格控制具有专利民事案件管辖权的中级法院和基层法院数量，原则上不再指定新的基层人民法院受理专利民事案件。要按需灵活布局驰名商标、垄断等特殊类型民事案件的审判管辖，适时指定相关案件数量较多、审判力量较强的中级人民法院受理该类案件。科学合理布局一般知识产权民事案件的审判管辖，对于辖区内具有一般知识产权民事案件管辖权的基层人民法院数量较多，地域分布较为均衡的高级人民法院，今后一段时期内原则上不再指定其辖区内的其他基层人民法院受理一般知识产权民事案件。

4. 进一步加强知识产权司法公开。加强司法公开是提升知识产权审判权威性和国际影响力的重要途径。要增强主动公开意识，把司法公开内化为每个法院、每位法官的自觉行动，以人民群众看得见的方式实现公平正义。要注重全面公开和全程公开，将司法公开贯穿于依法可以公开的审判工作全部内容和整个过程。要注重新闻宣传，加强知识产权司法与新闻媒体的良性互动。要加强组织领导，完善知识产权审判宣传工作机制，认真落实知识产权审判新闻宣传联络人制度和知识产权审判新闻宣传素材的收集、整理和报送制度,及时做好宣传工作的沟通、协调。要深入拓展知识产权审判宣传平台,有效利用传统媒体和新媒体、境外媒体和境内媒体,善于讲述知识产权保护的故事,传递我国知识产权司法保护正能量。要继续利用好“4·26”知识产权宣传周这一特色宣传品牌,进一步扩大传播力和影响力。

六、引领潮流,提高我国知识产权司法国际影响力

1. 更加注重国际视野和世界眼光。知识产权审判是当前人民法院审判工作中国际化程度最高的组成部分。知识产权保护与参与经济全球化、吸引外国投资和促进科学技术国际交流密切相关,知识产权司法必须进一步强化国际视野和世界眼光,既要关注国际潮流和发展趋势,做到心中有数,又要立足国情和符合实际,不人云亦云和亦步亦趋。要统筹协调国内和国际两个大局,善于作出既符合国家利益又有利于促进对外开放合作的裁判。

2. 勇于引领知识产权司法国际潮流。经过三十多年的实践探索和国内外各种考验的洗礼,人民法院在知识产权司法保护方面形成了自己的独特经验。我国已经成为世界知识产权案件数量第一大国,有着丰富鲜活的知识产权司法实践素材。我国知识产权审判已经初步具备引领知识产权国际司法潮流的主客观条件。我们既不要妄自菲薄,也不要盲目自大。要树立我国知识产权司法保护的道路自信、理论自信和制度自信,勇于在知识产权审判中创造和贡献中国经验、中国智慧、中国模式。

3. 积极推动知识产权国际规则的形成。要适应经济全球化加深和涉国际贸易因素知识产权案件不断增多的实际和需要,增强国家利益意识,积极探索该类案件的审理特点与规律。要坚持以我为主,对于被诉行为影响我国国家利益、与我国具有管辖联结点的案件,依法积极行使司法管辖权,切实维护我国司法主权。要强化国家利益思维,充分考虑涉国际贸易因素知识产权案件审理中国内外市场的关联性和国内外诉讼的关联性,充分考虑国际知识产权竞争和利益博弈的特殊需求,通过判令大额赔偿、及时采取行为保全措施等适时引导纠纷解决方向。对于国际上尚不存在成熟统一规则的纠纷前沿领域,可以基于我国国情、内外利益考量和案件特点,大胆探索,勇于裁判,推动国际规则的形成,努力做国际知识产权治理规则的参与者、引领者和主导者。

4. 建立健全知识产权国际交流合作长效机制。要更加积极利用国际知识产权论坛,加强与世界知识产权组织等国际组织的交流合作,充分发出中国声音,不断提升我国法院在国际知识产权舞台上的参与权、话语权和主动权。要建立健全知识产权对外交流合作工作机制,去年最高人民法院批准设立了“中国知识产权司法保护国际交流(上海)基地”,进一步畅通了对外合作交流渠道。要充分发挥国际交流基地的作用,推动国际交流合作向深处和广度拓展。

同志们,时代赋予使命,奋斗成就梦想。新形势、新任务对知识产权审判工作提出了更高要求,知识产权审判承载着党和人民的殷切期盼,面临着更广阔美好的发展前景。让我们携手奋斗,以改革创新的精神推动知识产权审判新发展,为全面深化改革和实施创新驱动发展战略,为建设法治中国和实现中华民族伟大复兴的中国梦作出新的更大贡献!

在北京市海淀区人民法院调研座谈时的讲话

最高人民法院副院长　陶凯元

（2014年9月24日）

慕院长、陈院长、鲁院长、同志们：

大家上午好！

这次到海淀，主要是对基层法院知识产权审判工作做些调研。今天我们先参观了中关村国家自主创新示范区展示中心，对中关村日新月异的科技创新有了切身的感受。随后，我们到海淀法院民五庭和中关村法庭看望了在一线工作的同志们，他们朝气蓬勃、振奋向上的精神面貌给我们留下了深刻的印象。刚才，又听取了海淀法院鲁为院长的汇报，使我们对海淀法院的知识产权审判工作有了进一步的了解，我觉得，给我印象最深的主要有以下三个方面：一是在激励创新服务大局方面有新成绩。海淀法院紧扣辖区内互联网企业多、科技创新活跃的特点，通过审理一批社会影响大、案情复杂的疑难案件，明确法律适用规则，引导行业健康发展，为经济社会发展提供了有力的司法保障。二是在深化司法改革方面有新举措。海淀法院优化审判资源配置，率先在全国设立了第一个基层知识产权派出法庭，积极推行知识产权民事和刑事审判“二合一”试点，建立健全诉讼与非诉讼调解对接机制，为法院工作的创新发展注入了生机和活力。三是在加强队伍建设方面有新成效。海淀法院以加强正规化、专业化、职业化建设为方向，强化教育培训和司法调研，注重培养专家型知识产权法官，涌现了以宋鱼水等同志为代表的先进模范，为知识产权审判工作提供了有力的组织保障和人才支撑。

总的来看，近年来海淀法院在知识产权案件数量持续增多、新类型案件层出不穷、案件审理难度不断加大的情况下，紧紧围绕党和国家工作大局，突出工作重点，创新工作方式，集中力量办案，圆满完成了各项任务，实现了知识产权审判工作的新发展和新突破，值得充分肯定。这些成绩的取得，与北京高院、中院两级法院加强指导密不可分，也是以鲁为同志为班长的院党组带领全体干警勤奋工作的结果。借此机会，我代表最高人民法院，向海淀法院的全体干警致以亲切的问候！

当前，我国知识产权审判工作正处于重要战略机遇期。党的十八届三中全会《关于全面深化改革若干重大问题的决定》的精神指出，要通过公平公正公开的知识产权司法推动建立统一开放、竞争有序的市场体系。上月底，全国人大常委会审议通过了《关于在北京、上海、广州设立知识产权法院的决定》，集中审理专利、植物新品种、集成电路布图设计、技术秘密等专业技术性较强的知识产权案件，这是我国知识产权审判事业发展进程中具有里程碑意义的一件大事和盛事,对于健全科技创新激励机制、优化科技创新法治治理,必将产生积极而深远的影响。新的形势和任务对我们的工作提出了更高的要求,借此机会,我就新时期如何做好知识产权审判工作,谈几点意见:

一要坚持公正司法。公正司法是人民法院的生命线。党的十八大强调推进公正司法,提升司法公信力;习近平总书记提出"要努力让人民群众在每一个司法案件中都感受到公平正义"。现阶段,人民法院受理的知识产权案件数量持续增长,新型疑难复杂案件层出不穷,知识产权审判工作的难度更高、压力更大。我们要以庭审和裁判文书为主要抓手,进一步提高办案质量和效率。海淀法院不仅是北京市,也是全国基层法院知识产权审判的一面旗帜。在案件数量多的情况下,必须在确保案件质量的前提下讲究办案效率。在办案质量上,不能满足于"过得去",而是要追求"过得硬",要真正把每一个案件都办得扎扎实实,办成经得起法律和历史检验的"铁案",办成引领司法潮流的"精品案"。海淀法院能够连续在三届全国知识产权裁判文书评选中荣获一、二、三等奖,从一个侧面反映了海淀法院具有较高的知识产权审判水平。当前,在信息化背景下,人民群众对司法公开、司法民主、司法公正的呼声更高、要求更强烈。我们要进一步强化司法公开,落实好已有的司法公开举措,通过庭审直播、裁判文书上网、邀请人大代表和政协委员旁听庭审等多种形式,在尊重司法规律的前提下,最大限度地提升司法活动透明度,增强司法公信力。在互联网时代,现代化的信息传播方式易将案件推向舆论的风口浪尖。我们要善待媒体、善用媒体,形成司法与媒体的良性互动,特别是要高度关注网络舆情,正确引导社会舆论,为知识产权审判工作营造良好的舆论环境。海淀法院在处理审判舆情方面积累了比较丰富的经验,希望认真加以总结和提炼,供其他法院借鉴。

二要自觉服务大局。为党和国家工作大局提供司法保障是人民法院的基本职责。我们要自觉地把法院工作置于党和国家工作大局中进行谋划,把保障创新和发展作为知识产权保护的重要目标,充分发挥知识产权司法保护机制激发创新动力、创造潜力和创业活力的独特作用。今天在中关村示范区展示中心,我们看到了很多高精尖的技术,中关村科技创新的活跃程度、发展速度和领先地位给我们留下了深刻的印象。为此,我们要深入研究开放平台、超级电视、云视频、移动终端等网络新技术引发的知识产权法律问题,妥善处理科技创新中因权利边界划分等产生的矛盾纠纷,依法促进经济发展方式转变,贯彻实施好创新驱动发展战略。同时,要进一步规范调解工作,完善诉讼与非诉讼相衔接的矛盾纠纷解决机制,不断改进人民法院为经济社会发展服务的方式方法。要大力加强司法建议工作,针对知识产权审判中发现的突出问题,及时向有关部门提出改进意见和完善建议,延伸和扩大司法服务的范围和效果。海淀法院把法庭庭审开在科技园的生产一线,让法制课进学校、进社区就是延伸司法服务效果的一个很好的例证。

三要推进司法改革。改革是推进公正司法的不竭动力。我们要紧紧抓住知识产权法院设立这一有利契机,乘势而上,有所作为,以创新的方式保护创新,不断完善知识产权审判体制和工作机制，同时也为整个司法体制改革探路。有的同志认为，知识产权法院只是北上广三地的事情，与我们无关。这种想法不正确。“风物长宜放眼量”，我们要把眼光放的更远一点，把当下的工作做得更实一些，为未来的改革留下更多的空间。需要特别强调的是，知识产权审判“三合一”改革试点工作是完善知识产权审判体系的重要举措，与设立知识产权法院并行不悖，互为补充。北上广三地设立的是中级法院级别的知识产权法院，北上广三地的基层法院以及没有设立知识产权法院的地区，仍要继续探索推进由知识产权庭统一受理知识产权民事、行政和刑事案件的“三合一”改革试点工作。刚才，鲁为院长在汇报中提到，海淀法院在“二合一”的试点中，遇到如何在程序和业务上实现“无缝对接”的问题。最高法院民三庭要进一步加强对这一问题的跟踪和调研，提出切实可行的解决措施。在推进知识产权司法改革的过程中，既要勇于冲破传统思想观念的束缚，也要坚持一切从实际出发，广泛听取各方面意见，努力使每项改革措施都符合中央要求、符合知识产权司法规律、符合人民法院工作实际，切忌拍脑袋、想当然。对于改革中发现的问题、遇到的困难，希望大家及时提出改进意见和建议。

四要夯实基层基础。基础不牢，地动山摇。基层法院就是人民法院的基础，人民法庭更是基层中的基层，处在司法为民的最前沿，化解矛盾的第一线。今年7月召开的第三次全国人民法庭工作会议，对新形势下人民法庭的工作方向和工作重点进行了全面部署。我们要认真贯彻落实这次人民法庭工作会议的精神，以改革发展为动力，以便民利民为导向，全面加强人民法庭建设。北京高院、中院两级法院要进一步加强对基层工作的监督指导，完善指导机制，增强监督指导的科学性和针对性。去年，海淀法院在全国率先设立了以审理知识产权案件为主的基层法院派出法庭，这是一个很好的制度创新。中关村法庭的设立，促使我们对新形势下人民法庭工作的特点进行思考，促使我们对不同区域环境下人民法院服务社区的方式进行思考。这次调研中，我一直在思考一个问题：中关村法庭便民利民的“民”在哪里？其实，“民”就在一幢幢的办公大楼里，就在一条条的生产线上，就在日新月异的创新实践中。从这个意义上说，中关村法庭已经超越了传统意义上的派出法庭，成为了我们研究基层司法组织为社区服务的新样本。下一步，中关村法庭要结合中关村的特定司法需求，有针对性地确定法庭的工作重点，在服务中关村科技创新上多做文章，在参与基层社会治理上多下功夫。要注意探索知识产权领域中人民法庭工作的特点和规律，努力形成可复制、可推广的经验。

五要抓好队伍建设。实现人民法院工作的改革发展、实现知识产权审判工作的科学发展，归根到底要靠一支高素质的队伍。刚才，我们在海淀法院民五庭和中关村法庭看到，我们知识产权的法官和书记员大多很年轻，很有朝气，“80后”都成了办案的主力。干部队伍越是年轻，越是要严格按照“政治过硬、业务过硬、责任过硬、纪律过硬、作风过硬”的要求，着力提升知识产权法官的政治素质和业务能力。要加强对新法律、新领域、新技术的学习培训，真正做到干什么学什么、缺什么补什么，真正做到在干中学、在学中干，让他们在工作中尽快成长为行家里手、业务骨干。广大基层干警处在工作的第一线,肩负的任务重,面对的困难多。要注意引导基层知识产权法官热爱审判事业,安心基层工作,让扎根基层、埋头苦干的一线法官有舞台、有干劲、有奔头,不断增强知识产权审判队伍的凝聚力和战斗力。

知识产权审判工作,事关党和国家工作大局,事关创新型国家和法治国家建设,事关人民法院形象。希望海淀法院紧紧围绕"努力让人民群众在每一个司法案件中都感受到公平正义"的核心目标,牢牢把握司法为民、公正司法的工作主线,更加积极地回应科技创新的司法需求,深入推进知识产权司法改革,推动知识产权审判工作再上体制机制新台阶。

谢谢大家!

加强知识产权司法保护国际交流
推动中国知识产权司法保护事业新发展

——在中国法院知识产权司法保护国际交流(上海)基地揭牌仪式上的讲话

最高人民法院副院长　陶凯元

(2014年9月25日)

尊敬的姜平书记、赵雯副市长、崔亚东院长,同志们,朋友们:

大家上午好!

在中共中央关于"探索建立知识产权法院"的战略部署启动实施之际,在全国人大常委会刚刚审议通过《关于在北京、上海、广州设立知识产权法院的决定》之时,我们相聚上海高院,举行"中国法院知识产权司法保护国际交流(上海)基地"揭牌仪式,这是我国法院知识产权司法保护的一件大事和盛事!在此,我谨代表最高人民法院,向"中国法院知识产权司法保护国际交流(上海)基地"的成立表示热烈祝贺!并向一直以来关心和支持人民法院知识产权审判工作的上海市委、市人大、市政府、市政协、市委政法委和社会各界表示衷心感谢,向长期奋斗在知识产权审判岗位的法院干警表示亲切慰问!

当今时代,科技创新浪潮迭起,知识经济方兴未艾,经济全球化进一步加深,知识产权在国际竞争和发展中的地位和作用日益凸显,并逐渐成为国际经济交往的重点和焦点。与此同时,知识产权保护的国际性、敏感性和重要性也进一步显现。近年来,随着我国改革开放的进一步深入和国内经济结构转型的推进,知识产权司法保护的需求日益强烈,人民法院受理知识产权案件数量呈现快速增长的趋势。2013年,我国法院受理各类知识产权一、二审案件超过11万件,跃升为全球受理知识产权案件数量最多的国家。国际社会对我国知识产权司法保护的关注度持续空前提高,我国知识产权司法保护的国际交流与合作日趋频繁。一直以来,最高人民法院都高度重视并大力推动知识产权司法保护的国际交流合作。周强院长多次强调"知识产权审判领域是国际化程度最高的领域",并对加强知识产权司法保护国际交流合作作出重要批示。他要求,"要进一步扩大国际知识产权交流合作,畅通交流合作渠道,加强国际化审判人才的培养"。可以说,进一步加强知识产权司法保护国际交流与合作,既是适应我国全面深化改革开放的必然要求,也是进一步提升我国知识产权大国国际形象的必然要求。上海处在中国改革开放最前沿,是一个科技经济发达的国际化大都市,正致力于建设中国(上海)自由贸易试验区,建设具有全球影响力的科技创新中心,在开展知识产权国际交流方面有着得天独厚的基础条件。多年来,上海法院知识产权审判工作在审判机制和审判方法的创新、审判的公开度、审判的权威性与影响力、法官的职业素养与专业水准等各方面,一直走在全国法院的前列,具有良好的国际形象。上海改革开放的新形势、新机遇以及知识产权司法保护的良好业绩决定了上海法院有条件、有能力为中国知识产权司法保护国际交流与合作开展新探索,作出新贡献。因此,最高人民法院完全支持上海高院申请设立"中国法院知识产权司法保护国际交流(上海)基地",并对建设好、发展好这个基地寄予厚望!

成立"中国法院知识产权司法保护国际交流(上海)基地"是最高人民法院促进知识产权审判事业科学发展的一项重要举措,也是一项制度创新,意义重大而深远。首先,这个基地是中国法院了解和获取知识产权司法保护国际经验的一个重要渠道。我们希望,通过交流基地这个渠道,中国法官可以与世界各国知识产权法律界人士进行密切交流,并从中学习和了解国际知识产权保护的先进经验和前沿问题,不断拓宽国际视野和世界眼光。其次,这个基地是展示中国法院知识产权司法保护良好形象的一个重要窗口。中国已成为国际知识产权保护的重要力量,中国法院在知识产权保护方面的发展与进步也逐渐得到国际社会的认可和积极评价。我们希望,通过交流基地这个重要窗口,国际社会可以更全面、深入地了解中国法院为加强知识产权司法保护所作出的努力与成绩,也可以增进对中国知识产权法律制度、法律现状的理解与支持。最后,这个基地是中国法院参与知识产权保护国际治理体系的一个重要平台。当前,国际知识产权保护进入空前活跃的阶段,知识产权状况正在发生深刻变化,需要世界各国积极参与,推动知识产权国际规则的发展与完善。中国法院不仅在三十多年的知识产权司法保护实践中形成了自己的独特经验和良好的制度设计,也在一些国际新类型案件的审理中积累了初步经验。我们非常愿意和世界各国分享这些经验。我们希望,通过交流基地这个重要平台,可以促进世界知识产权司法保护经验的广泛交流,推动国际知识产权规则的发展完善。最高人民法院将全力支持上海建设好这一重要平台、重要基地。

借此机会,我就“中国法院知识产权司法保护国际交流(上海)基地”的建设和发展工作提几点希望:一要强化机制建设,尽快形成一套行之有效的工作机制。要尽快建立和完善基地的各项管理和工作制度,建立健全运转顺畅、富有效率的工作机制。要强化国际交流与合作的主动性、规划性和长效性,广泛开展与国外司法机构、学术机构、国际组织的合作,特别是要加强与世界知识产权组织等国际组织的合作。要充分利用上海科技、知识产权人才集聚优势,充分整合中外司法界、学术界和产业界资源,建立常态化合作机制。要建立经费保障机制,为取得良好的国际交流合作成果提供充分保障。二要强化国际视野,打造适应知识产权司法保护国际交流需要的平台。要以深入开展高层次、高质量、高水平的国际知识产权司法交流合作为目标,充实精通知识产权法律与外语的国际化人才,按照国际化的运作方式规划和开展交流合作。三要强化司法特色,拓展知识产权司法交流广度与深度。要紧扣司法实践,从知识产权司法保护的实践需要出发,选择交流议题,规划交流项目。要从议题的多样性、参与者的广泛性拓展知识产权司法交流的广度;从议题的专业性、前瞻性,参与者的专业性拓展知识产权司法交流的深度。四要强化品牌效应,建设具有国际影响力的交流基地。要力争通过开展一些有影响力的交流活动,不断扩大基地的品牌影响力,使之成为能吸引全球知识产权领域有影响力人士乐于参与的国际化交流平台。

同志们,朋友们!新的时代对知识产权保护提出了新的课题,对世界各国知识产权保护赋予了新的使命。我们深信,在最高人民法院的指导下,在上海市各有关部门和社会各界的关心支持下,上海高院一定能够建设好“中国法院知识产权司法保护国际交流(上海)基地”,这个基地也一定能为中国知识产权司法保护事业增光添彩!

谢谢各位!

在全国部分法院“加大知识产权司法保护力度”调研座谈会上的讲话

最高人民法院副院长　陶凯元

(2014 年 10 月 30 日)

尊敬的张坚院长、同志们:

大家上午好!

在中共十八届四中全会刚刚胜利闭幕之际,在北京、上海、广州知识产权法院即将相继挂牌成立之时,今天,我们相聚在美丽的巢湖之滨,召开全国部分法院“加大知识产权司法保护力度”调研座谈会，围绕“加大知识产权司法保护力度，降低知识产权维权成本，提高知识产权侵权代价”主题展开研讨。这对于加强知识产权审判研究、提高人民法院知识产权审判水平、充分发挥司法在保护知识产权中的主导作用都具有十分重要的意义。下面，我就“如何发挥司法在保护知识产权中的主导作用”谈几点意见，供大家讨论时参考。因为，我以为加大知识产权司法保护力度与充分发挥司法在保护知识产权中的主导作用具有密切的关系，两者相辅相成。一方面，如果我们发挥了司法在保护知识产权中的主导作用，必将有效加大知识产权司法保护的力度。另一方面，只有加大知识产权司法保护力度，才能有效发挥司法在保护知识产权中的主导作用，从而最终实现司法保护知识产权的目标和任务。

一、统一思想、提高认识，深刻领会发挥司法在保护知识产权中主导作用的重要意义

2008年6月，国务院发布《国家知识产权战略纲要》，明确提出要发挥司法在保护知识产权中的主导作用。可以说，发挥司法在保护知识产权中的主导作用既是贯彻实施国家知识产权战略的必然要求，也是人民法院知识产权审判工作的发展方向。如何发挥司法保护的主导作用直接关系到知识产权司法保护的战略定位、知识产权审判的地位作用以及知识产权司法保护的能力和水平。充分发挥司法保护的主导作用对于创新型国家的建设、国家知识产权战略和创新驱动发展战略的贯彻实施、司法公信力的提升和司法权威的树立都具有重要意义。

当前，人民法院知识产权审判工作面临着前所未有的机遇和挑战。中共十八届三中全会指出，要通过公平公正公开的知识产权司法推动建立统一开放、竞争有序的市场体系。8月底，全国人大常委会审议通过了《关于在北京、上海、广州设立知识产权法院的决定》。上周刚刚闭幕的中共十八届四中全会，通过了《中共中央关于全面推进依法治国若干重大问题的决定》，对全面推进依法治国作出了重大部署，为法治中国建设描绘了宏伟蓝图，为人民法院事业提供了更加广阔的发展空间，这必将对人民法院知识产权审判工作产生重大而深远的影响。

新形势新任务对发挥司法保护知识产权的主导作用提出了更高的要求：一是加强知识产权司法保护越来越受到全社会的广泛关注和热切期盼，加大知识产权保护力度成为新一轮知识产权修法的方向；二是不断加大的行政执法力度越来越形成对司法保护的“倒逼”氛围，同时，知识产权刑事审判的威慑作用和新发展给民事审判、行政审判带来新启示；三是国际上通行的司法保护知识产权的单轨制越来越为更多国家所认可。在这样的大背景下，如果我们不及时有效地顺应社会需求、回应社会关切，司法保护知识产权的主导作用就有可能永远停留在口号上、文件里。为此，我们必须把思想和认识统一到中共十八大和十八届三中、四中全会精神上来，从党和国家工作大局、从知识产权审判工作全局的高度，充分认识发挥司法保护知识产权主导作用的重大意义，不断增强工作的积极性、主动性和创造性，加大知识产权司法保护力度，充分发挥司法在保护知识产权中的主导作用。

二、抓住机遇、应对挑战，找准发挥司法在保护知识产权中主导作用的抓手

司法保护知识产权的主导作用既是思想理念、政策导向，又涉及具体的制度设计、体制机制。司法保护知识产权的主导作用应主要体现在：司法成为解决知识产权纠纷的主渠道，司法救济的全面性，司法裁判的终局性，司法裁判标准和规则的导向性和指引性等方面。

今年，全国人大常委会对《专利法》的贯彻实施情况进行了执法检查，执法检查报告对人民法院专利审判工作予以充分肯定，但同时指出专利审判中存在的两大问题：一是维权难。具体包括“时间长”、“专利侵权诉讼中确权程序复杂”、“举证难”、“侵权举证难度大”、“成本高”；二是救济不力。具体包括“赔偿低”、“判决赔偿额往往无法弥补权利人遭受的损失”、“赢了官司、丢了市场”、“判决执行不到位”等。我们要以此次执法检查为契机，对内大力抓好专利法及相关法律规定的落实，抓紧制定相关司法解释；对外大力推动相关立法和制度改革，积极推动现行专利法规定的专利侵权民事诉讼与专利无效行政诉讼并行的“二元制”程序架构等制度改革。

当前和今后一个时期，我们要找准发挥司法在保护知识产权中主导作用的抓手，重点做好以下几方面的工作：一是要积极发挥民事审判在保护知识产权和激励自主创新中的主渠道作用，充分保护权利人的合法权益。二是要着重强化司法审查在知识产权授权确权中的主导作用，有效行使对授权确权行为的司法审查权。三是要充分发挥对知识产权行政执法行为的司法监督职能，切实保障行政相对人合法权益。四是要充分发挥刑事审判惩治和震慑侵犯知识产权犯罪的功能作用，大力推进以审判为中心的诉讼制度改革，加大对涉及知识产权侵权犯罪行为的打击力度。五是要尊重司法规律，加大司法保护力度，积极探索各领域加大保护力度的具体实现方式，有效解决制约加大知识产权司法保护力度的重点问题，探索完善加大赔偿力度的具体实现方式。明确诉前停止侵权措施的适用条件、程序和规范，努力构建一套合理完备的制度设计。六是积极探索知识产权审判专业技术事实查明的有效方式，建立和完善司法鉴定、专家辅助人、专家咨询等技术事实查明制度。七是要加快组建北京、上海、广州知识产权法院，为知识产权法院的进一步改革发展积累经验。

三、狠抓落实、扎实推进，将发挥司法在保护知识产权中的主导作用贯穿于知识产权审判工作的全过程

今年7月在武汉召开的全国法院知识产权审判工作座谈会对当前和今后一个时期的工作做出了部署和安排，希望全国各级法院认真贯彻落实会议精神，切实将发挥司法保护知识产权的主导作用贯穿于知识产权审判工作的全过程。

发挥司法保护知识产权的主导作用与其他知识产权司法工作是内在统一、相辅相成的。每一项知识产权司法工作都是发挥司法保护知识产权主导作用的具体实践。为此，我们必须扎实推进以下六方面的工作：一是更新观念，推动知识产权审判工作与时俱进。进一步解放思想，努力强化创新理念、法治理念、市场理念和开放理念，促进知识产权审判不断向前发展。二是提升能力，努力建立一支正规化、专业化、职业化的审判队伍。要把思想政治建设放在首位，大力提高队伍的思想政治素

质、审判业务工作能力、法官职业道德水准,为知识产权审判工作提供坚强组织保障。三是加强保护,营造良好宽松的创新环境。强化创新保障,促进创新活力竞相迸发,重视维护市场公平竞争,促进增强市场活力,积极合理运用行为保全制度,及时有效保护权利人利益,加大损害赔偿力度,充分实现知识产权的市场价值,有效保障权利人的合法权益。四是强化指导,维护知识产权审判法治统一。严格执行法律与适用司法解释,切实保证法律实施。高度重视司法政策和典型案例的指引作用,提高审判指导的针对性和有效性。大力加强审判监督和案件协调,促进裁判标准统一。深入开展司法调研,及时研究新问题和总结新经验。五是深化改革,完善知识产权审判工作机制。加快推进知识产权审判体系改革,继续推进知识产权审判"三合一"改革试点,合理规划知识产权案件管辖布局,进一步加强知识产权司法公开。六是引领潮流,提高我国知识产权司法国际影响力。要更加注重国际视野和世界眼光,勇于引领知识产权司法国际潮流,积极推动知识产权国际规则的形成,建立健全知识产权国际交流合作长效机制。

"雄关漫道真如铁,而今迈步从头越。"同志们,幸逢盛世,为我们每一个知识产权人提供了建功立业的大好机遇,我们要始终以踏石留印、抓铁有痕的劲头开展好知识产权司法保护工作,充分发挥司法在保护知识产权中的主导作用,努力让人民群众在每一个司法案件中都感受到公平正义,为全面建成小康社会、全面深化改革和实施创新驱动发展战略提供有力支撑,为全面推进依法治国作出我们应有的贡献!

最后,预祝会议圆满成功。谢谢大家!

在"知识产权保护的国际视野"国际研讨会开幕式上的致辞

最高人民法院副院长　陶凯元

(2014年11月3日)

尊敬的世界法学家协会主席亚历山大·贝洛拉维克先生,各位来宾,女士们、先生们、朋友们:

大家上午好!

金风送爽,丹桂飘香,在此美好的深秋时节,由中华人民共和国最高人民法院与世界法学家协会共同主办、中国法院知识产权司法保护国际交流(上海)基地承办的"知识产权保护的国际视野国际研讨会",今天在美丽的上海隆重召开。来自中外的法律界同仁将围绕"知识产权保护的国际视野"这一主题,研讨知识产权保护新趋势与未来发展等若干重大问题,意义重大而深远。"有朋自远方来,不亦乐乎",在此,我代表中华人民共和国最高人民法院,对会议的如期召开表示热烈的祝贺!对各位嘉宾和代表的出席表示热烈的欢迎!对世界法学家协会以及亚历山大·贝洛拉维克主席对本次会议的大力支持和亲临会议,表示衷心的感谢!

世界法学家协会自上世界六十年代成立以来,以帮助创建"一个新的法治社会:强者面对公正、弱者得到保护、和平得以永续"为宗旨,已经取得了许多卓越成就。多年来,中国最高人民法院与世界法学家协会一直保持着良好关系和紧密合作。双方合作举办了 1990 年第十四届世界法律大会和 2005 年第二十二届世界法律大会。在北京和上海举办的第二十二届世界法律大会被认为是世界法学家协会 50 年来规模最大、最为成功的一次大会。今年,应中国最高人民法院邀请,世界法学家协会主席亚历山大·贝洛拉维克先生一行访华,双方就法律领域进一步的交流与合作达成了共识,今天的研讨会的顺利召开就是这一共识的结晶。

在经济全球化进一步加深的背景下,知识产权在国际竞争与发展中的地位和作用日益凸显,知识产权保护的国际性、敏感性和重要性也进一步显现。中国同世界其他国家一样,高度重视知识产权保护。自 1982 年制定商标法以来,中国的知识产权法律法规逐步健全,不断发展与完善,已形成了较为完备的既与国际接轨又具有中国特色的知识产权保护法律体系。作为世界贸易组织的重要一员,中国积极履行知识产权国际公约和条约义务。2008 年 6 月,中国颁布《国家知识产权战略纲要》,从国家战略的高度,提出要全面提高知识产权创造、运用、保护和管理的能力。经过多年的实践和发展,中国的知识产权事业取得了举世瞩目的成就。

三十多年来,中国法院依法履职,强化知识产权司法保护职能,加大知识产权司法保护力度,提高知识产权司法保护水平,为推动科技创新、经济发展、文化繁荣和对外关系等作出了重要贡献。突出表现在:

一、公正高效审理各类知识产权案件,发挥了司法保护知识产权的主导作用

中国最高人民法院和地方各级人民法院肩负着中国知识产权司法保护的重任。三十多年来,各级人民法院依法公正高效审理各类知识产权民事、行政和刑事案件,切实维护知识产权权利人的合法权益,制止、制裁和打击各类知识产权违法犯罪行为,维护公平竞争的社会主义市场经济秩序,充分发挥了司法保护知识产权的主导作用。近年来,随着我国改革开放的进一步深入和国内经济结构转型的推进,人民法院受理知识产权案件数量呈现快速增长的趋势。2013 年,我国法院受理各类知识产权一、二审案件超过 11 万件,我国跃升为全球受理知识产权案件数量最多的国家。

二、加大司法保护的公开性和透明度,提升了知识产权司法保护的公信力

中国法院注重司法公开透明,实行审判公开、裁判文书公开。对具有社会影响力的案件实行庭审直播;设立了中国法院裁判文书网,知识产权裁判文书全部上网向社会公开发布;加大了知识产权司法宣传力度,每年"4·26"世界知识产权日宣传周期间,均发布中国法院知识产权司法保护 10 大案件、10 大创新案件和 50 件典型案例,发布《中国法院知识产权司法保护状况》(白皮书)、《最高人民法院知识产权案件年度报告》。以此展现人民法院加大知识产权司法保护的成果,引领全社会尊重知识、尊重知识产权。

三、加大国际交流和合作,扩大了中国知识产权保护的国际影响力

在当今经济全球化深入发展,文化多样化、社会信息化持续推进的大背景下,中国法院不断加强知识产权国际交流与合作。近年来,最高人民法院派员参加了中美、中欧、中俄、中瑞知识产权工作组会议以及中瑞、中韩自贸区谈判等国际会议,接待美国、日本、欧盟等高层代表团来访,合作举办中外知识产权专题论坛。通过不同途径和方式,增强相互之间的理解和共识,促进相互之间的沟通和合作,扩大中国知识产权保护的国际影响力。今年9月,最高人民法院设立了知识产权司法保护国际交流(上海)基地,进一步拓展了国际交流和合作的新渠道和新途径。本次研讨会,也是该基地设立以来承办的首个知识产权国际研讨会。

此次研讨会,是今年中国法院知识产权对外交流与合作的重要项目,研讨会的主题——"知识产权保护的国际视野",非常切合目前中国经济社会发展的现实需要。当前,中国正处于经济发展战略转型期,创新和发展已成为全社会的共识,知识产权保护不仅是履行国际义务,更是中国构建创新型国家、实现自身经济社会发展目标的必然要求。同时,研讨会召开之际,又适逢中国一系列大事盛事发生之时,可谓天时、地利、人和:一是为贯彻中共十八届三中全会关于"探索建立知识产权法院"的部署,全国人大常委会于8月31日审议通过了《关于在北京、上海和广州设立知识产权法院的决定》。11月6日,北京知识产权法院将率先挂牌,上海和广州知识产权法院也将于年内成立(事实上,此时此刻,在研讨会召开的同一时间,最高人民法院正在召开新闻发布会,向社会公布关于知识产权法院案件管辖的司法解释及下一步加强知识产权司法保护的举措)。二是2014年APEC峰会即将在北京召开。三是刚刚闭幕的中共十八届四中全会审议通过了《中共中央关于全面推进依法治国若干重大问题的决定》,对全面推进依法治国作出了重大部署,为法治中国建设描绘了宏伟蓝图,为人民法院事业提供了更加广阔的发展空间,这必将对人民法院知识产权审判工作产生重大而深远的影响。在新的形势下,中国愿与世界各国进一步深化知识产权领域的交流合作,分享知识产权保护领域的研究成果和先进经验,携手共同开创知识产权保护更美好的明天。

最后,衷心祝愿会议取得圆满成功!祝愿各位来宾和朋友中国之行愉快!

谢谢大家!

与部分人大代表、特邀监督员、特邀科技咨询专家到北京知识产权法院调研座谈时的讲话

最高人民法院副院长 陶凯元

(2014 年 12 月 11 日)

尊敬的刘忠范代表、汪宏坤代表、阎建国代表、马一德院长、李未校长：

大家上午好,非常感谢各位代表和专家在百忙中拨冗出席今天的调研座谈会。邀请各位代表和专家到北京知识产权法院参观、调研和座谈,主要目的是想以这样一种别开生面的方式加强与各位代表、特邀监督员、特邀科技咨询专家的联络沟通,听取大家对最高人民法院工作以及知识产权审判工作的意见和建议。

长期以来,最高人民法院非常重视监督联络工作,并通过多种形式,主动加强联络沟通,及时通报工作情况,广泛听取意见建议,认真研究办理落实,不断改进完善工作,有效增进了全国人大代表、政协委员、特邀监督员、特邀科技咨询专家对人民法院工作的了解、理解和支持。特别是周强院长到任最高人民法院以后,更是高度重视这项工作,要求全国法院进一步创新工作思路、拓宽联络渠道,为各位代表、专家深入了解、广泛参与和有效监督法院工作创造条件、提供平台、做好服务。

在今年全国“两会”结束后,最高人民法院结合第二批党的群众路线教育实践活动和今年 10 月向全国人大常委会所作关于规范司法行为专项报告工作,分批组织开展全国人大代表视察法院专项活动。最高法院还建立了院领导与部分在京人大代表的结对联络工作机制,通过电话联系、单独走访、集中座谈,或者邀请旁听分管部门案件庭审、参加专业性会议等形式,及时、全面、深入的向代表通报法院工作情况,听取意见和建议、接受监督。今天来的刘忠范代表、汪宏坤代表及中午要赶过来的崇泉代表(全国人大外事委员会委员、商务部谈判代表)就是我的结对联络代表。对于特邀监督员、特邀咨询员和特邀科技咨询专家,最高法院要求各相关业务部门指派专人负责联络沟通工作,为专家有效履职提供细致周到的服务保障和工作便利,通过座谈、邀请参加调研、专门咨询等方式,充分听取意见,发挥专家作为人民法院工作指导者、监督者和帮助者的作用,使各位专家能够更加深入地参与到人民法院各项工作和改革创新中来。今天来的马一德院长和阎建国代表就是最高院 2013 年6 月和 2014 年 6 月聘任和增补的第二届特约监督员。今年 2 月,最高法院举行了特邀科学技术咨询专家聘任仪式,聘任李未校长等 10 位“两院”院士为第二批特邀科学技术

咨询专家。最高法院将不断健全完善科学技术专家咨询制度,不断完善专家咨询工作细则,积极探索有利于专家参与法院工作的有效途径和方法。

借此机会,我将今年以来全国法院工作基本情况以及知识产权审判工作情况向各位作一简要通报。在党中央正确领导下,全国各级法院深入学习贯彻党的十八大、十八届三中、四中全会精神,认真学习贯彻习近平总书记系列重要讲话精神,紧紧围绕"让人民群众在每一个司法案件中都感受到公平正义"的目标,牢牢坚持司法为民、公正司法工作主线,各项工作取得新的发展进步。一是狠抓执法办案第一要务,1~10月,最高人民法院受理案件9966件,审结6616件,同比分别上升2.44%和6.99%。地方各级人民法院受理案件13251782件(1325万余件),审结、执结10261726件(1026万余件),同比分别上升10.28%和4.65%。依法审判处理刘汉、刘维等36人特大黑社会性质组织犯罪案,许志永聚众扰乱公共场所秩序案,新疆系列暴力恐怖案,中威执行案等一批大案要案,有力保障了经济社会发展。二是高度关注人民群众司法需求,最高人民法院出台了关于审理减刑假释案件、依法惩处涉医犯罪等一批司法解释和规范性文件,指导各级法院妥善审理相关案件。建立人民法院案例月度发布制度,发布暴力伤医、侵犯儿童权益、侵犯消费者权益犯罪等一批典型案例,受到社会各界广泛关注。同时加大环境资源案件审判力度,推动建立了环境资源审判专门机构。三是继续深化裁判文书公开、审判流程公开、执行信息公开三大平台建设。截至目前,各级法院在中国裁判文书网公开裁判文书266万余件,通过视频直播庭审案件8.2万件,公布失信被执行人近50万名。完善最高人民法院官方微博、微信、新闻客户端发布制度和服务功能,开展"法官时间去哪儿了"、"带着微博去执行"等微博直播活动,增进社会对法院和法官工作的理解与认同。四是加快信息化建设步伐,确立"大数据、大格局、大服务"理念,推进"天平工程"建设,最高人民法院建立网上申诉信访平台,开通远程视频接访系统,各级法院积极探索创新信息化建设新举措,为公正司法提供有力技术支撑。五是积极推进司法体制改革,按照党中央统一部署,认真开展审判权运行机制改革、深化司法公开、人民陪审员改革等试点工作,推动设立知识产权法院,制定发布《人民法院第四个五年改革纲要(2014-2018)》,积极推进最高院巡回法庭和跨区域法院的设立等,确保各项改革任务稳妥有序推进。六是切实加强队伍建设,扎实开展党的群众路线教育实践活动,评选"最美基层法官",集中开展廉洁司法教育活动,出台加强纪律作风建设指导意见,深入整治"六难三案"问题,对法院系统违反八项规定、违纪违法典型案件进行通报,促进队伍素质实现新提升。总的看,今年以来人民法院各项工作继续保持良好发展态势。

今年以来,人民法院知识产权审判工作也取得重大进展。一是知识产权司法保护工作的指导思想和工作方向更加明确。今年7月,最高法院在武汉召开全国知识产权审判工作座谈会,对新形势下知识产权司法保护工作作出全面部署,要求更新观念、提升能力、加强保护、强化指导、深化改革、引领潮流,提高我国知识产权司法的国际影响力,使知识产权审判与我国日益上升的国际地位相适应。二是司法保护知识产权的主导作用更加突出。1~10月,地方各级人民法院新收一审知识产权民事案件84862件,一审知识产权刑事案件8810件,一审知识产权行政案件9525件,分别比去年同期增长8.85%、22.5%和261.62%。案件数量的大幅增长,说明了人民群众对司法保护知识产权的充分信赖。知识产权行政案件数量尤其是专利商标行政授权确权案件迅猛增长,人民法院在明确知识产权授权确权规则、促进行政机关提高授权确权质量方面发挥着越来越重要的作用。三是知识产权领域司法改革成效显著。经最高法院提出议案,今年8月31日全国人大常委会通过《关于在北京、上海、广州设立知识产权法院的决定》。11月6日,北京知识产权法院率先成立。目前,广州和上海知识产权法院也正在紧张筹备之中(广州知识产权法院预计在12月中旬,上海知识产权法院计划在12月下旬设立)。知识产权法院的成立是司法体制改革的重大成果,是我国知识产权保护的重要里程碑,标志着我国知识产权保护进入了一个全新的发展阶段。四是知识产权司法公信力日益提升。各级法院加大司法公开力度,切实保障社会各界对司法工作的知情权、参与权和监督权。对于社会关注度高的案件,以"全媒体"形式对案件审理进行全景展示,不断增强司法公开的力度和广度。最高法院对奇虎公司与腾讯公司不正当竞争和垄断纠纷案先后以"全媒体"直播的方式公开宣判,受到国内外赞誉,判决确立的法律适用标准在全球范围内产生了巨大影响。以"4·26"世界知识产权日为契机,最高法院和部分地方法院分别发布知识产权司法保护状况白皮书、典型案例等,逐步构建起立体化、全方位的宣传模式,形成了新闻品牌效应。

以上是对人民法院总体工作情况和知识产权审判工作情况的简要通报。诚挚地期待各位代表和专家对人民法院的工作提出意见和建议,为进一步加强和改进人民法院工作贡献智慧和力量。

谢谢大家!

在专利司法解释征求意见座谈会上的讲话

最高人民法院知识产权审判庭庭长　宋晓明

(2014年9月16日)

同志们:

金秋九月,是收获的季节。今天,专利界的各位专家相聚一堂,共同研讨专利侵权审判实践中的突出问题,具有十分重要的意义。今天的会议,也是我到最高人民法院知识产权审判庭后参加的第一个业务座谈会。在此,我谨代表最高人民法院知识产权审判庭,对参加会议的专家学者、中央有关部门、企业界、律师界和法院系统等各个方面的代表表示热烈的欢迎,对中国知识产权研究会和中国知识产权报社的大力支持表示衷心的感谢。

当前,我国正处在全面建设小康社会的关键时期和实施创新驱动发展战略的攻坚时期。《中共中央关于全面深化改革若干重大问题的决定》作出"加强知识产权运用和保护,健全技术创新激励机制,探索建立知识产权法院"的战略部署。上月底,全国人大常委会通过《关于在北京、上海、广州设立知识产权法院的决定》,集中审理专利等专业技术性强的知识产权案件,这是我国知识产权事业发展进程中具有里程碑意义的一件大事,这对于健全科技创新激励机制、优化科技创新法治治理,必将产生积极而深远的影响。科技创新需要公正、高效、统一的专门化司法,专利等技术类案件的集中审理,有利于统一裁判尺度,有利于提高审判的专业化水平,有利于营造激励科技创新的司法环境。

今年是我国专利法颁布三十周年。三十年的实践证明,专利法在鼓励发明创造、推广和应用,促进科技进步和创新等方面发挥了重要作用。就我国专利法律体系而言,《专利法》是整个专利制度的支柱,其主要着眼于专利的授权条件,而对于专利权救济标准的细化和完善,实质上是由司法来承担的。正是从这个意义上讲,专利司法保护制度是我国专利制度的重要组成部分。人民法院作为我国专利法制建设的重要实践者、推动者和见证者,通过司法解释和专利审判,为确保专利法贯彻实施提供了有力司法保障。前不久,全国人大就专利法实施情况进行专项检查,在肯定专利司法保护成绩的同时,也提出一些亟待完善的问题,需要我们在专利案件的专业化审判中、在专利司法解释的起草中、在专利审判体制的改革中不断推进。

为配合专利法的第三次修订,最高人民法院曾于2009年12月发布《关于审理侵犯专利权纠纷案件应用法律若干问题的解释》,在依法保护专利权人利益、促进和激励科技创新等方面发挥了重要作用。五年来,随着创新形势的发展、专利审判实践的深入,新情况新问题不断涌现。北京、上海、江苏等地高级人民法院分别出台有关审理专利侵权案件的指导意见。为确保专利法的正确实施,细化和统一专利审判中的重大司法标准,及时回应科技创新对专利审判的新期待,有必要继2009年专利司法解释之后再次起草有关专利侵权判定标准的司法解释。

关于司法解释的起草,要坚持这样几个指导思想:一是注重司法解释的合法性。要以现行法律为前提,尽可能避免创设条款,避免立法内容。二是注重司法解释的实践性。要认真总结司法实践经验,精心梳理典型案例,增强可操作性,避免脱离审判实际、中看不中用。三是注重司法解释的理论性。要以基本法律原理、基本司法规律为依归,注意理论指引和理论创新。四是注重司法解释的民主性。要通过多种形式广泛征求各方面的意见和建议,听取民意、集中民智、集思广益,避免闭门造车。五是注重司法解释的国际性。要立足我国国情,借鉴域外先进、成熟的立法和司法经验,与国际通行作法接轨。专利司法解释的起草,除了坚持上述指导思想之外,还应当注意依法平衡专利权人利益与社会公众利益。一方面,从我国当前经济社会和科技文化发展的实际状况出发,以国家战略需求为导向,切实保护创新成果和创新权益,促进企业提高自主创新能力,激励科技创新;另一方面,严格专利权利要求的解释,准确确定专利权保护范围,充分尊重权利要求的公示和划界作用,防止不适当地扩张专利权保护范围、压缩创新空间、损害公共利益。

最高人民法院知识产权审判庭非常重视专利司法解释(二)的起草工作,王闯副庭长亲自带领第一合议庭开展专项调研,历时两年半,数易其稿,多次召开座谈会,听取有关部委、学者、法官、律师、专利代理人以及企业的意见,并于今年7月提交全国法院知识产权审判工作座谈会讨论,之后形成征求意见稿,公开征求全社会的意见。从目前反馈的情况看,代表性比较强,不仅有公司、发明人、代理人,还有律协、品保委、专利保护协会等行业协会。意见不仅来自国内,我们还收到来自美国政府、美国律师协会、美国全国商会,日本特许厅、日本知识产权协会、欧盟委员会的修改意见。反馈意见对条文稿基本上是肯定的,颠覆性意见不多,争议主要集中在功能性特征、间接侵权、标准与专利、生产经营目的等问题。希望各位代表在今天的讨论中,知无不言,言无不尽,从观点是否科学合理到逻辑是否严密,乃至文字表达是否精确、周延多提宝贵意见。我们将在梳理、吸收大家意见的基础上,对司法解释稿作进一步修改,确保条文质量。

最后,再次感谢各位代表在百忙之中参加本次会议。

谢谢大家。

在泰州医药知识产权司法保护调研基地座谈会上的讲话

最高人民法院知识产权审判庭庭长　宋晓明

(2014年10月23日)

这次到江苏泰州,主要是对医药领域专利权司法保护问题做些调研。大家都知道,医药生物技术领域的发明具有投资大、风险高、周期长等特点,该领域对专利保护依存度极高,而且受行政许可限制也很多。医药产业已经成为全球最为重要的支柱产业之一,并且仍将持续发展。创新是国家经济结构调整优化的原动力,重视创新拥有并有效运用知识产权已经成为当今全球经济竞争的决定性因素。加强医药知识产权保护,既是保护创新者合法权益的必然要求,也是落实国家鼓励创新政策和支持新药创制的重要法律措施。这次调研中,我一直在思考一个问题:如何更好地发挥调研基地的作用,贯彻创新驱动战略,提升司法保护的能力和水平,推动我国医药行业快速发展。下面我简要谈一下对几个问题的认识:

一、该领域专利权的特点和司法保护的主渠道作用

(一)医药领域专利权的特点

我国知识产权大而不强、多而不优的矛盾比较突出,相对缺少核心专利、知名品牌和版权精品,国际知识产权领域的话语权影响力也不够,迫切需要推动由知识产权大国向知识产权强国的转变。这个特点在医药领域的专利权保护中尤为明显。来自国内外医药专利的技术方案、专利布局具有较为鲜明的特点。国外的专利上游产品多,主要集中为化学药品及生物技术,国外专利的持有人通常将核心技术形成专利链,陆续申请药物的组合物、制剂、制药用途、合成方法等专利,把核心专利与外围专利结合起来,形成全方位、立体式的专利保护伞,延长药物的专利保护期限,阻止仿制药上市。专利文件的特点是,概括性强,权利要求范围宽且种类及项数多,说明书内容比较详细。相比之下,国内专利是下游产品多,技术含量不高的简单改剂型和制剂处方优化申请国内占多数,对专利战略的熟悉以及抢占外围专利的能力和意识方面,与国外专利权人差距显著。从专利权司法保护的视角观察,相比国外专利权人提起的化合物专利侵权纠纷,国内专利权人提起的专利侵权纠纷多涉及中药复方、制备方法、中药制剂及保健品等,技术含量和复杂性明显较低。由于新药物化合物的研发相对困难,在已知药物化合物基础上对剂型、晶型和联合用药等方面的研发成功率相对较高,不少国内企业多选择寻找基础药物化合物专利未涉及的剂型、晶型、联合用药等方面的缺口进行研究。研发活动主要以改进药、仿制药为主,容易引发侵权诉讼。由于药品上往往只存在一项或相对数量有限的专利权,一旦涉及侵权诉讼,往往对企业发展带来重大影响,进而影响地方经济和社会稳定。

(二)知识产权的司法保护事关医药产业发展的根本

知识产权保护对于医药企业回收创新成本,赢得超额利润以支持后续的研发活动,鼓励药物研发和保护创新具有十分重要的意义。美国著名经济学家曼斯·菲尔德研究认为,如果没有专利保护,60%的药品不会研发出来,65%的药品将不会得到应用。随着知识产权保护制度的不断完善,特别是实施“十一五”重大新药创制科技专项以来,我国研制的具有自主知识产权的药品已经开始角逐国际市场,企业创新能力不断加强。特别是一些先导型企业实行“走出去”战略,医药知识产权保护已经成为我国企业的内在需要。

医药产业的发展归根结底离不开自主研发与创新。前不久,李克强总理在夏季达沃斯论坛谈到:“保护知识产权就是保护创新火种,中国要推动创新就必须加大对知识产权保护力度,依法审理侵犯知识产权案件,激发创新者的热情,让其切实感到创新的价值。”知识产权审判工作,事关释放和激发社会创造活力,事关法治环境的完善、投资环境的优化,以及能否提供一个公开透明可预期的市场。

我国专利制度实施近三十年,不仅大大激发了人民群众的发明创造的积极性,也使专利意识和权利观念深入人心,权利人比以往任何时候都更加注重通过法律手段打击侵权,维护权益。权利人多数选择直接向人民法院提起专利民事诉讼来解决纠纷,司法日益成为当事人解决知识产权纠纷的主渠道。2003 年,全国各级法院共

受理各类专利案件2110件;2013年,这一数字达到了20395件,首次突破二万件大关。涉及药品领域的专利纠纷明显增多,呈现出民事侵权和行政授权确权案件相互交织的趋势,涉外专利纠纷比重加大,涉案技术的含金量和市场价值越来越高,技术事实愈加前沿和复杂,反映出所涉专利的巨大市场价值和利益。有些案件的争议焦点多触及立法、司法政策及专利基本制度和基本理念,与国际知识产权组织热议的法律问题高度接近。审判进程和裁判结果不断引起国际和国内的广泛关注。从本质上体现了专利权人对市场的争夺,以及业界对司法保护所释放信息的高度关注。

二、符合产业发展规律的知识产权司法保护是建成知识产权强国的必然要求

(一)准确了解产业研发现状和司法需求是基础

医药领域的专利权保护在专利制度中极具特色,TRIPs协议的相关规定和各国在专利立法上的不同实践,形成了涉及公共健康的一些特殊的专利制度安排,各国专利制度对于该领域的保护差异也很大。知识产权强国建设,离不开中国自己的国情。要建设的知识产权强国,一定是一个具有中国特色和世界水平的知识产权强国。"中国特色"和"世界水平"要两者并重,缺一不可。这就要求我们在现有知识产权法律制度框架下,在法官的自由裁量范围内,要考虑我国医药行业的发展现状,寻求一种动态的平衡。如果过于强化药品的专利保护,尽管会吸引跨国企业的投资,但可能会压制本国产业的发展,增高药品价格,影响公众利益;而过于弱化药品的专利保护,有可能影响药品研发积极性以及拥有先进技术的跨国药企的投资信心,最终导致中国老百姓没有优质的药品可用,影响公众健康水平。企业自身的产品创新层次和侧重不同,即便是对同一问题,所主张的司法需求也各不相同,解决不同层级的司法需求事实上也是个全球化问题。因此,准确了解该领域的研发现状、明确产业的司法需求是确保专利权的保护尺度符合产业发展规律的基础。

(二)发展中的问题在发展中解决

专利司法保护工作为促进经济社会全面、协调和可持续发展作出了积极的努力。经过近三十年的努力奋斗,伴随着我国专利法制建设发展完善的历史进程,我国的专利司法保护从无到有,司法水平不断提高,工作基础日益扎实,初步形成了组织健全、制度完备、运转有效的专利司法保护体系。

国际知识产权保护正在从关注规则的建立向侧重于关注执法问题的方向发展。个案确立的裁判标准以及知识产权司法保护政策的研究和制定,都可能会对企业乃至行业的发展带来十分重要而深远的影响。加之专利药品替代产品少,极易导致药品价格高昂,增加国家和社会的健康成本,裁判的标准与国计民生和公共健康问题息息相关,而且对我国的知识产权保护国际形象也具有重要影响。我们要立足于现有国际规则与我国专利制度的整体框架,着眼于我国生物医药产业的眼前利益与长远发展,确定该领域的专利保护标准及司法政策,使其与生物医药行业的技术进步和创新相适应,推动生物医药产业持续发展。同时,还要认识到知识产权国际体系也是一个动态开放的体系,也在不断发展完善之中。我们要坚定道路自信、理论自信、制度自信,不断完善我们的知识产

权司法保护机制,构建中国特色知识产权制度。

三、通过司法保护激发创新活力,增进社会福祉

目前大型跨国药企研发重心已经在逐步调整,形成了化学药和生物药两者共同发展的新格局;同时,以全球驱动战略与生物制药为发展模式,启动了新的专利战略及亚洲新兴市场战略,生物标志物和诊断技术市场为其推动药物和诊断研发的重点。我国医药产业仿制药占主流,化学原料药和药物制剂生产是制药企业的研发重点;研发主体仍是科研院所,总体创新能力较弱;专利申请和研发尽管总体保持快速增长,但企业数量多,规模小,产品结构和产业技术结构不合理,竞争力弱。因此,立足我国药物创新正处于仿创结合的阶段,医药产业与创新的战略需要作重新考量的历史机遇下,我们要把保障创新和发展作为知识产权司法保护的重要目标,充分发挥知识产权司法保护机制激发创新动力、创造潜力和创业活力的独特作用,促进我国生物医药行业的快速发展,带给人民更多福利。

总的来看,党和国家的战略决策和经济发展、社会进步对专利审判工作提出了新要求。如何通过专利审判工作为实现党和国家的知识产权战略、方针提供有力的司法保障,是对新时期法院工作提出的新的、更高的要求。下面我谈几点希望:

一是希望医药行业企业要抓住历史机遇,大力提高自主创新能力。在国家知识产权发展战略提出六年后的今天,要积极响应国家提出的创新驱动发展战略的部署,自觉加大投入,不断提高自主创新能力,提升自主知识产权的数量和质量,在国际化的市场竞争中赢得先机和优势。最高人民法院和各级人民法院的知识产权审判业务部门,将会通过优质高效的审判服务,为你们提供有力的司法保护。

二是希望医药行业企业充分研究利用知识产权法律制度,把握好市场机遇,提高自身竞争力,为社会多做贡献。2014 年到 2020 年,将会有 2590 亿美元的药品面临专利到期,其中预期 46% 的市场会为仿制药吸收。原研药与仿制药的矛盾势必是生物医药专利领域的主要矛盾。行业企业要做好法律和技术上的准备,应对市场将要到来的巨大变化,把握有利时机,为人民带来更多福利。要注意摸索专利保护的工作特点和规律,重点解决创新药物研究开发以及专利到期药物大品种技术再创新中出现的问题。

三是希望各级法院的知识产权法官密切关注行业企业的发展变化,不断提高审判质量和效率,坚持公正司法,使每一个案件的裁判都有良好的法律效果和社会效果。

我们已经处于知识产权审判的历史潮头。站在新的起点上,机遇与挑战并存,困难与希望同在,我们要进一步解放思想,迎难而上,开拓创新,全面开创专利审判工作新局面,为实现科技强国的中国梦,作出新的、更大的贡献。

知识产权法院的中国探索：中国知识产权保护的里程碑

——在“知识产权保护的国际视野”国际研讨会上的主旨发言

最高人民法院知识产权审判庭庭长　宋晓明

(2014 年 11 月 3 日)

尊敬的贝洛拉维克主席、尊敬的陶凯元副院长、各位来宾、女士们、先生们：

大家上午好。很高兴有这个机会与各位一起讨论和分享关于中国知识产权法院的改革与探索。今年 8 月 31 日，中国的立法机关——全国人民代表大会常务委员会——通过了《关于在北京、上海、广州设立知识产权法院的决定》，以立法形式宣告中国设立知识产权法院。目前，中国的知识产权法院正在筹建阶段，并将在近期正式成立。中国知识产权法院是在中国进入全面深化改革、加快转变经济发展方式、建设创新型国家的背景下成立的，担负着加强知识产权运用和司法保护、健全技术创新激励机制、优化科技创新法治环境的重要使命。可以说，知识产权法院的成立，是中国知识产权保护的重要里程碑，标志着中国知识产权保护进入了一个全新的发展阶段，必将对中国未来的知识产权保护产生重要而深远的影响。

下面，结合全国人大常委会的立法和知识产权法院的筹建计划，我主要谈三个问题，简要介绍一下中国知识产权法院成立的特点、制度设计和未来展望。

一、中国知识产权法院的特点

中国知识产权法院的设立，既借鉴了其他国家和地区已有知识产权法院的成功经验，又适应了中国知识产权保护的现实需求，形成了自身的独有特点。

第一，中国知识产权法院在特定区域设立，三个法院各具特色。根据全国人大常委会的决定，中国将在北京、上海和广州设立三个知识产权法院。之所以选择在上述三地设立知识产权法院，主要考虑到两个因素。一是该三个地区经济和科技发展水平较高，科技创新较为活跃，对科技创新的保护需求更为迫切。二是该三个地区的知识产权案件尤其是专利等技术类案件数量较多，迫切需要更加专业的法院和法官进行审理。以广东为例，近两年来，该地法院年均新收一审专利民事案件数量 3400 余件，超过很多国家全年的专利案件数量。广东省法院审理的知识产权案件亦占全国法院知识产权案件的近四分之一。在广州设立知识产权法院，可以较好地满足专利案件的审理需求。同时，这三个知识产权法院的职能有所不同,北京知识产权法院将以审理专利商标等行政授权确权案件为主,兼顾审理民事案件;广州和上海知识产权法院则以审理专利等民事侵权案件为主,不审理专利商标行政授权确权案件。

第二,中国知识产权法院按照审级设置,既是初审法院,又是上诉法院。中国的三个知识产权法院属于中级法院。他们既是专利、植物新品种、集成电路布图设计、技术秘密等技术类案件的初审法院,又是著作权、商标、不正当竞争等案件的上诉法院。对于技术类案件而言,三个知识产权法院的主要职责在于查明事实和解决纠纷;对于著作权、商标等非技术类案件而言,三个知识产权法院还承担着统一辖区内基层法院的裁判尺度的职责,其职能定位是针对不同案件类型而言。

第三,中国知识产权法院既审理民事案件,又审理部分行政案件。根据立法,知识产权法院不仅审理民事案件,例如专利、商标、技术合同、不正当竞争案件等,还审理涉及知识产权的行政案件,包括当事人不服行政机关对知识产权侵权行为作出的处理决定提起诉讼的行政案件。当然,专利商标等知识产权授权确权案件将由北京知识产权法院专属管辖。这种体制安排较好地适应了目前中国知识产权司法保护和行政保护并存的双轨制,更加彰显了司法保护的职能作用。

第四,中国知识产权法院是跨行政区划的法院。中国普通法院的法官由地方人民代表大会常务委员会任命,目前法院司法辖区与行政区划一致。与普通法院相比,知识产权法院司法辖区则跨越了行政区划。以广州知识产权法院为例,对于技术类案件,其司法辖区将跨越广州市,涵盖整个广东省。这种设计更加增强了知识产权法院的司法中立性。

二、中国知识产权法院的制度设计

良好的制度设计是知识产权法院有效运行并取得预期效果的关键所在。因此,正在筹建中的知识产权法院需要不断建立和完善各项制度,尤其是需要完善案件管辖制度、技术调查官制度和审判权运行制度。

第一,关于知识产权法院的案件管辖制度。最高人民法院审判委员会已经讨论通过了《关于北京、上海、广州知识产权法院案件管辖的规定》,并在今天上午公布。这一司法解释根据全国人大常委会的立法,进一步明确了知识产权法院的案件管辖及与上下级法院的关系。其中有几点值得关注:一是该司法解释扩大了知识产权法院跨区域管辖的第一审技术类案件的范围。根据司法解释,知识产权法院将跨区域管辖专利、植物新品种、集成电路布图设计、技术秘密、计算机软件民事和行政案件。计算机软件大多涉及权属纠纷和侵权纠纷,在侵权判定方面涉及较强的专业技术事实,且该类案件与新兴产业发展密切关联,由知识产权法院审理有助于提高案件审理质量。二是统一了知识产权民事案件和行政案件的管辖。根据立法规定,基层人民法院第一审知识产权民事和行政案件的上诉案件,由知识产权法院审理。在此基础上,司法解释将应由普通中级人民法院管辖的第一审知识产权行政案件统一交由知识产权法院管辖。同时,对于不服知识产权法院判决的上诉案件,由所在地高级人民法院的知识产权审判庭审理。据此,知识产权法院真正实现了知识产权民事案件和行政案件的统一管辖。

第二,关于技术调查官制度。知识产权法院将借鉴日本、韩国、中国台湾地区在知识产权法院专设技术调查官的成熟经验,建立符合中国国情的技术调查官制度。目前,最高人民法院正在研究制定相关司法解释和工作规范,明确技术调查官的职能定位、配置数量、选任条件、管理模式、职权行使等问题。技术调查官作为法官的技术助手,协助法官理解和查明案件的专业技术问题。这将进一步提高技术事实查明的科学性、专业性和中立性,保证技术类案件审理的公正与高效。当然,在具体制度设计的时候,也要注意规范技术调查官参与案件调查的方式、权限、监督机制等,避免法官形成对技术调查官意见的过度依赖。

第三,关于审判权运行机制。根据规划,知识产权法院将实行法官员额制和主审法官负责制。知识产权法院法官的数量将少于普通法院,并设置一定数量的法官助理,辅助法官审判案件。法官将改变过去兼顾处理司法行政事务的现状,集中精力处理案件的法律和事实问题。同时,知识产权法院还将突出法官的主体地位,减少或者取消内部管理程序,强化主审法官的责任。这对法官依法独立审判创造了更加良好的制度环境。

三、中国知识产权法院的未来展望

还应看到,在知识产权法院设立并正式运转之后,还面临着一系列挑战。这些挑战是多方面的,既有源于中国经济科技发展带来的挑战,又有中国法院正在进行的司法改革带来的挑战,更有知识产权法院及其审判制度自身所带来的挑战。知识产权法院将在这些方面进行积极探索和尝试,推动和引领中国知识产权司法保护制度的发展和完善。

第一,中国知识产权法院将成为国际上受理知识产权案件最多的法院之一。随着中国改革开放的进一步深入和国内经济结构转型的推进,全社会尊重和保护知识产权的意识大幅度提高,知识产权司法保护的需求日益强烈。中国法院受理知识产权案件数量呈现快速增长的趋势。2013年,中国法院受理各类知识产权一、二审案件超过了11万件,成为全球受理知识产权案件数量最多的国家。北京、上海、广州知识产权法院成立后,预计其受理的案件数量在现有案件数量的基础上还将进一步增加。特别是北京知识产权法院,其成立后明年受理的一、二审案件数量预计将超过1万件。如何妥善处理好这些案件,及时解决纠纷,合理平衡知识产权权利人与社会公众的利益关系,将是知识产权法院面临的重要课题。

第二,中国知识产权法院承担着中国司法改革先行者的重要使命。根据最高人民法院首席大法官周强先生向全国人大常委会所作的说明,知识产权法院是全面深化司法改革的重要组成部分,将全面实行各项司法改革措施。知识产权法院内设机构将按照精简原则从严控制,实行法官、司法辅助人员和司法行政人员分类管理,探索建立法官员额制度。知识产权法院还将全面落实司法公开措施,有序推进主审法官责任制和完善职业保障等改革。因此,知识产权法院的设立不仅是中国知识产权司法保护制度的重大改革,事实上也成了中国司法改革的探索者和先行者,承担着先行先试各项改革举措的职责。从某种意义上讲,知识产权法院的设立,其意义超出了知识产权保护本身,其运转效果将直接影响中国未来司法改革的走向。

第三,中国知识产权法院及其审判制度仍处于探索阶段。根据立法,最高人民法院将在立法施行三年后就知识产权法院运转情况向全国人大常委会报告工作。届时,全国人大常委会将对报告予以审议。知识产权法院的各项制度将根据审议情况进行不断完善和调整。从当前来看,至少有两点值得关注。一是关于知识产权法院一审技术类案件裁判标准的统一问题。目前,不服知识产权法院第一审专利等技术类案件判决和裁定而提起的上诉案件,分别由北京、上海、广东高级人民法院审理。未来如何防止出现裁判标准不一致的问题,是否需要设置相当于高级人民法院层级的知识产权法院统一受理技术类上诉案件,仍值得进一步观察和探讨。二是关于知识产权案件的专门化审理程序和审理规则问题。与其他案件相比,知识产权案件在审理程序、证据规则等方面具有一定的特殊性,需要专门化的程序和审理规则。例如,知识产权民事、行政诉讼程序交叉问题。在知识产权民事侵权案件审理过程中,当事人经常对特定知识产权的有效性提出质疑,并启动行政无效程序请求宣告该知识产权无效,从而形成民事侵权程序与行政无效程序的交叉。中国现行知识产权法实行民事侵权和行政无效二元分立体制,审理民事案件的法院通常不能直接审查知识产权的效力。为保证民事侵权案件审理结果的公正性,审理民事侵权案件的法院经常不得不中止审理,等待行政无效程序的结果,因而影响了民事侵权案件的审理效率。知识产权法院建立后,在这方面是否可以先行探索,为未来的制度设计提供经验支撑。

女士们,先生们,中国知识产权法院的设立,既是中国知识产权保护的重要标志,又是中国司法体制改革的基础性、制度性措施,承载着中国人民建设创新型国家的期盼。我们期望并相信,中国知识产权法院能够在探索更加完善的知识产权审判制度、提升知识产权司法保护品质方面做出独特贡献,创造出更多的中国经验和中国智慧。

谢谢大家!

在公安机关打击知识产权犯罪工作情况通报会上的讲话

公安部经济犯罪侦查局政委 高 峰

女士们,先生们,大家下午好!对企业而言,知识产权是谋求发展的根本保障,对国家而言,知识产权是实现创新发展的动力源泉。依法保护知识产权,是执法部门的法定职责。作为刑事执法的主要力量,中国公安机关一直把打击侵权假冒作为一项主要工作,采取了一系列重要举措,平等保护所有在华企业知识产权,切实保障公平竞争的市场经济秩序,取得积极进展。下面,我简要向各位通报一下近年来公安机关知识产权刑事保护工作的有关情况。

一是持续高压严打。自2011年以来,公安部连续三年组织开展了“亮剑”、“破案会战”、“打假行动”等专项打击行动,集全国、全警之力严打各类侵权假冒犯罪,打击锋芒直指威胁企业创新利益、侵害公众健康安全的突出犯罪,共破获侵犯知识产权和制售伪劣商品犯罪案件12.7万起,战果超过历史同期9倍。今年以来,已破案件1.4万起,抓获犯罪嫌疑人1.8万名,对制假售假不法分子形成持续高压震慑。其中,9月3日,天津破获司某等人制售假冒名牌轴承案,抓获18名犯罪嫌疑人,捣毁犯罪窝点8处,查扣假冒日本“NSK”、瑞典“SKF”等品牌轴承36000余套,涉案价值超过3000万元。截至目前,公安部今年已挂牌督办73起大要案件,对办案工作予以指导协调、督促检查,确保公正、严格执法,确保不法分子受到法律严惩。

二是创新打击模式。针对侵权假冒犯罪专业化、隐蔽化、跨区域化等特点,中国警方逐步发展和运用“集群战役”的打击模式,由公安部统一指挥,各地警方同步展开打击行动,彻底铲除了一批制假售假的职业犯罪团伙,斩断了一批印刷、生产、储运、销售、出口的犯罪产业链条。也正是在这一模式的推动、引导下,中国公安机关打击知识产权犯罪正在实现从现场查抄向侦查深挖、从个案查处向全程打击的深远变革。今年7月18日,山东从一起网店售假线索入手,会同广东、广西、福建、吉林等地公安机关成功侦破一起特大互联网销售假冒名牌鞋服案,打掉一个涉及全国17个地市的特大制假售假犯罪网络,切断一条销往哥伦比亚、波兰等国的出口销售链条,缴获假冒“NIKE”、“ADIDAS”等品牌服装、运动鞋5.6万余件(双),案值1.3亿元。

三是建立长效机制。在强化打击的同时,公安部着力推进基层基础工作,深化专业手段和协作机制建设,从而不断完善常态化条件下的打防工作格局,实现专项行动常态化、常态打击专项化,夯实公安打假工作长远发展的根基。在部门协作方面,指导省市两级公安机关普遍建立与各行政执法部门间的协作配合机制,推进行政执法与刑事司法由“并行运作”向“融汇运行”转变。2011年至2013年,行政执法部门共向公安机关移送涉嫌侵权假冒犯罪案件1.7万件;今年以来,移送比例进一步提升4个百分点。在公安机关内部,打假溯源技术、资金查控平台、黑名单库和积分预警模型等不断完善,逐步投入实战,已初步形成优势手段和工作平台;技战法创新、专业队伍培训等基础建设稳步推进,仅2013年以来,公安部就会同国际刑警组织、欧盟等联合举办4期知识产权刑事执法培训班,基层一线打击能力和水平得到大幅提升。

四是推进警企协作。企业作为知识产权创造的主体力量,其关切和意见对于公安机关进一步加强刑事保护工作有着重要意义。公安部始终注重与企业的联系与合作,积极倡导并全力支持各地公安机关与中外企业、行业协会加强沟通协作,通过定期走访企业、举办联席会议等方式,倾听企业呼声和建议,探讨加强知识产权刑事保护工作的策略和措施,同时向企业提供防范侵权和维权的指导帮助,主动预防侵犯知识产权犯罪的发生,保护企业权利人的合法权益。目前,各地公安机关相继与本地重点企业、协会建立起协作机制,公布服务企业措施,公开承诺有案必接、违法必究。在此,我需要重申的是,就知识产权保护而言,毋庸置疑,所有合法的知识产权,无论是中国的,还是外国的,都将受到平等的保护。

五是倡导国际合作。中国公安机关高度重视国际执法合作,始终倡导"以案件促合作,以交流促共识"的理念,积极务实开展通报案件线索、协助调查取证、提供司法协助、联合执法行动等多层面合作。近年来,公安机关先后会同国际刑警组织、美国、英国等国际组织和执法机构,开展"鹰眼"、"风暴"、"飓风"、"真实"等多次国际联合执法行动,彻底摧毁了一批集生产、储运、销售、出口为一体的犯罪产业链条,极大震慑了跨国不法分子的嚣张气焰,在国际上取得积极反响。全球反假冒组织、美国商会先后授予我部经济犯罪侦查局"全球反假冒执法部门最高贡献奖"、"知识产权捍卫者奖"等,表彰公安机关打假成效。

借此机会,我也郑重向各位企业代表承诺,中国公安机关打击侵犯知识产权犯罪的决心始终不变,各项工作措施将伴随中国建设创新型国家、实现科学发展的坚定进程而不断深入推进。我们欢迎各国权利人投诉举报,也期待企业积极参与和支持中国公安机关打假工作,共同打击各类侵犯知识产权犯罪活动,维护公平竞争的市场经济环境和国际贸易秩序。

谢谢大家!

在国际刑警组织打击假药犯罪培训班开幕式上的讲话

公安部经济犯罪侦查局副局长　韩　浩

(2014 年 12 月 3 日)

各位来宾,同志们:

上午好。今天,公安部会同国际刑警组织联合举办的打击假药犯罪培训班正式开班了。首先,我代表公安部经侦局向参加这次培训和研讨的全体学员、代表和专家表示热烈的欢迎!并特别感谢 Cecilia(茜茜利亚)女士及国际刑警组织打击假药犯罪工作组的同事们,为举办此次培训班所提供的大力支持和协助。我相信,此次培训班的圆满召开将成为我们今后进一步紧密协作的一个里程碑。

这次培训班是公安部会同国际刑警组织打击假药犯罪工作组联合举办的首次打击假药犯罪培训班,公安部会同国际刑警组织对此给予了高度重视,不但在前期共同开展了大量的会务筹备工作,更在参训学员的地域选择上做了精心的考量。我们五个省可以说是我公安机关打击知识产权犯罪,特别是打击假药犯罪领域的排头兵,在组织部署、战役发动、作战指挥等方面在全国具有引领效应。召集大家参加这次打击假药犯罪培训班,也是想通过你们受训之后的实战成果,带动全国的整体打假工作走向深入。

在当前的新形势下,召开这次打击假药犯罪培训班,具有重要意义。一是国家创新发展和民生安全保障需要进一步提升打击假药犯罪执法水平。当前,中国的经济发展阶段正逐步进入一个从传统生产要素驱动向创新要素驱动的新阶段。党的十八大、十八届三中、四中全会多次提出要加快转变经济发展方式,建设创新型国家。加强科技创新的法制建设以及知识产权保护的能力和水平已成为时代发展的内在需要。特别是假药犯罪,严重威胁人民群众的生命健康安全,扰乱我国药品市场的经营管理秩序,人民群众深恶痛绝,严重影响我国创新发展和社会稳定。在这一新形势下,如何更加有效地打击和遏制假药犯罪,切实维护群众药品安全,保障我国药品市场秩序,推动国家科学有序发展,是新时期新阶段对公安机关知识产权刑事执法工作提出的新要求。二是严峻的犯罪形势需要进一步提升打击假药犯罪执法水平。大家都来自知识产权部门,经历了“亮剑”、“破案会战”、“打假”、“网上打假”行动等连续四年的专项打假斗争,全国共破获假冒伪劣犯罪案件14.3万起,其中假药犯罪案件就达4万余起,占到了破案总数的28%,这些成果的取得,即是大家辛勤付出和不懈努力的成果的印证,也向我们呈现了一个严峻的事实:假药等侵犯知识产权犯罪形势依然严峻,从长期来看仍将呈现高发态势。为此,我们与之的斗争决不能停止和有丝毫的懈怠,必须树立长期作战、强力遏制的指导思想,以专业手段严厉打击侵犯知识产权这一职业化的犯罪,给不法分子以有力震慑。三是知识产权刑事保护工作的科学发展需要进一步提升执法保护水平。在打击犯罪的同时,我们还应当看到,在当前我国实施创新发展战略,且假药等侵犯知识产权犯罪仍然十分猖獗的背景下,传统的以侦破案件数量为主要参照的静态评价观必须要得到转变,药品等市场秩序的规范、社会满意度、群众安全感应成为评判公安机关打击假药等知识产权犯罪工作效能的根本标准。这一方面需要我们进一步树立情报导侦、执法规范化、民意主导警务的执法理念和意识;另一方面,还要紧跟和把握国际知识产权发展的动向和脉搏。

同志们,打击假药等知识产权犯罪是一项长期、复杂、艰巨的任务,即要有持续作战的心理准备,还要具备坚实有效的智力支撑和广阔视野。这次培训班就是一次提升执法技能和水平的有利契机,这里我对大家提出以下要求。一是要珍惜机会,扩展视野。这次培训班在课程编排和内容设置上,国际刑警方面进行了精心的安排,中外专家将分别就假药国际动态、理论研究、侦查策略和办案实践等内容进行授课,大家要珍惜这个难得的机会,带着问题学、深化思考;分析中外执法体制的差异,厘清思路;汲取国外情报导侦等侦查技术的成功经验、提升技能,真正做到学有所获,圆满完成培训任务。二是要加强交流,共同提高。我们五个省市来自全国打击假药犯罪的重点地区,具有较高的执法技能和丰富的实战经验,要依托这次培训班提供的平台,增进交流、互通有无、相互启发,达到增进友谊、相互学习、共同提高的目的。三是要注重转化,学以致用。要紧密结合执法工作实践,注重学习借鉴和现实转化,善于把所学的理论、知识和技能转化为能为我所用的经验和技能,运用到打击实践中,真正做到融会贯通、学有所成。我们要充分发挥自身的典型引领的作用,带动全国整体打假工作水平再上新高。

同志们,在建设创新型国家、实现科学发展这一时代进程中,大家肩负着打击知识产权犯罪的神圣职责,我们不仅是经济社会和谐稳定和创新发展的捍卫者,更是建设者和创造者,让我们行动起来,以孜孜不倦的求知精神和求真务实的勤勉作风不断提升自己、完善自己,为中国的知识产权事业和创新国家建设做出积极贡献。

最后,预祝培训班取得圆满成功,大家学习顺利、生活愉快!

第二部分　司法解释及规范性文件

最高人民法院关于商标法修改决定施行后商标案件管辖和法律适用问题的解释

（2014年2月10日最高人民法院审判委员会第1606次会议通过　法释〔2014〕4号）

为正确审理商标案件，根据2013年8月30日第十二届全国人民代表大会常务委员会第四次会议《关于修改〈中华人民共和国商标法〉的决定》和重新公布的《中华人民共和国商标法》《中华人民共和国民事诉讼法》和《中华人民共和国行政诉讼法》等法律的规定，就人民法院审理商标案件有关管辖和法律适用等问题，制定本解释。

第一条　人民法院受理以下商标案件：

1. 不服国务院工商行政管理部门商标评审委员会（以下简称商标评审委员会）作出的复审决定或者裁定的行政案件；

2. 不服工商行政管理部门作出的有关商标的其他具体行政行为的案件；

3. 商标权权属纠纷案件；

4. 侵害商标专用权纠纷案件；

5. 确认不侵害商标专用权纠纷案件；

6. 商标权转让合同纠纷案件；

7. 商标使用许可合同纠纷案件；

8. 商标代理合同纠纷案件；

9. 申请诉前停止侵害商标专用权案件；

10. 因申请停止侵害商标专用权损害责任案件；

11. 因商标纠纷申请诉前财产保全案件；

12. 因商标纠纷申请诉前证据保全案件；

13. 其他商标案件。

第二条　不服商标评审委员会作出的复审决定或者裁定的行政案件及国家工商行政管理总局商标局（以下简称商标局）作出的有关商标的具体行政行为案件，由北京市有关中级人民法院管辖。

第三条　第一审商标民事案件，由中级以上人民法院及最高人民法院指定的基层人民法院管辖。

涉及对驰名商标保护的民事、行政案件，由省、自治区人民政府所在地市、计划单列市、直辖市辖区中级人民法院及最高人民法院指定的其他中级人民法院管辖。

第四条　在工商行政管理部门查处侵害商标权行为过程中，当事人就相关商标提起商标权权属或者侵害商标专用权民事诉讼的，人民法院应当受理。

第五条　对于在商标法修改决定施行前提出的商标注册及续展申请，商标局于决定施行后作出对该商标申请不予受理或者不予续展的决定，当事人提起行政诉讼的，人民法院审查时适用修改后的商标法。

对于在商标法修改决定施行前提出的商标异议申请，商标局于决定施行后作出对该异议不予受理的决定，当事人提起行政诉讼的，人民法院审查时适用修改前的商标法。

第六条 对于在商标法修改决定施行前当事人就尚未核准注册的商标申请复审,商标评审委员会于决定施行后作出复审决定或者裁定,当事人提起行政诉讼的,人民法院审查时适用修改后的商标法。

对于在商标法修改决定施行前受理的商标复审申请,商标评审委员会于决定施行后作出核准注册决定,当事人提起行政诉讼的,人民法院不予受理;商标评审委员会于决定施行后作出不予核准注册决定,当事人提起行政诉讼的,人民法院审查相关诉权和主体资格问题时,适用修改前的商标法。

第七条 对于在商标法修改决定施行前已经核准注册的商标,商标评审委员会于决定施行前受理、在决定施行后作出复审决定或者裁定,当事人提起行政诉讼的,人民法院审查相关程序问题适用修改后的商标法,审查实体问题适用修改前的商标法。

第八条 对于在商标法修改决定施行前受理的相关商标案件,商标局、商标评审委员会于决定施行后作出决定或者裁定,当事人提起行政诉讼的,人民法院认定该决定或者裁定是否符合商标法有关审查时限规定时,应当从修改决定施行之日起计算该审查时限。

第九条 除本解释另行规定外,商标法修改决定施行后人民法院受理的商标民事案件,涉及该决定施行前发生的行为的,适用修改前商标法的规定;涉及该决定施行前发生,持续到该决定施行后的行为的,适用修改后商标法的规定。

最高人民法院关于
北京、上海、广州知识产权法院案件管辖的规定

(2014年10月27日最高人民法院审判委员会第1628次会议通过
法释〔2014〕12号)

为进一步明确北京、上海、广州知识产权法院的案件管辖,根据《中华人民共和国民事诉讼法》《中华人民共和国行政诉讼法》《全国人民代表大会常务委员会关于在北京、上海、广州设立知识产权法院的决定》等规定,制定本规定。

第一条 知识产权法院管辖所在市辖区内的下列第一审案件:

(一)专利、植物新品种、集成电路布图设计、技术秘密、计算机软件民事和行政案件;

(二)对国务院部门或者县级以上地方人民政府所作的涉及著作权、商标、不正当竞争等行政行为提起诉讼的行政案件;

(三)涉及驰名商标认定的民事案件。

第二条 广州知识产权法院对广东省内本规定第一条第(一)项和第(三)项规定的案件实行跨区域管辖。

第三条　北京市、上海市各中级人民法院和广州市中级人民法院不再受理知识产权民事和行政案件。

广东省其他中级人民法院不再受理本规定第一条第(一)项和第(三)项规定的案件。

北京市、上海市、广东省各基层人民法院不再受理本规定第一条第(一)项和第(三)项规定的案件。

第四条　案件标的既包含本规定第一条第(一)项和第(三)项规定的内容,又包含其他内容的,按本规定第一条和第二条的规定确定管辖。

第五条　下列第一审行政案件由北京知识产权法院管辖:

(一)不服国务院部门作出的有关专利、商标、植物新品种、集成电路布图设计等知识产权的授权确权裁定或者决定的;

(二)不服国务院部门作出的有关专利、植物新品种、集成电路布图设计的强制许可决定以及强制许可使用费或者报酬的裁决的;

(三)不服国务院部门作出的涉及知识产权授权确权的其他行政行为的。

第六条　当事人对知识产权法院所在市的基层人民法院作出的第一审著作权、商标、技术合同、不正当竞争等知识产权民事和行政判决、裁定提起的上诉案件,由知识产权法院审理。

第七条　当事人对知识产权法院作出的第一审判决、裁定提起的上诉案件和依法申请上一级法院复议的案件,由知识产权法院所在地的高级人民法院知识产权审判庭审理。

第八条　知识产权法院所在省(直辖市)的基层人民法院在知识产权法院成立前已经受理但尚未审结的本规定第一条第(一)项和第(三)项规定的案件,由该基层人民法院继续审理。

除广州市中级人民法院以外,广东省其他中级人民法院在广州知识产权法院成立前已经受理但尚未审结的本规定第一条第(一)项和第(三)项规定的案件,由该中级人民法院继续审理。

最高人民法院关于知识产权法院案件管辖等有关问题的通知

法〔2014〕338 号

各省、自治区、直辖市高级人民法院,解放军军事法院,新疆维吾尔自治区高级人民法院生产建设兵团分院:

为进一步明确知识产权法院案件管辖等有关问题,依法及时受理知识产权案件,保障当事人诉讼权利,根据《中华人民共和国民事诉讼法》、《中华人民共和国行政诉讼法》、《全国人民代表大会常务委员会关于在北京、上海、广州设立知识产权法院的决定》、《最高人民法院关于北京、上海、广州知识产权法院案件管辖的规定》等规定，结合审判实际，现就有关问题通知如下：

一、知识产权法院所在市辖区内的第一审知识产权民事案件，除法律和司法解释规定应由知识产权法院管辖外，由基层人民法院管辖，不受诉讼标的额的限制。

不具有知识产权民事案件管辖权的基层人民法院辖区内前款所述案件，由所在地高级人民法院报请最高人民法院指定具有知识产权民事案件管辖权的基层人民法院跨区域管辖。

二、知识产权法院对所在市的基层人民法院管辖的重大涉外或者有重大影响的第一审知识产权案件，可以根据民事诉讼法第三十八条的规定提级审理。

知识产权法院所在市的基层人民法院对其所管辖的第一审知识产权案件，认为需要由知识产权法院审理的，可以报请知识产权法院审理。

三、知识产权法院管辖所在市辖区内的第一审垄断民事纠纷案件。

广州知识产权法院对广东省内的第一审垄断民事纠纷案件实行跨区域管辖。

四、对知识产权法院所在市的基层人民法院已经发生法律效力的知识产权民事和行政判决、裁定、调解书，当事人依法可以向该基层人民法院或者知识产权法院申请再审。

对知识产权法院已经发生法律效力的民事和行政判决、裁定、调解书，当事人依法可以向该知识产权法院或者其所在地的高级人民法院申请再审；当事人依法向知识产权法院所在地的高级人民法院申请再审的，由该高级人民法院知识产权审判庭审理。

五、利害关系人或者当事人向知识产权法院申请证据保全、行为保全、财产保全的，知识产权法院应当依法及时受理；裁定采取相关措施的，应当立即执行。

六、知识产权法院审理的第一审案件，生效判决、裁定、调解书需要强制执行的，知识产权法院所在地的高级人民法院可指定辖区内其他中级人民法院执行。

七、本通知自2015年1月1日起施行。

施行中如有新情况，请及时层报最高人民法院。

二〇一四年十二月二十四日

最高人民法院关于知识产权法院技术调查官参与诉讼活动若干问题的暂行规定

各省、自治区、直辖市高级人民法院，解放军军事法院，新疆维吾尔自治区高级人民法院生产建设兵团分院：

《最高人民法院关于知识产权法院技术调查官参与诉讼活动若干问题的暂行规定》已于2014年12月30日由最高人民法院审判委员会第1639次会议通过，现印发给你们，请结合审判实际，认真贯彻执行。执行中如有新情况，请及时层报最高人民法院。

二〇一四年十二月三十一日

最高人民法院关于知识产权法院技术调查官参与诉讼活动若干问题的暂行规定

为依法规范知识产权法院技术调查官参与诉讼活动，根据《中华人民共和国民事诉讼法》《中华人民共和国行政诉讼法》《全国人民代表大会常务委员会关于在北京、上海、广州设立知识产权法院的决定》以及《关于司法体制改革试点若干问题的框架意见》，结合审判实际，制定本规定。

1. 知识产权法院配备技术调查官，技术调查官属于司法辅助人员。

知识产权法院设置技术调查室，负责技术调查官的日常管理。

2. 知识产权法院审理有关专利、植物新品种、集成电路布图设计、技术秘密、计算机软件等专业技术性较强的民事和行政案件时，可以指派技术调查官参与诉讼活动。

3. 法官根据案件审理需要，可以书面通知技术调查室指派技术调查官参与诉讼活动。

技术调查官参与诉讼活动的，应当在裁判文书首部的案件来源部分列明其身份和姓名。

4. 知识产权法院确定技术调查官参与诉讼活动后，应当在三日内告知当事人。

5. 当事人有权申请技术调查官回避。技术调查官的回避，参照适用民事诉讼法、行政诉讼法等有关审判人员回避的规定。

6. 技术调查官根据法官的要求,就案件有关技术问题履行下列职责:

(1)通过查阅诉讼文书和证据材料,明确技术事实的争议焦点;

(2)对技术事实的调查范围、顺序、方法提出建议;

(3)参与调查取证、勘验、保全,并对其方法、步骤等提出建议;

(4)参与询问、听证、庭审活动;

(5)提出技术审查意见,列席合议庭评议;

(6)必要时,协助法官组织鉴定人、相关技术领域的专业人员提出鉴定意见、咨询意见;

(7)完成法官指派的其他相关工作。

7. 技术调查官参与询问、听证、庭审活动时,经法官许可,可以就案件有关技术问题向当事人、诉讼代理人、证人、鉴定人、勘验人、有专门知识的人发问。

技术调查官的座位设在法官助理的左侧,书记员的座位设在法官助理的右侧。

8. 技术调查官列席案件评议时,应当针对案件有关技术问题提出意见,接受法官对技术问题的询问。

技术调查官对案件裁判结果不具有表决权。

技术调查官提出的意见应当记入评议笔录,并由其签名。

9. 技术调查官提出的技术审查意见可以作为法官认定技术事实的参考。

10. 其他人民法院审理本规定第二条所列的案件时,可以参照适用本规定。

最高人民法院、最高人民检察院关于办理危害药品安全刑事案件适用法律若干问题的解释

(2014 年 9 月 22 日最高人民法院审判委员会第 1626 次会议、
2014 年 3 月 17 日最高人民检察院第十二届检察委员会
第 18 次会议通过 法释〔2014〕14 号)

为依法惩治危害药品安全犯罪,保障人民群众生命健康安全,维护药品市场秩序,根据《中华人民共和国刑法》的规定,现就办理这类刑事案件适用法律的若干问题解释如下:

第一条 生产、销售假药,具有下列情形之一的,应当酌情从重处罚:

(一)生产、销售的假药以孕产妇、婴幼儿、儿童或者危重病人为主要使用对象的;

(二)生产、销售的假药属于麻醉药品、精神药品、医疗用毒性药品、放射性药品、避孕药品、血液制品、疫苗的;

(三)生产、销售的假药属于注射剂药品、急救药品的;

（四）医疗机构、医疗机构工作人员生产、销售假药的；

（五）在自然灾害、事故灾难、公共卫生事件、社会安全事件等突发事件期间，生产、销售用于应对突发事件的假药的；

（六）两年内曾因危害药品安全违法犯罪活动受过行政处罚或者刑事处罚的；

（七）其他应当酌情从重处罚的情形。

第二条　生产、销售假药，具有下列情形之一的，应当认定为刑法第一百四十一条规定的"对人体健康造成严重危害"：

（一）造成轻伤或者重伤的；

（二）造成轻度残疾或者中度残疾的；

（三）造成器官组织损伤导致一般功能障碍或者严重功能障碍的；

（四）其他对人体健康造成严重危害的情形。

第三条　生产、销售假药，具有下列情形之一的，应当认定为刑法第一百四十一条规定的"其他严重情节"：

（一）造成较大突发公共卫生事件的；

（二）生产、销售金额二十万元以上不满五十万元的；

（三）生产、销售金额十万元以上不满二十万元，并具有本解释第一条规定情形之一的；

（四）根据生产、销售的时间、数量、假药种类等，应当认定为情节严重的。

第四条　生产、销售假药，具有下列情形之一的，应当认定为刑法第一百四十一条规定的"其他特别严重情节"：

（一）致人重度残疾的；

（二）造成三人以上重伤、中度残疾或者器官组织损伤导致严重功能障碍的；

（三）造成五人以上轻度残疾或者器官组织损伤导致一般功能障碍的；

（四）造成十人以上轻伤的；

（五）造成重大、特别重大突发公共卫生事件的；

（六）生产、销售金额五十万元以上的；

（七）生产、销售金额二十万元以上不满五十万元，并具有本解释第一条规定情形之一的；

（八）根据生产、销售的时间、数量、假药种类等，应当认定为情节特别严重的。

第五条　生产、销售劣药，具有本解释第二条规定情形之一的，应当认定为刑法第一百四十二条规定的"对人体健康造成严重危害"。

生产、销售劣药，致人死亡，或者具有本解释第四条第一项至第五项规定情形之一的，应当认定为刑法第一百四十二条规定的"后果特别严重"。

生产、销售劣药，具有本解释第一条规定情形之一的，应当酌情从重处罚。

第六条　以生产、销售假药、劣药为目的，实施下列行为之一的，应当认定为刑法第一百四十一条、第一百四十二条规定的"生产"：

（一）合成、精制、提取、储存、加工炮制药品原料的行为；

（二）将药品原料、辅料、包装材料制成成品过程中，进行配料、混合、制剂、储存、包装的行为；

（三）印制包装材料、标签、说明书的行为。

医疗机构、医疗机构工作人员明知是假药、劣药而有偿提供给他人使用，或者为出售而购买、储存的行为，应当认定为刑法第一百四十一条、第一百四十二条规定的"销售"。

第七条　违反国家药品管理法律法

规,未取得或者使用伪造、变造的药品经营许可证,非法经营药品,情节严重的,依照刑法第二百二十五条的规定以非法经营罪定罪处罚。

以提供给他人生产、销售药品为目的,违反国家规定,生产、销售不符合药用要求的非药品原料、辅料,情节严重的,依照刑法第二百二十五条的规定以非法经营罪定罪处罚。

实施前两款行为,非法经营数额在十万元以上,或者违法所得数额在五万元以上的,应当认定为刑法第二百二十五条规定的"情节严重";非法经营数额在五十万元以上,或者违法所得数额在二十五万元以上的,应当认定为刑法第二百二十五条规定的"情节特别严重"。

实施本条第二款行为,同时又构成生产、销售伪劣产品罪、以危险方法危害公共安全罪等犯罪的,依照处罚较重的规定定罪处罚。

第八条 明知他人生产、销售假药、劣药,而有下列情形之一的,以共同犯罪论处:

(一)提供资金、贷款、账号、发票、证明、许可证件的;

(二)提供生产、经营场所、设备或者运输、储存、保管、邮寄、网络销售渠道等便利条件的;

(三)提供生产技术或者原料、辅料、包装材料、标签、说明书的;

(四)提供广告宣传等帮助行为的。

第九条 广告主、广告经营者、广告发布者违反国家规定,利用广告对药品作虚假宣传,情节严重的,依照刑法第二百二十二条的规定以虚假广告罪定罪处罚。

第十条 实施生产、销售假药、劣药犯罪,同时构成生产、销售伪劣产品、侵犯知识产权、非法经营、非法行医、非法采供血等犯罪的,依照处罚较重的规定定罪处罚。

第十一条 对实施本解释规定之犯罪的犯罪分子,应当依照刑法规定的条件,严格缓刑、免予刑事处罚的适用。对于适用缓刑的,应当同时宣告禁止令,禁止犯罪分子在缓刑考验期内从事药品生产、销售及相关活动。

销售少量根据民间传统配方私自加工的药品,或者销售少量未经批准进口的国外、境外药品,没有造成他人伤害后果或者延误诊治,情节显著轻微危害不大的,不认为是犯罪。

第十二条 犯生产、销售假药罪的,一般应当依法判处生产、销售金额二倍以上的罚金。共同犯罪的,对各共同犯罪人合计判处的罚金应当在生产、销售金额的二倍以上。

第十三条 单位犯本解释规定之罪的,对单位判处罚金,并对直接负责的主管人员和其他直接责任人员,依照本解释规定的自然人犯罪的定罪量刑标准处罚。

第十四条 是否属于刑法第一百四十一条、第一百四十二条规定的"假药""劣药"难以确定的,司法机关可以根据地市级以上药品监督管理部门出具的认定意见等相关材料进行认定。必要时,可以委托省级以上药品监督管理部门设置或者确定的药品检验机构进行检验。

第十五条 本解释所称"生产、销售金额",是指生产、销售假药、劣药所得和可得的全部违法收入。

第十六条 本解释规定的"轻伤""重伤"按照《人体损伤程度鉴定标准》进行鉴定。

本解释规定的"轻度残疾""中度残疾""重度残疾"按照相关伤残等级评定标准进行评定。

第十七条　本解释发布施行后,《最高人民法院、最高人民检察院关于办理生产、销售假药、劣药刑事案件具体应用法律若干问题的解释》(法释〔2009〕9号)同时废止;之前发布的司法解释和规范性文件与本解释不一致的,以本解释为准。

第三部分　工 作 概 况

中国法院知识产权司法保护状况

中国法院知识产权司法保护状况(2013年)

前　言

2013年是人民法院贯彻落实党的十八大精神的开局之年,是实施"十二五"规划承上启下的关键一年,是人民法院知识产权审判工作实现新发展的一年。人民法院在以习近平同志为总书记的党中央坚强领导下,在全国各级人民代表大会及其常务委员会的有力监督下,坚持以邓小平理论、"三个代表"重要思想、科学发展观为指导,认真贯彻习近平总书记系列重要讲话精神,忠实履行宪法法律赋予的职责,紧紧围绕"让人民群众在每一个司法案件中都感受到公平正义"的目标,牢牢坚持服务大局、司法为民、公正司法,全面加强知识产权审判工作,积极实施国家知识产权战略,发挥知识产权司法保护的主导作用,深化知识产权司法体制改革,推进司法公开,提高司法公信,提升司法能力,为推进平安中国、法治中国建设,为建设创新型国家、社会主义文化强国和全面建成小康社会作出了积极贡献。

一、突出加强司法保护导向,积极发挥审判职能作用

人民法院紧紧围绕党和国家工作大局,高度重视知识产权审判工作,积极履行知识产权审判职能,深入贯彻"加强保护、分门别类、宽严适度"的知识产权司法保护基本政策,依法公正高效审理各类知识产权案件,切实维护知识产权权利人的合法权益,制止、制裁和打击各类知识产权侵权行为,维护公平竞争的社会主义市场经济秩序,司法保护知识产权的主导作用进一步强化。2013年,全国地方人民法院共审结各类知识产权一审、二审案件114075件。

(一)知识产权民事审判成果显著,有效发挥保护产权、激励创新的作用

2013年,人民法院准确把握全面深化改革对司法保护知识产权提出的新目标、新要求,紧紧抓住机遇,明确工作主题,坚持能动司法,知识产权民事审判在保护知识产权、促进自主创新方面的主渠道作用得到进一步发挥。全国地方人民法院共新收和审结知识产权民事一审案件88583件、88286件,分别比2012年上升1.33%和5.29%。其中,新收专利案件9195件,同比下降5.01%;商标案件23272件,同比上升17.45%;著作权案件51351件,同比下降4.64%;技术合同案件949件,同比上升

27.21%;不正当竞争案件1302件(其中垄断民事一审案件72件),同比上升15.94%;其他知识产权案件2514件,同比上升13.91%。全年共审结涉外知识产权民事一审案件1697件,同比上升18.75%;审结涉港澳台知识产权民事一审案件483件,同比下降21.21%;审结垄断民事一审案件69件,同比上升40.82%。共新收和审结知识产权民事二审案件11957件和11553件,同比分别上升24.80%和24.33%。共新收和审结知识产权民事再审案件75件和96件(含旧存),同比分别下降56.40%和56.95%。

最高人民法院知识产权审判庭新收知识产权民事案件457件,审结417件,同比分别上升92.82%和69.51%。其中,新收申请再审案件365件,审结341件。

全国各级人民法院依法适用诉前保全措施,及时有效制止侵权行为,维护当事人的合法权益。依法受理与知识产权有关的诉前停止侵权申请案件11件,裁定支持率为77.78%;依法受理诉前证据保全申请案件173件,裁定支持率为97.63%,有效减轻当事人举证负担;依法受理诉前财产保全申请案件47件,裁定支持率为96.97%。如湖北省武汉市中级人民法院在受理微软公司诉北京富基融通科技有限公司侵犯Microsoft Office(微软办公)系列计算机软件著作权纠纷一案中,根据微软公司的诉前证据保全申请,依法采取保全措施,固定了侵权事实,取得了被告服判息诉的良好效果。

人民法院审理的具有较大社会影响的知识产权民事案件有:湖南科力远新能源股份有限公司与爱蓝天高新技术材料(大连)有限公司等侵害发明专利权纠纷案、佛山市海天调味食品股份有限公司与佛山市高明威极调味食品有限公司侵害商标权及不正当竞争纠纷案、百度在线网络技术(北京)有限公司等与北京奇虎科技有限公司等不正当竞争纠纷案、圆谷制作株式会社等与上海音像出版社等侵害著作权纠纷案、圣莱科特国际集团等与华奇(张家港)化工有限公司等侵害商业秘密纠纷案、福建超大现代种业有限公司与安徽省农业科学院水稻研究所确认植物新品种权实施许可合同无效纠纷案等。

(二)知识产权行政审判稳步推进,充分发挥监督执法、促进依法行政的职能

人民法院贯彻落实党的十八大对建设社会主义法治国家,全面推进依法治国作出的重要部署,充分发挥司法审查职能,监督和支持行政机关依法行政,促进提高知识产权行政保护水平,维护行政管理相对人的合法权益。

2013年,全国地方人民法院共新收知识产权行政一审案件2886件,比2012年下降1.43%,审结2901件(含旧存),同比基本持平。其中,新收专利行政案件697件,同比下降8.29%;商标行政案件2161件,同比上升0.51%;著作权行政案件3件,同比持平;其他行政案件25件,同比上升66.67%。在审结的知识产权行政一审案件中,涉外、涉港澳台案件仍占较大比重,共计1312件,占知识产权行政一审结案数的45.23%。其中,审结涉外案件1143件,涉港案件84件,涉澳案件0件,涉台案件85件。审结的案件全部为专利和商标行政案件,其中商标行政案件占比较大,为80.10%。

全国地方人民法院共新收知识产权行政二审案件1490件,审结1496件(含旧

存),同比分别上升4.64%和7.78%。在审结案件中,维持原判1268件,改判146件,撤诉59件,驳回18件,其他方式结案5件。

最高人民法院知识产权审判庭新收知识产权行政申诉案件117件,审结104件,同比分别上升19.38%和6.12%。在审结案件中,驳回80件,占76.92%;裁定提审23件,占22.12%;撤诉1件,占0.96%。新收知识产权行政提审案件19件,审结19件。在审结案件中,维持3件,占15.79%;改判14件,占73.69%;撤诉1件,占5.26%;撤销原判指令立案审理1件,占5.26%。

人民法院审理的具有较大社会影响的知识产权行政案件有:圣象集团有限公司与国家工商行政管理总局商标评审委员会等商标争议行政纠纷案、卡比斯特制药公司与国家知识产权局专利复审委员会发明专利权无效行政纠纷案、武夷山市桐木茶叶有限公司与国家工商行政管理总局商标评审委员会等商标异议复审行政纠纷案、北京鸭王烤鸭店有限公司与国家工商行政管理总局商标评审委员会等商标异议复审行政纠纷案、李隆丰与国家工商行政管理总局商标评审委员会等商标争议行政纠纷案等。

(三)知识产权刑事审判扎实进取,有力发挥惩治犯罪、震慑侵权的功能

人民法院充分发挥刑事审判职能,积极配合打击侵犯知识产权和制售假冒伪劣商品专项行动,有效惩治和震慑了侵犯知识产权犯罪行为,人民法院受理的侵犯知识产权犯罪案件在近五年来首次出现下降趋势。2013年,全国地方人民法院共新收涉知识产权刑事一审案件9331件,比2012年下降28.79%。其中,侵犯知识产权罪案件5021件(假冒注册商标等侵犯注册商标案件3473件,侵犯著作权案件1484件),同比下降35.96%;涉及侵犯知识产权的生产、销售伪劣商品罪案件2455件,同比下降5.83%;涉及侵犯知识产权的非法经营罪案件1686件,同比下降34.83%;涉及侵犯知识产权的其他案件169件,同比上升141.43%。

全国地方人民法院共审结知识产权刑事一审案件9212件,同比下降28%;生效判决人数13424人,同比下降13.49%;给予刑事处罚13265人,同比下降13.52%。其中,侵犯知识产权罪案件4957件,生效判决人数6866人;涉及侵犯知识产权的生产、销售伪劣商品罪案件2390件,生效判决人数3430人;涉及侵犯知识产权的非法经营罪案件1712件,生效判决人数2882人;涉及侵犯知识产权的其他罪名案件153件,生效判决人数246人。在审结的侵犯知识产权罪案件中,假冒注册商标罪案件1546件,生效判决人数2462人;销售假冒注册商标的商品罪案件1496件,生效判决人数2221人;非法制造、销售非法制造的注册商标标识罪案件350件,生效判决人数589人;假冒专利罪案件1件,生效判决人数0人;侵犯著作权罪案件1499件,生效判决人数1490人;销售侵权复制品罪案件15件,生效判决人数33人;侵犯商业秘密罪案件50件,生效判决人数71人。全国地方人民法院共新收涉知识产权刑事二审案件662件,审结627件。

人民法院审理的具有较大社会影响的知识产权刑事案件有:宗连贵等28人假冒注册商标罪案、江西亿铂电子科技有限公司等侵犯商业秘密罪案、陈邦取等3人生

产、销售伪劣产品罪案、尤艳等3人侵犯著作权罪案等。

2013年,人民法院知识产权审判工作全面加强,呈现出新特点:

一是案件增幅趋缓,审理难度增大。全国地方人民法院新收民事一审案件增幅由上年的45.99%下降至1.33%;新收行政和刑事一审案件分别由上年的上升20.35%和129.61%至下降1.43%和28%;而全国地方人民法院从2009年至2012年新收一审民事、行政和刑事案件的年平均增幅分别为37.63%、33.05%和48.05%。从新收案件在全国的分布来看,案件基数较大的一些地方人民法院有增长放缓态势,而案件基数较小的一些中西部地区人民法院则呈现较快增长态势。在案件增幅总体趋缓的同时,涉外知识产权民事一审案件增幅较大,同比增长18.75%;涉及前沿科技问题的新类型、疑难复杂案件,涉及知名企业重大利益的品牌保护案件,涉及技术成果商业使用的技术合同案件,以及涉及市场竞争秩序维护的不正当竞争案件等增多,案件审理难度不断加大。如北京锐邦涌和科贸有限公司与强生(上海)医疗器材有限公司等国内首例纵向垄断协议纠纷案、美国礼来公司等与黄孟炜侵害技术秘密纠纷案、华为技术有限公司与IDC公司标准必要专利使用费纠纷案、谷歌公司与王莘侵害著作权纠纷案、中山市隆成日用制品有限公司与湖北童霸儿童用品有限公司侵害实用新型专利权纠纷案、天津天隆种业科技有限公司与江苏徐农种业科技有限公司侵害植物新品种权纠纷案等。

二是审判质效明显提高。全国地方人民法院知识产权民事案件一审结案率保持稳定,为87.95%;再审率由2012年的0.20%下降至2013年的0.09%;上诉案件改判发回重审率为5.84%。全国地方人民法院知识产权行政案件一审结案率为87.04%,比上年提高0.5%;审结的上诉案件的改判发回重审率为9.8%;再审率由2012年的0.21%下降至2013年的0.069%。全国地方人民法院知识产权刑事一审案件结案率为91.66%,处于较高水平。

三是诉讼调解效果显著。人民法院坚持依法调解、自愿调解、规范调解原则,继续加强知识产权纠纷调解工作,不断创新调解工作方法,努力化解矛盾纠纷。健全完善司法调解与人民调解、行政调解相衔接的"三位一体"调解机制建设,将大量矛盾纠纷化解在基层和诉前;继续探索委托调解、行业调解、专家调解等调解方式,多渠道协同解决矛盾纠纷,找准调解案件的突破口,破解调解难题;高度重视关联案件调解工作,实现合作共赢,促进社会和谐。如山西省高级人民法院积极探索化解矛盾纠纷的方式方法,对案情复杂、矛盾尖锐的案件,不是简单机械地坐堂问案,而是深入基层实地走访了解情况,将一批涉及民生的案件有效化解在基层。在人民法院和有关部门的协同努力下,全国法院知识产权民事一审案件平均调解撤诉率达到68.45%。人民法院成功调处的社会关注度高、具有较大影响的知识产权民事案件有:北京长地万方科技有限公司与深圳市凯立德科技股份有限公司等"道道通"电子导航地图著作权侵权纠纷案、宝马股份公司与深圳市世纪宝马服饰有限公司等侵害商标权及不正当竞争纠纷案、香港洪和堂医药有限公司与桂林益佰漓江制药有限公司技术合作开发合同纠纷案、微软公司与安徽省皖仪科技股份有限公司侵害计算机软件著作权纠纷案、高晓松与北京优视米网络科技有限公司等侵害著作权纠纷案等，取得了良好的社会效果和法律效果。

四是司法透明度进一步增强。人民法院积极推进阳光司法，加大司法公开力度，切实保障人民群众对司法工作的知情权、参与权、监督权，提高司法透明度。进一步完善和规范知识产权裁判文书网络公开制度。最高人民法院知识产权审判庭发布了《人民法院知识产权裁判文书上网公布暂行办法》，构建了全国法院知识产权裁判文书上网工作人员体系，实行上网情况定期通报制度，促进提高裁判文书上网率。截至2013年底，通过网络公开的全国各级人民法院生效知识产权裁判文书已达61368份。强化重大案件的深度公开。对于社会关注度高的案件，以“全媒体”形式对案件审理进行全景展示，不断提高公开的深度和力度。奇虎公司与腾讯公司不正当竞争纠纷案、强生公司垄断纠纷案等重大案件的公开审判，赢得社会高度肯定。不断拓宽司法公开渠道。通过直播庭审、邀请人大代表旁听知识产权案件庭审、开展公众开放日活动、发布司法保护状况白皮书和典型案例等方式，全面公开知识产权案件审判情况和各类知识产权审判资讯，回应社会关切。最高人民法院发布了《中国法院知识产权司法保护状况（2012年）》，编辑出版了《中国知识产权司法保护年鉴（2012年）》。北京、河北、上海、江苏、安徽、山东、广东、海南、甘肃、新疆等地高级人民法院也分别发布了本辖区2012年知识产权司法保护状况。强化裁判文书说理性。全面客观公开案件事实、定案证据以及诉辩观点、判决理由，增进群众对司法裁判的了解和理解，使裁判文书真正成为向社会公众展现司法过程、展示司法形象、规范司法行为、宣传法律知识、引领社会风尚的载体，树立正确的社会导向，传递法治正能量。自觉接受监督。广泛听取社会各界对司法保护工作的意见和建议，自觉接受人民群众、检察监督机关、新闻媒体等对司法保护工作的监督。最高人民法院高度重视第十一届全国人民代表大会常务委员会第三十次会议对《最高人民法院关于知识产权审判工作情况的报告》的意见建议，认真研究制定了贯彻落实工作方案，完成了专门报告，确保将全国人民代表大会常务委员会的审议意见落到实处。地方各级人民法院也积极加强与人大代表、政协委员的日常联络，主动通报司法保护工作情况，不断改进司法保护工作。江西省高级人民法院向江西省人民代表大会常务委员会作了关于知识产权司法保护工作情况的专项报告，获得委员们的充分肯定。

五是审判影响力不断提升。人民法院高度重视重大案件的审判工作，依法妥善审理了一批社会关注度高、影响面广、利益纷争大、关乎产业发展方向的案件，切实平等保护各类权利主体和中外当事人的合法权益，得到社会各界和海内外的广泛赞誉，有力提升了司法保护知识产权的影响力。如对确立互联网领域竞争规则有着重大影响的奇虎公司与腾讯公司不正当竞争纠纷上诉案，最高人民法院组成了由院领导任审判长的五人合议庭进行审理，向社会全程直播庭审过程，四十余家境内外媒体对此进行了重点报道。这一强大阵容的公开审判和由此引发的持续广泛关注，彰显了人民法院坚定不移加大知识产权司法保护的信心和决心,体现了知识产权司法保护日益深入人心,得到社会公众和权利人的普遍认同。

二、立足创新驱动发展目标,着力实施知识产权战略

加快完善社会主义市场经济体制,转变经济发展方式,实施创新驱动发展战略,加强知识产权保护,是党的十八大在全面建成小康社会的关键时期作出的重大部署。人民法院深刻认识知识产权司法保护工作面临的前所未有的新形势、新任务,牢牢把握机遇,沉着应对挑战,紧紧围绕大局发挥职能作用,深入贯彻实施国家知识产权战略,为保障和促进经济社会发展作出了不懈努力。广东省高级人民法院知识产权审判庭获得"国家知识产权战略实施工作先进集体"荣誉称号。

(一)始终坚持服务大局,不断完善知识产权司法保护政策

正确的司法保护理念和政策对于加强知识产权司法保护,确保依法公正高效审理各类知识产权案件具有重要的指导作用。2013 年,人民法院继续深入贯彻"加强保护、分门别类、宽严适度"的司法保护基本政策,根据国家科技政策、经济政策、产业政策、文化政策、贸易政策等的发展变化,及时调整和完善司法政策体系;根据各类知识产权的属性、功能、特点和实践需要,不断丰富和完善具体司法政策内容。围绕增强创新驱动发展新动力,提高自主创新能力,进一步加强专利权保护,重点加强对基础前沿研究、战略性新兴产业、现代信息技术产业等领域的技术成果保护,推动技术突破和技术创新。围绕培育品牌竞争新优势,促进品牌创新,进一步加强商标权保护,加大对驰名商标的保护力度,坚决制止假冒商标、恶意抢注等商业标识侵权行为。围绕推动文化繁荣和产业发展,进一步加强著作权保护,重点加强对优秀文化资源、文化创新成果和新型文化业态的保护,鼓励自主创新。围绕营造公平诚信的市场环境,促进激发市场活力,进一步加强竞争保护,重点打击仿冒、虚假宣传、侵犯商业秘密等不正当竞争行为,有力促进了现代市场体制的完善。围绕充分维护权利人利益,进一步加大损害赔偿力度,强化举证妨碍制度的运用,正确把握法定赔偿和酌定赔偿的关系,提高损害赔偿计算的科学合理性。在知识产权刑事审判工作中,特别重视运用财产刑加大对侵犯知识产权犯罪的惩处力度,从经济上剥夺犯罪分子再犯罪的能力和条件。如河南省高级人民法院在审理宗连贵等 28 人制售假冒"金龙鱼"、"鲁花"注册商标食用油案中,对被告人判处 2704 万元的罚金,有力震慑了犯罪行为,净化了市场环境。

(二)始终坚持改革创新,不断优化知识产权司法保护体制机制

深化知识产权司法改革,坚持改革创新,是激发人民法院知识产权司法保护活力,确保公正司法的有力制度保障。2013 年,人民法院积极推动知识产权领域改革创新,不断优化知识产权审判体制和工作机制。进一步优化知识产权案件管辖布局。根据专利案件不断增长的趋势,最高人民法院发布《关于修改〈最高人民法院关于审理专利纠纷案件适用法律问题的若干规定〉的决定》,适当下放专利案件管辖权,指定符合条件的基层人民法院管辖第一审专利纠纷案件。同时,集中布局专利等技术类民事案件的管辖法院,按需灵活布局驰名商标等特殊类型案件管辖法院,使知

识产权案件管辖布局更加科学合理。截至2013年底,全国具有专利、植物新品种、集成电路布图设计和驰名商标案件管辖权的中级人民法院分别为87个、45个、46个和45个;具有一般知识产权案件管辖权的基层人民法院为160个,具有实用新型和外观设计专利纠纷案件管辖权的基层人民法院为7个。稳妥推进知识产权审判"三合一"试点。增强"三合一"试点工作的系统性、整体性和协同性,积极引导地方人民法院稳步推进试点进程。截至2013年底,共有7个高级人民法院、79个中级人民法院和71个基层人民法院开展了试点工作。进一步完善技术事实查明机制。细化司法鉴定、专家辅助人、专家咨询等技术事实查明机制的操作程序,建立和完善鉴定人、技术专家出庭参与庭审的工作机制,强化对鉴定意见、专家意见的程序和实体审查,不断提高技术事实认定科学性。浙江省高级人民法院制定技术专家工作办法,聘请20位技术专家帮助解决技术事实认定难题。湖北省高级人民法院建立三个专家库,为审判专业问题提供智力支持。优化人民陪审员工作。规范人民陪审员参与案件审理的方式、流程,改进参审机制,增选适应知识产权审判工作需要的专家型陪审员,保障人民陪审员依法行使职权,提高了参审效果。广西壮族自治区南宁市中级人民法院加大专家陪审员参审力度,有58件涉及复杂技术问题的案件吸收专家陪审员陪审,有力提升了审判质效。

(三)始终坚持司法为民,不断拓展知识产权司法服务

人民法院在知识产权审判工作中认真贯彻执行党的群众路线,自觉践行司法为民工作宗旨,深入基层,深入群众,倾听群众呼声,了解群众诉求,不断完善司法便民利民举措。加强维权和诉讼指导。强化对权利义务、举证责任、诉讼风险等事项告知工作,引导权利人管控侵权、理性维权。如湖北省黄石市中级人民法院定期向当地企业发放"法律风险提示卡"、《企业知识产权保护风险提示手册》等,引导企业建立维权应对机制和诉讼引导机制。加大证据保全和依职权调取证据的力度,凡是符合证据保全或者调查收集证据条件的,均及时采取相关措施,切实减轻权利人的举证负担。因地制宜开展巡回审判。河南省高级人民法院在全省法院系统开展了知识产权案件集中巡回审判工作,巡回审理案件400余件,成功审理了一大批案情复杂、当事人对立情绪大的知识产权案件,包括人大代表、政协委员、高校师生在内的2万余名社会各界人士旁听了巡回庭审,取得良好效果。安徽省滁州市中级人民法院在知识产权纠纷较多的市县积极探索开展巡回审判,充分发挥司法审判的指引功能。新疆维吾尔自治区高级人民法院伊犁哈萨克自治州分院在霍尔果斯特殊经济开发区设立法官巡回工作站,每月定期派法官前往工作站现场开展工作。开展法律咨询服务。吉林、福建、安徽、贵州等地人民法院积极延伸审判职能,将知识产权保护关口前移,深入重点企业,科技工业园区等开展"送法上门"服务,了解企业知识产权保护需求,帮助企业解决在知识产权创新、管理、运用、保护等方面遇到的法律问题,提升企业创新驱动意识、风险防范意识和司法保护意识,增强企业防范、化解经营风险,实现创新发展的能力,受到企业的欢迎。加强司法建议工作。发挥司法建议的指引、导向功能,对在开展知识产权司法保护工作中发现的突

出问题、共性问题、高发问题等,积极向相关部门发出司法建议,促进问题的实质解决。如湖北省高级人民法院针对网吧著作权侵权纠纷,向当地人民政府、版权等部门发出司法建议,引导知识产权使用者合法、规范经营,促进行业健康有序发展。贵州省高级人民法院针对公证文书因程序瑕疵导致效力不被采信的问题,向省司法厅发出司法建议,敦促其规范公证行为。海南省高级人民法院向省人民政府发出特色商标资源保护的司法建议,促进对特色商标资源加强保护。山西、上海等地高级人民法院也不断加大司法建议工作力度,为相关部门完善知识产权运用、管理和保护提供有力服务。

(四)始终坚持强化保护,不断加大知识产权司法宣传力度

司法宣传是人民法院让社会了解知识产权司法保护工作的重要渠道,是传播司法保护法治精神的重要载体,也是提高全社会尊重知识,保护知识产权理念的重要环节。2013 年,人民法院准确把握知识产权司法保护工作规律,突出知识产权司法保护工作特点,创新宣传工作形式,围绕宣传工作重点,充分发挥人民法院自有媒体、新闻媒体、微信微博等宣传媒介的作用,调动各方力量,形成宣传合力,增强宣传效果。精心筹划和开展"4·26"世界知识产权日宣传周活动。最高人民法院发布了 2012 年中国法院知识产权司法保护 10 大案件、10 大创新型案件和 50 件典型案例、《最高人民法院知识产权案件年度报告(2012 年)》,生动形象地向社会展现了人民法院加大知识产权司法保护力度的成果。地方人民法院也通过发布知识产权司法保护状况、公布案例、召开新闻发布会、走上街头发放知识产权宣传册等形式,积极开展宣传活动,回应人民群众对知识产权司法保护工作的关切。如内蒙古自治区高级人民法院组织全区法院开展了"实施知识产权战略,支持创新驱动发展"知识产权宣传周活动,深入企业和校园开展法制宣传;江苏省法院系统在宣传周期间,共召开 9 场新闻发布会,组织社会各界 1800 余人次旁听庭审,走访企业 100 余家,发放各类宣传材料 5000 册。新疆维吾尔自治区高级人民法院生产建设兵团分院围绕"知识产权助推经济转型"主题,开展了内容丰富、形式多样、贴近群众的知识产权宣传活动;安徽省合肥市中级人民法院走进"种子一条街"现场开庭审理植物新品种案,邀请种子管理站人员和种子经营户旁听审判,以案讲法,增强司法宣传的感染力和影响力。

(五)始终坚持协同发展,不断加强知识产权合作与交流

在当今经济全球化深入发展,文化多样化、社会信息化持续推进的大背景下,加强知识产权保护必须坚持走合作共赢、协同发展之路。加强部门协作,形成保护合力。2013 年,人民法院继续统筹协调知识产权司法保护和行政保护的关系,进一步加强与行政执法部门的合作,构建知识产权立体保护格局。安徽、江西、广西等地高级人民法院积极推进知识产权保护联动机制建设,建立信息共享平台。河南省高级人民法院加强与知识产权部门的协作,积极拓展知识产权纠纷调解新途径。加强国际交流,提升国际形象。最高人民法院派员参加了中美、中欧、中俄、中瑞知识产权工作组会议以及中瑞、中韩自贸区谈判等国际会议,全面展示我国保护知识产权取

得的成果,表明中国坚持不懈地加强知识产权司法保护的立场和决心。接待美国、日本、欧盟等高层代表团近百人来访,积极回应外方关切,澄清有关误解,宣传我国知识产权司法保护成就,塑造良好国际形象。为进一步畅通交流渠道,扩大交流成果,最高人民法院设立了知识产权司法保护国际交流(上海)基地,依托上海市高级人民法院接待了美国、日本、韩国、加拿大、瑞士等代表团来访,得到来宾的高度评价。

三、围绕提高司法公正公信,大力加强审判监督管理

公正司法是法治中国建设的重要环节,是人民法院的生命线,也是确保司法公信力的基础。2013 年,人民法院紧紧围绕公正司法,提升司法公信力这条主线,进一步健全完善司法保护规范,进一步强化审判管理和监督机制,进一步加大审判调研指导工作力度,着力提高知识产权审判质量和效率,确保对每一起案件的审理,都经得起法律、历史和人民的检验。

(一)健全完善司法保护规范,促进司法保护标准协调统一

进一步加强司法指导。为正确适用修改后的民事诉讼法,保障专利案件审判工作的有序进行,2013 年 1 月,最高人民法院发布《最高人民法院关于印发中华全国专利代理人协会推荐的专利代理人名单的通知》,规范专利代理人参与专利民事诉讼活动。为确保新修订的商标法的正确贯彻实施,最高人民法院及时起草发布了《最高人民法院关于商标法修改决定施行后商标案件管辖和法律适用问题的解释》。进一步加强审判指导。2013 年 3 月,最高人民法院在陕西省西安市召开了全国法院第三次知识产权审判工作会议,会议深入学习贯彻党的十八大和第十二届全国人民代表大会第一次会议精神,总结了五年来人民法院知识产权审判工作取得的成绩和经验,分析了当前知识产权审判工作面临的形势,明确了当前和今后一段时期全国法院知识产权审判工作的指导思想和工作任务,研究了当前知识产权审判法律适用方面应当注意的问题。会议的召开为 2013 年以及今后一个时期做好知识产权审判工作指明了方向,具有非常重要的意义。2013 年 4 月,最高人民法院在江苏省苏州市召开了全国法院知识产权审判庭庭长研讨班,紧密结合知识产权审判实际,突出加强司法公正、增强司法公信力和推进依法治国的主题,着重对知识产权审判工作面临的形势、需要准确把握的司法政策等进行了研讨,达到了统一思想、推动工作的目的。为贯彻落实全国法院第三次知识产权审判工作会议精神,浙江、福建、山东、广东等地高级人民法院也召开了全省法院知识产权审判工作会,对做好 2013 年的知识产权审判工作进行了安排和部署,确保了知识产权审判工作的规范有序进行。编撰审判指导资料。最高人民法院编辑出版了《知识产权审判指导》、《知识产权审判动态》、《商标审判的回顾与展望》等书刊,梳理重要规范性文件及指导意见、工作综述、统计数据、调研成果、典型案例等业务资料,成为开展业务指导工作的快捷途径。北京市高级人民法院制定下发了《专利侵权判定指南》,统一指导协调全市法院专利执法标准。

(二)大力加强审判调研,拓展统一法律适用新途径

知识产权司法保护工作面对的是创新活动最为活跃的经济、科技、文化和艺术领

域,新问题新情况层出不穷,知识产权司法保护不断面临新要求和新挑战。加强对知识产权案件和审判工作的调研指导,及时统一裁判标准,及时有效回应知识产权司法保护新需求,是实现知识产权审判工作科学发展的重要手段。2013 年,人民法院紧紧围绕知识产权审判工作的重点难点问题,创新调研方式,找准调研工作着力点,大力开展审判调研,及时总结新经验,解决新问题,取得了丰硕成果。最高人民法院围绕专利侵权判定标准、专利授权确权行政案件审理标准、商标法律适用、商标授权确权行政案件审理标准、驰名商标和服务商标保护、商业秘密保护、涉卡拉 OK 经营者著作权纠纷法律适用等问题进行了专题调研,为起草和推出相应的司法解释做准备。2013 年 1 月,最高人民法院在福建省厦门市召开了全国互联网领域新技术、新商业模式及商业竞争状况调研会。2013 年 7 月,最高人民法院在贵州省遵义市中级人民法院设立"最高人民法院白酒产业知识产权司法保护调研基地",调研基地的设立将更有助于发现行业性知识产权司法保护问题,推动行业产业健康发展。为进一步推进调研工作的开展,最高人民法院筹备首届全国知识产权优秀调研成果评选活动,完成对 193 篇调研报告的初评。地方各级人民法院也紧密结合审判工作实际,开展了内容丰富的调研活动。重庆市高级人民法院与有关单位联合举办了"互联网环境下商标侵权与垄断问题国际研讨会"、"云计算环境下计算机软件版权司法保护高层论坛";天津市高级人民法院开展了"天津市文化创意企业知识产权保护状况"调研活动;广东省高级人民法院围绕"探索完善司法证据制度破解知识产权侵权损害赔偿难"问题进行调研,并在 14 家中、基层人民法院开展试点工作。北京、河北、辽宁、上海、江苏、广西、云南、陕西、青海、宁夏等地高级人民法院也围绕地方知识产权审判重点、难点问题进行了专题调查研究,有力指导了审判工作的开展。

(三)强化审判管理,完善科学有效的监督评价机制

建立有权必有责、用权受监督、失职要问责、违法必追究的管理体系,以严格的管理监督审判权的运行,规范自由裁量权的行使,防止权力失控、行为失范,是公正司法的重要制度保障。2013 年,各级人民法院建立健全并认真落实保证审判质量和效率的各项制度机制,不断总结并及时推广有利于提升审判质量和效率的各种经验和做法,知识产权审判质量和效率有了明显提升。加强审判流程管理,对审判工作的重要流程和重要环节进行跟踪监督,实行结案定期通报制度,加强均衡结案,提升审判质效。陕西省高级人民法院实现网上办案,规范从收案、开庭、合议到宣判的全部程序,确保审判过程的每一个环节有章可循,有据可查。强化审判质量,对疑难复杂案件,通过召开审判长联席会、全体法官会议、专家论证会等方式研究讨论,确保审判质量。开展案件质量评查,强化精品意识。健全完善案件质量评查机制,细化评查标准,明确错案的认定标准和责任追究机制,及时发现问题,纠正错误,坚决守住防范冤假错案的底线。开展裁判文书评查和评比,提高裁判文书质量,有效杜绝文书差错等错误,使裁判文书成为体现裁判过程、展现裁判依据、接受社会监督的载体。为推动提高裁判文书质量,最高人民法院筹备第三届全国知识产权优秀裁判文书评选活

动,完成对483份裁判文书的初评工作。

四、坚持推进基层基础建设,不断提升司法队伍素质

坚持司法为民、公正司法,提升司法公信力,关键在队伍,重点在基层。人民法院始终高度重视加强知识产权审判队伍建设,以实现让人民群众在每一个司法案件中都感受到公平正义为目标,以正规化、专业化、职业化为方向,全面提高队伍建设科学化水平,努力建设一支政治坚定、业务过硬、作风优良、公正廉洁的高素质知识产权法官队伍。

(一)加强知识产权审判机构建设

完善的机构设置是做好知识产权审判工作的前提。2013年,人民法院认真贯彻落实《关于贯彻实施国家知识产权战略若干问题的意见》,继续大力加强知识产权专门审判机构建设,打牢知识产权审判的基层基础。西藏自治区在林芝、山南、那曲、阿里四个中级人民法院设置了知识产权专门审判机构;福建省在鼓楼、思明、晋江三个基层法院成立了知识产权审判庭;湖北省在襄阳、宜昌、黄石、黄冈、荆门等中级人民法院成立了知识产权审判庭。通过专门审判机构的建设,促进知识产权审判的专业化发展。北京市海淀区人民法院设立了全国首家以审理知识产权案件为主的基层法院派出法庭,为保障中关村国家自主创新示范区建设提供助力。与此同时,各级人民法院继续加强审判组织人员配备,选派执法办案综合能力强的法官充实知识产权审判队伍,为推进知识产权审判工作提供良好的人才支持。

(二)加强司法能力建设

不断提高知识产权法官做好服务人民群众、维护公平正义、化解矛盾纠纷、引导社会舆论的司法能力和水平是适应新形势下知识产权审判工作快速发展的迫切需要。人民法院始终坚持把提升知识产权法官司法能力作为推进知识产权司法保护工作的重要环节抓紧抓好,充分运用专题培训、专题研讨、在职培养、交流挂职、庭审观摩、建立知识产权保护实践基地等形式,不断加大学习教育培训力度,扩大学习教育培训覆盖面。加强政治理论学习。各级人民法院认真抓好党的十八大精神和习近平总书记一系列重要论述的学习,引导广大知识产权法官坚定理想信念,牢固树立社会主义法治理念,培育和践行社会主义核心价值观,不断增强社会主义道路自信、理论自信、制度自信,打牢公正司法的思想基础。加强业务培训。最高人民法院继续以国家法官学院知识产权培训课程为载体,开展对全国法院知识产权法官的业务培训活动;加强对中西部地区法院知识产权法官的培训力度,选派知识产权法官参加西部巡回讲师团巡回授课活动。黑龙江省高级人民法院推行知识产权专业领域培养计划,并组织法官讲坛活动,努力培养专家型法官;湖北省高级人民法院开展队伍建设"五个一"活动,打造学习型审判队伍;云南省高级人民法院举办法官沙龙,并组织来院交流的国家知识产权局专利复审委员会审查员赴全省具有专利案件管辖权的中级人民法院巡回授课;浙江省高级人民法院与省法官学院联合举办知识产权审判业务培训班和业务骨干培训班,加强对审判人员的业务培训力度;重庆市高级人民法院积极组织院校交流活动,实现资源对接、优势互补,提高审判专业化水平;内蒙古自治区高级人民法院举办了全区法院知识产权审判业务培训班,对法官进行知识产权前

沿问题培训;北京市高级人民法院积极探索实训制培训模式,加强对青年法官的培养,为知识产权审判工作可持续发展打下了坚实基础。该院审判委员会专职委员、知识产权审判庭庭长陈锦川被中国版权协会授予"中国版权事业卓越成就者"奖。

(三)加强司法作风建设

司法作风是司法公正的外在体现,直接关系到人民群众对司法公正的感受与评价。2013 年,人民法院以党的群众路线教育活动为契机,狠抓知识产权审判队伍司法作风建设,要求每一位审判人员要有直面问题的勇气,以整风的精神查找工作作风中的缺点和不足,按照"照镜子、正衣冠、洗洗澡、治治病"的总要求,诚恳开展批评和自我批评,认真解决群众反映强烈的突出问题,坚决贯彻落实中央关于改进工作作风、密切联系群众的八项规定和最高人民法院制定的六项措施,把司法为民的要求落到实处。狠抓司法作风建设,从严加强管理,有力提升了广大知识产权审判人员的宗旨意识、公仆意识,确保了知识产权审判队伍的先进性、纯洁性。

(四)加强司法廉政建设

廉政建设始终是人民法院队伍建设的一项硬任务。2013 年,各级人民法院以"踏石留印、抓铁有痕"的劲头,狠抓反腐倡廉建设,完善廉政风险防控体系建设,强化管理监督责任,加大问责追究力度,通过开展集中式教育、警示教育、召开专题民主生活会、谈心会等形式,教育和引导全体知识产权审判人员按照"为民、务实、清廉"的要求,珍惜权力、慎用权力、用好权力,不被各种诱惑所动,不为各种干扰所惑;通过认真开展司法巡查、审务督查等方式,加强管理力度,堵塞管理漏洞,把权力牢牢关进制度的笼子里,确保法官清正、法院清廉、司法清明。

结 束 语

2014 年是贯彻落实党的十八届三中全会精神,完成"十二五"规划,统筹稳增长、调结构、促改革的关键一年。人民法院要在以习近平同志为总书记的党中央坚强领导下,始终高举中国特色社会主义伟大旗帜,以邓小平理论、"三个代表"重要思想、科学发展观为指导,坚持依法正确履行职责,坚持司法为民、公正司法,坚持以改革创新精神推动知识产权司法事业发展,积极发挥司法保护知识产权的主导作用,继续加大知识产权司法保护力度,锐意进取,攻坚克难,为开创知识产权审判工作新局面,推动实施创新发展战略,实现中华民族伟大复兴的中国梦作出新的更大贡献!

2014 年人民法院知识产权司法保护工作综述

2014 年,人民法院全面贯彻落实党的十八大和十八届三中、四中全会精神,紧紧围绕"让人民群众在每一个司法案件中感受到公平正义"的目标,牢牢坚持司法为民、公正司法工作主线，坚持依法履行司法保护知识产权职责，推进司法改革、深化司法公开、加强司法宣传、强化审判指导，不断提升知识产权司法公信力和国际影响力，为建设创新型国家、社会主义文化强国和全面建成小康社会提供有力保障。

一、加强司法审判，切实发挥司法保护知识产权主导作用

人民法院积极履行司法审判职责，提高知识产权案件审判质量与效率，切实维护知识产权权利人的合法权益。

1. 充分发挥民事审判职能，加大对权利人的保护力度。2014 年，全国地方人民法院共新收和审结知识产权民事一审案件 95522 件和 94501 件，同比分别上升 7. 83% 和 7. 04%，一审结案率为 87. 76%。其中，新收专利案件 9648 件，同比上升 4. 93%；商标案件 21362 件，同比下降 8. 21%；著作权案件 59493 件，同比上升 15. 86%；技术合同案件 1071 件，同比上升 12. 86%；不正当竞争案件 1422 件（其中垄断民事民事案件 86 件），同比上升 9. 22%；其他知识产权案件 2526 件，同比上升 0. 48%。全年共审结涉外知识产权民事一审案件 1716 件，同比上升 0. 11%；审结涉港澳台知识产权民事一审案件 426 件，同比下降 11. 8%。全国地方人民法院共新收和审结知识产权民事二审案件 13760 件和 13708 件，同比分别上升 15. 08% 和 18. 65%。全国地方人民法院共新收和审结知识产权民事再审案件 80 件和 94 件，同比分别上升 6. 67% 和下降 2. 08%。

2014 年，最高人民法院新收和审结知识产权民事案件 336 件和 339 件（含旧存），其中新收申请再审案件 268 件，审结 271 件。

2. 充分发挥行政审判职能，支持和监督行政机关依法行政。2014 年，全国地方人民法院共新收和审结知识产权行政一审案件 9918 件和 4887 件，同比分别上升 243. 66% 和 68. 46%。其中，新收专利案件 539 件，同比下降 22. 67%；商标案件 9305 件，同比上升 330. 59%；著作权案件 12 件，同比上升 300%；其他案件 62 件，同比上升 148%。审结案件中，涉外、涉港澳台案件大幅上升，共计 2237 件，占知识产权行政一审结案的 45. 77%。其中，涉外案件 1927 件，涉港案件 150 件，涉澳案件 5 件，涉台案件 155 件。在审结的一审行政案件中，判决维持具体行政行为的 3422 件，判决撤销的 841 件。全国地方人民法院新收知识产权行政二审案件 2435 件，审结 2118 件，同比分别上升 63. 42% 和 41. 58%；其中，维持原裁判 1877 件，改判 181 件，发回重审 2 件，撤诉 45 件，驳回 2 件，其他结案方式 11 件。

最高人民法院新收和审结知识产权行政案件 145 件和 151 件。在审结的 131 件行政申请再审案件中，驳回 108 件，占 82. 44%；提审 15 件，占 11. 45%；和解撤诉 4 件，占 3. 05%；指令再审 3 件，占 2. 29%；以其他方式结案 1 件。在审结的 17 件行政再审案件中，改判 15 件，占 88. 24%；维持 1 件，占 5. 88%；以其他方式结案 1 件。

3. 充分发挥刑事审判职能，加强打击侵犯知识产权犯罪力度。2014 年，全国地方人民法院共审结涉及知识产权的刑事一审案件 10803 件，同比上升 17. 27%；审结涉及知识产权的刑事二审案件 521 件。判决发生法律效力 13904 人，其中有罪判决 13903 人。在审结案件中，以侵犯知识产权罪判处案件 4180 件，生效判决人数 6959

人;以生产、销售伪劣商品罪(涉及侵犯知识产权)判处案件3154件,生效判决人数4474人;以非法经营罪(涉及侵犯知识产权)判处案件1308件,生效判决人数2210人;以其他罪名判处的涉及侵犯知识产权的案件166件,生效判决人数261人。在以侵犯知识产权罪判处的案件中,以假冒注册商标罪判处案件1592件,生效判决人数3003人;以销售假冒注册商标商品罪判处案件1529件,生效判决人数2410人;以非法制造、销售非法制造的注册商标标识罪判处案件324件,生效判决人数617人;以侵犯著作权罪判处案件697件,生效判决人数850人;以销售侵权复制品罪判处案件9件,生效判决人数20人;以侵犯商业秘密罪判处案件29件,生效判决人数59人。

二、加强司法改革,切实提高知识产权司法公信力

人民法院深入贯彻落实国家知识产权战略,积极推动知识产权领域改革创新,不断优化知识产权审判体制和工作机制,提高司法公信力。

1. 成立知识产权法院。设立知识产权法院是贯彻落实党的十八届三中、四中全会决定的重要举措,也是加强知识产权司法保护,优化科技创新法治环境最具主导性的环节。为做好这项工作,最高人民法院进行了大量的前期调研和论证,并起草并发布了最高人民法院《关于北京、上海、广州知识产权法院案件管辖的规定》、《关于知识产权法院案件管辖等有关问题的通知》、《关于知识产权法院技术调查官参与诉讼活动若干问题的暂行规定》等文件,为知识产权法院的顺利设立和有效运行提供了有力的法律和政策保障。

2. 继续积极稳妥推进“三合一”改革试点工作。为加强顶层设计和总体规划,最高人民法院于2014年4月专门召开了知识产权审判“三合一”改革试点工作座谈会,在总结经验的基础上,提出了“三合一”改革试点工作迈上新台阶的目标。

3. 进一步优化知识产权案件管辖布局。适应日益增长的知识产权司法需求,进一步扩大具有一般知识产权案件管辖权的基层法院数量,同时根据知识产权法院的设立,及时调整具有部分专利案件管辖权的基层法院。截至2014年底,全国具有专利、植物新品种、集成电路布图设计和涉及驰名商标认定的民事纠纷案件管辖权的中级人民法院分别为87个、46个、46个和45个;具有一般知识产权案件管辖权的基层人民法院达到164个,具有实用新型和外观设计专利纠纷案件管辖权的基层人民法院为6个。

4. 进一步推进建立科学技术专家咨询机制。为准确查明技术事实,提高技术类案件的审判质效,提高司法公信力,最高人民法院继续加强与中国科学技术协会的合作,于2014年2月共同召开了“加强知识产权司法保护、推进科学技术创新发展座谈会暨特邀科学技术专家聘任仪式”,新聘了10名两院院士作为最高人民法院的特邀科学技术咨询专家,进一步增强了技术咨询专家为技术类案件提供技术支持的力度。

三、加强司法公开,切实实践司法为民

人民法院坚持以公开促公正,积极回应人民群众日益增长的司法需求,不断加大司法宣传力度,提升知识产权司法保护水平,切实实践司法为民。

1. 积极主动接受人大监督。最高人民法院按照全国人大常委会执法检查组的要

求，于2014年4月向全国人大常委会汇报了贯彻实施专利法的情况，并于2014年6月听取了十二届全国人大常委会第九次会议对专利执法检查报告的审议情况，积极回应人民群众对知识产权司法保护工作的新期待。

2. 加强裁判文书公开和庭审公开力度。积极推进知识产权裁判文书上网工作，上网发布全部裁判文书，且发布的时间与纸质文书的送达时间基本同步，进一步提高了裁判文书的公布范围和效率。在庭审公开上，进一步创新工作方法，首次举办了最高人民法院面向外国驻华使节的专题开放日活动，知识产权审判庭于当日公开开庭审理了浙江健龙卫浴有限公司与(德国)高仪股份公司侵害外观设计专利权纠纷案，法国、德国、澳大利亚、瑞士等16个驻华使馆派出的25位外交使节参加了旁听，最高人民法院周强院长会见了参加专题开放活动的驻华使节并进行互动交流，赢得了外国驻华使节和媒体的广泛赞誉，产生了良好的社会反响。

3. 加强司法宣传和交流。积极开展"4·26"知识产权宣传周活动，通过发布《中国法院知识产权司法保护状况(2013年)》、《2013年中国法院10大知识产权案件、10大创新性知识产权案件和50件典型知识产权案例》、《最高人民法院知识产权案件年度报告(2013)》、公开发行《中国知识产权司法保护年鉴(2013)》等方式，大力宣传知识产权司法保护工作，增进社会各界和人民群众对知识产权司法保护工作的理解和认同。最高人民法院积极派员参加中欧知识产权对话、工作组会议、自由贸易区知识产权章节谈判、中瑞知识产权工作组会议、中美知识产权工作组会议等各类对外工作会议并为我中方代表团提供相关书面意见。接待日本、美国、欧盟、英国等高层代表团近百人来访，积极回应外方关切，澄清有关误解，大力宣传我国知识产权保护成就，塑造良好的国际形象。最高人民法院与世界法学家协会共同举办了"知识产权保护的国际视野"国际研讨会，与华盛顿大学联合举办了"知识产权司法保护国际研讨会"。

四、加强司法指导，切实推进统一知识产权司法保护标准

人民法院积极跟进知识产权审判工作中存在的新情况和新问题，坚持不懈加强审判调研和指导力度，促进统一知识产权司法裁判标准。

1. 召开全国法院知识产权审判工作座谈会。最高人民法院于2014年7月召开了全国法院知识产权审判工作座谈会，从当前知识产权审判为全面深化改革和实施创新驱动发展战略提供有力司法保障的根本目标出发，在更新观念、提升能力、加强保护、强化指导、深化改革、引领潮流等六个方面对进一步加强知识产权司法保护工作提出了新的要求和全面具体的部署。

2. 加强司法解释工作。起草并发布了《最高人民法院关于审理商标案件有关管辖和法律适用范围问题的解释》，对《最高人民法院关于审理专利纠纷案件适用法律问题的若干规定》进行修改后重新予以发布。此外，围绕专利、商标授权确权和侵权纠纷、审理知识产权与竞争纠纷行为保全案件的法律适用问题起草了5个司法解释，并进行了多方面的调研论证和征求意见工作。

3. 加强司法调研工作。最高人民法院和地方各级人民法院依托江苏省苏州市中级人民法院等10个知识产权司法保护调研基地和北京大学、中国人民大学等6个知识产权司法保护理论研究基地,开展了以涉外定牌加工商标法律问题、信息网络传播权司法保护问题、互联网领域竞争问题、商业秘密、"三网融合"知识产权法律问题等为专题的调研活动,及时研究和解决审判实践中的热点和难点问题,为依法裁判这类案件提供智力支持。此外,开展了首届全国知识产权优秀调研成果评选活动,增强各级法院开展调研工作的积极性。

4. 加强案例指导工作。发布《2013年中国法院10大知识产权案件、10大创新性知识产权案件和50典型知识产权案例》、《最高人民法院知识产权案件年度报告(2013)》,明确知识产权司法的具体原则和标准,增强业务指导的灵活性和针对性。同时,开展了第三届全国知识产权优秀裁判文书评选活动,打造精品案件。

5. 加强司法培训工作。最高人民法院以国家法官学院知识产权培训课程为载体,开展对全国法院知识产权法官的业务培训,培训法官近300人。

2014年人民法院知识产权刑事保护工作综述

2014年,全国各级人民法院紧紧围绕"让人民群众在每一个司法案件中都感受到公平正义"的目标,高度重视知识产权刑事审判工作,依法公正高效审理各类知识产权刑事案件,加大对科技发展和技术创新的保护力度,切实维护知识产权权利人的合法权益、维护市场有序竞争,很好地发挥刑事审判制裁和预防侵犯知识产权犯罪的职能。

一、严格依法办案,突出打击重点,强化保护职能

2014年,地方各级人民法院以执法办案为第一要务,在知识产权刑事审判工作中,严格依法办案,确保案件质量,贯彻宽严相济刑事政策,突出打击重点,并注重通过准确适用财产刑、没收侵犯知识产权的犯罪所得、销毁作案工具及赃物等方式,剥夺犯罪分子再次犯罪的能力和条件。全年共新收侵犯知识产权犯罪案件5242件,同比上升4.4%。其中:假冒注册商标罪案件2106件,销售假冒注册商标的商品罪案件1933件,非法制造、销售非法制造的注册商标标识罪案件408件,假冒专利罪案件1件,侵犯著作权罪案件735件,销售侵权复制品罪案件12件,侵犯商业秘密罪案件47件。共审结侵犯知识产权犯罪案件5103件,生效判决人数6959人。其中:假冒注册商标罪案件2031件,生效判决人数3003人;销售假冒注册商标的商品罪案件1903件,生效判决人数2410人;非法制造、销售非法制造的注册商标标识罪案件397件,生效判决人数617人;假冒专利罪案件1件;侵犯著作权罪案件722件,生效判决人数850人;销售侵权复制品罪案件12件,生效判决人数20人;侵犯商业秘密罪案件37件,生效判决人数59人。

二、建立、完善专项工作机制，优化审判资源配置

最高人民法院建立了全国法院审理知识产权刑事案件联络员机制，在“上传下达”、协调个案、落实专项活动方面发挥了积极作用，同时还在扩展该机制在协调各级法院上报新类型案件信息、汇集审判实践中疑难问题、交流工作经验、做好跨省区案件信息交流等方面的职能，探索建立知识产权刑事案件审判专项工作机制。地方各级人民法院通过深入推进、完善“三合一”试点工作，建立专项工作小组、合议庭、完善知识产权刑事案件信息报送、挂牌督办制等方式不断健全知识产权刑事案件审判机制、优化知识产权审判资源配置，确保了执法标准统一和审判工作效率。

三、加强调研、指导，统一法律适用

2014 年，最高人民法院和地方各级人民法院高度重视知识产权刑事调研工作。最高人民法院刑一庭组织开展了知识产权刑事案件审判工作总体情况调研，以及商业秘密犯罪、侵犯商标权犯罪、通过互联网销售侵权商品情况等专项调研。有的地方法院及时对本地区类型化的侵犯知识权案件进行调研，明确处理原则和意见，统一裁判标准，取得了较好的效果；有的地方法院针对审判实践中热点、难点、重点开展应用性专题研究，举办知识产权刑事审判业务讲座、培训，进一步提升了审判人员的业务能力。

四、加强与相关部门的沟通协作，建立知识产权保护协作机制

各地法院普遍注重与公安、检察机关在打击知识产权刑事司法程序中的配合，不同形式、程度地建立了立案侦查、审查起诉、提起公诉和审理等不同司法程序之间的衔接协作机制，及时共同研究解决工作中的刑事司法保护问题，统一认识和尺度。注重与工商、版权、专利等行政主管部门在行政执法程序上的衔接，实现刑事司法保护与行政保护的优势互补和良性互动。

五、继续推进司法公开，加强知识产权法制宣传

地方各级人民法院继续大力推进裁判文书网上公开工作，通过公开审理、对重大有影响的案件由新闻媒体进行庭审直播等多种方式，不断增强司法透明度，有的法院还积极邀请人大代表、政协委员、特约监督员、技术专家、人民陪审员等旁听开庭，听取各界对法院知识产权审判工作的意见和建议，取得了良好的效果。

各地法院还普遍以刑事审判为依托，通过集中宣判、召开新闻发布会、公布典型案例等方式，积极宣传国家保护知识产权的政策和法律法规，有力震慑了犯罪，提高全社会的知识产权保护意识和防范意识，积极营造良好的保护知识产权的法治环境、市场环境和社会环境。

2014 年全国检察机关打击侵权假冒工作综述

2014 年，全国检察机关深入学习党的十八届三中、四中全会和《中共中央关于全面推进依法治国若干重大问题的决定》精神,认真贯彻落实中央的决策部署,加强对知识产权的司法保护,依法履行各项检察职能,在打击侵犯知识产权和制售假冒伪劣商品犯罪、加强对行政执法机关移送涉嫌犯罪案件和公安机关刑事立案的监督、推动行政执法与刑事司法衔接机制建立和完善等方面均取得显著成效。

一、充分履行批捕、起诉职能,依法惩治侵犯知识产权和制售假冒伪劣产品犯罪

2014 年,全国各级检察机关通过提前介入、引导取证、对进入批捕、起诉环节的案件依法快捕快诉等方式,继续依法惩治侵犯知识产权和制售假冒伪劣商品犯罪。

2014 年,全国检察机关共批捕涉知识产权犯罪 2924 件 4859 人,案件数同比下降 5.6%,人数上升 1.4%,起诉 5156 件 8834 人,同比分别上升 3.6% 和 7.3%;共批捕生产销售伪劣商品罪 6217 件 9051 人,案件数同比上升 5.6%,人数下降 3.6%,起诉 13244 件 20104 人,同比分别上升了 48.8% 和 37.1%。

另外,高检院起草并与高法院联合制定的《关于办理危害药品安全刑事案件若干问题的解释》于 2014 年 11 月 18 日颁布,明确了生产、销售假药、劣药等危害药品安全涉嫌犯罪的行为在实体上的认定标准,严密了法网、消除了认识分歧,有利于打击药品领域的制假售假和侵犯知识产权犯罪行为。

二、进一步发挥诉讼监督职能,强化对行政执法机关移送涉嫌犯罪案件的监督、对公安机关依法立案的监督以及对民事行政案件的监督

检察机关以打击制售假冒伪劣商品和侵犯知识产权犯罪为重点,深入开展对行政执法机关移送涉嫌犯罪案件和公安机关依法立案的监督,防止和纠正有案不移、有案不立和以罚代刑。2014 年,全国检察机关建议行政执法机关移送涉嫌破坏社会主义市场经济秩序犯罪案件 3545 件 4361 人,公安机关立案 3228 件 4029 人,其中相当部分为侵权假冒犯罪案件。全国检察机关共监督公安机关立案生产、销售伪劣商品涉嫌犯罪案件 832 件 1072 人,监督公安机关立案侵犯知识产权涉嫌犯罪案件 99 件 151 人。

同时加强对涉知识产权民事和行政案件的法律监督。2014 年以来,全国检察机关办理了一批涉知识产权民事和行政案件,高检院审查办理了彭朝晖、张晓志专利权属纠纷案,太原大宁堂药业有限公司商标权、不正当竞争纠纷案和王尧申请监督著作权权属、侵权纠纷案等。

高检院还积极参与对“两法衔接”工作的监督考核,2014 年 2、3 月,派员参与打击侵权假冒绩效现场考核组,赴浙江、上海进行评分,并配合全国“双打办”考核检察系统的打击侵权假冒工作。

三、在全国检察机关部署开展以打击食品药品领域的侵权假冒案件作为重点之一的专项立案监督活动

该专项立案监督活动为期八个月,2014 年 3 月至 10 月,全国检察机关在食品药品领域共监督负有监管职责的行政执法机关移送涉嫌犯罪 1758 件 2103 人,监督公安机关对危害食品药品安全涉嫌犯罪案件立案 1112 件 1415 人。为充分发挥检察机关的职能作用,与公安机关形成合力,2014 年 5 月,高检院对 89 起假劣食品、药品、农资案件予以挂牌督办。

四、严肃查办侵犯知识产权和制售假冒伪劣行为背后的职务犯罪

受地方和部门保护主义影响，有的地方因局部经济利益驱动而放任乃至袒护、包庇侵犯知识产权和制售假冒伪劣违法犯罪行为，有的负有监管职责的行政执法人员和负有查办职责的侦查人员徇私舞弊、失职渎职，充当“保护伞”。为此，检察机关进一步深化“查办和预防发生在群众身边、损害群众利益的职务犯罪专项工作”，深挖此类犯罪背后的职务犯罪，严厉打击“保护伞”。2014 年，全国检察机关决定逮捕放纵制售伪劣商品犯罪行为的犯罪嫌疑人 3 人，提起公诉 16 人；决定逮捕涉嫌徇私舞弊不移交刑事案件的犯罪嫌疑人 19 人，提起公诉 91 人；决定逮捕帮助犯罪分子逃避处罚的犯罪嫌疑人 86 人，提起公诉 165 人。其中，涉及侵权假冒领域的占相当比例。

五、推动“两法衔接”信息共享平台建设

高检院积极推动各地“两法衔接”信息共享平台的建设和有效运行。2014 年初，广东和福建两省检察院牵头负责的“两法衔接”信息平台正式启动并运行，高检院派员给予充分肯定。在湖北省检察院的积极推动下，今年湖北省政府在已建成的全省三级信息平台的基础上，将“两法衔接”平台建设纳入该省 2012～2015 年电子政务内网建设规划，并将“两法衔接”工作纳入目标考核项目。河北省在十月底前已有 1103 家省、市、县三级打击侵犯知识产权和制售假冒伪劣商品工作成员单位接入全省“两法衔接”信息共享平台，录入行政处罚案件 1896 件，涉案金额 1640 余万元。今年下半年随着四川省“两法衔接”信息平台的建成，截至 2014 年 12 月，检察机关牵头建设的 10 个省级“两法衔接”信息平台中，已有 8 个建成。

2014 年 4 月，在“高检院关于贯彻落实中办国办《关于深化司法体制和社会体制改革的意见》及其贯彻实施分工方案”中，高检院参加办理食药监领域的“两法衔接”工作；高检院还将“完善行政执法和刑事司法衔接机制”写入了《最高人民检察院关于深化检察改革的意见(2013－2017)工作规划》。11 月，按照中办、国办对中央有关部门贯彻实施党的十八届四中全会《决定》重要举措的分工方案，高检院作为牵头单位之一，贯彻实施有关行政执法和刑事司法衔接的重要举措。该项工作已经涵盖并将进一步促进打击制售假冒伪劣商品和侵犯知识产权领域的“两法衔接”工作。目前，上述工作正在有条不紊地推进。

六、加强案例指导和业务培训，切实提高检察机关知识产权执法水平

4 月，高检院下发“2013 年中国检察机关保护知识产权十大典型案例”，积极发挥典型案例的示范效应和指导作用，为全国检察机关正确适用法律提供指引。2014 年 7 月举办了全国检察机关办理知识产权案件业务培训班，各省级检察院和部分地市级检察院业务骨干共计近百人得到培训，切实提高了执法水平和办案能力，推动了检察机关知识产权刑事保护工作的深入开展。

七、深化检务公开，开展打击侵权假冒宣传工作

检察机关不断深化检务公开，拓展公开的深度和广度。2014 年 8 月 29 日，高检院下发《人民检察院案件信息公开工作规定(试行)》，要求各地检察院通过多种方式向相关人员提供案件程序性信息查询服务,向社会公开重要案件信息和法律文书,以及办理其他案件的信息公开工作。最高人民检察院依托国家电子政务网络建立统一的人民检察院案件信息公开系统,各级人民检察院在该系统办理案件信息公开的有关工作,10 月 1 日人民检察院案件信息公开网正式上线运行。制售假冒伪劣商品刑事案件和侵犯知识产权刑事案件的有关信息亦可通过该网络查询得知。

大力宣传打击侵权假冒工作。2 月 27 日,高检院召开新闻发布会,介绍全国检察机关 2013 年开展“危害民生刑事犯罪专项立案监督活动”的简要情况,部署 2014 年全国检察机关“破坏环境资源和危害食品药品安全犯罪专项立案监督活动”。3 月 10 日,高检院胡泽君常务副检察长就“破坏环境资源和危害食品药品安全犯罪专项立案监督活动”接受人民网专访,强调全国检察机关将通过开展危害食品药品安全犯罪专项立案监督活动,进一步加强对危害食品药品安全犯罪的打击力度,推动该领域行政执法与刑事司法衔接长效机制建设。4 月,高检院积极参与 2014 年全国知识产权宣传周活动,在《检察日报》、正义网等开设专栏,并在机关重点位置、门口张贴宣传海报,并召开新闻发布会,发布“2013 年检察机关知识产权司法保护情况”和“2013 年中国检察机关保护知识产权十大典型案例”。5 月,高检院派员参加品保委“知识产权保护最佳案例与行政执法和刑事司法衔接典型案例”发布会并发表演讲。

八、积极开展同知识产权国际组织和有关国家的合作与交流

3~4 月,高检院派员参加中瑞第七次知识产权工作组会议和中美知识产权工作组司局级会议,就相关议题发表意见;5 月,参加跨国公司知识产权保护座谈会;7 月,派员赴欧盟参加“关于防止与协调知识产权犯罪”的执法考察,派员赴俄罗斯参加了中俄知识产权工作组第七次会议;9 月参加“中美知识产权立法及司法交流”活动和“中美知识产权海外交流”活动。此外,高检院还接待了来访的美国专利商标局及大使馆知识产权官员等,向国际社会客观介绍中国检察机关在保护知识产权方面所做的工作,不断提升中国知识产权司法保护的国际形象。

2014 年公安机关知识产权刑事保护工作综述

2014 年,公安部组织全国公安机关坚定履职,以打击为主业、建设为牵引、宣教为支撑,大力加强打击侵犯知识产权犯罪工作,服务我国经济社会科学发展。

一是突出打击主业,严保高压震慑态势。公安部组织全国公安机关积极承接“亮剑”、“破案会战”、“打假行动”专项打假经验,突出打击重点,紧密围绕危害群众健康安全、妨碍创新驱动发展的制售假冒伪劣“名牌产品”问题,紧盯影响农村和基层群众生产生活的犯罪、威胁地方支柱行业和企业的犯罪、利用互联网实施的犯罪以及跨区域、跨国跨境的犯罪等四类犯罪予以重点打击，并先后将143起重大案件列为公安部督办案件，推动各地予以重点突破，形成强大打击威势。同时，针对当前利用互联网实施假冒伪劣犯罪泛滥蔓延的突出态势，结合全国领导小组开展网上打假工作部署，公安部主动谋划、提早部署，于6月20日组织全国公安机关开展了为期半年的网上打假行动，对互联网知识产权犯罪展开全覆盖、毁灭性围剿打击，并以此带动打假整体工作。一年来，全国公安机关主动作为、强力出击，共破获侵犯知识产权和制售伪劣商品犯罪案件2.8万起，抓获犯罪嫌疑人3.3万名，涉案总价值177.9亿元。

二是强化战役攻坚，持续掀起打击高潮。指导各地继续完善集群战役和情报导侦工作机制措施，努力在实战中打造“统一指挥、情报主导、合成作战、高效打击”的打击犯罪新模式，实现打击知识产权犯罪从现场查抄向侦查深挖、从个案查处向全程打击的深远变革，彻底铲除生产源头和产供销链条，断绝其死灰复燃能力。今年以来，共认定全国发起的集群战役426起，形成持续打击高潮。6月，浙江、湖北、河南、广东、福建、云南等地公安机关成功开展“903”行动收网战役，联合对非法拼装烟机这一假烟犯罪源头环节进行集中清剿，破案15起，抓获犯罪嫌疑人72名，涉案价值4000万余元，烟机缴获量系历年打击假烟犯罪之最。9月，山东、广东、广西、福建、吉林等地公安机关围绕“视觉Vision运动空间”网上销售假冒品牌运动服装案成功发起集群战役收网行动，捣毁制假售假窝点13处，抓获犯罪嫌疑人26人，缴获假冒“NIKE”、“ADIDAS”等品牌的运动服装、鞋5.6万余件(双)，涉案价值1.3亿元，彻底摧毁一个涉及全国12省17市以及哥伦比亚、越南、波兰、非洲等国家的特大制售假冒运动品牌鞋服犯罪网络。

三是坚持打建结合，构筑长效工作机制。一是加强情报信息研判预警。指导各地紧密结合执法办案实践，加强深入总结研判，积累有效经验，为打击实践提供理论指引。各地公安机关先后报送犯罪形势调研、技战法、办案体会100余篇。二是推进两法衔接机制建设。积极指导各地公安机关主动加强与各行政执法部门的沟通交流，省市两级公安机关已全面建立两法衔接配合机制。截至11月底，各级行政执法部门共向公安机关移送各类涉嫌假冒伪劣犯罪案件4715起，占公安机关立案总数的16%。三是探索警企合作新模式。深入研究推进公安机关经侦部门与阿里巴巴等电商企业合作机制建设，探索建立起电商数据协查快速通道、网络侵权线索研判查处等工作机制。利用上述合作机制，已协查各地提请案件690余起、账户6500多个，协助发起集群战役上百起，实战成效显著。

四是统筹宣传策应，营造打假保真氛围。始终坚持打击与宣传同部署、同推进，全力提升全社会“拒假、防假、打假”的积极氛围。一方面，依托新闻媒体组织集中宣传报道。1月和11月，先后两次会同全国打击侵权假冒领导小组办公室在国务院新闻办举行专题新闻发布会，向国内外媒体介绍中国公安机关打击侵犯知识产权犯罪进展情况及打击成效。此外，围绕与我国台湾地区警方联合开展“云龙”行动，成功破获一起特大跨境贩卖假药案以及天津特大假冒水暖器材案、广西特大制售假冒名牌运动服装侵犯世界杯知识产权案等重大案件,主动会同部新闻中心商中央电视台开展了集中宣传报道,在社会上引起积极反响。另一方面,利用警企协作机制引导社会舆论。9月,邀请中国美国商会、中国欧盟商会、中国外商投资企业协会优质品牌保护委员会等协会组织和40余家外商企业代表,在京召开“打击侵犯知识产权犯罪工作情况通报会”,介绍今年以来打击侵犯知识产权犯罪工作,通报近期侦破的10起侵犯知识产权犯罪典型案件情况。新华社、中央电视台、中央人民广播电台、中国国际广播电台、经济日报、法制日报、人民公安报、凤凰卫视等10余家媒体记者到会采访了会议情况。

五是深化国际合作,引导国际舆论声势。一方面,以联合培训促声势,先后开展5轮涉外联合培训。深化与国际刑警组织多领域合作,于7月联合举办“公安机关知识产权刑事保护培训班”,12月联合举办打击假药犯罪专题培训班,并协办打击假药犯罪“风暴行动”第5期总结会;在中欧警务合作项目框架下,会同欧盟警方分别于5月和10月共同举办两期知识产权刑事执法培训班;在中欧知识产权合作项目框架下,11月会同欧盟在江苏警官学院举办知识产权执法培训班。另一方面,以联合执法树国威。8月,会同国际刑警组织联合开展打击侵权假冒犯罪“真实行动”,共破案1544起,抓获犯罪嫌疑人2224名,涉案总价值2.1亿元。鉴于我公安机关在“真实行动”中的突出战绩,国际刑警组织特别授予公安部经侦局“最佳地区案例奖”。同时,与各国执法机构良性互动,积极协助美国、英国、日本、韩国等国来华调查取证、核查线索、缉捕逃犯,联合美国开展打击假冒气囊案联合行动,联合英国打击跨国制售假冒注册商标标识案。4月23日,美国商会全球知识产权中心专门授予公安部经侦局“2014知识产权捍卫者奖”,成为首获此奖的美境外执法部门。

2014年地方法院知识产权工作概况

北京法院2014年度知识产权司法保护工作总结

2014年北京市法院知识产权审判工作在最高人民法院的监督指导下,坚持司法为民、公正司法,努力实现“让人民群众在每一个司法案件中都感受到公平正义”。面对各类知识产权案件大幅度增长、新情况新问题层出不穷、调研督导任务繁重等挑战,全市法院充分发挥知识产权审判职能,努力拼搏,在各个方面取得了新的成绩,主要体现在以下几个方面:

一、坚持办案第一要务，公正高效完成审判任务

北京市三级法院2014年共新收一审知识产权民事案件11232件，同比增长15.99%；审结10930件（含上年旧存，下同），同比增长15.51%。其中：新收专利案件562件，商标案件1006件，著作权案件8953件，技术合同案件184件，不正当竞争案件183件，其他案件344件。市高、中级法院共新收二审知识产权民事案件1312件，审结1269件。

市一中院和北京知识产权法院2014年共新收一审知识产权授权确权行政案件9738件，同比增长250.29%，其中专利案件548件，商标案件9190件；审结4728件，同比增长68.92%。市高院共新收二审知识产权授权确权行政案件2391件，同比增长65.93%，其中专利案件411件，商标案件1980件；审结2080件，同比增长43.75%。

全市法院严格执法、公正高效裁判，确保法律效果和社会效果统一，突出体现在：通过审理微软公司诉北京合众思壮公司侵害计算机软件著作权纠纷案、“中国作家联盟”诉美国苹果公司侵害信息网络传播权纠纷案等，不断加大知识产权司法保护力度，平等保护中外知识产权人合法权益，制裁侵权行为；通过审理涉及电影《泰囧》的武汉华旗影视制作有限公司诉北京光线传媒股份有限公司不正当竞争纠纷案、杨绛诉中贸圣佳国际拍卖有限公司侵害著作权纠纷案、琼瑶诉于正侵害著作权纠纷案、王老吉诉加多宝不正当竞争纠纷案等有重大社会影响的案件，发挥知识产权司法保护主导作用，牢固树立首都法院在我国知识产权保护中的重要地位；通过审理娄丙林诉北京市水产批发行业协会横向垄断纠纷案、迪尔公司诉九方泰禾国际重工（青岛）股份有限公司侵害颜色组合商标专用权及不正当竞争纠纷案等新类型案件，为相关前沿问题提供了鲜活的司法案例；通过审理湖南千山制药机械股份有限公司诉山东新华医疗器械股份有限公司侵害发明专利权纠纷案、塞拉尼斯国际公司诉专利复审委员会发明专利无效行政纠纷案等涉及复杂专业技术问题的案件，准确认定事实，正确适用法律，赢得当事人的普遍信服，有效发挥了司法保护在激励创新中的重要作用。

全市法院2014年共新收知识产权犯罪一审案件共计203件285人；审结侵犯知识产权犯罪案件231件（一审案件203件，二审案件28件）。在审结的一审案件中，侵犯著作权罪77件115人，销售侵权复制品罪1件1人，销售假冒注册商标的商品罪77件105人，假冒注册商标罪40件55人，非法制造、销售非法制造的注册商标标识罪6件7人，侵犯商业秘密罪2件2人，以判决方式结案202件，检察机关撤诉1件。审结了周某等利用“思路网”下载高清电影侵犯著作权罪案、张某利用“P2P”技术实施侵犯著作权罪案等一批有重大社会影响和涉及新技术的案件。

二、贯彻中央决策部署，大力推进司法体制改革

为贯彻十八届三中全会关于司法体制改革的工作部署，市高院将“开展设立知识产权法院的调研准备工作”列为2014年市高院重点工作，并深入开展知识产权专门法院设立的前期调研，完成多篇专题调研报告；按照最高人民法院及市委的要求，周密制定知识产权法院设立的具体方案，同时，为最高人民法院制定案件管辖、技术调查官等方面的司法解释建言献策。11 月 6 日,北京知识产权法院作为全国首家知识产权专门法院正式成立并履职,中共中央政治局委员、中央政法委书记孟建柱,中共中央政治局委员、北京市委书记郭金龙,最高人民法院党组书记、院长周强出席北京知识产权法院挂牌仪式并共同为北京知识产权法院揭牌。作为全国首家知识产权法院,北京知识产权法院的成立既是贯彻落实十八届三中、四中全会精神的重要举措,更是树立我国知识产权保护国家形象的标志性事件,在全国乃至国际上都将产生深远影响。

根据《关于深化审判权运行机制改革的指导意见》、《北京法院审判权运行机制试点工作总体方案》规定,市高院知识产权庭成为合议制改革试点单位之一。通过公开、公平、公正的考试和民主测评等程序,市高院知识产权庭 8 月组建了两个改革试点合议庭,每个合议庭由一名审判长、两名合议庭法官、三名法官助理和三名书记员组成。两个合议庭根据自身人员特点,分别制定了具体的工作方案。经过近半年的试点,两个合议庭运行顺畅,审结案件 400 余件,法官平均结案数为其他合议庭法官结案数的近 2 倍。特别是,充分落实了审判长为主导的合议庭整体负责制,明确了法官、法官助理和书记员职责以及院、庭长的管理监督权;在全市首次安排法官助理在法庭落座列席庭审,在全国首次为法官助理在裁判文书中署名,引起了社会广泛关注和普遍认可。

三、丰富督导调研形式,适应知识产权保护新常态

为发挥高级法院的审判督导职能,为进一步加强案件质量,提高全市法院知识产权审判水平,市高院采取了一系列有针对性的督导措施,取得了显著效果。一是下发了《关于商标授权确权行政案件的审理指南》,明确了相关案件审判中的若干疑难问题,促进了裁判标准统一,并为最高法院的相关司法解释提供了重要参考;二是公开发表《2013 年知识产权审判新发展》,使审级监督职能得到充分发挥;三是将“制定网络知识产权案件审理工作规范”作为全年的一项重点工作,通过基层调研、专题研讨等方式,进一步总结审判工作中的经验做法,形成了 5 个方面共 75 条的《有关网络知识产权案件的审理指南》初稿,全文约 1.3 万字;四是分两个阶段召开“北京市法院第六届知识产权精品案件研讨会”,进一步扩大了活动的影响力,并使得研讨会成为首都知识产权审判的“品牌活动”;五是落实司法公开各项部署,在庭审公开、文书公开等方面走在前列,并发布年度十大案例和十大创新性案例,召开新闻发布会发布《北京市法院专利、商标授权确权行政案件审判状况》(白皮书);六是重视总结和公开审判工作成果,与中国法制出版社协商设立“北京市高级人民法院知识产权审判实务书系”;全年公开出版《北京市高级人民法院知识产权疑难案例要览》(一)和(二)、《北京市高级人民法院〈专利侵权判定指南〉理解与适用》、《商标授权确权的司法审查》、《知识产权司法保护与审判指导》5 部专著,另有 2 部专著也即将出版或进入审稿阶段,上述专业书籍的公开出版充分展现出北京法院知识产权审判工作的水平和影响力,展示了北京知识产权法官的业务水平,在知识产权界影响巨大。

在调研方面,市高院开展“综艺节目著作权案件中的相关问题”年度重点调研课题,召开三次研讨会,相关规范意见数易其稿并将于近期报请市高院审委会讨论。市一中院知产二庭5项课题同步推进,形成了“以调研促审判”的良好局面。市二中院创新调研方式,与北京知识产权法研究会、北京政法职业学院共同开展“商品交易市场开办主体的法律责任研究”专题调研。市三中院完成了诉前禁令的专项调研课题,举办了“知识产权诉前行为保全制度高端研讨会”,相关调研成果在中文核心期刊《知识产权》杂志上发表。东城区法院、朝阳区法院、丰台区法院等基层法院知识产权庭也结合各自辖区特点开展特色调研,相关调研成果有效推动了各自知识产权审判水平进一步提高。

全市三级法院不断完善和探索加强知识产权司法保护新举措,积极适应经济发展新常态下知识产权保护的新要求。市高院全面深化与行政机关、行业协会的委托调解机制;继续推进全市法院知识产权法官志愿服务活动,组织法官志愿者深入企业、高校、社区,在普法宣传的同时,了解知识产权保护的最新需求。市一中院借助“姜颖法官知识产权法律服务团队”,积极延伸司法职能,努力做好法律服务和知识产权司法宣传工作。大兴区法院主动延伸司法职能,服务辖区经济发展,向酒仙网等涉案企业发送司法建议,获得良好反响。作为国内首家以审理知识产权案件为主的派出法庭,海淀区法院中关村法庭积极开展“听走送”活动,加强与所在街道、重点企业、相关行政部门的法治教育和交流工作,加强与院校的合作交流工作,有力推动了中关村产业园区的知识产权保护。

四、大力加强人才培养,努力建设专家型法官队伍

深入学习贯彻党的十八大和十八届三中、四中全会精神,坚定理想信念;不断深化教育实践活动整改工作,将整治“六难三案”问题的各项要求落在实处;始终坚持审判工作和廉政建设两手抓、两手硬,维护了全市知识产权审判队伍的清正廉明形象。全年举办了两次脱产培训班,注重培训工作的针对性、实用性,将实训制培训推向深入。

北京市法院始终重视知识产权专家型法官培养,一批专家型法官展现出首都知识产权法官的良好形象。宋鱼水、林子英、陈锦川3位法官先后被最高人民法院授予“全国审判业务专家”称号,姜颖法官被授予首届“北京市审判业务专家”称号并在“2014北京榜样”大型主题活动中荣获提名奖。与此同时,一大批年轻的知识产权法官迅速成长起来。2014年,市高院潘伟、朝阳区法院苏志甫、石景山区法院宋旭东3位法官荣获“北京市法院首届模范法官”荣誉称号;市一中院司品华、市二中院张剑、东城区法院樊雪、海淀区法院曹丽萍、丰台区法院叶晓5位法官被评为“第八届北京市先进法官”,不同年龄段的梯次化人才培养计划效果逐渐开始显现。

天津法院2014年度知识产权司法保护工作总结

2014年,天津法院知识产权审判以全国知识产权审判工作会议精神为指导,认真落实全市法院院长会议的部署,充分发挥知识产权司法保护职能作用,进一步加大知识产权司法保护力度,努力让人民群众在每一个司法案件中都感受到公平正义,为社会法治建设和法治贡献力量。

一、案件审结基本情况

2014年,天津法院新收民事知识产权案件1347件,结案1291件。其中,一审新收970件,结案915件。二审收案377件,结案376件。

一是出现了一批新类型案件。今年出现了网络平台下的商标侵权案件、虚假宣传案件、商誉诋毁案件、特许经营合同纠纷案件、职务发明创造发明人、设计人奖励、报酬纠纷案件等一批新类型案件,表明新技术的运用和商业模式的创新较为活跃,同时也带来了新的法律争议。

二是案件批量诉讼数量多,案件审理过程及裁判结果趋同化倾向明显。如程某某针对多家出版社提起的侵权诉讼:程某某拥有某文字作品的著作权,该文字作品被多家出版社侵权使用,诉讼标的和侵权行为相同,审理过程也基本一样。这种情况下,个案的处理结果会对同一原告的其他案件形成强烈的参照效应,一调全调,一判皆判,审理过程及裁判结果的趋同化倾向明显。

三是涉案的国内外知名品牌众多。涉及的知名品牌包括路易威登、GUCCI、派克笔、西门子、阿迪达斯、耐克、吉利汽车、上岛咖啡、三环锁业、佛山电器照明、上海英雄、美的、新百丽鞋业、欢乐谷、哈尔滨轴承、红双喜、中盐长芦盐业、锦绣江南等,表明针对知名品牌的侵权现象仍然较多。

四是知识产权合同案件增幅明显。特别是特许经营合同纠纷,2014年我院首次受理该类型案件,至今已审结4件,这说明特许经营业务呈现蓬勃发展态势,经营主体日益多元化,涉及的行业不断拓宽,但不少当事人对特许经营行业并不具备清晰明确的认识,无法区分特许经营与销售代理、知识产权许可以及连锁加盟等之间的关系,对特许经营合同的法律性质缺乏明确的认识,导致特许经营合同案件增多。

五是不正当竞争纠纷、商标权纠纷的诉讼结果对相关当事人的市场竞争、市场份额的影响越发明显。在一些案件中,权利人提起诉讼的真正目的并不是为了维护自身的企业名称权或商标权,而是想通过诉讼手段扫清拓展市场的障碍或者阻碍对方进入自己的市场。此类案件双方争议大,调解难度高,审判人员需要花费更多的精力对事实认定和法律适用予以确认,才能对案件作出客观公正的判决。

二、开展重点工作

1.天津高院召开知识产权司法保护新闻发布会。在“4·26”知识产权宣传活动期间,发布了2013年天津法院知识产权司法保护状况、十大典型案例、五篇优秀裁判文书。新华社、中央人民广播电台、天津电视台、天津电台、每日新报等十多家中央和地方媒体出席。

2. 精心打造精品案例，提高天津法院知识产权审判影响力。“中青旅”“小拇指”2 个案例入选最高法院第七批指导性案例；1 篇裁判文书获得最高法院第三届全国知识产权优秀裁判文书一等奖。

3. 进一步完善技术事实查明机制，不断探索专业技术人员辅助审判的途径，逐步提高技术事实认定的科学性。在召开全市法院知识产权庭征求意见会，完成了《关于知识产权案件技术事实查明相关问题的解答》，已通过审委会讨论通过。

4. 认真推进标准化建设。修改和完善《知识产权民事审判工作流程管理手册》，完成制定了《知识产权民事案件庭审标准和裁判文书制作标准》。

5. 加强对外观设计专利侵权案件的审判研究。起草《关于侵害外观设计专利权纠纷案件的审判指南》后，10 月份召开全市法院知识产权审判人员座谈会，11 月份邀请最高人民法院和国家知识产权局召开相关专家研讨会，广泛听取专家意见。该指南已报审委会讨论通过，将下发全市知识产权审判庭。

6. 积极推进知识产权审判公开，开展知识产权案件庭审观摩活动，邀请新闻记者和法学院师生旁听庭审。

7. 利用新媒体加大宣传力度。天津二中院推出《2014 年知识产权保护记录》，精选出一批以“恩来顺”、“路易威登”、“耐克”诉商标侵权纠纷案为代表的典型性高、判例作用大的案件，在我院微博、微信平台上进行宣传，提高个人和企业知识产权案件预判能力，提高知识产权利用率和保护意识。

三、加强业务指导和调研工作

1. 制定和印发《2014 年天津法院知识产权审判工作要点》，召开全市知识产权审判系统庭长工作会议，总结 2013 年全市知识产权案件工作中存在的问题，部署 2014 年知识产权审判工作。

2. 对上一年度知识产权审判情况、民事申请再审案件和近三年知识产权再审案件的审判情况进行分析，总结经验，查找问题，提出审判对策，分别撰写了分析报告。

3. 围绕知识产权审判重点问题，开展审判实务调研，在统计分析全市 5 年来 1000 多件知识产权裁判文书的基础上完成了全市法院中调调研课题“关于知识产权侵权损害赔偿问题研究”，该课题已顺利通过验收。

4. 为贯彻最高法院加强知识产权保护的基本司法政策，完成了“加大知识产权保护，加大司法惩罚力度，降低维权成本”的调研，提出加大知识产权司法保护的具体措施。

5. 及时研究下级法院请示的适用法律疑难问题，统一协调重点案件的审理。先后研讨了审理商标权、商业秘密、财产损害赔偿、不当得利案件中遇到的法律适用问题，加强业务指导，统一裁判标准。

四、知识产权审判服务经济社会发展

1. 积极履行天津市知识产权战略小组成员各项职责。一是制定并实施天津法院知识产权战略推进计划（2014～2016），切实保障知识产权战略的贯彻落实；二是进一步落实与知识产权保护行政机关的工作协作机制，为滨海新区工商行政执法人员开展商标专题培训；三是与市知识产权局进行研究发挥知识产权司法和行政保护双轨制优势的举措。

2. 加强与行业协会之间的联系与指导。10月份与市娱乐业协会开展座谈,就音乐MV作品的授权及收费标准等卡拉OK经营者关心的法律问题作出解答,以促进我市文化娱乐产业健康规范发展。

3. 继续落实与市科委、市知识产权局、市版权协会、文化创意产业协会的工作协作机制,对知识产权行政执法人员开展商标专题培训。

五、从严要求,提高队伍综合素质

1. 切实提高做群众工作的能力。坚持审判工作服务大局,服务群众,按照让人民群众在每一个司法案件中都感受到公平正义的要求,真正实现案结事了。

2. 着力提升司法能力。一是加强专业学习。在系统和庭内组织学习讨论最高法院关于专利侵权判定、行为保全等司法解释征求意见稿,提出修改意见并报送最高法院。二是及时掌握最新审判动态。学习和贯彻最高人民法院组织的知识产权审判"三合一"改革试点工作座谈会、加大知识产权保护工作会议、知识产权保护的国际视野国际研讨会、第四届反垄断民事诉讼论坛等会议精神。三是加强培训。组织全市法院并派员参加"全国法院知识产权审判实务培训班"、全国中青年干部培训班,不断提高研究新情况、解决新问题的能力。

3. 加强综合业务能力建设。全庭发表各种案例评论、裁判文书及理论研究等24篇,其中《人民法院案例选》案例3篇,《中国知识产权审判研究》1篇,《天津市高级人民法院公报》裁判文书1篇。

河北法院2014年度知识产权司法保护工作总结

2014年,河北法院知识产权审判部门认真贯彻落实党的十八大、十八届三中、四中全会和习近平总书记系列重要讲话、全国法院知识产权审判工作座谈会精神,积极适应经济发展新常态对知识产权审判工作的新要求,不断更新观念,大力加强知识产权司法保护,为全面深化改革、创新驱动发展提供了有力司法保障。

一、以审判质效为核心,抓好执法办案第一要务

一是依法审理大量知识产权民事案件。2014年,全省各中级法院共受理一审知识产权民事案件1272件,审结793件(其中,涉及专利权273件、商标权294件,著作权129件、不正当竞争纠纷13件、植物新品种纠纷12件、技术合同纠纷5件,其他67件);省法院共受理知识产权民事案件119件,审结115件(其中,涉及专利权52件、商标权30件、著作权14件,技术合同纠纷5件,不正当竞争和侵害商业秘密纠纷6件,特许经营纠纷3件、植物新品种纠纷1件,商业诋毁案件1件、其他案件3件)。

二是积极推进案件精品战略。2014年,全省法院严把案件事实关、法律适用关、司法政策关,进一步提高审判质效,公正审理了多起重大、疑难、复杂知识产权案件,赢得了社会各界的广泛认可,司法公信力得到进一步提升。本田技研工业株式会社与石家庄双环汽车股份有限公司之间侵害发明专利权纠纷及相关联的请求确认不侵权纠纷案,先后经过多个法律程序,历经十年,2013年当事人重新起诉后,2014年省法院审理终结,做出一审判决;范锦才诉唐山老干部活动中心、王金霞侵害著名舞蹈作品《俏夕阳》著作权纠纷案,我省法院依法对《俏夕阳》舞蹈作品的著作权做出认定,保护了著作权人的合法权益,激发了文艺创作者的积极性。

三是创新工作机制,提升审判质效。为提高审判质效,省法院民三庭坚持每周业务学习制度,不断提高审判业务水平;对重大疑难案件庭领导参加合议庭进行审理,对疑难问题多方面探讨、扩大合议;发回重审及改判案件主动与原审法院沟通,交换意见;充分发挥专家咨询、司法鉴定作用,省法院聘请15名知识产权审判技术咨询专家,重新设立了咨询专家库,研究制定了《特聘知识产权审判技术咨询专家管理办法》,下发全省执行。

四是抓好调研指导,提高全省知识产权审判水平。2014年,省法院知识产权庭按照最高法院知识产权庭的安排部署,先后完成《关于加大知识产权司法保护力度》、《植物新品种案件审理情况》、《知识产权审理疑难问题的调研》等调研报告,对统一知识产权相关法律适用问题,提出了我省的意见和建议。省法院知识产权庭张岩法官以石家庄山前大道“山寨狮身人面像”为视角,对“山寨文化与知识产权保护”问题进行深入研究,并以此为题走进省法院机关团委和研究室主办的首期“法苑茗品”,做主题发言。为加强对下指导,我省法院严格实行重大敏感案件报告制度,对社会影响较大的关联案件,积极加强协调,统一裁判标准。省法院知识产权庭先后两次到知识产权案件相对集中的石家庄中院,通过座谈走访、观摩庭审等方式,加大对该院的监督指导力度。

二、注重司法公开工作,自觉接受社会监督

全省法院知识产权审判庭认真贯彻落实最高法院的要求,强力推行审判公开工作,主动接受社会各界监督。坚持以公开为常态、不公开为例外,突出重点,加强督导,狠抓落实,充分发挥阳光司法“防腐剂”、“减压阀”和“助推器”的功能,利用信息化平台,全方位向社会公开知识产权审判流程、庭审过程、裁判文书等情况。2014年,省法院知识产权庭全年新收案件审判流程公开率、6月1日后公开开庭案件庭审网络直播率、全年应上网裁判文书上网率,达到了三个100%。

一是积极推行审判流程公开。省法院2014年新受理的知识产权案件全部按要求将审判流程进行了公开,当事人随时可通过互联网查询自己案件的审判流程情况。

二是强力推进庭审公开。4月23日,河北法院网对省法院审理的一起知识产权案件率先进行了庭审网络直播,开启了我省庭审网络直播的大幕。省法院还主动邀请省人大代表、政协委员及特邀监督员现场参加该案的旁听,省电视台对当事人进行了现场采访,当事人对庭审公开给予了高度评价。按照要求,自6月1日起,省法院受理的不服一审判决上诉案件,除1件因涉及商业秘密不公开审理外,其他依法公开审理的所有案件,按要求全部在互联网上进行了直播。

三是推进裁判文书深度公开。为提高全省法院知识产权裁判文书公开力度,省法院先后下发《关于知识产权裁判文书上网工作有关事项的通知》和《关于知识产权裁判文书上网工作情况的通报》,进行督导;在全省法院知识产权审判业务培训班上,省法院知识产权庭再次对知识产权裁判文书上网工作提出明确要求,同时利用到中院调研指导的机会和电话催办的方式,进一步督导全省知识产权裁判文书上网工作。截至2014年12月31日,全省法院共上网公布知识产权裁判文书1534篇,其中2014年10月31日至12月31日,上网公布503篇,知识产权裁判文书上网工作取得了新的突破。

三、充分利用各种平台,不断延伸审判职能作用

一是利用"4·26世界知识产权日"宣传周等多种平台,加强知识产权司法保护宣传,提升全民知识产权保护意识。4月26日,全省法院积极组织参加一年一度的"保护知识产权广场宣传咨询活动",通过发放宣传材料、接受知识产权法律咨询、答疑等活动,广泛宣传党和国家关于知识产权工作的决策部署,对全民树立尊重知识产权、保护知识产权意识营造了良好的社会氛围。为扩大宣传效果,省法院还积极向新闻媒体推选典型案例,"盘子女人坊"商标权和不正当竞争纠纷案,入选2013年度《燕赵都市报》组织评选的"推动河北法治进程十大案件";"俏夕阳"舞蹈作品著作权纠纷案,被推荐为2014年度"推动河北法治进程十大案件"候选案件。省法院知识产权庭通过省电台"阳光热线"节目,介绍我省知识产权司法保护工作,解答听众有关知识产权法律咨询。

二是通过与企业间座谈、授课,建立沟通平台,提升企业创新能力。省法院知识产权庭为河北省知识产权局"专利执法能力提升培训班"和石家庄冀铁公司进行知识产权培训授课,服务经济社会发展大局。石家庄中院通过走访八五零公司、河北星河通信技术有限公司、石家庄煤矿机械有限责任公司等企业,与企业领导和职工深入座谈,认真聆听企业对知识产权审判工作的意见和建议,对促进知识产权司法保护工作的开展起到了积极作用。

三是利用行政部门平台,创新调解方式,做到案结事了。2014年,石家庄中院知识产权庭受理了一批原告中国音像著作权集体管理协会起诉石家庄部分KTV歌厅侵犯音像制品著作权的系列案件。案件数量较多,由于涉及石家庄市诸多知名KTV歌厅,在业内造成了不小的影响。为了减轻当事人的诉累,集中高效地解决纠纷,并规范业内管理,使业界的经营发展依法合规,石家庄中院知识产权庭专门邀请石家庄市版权局的相关领导,就音像制品行业的现状以及维权方面对各方当事人提供指导和咨询,不仅使得该系列案件得到庭外和解,也对规范石家庄KTV的经营、建立合法有序的运营模式起到了重要推动作用。

四、加强知识产权审判队伍建设,全面提升司法能力

一是加强政治思想建设,狠抓廉洁自律教育。认真贯彻落实习近平总书记在中央政法工作会议上关于政法队伍建设的重要指示精神,按照"政治过硬、业务过硬、责任过硬、纪律过硬、作风过硬"的要求,进一步加强知识产权法官理想信念教育,严明政治纪律,提升司法能力,改进司法作风;加强全省知识产权法官反腐倡廉教育,切实增强廉洁自律意识,确保司法廉洁。

二是积极参加有关会议,进一步开阔审判视野。为加强向知识产权审判前沿地区学习,2014 年省法院知识产权庭除参加全国法院知识产权审判工作座谈会外,还先后参加了“知识产权保护的国际视野”国际研讨会、北京市法院知识产权精品案件交流会、第三届“知识产权、标准与反垄断法”国际研讨会等有关会议,开阔了知识产权司法保护视野,提升了知识产权司法能力。

三是加强学习培训,自觉提升业务能力。全省法院积极派员参加国家法官学院举办的知识产权审判培训班。8 月底,省法院举办全省知识产权审判培训班,培训知识产权法官 80 余人。本次培训,特别邀请最高法院和北京高院的有关领导和法官授课。省法院知识产权庭还就当前我省知识产权审判中需要注意的法律适用问题进行了详细讲解和分析。培训结合“京津冀”协同发展,突出向知识产权审判前沿地区学习,对知识产权法官如何创新审判理念、丰富审判思维、拓宽审判思路、明确审判重点、优化审判方法具有较强的指导作用,为进一步提升我省知识产权审判水平打下了坚实基础。

山西法院 2014 年度知识产权司法保护工作总结

2014 年,山西省各级人民法院知识产权审判庭认真学习落实党的十八届三中、四中全会精神,紧紧围绕国家知识产权战略的实施,以提高司法质效、提升司法公信力、加大司法保护力度为重点,牢牢抓住执法办案第一要务,依法妥善审理了各类知识产权案件,知识产权司法保护工作取得一定成效。

一、全省法院受理知识产权案件的基本情况

(一)知识产权案件受理数量趋于平稳

2014 年,全省法院共受理各类知识产权案件 290 件,审结 282 件,审结率为 97.2。其中受理专利权类案件 57 件,商标权类案件 121 件,著作权类案件 94 件,其他类型知识产权案件 18 件。全年共调撤结案 140 件,调撤率为 49.6%。全年共受理知识产权刑事案件 396 件。

(二)案件类型仍以传统知识产权案件为主

著作权、商标权、专利权、技术合同纠纷仍占知识产权案件总数的 95% 以上。在著作权类案件中,阶段性地集中呈现为以侵犯网络域名著作权、网吧涉侵犯影视作品著作权、量贩式歌厅涉侵犯卡拉 OK 作品著作权等情形。2013 年山西省高院知识产权庭与山西省版权局及各地市版权局向量版式歌厅行政收取著作权费用标准及方式问题进行调研,并同行政部门合力进行市场规范,该类型案件的受理数由 2013 年的 200 件下降到 2014 年的 72 件,取得很好的成效。

(三)知识产权案件审理质量不断提高

山西法院受理的知识产权案件类型虽然单一,但全省法院十分注重培养知识产权法官的专业理论素养,通过打造精品案件来宣传知识产权的审判水平。在全省法

院优秀裁判文书评选活动中,选送的知识产权案件裁判文书均获奖,其中一篇获得全院一等奖。知识产权案件的调解率已连续五年超过普通民商事案件的调解率,全年审结生效的知识产权案件也没有一件向最高法院进行申诉,案件审理的社会效果良好。

(四)知识产权司法保护水平不断增强

为提高知识产权司法保护的整体水平,更好地为全省经济发展提供智力支持,山西省法院知识产权审判庭与山西财经大学法学院合作完成了《山西知识产权民事案件审理的调研报告》。该报告从近五年来山西法院受理知识产权案件的基本情况,呈现的特点,所做的创新、从业法官的知识结构及变动,对典型案件的评析等方面进行了系统的梳理和分析,为提高全省知识产权司法保护提供了很好的参考建议,得到省知识产权行政部门的高度评价,该调研报告获全省法院重点调研课题一等奖。

二、全省法院在知识产权案件审判中的主要做法

(一)加强保护是知识产权司法保护的主要矛盾、基本定位和政策取向,同时注意分门别类和宽严适度

在加强保护中强化利益平衡观念,把利益平衡作为知识产权司法保护的重要基点,统筹兼顾智力创造者、商业利用者和社会公众的利益,协调好激励创造、促进产业发展和保障社会公众权益之间的关系,使利益各方共同受益、均衡发展。

(二)注重防止权利滥用

结合审判实际,认真研究总结其表现形式和规制办法。如一段时期内驰名商标案件、网络侵权案件等关联案件在全省的集中出现,一定程度上存在滥用诉权的问题。严格按照法律规定和司法解释的精神,正确理解适用法律,妥善处理部分当事人通过重复诉讼、虚列被告争管辖等方式滥用权利和确认不侵权诉讼的受理条件;对一些权利人滥用法律赋予的优势地位,排除、限制正当竞争的行为,运用相关法律和政策精神,依法予以规制,确保正常的社会发展秩序。

(三)大胆、审慎使用诉前临时措施

知识产权侵权纠纷,往往呈现出侵权行为的持续性和侵权证据的易失灭等特点。为加强对知识产权的保护力度,法律规定了诉前停止侵权、诉前证据保全等到法律措施。对这些措施,大胆使用,用足用全。对于假冒和盗版等显性侵权和故意侵权案件,积极采取诉前临时措施。针对诉前停止侵权和诉前证据保全措施的适用可能对他人的经营活动和市场利益造成重大影响的情况,严格把握适用的法律条件,要求申请人提供足额的担保,申请人不提供担保的,依法不予采取临时措施。诉前证据保全以申请人提供初步证据证明侵权事实存在为前提,以证据的易失灭性和申请人难以自行收集为条件,防止当事人滥用诉前临时措施损害被申请人的利益。

(四)注重发挥专家在解决知识产权纠纷中的作用

知识产权审判涉及的领域广泛而且专业,法官现有的能力水平和精力难以做到准确了解和把握,做出精确判断,需要各方面专家提供智力支持和帮助。针对知识产权审判专业性强的特点,我省建立了知识产权专家咨询委员会制度,邀请全省各个领域的专家参加到委员会中,为制定知识产权司法保护政策提供宏观政策咨询,为

知识产权案件中的专业技术问题提供智力支持。对审判人员现有知识积累无法把握的知识产权事实方面的问题,通过专家证人、专家辅助人、技术咨询等方式说明相关技术问题,澄清相关案件事实,促使审判人员形成心证,以准确认定案件事实。

（五）加大调解力度,和谐司法、息诉止分

充分发挥调解在化解矛盾纠纷中的特殊功能作用,树立调解是更精深审判的理念,始终贯彻“调解优先、调判结合”的司法原则,将调解贯穿到于审判工作的全过程。调解案件,既注重全案的调解,又注意创新调解模式,形成具有我省特色的知识产权诉讼调解模式。

（六）善于运用司法建议,延伸知识产权审判工作,扩大审判社会效果

司法建议工作是人民法院服务大局的重要切入点,可以为企业决策、改革发展、经济增长、社会稳定等建言献策,通过审判实践,人民法院可能会发现某个单位、某个部门、某个行业存在的问题,通过发出司法建议,帮助这些单位、部门、行业及时堵塞漏洞,健全制度,进一步提高工作效率和水平,通过主动提出切实可行、建设性的司法建议方法,延伸知识产权审判工作,扩大审判的社会效果。

三、积极应对山西系统性、塌方式腐败所造成的负面影响,确保在知识产权审判领域不出任何问题

山西系统性、塌方式腐败问题的出现,严重损害了山西形象、损害了党的形象、损害了人民利益,中央和山西省委作出一系列重要指示要求,提出实现净化政治生态,实现弊革风清,重塑山西形象,促进富民强省的奋斗目标。省法院知识产权审判庭号召全省知识产权审判法官把学习习近平总书记系列重要讲话精神作为自己全部工作的根本遵循,认真学习原著,潜心领悟精髓,努力做到学深学透、真学真懂,通过学习,深刻领会习近平总书记系列重要讲话所体现的为民情怀、反映的历史担当、阐发的科学方法。号召学习中央集体的优良作风,自觉践行“三严三实”,坚决执行八项规定和党的各项纪律,做到崇尚实干、勇于担当、廉洁自律。号召学习山西省委提出的依法确定权力、科学配置权力、制度约束权力、阳光行使权力、合力监督权力、严惩滥用权力的“六权治本”思路。积极探索推进以审判为中心的诉讼制度改革,通过法庭审判的程序公正实现案件裁判的实体公正,使司法权在法律程序规范的范围内有序运作,确保全省受理的知识产权案件均得到公平公正的审理。

二〇一五年二月十七日

内蒙古法院2014年度知识产权司法保护工作总结

2014年,我区高、中两级法院知识产权审判庭以党的十八大、十八届四中全会精神为指导,在各级院党组的正确领导和最高法院知识产权庭的指导下,紧紧围绕“让

人民群众在每一个司法案件中都感受到公平正义”的目标,狠抓执法办案第一要务,坚持能动司法、阳光司法,以改革创新和求真务实的工作作风,持续提升知识产权审判业绩,圆满完成了各项工作任务。

一、坚持公正司法,案件审理绩效高

2014 年我区共受理知识产权案件 529 件,其中知识产权民事一审案件 391 件,知识产权民事二审案件 88 件,知识产权刑事一审案件 45 件,知识产权刑事二审案件 5 件,共结案 435 件,结案率为 82.23%。

在工作任务翻倍有余的情况下,高院民三庭案件审理绩效高,主要得益于:一是强化案件精品意识,加强审判管理。庭内制定《加强审判流程管理的细则》,细化收案—审理—合议—判决—归档各环节控制,层层把关、责任到人。二是强化合议庭负责制,规范文书签发。实现所有文书合议庭成员全部核稿,庭长、副庭长签发,确保裁判文书质量,争取将每个案件都办成精品。三是狠抓审限制度的落实,除严格执行涉外民商事案件一年审限(我院审管办确定)外,根据案件难易程度,进行适时督促,每月 21 日,对已结案件,未结案件,审限情况进行通报,实现了收结案件的良性循环,提高了审判效率,实现审限内结案率 100%,获得我院审管办表扬。四是全庭同志发扬团结协作、任劳任怨的精神。

二、坚持服务大局,提升知识产权审判影响力

按照高院党组服务全区“8337”发展思路总要求,在公正高效审理保障经济社会发展案件基础上,坚持能动司法,认真落实《高院与自治区经济发展部门的工作联系制度》,密切与相关部门联系,切实提高服务保障工作的针对性和有效性。

1. 召开知识产权司法保护座谈会。全区法院均与各地知识产权主管部门召开座谈会,特别是由自治区高级法院和呼和浩特市中级法院共同举办知识产权司法保护座谈会。会议邀请自治区知识产权局、自治区工商局、自治区商务厅、呼和浩特市科技局等 10 家行政机关以及内蒙古蒙牛乳业(集团)股份有限公司、内蒙古金宇集团股份有限公司、内蒙古宇航人高技术产业有限责任公司等 10 家企业参会。通过举办这些座谈会,进一步加强了法院与行政机关、企业的联系,为营造知识产权司法保护良好氛围,共同促进自治区知识产权司法保护工作的开展,为知识产权保护提供更优质的法律服务起到重要作用,受到社会各界广泛好评。

2. 高度重视司法建议工作,努力增强规范性、实效性。高院审理的胡某某诉内蒙古蒙科立软件有限责任公司侵害商标专用权纠纷一案属于我区首例涉蒙古文商标案件。案件审结后,高院民三庭从保护自主创新,促进民族产业发展的角度,向蒙科立公司发出《司法建议书》,内蒙古蒙科立软件有限责任公司负责人专程来到自治区高院,送来“公正司法、司法为民”的锦旗和感谢信,表示法院在办案过程中做了大量耐心细致的工作,提供了公正高效的服务、公正判决的同时,企业知识产权保护意识也进一步提高。内蒙古日报社蒙编网络部对本案主审法官白海荣进行了专访。

三、坚持为民司法,切实转变作风,从“坐堂问案”到“就地审案”、“实地宣传”

1. 进一步抓好全区“千名法官下基层活动”。2014 年,高院民三庭为落实党的群众路线教育活动成果,进一步转变作风,坚持采取便利当事人诉讼举措。率先到当事人所在地开庭、听证、调解，其中到兴安盟开庭审理两案就地调解，双方握手言和，取得了良好的法律效果和社会效果。还赴包头市、鄂尔多斯市、呼伦贝尔市、锡林浩特市等地调解，方便当事人诉讼，节约当事人的诉讼成本。

2. 指导全区法院知识产权审判庭开展"送法进企业"活动。2014 年 3 月，下发《关于全面落实〈内蒙古自治区高级人民法院关于强化企业知识产权司法保护若干意见〉的通知》，要求各中院知识产权庭加强与企业六项联系制度的落实（信息通报制度、联络员制度、纠纷诉调对接机制、案件年度报告制度、维权绿色通道、法律法规培训合作机制），主动走访科技名牌企业和知识产权试点企业，主动征求意见，主动提供法律咨询，积极帮助企业解决在生产经营中遇到的实际问题。全区 12 个盟市中院共走访企业 34 家，有力推进了全区知识产权司法保护力度，增强服务针对性。我院走访自治区知识产权试点企业、自治区科技名牌企业—内蒙古伊利股份有限公司和内蒙古蒙科立软件有限责任公司，了解企业知识产权保护基本情况，就企业在实用新型、发明专利方面提出的司法保护方面的问题，给予现场指导。我院编制了《知识产权诉讼风险提示 20 条》宣传手册，向知识产权试点企业和科技名牌企业发放，增强企业知识产权保护意识，促进依法维权，回应企业知识产权司法需求。

3. 开展"送法进商场"活动，从源头防范知识产权诉讼案件发生。在司法实践中发现，较大的商品批发集散商场，知识产权侵权诉讼呈高发态势，且知识产权案件类型集中。我院与呼和浩特市中院创新工作方式，共同到侵权行为易发地内蒙古国际商贸城，就知识产权司法保护进行宣传，并向该商贸城的经营者发放了法律知识手册及《知识产权诉讼风险防范和诉讼指引 20 条》。两级法院通过制作展板，到商户宣传、接受咨询等方式，展示了内蒙古自治区各级法院知识产权司法保护的基本情况，结合具体案件向经营者提出了一些建议，对商户提出的涉嫌侵犯知识产权问题一一进行了解答。此次宣讲活动架起了商品批发商了解、运用、保护知识产权的桥梁，增强了广大经营者尊重知识、诚信守法、合理竞争的意识，对遏制侵权行为频发、维护公正有序的市场经济秩序、营造和谐稳定的社会环境起到了积极的推动作用。《人民法院报》、内蒙古电视台法治专线、《内蒙古法制报》均对活动进行报道。

四、坚持围绕审判开展对下指导与调研，成果转化重在指导实践

（一）加强对下指导，提升全区知识产权案件裁判水平

1. 下发指导性文件、典型案例

（1）《2013 年度内蒙古自治区高级人民法院知识产权案件年度报告》，总结 2013 年知识产权案件基本情况及特点，精选 5 个典型案例，归纳具有指导意义的法律适用问题，统一全区法院知识产权审判的裁判标准，指导全区知识产权案件审判，确保裁判公正，维护司法权威。

（2）下发《关于知识产权刑事审判中几个法律问题理解适用的通知》。为了准确理解知识产权刑事法律和司法解释，进一步提高全区知识产权刑事案件的办案水平，有力推进知识产权"三合一"改革试点工作，我院对全区法院知识产权"三合一"试点工作进行了专题调研。对知识产权刑事审判实践中集中反映的几个法律理解与

适用问题,经过认真研究相关法律、司法解释及实践中的做法,梳理出统一认识的初步意见,供大家在审理案件中参考。

(3)编制下发《知识产权典型案例选编2013》和《知识产权研究问题论文汇编》,汇集全国先进地区法院知识产权案例和业务指导论文,供法官提升业务水平能力,在实践中学习借鉴。

(4)着力增强培训的针对性、实用性,强化法官素质。2014 年组织业务培训 3 天,除邀请最高院 2 位优秀法官讲课 1 天外,挖掘自身潜力,2 天由庭内 3 位法官主讲,认真分析案件审理中发现的问题及成因,提出解决问题的方法,获得法官学院和学员的普遍好评。

2. 扎实开展"两评查"

(1)对下评查。2014 年,针对最高法院要求,符合条件的裁判文书全部上网,我院着力推进提升裁判文书质量,举办全区知识产权裁判文书评比,经过推荐、初评、复评,评选出 21 篇优秀裁判文书。《内蒙古自治区高级人民法院关于全区法院知识产权优秀裁判文书评选活动评选结果的通报》已下发。推动裁判文书精品意识,大力推进精品审判战略,着力提升知识产权司法保护水平。庭审评查,我院开展对下"观摩庭"形式,针对兴安盟知识产权案件少的情况,选取两案在兴安盟中级人民法院进行二审庭审,在为当地的四方当事人提供诉讼便利的同时,以观摩示范庭创新上级法院对下指导的方式,庭后就侵犯商标权、不正当竞争纠纷的案件特点,在法律界限、庭审焦点的归纳等方面进行座谈交流,取得良好效果,有效发挥了评查机制规范审判工作的作用。此外也对中院庭审提出了实时指导意见。

(2)对内评查。采取自查与互评结合方式,对庭审和裁判文书进行评查。庭长、副庭长均观摩庭审并对庭审中的问题提出改进意见。文书评查与改革签发程序结合,所有文书实现合议庭成员全部核稿修改,副庭长、庭长签发,确保文书全面反映案件事实认定的全过程,进一步提高文书质量。

3. 严控发改案件见成效,发改率低。

(二)围绕审判工作开展调研

积极开展"三合一"试点工作调研。我区作为三合一首批试点省区,调研组先后到鄂尔多斯市、赤峰市、通辽市、呼和浩特市,与当地公、检、法机关座谈,了解五年来工作情况和实践中的问题,形成《关于知识产权审判"三合一"试点工作的调研报告》,我院撰写的《内蒙古自治区高级人民法院关于知识产权审判"三合一"试点情况的经验介绍》在最高法院广州会议上做了交流发言,并入选最高人民法院知识产权审判"三合一"改革试点工作座谈会交流材料。对调研中知识产权刑事审判实践中集中反映的几个法律理解与适用问题,经过认真研究相关法律、司法解释及实践中的做法,我们形成《关于知识产权刑事审判中几个法律问题理解适用的通知》梳理出统一认识的初步意见,供各中院在审理案件中参考。

五、坚持推进阳光司法,回应人民群众司法公开的新要求,提升知识产权审判司法公信力

(一)开展庭审入校园、公开宣判活动,尝试通过新闻媒体推进审判公开

1. 通过媒体向社会公开发布《2013 年度内蒙古自治区高级人民法院知识产权案件年度报告》,内蒙古电视台法治专线进行

专题播报，分管院长徐睿霞副院长接受了专访。

2. 我庭“庭审入校园”，在内蒙古大学法学院公开开庭审理了上诉人上海英雄（集团）有限公司与被上诉人皇甫亚宾侵犯商标权纠纷案，广大师生近距离观摩庭审，引导师生增强知识产权保护意识，关注知识产权司法保护。内蒙古电视台法治专线进行现场录制报道。高院对上诉人胡宝龙与被上诉人内蒙古蒙科立软件有限责任公司侵犯商标权纠纷一案进行公开宣判，完成我区首例涉蒙古文要素的侵犯商标权纠纷案件的审理。《内蒙古法制报》整版报道了案件一、二审情况。

（二）全区法院知识产权审判庭联合行动，着力做好正面宣传工作，营造全区知识产权司法保护良好舆论氛围

高院与内蒙古电视台法治专线栏目联合开展“依法保护知识产权　促进创新发展”为主题的“4·26”宣传周活动。我院提前下发《知识产权审判庭关于2014年“4·26”知识产权宣传周活动的实施方案》及《关于提前部署“4·26”知识产权宣传周活动的通知》，各中院积极行动，将开展集中宣传活动视频报我院，全区法院共播出15期知识产权周系列节目，除我院外，还连续播出13期8个盟市中院知识产权庭上报视频，展现各盟市知识产权庭法官进企业、公开开庭、集中销毁赃物等活动。《人民法院报》、《内蒙古法制报》对相关活动也予以报道。全区法院通过开展宣传周活动，扩大了知识产权审判工作的宣传，为推动自治区创新驱动发展战略的实施，服务保障自治区经济社会健康发展，营造了良好的知识产权司法保护氛围。

（三）落实人大代表、政协委员联络工作机制

1. 回应人大代表关注。针对李树强代表在我区两会法院工作报告讨论时提出对知识产权司法保护的关注，高院知产庭将近三年来全区知识产权审判基本情况、经验做法形成报告，寄送代表，李树强代表对我庭工作给予充分肯定。

2. 2014年，各级法院分别邀请人大代表、政协委员和社会公众旁听知识产权案件的庭审，增加司法工作的公开、透明度。

（四）裁判文书上网

按照要求，实现全区符合条件的知识产权案件裁判文书全部上网，列各类案件之首。

六、加强队伍建设，全面提升法官综合素质

1. 加强队伍自身建设，提高法官政治素质和业务素养。打铁还需自身硬，高院始终坚持加强自身建设不放松。首先，不断加强学习，提升对下指导能力水平。开展“每周一课”，每周四下午政治理论学习与业务学习结合，每周轮流指定一位法官针对审判业务自选题目与大家交流学习，共同提高。其次，争取培训机会，拓宽法官视野。2014年，我庭协调政治部，除专门培训外，审判人员平均每人参加了两次最高院民事、商事培训。

2. 加强廉政建设，深入开展警示教育活动，充分运用正反两方面典型和各种行之有效的方式，坚持不懈地抓好示范教育。严格遵守五个严禁规定，增强反腐倡廉的自觉性。

辽宁法院2014年度知识产权司法保护工作总结

2014年辽宁法院认真贯彻国家和我省实施知识产权保护战略,自觉践行"司法为民公正司法"的司法理念,努力提高知识产权审判工作水平,不断加大知识产权司法保护力度,为推动辽宁科技创新进步,保障经济发展繁荣做出了积极贡献。

一、知识产权案件的审理情况

2014年我省受理知识产权一审民事案件993件,审结936件,结案率为94.3%,调撤561件,调撤率为59.9%。受理二审民事案例151件,审结150件,结案率为99.3%,调撤39件,调撤率为26%。受理行政一审案件9件,审结8件。受理刑事一审案件199件,审结190件。

二、知识产权案件的基本特点

由于我省经济发展地区不均衡性,权利主体市场竞争意识日益增强,以及知识产权的市场竞争环境逐步净化等多种原因,我省知识产权案件呈现如下特点:

1. 知识产权民事案件区域性集中日趋鲜明。知识产权竞争的激烈程度可以说是区域经济发展水平的晴雨表,知识产权纠纷数量与区域经济发展程度高低正比日益凸显。目前,我省知识产权案件主要集中于沈阳、大连两个经济较发达地区,全年沈阳、大连地区两级法院受理知识产权原审民事案件数占我省总受理案件数89.1%,而其他12个中院仅占10.9%。

2. 知名企业集中维权的系列案件占较大比重。随着社会经济的健康有序发展,权利主体提起诉讼不再以单一获得经济赔偿为目的,反而利用系列化的维权诉讼来扩大企业的社会影响力,增强市场竞争能力。如美国微软公司维护计算机软件系列案、七匹狼公司与海底捞公司等企业商标维权系列案。2014年我省共受理此类案件322件,占知识产权一审民事案件32.4%。

3. 知识产权案件数量下降明显。由于我省知识产权保护力度不断加强,市场竞争管理机制日趋完善,社会公众知识产权保护意识逐步成熟,知识产权侵权生存空间日益狭小,今年我省的知识产权案件的受理数量明显减少。其中,民事案件比照去年减少588件,下降率为35.3%,刑事案件减少121件,下降率为37.8%。

三、主要经验和做法

全省法院在审判人员少、工作任务重的情况下,能够克服困难,不断进取,努力提升知识产权审判公信力,圆满地完成了审判任务。

1. 加强学习,提升知识产权审判的能力和水平。知识产权具有的创新和进步特征,决定了知识产权案件的复杂性和新颖性。知识产权审判法官不但要熟悉普通民商事法律,更要精通知识产权部门法律,同时还要对案件所涉及的专业技术领域知识有所了解。全省法院利用多种方式着重加强知识产权法官的业务学习与培训。一是以召开专门知识产权审判会议为契机,以会代训,统一思想,提高认识。二是邀请高水平法官、学者,对知识产权审判的热点、难点问题进行授课。选送知识产权法官参加最高法院组织的培训班、研讨会进行学习。三是创办内部交流刊物《辽宁知识产权审判》，刊载典型案例、先进经验和调研文章，提供学习交流平台。四是全省法院采取“走出去、请进来”的方式，与多所高等院校开展合作交流。五是法院内部建立横向和纵向常态化交流机制，共享审判信息，共同研究解决审判实践中遇到的新情况新问题。

2. 遵循法律与政策同一性，发挥知识产权审判示范和规范作用。全省法院在正确适用法律的同时，注意运用“加强保护、分门别类、宽严适度”的知识产权司法保护原则，妥善处理各种矛盾和纠纷。一是在审理维护信息网络传播权案件中，明确权利人的司法保护界限，在网络链接者已经尽到合理注意义务，并断开链接的情况下不予认定侵权，在确定了权利人合法权益同时，兼顾了网络服务提供者和社会公众的利益。二是在审理国际知名品牌维权诉讼中，坚持平等保护原则，强化被诉企业尊重知识产权意识，树立了我省知识产权司法保护的良好形象。三是面对知识产权案件普遍存在侵权证据难以收集问题，严格依照法定程序，正确采取证据保全措施，及时固定侵权证据。四是各级法院能够正确运用举证责任分配原则认定事实，解决了当事人消极举证，规避举证责任的问题。

3. 拓宽调解途径，引导市场主体进入良性竞争轨道。全省法院不断完善调解机制，创新调解方式，建立贯彻整个诉讼过程的调解机制，取得良好社会效果和法律效果。一是在审理海底捞、七匹狼等公司商标维权系列案中，省法院统一指导，受理案件法院互通信息，及时交流有益做法，统一调解尺度，采取在相关市场集中送达、集中调解的方式进行审理，扩大了权利主体的维权效应，提高了侵权人尊重知识产权法律意识，全省数十件此类案件均以调解或撤诉结案。二是在审理某公司计算机软件著作权维权系列案中，技术事实的查明是判定当事人是非，降低诉讼预期，缩短双方利益差距关键。通过技术的专家参与，帮助法官正确认定案件事实，有的放矢的对当事人开展调解工作，有效提高了当事人对调解方案的信服度。三是在审理微软公司等国际知名企业维权案中，法院能够注重平等保护，公平司法，及时妥善采取证据保全措施，确认侵权事实，合理运用禁令，及时制止侵权行为，促使案件调解解决。

4. 加大公开审判力度，提升司法透明度。全省法院在提高案件审理质效的同时，将知识产权审判公开化也放在了同等重要的位置，采取多种形式促进知识产权审判公开。一是全省法院注重庭审公开的示范效应，积极推行网络和微博直播庭审。大胆尝试知识产权巡回法庭进商场、入校园开庭审理案件。通过公开公正的审理，宣传了知识产权保护的法律和政策，塑造了知识产权司法保护的良好形象。二是全省法院认真执行《辽宁省高级人民法院关于进一步加强涉外和知识产权裁判文书上网工作的规定》，截至目前，已有3000余份知识产权生效裁判文书通过“中国知识产权裁判文书网”、省法院门户网站公开。全省法院充分利用“世界知识产权宣传日”，发布《知识产权司法保护状况》白皮书，公布知识产权司法保护状况和典型案例，展示知识产权保护成果。三是主动邀请人大代表、政协委员、新闻媒体等旁听典型案件的庭审，自觉接受社会各界的监督和指导，取得社会对知识产权司法保护多方面的理解和支持。

5. 加强知识产权保护延伸服务,完善国有企业知识产权保护机制。在振兴辽宁老工业基地之际,产业的升级与发展需要知识产权保护理念和机制不断地提高和完善。全省法院着眼大局,服务社会,与辽宁重点国企建立沟通渠道,通过提供知识产权疑难问题咨询服务,选派知识产权法官为企业讲授典型维权案例等形式,提高国企知识产权保护意识,共同研究探索国企知识产权保护新办法,为进一步提高我省国企保护自主知识产权的能力,完善知识产权自主创新保护机制发挥应有作用。

6. 完善知识产权审判机制,推进知识产权司法改革。在2009年确定大连西岗区人民法院审理一般知识产权民事案件的基础上,2013年底确定沈阳市沈河区人民法院为我省第二个审理一般知识产权民事案件的基层法院。省法院在各级法院配合下对我省实施知识产权案件"三合一审判"机制的可行性进行调研,已完成相关案件数据汇总分析工作,为进一步完成此项工作做好了前期准备。

四、我省进一步开展知识产权审判工作的具体举措

(一)创新理念,深刻认识新形势下知识产权司法保护的重要意义和主导作用

目前,据统计辽宁知识产权体量排位仅列我国中游。随着我国振兴辽宁老工业基地战略的进一步推进实施,辽宁科技革命和产业变革面临难得的历史机遇。我省知识产权司法保护的主导作用将愈加突出,知识产权审判工作将任重而道远。

1. 树立创新发展理念。针对知识产权案件不断出现的新情况、新问题,要能够勇于探索,勇于尝试。要具有发展思维和眼光,学习先进理念经验,了解生疏审判领域知识,做好知识储备。坚定推进知识产权审判的司法体制机制改革,结合审判实践,善于提出创造性意见和想法,努力推进知识产权审判工作向良性方向发展。

2. 树立市场竞争理念。知识产权审判工作要按照市场经济精神加强知识产权司法保护,符合时代发展要求。要有效维护市场竞争平等和公平,不能随意确定市场主体的权利与义务,坚决否定自力自救。要合理界定知识产权权利边界和保护强度,优化资源配置效率。要按照市场经济要求改善赔偿合理到位,避免赔偿制度异化和产生非效率。要根据实际判断知识产权品质,对于不适格或不优良的、影响市场竞争效率知识产权坚决不予保护或限度保护。

3. 树立依法审判理念。我国的知识产权现代化的司法保护体系已经建立,能够满足目前国内发展的需求。认真领会司法政策的内涵和要求,在适用部门法同时,结合上位法及司法解释确定法律适用标准,保证我国知识产权法律体系的有效实施,做到有法可依。重视典型案例的指导和示范作用,切实维护法律适用的统一性,避免随意造法或个案任意变通。

4. 树立司法服务理念。知识产权司法保护不仅要求公正高效地审理案件,更要变被动为主动,加强知识产权保护延伸服务。结合《辽宁省知识产权战略实施推进计划》的要求,努力参与配合推动我省知识产权战略实施工作。加强宣传指导,提高社会公众尊重知识产权意识,助力知识产权保护后备人才培养。

(二)提升能力,以审判质效践行司法为民加强公正司法

针对知识产权案件具有的行业和地域

特点,充分挖掘自身潜力,发挥自身优势,使辽宁知识产权审判工作迈上新台阶。

1. 正确认识和理解加强保护和营造创新发展空间的关系。全省法院把保障创新与发展作为知识产权审判工作的重要目标,充分发挥知识产权司法保护激发创新动力、活力与潜力的特殊作用。通过不断加强知识产权司法保护,优化市场资源配置,规范市场竞争秩序,营造良好竞争环境,建立健全公平高效的市场竞争运行体制,增强辽宁知识产权保护的社会认同感,助推我省经济快速健康发展。

2. 强化司法保护的法治思维和法治方式。知识产权法官应对立法设计理念和内容重点的转移具有一定的预见能力,应以前瞻性的思维和方式适应知识产权司法保护制度和体制的改革和变化。坚持知识产权保护国家地域性和独立性原则,以国家利益为前提,注重维护国家利益和经济安全。要从全局出发,从大处着眼,灵活运用法律和政策,谨慎处理与国际贸易相关案件。

3. 创新学习方法带动知识产权审判水平的提高。各级法院尽快整合资源,逐步分门别类建立专家库,利用设置"微信圈"等方式,建立交流渠道,不但可以提供专业意见支持,还可以收集可行性的司法建议。法院系统内部破除层级观念,建立"上得来,下得去"学习机制。各级法院建立知识产权审判实务学习基地,与高校定期交流,理论与实践实现有机结合,共同提高审判业务能力和调研水平。

4. 创新工作模式推动知识产权审判工作的新突破。知识产权法官秉持公平公正司法理念,敢于创新,作出的符合司法规律和市场竞争规律的裁判。尊重和适应当前社会评价体系和评价标准,善于利用新媒体时代传媒手段,主动拓宽司法公开途径,积极传播司法保护的权威声音和正能量,取得社会的理解与支持。

(三)规范行为,全面强化知识产权审判队伍建设

按照省法院印发的《关于开展全省法院"司法行为年"活动的实施方案》要求,推动辽宁法院司法行为和队伍建设规范化和制度化。

1. 规范行使审判权。合议庭成员认真参加庭审,参与案件评议,充分发表意见,独立行使表决权,共同对案件负责。坚持"合法自愿"原则进行调解,当调则调,当判则判,避免以调拖判,片面追求调解结案率。法律文书认定事实清楚,适用法律正确,说理明白透彻。耐心细致做好判后答疑工作,对有信访风险案件及时汇报,采取妥善措施进行处理。

2. 规范司法公开。全省法院继续全面推行庭审网络直播,选择适当时机进行电视直播。做到生效裁判文书全部在互联网公开发布。充分利用世界知识产权宣传日,召开新闻发布会,公布全省知识产权司法保护状况和典型案例。与政府主管部门连动,有针对性地共同向相关市场经营者发出司法建议书和倡议书,引导经营者合法经营,有序发展。

3. 强化审判指导和调查研究。全省知识产权法官以《辽宁知识产权审判》为平台,积极开展专题调研、重点调研,共同提高我省知识产权调研质量。同时,省法院建立知识产权调研成果激励机制,完善调研成果推送和转化机制。

4. 加强队伍建设。全省法院建立健全

人才储备机制,负责知识产权案件审理的审判庭保证至少一名法官专门从事知识产权审判由省法院统一调度,定期组织培训、交流和司法调研。

5. 积极推动知识产权审判体制科学发展。各级法院强化知识产权审判体系改革意识,顺应知识产权审判规律,积极配合知识产权审判体系改革的探索和尝试工作。加快启动我省知识产权审判“三合一”改革试点调研工作,尽快确定具体方案和实施步骤。继续进行知识产权知识产权案件管辖布局调研,借鉴沈河法院、西岗法院经验,合理规划。

吉林法院2014年度知识产权司法保护工作总结

在最高法院的监督指导下,吉林高院知识产权审判工作始终坚持司法为民公正司法,以“精品战略”为载体,深化司法改革,充分发挥各项知识产权审判职能作用,加强知识产权司法保护,创建健康和谐的竞争秩序,在继续加强审判工作专业化的同时,主动服务吉林地方经济社会发展,努力实现“让人民群众在每一个司法案件中都感受到公平正义”。

一、基本情况

2014年,吉林省各级法院共受理各类知识产权案件458件,审结452件,结案率达98.6%,其中二审案件结案率达100%。我省2014年知识产权审判的工作的突出特点是商标权案件大幅上升,共计179件,占比达40%,增幅近10%,而著作权案件数量仅为214件,较前一年度下降达28%。

在全部审结案件中,包括一审案件374件,二审案件78件,上诉率达19.5%,较前一年度有所提升。一审案件调撤率为31%,与前一年度基本持平,二审案件调撤率为41%,增幅较大。(详见下表)

吉林省法院2014年审结知识产权案件明细表

案件 / 法院	专利权	商标权	著作权	其他	合计
长春中院	42	39	110	0	191
吉林中院	0	87	26	0	113
延边中院	0	1	8	0	9
四平中院	0	3	2	0	5
通化中院	0	7	4	1	12
白城中院	0	2	16	0	18
辽源中院	0	4	4	0	8
松原中院	0	2	2	0	4
白山中院	0	0	4	0	4
一审合计	42	145	186	1	374
省院二审	16	34	28	0	78
全省合计	58	179	214	1	452

二、主要经验

1. 主动做好调解撤诉工作。2014年度,知识产权诉讼主要以“三环锁”商标权诉讼、音集协KTV歌曲维权诉讼、中粮集团“中华”、“长城”商标权诉讼、长影频道播放电影侵权诉讼为主。根据上述知识产权诉讼的基本规律,民三庭主动把脉,主动释法明理,积极做好当事人的息诉服判工作。最终调解撤诉36件,调解撤诉率为46.2%。在奥飞动漫“勇者之刀”专利权诉讼中,考虑被告刘玉生家庭实际困难(妻子患癌、本人心脏病),经营能力有限的情况下,积极做专利权人的思想工作,讲明知识产权不仅是当事人的合法权利,更是社会分享与社会责任分担的功能制度,最终在大幅突破法律的基础上达成了象征性惩罚的调解,得到了专利权人及其被告家庭的高度赞扬。

2. 充分发挥知识产权的社会功能。在调解的基础上,民三庭还特别注重知识产权在国家战略中的核心作用和经济地位,并依法维护权利人的合法权益和保护知识产权的经济作用发挥。在审理延边元奶奶包饭商标权纠纷、珲春祥正进出口公司"HEE CHANG"进口商标侵权纠纷、磊若软件公司(美国)软件著作权纠纷,严格遵守知识产权的经济规律,公正、及时、有序地保护了权利人的利益。特别是在审理珲春祥正进出口公司"HEE CHANG"商标权诉讼案件,创造性地运用描述性商标的规律,充分保护了权利人的合法权益。

3. 尊重知识产权诉讼规律。知识产权案件要么新型复杂,重大疑难,要么集中维权,牵扯众多。在此基础上,民三庭充分尊重知识产权的诉讼规律,尊重知识产权的审判理念。对于新型复杂,重大疑难案件组织精干力量,重点审理,如在延边元奶奶包饭商标权纠纷、珲春祥正进出口公司"HEE CHANG"进口商标侵权纠纷、磊若软件公司(美国)软件著作权纠纷,组织精干力量集中审理,并创新性地做出裁判。对于集中维权,牵扯众多的案件,采用迅速及时地审理方式,快速调解、快速结案。如在审理"三环锁"商标权诉讼时,即采取此方法在最短的时间内快速调解撤诉。在吉林国贸、陈庆财诉香港公司马明欣网络名誉侵权等2件案件,开庭审理后合议庭立即研究,并报请主管院长签批当庭宣判,完成了省法院当庭宣判的先例。

4. 加强知识产权审判调研指导工作。具体内容如下:

(1)"4·26"新闻发布会。撰写《吉林省法院知识产权司法保护状况(2013)》,召开新闻发布会,通报总结2013年知识产权审判情况和《吉林省法院知识产权审判典型案例(2013)》八起,加大宣传知识产权保护强度和力度。

(2)中医药知识产权保护调研。年初,民三庭确立中医药知识产权保护调研题目。全年先后走访了长白山天然药物研发中心、吉林省中医中药研究院,在通化召开医药企业知识产权保护座谈会。11月28日,与吉林大学法学院合作,召开中医药知识产权保护研讨会。会上主要交流了《关于中医药知识产权保护的体会与建议》、《修正药业的知识产权保护实践问题》、《中医药权利内容浅析》等三篇实践论文。在与会人员中,引起了极大的反响。

(3)全国知识产权审判工作座谈会。参加在武汉召开的全国知识产权审判工作座谈会,会议上最高人民法院陶凯元副院长作了题为《充分发挥知识产权审判职能作用,为全面深化改革和实施创新驱动发展战略提供有力司法保障》的讲话。会后积极贯彻落实了会议精神。

(4)参加会议交流。全年主要参加了最高人民法院组织召开的北方地区知识产权部分法院座谈会;中南财经政法大学组织的全国知识产权研究会;参加了中央财经大学组织的互联网金融法律保护研讨会;中医药保护协会组织的中医药保护条例北京研讨会。

(5)以案指导。民三庭重点审理了元

奶奶包饭、喜昶进口商标侵权案,通过上述两个新型疑难案件的审理,以案指导的方式指导下级法院对知识产权案件的审理。

(6)走访长影集团。针对长影集团电影频道公司集中被诉案件,有针对性地走访长影集团,与长影集团共同讨论影视作品的知识产权保护,并指导在加强保护知识产权的同时,亦应有针对地避免影视作品的侵权事件的发生。

(7)起草规范性文件。民三庭针对全省知识产权法定赔偿幅度过大、操作性不强等问题,积极调研起草《关于知识产权案件侵权赔偿数额自由裁量参考因素的指导意见》,将法官的考量因素具体化,将法定赔偿变为具有可操作性,规范法官的自由裁量权。

黑龙江法院2014年度知识产权司法保护工作总结

2014年,黑龙江省法院系统在最高法院的正确指导下,全面贯彻落实最高法院关于加强知识产权司法保护工作的各项要求和部署,围绕“让人民群众在每一个司法案件中都感受到公平正义”的工作目标,结合审判工作实际,坚持以执法办案为中心,以审判管理为重点,精心抓好司法服务和调研指导,不断提升审判质量和司法能力,有力地推动知识产权审判的各项工作取得新的进展。

一、围绕提高审判质效,精心抓好执法办案

2014年,黑龙江省两级法院新收知识产权案件数量较往年有所下降,全年共受理各类知识产权民事案件216件(含旧存15件),同比2013年的380件下降43.2%;结案177件,同比2013年的363件下降51.2%;结案率达到了81.9%,低于2013年95.5%的结案率13.6个百分点。全年两级法院共受理各类型知识产权民事一审案件193件,其中新收179件,与去年同期的342件相比下降47.7%;审结155件,结案率80.3%,低于去年的95.3%。共调解和经调解撤诉89件,调撤率为57.4%。在新收一审案件中,权属侵权纠纷案件156件,占知识产权民事案件收案总数的80.8%,合同纠纷案件10件、不正当竞争纠纷案件13件。在案件类型上,著作权纠纷案件、商标权纠纷案件、专利纠纷案件分别为56.55和50件,分别占收案总数的29%、28.5%和25.9%,其余为不正当竞争纠纷案件和技术合同纠纷案件。黑龙江高院民三庭共受理各类型知识产权民事二审案件22件,其中新收21件(著作权纠纷2件、商标权纠纷5件、专利权纠纷10件、其他4件),同比去年新收的30件下降30%,审结22件,结案率为100%,审结案件中共调解和经调解撤诉3件,调撤率为13.6%。

2014年,全省法院共审结生效假冒注册商标、销售假冒注册商标的商品、非法制造、销售非法制造的注册商标标识、侵犯著作权等侵犯知识产权犯罪案件57件101人,其中三年以上五年以下有期徒刑1人,三年以下有期徒刑9人,缓刑72人,单处罚金17人,并处罚金79人。

全省法院依法妥善审理各类知识产权

案件,积极采取各种有效措施,进一步提高办案质量和办案效果,依法及时维护当事人的诉讼权利。一是以明确职责为基础。按照院机关部署,积极推进审判责任制,重新研究并科学设定了审判长、主审法官及合议庭其他成员职责。强化庭前合议和庭后及时合议,充分发挥庭审功能,努力提高庭审质量。切实落实合议庭职权,明确法官联席会议意见仅供合议庭参考,除审委会讨论案件外,文书全部由审判长签发。二是以信息化管理手段为促进。充分利用数字法院业务应用系统,督促案件主审人及时关注案件审判节点信息,切实加强案件流程管理监管,推动案件高效运转,除公告和中止案件外,知产二审案件平均审限63.2天,结案效率较好。三是以坚持“三评查”活动为载体。深入开展庭审、文书评查,集中组织2次公开庭审观摩,并对上半年审结的全部案件的文书进行评查,召开全庭会议,通报评查发现的问题,并提出改进建议。四是以改进工作作风保障。为了实现让人民群众在每一个司法案件都感受到公平正义的工作目标,我们从当事人的角度思考,重新审视庭审传唤、送达等问题,以当事人能够及时、明确知晓时间、地点、联络方式等为重点,研究修订了地址确认书、上网告知书、开庭传票等诉讼文书,有效的便捷了当事人诉讼,通过转变工作作风,提高案件质效。

二、围绕发挥审判职能,积极推进司法公开

一是重点抓好“4·26”世界知识产权日的宣传工作。发布了2013年度全省知识产权司法保护十大典型案例,并有1件入选“2013年中国法院50件典型知识产权案例”。积极向各新闻媒体提供十大典型案例素材,《黑龙江法制报》等进行了详细的解读报导。充分利用全省知识产权保护状况新闻发布会的有利契机,积极宣传我省法院知识产权审判工作成绩,充分展示我省知识产权司法保护成果。

二是扎实开展法官“五进”活动。与黑龙江大学联办第三届黑龙江知识产权司法保护论坛,并在该校公开开庭审理了一起在我省影响面较广、社会较为关注的知识产权案件。以典型案例公开庭审为切入点,与黑龙江大学法学院的师生座谈交流了司法实践中的热点、难点问题。《人民日报》《法制日报》《黑龙江电视台》《黑龙江日报》等十余家国家和省级媒体对此次活动进行了报道,有效地提升了知识产权司法保护活动的影响力。密切关注我省企业知识产权司法保护状况,对葵花药业等省内知名企业在知识产权司法保护方面所遇到的困难和问题积极提出解决建议。

三是充分利用司法公开信息平台。坚持及时按规定录入审判信息及结案上网文书,已生效判决结案的21件案件中,除1件按规定不宜上网公开外,其余20件文书全部上网公开。省法院民三庭组织召开我省知识产权律师座谈会,征询意见建议,推进我省知识产权法官与专业律师的良性互动,推动我省知识产权审判工作的创新发展。

三、围绕裁判尺度,切实强化调研指导

在抓好案件审理的同时,省法院民三庭一直将强化调研指导工作摆在重要位置,采取有效措施积极加以推进:一是积极组织开展庭内调研。继续组织“全员调研促审判”活动,全庭同志都确定了调研题目,并制订计划积极推进;积极推进重点调研课题,就降低知识产权司法保护维权成本等重点课题开展调研。二是深入做好专家库的扩充完善。为进一步发挥我省知识产权人才资源优势,进一步提升我省法院知识产权案件审理质量,针对审判工作出现的形势和新变化,省法院民三庭正修订运行规则,将咨询工作扩充至全省法院,并对知识产权审判科学技术咨询专家库进行扩充和完善。三是认真做好其他专项调研。协助省人大常委会开展《专利"一法一例"实施情况》的调研,对《专利法》形成修改建议报送省人大检查组;落实并完成最高法院布置的《商标民事案件法律适用问题》《外观设计专利权的保护》《专利审判工作情况》《专利纠纷适用法律问题》等一系列调研任务;对省知识产权局开展的《全省知识战略实施推进计划》《2013 年全省知识产权白皮书》等及时上报了意见和建议。四是继续编印审判指导专刊。汇总了近 10 年全省所审结的知产案件,按照类别选取有典型性、代表性和指导性案件共计 60 余件,拟按照公报案例体例,编辑参考案例选,供全省学习参考。五是切实强化对下指导。对二审审理发现中院存在的问题,注意及时汇总,并几次邀请有关中院负责同志来院,面对面沟通交流有关问题并提出解决建议,切实增强了对下指导的针对性和实效性。

四、围绕提高司法能力,切实抓好队伍建设

一是拓展学习平台,丰富学习内容。坚持举办本庭的法官讲坛,按照人人讲、大家议的原则,从庭领导到审判人员,每人都确定讲课题目,并定期组织开展讲座。截至目前,共举办"发明专利临时保护期制度若干问题探讨""《泰囧》案涉及的著作权法律分析""司法政策学习交流""我国非物质文化遗产的知识产权保护"等主题的法官讲坛活动。建立了民三庭微信圈,及时便捷发布最新的学习资料和司法政策、精神等相关信息,带动全庭同志形成互动,取得了较好的效果。在常规学习的基础上,针对庭内同志比较年轻,接受新事物较快,但庭审、文书等实践操作经验不足的实际,有侧重的组织开展了庭审、文书观摩评查活动,重点查摆实践问题,并集中座谈交流经验,有效地提高了同志们的实践技能。

二是定向培养,整体提高。根据个人实际情况,研究确定了各自重点学习研究专业领域,在坚持巩固民商基本理论的基础上,有侧重地将最高法院和我院开展的调研及本庭组织的法官讲坛加以合理分配,确定专人负责,并抓好日常业务学习、社会热点问题及审判难点问题的学习宣讲,有效地促进了全庭同志业务水平的提高。

上海法院 2014 年度知识产权司法保护工作总结

2014 年,在高院党组和各法院党组的正确领导下,全市法院知产庭深入贯彻落实全国高级法院院长座谈会、全国法院知识产权审判工作座谈会和全市法院院长座谈会精神,以司法改革为契机,不断创新审判体制机制,努力加大知识产权司法保护力度,进一步提升上海法院知识产权司法保护的权威性与影响力,各项工作取得新成效。

一、狠抓执法办案第一要务,审判工作再上台阶

1. 收结案数增幅明显,审判质效稳步提高。2014年全市法院受理各类知产案件7800多件、审结7600件,同比增加约17%和21%。同期结案率为97.34%,同比增加2.62%;一审服判息诉率为92.05%,同比增加2.36%。

2. 精品案件成果丰硕,司法权威进一步增强。全市法院共有1件案件入选2014年评选的“2013年中国法院知识产权司法保护十大案件”、2件案件入选“十大创新性案件”;2件案件入选2014年《最高人民法院公报》;1件案件入选最高人民法院6月公布的五大典型案例;1件案件入选2014年人民法院十大民事案件。在最高人民法院公布的第三届全国知识产权优秀裁判文书和首届全国知识产权优秀调研成果的评选结果中,上海法院共有9篇裁判文书及4篇调研成果分获一、二、三等奖,占获奖总数的13%。2014年,民三庭丁文联副庭长被授予“第三届全国审判业务专家”称号。

二、精心开展“二十周年”系列纪念活动,司法影响力进一步增强

高院精心组织开展“上海高中院知产庭成立20周年”系列纪念活动:

1. 召开高中院知产庭成立20周年纪念活动座谈会。高院党组书记、院长崔亚东同志出席会议并作重要讲话。最高人民法院原副院长李国光同志、上海市知识产权局局长吕国强同志应邀出席会议并讲话。

2. 召开新闻发布会。会上,高院发布《2013年上海法院知识产权审判白皮书》和“2013年上海法院知识产权司法保护十大案件”。新华社、人民日报、联合早报、香港文汇报、解放日报、第一财经日报、上海广播电视台等媒体记者共40余人参加新闻发布会。美国商会、美中贸易协会、欧盟商会、德国商会、日本贸易振兴机构、大韩贸易投资振兴公社等外国机构相关人员应邀出席发布会。

3. 制作20周年专题宣传片。该宣传片浓缩了上海市高中院知产庭成立20年以来的重要事件、活动、人物及取得的巨大成就,并利用多种渠道积极进行宣传。

4. 出版案例汇编书籍。出版中英文版《知识产权案例精选(2011—2012)》和《上海法院知识产权裁判文书精选(2009—2013)》等书籍。

5. 召开“涉自贸区知产司法保护问题研讨会”。高院吴偕林副院长、同济大学党委方守恩副书记等出席会议并致辞。与会专家、学者、法官和企业界的代表围绕自贸区知识产权司法保护中涉及商标侵权判定、著作权保护、非诉讼纠纷解决机制、知识产权刑事司法保护、“境内关外”地域严格知识产权执法、自贸区内知识产权保护体系整体构建等问题进行了深入研讨,并取得共识。

三、加强对外交流平台建设,对外交流成果丰硕

1. 成立“中国法院知识产权司法保护国际交流(上海)基地”。2014年9月25日,姜平书记、陶凯元副院长、赵雯副市长、崔亚东院长共同为基地揭牌。基地承担着为全国法院知识产权司法保护国际交流服务的任务,对于提升知识产权司法保护水平、贯彻国家知识产权战略、服务保障上海乃至全国改革开放大局均具有重要意义。

2. 分别于2014年5月和11月成功举办“知识产权司法保护国际研讨会”和“知识产权保护的国际视野”两次重大国际研讨会。“知识产权司法保护国际研讨会”由最高人民法院、美国华盛顿大学联合举办,上海市高级人民法院承办。来自美国、德国、澳大利亚、日本的12位著名学者、法官、律师与来自最高法院及北京、上海、广东、江苏、浙江、山东等部分省市法院的80多名法官参加了此次会议。会议就美国、欧盟、日本、澳大利亚专利司法制度,知识产权专门法院实践,中国知识产权司法诉讼制度,以及专利诉讼取证程序、专利侵权救济等议题进行了广泛而深入的研讨。“知识产权保护的国际视野”国际研讨会由最高人民法院、世界法学家协会联合主办,中国法院知识产权司法保护国际交流(上海)基地承办。最高法院陶凯元副院长、世界法学家协会亚历山大·贝洛拉维克主席、上海市赵雯副市长、上海高院崔亚东院长到会致辞。商务部、国家版权局、国家知识产权局、国家工商总局商标局等中央单位有关人员及国内知名知识产权法学专家代表应邀出席会议。来自奥地利、捷克、波兰、尼日利亚、巴基斯坦等国家的法官、学者和律师,与最高法院及部分省市法院法官共计一百余人参加了此次会议。会议就知识产权保护新趋势、纠纷解决、互联网、文化繁荣、市场竞争力、技术创新、国际交流协作等议题进行广泛深入研讨,并取得共识。

3. 成功接待国际知识产权组织总干事一行。世界知识产权组织总干事弗朗西斯·高锐、副总干事王彬颖、亚太地区局局长安德鲁·迈克尔·昂等一行五人,在上海市副市长赵雯、高院院长崔亚东陪同下,专程访问上海高院。高锐总干事参观了中国法院知识产权司法保护国际交流(上海)基地,听取了上海法院知识产权司法保护情况介绍,并观摩了上海法院知识产权司法保护中英文双语版互联网站的演示。高锐总干事对上海法院以信息化建设推动司法公开、司法便民,加强知识产权司法保护工作等给予了高度评价。

4. 成功接待外国政府、使领馆、国际组织和跨国企业来宾10余批次。高院吴偕林副院长与高院民三庭负责人及部分法官分别会见英国民事司法及法律政策国务部长、英国上议院保守党议员爱德华·佛尔克斯爵士(Lord Faulks)、美国专利商标局局长高级顾问柯恒(Mark Cohen)先生、美国驻上海总领事馆领事、知识产权官员孟望诚先生、联合国贸易和发展会议竞争和消费者政策署署长哈桑·卡卡亚先生、韩国驻上海总领事馆领事沈相熙先生、美中贸易全国委员会咨询服务部主任邓立言先生、美国NBA产物股份有限公司总法律顾问阿亚拉·道奇女士等人士,并与来宾就共同关心的知识产权前沿、热点问题进行深入交流探讨。

四、积极参加知产法院和三中院的组建工作,有效推进知识产权司法保护体制机制建设

1. 积极参与上海知识产权法院和上海市第三中级人民法院组建。在院党组的有力领导和周密部署下,高院民三庭在做好审判、调研、法宣等各项常规工作的同时,动员组织全庭人员积极参与上海知产法院和上海三中院成立筹备工作。在认真调研基础上,结合上海法院知产审判实际,起草了《上海市高级人民法院关于上海知识产权法院成立后案件管辖调整过渡有关问题的规定》、上海知产法院和上海三中院成立公告等重要业务文件及其英文翻译,仔细翔实统计了一中、二中拟转移至知产法院存案的审理情况,并圆满完成了上海知产法院英文网页的制作任务,为两家新设法院的顺利成立作出了积极贡献。

2. 在高院实施知识产权"三合一"综合审判机制。经高院审委会批准,高院开始实施知识产权"三合一"审判机制,即由高院民三庭统一审理依法由高院受理的知识产权民事、行政、刑事案件,并统一指导和调研中、基层法院各类知产案件审判工作,以利于构建资源优化、科学运行、高效权威的知识产权审判体系,并据此发布了《关于上海市高级人民法院知识产权审判庭审理知识产权民事、行政和刑事案件的规定》、《上海市高级人民法院关于一审知识产权案件管辖的规定》等相关业务文件。自此,全市三级法院已全面实施知识产权"三合一"综合审判机制。

五、推进知产司法保护网络平台建设,司法公开成效显著

截至2014年年底,上海法院知识产权司法保护网共上传裁判文书1535篇,中英文信息与案例91篇,庭审直播84次,经典案例73篇,媒体聚焦46篇,图片新闻55篇,学术研究20篇,网站各栏目内容更加丰富,资讯更加及时,司法公开与司法交流平台作用更加凸显。

六、审判调研指导进一步加强,破解难题水平明显提高

对涉及权利要求解释、等同原则适用、现有技术抗辩、超范围进口正牌商品并转售行为、企业字号与商标冲突、商品商标与服务商标的权利边界与侵权判断、法定赔偿金额适用、不构成商业秘密的经营信息的法律保护、演绎作品著作权人对外征集作品创意行为定性、奥运会开幕式节目的知识产权属性、二审程序中申请撤诉的处理以及知识产权刑事案件证据标准与缓刑适用等问题的疑难案件,高、中院及时开展指导、会商、协调,确保该类案件的审判质量。高、中院还通过召开年中会议、到基层法院调研等形式,加强对类案、关联案件的指导协调,确保执法尺度与裁判标准统一。通过党组课题以及报批课题以及编发案例和调研参考的方式加大指导力度,包括撰写党组课题《上海亚太地区知识产权中心城市建设和知识产权司法保护》与报批课题《中国(上海)自由贸易试验区建设中的知识产权保护问题研究》以及《上海市知识产权犯罪缓刑适用问题研究》,编发《知产审判调研与参考》与《知产审判案例参考》,服务基层审判业务等。

七、创新业务培训形式,培训效果有新提升

高院举办为期一周的全市法院知识产权法官集中业务培训。中国知识产权法学研究会会长、中国人民大学刘春田教授,最高法院民三庭金克胜副庭长,上海市知识产权局吕国强局长,最高法院民三庭、高院刑二庭资深法官,沪上知名专家学者以及来自腾讯、巴斯夫、强生等世界知名公司的多位法务高管分别为培训班授课。除全市法院近120名知识产权法官、书记员参加培训外,还有多名知名跨国公司法务专员受邀一同参加培训,以促进法官与业界之间的交流探讨。此次培训对于拓宽审判视野,更新审判理念,进一步提升专业化审判水平与综合业务能力起到了良好效果。

江苏法院2014年度知识产权司法保护工作总结

2014年,江苏法院认真贯彻落实党的十八大和十八届四中全会决定精神,积极履行审判职能,充分发挥司法保护知识产权、规范市场竞争秩序的主导作用,通过司法裁判为知识产权战略和创新驱动发展战略实施提供有力保障。

一、依法审理各类知识产权案件,进一步发挥知识产权审判职能作用

一是依法审理大量知识产权案件。2014年,全省法院共受理知识产权民事案件7733件,其中新收一审案件6613件,同比减少14.97%;共审结6308件,同比减少15.72%。新收一审案件中,商标权纠纷案件2794件,占42.3%;著作权纠纷案件2509件,占37.9%;专利权纠纷案件821件,占12.4%;知识产权合同类案件328件,占5%;植物新品种等其他类型案件328件,占5%;不正当竞争纠纷案件161件,占2.4%。

二是明确和统一疑难复杂案件的裁判尺度。全省法院先后审结一批具有典型意义的疑难复杂案件,强化司法裁判的规则治理与引领作用。通过个案裁判,明确各类知识产权的权利边界,体现促进知识产权战略和创新战略实施,加大知识产权保护力度、打击侵权、促进知识产权创造、运用和保护的价值引领作用。审结葛芳诉江苏省知识产权局专利侵权纠纷处理决定案,该案系国内首例涉及标准专利侵权认定的行政诉讼案件,法院从标准的性质入手,认定被标准披露的技术特征与现有技术特征结合产生的权利要求不能被认定为实施标准所必要的权利要求,平衡了专利技术贡献者与标准实施者之间的利益。审结昂宝电子(上海)有限公司诉南京智浦芯联电子科技有限公司等侵害集成电路布图设计专有权纠纷案,明确了布图设计复制件、图样与样品三者之间的关系,探索了布图设计专有权的保护内容。审结南京宝庆银楼连锁发展有限公司与南京宝庆银楼首饰有限责任公司、南京宝庆首饰总公司等特许经营合同纠纷及商标侵权系列纠纷案件,合理平衡商标许可人与被许可人的利益,明确被许可人商标使用的权利边界,尽量促进特许经营合作协议的履行,促进市场发展。审结联想(北京)有限公司诉顾清华侵害商标专用权纠纷案,对商标指示性使用的合理边界予以明确。审结江苏申锡建筑机械有限公司诉无锡吊蓝机械制造有限公司不正当竞争纠纷案,认定某一个地区行业所拥有的商誉不能为某个单位以字号的形式所独揽。审结章曙祥诉江苏真慧影业有限公司电影《杀戒》导演聘用合同纠纷案件,通过裁判规范了投资方与导演在影视作品拍摄过程中的权利义务边界,强调影视行业要强化契约精神与合同意识。审结黄子友诉南京金三力公司侵害著作权纠纷案,法院结合著作权立法精神对作品性质进行认定,明晰了个人作品、法人作品与职务作品的性质差异,尊重和保护了公民个人的独创性劳动,也激励了公民个人的创作热情。

三是进一步加大知识产权司法保护力度。审结麦格昆磁(天津)有限公司诉夏某、苏州瑞泰新金属有限公司侵害技术秘密纠纷一案,判决夏某、瑞泰公司停止侵权,共同赔偿经济损失人民币11268285.30元。审结中国北京同仁堂(集团)有限责任公司诉中华同仁堂生物科技有限公司侵害商标专用权不正当竞争纠纷案,判决中华同仁堂生物科技有限公司停止侵权,赔偿损失人民币100万元,体现了对中华老字号"同仁堂"加大保护力度的精神。审结钟红岗等犯假冒"双鱼"肉脯注册商标罪案,判处钟红岗有期徒刑4年6个月,并处罚金人民币215万元,加大了对涉及民生的知识产权犯罪行为的打击力度。

四是有效推进知识产权审判精品战略。2014年,江苏高院审理的爱蓝天高新技术材料(大连)有限公司与湖南科力远新能源股份有限公司等侵犯发明专利权纠纷案、天津天隆种业科技有限公司与江苏徐农种业科技有限公司侵犯植物新品种权纠纷案分别入选2013年中国法院知识产权司法保护10大案件和中国法院知识产权司法保护10大创新性案件,另有3件案例入选50个典型案例。无锡中院审理的施耐德电气(中国)有限公司与江苏施耐德电气有限公司侵害商标权和不正当竞争纠纷一案、扬州中院审理的义乌市诚客进出口有限公司与中华人民共和国扬州海关、高露洁-棕榄公司海关行政强制一案入选中国外商投资企业协会优质品牌保护委员会颁发的2013~2014年度知识产权保护最佳案例。在第三届全国知识产权优秀裁判文书和首届全国知识产权优秀调研成果评选活动中,江苏法院共有11篇裁判文书、5篇调研成果获奖,所占比例分别为获奖总数的15.7%和16.7%。其中,1篇裁判文书和1篇调研报告获得一等奖,3篇裁判文书和1篇调研报告获得二等奖,4篇裁判文书和2篇调研报告获得三等奖。

五是切实加强司法调研。江苏高院完成《关于商标案件审判实践中有关问题的调研报告》及最高法院交办的专利法、知识产权诉讼行为保全、知识产权刑事案件审理等专题调研工作,启动并开展《知识产权刑事司法保护问题研究——兼与民事司法保护的比较研究》调研。无锡中院梳理分析近五年涉互联网知识产权案件特点,总结归纳该类案件在侵权判断、取证方式、证据采信等方面区别于传统知识产权案件审理思路的变化,撰写了题为《涉互联网知产纠纷案件增长迅猛》的信息,被省委录用。

六是进一步密切与相关部门的司法保护协作。江苏高院继续加强与省文化厅的沟通协作,利用诉调对接机制建设,推动MTV音乐作品的付费使用,推动KTV纠纷案件的合理解决。继续与省工商局商标处联合举办商标疑难案例研讨会,进一步促进商标类疑难复杂案件司法审判与行政执法尺度的统一。江苏高院与苏州大学知识产权学院联合举办2014年江苏省法学会知识产权法学研究会年会,为全省知识产权法学研究提供学术交流平台。盐城中院继续组织召开全市知识产权司法保护联席会议,并对进一步发挥联席会议的重要平台作用提出了切实可行的建议。苏州虎丘法院与中国国际贸易促进委员会苏州市委员会签署"诉讼与非诉讼相衔接的纠纷解决机制合作备忘录",进一步建立司法保护协助机制。

二、继续稳步推进知识产权审判"三合一"改革试点工作

全省法院共受理知识产权"三合一"改

革试点刑事案件364件，其中新收一审案件328件，审结328件；共受理知识产权“三合一”改革试点行政案件33件，审结27件。

坚持“突出重点，区别对待，宽严相济”的刑事司法政策，以我国国情、发展阶段以及知识产权保护实际需求为基础，在注重发挥知识产权刑事打击威慑性作用的同时，坚持罪刑法定原则和刑法谦抑性原则的适用，慎重把握入罪标准，体现知识产权司法保护的层次性。在吴全林侵犯著作权罪、汪紫平侵犯商业秘密罪等案件审理中，对于侦查、起诉阶段存在的重大证据瑕疵，严格把握定罪标准，依法指令一审法院重新审理，确保知识产权刑事案件的审判水平。

明晰行政案件司法审查标准，督促行政机关依法行政。审结苏州赛尔德斯塑胶有限公司诉江苏省知识产权局专利侵权纠纷处理决定案，明确行政相对人在行政处理程序中没有提出而在行政诉讼程序中才提出的抗辩，人民法院在司法审查程序中可以视情况予以审查，以满足行政相对人合法权利救济的需要。审结江苏祥和泰纤维科技有限公司诉江苏省工商局工商行政处罚纠纷案，依法变更不当行政处罚，规范并合理谦抑行政处罚的自由裁量权，有效促进行政机关依法行政。

三、深化司法改革，完善知识产权审判工作机制

一是积极探索法院内部审判权运行机制改革。贯彻落实十八届三中全会决定提出的“完善主审法官、合议庭办案责任制，让审理者裁判、由裁判者负责”的司法改革要求，制定知识产权庭审判权运行机制改革试点方案，大力推进以审判长为中心的审判团队运行和管理模式，庭长、副庭长直接编入审判团队重点审理一审和疑难复杂案件，充分发挥审判长审判经验丰富的作用；还权于合议庭，除提交审判委员会讨论决定的案件外，其他案件由合议庭讨论定案，审判质量和效率有进一步提升。南通中院制订《关于强化合议庭负责制、推进审判公开的实施方案》，规定了试点目标、合议庭成员职责、案件审理规范、定案机制等内容，建立了内部“共同熟悉案情、共同参与程序、共同配合庭审、共同评议决策、共同学习研究”，外部加强监督管理的运行机制，试点工作取得积极成效。

二是总结推广专家证人参与知识产权诉讼的方式。2014年江苏法院受理的各类知识产权案件总量有所下降，但案件的疑难复杂程度明显上升，其中涉及化学、电学、集成电路布图设计等领域的案件日益增多。全省法院注重从审判工作机制层面探索解决技术事实查明的有效方式。注重择优招录具有理工科专业背景的法官，构建法院自身的知识产权专业技术人才储备。目前全省有管辖权法院具有机械、化学、计算机、无线电通讯等领域技术背景的知识产权法官达19位；继续深化与国家知识产权局专利复审委员会互派人员的双向交流工作机制。提升法官审理技术类案件的技术思维和素养，充分发挥交流工作的审查员在技术类案件审理中进行现场勘验、技术比对、司法技术鉴定报告的预审查等技术事实查明以及裁判文书撰写等方面的技术支持作用；继续推进专家证人特别是法庭专家证人参与技术案件审判的探索与实践。江苏高院在审理崇贸科技股份有限公司、快捷半导体(苏州)有限公司诉美国帕沃英蒂格盛股份有限公司等侵害集成电路发明专利权纠纷系列案件中，再次成功运用法庭专家证人与双方当事人专家证人共同参与庭审的方式，在探索查明特别疑难复杂的技术事实方面，取得突出成效和可推广的经验。

三是进一步合理配置知识产权管辖法院资源。经报请最高法院批准，2014 年新增泰州医药高新区法院管辖部分知识产权一审案件，进一步扩大南京铁路法院知识产权案件管辖范围。

四、进一步推动司法公开，扩大知识产权司法保护影响力

一是进一步落实“阳光司法”，不断增强司法保护的透明度。全省法院认真落实公开开庭、庭审网络直播、裁判文书上网等“阳光司法”措施。对于所有知识产权案件依法公开开庭审理，按照“每庭必录”的要求，开庭审理的案件全部实现“三同步”。上网公开知识产权生效裁判文书 9632 件，数量位居全国第三位。

二是加大宣传力度，传递知识产权司法保护正能量。江苏高院连续三年发布《江苏法院知识产权案件年度报告》，连续六次向社会发布江苏法院知识产权司法保护蓝皮书，发布全省知识产权十大民事、刑事、行政典型案例，及时公布新类型案件裁判尺度。“4·26 世界知识产权日”期间，全省法院共召开 8 场新闻发布会，邀请人大代表、政协委员、特邀监督员、技术专家辅助人等社会各界 400 余人参加公开开庭案件的旁听，走访南京徐庄软件园、扬子江药业集团、恒顺醋业等 20 多家省内知名企业听取意见，发放各类宣传材料共 3000 余册，开展法制讲座、组织培训等活动，培训人数达 500 余人。南京中院举办了主题为“知识产权审判开放日”的系列活动，活动期间，200 余名来访群众参观了诉讼服务中心和院史陈列室，旁听了知识产权模拟庭审并参与了庭审互动。苏州中院参加由苏州市知识产权局和版权局主办的“电影——全球挚爱”2014 年“4·26 世界知识产权日”广场活动，现场解答和宣传著作权方面法律问题和知识，宣传版权和正版意识。镇江中院针对集体商标的司法保护问题，与市眼镜协会、醋业协会进行深入交流，对“丹阳眼镜”、“镇江香醋”两个集体注册商标的司法保护提出建设性的意见。在 2014 年 12 月 4 日我国第一个国家宪法日，江苏高院配合“国家宪法日”集中宣传活动，组织了知识产权案件公开开庭庭审观摩等活动。

三是积极采用微博、微信等新媒体形式宣传，打造司法公开的新平台。适应信息网络社会发展的时代要求，全省法院注意运用微博、微信和内部网站等现代信息手段，加强典型案例的对外宣传，强化司法公开，打造公开、高效、专业的司法形象。在江苏高院新浪微博、微信公众平台同步开设“知产视野”栏目，第一时间介绍发布江苏法院审结的新类型知识产权、反不正当竞争、反垄断案件及优秀调研成果与审判经验，公开江苏法院司法保护的最新状况。苏州中院举办“谁动了我的 Idea”的专题“微访谈”，通过微博由法官与网友在线交流，就使用盗版软件、冒用同行企业信息、销售商售假免赔等多个方面进行交流。

深入实施知识产权战略是全面深化改革的重要支撑和保障，是推动经济结构优化升级的重要举措。2015 年，面对知识产权国际与国内竞争更加激烈和复杂的形势，江苏法院将继续通过案件审判与机制改革大力推进知识产权战略的实施，准确把握《深入实施国家知识产权战略行动计划》要求,准确实施知识产权司法保护政策,加强知识产权审判工作,加大知识产权保护力度,推动知识产权战略实施工作取得新的进展和成效。

浙江法院 2014 年度知识产权司法保护工作总结

2014 年,浙江法院在最高法院民三庭的指导下,认真学习贯彻十八届三中、四中全会精神和习近平总书记系列重要讲话精神,紧紧围绕司法为民、公正司法这条主线,知识产权审判工作取得新成绩。

一、坚持公正司法,案件审理有新进展

2014 年,浙江法院进一步发挥知识产权审判职能,加大保护力度、促进自主创新。全省法院全年共新收知识产权民事案件 13796 件,同比上升 31.04%,其中著作权案件 9712 件,同比上升 53.5%;商标权案件 2275 件,同比下降 17.45%;专利权案件 1450 件,同比上升 24.46%;其他知识产权案件 359 件,同比上升 26.85%。2014 年共新收二审案件 1141 件,同比上升 11.43%,审结 1133 件,其中维持 728 件,改判 53 件,调撤 352 件。刑事方面,2014 年全省法院共受理一审侵犯知识产权罪的刑事案件 635 件,审结 635 件,生效判决人数 883 人,同比分别下降 58.74%,58.82% 和 56.46%。在审结案件中,假冒注册商标罪 117 件,生效判决人数 191 人;销售假冒注册商标的商品罪 112 件,生效判决人数 204 人;非法制造、销售非法制造的注册商标标识罪 65 件,生效判决人数 121 人;侵犯著作权罪案件 339 件,生效判决人数 366 人;侵犯商业秘密案件 2 件,生效判决人数 1 人。行政方面,2014 年共受理一审涉知识产权行政案件 7 件,审结 2 件,与去年同期基本持平。2014 年浙江法院依法公正审结了一批具有较大社会影响的知识产权民事案件,如东阳市上蒋火腿厂诉浙江雪舫工贸有限公司侵害商标权纠纷上诉案,该案当事人围绕中华老字号商标“雪舫蒋”展开争夺,矛盾异常尖锐,上蒋村上百村民多次前往法院闹访施压,省高院为慎重妥善处理案件多次与东阳市委市政府沟通协调,在调解不成的情况下及时判决,认定涉案商标许可使用合同虽未解除,但被许可人在火腿产品上同时使用许可商标“雪舫蒋”与其自己注册的商标“吴宁府”的行为构成侵权,对合同解除及商标侵权理论的深化和拓展作出了有益的尝试,同时取得了良好的社会效果。杭州广汇企业管理咨询有限公司诉杭州近湖物业管理有限公司不正当竞争纠纷上诉案因地下停车库与地面停车位经营者之间的冲突而引发,关系到诸多业主的车辆停放及消防安全,且涉及新类型不正当竞争行为的认定等疑难法律问题,合议庭经多次研究讨论,最终认定被告擅自将消防通道及绿地用作停车场地,在预先拦车收费后引导车主在地面停车的行为构成侵权,从而有效规制了以不正当手段攫取他人商业机会的行为。

二、坚持司法公开,司法公信力有新提升

浙江法院一直重视知识产权裁判文书

上网工作。根据最高法院发布的通报，截至2014年12月31日，浙江法院共在中国知识产权裁判文书网公布裁判文书17541篇，占全国法院上网文书总量的18.31%，在全国各高院中位列第二；2014年10月31日至12月31日期间，浙江省各级法院新增裁判文书5283篇，占全国同期新增文书总量的33.01%，位居全国首位，受到最高法院的表扬。

4月，召开2014年浙江法院知识产权审判工作会议，来自外国政府驻华机构代表和境内外新闻媒体50余名记者应邀参加，这是自2009年以来，省高院连续第六次邀请其列席会议。在“4·26”知识产权宣传周期间，公开开庭审理并当庭宣判卡地亚国际有限公司诉浙江贝乐卫浴科技有限公司侵害商标权纠纷上诉案，同时首次通过官方微博“@之江天平”进行全程直播，达到了良好的公开效果。开通浙江法院网（www.zjcourt.cn）“知识产权保护”专栏。杭州中院于8月邀请全国人大代表宗庆后担任一起同步网络图文直播的外观设计专利权纠纷案件的人民陪审员，庭前积极主动给予辅导，案件庭审过程受到了新华社、中新社等多家媒体的广泛关注，取得了良好的社会效果与法律效果。宁波中院在全省率先推行当事人庭前诚信诉讼宣誓制度，引导诉讼参与人诚信诉讼，防止出现虚假诉讼、恶意诉讼的情形，维护司法公信力。该制度的试行，取得了较好的法律效果与社会效果，人民法院报头版、央广网、浙江日报、浙江法制报、东南商报等国家级、省市级媒体纷纷予以正面报道。金华中院首次发布了知识产权司法保护白皮书，得到了社会各界的肯定。

三、坚持调查研究，业务指导有新推进

年初，我庭联合政治部、研究室前往杭州中院、宁波中院就试点筹建知识产权专门法院的相关事宜进行调研，听取两个中院的情况汇报。4月，收集整理全省法院提出的知识产权审判疑难问题，并从中选取62个有代表性的问题，编发《知识产权审判疑难问题解答（一）》正式下发。8月，我庭对2013年下半年全省中院上报一、二审生效裁判文书的情况进行了通报，同时对上述裁判文书及所有我庭二审审理的案件质量进行了通报，指出案件审理及裁判文书中存在的问题。9月，由省高院、杭州中院、宁波中院、温州中院审判骨干组成的评查小组对金华中院、婺城法院2012年至2014年6月审结并生效的450余件知识产权案件进行评查，并逐案反馈了评查结果。温州中院为保障网络经济的健康发展，制定了《关于为网络经济发展提供司法保障的会议纪要》，纪要确立了“防范风险、鼓励创新、司法主导、多方协同”的指导思想，要求全市法院依法妥善审理各类涉网络案件，营造健康诚信的网络经济发展环境。

针对浙江省老字号企业知识产权保护问题突出的现状，我庭将《关于老字号知识产权保护的调研》作为2014年全省法院重点课题开展调研，最终形成调研报告，对保护机制的完善提出了对策和建议。我庭《关于知识产权民事诉讼中的证据保全》获得最高法院的充分肯定，在2014年全国法院知识产权审判工作座谈会上围绕该主题作了经验交流。5月，我庭完成该调研课题的成果转化，正式下发《关于知识产权民事诉讼证据保全的纪要》，为全省法院的知识产权证据保全工作提供了全面的操作规程。我庭的调研工作一直走在全国前列，在最高院优秀调研成果及裁判文书评比活动中，我省获二等奖1篇，三等奖5篇；在调研成果方面，省高院撰写三篇调研报告分获一、二、三等奖。

四、坚持制度创新，工作机制有新突破

进一步完善知识产权案件管辖布局，扩大简易程序审理知识产权案件的基层法院范围。2014年，指定萧山法院、余杭法院、东阳法院管辖一审一般涉外知识产权民事纠纷案件，指定萧山法院、温州瓯海法院、乐清法院适用简易程序审理部分知识产权民事纠纷案件。杭州中院为促进桐庐分水制笔业创新发展，填补桐庐县法院尚不具有知识产权审判职能的空白，在中国杭州（制笔）知识产权快速维权援助中心内，积极筹建设立（分水）巡回审判庭。

继续推动专利民事案件诉调对接机制的建立和发展，院、庭领导会同省知识产权局相关负责人先后前往温州、宁波等地调研，督促各地中院与当地知识产权行政部门建立诉调对接机制。11月，与省知识产权局联合举办"全省专利民事纠纷诉调对接工作座谈会"，来自全省法院和各市科技局（知识产权局）的50名代表参加了座谈交流。截至2014年7月，全省共有11家法院与当地专利行政管理部门建立了专利民事纠纷诉调对接机制，共有187件专利案件通过这一机制进行委托调解，约占同期一审专利案件受理总量的10%，其中成功调处152件，调撤率达81.28%。同时在案件审理过程中充分发挥我庭聘请的20位审判技术专家的作用。2014年共咨询技术专家13人次，有效解决了案件中的技术难题。

在对外联系方面，4月，由全国人大常委会副委员长率队的执法检查组对我省贯彻实施专利法情况进行检查，执法检查组听取了徐杰副院长所作的汇报，并对我省法院贯彻实施专利法情况和取得的成效表示肯定。加强与最高法院的联系。及时向最高法院报送相关材料，陪同最高法院在浙江进行调研，积极讨论相关法律、司法解释的征求意见稿，参加最高法院举办的会议并作经验交流介绍。加强与兄弟法院、行政机关和各大高校的交流，如参加江苏、广东、上海等高院组织的各类会议等。

五、坚持清正廉洁，队伍建设有新成效

我庭认真学习党的十八大精神，尤其是十八届四中全会关于依法治国的重要论断，引导全庭人员坚定理想信念，牢固树立社会主义法治理念。2014年，我庭共有1人次被评为全省法院知识产权审判工作先进个人，4人次被评为优秀公务员、优秀党员等荣誉称号。在司法能力方面，充分运用专题培训、专题研讨等形式，不断加大学习力度，提高队伍素质。我庭继续与法官学院合作，延续了去年的培训方式，将新进人员与审判业务骨干分为两期培训，根据不同培训对象设置了相应的培训课程，编写了不同的培训资料。

安徽法院2014年度知识产权司法保护工作总结

2014年，全省法院围绕"努力让人民群众在每一个司法案件中都感受到公平正义"目标，把握司法为民公正司法主线，适应知识产权审判工作新形势新任务，将加大知识产权司法保护力度、充分发挥司法在知识产权保护中的主导作用作为工作着力方向，找准短板自我加压、打造亮点争先进位，不断探索适应省情、凸显特色的知识产权司法保护之路。

一、坚持公正司法，审判职能作用进一步发挥

2014年，全省法院共新收知识产权民事一审案件1421件，较上年同比下降4.4%；审结1355件（含旧存），较上上年同比下降9.2%。新收知识产权民事二审案件97件，同比下降24.2%。

在案件数量保持平稳势头的同时，审理工作呈现一些新的特点：第一，诉讼系争利益"技术含金量"上升，导致案件审理中事实查明、适用法律难度上升。以专利案件为例，全省法院年增幅达23.42%；不仅年收案数逾300件的省会城市合肥中院受理的案件中79%为涉及专利、计算机软件、植物新品种等技术类案件，在年收案量仅十余件的铜陵、宣城等地中院，计算机软件著作权、技术服务合同等新类型案件也逐渐出现。第二，互联网逐渐成为知识产权纠纷高发区和知识产权司法保护的重要"战场"。涉及网络取证、传播或者销售行为的侵权案件大幅增加。一些案件产生了较大的社会影响，如进入司法程序前被国家版权局重点督办的陈某在自营网站上传侵权影片获取非法利益的侵犯著作权案件，安徽省内网络媒体之间新闻作品著作权诉争第一案——"中安在线"诉"合肥论坛"、"万家热线"等侵害作品信息网络传播权案件，深圳市迅雷网络技术有限公司诉安徽广播电视台侵害作品信息网络传播权案件等。第三，侵权纠纷向市场竞争领域扩展的现象更加突出，如上海百视通公司诉无锡易视腾公司、深圳志清公司、安徽电信合肥分公司、中国铁通合肥分公司、中国移动合肥分公司等"宽带机顶盒"著作权纠纷案，世界旅游小姐赛事举办过程中出现的不正当竞争案就是其中较为典型的案件。第四，商标权、著作权纠纷等"老案由"案件中新情况时有发生。如商标侵权案件中出现的民事司法程序与行政处罚程序的交叉、商品通用名称的认定、产品名称非商标性使用的侵权判断等问题，著作权侵权案件中涉及的技术中立原则的使用、时事新闻中独创性成分的界定问题等。

在审判工作中，我们坚持了以下做法：

（一）多管齐下，降低维权成本

畅通诉讼渠道，积极施行各项诉讼便民利民措施。滁州中院为知识产权立案提供绿色通道，简化救济程序，增强司法救济的有效性。注重审判效率，控制维权时间成本，合肥中院对于专利案件中涉及的专利复审委受理涉案专利权无效宣告请求的情形，改变直接中止诉讼的做法，通过公开审理的方式对当事人中止诉讼的理由进行审查后作出决定，仅对权利要求明显不当的案件裁定中止，大大减少了中止诉讼案件的数量，提高了审判效率。加强保全措施，避免损失扩大，铜陵中院在一起侵害商业秘密纠纷案件中首次发出知识产权保护行为禁令，避免权利人遭受更大的损失。确保权利人损失得到填补，推动赔偿及时履行，淮北中院、合肥高新区法院均将履行期限作为调解协商的重点内容，大部分调撤案件实现了调解协议的当庭履行。

（二）因案制宜，提高侵权代价

加大侵权赔偿力度，依法从重处罚恶意侵权、重复侵权行为。亳州中院建立侵权行为人侵权档案，对经判决赔偿后，仍然通过制假售假、混淆产品来源、以假乱真非法牟利的行为人课以较重赔偿义务。合理引导权利人向产业链上游维权,提高侵权成本和代价。在以产品的使用人和销售商为被告的案件中,通过行使释明权和准许当事人追加申请的办法尽量追加产品的生产和制造者为被告,既便利了对使用人和销售商的合法来源抗辩进行准确审查,又可以追根溯源,从源头上制止侵权。如合肥中院在广东奥飞动漫公司和常州万家耀灯饰有限公司提起的一系列侵害外观设计专利权纠纷案件中就采取了这一做法,尽量引导权利人追究生产商的直接侵权责任。结合地方实际,确定法定赔偿额标准,亳州中院在长期审判实践中确立了涉驰名商标案件的较高的法定赔偿额下限,按照这一标准,该市90%的商标侵权案件以调解方式结案,其法律效果与社会效果为实践所肯定。

(三)着眼全局,寻求平衡利益

合理界定和平衡私权与公共利益,维护权利人合法权益的同时,保障技术和知识的自由流动和充分竞争,防止权利滥用。合肥中院在专利案件中运用专利侵权判断规则和专利文献解释规则准确界定专利权的保护范围。如在审理树峰公司和林云公司发明专利侵权两起案件中,其中一起运用了专利法中的禁止反悔规则,另一起则运用了专利说明书及附图的解释规则来确定专利权保护范围,既实现了保护目的,又防止了专利权对公知技术领域的不合理侵占,给技术创新预留空间。省高院在刘志良与怀宁大别山茶酒有限公司侵害发明专利权纠纷上诉案中区分许诺销售与生产、销售行为,也在保护权利人的专利权的同时遏制当事人权利滥用倾向。

考量历史因素和使用现状,合理平衡权利人和使用人利益,规范商业标识的使用。合肥中院在处理浙江大光明和合肥大光明商标与字号的冲突问题时,着眼于历史,面对现实,实事求是地划分了商标和字号各自的权利边界。

区分不同行为情况,实现知识产权保护和民生保障的统一。滁州中院针对弱小个体经营者采取柔性司法,对经营规模小、家境确实贫寒的个体经营者,法官上门了解、核实情况,与权利人进行协商,相应减免赔偿数额。合肥中院在植物新品种案件中,对生产商按照法定赔偿额的较高标准课以经济责任,从源头打击侵权行为,对以经销商(大部分为农民身份的个体工商户)为被告的案件则加大调解力度,重在使其意识自身行为违法性,从而制止类似行为的再度发生。

(四)当判则判,正确处理调判关系

更加强调知识产权司法的规则引领作用,对于创新程度高、有利于体现知识产权较高市场价值的案件,通过裁判明确划定市场主体的权利边界和竞争行为边界,为市场主体的创新行为和竞争行为提供明确的司法指引,营造公平竞争的市场经济秩序。

探索新兴产业衍生的新型案件,审理百度网讯科技有限公司、百度在线网络技术(北京)有限公司、谷歌信息技术(中国)有限公司、广州网易计算机系统有限公司等为被控侵权行为人的侵害网络域名纠纷,该案焦点集中在搜索引擎网站排名问题,在我省尚属首例,合议庭通过研究搜索引擎工作原理,认定网站排名是搜索引擎自动计算的结果,特定网站访问量下降或无法打开并非人为干预所致,理清审判思路。

呼应特色产业知识产权司法保护需求,审理黄山猴王茶叶科技有限公司诉黄山太平茶叶有限公司侵害商标权上诉纠纷,发挥知识产权司法保护作用,促进品牌培育,推动制茶这一传统行业焕发新机。

厘清技术之争中模糊的权利边界。在武汉市鑫兴精益医械制造有限公司与商建忠侵害发明权纠纷上诉案中,“中国商环”作为所在领域较为领先的医疗器械,在预防艾滋病方面作用突出,其创新意义为比尔盖茨所推崇,受到世界卫生组织重视。合议庭依法界定涉案侵权产品落入涉案专利权利要求的保护范围,并通过比对排除现有技术抗辩,维护了权利人的合法权益。

综合运用调解手段,对于涉及价值链低端、销售终端的规模性商业维权诉讼案件等倚重调解手段,旨在制止侵权、平衡利益、保证效率。如省高院受理的浙江康恩贝制药股份有限公司诉药品销售商等系列案件共九件全部以调撤方式结案。对于当事人之间有可能变侵权关系为市场合作关系的,尽量通过调解促进当事人通过协商达成许可使用协议,促进创新成果的推广应用,实现共赢。合肥高新区法院在“中安在线”诉“合肥论坛”、“万家热线”著作权侵权案件中,通过调解不仅就当事人起诉的15件案件达成了协议,还“一揽子”解决了双方尚未提起诉讼的剩余5000多篇文章的相关事宜,并就后期的转载事项达成了合作方案。

二、坚持阳光司法,司法公信力进一步提高

(一)自觉接受监督,以监督促司法行为规范

一是自觉接受人大监督。依靠人大监督,改进审判工作。2014年9月,省高院向人大常委会就民事审判工作作专项报告。省高院知识产权审判庭作为牵头单位,承担了报告的起草任务。省第十二届人民代表大会常务委员会第十四次会议听取审议报告后,充分肯定了我省民事审判工作取得的成绩,作出了《关于加强全省法院民事审判工作的决议》。2014年10月份,蚌埠市禹会区人大首次就知识产权审判工作进行专项评议,对近三年来知识产权审判工作取得的成绩给予了充分肯定,开创了该市人大专门听取知识产权审判工作的先例。

二是认真接受民主监督。结合“双千、三百”活动,省高院邀请省政协领导、民盟安徽省领导及民盟省委机关干部和部分基层盟员旁听知识产权案件庭审并听取其意见建议,不断加强和改进审判工作。芜湖经开区法院则以“世界知识产权日”为契机,特邀人大代表、政协委员、执法监督员观摩一起假冒注册商标罪刑事案件及知产民事侵害作品发行权纠纷案件的庭审,增强司法透明度,加强代表、委员对法院的了解和监督。

三是高度重视监督联络工作,主动真诚加强与代表、委员的联络沟通。2014年6月,省高院分别起草了致代表、委员的一封信,向全省1400多名省人大代表和省政协委员——寄送了《安徽法院知识产权司法保护状况(2008—2012年)》及《安徽法院知识产权司法保护状况(2013年)》白皮书,全面反映我省知识产权司法保护工作的基本情况和主要举措。一年来,省高院共向门户网站和机关局域网的代表、委员联络平台、短信平台报送知识产权类工作信息18篇,既回应热点,彰显亮点,又突出

重点、反映难点,切实提高了监督联络工作的时效性、广泛性,增强了工作的亲和力、影响力。合肥高新区法院召开加强知识产权司法保护座谈会,专门邀请省、市、区人大代表、政协委员与司法职能部门共同就如何进一步加强知识产权司法保护工作进行深入交流。

(二)深化司法公开,以公开促审判质量提升

以裁判文书上网工作为抓手推进“三大平台”建设,以公开倒逼规范、确保公正。在内容上加强把关的同时将文书报送、文书上网、裁判文书存在的问题纳入“周通报、月讲评”范围,自我纠错、自我加压,放大裁判文书上网工作效果。省高院知产审判庭成立两个案件质量评查组对每一份裁判文书进行互查,为司法产品质量多设一道关口,多加一重保险。一年来,全省法院实现符合上网要求的知识产权裁判文书全部上网。

多种载体丰富庭审公开形式,微博直播成为案件审理新配置。继续加大庭审公开工作力度,在坚持邀请各界人士旁听庭审的传统做法之外,滁州中院对于知识产权纠纷较多的市县,积极探索开展巡回审判,到案发地进行审理,充分发挥审判对市场和社会的引导作用;省高院、黄山中院、蚌埠禹会区法院选取具有代表性的知识产权案件通过新浪微博、腾讯微博进行图文同步直播,开启我省新媒体知识产权司法公开之窗。

以内部挖潜为手段拓展司法公开广度与深度。在追求公开形式多样、传播渠道畅通的同时,更加注重深入挖掘、充分运用自身资源,讲深讲透司法公开“故事”。突出广度,省高院继2013年首次推出《安徽省知识产权司法保护状况》白皮书后,再次发布知识产权司法保护白皮书,将这一全景展示我省知识产权司法保护成就的司法公开方式固定化、常态化。滁州中院出台了《滁州法院知识产权司法保护状况白皮书》,系统梳理近几年全市知识产权司法保护情况,总结经验、分析问题,成为我省首个推出知识产权白皮书的地市。着眼深度,省高院继续发布年度知识产权司法保护典型案件,并首次对典型案例进行评析,着重介绍其典型意义,较以往发布典型案例只介绍基本案情和裁判结果的做法,让当事人及社会公众从对案件裁判的“碎片化”了解扩展到对司法裁判标准、尺度的系统掌握,使案例更具有参考性和可借鉴性。铜陵中院选取典型案例深度分析,在《安徽法制报》、《安徽工人日报》、《铜陵日报》等媒体进行详细阐释,增强社会公众对知识产权保护的认同感。合肥、马鞍山也公布了当地知识产权司法保护十大案例。全省法院从宏观层面全面反映知识产权司法保护状况到微观层面解析典型案例诠释法律适用问题的立体、多维推动司法公开的做法,相继被安徽日报、法制日报、新华网、安徽法制报、安徽电视台及地市报刊等省内外媒体报道,进一步扩大了工作影响。

(三)积极能动服务,以服务促审判职能延伸

全省法院结合知识产权审判工作实际,寻找经济社会发展规律与知识产权司法规律的最佳契合点,努力提升司法服务的针对性、实效性,营造知识产权保护的社会氛围,提升知识产权保护社会意识。省高院联合省知识产权局深入省交通投资集团公司座谈走访,就交通行业领域涉及的知识产权保护及成果转化的问题进行了交

流和探讨,面对面回应和解决企业提出的具体法律问题。合肥中院利用“法院开放日”活动,通过省、市台办,邀请数十名台商走进法院,听取台办、台商对知识产权案件审理的意见和建议,获得了高度评价。铜陵中院结合正在开展的“百名法官进百企”、法律“七进”活动,先后到铜陵经济技术开发区、铜陵市建投公司、铜陵市直机关工委、铜陵学院、滨江社区、铜陵军分区等单位,通过开展法制讲座、提供法律咨询、赠送法律书籍等,大力宣传法制,提供司法服务。亳州中院加大对当地药业、酒业两大地域性特色经济支柱的司法保护力度,依法打击侵权和假冒伪劣产品,并邀请古井贡酒股份有限公司、康美药业股份公司、华佗国药股份有限公司、济仁药业公司、双轮股份有限公司等十大当地知名企业,共同就打造精品品牌、增强核心竞争力进行座谈,就树立品牌、维护品牌,加速企业发展交流心得。合肥高新区法院先后深入采蝶轩集团、古井集团、万家热线、三河古镇等大中型企业、古镇景区等进行调研,了解企业对于知识产权保护的需求,被访企业均表示对企业知识产权管理有了新的认识,希望今后能与法院加强沟通,共同将辖区知识产权保护工作推向更高水平。

(四)推动多方协作,不断加强保护合力

加强同公安、检察、工商、文化等司法、行政执法机关的沟通与交流,凝聚知识产权保护合力,积极推进知识产权立体保护格局构建。亳州中院形成了与工商行政、版权保护等行政主管部门定期召开通气会、按月交流案件审理查处工作简报的积极保护、主动保护、全面保护的知识产权工作机制;阜阳中院多次为政府出台有关知识产权方面的规定积极谏言献策。铜陵中院与铜陵学院联合主办了首次“铜陵市创新型城市发展与知识产权司法保护”研讨会,邀请市委政法委、知识产权局、商务局、文广新局等相关单位近百人参加了会议,达成了建立知识产权保护交流研讨机制、构建知识产权保护协作平台、共同推动铜陵知识产权保护事业稳步发展的会议共识;合肥高新区定期编发《知识产权审判动态》,通报相关资讯与典型案例,并报送高新区检察院、公安高新分局、经开分局、高新区科技局、高新区经贸局。

三、坚持调查研究,监督指导成效进一步凸显

(一)合理规划知识产权案件管辖布局

因势利导调整全省知识产权管辖布局,推动芜湖市中院自今年1月1日起受理专利纠纷案件,初步形成切合省情实际,呼应发展需求的知识产权案件审判格局。在新的管辖格局基础上,省高院按照院党组落实省委政法委司法体制改革试点方案任务分工的部署安排,经过调研论证,从整合资源、提升品质角度出发,兼顾现实性与前瞻性,起草了我省知识产权案件集中管辖方案,为我省司法体制改革的审判体制革新部分提供具体思路和决策参考。

(二)继续推进“三合一”试点

按照最高法院“两条腿走路”思路,作为没有设立知识产权法院的地区,继续探索推进“三合一”改革试点工作仍是我省法院完善知识产权审判体系的重要任务。

一是理顺案件管辖机制。一段时间以来,蚌埠市有些县、区公安机关、行政机关担心知识产权刑事、行政案件证据难以收集,出现畏难情绪,有意将知识产权刑事、行政案件转变为其他案件进行处理;有些县、区法院不按集中管辖的规定,违规接收知识产权刑事、行政案件。针对这些现象,蚌埠市禹会区法院积极与蚌埠市检察院,市、区、县公安局开展座谈,深入相关单位进行专题调研,并根据调研内容制作详尽材料,及时向市委政法委、市中院汇报,请求市政法委及市中院协调。经过一年来的努力,蚌埠市市辖六区内的知识产权刑事案件已经正常流转。蚌埠市禹会区法院知识产权审判庭在2013年受理知识产权刑事案件仅3件,但2014年这一数字上升至20件,其中15件是其他区流转而来。

二是进一步巩固三审合一定期交流机制。加强法检联动,合肥高新区法院与高新检察院召开会议,就如何加强知识产权刑事案件办理过程中的沟通与协调、完善知识产权案件“三审合一”的工作机制、进一步发挥知识产权保护过程中司法和执法的主导作用等问题进行了充分的交流与沟通。统一内部认识,合肥中院民三庭、刑二庭先后就知识产权民事审判中遇到的若干疑难问题、知识产权刑事案件的法条竞合问题、证据认定问题及量刑规范化问题赴合肥高新区法院进行深入调研,推动法院内部对“三合一”认识的统一。

三是实施量刑规范化改革,增强量刑公开透明。蚌埠禹会区法院认真总结近三年知识产权刑事案件审判经验,根据刑法和相关司法解释,参照《最高人民法院〈关于常见犯罪的量刑指导意见〉》、《安徽省高级人民法院〈关于常见犯罪的量刑指导意见〉实施细则》等有关规定,结合蚌埠地区知识产权刑事审判实践,起草了《蚌埠市禹会区人民法院关于知识产权犯罪的量刑指导意见》文件,积极开展知识产权犯罪量刑试点工作,实现了知识产权刑事案件在蚌埠地区裁量尺度的统一,增强量刑公开性,维护司法公正。2014年该庭审理的19件知识产权刑事案件全部适用量刑规范化,无一抗诉上诉,达到良好的社会效果和法律效果。省高院高度重视这一改革,民三庭、刑三庭负责人带领合肥市高新区法院、芜湖市经济开发区法院等相关同志赴禹会区法院,就知识产权犯罪量刑规范化工作共同探讨研究,并对该项工作提出意见建议,同时要求合肥市高新区法院、芜湖市经济开发区法院要参考禹会法院的《指导意见》,结合各自工作特点,积极开展探索。

(三)深入开展审判业务调研活动

坚持问题导向,结合审判业务实践及安徽地方特色开展专题调研,在提升自身理论水平的同时也为最高法院对下指导提供实证参考。先后就“加大知识产权司法保护力度,降低知识产权维权成本,提高知识产权侵权代价”、“知识产权申请再审案件提审、指令再审和发回重审标准等再审中法律适用”、“审理商标民事纠纷案件的法律适用”、“外观设计专利保护”、“专利审判有关工作情况”、“植物新品种司法保护问题及其应对”等问题形成调研成果,并就最高法院《关于审理侵犯专利权纠纷案件应用法律若干问题的解释(二)》(征求意见稿)、《知识产权行为保全司法解释草案》等广泛征集意见,提出修改建议,上报最高法院。我省法院根据前期调研成果先后在全国法院“创新驱动与知识产权司法保护研讨会”、全国法院知识产权审判工作座谈会上作大会交流发言。《商标诉讼中的司法鉴定若干问题研究》、《关于著作权、商标权关联案件审理情况的调研报告》分别入选中国审判理论研究会知识产权专业委员会主编的《中国知识产权审判研究》

(第四辑、第五辑),铜陵中院《使命与责任——市中院加强知识产权司法保护、助力铜陵创新型城市建设的调研报告》先后在《中国审判》(网刊)、《铜陵日报》、《五松山》、《铜陵法学》刊登,凤凰网、中安在线、新安晚报、安徽法院网等媒体对此次调研进行了专题报道。

四、坚持机制创新,审判管理水平进一步提升

(一)优化审判管理流程

针对案多人少矛盾日益凸显,因商业化维权引发的系列案件类案事实、证据方面形似度高的情况,全省法院以质效并进为目标优化审判管理流程,节约有限审判资源。合肥中院、蚌埠禹会区法院对系列案件统一调配合议庭进行集中送达、集中调解、集中开庭、集中合议和集中宣判。合肥高新区法院细分案件类型,建立系列案件首案普通程序审、后续案件简易程序审,新类型案件普通程序审、常见类型案件简易程序审,案情复杂的案件普通程序审,案情简单的案件简易程序审的审判模式,适用简易程序审理的案件占到总量的85.8%。并针对简易程序与普通程序的不同特性,对于简易程序审理的案件制作格式化裁判文书,而普通程序审理案件则说理详尽。简易程序试行集中开庭制度,普通程序审理的案件则在庭前组织证据交换。通过优化审判流程管理提升庭审质效,有效缓解案多人少矛盾。

(二)深入推进精品战略

全省法院将精品战略作为系统工程,以案件审判为中心构建一整套精品培育机制,多管齐下、持续推进。一是建立科学的分案过滤机制,因人制宜,合理分案,挖掘有特点的“潜力”案,配强审判力量;二是正确处理调判关系,对于可能形成示范效应的案件果断下判,精细打磨关键环节、精心制作裁判文书、重点斟酌推敲裁判说理,努力办成“标杆”案;三是强化法官衍生开发意识,通过各种方式鼓励法官研究解决审判工作中遇到的各种问题,总结审理思路、裁判观点和经验做法,归纳案件的精品要旨,提炼规则、传扬技能和创新方法,充分实现其学术价值。2014年,省高院审理的1起案件入选最高法院发布的“中国知识产权司法保护十大案件”,蚌埠市禹会区法院审理的1起案件入选“年度中国法院50件典型知识产权案例”,多个案例被《人民司法》《人民法院报》等媒体采用,数十篇余篇文章在《人民司法》《人民法院报》《民主与法制时报》《江淮风纪》《安徽审判》等报刊杂志刊登。

(三)提高信息化应用水平

夯实信息化基础,加强全程跟踪监管。强化庭长、案件质量监督员管理责任,发挥内勤保障功能,以加强督查量化考核为手段,督促全员、全面、及时、准确地录入案件信息,在案件数据电子化基础上将对开庭、评议、结案等时间节点的静态监控与对网上审批、案件审限等审判环节的动态管理结合起来,实现审判活动网络化、流程控制透明化。善用信息化资源,助力态势分析。借助信息化平台数据整合功能,将本庭审判指标数据与上期指标纵向比较、与兄弟庭室横向比较,直观具体地分析运行态势,重点监测和分析异常指标与落后指标,有的放矢加以改进。发挥科技法庭优势,突出庭审中心地位。充分利用庭审流程控制、多媒体证据展示、庭审记录及校对、庭审光盘刻录等功能,在实现“每庭必录”、促进庭审活动规范的同时为诉讼各方有证举在法庭、有理辩在法庭、法官心证形成在法庭提供技术支持。

五、坚持打造过硬队伍,审判队伍建设进一步加强

(一)作风建设久久为功

深入学习党的十八届三中、四中全会精神,深刻领会精神实质,牢记职责使命,强化责任担当,坚定改革信心,进一步统一思想、凝聚共识、激发活力。对照“三严三实”要求,砥砺人格品质,做到知责、明责、履责、尽责;完善作风建设长效机制,确保抓常、抓细、抓长,内心认同与外部约束同步强化,促进司法作风规范化、常态化、长效化。省高院还结合院机关开展的纪律作风教育整顿活动加强院风建设,引导全庭同志在深入领会“忠诚为民,公正清廉,求真务实,文明和谐”十六字院风内涵的基础上,树立见贤思齐的价值导向、培养精诚合作的团队意识、弘扬真抓实干的工作作风、秉持清正廉洁的职业操守,真正将“十六字院风”内化于心、外践于行。

(二)能力建设常抓不懈

一是在全省范围内推广“法官讲坛”制度,通过全庭同志在自行选题、互讲互学中激发灵感,分享智慧,倒逼全庭同志加强学习、加深思考,实现“在实践中总结,在总结中交流,在交流中探讨,在探讨中提高”的宗旨。二是注重业务交流,与当地高校加强联系,共同开展专题调研、重点调研,结合法院实践资源和高校“智库”优势,突破实务工作者理论升华能力相对薄弱的“瓶颈”,提升调研成果理论深度,促进司法能力建设,带动整体审判水平提高。三是主动学习钻研,深入研究当前司法实践中的热点问题,撰写理论文章,铜陵中院还将理论成果列为评先评优的考核指标,营造出比学赶超的良好氛围。

(三)廉政建设创新举措

通过集体学习、个人自学、讨论交流等形式,以重要会议精神、廉政警示案例为素材,引导干警充分认识反腐倡廉建设的艰巨性、复杂性和长期性,增强党性观念和职业道德意识,增强严格遵纪守法、坚持廉洁操守的自觉性和坚定性,在警钟长鸣中筑牢防线、严守底线、不踏红线。省高院还在坚持廉政责任制、主审法官祖籍地和出生地回避制等行之有效的廉政措施的同时,自2014年2月起,将每个月的第一个周五确定为“廉政教育日”,创设了廉政建设新机制。

福建法院2014年度知识产权司法保护工作总结

2014年,福建法院深入贯彻落实党的十八大、十八届三中、四中全会和习近平总书记系列重要讲话精神,充分发挥知识产权审判职能作用,为推进福建科学发展跨越发展、建设机制活、产业优、百姓富、生态美的新福建提供了有力的司法保障。

一、忠实履行审判职责,加大知识产权司法保护力度

(一)案件审理情况

2014年,全省法院共新收和审结知识产权民事一审案件2635件和2370件。其中,新收和审结专利案件484件和444件,商标案件968件和896件,著作权案件743件和688件,技术合同案件20件和14件,不正当竞争案件220件和206件,其他知识产权案件200件和151件;新收和审结知识产权民事二审案件399件和385件;新收和审结知识产权行政案件12件和10件;新收和审结涉知识产权刑事一审案件740件和659件;新收和审结涉知识产权刑事二审案件83件和72件。

(二)注重审理精品案件

2014年4月,福建高院审理的陈锡奎与晋江市凯达石材机械有限公司侵害实用新型专利权纠纷上诉案入选最高法院评选的2013年中国法院50件典型知识产权案例。厦门中院审理的王文利等生产、销售伪劣产品罪案系公安部督办的特大跨国生产销售假烟案,该案开创了依靠国际刑事司法协作打击假烟违法犯罪的先河,也入选最高院50件典型知识产权案例。审结了备受关注的郑燕婷与李学武瓷花著作权侵权纠纷案,该案合理界定了瓷花著作权权属,有效保护了权利人合法权益;审结了"奥丁格"商标侵权纠纷案,该案的处理对全球经济环境下贸易企业和国内销售商如何加强自身管理,减少知识产权侵权风险提供了很好的借鉴意义;审结了陈某某等假冒注册商标罪案,该案非法经营数额高达7086万余元,是近年来福建省最大,也是全国罕见的特大假冒注册商标罪案,该案的判决对于"非法经营数额"的认定具有典型意义。

(三)案件审理的新特点

与去年相比,我省知识产权案件审理呈现出以下新特点:一是特许经营合同纠纷案件增多。由于整体经济增速放缓、竞争加剧、市场洗牌等因素,导致特许经营企业与加盟商之间的矛盾凸显,纠纷日益增多。针对此类纠纷,我省法院认真研究总结调研,统一裁判尺度。二是涉外知识产权案件显著增多,不仅外国公司和外资企业起诉维权案件增加,国内企业起诉外国公司和外资企业的案件也不断攀升。涉外案件很多需要进行涉外送达或公告送达,审理周期较长,审理难度较大。三是药品类商业维权纠纷增多,主要是"珍视明"、"前列康"等系列商标侵权纠纷。此类案件审理难度不大,但关系到公众健康,社会影响较大。

二、创新司法便民措施,不断提高司法保护公信力

全省法院创新和完善多样性司法服务机制,回应群众实际需求,助推企业创新发展,精心塑造司法品牌。一是法律服务抓长效。福州中院在福州软件园设立"法律服务站";泉州中院在瓷都德化设立法官驻企工作室;厦门思明区法院在厦门软件园建立"智慧服务站"。上述措施为高新技术企业提供法律咨询、纠纷化解、司法确认等全方位的知识产权司法延伸服务,建立起了"有机制、有平台、有人员"的"三有"知识产权司法服务长效机制。《人民法院报》对上述做法进行了报道。二是法律服务进家门。一些法院积极利用与街道、村居委会共建的"法律驿站"这一联动机制平台,为辖区民众提供知识产权普法宣传和纠纷解决服务。在辖区内设置社区法律图书室,方便群众阅读查询法律法规。人大代表对法院的这一工作方式充分肯定,称赞这是"家门口"的服务。三是法律服务下基层。认真落实最高法院《关于大力推广巡回审判方便人民群众诉讼的意见》要求,一些法院因地制宜开展巡回审判,成功审理了一批知识产权案件,方便当事人诉讼,取得了良好效果。四是法律服务靠前移。一些法院针对案件审理过程中发现的问题,积极通过提供司法建议等方式有效发挥知识产权审判的辐射作用。如泉州中院向该市文广局发出的关于整肃企业规范使用正版软件的司法建议,鼓楼法院向罗源县司法局发出的关于解决外地户籍被告人社区矫正难的司法建议函等,均收到良好效果。

三、加强业务监督指导,提升知识产权司法保护水平

省法院继续加强对下级法院审判工作的业务指导,提升全省法院知识产权审判工作水平。一是通过会议加强指导。8月份召开了全省法院知识产权审判座谈会,深入贯彻全国法院知识产权审判工作座谈会和全省法院院长会议的精神,总结2013年全省法院知识产权审判工作,交流经验,研究部署当前和今后的工作任务。会议对案件审判、机制完善、调研工作、司法宣传和队伍建设等方面,尤其对专利、商标、著作权等纠纷案件审理应注意的一些理论与实践问题进行了明确,统一了司法标准。二是通过案件审判加强指导。强化审判监督,通过改判或发回重审的方式引导下级法院正确处理有关纠纷案件,确保全省法院知识产权审判的公正和统一。三是通过调研加强指导。通过参加最高法院以及各高校举办的各类知识产权主题研讨会,不断丰富和发展知识产权审判理论,分析、解决知识产权审判实践中的热点、难点问题。一年来,各级法院通过本地专题调研、上下联合调研、跨区配合调研等方式,就计算机软件侵权、非物质文化遗产保护、特许经营合同纠纷、三合一诉讼模式等多个问题开展调研,深入挖掘司法现象背后的根源问题,并注重促成成果转化。

四、创新审判工作机制,打造知识产权司法品牌

全省法院强化知识产权司法品牌建设,不断推动审判机构和机制的完善,为知识产权审判工作提供坚强的组织和制度保障。全省法院共打造四项知识产权审判司法品牌:一是知识产权"三合一"审判机制。经过近四年多的司法实践运作,福州、厦门两地法院的"三合一"试点工作的综合效能较为显著,其做法和经验受到省法院以及相关行政部门的好评。二是知识产权审判技术咨询专家制度。2010年下半年开始,根据全省知识产权审判实际需要,省法院建立"福建法院知识产权审判技术咨询专家库"并制定管理办法。全省法院充分运用专家库资源,并依据技术咨询专家出具的意见,为认定技术事实、依法作出裁判提供了有力支撑。三是知识产权诉调对接机制。2013年,省法院与省知识产权局联合制定了知识产权纠纷诉调对接工作意见。在此基础上,厦门中院、福州中院也分别与厦门市知识产权局、福州市知识产权局建立诉调对接机制。诉调对接机制实现了知识产权司法与行政的良性互动,促进了知识产权审判"大调解"格局的形成。四是建立专家陪审员制度。泉州中院主动推进专家陪审员制度,先后制定了《关于专家陪审员参与知识产权案件的实施方案》、《关于专家陪审员参与知识产权案件审判操作规范》等相关配套文件。2013年以来,该庭共邀请专家陪审员155人次参与144件知识产权案件的审理工作,收到了较好成效。

五、建设高素质过硬队伍,为公正司法提供人才保障

全省法院紧紧围绕马新岚院长提出的做"信念坚定、执法为民、敢于担当、清正廉洁”的法官的要求,大力推进队伍建设。一是抓政治教育,树立理念。全省法院以第一批党的群众路线教育活动为契机,着力加强社会主义理想信念教育、社会主义核心价值观教育和社会主义法治理念教育,保持知识产权法官的政治清醒和政治自觉。二是抓业务学习,提升能力。通过审判实务培训、法律适用研讨、学术论文研讨、精品案例评点、案件评查、庭审观摩、“知产沙龙”等活动,提升知识产权审判人员的专业水平和能力。三是抓作风转变,提升形象。坚决落实中央八项规定和整顿“四风”的要求,切实改进会风、文风和工作作风。厉行“三严三实”,大力开展向詹红荔、黄志丽等一批重大典型学习,争当司法为民公正司法的好法官。四是抓廉政建设,严守底线。集中开展好廉洁司法教育活动,牢固树立“严管就是厚爱”理念,坚持从严教育、监督和管理,严格执行各项纪律条规,以铁的决心、铁的手腕旗帜鲜明地反对腐败。

江西法院2014年度知识产权司法保护工作总结

2014年,江西法院知识产权审判庭在最高法院的指导下,认真贯彻落实党的十八大和十八届三中、四中全会精神,紧紧围绕“努力让人民群众在每一个司法案件中都感受到公平正义”这一目标,牢牢坚持司法为民、公正司法这条主线,积极探索加大知识产权司法保护力度的具体方式,不断完善知识产权审判体制机制,充分发挥知识产权司法保护作用,为全省经济建设、平安建设、法制建设提供了有力司法保障,各项工作取得了新成效。

一、依法履职,突出加强知识产权司法保护主导作用

2014年,全省法院系统共受理一二审知识产权民事案件412件,审结365件,结案率达88.6%。在新收案件中,著作权纠纷124件,商标权纠纷208件,专利权纠纷71件,技术合同纠纷3件,其他知识产权纠纷6件,继续实现了知识产权案件“零申诉、零上访”的目标。今年全省法院知识产权审判工作呈现出如下特点和亮点:

一是新收“首例”案件、涉外案件和系列案件较多。全省法院今年新收案件数量较去年有所减少,但江西首例案件、系列案件和涉外案件较多,如新收首例专利代理合同纠纷案件、首例涉商品条码不正当竞争纠纷案件、最大标的额知识产权纠纷案件(6800万元)等。省高院民三庭今年新收涉外案件占全年新收案件的1/6以上,涉及KTV经营场所、音像制品销售商等文化传播个体的系列案件占1/3以上。

二是案件社会关注度与影响力较大。全省法院今年依法高质量审结了一批涉知名企业案件,如浙江伟星建材公司诉江西伟星管业侵害商标权及不正当竞争纠纷、“以纯”商标权利人诉淘宝某网店店主侵害商标权纠纷、深圳腾讯公司诉湖北某公司著作权纠纷、四川剑南春酒厂、九阳股份有限公司诉个体销售商侵犯商标专用权纠纷等多起案件,覆盖电器、服装、日化、医药、娱乐及餐饮等多个行业。其中,南昌中院审理的江西食方食坊中药食品有限公司诉大城县美萨佳士达食品有限公司、黄育文侵害外观设计专利权纠纷一案,被中央十三套的《新闻直播间》栏目追踪报道。

三是调解撤诉率较高。各地法院在审理知识产权案件时注意处理好依法保护和适度保护的关系,把握好司法导向和利益平衡,巧用法律刚性与人文柔性,充分利用调解方式化解当事人的心理冲突和利益冲突,促使案件双方当事人握手言和,切实做到定分止争,案结事了。2014 年全省法院审结的一二审案件中,调解撤诉 211 件,调撤率为 51.2%。其中,抚州中院、九江中院案件调撤率分别为 80% 和 64%。多地法院审理的系列案件在合议庭法官的努力下"一揽子"调解,并自动履行庭外和解协议,如九江中院审理的上海家化股份有限公司系列案、省高院民三庭审理的涉卡拉 OK 经营者著作权纠纷系列案。

四是工作方式方法较新。我们用创新的方法推进知识产权案件审理,在庭审中建立直观的涉案产品诉讼对比图,将文字难以描述的特征图形化,使案件事实变得一目了然。如省高院民三庭审理的深圳腾讯公司诉湖北某公司 QQ 图像著作权纠纷、陕西民间剪纸艺人诉景德镇某公司陶瓷盘著作权纠纷案件等。当前各类规模性、群体性商业维权诉讼日益增多,涉及的程序和赔偿标准等法律适用问题原则性有余但操作性不足。省高院民三庭改变过去就案办案、按数量赔偿的思维方式,将侵权产品数量作为赔偿参考,结合维权合理开支、侵权情节、经营规模及地域等因素进行综合合理裁判,依法突出惩处重复、恶意侵权行为,取得了良好的法律效果和社会效果。

五是案件办理质效较好。各地法院始终高度重视裁判文书质量,严格裁判文书制作、审核、审批流程,力争每一份裁判文书都实现事理明晰、法理透彻、文理通达的"三理"目标。省高院民三庭审理的广州市芳奈服饰有限公司诉李菊红侵害商标权纠纷案判决书被最高法院列为 2013 年度"中国法院 50 件典型知识产权案例"。上饶中院坚持庭长督查制度,由庭长每半月与承办人核对其所承办案件的审限与办理进度,督促案件及时审理,确保案件办理不出差错。

二、拓展职能,能动服务经济社会发展大局

大力宣传,强化司法保护延伸服务。全省各地法院知识产权庭以"4·26 知识产权宣传周"活动为契机,深入企业走访,将知识产权司法保护关口前移,提高企业的知识产权创造、运用、保护和管理的能力。省高院组织三级法院的知识产权法官与杭萧钢构、亚力水泥、奥克斯电器、洪都钢厂等企业代表共 20 余人在南昌市经济技术开发区召开座谈会研讨知识产权审判服务科技创新的成效与经验,解答企业代表就加强知识产权保护提出的疑难问题。新余中院向全市重点企业发放调查问卷以深入了解知识产权保护的基本情况与实际需求,牵头组织全市首届外资、港澳台资企业司法服务座谈会,共收集企业意见建议 249 条并进行妥善处理,充分发挥了知识产权审判在保护知识产权和激励自主创新中的引导作用。

司法为民,改进便民利民诉讼措施。全省法院始终坚持人民司法为人民,以保障当事人权益为出发点，积极采取为民、利民、便民的各项措施，增强当事人诉讼参与能力，不断完善司法便民利民措施。赣州中院积极建设便民诉讼网络，在立案信访大厅配备了《知识产权案件诉讼指南》，并通过邮寄和网络平台进行赠送、发布，对社会各界提供知识产权诉讼指导。

积极主动，融入知识产权全省大局。为深入贯彻省委省政府《法治江西建设规划纲要（2014－2020年）》重大战略部署，全省法院自觉接受各界监督，积极主动开展工作，充分发挥了服务全省经济社会发展的重要作用。省高院民三庭为完成江西省人大科教文卫委关于开展《江西省专利促进条例》实施情况执法调研的工作任务，多次赴全省各地调研并撰写提供全省法院2011年以来专利案件审理情况的专项报告、子报告及代表性案件。九江中院专门制定了《关于为全市加快沿江开发决战沿江大工业提供司法保障和法律服务的意见》，对涉及全市重点的电子信息、生物工程、光伏新能源、软件和服务外包等产业提供良好的知识产权法律保护环境。

多元联合，完善司法纠纷的化解机制。针对知识产权案件类型多样、专业性强、涉及面广、管理部门多的特点，各地法院加强与行政执法部门、行业协会的协调与沟通，以主动搭建工作桥梁的方式资源共享，增强共识、增进共为。景德镇中院与当地知识产权行政执法部门加强联动，建立了日常信息沟通和协调机制，并积极就知识产权刑事案件集中管辖与市检察院进行了多次沟通，就关键问题达成一致意见。新余中院对当事人矛盾尖锐或者事实认定、法律适用等方面存在较大争议的案件，注重发挥行业协会和专业人士的沟通协调作用，整合社会资源，化解矛盾纠纷。

三、深化改革，着力完善知识产权审判工作机制

继续推进知识产权审判“三合一”改革试点。省高院民三庭为完成我院的“知识产权案件集中管理探索”重点工作，多次赴景德镇开展座谈调研，精心部署知识产权案件“三合一”试点工作实施方案。景德镇中院于今年7月下发专门通知，要求全市两级法院立案部门严格按照相关管辖规定做好案件的立案审查、分案和移送等工作，并于8月对全市两级法院落实知识产权“三合一”相关案件管辖情况进行检查，杜绝合而不审的情况发生。

稳妥有序贯彻司法改革创新精神。省高院民三庭在分管院长胡淑珠的亲自指导下，对现有知识产权案件审理情况进行总结，并就改革创新管辖和审理方式进行科学论证，向最高法院申报了《探索跨行政区划法院集中管辖知识产权案件 深入推进知识产权案件“三合一”审判改革》的汇报材料，努力探索江西特色知识产权司法保护模式。景德镇中院根据省法院探索试行集中管辖的要求，迅速拟定《关于开展知识产权行政诉讼案件集中管辖工作的实施办法（试行）》，现已进展至报请审委会批准阶段。

细化完善技术事实查明机制。细化技术实施查明机制的操作程序，不断提高技术事实认定的科学性，以建立适应知识产权审判工作需要的诉讼机制。九江中院明确技术专业人士参与案件审理的具体方式和程序，通过出具专家咨询意见书、专家出庭解答专业问题等方式，努力解决知识产权案件专业性强、技术认定难的问题，下一步拟通过选任部分专业人士担任人民陪审

员参与查明案件技术事实。

四、夯实基础,切实加强知识产权审判队伍建设

坚持理论与专业学习培训。全省法院知识产权庭结合部门工作实际,认真学习党的十八届三中和四中全会、习近平总书记系列重要讲话,特别是《中共中央关于全面推进依法治国若干重大问题的决定》。派员参加了全国知识产权审判“三合一”改革试点工作座谈会、全国法院知识产权审判工作座谈会、全国部分法院“加大知识产权司法保护力度”调研座谈会、“深化改革与中国知识产权制度”论坛暨中国知识产权法学研究会2014年年会。建立全省法院沟通协调和报请研讨机制,以及时发现知识产权审判中的疑难关键问题,确保知识产权审判工作政治方向正确、审理流程科学、事实认定明晰、法律适用精准。

常抓廉洁作风建设。全省各级法院严格执法办案,践行群众路线,强调清廉为民,遵守中央“八项规定”,以努力建设政治坚定、业务过硬、作风优良、公正廉洁的高素质知识产权法官队伍为目标,努力让当事人在每一起案件中都感受到公平正义。2014年,各地法院知识产权庭无一起知识产权缠访闹访案件,无一人发生违法违纪问题。

实现审判研学双向互动。我省法院按期完成最高法院的调研任务,并对知识产权审判领域内的热点和焦点问题积极展开调研。景德镇中院加强对本地特色陶瓷产业知识产权保护状况调研,围绕社会反映突出的艺术陶瓷侵权判断标准、“景德镇”证明商标保护等问题进行了专项调研。省高院民三庭副庭长刘建玲在“中德法官知识产权交流研讨会”上,以景德镇证明商标为视角作了关于商标法和地理标志司法保护的主题发言。

山东法院2014年度知识产权司法保护工作总结

2014年以来,山东法院紧紧围绕党和国家工作大局,坚持司法为民、公正司法,知识产权审判各项工作都取得了新成绩。

一、发挥审判职能作用,抓好执法办案第一要务

(一)审判质效不断提升

2014年,知识产权案件数量恢复增长态势,山东各级法院共新收知识产权民事一审案件5047件,审结5079件,同比分别增长7.8%和14%,结案率达到100%。新收案件中,著作权纠纷和专利纠纷同比分别增长30%和21%,商标纠纷同比下降4.5%。已结案件中,调撤结案3776件,调撤率达到74.3%,同比增长1.6个百分点。(见附件一)上诉案件360件,发改案件19件,上诉率和上诉发改率分别为7%和5.2%,继续呈现“调撤率高、结案率高、存案率低、上访率低”两高两低的特点,办案质效持续保持较高水平。

(二)司法主导地位有效发挥

山东法院积极发挥审判职能作用,通过正确审理新类型案件和疑难复杂案件,明晰法律标准,划定行为界限。其中“有孔虫”著作权案、“宏济堂”商标及不正当竞争纠纷案、环球公司商标案以及乾豪公司特许经营合同纠纷案等四起案件先后入选《最高人民法院公报》、最高法院典型案例(第七批)、中国法院知识产权司法保护10大创新性案件和50件典型案例,青岛中院审理的耐克公司诉青岛某公司侵犯商标权案入选中国外商投资企业协会优质品牌保护委员会年度知识产权保护最佳案例,烟台中院两起案件入选2013年度烟台知识产权六大典型案例。上述案例引起了社会的广泛关注和好评,提升了我省知识产权司法保护的社会认同度和权威性,凸显了司法在解决知识产权纠纷中的主导地位和作用。

(三)裁判文书制作水平稳步提高

2014年,山东法院继续落实"双精工程"的要求,不断提高裁判文书质量,使裁判文书成为体现裁判过程,展现裁判依据,接受社会监督的载体。在第三届全国知识产权优秀裁判文书评比中,我省有一篇文书获得一等奖,三篇文书获得三等奖。在山东法院第十三届优秀裁判文书评选中,有四篇知识产权文书分别获得民事类一等奖和商事类一等奖,一篇知识产权文书获得商事类二等奖;在全省第四届典型性案例评选中,有一篇知识产权文书获得一等奖。

二、拓展能动司法途径,服务经济社会发展大局

(一)能动司法服务大局

山东法院自觉把知识产权审判工作置于经济社会发展的大局中谋划。省法院针对案件审理中发现的企业名称相互冲突混淆现象,就加强企业名称工商登记管理工作与省工商局进行了座谈交流。济南中院应邀参加山东省企业法律风险研究会组织的企业商业秘密保护论坛,针对企业知产保护意识薄弱、维权经验缺乏等问题作主题发言。淄博中院紧紧围绕高标准建设国家知识产权示范城市的决策部署,组成调研小组摸清了企业知识产权保护的现状和司法需求,在此基础上有针对性的推行知识产权"一对一"、"网格化"服务模式。泰安、莱芜等中院围绕当地经济社会发展的重点及时出台司法举措,助推了当地创新驱动发展战略的有效实施。东营、潍坊、滨州、聊城、临沂等中院自觉践行司法为民宗旨,选取自主创新型企业建立知识产权司法保护工作联系点,了解并解决企业在创新发展过程中遇到的困难和问题。

(二)司法建议效果凸显

2014年,山东法院在狠抓执法办案第一要务的同时,紧紧围绕经济社会发展大局,及时向相关部门和企业提出解决问题的意见和建议,效果凸显。济南、青岛、烟台、济宁等中院通过提出司法建议,帮助党委、政府及相关行业、企业关注和防范知识产权创造、管理、运用等方面的法律政策风险。青岛中院撰写的《关于规范零售行业知识产权管理的司法建议》在第四届山东法院优秀司法建议评选中获二等奖。淄博中院为进一步增强司法建议工作的实效性,积极完善"司法建议+反馈+回访"深度工作模式,保证司法建议条条有回音,件件有落实,真正做到了司法建议"提得好、送的巧、用得着"。

三、加强审判监督指导,维护知识产权法治统一

(一)调查研究成果显著

2014年,山东法院密切关注知识产权司法保护领域出现的新情况、新问题,不断加强调查和理论研究,成果显著。省法院

撰写的《加强商业秘密保护维护市场竞争秩序》调研报告获得首届全国知识产权优秀调研成果二等奖；在第九届山东法院优秀调研成果评选中，有一部知识产权专著获得二等奖，两部知识产权专著获得三等奖。济南中院承担济南市重点软科学项目调研任务，着力破解企业知识产权运营过程中遇到的法律难题；淄博中院承担省法院重点调研课题中唯一一个知识产权课题，并完成《涉文化领域知识产权司法保护状况的调研报告》。

（二）监督指导统一认识

省法院通过发布《知识产权审判要情》、召开审判业务座谈会、组织法官培训、举办专题论坛等形式，统一裁判尺度；通过撰写二审发改分析、公布典型案例等形式，明确知识产权司法导向和标准；通过关联案件及时调度和大要案及时汇报等形式，保证涉及行业重大利益、核心自主知识产权保护等问题得到妥善解决。省法院起草了《商业秘密案件审理指南》，就商业秘密案件的司法标准进行了细化、规范；开展了“商标与不正当竞争疑难问题”等专题研讨，并积极参加最高法院组织的一系列疑难问题研讨会，及时掌握相关问题的最新发展动向和解决渠道。

四、加大司法公开力度，提升知识产权司法公信

（一）司法公开彰显司法公信

山东法院不断加大司法公开力度，依托司法公开三大平台建设，做好裁判文书上网、案件信息公开和庭审网络直播工作，切实保障人民群众对司法工作的知情权、参与权、监督权。青岛中院微博直播商业秘密犯罪案件并当庭宣判，获得较好的社会效果；菏泽中院庭审直播案件被《人民法院报》报道，传播了法治正能量；滨州中院在“国家宪法日”邀请滨州学院学生旁听审判。山东法院继续坚持规范化运作裁判文书上网工作，截至目前，已上网公开知识产权裁判文书7100多份。司法公开保障了公众对司法工作的知情权和监督权，增进了群众对法院工作的了解和理解，提升了司法公信力和司法权威。

（二）司法宣传提升司法认同

2014年，山东法院继续强化司法宣传工作，提高社会公众的知识产权司法保护意识及对知识产权司法保护的认同度。山东法院以“4·26”世界知识产权日为契机，召开新闻发布会，发布知识产权司法保护状况白皮书、典型案例等，逐步构建起立体化、全方位的宣传模式。此外，山东法院还注重利用多种方式宣传山东法院知识产权司法保护的新成就。济南中院为山东大学法学院的英国留学生赴华交流项目举办了“中国法院文化认知”的现场专题讲座；青岛中院与《青岛财经日报》联合开辟知识产权专版，由青年法官以案说法；威海中院应邀参加由当地多家媒体携手打造的“民生会客厅”节目录制。以上方式拓展了宣传新途径，取得了良好的宣传效果。

（三）司法交流展现司法自信

山东法院积极参加最高法院及相关部门组织的各项研讨活动，宣传知产保护成果，展现知识产权法官良好形象。省法院民三庭积极参加最高法院组织的“反垄断民事诉讼研讨会”、“创新驱动与知识产权司法保护研讨会”、“知识产权保护的国际视野研讨会”等活动，并作专题发言；济南中院代表济南法院在中国法学会第九届“环渤海区域法治论坛”上交流发言，并以论文交流的形式参加了澳大利亚东方教育

论坛活动，展示了山东知识产权法官的良好形象；青岛中院应邀在“中欧知识产权保护机制圆桌会议”、青岛市工商局举办的“2014局长学法日”、全省300余名知识产权律师参加的培训班上进行专题讲座。

五、推进制度改革创新，完善司法保护体制机制

山东法院积极探索知识产权审判领域的体制与机制创新，确保知识产权整体效能的有效发挥。一是积极推进知识产权民事、行政和刑事案件审判“三合一”试点工作。济南、青岛、东营三个中级法院已积累了一定经验，司法保护知识产权的综合效能初步显现。济南中院制定出台了《调整知识产权刑事案件的审理分工的意见》，将中院的知识产权刑事案件由知识产权庭归口管理，真正实现了民事、刑事、行政案件的“三合一”。二是完善技术事实查明机制，进一步细化司法鉴定、专家辅助人、专家咨询等技术事实查明机制的操作程序，为有效解决知识产权案件中技术事实认定难的问题开辟了一条新的途径。济南中院建立了“知识产权专家咨询委员会”，积极探索完善专家陪审员制度；青岛中院聘请了61名专家担任民事审判顾问及18名知识产权特邀科学技术咨询专家成立了专家顾问团。三是与知识产权局、公安、工商、版权、行业协会等部门构建知识产权立体保护网络，协同解决各类知识产权纠纷，知识产权多元纠纷解决机制进一步健全。四是探索建立便民诉讼机制。青岛中院在中德生态园设立省内首家知识产权巡回法庭，为促进园区乃至青岛地区的产业创新和经济发展起到重要的推动作用；泰安中院建立知识产权电话预约邮寄立案制度和案件集中开庭制度，减少当事人诉累，节约司法资源。

六、重视审判队伍建设，提高知识产权司法能力

全省各级法院以党的群众路线教育为契机，狠抓知识产权审判队伍司法作风建设，按照中央八项规定和整顿“四风”的要求，认真开展批评和自我批评，切实改进会风、文风和工作作风。强化知识产权法官廉政建设，紧密结合知识产权审判工作的特点和实际，不断加强和完善监督制约制度，坚持不懈地抓好示范教育和警示教育，确保了知识产权法官的清正廉洁。通过在职学习、教育培训、专题研讨、庭审观摩、外出考察等形式，提升法官业务素质和司法技能，增强知识产权法官的处理案件能力、化解矛盾能力和服务大局能力。

附件一：

2014 年全省法院知识产权民事一审案件统计表

知识产权民事一审案件情况统计表

	旧存	新收	收案构成情况												结案	在审结案件中															未结
			著作权			商标权		专利权		不正当竞争			技术合同	其他		判决	调解	驳回	撤诉	其他	其中										
			信息网络	KTV	其他	假冒	其他	发明	其他	商业秘密	擅自使用他人企业名称	其他									美国	法国	英国	德国	日本	其他	小计	涉港	涉澳	涉台	
济南	182	1123	10	290	228	183	99	3	266	3		5	33	3	1125	296	168	15	615	31	11	1		3	1					1	180
青岛	20	637	23	289	93	154	6	21	28	3		9	7	4	654	169	44	18	420	3	22			1	1	10					3
淄博	36	237			114		99		16				5	3	261	101	10	1	113	36	16				8						12
枣庄	11	194		131	7	49						3	4		193	43	3	1	145	1		1			2		3				12
东营	5	71	1		19	39	4		3				5		73	18	5		50		1										3
烟台	32	330		38	43	157	1	60	25	1		1	1	5	330	64	51	5	192												32
潍坊	131	383	6	6	56	85	160	3	59			2	3	3	422	69	14	6	333		22					1					92
济宁	20	312			90		216						4	2	302	57	4	2	235	4					10	1					30
泰安	8	230		20	97	111								2	223	26	2		195												15
威海	24	81	8	6	14		43						4	6	85	15	1	3	66												20
日照	3	144			72		49		1				1	22	112	22	1		89												32

续表

	旧存	新收	收案构成情况												结案	在审结案件中															未结
			著作权			商标权		专利权		不正当竞争			技术合同	其他		判决	调解	驳回	撤诉	其他	其中										
			信息网络	KTV	其他	假冒	其他	发明	其他	商业秘密	擅自使用他人企业名称	其他									美国	法国	英国	德国	日本	其他	小计	涉港	涉澳	涉台	
莱芜	1	35			9	26									35	8	1	1	25		1						1				1
滨州	31	132			15	112					1		4		157	44	38	1	74												6
德州	7	181			1	173				1	1	1			180	18	13		149												8
聊城	4	223			29		192					1	1		223	35	57		123	8											4
临沂	36	311	16	9	64	218			1	2	1				284	59	8	9	208			28		1	1	35					63
菏泽	1	178			50	121					3		4		171	48	7	2	114	0				2		2					8
铁路																															
历下	17	76			58		2			2			14		110	33	18		57	2											21
市南	20	52	14		33	1	1		1				1	1	42	5	6	1	30												30
黄岛		48		42		2	1			1			2		48	0	4	1	43												0
曲阜		29			1	28									29		4		25												
芝罘		40	8	10	6	12	1					2	1		20	4	9		7												20
全省	589	5047	86	841	1099	1471	874	87	400	13	6	24	94	51	5079	1134	468	66	3308	85	73	30		7	23	49				1	592
去年	415	4678	147	427	986	1351	1104	30	371	13	24	60	51	28	4449	1135	460	33	2775	46	54	12	1	11	20	43		2	2	32	602
同比		7.8%	30%			−4.5%		21%		—			—	—	14%	—	—	—	—												-1.7%
		-11.9%	−34%			7%		−14.5%		—			—	—	−15%	—	—	—	—												42%

河南法院2014年度知识产权司法保护工作总结

2014年度,河南省法院在最高人民法院的指导下,深入贯彻中共中央关于全面深化改革的重大部署,紧紧围绕公正司法、服务大局、人民满意工作目标,以提高审判质量为着力点,以工作创新为突破口,充分发挥知识产权审判的职能作用,不断加强知识产权审判领域改革创新,知识产权审判工作取得了较好工作成绩,为河南省全面深化改革和实施创新驱动发展战略提供了有力司法保障。现将一年来的工作总结如下。

一、狠抓审判“第一要务”,坚持公正司法,高质高效审结了一大批知识产权纠纷案件

2014年度,河南法院坚守习近平总书记提出的在每一个案件中实现公平正义的目标,始终把执法办案作为第一要务,质效并重,实现了法律效果和社会效果的统一。2014年,全省法院受理知识产权案件数量呈现快速增长态势,全年共受理一、二审案件3966件,比2013年增长47%;审结3252件,比2013年度增长69%,为历年来收结案数量最多的一年;全年无矛盾激化案件、无重大信访案事件。主要做法是:

1. 强化案件审判管理,切实树立精品意识。河南法院在知识产权审判中,着重强化案件流程细节管理,坚决防止和克服可能影响司法公正和制约司法能力的现象,力争把每一起案件都办成精品。河南高院知识产权审判庭制定了精品案件细化标准,规范从收案、开庭、合议到宣判的全部程序,确保审判过程的每一个环节有章可循,有据可查;针对审判中容易产生分歧的问题,以指导意见、典型案例、上下级法院业务交流等多种形式,制定完善相关规则,规范自由裁量权的行使,确保司法公正;在追求司法公正的同时提高司法效率,做到快立、快审、快结。郑州中院一审、河南高院二审办结的宗连贵等人假冒注册商标案在2014年4月份被最高人民法院评为“中国法院十大知识产权案件”;河南高院办理的河南杜康酒业股份有限公司与汝阳县杜康村酒泉酒业有限公司等侵害商标权纠纷案在2014年4月份被最高人民法院评为“中国法院50件典型知识产权案例”。最高人民法院起草的《关于审理侵犯专利权纠纷案件应用法律若干问题的解释(二)》以及《关于知识产权和竞争纠纷行为保全程序适用法律问题的解释(第五稿)》都采纳了河南高院提出的意见。

2. 加大公开审判力度,以过程公开促结果公正。全省法院全力贯彻以公开促公正的司法理念,利用河南省法院庭审网络直播平台和裁判文书上网平台,把案件审判的过程展示在“阳光”下,主动接受社会各界的监督。网络庭审直播的范围和庭审网络直播的频率均有大幅度提升。凡是有重大影响的案件,全部实行庭审网络直播。河南高院审结的“海底捞”商标侵权案在“4·26”世界知识产权日被央视循环播出。在保证裁判文书质量的基础上,对不涉及国家秘密、商业秘密、个人隐私的裁判文书

做到"应上网尽上网",除特别事由外,均进行了上网。

3. 加大案件调解力度,力争实现案结事了。河南法院在案件审判过程中,查明案件事实的基础上,主动为当事人提供协调解决问题的方法和建议,有效化解矛盾纠纷。特别是对涉案当事人众多、社会关注度较高、有可能影响地方社会稳定、经济发展的案件,不遗余力、发动方方面面的关系,促成案件调解、撤诉结案。如郑州中院一审、河南高院二审的段育红专利权侵权纠纷案件,涉及河南省巩义市二十余家铝材加工企业,一、二审法院审理的系列案件达131件。专利权人不惜倾家荡产打官司,被诉侵权企业抱团予以抗衡,当事人信访意愿强烈。河南高院和郑州中院联合制定了工作方案,轮番做双方当事人的思想工作。河南高院知识产权庭副庭长宋旺兴带领两级法院人员到医院探望生病的专利权人,逐家走访被诉侵权企业,讲明知识产权侵权的法律后果。同时,积极寻求地方党委和政府的大力支持,从中予以斡旋和协调。通过努力,双方当事人达成和解协议,段育红对131件案件全部撤回起诉和上诉。2014年度,全省法院审结的知识产权纠纷案件以调解、撤诉方式结案高达30%以上。

4. 做好同类型案件的协调调研,统一裁判尺度,做到同案同判。近年来,知识产权系列、关联案件大幅度增加。比如某文化公司针对卡拉OK歌曲侵权在全省法院提起了上百起诉讼;某协会针对论文侵权提起了上百起著作权纠纷诉讼。这些案件分布范围广、波及面宽,各地法院对事实认定、责任划分、赔偿金额认识不一、处理各异。河南高院知识产权审判庭及时采取相应措施,加强业务研讨,强化对类似关联案件的业务指导,统一案件调解和裁判标准。首先,建立完善关联案件报告制度,要求各中院对受理新类型关联案件,及时向省法院报告。其次,在与最高法院、全省各中院沟通交流的基础上,召集各相关法院进行座谈,对同类案件和关联案件的执法标准进行讨论研究,统一案件裁判标准。今年以来,河南法院先后对知识产权案件中游戏软件、卡拉OK侵权歌曲的侵权赔偿标准进行了统一。

二、持续推进改革创新,进一步优化知识产权审判体制机制

1. 强力推进改革创新,完善、落实新型合议庭各项工作制度。全省法院认真探索、积极试行新型合议庭工作机制,各地法院分别组建审判团队,不断完善案件审判管理各项制度。从接收案件到卷宗归档,制定严格的程序标准;合理调配各合议庭人员组成结构,充分发挥审判人员业务特长;强化主审法官责任,认真落实案件审核制,对案件质量层层把关;充分发挥激励功能,将审判工作考核指标分解到各合议庭,按月、季度对合议庭进行考核,形成明争暗赛的工作氛围。办案效率大幅度提高。

2. 知识产权"三审合一"试点工作稳步推进。作为全国五个试点高院之一,河南高院知识产权审判庭多次召开座谈会,邀请从事刑事审判的同志和郑州中院、洛阳中院的同志,探讨知识产权刑事犯罪疑难问题;多次与省检察院和公安厅进行协调,完善三审合一制度设计,初步形成了知识产权刑事犯罪量刑规范化意见和知识产权刑事案件审理规范,力争走出河南特色之路。

三、利用"三大平台",不断扩大知识产权审判工作影响力

1. 发挥巡回审判平台功能,坚持对知识产权纠纷案件实行巡回审判。一年来,河南高院坚持把马锡五审判方式融入到现代司法实践之中,成功化解了一系列"高精尖"知识产权纠纷,创造了河南知识产权审判新经验。全省法院积极到高校、企业园区、纠纷发生地开展巡回审判,审理的案件包括商标权、著作权、专利权、不正当竞争等所有知识产权类型,涉及的企业包括德国最大产业集团拜耳医药公司、海底捞公司等国内外知名企业,中央电视台、河南电视台、人民法院报等主流媒体多次报道。该案受到德国驻华使馆赞誉,被《中国知产报》评为"2014 十大媒体关注案件"。

2. 发挥"豫法阳光"三微一体平台功能。甄选贴近群众生活、社会关注度高的典型案件,运用"微博、微信、微视频一体平台"对庭审进行直播,有效进行法制宣传和法官形象展示。全年在该平台发布庭审 4 次。对"河南名吃"、新乡"牛忠喜烧饼"服务商标与商品商标纠纷案庭审在"三微一体"平台发布后,网民互动非常活跃,纷纷表示:想不到小小的烧饼背后竟隐藏如此多的知识产权!采用"三微一体"直播平台审结的矿泉水知名企业"百岁山"商标侵权案,在 2014 年全国"两会"期间,中央电视台对河南高院院长张立勇进行了专题采访。

3. 发挥传统媒体及网络其他媒体平台功能。河南高院在知识产权审判工作中,准确把握社会关注热点和宣传节点,在增强舆论的引导力下功夫,不断增强知识产权审判的社会影响。针对典型知识产权纠纷案件,在 2014 年"4 · 26 知识产权周"期间,针对社会关注的食品安全热点问题,召开新闻发布会,公布"全省十大食品安全知识产权司法保护典型案例",十余家电视、报纸予以报道,在网络上转载量巨大,引起了强烈的社会反响。在宣教处的配合下,全年共在中央、省级主流媒体及国内知名门户网站发表宣传稿件百余篇,有效普及了知识产权法律知识,扩大了知识产权审判的社会影响力。

通过对三大平台的成功运用,实现了扩大司法公开、提升司法公信、确保案结事了、弘扬法治精神的多重效果。法制日报、河南日报、河南电视台等十余家国家、省、市新闻媒体及人民网、大河网等网络媒体多次对河南省的知识产权审判工作集中采访报道,发表新闻宣传稿件 300 余篇,多篇报道被全国 100 多家网站转载。

在总结成绩的同时,我们也清醒地认识到自身还存在许多不足,如办案理念还需要进一步转变,审判管理工作还有待进一步完善,审限内结案率、均衡结案工作等还不理想。在 2015 年,我们将直面不足,继续以案件审理精品战略为抓手,不断提升司法公信力,力争全省知识产权审判工作再上新台阶!

湖北法院2014年度知识产权司法保护工作总结

2014年,在最高人民法院的指导下,湖北法院按照“让人民群众在每一个司法案件中都感受到公平正义”的目标,以司法为民公正司法为主线,充分发挥知识产权审判职能作用,着力服务国家创新驱动发展战略,较好完成了各项工作任务。

一、狠抓执法办案,发挥司法保护主导作用

1. 案件数量大幅上升。全省法院充分发挥民事审判保护知识产权主渠道作用,知识产权民事案件数量大幅上升。2014年,全省法院新收知识产权民事一审案件7767件,同比2013年的5967件上升30.0%,结案7694件,结案率为91.0%;新收知识产权民事二审案件982件,同比2013年的427件上升129.0%,结案970件,结案率达97.0%。与此同时,全省法院积极发挥知识产权刑事审判的惩治和震慑功能,加大对知识产权犯罪行为的惩处力度,新收知识产权的刑事一审案件182件,结案173件,结案率为90.0%。

2. 审判质量不断提高。我省法院坚持引导法官树立精品意识,着力打造精品案件,加强裁判文书说理。2014年4月,在最高人民法院开展的“中国法院知识产权司法保护50件典型案例”评选中,我省法院审理的襄阳市农业科学院与四川隆平高科种业有限公司植物新品种实施许可合同纠纷上诉案,湖北十堰武当山特区仙尊酿酒有限公司与湖北神武天滋野生葡萄酒业有限公司等侵害商标权纠纷上诉案,周开忠、蔡细漂假冒注册商标罪案入选。2014年7月,在最高人民法院开展的“第三届全国知识产权优秀裁判文书评选活动”中,我省法院撰写的2篇裁判文书获得二等奖,5篇裁判文书获得三等奖。

3. 创新矛盾化解方式。在知识产权案件审理中,我省法院始终把握“调判结合,调解优先”原则,对案件当事人加强调解疏导,注重创新调解方式,采取领导亲自带头调、关联案件一并调、敏感案件重点调、上下联动合力调等方式,积极化解社会矛盾纠纷,连续五年实现了知识产权案件的零信访。2014年,我省知识产权民事一审案件的调解、撤诉率为68.0%;知识产权民事二审案件的调解、撤诉率达75.8%。我省法院矛盾纠纷化解——尤其是化解知识产权群体性诉讼纠纷的经验得到了最高人民法院的充分肯定,在2014年7月召开的全国法院知识产权审判工作座谈会上,省法院做了《关于知识产权群体性诉讼的调研》的经验交流。

4. 行为保全作用增强。根据新修改后的《民事诉讼法》,我省法院通过诉前、诉中行为保全(禁令)措施,依法保护知识产权人的权利,及时制止侵权和不正当竞争行为的扩大。2014年,我省法院发出禁令裁定6份:其中包括对涉嫌侵犯“蔡林记”、“百岁山”的知名商标发出禁令。根据深圳市腾讯计算机系统有限公司的申请,对广州网易计算机系统有限公司等涉嫌侵犯音乐作品著作权发出诉前禁令;根据广州网

易计算机系统有限公司的申请,对深圳市腾讯计算机系统有限公司等涉嫌侵犯音乐作品著作权发出诉前禁令。上述诉前禁令的发出,为知识产权权利人提供了及时有效的救济渠道,在我国知识产权审判领域及相关业界均产生巨大影响。

二、推进司法公开,以司法公开倒逼司法公正

1. 裁判文书及时公开。全省法院知识产权审判庭积极开展"生效文书同步上网"的司法公开活动,及时公开生效裁判文书。2014年,全省法院在《中国裁判文书网》上公开发布知识产权裁判文书4487份,以文书上网促进司法公正、加快审判质量提高。

2. 典型案件公开开庭。省法院选择行政相对人起诉宜昌市知识产权局的典型知识产权行政案件公开开庭,并邀请省知识产权局、武汉、宜昌、孝感、仙桃等地知识产权局行政执法人员旁听案件开庭;武汉、随州等中级人民法院邀请人大代表、政协委员、党代表和社会各界人士观摩典型案件庭审,社会反响良好。

3. 合办司法公开栏目。全省法院积极为报刊媒体提供知识产权案件开庭时间表,邀请记者旁听案件的公开开庭审理,为记者报道案件案情提供方便。恩施土家族苗族自治州等中级人民法院在《恩施晚报》等媒体开辟"记者听案"专栏,就典型知识产权案件的审理情况进行播报,对案件审理结果进行追踪报道。

三、创新审判机制,促进知识产权审判新发展

1. 建立知识产权审判咨询专家库,完善知识产权技术事实查明机制。为解决知识产权案件中技术事实查明问题,省法院院长办公会经研究决定建立知识产权审判咨询专家库。目前,省法院已经起草了《湖北省高级人民法院知识产权审判咨询专家库运行办法》、《关于建立湖北省高级人民法院知识产权审判咨询专家库的实施方案》、《湖北省高级人民法院关于商请协助建立知识产权审判咨询专家库的函》等材料,正积极与省科学技术协会联系协调,建立全省法院知识产权审判咨询专家库,以期为知识产权案件审判提供更加有力的保障。

2. 积极推进知识产权审判"三合一"试点工作。省法院院长办公会经研究决定,在我省法院进一步扩大知识产权庭集中审理民事、行政和刑事三类案件"三合一"审判工作机制改革的试点范围。目前,我省知识产权"三合一"审判工作机制改革的试点范围已经扩大到武汉中院、宜昌中院、襄阳中院、随州中院和武汉市江岸区法院。为总结"三合一"试点经验,提高"三合一"审判质效,省法院多次到武汉中院、随州中院等法院调研指导"三合一"工作,促进"三合一"试点的稳步推进。

3. 探索建立司法保护与行政执法对接机制。为加强知识产权司法保护工作,提高知识产权行政执法效率,加快国家知识产权示范城市建设,武汉市中级人民法院与武汉市文化新闻出版广电局、武汉市工商行政管理局、武汉市知识产权局联合出台《关于建立武汉市知识产权司法保护与行政执法对接机制的意见》,建立知识产权司法与行政协助制度,完善知识产权纠纷多元化解决机制,明确知识产权司法与行政调解对接机制的适用范围和具体方式,形成了司法与行政保护知识产权的合力。

四、开展特色服务,助推创新驱动发展

1. 引导创新发展,发布白皮书和典型

案例。省法院加大知识产权司法保护宣传力度,注重发挥典型案例的规范引导作用。今年“4·26”世界知识产权日宣传周期间,专门召开湖北法院知识产权司法保护状况新闻发布会,首次发布了《湖北法院知识产权司法保护状况》白皮书,并寄送全省人大代表,获得人大代表和社会各界的好评。此外,还公布了“湖北法院知识产权司法保护10大典型案例”,通过对典型案例的裁判,明晰法律规则,引导企业走创新发展之路,促进全社会提升知识产权保护意识。武汉、随州等中级人民法院积极发布本辖区的知识产权司法保护状况白皮书和典型案例,取得了良好的社会效果。

2. 加强横向协作,服务经济发展方式转变。为加强知识产权司法机关、行政执法机关与市场主体之间的交流和沟通,完善知识产权审判和行政管理工作,促进我省经济发展方式转变。2014年1月,省法院和省科学技术厅、省知识产权局联合召开了“知识产权促进经济发展方式转变”研讨会,来自法院、行政机关、科技、知识产权系统的代表、高等院校的专家学者和企业代表共40余人参加了会议,会议广泛听取了高新技术企业和科技工作者对知识产权保护工作的意见建议。

3. 服务企业发展,开展“知识产权法官进企业”活动。汉江中级人民法院向企业讲授音像著作权保护法律知识,并对企业进行有关音像著作权侵权诉讼指导,直接回应辖区企业对知识产权保护的需求;黄冈、孝感等中级人民法院走访享有自主知识产权的企业,发放维权资料,宣传知识产权保护的相关法律,帮助企业提高知识产权创新、管理、运用和保护能力;随州市中级人民法院举办知识产权司法保护工作座谈会,邀请人大、政协、政法委领导和公安局、科技局、工商局、文体局、法制办等政府职能部门代表以及重点企业代表参加座谈;宜昌市中级人民法院延续在世界知识产权保护日举办知识产权司法保护论坛的传统,召开企业知识产权保护座谈会,邀请重点企业的知识产权法务人员参加。

五、加强队伍建设,提升知识产权司法能力

1. 开展“五个一”队伍建设活动,提升知识产权司法能力。省法院倡导全省知识产权审判庭开展每周进行一次业务学习、每人每季度读一本专业书、每人每半年写一篇文章,每人每年写一篇精品文书、每人每年办一个精品案件的“五个一”活动,促进知识产权法官正规化、专业化和职业化建设,有效提升了全省法院的知识产权司法能力。

2. 积极开展调查研究,指导审判实践。全省法院注重发挥调研的理论创新作用,指导审判实践。省法院知识产权审判庭结合知识产权审判工作中集体管理组织和普通被许可人代替权利人诉讼维权的突出问题,完成了《关于知识产权诉讼担当问题的调研报告》,全省法院在《人民司法》、《人民法院报》、《中国知识产权报》、《科技与法律》等刊物上发表文章二十余篇,展现了湖北知识产权法官的理论素养和调研水平。

3. 注重青年法官的培养,加强对外交流与培训。知识产权审判庭的年轻同志多,我省法院十分注重青年法官的培养,大力支持青年法官参加国家法官学院培训,通过参加中南财经政法大学“知识产权南湖论坛”研讨会等活动,促进青年法官迅速成长,成绩喜人。2014 年,在最高人民法院举办的“促公正·法官梦”全国青年法官优秀案例评选活动中,省法院法官撰写的王征宇诉武汉市小山城餐饮有限公司侵害外观设计专利权纠纷案案例评析荣获二等奖。

4. 推进专家陪审员制度,提升专业事实查明能力。十堰等中级人民法院积极实施人民陪审员的“倍增计划”,选任更多具有专业背景的人民陪审员参加知识产权审判,有效地弥补了知识产权法官在专业技术知识方面的缺陷,提升了知识产权案件专业事实的查明能力。

湖南法院2014年度知识产权司法保护工作总结

2014 年,湖南法院紧紧围绕经济社会发展大局,充分发挥知识产权审判职能作用,依法加大知识产权司法保护力度,全面提升知识产权审判水平,各项工作取得新的进步。

一、公正审理各类案件,充分发挥司法保护知识产权主导作用

2014 年,全省法院坚持以执法办案为第一要务,充分发挥知识产权民事、刑事和行政审判职能,司法保护知识产权主导作用进一步发挥,全省法院共受理知识产权案件 2156 件,审结 1721 件,结案率为 79.82%,同比增长 1.25 个百分点。充分发挥民事审判保护知识产权的主渠道作用,案件数量大幅增长,受理知识产权民事案件 1989 件,案件数比上年增长 530 件,其中:一审案件 1862 件,同比增长 35.81%;二审案件 119 件,同比增长 40%。受理的知识产权民事一审案件中,商标纠纷案件 1242 件,占 66.7%;专利纠纷案件 231 件,占 12.4%;著作权纠纷案件 301 件,占 16.17%;其他案件 88 件,占 4.73%。积极发挥知识产权刑事审判的惩治和震慑功能,严厉打击知识产权犯罪行为,受理知识产权刑事案件 115 件,与去年同比增长 35.29%。依法履行对知识产权行政行为的审查职能,保护知识产权行政相对人的合法权益,规范知识产权行政管理秩序,受理知识产权行政案件 52 件,与去年同比增长 10.64%。

在审判质效方面,注重做好“四个坚持”:一是坚持把握案件质量这一核心,确保依法公正审理案件。与 2013 年同期相比,全省法院知识产权案件上诉率从 7.37%下降到 7.14%,保持低位运行且有下降趋势;二审案件发回改判率从 9.88%下降到 9.35%。保持了较低的案件申请再审率,没有发现知识产权信访案件。二是坚持能动司法,确保知识产权司法保护的良好效果。注重从经济社发展大局出发,把握案件的导向和示范作用,对在我省出现的苏泊尔公司等权利人大面积集中维权的情况,我们在及时进行摸底调查的基础上,协调相关公司法务人员就权利人集中维权、如何加大举证力度、规范维权行为等问题进行探讨,着力加强与人们日常生活密切相关产品的商标权保护,切实打击假冒伪劣产品;针对在全省 200 多件苏泊尔商标侵权系列案中出现的侵权厂家和商家变换侵权方式后，苏泊尔公司未及时收集证据，仍然使用原来的证据进行维权而导致出现的证据不充分、法律适用等问题，积极引导苏泊尔公司针对新的侵权行为变更诉讼请求、收集证据，进一步规范其商业维权行为，确保实现权利保护效果。三是坚持做好调解和释法答疑工作，确保案结事了。全省法院全年调解和撤诉知识产权案件930件，调撤率达到46.76%，高于普通民事案件同期水平。我省地处中部，经济发展水平不高，知识产权侵权案件的被告大多是个体工商户、小商小贩、小企业主，法律意识比较淡薄，经济赔偿能力较差，处理不慎极易形成群体性事件，影响司法社会效果。对此，全省法院坚持做好调解和释法答疑工作，协调相关政府部门、行业协会，先后成功调解了上海家化公司诉李晓富等侵害商标权纠纷系列案、浙江苏泊尔股份有限公司诉颜三光等300多名被告侵害商标权纠纷系列案，既保护了权利人的利益，又有效化解了矛盾纠纷，维护了社会和谐稳定。省法院二审的湖南神力实业有限公司诉湖南柯威化工科技有限公司等侵害商业秘密纠纷案，生效刑事判决认定湖南柯威化工科技有限公司股东犯侵犯商业秘密罪，但该刑事判决确实有部分证据的采信存在问题，该刑事判决认定的事实不宜在民事案件中机械引用，合议庭做了大量工作，最终调解此案，化解了双方当事人多年的积怨，较好弥补了刑事案件的瑕疵，维护了司法的统一。四是坚持打造精品案件，确保以点带面提升审判质效。全省法院坚持推进知识产权审判精品战略，把打造知识产权精品案件作为提升知识产权审判质效的重要抓手。引导法官发现精品案件，发掘案件亮点；配强合议庭成员，组织对精品案件的集中讨论。在审理索俪榕诉湖南友谊阿波罗商业股份有限公司侵害商标权纠纷案中，一、二审法院一方面从商标法的立法目的出发，从统筹兼顾商标注册人、在先权利人、消费者各方利益的角度，运用服务类似、商标近似认定的弹性规则，充分考虑市场混淆因素；另一方面，根据该案具体情况，提炼归纳了认定混淆的相关要素，特别是以注册商标的显著性和知名度确定其保护范围，保护了市场中诚实守信经营者的正当商业利益，维护了商标秩序和正常的市场竞争秩序。在审理方盛制药公司诉怀化正好药业确认不侵权纠纷案中，就权利人警告的方式和途径、不侵权的技术比对范围和方法等问题进行深入研究，提出了适当扩大侵权警告的认定范围、是否侵权的判断应以权利人专利权的最大保护范围为限的意见，相关意见得到了最高法院的认可。

二、坚持加强保护的司法政策，切实加大知识产权司法保护力度

一是依法合理分配举证责任，适当降低权利人的举证难度，灵活运用举证转移、证据妨害推定，切实解决知识产权审判举证难的问题。二是继续加强对证据保全措施的探索与适用，适当减轻权利人的举证负担，保障权利人及时获得司法救济。对原告提供了初步证据，但关键证据确难获得的案件，根据原告的申请，及时采取证据保全措施。三是坚持加大赔偿力度。充分参考行业利润率等商业惯例，优先认定侵权获利或损失，在上海苹豆商贸有限公司诉唐海明侵害商标权纠纷案中，法院参考服装行业利润率，大胆认定被告侵权获利数额，判决作出后双方当事人均未上诉；合理运用证据规则,充分采信被告自认等证据认定销售额,在深圳市莱特妮丝服饰有限公司诉淘宝公司等侵害注册商标专用权纠纷案中,在没有相反证据的情况下,法院直接以网页显示的涉案商品销售数量认定销售额,判决作出后被告自动给付了赔偿款;充分考虑个案因素,区分小商小贩和大型市场批发商、区分药品食品等关系人体健康的商品与普通商品,判处不同的赔偿数额,在侵犯六神花露水注册商标专用权纠纷系列案中,法院判处了较高的赔偿数额;引导被告积极应诉和给付赔偿,结合被告应诉与不应诉的情况,确定不同的赔偿数额。四是坚持打击侵权源头,积极使用新商标法关于惩罚性赔偿的规定,对于恶意侵权、重复侵权的行为适用惩罚性判赔,增强损害赔偿的威慑性,在广西华欣纸业集团有限公司诉黄旭侵害商标权纠纷案中,法院考虑到黄旭是生产者,判处了10万元的赔偿。

三、深入调研指导,着力提升知识产权司法保护水平

深入开展调查研究。一是开展关联案、系列案专题调研。对全省苏泊尔、美的、六神等与人们日常生活密切相关的产品的商标侵权系列案进行全面调研,特别是对案件的数量分布、证据审查、合理分配举证责任、侵权认定、赔偿数额等情况进行了调查摸底,进一步进行比对、分析,掌握案件的发展规律和审理中的突出问题,提出对策。二是开展重点课题调研。省法院完成湖南省知识产权软科学研究重点课题《知识产权审判"三合一"研究》结题工作,顺利通过专家组的验收,为我省知识产权审判工作专业化建设提出决策基础;长沙中院承担了最高院发起的"涉外定牌加工的商标侵权问题研究"和由长沙市政府发起的"关于近五年来长沙知识产权诉讼状况及发展趋势的研究",从具体的课题研究中抽象出了对于知识产权司法审判具有普遍指导意义和借鉴价值的思维与理念;郴州中院深入郴州出口加工区、郴州高新技术产业园区开展"知识产权司法保护及园区司法服务专项调研活动",对知识产权审判与地方经济建设之间的关系等进行专题调研,并形成调研论文,取得较好效果。三是开展专项工作调研。结合省人大专利执法检查工作,对全省法院近5年来的专利审判工作进行了专项调研,总结专利审判工作的特点、规律、经验以及存在的问题,并提出对策和建议,向省人大常委会进行了专题汇报。

深入开展业务指导。一是召开全省法院知识产权审判工作座谈会,及时传达全国法院知识产权审判座谈会精神,对湖南法院近三年来的知识产权审判工作进行阶段总结,并于会后下发会议综述,就会议讨论情况和当前全省法院知识产权审判工作面临的实际问题进行梳理,提出可行的指导意见和解决办法,对鼓舞队伍士气、增进沟通协调、实现全省法院知识产权审判工作"一盘棋"等,起到了积极的推进作用。二是召开全省部分民三庭庭长专题座谈会,全面掌握全省知识产权审判工作现状,分析当前工作形势,征求对2015年工作的举措和建议,积极梳理审判实践中存在的问题,共商解决办法和发展之计。三是编辑《知识产权、涉外审判动态》业务指导专刊2期,编写相关指导案例,对审判业务中存在的普遍性问题进行指导。四是深入开展实地指导,省法院就知识产权审判的具体问题到长沙、岳阳、常德、湘西、郴州、张家界等地的中基层法院以审判业务座谈、庭审观摩等方式进行指导，就统一司法理念、法律适用和裁判尺度等问题进行深入交流，加深上下级法院的沟通与协调。

四、推进机制创新，着力破解知识产权审判工作难题

一是进一步完善知识产权审判管辖格局，报最高法院审批，新增岳阳市岳阳楼区人民法院受理一审普通知识产权案件。二是深入推进“三合一”改革试点工作。组织“三合一”试点法院定期进行总结，进一步梳理试点中的瓶颈问题和薄弱环节，争取有新实践、新进展、新成效。组织没有开展“三合一”试点工作的法院，抓住全国推进知识产权审判专业化的契机，根据辖区内的具体情况和实际需求，探索开展试点工作，逐步完善符合知识产权司法审判规律的专业化审判工作机制。省法院于今年9月份实行了知识产权民事、行政审判“二合一”，长沙中院、岳麓区法院、株洲中院和天元区法院的“三合一”试点也日见成效，株洲市天元区法院于2014年首次办理了3件知识产权刑事案件，均未上诉，审理效果较好。三是不断健全沟通协调机制。进一步完善知识产权纠纷诉与非诉相衔接的纠纷解决机制，继续深入推进国家级长沙经济技术开发区ADR中心建设，截至2014年底，该中心已成功调解案件90余件，社会效果明显。长沙市岳麓区法院稳妥推进专利纠纷行政调解协议司法确认试点工作，2014年确认专利纠纷行政调解案件8件。四是着力破解送达难。积极探索弥合知识产权案件中的被告多为个体工商户且流动性大这一现实情形与我国相关法律规定的差距，切实解决知识产权案件送达难的问题。长沙中院制定了《关于民事诉讼送达的操作规程》，根据个体工商户的经营特点，探索在经营场所送达视为送达，解决知识产权案件因送达导致整体诉讼效率不高的“瓶颈”；对于拒不签收诉讼文书的被告，采取执法记录仪进行送达，对送达全过程录音录像，保证送达的法律效力。同时，把送达工作视作查明案情的第一步，通过执法记录仪记录反映的被告经营规模、所处位置、客流量、应诉态度等情况，作为判定其赔偿数额的参考因素。五是拓展调解方式。岳麓区法院研究制定了《知识产权及涉外案件远程调解暂行操作规范》，利用“skype”网络即时语音沟通工具进行网上调解，有效破解送达难，提升审判效率。天心区法院在著作权纠纷系列案审理中，结合一方当事人在外地的实际情况，采用视频等方式进行调解，7个涉及媒体侵权案件全部调解成功，节省了司法资源和当事人维权成本，取得良好司法效果。

五、坚持司法公开，着力提升知识产权司法保护公信力

一是坚持推进庭审公开常态化。全省法院知识产权案件开庭率达100%，省法院二审知识产权案件全部开庭。对于具有较大社会影响的典型案例，还通过新闻媒体对庭审过程进行“全景式”公开，切实让人民群众在每一个知识产权案件的审理中感受到了公平正义。二是院长带头办案，并进行庭审网络视频直播，增加案件审理的示范效应。充分运用湖南法院庭审直播网、湖南法院官方微博等司法公开平台开展典型案件的庭审直播，省法院副院长杨翔亲自担任审判长，先后公开开庭审理了深圳市莱特妮丝服饰有限公司诉浙江淘宝网络有限公司等侵犯商标专用权纠纷案、索俪榕诉湖南友谊阿波罗商业股份有限公

司侵害商标权纠纷案等两起社会关注度大,对商业企业发展有重大影响的案件。深圳市莱特妮丝服饰有限公司诉浙江淘宝网络有限公司等侵犯商标专用权纠纷案公开审理并当庭审判后第二天,之前一、二审均公告送达但未到庭参与诉讼的淘宝卖家主动与法院联系,表示愿意履行法院裁判,并通过法院的协调与权利人达成了执行和解,取得了良好的社会效果。三是坚持推进裁判文书公开常态化。顺应加强人民法院信息化建设的大趋势,运用好数字法院系统,进一步推进知识产权裁判文书上网规范化,全省法院知识产权裁判文书上网率达100%。四是深入开展"4·26"知识产权宣传活动。省法院在长沙经济技术开发区召开了"4·26"知识产权保护新闻发布会,发布了2013年湖南法院知识产权司法保护状况和华为技术有限公司诉中兴通讯股份有限公司侵害发明专利纠纷案等十大典型案例。郴州中院会同知识产权行政部门开展了"4·26"知识产权宣传活动暨打击侵犯知识产权和制售假冒伪劣商品专项行动成果展以及保护知识产权、激励知识创新为主题的知识产权普法宣传等活动。全省各级法院通过电视、报刊、网络等多渠道宣传报道,向社会集中展示了湖南法院保护知识产权的决心和成果,起到了较好的司法宣传效果。五是坚持推进司法宣传常态化。推进全省各级法院联动,不断完善知识产权和涉外商事审判宣传工作机制,加强知识产权审判与新闻媒体的融合互动,为知识产权审判营造和谐健康的法治环境。长沙中院开展"长沙法官为您上一点建议"特色审判活动,围绕"商业企业知识产权困境与破局"主题,与部分全国、省、市人大代表、政协委员、相关部门领导、知名学者开展座谈,就友阿集团、老百姓大药房等商业批零企业所面临的商标注册及保护等普遍性知识产权困局及破解之道进行探讨并取得重要共识,经过新闻媒体广泛报道,取得良好社会反响。株洲中院在外网知识产权专栏发布《知识产权民事案件诉讼指南》,指导当事人正确行使诉权。天心区法院开展知识产权进社区、进商场法制宣传活动,通过发放知识产权十问、以案说法等形式让中小企业经营者、超市和消费者树立知识产权保护意识,更好地维护公平竞争的市场秩序,受到有关媒体的关注和宣传。

六、狠抓队伍建设,着力打造高素质的知识产权审判队伍

全省法院不断加强知识产权审判队伍的正规化、专业化、职业化建设,队伍整体素质进一步提升。一是高度重视知识产权审判队伍的专业化和稳定性。今年9月,省法院党组会明确:鉴于知识产权审判专业性较强的特点,要保持这支队伍的相对稳定;适时将具有理工科背景的专业人才引进到知识产权审判队伍。株洲中院重视知识产权审判队伍的稳定性,提高相应待遇,避免人才流失。常德中院为民三庭配备了具有财经类和工科专业背景的审判人员。二是注重法官素质培养。长沙中院将严格的数据化管理和细致的人文关怀相结合,探索形成了一套行之有效的人才培养、激励和考核机制,在"案多人少"的情况下,合理配置审判资源,加强内部挖潜增效,取得了较好的审判绩效,在案件总数比去年同比增加30.3%的基础上,案件审结数同比增长44.70%。娄底中院民三庭制定《精细化管理实施细则》,结合考评奖优罚劣,要求人人做到"拿起案卷能办案,拿起笔杆能写作”。三是着力打造学习型知识产权审判庭。省法院建立了业务学习制度，每周五下午进行集中业务学习，定期召开案件讲评会议，全面提升业务能力。长沙中院法官自发组织知识产权审判业务沙龙，每周定期开展业务学习和研讨，对知识产权审判实践起到积极的推动作用。全省各法院都较好地坚持了学习制度，加大了培训力度，知识产权审判队伍拒腐防变能力和公正司法能力不断提升。

广东法院2014年度知识产权司法保护工作总结

2014年，广东法院知识产权审判工作在最高人民法院有力指导和广东高院党组正确领导下，认真贯彻落党的十八届四中全会精神，以增强创新驱动发展新动力为核心，以突出加强知识产权司法保护为导向，坚持公正司法，依托司法实践加强工作创新、理论创新和体制机制创新，着力克服长期制约知识产权保护力度和司法能力提高的“瓶颈”，进一步提升知识产权司法水平和司法公信，为我省加快转型升级，实现“三个定位、两个率先”提供了有力的司法服务和司法保障。

一、审结一大批知识产权案件，特别是影响重大和疑难复杂案件，知识产权审判职能进一步有效发挥

2014年全省法院收案比2013年略有下降，新收知识产权民事一审、二审、再审案件29407件，同比减少1.45%。审结一审案件24662件，同比减少0.63%，调撤12537件，调撤率为50.84%；审结二审案件5519件，同比增长15.97%，二审发改139件，发改率为2.52%。广东高院民三庭受理的案件继续高速增长，新收知识产权二审民事案件1250件，同比增长29.53%，加上一审、申诉审查及旧存案件，2014年收案总数为1548件。审结案件1243件，同比多办结364件，增长率为41.41%；人均办结62.74件，同比上升16.55%。二审调撤案件402件，调撤率为35.26%，同比下降2.67%；发改案件33件，发改率为2.89%，同比上升0.57%。各项指标在全院各审判部门中名列前茅。

坚持打造“精品案件”理念，依法审结一批类型新颖、疑难复杂和社会关注度高的典型案件，审理效果较好。例如，二审审结法国SEB公司诉旗峰公司侵害发明专利权纠纷案，依据专利说明书及附图准确确定权利要求中的功能性特征而界定专利权的保护范围，划清了专利权利范围和公有领域的边界；审结谢建平、冯成因、张安葳、魏蒙恩诉腾讯计算机公司、腾讯科技公司侵害发明专利权纠纷案，抓住互联网即时通讯软件侵权判断关键，厘清此类案件裁判思路；审结珠海格力公司诉广东美的公司侵害实用新型专利权纠纷案，准确认定涉案专利保护范围，体现了司法对专利权人和社会公众利益的平衡；审结陈光彩诉恒升公司侵害实用新型专利权纠纷案，明确了专利权终止后技术成果进入公有领域的条件，妥善解决专利审判的新问题。一审审结加多宝公司与广药集团互诉擅自使用知名商品特有包装装潢纠纷互诉两案，

在对王老吉红罐凉茶特有包装装潢权利归属认定的基础上作出了侵权判断。

2014 年,全省法院有 1 件案件入选最高法院公布的中国法院知识产权司法保护 10 大案件,3 件案件入选中国法院知识产权司法保护 10 大创新和 50 件典型知识产权案例。全省法院 5 宗案件的裁判文书、6 项调研成果分别在第三届全国知识产权优秀裁判文书评选和首届全国知识产权优秀调研成果评选活动中获奖。

二、坚持理论和体制机制创新,知识产权司法保护的整体效能进一步提高

深入推进“探索完善司法证据制度破解知识产权侵权损害赔偿难”试点。今年,在对前期试点工作进行阶段性总结的基础上,试点工作迈向深入推进的第二阶段。广东高院民三庭加强对各试点法院综合运用证据披露、举证妨碍、优势证据、专家辅助人等证据制度和规则的指导,审结了小肥羊公司诉周一品小肥羊公司侵害商标权及不正当竞争纠纷案等一批具有典型意义的案件,在查明赔偿数额方面取得较好经验。广州、佛山中院在充分分析酌定因素具体情况及其对确定赔偿数额所起的作用的基础上适用法定赔偿原则。试点工作得到最高法院高度评价,被推荐在全国法院知识产权审判工作座谈会上交流经验。

结合全面开展知识产权民事、行政和刑事案件审判“三合一”改革试点工作,继续完善知识产权案件管辖布局。经最高法院同意,新增珠海市香洲区、惠州市惠城区和肇庆市端州区等 3 个法院管辖一般知识产权案件,至此我省有一般知识产权案件管辖权的基层法院数量增加至 33 个。同时深入分析全省案件增长态势和审判力量等情况,进一步向最高法院申请增加指定阳江市江城区、茂名市茂南区和湛江市经济技术开发区等 3 个法院管辖一般知识产权案件。“三合一”和“破解赔偿难”试点两项工作入选广东知识产权保护协会、广东商标协会和广东省版权保护联合会共同发布的“广东省知识产权十大事件”。

依照最高法院和广东高院深化体制改革部署,积极探索推动设立知识产权法院工作。在主管院领导主导下,分析近四年来全省知识产权案件分布、发展趋势以及各地市经济科技文化发展状况,综合考虑各地法院知识产权审判力量配备和当地党委政府对设立知识产权法院的态度,借鉴美、英、德等国家和地区知识产权法院设置的成熟经验,听取省公安厅、工商局、知识产权局等省政府知识产权办公会议办公室成员单位以及珠三角地区法院的意见和建议,在充分调研、科学论证的基础上,形成调研课题成果呈报。在最高法院制定知识产权法院管辖案件相关司法解释过程中,针对广州知识产权法院跨区域管辖部分类型案件等实际情况,提出十二条意见。制定《关于广州知识产权法院成立前后案件管辖过渡安排有关问题的通知》,对广州知识产权法院成立过渡期与广州等相关法院案件交接问题作出安排。

深入开展审判理论和实务研究,提升知识产权审判水平。为总结《专利法》实施以来广东法院专利审判经验成果,广东高院知识产权庭全面搜集全省法院专利案件、审判队伍的基本情况,深入分析专利审判中存在的主要问题及相应的做法、对策,并针对审判所涉专利授权等问题提出针对性的建议,形成了《关于广东法院 2009 - 2013 年专利审判情况的调研材料》,并在此基础上形成《关于广东法院贯彻实施〈专利法〉的情况汇报》,在吉炳轩副委员长率全国人大常委会执法检查组来我院调研中作了专题汇报。为应对新商标法实施后出现的新情况和疑难问题,针对全省法院在商标案件审判司法实践中的新情况新问题进行梳理分析,并提出处理意见和建议,形成了《关于审理商标民事纠纷案件适用法律问题的调研报告》。为了解决当前我省审理涉卡拉OK场所侵害音像著作权案件中存在的突出问题,经认真调查分析,依据相关法律、法规和最高法院司法解释的规定,就依法妥善解决审理涉卡拉OK场所侵害音像著作权案件进行了深入研究,剖析了此类案件存在问题的原因,并有针对性地提出解决办法,形成了《关于审理涉卡拉OK场所侵害音像著作权案件的调研报告》,在此基础上向最高法院报送了《关于审理涉卡拉OK场所侵害音像著作权案件的参考意见》,促进裁判标准的统一和文化产业健康发展。针对微软等相关跨国公司起诉的侵害计算机软件著作权纠纷案件等进行分析,对外国当事人在我国滥用市场支配地位实施垄断行为规制问题提出意见,形成《关于我省法院审理涉微软公司软件著作权侵权案件的情况汇报》。对反垄断审判中新的法律适用问题进行研究,形成书面报告《积极探索破解新难题 努力推动反垄断审判新发展》。参与院领导牵头的调研课题"探索与行政区划适当分离的司法管辖制度"调研报告的起草,提出知识产权案件管辖跨区域和知识产权法院机构体系的参考意见。

此外,积极参与最高法院开展有关专利案件审判、知识产权和竞争纠纷行为保全、"三合一"改革工作、"三网融合"知识产权法律问题和知识产权"商业维权"等调研活动,组织审判力量对于我省专利案件审判领域进行经验总结和理论探索,形成《广东省侵害外观设计专利权纠纷案件审理相关情况的汇报》。针对《最高人民法院关于审理侵犯专利权纠纷案件应用法律若干问题的解释(二)》三稿提出了意见和建议。今年,在首届全国知识产权优秀调研成果评选活动中,由主管院领导牵头完成的《以制度创新破解知识产权赔偿难问题——司法保护视野下的解决途径》调研报告获评二等奖,《关于技术合同纠纷审理情况的报告》、《关于商业秘密司法保护问题的调研报告》获评三等奖。关于发挥司法保护知识产权主导作用促进网络经济公平有序发展的调研成果,获得周强院长充分肯定,刊登在《最高人民法院简报》和《司法决策参考》。

三、深化司法公开和司法宣传,彰显司法保护的权威和公正

全省法院注重提高二审案件公开开庭率和扩大重大敏感案件的公开透明度。广东高院二审案件公开开庭率达到100%,扩大庭审公开程度,邀请媒体单位、专家学者、高校学生等社会各界人士到庭旁听。"联塑"商标侵权纠纷等10余件案件的公开开庭通过网络全程视频直播,对加多宝公司与广药集团互诉擅自使用知名商品特有包装装潢纠纷两案进行公开宣判。推动全省法院上网公布知识产权裁判文书的规范化、制度化和常态化工作,采取了下发通报对各市法院知识产权裁判文书上网公开情况进行排名、借助信息化手段建立明细台账制度以及针对重点地区单独跟踪督导等措施,取得了明显成效。

2014年"4·26"知识产权宣传周期间,我院首次承办全国法院知识产权宣传周活动媒体见面会和新闻通气会,主办中央媒体“知识产权司法保护广东行”。期间,开展了邀请朱小丹省长接受媒体集体采访、举行广东省法院新闻发布会、发布广东省知识产权司法保护状况和十大知识产权典型案例以及邀请各家媒体旁听公开开庭、采访大要案法官、深入企业高校采访等一系列活动,国内外反响积极热烈。人民日报、中央电视台、新华社、人民法院报等17家中央媒体和南方日报、广州日报和广东电视台等18家省内媒体全程跟踪报道了活动相关情况。

四、依法加强审判监督指导,统一裁判尺度和提升司法公正水平

运用审判情况分析通报、分类指导和沟通协调三项工作机制,依法加强审判监督指导。每季度对全省各项审判数据进行统计分析并印发《全省知识产权审判工作统计分析情况的通报》,加强对工作发展趋势的分析研判,以便提早谋划,积极应对,使监督指导工作更具科学性、前瞻性和有效性。召开“全省知识产权审判工作视频会议”,部署全年工作目标任务、工作措施和重点工作,研究应对审判任务和提升审判工作质效的措施。深入分析专利案件改判、发回重审的原因,研究具有普遍性的问题,并提出改进措施,形成了《专利案件审判基本情况和典型案例分析》,监督指导下级法院有效克服审判工作的薄弱环节。组织专利复审委审查员赴具有专利案件管辖权的中院巡回授课,提升办案质量、效果和促进裁判尺度的进一步统一。按照我院统一部署,参与对全省知识产权案件的评查工作。

五、结合“党的群众路线教育实践活动”,加强队伍作风建设和能力培养,打造公正廉洁、专业高效的知识产权审判队伍

继续巩固“党的群众路线教育实践活动”成果,在作风建设和廉政建设中将用制度管人的要求,落实到审判管理流程各个环节和审判工作各个方面。进一步查摆和整改审判工作中存在的“四风”和“六难三案”等问题,注重边学边查、边查边改,认真分析各项工作存在的薄弱环节。审判队伍的公正廉洁意识、服务大局意识和司法为民意识进一步提高,公正司法能力和拒腐防变能力进一步提升。围绕当前知识产权审判面临的新形势新要求,注意在审判中发挥法官团队作用以及审判业务骨干的传帮带作用,积极开展各种形式的业务学习,积极与全国法院、行政部门、行业协会、学术机构开展国内、国际交流,推动引入中国互联网协会辅助解决纠纷机制,与该协会签订广东法院委托调解涉及互联网纠纷案件协议,进一步发挥协会在纠纷化解、网络技术、行业号召等方面的优势,加快构建和完善多元化的纠纷解决机制。

广西法院2014年度知识产权司法保护工作总结

2014年,广西各级法院在院党组的正确领导下,在最高法院的具体指导下,以邓小平理论和“三个代表”重要思想为指导,深入落实科学发展观,学习贯彻习近平总书记系列重要讲话精神,充分发挥知识产权审判职能作用,审判质量效率进一步提升、司法宣传不断加强、指导基层工作扎实推进、各项工作全面发展。高院民三庭党支部被评为“高院机关优秀党支部”;1篇裁判文书获得全国法院2006年以来优秀知识产权裁判文书一等奖,1个案例入选全国法院知识产权50件典型案例,1篇论文在中文核心期刊《人民司法》上发表;1个案件被评为全区法院精品案件;1篇裁判文书获全区法院裁判文书评比一等奖,1篇裁判文书获全区法院裁判文书评比二等奖,柳州市中级法院知识产权庭1名法官被评为全国优秀法官。现将2014年工作总结如下:

一、审判质效大幅提高

全区法院按照国家和自治区知识产权发展战略的部署和要求,充分发挥知识产权审判职能作用。2014年,全区法院共受理知识产权案件1372件,同比上升1.48%,审结1120件,同比下降1.49%,其中受理一审案件1122件,审结903件,受理二审案件247件,审结215件。全区法院民事知识产权一审调撤率达到62.02%。

1. 知识产权二审案件收结案创历史新高。2014年,民三庭共受理各类案件182件(旧存21件,新收161件),审结160件,结案率87.85%,比上年提高0.45个百分点。其中新收知识产权二审案件146件,比上年增长124.62%,审结140件,比上年增长122.22%,是民三庭成立以来知识产权二审案件收、结案数最多的一年。除此之外,还新收申请再审民事知识产权案件2件,民事审判监督案件2件,其他民事再审1件,与五个中院组成合议庭审理涉诉信访评查案件11件。

2. 人均结案跨越式增长,审判质效大幅提高。2014年,全庭包括庭长、副庭长只有5名法官,书记员2人,面对二审案件数量翻倍增长的严峻态势,全庭同志充分发挥主观能动性,全庭同志加班加点,相互配合提高效率,在法官人数比上年少1人而二审案件是上年两倍多的情况下,结案率比上年还提高了0.45个百分点,调撤结案43件,比上年的17件提高了152.94%,本庭审结的知识产权案件中,没有涉诉信访案件,实现了法律效果和社会效果的统一。

3. 妥善化解对民族文化传承、地方特色产业和娱乐行业发展有重大影响纠纷案件。《中国瑶药学》著作权纠纷案,涉及我国瑶族民间传统药学的整理研究和继承传播,该案自2004年起诉,时间久,卷宗多,案情复杂,经过合议庭的精心审理,二审判决在保护作品权利人的同时,尊重中国瑶药发展从民间散方到瑶药学专著形成的动态历史传承过程,注重对瑶药学挖掘、整理、发展做出贡献的各方当事人之间利益的平衡,达到了各方服判息诉的法律效果和社会效果的统一。涉及KTV系列著作权纠纷案、在广西有重大影响的瑶医药学著作权纠纷案、具有民族特色被最高法院评为全国50件知识产权典型案例的“桂林豆腐乳花桥商标纠纷案”,涉及我区“桂林三宝”这一地方特色产业的发展,二审判决对商标的权利公示及商标与商号冲突等问题总结出具有指导意义的裁判规则,对地方特色产业的发展起到良好的规范和保护作用。

4. 调研成果显著。坚持精品审判意识,在妥善解决纠纷的同时,注重总结案件审理中具有普遍意义的裁决规则,并在理论上加以研究完善形成研究成果,如通过审理“桂林豆腐乳花桥商标纠纷案”,主办人总结写出了《注册商标公示的法定性探讨》并被最高人民法院《人民司法》(2014年第21期)刊发。针对我区知识产权审判工作发展不平衡状况,加强调查研究,及时发现存在的普遍性问题进行专题调研,形成有指导意义的调研成果。《广西法院知识产权司法保护状况》在最高人民法院《全国法院知识产权年鉴》上发表,《关于特许经营合同案件审理的调研报告》被最高法院采用并将集结公开出版,《法制化推进党的制度建设,提高执行力》调研报告获得高院机关党建优秀调研成果奖,此外还完成了《关于加强司法保护力度、降低知识产权维权成本的调研报告》、《广西法院五年来商标案件有关法律适用情况的报告》等专题研究报告。

5. 宣传工作进一步加强。注重加强知识产权司法保护宣传力度,“4·26”国际知识产权日期间开展集中宣传活动,公布2013年广西知识产权案件十大案例,在中国法院网、广西日报、广西新闻网、南国早报等媒体发布信息,在中国裁判文书网站上发布知识产权案件裁判文书,引导公众正确认识知识产权司法保护的重要意义,增强对知识产权保护的自觉性,减少知识产权侵权行为,扩大知识产权司法保护的影响力,为国家知识产权战略实施营造良好法制环境。

6. 加强与区直知识产权管理部门的协调。积极参加区直知识产权管理部门的会议,结合法院工作实际,介绍知识产权司法保护的经验、做法和建议。派同志参加广西著名商标评选、自治区知识产权办公会议、为律协知识产权专业委上课等。及时认真向广西知识产权年鉴、广西政法年鉴报送稿件。广西南宁市中级法院民三庭与南宁市文化新闻出版局建立联动机制,召开联席会议,规范市场主体行为。

7. 专家陪审制度帮助知识产权案件事实调查。为解决知识产权审判中的专业和技术难题,全区各级法院知识产权庭积极探索建立技术专家事实查明机制,包括专家型人民陪审员、专家证人、专家咨询等制度。对一些专业技术性强的案件,邀请专家陪审员参审,便于查明技术事实;遇到一些疑难案件专业问题向专家咨询;专业性强的案件要求专家证人出庭解释专业问题。目前,这些制度运转良好,不仅有力地促进了司法民主、保障司法公开,而且对我院知识产权案件的审理起到很大的促进作用。广西南宁市中级法院的专家陪审员达到23名。

8. 创新对基层指导的方式方法。举办全区法院知识产权审判业务培训班。为了进一步提高全区法院知识产权审判业务水平,2014年6月我庭在广西法官学院举办了知识产权审判业务培训班,对全区法院分管知识产权院领导、知产庭法官和书记员进行全员培训,邀请最高人民法院具有深厚理论水平和丰富实践经验的知产审判法官和研究员为培训班上课,对知识产权审判涉及的专利、商标、著作权、技术合同以及知识产权案例评析撰写等业务进行全方位的学习,进一步明确了审理各类知产案件的基本思路和裁判标准,提高了全区法院知识产权审判法官的业务水平,深受学员好评,取得良好的学习效果。

二、党建工作不断加强

加强党建工作,以党建带队建促审判,在人少案多矛盾突出的情况下,实现了收案、结案、人均办案数超常发展的良好势头。

1. 加强政治理论学习。全庭认真学习习近平总书记系列讲话精神,认真学习十八届三中、四中全会精神,明晰了党中央关于司法改革的总体思路、部署,按照党中央的要求,扎实开展司法改革。每月最后一周周五为政治理论学习时间,相互交流学习体会,每次学习有2名主要发言人,其他同志补充,每位同志撰写了2篇以上的学习体会,会议有记录、学习有笔记,做到了真学、真会、真懂,理论指导工作、创新工作。

2. 认真开展"司法作风建设年"活动。按照院党组的统一部署,认真开展教育活动,强化规章制度刚性执行,切实改进司法作风。全庭党员干警认真学习习近平总书记系列讲话精神,讲政治、顾大局、守纪律,听党指挥,自觉维护法律尊严。认真开展党风党性党纪教育、司法廉洁教育,全庭没有发生违法违纪事件。

3. 开展特色党建活动。坚持庭领导谈心制度,庭领导与每位干警交流工作中的问题,共同研究全庭工作,注重发挥党员的特长,带动干警进步。

海南法院2014年度知识产权司法保护工作总结

2014年是贯彻落实全面深化改革战略部署的开局之年。在最高人民法院的指导下,在院党组的正确领导和兄弟部门的大力支持下,海南高院进一步深入学习贯彻党的十八大和三中、四中全会、中央政法工作会议精神,以"党的群众路线教育实践活动"为载体,突出执法办案第一要务,致力于"智慧岛"的建设,稳步推进知识产权审判"三合一"试点工作,充分发挥知识产权司法保护主导作用,圆满完成全年工作任务。

一、切实抓好执法办案第一要务

2014年,海南法院共受理涉及知识产权案件287件,按类型分,其中民事类245件,占85.3%;刑事类40件,占14%,受刑事追究人员57人;行政类2件,占0.7%。按审级分,一审258件,占90.2%,二审29件,占9.8%;再审0件。收案数量比去年增加18件,数量增幅虽不大,但案件类型有较大变化,尤其是实行知识产权审判"三合一"以来,刑事和行政案件的数量增长较快。二审案件中,诉讼案件21件,请示案件8件,发回重审1件,改判4件。

法院	民事案件		刑事案件		行政案件	
省高院	21	8.2%	8	20%	0	0%
一中院	24	9.8%	4	10%	1	50%
二中院	10	4.1%	11	27.5%	0	0%
海口中院	166	68%	13	32.5%	1	50%
三亚中院	24	9.8%	4	10%	0	0
总计	245	100%	40	100%	2	100%

1. 以均衡结案促审判质效。积极落实均衡结案及审限管理,所有案件均在审限内审结,在提交效率的同时也实现了办案质量、社会效果的有机统一。此外,严格执行已结案件裁判文书上网制度,裁判文书上网率达到100%,真正做到以公开促公正。

2. 妥善处理审判与调解的关系,调解

优先、调判结合。近两年来,随着网吧系列案逐渐统一裁判尺度,树立行业规范,大批量网吧侵权案件的数量下降。海口中院对中影寰亚音像制品有限公司与海南广播电视总台影视剧频道的著作权侵权纠纷采取分批调解取得良好效果;三亚中院成功调解涉及著名商标LV的系列案并荣立三等功。省高院通过平衡权利人与侵权人之间的举证责任分配,对在全国进行商业维权的华盖公司著作权侵权案进行裁判收到良好效果。

3. 锻造精品案例,发挥示范效应。省高院改判的路易威登马利蒂与三亚宝宏实业有限公司宝宏大酒店、三亚宝宏实业有限公司、潘小爱侵害商标权纠纷上诉案[海南省高级人民法院(2013)琼民三终字第80号民事判决书]入选最高人民法院《2013年中国法院50件典型知识产权案例》。随着海南省司法改革工作的推进及工作安排,省高院积极准备发布海南法院类案指导知识产权卷,以典型案例发挥示范效应,统一裁判尺度。

二、扩大司法宣传,提升司法公信

1. 召开知识产权司法保护新闻发布会。2014年4月21日在我院召开了知识产权司法保护新闻发布会,及时向社会公布知识产权审判“三合一”试点情况及知识产权保护相关措施。发布会吸引多家媒体争相报道,海南省高级人民法院主管民事审判的张家慧副院长亲自参会并接受记者采访,社会反响良好。

2. 发布知识产权保护白皮书。2014年4月21日,海南省高级人民法院发布了《2013年海南法院知识产权司法保护状况(白皮书)》和《2013年海南法院知识产权十大典型案例》。白皮书详细论述了我省知识产权司法保护的状况,十大典型案例公示裁判指向,对社会公众避免知识产权侵权和依法维权具有重要参考作用。

3. 组织知识产权“三合一”庭审观摩。2014年2月20日,经省高院民三庭组织,在海口中院召开了知识产权“三合一”刑事庭审观摩,社会各界人士旁听了庭审,我院新闻宣传处对庭审全程进行了直播。毕庭后各院知识产权审判法官就庭审案件程序、实体、“三合一”实施的经验作了介绍和交流。2014年11月11日,在省高院民三庭组织下,各院知识产权庭法官在文昌法院观摩知识产权“三合一”开展以来海南一中院知识产权庭第一例行政案件庭审,并邀请省电视台对该案进行全程录像及报道。庭后各院知识产权庭法官就行政案件程序、实体、困难及经验作了介绍和交流。

4. 召开第二次“三合一”座谈会。2014年4月21日,我院第二次邀请省检察院、省公安厅、省司法厅、省商务厅、省知识产权局、各试点法院等单位召开了“2014年知识产权三合一试点工作座谈会”,就“知识产权三合一”案件审理过程中取得的经验、存在的问题、需要继续调研的方向等方面进行了座谈交流,对接下来的工作的开展指明了方向。

5. 与广大网民、听众直接互动交流。2014年4月26日,在我院张家慧副院长的带领下,知识产权审判法官走进海南省广播电台,就知识产权保护相关情况及知识产权“三合一”试点情况与广大听众、网民进行了在线互动交流活动,听众、网民们高度关注和积极参与了交流,提出了很多有益的观点和建议,取得了良好的宣传效果和社会效果。

6. 参加省电视台访谈类节目,扩大司法宣传。省高院民三庭法官在参加2014博鳌论坛百姓代表选拔期间,参加海南省电视台“海平面”等访谈节目,对知识产权与普通公民日常生活的交集与联系做了详细介绍,提高了人们对知识产权的关注程度,扩大了知识产权司法保护的宣传广度。

三、推进改革试点,创新审判方式

我省“三合一”改革试点已被海南省委省政府列为“2014年重点改革工作”。为了进一步发挥知识产权司法保护机制的整体效能,通过调整审判分工、优化人员结构,自2013年7月1日起,全省知识产权刑事、民事、行政一审案件已统一由各试点中级人民法院知识产权庭负责集中审理,对一审裁判上诉的二审案件由海南省高级人民法院民三庭负责集中审理。目前,各试点法院已受理、审结多起知识产权刑事、行政案件,各项工作正在有条不紊的扎实推进。省高院也在2014年下半年首次审理知识产权刑事案件,并与海南省电视台合作制作了“说法”节目《假烟一条龙》,集中报道了我院第一起知识产权刑事案件。为尽快熟悉刑事案件审判程序,知识产权庭法官多次旁听刑庭庭审、案件讨论,并邀请刑庭资深法官参与案件庭前准备,全程跟进审判。

四、转化审判成果,开展学术调研

省高院积极发挥司法能动作用,针对案件审理中发现的问题,及时进行审判调研,努力为海南绿色崛起提供司法保障。简报《商标审判中存在的问题》被省委办公厅采用;调研课题《海南知识产权审判实践与探索》已准备出版成书,现已在核稿、印刷阶段;调研课题《海南农产品网上交易问题研究》,现已进入资料汇总阶段。为统一司法裁判尺度,应对海南省司法改革带来的挑战,现已在省高院审委会讨论、即将出版的《海南法院类案指导知识产权卷》按民事案由编排收录了本省典型案例,进行类案指导。

五、试点工作稳步推进,“三合一”初见成效

随着知识产权审判“三合一”试点工作的有序进行,并配合我省双打办的各项工作,知识产权刑事、行政案件的审理程序、裁判标准的明晰等方面取得了明显成效。一是在著作权刑事案件的审理过程中,我院收到海南省人民检察院《关于办理侵犯著作权刑事案件适用法律的意见(代拟稿)》。二是省高院通过审理一批销售假烟的案件,对销售伪劣产品罪、销售假冒注册商标的商品罪、非法经营罪想象竞合时从一重罪的处理、非法经营数额的确定、罚金的计算依据、未销售部分货值的计算等均予以明晰,及时树立裁判规范,统一司法尺度。

六、落实四中全会精神,积极落实司法改革要求

海南法院作为全国司法改革首批试点省份,在政治学习、队伍建设、业务培训、廉政建设等方面都狠抓落实,确保为大局服务,为人民司法。一是认真学习贯彻党的十八大及三中、四中全会精神,社会主义核心价值观及社会主义法治理念等内容,积极参加公务员选学课程,不断提高政治素养。二是坚持完善队伍建设。以传帮带的方式培训年轻法官尽快熟悉业务,并减少知识产权庭的人员流动,保持业务学习的深度与广度。不断加强业务指导,落实对口包点业务指导工作,2014年省高院对下辖中院逐个进行知识产权改判与发回案件交流会,并通过典型案例、请示答复等方式加强业务指导。三是积极参加最高人民法院、国家法官学院组织的各类业务培训,并将知识产权相关学习资料及时下发各中院,确保落实再培训。注重落实将审判心得转化为调研成果。四是狠抓廉政建设,严格按照“五个严禁”、最高人民法院“十个不准”的要求,廉洁自律,不断增强反腐倡廉的自觉性,大力开展廉政警示教育活动和廉政文化建设,培养德才兼备的法官队伍,确保知识产权司法的公正和廉洁。

四川法院 2014 年度知识产权司法保护工作总结

2014 年,四川法院深入贯彻落实党的十八大、十八届三中全会会议精神,以推动增强创新驱动发展新动力新活力为核心,狠抓执法办案第一要务,充分发挥知识产权司法保护主导作用,加大知识产权司法保护力度,积极探索知识产权审判运行机制改革,全省知识产权司法保护工作取得了新进展,为我省创新驱动发展战略的实施和经济社会发展提供了强有力的司法保障。

一、加大知识产权保护力度,进一步强化司法保护知识产权的主导作用

四川法院紧紧围绕党和国家工作大局,积极履行知识产权审判职能,深入贯彻“加强保护、分门别类、宽严适度”的知识产权司法保护基本政策,依法公正高效审理各类知识产权案件,突出加强知识产权的司法保护导向。2014 年,四川法院共受理各类知识产权案件 3843 件,较 2013 年受理的 3109 件增加 734 件;审结 3544 件,较 2013 年审结的 2956 件增加 588 件;结案率为 92.2%。其中受理民事知识产权案件 3688 件,审结 3411 件,结案率为 92.49%;受理知识产权刑事案件 151 件,审结 129 件,结案率为 85.43%;受理知识产权行政案件 4 件,审结 4 件,结案率为 100%。四川法院审理了一系列社会影响大、关注度高的知识产权案件,有力维护了知识产权人的合法权益,最大限度地保护创新、激励创新和引领创新,激发各类创新主体的创新热情。如贵州茅台股份有限公司、宜宾五粮液股份有限公司、泸州老窖股份有限公司分别诉成都荣辉天天渔港餐饮有限公司商标侵权纠纷案,涉及国内白酒行业龙头企业、驰名商标和食品安全问题。四川高院积极探索适用惩罚性赔偿原则,判决成都荣辉天天渔港餐饮有限公司停止侵权的同时,分别向贵州茅台股份有限公司、宜宾五粮液股份有限公司、泸州老窖股份有限公司赔偿经济损失 50 万元、10 万元、8 万元,彰显了法院加强知识产权司法保护以及严厉打击侵权行为的力度与决心,维护了公平竞争的社会主义市场经济秩序,取得了良好的法律效果和社会效果。

二、积极探索知识产权审判机制改革,有序推进全省知识产权审判“三合一”改革试点工作

四川省三级法院知识产权审判“三合一”改革试点工作于 2014 年第二季度全面启动。四川高院开展了如下工作:一是制定和颁布《关于在全省法院开展知识产权审判“三合一”试点工作的指导意见》和《关于在全省法院开展知识产权审判“三合一”试点工作的实施方案》,对试点工作的工作方向、工作规则及试点法院范围、案件范围、审判组织、案件编号、工作领导机构等作出了具体明确规定。二是成立由院领导和相关业务庭(室)领导参加的试点工作领导小组,领导和协调全省法院试点工作,研究解决试点工作中出现的重大情况和问题,做好与省级各相关知识产权司法、行政执法部门的沟通协调,并指导试点中、基层法院成立了相应的试点工作领导协调机构。三是确定成都市中级人民法院、德阳市中级人民法院、宜宾市中级人民法院三个中级法院和成都市锦江区人民法院、泸州市江阳区人民法院两个基层法院作为试点工作联系点法院,以点带面,总结经验,着力推动“三合一”试点工作在我省规范运行并取得实效。四是下发《关于落实知识产权大要案件及相关工作信息报送制度的通知》,要求各级法院做好知识产权大要案及相关工作信息报送工作,为及时全面掌握全省法院“三合一”试点工作情况、确保信息畅通、加强知识产权案件审判工作监督指导提供了有力保障。目前,四川高院已顺利完成知识产权行政、刑事案件审判业务的交接工作,并审理了广汉三星堆水泥有限公司诉四川省工商行政管理局行政处罚纠纷上诉一案。“三合一”审判机制在整合审判资源、统一裁判规则、加强知识产权司法保护力度等方面的优势已初步显现,知识产权司法保护的合力进一步增强。

三、充分发挥技术专家作用,不断提高法官在查明技术事实方面的能力和水平

四川法院充分发挥技术专家在技术咨询、技术调查等方面的作用,帮助法官有效解决专业技术难题,不断提高技术事实认定质量。一是提高陪审率。将具有专业技术特长和一定法律知识的专业人士选聘为人民陪审员,与法官共同组成合议庭,帮助解决案件相关的专业性技术问题。二是充分发挥专家证人的作用。严格按照四川高院出台的《关于知识产权案件专家证人出庭作证的规定(试行)》的要求对专家证人的资格、出庭作证的程序、职责、专家证人意见采信等问题进行了全面规范,在知识产权审判工作中充分运用专家证人帮助查明案件技术事实。三是建立完善技术专家咨询制度。对于疑难技术问题,通过咨询技术专家和走访相关部门等多种方式,有效解决案件相关的专业性技术问题,提高知识产权案件的审判质量和效率。

四、加强知识产权法官的专业化、职业化建设,有效提升知识产权法官的司法能力和综合素质

四川高院与四川法官学院联合举办全省法院知识产权审判业务培训班。四川高院知识产权审判法官及全省负责知识产权案件审理工作的中、基层法院相关院、庭领导及骨干法官共计 260 多人参加了培训。通过讲授知识产权刑事、民事、行政审判实务知识及司法理念与司法政策等内容,有效提升了我省知识产权审判法官准确把握知识产权司法政策、理念,正确适用法律和运用裁判规则及解决实际问题的能力,努力打造和培养一批知识结构合理、化解矛盾纠纷综合能力强、适应知识产权审判专业化需求的高端人才,为我省“三合一”试点工作的规范有序推进打下坚实基础。

五、加强知识产权文化宣传,努力营造激励自主创新的司法环境

四川法院通过形式多样、内容丰富的

宣传活动,特别是以“4·26”知识产权宣传周活动为平台,形成“省法院带头、各级法院联动”的良好局面,开展了一系列富有成效的宣传活动,积极培育我省“尊重知识、崇尚创新、诚信守法”的知识产权文化。一是召开知识产权司法保护新闻发布会,发布《2013 年四川法院知识产权司法保护状况》白皮书和“2013 年四川法院知识产权司法保护十大典型案例”,全面公开知识产权案件审判情况,正确引导知识产权领域的价值判断和司法导向。二是公开开庭审理一批知识产权案件。如四川高院精选一件商标侵权案件进行公开审理,并邀请人大代表、政协委员、媒体记者及高校师生共计 100 余人旁听了庭审,增进社会公众对知识产权司法裁判的了解和理解,彰显四川法院对知识产权进行保护的决心和信心,对全省知识产权保护宣传工作起到了重大的助推作用;成都市锦江区法院公开开庭审理了全省法院实行知识产权审判“三合一”机制后的第一件刑事案件,新闻媒体广泛报道,公众对“三合一”机制反响热烈;泸州市江阳区法院通过新浪、腾讯微博,直播了一起知识产权案件庭审,全程发布微博 38 条,充分展示我省法院知识产权司法保护的积极举措,受到了众多网友的关注和好评。三是展示知识产权法官的良好形象。四川高院协调《人民法院报》,以整版篇幅刊登成都市高新区人民法院知识产权审判法官张媛媛的先进事迹,突出四川法院精心打造高素质、高水平知识产权审判队伍的工作情况,掀起了知识产权司法保护宣传工作的高潮。整个宣传周期间,各级媒体共刊发宣传稿件 158 篇,转载量达 540 次。其中,《法制日报》、《人民法院报》、新华网、人民网等中央媒体集中刊发稿件 68 篇;四川电视台、四川人民广播电台等媒体对我省知识产权司法保护工作作了专题报道,我省知识产权司法保护宣传报道的数量、深度和效果实现了新的提升。

2014 年,四川省的知识产权司法保护工作取得了长足进步,但同时也存在一些困难和问题。2015 年,全省法院将切实贯彻落实党的十八大、十八届三中、四中全会精神,以“让人民群众在每一个司法案件中都感受到公平正义”为目标,积极依法履职,坚持司法为民、公正司法,坚持以改革创新精神推动知识产权司法事业发展,积极发挥司法保护知识产权的主导作用,继续加大知识产权司法保护力度,为开创知识产权审判工作新局面,推动创新驱动发展战略实施作出更大贡献。

贵州法院 2014 年度知识产权司法保护工作总结

2014 年,贵州法院在最高人民法院的指导下,认真学习贯彻党的十八大、十八届三中全会、四中全会精神,认真贯彻落实习近平总书记系列重要讲话和中央政法工作会议精神,紧紧围绕“让人民群众在每一个司法案件中都感受到公平正义”的目标,牢牢坚持司法为民、公正司法的主线,充分发挥司法保护知识产权的主导作用,突出工作重点,完善知识产权审判体制机制,为深入改革和实施创新驱动发展战略提供有力司法保障。

一、依法履行审判职能,充分发挥司法保护知识产权主导作用

2014 年,贵州法院坚持以执法办案为第一要务,依法履行审判职能,充分发挥司法保护知识产权主导作用。受知识产权关联案件受理数量同比下降影响,贵州法院全年共受理知识产权各类案件 422 件(含旧存 17 件),审结 397 件,同比分别下降 30.13% 和 8.3%。其中,受理知识产权民事一、二审案件 328 件,刑事一、二审案件 93 件,行政一审案件 1 件。在受理的知识产权民事案件中,著作权纠纷 116 件,占 35.37%;商标权纠纷 118 件,占 35.98%;专利权纠纷 75 件,占 22.87%;技术合同纠纷 10 件,其他知识产权案件 9 件。在已审结的知识产权民事案件中,判决 175 件、调撤 120 件,调撤率为 39.09%。

1. 精益求精提高审判质效。全省法院坚持"以事实为依据、以法律为准绳"的审判原则和实体法与程序法并重的法治理念,公正高效地审理各类知识产权案件。在审判实践中切实把好案件事实关、证据关、法律关和文书关,强调不能就法论法,就案论案,要做好判前释法、庭审释明、裁判说理和判后答疑等工作,从源头上预防涉诉信访案件的发生,努力实现案件审判的法律效果和社会效果的统一。今年全省法院审结的所有案件中没有一件因处理不当引发重大网络舆情及群体性、极端性、突发性事件。

2. 加强审判监督管理。全省法院充分利用法院网上办公系统,加强审判管理信息化、规范化、制度化建设,严格案件审判流程管理,强化审判质效分析。通过建立长期未结案件督办机制,杜绝产生超审限案件、长期未结案件,力争实现全年均衡结案。今年全省法院审结的所有案件均在审限内审结。

3. 加强诉讼调解工作。结合审判工作特点,全省法院积极探索上下级法院、法院与行政机关、法院与行业协会之间联动的调解方式,注意调解的成效。

4. 加强审判业务指导。省法院不断加强对知识产权案件的审判指导,统一裁判标准,提高审判水平。一是举办全省知识产权审判工作座谈会,邀请省法院和各中院审理知识产权案件的分管领导、庭长、业务骨干座谈交流当前全省知识产权审判工作的基本情况及存在的问题和困难,通过分析总结当前知识产权审判工作的特点,为下一阶段做好全省知识产权审判工作提出建议。二是加强对全省知识产权审判动态的分析与总结。跟踪分析下级案件的审判动态,提出指导意见。

二、坚持服务经济社会发展大局,延伸知识产权审判职能

1. 加强专题调研,助推重点产业发展。白酒是贵州省的支柱产业之一,为有效解决我省白酒企业在发展过程中遇到的知识产权保护问题,提高白酒企业知识产权保护整体水平,增强创新驱动发展新动力,2014 年省法院联合最高院白酒知识产权司法保护调研基地和遵义中院申报了"白酒知识产权法律保护"的全省法院重点课题,并对我省白酒知识产权保护开展专项研究。调研组历经数月深入全省各个地市州的白酒企业和行政执法部门开展调研活动,收集有关白酒企业知识产权保护的第一手资料,最终完成了三万多字的《白酒知识产权保护问题与实践——白酒企业知识产权保护指引》调研报告。该调研报告经专家评比获得了全省法院重点课题的第一名,为我省白酒产业知识产权保护提供了重要理论参考,有力地助推了我省重点产业的发展。

2. 加强司法服务,促进企业发展。为进一步加强知识产权司法服务功能,促进企业发展,贵州多地法院先后组织人员到贵州茅台酒股份有限公司、贵州董酒股份有限公司、贵阳时代沃顿科技有限公司等企业进行走访调研,深入了解企业创新发展过程中知识产权司法保护现状及需求。其中,贵阳中院在对贵阳时代沃顿科技有限公司进行案件回访过程中,针对企业在座谈交流中提出的在商业秘密保护中遇到的自主保护难、维权取证难、司法鉴定难等实际问题提出了今后如何加强商业秘密保护的五点建议,这是我省法院对社会管理创新、延伸知识产权审判职能、发挥能动司法的有益探索。

3. 积极参加专项整治活动。通过依法审理侵犯知识产权、制售假冒伪劣商品等各类案件,打击违法犯罪,规范市场主体行为,充分发挥知识产权司法裁判的社会引导作用,为全省经济发展提供有力的司法保障。

三、坚持司法公开,树立知识产权审判良好形象

1. 加强司法公开力度。为充分保障人民群众对审判工作的知情权、参与权、表达权和监督权,全省法院不断加大知识产权司法公开力度,充分落实好裁判文书上网、审判流程公开等工作。具体表现为:全面推行生效裁判文书互联网发布制度;除法定不公开审理的案件外,所有知识产权案件一律公开开庭审理;主动邀请人大代表和政协委员旁听庭审,自觉接受人大监督和政协民主监督;积极推动案件庭审微博直播。

2. 举办知识产权宣传月活动。在"4·26"知识产权宣传月期间,全省法院围绕"保护、运用、发展"的主题开展了一系列形式多样的活动。包括邀请人大代表、政协委员观摩庭审,听取代表和委员们的意见建议,开展微博直播庭审、召开新闻发布会发布全省知识产权保护典型案例等。其中,省法院公开开庭审理的中国贵州金辰置业投资开发有限公司与美国磊若软件公司侵害计算机软件著作权纠纷一案是我院首次对案件庭审进行微博直播。庭审过程全程在贵州高院新浪官方微博同步直播,庭审的环节和程序、当事人的陈述和辩论、法官的询问和释明都能够在直播中清晰体现。这一系列丰富多彩的法治宣传活动树立了我省法院依法保护知识产权的良好形象,受到社会各界广泛好评。

四、推进审判改革,完善知识产权审判工作机制

1. 继续深化知识产权案件"三审合一"试点工作。经最高人民法院批准,贵阳市中级人民法院和遵义市中级人民法院在2013年1月起正式开展集中审理知识产权刑事、民事和行政"三审合一"试点工作。为继续推动试点工作顺利开展,2014年省法院多次组织干警到试点法院进行走访调研,了解试点工作的推进情况以及遇到的问题和困难,通过分析总结反馈信息,为深入改革积累经验。

2. 建立和完善与其他机关沟通协调机制。省法院以知识产权"三审合一"试点工作的开展为契机,积极加强与省知识产权

局、工商局、药监局、文化监管部门以及公安、检察院等相关部门的协调配合与信息共享。2014年,省法院多次组织干警前往省工商局、省检察院、省商标局等部门进行座谈,了解我省知识产权保护的状况,通过建立与完善与其他机关的沟通协调机制,妥善处理知识产权保护过程中行政执法和司法保护的关系,进一步优化了知识产权保护体系,推动形成知识产权保护合力。

五、加强队伍建设,全面提升队伍素质

1. 开展教育实践活动,提升廉洁自律理念。全省法院将"为民务实清廉"为主题的党的群众路线教育活动作为一项重要政治任务,长抓不懈,通过组织干警参观群众路线展、定期召开民主生活会、签订个人党风廉政建设责任书等形式,认真贯彻落实中央的八项规定,强化党风廉政建设,增强全庭干警拒腐防变的意识,努力维护好审判法官司法公正、清正廉洁的良好形象。

2. 举办业务知识培训,提升审判业务能力。省法院在白酒知识产权调研基地——遵义市中级人民法院举办全省知识产权审判业务培训班,来自全省9个中级人民法院的50多名知识产权审判法官参加培训。此次培训邀请了最高人民法院知识产权庭的法官和全省知识产权审判业务骨干进行授课,通过培训和交流,进一步提升了全省知识产权审判队伍的业务水平。

3. 狠抓理论调研工作,提升业务科研能力。扎实的知识产权理论知识是开展好审判业务的前提,实践是对理论知识的检验,通过狠抓审判与实践相结合的调研工作,2014年省法院民三庭干警在《人民法院报》、《知识产权审判指导》、《中国知识产权》杂志、《电子知识产权》杂志、《中国知识产权报》、《中国工商报》、《中国新闻出版报》等一系列具有较高影响力的国家级学术期刊上发表论文、案例十余篇,极大地提升了全省法院知识产权审判理论的研究的科研水平,同时也为开展好知识产权审判工作打下了优良的基础。

云南法院2014年度知识产权司法保护工作总结

2014年,云南省各级人民法院以"公正、公平、公开"为原则,审结各类知识产权案件,进一步加强和改进工作,充分发挥人民法院有效化解社会矛盾、维护社会和谐稳定的职能作用,切实保障当事人的民事权益和社会公共利益,维护司法公正,不断提高知识产权审判水平。2014年全省法院共审结知识产权民事案件1028件,比上年上升3%。其中著作权纠纷371件、商标权纠纷261件、专利权纠纷350件、技术合同纠纷17件、植物新品种纠纷3件、其他知识产权纠纷26件。

2014年,云南省知识产权审判工作有以下亮点:

一、依法妥善审理知识产权纠纷

2014年,云南省各级人民法院审结的知识产权案件涉及知识产权侵权判定标准、权利冲突、技术秘密保护、网络环境下的知识产权保护等诸多新问题和疑难问题,审理难度加大,成功审结一批社会影响大、法律适用难的疑难案件和新类型案件。如尚亨中与昆明恒兴包装材料有限责任公司侵害发明专利权纠纷,张小平与奥迪股份公司、奥迪(中国)企业管理有限公司、云南联迪汽车服务有限公司侵犯商标专用权纠纷,昆明云缆电工配套有限公司与云南云缆电缆(集团)有限公司侵犯企业名称(商号)权纠纷,楚雄老拨云堂药业有限公司与云南龙发制药有限公司、楚雄彝族自治州医院侵害技术秘密纠纷等案件,这些案件的成功审结,不仅解决了纷争,维护了当事人的合法权益,而且推动了云南省的知识产权保护工作,树立了云南法院保护知识产权、激励自主创新的良好形象,取得了良好的社会效果。

在严肃执法的同时,兼顾案件处理的社会效果,强化诉讼调解。对已经受理的案件,无论是在庭审前、庭审中、裁判前等各个诉讼环节,都坚持调解手段的运用,力求案结事了。2014 年,一审调撤率为42.69%,二审调撤率为17.98%。

二、增强审判公开性和透明度

1. 云南省高级人民法院陆续将全省各级人民法院审结的知识产权案件裁判文书发布在中国知识产权裁判网上,加大了知识产权裁判文书上网工作。

2. 在2014 年全国知识产权宣传周期间,云南省高级人民法院组织开展了形式多样的宣传活动。主要有:4 月 21 日上午,在云南省知识产权宣传周新闻发布会暨宣传周活动启动仪式上通报 2013 年云南省法院系统知识产权司法保护工作情况,并发布 2013 年云南省知识产权司法保护典型案例。4 月 23 日上午,在第三数字法庭公开审理一起外观设计专利纠纷案件,邀请云南大学滇池学院法律系专业的 30 余名学生到庭旁听,并发放《知识产权保护指引》等宣传资料。4 月 25 日上午,与红河州中级人民法院、州文化体育局在蒙自市南湖广场联合开展以“尊重知识产权、维护市场秩序、构建和谐社会”为主题的知识产权法制宣传活动。在活动现场,两级法院负责知识产权案件审理的法官们向民众们发放知识产权相关法律知识材料,同时接受社会公众对知识产权法律问题的现场咨询。活动现场,共发放知识产权相关宣传资料 2000 余份,接受群众现场法律咨询500 余人次。我们通过以上一系列宣传活动的开展,充分展示云南知识产权司法保护良好形象,取得了较好的宣传效果。

三、加强审判调研和审判指导

1. 加强对著作权侵权案件审理问题的调研。近年来,我省著作权案件呈大幅上升趋势,其中涉卡拉 OK 经营者侵犯著作权纠纷案件占比较大。为解决著作权侵权纠纷案件审理中遇到的问题,我们重点对2010 年以来全省法院著作权纠纷案件的审理情况进行了调研,并形成专题调研报告,为做好此类案件的审判工作打下了基础。

2. 加强知识产权审判的业务指导。为加强审判指导,统一全省知识产权案件的裁判尺度,我们今年向全省法院下发了《云南省高级人民法院 2010 年—2013 年知识产权改判和发回重审案件情况通报》,该通报对指导全省法院的知识产权审判工作和涉外民商事案件审判工作,提高审判质量,发挥了积极作用。

3. 举办法官沙龙活动,为全省法院的知识产权审判法官搭建一个交流平台,立足审判实际,就共同面临的、亟待解决的问题进行研讨，有效地发挥了以学习促审判的作用，收到了良好的效果。

4. 加强知识产权审判队伍建设。近年来，云南省各级法院审理的著作权、商标权、专利权等知识产权纠纷案件大幅增加，出现了一些新情况和新问题，而我省的知识产权审判队伍状况与知识产权审判专业化的需求极不适应。在新的形势下，迫切需要下大力气提高我省知识产权审判业务水平。今年，我庭结合新修改的《中华人民共和国商标法》、《中华人民共和国著作权法实施条例》、《信息网络传播权保护条例》等法律法规的实施，举办了一期知识产权审判培训班，全面提高全省知识产权审判法官的业务素质。

5. 建立专利纠纷诉调衔接机制。今年下半年，昆明中院受理了500多件同一专利权人诉不同被告侵犯专利权的批量案件。为了有效化解纠纷，维护社会稳定，我们主动与云南省知识产权局相关部门联络，商谈建立专利纠纷司法审判与行政调处衔接机制。经过双方的共同努力，2014年底该机制的合作备忘录及实施意见均已成稿，双方决定该机制2015年试行。2015年1月15日我院与云南省知识产权局联合召开了新闻发布会，宣布该机制正式实施。

四、落实司法为民措施

2013年，云南省各级人民法院坚持“公正司法、一心为民”的指导方针，强化司法为民举措，增强司法行为亲和力。在具体措施上，云南法院通过编制知识产权年度工作计划、坚持公开审判制度、推行当事人权利义务告知制度、实行诉讼风险提示制度、探索当事人举证指导制度、规范公民代理知识产权诉讼行为、强化审限意识和效率意识、增强裁判文书的说理性等有效方法，落实司法为民措施。与此同时，积极推行判后释疑工作，力争做到辨法析理，胜败皆明。上述措施使得云南法院知识产权司法活动贴近了民众，受到群众好评。

西藏法院2014年度知识产权司法保护工作总结

2014年，在院党组的正确领导下，在区党委的坚强领导和最高法院的正确指导下，深入贯彻党的十八大、十八届三中全会和自治区第八次党代会、区党委八届五次全委会精神，紧紧围绕“一个中心、两件大事、四个确保”，以“努力让人民群众在每一个司法案件中都感受到公平正义”为目标，以司法为民公正司法为主线，狠抓审判工作，维护公平正义，提升能力素质。

一、参加政治理论学习的情况

认真贯彻落实党的路线、方针、政策和中央新时期西藏工作指导思想，按照区党委的决策部署，立场坚定、旗帜鲜明地反对分裂、维护稳定，做到服务大局不动摇，落实司法为民不放松。在始终坚持按时完成机关党委安排的学习任务以外，还自行安排了学习任务，要求每位干警认真做好每次的学习笔记和心得体会。与此同时，抓好对《工作目标管理责任书》的落实，切实做到有令必行、有禁必止。严格遵守中央“八项规定”,区党委“约法十章”、“九项要求”,最高法院“六项措施”、“十个不准”等铁规和禁令,努力管好自己和家属子女。

二、案件审理情况

从2013年10月至2014年10月期间,民三庭没有新收知识产权民事案件。

在上述期间,七个地(市)中院中只有拉萨市中院受理了两件知识产权民事案件:一件为著作权侵权案件,一件为专利权侵权案件,著作权侵权案件已审结,结案方式为判决,原被告在上诉有效期内均未上诉,一审判决已经生效;专利权侵权案件的被告向国家专利复审委员会提出专利无效的复审申请已被受理,此案拉萨市中院要等待专利复审委员会的复审决定,故按法律规定对此案中止审理。

三、调研情况

为了加强对各地市中院的知识产权案件审判指导工作,认真总结工作经验,对审判实践中出现的新情况、新问题进行有针对性和指导性的调查研究。民三庭于2014年8月对日喀则、阿里、那曲三个地区中级人民法院就藏高法(2013)189号通知的落实情况进行了实地了解,并着重对阿里、那曲两个未设立知识产权审判庭的中院再次强调设立知识产权审判庭的重要性,同时传达了2014年7月在武汉召开的全国法院知识产权审判工作座谈会的会议精神。

四、裁判文书上网情况

2014年拉萨市中院民三庭有一份生效裁判文书按规定应上网,民三庭已让其上报了纸质的生效裁判文书和电子版,现已审查完毕,已交由院审委办予以上网公布。

五、其他工作开展情况

(一)按时完成了最高法院下达的各项任务

一是参加了最高法院知识产权庭下达的要求协助进行题为“加大知识产权司法保护力度,降低知识产权维权成本提高知识产权侵权代价”的重点调研课题的调研工作,经过向各中级法院详细了解情况、精心组织,形成了包括:我区两级人民法院民三庭人员的组成情况、全区法院案件受理情况、我区在提高知识产权司法保护的现状,对于加大惩罚力度、降低维权成本的主要做法和思路等方面的调研报告。报告按照最高法院知识产权庭的要求,详细汇报了全区法院知识产权机构的设置情况和从事知识产权人员的组成情况、全区法院从受理第一件知识产权案件至今的案件审理情况、全区知识产权司法保护现状、对于加大惩罚力度和降低维权成本的主要做法和思路等方面所做的工作,受到最高法院知识产权庭领导的肯定和口头表扬。

二是按照最高法院的要求,将《最高人民法院关于修改〈最高人民法院关于审理专利纠纷案件适用法律问题的若干规定〉的决定》征求意见的通知、《最高人民法院知识产权庭关于报送知识产权诉讼证据调研资料的通知》、《最高人民法院知识产权行为保全司法解释草案征求意见的通知》、《最高人民法院关于审理侵犯专利权纠纷案件应用法律若干问题的解释(二)》(稿)征求意见的通知等文件经呈报阅办后,均以书面和电子文档形式向最高人民法院及时上报了相关材料和修改意见。

三是对下发最高法院知识产权庭关于知识产权裁判文书上网工作情况的通报,对我区法院在通知规定时间段内的生效裁判文书进行梳理,在这期间,只有5件案件为终审案件,但都是调解的方式结案,按规定调解书不用上网。民三庭将上述情况以明传方式向最高法院知识产权庭进行了专门汇报。

(二)积极参加培训及学习

2014年年初在广西召开了"ICT反垄断法会议",7月在武汉召开了全国法院知识产权审判工作会议,9月在北京进行的全国知识产权培训学习。前两次会议均由民三庭索娜吉庭长参会,会后将两次会议的主要精神及内容及时传达给庭室所有干警,并将全国法院知识产权审判工作会议的内容形成书面材料进行汇报工作;9月份的培训学习由民三庭何育玲副庭长参加,参加了为期一周的系统培训学习。

(三)积极宣传知识产权司法保护情况

在2014年借助知识产权宣传周,通过西藏法制报、西藏日报、西藏新闻网等几家主流媒体,大力宣传了民三庭在知识产权审判工作方面取得的成效以及下一步工作的重点将着力推进知识产权司法保护力度。此次宣传使群众更加了解了我区知识产权司法保护的情况以及在面临问题时的解决方式。

重庆法院2014年度知识产权司法保护工作总结

2014年,重庆市法院知识产权审判工作紧紧围绕"努力让人民群众在每一个司法案件中都感受到公平正义"的目标,牢牢坚持司法为民、公正司法主线,知识产权案件司法保护工作上了一个新台阶。

2014年,全市法院共受理知识产权与涉外商事案件2733件(其中旧存261件、新收2472件),与去年(2013年2271件)相比,增长20.34%;2014年审结2411件,与去年(2013年1969件)相比,增长22.45%;2014年结案率达88.22%,与前去年结案率(2013年86.70%)相比,同比上升1.52%;2014年未结案件322件,与去年未结数(2013年302件)相比,同比增加6.62%。新收知识产权案件中,著作权纠纷占87.36%,商标权纠纷占5.46%,专利权纠纷占4.34%,技术合同和其他纠纷占2.84%。除了审理知识产权案件之外,全市法院在知识产权司法保护工作方面具有如下特点:

一、坚持制度创新,知识产权审判工作机制有新突破

1. 积极探索知识产权审判新模式。2014年2月,重庆两江新区知识产权法庭挂牌成立,这是重庆法院"以创新的方式保护创新"的具体实践,也是服务重庆两江新区发展、深化司法改革的具体举措。11月底,经最高法院批准,两江法庭获准受理部分专利案件,率先成为中西部地区唯一可以审理部分专利纠纷的基层法庭。两江法庭成立以来,共受理各类知识产权案件1213件,其中民事案件1208件,行政案件2件、刑事案件3件。无改判或发回重审,无涉诉上访。同时,两江法庭通过延伸审判职能,服务重庆及两江新区发展,不断完善便民措施,提升司法公开水平,"重庆知识

产权审判窗口”的目标初步突显。目前,我市共有三个基层法院受理知识产权案件,涵括了主城的多数区域,使得高院、中院、基层法院的案件受理结构更趋合理。

2. 积极延伸知识产权司法服务职能。8 月,重庆市第五中级人民法院与重庆市知识产权局签订了《专利纠纷诉调对接机制协议》,试行专利案件委托行政调解工作,利用专利行政执法部门调处纠纷特有的渠道和资源,提高知产案件的调解成功率。11 月,针对知识产权案件中证据保全比例大的情况,重庆市高级人民法院(以下简称市高法院)与重庆市司法局、重庆市公证协会共同召开公证保全实务问题座谈会,就知识产权纠纷案件中公证证据存在的程序瑕疵、内容瑕疵、公证收费等问题进行交流研讨,并就如何提高公证证据的公信力提出工作建议。重庆市第一中级人民法院提出的《关于切实提高政府机关著作权保护意识的司法建议》,获得了相关单位的充分肯定。

二、坚持调查研究,审判监督指导工作有新推进

1. 落实审判运行态势定期分析。市高法院坚持半年一次对三级法院知识产权和涉外商事审判工作开展情况进行分析研究,通过数据分析、座谈会等形式,科学评价中基层法院一段时间审判工作的开展情况,总结经验,发现不足,提出改进建议,有效地推动了工作,完成了《知识产权、涉外商事审判条线半年运行态势分析》报告,对条线审判质效各项指标进行逐一分析,及时与中基层法院交换意见、督促落实,促进审判质量进一步提高。

2. 促进审判指导规范运行。一是逐步取消个案请示。除大要案外,逐步形成了下级法院从个案中提炼法律问题书面咨询,上级法院进行书面答复的模式,今年共完成 3 期《市高法院民三庭法律适用咨询与答复》,进一步规范了法律适用咨询与答复制度。二是召开审判工作座谈会,及时出台“知识产权问题与解答”,加强类型案件指导,不断统一重庆知识产权司法保护标准。制定了《知识产权审判疑难问题与解答》(一),对 KTV 经营者擅自提供 MTV 播放服务,词曲作者单独起诉要求赔偿损失,法院应否受理等 23 个问题进行了解答,进一步统一了裁判尺度。三是充分发挥典型案例的示范及引领功能。今年“4·26”知识产权保护日发布典型案例 10 件,重在向社会宣传知识产权保护的意识;下半年又发布典型案例 4 件,重在对类型化案件提供裁判指引。

3. 高效开展专题调研。一是举办三级法院法官联席会议。今年共召开 4 次法官联席会议,主要由市高法院全体法官、中基层法院相关部门的庭长或审判长参加,讨论当前审判实务的疑难问题。二是按最高法院要求,积极开展相关调研并上报。今年先后完成了《专利法司法解释的意见及建议》、《重庆涉外商事审判情况报告》、《当前知识产权审判疑难问题调研》等。三是积极开展课题调研。今年完成了全市法院重点调研课题《知识产权权利冲突问题研究》。

三、开拓视野,知识产权专委会工作有新起色

作为专委会具体工作机构,市高法院民三庭在最高法院民三庭的指导下,大力开展审判理论研讨活动,积极探索拓展研讨活动合作领域。

1. 加强院校合作,搭建“知识产权法官

大讲坛”。在最高法院的指导下,以专委会名义与西南政法大学共同开辟“知识产权法官大讲坛”,旨在邀请在全国具有影响力的知识产权法官,对知识产权司法保护的热点、难点问题进行系列讲座,加强理论与实践的互通,促进重庆知识产权审判理论水平的提高。自最高法院孔祥俊庭长第一期开讲以来,已经连续举办7期,约17位全国资深知识产权法官,专家教授参加讲坛。全市法院知识产权法官聆听讲座共计50余人次。

2. 组织召开新商标法研讨会。2014年6月,知识产权专委会与西南政法大学联合主办新商标法研讨会。来自最高人民法院及全国各地各级法院的法官,国务院法制办、商标局等部门的实务专家,清华大学、中国人民大学、中国政法大学等高校的知名学者以及北京、上海、广东等地知名企业代表,共计150余人出席了本次研讨会。会议围绕“商标侵权行为判定”、“涉外贴牌加工商标侵权问题”、“商标侵权抗辩事由”、“商标侵权民事责任”、“帮助型商标侵权的具体适用”等议题从宏观到微观,从理论到实践展开了深入研讨,共开展5场专题研讨及开放式讨论,发言报告总计37个。会后,市高法院民三庭及时对会议成果进行了整理,按主旨发言及五个专题形成了会议综述。

3. 继续扩大《中国知识产权审判理论研究》影响力。《中国知识产权审判理论研究》是专委会会刊,是展现全国知识产权审判理论研究成果、扩大成果影响、促进成果运用、推动审判实践的重要载体。今年,市高法院民三庭继续做好《中国知识产权审判理论研究》第五辑的征稿、编辑工作,先后收到全国各地法院知识产权法官和部分知名专家学者300余篇论文,今年的论文数量是去年的3倍,论文采集量呈现逐年上升的趋势。经过严格筛选,最终收录论文64篇,共计75余万字。充分体现了会刊正逐步成为全国知识产权法官、学者最具影响力的审判理论交流平台之一。重庆知识产权法官积极向《中国知识产权审判理论研究》第五辑投稿,共计8篇入选。

四、积极推动司法公开,提升司法公信力

一是进行“4·26”主题宣传。以“4·26”知识产权日为契机,向社会发布了《2013年重庆法院知识产权司法保护状况》白皮书,公布了十大典型案例,及时让公众了解重庆知识产权司法保护状况,增强知识产权司法保护意识,合理规避知识产权应用风险,市内主要媒体均进行了报道。二是鼓励发挥新媒体在司法公开中的作用。重庆市第五中级人民法院在审理备受关注的“王老吉诉加多宝虚假宣传案”时,首次对庭审进行微博直播,整个直播近6个小时,通过18条微博、15幅图片将法庭调查、举证质证、法庭辩论等流程“原汁原味”地呈现给公众;两江法庭全年共开展3次微博直播,其中首案微博直播受到媒体广泛关注并给予好评。同时两江法庭还实现了全部庭审同步录音录像,做到“每庭必录”,所有案件流程信息及生效裁判文书均及时上网,方便当事人查询。三是积极开展庭审进校园、进街镇活动。6月、10月市高法院民三庭在西南政法大学公开开庭审理案件,数百名学生旁听庭审全过程;两江法庭全年共开展6次庭审进街镇、进校园活动。

陕西法院2014年度知识产权司法保护工作总结

2014年,我省法院认真学习党的十八届三中全会、四中全会会议精神,积极开展党的群众路线教育实践活动,落实中央八项规定,从思想上根本转变工作作风,深入理解新时期司法为民群众路线新目标,积极化解社会矛盾、全力服务大局,促进社会创新、力争让老百姓在每一起案件中感受到公平和正义。认真学习、深入调研、转变作风、扎实工作,着力开展知识产权审判工作,并取得了较为明显的成效。根据《最高人民法院知识产权审判庭关于报送2014年知识产权司法保护有关材料的通知》要求,现将我省一年来知识产权审判工作主要做法和特点汇报如下。

一、工作成效

1. 案件数量略有下降,审判任务圆满完成。2014年1~12月,全省各级法院共受理知识产权与竞争民事纠纷一审案件720件(含旧存133件),比上年有所上升。其中知识产权合同纠纷63件,知识产权权属、侵权纠纷631件,不正当竞争纠纷18件,侵害商业秘密纠纷8件,已审结案件489件。受理知识产权与竞争民事纠纷二审案件105件,比上年大幅度上升。其中知识产权合同纠纷10件,知识产权权属、侵权纠纷82件,不正当竞争纠纷13件,已审结案件91件。

2. 调研工作不断深入,取得较为明显的成效。面对新形势、新问题,陕西省各级法院不断加大对新类型知识产权案件调查与研究。针对知识产权审判工作的特点,一方面我们要求审判人员学习相关知识并借鉴兄弟法院经验,另一方面对于既无法律明确规定又无先例可循的案件,在实践的基础上大胆进行有益的探索。在调研为审判服务的方针指导下,今年全省十分重视对审判工作的调查研究。为了适应审判工作需要,省法院采取多种措施,鼓励全省知识产权审判人员结合工作实践撰写调研文章,多次派员参加最高法院举办的知识产权审判工作座谈会。通过学习和调研,为审判经验交流和疑难法律问题研究提供了平台,有力地促进了审判水平的提高。2014年,《三秦审判》第6期刊登《论信息网络传播权保护条例第22条的司法适用》一文、《中国知识产权审判研究》(第四辑)上刊登《同一题材文字作品的侵权认定》一文。此外,完成4篇参阅案例,50篇工作信息在省法院内网、外网发表,并精心制作第7期、第11期宣传专栏。

另,西安中院注重调研和案例编写,统一裁判标准。在《人民法院报》《人民司法》《知识产权审判指导》《中国知识产权报》等国家级报刊发文20余篇。

二、工作亮点

我省法院积极推进审判机制创新,提高知识产权司法保护水平。重点抓了三个方面:

1. 严肃执法,开展带案指导,审判质量不断提高。2013年,省法院民三庭紧紧围绕“公正与效率”主题,加大保护知识产权力度,促进社会创新的保护政策,结合我省知识产权案件审判现状，牢固树立精品意识。5月份，与宝鸡中院、西安中院召开带案指导座谈会，及时统一破产案件、KTV侵犯音像著作权案件、大型商场小商户销售假冒伪劣产品等案件的认定标准。

2. 实现网上办案，努力提高审判效率。2014年，省法院民三庭全体法官均能严格执行案件流程管理的相关规定，熟练掌握网上办公办案流程，基本实现了全庭网上办案，实现了结案与报送文书同步的良性循环。省法院民三庭现有法官8人，其中，正庭长1人、副庭长1人。一名法官被院抽调到信息化办公室工作。在人员紧、任务重的情况下，全庭法官在保证法律效果和社会效果的同时，既能保持均衡结案，保证案件质量，又能及时审结，保证审限内结案，维护当事人合法权益。2014年以来，全院绩效考评中，省法院民三庭始终名列民事审判前列，也得到全院同志的一致好评。

3. 注重实效，实现法律效果和社会效果的统一。结合我国知识产权战略，建设创新型国家的政策，省法院民三庭在审判中，注重法律效果与社会效果的统一。2014年4月26日，利用世界知识产权日，对四起典型案例进行集中公开宣判。邀请人大代表、政协委员、大学生及群众代表旁听，并通过网络进行了全程现场直播，主管副院长曹建国随后对旁听人员提问进行了解答。6月份，民三庭接待了美国知识产权法律协会代表团，并进行了座谈。

西安中院成功组织召开“4·26”知识产权新闻发布会。发布了知识产权司法保护状况及十大民事案件，完成了全国人大到陕西检查司法专利保护工作汇报。

甘肃法院2014年度知识产权司法保护工作总结

2014年，我省各级法院在最高人民法院的指导下，认真学习党十八届三中、四中全会、中央政法工作会议精神和习近平总书记系列重要讲话精神，紧紧围绕“努力让人民群众在每一个司法案件中都感受到公平正义”的目标，牢牢抓住司法为民、公正司法的工作主线，切实履行执法办案第一要务，不断提升司法公信力，各项工作取得了新进展。

一、全省法院知识产权案件审理情况

2014年全省各级法院共受理知识产权案件194件，其中一审案件172件，二审案件22件。专利权纠纷25件，占12.9%；著作权纠纷17件，占8.7%；商标权纠纷39件，占20.1%；植物新品种权纠纷83件，占42.8%；其他30件，占15.5%。截至2014年12月底共审结175件，未结19件，结案率90.2%。今年我省审理的知识产权案件新特点是植物新品种权侵权赔偿纠纷、植物新品种商业秘密纠纷、植物新品种追偿权纠纷、不正当竞争纠纷等知识产权案件收案数大幅度上升，说明公民维权意识在不断增加，知识产权司法保护领域日益拓展，今后我省的知识产权审判任务也将日益艰巨和繁重。

二、主要做法

（一）大力抓好执法办案工作，依法公正高效稳妥审理案件

面对知识产权审判工作出现的新特

点,全省各级法院进一步强化保护意识,抓好执法办案第一要务,切实履行审判职责。

一是妥善审理大要案。2014 年,我省成功审理了多起在全省有较大影响的知识产权一、二审案件,其中农户诉讼追偿种子款类型案件就有 10 多余件,相比往年这类案件在数量上相对突出。省高院审理的敦煌种业先锋良种有限公司与酒泉通盈种苗有限公司植物新品种追偿权上诉一案,是我省第一起植物新品种追偿权纠纷案件,在对追偿标准不明确的情况下,合议庭及全庭人员认真研究法律精神和相关司法政策,最终参照涉案品种许可使用费的标准,酌情对品种权人补偿 94 万元,突破了司法解释规定的 50 万元的赔偿标准,该案的审理得到了最高人民法院的肯定,入选"2014 年甘肃法院十大案例",在我省产生了积极的影响,对今后此类案件审理具有标杆意义。

二是优化纠纷解决模式。我省受理的知识产权案件呈现出专业性、区域性突出等特点,总体数量基本稳定,但按照区域划分案件数量差距较大,受地区经济社会水平的影响,今年兰州、张掖两中级法院和城关区法院审理的知识产权案件在全省占较大比重。不正当竞争、商业秘密等新类型案件增多,专利纠纷案件技术趋向复杂化。兰州市中级人民法院积极探索适合知识产权诉讼特点的审判方式。树立审判程序的优先意识,严格审限规定;注重保护当事人的商业秘密,督促双方当事人及其诉讼代理人签署《保密承诺书》;充分重视裁判文书的规范化和说理透彻性,对于争议较大的案件,在裁判文书中着力分析、认定证据,不回避争议问题,有针对性地详细阐明判决理由,深刻细致辨法析理。

(二)强化能动司法,不断延伸审判职能

2014 年,我省法院不断创新知识产权服务措施,积极推进司法服务,努力使司法为民的各项措施落到实处。

一是法院干警深入基层,让司法更加贴近民生。为贯彻甘肃省"联村联户、为民富民"行动精神实质以及省委王三运书记关于深化"双联"行动系列重要批示等文件精神,进一步落实甘肃省法院院党组会议有关院机关双联工作的安排部署,省法院民三庭全体干警切实落实干部轮流驻村蹲点制度,认真履行"政策法律宣传员、矛盾纠纷化解员、双联行动联络员"的职责,坚持把开展"双联"行动作为"转变机关作风、培养锻炼干部、造福人民群众"的重要平台和有力抓手,自发搞好驻村群众间的纠纷化解,不仅依靠"从法进乡村"宣传法律政策,而且充分继承和运用马锡五审判方式,将群众间的矛盾化解在萌芽状态。

二是庭审现场进高校,实现理论与实践的有机结合。今年以来,我省各级法院采取多种方式让法律走进千家万户,促使普法零距离。一方面庭审进高校活动对审判人员提出了更高的要求,对提升审判人员综合司法能力,规范庭审水平等有很大的促进作用;另一方面通过师生进法庭、法官入课堂,高校与法院展开互动,促进了法学教育与法律职业的深度衔接,实现了法学教育与实务部门的互惠双赢。兰州市城关区法院将甘肃中文在线出版公司诉甘肃省诗文书画院侵害作品信息网络传播权纠纷一案的庭审现场转移到西北民族大学模拟法庭,兰州市法学会、兰州大学、西北民族大学部分法学专家及西北民族大学百余名学生参加了旁听。庭审进高校的活动,既促进了法院审判实践与高校理论优势的有机结合，又宣传了知识产权保护的重要性，取得了良好的法律效果。

三是树立法律权威，力争司法宣传形成合力。在做好审判工作的同时，全省各级法院非常重视知识产权司法宣传工作，采取多种方式协调与省工商局、知识产权局、种子管理站等部门之间的关系，加强司法宣传，让社会了解司法，了解法院，监督和评判司法公正，遏制知识产权违法犯罪。2014 年省高院评选出“2013 年甘肃法院知识产权司法保护十大典型案例”，在“4·26”知识产权宣传周上召开了新闻发布会，对十大典型案例进行了发布，通过典型案例宣传法律知识、引领社会风尚、规范公众行为、树立正确导向的功能，传递法治正能量，进一步增强知识产权审判的公开性和透明度，树立了我省知识产权司法保护良好形象。平凉市中级人民法院结合世界知识产权宣传日，与平凉市知识产权局、工商、文化出版等职能部门进行联合宣传，向社会群众发放宣传资料，现场解答群众咨询的问题。

（三）总结审判经验，加强调查研究

植物新品种案件是我省知识产权案件的特色和亮点，此类案件同比去年收案数上升了 15.3%。我省河西走廊以其优越的自然条件，已经成为了全国主要的玉米制种基地之一，每年的育种量占全国的 60% 以上。酒泉、张掖、武威三个地区，集中了全国相当数量的制种企业，且纠纷也相应较多。目前，我省兰州市中级人民法院、酒泉市中级人民法院、张掖市中级人民法院和武威市中级人民法院根据最高人民法院的授权享有植物新品种权案件管辖权。

2014 年针对植物新品种案件的特点和审理难点问题，省高院民三庭不断加强学习与交流，主动与中级法院沟通，积极推广一些法院对这类案件的取证方法，规范取证程序和赔偿标准，促进了我省制种产业健康有序地发展，完成了《植物新品种权案件审判中遇到的问题及建议——从甘肃法院近年来审理案件的角度分析》的调研报告，该报告作为甘肃省法院审理植物新品种权案件的先进经验总结被最高人民法院《知识产权审判》（2014 年 9 月 1 日）所刊登，作为地方审判先进经验向全国推介。兰州市城关区法院民三庭针对知识产权审判工作中的证据展开调研；张掖市中级人民法院民三庭在认真调研和查阅大量资料的基础上形成了《论维护制种市场秩序之策》《论加大知识产权力度，降低知识产权维权成本，提高知识产权侵权代价之策》、《当前做好审判工作的几点思考》三篇调研报告；定西市中级人民法院形成了《关于做好制售假冒伪劣商品和侵犯知识产权行政处罚案件信息公开工作的报告》，这些工作经验为今后我省知识产权审判工作提供了有力的理论支撑。

（四）加大公开力度，提升司法公信

一是及时将我省审理的全部案件生效的知识产权裁判文书在《中国法院网》甘肃频道、《甘肃法院网》门户网站、《中国知识产权裁判文书网》进行刊登，将案件事实认定、裁判说理、法律适用置于人民群众的监督之下，增进群众对司法裁判的了解和理解，彰显法治的文明和尊严。二是针对知识产权审判专业性强的特点，结合审判实际，省高院民三庭及时编辑印发了《甘肃知识产权审判》，对专门问题进行应对性研究，为全省知识产权审判人员创造了学习和交流的平台。三是结合“法院开放日”和

"国家宪法日",省高院民三庭邀请人大代表、政协委员和各界群众观摩庭审,传授知识产权法律,弘扬知识产权司法理念,使尊重知识、保护知识产权的意识逐步深入人心。

(五)多措并举加强党风廉政建设,不断完善监督机制

司法公正对社会公正具有重要引领作用,司法不公对社会公正具有致命破坏作用。各级法院民三庭认真学习了中央和省委反腐倡廉会议精神,深入体会省委常委、省纪委书记张晓兰重要讲话精神。省高院梁明远院长从加强思想教育、监督管理、案件查处、制度和作风建设等五个方面提出的坚决贯彻落实的具体要求,进一步明确落实"两个责任"的重大意义,深刻阐释了"权力就是责任,责任就是担当"等重要内容的丰富内涵。全省知识产权法官队伍能够结合"忠诚、为民、公正、廉洁"核心价值观教育活动,深入开展理想信念教育、党风党纪教育、职业道德教育、司法廉洁教育,自觉抵制腐朽思想的影响侵蚀,永葆法官政治本色;结合第二批党的群众路线教育实践活动,认真执行《八项规定》《双十条规定》,深入查找和解决司法作风方面的突出问题,狠刹执法办案中"冷硬横推""吃拿卡要""慵懒松散"等衙门作风,坚决堵住公款吃喝、公款送礼等违规渠道;每人签订了《法院干警廉洁自律承诺书》,邀请专职廉政监督员参加案件合议,并定期向本院汇报党风廉政建设落实情况。一年来,全省知识产权法官队伍认真执行《中央八项规定》《最高人民法院的六个严禁》《省委双十条规定》,没有出现司法不公、司法不廉的情形。

青海法院2014年度知识产权司法保护工作总结

2014年民三庭在院党组和分管院长的正确领导下,紧紧围绕执法办案工作主题,积极开展民事审判工作,较好地完成了年度工作任务。现将2014年的工作总结如下:

一年来,民三庭认真贯彻落实党的十八大和十八届四中全会精神,学习领会习近平总书记系列重要讲话,以科学发展观为指导,紧紧围绕公平正义目标,司法为民,忠实履行了宪法和法律赋予的职责,依法独立公正行使了审判权。

一、案件审理情况

2014年,我省两级法院受理一审知识产权案件17件,除1件正在审理外,其余16件已审理结案,其中有7件以判决方式解决,有9件以调解方式解决。从上述发生的知识产权案件类型看,涉及专利侵权案件9件,占当年总收案的53%,专利权转让及技术服务合同纠纷4件,占当年总收案的23%,商标侵权案件3件,占当年总收案的18%,著作权侵权案件1件,占当年总收案的6%。省高级法院民三庭受理知识产权二审案件3件,包括专利及技术转让各1件,外观设计专利权侵权案件1件。与去年同期相比,今年知识产权收案数量下降17%。分析其原因,我省辖区知识产

权案件呈现如下特点：一是案件数量增减幅度不明显，法院收案已趋于稳定。二是外地企业或者权利人起诉本地企业或侵权人的案件减少。三是发生的关联案件降低，以往集中起诉驰名商标侵权、网络著作权侵权案件的现象已不多见。四是本地企业及专利权人依法保护知识产权的意识持续增强，逐渐从被动应诉转变为积极保护知识产权，依法维权的主动性提高。从近几年案件审理情况看，虽然我省知识产权案件数量总体不多，但基本上都是本地企业之间、企业与权利人之间的侵权诉讼，可以说西部内陆地区经历了对知识产权从不重视到重视，从重视到自觉保护的良性发展过程。五是人民法院强化对知识产权的保护力度，加重了制止侵权的措施，提高了侵权赔偿的数额。与发达地区知识产权保护相比，我省发生的知识产权案件典型性不强，侵权判定较为容易，争议对抗性相对较弱，因此一审案件调解率高，上诉率较低。民三庭在审理好知识产权案件的同时，将主要精力集中在其他民事案件的审理工作。

二、关于环境资源审判的调研及机构设置情况

根据本院的安排，环境资源类案件的审理职责归民三庭负担。10 月 20 日，为建立和完善机构设置，专项对我省法院环境资源类案件受案情况及相关事项进行了调研，起草了《关于我省法院环境资源专门审判机构建设及推进环境资源案件审判工作的报告》。期间，根据西宁市中级法院成立环境资源审判庭的请示，对成立条件等进行了审查。现西宁市中级法院及城西区人民法院已按本院批复正在建立环境资源审判庭。其余地区相应机构或审判组织如何设立，按照院里统一部署进行，并继续做好涉环境资源类案件审理的其他准备工作。

三、关于信息深度应用工作

按照同步录入要求，我庭积极与技术处、审管办协调沟通，已基本掌握信息录入、电子档案制作的操作要求。截至目前，我庭案件的信息录入及电子档案已全部验收通过，纸质档案已按要求归档。今后，我庭将严格依照审管办的工作制度，强化网上办案流程，落实工作措施，确保信息录入准确，电子档案制作规范。

四、司法调研及其他中心工作

民三庭从审判职能而言，负担着知识产权审判、涉外商事审判和即将开展的环境资源审判工作，由于相关业务庭成立时间短，涉及的业务知识新，技术含量大，上级法院制定司法解释、下达调研任务较重，有时每礼拜有四五份，必须及时修改回复或反馈，所以，民三庭与其他业务庭不同的是，尽管案件数量不多，但组织文字材料的任务较为繁重。

根据工作安排，我庭已完成年初确定的工作调研、学术论文及司法统计分析工作；完成案例编写工作；参与省知识产权局组织的“4·26”集中宣传、法律咨询活动；积极参与法官培训工作，承担了部分授课任务。

五、执行廉洁自律规定和遵守工作纪律情况

按照部门领导一岗双责的要求，庭长率先垂范，带头落实反腐倡廉的各项规定，从源头上杜绝了人情案、关系案和金钱案的发生。在办案中坚持以法律为尺度，以公心处理问题为衡量标准，不搞特权，不谋私利，自觉抵制影响廉洁办案的各种不利因素,并要求全庭同志对照反腐倡廉规定,对司法环节中的廉政风险点进行防控,确保司法廉洁,不踩红线。一年来,民三庭在办理案件中,能够公平对待当事人和代理律师,未私下会见当事人,也未发生与当事人同吃、同住、同行的问题。通过落实廉政风险防控机制,廉洁自律意识进一步加强,取得较好的成效。

遵守工作纪律方面,严格遵守法院工作纪律,工作态度敬业勤恳,并坚守本职岗位,没有迟到、早退及缺岗现象。对待工作尽心尽力,认真负责,使全庭工作有了新进展。

宁夏法院2014年度知识产权司法保护工作总结

2014年,在最高人民法院的正确指导下,宁夏各级人民法院认真贯彻落实党的十八大、十八届三中、四中全会和全国、全区法院院长会议精神,按照宁夏高院确定的“113339”工作思路,以“2014年全区法院工作要点”为抓手,狠抓各项工作的落实。在全区法院干警的共同努力下,不断提高民事审判工作质量和效率,较好地完成了各项工作任务。现将主要工作总结如下:

一、抓学习,不断加强队伍建设,筑牢审判基础

始终高度重视法官队伍建设,紧密结合审判工作的特点和实际,多措并举、多管齐下,不断提升干警的职业素养和专业知识技能。

1. 加强知识产权法官的思想政治、司法作风与司法廉政建设,进一步促进司法公正。一是始终重视思想政治建设。采取个人自学、集中学习、干警自觉做好学习笔记、撰写学习心得等多种形式深入学习习近平总书记系列讲话和对法院工作重要批示精神、党的十八大、十八届三中、四中全会精神、周强院长在宁夏法院调研时的讲话和对宁夏法院工作提出的几点要求,认真贯彻落实全区法院院长会议及其他会议提出的各项工作任务,引导干警牢固树立社会主义法治理念,坚定理想信念。同时,把“崇法厚德、致公为民、凝心聚力、务实卓越”的宁夏法院精神牢固树立在每位干警的心中,努力建设一支信念坚定、执法为民、敢于担当、清正廉洁的审判队伍。二是始终重视加强司法作风建设。坚决贯彻落实中共中央关于改进工作作风、密切联系群众的八项规定精神和最高人民法院印发《关于进一步改进司法作风的六项措施》,从坚持司法为民、密切联系群众,推进司法公开、接受群众监督,加强民意沟通、扩大司法民主,精简会议活动、切实改进会风,精简文件简报、切实改进文风,改进调研工作、增强调研实效等六个方面着手,进一步改进司法作风。三是始终重视加强司法廉政建设。深入开展司法廉洁教育,坚持标本兼治、注重治本,引导全区干警加强自身修养,牢固树立“讲廉政就是给干警最大福利”的理念,自觉拒腐防变;认真查找廉政风险点,加强廉政风险防控机制建设;严格落实党风廉政建设责任制、最高人民法院

“五个严禁”、“一准则、两规范”、“十个不准”、宁夏高院“八条高压线”等各项反腐倡廉制度，通过廉政监察员、法官任职回避、防止内部人员干扰办案、防止利益冲突等制度，不断强化对司法权运行的内部监督。

2. 加强业务学习，努力提高审判能力和水平。面对当前新类型、新情况案件层出不穷，案件审理难度不断加大等复杂形势，不断加强业务知识学习，重点学习了全国法院知识产权审判工作会议精神及最高人民法院陶凯元副院长、知识产权庭孔祥俊庭长在全国法院知识产权审判工作座谈会的讲话，并结合学习了《最高人民法院知识产权司法解释理解与适用》、《著作权案例评析》等新颁布的法律法规、司法解释和典型案例，不断增强学习主动性、时效性，为做好当前民事审判工作打下基础。

二、抓审判，妥善处理各类纠纷，为社会和谐保驾护航

随着我区经济社会的迅速发展，民事审判工作面临的问题更加突出，法律利益关系更加复杂，全区干警进一步树立大局意识，注重裁判的政治效果、社会效果、法律效果的有机统一，妥善处理好各类纠纷，有效化解社会矛盾。

（一）案件审理工作情况

2014 年，宁夏法院受理各类民事一审知识产权案件 93 件，二审知识产权案件 10 件，共计 103 件。其中，审结 79 件，结案率 76.70%。其中专利案件 20 件，结案 20 件；商标案件 25 件，结案 16 件；著作权案件 34 件，结案 27 件；技术合同案件 17 件，结案 9 件，其他知识产权纠纷案件 7 件，结案 7 件。

（二）审判态势分析

从上述数据分析，宁夏法院知识产权案件具有以下特点：

1. 案件类型较为传统。宁夏地处我国西北内陆，经济发展相对落后，受理的案件均为传统的专利权纠纷、商标权纠纷、著作权纠纷等常见案件。

2. 案件数量呈上升趋势。2013 年，宁夏法院共受理各类民事一审知识产权案件 60 件，二审知识产权案件 17 件，共计 77 件。2014 年，宁夏法院受理的各类民事一、二审知识产权案件数量比 2013 年增加了 26 件，同比上升了 33.77%。

3. 五市法院案件分布不平衡。一个地区经济、科技和文化的发展程度决定着知识产权案件数量的多少。宁夏首府银川市的经济较为活跃，受理的知识产权案件最多。2014 年，在宁夏法院受理的各类民事一审知识产权案件中，银川中院受理 79 件，占全部受理案件的 84.95%，石嘴山中院受理 3 件，固原地区受理 4 件，中卫地区受理 7 件，吴忠市中院今年未受理知识产权案件。

4. 诉讼标的金额不大，且法院确定的赔偿额与当事人诉求的标的额相差很大。

（三）主要工作措施

1. 准确把握当前形势下知识产权司法政策和执法理念。紧密结合知识产权案件的特点，准确把握各类案件的司法原则和司法政策，强化审判人员的现代司法理念，牢固树立服务大局意识。在案件审理中，以公正司法为核心。切实贯彻执行“加强保护、分门别类、宽严适度”的知识产权司法保护基本政策。统筹兼顾处理好知识产权保护与利用的关系，正确处理依法保护和适度保护的关系，把处理知识产权案件置于经济发展大局中去考虑。

2. 加强审判管理，强化业务知识，坚持

推进精品战略。积极发挥知识产权审判职能作用,积极应对知识产权案件新形势新特点,认真总结各类案件的疑点、难点和审理经验,审理具有典型意义的知识产权案件。

3. 坚持调解优先,调判结合,妥善化解矛盾纠纷。针对诉讼调解机制和纠纷起源规律,及时总结、不断创新,深入探索调解新机制和新方式,采取了促进调解、以合作双赢为目标引导调解、以标准化办案为基点强化调解等多种新的调解方式。特别是加强对疑难复杂案件、有重大社会影响案件、系列案件以及可能引发上访案件的调解工作。在审判实践中,始终坚持根据个案特点合理设计调解方案,努力追求社会稳定和谐、当事人双方共赢的最佳结局。2014 年,宁夏高院民三庭审理的调解、撤诉案件共 14 件,调撤率达 36. 84% 。

4. 拓宽审判监督指导途径,提高案件质量,促进裁判尺度的统一。2014 年,进一步加强了案件的审判监督和业务指导工作,统一司法标准,提高审判水平,案件发改率与去年同期相比,有明显下降。一是召开知识产权审判工作会议。传达全国法院知识产权审判工作会议精神、领导的重要讲话精神;梳理新型、疑难案件的审理思路,统一裁判标准;分析宁夏法院知识产权审判工作的现状和发展趋势,促进全区法院从坚持推进精品战略、做好审判延伸工作、加强知识产权大要案和敏感案件的管理和指导工作、加强知识产权司法保护宣传工作、加强学习提高知识产权审判能力五个方面加强知识产权司法保护工作。二是深入调查研究加强指导。针对宁夏知识产权司法保护出现的新问题、新情况及应对措施进行调研,形成了《2011 ~2013 年宁夏法院知识产权司法保护状况》调研报告,对今后的工作、改革提供思路对策。三是始终高度重视典型案例在知识产权审判中的示范指引作用,认真做好案例指导工作。对全国法院在知识产权审判领域出现的典型案例进行收集整理,并发布了宁夏法院十大知识产权司法保护案例,弥补法官审判经验不足的缺陷,以案例指导的形式促进了裁判标准的统一和自由裁量权的正确行使。四是抓住重点案件加强协调指导。针对各中院受理的疑难、复杂、新型及同案不同判等案件,及时调研、指导、沟通、协调,促进了五市中院裁判尺度的统一,维护司法权威。五是建立发改案件座谈制度。对发现的个案问题,及时座谈、沟通、协调,以此促进全区法院裁判尺度的统一,整体提升全区法院的案件审判质量。

三、抓规范化建设,促各项工作新提高

2014 年,宁夏法院紧紧围绕“全区法院工作要点”和“规范化建设年”主题实践活动,严谨有序、扎实细致的深入开展了各项工作。

1. 加强涉文化类知识产权保护,依法促进文化体制创新。一是充分利用著作权保护手段保护民间文学艺术作品。既要有利于民间文学艺术的传承,又要有利于创新和利用。积极探索民间文艺保存人与后续创作人之间合理分享利益的机制。二是加强对宁夏回族自治区遗传资源、传统知识、传统工艺、回族医药等非物质文化遗产的保护。推动传统资源转化为现实的生产力和市场竞争力,弘扬宁夏回族产业优势和地区特色经济优势。公平合理地协调和平衡在发掘、整理、传承、保护、开发和利用非物质文化遗产过程中各方主体的利益关系,促进具有宁夏回族地区特色的自然、人文资源优势转化为现实生产力。三是为了加强知识产权司法保护,促进文化体制发展与创新,在加强知识产权审判的基础上,宁夏高院民三庭起草了《关于充分发挥知识产权审判职能作用为宁夏民族文化强区建设提供司法保障的实施意见》,该《实施意见》已通过宁夏高院审委会讨论通过,并已印发全区各中级法院贯彻执行。

2. 注重调研宣传。一是于4月25日召开了宁夏法院知识产权司法保护状况新闻发布会,首次向社会公布了宁夏法院知识产权司法保护状况白皮书和宁夏法院十大知识产权司法保护案例,回顾了近三年来我区知识产权司法保护工作情况,介绍了我区法院知识产权审判工作成效。此次发布会邀请了我区十多家主流媒体参加,取得了良好的社会效果。二是将《宁夏法院知识产权司法保护状况》白皮书及时上报自治区党委、政府、政法委及最高人民法院等单位,并及时发布了新闻发布会的相关信息。三是积极开展"4·26"世界知识产权日宣传活动。为提高公众的知识产权保护意识,强化公众的知识产权观念,"4·26"世界知识产权日我庭与宁夏知识产权局等多家单位联合开展知识产权法律宣传和法律咨询活动,现场解答群众法律咨询,发放宣传资料,向社会公布了知识产权典型案例,借助精彩的案例点评向广大群众生动讲解相关法律知识。

3. 深化司法公开,提升司法公信力,积极接受社会各界监督。一是全面落实公开审判原则,对于依法能够公开的案件全部实行公开开庭审理;对一些有影响的案件,在开庭审理时,允许新闻媒体进行公开报道,提高审判工作的透明度;对每一起开庭审理的案件,都做到同步录音录像,并实现了庭审现场网上同步直播;二是高度重视裁判文书上网工作,将所有依法可以公开的生效知识产权裁判文书全部上传,主动接受社会各界的监督。通过不断增强审判活动的透明度,努力达到以公开促公正,以公正求公信的目的。

2014年,宁夏法院狠抓各项工作的落实,保证了审判工作的顺利进行。同时,也看到工作中还存在着一些不足:宁夏地处内陆,经济相对落后,对于各类新型的知识产权案件,审判经验不足,学习的深度和广度不够,司法能力和水平有待进一步提高;结合办案撰写有分量的调研成果不多,对知识产权审判中出现的新情况、新问题的研究不够;精品案件少;审理复杂疑难案件的水平有待加强,尚需进一步加强学习;裁判文书质量还不高,辨法析理水平有待提高等等。

新疆法院2014年度知识产权司法保护工作总结

2014年,新疆法院知识产权审判工作在自治区党委的坚强领导、人大及其常委会监督、人民政府支持和最高人民法院的有力指导下,紧紧围绕"努力让人民群众在每一个司法案件中都感受到公平正义"的目标,进一步加强队伍建设,充实知识产权审判力量,改进工作作风,努力提高司法能力和水平;进一步加强改革创新,优化知识产权审判体制和工作机制,加大司法保护力度,充分发挥司法保护知识产权的主导作用;进一步加强司法公信建设,依法独立公正审理各类知识产权纠纷案件,圆满地完成了以审判为中心的各项工作。

一、案件审理情况

1. 充分发挥民事审判在保护知识产权中的主渠道作用。2014 年全区法院新受理知识产权民事案件 506 件,其中一审案件 466 件,占新受理案件的 92.1%,二审案件 40 件,占新受理案件的 7.9%;2013 年的旧存知识产权民事案件 31 件,其中一审案件 26 件,二审案件 5 件;新受理知识产权民事案件中专利纠纷案件 34 件、商标纠纷案件 281 件、著作权纠纷案件 131 件、技术合同纠纷案件 9 件、植物新品种纠纷案件 1 件、其他知识产权纠纷案件 10 件。

全年共受理知识产权民事案件 537 件(新收 506 件加旧存案件 31 件),审结 511 件,结案率 95.16%;其中,一审结案 466 件,一审结案率 94.7%;二审结案 45 件,二审结案率 100%。

2. 刑事审判在打击侵犯知识产权犯罪中的作用进一步加强。全年新收刑事知识产权案件 68 件,旧存 4 件,共受理知识产权刑事案件 72 件,审结 66 件,处以刑罚 93 人,其中生产销售伪劣产品罪受理 10 件 18 人、结 5 件 9 人;生产销售假药罪 1 件 1 人;非法经营罪 17 件 21 人,侵犯知识产权罪旧存 3 件 4 人,收 45 件 71 人,结 45 件 63 人,其中假冒注册商标罪结 13 件 21 人,销售假冒注册商标的商品罪结 26 件 33 人;非法制造、销售非法制造的注册商标标识罪结 2 件 5 人;侵犯著作权罪结 4 件 4 人,其他知识产权犯罪 1 件 1 人。

3. 依法履行知识产权行政审判对行政行为的司法监督职责。全年新收行政知识产权案件 5 件,旧存 1 件,共审理知识产权行政案件 6 件,审结 5 件,其中维持行政机关具体行政行为 3 件,支付赔偿金 1 件,其他裁定处理 1 件。以上均为一审案件。

二、特色和亮点

(一)以办精品案、做到案结事了人和为目标,诉讼调解工作再上新台阶

各级法院知识产权审判庭坚持将调解贯穿于案件审理的各个环节,不断总结调解经验、创新调解模式,探索调解方法。新疆高院在有效使用并不断推广"合议庭整体联运调解法"的基础上,大胆尝试互利共赢调解法、附条件撤诉调解法、广泛联动"一揽子"调解法、趁热打铁、冷却择机等调解方式,克服了案件程序、当事人法律知识及诉讼经验等多方面的障碍,既公正处理了纠纷又合法维护了各方权益。如各院审理的系列商业维权案件,在查明事实、分清是非的基础上,针对不同的侵权主体进行释法明理工作。通过相关知识产权知识的宣传,对法律规定、立法目的的解读让侵权人认识到其销售仿冒商标商品的行为造成了相关公众的误认,侵犯了他人的商标权益,在其充分认识到自身行为错误的基础上与权利人达成了调解协议,对类似案件的解决有一定的指导意义。但对于因无知侵权赢利较少而生活又较困难的当事人则尽可能做权利人的工作,使其同意在侵权人保证不再侵权的基础上给予足以弥补维权费用的赔偿。2014 年知识产权案件上升较快的乌鲁木齐市中院和昌吉回族自治州中院院民三庭大力开展将案件化解在庭外的审理方式,创新知识产权案件立案审查模式,加大庭前调解力度,一半以上的案件在法院主持下,在庭前或当庭即达成和解

或调解协议。昌吉中院民三庭结合自身特点,创新工作模式,从便民利民角度考虑,2014 年先后在昌吉市、呼图壁县、玛纳斯县、吉木萨尔县、阜康市、奇台县开展巡回庭审活动,开庭审理的商标侵权案件,当庭调解率达 90% 以上;其中当庭履行率达 95% 以上。

全疆法院知识产权案件调解及撤诉结案 436 件,调撤率 76.22%;其中一审调解及撤诉结案 398 件,调撤率 75.95%,二审调解及撤案结案 38 件,调撤率 79.16%。自治区高院、乌鲁木齐市中院、昌吉回族自治州中院四个知识产权案件较集中的法院调撤率分别达到 62.5%、58%、59%。

除此,新疆法院知识产权审判庭还承担了全疆法院调解课程的授课任务,向全疆法院传授调解技巧、调解经验,推广知识产权审判庭近年来不断尝试并行之有效的调解方法,得到全疆各级法院学员的好评。

(二)知识产权宣传工作内容丰富、形式多样

一是通过案件审理向案件当事人尤其是被控侵权人并通过他们的亲身经历向社会宣传知识产权法律知识。二是撰写信息报道、以案说法、编写典型案例。通过《人民法院报》《新疆日报》《乌鲁木齐晚报》《新疆法制报》《新疆都市报》等传统媒体及亚新网、法院网、腾讯网、搜狐网等网络媒体宣传知识产权知识及知识产权保护情况,努力推动全社会知识产权保护意识,扩大人民法院保护知识产权的社会影响,取得了较好的成效。三是充分发挥"4·26"知识产权宣传日宣传周活动,以庭审观摩、新闻发布会、挂横标、发放宣传材料等方式开展宣传活动,宣传法律,增进全社会对人民法院知识产权司法保护工作的了解和认可度。新疆高级法院开展了两次由人大代表、政协委员组织的特约监督员、在校法律专业研究生代表、法官代表参加的庭审观摩活动;乌鲁木齐市中级人民法院邀请人大代表、政协委员知识产权局、科技局、高新区企业界代表参加举办了两次庭审观摩活动,并于庭后召开座谈会,听取代表、委员的意见和建议,了解社会对知识产权司法保护的需求。昌吉回族自治州、伊犁哈萨克自治州法院设立巡回法庭,联合辖区工商部门邀请各大市场(如服装、化妆品、机械、电子、烟酒、食品等)的经营商户旁听庭审,开展座谈会,通过实际案例,教育市场经营者加强自律,杜绝销售假冒、伪劣产品,做到不造假、不售价。高级法院和乌鲁木齐市中院分别召开知识产权新闻发布会,通报了 2012 年来全区法院知识产权司法保护状况、工作大事记;发布了高院 2013 年度 10 起知识产权典型案例和 2013 年度乌鲁木齐市中级法院十大知识产权案件;以答记者问的形式向社会宣传知识产权司法保护热点问题。四是乌鲁木齐市中级法院大力开展三大公开平台建设,积极响应全国司法公开试点作要求,积极挑选报送典型意义的知识产权案件,对庭审案件全程进行同步录音录像,也在网上同时公开公布,接受公众的监督。去年庭审直播知识产权案件 19 次。

(三)调研和对下指导工作

1. 调研工作。为了及时掌握全区法院审判工作的动态,更好地指导和监督全区法院审判工作及自身的审判实践,高级法院民三庭十分重视调查研究工作,将调研工作始终作为重点工作之一。2014 年在充分总结审判实践中存在的较普遍问题的基础上,形成多篇调研文章及案例分析。一

是起草了《我区审理商标纠纷案件中存在问题及解决对策》,刊登在《新疆审判》2014年第1期。同时,该调研成果在全国知识产权审判工作座谈会上做大会交流。二是关于法律意义的商标使用问题案例分析,刊登在《新疆审判》2014年第3期。三是指派专人对2013年度二审发回、改判的民商事案件进行全面、详细的分析,形成分析报告。四是完成了2013年度知识产权司法保护白皮书。五是针对知识产权案件合法来源抗辩问题进行了系统调研分析,形成理论文章,该文在全国法院征文活动中获优秀奖。六是根据最高法院的要求完成《全疆法院外观设计案件审理情况》调研分析。除此,乌市中院撰写调研课题1篇、审判案例要览2篇,指导性案例2篇,司法建议4篇、法院各类信息10余篇。

2. 对下指导。一是平时审理案件时,发现下级人民法院存在的问题及时加以指出,并通过开座谈会,个案讨论、电话、内部函等形式具体指导。在日常工作中注意收集下级人民法院作出的较好的及较差的尤其是较差的裁判文书,有针对性地进行对下指导。要求承办法官对拟发回下级人民法院重审的案件,事先与一审法院主审法官沟通,交换意见,指出存在的问题及改正的方向。对下级法院的请示、汇报通过平等交流、沟通、探讨的方式集思广益,为下级法院提供审理思路。二是对个别在查明事实、赔偿数额与二审认识不一致有可能被部分改判但经二审调解结案的案件,及时与中院相关领导及承办法官沟通,对存在的问题予以指出,达到在今后的案件审理中引以为鉴并予以纠正的目的。三是通过授课培训开展对下指导。(1)2013年6月,高级法院民三庭应乌市中院民三庭邀请,赴乌市中院达坂城培训基地采取以会代训的形式对乌市两级法院知识产权和涉外案件审判法官开展了以专题授课、问题研讨、经验交流等内容丰富形式多样的对下指导及业务交流活动。针对各院在涉外案件审理中存在的问题、应注意的问题及相关热点、难点问题进行了系统的讲述;结合多年审判经验及调研思考,总结了各中级法院在审理专利、商标、著作权、不正当竞争、技术服务合同等知识产权案件和各类涉外案件中存在的问题、应注意的问题及法官中针对同一问题形成的不同观点以及法律规定不明确、各地法院存在争议的问题,有针对性地进行了深入浅出的分析,不少问题与中院法官产生共鸣。培训工作在互动、讨论甚至是在争论的过程中进行,大家畅所欲言、各抒已见,有的提问题有的摆观点,不少问题也因此而达成了共识,为统一执法尺度奠定了基础。(2)2013年8月,我庭在政治部、主管院领导的大力支持下,在院培训中心的协助下,首次举办了全疆法院知识产权专题培训班,届时邀请了最高法院资深法官授课,从全国的层面和高度全面、系统的对著作权法和商标法方面的问题进行了深入浅出的讲解,收获较大。培训班上,高院和乌市中院民三庭庭长也从宏观(整体情况)和微观(案例分析)方面介绍了新疆知识产权司法保护情况,基本达到提升审判质效、统一执法尺度的效果。除此,高级法院民三庭在培训中心举办的初任法官、中院庭长、民事审判骨干培训班上讲授知识产权基础知识,为知识产权审判人才储备工作奠定了基础。

(四)其他特色工作

1. 伊犁哈萨克自治州分院以民三庭人员为主要组成人员成立了新疆维吾尔自治

区高级人民法院伊犁哈萨克自治州分院霍尔果斯特殊经济技术开发区法官巡回工作站，每月5日前去霍尔果斯工作一天，了解霍尔果斯特区的涉外知识产权保护工作，对存在的问题通过答疑解惑、现场指导等方式开展工作。

2. 乌鲁木齐中院充分发挥陪审员的特色及作用。部分知识产权案件专业性强、技术含量高、涉及领域宽，涉及科技发展前沿的新技术、新行业。该中院积极发挥自治区知识产权局、自治区工商局、商标局以及自治区版权局陪审员的作用，在案件审理、合议、判决等环节，征求、听取陪审员意见，真正发挥陪审员的陪审作用，采取技术问题与非技术问题分离审理的方式，凡涉及专业技术方面的问题，合议庭充分尊重专家陪审员的意见，提高了知识产权案件技术问题认定的准确性，进而提高了此类案件的审判质量。

3. 自治区高级法院加强与政府部门的联系，建立横向沟通渠道。作为自治区知识产权战略领导小组成员单位，积极参与、配合领导小组组织、开展的各项专项活动，发挥知识产权司法保护主导作用，积极提供典型案例、完成年度司法保护状况白皮书等日常工作，对自治区品牌战略的实施起到了积极的促进作用。坚持能动司法，服务经济社会大局是人民法院参与社会管理创新的应有之意，长期以来，新疆法院系统紧紧围绕促进我区自主品牌的形成和品牌经济的发展，注重服务地方特色产业发展，积极帮助企业解决知识产权难题，积极加强同企业之间的沟通联系，帮助企业树立品牌意识，借助知识产权将企业做大做强，为新疆企业自主创新能力的提升及新疆经济的踊跃式发展提供强有力的法治环境。2014年9月，应特变电工股份有限公司邀请，高院民三庭与乌市中院民三庭一行八人前往该企业开展调研、答疑活动。两级法院民三庭的法官们针对企业法律工作人员归纳总结的20多个知识产权各领域问题，在充分了解问题背景的前提下，结合自身的业务知识、审判实践经验，通过通俗易懂的语言、典型案例有针对性地进行了全面、深入的分析解答。两级法院的法官们还针对企业知识产权在研发、申请（检索、申请、权利要求书的撰写、处理技术秘密与申请专利保护的关系）、运用、管理（人的管理、维护措施的管理）、保护、合作开发等各个环节应注意的问题、应完善的具体工作提出了明确、具体的意见建议。调研、答疑活动以互动、探讨的方式进行，达到了预期的目的。一是学习了企业的先进理念、精神风貌，并借此平台征求企业对法院的司法需求及对知识产权审判工作的意见建议；二是走进企业宣传知识产权知识、司法政策，针对企业的现实需求答疑解惑，用我们的工作优势为企业法律风险防控工作发挥了一定的司法保障作用。乌鲁木齐市中级人民法院赴电信企业进行调研答疑，解决知识产权难题。

4. 昌吉中级人民法院积极探索与工商系统的联动机制，在各基层工商局设立商标侵权案件巡回法庭，取得了良好的社会效果和法律效果。昌吉回族自治州中院知识产权案件中的被告大多是各县、市的经营商户，从方便当事人诉讼、宣传商标法、增强商标意识、增强经营商户的遵法和守法意识的角度设计，该中院与工商局进行协调沟通，将大部分涉商标侵权纠纷一审案件安排在基层工商局进行巡回审判，取得良好的效果，为知识产权司法与行政保护形成合力探索了一条新的、行之有效的路径。

5. 乌鲁木齐市中院充分发挥“知识产权二审合一”审判模式的优势,将知识产权民事、行政案件统一由知识产权民事审判庭审理,刑事案件依然由刑事审判庭审理,但要求有知识产权民事法官参与审理、案件讨论。“二审合一”实行以来取得了良好的实践效果,一是有利于整合审判资源,提高司法效率。二是有利于执法尺度的统一,实现司法公正。

6. 创新知识产权案件立案审查机制。知识产权案件专业性强、技术问题多,为避免立案窗口环节出差错,乌鲁木齐市中院从2005 年起,知识产权案件的审查立案由民三庭负责,实施几年来,优势明显。一是进一步提高立案的准确性和时效性,严格掌握了立案工作的程序和标准;二是提高了知识产权案件立案审查工作水平,加强了敏感、疑难、复杂案件的调查研究,准确地把握这类案件的法律适用和国家政策的适用;三是适度开展庭前调解、说服解释工作,提高了审判效率,减轻了当事人诉累。

7. 在审判工作中重视宣传,延伸审判的社会效果。一是通过报刊、电视等媒体对重点案件进行宣传,通过审判引导社会行为和社会评价;二是通过审理批发市场中的商标侵权案件,根据审理结果,走访工商局、知识产权局及有关市场管理机构就在审理此类案件中发现的问题进行座谈;三是对典型案件进行庭审时合议庭配置人民陪审员以及邀请相关机构和人员进行庭审观摩,扩大审判效果。在2015 年审理侵权商标权案件时,我们对典型案件将联合辖区工商部门邀请各大市场(如服装、化妆品、机械、电子、烟酒、食品等)的经营商户旁听庭审,开展座谈会,通过实际案例,教育市场经营者加强自律,杜绝销售假冒、伪劣产品,做到不造假、不售假。

8. 各院高度重视裁判文书质量,严格文书制作,增强裁判文书的公信力。在制作格式、内容、标点符合规范的基础上,更加注重在事实认定的准确论理分析的透彻,用词的法言法语、通俗易懂上下功夫。学习知识产权裁判文书网上公布的优秀判决书的写作要点,一方面提高裁判文书书写质量,另一方面也通过阅读内地法院判决书了解了内地法院对类似案件法律适用的尺度。乌鲁木齐市中级人民法院通常在商标侵权以及外观设计专利侵权案件中判决书后附权利人专利图片及商标权图片与被控侵权产品图片对比图,增强裁判理由说服力。

兵团法院2014 年度知识产权司法保护工作总结

2014 年,兵团法院认真学习贯彻党的十八届三中、四中全会精神,坚持司法为民、公正司法工作主线,充分发挥审判职能作用,积极深化知识产权司法体制改革,加强知识产权审判队伍建设,以“让人民群众在每一个司法案件中都感受到公平正义”的目标,切实履行知识产权司法保护职责,不断提高知识产权案件审判质量和效率。

一、充分发挥知识产权审判职能，积极有效化解社会矛盾

一年来，兵团法院知识产权审判始终坚持以执法办案为第一要务，认真履行审判职责，有效地化解了社会矛盾，充分发挥了司法保护知识产权的主导作用。2014 年兵团法院系统受理知识产权案件 33 件，其中一审受理32 件，包含著作权4 件，商标权6 件，专利权 14 件，技术合同 3 件，其他知识产权案件 5 件；二审受理专利权 1 件，结案率 100%。在办理案件中，各级法院通过邀请新闻界、知识产权局、群众代表、在校学生旁听审判等各种方式，提高司法公信力，扩大知识产权保护的影响力，很好地延伸了司法审判的社会教育职能。

加强审判流程管理，严格审限管理，均衡结案，提高审限内结案率。不断提高裁判文书写作水平，确保事实叙述清楚，说理严密，杜绝文字用语瑕疵，不断提高审判质量和效率，保证当事人的诉讼权利。

二、延伸审判职能，积极配合行政机关营造激励自主创新的良好司法环境

兵团法院以“4 · 26”世界知识产权日为契机，努力打造“4 · 26”世界知识产权日宣传周平台，采取切实可行的方式，立体、多视角地广泛宣传知识产权司法保护所取得的成就，充分展示知识产权法官的风采，努力树立兵团法院知识产权司法保护的良好形象。在 2014 年开展的“知识产权宣传周”活动中，兵团法院系统以审判为中心，积极和兵团知识产权局联系，开展知识产权审判“保护、运用、发展”年度主题活动，不断加大知识产权司法保护的宣传力度。自 2014 年 4 月 20 日起至 4 月 26 日，兵团各级法院与兵团及各师相关部门共同开展了为期一周的兵团知识产权宣传周活动。活动期间，通过发放知识产权知识问答卷、发放法律书籍、提供法律咨询等方式，展出具有知识产权内容的展板，涉及兵团知识产权战略的制定、知识产权宣传及试点示范、行政执法、司法保护等方面内容。重点介绍了兵团专利、商标(品牌)、版权工作典型单位、典型人物和典型事迹，展示了兵团知识产权工作取得的成就，使参展人员进一步了解了法律对知识产权保护的重要性，努力树立兵团法院知识产权司法保护的良好形象。

另外，兵团法院系统紧紧围绕“知识产权助推经济转型”主题，组织法官深入企业开展“送法上门”服务活动，了解企业对知识产权司法保护的需求，宣传知识产权法律制度与司法政策，扩大知识产权司法保护的影响，帮助企业解决在知识产权保护等方面遇到的法律问题，增强知识产权自我保护能力，支持和引导企业实施各项知识产权保护战略，了解企业对知识产权司法保护的诉求，提出司法保护对策。第八师中级法院紧紧围绕“知识产权助推经济转型”主题，开展了形式多样的知识产权宣传活动，连续四年被评为“师市开展知识产权工作先进集体”，切实提高了社会公众对知识产权的保护意识。

三、加强审判监督，进一步完善审判机制

兵团分院民三庭始终注重对知识产权审判工作的监督和指导，积极创新对下监督和指导途径，努力统一辖区内的知识产权审判司法理念、法律适用和裁判尺度，努力提高兵团三级法院知识产权审判质效。兵团法院通过合理配置司法资源，不断健全专业审判组织，审判力量得到充实，审判专业化水平进一步提升。面对知识产权案件新类型、新问题的不断出现,审判人员注重加强理论学习、理论创新,不断总结积累实践经验,以适应快速发展的司法实践的需求。

按照最高人民法院的具体要求,积极开展调研,探索知识产权“二合一”审判模式、案件管辖范围等。进一步加强与有关部门的沟通协调,开展对外交流与合作,做好裁判文书上网公布工作。

四、着力开展调研,提升知识产权司法保护的能力

针对审判实践中的热点、难点问题,结合审判实际的需要,开展专项调研工作,例如:先后深入到八师、十二师中级法院座谈讨论征求意见,并在有关杂志上发表调研文章等形式,取得调研成果,用调研成果指导审判实践,有效统一了裁判尺度;注重知识产权审判的理论学习研讨和裁判文书的制作水平,增强了知识产权司法保障能力。为提高知识产权的审判能力和水平,今年着重就知识产权将专家智慧引入审判工作问题进行调研,对遇到知识产权技术上的难题,经常性与他们采取电话或座谈的形式进行学习交流,提倡“学有所长、术有专攻”,对审判中的热点、难点问题进行研究;针对知识产权方面新修改法律、新出台司法解释较多的情形,组织大家结合审判实践,有针对性地学习讨论。

2014 年中国审判理论研究会知识产权专业委员会工作综述

2014 年,中国审判理论研究会知识产权专业委员会(以下简称知识产权专委会)根据《中国审判理论研究会章程》和《知识产权专委会规则》的要求,在中国审判理论研究会的领导下,在最高人民法院知识产权庭的指导下,在全国各兄弟法院的大力支持下,认真贯彻“充分发挥知识产权审判职能作用,为全面深化改革和实施创新驱动发展战略提供有力司法保障”的精神,切实担负起加强组织协调、促进信息共享、扩大交流合作的职责,积极促进优秀研究成果产出,充分发挥了桥梁和纽带作用。现将有关工作情况报告如下:

一、主办“新《商标法》司法热点问题高层研讨会”

2014 年 6 月 4 日至 5 日,由知识产权专委会和西南政法大学联合主办的“新《商标法》司法热点问题高层研讨会”在重庆举行。来自最高人民法院及全国部分法院的法官,国务院法制办、商标局等部门的实务专家,清华大学、中国人民大学、中国政法大学等高校的知名学者以及北京、上海、广东等地知名企业代表,共计 150 余人参加本次研讨会。重庆市高级人民法院院长钱锋在开幕式上致辞,重庆市高级人民法院副院长陈彬与中国人民大学知识产权学院院长刘春田教授主持了主旨发言环节。中国社科院知识产权研究中心主任李明德教授、国务院法制办副司长金武卫、最高人民法院审委会委员、原知识产权庭庭长孔祥俊作了主旨发言。在两天的会议中，与会代表围绕“商标侵权行为判定”、“涉外贴牌加工商标侵权问题”、“商标侵权抗辩事由”、“商标侵权民事责任”和“帮助型商标侵权的具体适用”等议题，从宏观到微观、从理论到实践展开了深入研讨，共开展5场专题研讨及开放式讨论，发言报告37个。与会代表针对新《商标法》司法热点问题进行了全面透彻的分析并提出许多有益的建议，为正在拟定的新《商标法》司法解释起到了参考和借鉴作用。会后，专委会秘书处及时对会议发言进行了整理，并形成了会议综述。

二、举办“中国知识产权法官讲坛”

2014年初，知识产权专委会与西南政法大学共同创办了“中国知识产权法官讲坛”。该讲坛旨在邀请在全国具有影响力的知识产权法官，对知识产权司法保护的热点、难点问题进行探索，为推动知识产权理论和实践发展提供平台。讲坛设立后，先后邀请最高人民法院审委会委员、原知识产权庭庭长孔祥俊，最高人民法院知识产权庭副庭长金克胜和法官朱理，江苏省高级人民法院知识产权庭庭长宋健等资深法官，共开展了七次讲座。该讲坛的成功举办，具有重要的社会意义和学术价值，正逐步成为在全国法院系统和学术界具有一定影响力的讲座品牌。讲座具体内容如下：

第一讲：由最高人民法院审委会委员、原知识产权庭庭长孔祥俊主讲的《当今国内外经济变局下的知识产权司法保护问题》；

第二讲：由最高人民法院知识产权庭副庭长金克胜主讲的《知识产权司法保护的特点》；

第三讲：由江苏省高级人民法院审委会委员、知识产权庭庭长宋健主讲的《法官如何审理技术类知识产权案件(技术 法律裁判)》；

第四讲：由最高人民法院知识产权庭法官朱理主讲的《互联网领域的竞争及其司法规制》；

第五讲：由北京市高级人民法院知识产权庭审判长刘晓军主讲的《侵犯专利权纠纷案的司法逻辑和裁判经验》；

第六讲：由上海市高级人民法院知识产权庭副庭长钱光文、江苏省高级人民法院知识产权庭副庭长汤茂仁、北京知识产权法院法官芮松艳等主题发言的《知识产权案的举证责任分配》；

第七讲：由深圳大学法学院教授、博士生导师李扬、北京市高级人民法院知识产权庭法官周波、北京市高级人民法院知识产权庭法官戴怡婷、国家工商总局商标评审委员会法务处副处长徐琳主题发言的《商标授权确权与商标权民事司法保护之比较》。

三、编辑出版会刊《中国知识产权审判研究(第5辑)》

由知识产权专委会编辑的会刊《中国知识产权审判研究(第5辑)》共分为审判动态、审判研究、案例研究、调研报告四个板块，共计75万余字。该书从来自全国各地法院300余篇稿件中挑选出了优秀稿件60余篇，较全面地反映了2014年全国知识产权审判理论研究的最新成果。该书已于2014年11月交法律出版社，拟于2015年3月出版。

第四部分　地 方 经 验

北京市高级人民法院
关于商标授权确权行政案件的审理指南

一、驰名商标的认定与保护问题

1. 适用2014年5月1日起施行的商标法(以下简称商标法)第十三条第二款或者第三款的规定申请对诉争商标不予核准注册或者宣告其无效的,应当以引证商标在诉争商标申请日前达到驰名状态为要件。当事人提供的引证商标在诉争商标申请日后被认定为驰名商标等证据能够证明引证商标在诉争商标申请日前已处于驰名状态的,应予采信。

2. 判断诉争商标是否构成商标法第十三条第二款或者第三款规定的不予注册并禁止使用的情形,原则上应当首先确定请求保护的商标是否达到驰名状态;在能够认定的情况下,再对诉争商标是否构成对驰名商标的复制、摹仿或者翻译以及是否容易导致混淆或者误导公众、致使驰名商标所有人的利益可能受到损害的情形进行认定。

3. 当事人依据商标法第十三条第三款的规定对同一种或者类似商品上申请注册的诉争商标申请不予核准注册或者宣告其无效,行政裁决在满足下列条件的情况下适用商标法第三十条或者第三十一条作出的,原则上不应认定属于适用法律错误:

(1)当事人没有明确提出诉争商标违反商标法第三十条或者第三十一条主张的;

(2)当事人申请诉争商标不予核准注册或者宣告无效的实质理由是相关公众容易对该商标与其主张保护的商标产生混淆的;

(3)当事人要求宣告诉争商标无效的申请没有超出商标法第四十五条第一款规定的五年期限的。

二、地理标志的认定与保护问题

4. 当事人依据商标法第十六条第一款的规定申请对诉争商标不予核准注册或者宣告其无效的,应当证明诉争商标的申请注册容易使相关公众误认为使用该商标的商品来源于地理标志所标示的地区。

5. 当事人依据其在先注册的普通商标主张他人申请注册的地理标志证明商标或者集体商标违反商标法第十三条第三款或者第三十条的规定不应予以核准注册或者宣告无效的,不予支持。当事人依据其在先注册的地理标志证明商标或者集体商标主张他人申请注册的普通商标违反商标法第十三条第三款或者第三十条的规定不应予以核准注册或者宣告无效的,不予支持。

6. 当事人以他人申请注册的地理标志证明商标或者集体商标违反商标法第十六条第二款的规定不应予以核准注册或者宣告其无效的,适用商标法第三十条中"凡不符合本法有关规定"的内容进行审理。

三、混淆误认的判断问题

7. 商标注册人对其注册的不同商标享有各自独立的商标专用权,其先后注册的商标之间不当然具有延续关系。

8. 商标注册人的基础注册商标经过使用获得一定知名度,从而导致相关公众将其在同一种或者类似商品上在后申请注册的相同或者近似商标与其基础注册商标联系在一起,并认为使用两商标的商品均来自该商标注册人或与其存在特定联系的,基础注册商标的商业信誉可以在在后申请注册的商标上延续。

9. 基础商标注册后、在后商标申请前,他人在同一种或者类似商品上注册与在后商标相同或者近似的商标并持续使用且产生一定知名度,在基础商标未使用或者虽然使用但未产生知名度、相关公众容易将在后申请的商标与他人之前申请注册并有一定知名度的商标相混淆的情况下,在后商标申请人主张其系基础商标的延续的,不予支持。

10. 当事人主张其尚未获准注册的诉争商标经过使用已经形成稳定的市场秩序能够与引证商标相区分,但不能证明其诉争商标在引证商标申请日前已持续使用的,不予支持。

11. 诉争商标申请注册人对其提出的诉争商标经过使用已经形成稳定的市场秩序能够与引证商标相区分的主张,应当提供诉争商标使用、知名度以及相关公众不会将诉争商标和引证商标相混淆等证据予以证明。引证商标权利人也可以提交相关公众容易将诉争商标与引证商标相混淆的证据。

12. 对诉争商标申请注册人提出的诉争商标经过使用已经形成稳定的市场秩序能够与引证商标相区分的主张,应当根据诉争商标申请注册人提供的证据并结合引证商标权利人提供的证据以及诉争商标申请注册人的主观状态等因素综合加以认定。

13. 对于相关公众能否将诉争商标和引证商标相区分,当事人可以提供市场调查结论作为证据。市场调查应当尽可能模拟相关公众实际购买商品时的具体情形,并应当对相关公众的范围、数量及其确定,相关公众购买商品时的注意程度以及整体比对、隔离观察、主要部分比对等方法的运用等进行详细描述,缺少上述要素、对上述要素使用错误或者无法核实其调查真实性的市场调查结论,不予采信。

四、在先权利的保护问题

(一)姓名权

14. 将政治、宗教、历史等公众人物的姓名作为商标申请注册,足以对我国政治、经济、文化、宗教、民族等社会公共利益和公共秩序产生消极、负面影响的,可以认定属于商标法第十条第一款第(八)项规定的"有其他不良影响"的情形。

15. 将在世自然人的姓名作为商标申请注册从而损害该自然人姓名权的,不宜认定属于商标法第十条第一款第(八)项规定的"有其他不良影响"的情形。

16. 姓名包括户籍登记中使用的姓名,也包括别名、笔名、艺名、雅号、绰号等。

17. 能够与特定的自然人建立起对应关系的主体识别符号视为该自然人的姓名。

18. 明知特定自然人的姓名而采取盗用、冒用等手段将其姓名作为商标申请注册的，应当认定属于商标法第三十二条规定的损害该特定自然人姓名权的行为。

19. 自然人的声誉不是保护其姓名权的前提，但声誉可以作为认定相关公众是否将某一姓名与特定自然人建立起对应关系的考量因素。

20. 通常情况下，应当由自然人本人主张其姓名权。在提交了与其具有经纪关系的模特、演员等姓名权人授权范围明确的特别授权文件等特殊情况下，被授权的经纪人可以作为利害关系人主张该模特、演员等的姓名权。

（二）著作权

21. 商标标志是否构成作品，应当根据著作权法的规定加以认定。

22. 商标标志设计底稿、著作权登记证书、商标标志委托设计合同、著作权转让合同等，可以作为确定商标标志著作权归属的初步证据。

23. 仅有商标异议或者无效申请后取得的著作权登记证书，不足以证明作品著作权归属。

五、相关程序问题

24. 申请注册被异议商标的企业被吊销营业执照但未办理注销手续，同时符合以下条件的，可以根据商标法第四条的规定，对被异议商标不予核准注册：

（1）行政裁决作出时申请注册被异议商标企业的营业执照已经被吊销超过三年的；

（2）无证据显示被异议商标已被转让或被许可给他人使用的；

（3）申请注册被异议商标的企业未参加商标评审程序和后续诉讼程序，也未对其企业状况及被异议商标情况作出说明或提出相关主张的；

（4）被异议商标系对引证商标的复制、摹仿且两者指定使用的商品存在一定关联的。

25. 诉争商标在商标评审程序中发生转让，被告未通知受让人要求其明确表态是否参加评审程序而直接作出对其不利的行政裁决，受让人在诉讼中能够证明行政裁决理由和结论违法的，应当撤销该行政裁决；被告虽然未通知受让人要求其明确表态是否参加评审程序，但受让人在诉讼中不能证明行政裁决理由和结论违法的，应当在确认商标评审相应程序不当的基础上，驳回受让人关于相应评审程序违法的主张。

26. 诉争商标在商标评审程序中发生转让，受让人参加后续评审程序的，转让人不再是评审程序的当事人，其无权就相应评审裁决提起诉讼。

27. 商标评审程序中邮寄的商标评审案件受理通知书、举证通知书、答辩通知书、证据交换通知书和证据等案件相关材料均以当事人收到作为送达的标准。

28. 原告主张未收到案件相关材料，从而送达程序违法的，被告应当提供证据证明其邮寄的案件相关材料已经被签收或者提供其他能够证明收到或视为送达的证据。被告提交的发文清单等内部流程材料或者其将案件相关材料交邮且未被退件的证据，均不足以证明已经送达。

29. 被告无法提供原告收到案件相关材料的证据，但其裁决理由和结论均无不当，原告除主张送达程序违法之外未提出实体上的主张或证据，或者其主张或证据明显不能成立，或者不属于本案审理范围的,可以在认定送达程序不当的基础上,判决驳回原告的诉讼请求。

30. 原告以商标评审程序中未告知合议组成员导致其无法行使申请回避的权利构成程序违法主张撤销评审裁决的,如果其在诉讼中没有对评审裁决的合议组成员提出实质性回避理由,应当在指出回避告知程序不当的基础上,驳回原告相应主张。

北京市高级人民法院新闻视频著作权保护的审理原则

北京市高级人民法院知识产权庭

(2014 年 3 月 19 日)

为促进文化产业的健康发展、统一知识产权司法标准,市高院知识产权庭针对新闻视频著作权问题进行专项调研,并提出了相关案件审理的基本原则。

在调研中发现,未经许可在互联网上大量使用他人新闻视频节目的情况比较严重,侵权形式复杂多样。其中既有单独使用新闻视频的,也有网站在使用新闻视频的同时配以文字说明,甚至还有通过嵌套的方式使用视频并遮挡视频发布者标志的。由于我国著作权法规定时事新闻不受保护,这导致相关行业人士对于新闻视频能否得到著作权法的保护心存困惑和疑虑,因此面对各种侵权行为感到无能为力。为了明晰新闻视频的可版权性,切实维护权利人的合法利益,界定侵权行为的法律后果,市高院知识产权庭通过调研提出如下审理原则:

一、应当根据利益平衡、过错责任原则来审理涉及新闻视频的侵害著作权案件。新闻传播的首要社会职能是向社会传播信息,以引导社会舆论,影响人们的思想和行动。新闻作品著作权的行使,容易减慢新闻作品传播速度,影响公众快捷地获取信息。因此新闻作品著作权的保护既要体现对权利人智力劳动的尊重,又要兼顾新闻作品传播者、利用者的利益和对公众知情权的保障。涉及新闻作品侵权的案件,应当坚持过错责任原则,即行为人只有在主观方面有过错的情况下才承担民事责任。判断行为人是否有过错的标准,既要考虑行为人是否尽到了普通人的一般注意义务,又要考虑到行为人所实施行为的特殊性,对于新闻行业而言,应按照专业人员的应有的注意标准进行考量。

二、根据《著作权法实施条例》第五条的规定,只有构成"单纯事实消息"的时事新闻才被排除在著作权法的保护之外。通常情况下,如果一则新闻仅用最为简明的语言记录了该新闻事实的各构成要素(时间、地点、人物、事件等),他人对这一事实的记录必然也会采用基本相同的表达,则应认定属于单纯事实消息。由于摄影作品、美术作品以及电影作品等构成要素相对复杂,不同的作者即便采用上述方式报道同一事实,其对构成要素的选择亦具有较多的选择空间,故上述作品通常不会构成单纯事实消息。对于事实基本构成要素的最为简单的表达通常会采用文字或口头表达方式,因此著作权法中规定的“时事新闻”的外延应当限于仅有“时间、地点、人物、事件、原因”内容的文字或口头表达,不应延及图片、视频等。构成作品的新闻视频,则应当受到著作权法的保护。

三、被告未经许可通过互联网传播原告新闻视频作品的,应当根据原告权利类型、被告侵权行为形式,确定法律适用。对于原告享有著作权的新闻视频作品,被告通过有线或无线的方式向公众提供作品,使公众可以在其个人选定的时间和地点获得作品的,属于侵害信息网络传播权的行为。对于原告享有广播权的新闻视频作品,被告初始传播通过无线方式进行实时转播的,属于侵害广播权的行为,被告初始传播通过有线方式进行实时转播的,则属于侵害《著作权法》第十条第一款第(十七)项所规定的“应当由著作权人享有的其他权利”的行为。

四、网络服务提供者未经许可使用他人新闻视频作品在互联网上传播的,不能适用有关合理使用的条款作为有效抗辩。《信息网络传播权保护条例》第六条第(二)项规定,“为报道时事新闻,在向公众提供的作品中不可避免地再现或者引用已经发表的作品”。现实中,报道时事新闻有多种方式,网络服务提供者使用他人的新闻视频作品往往是为了吸引关注、增加点击量,并最终获得相关栏目的经济效益,此类情形非属“不可避免地再现或引用”的情形,因此,网络服务提供者援引上述规定主张“合理使用”,一般不应得到支持。《信息网络传播权保护条例》第六条第(一)项规定,“为介绍、评论某一作品或者说明某一问题,向公众提供的作品中适当引用已经发表的作品”,可以不经著作权人许可,不向其支付报酬。网络服务提供者使用新闻视频作品的目的在于传播新闻视频本身而非以介绍、评论该新闻视频作品为目的的,不属于前述规定的情形,因此网络服务提供者也不能援引此项规定主张“合理使用”。

五、被告未经许可使用他人新闻视频作品的,应当承担损害赔偿的民事责任。损害赔偿的数额,应当按照原告的实际损失、被告获利进行计算。对于确无证据证明原告损失、被告获利的,应当根据新闻视频作品的价值、许可使用费、侵权情节等因素综合酌定赔偿数额,酌定赔偿数额可以超过五十万元的法定赔偿额。如果被告大量使用他人新闻视频作品或重复侵权,侵权情节比较严重的,可以加重赔偿责任。

北京市高级人民法院出版者过错责任研讨会纪要

北京市高级人民法院知识产权庭

(2014 年 3 月 24 日)

为充分发挥知识产权审判在促进首都文化产业发展中的职能作用,解决当前审理涉及出版者侵害著作权案件中的相关问题,市高级法院知识产权庭组织就出版者过错责任问题展开调研,充分听取了出版行政管理机关、出版行业、中国作协、中国律协、知识产权研究机构的代表以及部分法官代表的意见。现纪要如下:

一、审理涉及因出版行为侵害著作权的案件,应当兼顾权利人、传播者和社会公众的利益。

二、出版者对于出版物侵权存在过错的,应当承担损害赔偿责任。

出版者主张其不存在过错的,应当承担相应的举证责任。

三、尽到合理注意义务能够甄别侵权存在的,属于应当知道。

四、判断出版者是否尽到合理注意义务,可以综合考虑原告作品知名度、原告作品类型、被控侵权出版物的类型、被控侵权出版物与原告作品的相似程度、被控侵权内容分别在原、被告作品中所占比例等因素。

五、具有下列情形之一的,可以根据案件情况认定出版者没有尽到合理注意义务:

1. 被控侵权出版物出版合同中的著作权人与出版物的署名作者不一致;

2. 被控侵权出版物属于演绎作品或汇编作品,出版者在与演绎作品或者汇编作品的著作权人签订合同时没有审查演绎作品或者汇编作品著作权人是否得到原作品著作权人的授权;

3. 被控侵权出版物有大量内容与在先发表的图书相同;

4. 被控侵权出版物的出版,虽经过曾出版该书的出版者同意,但没有得到著作权人许可;

5. 其他可以认定出版者未尽到合理注意义务的情形。

六、具有下列情形之一的,可以根据案件情况认定出版者已尽到合理注意义务:

1. 被控侵权出版物的出版虽经著作权人同意,但该作品事前已经许可他人出版或专有出版权已被转让,且作品尚未发表,被控侵权出版物的出版者不知情;

2. 被控侵权出版物属于演绎作品,该演绎作品的作者事前未告知出版者,且原作品从未发表,出版者亦无法甄别出版物是否属演绎作品,原作品著作权人主张出版者侵权;

3. 被控侵权出版物属于职务作品或合作作品,该作品的作者事前未将创作过程如实告知出版者，出版者无其他途径知晓该创作过程，也无法甄别该出版物是否属于职务作品或合作作品，作者所在单位或其他合作作者主张出版者侵权；

4. 被控侵权出版物的授权链条完整，原始授权者的身份及授权文件的真实合法性未令人产生合理怀疑的；

5. 其他可以认定出版者尽到合理注意义务的情形。

七、原告仅起诉出版者，能够查明案件事实，出版者构成侵权的，由出版者承担全部赔偿责任。出版者已经承担全部赔偿责任后，原告针对同一事实又起诉被控侵权出版物作者（或授权者）的，对其损害赔偿的诉讼请求不予支持。

八、著作权人依据合同以"版税"或"基本稿酬+印数稿酬"等方式取得稿酬的，著作权人单独起诉被告（包括侵权作者、侵权出版者）并获得赔偿后，与著作权人签订合同的出版者有权就该笔赔偿金向著作权人主张相应的权利；与著作权人签订合同的出版者先行单独起诉被告（包括侵权作者、侵权出版者）并获得赔偿后，著作权人有权对该笔赔偿金主张相应的权利。

著作权人依据合同一次性取得稿酬的，著作权人单独起诉被告（包括侵权作者、侵权出版者），可以就其因侵权行为的合理支出提出赔偿主张。

九、判令停止侵权将严重影响社会公共利益或导致当事人之间利益严重失衡，对原告此项诉讼请求可不予支持，但可以适当增加损害赔偿数额。

河北省高级人民法院特聘知识产权审判技术咨询专家管理办法

为了切实提升知识产权审判质效，充分发挥知识产权审判技术咨询专家在解决知识产权审判中技术性问题的作用，规范咨询工作，根据《中华人民共和国民事诉讼法》及有关法律、法规和司法解释的规定，制定本办法。

第一条　河北省高级人民法院根据审判工作实际需要，经河北省知识产权局等相关部门推荐并征得专家本人同意，聘任其为知识产权审判技术咨询专家，聘期五年，任期届满后根据情况予以续任或解聘。

第二条　聘任的知识产权审判技术咨询专家应具有良好的科学道德和职业道德，熟悉相关领域的专业知识和科技发展状况，有较丰富的理论功底和实践经验，在本领域或行业内具有较高的权威性。

第三条　知识产权审判技术咨询专家咨询活动应遵循合法、独立、科学、公正、高效的原则。

第四条　在知识产权案件审理中，遇有下列情形的，经合议庭评议，可以启动咨询程序：

(一)无需启动技术鉴定程序,但需要对技术问题进行查明;

(二)属于所涉技术领域内的常识性问题,且该问题不需要借助专业技术设备进行答复;

(三)审判中确有必要咨询的其他技术问题。

第五条 具体咨询的知识产权审判技术咨询专家人选应根据案件具体情况由合议庭评议后确定,确定的知识产权审判技术咨询专家应能客观、及时、有效地出具咨询意见,如果其本人及近亲属与案件有法律规定应该回避的事由,其应主动回避,也可由当事人说明理由申请其回避。

第六条 人民法院对知识产权审判技术咨询专家进行咨询的方式主要为口头咨询和书面咨询两种方式:

(一)采取口头咨询的,应有两名以上合议庭成员参加,并客观、详尽地做好咨询笔录,由接受咨询的知识产权审判技术咨询专家和合议庭成员共同签名确认。根据案件实际审理的需要,审判人员也可以采取电话或电子邮件等方式与接受咨询的知识产权审判技术咨询专家进行交流,但也应做好相应的电话记录或电子邮件保存等工作。

(二)采取书面咨询的,审判人员经与技术咨询专家联系,将有关案件涉及相关技术问题的资料及需要了解的问题,书面交与知识产权审判技术咨询专家。知识产权审判技术咨询专家应在规定的时间内,将咨询意见签字确认后,以书面形式交予审判人员。

第七条 知识产权审判技术咨询专家在接受咨询时享受以下权利:

(一)知识产权审判技术咨询专家有权了解与技术相关的案件及审理情况,有权查阅卷宗及相关案件材料;

(二)知识产权审判技术咨询专家在必要时有权勘验现场或向当事人询问相关情况;

(三)知识产权审判技术咨询专家有权根据自己的专业知识独立、完整、充分地发表自己的咨询意见。

第八条 知识产权审判技术咨询专家在接受咨询时应承担以下义务:

(一)知识产权审判技术咨询专家应根据案件情况及自己的专业知识独立、完整、充分地提供专家咨询意见,不得私下与案件当事人及其委托代理人接触或收受任何形式的费用;

(二)知识产权审判技术咨询专家应在接受咨询后七日内提供专家咨询意见,最迟不得超过十五日,超过十五日的,审判人员有权根据案件情况另行确定知识产权审判技术咨询专家;

(三)知识产权审判技术咨询专家应根据法律规定保守国家秘密和审判工作秘密。

知识产权审判技术咨询专家违反前述义务的,河北省高级人民法院有权提前解除其知识产权审判技术咨询专家的聘任。

第九条 按照本办法形成的专家咨询意见审判人员应认真研究,充分尊重,最终是否采纳应由审判人员根据具体案件情况评议后予以决定。仅作为审判人员了解相关技术问题的辅助性意见的,可以不经当庭质证;需要将专家咨询意见作为定案证据予以使用的,应按照最高人民法院《关于民事诉讼证据的若干规定》的相关规定进行处理。

第十条　按照本办法进行的技术咨询活动的相关材料应由活动参与人员签字后全部装入副卷保存。

第十一条　按照本办法进行的技术咨询活动一般仅限于相关领域的专门性技术问题,不应涉及法律适用或者当事人是否构成侵权等法律问题的认定。

第十二条　经人民法院同意,当事人可以申请在全省知识产权审判技术咨询专家库名册中选择相关行业的技术咨询专家作为诉讼辅助人参加诉讼,就相关复杂技术问题进行阐述,并承担相应的费用。

第十三条　知识产权审判技术咨询专家本人可以申请不再担任技术咨询专家,河北省高级人民法院也有权根据本办法规定提前解除知识产权审判技术咨询专家的聘任。

第十四条　本办法适用于全省法院审理知识产权纠纷案件中涉及的专门性问题而委托的专家咨询。

第十五条　本办法由河北省高级人民法院负责解释。

第十六条　本办法自公布之日起施行。

上海市高级人民法院知识产权审判庭审理知识产权民事、行政和刑事案件的规定

为进一步完善上海法院知识产权专业化审判机制,促进知识产权案件的适法统一,提升知识产权审判质效,充分发挥司法保护知识产权的主导作用,根据《中华人民共和国民事诉讼法》、《中华人民共和国行政诉讼法》、《中华人民共和国刑事诉讼法》以及知识产权法律、法规、司法解释的相关规定和《最高人民法院关于认真学习和贯彻〈国家知识产权战略纲要〉的通知》精神的要求,并结合本市法院知识产权审判工作实际,制定本规定。

第一条　【案件类型】上海市高级人民法院知识产权审判庭(以下称高院民三庭)统一审理本院受理的知识产权民事、行政、刑事案件。

第二条　【案件范围】高院民三庭审理以下知识产权民事、行政、刑事案件:

(一)知识产权民事案件,包括依据有关法律、法规、司法解释以及沪高法(审)〔2011〕6号《上海市高级人民法院关于一审知识产权案件管辖的规定》应由本院受理的知识产权民事一审、二审、申诉及请示案件等。

(二)知识产权行政案件,包括依据《中华人民共和国行政诉讼法》及有关司法解释规定,应由本院受理的当事人对本市知识产权局、工商行政管理局、公安局、版权局、海关、文化市场行政执法部门、城管执法部门等行政主体就涉嫌侵犯知识产权行为所作行政决定提起行政诉讼的知识产权

行政一审、二审、申诉及请示案件等。

(三)知识产权刑事案件,包括依据《中华人民共和国刑事诉讼法》及有关司法解释规定,应由本院受理的案由为假冒注册商标罪,销售假冒注册商标的商品罪,非法制造、销售非法制造的注册商标标识罪,假冒专利罪,侵犯著作权罪,销售侵权复制品罪,侵犯商业秘密罪的知识产权刑事一审、二审、申诉及请示案件等。

第三条 【案号编制】本院受理的知识产权民事、行政和刑事案件,案号分别列"沪高民三(知)×字第×号"、"沪高行(知)×字第×号"、"沪高刑(知)×字第×号"等系列案号。

第四条 【审判组织】高院民三庭审理知识产权民事、行政、刑事案件,一般由高院民三庭法官组成合议庭,疑难复杂、新类型及具有重大社会影响的知识产权行政、刑事案件可由高院民三庭商请行政庭、刑二庭派法官担任合议庭成员。

第五条 【部门会商】审理疑难复杂、新类型及具有重大社会影响的知识产权行政、刑事案件,高院民三庭还可商请行政庭、刑二庭派员参与案件的会商、研究。

第六条 【调研指导】高院民三庭负责全市法院知识产权民事、行政和刑事案件的审判调研指导工作,相关审判庭给予配合。高院民三庭制定有关知识产权行政、刑事审判业务文件时,应当听取高院行政庭、刑二庭的意见。

第七条 【外部协调】由高院民三庭牵头、高院刑二庭参与,建立知识产权刑事审判外部协调机制,与公安、检察等机关建立联席会议制度,至少每年召开一次公、检、法等机关参加的联席会议,就知识产权刑事审判中的有关问题加强沟通协调,促进知识产权刑事审判质效的提高。

第八条 【文件发送】与知识产权行政、刑事审判相关的业务文件,高院行政庭、刑二庭应在下发本市法院行政庭、刑庭的同时,下发本市法院知识产权审判庭,并抄送高院民三庭。

第九条 【业务培训】全市行政、刑事审判条线组织开展有关业务培训和研讨活动,应当视情通知全市法院知识产权审判庭派员参加。全市知识产权审判条线组织开展相关业务培训和研讨活动,应当通知行政庭、刑庭派员参加。

第十条 【解释部门】本规定由上海市高级人民法院审判委员会负责解释。

第十一条 【施行日期及效力】本规定自2014年10月1日起施行。上海市高级人民法院审判委员会之前讨论通过的有关审判业务文件与本规定相冲突的不再适用。

上海市高级人民法院关于上海市第三中级人民法院案件管辖的暂行规定

根据《中华人民共和国民事诉讼法》、《中华人民共和国行政诉讼法》、《中华人民共和国刑事诉讼法》和《最高人民法院关于北京、上海跨行政区划人民法院组建工作指导意见》的规定,结合上海实际,对上海市第三中级人民法院的案件管辖范围暂行规定如下:

一、上海市第三中级人民法院依法管辖下列案件:

(一)以市级人民政府为被告的第一审行政案件,以市级行政机关为上诉人、被上诉人的第二审行政案件(不包括知识产权行政案件);

(二)上海市人民检察院第三分院提起公诉的案件;

(三)上级法院指定管辖的其他案件。

二、上海市高级人民法院可根据具体情况适时调整上海市第三中级人民法院的案件管辖范围。

三、本决定自2015年1月1日起施行。上海市高级人民法院此前的规定与本规定不一致的,以本规定为准。

上海市高级人民法院关于上海市第三中级人民法院、上海知识产权法院案件管辖衔接若干问题的意见

为确保上海市第三中级人民法院、上海知识产权法院成立后,两家法院案件管辖相关工作的顺利衔接,保障当事人依法便捷地行使诉讼权利,根据《中华人民共和国民事诉讼法》、《中华人民共和国行政诉讼法》、《中华人民共和国刑事诉讼法》、《全国人民代表大会常务委员会关于在北京、上海、广州设立知识产权法院的决定》、《最高人民法院关于北京、上海、广州知识产权法院案件管辖的规定》和《最高人民法院关于北京、上海跨行政区划人民法院组建工作指导意见》,制定本意见。

第一条 上海市第三中级人民法院、上海知识产权法院自2015年1月1日起依法受理案件。

上海市第一、第二中级人民法院和本市各基层人民法院自2015年1月1日起,不再立案受理应当由上海市第三中级人民法院、上海知识产权法院管辖的一、二审案件。

2015 年 1 月 1 日以前上海市第一、第二中级人民法院和本市各基层人民法院已经立案但尚未审结的案件,由原受理案件法院继续审理。

第二条 上海市第一、第二中级人民法院继续管辖辖区内的二审和依法应当由中级人民法院管辖的一审知识产权刑事案件。

第三条 案件二审属上海市第三中级人民法院或上海知识产权法院管辖,且上诉期于 2015 年 1 月 1 日以后届满的,第一审裁判文书尾部在告知当事人上诉权利时应当写明上诉于上海市第三中级人民法院或上海知识产权法院。

第四条 属上海市第三中级人民法院、上海知识产权法院管辖范围的案件,2015 年 1 月 1 日以后,如需对原为上海市第一、第二中级人民法院作出的判决、裁定、调解书发回重审、指令再审或者依法提起再审的,继续由上海市第一、第二中级人民法院重审或者再审。

第五条 2015 年 1 月 1 日以后,属上海市第三中级人民法院、上海知识产权法院管辖范围的案件,如需对原为本市基层人民法院作出的已经发生法律效力的一审判决、裁定、调解书进行再审、指令再审或提审的,除当事人依照《中华人民共和国民事诉讼法》第一百九十九条的规定选择向基层人民法院申请再审的或者 2015 年 1 月 1 日以前已由上海市第一、第二中级人民法院立案审查的外,由上海市第三中级人民法院、上海知识产权法院依法裁定。

第六条 上海知识产权法院审结生效的第一审知识产权民事、行政判决、裁定和调解书,当事人向上海知识产权法院申请执行的,由上海知识产权法院转上海市第三中级人民法院执行。

第七条 本意见的日期"以前"不包括本日,"以后"包括本日。

第八条 本意见由上海市高级人民法院负责解释,自发布之日起生效。

上海市高级人民法院此前的规定与本意见不一致的,以本意见为准。

浙江省高级人民法院民三庭
关于知识产权民事诉讼证据保全的纪要

为规范知识产权民事诉讼证据保全行为,充分保护当事人的合法权益,根据相关法律、司法解释的规定,结合我省审判工作实际,形成以下纪要:

第一条 人民法院采取证据保全措施一般应当根据申请人申请,但对涉及可能有损国家利益、社会公共利益或者他人合法权益的案件除外。

申请人可以在起诉前申请证据保全,也可以在起诉时或者立案后申请证据保全。

第二条 人民法院采取的证据保全措

施应当全面反映被保全证据的真实状态，一般以不损害被保全证据的价值、不妨碍被保全证据作为财产的正常使用和流转为前提，减少保全风险，避免因保全不当给被申请人正常的生产经营活动造成损失。

第三条　人民法院应准确把握证据保全的适用条件，既要考量知识产权证据的不稳定性和易毁性等特点，及时有效地采取保全措施，又要防止当事人滥用证据保全程序，耗费司法资源。

第四条　诉前证据保全的管辖法院为证据所在地、被申请人住所地或者对案件有管辖权的人民法院。

诉前证据保全的级别管辖适用知识产权民事案件级别管辖的规定。

第五条　当事人申请证据保全应当递交书面申请。

书面申请应当载明以下内容：

（一）当事人基本情况；

（二）申请保全证据的理由、内容、范围、所在地点；

（三）申请保全的证据能够证明的对象；

（四）证据可能灭失或者以后难以取得，且当事人及其诉讼代理人因客观原因等不能自行收集的具体说明。

第六条　人民法院应及时对证据保全申请的合法性进行审查：

（一）申请人为适格主体。申请人一般为权利人或者利害关系人，利害关系人包括但不限于知识产权财产权利的合法继承人和知识产权许可合同的被许可人等。特殊情况下，被诉侵权人、确认不侵权之诉的原告、其他当事人也可以作为申请人。独占实施许可合同的被许可人可以单独向人民法院提出申请；排他实施许可合同的被许可人在权利人不申请的情况下，可以提出申请；普通实施许可合同的被许可人经权利人明确授权的，可以提出申请。

（二）申请人提交了证明自己权利存在以及该权利遭受被申请人侵害的初步证据。证明权利存在的初步证据主要包括专利权证书、专利缴费凭证、专利登记簿副本、商标注册证书、著作权登记证书、作品底稿、公开出版物等，利害关系人除需提供上述证据外，还应提供实施许可合同、证明其合法继承人身份的材料等。申请人提供的存在侵权事实的证人证言，一般不得单独作为证明权利遭受侵害的初步证据。

（三）申请保全的证据内容属于由申请人承担举证责任的内容。

（四）其他需要审查的事项。

第七条　人民法院应及时对证据保全申请的必要性进行审查，即申请保全的证据可能灭失或以后难以取得，且当事人及其诉讼代理人因客观原因不能自行收集。

证据可由当事人通过购买等方式自行取得，或可由公证机关公证保全取得的，人民法院对证据保全申请可以不予准许。

第八条　人民法院应对当事人提出保全申请的证据的关联性进行审查。

申请保全的证据所能证明的对象应当属于诉讼请求涉及的范围，包括与被诉侵权行为的存在、状态、规模或权利受损程度等待证事实具有关联性。

第九条　人民法院准许当事人证据保全申请的，应采用裁定书形式，裁定书内容应以当事人申请为限；不准许当事人证据保全申请的,应当以书面或者口头通知形式告知申请人,并说明理由。采用口头通知方式的,应当制作笔录。

人民法院采取证据保全措施,应当先向被申请人送达证据保全裁定书,并告知权利义务。

人民法院保全的证据范围,应当以裁定书载明的内容为限。

第十条 人民法院可结合内部职能部门分工情况,确定证据保全的审查和执行部门,但知识产权审判庭应当随员参加。

第十一条 人民法院应确保其在证据保全过程中的主导地位,对于技术性较强的保全措施可由人民法院聘请案外专业人士进行协助,也可以允许当事人聘请的专业人士参与。

第十二条 人民法院应保障当事人在证据保全过程中享有的见证权、指认权、陈述权和异议权。

第十三条 人民法院能够用复制、记录、照相等方法进行证据保全的,不应采取查封、扣押等措施;能就地查封的,不应采取异地扣押措施。对于采取查封、扣押等措施保全的证据,应当及时进行勘验、质证。

第十四条 人民法院应根据案件的具体情况,及时采取有效的证据保全措施:

(一)查封或扣押生产被诉侵权产品的专用模具、专用机械设备等,并进行拍照;

(二)查封或扣押被诉侵权产品的成品与半成品,并清点库存数量;

(三)复制或扣押可反映生产或销售被诉侵权产品的数量、金额以及利润的财务帐册或报表、生产记录、仓储记录、销售合同、报价单、销售发票、报关文件等;

(四)提取与被诉侵权产品有关的宣传资料、画册、产品目录等;

(五)复制电脑及各种数据储存器中涉嫌侵权的程序、图纸、技术资料以及内部管理资料、客户资料等;

(六)封存、提取易变质、不易保管的物品,并进行照相、录像;

(七)其他需要采取的证据保全措施。

第十五条 对于查封保全的证据,一般由被申请人自行保管,人民法院应当告知其不得擅自变更保全状态以及相应的法律后果。对于扣押保全的证据,人民法院应当设置专门的证物室妥善保管。采取查封、扣押等证据保全措施的,人民法院应当向被申请人出具清单。

第十六条 证据保全应制作笔录,必要时可利用第三方机构对保全过程进行电子记录,完整反映保全过程。

第十七条 申请人提出的保全要求可能涉及被申请人的商业秘密的,人民法院应当告知申请人应承担的保密义务并采取适当的保密措施。

第十八条 被申请人不配合保全的,不影响人民法院自行采取保全措施,但应采用拍照、录像等方式完整记录保全过程。

第十九条 被申请人持有对己不利的证据,无正当理由拒不提供,或者伪造、毁灭被保全证据的,人民法院根据案件具体情形,既可以推定申请人关于该证据的主张成立,也可以降低相关事实的证明标准,或者将举证妨碍行为作为认定损害赔偿数额的考量因素。

人民法院应在充分考量举证妨碍行为的严重程度、被申请人的主观过错、相关证据的重要性及对案件事实的证明力等因素的基础上,确定举证妨碍行为在事实认定方面的法律后果。

在下列情形中，人民法院不应适用举证妨碍规则直接推定申请人的相关主张成立：

（一）该主张明显超出合理范围；

（二）存在与该主张有明显矛盾的证据或者事实。

第二十条 被申请人伪造重要证据、毁灭被保全的证据、或者以暴力、威胁等方法阻碍人民法院依法进行证据保全的，人民法院可以根据情节轻重予以罚款、拘留；构成犯罪的，依法追究刑事责任。

第二十一条 以调解或者和解撤诉方式结案的案件，或双方当事人协商同意的，人民法院可以将被保全的证据退还被申请人。

第二十二条 申请证据保全，申请人应当按照《诉讼费用交纳办法》第十四条第（二）项的规定交纳保全费用。

人民法院可以要求申请人提供被保全证据载体的销售价格、申请人或者市场上同类产品的销售价格作为实际保全证据载体的估值依据，并据此确定保全费用。

第二十三条 人民法院采取证据保全以不提供担保为原则，以提供担保为例外。

人民法院在确定申请人提供担保的必要性时，应当以证据保全是否会给被申请人造成财产损失为标准，同时应当考量申请人举证的充分程度、权利的稳定性及其诉讼请求得到支持的可能性。

第二十四条 证据保全具有下列情形的，申请人不提供担保：

（一）采取照相、录像、勘验、制作笔录等方法足以固定证据，不需要采取查封、扣押措施的；

（二）复制财务帐册、销售合同等；

（三）提取的被诉侵权产品样品价值不大的；

（四）不会给被申请人造成经营损失的其他情形。

第二十五条 证据保全具有下列情形的，人民法院应当要求申请人提供担保：

（一）查封、扣押对象为大型机械设备、建筑物、交通工具、货物、鲜活商品、名贵物品等，保全措施有可能对这些证据造成直接损害或者妨碍其正常使用而造成损失的；

（二）被保全对象为即将交付的合同标的，保全措施有可能造成被申请人因交付不能遭受损失的；

（三）被保全对象涉及被申请人商业秘密等重大利益的；

（四）其他可能给被申请人造成较大损失的情形。

第二十六条 对于认定侵权成立的案件，人民法院应当在判决生效后将担保金退还申请人。对于认定侵权不成立的案件，申请人未要求退还担保金的，人民法院应当在判决生效之日起二年后将担保金退还申请人；申请人要求退还担保金的，人民法院应当告知被申请人在诉讼时效的合理期限内提起损害赔偿之诉。被申请人未起诉的，人民法院应当将担保金退还申请人。

第二十七条 人民法院对于被保全的证据，应当进行客观公正的审查，既可以作出有利于申请人的事实认定，也可以作出不利于申请人的事实认定。无论申请人是否放弃使用被保全证据，人民法院均可以依职权使用被保全证据。

第二十八条 申请人恶意申请证据保全，或虽无恶意，但其诉讼主张最终并未得到人民法院生效裁判的支持,造成被申请人财产损失的,应当承担损害赔偿责任。

第二十九条 损害赔偿的数额,应当与因错误申请证据保全给被申请人造成的财产损失相适应,包括直接损失和间接损失。直接损失包括被保全产品的灭失、价值贬损和实际支出的相关费用等;间接损失包括生产线被查封期间的产能损失、因产品被保全导致被申请人向案外交易人支付的违约金损失等。

第三十条 对电子证据进行保全的,人民法院在保全前应对存储介质进行格式化等清洁性处理,并记入保全笔录。

第三十一条 人民法院在保全电子证据时应注意保护现场:

(一)禁止非保全人员接触电源和计算机、网络设备、存储设备等数字化设备;

(二)采取必要措施防止被申请人相关人员破坏保全环境;

(三)检查计算机的网络情况,确保系统在正常状态,必要时可以切断网络连接,防止远程控制;

(四)终止正在实施的整理硬盘、格式化硬盘、批量复制、下载信息、杀毒等可能大量访问存储介质的操作,防止正在运行的系统或程序破坏数据。

第三十二条 人民法院在对电子证据进行保全时,应当同时保全据以验证被保全证据可靠性的任何其他必要信息,如该电子信息的来源地、目的地、发送与接收时间、软件运行的环境、操作系统等,必要时可以根据需要扣押相关计算机主机、硬盘、服务器等存储介质。

第三十三条 电子证据应至少复制两份予以保存。复制后,应当及时检查复制件的质量,防止复制不成功或感染病毒。

第三十四条 保全的电子证据应妥善保管,远离高磁场、高温、静电、潮湿、灰尘等环境,避免挤压、试剂腐蚀和使用易导致静电消磁的包装。

福建省德化县人民法院关于建立知识产权纠纷“诉调对接”工作机制的若干意见

德法〔2014〕19 号　2014 年 4 月 8 日

近年来,我县知识产权行政、司法部门受理的知识产权纠纷案件数量不断增加,为加大对知识产权的保护力度,维护和谐稳定的社会局面,实现知识产权权利人与社会公众的利益平衡,需要形成知识产权行政、司法保护的合力,创新社会治理机制,构建知识产权纠纷“诉调对接”工作机制。

根据《中华人民共和国民事诉讼法》、最高人民法院《关于建立健全诉讼与非诉讼相衔接的矛盾纠纷解决机制的若干意见》、《关于进一步贯彻"调解优先、调判结合"工作原则的若干意见》、《知识产权局、工业和信息化部、工商总局、版权局关于加强陶瓷产业知识产权保护工作的意见》等规定,为提升知识产权保护能力,营造促进陶瓷产业转型升级、健康发展的知识产权保护环境,经德化县法院和德化县文体新局、工商局、科技局(以下简称行政部门)会商,共同研究制定本意见。

一、工作联络

1. 建立定期联系工作机制。德化县法院与德化县文体新局、工商局、科技局建立工作联络小组,由各单位相应部门的负责人作为联络小组成员,并确定具体的联络人。联络小组的工作采取日常联络与联席会议相结合的机制,除日常沟通联系外,每季度召开一次联席会议,通报化解知识产权纠纷的情况,研究疑难案件、交流信息,总结经验。

2. 建立重大案件通报预警机制。对于因知识产权权利人进行大面积维权,可能引发群体性纠纷的案件,受理单位可通过联络小组成员向主管单位进行通报,迅速启动诉前、庭前调解程序。

3. 完善调研工作机制。各单位可针对知识产权纠纷矛盾化解工作中存在的突出问题展开联合调研,可采取走访企业、召开座谈会、定期交流工作信息等方式,人民法院可选择典型案例定期邀请相关人员旁听庭审。

二、诉前调解

1. 知识产权民事纠纷发生后,当事人可以向知识产权行政部门或德化县版权协会申请调解;行政部门和版权协会也可以主动参与知识产权民事纠纷的调解。当事人直接向人民法院起诉的,在案件立案之前,人民法院可以引导当事人通过行政部门或版权协会调处纠纷。在征得各方当事人同意后,人民法院可暂缓立案,先行登记后,将案件移送至行政部门或版权协会。当事人不同意诉前调解的,人民法院应当及时立案受理。

2. 行政部门和版权协会组织调解时,可以邀请人民陪审员、行政执法人员、行业专家、知识产权审判技术咨询专家等参与调解。

3. 经行政部门和版权协会调解达成诉前调解协议的,当事人可以自调解协议生效之日起三十日内,共同向有管辖权的人民法院申请司法确认。人民法院应当及时立案依法审查调解协议的效力,经审查,符合法律规定的,裁定调解协议有效;不符合法律规定的,裁定驳回申请,当事人可以要求行政部门或版权协会重新调解,也可以向人民法院提起诉讼。

4. 行政部门对于经过调解不能达成和解协议,在依法做出行政处理决定后,当事人不服提起行政诉讼的,可以在行政诉讼过程中向法院说明诉前调解的有关情况,法院可以根据有关情况继续针对当事人之间的民事争议组织调解。调解不成的,当事人可以另行提起民事诉讼。

三、诉中委托、邀请调解

1. 人民法院对于进入诉讼程序的知识产权民事纠纷案件,在征得双方当事人同意后,可以委托或邀请行政部门或版权协会对案件进行调解或者协助调解。

2. 人民法院委托行政部门或版权协会调解的,应当出具委托调解函,并附送案件相关材料。人民法院邀请行政部门或版权协会调解的,应当出具邀请调解函。行政部门和版权协会收到邀请调解函后,应当在五日内指派相关人员协助人民法院做好调解工作。

3. 委托调解期限为三十日,自行政部门或版权协会接受委托调解之日起计算。经各方当事人同意,调解期限可以适当延长。

4. 人民法院委托行政部门或版权协会调解达成调解协议的,行政部门和版权协会应当及时向人民法院反馈案件调解情况,同时将相关案件材料送交人民法院。当事人可以向人民法院申请撤诉,也可以请求人民法院制作民事调解书。未达成调解协议的,行政部门和版权协会应当及时将案件相关材料送交人民法院。人民法院应当及时审理并做出裁判。

5. 行政部门接受人民法院委托,对知识产权民事纠纷组织的调解活动,是以中立立场引导平等民事主体化解矛盾纠纷、履行社会职责的服务行为,不属于具体行政行为。当事人以行政部门在组织调解过程中的具体举措不当为由,向人民法院提起行政诉讼的,人民法院不予受理。

6. 行政部门在接受人民法院的委托组织调解时,发现被控侵权行为涉嫌构成刑事犯罪,且当事人不能达成和解时,可以立即终止调解,并向人民法院提出移送刑事处理的建议。

四、其他事项

1. 对于已经受过行政处罚或被生效的民事判决判令承担侵权责任,又重复侵犯他人知识产权的组织或个人,除权利人同意外,原则上不再组织调解,人民法院及行政部门应依法加大制裁力度。行政部门在查处侵权行为的过程中,对于重复侵权或涉嫌构成犯罪的,应及时向人民法院通报。

2. 各单位应共同搭建陶瓷产业知识产权保护支撑平台。完善创新知识产权检索和咨询服务工作模式,建立健全陶瓷产业知识产权信息服务平台,加强知识产权信息传播和利用,引导加强对传统技艺的研究、认定、保存和传播过程中的知识产权保护。

3. 推动建立陶瓷产品知识产权鉴定评估机构,提升陶瓷产品的技术鉴定和知识产权司法鉴定水平,提供知识产权侵权界定的专业服务,为司法保护提供支撑。

4. 推动建立行业知识产权联盟,指导开展行业维权,提高联合应对知识产权纠纷和诉讼的综合能力。推动制定行业知识产权保护自律公约,提高会员知识产权保护自律意识。引导规范国内外展销活动,鼓励编发针对国内外展会、进出口贸易等环节的企业维权指引。指导加强对陶瓷产业证明商标、集体商标的管理和许可使用,加大区域品牌培育力度。

5. 加强宣传教育工作,各单位可以通过电视、报刊、互联网络等媒体对知识产权保护、化解矛盾纠纷工作中取得的成绩进行宣传报道,营造尊重知识产权、理性应对纠纷、诚信市场竞争的良好社会氛围,积极支持开展知识产权维权打假活动。

本意见自印发之日起施行。

福建省泉州市中级人民法院关于专家陪审员参与知识产权案件审判操作规范

泉中法[2014]42号

各相关基层法院、中院各相关部门：

现将《泉州市中级人民法院关于专家陪审员参与知识产权案件审判操作规范》印发给你们，请认真抓好贯彻落实。

泉州市中级人民法院

2014年4月22日

泉州市中级人民法院关于专家陪审员参与知识产权案件审判操作规范

第一章　总　　则

第一条　为完善知识产权审判工作机制，切实提升我市法院知识产权审判质量，充分发挥知识产权专家在人民法院审理知识产权纠纷案件中的作用，规范专家陪审员使用和管理工作，根据《最高人民法院关于人民陪审员参加审判活动若干问题的规定》、《福建省法院人民陪审员管理实施细则(试行)》制定本办法。

第二条　人民法院在审理知识产权案件中，涉及相关专业知识或技能中争议较大的案件，必须由人民法院选任的专家陪审员参与案件审理。

第三条　专家陪审员应当珍惜、热爱自己的岗位，遵守司法礼仪，不断增强荣誉感和自豪感，忠实执行宪法和法律。

第四条　专家陪审员应当遵守审判纪律，秉公办案，刚直不阿，不得徇私枉法。

第二章　专家陪审员的权利和义务

第五条　依法参加审判活动是专家陪审员的权利和义务。专家陪审员依法参加审判活动，受法律保护。

第六条　专家陪审员参加合议庭审判案件，对事实认定、法律适用独立行使表决权。

合议庭评议案件时,实行少数服从多数的原则。专家陪审员同合议庭其他成员意见有分歧的,应当将其意见写入笔录。

第七条 专家陪审员依法参加人民法院的审判活动,除不得担任审判长外,同法官有同等权利。

第八条 专家陪审员参加合议庭审判案件,享有下列权利:

(一)查阅案卷材料,参加案件的调查、调解、庭审、评议和判决等各项审判活动;

(二)参加合议庭评议案件时,可充分发表意见或保留意见;

(三)参与对本案裁判文书的制作,并在裁判文书上署名。

第九条 专家陪审员在行使权利的同时,应履行下列义务:

(一)按时参加审判活动,无正当理由不得拒绝履行陪审职责;

(二)审判案件必须以事实为根据,以法律为准绳,秉公办案,不得徇私枉法;

(三)保守审判工作秘密,不得向任何公民和单位泄露案件所涉及的国家秘密、商业秘密和个人隐私;不得泄露合议庭、审判委员会等内部讨论案件的情况;在人民法院作出裁判之前,不得泄露对案件的处理意见;

(四)清正廉洁,忠于职守,遵守审判工作纪律;

(五)接受法律监督和人民群众监督。

第十条 专家陪审员在参加审判活动中应保持良好的精神面貌,遵守司法礼仪。

在开庭时,应当遵守法庭规则,保持法庭的庄严,做到:

(一)言谈、举止大方得体;

(二)着装整洁、庄重;

(三)准时出庭,不缺席、迟到、早退,不随意进出;

(四)集中精力,专注庭审,不做与审判活动无关的事。

第三章 开庭审判

第十一条 人民法院审判下列第一审案件,由专家陪审员和法官组成合议庭进行,法律另有规定的案件除外:

(一)疑难、涉及专业知识的知识产权案件;

(二)社会影响较大的知识产权案件;

(三)当事人申请由专家陪审员参加合议庭审判的案件。

第十二条 人民陪审员和法官组成合议庭审判案件时,合议庭中人民陪审员所占人数比例应当不少于三分之一。

第十三条 当事人申请由专家陪审员参加合议庭审判案件的,应在案件开庭七日以前向人民法院提出书面申请。

第十四条 人民法院根据案件情况确定由专家陪审员参加合议庭审判案件的,承办人应在案件开庭七日以前填写《人民陪审员参加审判申请表》并进行审批。

第十五条 专家陪审员具有下列情形之一的,应当自行回避,当事人及其特别授权委托代理人也有权要求其回避:

(一)是本案的当事人或者当事人的近亲属的;

(二)本人或者他的近亲属与本案有利害关系的;

(三)担任过本案的证人、鉴定人、辩护人、诉讼代理人的;

(四)与本案当事人有其他关系,可能影响对案件公正审理的。

第十六条 审判长负责安排专家陪审员参加审判活动的具体事项：

(一)安排书记员于案件开庭五日以前将开庭通知书送达专家陪审员，并书面通知其所在单位；

(二)及时安排案件合议。如不能当庭合议的，确定合议的时间后，应及时通知专家陪审员参加合议；

(三)在案件审理过程中注重发挥专家陪审员的作用，特别发挥专家在该领域方面的技术优势、从业经验；

(四)及时通知专家陪审员参加案件的宣判。

第十七条 有工作单位的专家陪审员凭开庭通知书向所在单位请假，并准时参加审判活动。

专家陪审员确因特殊情况不能参加开庭的，应于开庭三日以前告知审判长，并说明理由。

第四章 考核与表彰

第十八条 基层人民法院会同同级人民政府司法行政机关对专家陪审员执行职务的情况进行考核。

第十九条 对专家陪审员的考核内容包括陪审工作实绩、思想品德、工作态度、审判纪律、审判作风和参加培训情况等方面。

第二十条 对于在审判工作中有显著成绩或者有其他突出事迹的专家陪审员，由基层人民法院会同同级人民政府司法行政机关给予表彰和奖励。

第二十一条 基层人民法院应及时将对专家陪审员的表彰和奖励决定书面通知专家陪审员本人及其所在单位、户籍所在地或经常居住地的基层组织。

第五章 职务免除

第二十二条 专家陪审员每届任期为五年，任期届满后，其职务自动免除。

第二十三条 专家陪审员有下列情形之一，经查证属实的，应当免除其人民陪审员职务：

(一)本人申请辞去人民陪审员职务的；

(二)无正当理由，拒绝参加审判活动，影响审判工作正常进行的；

(三)违反与审判工作有关的法律及相关规定，徇私舞弊，造成错误裁判或者其他严重后果的。

第六章 补助与经费

第二十四条 对专家陪审员在履行职务期间应享受的各项补助，由本院按照法律规定予以保障。

第二十五条 专家陪审员因参加审判活动应当享受补助的具体标准，由本院按照法律规定和本地区经济发展水平，参照普通人民陪审员参与案件标准的一倍以上五倍以下进行补助，并对专家陪审员履行职务期间的交通、住宿等方面予以保障。

第七章 附 则

第二十六条 本办法由泉州市中级人民法院解释。

第二十七条 本办法自公布之日起施行。

福建省厦门市中级人民法院
关于建立专利纠纷诉调衔接机制的意见

2014 年 2 月 21 日　厦中法[2014]5 号

为建立专利纠纷诉讼与非诉讼相衔接的机制,公正高效地解决专利纠纷,化解社会矛盾,促进和谐社会建设,根据《中华人民共和国民事诉讼法》、《中华人民共和国人民调解法》、《最高人民法院关于建立健全诉讼和非诉讼相衔接的矛盾纠纷解决机制的若干意见》、《国家知识产权局关于加强专利行政执法工作的决定》、福建省高级人民法院、福建省知识产权局《关于建立知识产权纠纷诉调对接机制的若干意见》等法律政策的相关规定,结合厦门工作实际,制定本意见。

一、厦门市中级人民法院民三庭(知识产权庭)、厦门市知识产权局法律事务处负责处理专利侵权、权属及其他专利纠纷的诉调衔接工作。

二、厦门市知识产权局的具体诉调衔接工作可以委托中国(厦门)知识产权维权援助中心或者厦门市专利纠纷人民调解委员会承担。

三、诉调衔接工作遵循“公正、高效”原则,推动行政与司法联动调解,保障当事人合法权益。

四、经各方当事人同意,厦门市中级人民法院在裁判作出前可将专利纠纷案件委托厦门市知识产权局进行调解。厦门市知识产权局在接收厦门市中级人民法院委托调解函及卷宗之日起三十日内组织调解。经各方当事人同意,可以适当延长调解期限。

五、厦门市知识产权局诉调衔接工作室对厦门市中级人民法院业已受理的专利纠纷案件,根据厦门市中级人民法院的委托,指定或由当事人选定调解员进行调解,并在调解期限内将调解结果函告厦门市中级人民法院。不能接受委托进行调解的,应当说明理由在七日内将材料退回。

六、厦门市中级人民法院在审理专利纠纷案件进行调解时,可以邀请厦门市知识产权局诉调衔接工作室指派人员协助调解。

七、厦门市知识产权局认为专利纠纷案件性质争议较大、类型新颖、案情复杂,在调解中需邀请人民法院提前介入指导调解的,可以出具邀请函,由厦门市中级人民法院诉调衔接工作室委派审判人员对有关案件予以调解指导。

八、在委托调解中各方当事人达成调解协议的,各方当事人可以向厦门市中级人民法院申请出具民事调解书。

九、厦门市知识产权局在调处专利纠

纷案件中促成当事人达成调解协议的,可以引导当事人自调解协议生效之日起三十日内共同向厦门市中级人民法院提交调解协议、申请书、身份证明及相关证据材料以申请出具民事调解书。厦门市中级人民法院应及时审查当事人提交的相关材料,并于申请之日起三日内决定是否受理。

十、厦门市中级人民法院经审查认为调解协议合法有效的,应当出具民事调解书。

十一、对厦门市中级人民法院业已受理的专利纠纷案件,厦门市知识产权局诉调衔接工作室可以根据法院的邀请函,委派相关人员协助厦门市中级人民法院进行调解。

十二、厦门市中级人民法院诉调衔接工作室、厦门市知识产权局诉调衔接工作室共同制定有关诉调衔接的工作方案,双方每半年召开一次联席会议,相互通报和交流相关信息和经验做法,并督促落实各项诉调衔接工作。

十三、厦门市中级人民法院、厦门市知识产权局共同对专利纠纷调解员等相关人员进行业务培训与指导,不断提高专利纠纷调解工作、诉调对接机制的制度化、规范化水平。

十四、本意见由厦门市中级人民法院、厦门市知识产权局负责解释。

十五、本意见自厦门市中级人民法院、厦门市知识产权局共同发布之日起生效。

山东省淄博市中级人民法院关于充分发挥知识产权审判职能　为促进我市文化大发展大繁荣提供司法保障的实施意见

2014 年 10 月 28 日　淄中法〔2014〕　号

为深入贯彻落实党的十八届三中、四中全会精神,充分发挥知识产权审判在推动我市文化大发展大繁荣中的职能作用,切实保障增强创新驱动发展新动力,服务全市经济发展,根据上级精神和全市法院实际,制定本意见。

一、更新思想观念,坚持能动司法,切实增强提供文化类知识产权司法保障的责任感和使命感

1. 增强服务全市文化建设和经济发展的主动性、有效性。围绕上级关于推进文化建设的一系列战略部署,全市法院应充分认清形势,坚持能动司法,切实增强大局意识和责任意识,强化加强保护观念,充分认识加强保护是当前文化类知识产权司法保护的主要矛盾、基本定位和政策取向;强化利益平衡观念,把利益平衡作为文化类知识产权司法保护的重要基点,统筹兼顾智力创造者、商业利用者和社会公众的利益,协调好激励创造、促进产业发展和保障基本文化权益之间的关系,实现各方共同受益、均衡发展。

2. 发挥文化类知识产权司法保护主导作用。当前,我国已形成以著作权法、非物质文化遗产法、计算机软件保护条例、信息网络传播权保护条例等法律、行政法规为主干的文化法律体系,文化类知识产权案件审判已成为知识产权审判的重要方面,全市法院要充分发挥知识产权审判对文化建设的规范、引导、促进和保障作用,激励全市文化创造活力持续迸发,推动文化产业跨越式发展,提升我市整体文化竞争力。

二、完善制度建设,狠抓审判主业,不断加强文化类知识产权案件审判工作

3. 依法履职审判主业。充分发挥司法保护文化类知识产权的优势作用,重视裁判的引领和导向功能,通过正确审理新类型和疑难复杂案件,明晰法律标准,划定行为界限,规范行业发展,进一步简化诉讼程序,最大限度缩短办案周期,及时保障权利人的合法权益;加大文化类知识产权案件的执行力度,确保生效裁判切实有效执行,增强文化创造者通过诉讼方式维护权益的信心和积极性;继续坚持全面赔偿原则,切实加大侵权惩罚力度,努力降低维权成本;积极探索法定赔偿适用规则,准确确定法定赔偿的考量因素,公平合理地确定赔偿数额。

4. 推进审判制度创新。依托司法鉴定、专家证人、技术调查等相关诉讼制度,不断完善案件技术事实查明机制,充分发挥专家在文化类知识产权案件审判工作中的宏观政策咨询、专业智力支持和综合协调作用;结合人民陪审员“倍增计划”,在文化类知识产权案件审理中推广适用人民陪审员制度;建立文化类知识产权审判的保密令制度,解决诉讼中商业秘密的保护问题,解除当事人维权的后顾之忧。

5. 强化诉讼程序保障。针对文化类知识产权权利人取证难、举证难问题,加大证据保全和依职权调取证据的力度,对于当事人在诉前或诉中提出的证据保全申请,积极受理、迅速审查并及时执行,及时固定侵权证据;加强诉讼指引,引导文化类知识产权权利人依法通过多元化司法手段获取侵权及获利证据;依法建立诉前禁令快速响应机制,对符合诉前禁令法定条件的,及时采取诉前禁令措施,及时维护权利人合法权益。

6. 依法规范商业维权。严格证据审查,加大对原、被告主体资格及权利范围、侵权证据的形式要件、取证过程的合法性等环节的审查力度,提高证据审核认定能力。合理分配举证责任,确定由商业维权人举证证实其主张法定赔偿的参照因素及合理依据;在被告提出合法来源抗辩时,应考虑被告的举证能力、行业经营习惯等,适时在原、被告之间转移举证责任。充分考虑个案平衡,在商业维权批量诉讼中,应充分考虑不同侵权人的经营规模、营业地址、实际经营状况、主观侵权故意等因素,合理确定损失赔偿数额,避免机械、简单办案。

7. 健全纠纷解决机制。深刻把握文化类知识产权案件的特点与规律,正确把握“调解优先、调判结合”工作原则,坚持在拓展调解领域、规范调解程序、注重调解质效上下功夫;健全完善非诉讼纠纷解决机制,积极引导当事人选择委托调解、专家调解、行业调解等方式解决纠纷,促进文化创造者与使用者的合作共赢；对于当事人或者相关行业对判明是非的期待高，或者对明确规则的要求强烈，或者对判决的接受程度高的案件，尽可能选择以判决方式解决纠纷，充分发挥司法裁判的指引和导向功能。

三、拓宽指导途径，统一裁判尺度，依法规范文化类知识产权审判裁量权行使

8. 加强司法政策调控。明确分门别类、区别对待和宽严适度的宏观司法政策，以及“强化利益平衡；强度与高度协调统一；妥善处理权利保护、产业发展和信息传播关系和加强非物质文化遗产保护”的文化类知识产权司法保护政策，发挥司法政策的宏观调控作用，推进文化类知识产权审判工作的规范统一。

9. 强化审判业务指导。发挥典型案例示范效应，积极探索文化类知识产权案例指导制度，实现案例指导工作的规范长效；及时总结审判经验，通过司法文件、会议纪要和典型案例的裁判批复等形式，明确文化类知识产权保护的具体司法原则和标准，切实解决司法实践中出现的突出问题；坚持向前延伸，加强专题调研，适时出台文化类知识产权司法保护的专题审判指导意见，以弥补新类型案件导致的法律适用盲区。

四、延伸服务触角，创新服务载体，提升服务地方特色文化产业的司法能力

10. 继续推行“网格化”司法服务模式。选择当地具有地域文化特色和文化创新型企业建立“知识产权司法保护工作联系点”，探索建立具有地方文化产业发展特点的知识产权保护路径，为企业文化产业发展提供优质司法服务。

11. 完善司法建议常态化工作机制。充分发挥司法建议的指引、警示作用，对在开展文化类知识产权司法保护工作中发现的突出、共性问题，积极向相关企业及工商、版权、文化等职能部门发出司法建议，不断完善“司法建议 + 反馈 + 回访”工作模式，确保司法建议“提得好、送的巧、用得着”，引导知识产权使用者合法、规范经营，促进行业健康有序发展。

12. 构建文化类知识产权立体保护格局。进一步加大与文化、版权、工商、公安、海关和知识产权局等行政执法部门的合作力度，积极推进保护联动机制建设，建立信息共享平台与长效沟通机制，积极拓展纠纷解决新途径，实现对文化类知识产权司法与行政的合力保护。

13. 坚持“阳光司法”，加大司法公开力度。完善规范知识产权裁判文书网络公开制度，全面客观公开案件事实、定案证据、诉辩观点及判决理由，增进群众对司法裁判的理解，树立正确社会导向，传递法治正能量；依托新闻发布会、法院开放日活动、庭审网络直播等多元化载体，进一步提升文化类知识产权案件审判工作的透明度；依法实行案件深度公开制度，针对社会关注度较高的文化类知识产权热点案件，以“全媒体”形式全景展示案件审理过程，确保司法公信力不断提升。

五、夯实队伍基础，提升队伍能力，不断适应新形势下文化类知识产权审判工作的各项需求

14. 推进知识产权审判组织体系建设。注重从精通法律、外语基础较好、具有理工专业背景和一定审判经验的人员中选拔、培养文化类知识产权专业法官，实现审判资源配置进一步优化升级;针对文化类知识产权案件的特点,聘请相关领域专家担任人民陪审员,以其专业优势带动审判质效不断提升。

15. 加强知识产权审判业务能力建设。针对当前文化类知识产权审判热点、难点问题举办专题业务培训,不断强化知识产权法官的专业知识和审判技能,促进全市法院文化类知识产权审判工作的整体提升。

山东省泰安市中级人民法院关于加强知识产权审判服务“富民强市”建设的二十条意见

为深入贯彻党的十八大、十八届三中全会、中央政法工作会议及习近平总书记对人民法院工作的重要批示精神,全面落实我市法院工作的总体要求,要坚持能动司法,按照“五位一体”的总体布局和“六个紧紧围绕”的重大决策部署,围绕“推进富民强市、建设幸福泰安”的奋斗目标,立足于服务全市转方式调结构、推动文化大发展大繁荣、推动生态泰安建设和城乡一体化发展,充分发挥人民法院为大局服务的职能作用,发挥知识产权审判对文化发展繁荣、科学技术进步和知识创新的服务和保障作用,提升我市企业创造、运用、保护和管理知识产权的能力,增强我市企业的核心竞争力,促进我市经济科学、健康、平稳发展,结合法院工作实际,制定如下意见。

一、提高认识,深刻理解加强知识产权审判工作的重大意义

1. 充分认识知识产权审判工作在服务保障经济发展中的重要作用。知识产权制度作为国际通行的保护智力劳动成果的一项重要的法律制度,在经济、科技、社会发展中发挥着激励发明创新、规范市场竞争、调整利益分配的重要作用。知识产权审判工作,与经济发展的关系非常密切,在维护社会主义市场经济秩序等方面具有不可替代的重要作用。加强知识产权审判,对于我市实施创新驱动发展战略、保障我市经济健康运行具有重要意义。全市法院知识产权法官要全面把握我市经济发展的具体目标与工作举措,努力增强知识产权审判服务大局的前瞻性、针对性和有效性。

2. 充分认识知识产权审判工作在知识产权保护中的主导作用。我国的知识产权保护实行的是行政保护和司法保护“两条途径、并行运作”的双轨制保护模式。司法保护在知识产权保护方面发挥着主导作用,其主导性主要体现在司法解决知识产权纠纷的主渠道作用、司法救济的全面性和实效性、司法裁判的终局性、裁判标准和规则的导向性等方面。通过加强我市知识产权审判工作,充分发挥司法保护的主导作用,才能使创造愿望得到尊重、创造活动得到支持,创造能力得到发挥,创造成果得

到保护;才能激励自主创新,规范市场竞争,促进提升我市知识产权的创造、运用和管理水平。

二、全面发挥知识产权司法职能作用,为推动泰安经济发展提供全面司法保障

3. 认真贯彻落实《最高人民法院关于当前经济形势下知识产权审判服务大局若干问题的意见》,紧紧依靠党委政府,积极主动、能动司法,努力营造鼓励和引导创新的知识产权司法环境,增强知识产权司法保护的公信力和权威性,最大限度地维护人民群众的创新权益,实现知识产权领域的公平正义。

4. 加大对泰安经济增长有重大突破性带动作用、具有自主知识产权的关键核心技术的保护力度,促进高新技术产业的发展,提升企业自主创新能力和核心竞争力,为我市经济发展提供强有力的知识产权司法保障和法律服务。把泰安市高新技术产业开发区作为司法服务的重点区域,把拥有自主知识产权、拥有核心技术的重点企业和重点行业作为司法服务的主要对象,重点深入新材料、电子信息、新能源与节能环保、新医药和生物四个战略性高新技术产业,输变电设备、汽车及零部件、高端装备制造等高新技术主导产业,帮助企业完善知识产权管理与运营制度;指导企业综合运用商标权、专利权、版权、商业秘密等知识产权,对自主创新成果、文化创意成果进行立体、交叉保护,从而进一步提升产业集群的集聚力、扩大辐射力、增强竞争力。

5. 加强对以泰山为核心和主线的泰安文化的知识产权保护。泰安市文化资源丰富,其中的泰山文化、大汶口文化、水浒文化、桃文化等在全国乃至世界享有一定的知名度和良好的美誉度,是泰安市文化产业发展的基础。因此,加强对泰安文化产业的知识产权保护,有助于弘扬泰安的民族产业优势和地区特色经济优势,推动泰安传统资源向现实生产力转化,进而提升泰安文化产业的市场竞争力和影响力。

6. 加强与其他司法机关和知识产权行政执法机关之间的协作配合,推动形成知识产权保护的整体合力。与海关、知识产权局、工商局、版权局以及公安等单位建立联席会议制度、信息通报制度、案件移送制度和联合执法制度,定期开展专项执法行动。充分利用行政和司法手段,对重复性、群体性的知识产权违法案件从严查处,切实维护权利人的合法权益。加强与知识产权行业协会、高新技术企业的联系与沟通,及时了解企业和科研机构在知识产权方面的法律需求,引导企业和科研机构增强自主知识产权保护意识;建立知识产权行政保护与司法保护相互借鉴、相互促进、共同发展的新格局,扩大我市知识产权保护的影响力。

三、依法审理好各类知识产权案件,进一步加大知识产权司法保护力度

7. 依法审理好商标权案件。以我市支柱产业、重点企业、高新技术产品和农产品商标保护为重点,加强对驰名商标和著名商标的服务、保护和管理,特别是要加强我院依法认定的“生力源”、“康平纳”、“华阳”等驰名商标的保护力度。要积极引导各类市场主体发展注册商标,提高注册商标的数量和质量。要切实加强农产品商标注册和地理标志保护工作,引导有泰安特色的农产品以地理标志注册集体商标或证明商标。加强对改制、改组企业传统商标的保护,确保传统商标得以传承和发展,防止在改制过程中知识产权的流失。为我市知名品牌的培育和成长提供良好的法律环境。

8. 妥善处理商业标识类权利冲突案件。妥善处理注册商标、企业名称与在先权利的冲突,在处理如“泰山”等具有历史、地理因素的权利冲突案件时,不仅要尊重历史和地理状况,而且关键要看在后权利人的相关行为是否违反诚实信用原则即是否具有“搭便车”的故意,责令其停止相关行为是否有违公平竞争,不能简单地以权利获得的先后顺序为由保护在先权利。因使用企业名称而构成侵犯商标权的,可以根据案件具体情况判令停止使用,或者对该企业名称的使用方式或范围作出限制;判决停止使用但当事人拒不执行的,可加大强制执行和相应的损害赔偿救济力度。

9. 依法制止不正当竞争行为,规范企业生产经营秩序。审理好仿冒知名商品特有名称、包装、装潢和虚假宣传、商业诋毁、串通投标等不正当竞争案件,处理好涉及商业外观、计算机网络域名等新类型知识产权案件,制止一切非诚信的仿冒搭车行为,依法制止“傍名牌”等不正当竞争行为,确保诚信竞争和有序竞争。

10. 妥善处理侵犯商业秘密纠纷。以符合法定条件为依据,准确界定商业秘密保护范围,每个单独的商业秘密信息单元均构成独立的保护对象。在案件审理过程中防止二次泄密,通过审理相关案件,有效制止侵犯商业秘密行为,积极为企业的创新、投资营造安全、可信赖的法治环境。认真审理涉及人才的竞业限制纠纷,审慎处理好商业秘密保护与竞业限制以及人才合理流动的关系,充分保障人才的合法权益。

11. 依法保护作品著作权主体的合法权益。加强著作权司法保护,维护著作权人合法权利,提升我市文化软实力。严厉制裁侵犯涉及泰山文字作品、摄影作品的著作权侵权行为,加大侵权赔偿力度,提高全社会的版权保护意识。在案件审理过程中,依法合理界定著作权保护与合理使用、法定许可的关系,平衡处理创作者、传播者和利用者之间的利益关系。使作品得以继续使用和传播,实现知识产权法律促进知识创新、实施与传播的价值追求。

12. 加大损害赔偿力度,充分维护权利人利益。对于能够证明侵权产品数量或因侵权行为导致的权利人产品销售减少数量的,尽可能通过确定合理的利润率来计算赔偿额。难以证明侵权受损或具体数额,根据案件的具体情况依法在《商标法》规定的300万元法定赔偿限额内合理确定赔偿额。对于故意侵权和假冒、盗版等情节严重的侵权行为,除依法判决侵权人承担民事责任外,还可以视具体情况依法予以民事制裁。

四、健全完善创新审判体制机制,努力提升知识产权司法保障的整体功效

13. 创新知识产权审判工作机制。借助诉讼服务中心和诉调对接中心平台,为知识产权案件当事人提供立案审查、诉前调解、司法救助、案件查询、判后答疑等一站式立案服务,并开通知识产权案件立案、审理、执行“三优先”和快立、快审、快结、快执行“四快”的涉知绿色通道。

14. 进一步提高办案效率。强化审限

意识和效率意识,加强审判流程各节点控制,严格杜绝隐性超审限案件。采取各种措施,防止案件积压。在确保公正的前提下尽可能提高效率,努力缩短知识产权案件的审理期限。

15. 健全能动司法工作机制。按照服务型司法、能动型司法、高效型司法的要求,大力加强对经济文化发展中可能涉及知识产权法律问题的前瞻性调研,主动为党委政府重大知识产权决策出台和重大知识产权项目落地出谋划策,为相关企业、行业协会、科研机构、高等院校等解决知识产权工作中的问题,提供司法对策和建议,并对可能影响经济文化发展的重大知识产权动向及时发出预警,促进有关方面科学决策、依法决策。建立健全联系企业、服务重点项目建设等工作机制,帮助健全制度、源头防范、完善管理、堵塞漏洞、消除隐患,把可能产生的问题化解在萌芽状态。针对我市高新企业知识产权保护意识不强、保护机制不健全等实际情况,为企业在申请专利、商标、著作权,进行知识产权管理、转化和运用,知识产权保护维权等方面提供咨询和建议,对宜于诉前调解的纠纷及时介入解决。

16. 健全完善多元化纠纷解决机制。继承发扬我国优秀法律文化传统和群众工作政治优势,在知识产权执法办案中注重融法理情于一体,尽可能通过调解、和解的方式化解矛盾纠纷,促进社会和谐。坚持把"调解优先、调判结合"工作原则贯穿于知识产权审判工作的全过程,完善全面、全程、全员"三全"调解工作机制,不断规范调解行为,提升调解质量。正确处理调解和判决之间的关系,既要注重调解,又不能久调不决。积极探索知识产权案件的诉调对接,健全完善多元化纠纷解决机制,充分发挥人大代表、政协委员和知识产权行政执法部门、行业协会、专业技术人员,以及专家调解员、人民陪审员、诉讼代理人等在沟通协调方面的独特作用,增强知识产权纠纷调解功效,最大限度地增加和谐因素,最大限度地减少不和谐因素。

17. 加强知识产权法官队伍职业化建设。加强对知识产权法官的专业培训,全面提升知识产权法官的司法能力。注意保持知识产权法官队伍的相对稳定,努力建设一支审判作风好、办案水平高、学术研究精、专家人才多的知识产权法官队伍。

五、切实加强法制宣传工作,确保知识产权司法服务各项措施落到实处

18. 高度重视知识产权审判的公开性和透明度。为加强对审判工作的监督指导,提高知识产权审判的公信力,扩大知识产权审判工作的社会影响,定期选择有影响的知识产权案件,邀请人大代表、政协委员、行业协会、专家学者及审委会委员等旁听庭审,增强审判的公开性和公信力,提高社会公众对知识产权审判工作的认同度。

19. 全面做好知识产权审判的宣传工作。加大对社会关注案件和工作成就的宣传报道,通过公开审理、公开宣判等形式,在全社会形成自主创新光荣、受保护,侵权违法可耻、受制裁的社会氛围;建立新闻发布制度,定期将向社会公开知识产权司法保护的新成就和在社会上有广泛影响的案例;建立所有知识产权裁判文书上网制度,体现知识产权审判的公开性和透明度,树立我市知识产权司法保护的良

好形象，引导和培养全社会的创新意识和知识产权保护意识，营造有利于自主创新的社会氛围。

20. 积极开展司法建议工作。针对知识产权案件审理中发现的企业和科研机构等单位在知识产权创造、管理、经营和保护中存在的漏洞和问题，及时提出司法建议，指导和帮助有关单位建立健全知识产权保护制度，为地方党委、政府制定相关政策提供决策依据。为"富民强市"建设提供全方位、立体化的服务。

山东省枣庄市中级人民法院关于建立知识产权司法保护联系网络的工作意见

为加强知识产权司法保护，促进知识产权司法公开，服务枣庄城市转型和创新型城市发展战略，枣庄中院决定建立知识产权司法保护联系网络。现制定具体意见如下：

一、工作内容

1. 选定本市一批知识产权示范企业、高新技术企业及其他具有知识产权保护内容和需求的企业，建立知识产权司法保护联系网络。

2. 开展灵活多样的联系与交流活动，通过专业培训、专题座谈、旁听开庭、定期通讯、调查问卷等形式，为企业提供法律服务及决策参考，提升人民法院的知识产权司法能力和司法水平。

二、工作目标

3. 培育和加强企业尊重和保护知识产权的意识，促使企业积极主动进行知识产权维权，并切实增强知识产权法律风险防范意识，有效避免侵犯他人知识产权。

4. 提高企业知识产权诉讼意识及诉讼能力，尤其是证据意识及举证能力，充分利用现行知识产权法律制度所规定的证据保全、临时禁令等措施，在诉讼中积极维护自身合法权益。

5. 宣传知识产权司法保护成果，坚定企业自主创新信心，促使企业积极制定及实施符合自身特点的知识产权战略，促进产业转型与升级，增强市场核心竞争力。

6. 提升知识产权司法能力，通过深入了解相关行业的知识产权发展趋势，提高对企业知识产权战略及内部管理的感性认识，增强在相关领域内的技术判断和政策判断能力。

7. 促进司法公开，增进相关企业、社会公众等对于法院知识产权审判工作的理解与支持，营造良好的知识产权司法保护社会氛围。

三、工作原则

8. 开放性原则。根据相关企业的意见，确定纳入联系网络的成员企业。联系网络启动后，相关企业可随时申请加入或要求退出。

9. 针对性原则。联系网络建立后，根据不同行业、不同知识产权类型及企业的具体特点和要求，有针对性地确定活动形式，侧重于知识产权的法制宣传，帮助企业规范管理、堵塞漏洞、化解风险，着重提升企业运用、管理和保护知识产权的意识和水平。

10. 双向性原则。将联系网络作为法院与企业沟通交流的互动平台，充分发挥各自优势作用，以促进共同发展。发挥法院审判资源和相关法律知识丰富等优势，为企业提供及时的知识产权法律服务。发挥企业生产实践经验丰富和专业技术能力较强等优势，促进知识产权审判人员提高技术判断能力和司法审判能力。

11. 公正性原则。严格保守在联系企业过程中知悉的商业秘密和其他不宜公开的信息。恪守审判纪律，对于成员企业正在诉讼的案件，不得泄露审判秘密或不当发表意见，原指定联系法官应执行回避制度，除必要的诉讼指导外，诉讼期间暂停可能影响案件公正审理的活动。严守廉政纪律，不得接受企业吃请或送礼，不得借此谋取不当利益。活动过程中由纪检监察部门介入监督。

四、活动形式

12. 建立和拓宽联系网络。联系网络范围内的成员企业面向本市的知识产权示范企业、科技创新型企业、高新技术企业等重点企业，兼顾其他具有一定自主创新能力且具有高知识产权内在需求的中小型企业。随着知识产权政策的发展、法院服务能力的增强、企业知识产权意识的提高，逐步拓宽联系网络，吸收更多的行业及企业加入，并不断丰富联系服务形式，提高联系服务水平。

13. 法律培训。根据成员企业具体需求，举办专题培训、专题讲座、案例评析等活动，有针对性地开展商标法、著作权法、反不正当竞争法、技术合同法等知识产权法律知识及诉讼制度的教育和培训。集中的法律培训每年至少开展一次。

14. 旁听开庭。根据成员企业的知识产权性质和具体需求，选择典型案例，邀请成员企业派员旁听知识产权案件开庭审理，以庭审促进知识产权意识的提升，以公开促进司法水平提升。该项活动每年至少开展一次。

15. 专题座谈。根据不同专题召开主要成员企业参加的座谈会，组织成员企业交流知识产权管理和保护经验，反映知识产权保护中存在的突出问题，并进行法制宣传；就当前知识产权保护热点或难点问题进行调查研究，征求意见和建议，以促进法院改进知识产权审判工作；上门走访成员企业，召开企业管理层或有关员工参加的座谈会，帮助企业解决疑难、健全制度、加强管理。

16. 调查问卷。通过调查问卷，及时了解企业知识产权状况及内在需求，及时调整联系活动的内容与形式，完善和健全知识产权司法保护联系网络，着力改进知识产权审判工作。

17. 司法建议。根据知识产权司法审判或调研中发现的突出问题，及时提出司法建议，提醒和预警企业及相关行业在知识产权创造、管理、运用和保护方面存在的漏洞,促使企业健全制度、加强管理,完善知识产权的社会管理机制。

五、组织实施

18. 指定知识产权审判经验丰富的多名法官作为联系人。通过电话、电子邮件、上门走访和接访等形式,开展联系工作,了解企业的知识产权状况,听取企业的相关意见。

19. 知识产权审判分管院长对该项工作统筹协调,知识产权民事审判庭具体实施,其他相关部门予以配合,根据安排开展相关活动。

20. 纪检监察部门对活动过程进行监督,确保活动过程符合公正司法要求和廉政纪律要求。

湖北省武汉市中级人民法院关于建立武汉市知识产权司法保护与行政执法对接机制的意见

2014 年 4 月 15 日

市法院、文新广局、工商局、知识产权局:

为进一步落实《国家知识产权战略纲要》和《武汉市知识产权战略纲要》,加快我市国家中心城市建设和国家知识产权示范城市建设,提高知识产权行政执法效率,加强知识产权司法保护,制定《关于建立武汉市知识产权司法保护与行政执法对接机制的意见》。现将该意见印发给你们,请结合实际贯彻执行。

附:《关于建立武汉市知识产权司法保护与行政执法对接机制的意见》

附件:

关于建立武汉市知识产权司法保护与行政执法对接机制的意见

为进一步落实《国家知识产权战略纲要》和《武汉市知识产权战略纲要》,助力武汉国家中心城市建设和国家知识产权示范城市建设,加快实现“和谐武汉”、“幸福武汉”目标,加强全市知识产权司法保护体系和行政执法体系建设,提高知识产权行政执法效率和水平,发挥司法保护对知识产权的作用,制订本意见。

一、为加大知识产权保护力度,建立知识产权司法与行政协助制度。

市知识产权局、工商局、文新广局在知识产权执法过程中需市法院协助的,人民法院应当给予协助。

市法院审理及执行知识产权案件过程中,因送达司法文书、采取证据或财产保全措施、调查取证等司法事务,必要时可向市知识产权局、工商局、文新广局提出协助请求,被请求的行政机关应当给予协助。

将市法院的知识产权案件专家咨询库与市知识产权局、工商局、文新广局成立的行政执法专家咨询库进行整合,实现资源共享;对于知识产权司法和行政执法中的技术性或法律性疑难问题,双方可相互请求指派专家咨询库成员提供咨询意见。

二、为完善知识产权纠纷多元化解决机制,扩大司法与行政调解对接机制的适用范围和具体方式。

司法与行政调解对接机制的适用范围包括因专利权、商标权、著作权、植物新品种权、集成电路布图权等知识产权权属、侵权或合同争议引起的进入司法程序的民事纠纷。

市法院可委托市知识产权局、工商局、文新广局调解知识产权民事纠纷,对于符合法律规定的调解协议,法院经当事人申请对其效力予以确认;市法院可邀请市知识产权局、工商局、文新广局共同参与调解知识产权民事纠纷。

市法院应配合市知识产权局、工商局、文新广局共同做好相关行政案件的和解工作。市知识产权局、工商局、文新广局在执法过程中促成相关当事人就知识产权纠纷达成调解协议的,可告知当事人向人民法院申请对上述调解协议予以司法确认。市法院应指导并督促本市有管辖权的各基层法院依法及时受理上述司法确认案件。

三、为促进知识产权司法审判和行政执法效率,建立知识产权司法与行政信息交流制度。市法院应加强与市知识产权局、工商局、文新广局的信息沟通,共同做好统一部署的知识产权保护专项行动及重大案件的协调工作。

四、以《武汉市中级法院　武汉市知识产权局知识产权维权援助司法救济与行政救济对接的暂行规定》为基础,进一步落实知识产权维权援助司法救济与行政救济对接机制,注重救济实效。

五、市法院与市知识产权局、工商局、文新广局应加强知识产权宣传,进一步扩大知识产权法治宣传影响力;加强知识产权行政执法与司法审判队伍之间的业务交流、理论研讨,共同做好知识产权保护工作的人才培养。

六、建立由市法院、市知识产权局、工商局、文新广局组成的知识产权保护联席会制度。联席会原则上每半年召开一次,决定知识产权司法保护与行政执法对接机制实施中的重大问题。

广东省高级人民法院关于审理涉卡拉OK场所侵害音像著作权案件的参考意见

为了解决当前我省审理涉卡拉OK场所侵害音像著作权案件中存在的突出问题,统一裁判标准,提高审判质量,促进文化产业健康发展,省法院经认真调查分析,依据相关法律、法规和最高法院司法解释的规定,就依法妥善解决审理涉卡拉OK场所侵害音像著作权案件进行了深入研究,提出以下参考意见:

1.《著作权集体管理条例》第六条规定,"除依照本条例规定设立的著作权集体管理组织外,任何组织和个人不得从事著作权集体管理活动。"最高人民法院《关于审理著作权民事纠纷案件适用法律问题的解释》第六条规定,"依法成立的集体管理组织,根据著作权人的书面授权,以自己的名义提起诉讼,人民法院应当受理。"据此,中国音乐著作权协会、中国音像著作权集体管理协会等著作权集体管理组织以自己名义提起诉讼,人民法院依法应予受理。非依据《著作权集体管理条例》成立的经营性公司,不是著作权集体管理组织,其通过与音乐词曲作者或MTV制片公司等音乐权利人签订合同获得授权,以音乐权利人的名义提起诉讼,人民法院应当受理。但是,如果经营性公司以自己的名义提起诉讼的,人民法院依法不予受理,已经受理的应当依法驳回起诉。

2.《民事诉讼法》第十三条规定,当事人有权在法律规定的范围内处分自己的民事权利和诉讼权利。因此,如果原告在庭审中明确主张被告侵害其作品放映权的,释明后仍坚持的,可以根据《民事案件案由规定》(2011年修订)确定案件的案由为侵害作品放映权纠纷。

3.《最高人民法院关于民事诉讼证据的若干规定》第九条第一款第(六)项规定,已为有效公证文书所证明的事实,当事人无需举证证明,当事人有相反证据足以推翻的除外。据此,如果授权公证书是合法有效的,对其所附的《音像著作权授权合同》等复印件的真实性一般不审查。但如果授权公证书所附复印件有印章不清等严重瑕疵的,可以责令权利人提供原件进行核对。

4.《最高人民法院关于民事诉讼证据的若干规定》第四十九条规定,对书证、物证、视听资料进行质证时,当事人有权要求出示证据的原件或者原物。因此,音像著作权利人仅提供正版光碟复制件证明权利人身份,经法院释明后,仍不提供正版光碟原件进行核对的,对该证据可以不予采信。

5.《著作权法》第四十七条第(一)项、第(四)项规定,未经著作权人许可,复制、发行、表演、放映、广播、汇编、通过信息网络向公众传播其作品的,以及未经录音录像制作者许可,复制、发行、通过信息网络向公众传播其制作的录音录像制品的,应当根据情况,承担停止侵害、消除影响、赔礼道歉、赔偿损失等民事责任。因此,确认卡拉OK经营者未经著作权人(录音录像制作者)许可,侵害作品复制权和放映权(制品复制权)时,如果提供的被诉侵权作品(制品)的内容足以与原版作品(制品)进行同一性比对的,一般不需要权利人提供被诉侵权作品(制品)的全部内容,但是被诉侵权人提供相反证据的除外。关于是否侵权的问题,应根据上述原则结合个案的具体情况认定。

6.《民事诉讼法》第一百三十二条规定,必须共同进行诉讼的当事人没有参加诉讼的,人民法院应当通知其参加诉讼。《最高人民法院关于适用〈中华人民共和国民事诉讼法〉若干问题的意见》第五十七条规定,必须共同进行诉讼的当事人没有参加诉讼的,人民法院应当依法通知其参加;当事人也可以向人民法院申请追加。人民法院对当事人提出的申请,应当进行审查,申请无理的,裁定驳回;申请有理的,书面通知被追加的当事人参加诉讼。因此,卡拉OK经营者申请追加点歌系统供应商为本案被告,法院要首先审查卡拉OK经营者与点歌系统供应商之间是否有合同,双方之间是买卖关系还是许可使用关系,根据案件具体情况确定双方是否有共同侵权的故意,确定点歌系统供应商是否是必须共同进行诉讼的当事人。如果原告坚持不追加点歌系统供应商参与诉讼,人民法院可以不予追加,根据案情判令卡拉OK经营者承担相应的民事责任。

7.《广东省高级人民法院关于审理侵害影视和音乐作品著作权纠纷案件若干问题的办案指引》的规定,卡拉OK经营者未经许可提供音乐作品、音乐电视作品或录音录像制品构成侵权的,每首侵权歌曲的赔偿1000～2000元,是参照执行的标准。因此,各法院如果根据个案实际情况,认为在省法院参照标准下限以下确定赔偿额更为合理的,可以在1000元之下确定赔偿额,但一般不应低于300元。

8. 最高人民法院《关于人民法院民事调解工作若干问题的规定》第三条第一款规定,根据《民事诉讼法》第八十七条的规定,人民法院可以邀请与当事人有特定关系或者与案件有一定联系的企业事业单位、社会团体或者其他组织,和具有专门知识、特定社会经验、与当事人有特定关系并有利于促成调解的个人协助调解工作。据此,人民法院在审理涉卡拉OK经营者的群体性案件时,可以借助行政主管部门、行业协会等组织进行调解,有条件的可以将此类案件纳入诉前联调机制范围,尽量促成权利人与使用者之间达成许可使用协议。

9.《著作权集体管理条例》第二十八条规定,“著作权集体管理组织可以从收取的使用费中提取一定比例作为管理费,用于维持其正常的业务活动。著作权集体管理组织提取管理费的比例应当随着使用费收入的增加而逐步降低。”第二十九条第一款规定,“著作权集体管理组织收取的使用费,在提取管理费后,应当全部转付给权利人,不得挪作他用。”据此,鉴于目前著作权集体管理组织收取的使用费转付给权利人的比例较低,为了有效平衡著作权集体管理组织、音乐权利人和社会公众的各方利益,引导著作权集体管理组织规范管理,可以在判决书"本院认为"论理部分引用上述法条的具体内容,并要求著作权集体管理组织严格依法执行。

10. 民法通则规定民事活动应当遵循自愿、公平、等价有偿、诚实信用的原则。著作权法的立法宗旨包括鼓励有益于社会主义精神文明、物质文明建设的作品的创作和传播,促进社会主义文化和科学事业的发展与繁荣。《著作权集体管理条例》第二十三条第三款规定,"使用者以合理的条件要求与著作权集体管理组织订立许可使用合同,著作权集体管理组织不得拒绝。"第三十四条第(一)项规定,使用者认为著作权集体管理组织违反本条例第二十三条规定拒绝与使用者订立许可使用合同的,可以向国务院著作权管理部门检举。据此,使用者以合理的条件要求与著作权集体管理组织订立许可使用合同,但著作权集体管理组织拒绝与使用者订立许可使用合同的,使用者应当向国务院著作权管理部门检举,不能直接向法院起诉;如果著作权集体管理组织以使用者为被告,向人民法院提起侵权诉讼,使用者提出著作权集体管理组织拒绝以合理条件与其订立许可使用合同的抗辩,并提供相关证据的,人民法院即使认定构成侵权,也应当根据案件事实参照同类使用者的许可使用费标准确定较低的赔偿数额;如果著作权集体管理组织与使用者签订使用许可合同后,无正当理由拒不续约,再以使用者为被告,向人民法院提起侵权诉讼的,人民法院可以不认定构成侵权,但应当要求使用者支付合理的使用费。

广东省佛山市中级人民法院关于加强知识产权司法保护 积极推进佛山市建设国家创新型城市的实施意见

佛山市中级人民法院

2013 年 4 月 9 日

为贯彻党的十八大和第十二届全国人大第一次会议精神,充分发挥司法保护知识产权的主导作用,积极推进和保障《佛山市建设国家创新型城市总体规划(2013—2020 年)》、《佛山市建设国家创新型城市实施方案(2013—2020 年)》的顺利实施,促进佛山市全面建成国家创新型城市,现结合佛山市知识产权保护发展状况,就加强佛山市知识产权司法保护制定如下意见。

一、加强知识产权司法保护的重要意义、目标任务和基本原则

(一)重要意义

人民法院作为国家审判机关对知识产权司法保护,在国家整体的知识产权执法保护体系中居于基础地位,发挥着主导作用。近年来,佛山法院通过充分发挥审判职能作用,为知识产权提供了全方位的司法保护,促进了佛山市经济发展方式的转变和自主创新能力的提升。党的十八大要求实施创新驱动发展战略,把科技创新摆在国家发展全局的核心位置,并着重强调"实施知识产权战略,加强知识产权保护",这是党在我国进入全面建成小康社会决定性阶段作出的重大决策。佛山市也提出要在2020年全面建成国家创新型城市的发展目标,并出台了建设国家创新型城市总体规划和实施方案。这些创新发展的新形势对知识产权司法保护提出了更高的要求。佛山法院必须加强知识产权司法保护以适应知识产权保护的新需求,切实充分发挥司法保护知识产权的主导作用,为我国创新驱动发展战略的实施和佛山市创建国家创新型城市发展目标的实现提供强有力的司法保障。

(二)目标任务

以推动增强创新驱动发展动力为核心,坚定不移地加大司法保护力度,大力加强知识产权审判工作,通过依法审理各类知识产权案件、完善知识产权司法保护体系、增强知识产权司法保护透明度、加强知识产权司法建议等各项工作,充分发挥司法保护知识产权的主导作用,提高司法保护知识产权的整体效能,实现知识产权审判的公平正义,为国家创新驱动发展战略实施和佛山市全面建成国家创新型城市提供有力的司法保障。

(三)基本原则

1. 加强保护、激励创新。以激励创新为目的,加大知识产权保护力度,对知识产权依法予以保护,对知识产权侵权和不正当竞争行为依法予以制止。

2. 分门别类、宽严适度。结合佛山市的产业政策,根据各类知识产权的属性、特点、功能等加强司法保护,使司法保护与创新发展需求相适应。

3. 利益平衡。统筹兼顾智力创造者、商业利用者和社会公众的利益,协调好激励创新、促进产业发展和保障社会公众权益之间的关系,使利益各方共同受益,均衡发展。

二、充分发挥知识产权审判职能作用,全面加大知识产权司法保护力度

(一)依法审理知识产权民事案件,加强对知识产权的保护

1. 加强对专利权的司法保护,充分发挥知识产权民事审判在保护知识产权和激励自主创新中的主导作用。加大对发明、实用新型的保护力度,通过权利要求解释规则准确、合理地界定权利保护范围,适度从严把握等同侵权的适用条件,正确审查现有技术抗辩,增强保护的强度,特别加大对核心技术、前沿技术以及佛山市重点扶持发展的战略性新兴产业技术成果的保护,推动技术突破和技术创新。根据专利的创新性以及佛山市产业政策的密切程度等,对创新程度高、技术研发投入大的发明创造,给予相对较高的保护强度和较宽的等同保护范围。加大对工业设计的保护力度,坚持以外观设计的整体视觉效果进行综合判断的比对原则,特别加强对创新程度较高的工业设计的保护,激发设计人员

的创作热情,促进实用与美感兼具、创新与文化融合的工业设计不断涌现,提升佛山市在国际国内分工和产业链中的地位,促进一流的现代产业体系的形成。

2. 加强对商标权的司法保护,为企业品牌培育提供良好的法律环境。在审理侵害商标权纠纷中,坚决制止假冒商标、恶意抢注、搭车模仿等商业标识侵权行为,要结合商标的显著程度、知名度等确定商标权的保护力度。对主张权利的商标与被诉侵权商标标识进行比对时,对于知名度较高的商标采取适当宽松的比对标准,切实提高对知名商标的保护力度,培育品牌竞争新优势。依法按照事实认定、个案认定、被动认定、因需认定的原则审理涉及驰名商标认定的案件,对符合法定条件的驰名商标应依法加大保护力度。根据驰名商标的显著性和知名度合理确定对其跨类保护的范围,对于显著性较强和知名度较高的驰名商标,要给予较宽的跨类保护范围,有效制止各类“傍名牌”行为,推动佛山企业品牌竞争新优势的加速形成。

3. 加强对著作权的司法保护,增强文化整体实力和竞争力。依法保护佛山市传统文化产业和民间文学艺术的传承。要注意加大对文化创意、数字出版、动漫游戏、软件、数据库等新兴文化产业和高科技领域著作权的保护力度,提升佛山市新兴产业的创新能力。加强网络环境下的著作权保护,妥善处理促进信息网络产业发展和保障信息传播的关系。通过加强著作权的保护来促进信息网络产业的发展,并注意避免限制文化信息的合理传播,平衡权利人、网络服务提供者和社会公众之间的利益。

4. 加强竞争保护,维护公平竞争的市场秩序。以诚实信用和公平竞争为导向,重点打击仿冒、商业诋毁、虚假宣传、侵犯商业秘密等不正当竞争行为,切实维护商业诚信和社会诚信。行为人违反诚实信用和公平竞争的原则,给其他经营者的合法权益造成损害,不制止不足以维护正常市场秩序,而知识产权专门法无法提供保护的,可适用反不正当竞争法的原则性规定予以处理。加大对商业秘密保护力度,完善商业秘密的认定标准,合理分配举证责任,尽可能降低商业秘密权利人的维权难度,为企业的创新和投资创造安全与可信赖的法律环境。

5. 加大损害赔偿力度,充分维护权利人利益。把加大损害赔偿力度作为权利保护的重点,积极探索实现加大赔偿力度的途径。不断完善证据规则,鼓励当事人通过举证确定赔偿数额,并适当减轻被侵权人对其损失或者侵权人所获利益的举证负担。对于有证据证明权利人损失数额明显高于法定最高赔偿额的,可积极适用以相关证据为基础的酌定赔偿来确定赔偿数额。

6. 积极合理适用保全措施,及时避免权利人的利益受到更大的损失。充分利用保全制度的时效性,提高司法救济的及时性、便利性和有效性,避免权利人的合法权益受到难以弥补的损害。完善诉讼证据保全制度,提高诉讼证据保全的准确性,采取多种灵活措施固定保存证据,保证诉讼程序顺利进行。

(二)依法审理知识产权行政案件,监督和支持行政机关依法行政

1. 加强知识产权行政司法保护。通过发挥知识产权行政审判对知识产权行政执法行为的司法审查职能,监督和支持行政机关依法行政。在具体行政行为的合法性

审查中，既要保护知识产权行政相对人的合法权益，又要维护知识产权行政管理秩序，依法支持行政机关制裁侵权行为，促进知识产权行政保护的完善。

2. 完善行政诉讼程序。优化民事诉讼与行政诉讼程序之间的对接，提高行政诉讼的审理效率，缩短行政诉讼的结案周期，提高当事人的维权效率。完善行政执法与法院之间对证物的保存和交接制度，为当事人举证提供便利。

(三)依法审理知识产权刑事案件，惩罚和震慑知识产权犯罪

加大知识产权刑事司法保护力度。通过审理知识产权刑事案件，依法运用各种刑事制裁措施，发挥刑罚惩治和预防知识产权犯罪的功能。切实加大对各类知识产权刑事犯罪行为的打击力度，在依法适用主刑的同时，加大罚金刑的适用与执行力度，并注意通过采取追缴违法所得，收缴犯罪工具、销毁侵权产品等措施，从经济上剥夺侵权人的再犯罪能力和条件。

(四)加强知识产权司法保护尺度的统一

完善裁量尺度，统一知识产权保护标准。努力完善佛山市两级法院的司法裁判标准。通过调研指导，结合司法实践，细化法律适用条件，提高适用法律的准确性，增强社会公众对保护范围和强度的可预见性。统一判决裁量的标准，尤其注意统一法定赔偿的幅度，保证法律适用的一致性和裁判结果的统一性。

三、加强知识产权审判制度建设，完善知识产权司法保护体系

(一)深入推进刑事、民事和行政知识产权案件“三合一”审判机制

在已经开展“三合一”审判机制改革的基础上，深入总结前期改革的审判经验，在佛山市全面推进“三合一”审判机制改革，使知识产权审判资源得到最佳的配置，充分发挥知识产权司法保护的综合效能。

(二)建立和健全适合知识产权案件特点的纠纷解决机制

深刻把握知识产权案件专业技术性强的特点与规律，通过与人民调解、行政调解、仲裁机构等建立纠纷解决衔接工作机制，支持调解、仲裁机构以及知识产权援助中心等发挥处理知识产权纠纷的作用。积极引导当事人通过行业协会、专门人士的委托调解、行业调解等方式妥善解决纠纷。在案件审理中，要加强调解工作，并尽量以促使双方共同合作的方式促成调解，使当事人由诉讼走向合作，推动科学创新的广泛利用。

(三)进一步完善案件管辖制度

依法受理包括涉及驰名商标认定民事纠纷案件在内的各类知识产权案件，为佛山市知识产权提供受案类型方面全方位的司法保护。对于涉及高科技创新的科学技术成果纠纷，适当采取提级管辖、异地管辖等措施，维护法治统一，促进佛山市市场统一开放，在更高层次上获得创新发展。在目前佛山市基层法院均已取得部分知识产权民事案件管辖权的基础上，积极向上级法院争取增加指定个别基层法院审理外观设计专利民事纠纷案件，促进此类案件较多的地区纠纷能得到快速解决。

(四)健全与知识产权相关部门的沟通协调机制

加强与知识产权相关部门的沟通与交流，健全沟通协调机制，统一执法认识，形成知识产权保护合力。加强与知识产权行政执法部门的沟通与交流，通过联席会议、

信息交流与共享等制度，统一对权利要求解释、现有技术或现有设计抗辩、等同原则等问题的认识，确保行政执法部门与人民法院对侵权行为认定的一致性，提高行政执法的准确性。加强与检察院机关、公安机关的联系和沟通，规范在刑事案件中对犯罪事实的认定和法律适用的认识，形成统一的知识产权司法保护标准。

四、增强司法保护透明度，营造良好的司法保护环境

(一)坚持审判公开

1. 依法公开审理案件。法律规定应公开审理的案件一律公开审理。选择有典型意义或重大影响的案例举办公开示范庭，邀请人大代表、政协委员、行业协会和有关部门的代表和社会公众等旁听庭审，并积极利用网络资源进行网络视频直播或者微博直播，增强案件审理的透明度。

2. 继续举办巡回公开庭。不定期到学校、企业、政府机关等举办知识产权巡回公开庭，以最直观的方式向社会宣传知识产权司法保护，提高社会公众的知识产权保护意识。

3. 加强裁判文书上网工作。严格按照有关规定和要求，将生效知识产权裁判文书及时上网公开，方便公众查阅。

(二)加强知识产权保护状况公开

1. 完善新闻发布会制度。通过定期或不定期召开新闻发布会，适时发布知识产权审判中的重要新闻和典型案例，主动向社会公开知识产权司法保护状况。

2. 继续发布《佛山法院知识产权司法保护状况》白皮书。通过每年发布《佛山法院知识产权司法保护状况》白皮书，全面总结和介绍佛山市两级法院知识产权的司法保护状况，增强社会公众对于知识产权保护的认同感，扩大人民法院知识产权司法保护的影响力。

(三)加强知识产权保护宣传工作

1. 加强知识产权法官宣讲团的宣教活动。充分行使法律赋予的通过审判活动开展法制宣传教育的职能，紧密结合审判实践，不定期组织知识产权法官宣讲团到相关行政机关、高新技术企业、学校等进行普法活动，从整体上提高社会公众尤其是佛山市创新型行业和企业的知识产权保护意识。

2. 加大对知识产权审判工作的宣传力度。加大对知识产权审判工作宣传的力度、广度和深度，通过媒体及时报道知识产权审判中的重大事件，增加正面舆论效应，为佛山市科技的创新和发展提供良好的法治氛围和环境。

五、加强知识产权司法建议工作，促进知识产权保护制度的完善

针对在知识产权案件审理过程中发现的问题，及时向相关政府行政主管部门、行业协会、企业等提出司法建议，为佛山建设国家创新型城市具体政策的实施提供改进意见，促进佛山市建设国家创新型城市相关政策和知识产权保护制度的完善。

第五部分　调 研 报 告

关于戏剧作品著作权司法保护课题的调研报告

最高人民法院知识产权庭课题组*

综合利用多种法律手段,积极推动民间文学艺术、传统知识等在内的非物质文化遗产的保护、传承和开发利用,促进我国丰富的文化资源转化为强大的文化竞争力,是最高人民法院在《关于充分发挥知识产权审判职能推动社会主义文化大发展大繁荣和促进经济自主协调发展若干问题的意见》中所提出的司法政策之一。以地方戏曲①为代表的戏剧作品,是中华民族宝贵的精神财富。在戏剧作品传承、发展的过程中,既包含了对公有领域的创作素材、传统知识及技艺的借鉴和利用,又体现了后人对传统艺术表现形式的独立思考与不断创新。如何在这类案件审理的过程中,利用有效的法律手段和符合实际的司法政策,实现著作权人的利益与社会公众利益的平衡,促进传统文化的传承与发展,是当前人民法院知识产权审判工作中面临的重点和难点问题。为此,民三庭在2011年将民间文学艺术及非物质文化遗产的保护作为重点调研课题,并专门成立了"戏剧作品著作权司法保护研究"课题组②,旨在对涉戏剧作品著作权案件中出现的各类法律问题进行全面的梳理和总结。课题组成立后,首先向北京、上海、广东、江苏、浙江等审理此类案件较多的高级人民法院发出通知,要求对此类案件审理情况进行调研,并报送调研报告及相关案例。在相关法院报送相关材料的基础上,课题组将审判实践中反映较为突出的问题列出问题单,并于2011年7月、8月以民三庭的名义先后召开了两个会议:一个是与中国互联网协会合办的"涉及戏剧类网络著作权纠纷案件研讨会";一个是与中国文联共同举办的"戏剧作品著作权司法保护座谈会"。在多方听取戏剧界、法律界专家、学者及相关法院意见的基础上,课题组经研究,形成该课题调研报告。

一、涉戏剧作品著作权纠纷案件审理的现状与主要特点

(一)案件数量较少,地域特征鲜明

以2008年至2010年这三年的审理情

---

* 课题组成员:佟姝、廖继博。

① 这里使用"地方戏曲"的概念是为保持与《著作权法》中相关概念的统一,而本文的研究范围并不限于文艺理论概念中的"地方戏曲",当然也包括京剧、昆曲等全国性的戏种。

② 本课题为2012年最高法院民三庭重点调研课题之一,课题组成员为当时的第二合议庭成员:于晓白、王艳芳、骆电、佟姝、廖继博,执笔人:佟姝、廖继博。本课题研究报告完成于2012年2月29日。

况为例,江苏、浙江、广东等知识产权案件受理数量一直位于全国前列的省份,年均受理和审结的涉戏剧类著作权纠纷案件的数量均徘徊在个位数[①],收案数量最多的北京法院虽受理此类案件42件,但其中的21件系由同一权利人起诉不同网络服务商的关联案件[②],故案件的实际受理数量同样维持在一个较低的水平。2009年以来,最高人民法院受理此类案件中,二审案件1件(维持);申请再审案案件3件(驳回2件,指令再审1件)。

除案件整体数量较少外,此类案件所具有的鲜明的地域特征也十分突出,特别是涉及地方戏这类艺术表现形式的案件,往往与戏曲的发源地有着密不可分的关系,如浙江、上海等地法院多涉及与沪剧、越剧有关的作品,广东地区法院多涉及与粤剧有关的作品,而北京地区法院审理案件所涉及的艺术表现形式比较多样,包括与京剧、豫剧、评剧、越剧、二人台、安顺地戏等有关的作品。

(二)案件因年代久远或具有复杂的历史背景,使得当事人举证和人民法院对案件事实的查明均难度较大

中国戏曲作为世界三大古老的戏剧文化之一,至12世纪已经形成了完整的形态,至今已经走过了八百多年的发展道路。很多剧种的发展历程体现了兼收并蓄的鲜明特征,如京剧,原来也不是一个单纯的剧种,其中也包含着汉调、徽调、梆子、昆曲、啰啰等多种声腔,只是因为长期的互相融合和交流,才形成了至今比较统一的艺术风格[③]。其他任何一个地方戏曲,也都离不开基本的曲牌、曲调,而任何一个地方戏曲剧目中的唱腔音乐,又都是在民间传统曲牌、曲调的基础上创作完成,且都经历了由演员口口相传没有曲谱,到定腔定谱的发展过程。在上海法院审理的黄能华等诉中唱上海公司、汝金山侵犯沪剧《为奴隶的母亲》等剧目著作权纠纷案[④]中,各方当事人对许如辉系涉案沪剧音乐中"场景音乐"的曲作者没有争议,争议的焦点主要涉及"唱腔音乐"的独创性及著作权归属问题。二审法院认为,沪剧音乐的特殊性决定了当时的演员在承袭传统曲牌、曲调后,根据嗓音条件、演唱习惯、剧情、人物等反复设计、试唱逐步形成流派唱腔,作曲与琴师在吸收戏曲传统音乐元素的基础上,根据演员演唱的旋律、整体剧情编排需要来配伴奏、"过门"、气氛音乐等,以起到烘托、韵染音乐情绪的效果,因此共同参与作品创作并作出独创性贡献的上述几个环节人员均是合作作者,共同享有与行使整个剧目音乐的著作权。由于唱段主要体现的是演员的唱腔音乐,就整个的唱段部分音乐乃至唱腔音乐而言,局部的过门、旋律的修饰不足以构成著作权法意义上的"创作",故许如辉不能因此而对唱腔音乐享有著作权。最高人民法院在驳回当事人再审申请裁定中认为,根据五六十年代戏曲演出多以演员为主的特点,认定涉案沪剧音乐系由老一辈戏曲表演艺术家及曲作者、琴师等共同创作完成,符合客观事实。但原审法院在

① 2008~2010年,江苏法院受理此类案件共14件,浙江法院法院受理9件,广东法院受理16件,且部分法院实际上将涉及曲艺作品的著作权案件也统计在内。数据来源于课题组编辑的《戏剧著作权司法保护研究课题资料报告汇编》。

② (2010)朝民初字第30572号马晓贵诉酷溜网(北京)信息技术有限公司侵犯信息网络传播权纠纷等21案。

③ 参见《中国大百科全书 戏曲曲艺》,中国大百科全书出版社1992年版,第8页。

④ 参见上海市高级人民法院(2007)沪高民三(知)终字第58号民事判决书。

认定"共同创作"的同时,又将涉案沪剧音乐中的"唱腔音乐"与开幕曲、幕间曲及大合唱等场景音乐分开,否认了许如辉参与整体音乐创作的客观事实不妥。根据双方当事人提供的证据及相关证人证言,由于不同时期、不同出版社出版发行的音像制品或报刊、杂志,对涉案沪剧音乐作品曲作者的署名不尽一致,即涉案相关沪剧剧目曲作者除许如辉外,还包括王国顺、杨飞飞等人,在上述人员非本案当事人,且杨飞飞(主要演员)作为证人出庭作证,坚持自己系"唱腔音乐"的曲作者的情况下,黄能华等主张涉案沪剧整体音乐(包括唱腔音乐)归许如辉一人所有,尚缺乏事实依据和法律依据。①

在北京法院曾经审理的涉及京剧《沙家浜》的侵犯著作权纠纷案件中,由于涉案剧目在数十年间出现了数种不同的署名方式,导致法院难以认定原告为该剧中相关音乐作品的著作权人身份,从而最终驳回其诉讼请求。②

在江苏、浙江、上海法院审理的涉及侵犯越剧剧本《梁山伯与祝英台》著作权纠纷案件,③也存在对相关证据的认定。因不同法院判决结果不一,影响了执法的统一。最高人民法院在审理中唱上海公司与刘耕源、刘朝晖及博库书城有限公司侵犯著作权纠纷申请再审案中认为,涉案作品《梁山伯与祝英台》属于传统历史剧目,根据双方当事人提供的证据,不同出版社、不同演出单位在不同时期出版发行的剧本、演出说明书、音像制品上的署名不尽一致,相关报刊、杂志对相关剧本的改编过程的介绍也各有说辞,在相关权利人未参加本案诉讼,并存在较大争议的情况下,确认刘南薇为该剧剧本的最初改编者证据不足。中唱上海公司1993年出版、发行的越剧《梁山伯与祝英台》CD,是根据1984年中国录音公司的录音带,而该录音带中记录的是1961年由范瑞娟、傅全香的表演,并署名剧本由袁雪芬、范瑞娟口述,徐进等改编。中唱上海公司在其出版、发行的音像制品上标注的版权信息,是根据40多年前就已存在的署名方式,截至刘耕源、刘朝晖2007年提起本案诉讼,未有人对此提出异议,并主张权利。据此,在前述"权属"问题没有厘清的情况下,认定中唱上海公司有过错,并构成侵权亦证据不足。据此,指令浙江高院再审。④

（三）如何平衡不同权利主体之间的利益关系,合理界定对公有领域创作素材借鉴和利用,准确适用法律是案件审理中的难点

我国的传统戏剧种类繁多,根据中国非物质文化遗产网的统计,已经列入非物质遗产保护范围的传统戏剧就有92种。中国戏曲的一个重要艺术特征就是它的程式性,程式是从创造具体角色的过程逐渐产生,许多程式最初只是个别演员为了塑造人物需要而模拟特定的生活动作并把它节奏化、舞蹈化所进行的创造。其后,因为动作优美并能生动体现和刻画出特定人物的个性特征,而被其他作品所普遍采用。为保持戏剧本身的传统特色,程式是不可

① 参见最高人民法院(2010)民申字第414号民事裁定书。

② (2007)朝民初字第11349号、(2008)二中民终字第10857号原告陆松龄诉被告徐沛东、北京朱氏联合传媒有限公司、北京幻聪影视文化有限公司、沈阳电视台、江苏省广播电视总台侵犯著作权纠纷案。

③ 参见江苏省高级人民法院《关于戏剧作品案件审理情况的调研报告》。

④ 参见最高人民法院(2009)民申字第473号民事裁定书。

或缺的因素。但既然程式最初是来源于戏曲艺人生动活泼的创造,为了表现姿态万千的不同生活内容的需要,创造性地运用、改造和丰富旧有的程式乃至不断创造新的表现手法,最后发展了程式,也是一件很自然的事情[①]。与传统戏曲相似,戏剧作品中的歌剧、话剧以及曲艺作品,都不可避免对程式化元素的使用,但这些元素本身很多已经成为了民间文学艺术或技法的重要组成部分,也是后辈文艺工作者对传统文化的内涵不断丰富和发展的重要基础。

中国戏曲等传统文化这种辩证式的发展特点,导致一旦产生著作权纠纷,如何既能保有社会公众自由创作的空间,又不损害相关著作权人的权利,成为困扰司法审判的难点问题。在江苏法院审理的王小英诉南山书城、安徽音像出版社侵犯著作权纠纷案、北京法院审理的张春溪、李子荣诉中国戏剧出版社、周万金、郭源侵犯著作权,以及前述侵犯"梁祝"剧本著作权纠纷案中,都涉及传统剧目史料能否赋予个人以独占性权利、如何将民间文学艺术作品与民间文学艺术的表现形式加以区分等问题。

(四)纠纷类型在不同时期相对集中

如果说早期人民法院审理的涉及戏剧作品的案件多为因未经许可复制发行音像制品引发的纠纷,而如今的案件类型则主要集中在通过互联网传播引发的纠纷。如北京、上海、广东法院在2010年相继受理的一批戏剧类网络著作权纠纷案件。该类案件涉及的主要问题是:传播客体性质("录像制品"或"电影作品")、网络服务提供者责任以及赔偿等方面的问题,由于不同的法院、不同的法官对此有不同的认识,导致相关案件判决结果或赔偿数额存在较大的差异。北京高院为了统一本辖区的裁判标准,以问答的形式出台了相关意见。最高法院民三庭为深入研究相关法律适用问题,于2011年7月21日在上海召开为期一天的"涉及戏剧类网络著作权纠纷案件研讨会"。该会议由互联网协会协办,民三庭孔祥俊庭长及课题组成员,还有北京、上海、广东、江苏、浙江、河南等地法院及中国文联权保处的代表参加。对于相关案件中存在的法律适用问题见后文。

近年来,各地法院相继审理的因勾画"脸谱"引发的纠纷也属于与戏剧有关的案件类型。脸谱,是戏曲的图案化性格化妆,是要以夸张的色彩和线条来改变演员的本来面目。脸谱又分为各种谱式名目,如"三块窝"之类即是对构图相近的脸谱的一种概括性称谓,[②]这些基本的脸谱谱式是历代表演艺术家在长期的舞台实践中逐渐形成和完善起来的。北京法院在审理赵梦琳诉北京北纬通信科技有限公司侵犯著作权纠纷案中认为,京剧表演中的各种人物脸谱都有自己特定的谱式、色彩和图案,这些内容对于某一具体的京剧人物脸谱而言是唯一的。但不同的勾画者在勾脸时会采取不同的勾法、线条、笔锋,构成图案的分布位置等勾法上的不同反映出不同勾画者的独创性。原告的作品具有自己独特的风格,构成《著作权法》保护的美术作品。涉案纠纷的产生也曾引起了社会各界的广泛关注,大家主要是对"脸谱"作为一种在戏剧表演过程中不可或缺的、具有一定之规的造型艺术,其表现形式能否成为个体权利

① 参见《中国大百科全书 戏曲曲艺》,中国大百科全书出版社1992年版,第3页。

② 参见《中国大百科全书 戏曲曲艺》,中国大百科全书出版社1992年版,第208页。

人所垄断产生质疑。对此,课题组在研究过程中注意到,脸谱的基本谱式虽然只有十几种,但由于色彩、线条的种种变化,使脸谱的发展日益丰富和多样化。对同一人物的脸谱,不同的剧种有不同的勾画方法,即使在同一剧种中,不同演员的勾法上也存在着许多的差异。有戏曲界的专家就曾说过,优秀的脸谱是"无双"的,有谱式而又有"无双",正是脸谱艺术的程式化与个性化的有机统一。[①] 由此可以看出,在脸谱所固有的程式化特征之下,演员、化妆师仍有根据自己对角色的理解和把握将脸谱赋予个体表现力的机会。所以,对于确能体现作者独创性劳动的"个性脸谱",可以根据《著作权法》的规定作为美术作品予以保护。

二、司法实践中亟待解决的突出问题及意见

涉戏剧作品著作权纠纷案件虽然整体数量不多,但因此类案件既涉及著作权又涉及邻接权,加之与民间文学艺术、非物质文化遗产相互交织,传播渠道广泛等特点,导致相关法律关系复杂。由于非物质遗产保护法仅为一部行政管理法,没有涉及相关民事权利保护的内容,而《民间文学艺术作品保护条例》至今未予颁布,因而导致相关法院审理此类案件过程中,从著作权权利主体的确定到侵权行为的判定各个环节中都存在诸多争议问题。

(一)关于戏剧作品著作权归属的判定

在解决戏剧作品著作权归属之前,首先要解决何谓戏剧作品的问题。

1. 戏剧作品的内涵

《著作权法实施条例》第4条第4项规定,戏剧作品,是指话剧、歌剧、地方戏等供舞台演出的作品。

《中华人民共和国著作权法释义》的解释是"戏剧作品是指以剧本等形式表现的作品,如话剧、京剧、广播剧等"。[②]

《保护文学艺术作品伯尔尼公约》第11条规定,戏剧作品、音乐戏剧作品或音乐作品的作者享有的专有权包括,许可公开演奏和公演其作品,包括用各种手段和方式的公开演奏和公演;许可用各种手段公开播送其作品的表演和演奏。此外,戏剧作品或音乐戏剧作品的作者,在对其原著权利的整个期间内,对其作品的翻译享有同样的专有权。

从我国现行法律和国际公约规定的内容可见,"戏剧作品"从字面含义上理解应当是指戏剧剧本,这也是多数专家学者及大多数法院在调研报告中所持观点。另有部分法院认为,对"戏剧作品"的内涵应当适当作出扩大解释,即戏剧作品著作权保护的范围不限于戏剧剧本,由于唱腔等独创性思维的外在表达也是作品的内容,可以作为戏剧作品著作权的一部分予以适当保护。[③] 河北高院在审理广东唱金影音有限公司诉中国文联音像出版社、天津天宝文化发展有限公司、天津天宝光碟有限公司、河北省河北梆子剧院等侵犯著作权纠纷案件中认为,戏剧作品,是指供舞台演出的戏剧剧本,包括由文字和音乐记载的以台词和音乐为主的两部分内容。[④] 课题组认为,考虑到涉戏剧类作品的特殊性,可以将有独创性的"剧本"和"音乐"共同作为

① 参见《中国大百科全书　戏曲曲艺》,中国大百科全书出版社1992年版,第208页。

② 胡康生主编:《中华人民共和国著作权法释义》,法律出版社2002年版,第16页。

③ 参见江苏省高级人民法院《关于戏剧作品案件审理情况的调研报告》。

④ 参见(2007)冀民三初字第1－1号民事判决书。

戏剧作品予以保护。

但也有学者认为,戏剧是指以舞台的演出形式而存在的综合艺术,不是剧本,并对现行立法提出质疑。戏剧专家普遍认为,戏剧是指包括剧本和演出在内的一整台戏。一部完整的戏剧作品,至少包括两个层次的内容:其一是戏剧文本(剧本),被称为一度创作;其二是舞台表演,被称为二度创作。①

应当承认,早期的古装戏,其剧目的故事情节主要体现在唱词、简单的对白中,观众从演员的表演中就能了解故事内容,一般不需要剧本。即使后人对"古装戏"进行整理或改编形成所谓剧本,从独创性的角度也很难看出该剧本除唱词及简单的对白外另有其他"独创性"的内容。但是对于近代或现代戏剧,其剧目的故事情节则可能多来源于原创作品,如根据小说改编剧本、直接创作剧本等。此时的剧本作者应享有什么权利,表演者(包括演出单位)使用该剧本应否取得剧本作者或原小说的作者同意,表演者享有的是表演者权还是该戏剧剧目的著作权都涉及基本的法律问题。

基于实践中存在的两种观点,课题组认为,尽管戏剧专家提出的"戏剧作品为整台戏"的意见有其合理性,但该意见与现行法律相悖时,相关法院按照现行法律将"戏剧作品"界定为剧本符合立法本意。对此,如果从文艺理论中的"戏剧作品"与著作权法意义上"戏剧作品"不同的角度,以及剧本在不同时期、不同剧目中的作用,②来解读"戏剧作品的涵义",可能会避免一些歧义。

首先,从纯粹的文艺理论角度分析,将"戏剧作品"作为一种综合性艺术,如:以剧本形式体现的文学艺术,以布景、灯光、道具、服装、化妆等形式体现的造型艺术,以插曲、配乐、演唱等形式体现的音乐元素和以舞蹈、演员的形体、语言展示体现出来的表演艺术。所以,一部"戏剧作品"确实是剧本作者、导演、演员、舞美、灯光、造型等主体共同创作的综合产物。但是,著作权法对作品给予保护的前提是具有独创性和可复制性,所以,文艺理论中的"创作"或者"劳动"能否得到著作权法的保护及归入哪一种权利范围进行保护,仍是一个需要具体分析的问题。灯光师、化妆师的工作固然重要,但如果未能达到独创性的要求,即不能获得独占性的权利。没有演员的表演,一部戏剧剧本只能够停留在纸面之上,但演员的表演只能通过表演者权予以保护而不能对剧本本身主张著作权。同样,舞美师、造型师所完成的各种舞蹈动作设计、人物造型设计,即使已经突破了原有的程式而具有了独立创作的性质,其劳动成果也只能够通过舞蹈作品、美术作品来进行保护而不能主张戏剧作品的著作权。其次,从侵权角度进行分析,正如有戏剧专家提出的,将戏剧作品定义为整台戏(剧本+表演等),最容易进行侵权比对的只能是剧本(包括音乐),整台戏中的其他要素难以比对,且不可以量化,故作为演出单位来说,难以主张著作权。

因此,著作权法中的"戏剧作品"与作为舞台表演艺术的"一整台戏"的概念不能等同,著作权法意义上的戏剧作品一般都需要通过对白、旁白、配词等元素构成的剧

① 参见最高人民法院民三庭和中国文联2011年8月26日在北京共同举办"戏剧作品著作权司法保护研讨会"综述。

② 没有剧本或剧本不具独创性的属于特殊情况,本报告仅针对有剧本的情况。

本加以体现,即通常情况下应当是指被上演的作品本身。不同的演出班子可以在不同的时间和地点演出这些剧本,但无论演出多少次,被演出的戏剧作品始终只有一部。[①] 这也有别于电影作品投资者的一次性投入。当然,对于某些表演形式较为特殊如哑剧、简短的即兴表演等艺术表现形式,也不能简单地因为缺乏或无法通过文字形式表达而否认表演者可能同时享有的著作权和表演者权。案件审理过程中还应结合具体的艺术表现形式和相关的案件事实综合分析、确定不同权利人各自享有的权利范围。

课题组在对大量的实际案例进行梳理、总结的过程中也注意到,纯粹因传统戏剧剧本而产生的纠纷数量越来越少,目前更多的争议集中于对戏剧表演者、录音录像制作者权益的保护。

2. 著作权归属的判定

(1)基本原则

《著作权法》第 11 条规定,著作权属于作者,创作作品的公民是作者。如无相反证明,在作品上署名的公民、法人或者其他组织为作者。《最高人民法院关于审理著作权民事纠纷案件适用法律若干问题的解释》(法释〔2002〕31 号)第 7 条规定,当事人提供的涉及著作权的底稿、原件、合法出版物、著作权登记证书、认证机构出具的证明、取得权利的合同等,可以作为证据。

上述法律规定和司法解释的内容是确定作品权利归属的基本原则,同样也适用于戏剧作品。司法实践中,如果当事人已经通过对作品进行著作权登记或在合法出版物上进行署名的方式表明了作者身份,司法机关原则上应当将其视为证明权属的初步证据,但如对方当事人确有相反证据足以对署名的客观性予以否定,还应结合具体的案件事实作出认定。在江苏法院审理的幺波诉沈阳京剧院、刘明皋唱腔设计权属纠纷案中,涉案京剧《乌纱记》最初由幺波三人合作设计,1998 年首演时,海报上的唱腔设计者加入了刘明皋的名字。1999 年中央电视台于大年初三演出时,唱腔设计部分仅为刘明皋进行了署名。幺波认为该署名方式与客观事实不符,遂起诉至人民法院。2000 年 8 月,法院委托中国版权保护中心对刘明皋与幺波的唱腔设计中相同和相近之处进行了鉴定,最终认定主要场次的唱腔设计与幺波设计的内容相同,故支持了原告的诉讼主张。此案所反映的即是人民法院通过综合考虑案件事实,并辅之以专业技术手段,在存在相反证据的情况下,对权利人作出了符合客观事实的认定。

(2)裁判思路

戏剧作品发展历程中所包含的复杂的历史因素和传统文化因素,决定了戏剧作品的权属判定在很多时候难以遵循一个一成不变的认定规则,能动司法在这一领域为人民法院的审判工作提出了更高的要求。对于戏剧专家提出的,应充分考虑戏剧作品本身的特点,在保护戏剧作品著作权、促进艺术自由以及推动戏剧传承发展之间寻找平衡点,把握"宜大不宜小,宜粗不宜细"的原则等理念,对于开拓法官的思路很有帮助。

第一,关于职务作品的判定。

剧本(包括音乐)是否构成职务作品,涉及剧本作者和所属单位之间各自应享有的权利范围。在高鸣诉上海越剧院侵犯著

---

① 王迁:《知识产权法教程》,中国人民大学出版社 2010 年版。

作权纠纷案中,高鸣系越剧《红楼梦》的作曲之一,后上海某音像公司复制发行了越剧《红楼梦》的CD光盘,高鸣将音像公司和上海评剧院诉至人民法院,认为该复制发行行为未取得著作权人的许可,但被告抗辩称涉案作品属于除署名权以外的其他著作权权利归单位(上海评剧院)所有的职务作品,在已经取得了上海评剧院许可的情况下,其复制发行行为不构成对原告权利的侵犯,法院支持了被告的诉求。①

课题组认为,根据《著作权法》第16条对"职务作品"的定义,原则上,如作者是为完成单位的工作任务而创作的剧本,在没有约定的情况下,该剧本除署名权之外的财产权利依法应归属于单位享有。

第二,演绎作品著作权人的确定。

"旧里有新、新中有旧"是贯穿于中国戏剧发展历程的鲜明特点,在一脉相承的过程中根据不同时代的生活特征,在旧传统的基础上通过新的表现手法和技巧丰富传统艺术的内涵,是戏曲文化在新的时代背景下不断焕发青春的重要源泉。但是,在这种创新和演绎的过程中,如何恰当地界定全民族可共同分享和自由使用的文化资源与演绎作者通过创造性劳动而获得了独占性权利的作品之间的关系,是案件审理中的难点。课题组在调研过程中发现,不同法院针对基本相同的案情和证据却曾作出了截然相反的认定,可见对演绎作品著作权人的确定在司法实践中的认识尚存在很大差异。

如前述不同法院审理的刘耕源、刘朝晖诉不同的音像制品有限公司侵犯《梁祝》剧本著作权纠纷案,江苏、浙江法院支持了原告的诉讼请求。而上海法院以"现有证据不足以认定《人民文学》中所发表的剧本及被控侵权音像制品中的相关唱段系刘南薇创作"为由驳回了原告的全部诉讼请求,其主要理由为:刘南薇既非《梁祝》故事的原创者,也非越剧《梁祝》的首创者,若他人使用的是早于刘南薇改编版本《梁祝》已有作品中的内容,也不能认为侵犯了刘南薇的著作权。此外,现有证据仅能证明刘南薇曾改编过越剧《梁祝》,但不能证明其创作内容,不能说明其在哪些部分对该剧本有创造性贡献,更不能说明被控侵权音像制品中的唱词是否复制、抄袭、援用、修改或借鉴了刘南薇的创作。② 其后,最高人民法院指令浙江高院再审的案件,③实际是对上海法院裁判思路的肯定。

课题组认为,演绎作品是在保持原有作品基本表达的基础上,增加了符合独创性要求而形成的作品。对于历经数次改编、再创作的戏剧作品,在确定著作权权利归属的过程中,公开出版物上的署名方式固然是重要的事实依据之一,但仍应注意结合案件中的其他事实,充分考虑历史因素和演绎行为的独创性高度,在恰当确定对权利人的保护力度的情况下,又要给予创作者一定的自由创作空间并保障社会公众惠益分享的权利,防止形成个人对来自于公有领域的创作素材的垄断,阻碍艺术的发展与繁荣。

第三,对戏剧作品表演者身份的确定。

根据《著作权法实施条例》第5条第6项的规定,表演者,是指演员、演出单位或者其他表演文学、艺术作品的人。相对于一整台戏的

---

① 案情摘自李伟文:《越剧〈红楼梦〉戏剧作品著作权花落谁家》,载《法律与生活》2004年第4期。

② 案情介绍摘自《江苏省高级人民法院关于戏剧作品案件审理情况的调研报告》。

③ 参见最高人民法院(2009)民申字第473号民事裁定书。

演出,虽然主要演员的作用举足轻重,但其他辅助人员的作用也不可或缺。一般情况下,因演员与演出单位存在隶属关系,演出单位需要在演员培训、演出组织方面付出较多的人力、财力和物力支持,故在没有约定的情况下,将演出单位作为表演者并享有表演者权,不仅符合客观实际,同时也有利于对外行使权利。有观点认为,应将主要演员作为表演者的意见不可取。

在北京法院审理的涉及评剧《杨三姐告状》一案中,[①]法院综合案件事实,认定评剧《杨三姐告状》一剧的表演者权归演出单位享有。最高法院审结的广东唱金影音有限公司诉河北省河北梆子剧院、中国文联音像出版社、天津天宝文化发展有限公司等侵犯录音录像制作者权纠纷案中认为,戏剧类作品演出的筹备、组织、排练等均由剧院或剧团等演出单位主持,演出所需投入亦由演出单位承担,演出体现的是演出单位的意志,演出单位是著作权法意义上的表演者。[②]

此外,对于"师徒传承"引发纠纷,如何确认表演者身份,也是实践中存在争议的问题。

首先,对于具有师徒传承关系的传统作品表演者的确定。

师徒传承是我国很多传统戏曲赖以延续、发展和光大的重要途径之一,如根据评弹界的行规,弟子要学习师傅的书目,一般应当有拜师礼仪并交纳一定数额的拜师金。根据传统观念,如果没有经过拜师过程,任何人都不能表演别人的书目,否则就有"偷书"之嫌。但是,弟子在拜师后对外进行的公开表演如何确定表演者身份,在文艺界和法律界存在不同理解。在苏州中院审理的于少青诉苏州市广播电视总台侵犯著作权纠纷案中,于少青(艺名扬子江),是国内评弹界的名家,创作过《康熙皇帝》等脍炙人口的评话作品。2007 年 12 月,被告在其第九频道"数字苏州评弹"中连续播放了长篇评话《康熙皇帝》,表演者为于少青的弟子、苏州市评弹团演员吕也康。于少青认为,被告未经其许可擅自对吕也康表演的长篇评话《康熙皇帝》进行录音录像并公开播放的行为侵犯其著作权。对这种具有典型师徒传承关系的传统曲艺作品表演者身份的确定存在不同的认识。有观点认为,涉案评弹作品最早由于少青创作并表演,吕也康虽是本案中形式上的表演者,但其评弹技艺均来自于对于少青的学习,故在本案中仍应将表演者确定为于少青并允许其就此提出诉讼。对此法院认为,在本案中应对戏剧作品的著作权和表演者权作出区分。涉案戏剧作品最早由于少青创作,吕也康在支付拜师金后,应当视为已经取得了表演其所学作品的著作权人的默示许可,但涉案剧本的著作权仍归属于于少青本人。但是,由于表演行为本身是由吕也康独立完成,虽然其中包含了来自于于少青以及公有领域的评弹技艺,但仍应根据吕也康在表演过程中所付出的创造性劳动,在肯定其表演者身份的基础上,给予其恰当的保护。

由此可以看出,在确认表演者身份的问题上,不能采取"一刀切"的处理方式。如在上文中提到的评弹艺术的表演,虽然评弹演员大多隶属于评弹剧团,其所完成

---

① 参见北京市第一中级人民法院(2005)一中民初字第 687 号民事判决书及北京市高级人民法院(2005)高民终字第 1258 号民事判决书。

② 参见最高人民法院(2008)民三终字第 5 号民事判决书

的表演也需取得剧团的同意,但实际传播内容体现的是演员个人表演,在演员与剧团没有明确约定的情况下,不宜简单地以演员与所属演出团体之间具有隶属关系等为由,否认该演员的表演者身份。

(二)关于戏剧作品的著作权保护与民间文学艺术、非物质文化遗产保护的协调问题

民间文学艺术和大量的非物质文化遗产是中华民族宝贵的精神财富,也是以中国戏曲为代表的戏剧作品历经漫长而坎坷的发展道路,仍能表现出旺盛生命力的创作源泉所在。由于我国现行法律对如何解决有关民间文学艺术作品与民间传统文化、非物质文化遗产保护交叉问题没有明确规定,因而迫切需要制定恰当的司法政策,以解决相关权利主体与诉讼主体之间的协调关系。最高人民法院在《关于充分发挥知识产权审判职能作用推动社会主义文化大发展大繁荣和促进经济自主协调发展若干问题的意见》中指出,应本着传承与创新、保护和利用并重的原则,根据现有法律和立法精神,积极保护民间文学技术、传统知识、遗传资源等非物质文化遗产,公平合理地协调和平衡在发掘、整理、传承、保护、开发和利用过程中各方主体利益关系。

民间文学艺术是由社会群体集体创作并在世代相传中不断演变而成的文学和艺术形式,是各民族文化遗产和知识产权的重要组成部分。非物质文化遗产,是指以传统美术、书法、音乐、舞蹈、戏剧、曲艺和杂技等为代表的,各族人民世代相传并视为其文化遗产组成部分的各种传统文化表现形式,以及与传统文化表现形式相关的实物和场所。[①] 在北京法院审理的安顺市文化和体育局诉出品人新画面公司、制片人张伟平、导演张艺谋拍摄的电影《千里走单骑》侵犯署名权纠纷案。[②] 原告在本案中主张“安顺地戏”不仅属于非物质文化遗产,亦属于受著作权法保护的民间文学艺术作品。一审法院认为,“安顺地戏”作为国家级非物质文化遗产,应当依法受到国家的保护、保存。但涉案电影将真实存在的“安顺地戏”作为一种文艺创作素材用在影片中,并就戏剧表演的配器及舞台形式加以改动,使之表现形式符合电影创作的需要,并将其称为在现实生活中并不存在的“云南面具戏”,这样演绎拍摄手法符合电影创作规律,区别于不得虚构的新闻纪录片。各被告主观上并无侵害非物质文化遗产的故意和过失,从整体情况看,也未对“安顺地戏”产生法律所禁止的歪曲、贬损或者误导混淆的负面效果。据此,驳回原告诉讼请求。二审法院维持原判的理由是,“安顺地戏”由安顺地区的人民世代相传、继承、丰富而成,并不归属于某个特定民事主体,作为安顺地戏的管理及保护机关,原告有资格就他人侵害安顺地戏的行为主张权利并提起诉讼。因“安顺地戏”既非署名权的权利主体,亦非是明确的权利客体,而涉案电影中虽实施了将“安顺地戏”称之为“云南面具戏”的行为,但这一使用行为并非著作权法意义上的署名行为,不可能构成对“安顺地戏”署名权的侵犯。由本案可以看出,虽然案件涉及非物质文化遗产,却因非物质文化遗产法没有“民事保护”的相关规定不能适用。作为民间文学艺术作品保护,又因著作权法规定的“民

---

① 参见《中华人民共和国非物质文化遗产法》第 2 条的规定。

② 参见北京市第一中级人民法院(2010)一中民终字第 13010 号民事判决书。

间文学艺术作品的著作权保护办法由国务院另行规定”，但因该办法未出台亦无法适用，故法院只能依据著作权法的相关规定审理本案。如果说两审法院驳回了原告的诉讼请求的理由理论上有其合理性，但如何在具体案件中客观的体现对非物质文化遗产所在地的特定主体“署名权”的尊重，仍有继续深入研讨的余地。

在广西法院审理的涉及戏剧作品《刘三姐》侵犯著作权纠纷案中，[①]原告主张被告侵犯了其根据民间传说创作完成的戏剧作品《刘三姐》的著作权，但被告认为，任何人都可以利用“刘三姐”的民间传说进行艺术创作，双方的作品是依赖于相同素材但各自独立完成的创作成果，被告的行为不构成侵权。广西高院经审理认为，虽然民间文学艺术中已经存在刘三姐的传说，但原告未拘泥于前人的传说和故事原型，从繁杂、散乱的传说素材中创作出结构完整的戏剧作品《刘三姐》，具有独创性。但剧本中涉及的部分角色原型和人物关系的定位在民间故事中早已存在，并非原告所独创，对该部分内容应当排除在原告的著作权保护范围之外。同样，在涉及歌曲《夜了天》的著作权纠纷案中，[②]原告在广西百色地区巡演期间，收集到了早已流传在桂西地区的民歌素材“诗窝窝”，并根据壮语的意思和历史背景创作了涉案歌曲《夜了天来夜了天》，法院经审理认为，原告对涉案歌曲的创作已经不是对传统民歌旋律的简单收集、整理和记载，而是融入了作者个性的创造性劳动，构成了具有独创性的作品。但是，对于作品中所包含的民间传统音乐中固有的成分，原告无权阻止他人就同一民间传统曲调进行运用和创作。

在涉及戏曲、曲艺等传统艺术的著作权案件审理过程中，如何正确划定体现了作者独创性劳动的作品和公有领域的创作素材之间的界限，常常使法官颇感困扰。一方面，法官需要了解案件所涉及的传统文化领域的基本知识，以判定何为固有的民间文学艺术形式或创作素材。另一方面，法官也需要了解有关文学艺术创作领域的最新发展，以判断什么样的劳动已经脱离了“简单的搜集、整理”而成为了可以受到法律保护的具有独创性的作品。在课题组收集到的部分案件中，较好地反映出法官判断、解决问题的能力。在涉及京剧作品《海上生明月》的侵犯著作权纠纷案中，[③]原告主张被告创作并演出的《海上生明月》一剧抄袭了其创作的《万里鸿》剧本，所依据的主要事实之一就是两剧中的很多段落都使用了“言前辙”的唱腔设计。但法官通过咨询业界专家了解到，“言前辙”的唱腔设计是京剧唱腔中定型的设计模式，其具体的唱词虽然不同，但均采用与“言”或“前”字音相同或相近的字作为每句唱词的结束。因此，这种“言前辙”的唱腔模式应属于公有领域的创作素材，不应归入《著作权法》保护的范畴。据此，法院驳回了原告的诉讼请求。而在一起涉及内蒙古二人台传统曲目的著作权侵权纠纷案中，[④]法院虽然认可原告的涉案作品《二人台音乐（内蒙古西路部分）》是在搜集、整理内蒙古传统剧目的基础上完成的，但由于原告所付

① 参见广西壮族自治区高级人民法院（2005）桂民三终字第7号民事判决书。

② 参见广西壮族自治区高级人民法院（2008）桂民三终字第18号民事判决书。

③ 参见北京市朝阳区人民法院（2010）朝民初字第15358号民事判决书及北京市第二中级人民法院（2010）二中民终字第18102号民事判决书。

④ 参见北京市海淀区人民法院（2008）海民初字第10774号民事判决书。

出的创造性劳动已经远远超越了“简单的搜集、整理行为”,而使涉案图书已经成为了具有独创性的再创作作品,原告可以就其享有著作权的作品部分在本案中主张权利。

(三)关于录音录像制品制作者权利的合法性审查

根据现行《著作权法》第40条第1款的规定,录音录像制作者使用他人作品制作录音录像制品的,应当取得著作权人的许可,并支付报酬。该法第41条规定,录音录像制作者制作录音录像制品,应当同表演者订立合同,并支付报酬。第42条规定,录音录像制作者对其制作的录音录像制品,享有许可他人复制、发行、出租、通过信息网络向公众传播并获得报酬的权利。

当一部录音录像制品中涉及剧本、表演者(演出单位)等多个著作权主体时,制作者应当逐一取得相关主体的合法授权。在最高法院审理的广东唱金影音有限公司诉河北省河北梆子剧院、中国文联音像出版社等侵犯录音录像制作者权纠纷一案①中,法院认为,对于《蝴蝶杯》等录像制品,广东唱金公司获得了河北省梆子剧院等作为表演者的演出单位的许可,获得了录像制作者的授权或者其本身为录像制作者,在存在剧本、唱腔著作权人的情况下亦获得了著作权人的许可,其发行的上述录像制品符合2010年修改前《著作权法》第39条、第40条的规定的相关规定,对于其合法制作的录像制品,广东唱金公司享有我国《著作权法》第41条规定的各项权利。

在具体案件中,音像复制单位为证明其复制音像制品合法,仅提交其制作、发行的音像制品是否足够,其是否还应按照《音像制品管理条例》的规定验证著作权人的授权书?不同的法院对此把握不一。如部分法院认为,《著作权法》第52条规范的是著作权人与邻接权人之间的关系,即在著作权人起诉邻接权人侵犯著作权纠纷案中,邻接权人无需提交著作权人的授权使用合同,而只要提交署名制品、自己制作或者委托制作制品的证据,就已经完成了制品权属的初步举证责任。在被控侵权人提供相反证据证明邻接权人存在侵犯他人著作权从事出版或者制作行为时,制品权人、出版人才需要对其行为的合法性进一步举证证明。② 课题组认为,对于具体案件当中的举证责任问题,如录像制品的复制发行人,提供了印有权利人信息的正版音像制品,一般情况下可作为已取得著作权人许可的初步证据。

(四)关于审理戏剧类网络著作权纠纷案件存在的问题

北京、上海、广东法院在2008年以后相继受理的一批“阎致中系列案件”、③“马晓贵系列案件”,④均涉及将根据地方戏剧的演出摄制的视频上传到互联网上引发的纠纷。争议焦点主要涉及被传播的视频的性质(是“类似于电影作品”还是“录像制品”)、网络服务提供者的责任,以及赔偿标准等问题。不同法院对此类案件裁判标准把握不一,北京高院为了统一本辖区此类案件的审理,出台了一般性判断标准。课题组认为审理此类案件可以从以下几个方

① 参见最高人民法院(2008)民三终字第5号民事判决书

② 参见《浙江省高级人民法院戏剧作品著作权保护问题的调研》。

③ 北京市海淀区人民法院(2008)海民初字第11350号民事判决书等3案。

④ 北京市朝阳区人民法院(2010)朝民初字第30572号民事判决书等21案。

面考虑：

1. 如何区分电影作品、以类似摄制电影的方法创作的作品和录像制品。如仅以机械方式录制他人的现场表演，或仅在录制过程中，对机位的设置、场景的选择、镜头的切换等进行了简单的调整，或在录制后只对画面、声音进行了简单的剪接后形成的录音录像制品，不属于以摄制电影的方法创作的作品，只能作为录像制品对待。

2. 提供信息存储空间服务的网络服务提供者的责任。《信息网络传播权保护条例》对提供网络自动接入服务、自动存储服务、信息存储空间服务以及搜索或者链接服务的网络服务提供者不承担赔偿责任的条件作出了明确的规定，在涉及戏剧作品的信息网络传播权纠纷案中，应根据上述法律规定的内容和立法精神，掌握一致的司法认定标准。对于信息存储空间服务提供者等主观过错的判定，应当结合相关网络服务提供者合理的预见能力和专业技术水平予以综合判断。一般情况下，网络服务提供者对他人利用其技术服务传播的作品是否构成侵权，一般不负有预先的主动审查义务。

3. 对于赔偿数额的确定。此类案件中的考量因素并无太多的特殊性，同样应当根据《著作权法》第49条的规定，以实际损失、违法所得或在两者均无法查明的情况下适用法定赔偿的标准。在对赔偿数额予以酌定时，应当对案件中作品的性质、传播范围(点击率)、主观恶意程度等因素给予重点考虑。

以戏曲为代表的戏剧艺术是中国传统文化的重要组成部分，世代艺术家在对前人成果学习、继承的基础上，结合不同的时代特征，不断以新的表现形式和手法丰富着戏剧文化的内涵。法院在审理涉及民间文学艺术作品与民间文学艺术的表现形式、非物质文化遗产相融合的案件时，应正确把握作品特点和相关领域的特殊需求，使保护强度与独创性高度相协调，促进文化资源的惠益分享。在确定权利保护范围时，应当正确界定公有领域的创作素材与具有独创性的作品之间的界限，尊重民间文学艺术作品的保存人和整理人以适当方式署名的权利。此外，还应实事求是地根据作品的独创性高度，确定适当的保护强度。在侵权判定的过程中，对于那些虽由作者独立创作，但对公有领域的创作素材借鉴较多、独创性程度不高的作品，应当从严掌握侵权判断的标准。同时，在充分考虑作品使用行为的性质和目的、被使用作品的性质、对作品潜在市场或价值的影响等因素的前提下，如果使用行为未对作者的正当权益和作品的正常使用形成实质性影响，可以适时地引入合理使用制度，以避免公有领域的创作素材为个人所垄断。在充分保护社会公众对传统文化资源惠益分享的基础上，为文化创新提供重要的源泉。

本课题的调研工作得到了院领导及庭领导的关心支持。本课题立项后，课题组按照拟定的调研方案，开展了一系列深入的调研活动，包括向相关高院下发通知、将收集资料汇集成册、列出问题清单、召开研讨会等，庭领导亲自参加研讨会，并给予指导。本调研报告通过对大量有价值的信息、资料、案例及相关问题的认真梳理、分析、研究，肯定了相关法院的审判经验，并针对有争议的问题提出了初步的倾向性意见。今后，最高法院也将在上述初步研究成果的基础上继续加强对民间文学艺术、传统知识在内的非物质文化遗产类知识产权保护问题的研究工作。

新闻类视频节目的法律保护

北京市高级人民法院知识产权庭课题组

新闻类节目的制作通常需要花费大量的人力、物力及财力,但长期以来,新闻类视频节目是否可以获得著作权法的保护,以及如何进行保护在业界一直存在争议。这一争议的根源在于《著作权法》第5条将"时事新闻"排除在著作权法保护范围之外。这一规定使得业界相当数量的从业人员认为新闻类节目不应获得著作权法保护,上述情形的存在使得对于新闻类视频节目的著作权保护研究对于整个行业而言具有较为重要的现实意义。这一研究对于司法实践的意义亦不可忽视。实践中涉及新闻类节目保护的案件虽绝对数量不多,但在为数不多的案件中,被告通常会提出《著作权法》第5条这一抗辩理由。就现有情况而言,此类案件的做法并不完全一致,有些案件中法院支持了被告这一抗辩理由,但有些案件中则作出相反的认定。而即便对于认定结论一致的案件而言,其所采用的具体理由亦可能有所不同。上述情形的存在使得对于《著作权法》第5条有关时事新闻的研究对于统一司法尺度亦有着重要的现实意义。

一、新闻类视频节目侵权类型

实践中很多新闻机构所制作的新闻类节目被他人未经许可使用,同时其亦未经许可使用他人的新闻类节目。随着互联网的迅猛发展,目前,通过互联网盗播有关新闻类视频节目的情况比较严重。例如:

1. 文字配视频

2. 单独使用视频

3. 专题页中集中使用新闻视频

4. 遮台标使用新闻视频的

5. 嵌套播放器形式使用新闻视频

6. 嵌套页面形式

7. 将视频裁分成单条短视频使用

二、新闻类视频节目是否受著作权法保护

网站大量使用新闻类视频节目,是否合法?判断的关键在于,如何理解《著作权法》第5条中所规定的时事新闻。《著作权法》第5条规定:"本法不适用于:……(二)时事新闻。"对于何为时事新闻,《著作权法实施条例》第5条对此有所论及,该条款中规定,"著作权法和本条例中下列用语的含义:(一)时事新闻,是指通过报纸、期刊、广播电台、电视台等媒体报道的单纯事实消息"。上述规定意味着,时事新闻与新闻作品并非同一概念。只有构成"单纯事实消息"的时事新闻才被排除在著作权法的保护之外,除此之外的其他情形,即便与事实相关,亦并非不受保护,而是可能构成新闻作品从而获得著作权法保护。这一含义在《保护文学和艺术作品伯尔尼公约》(简称《伯尔尼公约》)的相关规定以及解释中亦可见一斑。公约第2.8条中规定,"本公约的保护不适用于日常新闻或纯属报刊消息性质的社会新闻",而1978年的《WIPO伯尔尼公约指南》中则指出,"公约做出这一款规定,说明它并不打算保护单纯的新闻或各类事实,因为这类素材并不具备可以被确认为作品的要件。另一方

面,采访记者和其他记者用于报道和评论新闻的文字如果包含充分的智力创作成分,足以看作是文学和艺术作品,则是受到保护的。”由此可知,伯尔尼公约中实质上亦是将“时事新闻”与新闻作品进行了区分。

鉴于只有构成单纯事实消息的时事新闻才不受著作权法保护,故如何理解单纯事实消息是此类案件认定的关键。因《著作权法》及《著作权法实施条例》中对于“单纯事实消息”均无相关界定,故对这一概念只能结合著作权法的基本原理予以理解。对此,本文认为,著作权法之所以不对单纯事实消息提供保护,其根本原因在于,著作权法仅保护表达,而不保护事实。也就是说,“时事新闻作为一种事实,是不为著作权法所调整的”。[①] 因此,著作权法这一规定的目的在于避免作者通过获得对时事新闻的著作权法保护,而客观上获得对事实本身的垄断。“按照著作权法的原理,不能因为第一个人报道了某一客观事实,他人就不能再去报道”。[②]

在具体案件的审理过程中,单纯事实消息的认定无疑需要一种相对有效的判断方法。对此,本文认为,通常情况下,如果一则新闻仅用最为简明的语言记录了该新闻事实的各构成要素(时间、地点、人物、事件等),因他人对这一事实的记录必然也会采用基本相同的表达,故此时应认定其属于单纯事实消息。原因在于,“简单的语言表达很容易与被描述的事实发生‘混合’。正如‘思想’与‘表达’发生混合时,‘表达’不能受到保护一样,当‘事实’与‘表达’发生混合时,‘表达’也不能受到保护。”[③]

以金报中心案[④]为例,虽然涉案《克里斯·卢埃林:国际期刊联盟在电子时代的新发展》这一文章整体较长,但因其仅是用最为简单的文字记载了该事件的必要因素,任何他人要记录该事实时不可避免地要采用这一表达,因此,此时即存在事实与表达的混合。如果认定其构成作品,则意味着任何其他人如果报道这一事实,均需经过原告许可,这一结果显然使得作者通过著作权的保护客观上获得了对这一新闻事实的垄断,这显然与著作权法仅保护表达,而不保护事实的基本原理相悖。实践中,仅仅报道单纯事实消息的情形较为少见,多数情况下作者均会在该消息中增加其个性化的“独创性”表达因素,而对此个性化要素而言,不同的作者显然具有不同的选择,对其提供保护并不会客观上产生保护事实的效果,故此种情况下应认定其并非单纯事实消息。如在王艺案中,《买断经营向生活用品辐射,使滨城出现不少怪现象》中虽然也是针对当时在大连商场发生的因商家买断经营而产生的社会现象予以报道,但其同时亦对所报道事件给予相应的评价,[⑤]鉴于“新闻报道如果不是单纯的‘单纯事实消息’,而是加入了以文艺手法创作的新闻评论,其中具有独创性的表达成分仍然是受著作权保护的”,[⑥]故该文章符合著作权法的规定,应获得保护。

虽然新闻类作品可能涉及文字作品、

① 胡康生主编:《中华人民共和国著作权法释义》,法律出版社 2002 年版。

② 李明德、许超:《著作权法》,法律出版社 2009 年版,第 54 页。

③ 王迁:《知识产权法教程》,中国人民大学出版社 2011 年版,第 60 页。

④ 参见北京市海淀区人民法院(2009)海民初字第 13593 号民事判决书。

⑤ 参见北京市第一中级人民法院(2001)一中知初字第 256 号民事判决书。

⑥ 王迁:《知识产权法教程》,人民大学出版社 2011 年版,第 60 页。

口述作品、摄影作品、美术作品及电影作品等多个作品类型,但并非上述类型的作品均可能构成单纯事实消息。对于摄影作品、美术作品以及电影作品等而言,因上述类型作品的构成要素(如光线、取景、角度等等)相对复杂,不同的作者即便报道同一事实,其对构成要素的选择亦具有较多的选择空间,故上述作品通常不会构成单纯事实消息。但对于文字作品以及口述作品,则情况有所不同。鉴于文字及口头表达是人类最为基本的表达方式,对于事实最基本构成要素的最为简单的表达通常会采用上述两种表述方式,故对于上述两类作品的保护最为可能导致客观上对于事实的保护,从而被认定构成单纯事实消息。

因为新闻类视频节目必然会被录制下来,因此,此类视频还有可能涉及录音录像制作者权的保护。首次将其录制下来的录制者,可以主张录像制作者权的保护。在此类案件中,最为复杂的问题在于如何认定该视频系构成电影作品,抑或是录像制品。就现行著作权法的规定而言,电影作品的权利范围(《著作权法》第10条)显然远远大于录像制品的权利范围(《著作权法》第42条),因此,被认定构成电影作品将非常有利于对权利人的保护,但是否能够被认定构成电影作品仍原则上应以独创性为标准。如在《时事直通车》案件中,法院认为因其包括多个环节,如记者深度采访,特约评论员点评等内容,具有独创性,故构成电影作品。① 同理,在《上海双年展"巡演"进行时》等40个访谈节目的案件中,法院认为受访谈节目本身形式的制约,采访方式基本为问答式,机位或镜头切换较少,因此,未达到独创性高度,仅构成录像制品。② 当然,如果根据《著作权法》修订草案送审稿的相关规定,录像制品与电影作品同归入"视听作品"范畴,这种情况下,新闻类视频节目就进入了视听作品的范畴,无需再行认定录像制品。

电视新闻节目是当前最典型、最常见的新闻类视频。从此类视频内容的构成上看,通常是由一个个具体的新闻条目按照一定的顺序汇编而成的,而每个具体的新闻条目又是由一系列视频画面加上主持人播报的相应文字内容组成,部分节目中还会穿插一些新闻记者的现场采访或者电话连线采访等内容或者附加形象化的图表等相关内容。通常,可以把新闻类视频分为三个层次:一是新闻节目视频的整体,例如,央视每日播出的30分钟的新闻联播;二是构成每个整体新闻视频的具体的新闻条目,比如新闻联播中的每个新闻条目;三是构成每个新闻条目的具体内容,包括视频画面、主持人播报的文字内容及其他相关内容。

在新闻类视频受法律保护内容的界定上,同样需要从以上三个层次进行分析。对于整体新闻视频以及其中的具体新闻条目,如果作者付出了创作性劳动,可以作为以类似摄制电影的方法创作的作品给予保护。对于每个新闻条目中播报的文字内容以及附加的其他内容,应当根据其具体内容确定是否构成作品。如该文字部分只是报道某时某地某人发生了某事,应当属于时事新闻的范畴,不应受到著作权法的保护;如该文字部分是在所发生的事情的基础上的进一步分析、评论等,则已经超出了

① 参见北京市海淀区人民法院(2008)海民初字第22558号民事判决书。

② 参见北京市朝阳区人民法院(2012)朝民初字第33384号民事判决书。

时事新闻的范畴,仍应作为作品予以保护。但视频画面或者新闻节目片段的问题较为复杂,原则上应受保护,但同时应受到一定的限制,主要涉及合理使用的问题,该问题在后文进行分析。

三、新闻类视频著作权侵权认定

在处理新闻类视频的著作权侵权问题上,应当遵循如下原则:

1. 利益平衡原则。大众传播的基本社会功能是报道新闻、引导舆论、传播知识、提供娱乐、刊播广告。新闻传播的首要社会职能是向社会传播信息,以引导社会舆论,影响人们的思想和行动。而信息的载体就是各种新闻节目。目前,对于新闻节目进行保护的主要途径就是著作权法。但是,著作权法对智力作品创作人的保护是通过赋予其享有对作品的专有权实现的。而这种专有权利的行使,必然会使该新闻作品传播速度减慢;若这种权利被大量地行使,就必然会对以传递信息为主业的新闻事业造成一定的影响。[①] 因此,新闻作品著作权的保护既要体现对制作者智力劳动和独创性的尊重,又要兼顾新闻作品传播者、利用者的利益和对公众知情权的保障。

2. 适度保护原则。适度保护的核心在于保护的强度应与作品的独创性高度相适应。独创性是作品的本质属性和获得著作权保护的核心条件,决定了著作权保护的范围,也界定了著作权与公共领域的界限。在独创性标准的确定上,著作权司法保护既要维护独创性基本标准的统一性,坚持获得著作权保护首先要以具备最低限度的独创高度为条件,又要根据各类不同作品的特点,适应相关保护领域的特殊需求,以利益平衡为重要基点,综合考虑作品属性、所属领域的作品现状、创作空间、产业政策、公众需求等因素,灵活把握独创高度,合理确定保护强度。[②] 在新闻类视频的保护上,首先,要根据思想和表达区分的相对性,充分考虑新闻行业的特点,运行思想和表达两分法合理界定作品保护范围;其次,要依据相关作品独创程度的高低给予其不同强度的保护;此外,要注意把握合理使用的适用条件,准确划定著作权侵权与合理使用的界限。

3. 过错责任原则。过错责任原则是民事侵权认定的一般归责原则。我国《民法通则》第 106 条第 2 款规定,公民、法人由于过错侵害国家的、集体的财产,侵害他人财产、人身的,应当承担民事责任。《侵权责任法》第 6 条规定,行为人因过错侵害他人民事权益,应当承担侵权责任。过错责任原则的基本含义是行为人只有在主观方面有过错的情况下才承担民事责任。过错责任要求行为人在实施一定的行为时尽到理性合理人的注意义务。判断行为人是否有过错的标准,既要考虑行为人是否尽到了普通人的一般注意义务,又要考虑到行为人所实施行为的特殊性,对于从事某种专业性和技术性活动的行为,应按照专业人员的应有的注意标准进行考量。在新闻类视频案件中,被控侵权的主体可能是涉案视频的制作者、传播者或使用者,由于上述主体所实施行为的目的和内容不相同,对于过错的判定应有所区分,但其承担侵权责任应均以存在过错为前提。

与一般著作权侵权案件一样,在此类

① 赵双阁、李扬:《论新闻作品著作权法律保护的价值选择》,载《当代传播》2009 年第 2 期。

② 引自最高人民法院院领导 2012 年 2 月 8 日在全国法院知识产权审判庭庭长研讨班上《准确把握当前知识产权司法保护政策　进一步加强知识产权司法保护》的讲话。

案件的审理过程中应从原告权利审查、被告侵权认定以及责任承担等方面进行处理。对于权利的审查，一方面要确定相关视频的属性，属于作品还是录像制品，另一方面应结合相关视频的署名情况，在无相反证据的情况下进行推定署名单位的权利主体身份；对于责任的确定应依据最终认定侵权行为的性质、目的及后果相应确定。对于诉争行为侵权与否的定性属于此类案件中的核心问题。从目前的司法实践看，针对新闻类视频的侵权行为主要包括两类，一是擅自传播他人新闻类视频的行为；二是在类似节目的制作中使用他人新闻视频内容的行为。

擅自传播他人新闻类视频的行为，是指未经许可，将他人制作的新闻类视频进行传播。该情况在互联网中比较突出。侵权形式主要表现为：一是提供相关电视节目的下载、在线播放服务；二是提供相关电视节目的网络定时播放、直播服务。在此类案件中，有两个问题需要注意。一是界定被控侵权主体的身份。我国《著作权法》、《信息网络传播权保护条例》及网络著作权司法解释的有关规定将信息网络传播行为区分为作品提供行为和网络服务提供行为。根据行为性质的不同，网络服务提供者可能承担直接侵权责任，又可能承担间接侵权责任。因此，在具体的案件中，需要结合被控侵权主体所实施的具体行为判断其是网络内容提供者还是网络服务提供者。二是确定原告被侵犯的权利内容。

对于第一种侵权形式认定侵犯信息网络传播权，一般没有争议；但对于第二种侵权形式，应认定侵犯何种权利，在实践中存在一定分歧。所谓网络定时播放是指网络内容服务提供者利用网络电视软件发布节目表，按照节目表规定的时间定时播放节目，互联网用户可以根据节目表，通过客户端网络电视软件在线观看播出的节目。网络直播是指将电视节目信号（模拟）通过采集，转换为数字信号后输入电脑，实时上传网站供人观看。一种观点认为，未经许可的播放行为侵犯了权利人的信息网络传播权。另一种观点认为，上述播放行为不能让网络用户在其选定的时间内选择节目，而只能被动接受网络正在播放的节目，不符合信息网络传播权“交互式”的特点，故只能适用《著作权法》第10条第1款第17项规定的“兜底权利”予以保护。北京市高级人民法院于2010年印发的《关于网络著作权纠纷案件若干问题的指导意见（一）（试行）》即采纳了该观点，规定“网络服务提供者通过信息网络按照事先安排的时间表向公众提供作品的在线播放的，不构成信息网络传播行为，应适用著作权法第十条第一款第（十七）项进行调整”。最高法院在制定网络司法解释中曾考虑就此作出规定，在面向社会公开的征求意见稿中曾有相关条文，但因存在较大分歧，最终未对该问题作出规定。上述分歧存在的根源在于我国现行著作权法上关于“信息网络传播权”的设定不完善，这一问题的根本解决有赖于立法层面的完善，国家版权局于2012年7月6日公布的《著作权法（修改草案第二稿）》中有如下表述：“信息网络传播权，即以无线或者有线方式向公众提供作品，使公众可以在其个人选定的时间和地点获得作品，以及通过技术设备向公众传播以前述方式提供的作品的权利”，即对信息网络传播权的内涵进行了扩充，将定时播放、网络直播等非交互式传播方式纳入调整范围。当然,依据现有的法律规定,如果侵权人在提供实时播放服务的同时提供回放服务,则仍可以认定侵犯信息网络传播权。例如,广州中院2008年审理的央视国际网络有限公司诉世纪龙信息网络有限责任公司侵犯著作权纠纷案中,被告未经许可在其经营的网站上实时转播了中央电视台直播的奥运火炬珠穆朗玛峰传递节目,并且该网站用户可以对该节目进行回放。法院即认定被告的行为侵犯了原告的信息网络传播权。①

随着技术的发展和三网融合的推进,出现了传播电视节目的新途径,即互联网电视。互联网电视设备是三网融合技术在电视传播终端的典型表现。互联网电视在功能上,既可以作为一般电视机接收电视节目,又可以成为电脑终端获取互联网上的内容。除互联网电视外,当下流行的网络播放器同样可以使传统电视具备上述功能。一些厂商在生产的设备中,除了向用户提供影视作品的播放服务,还提供电视节目的直播、点播服务。目前,相关的诉讼纠纷已经出现。海淀法院正在审理的央视国际网络有限公司诉深圳市开博尔科技有限公司等侵犯著作权纠纷案就属于此类案件。该案中,被告开博尔公司生产的"K6703D高清播放机"通过互联网向用户提供电视节目"直播"、"回播"和"点播"服务,涉及的电视频道涵盖CCTV1、CCTV2等央视频道共24套。原告认为被告未经授权便进行以上电视频道和电视节目的播放服务侵犯了其著作权及相关权利。以上案件属于因新技术或新产品引发的侵权纠纷,按照技术中立原则,不能仅仅因为有人使用该技术或产品进行侵权行为就认定技术提供者或产品制造者具有主观过错,关键应审查行为人所实施的具体行为及其行为的目的和后果。对于设备厂商而言,法院在确定其应否承担责任时,关键应看其在作为设备生产商的同时,是否实施了著作权法意义上的使用他人作品的行为。

四、新闻类视频节目的合理使用

在新闻类视频著作权案件中,被控侵权主体除对原告主张权利视频的作品属性提出异议外,一项主要的抗辩事由是认为构成合理使用。因此,在此类案件中需要正确把握合理使用的适用条件。合理使用是使用人根据著作权法的规定,在一定范围内,不经著作权人许可,不支付报酬,基于正当目的而使用他人作品。关于合理使用的适用条件,我国《著作权法》第22条和《著作权法实施条例》第21条进行了明确。《著作权法》第22条列举了12项可以适用合理使用的情形,但同时规定应当指明作者姓名、作品名称,并且不得侵犯著作权人依照本法享有的其他权利;而《著作权法实施条例》第21条进一步明晰了合理使用的适用条件,规定:"依照著作权法有关规定,使用可以不经著作权人许可的已经发表的作品的,不得影响该作品的正常使用,也不得不合理地损害著作权人的合法利益",即确立了合理使用的"三步检验法"。

合理使用往往是使用他人新闻类视频节目制作的一个抗辩理由,其主要的法律依据是《著作权法》第22条第2项、第3项适用条件的把握,"为介绍、评论某一作品或者说明某一问题,在作品中适当引用他人已经发表的作品"和"为报道时事新闻,在报纸、期刊、广播电台、电视台等媒体中

---

① 广东省广州市中级人民法院(2010)穗中法民三初字第196号民事判决书。

不可避免地再现或者引用已经发表的作品。”对此,本文认为,第2项规定并不能为在网络上使用他人新闻视频节目提供合理使用的有效抗辩。因为新闻类视频节目本身就是介绍、评论的对象,因此并不属于为介绍、评论而引用的情形。使用新闻视频是否属于为报道时事新闻不可避免的再现或引用,这一点,值得探讨。有观点认为,现今新闻市场的竞争日趋激烈,对热点新闻的采集媒体常常要投入高昂的制作经费,在未经授权的条件下,擅自播放别的媒体采集新闻图片或者镜头片段是不可以合理使用抗辩的。[①] 本文认为,对于合理使用是否适用,关键在于是否符合法律界定的适用条件。对于他人新闻类视频的整体使用、传播,不属于合理使用。引用他人新闻类视频,第一,应当局限于时事新闻类的视频节目。第二,要结合个案判断是否属于为了传播时事新闻而不可避免的使用。第三,使用者应当说明作品出处和来源。第四,引用的比例应当适当。对于引用比例的高低,难以有量化的标准,但应当以不得实质性替代为最低限度,即“引用”不得影响他人作品的正常使用,也不得不合理地损害著作权人的合法利益。当然在互联网环境下,由于使用的主体并非该项规定中的“媒体”,因此也无法适用该条款。

五、新闻类视频节目的侵权损害赔偿

《著作权法》第49条是侵权损害赔偿的法律依据。该条规定:侵犯著作权或者与著作权有关的权利的,侵权人应当按照权利人的实际损失给予赔偿;实际损失难以计算的,可以按照侵权人的违法所得给予赔偿。赔偿数额还应当包括权利人为制止侵权行为所支付的合理开支。权利人的实际损失或者侵权人的违法所得不能确定的,由人民法院根据侵权行为的情节,判决给予50万元以下的赔偿。这就表明了确定赔偿标准的三个方法:实际损失;违法所得;法定赔偿。这三个方法是逐次递进的关系,即一般情况下应当根据实际损失确定赔偿,只有在实际损失难以确定的情况下,才可以根据违法所得确定赔偿,只有在违法所得也难以确定的情况下,才可以适用法定赔偿。《最高人民法院关于审理著作权民事纠纷案件适用法律若干问题的解释》第25条规定:人民法院在确定赔偿数额时,应当考虑作品类型、合理使用费、侵权行为性质、后果等情节综合确定。《北京市高级人民法院关于确定著作权侵权损害赔偿责任的指导意见》第9条也规定:“适用本规定第六条第一款第(三)项所称‘法定赔偿’应当根据以下因素综合确定赔偿数额:(一)通常情况下,原告可能的损失或被告可能的获利;(二)作品的类型,合理许可使用费,作品的知名度和市场价值,权利人的知名度,作品的独创性程度等;(三)侵权人的主观过错、侵权方式、时间、范围、后果等。”

新闻类视频著作权侵权案件现在还比较少,在赔偿数额认定上尚无成熟处理模式。如果参照其他案件类型,最为接近的是其他视频引发的著作权侵权纠纷,比如影视作品或电视综艺节目著作权侵权纠纷。在广州市中级人民法院审理的(2008)穗中法民三初字第352号原告央视国际网络有限公司诉被告世纪龙信息网络有限责任公司著作权侵权纠纷一案中,法院经审理查明:原告取得了“奥运火炬珠峰传递”节目在电信领域的专有使用权;被告在其

① 郑丽艳、程艳:《时事新闻著作权的保护及完善》,载《法律适用》2011年第11期。

网站上实时转播中央电视台CCTV奥运频道正在直播的奥运火炬珠穆朗玛峰传递节目;原告起诉被告侵犯著作权,索赔410万元。法院最终判决:被告赔偿经济损失及合理支出共30万元。这一案件的特点是被告实时转播原告直播的节目,侵权情节比较严重。原告索赔410万元,数额明显过高,而法院判决赔偿30万元,这一数额可能考虑到了奥运节目的特殊性,这一数额已属不低。以影视作品著作权侵权判赔标准统计,单一作品判决数额达到30万元的案件,全国范围内也属罕见。

在广东省高级人民法院审理的(2005)粤高法民三终字第197号原告电视广播有限公司(TVB)诉被告世纪龙信息网络有限责任公司著作权侵权纠纷一案中,法院经审理查明:原告享有电视剧《上海滩》的著作权、电视节目《2003年度香港小姐竞选总决赛》、《2003年度劲歌金曲第三季季选》、《星光熠熠耀保良2003》的邻接权;被告在其网站向付费会员提供上述视频的在线播放服务;原告起诉被告侵犯著作权。法院最终判决:被告赔偿经济损失20万元。本案的看点有二:一是付费点播,侵权性质比较严重;二是把娱乐节目和电视剧基本类比,可见部分法院在综艺类电视节目赔偿数额认定上,参照影视作品。这一案件的意义在于,新闻类电视节目赔偿数额认定上,可参照综艺类电视节目,而综艺类电视节目可参照影视作品,故影视作品的赔偿标准对新闻类视频著作权侵权赔偿数额认定也有参考意义。

在湖南省高级人民法院审理的(2011)湘高法民三终字第73号原告湖南快乐阳光互动娱乐传媒有限公司诉被告衡阳市珠晖区帝城网络会所著作权侵权纠纷一案中,法院经审理查明:原告取得了电视剧《微笑在我心》、电视节目《音乐不断歌友会》的独家信息网络传播权;被告将涉案视频上传至其网吧局域网服务器供上网用户在线观看;原告起诉被告侵犯著作权。法院最终判决:被告赔偿经济损失5000元(含维权合理费用)。这一案件的赔偿数额认定考虑了侵权后果和被告获利可能性。由于被告是一个网吧,其从涉案视频中获利是上网费用,数额不会太高,故而两部视频含合理费用共判决5000元赔偿。

商业实践中,媒体和互联网经营者之间签订的协议通常未进行版权属性、合理使用、法定许可等甄别,而是以打包方式签订一揽子资源合作协议。此种合作模式导致新闻类短视频的版权价值被淹没在一揽子合作协议之中,无法确定此类作品的“通常合理的市场许可使用费”。在北京市海淀区人民法院审理的(2004)海民初字第15905号原告北京央视公众资讯有限公司诉被告武汉多普达通讯有限公司、被告北京协亨电讯技术有限公司著作权侵权纠纷中,法院经审理查明:原告取得了中央电视台节目在电信领域的专有使用权;多普达手机提供了网络电视功能入口,可实时观看CCTV1、4、9电视节目;原告起诉被告侵犯著作权。CCTV第1、4、9频道节目众多,成分复杂,权利主体也不统一。如欲理清纷繁复杂的法律关系,应当对其进行版权属性甄别、权利主体甄别,条分缕析,逐一认定。但是法院采取模糊处理的方法打包处理所有节目,最终判决:被告一赔偿经济损失35万元、合理支出2.1万元。但是,如果逐一甄别之后,单一节目的判赔数额可能远低于这个数额。

具体到新闻类视频著作权侵权案件,

在赔偿数额认定上，应当考虑如下因素：

1. 作品价值。新闻类视频赔偿数额认定可以参照影视作品。比如涉案视频的商业价值、艺术价值、投资成本、收视率、时长、通常合理的转让费、许可使用费，都是通常考虑因素。这里需要特别提出业内有关新闻视频的许可使用费，作为赔偿的重要依据。原告主张为独家新闻的，被告若予以否认，举证责任应当转移到被告。

2. 侵权过错。侵权行为的具体表现形式，影响法院对于侵权过错的衡量。例如直接使用视频与遮盖台标使用的，应当有所区别。此外，直接侵权还是间接侵权、侵权行为持续时间、是否实时转播、删除时间及持续侵权时间、在线浏览还是下载、有无点击量、收到警告函是否及时删除等情形，都是考虑过错的重要因素。

3. 被告获利。新闻视频的获利，一般可以按照被告使用是否收费以及相关的广告量、点击量等因素综合估算。根据新闻业的经营实践，"首发"新闻的价值远远高于第二、第三个发布者。因此对于在"首发"新闻视频后 24 小时、48 小时以内，与 48 小时之后使用新闻视频所获得的页面关注度是存在很大差别的。因此在考虑被告获利时，应当考虑被告使用新闻视频的节点。

近年来，百万、千万甚至上亿元的索赔额在著作权侵权诉讼中屡见。在涉及新闻视频的侵权案件中，在确定赔偿数额时，对于确无证据证明原告损失、被告获利的，应当根据新闻视频的价值、许可使用费、侵权情节、被告获利等因素综合酌定。酌定数额可以超过 50 万元的法定赔偿额。被告大量使用他人新闻视频或重复侵权的，属于侵权情节比较严重，可以加重赔偿责任。

六、结论

时事新闻的外延应当限于仅有"5W"内容的文字表达，不应延及图片、视频等。构成作品的新闻视频节目可以受到著作权法的保护；未经许可使用他人新闻视频节目在互联网上传播的，应当根据利益平衡、适当保护、过错责任三原则来审理具体案件。互联网环境下，网络服务提供者未经许可使用他人新闻视频节目在互联网上传播的，不能适用有关合理使用的条款作为有效抗辩。对于确无证据证明原告损失、被告获利的，应当根据新闻视频的价值、许可使用费、侵权情节、被告获利等因素综合酌定。酌定数额可以超过五十万元的法定赔偿额。被告大量使用他人新闻视频或重复侵权的，属于侵权情节比较严重，可以加重赔偿责任。

侵犯专利权法定赔偿适用问题研究

北京市第一中级人民法院知产二庭课题组*

引言:侵权赔偿数额彰显专利权保护力度

随着我国创新驱动发展战略的确立,科技创新成果,尤其是专利权的司法保护问题在我国的关注度越来越高,甚至每年“两会”期间都有不少与此有关的提案(议案)。例如,2013年“两会”期间,人大代表杨悟建议完善证据规则,解决取证难的问题,加大专利权保护力度;①2014年“两会”期间,人大代表李健提到“企业收集证据难度很大”、“赔偿额很难确定”的问题。② 在2014年6月23日提交的《关于检查〈中华人民共和国专利法〉实施情况的报告》中,全国人民代表大会常务委员会执法检查组也提到,专利维权存在“时间长、举证难、成本高、赔偿低”、“赢了官司、丢了市场”以及判决执行不到位等状况。李克强总理也多次提到,“对严重侵犯知识产权的行为,更要依法惩处,包括实行巨额赔偿惩罚,使违法者付出难以承受的代价,为创新助力”。③

2013年,中南财经政法大学知识产权研究中心完成的《知识产权侵权损害赔偿案例实证研究报告》显示,在确定侵害专利权赔偿数额时,97.25%的判决都采取了法定赔偿的方式。而且,自2008年以来的专利侵权案件中,法定赔偿的平均赔偿额只有8万元,通常只占到起诉人诉求额的1/3甚至更低。④

专利权保护是科技创新的重要支撑,也是直接影响我国创新驱动发展战略实施的关键环节。某种程度上来讲,对于专利侵权行为的制裁力度,尤其是侵权赔偿数额的高低直接反映出专利权的保护力度。

既然司法实践中,在确定专利侵权赔偿数额时,“97.25%的判决都采取了法定赔偿的方式”,因此,研究法定赔偿的适用现状、形成原因,并在此基础上提出完善对策,对于更好地实现“加大专利权司法保护力度”的目标具有非常重要的现实意义。

一、现状概览:法定赔偿适用比例高、赔偿数额相对偏低

(一)权利人胜诉率高、获赔数额低

根据我国《专利法》第65条的规定,在

---

* 课题主持人陈锐,负责人姜颖,课题组成员:江建中、陈文煊、袁伟、陈志兴、郭伟、刘欣蕾。执笔人:陈志兴。

① 姜旭:《加大专利权保护,有效遏制侵权行为》,载《中国知识产权报》2013年3月13日,第2版。

② 《企业知识产权维权举证难》,载 http://news.sina.com.cn/o/2014-03-12/101029688350.shtml,最后访问日期:2014年10月3日。

③ 《李克强:政府要当好市场秩序“裁判员” 惩处侵犯知识产权行为》,载 http://finance.sina.com.cn/china/20140910/183320257126.shtml,最后访问日期:2014年10月3日。

④ 《97%专利侵权案判决采取法定赔偿,平均赔偿额只有8万元》,载《法制日报》2013年4月16日,第6版。

确定专利侵权损害赔偿数额时，至少存在“权利人实际损失”、“被告侵权获利”、“许可使用费的合理倍数”和“法定赔偿”四类计算方式。各方关于专利侵权损害赔偿数额低、专利权保护力度不够等诟病并不是单纯针对某一种损害赔偿计算方式，而是“整体评价”。因此，在单独分析“法定赔偿”之前，有必要就专利权司法的整体状况进行分析。

能够达成共识的是，对于专利权的保护，“损害赔偿”仅仅是一方面，另外很重要的一方面是“停止侵权”的适用。司法实务中，原告诉讼请求中最基本的两项内容也是“停止侵权”和“损害赔偿”。因此，本课题组在此引用两份现有研究成果中的表格数据，考察专利侵权司法实务中原告胜诉①和损害赔偿的情况（详见表1、表3）。

表1　专利侵权诉讼中权利人胜诉率统计（2007—2008）②

地区/专利类型 项目		北京				上海				广东				江苏				浙江				合计
		发明	新型	外观	合计	发明	新型	外观	合计	发明	新型	外观	合计	发明	新型	外观	合计	发明	新型	外观	合计	
案件总数		53	48	79	180	17	20	28	65	5	23	59	87	14	21	102	137	14	43	68	125	594
国外权利人	案件数	31	0	20	51	12	2	12	26	3	1	4	8	1	0	2	3	2	0	6	8	96
	胜诉案件数	22	0	16	38	9	0	8	17	30	1	4	1	0	0	1	2	0	6	8	68	
	胜诉率%	71	—	80	75	75	0	67	65	100	0	25	50	100	—	0	33	100	—	100	100	71
国内权利人	案件数	22	48	59	129	5	18	16	39	2	22	55	79	13	21	100	134	12	43	62	117	408
	胜诉案件数	11	23	43	77	4	6	10	20	0	16	4	59	7	17	94	118	6	32	50	88	362
	胜诉率%	50	48	73	60	80	33	63	51	0	73	78	75	54	81	94	88	50	74	81	75	73
权利人胜诉案件		33	23	59	15	13	6	18	37	3	16	44	63	8	17	94	119	8	32	56	96	430
总胜诉率%		62	48	75	64	76	30	64	57	60	70	75	72	57	81	92	87	57	74	82	77	72

通过表一可以看出，整体来看，五地区权利人的平均胜诉率（也就是认定侵权成立的案件比例）在70%左右。从这个角度来讲，“专利权保护力度不足”的说法并不完全符合实际。

对于这一点，也在北京市第一中级人民法院（简称北京一中院）审理的专利侵权案件数据中得到印证（详见表2）。

表2　北京一中院侵犯专利权案件详情（一审，2010—2013）

	受理	审结								
		判决			裁定			调解	移送	总数
		支持	驳回	小计	撤诉	驳回	小计			
2010	120	30	40	34	44	2	46	14	1	95
2011	135	25	3	28	42	1	43	11	8	90
2012	129	28	5	33	52	1	53	5	—	91
2013	126	28	12	40	43	5	48	4	5	97

① 此处“胜诉”指的是法院认定被控侵权行为成立。

② 中国专利代理（香港）有限公司法律部：《专利侵权损害赔偿的理论与实践》，载《中国专利与商标》2009年第4期。

可以看出,2010 年至 2013 年北京一中院共审结 373 起专利侵权一审案件,其中,以判决方式结案的案件为 135 起。在这 135 起案件中,原告诉讼请求获得法院支持的为 111 起。整体来讲,原告诉讼请求获得法院支持的比例(即胜诉率)为 82%。

但是,对于体现专利权保护力度的另一方面——"损害赔偿数额",司法实务中的情况则不太理想,而这也是社会各类群体诟病最多的一个问题(详见表 3)。

表 3 专利侵权诉讼损害赔偿额统计(2007—2008)①

项目	地区/专利类型	北京				上海				广东				江苏				浙江				合计
		发明	新型	外观	合计	发明	新型	外观	合计	发明	新型	外观	合计	发明	新型	外观	合计	发明	新型	外观	合计	
单个案件赔偿额(万元)	平均值	16.9	14	12.6	142.	17.8	22.5	7.5	13.7	10.3	126.6	5.7	7.7	20.6	169.9	8.2	10.3	13.7	7.9	6.6	7.6	10.6
	中值	15	8.1	6	8.1	15	20	8	8	6	10	4.8	6	17.5	15	3.5	5	15	5	4	5	7
	最高	50	103	105	105	61.3	50	15.8	61.3	20	52.6	20	52.6	50	50	50	50	30	50	30	50	105
	最低	0.9	2	0.3	0.3	4.1	5	2	2	5	1.2	0.5	0.5	3.5	2	0.3	0.3	3	1	0.5	0.5	0.
按赔偿额大小分类的案件数	≤10 万	8	12	37	57	5	1	14	20	2	9	42	53	3	8	75	86	2	27	47	76	293
	>10 万~≤30 万	19	7	13	39	7	4	3	14	1	6	2	9	3	7	9	19	5	4	8	17	97
	>30 万~≤50 万	6	0	1	7	0	1	0	1	0	0	0	0	2	2	7	11	0	1	0	1	10
	>50 万	0	1	3	4	1	0	0	1	0	1	0	1	0	0	0	0	0	0	0	0	6

可以看出,各地区赔偿额的平均值约 10 万元,赔偿数额≤30 万元的案件占绝大多数(约占 94%),高赔偿额的案件非常少见。有观点认为,10 万元左右的赔偿金基本上可以认为是"安慰性"的。②

(二)原告主张适用法定赔偿的比例高、且很少提交证据

根据中南财经政法大学知识产权研究中心《知识产权侵权损害赔偿案例实证研究报告》中的研究,在确定侵害专利权赔偿数额时,97.25% 的判决都采取了法定赔偿的计算方式。那么,法定赔偿的计算方式为什么会达到如此高的比例呢?课题组将做进一步统计分析。

为此,我们通过北大法宝随机搜集整理了北京、广东、江苏、福建、安徽等五地专利侵权案件一审民事判决书 548 份(详见表 4)。

表 4 专利侵权案件一审民事判决书样本详情(2010—2014)③

专利类型 \ 地区	北京	广东	江苏	福建	安徽	总计
发 明	71	48	—	8	4	131
实用新型	—	8	—	—	—	8

① 中国专利代理(香港)有限公司法律部:《专利侵权损害赔偿的理论与实践》,载《中国专利与商标》2009 年第 4 期。

② 中国专利代理(香港)有限公司法律部:《专利侵权损害赔偿的理论与实践》,载《中国专利与商标》2009 年第 4 期。

③ 需要说明的是,该表中统计的 548 份判决书都是随机选取,在样本的代表性、完整性等方面可能存在缺陷,但考虑到区域、数量上的覆盖范围,一定程度上还是能够说明实务中的基本情况。

续表

专利类型 \ 地区	北京	广东	江苏	福建	安徽	总计
外观设计	40	211	75	23	60	409
总　　计	111	267	75	31	64	548

通过对这548份判决进行统计,我们发现,原告主张适用的损害赔偿计算方式主要是法定赔偿,占比93.2%(详见表5)。

表5　原告主张适用的损害赔偿计算方式

计算方式	原告损失	被告获利	许可费倍数	法定赔偿
数　　量	13	12	12	511
占　　比	2.4%	2.2%	2.2%	93.2%

不论是根据民事诉讼基本理论还是现行法律的相关规定,法院只能是在原告诉讼请求的框架范围内做出裁判。因此,通过表五中的数据可以看出,司法实务中,法院采取法定赔偿的方式计算损害赔偿数额主要是"源于原告的诉讼请求"。

再看赔偿数额的相关数据。还是回到《专利法》第65条第2款关于"法定赔偿"的相关规定,即:权利人的损失、侵权人获得的利益和专利许可使用费均难以确定的,人民法院可以根据专利权的类型、侵权行为的性质和情节等因素,确定给予1万以上100万以下的赔偿。因此,根据民事诉讼"谁主张,谁举证"的基本规则,即使在适用法定赔偿的计算方式下,也还是需要以原告提供的"侵权行为的性质和情节"等方面的相关证据作为事实基础。

然而,司法实务中"相关证据"又是怎样一种情况呢?根据统计,在上述548起案件中,仅有90起案件有损害赔偿的相关证据,仅有160起案件有诉讼维权合理开支的相关证据(详见表6)。

表6　原告提交损害赔偿和合理开支证据情况

计算方式	损害赔偿证据	合理开支证据
数量	90	160
占比	16.4%	29.2%

因此,至少根据实务中的这些数据,我们可以初步得出结论:"法定赔偿适用比例高"、"赔偿数额相对偏低"等现象与原告的诉讼维权行为存在欠缺有着直接的关系,即原告主张适用法定赔偿的比例高、且很少提交证据。

二、理论梳理:法定赔偿的价值与适用规则

考察我国专利侵权案件审判实践,怎样确定赔偿数额的问题始终是法院面临的一大难题,甚至在最高法院相关领导的讲话中还出现了"世界性难题"的提法。[①] 通过上文对相关数据进行统计分析,我们已经对专利权司法保护现状,尤其是法定赔偿适用的现状有了基本的认识。对此,有

① 曹建明:《加强知识产权司法保护、优化创新环境、构建和谐社会——在全国法院知识产权审判工作座谈会上的讲话》,2005年11月21日。

观点或许会认为,损害赔偿数额偏低是因为法定赔偿的适用比例过高。那么,这种观点究竟能否成立?另外,司法实务中法定赔偿的适用现状是否符合法律、司法解释和司法政策的要求?

(一)法定赔偿是加大专利权司法保护力度的必然要求

我国1984年制定的《专利法》和1992年修订的《专利法》均没有关于如何确定专利侵权赔偿数额的规定。1992年《专利法》修订后,最高法院发布《关于审理专利纠纷案件若干问题的解答》(法发[1992]3号)[①],其中第4条规定,专利侵权的损害赔偿可按照专利权人因侵权行为受到的实际经济损失、侵权人因侵权行为获得的全部利润、不低于专利许可使用费的合理数,并且规定法院对这三种计算方法可以根据案情选择适用。2000年《专利法》修改时,增加一条,即:"侵犯专利权的赔偿数额,按照权利人因被侵权所受到的损失或者侵权人因侵权所获得的利益确定;被侵权人的损失或者侵权人获得的利益难以确定的,参照该专利许可使用费的倍数合理确定。"

但是,基于专利权的无形性等特点、权利人举证困难等原因,司法实践中经常会出现权利人的实际损失和侵权人的非法获利难以确定,也没有专利许可使用费可以参照的情形。在这种情况下,按照2000年修订《专利法》的上述规定,权利人关于损害赔偿的诉讼请求将不能得到任何支持,而这非常不利于专利权的司法保护。正是为了解决这一问题,最高法院于2001年发布《关于审理专利纠纷案件适用法律问题的若干规定》(法释〔2001〕21号),在前述三种计算方式的基础上,首次将法定赔偿作为损害赔偿的计算方式之一。[②] 2008年修订的《专利法》将法定赔偿入法,并明确了适用顺位,将法定赔偿的上限提高到100万。[③]

除了弥补"权利人的实际损失"、"侵权人的非法获利"和"专利许可使用费的倍数"三种计算方式存在的不足之外,有观点还指出法定赔偿存在的震慑作用。[④] 总体来讲,法定赔偿是司法实践不断发展的结果,其目的在于满足加大专利权保护力度的需要。

(二)法定赔偿的适用规则

然而,值得注意的是,法定赔偿虽是"一柄利器",但因其有着"一万元以上一百万元以下"的幅度,天生具有被滥用的风险。为此,经过长期司法实践经验的积累,

---

① 该司法解释被《关于审理专利纠纷案件适用法律问题的若干规定》(法释〔2001〕21号)代替,已失效。

② 第21条:被侵权人的损失或者侵权人获得的利益难以确定,有专利许可使用费可以参照的,人民法院可以根据专利权的类别、侵权人侵权的性质和情节、专利许可使用费的数额、该专利许可的性质、范围、时间等因素,参照该专利许可使用费的1~3倍合理确定赔偿数额;没有专利许可使用费可以参照或者专利许可使用费明显不合理的,人民法院可以根据专利权的类别、侵权人侵权的性质和情节等因素,一般在人民币5000元以上30万元以下确定赔偿数额,最多不得超过人民币50万元。

③ 第65条:侵犯专利权的赔偿数额按照权利人因被侵权所受到的实际损失确定;实际损失难以确定的,可以按照侵权人因侵权所获得的利益确定。权利人的损失或者侵权人获得的利益难以确定的,参照该专利许可使用费的倍数合理确定。赔偿数额还应当包括权利人为制止侵权行为所支付的合理开支。权利人的损失、侵权人获得的利益和专利许可使用费均难以确定的,人民法院可以根据专利权的类型、侵权行为的性质和情节等因素,确定给予1万元以上100万元以下的赔偿。

④ 该观点认为,规定法定赔偿的突出作用,在于对侵权人施加必要的法律震慑力。最高可达100万元的法定赔偿数额可以防止侵权人通过销毁有关证据或者炮制假账等方式以躲避或者减少其应当承担的赔偿数额,迫使侵权人如实交代其非法获利。否则,在侵权人明显有违诚实信用原则的情况下,被法院判处高额的法定赔偿就是咎由自取。见尹新天:《中国专利法详解》,知识产权出版社2011年版,第737页。

最高法院逐渐形成了一些适用规则,并以司法政策的方式予以明确。

1. 避免简单适用

考虑到法定赔偿天生具有被滥用的风险,最高法院多次强调"用好损害赔偿确定规则,尽量避免简单地适用法定赔偿方法"。[①] 2010 年,最高人民法院院领导指出,进一步完善法定赔偿方法的适用,防止法定赔偿的泛化、简单化和随意化。只有在缺乏基本的可靠数据支持,确实难以合理确定权利人损失和侵权人获利,也没有合理的许可使用费可以参照计算时,才应考虑适用法定赔偿。[②]

2. 优化证据规则

一方面,法定赔偿是在"权利人的实际损失"、"侵权人的非法获利"和"专利许可使用费的倍数"三种计算方式都不能采用的情况下才适用;另一方面,法定赔偿也应基于侵权行为的性质和情节等确定,需要证据支持。不论哪一方面,均涉及法院对于证据规则的把握。对此,最高法院指出,要全面、客观地审核计算赔偿数额的证据,充分运用逻辑推理和日常生活经验,对有关证据的真实性、合法性和证明力进行综合审查判断,采取优势证据标准认定损害赔偿事实。[③] 要积极探索运用推定方式转移赔偿数额的举证责任,充分发挥举证妨碍制度在损害赔偿确定中的作用,依法支持当事人有关侵权赔偿额计算方法的约定,促进当事人举证责任负担上的公平与诚信。赔偿额的计算属于事实认定范畴,可以酌情适用优势证据的证明标准。[④]

3. 法官自由裁量

一方面,不可否认的是,由于专利权无形性等特点,司法实务中权利人对于"侵权行为的性质和情节"等法定赔偿的适用因素存在举证难;另一方面,严格适用法定赔偿的法律规定,对于"一万以下"、"一百万以上"的情形则只能是"爱莫能助"。对此,最高法院鼓励法官自由裁量,并演绎出"裁量性赔偿"的概念。最高法院指出,对于难以证明侵权受损或侵权获利的具体数额,但有证据证明前述数额明显超过法定赔偿最高限额的,应当综合全案的证据情况,在法定最高限额以上合理确定赔偿额。[⑤] 对于根据案件具体情况,当事人提供了据以计算权利人损失或侵权人获利所需的销售数量等数据,其他所需数据尚不能完全确定的,最高法院认为,可以参考许可费、行业一般利润率、侵权行为的性质、持续时间、当事人的主观过错等因素,酌定计算赔偿所需的其他数据,公平合理地确定赔偿数额。[⑥]

4. 契合市场价值

权利人对于侵权赔偿数额低的质疑,很常见的一个做法是,法院确定的赔偿数额远低于相关专利权本身的价值,进而导致"赢了官司输了钱"。对此,最高法院也

---

① 曹建明:《全面加强知识产权审判工作　为建设创新型国家和构建和谐社会提供强有力的司法保障——在全国法院知识产权审判工作座谈会上的讲话》,2007 年 1 月 18 日。

② 《能动司法,服务大局,努力实现知识产权审判工作新发展——在全国法院知识产权审判工作座谈会上的讲话》,2010 年 4 月 28 日。

③ 最高人民法院《关于当前经济形势下知识产权审判服务大局若干问题的意见》(法发[2009]23 号),第 16 条。

④ 《能动司法,服务大局,努力实现知识产权审判工作新发展——在全国法院知识产权审判工作座谈会上的讲话》,2010 年 4 月 28 日。

⑤ 最高人民法院《关于当前经济形势下知识产权审判服务大局若干问题的意见》(法发[2009]23 号),第 16 条。

⑥ 《能动司法,服务大局,努力实现知识产权审判工作新发展——在全国法院知识产权审判工作座谈会上的讲话》,2010 年 4 月 28 日。另外,2011 年、2014 年,时任最高法院民三庭庭长孔祥俊《在全国法院知识产权审判工作座谈会上的总结讲话》中对"裁量性赔偿"有所阐述。

明确指出,要根据专利权的创新程度,合理确定保护强度,实现专利权的保护强度与创新高度和保护程度相适应。要促进形成符合市场规律和满足专利权保护要求的损害赔偿计算机制,使损害赔偿数额与专利权的市场价值相契合,与专利权对侵权行为获利的贡献率相适应。①

5. 赔偿合理开支

诉讼活动是需要成本的,如果权利人因诉讼维权而产生的合理开支都得不到赔偿的话,确实会打击权利人的维权热情。对此,最高法院明确指出,除法律另有规定外,在适用法定赔偿时,合理的维权成本应另行计赔。② 要合理确定权利人因维权支付的开支,只要有关开支具有合理性和必要性并且已经实际发生,都可以纳入赔偿范围。③

三、实务迷思:法定赔偿适用遭受诟病的六大原因

根据上文论述,法定赔偿是为了适应司法实践中加大专利权保护力度的需要而产生的,有着重要的价值,且专利法律法规、司法解释和司法政策已构建起较为完善的适用规则。然而,司法实践中,还是存在"法定赔偿适用比例高"、"赔偿数额相对偏低"等现象,并因此遭受诟病。对此,我们认为,并不能因为"适用比例高"而否定法定赔偿的价值,关键在于,目前法定赔偿的适用能否真实地反映出专利权的价值,起到遏制侵权行为、保护专利权的作用。对此,答案可能是否定的。因此,法定赔偿适用遭受诟病的问题,其实质在于,"赔偿数额相对偏低",不能真正起到保护专利权的目的。对于"法定赔偿数额相对偏低"的问题,我们认为,主要有以下六大原因。④

(一)专利权的无形性等特点造成举证障碍

和其他知识产权一样,专利权具有无形性等特点,导致对其估价存在很大的困难,甚至在实践中很难确定一项专利权的价值。正是由于这个缘故,当专利权遭受侵害的时候,权利人往往很难确定该被控侵权行为给其带来的损失,证明被告因侵犯专利权的获利也非易事。退一步讲,即使其通过市场评估等方式最后能够得到一个数额,也需要付出巨大的成本。因此,在绝大部分专利侵权案件中,法院只能通过法定赔偿的方式确定赔偿数额。而且,由于不能形成明确的定价,法定赔偿确定的数额相对偏低。

(二)专利权转化运用不足等原因导致定价困难

尽管《专利法》第65条规定了"参照该专利许可使用费的倍数"的方式合理确定损害赔偿数额,且列于法定赔偿适用顺位之前。但是,实务中的困难在于,缺乏专利许可使用费可以参照。对此,《关于检查

① 陶凯元:《充分发挥知识产权审判职能作用 为全面深化改革和实施创新驱动发展战略提供有力司法保障——在全国法院知识产权审判工作座谈会上的讲话》,2014年7月3日。

② 最高人民法院《关于当前经济形势下知识产权审判服务大局若干问题的意见》(法发[2009]23号),第16条。

③ 《能动司法,服务大局,努力实现知识产权审判工作新发展——在全国法院知识产权审判工作座谈会上的讲话》,2010年4月28日。

④ 对于法定赔偿的适用遭受诟病的原因,有文章进行过调研,得出的结论是,关键还在于权利人(即案件原告)并没有提交原告损失、被告获利等相关证据,法院不得不采取法定赔偿的方式确定赔偿数额,进而也难以得出较高的赔偿数额。见陈志兴:《积极提赔偿证据 客观看赔偿数额》,载《中国知识产权报》2014年9月3日,第11版。但是,值得进一步思考的是,原告为什么"没有提交原告损失、被告获利等相关证据"?是什么原因导致这一局面的出现?对此,本课题组提出下文中的六大原因。

〈中华人民共和国专利法〉实施情况的报告》中也提到“专利运用能力不足,专利的市场价值没有得到充分体现”的问题,具体体现为“重申请、轻运用”的现象较为普遍;专利“沉睡”与“流失”现象并存;专利运用能力整体不强;对专利的市场价值认识不足;专利许可转让不够活跃,市场化水平较低等。[①] 和专利权无形性等特点带来的困境一样,专利权转化运用不足等现象同样导致法定赔偿适用比例的提升,也影响到法定赔偿适用时的准确定价。

（三）法院对损害赔偿证据的采信要求过于严格

司法实务中,与其他案件中的证据采信标准一样,证明损害赔偿数额的证据也应该具备“三性”,即真实性、合法性和关联性。正如上文提到的,由于专利权的无形性等特点,通过提交证据的方式证明原告损失、被告获利等存在很大的困难。在具体计算的过程中,涉及“专利产品因侵权所造成销售量减少的总数”、“专利产品的合理利润”、“侵权产品在市场上销售的总数”等需要确定的计算项目。而司法实务中,对于这些证据,权利人往往很难完整提供,其中任何一项内容的缺失都会导致“权利人的实际损失”、“侵权人的非法获利”等计算方式不能适用,进而不得不适用法定赔偿的计算方式。

（四）法院适用损害赔偿证据规则的灵活度不够

民事诉讼的基本证据规则是“谁主张,谁举证”,只有在法律作出特别规定的情况下,才可以适用“举证责任倒置”。[②] 损害赔偿的举证也是一样。但是,考虑到权利人举证证明实际损失、被告非法获利等的难度,最高法院相关司法政策明确提出,要积极探索运用推定方式转移赔偿数额的举证责任,充分发挥举证妨碍制度在损害赔偿确定中的作用,依法支持当事人有关侵权赔偿额计算方法的约定,促进当事人举证责任负担上的公平与诚信。赔偿额的计算属于事实认定范畴,可以酌情适用优势证据的证明标准。[③] 但是,司法实践中,大多数案件还是严格适用“谁主张,谁举证”的证据规则。

（五）赔偿数额未能体现专利权利类型、创新高度的差异

根据《专利法》第65条的规定,法院可以“根据专利权的类型、侵权行为的性质和情节等因素,确定给予一万元以上一百万元以下的赔偿”。但是,司法实践中,“专利权的类型”这一因素并没有得到很好的体现。以上文表三为例,对于单个案件赔偿数额的平均值,发明、实用新型和外观设计并没有太大的差异。以北京地区为例,发明、实用新型和外观设计三者的平均值分别为16.9万、14万和12.6万。按照创新高度排序的话,发明第一,实用新型次之,外观设计一般不蕴含科技创新成果。但是,在北京的数据中,基本上体现不出专利权的类型和创新高度的差异,其他地区的情况也基本类似。很显然,当法院适用法定赔偿对于发明、实用新型和外观设计的司法定价基本相同的情况下,科技创新、专

---

① 全国人民代表大会常务委员会执法检查组《关于检查〈中华人民共和国专利法〉实施情况的报告》,2014年6月23日。

② 例如,对于以方法专利主张专利权保护的,《专利法》第61条规定,专利侵权纠纷涉及新产品制造方法的发明专利的,制造同样产品的单位或者个人应当提供其产品制造方法不同于专利方法的证明。

③ 《能动司法,服务大局,努力实现知识产权审判工作新发展——在全国法院知识产权审判工作座谈会上的讲话》,2010年4月28日。

利权保护力度从何谈起?

(六)赔偿数额未能充分体现侵权行为类型的差异

法定赔偿的考虑因素包括"侵权行为的性质和情节"等,其中制造、使用、许诺销售、销售和进口等侵权行为类型是重要内容。由于专利权无形性等特点,在侵权行为的发现和举证难度方面,制造行为远远超出销售行为。因此,司法实务中大量案件仅起诉销售行为。[①] 然而,不同类型的侵权行为体现在法定赔偿的数额上是什么状况呢?以本课题组统计的131份涉及发明专利侵权案件的判决书为例,有74份判决支持了原告关于损害赔偿的诉讼请求。经对这74份判决进行分析,单纯起诉使用行为的3起案件平均获赔数额为14万,单纯起诉销售行为的11起案件平均获赔数额为12万,起诉制造、销售、使用等行为的60起案件平均获赔数额为36万。这些数据虽然体现了制造者、销售者、使用者等承担损害赔偿数额的差异,但是,考虑到制造行为系源头侵权,对专利权的侵害更严重,故上述差异还不足以鼓励权利人尽可能地起诉制造商,实现源头打击侵权的司法政策。[②]

(七)合理开支赔偿数额未能激励权利人积极维权

正如上文提到的,专利权的无形性等特点,给权利人带来举证困难,维权成本高。然而,与专利权损害赔偿数额举证难不同的是,合理开支的举证并不存在较大的障碍。那么,对于权利人的合理维权开支(包括律师费、调查取证费等),法院是否能够给予足额赔偿呢?以本课题组统计的478份原告诉讼请求得到法院支持的判决为例,法院没有单独确定合理开支赔偿数额的案件为412件,确定的合理开支数额在5000元以下的为26件,5000元至10000元之间的为13件,10000元以上的为27件。也就是说,在86.2%的案件中,法院并没有单独确定诉讼合理开支的数额,单独确定的案件中,合理开支的支持数额也并不高。这与最高法院的相关司法政策是相悖的。[③]

四、完善对策:法定赔偿适用典型案例给出的启示

不论是理论界还是实务界,专利权损害赔偿都是一个老问题。但是,令人惊奇的是,尽管经过多年的理论研究和司法实践经验的总结,这个问题仍然让人琢磨不透。细究起来,本课题组认为,关键在于司法实践中对法定赔偿适用规则的规范性落实和创造性执行。

(一)灵活运用专利侵权损害赔偿证据规则

正如上文提到的,侵犯专利权法定赔偿(乃至损害赔偿)数额偏低的原因主要在于在案证据不充分。但是,专利侵权损害赔偿数额举证难也是不争的事实。因此,为了体现加大专利权司法保护力度,法院应灵活掌握和运用证据规则,并适当降低证据采信门槛。例如,逻辑推理和日常生活经验、事实推定、举证妨碍等均可运用。

2014年5月实施的《商标法》确立了类

---

① 这种现象尤其体现在外观设计专利侵权案件中。

② "鼓励源头打击侵权"的司法政策一方面能够加大专利权司法保护力度,整体上提高专利侵权赔偿数额,另一方面能够避免大量仅起诉销售商的案件涌入法院,进而节省有限的审判资源。

③ 在《关于当前经济形势下知识产权审判服务大局若干问题的意见》(法发[2009]23号)中,最高法院指出,除法律另有规定外,在适用法定赔偿时,合理的维权成本应另行计赔。2010年,最高人民法院院领导在讲话中指出,只要有关开支具有合理性和必要性并且已经实际发生,都可以纳入赔偿范围。

似于证据开示的举证妨碍制度,即第 63 条第 2 款规定的,人民法院为确定赔偿数额,在权利人已经尽力举证,而与侵权行为相关的账簿、资料主要由侵权人掌握的情况下,可以责令侵权人提供与侵权行为相关的账簿、资料;侵权人不提供或者提供虚假的账簿、资料的,人民法院可以参考权利人的主张和提供的证据判定赔偿数额。虽然《专利法》中目前还没有该项规定,但在我国民事诉讼中也有与此相关的规则。[①] 积极准确地适用这些规则,对于提高赔偿数额具有重要意义。

在原告伊西康公司诉被告智业公司侵犯专利权纠纷案件[②]中,法院出具证据保全民事裁定书,查封、扣押被控侵权产品设计图以及相关的财务账册等材料。在法院前往智业公司送达上述民事裁定书时,智业公司未能当场提供上述材料,法院要求智业公司于收到民事裁定书之日起 5 日内提交,并说明了不在限期内提交将承担相应不利的法律后果。但智业公司迟至 10 天后才向法院寄出被控侵权产品的财务销售资料复印件。对此,法院认为,智业公司在其提交书面代理意见中确认在法院进行诉讼保全的当天即有足够的时间完成上述工作,但其在法院已经明确相应不利法律后果的情况下,仍然拒绝在指定限期内提交涉及侵权产品的相应财务资料等资料。据此,法院适用《关于民事诉讼证据的若干规定》第 75 条的规定,确信被告侵权所得已超过了法定赔偿额的上限,故判决其向原告赔偿 100 万元。

(二)鼓励法官在确定赔偿数额时的自由裁量

裁量性赔偿,也叫酌定赔偿,是指在计算赔偿数额所需的部分数据确有证据支持的基础下,法院根据案情运用裁量权,确定计算赔偿所需要的其他数据,从而确定公平合理的赔偿数额。也就是说,根据在案证据(例如,可以确定侵权产品的销售收入,但缺少利润数据),通过法官的自由裁量,最终确定一个赔偿数额。[③] 当然,这种自由裁量的做法并不仅仅体现在法定赔偿的适用过程中,而且理想的状态是,法官能够基于在案证据并结合自由裁量,通过适用"权利人的实际损失"、"侵权人的非法获利"和"专利许可使用费的倍数"三种优先的计算方式确定损害赔偿数额,避免法定赔偿适用的不确定性。

在上诉人华纪平等与被上诉人上海斯博汀贸易有限公司等侵犯专利权纠纷案[④]中,最高法院指出,在侵权产品销售数量可以确定的情况下,根据专利产品或者侵权产品的利润率,即可以计算出被侵权人的损失或者侵权人获得的利益,并以此来确定赔偿额;在有关产品的利润率难以准确计算时,法院可以酌定一个合理的利润率来计算。当然,如果当事人能够证明存在一个真实合理的按照产品件数计算的专利许可使用费时,也可以根据按件计费标准乘以侵权产品数量所得之积计算赔偿额。

---

① 最高人民法院《关于民事诉讼证据的若干规定》(法释〔2001〕33 号)第 75 条规定,有证据证明一方当事人持有证据无正当理由拒不提供,如果对方当事人主张该证据的内容不利于证据持有人,可以推定该主张成立。

② 见北京市第一中级人民法院(2011)一中民初字第 16752 号民事判决书。此外,被评为"2011 年中国法院知识产权司法保护 10 大案件"之一的珠海格力电器股份有限公司诉广东美的制冷设备有限公司等侵害发明专利权纠纷案也是适用证据披露和举证妨碍规则的典型案例。见广东省高级人民法院(2011)粤高法民三终字第 326 号民事判决书。

③ 霍冰一:《最高法:三举措解决知识产权案赔偿难》,载 http://china.caixin.com/2013-10-23/100594709.html,最后访问日期:2014 年 10 月 3 日。

④ 见最高人民法院(2007)民三终字第 3 号民事判决书。

又如,在原告施特里克斯有限公司诉被告浙江家泰电器制造有限公司等侵犯专利权纠纷案件[①]中,施特里克斯公司明确其主张100万元的经济赔偿的计算方式为法定赔偿。法院认为,家泰公司在已有在先三份判决确定其侵犯涉案专利权,且其中两份判决全额支持了施特里克斯公司关于赔偿数额的请求、另一份判决依据《最高人民法院关于审理专利纠纷案件适用法律问题的若干规定》中的上限确定赔偿数额的情况下,仍然实施侵犯涉案专利权的行为,故考虑家泰公司的侵权恶意程度、家泰公司的企业规模及产品年生产量、涉案专利在被控侵权产品中的作用以及被控侵权产品的通常利润率等因素,适用法定赔偿的上限,即100万元确定损害赔偿数额。

(三)体现专利权的市场价值和侵权行为类型

市场是专利权价值的最佳判断者。对此,法院要充分运用证据规则,加人释明力度,强化当事人举证,推动并引导当事人在提交证据、质证以及诉讼交锋中呈现专利权的市场价值。要促进形成符合市场规律和满足权利保护要求的损害赔偿计算机制,使损害赔偿数额与专利权的市场价值相契合,与专利权对侵权行为获利的贡献率相适应。[②]

《专利法》第65条明确规定,确定法定赔偿的数额可以考虑专利权的类型,不同的专利权类型、不同的发明创造,其市场价值必然存在差异,这一点需要在司法定价行为中体现出来。司法实务中,不少案件中也是将专利权的类型作为一项重要的考虑因素。例如,在珠海格力电器股份有限公司诉广东美的制冷设备有限公司等侵害发明专利权纠纷案[③]中,法院在确定赔偿数额时,亦考虑到“涉案专利的类型是发明专利,研发成本和市场价值较高”的具体情况。

当然,考虑专利权的市场定价,需要相关证据的支持。对此,最高法院相关司法政策指出,在当事人充分举证的基础上,法院可以探索运用市场假定法、可比价格法、行业平均法等行业或领域通用或公认的分析评估方法,提高损害赔偿计算的科学性和合理性。[④] 另外,对于不同的侵权行为,如制造和销售行为,其行为人在承担损害赔偿责任上需体现出差距,以彰显法院鼓励打击源头侵权行为的决心。

(四)加大诉讼维权合理开支的赔偿力度

诉讼维权合理开支体现为当事人获取(接近)正义的成本。合理开支的赔偿是对权利人诉权保障的体现,同时也能减少“赢了官司输了钱”现象的存在。因此,在适用法定赔偿时,应按照最高法院相关司法政策的要求,体现出鼓励维权、加大保护力度的司法导向。

例如,对于律师费的合理性问题,最高法院在申请再审人株式会社岛野与被申请再审人宁波市日骋工贸有限公司侵犯专利权纠纷案[⑤]中指出,日骋公司虽对上述律师费(按照每位律师每小时3000元计收,共

---

① 见北京市第一中级人民法院(2011)一中民初字第15号民事判决书。

② 陶凯元:《充分发挥知识产权审判职能作用　为全面深化改革和实施创新驱动发展战略提供有力司法保障——在全国法院知识产权审判工作座谈会上的讲话》,2014年7月3日。

③ 见广东省高级人民法院(2011)粤高法民三终字第326号民事判决书。

④ 陶凯元:《充分发挥知识产权审判职能作用　为全面深化改革和实施创新驱动发展战略提供有力司法保障——在全国法院知识产权审判工作座谈会上的讲话》,2014年7月3日。

⑤ 见最高人民法院(2012)民提字第1号民事判决书。

计442500元）的数额提出质疑，但未提出充分的事实和理由，且律师费以每小时3000元计收并未违反有关法律、行政法规以及行政规章的规定，本院予以支持。又如，对于合理开支的票据支持问题，最高法院在上诉人华纪平等与被上诉人上海斯博汀贸易有限公司等侵犯专利权纠纷案[①]中指出，为制止侵权行为所支付的合理开支并非必须要有票据一一予以证实，法院可以根据案件具体情况，在有票据证明的合理开支数额的基础上，考虑其他确实可能发生的支出因素，在原告主张的合理开支赔偿数额内，综合确定合理开支赔偿额。

我们认为，最高法院关于合理开支的观点是务实的，符合加大专利权司法保护力度，降低权利人维权成本的司法政策，值得推广。

结语：与权利人共同努力完善法定赔偿适用规则

基于专利侵权司法实践中97%的案件适用法定赔偿的现状，我们将法定赔偿的适用相关问题作为课题进行调研。但是，我们仍然认为，对于法定赔偿适用规则的研究需置于“加大知识产权保护力度”、“知识产权损害赔偿”系列课题之下进行研究。相比于“权利人的实际损失”、“侵权人的非法获利”和“专利许可使用费的倍数”三种计算方式，法定赔偿的适用属于“次优选择”。当通过降低损害赔偿证据采信门槛，完善证据规则等做法能够适用前三种计算方法时，应该优先适用，以反映出专利权的市场价值，体现出全面赔偿的原则，促进专利权司法保护力度的提升。当在案证据不能支持前三种计算方法时，法院也应以“加大专利权保护力度”为导向，尽可能地让法定赔偿的数额与涉案专利权的市场价值、创新程度相适应，并适当加大诉讼维权合理开支的赔偿力度，鼓励权利人积极维权。当然，不论是何种赔偿数额的确定方式，均需权利人提交相关证据支持。因此，对于我们描绘的这些美好路线，需要权利人与法院的共同努力。

网络知识产权案件调研报告

北京市第二中级人民法院知识产权庭

近年来，北京市第二中级人民法院受理的涉及网络知识产权案件不断增加，新类型案件不断涌现，所涉案由丰富而全面。与此同时，涉及网络知识产权案件相关法律规范相对滞后。针对上述情况，我院在审判实践中坚持大胆实践，慎重处理的方针，不断探索和总结处理这类新类型案件的经验，并取得了一些实践经验和体会。下面对我院知识产权庭近几年来审理的涉及网络方面的知识产权案件情况作一

① 见最高人民法院（2007）民三终字第3号民事判决书。

介绍。

一、案件统计分析①

2009～2014 年 3 月分别受理各类知识产权案件 1018、865、938、1030、737、205 件,其中涉及网络的知识产权案件分别为 386、295、373、333、330 和 72 件,分别占总案件数的 37.92%、34.10%、39.77%、32.33%、44.78%、35.12%。从案由分布情况来看,2009 年网络著作权案件 352 件,网络专利权案件 10 件,网络商标权 8 件,网络不正当竞争案件 3 件。2010 年网络著作权案件 246 件,网络专利权案件 20 件,网络商标权 16 件,网络不正当竞争案件 11 件。2011 年网络著作权案件 342 件,网络专利权案件 5 件,网络商标权 12 件,网络不正当竞争案件 7 件。2012 年网络著作权案件 304 件,网络专利权案件 2 件,网络商标权 19 件,网络不正当竞争案件 3 件。2013 年网络著作权案件 288 件,网络专利权案件 19 件,网络商标权 17 件,网络不正当竞争案件 5 件。2014 年前三个月,网络著作权案件 62 件,网络专利权案件 3 件,网络商标权 4 件,网络不正当竞争案件 2 件。

在全部案由当中,网络著作权案件所占比例最大,自 2009 年至 2014 年 3 月分别占到全部网络知识产权案件的 94.21%、80.59%、80.24%、84.11%、69.52%、87.87%。在我院审理的网络著作权案件中,存在以下几大类串案:(1)中国建筑工业出版社诉万方数据公司、工业大学等数字图书馆收录技术标准侵害著作权纠纷案件;(2)"我乐网"、"乐视网"等视频网站被诉提供视频侵权案;(3)乐视网、音著协等权利人诉网吧侵权案;(4)全景视拓、华盖等图片公司等诉相关网站使用图片侵权案;(5)滚石等唱片公司诉我乐网等网站提供音乐作品侵权案;(6)三面向公司诉相关网站提供文字作品侵权案;(7)游戏天堂等诉逗游网、快播网提供网络游戏侵权案;(8)文字、影视作品权利人诉苹果公司 APP STORE 侵权案;(9)互联网机顶盒、互联网电视、智能手机、IPTV 等三网融合过程中侵害文字、影视作品著作权案。

此外,我院还审理了 C2C 电子商务平台售假侵害商标权案、团购网站售假侵害商标权案、3Q 大战、真假开心网、搜狗腾讯拼音输入法软件冲突案、搜索引擎竞价排名案、百度诉奇虎恶评软件等一系列具有较大影响的网络不正当竞争案件。

二、审理各类案件的经验作法

以下将结合具体典型案件,介绍我院相关审判经验和做法:

(一)网络著作权案件

1. 对出版社出版强制性规范所享有的专有出版经营权利给予了恰当的保护

在"中国建筑工业出版社诉北京万方数据股份有限公司及北京工业大学等侵害专有出版权利系列案件"中,我院认定涉案《体育建筑设计规范》标准系强制性标准,是具有法规性质的技术性规范。为保证标准的正确发布实施,建设部依职权将强制性标准的出版权授予中国建筑工业出版社,这既是一种出版资格的确认,排除了其他出版单位的出版资格,同时也应认定是出版经营权利的独占许可。在《最高人民法院知识产权庭关于中国标准出版社与中国劳动出版社著作权侵权纠纷案的答复》中对于这种出版经营权利的独占许可作出过明确答复。合议庭据此认定中国建筑工业出版社基于这种独占性许可对其出版的

① 所谓网络知识产权,并无明确定义。本文统计以争议权属、侵权行为、合同标的等因素之一涉及网络为准。

涉案标准享有相关民事权益,并认定北京万方数据股份有限公司未经中国建筑工业出版社许可,亦未支付报酬,将涉案标准扫描录入其制作的《中国标准全文数据库》的行为,客观上损害了中国建筑工业出版社的上述民事权益,最终判决其承担停止侵害、赔偿损失的民事责任。

2. 全国互联网电视版权纠纷第一案:对三网融合过程中终端设备厂商责任有效认定

——北京优朋普乐科技有限公司诉TCL集团股份有限公司等侵犯信息网络传播权纠纷案

【案情简介】优朋普乐公司享有电影《薰衣草》专有独占性信息网络传播权。迅雷公司与深圳TCL新技术有限公司签订的合作协议,授权TCL公司在其生产的互联网电视机中集成CE版迅雷下载软件,并向TCL公司提供影音资讯库的资料。TCL公司称在涉案互联网电视机中安装的模块与其在互联网狗狗网站的搜索功能相同。经比对,狗狗网站的搜索结果、界面与互联网电视机显示的搜索结果、界面有所区别。互联网电视机搜索的结果数量少于狗狗网站的搜索结果,互联网电视机的界面还增加了影片的简介等信息,与狗狗网站的界面不同。在涉案MiTV互联网电视机中搜索涉案电影作品《薰衣草》时,搜索结果页面包括该影片的相关资讯等,并仅显示两个种子文件的链接,该种子文件的来源地址提供的视频文件应属未经许可传播的侵权作品。我院认为迅雷公司作为涉案搜索服务提供者,通过TCL公司生产的涉案互联网电视机,向电视机用户提供了涉案电影作品的P2P搜索服务。迅雷公司和TCL公司对相关搜索结果进行了编辑、整理,有合理理由知道所链接的作品为侵权作品,仍帮助被链者实施了侵犯原告优朋普乐公司享有的信息网络传播权的行为,其主观上具有过错,二者应就此承担共同侵权责任。

【经验总结】本案是全国首例涉及互联网电视机的侵权信息网络传播权的新类型纠纷案件,两审法院创造地运用了“实质性非侵权用途”规则,对审理的涉及“互联网电视”的侵犯信息网络传播权纠纷案的相关问题进行细致研究,审慎作出判决,对互联网电视生产销售行为予以合理认定,对规范推进互联网电视行业健康有序的发展有重要意义,并对我国著作权制度中“技术中立”原则的理解与发展产生积极作用。

(1)对设备生产商技术中立原则的理解:TCL公司与本案中有关的行为区分为两个方面:一是制造涉案互联网电视机的行为,二是参与涉案互联网电视机播放内容的编辑、管理行为。针对互联网电视机的生产销售行为,因“涉案网络电视机只是用于搜索、下载和播放的工具”,“作为中性播放工具,并不特定用于侵权的互联网电视机”。如果涉案互联网电视机中并不预存电影作品的内容,而且涉案互联网电视机并不专门用于侵权,TCL公司并不因制造涉案互联网电视机而侵犯著作权。

(2)终端设备及应用软件服务商的行为定性:迅雷公司作为涉案搜索服务提供者,通过TCL公司生产的涉案互联网电视机,向电视机用户提供了涉案电影作品的P2P搜索服务。TCL公司作为涉案互联网电视机生产商,通过与迅雷公司合作,向电视机用户提供了涉案电影作品的P2P搜索服务。

(3)终端设备及应用软件服务商的归

责原则:适用《信息网络传播权保护条例》第23条搜索链接服务提供者的归责原则。即,在接到权利人的通知书后,根据本条例规定断开与侵权的作品、表演、录音录像制品的链接的,不承担赔偿责任;但是,明知或者应知所链接的作品、表演、录音录像制品侵权的,应当承担共同侵权责任。本案中,迅雷公司、众源公司和TCL公司对相关搜索结果进行了编辑、整理,有合理理由知道所链接的作品为侵权作品,仍帮助被链者实施了侵犯原告优朋普乐公司享有的信息网络传播权的行为,其主观上具有过错,被告迅雷公司、众源公司和TCL公司应就此承担共同侵权责任。

(4)三网融合案件审理思路:审理涉及"三网融合"著作权案件中,首先应判断提供互联网电视、机顶盒、播放器、手机等终端设备及相关软件的厂商是ICP还是ISP?对此,应审查其与内容提供商之间具体的合作方式。如果双方共同上传作品,则构成共同提供行为,应当认定为ICP,承担直接侵权责任。在举证责任方面,原告主张被告所提供服务的形式使用户认为其系ICP,则被告应对其并非ICP进行举证。

如果双方仅仅是技术方面的合作,设备厂商不参与内容的提供,仅仅向用户提供内置了播放软件、阅读软件等的硬件设备,则应当认定为ISP,对其责任认定的处理原则应当遵循过错责任原则。判断其有无过错,应审查其对自身行为所致的不良后果是否知道或者有合理理由应当知道。是否应知明知应以设备提供者的预见能力和预见范围为基础,又要区别通常预见水平和专业预见水平等情况。在判令被告承担停止侵权责任方面,不应判令被告停止生产或销售作为播放工具,并不特定用于侵权用途的"三网融合"新技术产品(或服务),而是应判令被告停止提供特定侵权作品的行为。

3. 对网页快照服务的定性及责任承担作出有益探索

我院在审理"闻晓阳诉阿里巴巴公司侵犯著作权纠纷案件案"中,对于搜索链接服务中生成的照片缩略图问题进行了细致研究。对以下问题进行了探索并回答了相关问题:

(1)提供照片缩略图是复制行为还是搜索链接行为:在雅虎中文网站照片搜索网页上,无论通过在搜索框中输入关键字的方式或者通过该网页提供的分类信息的方式对涉案照片进行搜索,得到的搜索结果均仅为涉案照片不同URL地址的链接。用户点击相关缩略图得到的大图,是通过将客户端链接到第三方网站,在第三方网站实现的。因此,阿里巴巴公司提供的服务性质是搜索链接服务。

(2)缩略图服务的技术意义和"技术中立性":从图片的搜索引擎服务性质来说,缩略图是使图片搜索引擎具有实用性,实现其为公众提供信息服务的价值的一项中立的、必不可少的技术服务。涉案缩略图是由程序自动生成的,并临时存储在该公司的服务器上,目的仅仅是为了显示搜索结果,并非复制,也不能传播。这种以缩略图的方式显示搜索结果也是照片搜索行业的通用方式,如无缩略图的显示,就完全失去了照片搜索的意义。

(3)缩略图服务的侵权归责原则:对于缩略图服务提供者的侵权行为应遵循过错责任原则。依据相关法律规定,网络服务提供者为服务对象提供搜索或者链接服务,在接到权利人的通知书后,断开与侵权的作品、表演、录音录像制品的链接的,不承担赔偿责任;但是,明知或者应知所链接的作品、表演、录音录像制品侵权的,应当承担共同侵权责任。阿里巴巴公司作为搜索链接服务提供商,仅应在收到权利人合乎法律要求的通知后不断链或者明知、应知被链内容侵权的情况下才应当承担相应的法律后果。

(4)涉案提供缩略图属于合理使用:阿里巴巴公司制作缩略图的行为没有与作品的正常使用相冲突,也没有不合理地损害权利人的合法利益,符合"三步检验法"标准,属于合理使用,不构成侵权。

我院在审理"三面向公司诉人民搜索网提供网页快照服务侵权案"中认定网页"快照"本质上属于复制,而非搜索。提供网页"快照"属于提供信息的行为。涉案网页"快照"不会影响相关作品的正常使用,并未不合理损害权利人对该作品的合法权益,属于合理使用。

4. 转发微博行为构成对作品的合理使用

——张海峡诉于建嵘转发微博侵害作品著作权纠纷案

【简要案情】张海峡在其授课的培训班上,声称"凡是中国大陆的女孩子到法国留学的,回来之后都是烂的一塌糊涂,超级潘金莲都是。"于建嵘在其实名开设的新浪微博上转发微博博主"巴黎观察"以"2011 张海峡商经"为题在网络上传播上述授课内容的"视频完整版",并附以"这个老师要火"的转发评论发布在自己的微博账号上,有大量微博博主进行了转发和评论,引发热议。张海峡起诉于建嵘侵害其著作权。我院判决认为:涉案口述作品已经发表,于建嵘的涉案转发行为的目的在于评论张海峡的观点,属于以其言论表达其观点的行为,但表达个人观点不得侵害他人的合法权利;同时,法律允许对于他人作品进行合理使用,此时作品的权利人不得阻止他人的合理使用行为。涉案口述作品为司法考试的授课内容,其使用为课堂教学等,在正常情况下学习该内容者不会去于建嵘的博客中寻找涉案口述作品,而网民访问于建嵘涉案博文的正常目的在于关注各方的观点,而非涉案口述作品中与各方观点无涉的司法考试内容,故于建嵘的转发行为亦不会不合理地损害张海峡的合法权益。因此于建嵘的转发行为构成合理使用,并未侵犯张海峡对涉案口述作品享有的信息网络传播权。

【经验总结】

(1)张海峡是否对其授课内容享有著作权,转发微博是否属于对作品的使用?涉案视频的授课内容属于我国著作权法规定的口述作品。根据张海峡与司法考试培训学校关于上课内容著作权的约定,应认定上述口述作品的著作权由张海峡享有。鉴于张海峡与该校均主张从未自行或许可他人将涉案视频内容上网传播,且于建嵘并未提出相反的主张及证据,故应认定将涉案视频上载至网络进行传播的行为未经张海峡的许可。虽然关于涉案视频的链接不是于建嵘主动设置的,但其转发该链接的行为仍然属于著作权法意义上的作品使用行为。

(2)转发微博是否构成合理使用?微博是互联网时代最新的一种信息发布和社会交往平台。"转发他人微博至自己的微博,同时作为对他人微博的评论"是目前微博博主之间互相传递信息和阐述意见的一种常见方式。对他人博文进行评论时出现选项“同时转发到我的微博”,点选该选项则被评论的他人博文会附随于该评论出现在评论者的微博中;该评论者对于其博文中附随的评论无法进行编辑、修改和删除,只能将评论者的博文删除时附随的被评论的博文才会被删除。被转发的博文内容中若存在某链接网址,点击该网址可以登录第三方网站在线播放作品,且该作品属于已经发表的作品,转发微博并做出评论的当事人既未影响该作品的正常使用,也不会不合理地损害作品著作权人的合法权益时,构成著作权法上的合理使用。本案从具体情况出发,在遵循合理使用构成条件的基础上,采用合理使用的一般原理对本案被诉行为进行评述,符合司法精神和合理使用制度的设置目的。

5. 应用程序商店销售盗版作品时的侵权责任

——中国大百科全书出版社有限公司诉苹果公司 APP STORE 侵权案

【经验总结】该案中,我院对于以下问题进行了探讨:

(1)如何确定“APP STORE”的实际经营者:苹果公司作为“APP STORE”技术平台的提供者,在“APP STORE”界面上遍布其信息,要求在“APP STORE”中提供的所有应用程序均须经其审查挑选,为购买者出具电子收据,已经符合了经营者的条件。同时,证据中指向 ITUNES S. A. R. L 的“条款和条件”及协议文本的提供方均为苹果公司,苹果公司做出的上述免除自身责任的声明和协议约定在无其他证据佐证的情况下证明效力明显较低,无法确实充分的证明“APP STORE”的实际经营者为 ITUNES S. A. R. L。因此,法院最终认定苹果公司为“APP STORE”的实际经营者。

(2)准确查明“APP STORE”的经营模式:第一类主体——作为经营者的苹果公司:它是整个经营模式的核心和枢纽,在经营过程中扮演了多个角色。其一,负责提供交易平台的开发、技术支持和管理;其二,自行开发应用程序;其三,收费许可第三方开发商使用苹果公司的软件编写、测试可运行在 iOS 环境下的应用程序,为开发商提供相关作业系统、文档资料、软件(源代码和目标代码)、应用程序、示范代码、模拟器、工具、应用程序库存、API、数据等内容和服务;其四,接受第三方开发商开发并提交的应用程序并选择分销及酌情独自决定是否同意分销;其五,向网络用户收取全部销售款项并按比例与相关开发商进行分成。第二类主体——第三方开发商:它主要是作为应用程序的提供者存在,在向苹果公司提供详细主体信息进行注册后,可以付费使用苹果公司的软件平台开发应用程序,提交给苹果公司选择后在“APP STORE”中供用户免费下载或购买,并与苹果公司本身或其指定的关联公司进行销售款项分成。第三类主体——网络用户:他们是应用程序的消费者,需要通过在苹果公司指定的网站上下载包含有“APP STORE”的软件“ITUNES”并进行注册后,成为注册用户。注册用户可以在“APP STORE”上下载免费应用程序,也可以通过信用卡网上支付购买收费的应用程序。

(3)对“APP STORE”经营者的侵权行为定性:从以上经营模式中可以看出,“APP STORE”中供用户免费下载或购买的应用程序有两种来源,一是苹果公司自行开发,二是第三方开发商开发。“APP STORE”中的应用程序出现侵权情形时,因应用程序的来源不同,苹果公司需要承担的责任也有所区别。对前者,苹果公司未经权利人许可亦未支付费用,自行开发并在其经营的 APP STORE 上提供侵权应用程序,供网络用户付费后在选定的时间和地点下载的行为,构成了对作品权利人信息网络传播权的侵害,根据相关法律规定,应承担直接侵权责任;对后者,我院查明苹果公司在第三方开发商开发的应用程序销售过程中并不仅仅是单纯的信息存储空间提供商,同时还是合作开发者、上传的挑选决定者、应用程序的出售者和共同获利者,其行为绝不是简单的帮助侵权行为,而是全程介入,与应用程序开发商共同提供应用程序、共同获利的直接侵权行为。判决的观点也认为,即使根据涉案应用程序的署名认定该应用程序为第三方开发商“ZHOU LIANCHUN”所开发,苹果公司与涉案应用程序第三方开发商的上述行为仍构成对权利人信息网络传播权的共同侵害,苹果公司亦应承担相应的法律责任。

(4)大胆加大赔偿力度:著作权保护的利益平衡出发点还是应该植根于对著作权的保护,片面地强调利益平衡,特别是在酌定赔偿数额的时候过多考虑利益平衡的问题,必然不利于激励创作,会严重打击著作权人的创作积极性。没有了著作权人的积极创作,所有基于著作权传播的商业模式和技术手段就成为了无源之水、无本之木。因此,在著作权侵权案件的处理中,还是应该坚持给予著作权人以适度、充分的保护,在此基础上兼顾商业模式的发展需要,寻求最佳的利益平衡点。我院对权利人 50 万元赔偿的诉讼请求全额支持。

6. 网吧著传播侵权作品的法律适用

——北京优朋普乐科技有限公司诉上海宽娱数码科技有限公司等侵犯著作权纠纷案

【典型案例】优朋普乐公司取得了电影《男儿本色》的信息网络传播权。成真上网公司擅自在其经营的网吧内通过“英雄宽频”软件提供上述影片的播放服务,该软件及涉案电影系宽娱科技公司收取服务费后提供给成真上网公司使用,双方约定因此引起的版权问题由宽娱科技公司负责。涉案影片是链接到“网影快传网站”进行播放的,对该网站的链接是宽娱科技公司自行选择后设置的,且是其设置的唯一链接。“网影快传网站”未取得网络文化经营许可证和视听节目许可证。我院认为:上海宽娱公司以营利为目的向其网吧客户提供“英雄宽频”视频服务,除了自行上载影视节目外,还通过链接方式固定地从第三方网站提供涉案影片,上海宽娱公司上述行为的营利性以及绑定式的链接方式,决定了上海宽娱公司对其被链网站上的影视作品是否侵权负有更高的注意义务;上海宽娱公司作为专门提供网络视频服务的网络服务提供商,对于网络视频尤其是影视作品在网络传播的合法性问题以及我国对于视频网络传播主体的相关资质的要求具有更高的专业知识和判断技能,因此,对于被链网站是否具有相应的资质以及被链网站上的影视作品是否侵权负有更高的注意义务,而被链网站恰恰没有网络文化经营许可证和视听节目许可证;而且,该被链网站上显示的相关文字已经表明其对其网站上的影视剧并不拥有版权。综上,上海宽娱公司应知其被链网站上提供的涉案影片系侵权影片,其未尽到合理的注意义务,主观上具有过错,应当承担停止侵权、赔偿损失的责任。成真上网公司与上海宽娱公司签订协议,存在合作关系,上海宽娱公司向成真上网公司提供相应的系统软件并提供视频内容,供成真上网公司的客户使用,成真上网公司从中获取盈利。因此,成真上网公司应当与上海宽娱公司承担共同侵权责任。

【经验总结】

从审级上看,基层法院知识产权庭审理的案件大约70%是著作权纠纷案件,其中大约70%是网络著作权侵权纠纷案件,其中涉及网吧的著作权侵权案件比例较大。以我院为例,近年来涉及网吧的案件激增,2009年为8件,2010年截至7月20日为80件(占同期二审网络著作权侵权案件的71%,占同期全部二审案件的32%)。客观上基层法院和中级法院对此类案件更加关注。当前此类案件呈现出案件数量大且快速增长、串案多且当事人高度集中、类型一致处理结果一致但论述不一致以及判赔数额逐渐下降的特点。网吧及其"合作者"(如上海宽娱公司)对于既往的案例持较激烈的否定态度,故司法实践中调解成功率极低(与此形成鲜明对比的是,在网吧自行将影视作品置于其服务器内的案件中,调解成功率很高)且在个别情况下在某种程度上引发了一定的不稳定因素。其中争议的焦点问题是:(1)设置固定链接的网吧提供服务的性质是什么?(2)网吧构成侵权的归责原则是什么?应如何判断其中的过错?(3)网吧是否构成侵权?网吧是否应当承担损害赔偿责任?(4)侵权损害赔偿标准应如何科学地界定?包含本案在内的大量案件促成了最高法院对此高度重视网吧案件并作出《最高人民法院关于做好涉及网吧著作权纠纷案件审判工作的通知》。此后,我院在审判中贯彻通知精神,在查明涉案网吧经营者从有经营资质的影视作品提供者处合法取得涉案影视作品且其取得时不知道也没有合理理由应当知道涉案影视作品侵犯他人信息网络传播权的前提下,认定涉案网吧经营者已经尽到了合理的注意义务,并无过错,

7. 网络定时播放行为认定

我院在审理"安乐影片有限公司诉北京时越网络技术有限公司、北京悠视互动科技有限公司侵犯著作权纠纷案"中,依据《著作权法》第10条第1款第17项等规定,判决被告时越网络公司通过有线和无线方式按照事先安排之时间表向公众传播、提供作品的定时在线播放、下载、传播的行为构成侵权,依法应当承担停止侵害、赔偿损失的民事责任。本案通过界定信息网络传播权的概念及构成要件,探讨了网络定时播放行为的定性及法律适用问题。

(1)信息网络传播权的概念及内涵

我院判决认为:信息网络传播权,是指以有线或者无线方式向公众提供作品、表演或者录音录像制品,使公众可以在其个人选定的时间和地点获得作品、表演或者录音录像制品的权利。其构成至少包含三个要件:"公众"、"自己选定的时间"、"自己选定的地点",三者缺一不可。本案中因未采用交互式手段,而只是像普通电视播放节目一样,用户在登录后只能在线收听或收看到网络电视按照预定节目表在这一时刻正在播出的节目,而无法自行选择节目,则网站定时播放并不是我国《著作权法》意义上的"信息网络传播行为"。

(2)网络定时播放行为的定性及法律适用

《著作权法》第10条第17项规定了兜底条款,俗称其他权。对照被告的行为,本案认为,并没有哪一项具体的著作权之财

产权利完全与之对应。但在该案中,原告的版权权益的确受到了损害,如果不及时制止而任其泛滥,则后果不堪设想。目前,唯一可以采取的手段就是运用"兜底条款"来应对。

(3)对信息网络传播权的反思

本案判决作出之后,引发了对于信息网络传播权"交互性"要件的探讨,在一定程度上也推动了司法解释工作的开展。根据《最高人民法院关于审理侵害信息网络传播权民事纠纷案件适用法律若干问题的规定》,信息网络传播行为强调的是"提供"行为,通过上传到网络服务器、设置共享文件或者利用文件分享软件等方式,将作品、表演、录音录像制品置于信息网络中,使公众能够在个人选定的时间和地点以下载、浏览或者其他方式获得的,人民法院应当认定其实施了提供行为。

8. 视频网站设置榜单及栏目分类的行为对判断网络服务商主观过错的影响

在视频网站被诉侵权案件中,有观点认为:很多视频分享网站中均设置了专门的"影视"类栏目(如优酷网与土豆网均设置了"电视剧"、"电影"、"综艺"等栏目),这类栏目中所指向的内容均需要较大投入成本,同时亦通常具有专业的制作单位,这些制作单位基本不可能自行上传或授权他人免费将其上传至视频分享网站,网站中只要出现此类内容通常可以认定系未经许可传播的内容。对上述情形,作为专业经营者的视频分享网站显然应当知晓。

我院认为,将影视作品放在具体的类别栏目中,不宜直接认定网络服务提供者已经接触到该作品,进而知道或应当知道用户上传该作品构成侵权。理由如下:首先,目前的视频分享网站基本上都采取了对影视作品进行分类、列表,如果直接认定,相当于对其设定了更高的注意义务标准,要求其对各个类目下所有的视频均知晓存在状态。如果这样,实际上等同于司法判决确定了网络服务提供者对空间中的内容逐一事前审查义务。这种"高标准"实际上将成为视频分享网站的普遍标准而非特殊标准。那么仅此一点就导致几乎没有视频网站可以进入"避风港"。其次,这种观点对于被告过错的认定实际上并不具有个案意义上的针对性。关于应知作品存在,我们认为应考虑作品的具体情况及使用的具体情况,就影视作品而言,当存在以下情况时,可以推定网络服务提供者构成应知作品存在且构成侵权:专业制作且内容完整的影视作品内容为处于档期或者热播以及热映期间,且上述内容位于首页、其他主要页面或者其他可为服务提供者明显所见的位置的,或者为其设立了专门的排行榜或者"影视"频道等影视作品分类目录的,且位于排行榜的前几位或主要页面。在上述情况下,具备专业知识人员有能力基于常识和专业知识,凭借视频的标题或主题对视频的合法性进行判断;若网站的编辑对视频的合法性完全放任不理,则其主观过错是明显的。我院在相关案件的基础上总结归纳了审理视频网站侵权案件的审理思路,为最高法院制定《关于审理侵害信息网络传播权民事纠纷案件适用法律若干问题的规定》提供了很好的素材。

9. 电子商务平台提供者在著作权侵权纠纷中的法律责任

——中国友谊出版公司诉浙江淘宝网络有限公司等侵犯专有出版权纠纷案

【案情简介】友谊出版公司享有在中国大陆范围内以图书形式出版《盗墓笔记4》

的专有权利。杨海林以明显不合理的低价,通过开设在淘宝网上的网店销售盗版图书《盗墓笔记4》,其行为侵犯了友谊出版公司享有的专有出版权。友谊出版公司起诉淘宝网公司作为提供交易服务平台的主体,对在其网上销售的涉案图书及销售主体资格未尽到合理的审查义务,且对以明显低于市场价格销售图书的信息未尽到及时删除的义务,为非法销售盗版图书提供了渠道和便利,已经参与到杨海林的侵权环节之中,与杨海林构成共同侵权,应承担连带责任。我院判断淘宝网公司对于杨海林注册为淘宝网个人卖家已尽合理审查义务和事后补救义务,对于杨海林侵犯友谊出版公司就涉案图书享有的专有出版权的行为并未违反法律、行政法规的规定提供便利条件,不构成共同侵权。

【经验总结】

(1)我院查明了C2C电子商务交易平台的当前管理方式及管理能力:面对海量商品,C2C电子商务交易平台无法逐一对每件商品信息进行审核,甚至无从知晓其所销售商品的具体内容。对于是否存在侵害知识产权情况更难以查控。目前,淘宝网对于商家卖家的审查内容包括企业法人营业执照、营业执照、个体工商户营业执照等材料,对于个人卖家,由于目前法律、行政法规中并无具体明确的规定要求网络交易平台的提供者负有区分各种情况的义务,故仅审查个人卖家的真实姓名和身份证号码即可。

(2)对C2C电子商务交易平台义务(或注意义务)及责任承担作出了判断:本案中,淘宝网作为网络交易平台的提供者,对于作为个人卖家的杨某的真实姓名和身份证号码进行了核实。由于目前法律、行政法规中并无具体明确的规定要求网络交易平台的提供者负有区分各种情况的义务,故浙江淘宝网络有限公司并未要求杨某提供其具有经营资质方面的证明没有违反相关规定。淘宝网关于其不具有审查个人卖家的法定义务和审查能力、无法界定和判断个人卖家是否具有经营目的、已尽合理的主体审查义务的主张,于法有据,应当予以支持。

10. 充分利用委托调解高效化解批量诉讼

我院在受理“软星科技(北京)有限公司、游戏天堂电子科技(北京)有限公司分别起诉北京快播科技有限公司传播游戏侵权29案”后,考虑到双方当事人均属于软件行业中的企业,由行业协会出面进行调解有利于促成双方当事人实现和解。在征得双方当事人的同意后,我院通过北京12330,正式委托北京市软件行业协会对这29起案件进行调解。接到委托后,北京12330和北京市软件行业协会立即联合开展工作,一方面从有利于行业秩序和企业可持续发展的角度出发,向被告强调保护软件知识产权的必要性和侵犯知识产权的后果;另一方面针对被告表示企业已经无法正常运营,无力支付高额赔偿款的意见,亲自前往被告的办公地点核实情况。当看到被告公司已经人去楼空,确实已经不再经营的情况后,工作人员将此情况告知原告代理人,力争使其考虑被告的实际情况,降低索赔金额。与此同时,我院法官也按照程序组织双方进行谈话,发挥自身调解经验较为丰富的优势,进行调解工作,并就最新进展及时与北京12330和北京市软件行业协会的工作人员交换意见,确定下一步工作方案。在北京12330、北京市软件行业协会和我院法官的共同努力下，双方仅用30余天就对赔偿数额达成了和解协议，被告如约履行协议，原告向我院提交了撤诉申请。

（二）网络商标权案件

11. 团购网站在侵害商标权纠纷案件中的法律责任

——株式会社迪桑特诉被告深圳走秀网络科技有限公司、北京今日都市信息技术有限公司侵害商标权纠纷一案

【案情简介】走秀网与亮伟公司合作，约定双方通过走秀网合作销售"LE COQ SPORTIF"品牌运动鞋（即被控侵权商品）。走秀网后与经营"嘀嗒团"的今日都市公司合作，约定"嘀嗒团"网站为涉案侵权商品提供限时团购平台，将交易信息在网页上进行发布，消费者确认参加团购后，进行网上支付，由"嘀嗒团"收取消费者所付款项，在扣除应技术服务费后，余款划至走秀网账户。今日都市公司为履行上述协议，审查了走秀网提供的两份《证明》。2011年3月，"嘀嗒团"团购网站上发布信息以99元人民币价格组织团购由走秀网提供的"原价480的法国公鸡旅行鞋"，侵犯了原告株式会社迪桑特注册商标专用权。我院判决走秀网和今日都市公司停止侵权、消除影响，并分别承担赔偿经济损失的法律责任。今日都市公司不服提起上诉，二审判决驳回上诉，维持原判。

【经验总结】

（1）网络服务提供者通常不负知识产权审查义务。网络服务提供者对利用其网络服务进行传播的信息的知识产权合法性一般不具有事前审查义务。如果权利人发现特定信息侵害其合法权益，应当通知网络服务提供者，网络服务提供者应当及时采取必要措施阻止特定信息的公开传播，否则具有过错，应当承担赔偿责任。

（2）团购网站经营者过错（明知应知）的判断。一般，如果电子商务平台经营者与提供被控侵权交易信息的网络用户合作经营，且应当知道被控侵权交易信息通过其网络服务进行传播；或者电子商务平台经营者从被控侵权交易信息的网络传播或相应交易行为中直接获得经济利益，且应当知道被控侵权交易信息通过其网络服务进行传播；或者电子商务平台经营者在交易信息公开传播前明知或应知被控侵权交易信息通过其网络服务进行传播的，可以推定电子商务平台经营者在被控侵权交易信息公开传播前"明知或应知被控侵权交易信息通过其网络服务进行传播"。在本案中，消费者向今日都市公司所经营的嘀嗒团支付货款，完成交易，可见今日都市公司直接从被控侵权商品的特定交易中获得经济利益，因此，今日都市公司应当承担在团购信息发布前就审查被控侵权商品的合法性的义务，包括审查被控侵权商品使用的商标是否合法。

（3）在网络服务提供者应当进行事前审查的情况下，如被控侵权交易信息或相应交易行为侵害他人知识产权，推定电子商务平台经营者"知道网络卖家利用其网络服务侵害他人知识产权"。本案中，虽然今日都市公司主张，其已经审查了走秀网提供的两份《证明》，因此已经尽到了相应的审查义务，但是被控侵权商品使用了涉案商标，而两份《证明》既不能证明涉案商标在中国内地的商标权归属，也不能证明被控侵权商品使用涉案商标的行为得到合法授权，故在两份《证明》在形式上明显不能证明被控侵权商品使用的商标合法性的情况下，应当认定今日都市公司并未尽到

合理审查义务。综上,今日都市公司未尽合理审查义务而发布被控侵权商品的团购信息,具有过错,应当承担相应的法律责任。

12. 商标权利用尽理论的适用问题

——大班面包西饼有限公司诉北京恒瑞泰丰科技发展有限公司侵害商标权案

【案情简介】大班公司是一家在香港注册的久负盛名的老字号企业,主要生产冰皮月饼、面包和糕点,深受消费者喜爱,并在内地注册了"大班"、"DA BAN"等多个商标。被告恒瑞泰丰公司在"大班月饼网"上,使用了与大班公司注册商标相同或者相近似的文字及图案,涉案网址使用的域名与大班公司注册的"DA BAN"商标构成近似。恒瑞泰丰公司销售的月饼来源于案外人北京方卓精诚贸易有限责任公司提供的正品大班月饼。法院经审理认为:恒瑞泰丰公司是分销"大班"月饼的经销商,恒瑞泰丰公司对其销售商品进行合理的商业宣传与推广,并未损害大班公司的合法权益,且大班公司亦未举证证明恒瑞泰丰公司在网站上的宣传行为违背了基本市场运营规则,存在不正当性。由此大班公司对于其出品的商品,在符合基本市场营销方式的情况下,无权禁止他人进行合理性宣传、推广,同时该市场营销手段应视为商标注册人的许可,即关于权利用尽的默示许可,故驳回了大班公司的诉讼请求。

【经验总结】本案涉及商标权利用尽理论。

(1)商标权利用尽理论:商标权利人在商品合法投放市场之后即不能对该商品的进一步流通如转销、分销进行干预。尽管商标权是一种绝对权,但在他人不会引起混淆的条件下的正常使用,原则上不应该受到禁止,并且商标权的行使也不能成为限制竞争的工具,从经销商品的经销商的角度考虑这个问题,就是商标权人行使商标权时不能对抗经销商的合法经销权。

(2)经销商基于合法经销权而对商标的使用。经销商的合法经销权首先应保证其购入、经销的是正牌商标产品。无论从授权代理商购入或是从其他经销商购入,只要是购入正牌商标产品,就是正当行使经销权,就购入行为本身,是商品的正常流通,任何人无权干涉。随之,经销商有为售出其商品而使用产品商标的权利,也就是说,该经销商有按照当地行业惯例在经营中使用产品商标的正常权利,但在使用程度方面应遵循不能对商标的声誉和形象造成严重损害的原则。

经销商的商标使用方式通常有以下几种:一是通过使用商品本身以展示商标,包括展示、贮存、运输商品;二是在广告中使用商标,包括在电视、报刊、展览会、宣传单、橱窗、柜台、海报等媒体上宣传、推广,三是在名片、交易文书、价目表、标签、商品盛装容器、说明书等媒介上使用商标,以上使用方式应以不严重损害商标声誉和形象为限。经销商使用商标的权利来自于商标权人的默示许可,商标权人或经商标权人许可的人将商品第一次投放市场后,即认为其默示同意以后的经销商有权使用其商标,这种默示许可的范围包括了各级经销商,但商标权人有正当理由阻止经销商不当使用商标时除外。

(三)网络不正当竞争纠纷案

13. 在软件监测结果不当评价他人软件侵害用户隐私构成诋毁商誉

——腾讯科技(深圳)有限公司等诉北京奇虎科技有限公司等不正当竞争纠纷案

【案情简介】原告腾讯科技(深圳)有

限公司、深圳市腾讯计算机系统有限公司是QQ即时通讯软件的权利人和运营商，在即时通讯软件市场和桌面网络游戏、门户网站等网络服务领域拥有很高的市场占有率。被告北京奇虎科技有限公司、奇智软件(北京)有限公司、北京三际无限网络科技有限公司是360安全卫士软件和360安全中心网("360网")的权利人和经营者，在安全类软件中拥有很高的市场占有率。2010年9月，腾讯公司等两原告发现奇虎360公司等三被告运营的"360网"向用户提供"360隐私保护器"的下载，在无事实依据的情况下，通过"360隐私保护器"软件对QQ软件的监测结果中显示"可能涉及您的隐私"等表述，引导用户误认为QQ软件窥视用户隐私；捏造和散布QQ软件侵犯用户隐私的虚假事实。遂以不正当竞争为由诉至法院。一审法院认定"360隐私保护器"监测提示用语和界面用语以及"360网"上存在的评价和表述，没有事实的依据，具有明显的不正当竞争的意图，损害了腾讯公司的商业信誉和商品声誉，构成了商业诋毁。奇虎360公司不服一审判决提出上诉，二审法院判决驳回上诉，维持原判。

【经验总结】随着我国网络服务业的深入发展，一些大型网络服务公司从网络特色经营转向网络混业经营甚至网络全业经营，在这一大背景下，大型网络服务商之间的诉讼激增，产生极大的社会反响，引起了有关部门的高度关注。

(1)网络服务公司之间竞争关系的判断标准问题。作为竞争法的两个分支，反不正当竞争法意义上的竞争关系与反垄断法不同，对于竞争关系和相关市场的认定也相对宽松。特别在互联网行业的商业模式与传统实体经济的商业模式存在较大差别的前提下，对于该领域竞争关系的认定必须要考虑该行业商业模式的特性。

对互联网公司而言，免费的基础网络服务对用户的锁定程度和广度就成为该类运营商能否在市场中立足或取胜的关键，也在很大程度上体现了该类公司在市场中的竞争优势。本案中，腾讯公司的主营免费网络服务市场是以QQ软件为代表的即时通讯软件和服务市场；而奇虎360公司的主营免费网络服务市场是以360安全卫士软件为代表的安全类软件和服务市场，从用户的角度看双方免费网络服务的主营市场具有一定的区别，但是，双方为了更大程度和更广范围地锁定用户，趋向于各自拓展非主营的免费网络服务市场，拓展广告服务市场，从而产生网络服务范围和用户群体的交叉和重合。影响该类公司在广告市场和资本市场的竞争优势的重要因素，就是免费网络服务市场中对用户的锁定程度和广度。因此，如果奇虎360公司的行为可以增强自己在该领域的竞争优势，或者损害腾讯公司的竞争优势，从而影响双方在广告市场、资本市场的竞争优势和利益格局，则说明双方在网络服务的用户市场、广告市场等相关市场中具有竞争利益，存在竞争关系。

(2)利用恶评软件诋毁竞争对手行为与网络言论自由。一般而言，商业性的言论，即以盈利为目的的经营者向公众传递信息的权利是应当保护的，这有利于市场中信息的传递。信息的传递是市场存在的基础，而对于消费者而言，充足的信息有利于其作出理性选择。由于竞争法对于市场中的竞争参与者的行为(出于竞争法立法目的的考虑)做出了符合社会利益最大化考量的适当限制,因此在竞争法的层面上,这种商业性言论自由会受到某种约束。

有观点认为,对于具有竞争关系的对手而言,进行否定性的评价是不道德的,并且这种具有商业竞争目的的评价很可能有失客观甚至包含贬损的成分,有违商业道德并造成市场上信息的混乱,因此应当为竞争法所禁止。我院认为,对于竞争者间否定性宣传言论的态度,不应一概而论,应当由市场上信息获得渠道的情况不同而做出不同的判断。当行政机关和民间第三方专业机构的监督信息充足,足以使消费者获得其作出理性判断的正反面信息,竞争者之间的否定性宣传言论就不应得到鼓励和宽容。相反,在行业外部信息相对匮乏,缺乏有效机制和文化保障消费者获取足够的否定性信息的情况下,经营者之间的否定性竞争宣传则可能是对市场信息的有益补充。

在我国目前情况下,对于网络服务行业竞争者之间的否定性言论,应当得到法律的规范而非禁止。规范的尺度,需要根据市场和社会发展的实际情况作出判断。本案中,原则上,安全类软件商业性言论自由的边界是“客观真实的评测结果和表述”,但在很多情况下,对此的判断并非是清楚、确定的。对于安全软件的评测结果,如果课以过于严格的判别标准,会使软件开发者在评价其他软件时不敢提出怀疑性的意见,影响正常商业性言论自由的监督作用,从而减少用户对潜在危害信息的获取。因此,对于安全类软件合理范围内的错报、误报以及并非明显的表述失当,应当给予适当的宽容,而适当的标准则需要综合考虑行为本身和“市场和社会发展的实际情况”作出具体的判断。

(3)利益平衡原则的具体考量。在网络不正当竞争案件中,我院强调要将技术的创新和广大网络用户的基本权益纳入司法考量的视野,并予以深入探究。在适用诚实信用等原则来裁判时,要特别慎重地分析被告实施涉案行为的客观后果,在该行为既具有损害竞争的后果,又具有促进竞争的后果,或者具有其他有利后果时,要注意分析其利弊,并按照涉案的特定商业领域中一般的市场交易参与者的伦理标准来对正当性加以评判,避免将商业道德等同于个人品德或者社会公德,造成打击面过宽,伤及正当竞争行为,削弱市场竞争的活力。

反不正当竞争法意义上的诚实信用,有别于民法中的诚实信用或者社会公德,主要体现为符合市场规律的商业道德,需要根据不同行业有所区分,特别是应当结合具体案情加以判断。在本案中,尽管腾讯 QQ 软件未经用户许可扫描用户磁盘行为本身的正当性是有待商榷的,但是奇虎 360 公司采取了一种误导性的语言描述,夸大了客观事实可能存在的危害,使用一种类似于恐吓宣传的方式推广自身产品的行为本身是违反诚实信用原则的。尽管如前所述,在当前的网络环境下,应当赋予安全类软件更加宽松的法律环境,但是作为安全类软件,应当为用户提供客观、中立的评测,如果为了市场竞争的目的而夸大被检测威胁和漏洞的危害性,从长远来看,既是对相关行业商业秩序的破坏,也是对用户获取真实、客观信息权益的损害。

14. 关键词竞价排名服务提供商的法律责任

——北京史三八医疗美容医院诉北京新时代伊美尔幸福医学美容专科医院有限

公司等不正当竞争纠纷案

【案情简介】史三八美容院主要经营医疗美容等项目,曾多次获得荣誉证书。伊美尔美容院主要经营医疗美容等项目。伊美尔美容院与百度时代公司签订了竞价排名合同,并向百度时代公司提交了关键词“史三八”及其网站的网址,百度竞价排名系统自动将伊美尔美容院提交的该关键词与伊美尔美容院的网站进行了关联设置。在百度搜索引擎中输入“史三八”,点击第一个搜索结果“史三八幸福”链接可进入伊美尔美容院的网站。史三八美容院起诉前曾向百度网讯公司投诉过,百度时代公司及时将伊美尔美容院提交的关键词“史三八”做了下线处理。一审法院认为:伊美尔美容院使用“史三八”作为关键词参加“百度竞价排名服务”的行为构成不正当竞争。百度时代公司在其搜索引擎网站上公示的“通用条款”中明确约定,只有百度时代公司审查通过关键词后方提供服务,且对黄赌毒以及侵犯他人版权等权利的关键词也履行审查义务。但本案中,百度时代公司并未尽到其自己承诺的义务,对本案侵权行为其主观上存在过错,客观上帮助了伊美尔美容院实施不正当竞争行为,应当与伊美尔美容院共同承担法律责任。二审双方在北京市第二中级人民法院的主持下达成和解。

【经验做法】两级法院对于关键词竞价排名的运行模式进行了细致研究。我院认为:关键词竞价排名虽然与企业对于商品或服务的宣传具有某种关联,但并非《广告法》意义上的广告。就关键词竞价排名服务提供商而言,只有证明其对于申请者使用涉案特定标识系侵权具有故意或过失时,才能认定其具有过错。一般情况下,权利客体的范围应限于驰名商标或其他具有较高知名度的标识(包括但不限于企业名称、字号、网站名称、域名[①]等),而不应包括知名度较低的标识,否则将过于宽泛。

(1)关键词竞价排名的运行模式。百度搜索引擎关键词竞价排名的运行模式为,由企业为自己的网站购买关键词,参加排名,按有效访问量向关键词竞价排名服务提供商付费。特别值得指出的是,其中的关键词并不是由关键词竞价排名服务提供商设置再由企业选择的,而是由企业自行确定后向关键词竞价排名服务提供商提交的,关键词竞价排名服务提供商还会依据事先宣布的规则由软件自动进行筛选,去除其中的禁用词和明显侵犯他人权利的词语。

(2)关键词竞价排名是否为《广告法》意义上的广告。我国《广告法》第 2 条第 2 款规定:本法所称广告,是指商品经营者或者服务提供者承担费用,通过一定媒介和形式直接或者间接地介绍自己所推销的商品或者所提供的服务的商业广告。我院认为,关键词竞价排名虽然与企业对于商品或服务的宣传具有某种关联,但并非《广告法》意义上的广告。

(3)承诺能否构成侵权的基础。有观点认为,百度时代公司自己承诺了其负有审查关键词是否侵犯他人权利的义务。但本案中,百度时代公司却又辩称其只审查黄赌毒及是否侵犯驰名商标权,而对侵犯一般商标权及字号的情况,其无能力审查,这与其承诺相悖。由于百度时代公司并未尽到其自己承诺的义务,致使与被告伊美尔美容院无关的原告史三八美容院的企业

① 严格来说,域名并不是一种法定的权利,但至少属于“民事权益”中的利益,也受到法律的保护。

名称中的字号一词能作为被告伊美尔美容院的关键词予以使用。百度公司主观上存在过错,客观上帮助了被告伊美尔美容院实施不正当竞争行为,应当与被告伊美尔美容院共同承担法律责任。我院认为,侵权的基础应当是法律规定,当事人的承诺一般不应成为侵权的基础。也就是说,如果当事人的承诺内容超过法律规定的范围或者说承诺的水平高于法律规定的标准,则当事人对于这些承诺的违反或不履行,一般并不构成侵权,但仍有可能构成其他性质的违法。例如:如果其未能实现承诺的内容,则对于其承诺对象而言,可能构成违约;对于消费者而言,可能构成侵犯消费者权益;对于同业竞争者而言,可能构成虚假宣传的不正当竞争行为。

(4)权利客体的范围。就关键词竞价排名服务提供商而言,只有证明其对于申请者使用涉案特定标识系侵权具有故意或过失时,才能认定其具有过错。一般情况下,权利客体的范围应限于驰名商标或其他具有较高知名度的标识(包括但不限于企业名称、字号、网站名称、域名等),而不应包括知名度较低的标识,否则将过于宽泛。

15. 软件输入法冲突及通过技术手段误导用户屏蔽竞争软件构成不正经竞争

——北京搜狗信息服务有限公司等诉深圳市腾讯计算机系统有限公司等不正当竞争纠纷案

【案情简介】原告搜狗公司和被告腾讯公司分别是“搜狗拼音输入法”和“QQ 拼音输入法”的权利人。“QQ 拼音输入法”在安装过程中,存在诱导用户默认删除包括“搜狗拼音输入法”在内的其他拼音输入法的行为。尽管该行为不属于我国《反不正当竞争法》中明确列举的不正当竞争行为,但由于该行为侵犯了原告“搜狗公司”为竞争法所保护的公平竞争的权益,且存在破坏正常的市场竞争秩序的潜在危险,故法院援引《反不正当竞争法》的一般条款判令被告“腾讯公司”停止涉案的不正当竞争行为。

【经验总结】本案涉及问题有二:一是我国《反不正当竞争法》一般条款的理解与适用标准;二是恶意软件冲突(通过技术手段屏蔽竞争对手软件)行为的是否构成对不正当竞争应如何判断。

(1)关于一般条款的理解与适用标准,应从规制新出现的不正当竞争行为,以实现“为保障社会主义市场经济健康发展,鼓励和保护公平竞争,制止不正当竞争行为,保护经营者和消费者的合法权益”的立法目的的角度,赋予第 2 条第 2 款一般性条款的意义和功能。对于一般条款的适用,应当以这一最终目的的实现为最终价值追求。同时,对于竞争行为正当与否的判断标准,应当充分考虑该行为是否“遵循自愿、平等、公平、诚实信用等民法基本原则”,以及是否符合“市场公认的商业道德”,不能以“社会道德规范”作为判断标准,更不能以“法官的道德感”作为判断依据。并非任何竞争中的微小不当行为都应受到竞争法的规制,对于一般条款的适用,应当以列举的具体行为的危害程度相当或者可以从具体列举行为中抽象出的行为为限。

(2)初步形成了软件冲突引发的不正当竞争案件的审理思路,在被告以软件冲突为由抗辩时,我院首先通过技术审查判断涉案双方软件在技术上是否必然相互排斥,如并非必然相互排斥则进一步判断经营者是否通过不正当竞争卸载或诱导用户卸载他人软件来获取竞争优势。本案通过技术审查可知,各种不同的拼音输入法软件在技术上并非如同各种不同的操作系统软件必然相互排斥,而是完全可以在同一计算机中同时存在且同时运行,故我院适用反不正当竞争法认定被告构成不正当竞争。

16. 网络服务公司之间竞争关系的认定

——北京百度网讯科技有限公司等诉奇智软件(北京)有限公司等不正当竞争纠纷案

【案情简介】被告奇智软件公司是360安全卫士软件的权利人和经营者,被告三际无限公司是360安全中心网的网站经营者,2010年7月15日后,该网站的经营者变更为奇虎科技公司。360安全卫士软件显示百度工具栏和百度地址栏软件是恶评软件。2010年4月22日至24日,对于百度工具栏和百度地址栏软件的投票数激增,三际无限公司在360安全中心网站制订了"反刷票"的"投票分数计算规则",对于百度工具栏和百度地址栏软件的投票分数作出了调整。360安全中心网站上的360软件百科栏目中显示百度工具栏的简介为:百度出品的搜索工具栏。通过地址栏实现中文搜索。强制安装,使用360安全卫士可彻底删除。自身无法正常卸载。360安全中心网站上的360软件百科栏目中显示百度地址栏搜索插件的简介为:自身无法正常卸载。360安全卫士软件的"病毒查杀",将百度地址栏和百度工具栏列为"安全威胁"和"危险项"。2010年9月7日10:30左右公证封存计算机至2010年9月8日10:50左右解封计算机,对于百度工具栏软件投"好用"票,显示"投票失败,请勿重复投票!"。对于POCO在线杂志播放插件投"好用"票,显示"投票成功!"。360安全中心网站的后台数据记录显示,该时间段内网络用户对于百度工具栏软件正常投票成功。

我院认为:原被告双方具有竞争关系。被告奇智软件公司将百度工具栏和百度地址栏软件称为"恶评插件"和"恶评软件";360安全卫士软件在查杀病毒、木马时将百度工具栏和百度地址栏软件标识出来并进行虚假描述诱导用户删除;被告三际无限公司在其经营的360安全中心网站中无依据地对百度工具栏和百度地址栏软件进行负面介绍。上述行为构成不正当竞争。

【经验总结】我国《反不正当竞争法》所规制的行为主体之间存在竞争关系应当如何认定的问题以及如何正确区分正当竞争与不正当竞争的界限问题始终存在不同理解,这两个问题在网络服务领域则更为突出。本案在这个问题上,依据立法本意和网络服务业的特点,作出了判断。本案对以下问题进行了审理和判断:

(1)网络服务公司之间竞争关系的判断标准问题(见3Q案)。

(2)网络用户的言论自由与竞争者的言论限制的关系问题。有观点认为,网络用户对于软件的评价享有言论自由,但作为竞争者则不能享有上述言论自由,而应当受到限制。我院认为:安全软件对于其他软件进行投票公测,设置并按照合理的投票规则实施公测,本身不属于不正当竞争行为,只有当其违背商业伦理道德、达到侵害软件权利人权益的情况下,才应予以制止。安全软件应当在符合竞争规则的前提下享有言论自由。具体到本案,如果被告行为构成人为操纵网络用户投票结果、在无依据情况下对他人软件进行“恶评”或在查杀病毒、木马时将他人软件标识出来并进行虚假描述诱导用户删除的情况下，方构成不正当竞争。

17. 互联网领域反不正当竞争第一案——真假开心网案:互联网仿冒行为构成不正当竞争

——北京开心人信息技术有限公司诉北京千橡互联科技发展有限公司等侵犯商标权及不正当竞争纠纷案

【案情简介】

2008年3月,原告开心人公司开通了社交网站“开心网”,并于2008年12月受让取得“开心”文字注册商标专用权。开心网自开通以来用户数量迅速扩张,并在较短时间内得到了网络用户和业界认可。被告千橡互联公司于2008年10月16日受让取得“kaixin. com”域名,并于同月开通了社交网站“开心网”(kaixin. com),提供社会性网络服务。我院判决认为:开心人公司通过“开心网”(kaixin001. com)提供的社会性网络服务在2008年3月之后的较短期间,即已构成知名服务,该网站名称作为网络用户识别该服务的最重要途径,成为了该知名服务的特有名称,受到我国反不正当竞争法的保护。千橡互联公司作为互联网业界具有一定影响力的公司,在明知开心人公司通过“开心网”(kaixin001. com)提供的社会性网络服务已构成知名服务的情况下,使用该知名服务的特有名称“开心网”作为网站名称,在相同行业和领域中向公众提供社会性网络服务,使网络用户对二者提供的服务产生混淆,千橡互联公司的上述行为具有主观过错,违反了诚实信用原则,构成了不正当竞争。

我院未认定被告使用“kaixin. com”域名构成对原告“开心网”知名服务特有名称、“kaixin001. com”知名域名的仿冒。亦未认定被告在网站首页使用苹果笑脸与“开心网”文字组合标志构成对原告“开心网”(kaixin001. com)网站首页星形笑脸与“开心网”文字组合标志知名服务的特有装潢的仿冒。

【经验总结】

本案被称为国内社交网站第一案,在国内网民中产生了较大影响。社交网站这种新兴的网络服务形式在我国的快速发展过程中,出现了多个服务商在服务功能、服务对象、服务内容甚至网站设计方面相近似的情况。本案对擅自使用他人知名服务的特有名称、知名域名、知名服务的特有装潢等几类不正当竞争行为的进行了区分认定。

(1)擅自使用知名服务特有名称行为的认定

①对于“知名商品”的认定。知名商品应以“相关公众”的认识为衡量标准,相关公众应是指与该商品有交易关系的特定的购买者。知名商品不经过注册,完全是市场竞争的产物,而不同商品的市场特点和竞争状况不尽相同,脱离特定的市场就失去了认定知名商品的意义。因此判断是否知名商品并不以大多数消费者知晓该商品为必要,而是以商品在相关的市场领域中有较高的知名度为条件。在本案中,原告提供的是一种社交性网络服务,按照《反不正当竞争法》第2条第3款的规定,服务属于该法中的“商品”。原告以搜索结果、网站排名、获奖情况、用户数量、媒体报道等多方面证据证明了其在相关公众——网络

用户和互联网业界的知名度,足以证明其所提供的属于知名服务。

②名称为知名商品所“特有”。对知名商品名称的“特有”可做以下理解:一是在相关市场内在先独立使用,与“知名商品”的界定相同,“特有”的界定也应在相关市场内的同类商品上进行才有意义;二是非商品通用名称,即不属于已被特定行业普遍使用或直接表示商品性质的名称;三是具有显著的区别性特征,能够用来区别不同经营者之间的商品,但区别性特征是否显著没有绝对的标准。开心人公司在网络服务领域,尤其是社交网络服务领域在先独立使用“开心网”的网站名称,且作为较早在国内提供社会性网络服务者,其网站名称有一定的区分度。

③作相同或近似的使用造成混淆。擅自使用知名商品的特有名称,其根本目的是对生产经营者产生混淆以达到产生市场混同结果。只有在相同商品上使用相同或者近似的商品名称,才会达到这种效果,才应当视为足以造成和他人知名商品相混淆。认定与知名商品特有名称相同或者近似,可以参照商标相同或者近似的判断原则和方法。擅自使用知名商品的特有名称的行为分为两部分,其一,就是对他人知名商品的特有名称做相同的使用。其表现为商品的名称与知名商品的特有名称完全一致。经营者采取这种手段就仿冒以达到混同的结果。在现实生活中,这种手段极易导致消费者混淆,但这种行为司法实践中的认定相对较易。其二,就是做近似的使用。所谓近似,也就是说对知名商品的特有名称进行细小和无关大局的改变,一般情况下,以购买者的普遍注意力就会发生误认或混同。对近似使用,在认定过程中难度相对较大。本案中的“开心网”名称属于相同使用。

(2)域名近似是否构成不正当竞争

“kaixin. com”与“kaixin001. com”的拼音中文差异不大,且两网站在服务对象、服务内容、网页设计等方面均有相似之处,但我院却不认为千橡网景公司使用“kaixin. com”域名的行为是对“开心网”知名服务特有名称和“kaixin001. com”域名的仿冒行为,这是因为由于互联网业的迅猛发展,网络用户已越来越少地通过域名来区分不同网站。一是搜索引擎高度发展,人们可以很便捷地通过网站名称或其他信息链接至该网址;二是浏览器功能的逐渐完善,如自动完成功能代替人们记住了各种网站地址,并提示相关基本信息。可见,在当前的网络环境下,相比域名而言,网站名称是网络用户识别网络服务及区别不同的网络服务的更重要、更基本的方式和途径。开心网以 kaixin001. com 而不是 kaixin. com 的域名吸引大量注册用户,成为知名服务,恰恰说明网站名称与域名并非要一一对应,域名在其成为知名服务的过程中发挥的作用已逐渐减小。此外,kaixin 具有一定的通用性,本案中,“kaixin. com”域名、“开心网”名称与“kaixin001. com”域名之间虽具有一定关联,但仍有一定差异,且被告取得 kaixin. com 域名是在原告取得“开心”商标之前,在通常情况下,单纯基于上述关联,不足以导致网络用户对经营者提供的不同网络服务产生误认。

随着技术的发展,域名在区分网站方面的作用还将呈减小趋势,如 APP 的发展,每个 APP 对应一个特定的网站,也不再需要域名来进行访问,所以从趋势来看,法院在以域名来认定不正当竞争时应根据技术发展的情况和网络用户的使用习惯,严格掌握"足以造成相关公众的误认"的标准。

(3)网页设计近似是否构成仿冒"装潢"的不正当竞争

本案中,原告指控被告运营的"开心网"(kaixin. com)网站首页使用苹果笑脸与"开心网"文字组合标志,构成对"开心网"(kaixin001. com)网站首页星形笑脸与"开心网"文字组合标志知名服务的特有装潢的仿冒,构成不正当竞争。对此,我院认为:由于《反不正当竞争法司法解释》对"装潢"有明确的定义,即由经营者营业场所的装饰、营业用具的式样、营业人员的服饰等构成的具有独特风格的整体营业形象,可以认定为我国反不正当竞争法所称的"装潢"。所以原告的主张不能成立。

18. 将他人知名商标作为字号构成不正当竞争

——上诉人北京途牛天下信息技术有限公司与被上诉人南京途牛科技有限公司侵犯商标专用权纠纷及不正当竞争纠纷二审案

【案情简介】原告南京途牛公司成立于2006年,系"途牛"、"途牛网 Tuniu.com"、"途牛旅游网 Tuniu.com"、等多个注册商标的专用权人。被告途牛天下公司成立于2009年,成立时的名称为"北京三和致远文化传播有限公司",2010年更名为"途牛天下公司"。途牛天下公司自称为"途牛",在进行招聘咨询时称其为南京途牛公司的分公司、在与票品供应商沟通合作时声称其与南京途牛公司或途牛旅游网有关联。法院经审理认为,途牛天下公司在其经营的销售旅游票品的"票务天下系统"网站中,单独使用"途牛"文字对其所提供服务进行表述,侵害了南京途牛公司的注册商标专用权。南京途牛公司和途牛天下公司在经营活动中存在着竞争关系。途牛天下公司在洽谈票品业务合作时,谎称其与途牛旅游网有关联,属于不正当竞争行为。途牛天下公司所注册的企业名称中含有"途牛"文字,并在经营活动中将"途牛"作为其企业字号使用且对外宣称其与南京途牛公司存在关联关系,具有主观恶意,违背了诚实信用、公平竞争的基本原则,属于不正当竞争行为。据此,判决途牛天下公司停止在商业活动中宣称与南京途牛公司存在关联关系;在从事与南京途牛公司"途牛"注册商标核定使用的服务相同或类似的服务中,停止使用含有"途牛"文字的企业名称;赔偿经济损失4万元及合理费用1万元等。二审法院认为原审法院判决中关于途牛天下公司停止使用含有"途牛"文字的企业名称的内容未根据本案争议范围予以限定不妥,故改判途牛天下公司在从事与南京途牛公司涉案第6631862号"途牛"文字注册商标核定使用的服务相同或类似的服务中,停止使用含有"途牛"文字的企业名称。

【经验总结】本案突出问题在于企业名称与注册商标的冲突的处理问题。

企业名称的注册与商标的注册在我国属于不同部门的不同程序,因此出现冲突也是必然的。在发生冲突时主要应根据保护在先原则及维护市场正常的竞争秩序的原则进行处理,同时应注意限制在必要合理的范围内。本案中,途牛天下公司的涉案行为构成商标侵权及不正当竞争是显而易见的,该公司承担停止侵权、赔偿经济损失的法律责任也是必然的。但是,一审法院在判令该公司停止使用涉案企业名称是未根据本案情况予以限定,而是简单的判决途牛天下公司停止使用含有“途牛”文字的企业名称。这样的判决，使途牛天下公司承担了超过本双方争议的不正当竞争行为涉及的范围的责任。因为在确定不正当竞争行为构成时，首先要确定双方是否为同业竞争者。就本案而言，只有在涉案双方争议的经营范围内双方才构成同业竞争关系。如果途牛天下公司今后不再从事涉案双方争议的经营范围内的经营，其使用其企业名称显然无不当。因此一审判决在此点未作出与本案相适应的限定不妥，故二审予以纠正。

19. 模仿电影中演员造型等因素组合制作桌游构成不正当竞争

——广州千骐动漫有限公司与华谊兄弟传媒股份有限公司、上海电影（集团）有限公司、北京市新华书店王府井书店侵害著作权纠纷

【案情简介】2009 年 9 月电影《风声》首次公映，二原告华谊兄弟公司和上海电影公司以制片者身份依法享有著作权。该影片及其演员李冰冰、苏有朋等据此获得诸多奖项。2010 年 1 月开始，被告千骐公司制作并发行了《风声》游戏，游戏表现载体为纸牌桌游及单机版、在线版的网络游戏。2011 年 6 月，被告取得了小说《风声》的著作权人的授权。被告在自己网站上对游戏《风声》进行介绍时，使用了原告电影《风声》的人物剧照、将其与游戏《风声》的人物进行对比介绍，并称“这款以电影《风声》为背景设计的桌面游戏是一个广州千骐动漫团队的原创作品”，“这些角色有老鬼、老枪，都是从电影改编而来”，“购买电影改制版权（此桌游路线源于《风声》）”。经比对，被告使用的美术作品中“风声”、“千智风声”、“THE MESSAGE”的字体与二原告的不同，作品背景亦不相同，二者不具有一致性。被告游戏中的老金、刀锋、译电员、小白、老枪、顾晓梦形象并非小说语言表达的直接呈现，而系来自电影《风声》中的金生火、武田、李宁玉、小白、吴志国、顾晓梦形象，二者具有相似性。千骐公司对游戏人物译电员“情报比生命还重要吗”的角色诠释与原告电影中李宁玉的角色台词完全一致。一审法院认为：（1）电影《风声》具有很高的知名度和标识利益，已构成知名商品的特有名称。但被告将“风声”作为游戏名称系合法使用，并未侵犯二原告特有名称权。（2）被告在网站上宣称游戏《风声》系以电影《风声》为背景设计，并具有电影《风声》的改制版权，还使用了电影《风声》的人物剧照、将其与游戏《风声》的人物进行对比介绍。被告游戏使用了原告电影角色形象，且对角色的若干描述和情节设置均与电影相同。前述行为极易致使社会公众误认为二者之间存在关联，系利用电影《风声》的市场知名度而为自身牟利，已构成引人误解的虚假宣传行为。（3）被告对“风声”的英文翻译使用了“THE MESSAGE”。“THE MESSAGE”是“信息”的意思，是原告在电影《风声》中根据“信息传递”的故事主线进行的翻译，该翻译具有独创性，故被告千骐公司对“THE MESSAGE”的使用行为亦构成不正当竞争，应承担相应的侵权责任。（4）被告千骐公司并未侵犯二原告美术作品著作权。被告不服一审判决，二审双方调解解决。

【经验总结】

二审法院在审理过程中发现原审判决书并未对二原告与被告存在竞争关系清楚论述，经审查原告之一上海电影制片厂与被告并无任何竞争关系，故进行调解结案。

二审合议庭认为:对于影视剧作品特有的演员造型、服装服饰、语言风格、镜头表现方式等因素组合而成的、具有较高知名度的"整体风格"这一经营成果,可以根据竞争法给予保护。原告华谊兄弟公司对电影《风声》享有著作权和由该电影衍生出的相关产品的经营权,被告擅自使用电影风声特有的演员形象、服装服饰、语言风格等要素制作网络游戏,使公众误认为其与原告之间存在关联关系或者获得了原告的授权,客观上利用了原告的知名度为自己谋求了不正当利益,违背了公认的商业伦理道德,构成不正当竞争。

20. 一般条款应当严格慎用

——美心食品有限公司诉北京未来都市信息技术有限公司不正当竞争纠纷案

【案情简介】原告美心公司是"美心"注册商标专用权人。被告未来都市信息公司系某团购网站的经营者,该公司组织了一次"美心西饼提货券"的团购活动,团购的提货券系广州美心公司发行的正品代金券,团购页面显示了印有"美心"商标的"美心西饼提货券"图片,美心公司认为未来都市信息公司的上述行为使用了原告商标,会使消费者误认为原被告之间存在商业合作关系,违背了商业道德,构成不正当竞争。合议庭研究认为,被告使用的图片是正品提货券的原物照片,被告使用行为属于在销售过程中对商品的客观体现,对于商品的介绍也属客观描述,未进行引人误解的虚假宣传,其销售行为不会引起消费者对商品来源和团购服务提供者的误认,其行为不构成不正当竞争。

【经验总结】很多被诉行为无法适用具体条款,但又构成侵害原告知识产权或存在违背商业伦理、破坏市场秩序的情形,应当受到反不正当竞争法规制,此时法院通常适用一般条款。我院在相关案件中适用反不正当竞争法第二条,准确划定了不正当竞争行为边界,取得了较好的法律效果和社会效果。但同时也应注意,一般条款应当严格慎用。模仿自由是自由市场的重要原则,仅仅利用他人的市场经营成果不足以适用反不正当竞争法规制,只有当这种行为违背了公认的商业道德时,才有禁止的必要。反不正当竞争法不得抵触和扩大知识产权专门法的保护范围,对于专门法排除保护的内容,原则上不应再额外给予救济。该案表明,我院认为团购网站销售正品月饼券过程中适当使用注册商标的行为不构成不正当竞争,商标权人不能在商标法之外扩展其权利范围。

三、关于审理涉及网络知识产权案件的若干问题及对策建议

(一)对于网页快照、缩略图之"提供行为"的理解

在《最高人民法院关于审理侵害信息网络传播权民事纠纷案件适用法律若干问题的规定》(以下简称《规定》)第5条第1款规定"网络服务提供者以提供网页快照、缩略图等方式实质替代其他网络服务提供者向公众提供相关作品的,人民法院应当认定其构成提供行为。"但对于该条款描述中的提供行为,存在两种不同的认识。

一种理解认为,仅有构成"实质替代其他网络服务提供者向公众提供相关作品的"才构成提供行为,如果不构成实质替代,则不构成本《规定》的提供行为。但实际上非实质性替代的情况下,也可能构成提供行为,只不过不应承担侵权赔偿责任,故该种理解认为该条款的行文逻辑不符合著作权法的基本法理。

另一种理解认为，对于第3条所述的“提供行为”应仅从法律技术的角度进行解释，与著作权法或信息网络传播权法意义上的提供行为在内涵和外延上并非完全重合。该“提供行为”是从法律适用的角度，对本《规定》中所提到的提供行为进行一个概括性的描述，“提供行为”仅对本《规定》具有意义。在这种理解下，第5条第1款的逻辑就是通顺和完整的，即本规定所述的提供行为是针对应当承担第3条所述认定侵权责任的提供行为，对于非实质性替代的情况，不属于本《规定》第3条所特指的应当承担第3条所述认定侵权责任的提供行为，故在本《规定》范畴内，不属于一种本规定中特指的应当承担第3条所述认定侵权责任的提供行为。

(二)对于网页快照、缩略图等“实质性替代”的理解

本规定第5条第1款中提到，“网页快照、缩略图等方式实质替代其他网络服务提供者向公众提供相关作品的”构成本规定的“提供行为”，从而在原则上应按照第三条认定侵权。但在具体的审判过程中，对于网页快照何种情况属于实质性替代，何种情况不属于实质性替代，存在理解不清楚的地方。一种理解认为，完整的提供作品的全文，使读者可以不通过其他网络服务提供者，就可以获得作品的，就构成实质性替代。按照该种理解，现有的网页快照中几乎都为全文复制原网页中的内容，故现有的网页快照均应被认定为构成实质性替代，朝阳法院在其作出的(2013)朝民初字第19042号判决中即作出该认定。

而另一种理解认为，实质性替代要能够在功能上替代原作品的表现和传播形式，即使包含原作品的全部内容，但是由于用户习惯会优先选择访问原网页，网页快照在更多情况下仅作为原网页出现访问障碍时做补充性使用，故通常情况下，不会取代对原网页的访问，此种情况下的网页快照就属于非实质性替代。北京高院的审判参考问答中提到“通过网页快照提供作品，如果该服务不会实质上替代网络用户访问相关网页的，则可以根据案件情况认定提供该网页‘快照’服务不影响相关作品的正常使用、未不合理地损害权利人的利益。通过网页‘快照’提供作品，如果该服务实质上替代了网络用户访问相关网页的，可以认定提供该网页‘快照’服务的行为构成侵权。”对于该“实质上替代”的理解，倾向于进行更为深层次的理解和判断，实际上是对本《规定》第5条第2款中合理使用条款的判断。

对于实质性替代与合理使用的关系，两种理解存在逻辑上的区别，第一种理解是在认定实质性替代的基础上，再判断是否构成合理使用，对于不构成实质性替代的，由于之前司法审判中已经没有争议，故在本《规定》中，没有进行赘述；第二种理解则是将合理使用需要考虑的部分因素，首先在实质性替代的判断中加以考量，从而综合确定“实质上替代”的范围，并将其列为合理使用的范畴。

(三)侵害信息网络传播权案件中，考虑网络服务提供者构成应知的具体因素应如何把握

虽然《规定》第9条中规定有构成应知的考虑因素，第10、12条中也对应知问题做出了进一步的明确，但在审判中，有部分审判人员反映，对于应知在考量上述因素后，具体的把握尺度仍然存在较大不确定性，各法院对于应知和过错的认定情况也

存在一定程度的不同。例如,在(2013)二中民终字第 17327 号民事判决中,HTC 从优酷等视频网站通过协议方式获取影视资源,并提供给手机用户,此时,对于 HTC 定向链接优酷提供的影视资源,是否应当认定为链接服务,以及是否适用分类编辑等免责条件,一审认定由于 HTC 生产商内置的软件中,对涉案的电影作品进行了分类编辑,故依据《信息网络传播权保护条例》第 23 条承担责任,但二审合议庭有一种意见认为,对于通过合作协议由视频网站向硬件厂商提供定向链接的情况,由于硬件厂商在向用户提供作品时,必然需要重新设置软件的界面和影片的排序,故对于一审认定中,仅仅由于其软件对于涉案的电影作品进行了分类编辑就要求其承担责任,是否过于严苛。

(四)关于共同提供行为的认定,缺乏具体的判断标准

对何为"与他人以分工合作等方式共同提供作品、表演、录音录像制品"以及当事人举证责任及举证程度的把握存在争议。例如电视生产商与具体的影视内容提供商签订合作协议,"通过互联网为电视机用户提供合法版权的试听内容及其他电视增值服务;由百视通公司负责为电视生产商销售的互联网终端提供合法的网络电视业务运营许可和试听内容的播控、管理",对于电视生产商等硬件设配提供商,是否应当依据合作协议认定为其为共同提供者?还是仅认定为搜索链接服务提供者?

如果电视机厂商不举证其与内容提供商之间存在合同关系,则通过原告的取证通常仅可以认定侵权作品系链接自第三方内容网站,此时电视机厂商仅仅提供的是硬件及搜索链接服务,往往较容易证明自己不明知应知。相反,一旦其提交了其与内容网站之间的合作合同,有可能被认定为共同提供行为从而承担直接侵权责任。对于这一悖论的处理值得进一步研究。

(五)关于直接获利认定中举证责任的分配问题

对于如何认定是否是针对特定作品投放广告的举证责任,存在不同做法。一种观点认为,只要是投放广告就必然有合同,故应当由被告举证自己与广告投放者之间的具体合同约定,如果不能提供广告合同就视为存在直接获利;另一种观点认为,应当首先由原告进行必要的举证,证明广告是对特定作品投放的,只有原告就该事实完成了基本的举证责任后,被告才有前述的反证义务,否则在双方都不能提供证据的情况下,就不能认定广告的投放是有针对性的。

(六)如何理解 IPTV 的含义以及法律责任的确定

在我院审理的一批涉及百视通公司被诉侵权案件中,存在对 IPTV 这种新技术名词解释存在争议的问题。在该批案件中,原告授权被告通过 IPTV 使用作品,后被告百视通公司通过电视机顶盒等方式使用了涉案作品,原告认为双方约定的 IPTV 应当仅指通过电脑的方式播放,被告认为电视机顶盒等都属于 IPTV 的范围,并提供了业界的一些相关资料证明其观点。尽管本案中涉及的主要是对合同中约定的 IPTV 概念的合同解释问题,而不是关于司法解释的适用问题,但是随着技术的发展,"IPTV、云"等新的概念会不断出现,是否可以通过适当方式对新技术的内涵和外延进行界定,以便指导司法和引导民商事法律行为。

(七)《反不正当竞争法》一般条款如何恰当适用

司法实践中,越来越多的被诉行为并不属于反不正当竞争法所规定的类型化行为,使得竞争行为的正当性判断成为个案裁判的难点,导致一般条款适用的余地大大增加。我院对法律未作特别规定予以禁止的行为定性问题予以严格把握,只有不禁止不足以维护权利和保障秩序的情况下,才适用一般条款。

正当的市场竞争行为应当符合自愿、平等、公平、诚实信用的原则和公认的商业道德,但是,何为诚实信用原则和公认的商业道德,并无明白无误的普遍接受的标准。裁判难点在于对诚实信用原则和公认的商业道德的理解和准确把握、对是否发生损害其他竞争者及竞争关系的情形的清晰判断。特别是,当某一类型行为成为新的商业模式,或者尚未形成公认的商业道德,或者涉及保护竞争与其他价值相冲突的情形时,如何对正当与否做出准确判断,值得进一步研究。

(八)保全行为的操作规范及调取证据的困难

随着新民事诉讼法实施,保全行为的规则相对清晰,但是知识产权保全具有一定特殊性,例如商业秘密纠纷案件中对于被告掌握的证据的保全,尚无明确的操作规程。保全人员的培训、分工,保全对象、范围和场所的确定,证据查找的方法,相关证据材料的确认、取得、记录和保存方法,对于所取得材料的质证、保密等,均有待规范。

在不正当竞争纠纷案件中,法院依职权调取证据往往是查明案件事实的关键,但是司法实践中法院很难获取这些资料。一方面,相关部门以保护个人隐私等理由拒绝向法院提供证据,法院往往无能为力。以我院正在审理的某诋毁商誉案件为例,原告主张被告组织相关人员及网络水军在网上大肆散布虚假信息诋毁其商誉,并提交了被告法定代表人与其前员工之间往来电子邮件作为证据。庭审中,被告也提供了二人电子邮箱中的相关邮件,法庭经比对发现,原被告双方各自提供的同一时间的电子邮件内容相互矛盾。为了查明事实,我院审判人员依职权向某电子邮件服务商调取相关证据,却遭到拒绝;另一方面,被告否认保有相关证据并拒绝提供,一审法院面临二审查明事实后改判的风险,往往在依据并不充分的情况不敢轻易适用推定方式或举证妨碍制度,认定事实。

(九)互联网带来的新问题

随着互联网的发展,经营者进行营销、推广的重要阵地已经转移至互联网。而商业诋毁、虚假宣传、仿冒等不正当竞争行为也随之进入互联网领域,特别是在网络水军的帮助下,变得更加容易,更加隐蔽。这给法院在查明事实和责任认定方面提出了难题。首先,大肆传播的虚假信息等直接实施主体是不特定的网络水军。通常情况下原告(包括一些具有较强网络公关能力的大企业)受到攻击往往难以确定实施者,更难以对此提出充分的证据予以证明。其次,即使可以认定被告存在指使网络水军实施不正当发帖行为,对于损害范围亦难以确定,因为网络往往会发生叠加效应,被告一两次发帖也可能会导致广大网友或者其他同业竞争者的后续行为,从而扩大对原告的损害。

(十)网络不正当竞争案件中民事法律责任的强化与适用

在网络不正当竞争案件中,被告的不

正当竞争行为通常既损害了原告等其他经营者的市场利益,如抢夺或破坏了原告的市场竞争优势,同时又损害了市场竞争机制,如破坏了公平自由的市场竞争秩序,损害了商业伦理等。这就导致在赔偿数额计算方面,不正当竞争纠纷案件与其他知识产权侵权案件相比,具有一定的特殊性。在侵害原告商业标识的不正当竞争案件中,赔偿数额的计算可以参考其他侵害知识产权纠纷案件的计算方法,既可以考虑权利人因侵权所遭受的损失,又可以在前者难以确定的情况下考虑侵权人因侵权所获得的利益。但是,商标权、专利权、著作权等知识产权本身确定,其经济价值、许可使用费、平均利润率等相对而言范围更确定,内容更客观,法院更容易计算出符合客观实际的赔偿数额。而不正当竞争案件中,受到损害的是原告的特有名称、包装、装潢、商业秘密等,这些标识和成果本身范围宽泛、界限模糊,通常也不存在许可使用费、平均利润率等参考因素,原告难以举证和说明。在商业诋毁、虚假宣传等破坏市场竞争机制、违背商业伦理道德类的不正当竞争案件中,受到损害的是原告及其他经营者的竞争优势、商业信誉、商品声誉以及市场竞争秩序、商业伦理等,被告获取的也是竞争优势、市场认知度等,这些受损和获利本身如何计算,司法实践中通常缺乏有效的参考数据以供裁判考量。实践中,法院通常综合考虑被告的经济实力、不正当竞争行为的性质、主观恶性等因素,力图选择一个足以制止和震慑被告的数额,实现使其为自己行为付出代价且不敢再实施此类行为的目的,然而裁量的效果却未必如愿。

关于消除影响的适用问题。我院在不正当竞争纠纷案件中,特别是虚假宣传、诋毁商誉、仿冒等类型案件中,为了实现对原告的有效救济,通常判决支持原告关于消除影响的诉讼请求。对于消除影响的具体适用条件、被告采取消除影响的具体措施、持续时间、范围以及刊登声明的内容等,虽无具体的法律规定,但我们在司法实践中通常综合考虑被告不正当竞争行为方式、影响的范围、主观过程程度等因素,酌情确定消除影响的具体方式、范围、表述的内容等。为了加大司法保护力度,是否可以在不正当竞争案件中加大对于消除影响的适用力度,例如将其拓展到其他侵害财产性权益的不正当竞争案件中,以及如何拓展、如何适用问题,有待进一步明确。

知识产权行为保全制度运行中存在的问题及其对策研究

北京市第三中级人民法院课题组①

行为保全,又称为临时禁令,是指在终审判决作出前,法院责令当事人作出一定行为或者禁止其作出一定行为。为了履行入世承诺,我国2000年修改的专利法和2001年修改的商标法和著作权法规定了诉前停止侵犯知识产权制度。随后,最高人民法院出台了相关的司法解释。2012年修改的民事诉讼法则统一规定了行为保全制度,将适用范围扩展到整个民事诉讼领域,并且增加了责令被申请人作出一定行为的规定。自2001年以来,知识产权行为保全制度已经实施了13年,对及时保护当事人的权利发挥了重要的作用,但应当承认制度运行过程中仍然存在一系列问题。在新民事诉讼法实施的背景下,有必要对知识产权行为保全制度进行重新审视和研究,推动制度的发展和完善。

一、知识产权行为保全制度运行中存在的问题

通过梳理已有的研究成果和统计数据,收集整理裁判文书,可以发现目前知识产权行为保全制度在立法和司法层面上均存在问题。

立法层面上的问题主要有:

(一)法律规定不协调

行为保全制度的相关规定散见于民事诉讼法、知识产权部门法、司法解释等多个法律文件之中,在作出行为保全裁定前是否听取被申请人意见、是否允许反担保、审查期限、作出诉前行为保全裁定后提起诉讼的期限等问题上存在诸多不协调甚至相互矛盾冲突的地方,给实务操作造成困扰。

(二)审查标准不清晰

现行法律对于行为保全适用条件的规定不清晰,难以掌握,包括:行为保全制度的适用条件究竟有哪些?相互之间关系如何?如何认定"难以弥补的损害"?如何确定担保数额等等一系列问题。这些问题客观上造成行为保全制度在适用上存在困难。

(三)程序规定不完整

现行法律保障被申请人程序权利的规定不足,例如作出裁定前如何区分听取和不听取被申请人意见的情形,采取何种方式对被申请人提出的复议申请进行审查,在复议之外是否允许当事人申请以及法院依照职权撤销行为保全裁定等,导致被申请人的程序权利一定程度上遭到了忽视。

(四)错误赔偿不明确

民事诉讼法仅规定了申请有错误的,

---

① 课题组主持人:宋鱼水;课题组成员:杜长辉、冯刚、蒋利玮;执笔人:蒋利玮。

申请人应当赔偿被申请人的损失。但是,申请人没有过错是否应当赔偿,造成被申请人以外第三人的损失是否应当赔偿,如何确定赔偿数额等等问题均没有明确规定。错误赔偿制度不明确,不仅在出现申请错误时存在法律适用的困难,而且往往容易导致法官在作出行为保全裁定时过于谨慎以避免出现后续错误赔偿难以处理的情形。

司法层面上的问题主要有:

1. 办案理念不统一,各地法院采取保全案件数量存在明显差异

法律规定模糊不清,导致不同法院对于行为保全制度适用条件理解不一致,实践操作上有所不同。据统计,自 2001 年正式实施行为保全制度至 2004 年 10 月,北京法院受理 6 件申请,支持 1 件,驳回 3 件,撤回 2 件;上海法院则受理 40 件,支持 27 件,驳回 7 件,撤回 6 件;浙江法院受理 1 件,支持 1 件;广东法院受理 100 件,支持 53 件,驳回 2 件,撤回 45 件;山东法院则受理 77 件,支持 72 件,撤回 5 件。[①] 不同法院在同一时间段采取措施的数量在一定程度上反映了各个法院在办案理念上存在差异。

2. 作出保全案件少,没有充分发挥行为保全制度功能

2000 年、2001 年出台诉前停止侵权制度之初,部分法院如山东、广东等地法院采取行为保全较为积极,但是从 2008 年开始,采取保全案件开始大幅下降。以广东为例,2003 年到 2007 年,受理行为保全申请数分别是:54 件、19 件、21 件、20 件、24 件,作出行为保全裁定的案件数分别是:17 件、6 件、12 件、8 件、5 件。但是到了 2008 年和 2009 年,受理行为保全申请数和作出行为保全裁定的案件数均明显下降,分别受理 5 件和 11 件,作出 2 件和 1 件。上述数据与广东知识产权案件数逐渐上升的趋势形成鲜明对比。从 2003 年至 2009 年,广东知识产权案件数分别是 1465 件、3199 件、4257 件、3644 件、3989 件、5312 件和 7152 件。[②] 而对行为保全持相对谨慎态度的北京法院,受理行为保全申请数和作出行为保全案件数始终处于较低水平。从 2001 年到 2006 年 6 月,受理行为保全申请数为 26 件,作出行为保全案件数为 2 件;[③] 从 2008 年到 2012 年,受理行为保全申请数为 8 件,作出行为保全案件数为 6 件。[④] 采取行为保全措施案件少,申请支持率低,致使一定程度上行为保全制度没有实现立法者预期的目标。

3. 文书说理不充分,阻碍行为保全制度在实践中的发展

在收集整理裁判文书的过程中,可以发现裁判文书相当一部分没有对行为保全制度的适用条件进行分析,而是直接得出结论;还有一部分仅对胜诉可能性等部分条件进行分析;能够完整论述所有适用条件的文书寥寥无几。裁判文书说理不充分,不仅缺乏说服力,影响司法公信力的确立,也无法有效地积累司法经验,阻碍行为保全制度在实践中获得发展。

---

① 统计数据见蒋志培在 2005 年 8 月知识产权司法保护理论与实务培训班上的讲话。转引自马越飞:《完善我国知识产权禁令制度的思考》,中国政法大学 2005 年硕士学位论文,第 22 页。

② 引自广东省高级人民法院民三庭调研课题组:《广东法院知识产权诉讼禁令制度执行情况分析》,载《法治论坛》2011 年第 1 期。

③ 引自北京市高级人民法院知识产权庭 2006 年《关于审理知识产权诉前临时措施案件的调研报告》。

④ 北京市高级人民法院知识产权庭 2013 年《关于知识产权诉前保全问题的调研》。

4. 执行力度不到位,影响行为保全制度运行效果

行为保全的执行在法院内部分工并不明确,执行庭往往不承担行为保全的执行,而由业务庭负责执行,存在人员少,执行经验不足,执行成本高等一系列问题,导致相当一部分行为保全案件执行力度不到位。一方面,执行力度不到位容易降低当事人的申请量;另一方面,执行压力大容易导致业务庭减少作出行为保全的案件数量,由此从两个方面影响行为保全制度的运行效果。

二、对策研究

针对知识产权行为保全制度中存在的问题,有必要统一办案理念,强化文书说理,加强司法宣传。在制度完善的方面,则主要需解决三个问题:明确什么情况下适用、具体如何操作,以及做错了如何救济,即行为保全的适用条件、相关程序以及申请行为保全错误损害赔偿。以下分别展开讨论:

(一)行为保全的适用条件

根据现行司法解释[①]的规定,法院作出诉前停止侵犯知识产权裁定时,应当审查:(1)是否构成侵权;(2)不采取保全措施,是否会对申请人造成难以弥补的损害;(3)担保;(4)采取措施不损害社会公共利益。[②]以下对行为保全适用条件具体展开讨论:

1. 胜诉可能性

司法解释规定中使用的是"是否构成侵权"的表述,但更合理的表述应当是侵权可能性,因为没有经过完整的诉讼程序,不应当直接确定是否构成侵权。鉴于2012年《民事诉讼法》将行为保全的适用范围扩展到整个民事诉讼领域,不再局限于知识产权侵权案件,因此此处使用胜诉可能性的表述。

考虑胜诉可能性的目的在于避免作出错误的行为保全,避免当事人滥用申请权。在我国司法实践中,作出行为保全应当要求申请人具有多大的胜诉可能性历来是争议较大的问题。有观点认为行为保全是一种特别的救济手段,条件过于宽松容易造成权利滥用,因此应当采取较高的胜诉可能性标准,只有在申请人的胜诉可能性达到"确定无疑"或者"基本无误"的情况下才能考虑作出行为保全。但是,法院作出行为保全裁定并不经历举证、质证、辩论等诉讼程序,相当一部分案件甚至没有听取被申请人的意见,要求法官对胜诉可能性作出"基本无误"的判断不仅在客观上存在困难,而且没有经过完整的诉讼程序就认定申请人基本可以胜诉不免有未审先判的嫌疑。对胜诉可能性的要求高,固然会减少错误的行为保全,但是过高的胜诉可能性要求将明显限制行为保全制度的适用范围,无法充分发挥制度功能,不利于及时有

---

① 《最高人民法院关于对诉前停止侵犯专利权行为适用法律问题的若干规定》(简称《诉前停止侵犯专利权规定》)第11条:"人民法院对当事人提出的复议申请应当从以下方面进行审查:(一)被申请人正在实施或即将实施的行为是否构成侵犯专利权;(二)不采取有关措施,是否会给申请人合法权益造成难以弥补的损害;(三)申请人提供担保的情况;(四)责令被申请人停止有关行为是否损害社会公共利益。"《最高人民法院关于对诉前停止侵犯注册商标专用权行为和保全证据适用法律问题的解释》(简称《诉前停止侵犯商标权解释》)第11条:"人民法院对当事人提出的复议申请应当从以下方面进行审查:(一)被申请人正在实施或者即将实施的行为是否侵犯注册商标专用权;(二)不采取有关措施,是否会给申请人合法权益造成难以弥补的损害;(三)申请人提供担保的情况;(四)责令被申请人停止有关行为是否损害社会公共利益。"

② 司法解释并未直接规定诉前停止侵犯知识产权申请应当如何审查,而是规定了申请状的形式条件和应当提交的证据,并且规定了复议申请的审查标准。显然,复议申请的审查标准同样适用于对诉前停止侵犯知识产权申请的审查。

效保护权利人。同时,审查胜诉可能性并非避免错误的唯一途径,要求当事人提供担保可以发挥同样的功能。因此,对于胜诉可能性的要求应当采取一个相对灵活的标准,在避免错误与保护申请人权利之间寻求平衡。

从比较法的角度来看,英国法院对胜诉可能性的要求比较低,采取了“实质性争议”标准。1975 年的美国氰胺公司案被认为确定了临时禁令的审查方式。在该案中,法院认为,“当双方当事人的权利需要在查清案件事实后才能做出判断时,法庭在审理临时禁令申请时所能依据的证据并不完整。证据均以书面形式做出,且证人的证言并没有经过双方当事人质证。因此,若严格按照法律要求执行,只有当审理案件的法官认为原告的胜诉可能性在 50% 以上,原告的申请才可以得到支持,则违背了临时禁令相关法律的本意”,“在法官行使自由裁量权过程中,诸如‘较大可能’、‘基本证明’或者‘证明较强的基本证明’的要求,使部分法官对临时禁令的目的产生了误解。法庭固然需要证明原告的申请不是没有意义的或者无理取闹(not frivolous or vexatious)。换言之,原告确实有一个严肃的需要法院审理的争议(a serious question to be tried)”。①

在美国,专利案件中颁发临时禁令,申请人需要证明:(1)以优势证据证明侵权成立;(2)被控侵权人将无法以清楚和有说服力的证据证明专利无效或不可执行②。对于专利有效性,美国法院传统上采取无可争辩标准,即要求专利在其他民事判决中被认定为有效专利,或者同行业竞争者在较长时间内没有对专利有效性进行质疑。但是在 1985 年,美国联邦巡回上诉法院抛弃了无可争辩标准,使用“清楚显示”标准,理由是,其他类型的知识产权比如版权、商标对临时禁令的证明标准只是清楚显示标准,专利有效性没有理由要求更高;临时禁令只是临时性救济,无可争辩标准应当是永久禁令时适用的标准。根据清楚显示标准,专利局颁发专利作为专利是否有效的重要证据。③

在德国、日本和我国台湾地区,根据保全对象不同,保全程序分为假扣押和假处分,前者保全对象是金钱债权,后者保全对象是非金钱债权。假处分又分为两种:一种是以物的交付或者其他行为为标的的假处分,一种是确定临时状态的假处分。以行为为标的的假处分和确定临时状态的假处分相当于我国的行为保全,但是以物的交付为标的的假处分更近似于我国的财产保全。假处分要求申请人对保全的请求权进行释明。释明意味着不要求严格的证明,一般使用申请人的宣誓或者书证。申请人可以通过提供担保以弥补上述释明内容的欠缺。④

在法国,有紧急审理程序和依申请作出裁定的程序。紧急审理程序,是指法律赋予受理本诉讼的法官命令立即采取必要措施的权利的情况下,应一方当事人请求,另一方当事人到场或传唤其到场后,作出的临时性裁定。依申请作出裁定的程序,

---

① American Cyanamid Co. v. Ethicon Ltd [1975] AC 396 ,中文可见杨良宜、杨大明:《禁令》,中国政法大学出版社 2000 年版,第 248 ~ 273 页。

② [美]J. M. 穆勒:《专利法》(第 3 版),沈超、李华、吴晓辉、齐杨、路勇译,知识产权出版社 2013 年版,第 456 页。

③ 和育东:《美国专利侵权救济》,法律出版社 2009 年版,第 101 ~ 105 页。

④ 李仕春《民事保全程序研究》,中国政法大学 2002 年博士论文,第 92 ~ 95 页。

是指在申请人有理由不经传唤对方当事人的情况下,不经对席审理作出的临时性裁定。依紧急审理程序作出紧急裁定必须具有明确性。明确性是指当事人间对权利归属不存在争议或对证据不存在实质上的争议。在法国,书证具有很高的证明力,法官主要通过听取当事人的主张和书证得出是否具备“明确性”的心证。依一方申请作出裁定的程序中,救济的紧迫性往往使得“明确性”的条件被忽略。①

总体上来看,除了法国以外,世界上主要国家和地区对于胜诉可能性的要求均较为灵活。英国采取实质性争议标准,排除滥诉和不可能胜诉的情形即可;德国、日本和台湾地区只要求对请求权进行释明,同时允许以担保的方式弥补释明内容的不足;美国对于侵权成立要求优势证据,但是对于权利有效性和可执行性等问题则采取推定成立的态度。借鉴国外经验,结合前述分析,对于胜诉可能性的要求应当首先排除明显没有胜诉可能性或者胜诉可能性较低的情形;其次,对于胜诉可能性的要求应当采取一个相对灵活的态度,而不应当机械设定一个等同划一的标准,而应当与难以弥补的损害、双方利益平衡、担保等其他因素综合考虑,整体判断。

2. 难以弥补的损害

存在难以弥补的损害是设立行为保全制度的正当性依据。正是因为存在事后赔偿难以弥补的损害,才有必要在损害赔偿制度之外,设立行为保全制度,允许当事人在法院作出终局判决之前,申请法院责令对方当事人作出或者禁止其作出一定行为。难以弥补的损害是行为保全制度中最为核心的概念。不能准确理解难以弥补的损害,就无法理解行为保全制度。

按照布莱克法律词典的解释,“难以弥补损害规则”(irreparable - injury rule),是指只有存在难以弥补的损害时才能采取禁令等衡平法救济方式。②“难以弥补的损害”(irreparable injury),则是指难以计算或者通过金钱赔偿难以救济的损害,因此通常被认为可以通过禁令制度予以救济。③还有的词典将“难以弥补的损害”定义为金钱赔偿难以救济或难以恢复原状的损害,例如砍伐遮阴树、污染河流、拒绝向儿童提供必需的医疗、拒绝支撑容易导致建筑物倒塌的洞穴、拆除建筑物等。④

从上述定义来看,“难以弥补的损害”首先应当从行为保全制度与损害赔偿制度之间的关系来理解,即“难以弥补的损害”对应的是损害赔偿制度的缺陷,是指申请人通过诉讼得到胜诉判决的情形下,存在

---

① 李仕春:《民事保全程序研究》,中国政法大学 2002 年博士论文,第 95 ~ 96 页。

② “irreparable ~ injury rule: The principle that equitable relief (such as an injunction) is available only when no adequate legal remedy (such as monetary damages) exists.”见 Bryan A. Garner 主编:《BLACK'S LAW DICTIONARY Ninth Edition》,Thomson Reuters 2009 年版,第 906 页。

③ “irreparable injury: An injury that cannot be adequately measured or compensated by money and is therefore often considered remediable by injunction.”见 Bryan A. Garner 主编:《BLACK'S LAW DICTIONARY Ninth Edition》,Thomson Reuters 2009 年版,第 856 ~ 857 页。

④ “irreparable injury: the type of harm which no monetary compensation can cure or put conditions back the way they were, such as cutting down shade trees, polluting a stream, not giving a child needed medication, not supporting an excavation which may cause collapse of a building, tearing down a structure, or a host of other actions or omissions. The phrase must be used to claim that a judge should order an injunction, writ, temporary restraining order or other judicial assistance, generally known as equitable relief. Such relief is a court order of positive action, such as prohibiting pollution or requiring the shoring up of a defective wall.”见 http://dictionary.law.com/Default.aspx? selected = 1031&bold = %7C%7C%7C%7C,于 2014 年 9 月 19 日访问。

执行判决仍不能弥补的损害或者因被申请人无赔偿能力致使判决难以执行,所以有必要通过行为保全制度予以救济。我国民事诉讼法第一百零一条规定的“难以弥补的损害”与第一百条规定的“判决难以执行或造成当事人其他损害”应当作一致解释。即“难以弥补的损害”包括本案判决不能执行造成的损害不能弥补,和本案诉讼之外的损害造成损害在本案中不能弥补。其次,“难以弥补的损害”在性质上表现为难以计算、难以恢复原状或者金钱赔偿难以救济的损害。第三,难以弥补的损害与胜诉可能性是两个完全不同的判断过程,前者应当从损害的性质、后果进行判断,后者应当根据实体法规定从请求权的成立要件进行判断,不能根据申请人具有胜诉可能性推定其存在难以弥补的损害。美国法院曾经在专利案件中认为专利权的本质是排他权,专利的期限是固定的,因此对专利权的侵害是难以弥补的,只要申请人能够证明其具较高胜诉可能性即推定难以弥补的损害成立。[①] 但在2006年,美国联邦最高法院在Ebay v. MercExchange案中修改了前述规则,认为权利的创立不等于权利的救济,据此拒绝在专利侵权成立的情况下颁发永久禁令。[②] 随后,Ebay案确定的规则被推广适用到版权、专利领域内的临时禁令案件中。[③] 可见,美国已经逐渐抛弃了根据胜诉可能性推定难以弥补损害的做法。

从我国现有司法实践来看,难以弥补的损害包括以下情形:

(1)损害在性质上不可用金钱来等价计算,例如申请人的人身权利、商誉等遭受损害。在申请人杨季康(笔名杨绛)与被申请人中贸圣佳国际拍卖有限公司、李国强诉前行为保全案[④]中,被申请人未经许可将钱钟书、杨季康(笔名杨绛)及钱瑗三人的私人信件公开拍卖,申请人作为著作权人或者著作权人的继承人对上述信件享有包括发表权在内的著作权。被申请人的公开拍卖行为有可能损害申请人的发表权。发表权作为人身权利,在性质上不可用金钱来等价计算,一旦遭受损害也不可恢复。因此,公开拍卖行为对申请人造成的损害属于难以弥补的损害。

(2)申请人的竞争优势、市场份额等遭受难以恢复的损害。在申请人美国礼来公司、礼来(中国)研发有限公司与被申请人黄孟炜行为保全申请案[⑤]中,被申请人曾签署同意函,承认下载了33个属于申请人的保密文件,并承诺允许申请人指定的人员检查和删除上述文件。经申请人数次联系,被申请人拒绝履行同意函。由于被申请人拒绝履行承诺,申请人的商业秘密存在被披露、使用或者外泄的危险。一旦泄露,申请人依据商业秘密而享有的竞争优势荡然无存。因此被申请人可能给申请人造成的损害属于难以弥补的损害。

---

① Smith int'l, Inc. v. Hughes Tool Co., 718 F. 25 1573,1581 (Fed. Cir.), cert. denied, 464 U. S. 996(1983). 转引自和育东:《美国专利侵权救济》,法律出版社2009年版,第105页。

② Ebay v. Mercexchange, 126 S. Ct. 1837(2006). 转引自和育东:《美国专利侵权救济》,法律出版社2009年版,第83~86页。

③ Ebay案规则适用在专利领域的临时禁令的案例见Robert Bosch LLC v. Pylon Mfg. Corp., 659 F. 3d 1142, 1149 (Fed. Cir. 2011);Ebay案规则适用在专利领域的临时禁令的案例见Salinger v. Colting, 607 F. 3d 68,77~78 (2d Cir. 2010)。但是Ebay案规则是否适用于商标领域,在美国仍然存在争议。

④ 参见北京市第二中级人民法院(2013)二中民保字第09727号民事裁定书。

⑤ 参见http://www.chinacourt.org/article/detail/2013/10/id/1110775.shtml,最后访问日期:2014年9月19日。

(3)申请人在本案诉讼之外需提起其他诉讼才能充分保护权利。在申请人雅培贸易(上海)有限公司与被申请人台州市黄岩亿隆塑业有限公司、北京溢炀杰商贸有限公司诉前行为保全案[①]中,申请人系涉案外观设计专利权的被许可人并得到专利权人的明确授权提起行为保全申请。被诉侵犯涉案专利权的产品是奶粉罐,可以预计的是被申请人主要向奶粉生产企业批发销售被诉侵权产品,被诉侵权产品将与奶粉一并销售给最终用户,每一个销售环节都很有可能构成对涉案专利权的侵权。而每增加一个销售环节,都会造成损失扩大,侵权行为人增多,申请维权成本增加,维权难度加大。如果不责令被申请人立即停止被诉侵权行为,即便通过诉讼最终法院支持申请人的请求,也很难制止奶粉生产企业、奶粉销售商对于被诉侵权产品的销售,由此造成的损失难以计算。由于被申请人的行为将会导致后续的侵权行为,申请人只有通过在本案之外另行提起诉讼才能充分保护权利,因此被申请人对申请人造成的损害属于难以弥补的损害。

除了上述三种情形以外,被申请人没有赔偿能力也将会造成申请人的损害无法得到弥补。同时,在某些特定情形下,可以认定不存在难以弥补的损害。按照美国法院的经验,主要有以下三种情形:(1)被申请人已经停止或者即将停止被诉侵权行为;(2)申请人与被申请人就双方存在的纠纷正在进行协商;(3)申请人没有正当理由迟延提起诉讼。[②]

3. 不损害社会公共利益和双方利益平衡

现行司法解释仅规定了不损害社会公共利益,但是在英美法系,除了考虑不损害社会公共利益之外,还需要对双方的利益进行平衡,即考虑采取行为保全措施对被申请人造成的损害是否会明显超过不采取行为保全措施给申请人带来的损害。[③] 按照英国法官的解释,考虑利益平衡的理由在于,双方都可能最后有胜诉机会,不能过于损害任何一方的权益。[④]不损害社会公共利益和双方利益平衡还被认为是比例原则在民事保全领域中的具体适用,即在实现目标与所采取的手段之间寻求必要的平衡。

胜诉可能性、难以弥补的损害、利益平衡、不损害社会公共利益等四个因素之间可以是相互补充的关系,一个因素的弱势可以被另一个因素的强势所抵消,法院应当对四个考虑因素进行综合考虑,整体判断。关于四个因素之间的关系,美国的波斯纳法官曾经提出 $P \times H_p > (1-P) \times H_d$ 的公式,P 是胜诉可能性,H_p 和 H_d 分别是申请人和被申请人的损失,对于社会公共利益的损失,可以根据第三人受损害的具体情况,分别纳入到 H_p 和 H_d 中。波斯纳法官认

① 参见北京市第三中级人民法院(2013)三中民保字第01933号民事裁定书。

② 和育东:《美国专利侵权救济》,法律出版社2009年版,第106页。

③ 美国案例见 Kirstin Stoll ~ Debell, Nancy L. Demposey & Bradford E. Dempsey, Injuction Relief: Temporary Restraining Orders and Preliminary Injuctions, ABA Publishin (2009), p. 20。转引自《〈中华人民共和国民事诉讼法〉修改条文理解与适用》,人民法院出版社2012年版,第225页。英国案例见 American Cyanamid Co. v. Ethicon Ltd [1975] AC 396,转引自杨良宜、杨大明:《禁令》,中国政法大学出版社2000年版,第248~273页。

④ "We must contemplate the possibility that either party may succeed and must do our best to ensure that nothing occurs pending the trial which will prejudice his rights."见 Francome v. Mirror Group Newspaper(1984)1 WLR 891. 转引自杨良宜、杨大明:《禁令》,中国政法大学出版社2000年版,第257页。

为该公式是四因素检验法的简略版。[①]

4. 担保

担保的目的在于确保行为保全错误的情形下被申请人能够得到足额的赔偿。因此,行为保全担保的金额与申请人的诉讼请求无关,应当相当于采取措施给被申请人造成的损失。如果双方对担保数额达成一致意见,担保数额可以作为确定申请行为保全错误赔偿金额的依据。在礼泉西秦化工有限公司、咸阳西秦生物科技有限公司诉罗门哈斯国际贸易(上海)有限公司因申请诉前停止侵害专利权损害责任纠纷案中,担保金额为500万元,法院根据案件具体情况、采取禁令的持续时间、禁止销售产品的特性、礼泉西秦和咸阳西秦具有得以满足市场需求之销售能力、不确定的市场风险、罗门哈斯申请禁令时的主客观原因等因素及申请禁令提供担保的目的,酌情确定了损失赔偿数额为450万元。[②]

对于担保数额的确定,可以采取适当灵活的态度。如果申请人虽有一定的胜诉可能性,但是相对于被申请人优势不明显的,可以适当提高申请人的担保数额,以减少错误行为保全发生的几率。在德国、日本和我国台湾地区,法律规定假处分的实质条件包括对保全的请求权进行释明和对假处分必要性进行释明,同时申请人可以通过提供担保以弥补上述两项内容释明的欠缺。[③] 反过来,为了减轻申请人的维权成本,避免因无力担保而导致权利得不到救济,如果申请人确实无力提供与采取措施给被申请人造成损失相当的担保,但是作出行为保全应当考虑的四个因素均明显有利于申请人的,可以适当降低申请人的担保数额。北京市高级人民法院关于财产保全若干问题的规定也作了类似的规定。[④]

(二)行为保全程序问题

行为保全制度中涉及的程序问题主要有:

1. 申请人主体资格

根据《民事诉讼法》第101条第1款[⑤]规定,“利害关系人”可以提起诉前行为保全申请。《民事诉讼法》第119条第1项规定,原告是与本案有直接利害关系的公民、法人和其他组织。按照法律解释的一般规则,同一法律术语应当作相同的解释。因此,诉前行为保全申请人的主体资格应当与民事诉讼原告主体资格保持一致。《诉前停止侵犯专利权规定》第1条[⑥]、《诉前停

---

① American Hospital Supply Corp. v. Hospital Products Ltd. ,780 F. 2d 589,593 (7th cir. 1986). 转引自和育东:《美国专利侵权救济》,法律出版社2009年版,第100页。

② 见姚建军:《担保金可以作为禁令错误请求赔偿的参考依据》,http://rmfyb.chinacourt.org/paper/html/2013-07/04/content_66236.htm? div=-1。

③ 和育东:《美国专利侵权救济》,法律出版社2009年版,第92~95页。

④ 《北京市高级人民法院关于财产保全若干问题的规定(试行)》(京高法发〔2009〕163号)第7条:申请人提供担保的数额原则上应相当于请求保全的数额。对于申请人无力提供相等金额担保,但案件权利义务关系明确、如不及时保全可能造成无法弥补的损失的,可以要求申请人提供不低于请求保全数额20%的现金作担保。

⑤ 《民事诉讼法》第101条第1款:利害关系人因情况紧急,不立即申请保全将会使其合法权益受到难以弥补的损害的,可以在提起诉讼或者申请仲裁前向被保全财产所在地、被申请人住所地或者对案件有管辖权的人民法院申请采取保全措施。申请人应当提供担保,不提供担保的,裁定驳回申请。

⑥ 《诉前停止侵犯专利权规定》第1条:“根据专利法第六十一条的规定,专利权人或者利害关系人可以向人民法院提出诉前责令被申请人停止侵犯专利权行为的申请。提出申请的利害关系人,包括专利实施许可合同的被许可人、专利财产权利的合法继承人等。专利实施许可合同被许可人中,独占实施许可合同的被许可人可以单独向人民法院提出申请;排他实施许可合同的被许可人在专利权人不申请的情况下,可以提出申请。”

止侵犯商标权解释》第1条[①]规定，申请诉前停止侵犯知识产权行为的申请人应当是知识产权权利人、独占许可的被许可人以及权利人不申请时的排他许可被许可人。按照上述规定，普通许可的被许可人是否能够提出申请并不明确。但是，根据《最高人民法院关于审理商标民事纠纷案件适用法律若干问题的解释》第4条第2款规定，普通使用许可合同的被许可人经商标注册人明确授权，可以提起诉讼。[②] 从保持诉讼主体资格与行为保全申请主体资格一致的角度，普通使用许可合同的被许可人经权利人明确授权的，也可以提起行为保全申请。事实上，在申请人雅培贸易(上海)有限公司与被申请人台州市黄岩亿隆塑业有限公司、北京溢炀杰商贸有限公司诉前行为保全案中，法院已经允许普通许可合同被许可人在得到权利人明确授权的情况下提出行为保全申请。

根据《民事诉讼法》第100条规定，人民法院对于可能因当事人一方的行为或者其他原因，使判决难以执行或者造成当事人其他损害的案件，根据对方当事人的申请，可以责令其作出一定行为或者禁止其作出一定行为。有的观点认为，诉中行为保全申请人的主体资格并不限于原告，被告也可以提出申请。我国台湾地区也有反向假处分的案例，即被诉侵犯知识产权者请求法院允许其继续生产、销售被诉侵权产品。但是，《民事诉讼法》第100条仅规定了根据对方当事人的申请，责令一方当事人作出一定行为或者禁止其作出一定行为，并没有根据当事人的申请准许其作出行为的规定。因此，应当认为诉中行为保全申请主体仅限于原告，并不包括被告，至于被告向原告提起反诉，则其还是以反诉原告的名义申请行为保全。

2. 审查期限和听取被申请人的意见

根据《诉前停止侵犯专利权规定》第9条第1款[③]、第17条[④]，《诉前停止侵犯商标权解释》第9条第1款[⑤]、第16条规定[⑥]，对于诉前和诉中停止侵犯知识产权行为申请，法院应当在48小时内作出书面裁定。《专利法》第66条第3款则规定，人民法院应当自接受(诉前)申请之时起48小时内作出裁定；有特殊情况需要延长的，可以延长48小时。2012年修订的《民事诉讼法》则又有所不同，根据该法第100条第2款、

① 《诉前停止侵犯商标权解释》第1条："根据商标法第五十七条、第五十八条的规定，商标注册人或者利害关系人可以向人民法院提出诉前责令停止侵犯注册商标专用权行为或者保全证据的申请。提出申请的利害关系人，包括商标使用许可合同的被许可人、注册商标财产权利的合法继承人。注册商标使用许可合同被许可人中，独占使用许可合同的被许可人可以单独向人民法院提出申请；排他使用许可合同的被许可人在商标注册人不申请的情况下，可以提出申请。"

② 有学者对此提出反对意见，认为普通使用许可中的被许可人经权利人授权即可单独提起侵权诉讼，无异于允许权利人转让诉权，我国民事诉讼法理论和实践均不承认诉权转让的合法性。

③ 《诉前停止侵犯专利权规定》第9条第1款规定："人民法院接受专利权人或者利害关系人提出责令停止侵犯专利权行为的申请后，经审查符合本规定第四条的，应当在四十八小时内作出书面裁定；裁定责令被申请人停止侵犯专利权行为的，应当立即开始执行。"

④ 《诉前停止侵犯专利权规定》第17条规定："专利权人或者利害关系人向人民法院提起专利侵权诉讼时，同时提出先行停止侵犯专利权行为请求的，人民法院可以先行作出裁定。"

⑤ 《诉前停止侵犯商标权解释》第9条第1款规定："人民法院接受商标注册人或者利害关系人提出责令停止侵犯注册商标专用权行为的申请后，经审查符合本规定第四条的，应当在48小时内作出书面裁定。"

⑥ 《诉前停止侵犯商标权解释》第16条规定："商标注册人或者利害关系人向人民法院提起商标侵权诉讼时或者诉讼中，提出先行停止侵犯注册商标专用权请求的，人民法院可以先行作出裁定。前款规定涉及的有关申请、证据提交、担保的确定、裁定的执行和复议等事项，参照本司法解释有关规定办理。"

第101条第2款的规定,对于诉前行为保全申请和情况紧急的诉中行为保全申请,法院必须在48小时内作出裁定。[①] 对于不属于情况紧急的诉中行为保全申请,《民事诉讼法》没有规定审查期限。需要注意的是,所谓48小时内作出裁定,并不仅指制作完成裁定,而是指向申请人和被申请人送达裁定。需要完成的工作至少有:传唤申请人询问,合议,汇报,缴纳担保金,制作、校核、印刷裁定,送达裁定。四十八小时内完成上述工作几乎是一个不可能实现的任务。

对于是否应当在作出行为保全裁定前听取被申请人的意见,《诉前停止侵犯专利权规定》第9条第2款规定,人民法院在48小时内,需要对有关事实进行核对的,可以传唤单方或双方当事人进行询问,然后再及时作出裁定。除此之外,其余的法律和司法解释均没有相应的规定。但是,TRIPs协定第50条第2款明确规定,司法机关应当有权在适当情况下,尤其是在任何迟延可能对权利持有人造成不可弥补损害的情况下,或者在证据显然有被毁灭危险的情况下,不听取另一方的意见而采取临时措施。[②] 换言之,为了保障被申请人的基本程序权利,[③]在不属于情况紧急的情况下,应当听取被申请人的意见。只有在紧急情况下,即任何迟延可能对权利人造成不可弥补损害的情况下,才能不听取意见而采取保全措施。因此,应当依据《民事诉讼法》的规定,对于诉前行为保全申请和情况紧急的诉中行为保全申请,无需听取被申请人的意见,但是对于不属于情况紧急的诉中行为保全申请,应当听取被申请人的意见。当然,在作出行为保全裁定前未听取被申请人意见,作出裁定后被申请人申请复议的,在复议阶段还是应当组织听证程序,由双方当事人对行为保全的使用条件充分发表意见。

3. 反担保

行为保全是否允许被申请人以提供担保的方式而解除,司法解释和《民事诉讼法》的规定并不一致。《诉前停止侵犯专利权规定》第8条[④]、《最高人民法院关于诉前停止侵犯注册商标专用权行为和保全证据适用法律问题的解释》第8条[⑤]规定,行为保全不因被申请人提供反担保而解除,申请人同意的除外。但是,《民事诉讼法》第104条规定,财产纠纷案件,被申请人提供担保的,人民法院应当裁定解除保全。

是否允许以反担保的方式解除行为保全,主要应当在反担保与解除保全措施导

---

① 《民事诉讼法》第100条第2款规定:"人民法院接受(诉中保全)申请,对情况紧急的,必须在48小时内作出裁定。第101条第2款规定:人民法院接受(诉前保全)申请后,必须在48小时内作出裁定。由于第101条第1款使用了'情况紧急'的表述,可以认为所有的诉前行为保全申请都是情况紧急的。"

② 该条的英文本为:The judicial authorities shall have the authority to adopt provisional measures *inaudita altera parte* whereappropriate, in particular where any delay is likely to cause irreparable harm to the right holder, or where there is a demonstrable risk of evidence being destroyed. 其中的"*inaudita altera parte*"有的中文译文翻译成"不对被申请人作预先通知",还有的中文译文翻译成"开庭前依照一方当事人请求"。但是根据布莱克法律词典的解释"*inaudita altera parte*"的含义为:"without hearing the other party",因此,正确的翻译应为"没有听取另一方的意见"。见 Bryan A. Garner 主编:《BLACK'S LAW DICTIONARY Ninth Edition》,Thomson Reuters 2009年版,第828页。

③ 任何人在受到不利影响之前都要被听取意见是最基本的程序权利之一。

④ 《诉前停止侵犯专利权规定》第8条规定,停止侵犯专利权行为裁定所采取的措施,不因被申请人提出反担保而解除。

⑤ 《最高人民法院关于诉前停止侵犯注册商标专用权行为和保全证据适用法律问题的解释》第8条规定,停止侵犯注册商标专用权行为裁定所采取的措施,不因被申请人提供担保而解除,但申请人同意的除外。

致申请人遭受的损害之间进行权衡。如果申请人遭受的损害可以用金钱弥补,则应当允许反担保;反之,则应当不允许。如果一概不允许以反担保的方式解除行为保全,至少存在三个问题:首先,一概不允许反担保与《民事诉讼法》第104条相冲突;其次,难以弥补的损害包括因被申请人没有赔偿能力致使判决无法执行的情形,如果行为保全作出后被申请人能够提供反担保仍不允许解除保全对被申请人不公平;最后,申请人同意的,应当允许被申请人以反担保的方式解除行为保全。

有意见认为,如果被申请人可能因保全措施遭受到难以弥补的重大损害,此时应当允许以反担保的方式解除保全。但是,如果被申请人遭受难以弥补的损害原因在于申请人可能没有足够的赔偿能力,则应当责令申请人追加担保。申请人不追加担保的,应当解除保全。申请人追加担保的,不影响保全裁定的效力。如果被申请人遭受难以弥补的损害原因在于该损害在性质上不能用金钱等价计算,例如被申请人人身权利受到损害,则应当考虑解除保全。既然在作出行为保全时已经对双方损害进行过权衡,如果作出保全后发现事前权衡不准确,应当首先考虑的是直接解除保全,而不应当由被申请人提供反担保解除保全。

反担保的目的在于确保解除行为保全的情形下,申请人的权利能够得到充分保障。因此,反担保的数额应当与不采取措施给申请人造成的损失相当。鉴于作出行为保全的条件之一在于采取措施给被申请人造成的损失并非明显大于不采取措施给申请人造成的损失,因此被申请人提交的反担保数额可以高于申请人提交的担保数额。

(三)申请行为保全错误的损害赔偿

1. 归责原则

司法实践中对于申请行为保全错误损害赔偿责任属于过错责任还是严格责任存在争议。根据《民事诉讼法》第105条规定,申请有错误的,申请人应当赔偿被申请人因保全所遭受的损失。其中并没有规定损害赔偿责任以申请人存在过错为前提。行为保全作为一种特殊的救济手段,且对被申请人的权利义务影响巨大,如果申请错误对被申请人造成的损失由被申请人自行承担对被申请人不公平。因此,申请行为保全有错误的,不论申请人有无过错,均应当赔偿被申请人因保全所遭受的损失。在江苏拜特进出口贸易有限公司诉许赞有因申请诉前停止侵害专利权损害责任纠纷案中,许赞有依据其享有的外观设计专利权提出行为保全申请,后该专利被宣告无效。许赞有主张其申请行为保全没有恶意,法院判决认为:如果申请人的诉讼请求没有得到人民法院生效判决的支持,就意味着申请人申请财产保全和先行责令被告立即停止侵犯专利权存在错误。[①]

2. 申请行为保全错误造成被申请人以外第三人损害的,申请人是否应当承担赔偿责任

《最高人民法院关于当事人申请财产保全错误造成案外人损失应否承担赔偿责任问题的解释》规定,当事人申请财产保全错误造成案外人损失的,应当依法承担赔偿责任。比照该规定,申请行为保全造成案外人损失的,也应当承担赔偿责任。但是,上述规定没有涉及归责原则。行为保

① 见江苏省高级人民法院(2008)苏民三终字第0071号民事判决书。

全的内容是责令被申请人做出或不做出一定行为,其造成对第三人的损害,往往是与第三人对被申请人的债权(第三人请求被申请人做出或不做出一定行为的权利)相互冲突。例如行为保全禁止某歌手在某个演唱会唱某首歌曲,演唱会组办方依据合同对歌手享有的债权遭受到侵权。对于债权的侵权,通说认为应当以行为人存在主观故意为前提。[①] 因此,申请人因申请行为保全错误造成第三人损害所应承担的民事赔偿责任,应以申请人存在主观故意为前提条件。

三、结论

(一)行为保全的适用条件

作出行为保全裁定,应当对以下因素进行综合考虑,整体判断:(1)申请人的胜诉可能性;(2)不采取保全措施将会对申请人造成难以弥补的损害;(3)采取保全措施对被申请人造成的损害并非明显超过不采取保全措施对申请人造成的损害;(4)采取保全措施不损害社会公共利益。

法院作出行为保全裁定的,无论是否支持申请,均应当结合上述四个考虑因素说明理由。

(二)难以弥补的损害

难以弥补的损害,是指难以计算、难以恢复原状或者金钱赔偿难以救济的损害。

难以弥补的损害应当从损害的性质、后果进行判断。胜诉可能性应当根据实体法规定,从请求权的成立要件进行判断。不能根据申请人具有较大胜诉可能性推定其存在难以弥补的损害。

(三)认定为难以弥补损害的情形

存在以下情形,可以认定不采取保全措施将导致申请人遭受难以弥补的损害:

1. 损害在性质上不可用金钱来等价计算,包括申请人的人身权利、商誉等遭受损害;

2. 申请人的竞争优势、市场份额等遭受难以恢复的损害;

3. 申请人在本案诉讼之外需提起其他诉讼才能充分保护权利;

4. 被申请人没有赔偿能力;

5. 其他可以认定为难以弥补的损害的情形。

(四)不认定为难以弥补损害的情形

存在以下情形,可以认定不存在难以弥补的损害:

1. 申请人没有正当理由迟延提起诉讼;

2. 被申请人已经停止或者即将停止被诉侵权行为;

3. 申请人与被申请人就双方存在的纠纷正在进行协商。

(五)担保

申请人提供的担保数额应当与采取行为保全措施给被申请人造成的损失相当。

申请人胜诉可能性优势不明显的,可

---

① “侵害债权行为的主观要件只能是故意而不应包括过失,这是因为,首先,债权是相对权,不具有典型社会公开性,第三人往往难以察觉债权的存在,如果其因过失而客观上妨碍了债权人债权的实现,却要承担损害赔偿责任,这不仅会使侵害债权行为不适当地扩大适用范围,造成侵害债权的纠纷大量发生,而且会使行为人动辄得咎,社会经济活动及竞争秩序无法维持。因此,以故意作为侵害债权行为的主观要件可以较好的平衡债权人的保护与第三人社会经济活动自由之间的价值或利益冲突。其次,明知他人债权存在且以侵害他人债权为目的,这时他人债权虽不具有社会典型公开性,但对第三人这一特定个人是具有公开性的,第三人过错明显,第三人应负侵权责任。最后,各国法律多以行为人具有故意或恶意作为侵害他人债权行为的构成要件。如美国《侵权法重述(二)》第766A条规定,‘故意且不当侵害他人与第三人间合同(婚约除外)的履行,以阻碍该他人履行合同或者致其履行合同花费更多或者更增麻烦者,行为人就该他人因此所受金钱损失,应负责任。’”,见马强:《侵害债权制度及其在审判实践中的适用》,载《法律适用》2005年第4期。

以适当提高申请人的担保数额。

申请人无力提供与采取措施给被申请人造成损失相当的担保,但是作出行为保全应当考虑的四个因素均明显有利于申请人的,可以适当降低申请人的担保数额。

(六)被申请人程序权利的保障

行为保全申请不属于情况紧急的,应当组织双方当事人进行询问,在听取双方意见的基础上作出行为保全裁定。

作出行为保全裁定前未听取被申请人意见,作出行为保全裁定后被申请人申请复议的,应当组织双方当事人进行询问,在听取双方意见的基础上作出复议决定。

(七)反担保

被申请人提供担保足以弥补解除保全措施给申请人造成的损失,或者申请人同意的,可以裁定解除保全,但是解除保全措施给申请人造成的损害属于金钱难以弥补的除外。

被申请人提供的担保,可以高于申请人提供的担保。

(八)申请行为保全错误的损害赔偿责任

申请行为保全有错误的,不论申请人有无过错,均应当赔偿被申请人因保全所遭受的损失。

申请行为保全错误的损害赔偿金额可以参考担保数额确定。

(九)行为保全造成案外人损失

申请行为保全错误造成案外人损失的,不承担赔偿责任,但是申请人故意的除外。

中国(上海)自由贸易试验区建设中的知识产权保护问题研究

上海市高级人民法院知识产权庭①

建立中国(上海)自由贸易试验区(以下简称自贸区)是党中央、国务院作出的重大决策。有必要结合自贸区的改革实践,分析调研自贸区知识产权保护工作面临的新形势和新特点,对自贸区涉知识产权贸易类型作出合理预判,有针对性地提出意见和建议,为国家制定相关文件提供参考和借鉴。为确保课题完成的质量,“中国(上海)自由贸易试验区建设中的知识产权保护问题研究”课题组在课题中标后组织了系列座谈开展研讨,特别是在2014年世界知识产权日前夕组织召开了“涉自贸区知识产权司法保护问题”大型研讨会,来自上海市三级法院、同济大学法学院(知识产权学院)、华东政法大学、上海海关、中国外商投资企业协会优质品牌保护委员会的专

① 课题组成员:丁文联、张本勇、徐俊。

家、学者和企业界代表共六十余人参加。课题推进中,上海高院吴偕林副院长还亲自带队前往自贸区法庭等单位进行调研并听取意见。正是在这些工作的基础上,课题组全体成员通力合作完成了本研究报告。

一、关于自贸区知识产权法律实施状况

当前存在一种对自贸区"境内关外"的误读,这种观点认为自贸区内知识产权法律实施不同于自贸区外的现行做法。但实际上,我国知识产权法律的实施并不因为自贸区的设立而存在特殊之处。世界海关组织制定并于2006年生效的《关于简化和协调海关制度的国际公约》(《京都公约》)中对自贸区"境内关外"的定义,仅针对海关关税而言,并不是指"法律豁免之地"。自贸区强调自由贸易,高度重视货物的自由流动,但它绝对不是知识产权侵权的天堂。知识产权所具有的专有性和地域性特征,决定了他人非经知识产权人许可或依据法律特别规定,在知识产权属地国不得实施受知识产权专有权利控制的行为。这些知识产权的基本属性并不会因为国家设立自贸区而改变。自贸区在中国领土范围内,当然要受中国现行知识产权法律的约束,涉及知识产权保护的相关法律法规在自贸区中当然要得以实施,包括知识产权海关保护,而当前在上海自贸区内开展知识产权保护所依据的相关法律法规是完备的。设立中国(上海)自由贸易试验区,是我国顺应经济贸易全球化发展趋势,积极主动深化对外开放的重大举措。自贸区将通过制度创新优势,成为我国推进新一轮改革和开放的典范,要形成可复制、可推广的示范经验。在这样的背景、形势和任务之下,充分有效地保护知识产权无疑将成为自贸区法治保障的重要内容。

二、关于自贸区知识产权纠纷趋势的预判分析

(一)与自贸区政策体系相关的知识产权纠纷新情况

自贸区积极培育贸易新型业态和功能,并在金融、航运、商贸、文化等六大领域十八个服务行业扩大投资开放,对外商投资试行准入前国民待遇,探索建立负面清单管理模式,逐步形成与国际接轨的外商投资管理制度。这是以开放倒逼改革的气势推进自贸区建设。在这种氛围之下,自贸区市场竞争也将空前激烈,各种创新的经营模式在引领市场的同时,更要经受法律的检验和道德的拷问。各种仿冒、搭便车和虚假宣传的纠纷将会伴随市场拓展和经营创新不断涌现。在这些不正当竞争纠纷的背后,更多地体现为市场优势地位的争夺。

自贸区所处地理位置特殊,所在的外高桥等港区,集装箱码头吞吐量和港区海关业务量在上海乃至全国都占据较大比例。我国以贴牌加工为主的加工贸易一直占据着中国对外贸易的"半壁江山",自贸区政策又鼓励企业统筹开展国际国内贸易,实现内外贸一体化发展。以往每年外港海关查扣贴牌出口货物引发的商标侵权诉讼都较多,在新的政策背景之下预计自贸区涉外贴牌加工商标侵权纠纷会继续保持增长态势。

自贸区文化、商贸服务政策出台对知识产权保护也会产生直接影响。文化部出台的上海自贸区文化市场管理政策允许外资从事演出经纪,经营娱乐场所,并允许外资在自贸区内从事游戏游艺设备的生产和销售,通过内容审查的游戏游艺设备可面

向国内市场销售。可以预见,未来自贸区文化市场、版权贸易与国际交流空间巨大。此次自贸区政策在保障网络信息安全的前提下,还允许外资企业经营特定形式的部分增值电信业务,外资企业将有条件利用公共网络基础设施提供附加的电信与信息服务业务。当前法院受理知识产权案件中,版权纠纷尤其是信息网络传播权纠纷占据较大比例。外资在信息服务业的进入,将加剧该领域的版权纠纷。

(二)与自贸区监管模式相关的知识产权纠纷新情况

为适应建立国际高水平投资和贸易服务体系的需要,自贸区建设要求创新监管模式,促进自贸区内货物、服务等各类要素自由流动,推动服务业扩大开放和货物贸易深入发展。为此,自贸区实施了"境内关外"即所谓"一线放开、二线管住"的监管模式。在"一线放开"的监管模式之下,货物从"先报关、后入区"转变为"先入区、后报关",允许企业凭进口舱单将货物直接入区。

随着境外货物进入自贸区获得极大便利,品牌商品在国内外客观存在的巨大价差可能引发商品平行进口现象的出现。上海自贸区内跨境电子商务试点业已启动,由海关总署牵头建设的跨境电子商务平台"跨境通"开始试运行,箱包、化妆品等首批101件商品上线,普通消费者已经可以购买。同时,自贸区保税展示交易平台也已开始运行。这些平台比国内专卖店在价格上都有较大优惠。在自贸区内跨境电子商务和保税展示交易平台的助推下,在国外生产的带有我国注册商标或使用我国专利技术的货物未经我国专利或商标所有人许可输入自贸区的情况可能会增长,从而导致境内专利、商标权人和进口商之间的平行进口争议。

另一类与自贸区监管模式密切关联的是货物转运贸易中的知识产权纠纷。自贸区总体方案鼓励的中转集拼业务、沿海捎带业务和国际中转货运等都将极大地推动自贸区货物转运贸易发展。自贸区独特的海关监管模式导致转运货物处于"入境但尚未进口"的特殊状态。自贸区内转运货物的知识产权边境执法将面临两难:一方面,自贸区对转运货物仅起到过境通道的作用,转运货物不会进入国内市场,为促进贸易自由化、保持过境通道畅通,似不应在自贸区内执法;但在另一方面,转运货物毕竟已进入我国国境,为维护国家主权、保护知识产权人利益,又似应对其采取边境措施。上海自贸区在实践中如何实现知识产权边境保护和贸易自由化之间的平衡,进一步讲,如果我国海关对自贸区内的转运货物实施知识产权监管,应采用何种知识产权边境执法规则,才能实现知识产权边境保护和贸易自由化之间的平衡,这是对知识产权行政执法和司法机关的考验与挑战。

三、关于自贸区知识产权纠纷现状的实证分析

2013年以来截至自贸区法庭2013年11月15日正式收案之前,主要涉及浦东新区外高桥管辖范围内的知识产权纠纷共有21件。其中,管辖依据是被告住所地的11件,侵权行为地的10件。纠纷类型分布的情况是:著作权侵权7件(含计算机软件侵权1件)、商标侵权12件、不正当竞争1件、计算机软件开发合同1件。从统计的整体情况来看,知识产权纠纷主要在侵权领域,合同纠纷少,仅有1件;商标侵权主要发生

在外高桥海关查扣出口产品环节,12件商标侵权纠纷中有10件属于此种情况。

自贸试验区建立后,随着高、精产业的发展以及国际知名企业的不断入驻,跨境贸易特别是知识产权贸易量增长,服务业、制造业等行业加速发展,相关监管部门对知识产权的保护力度进一步加大,知识产权案件数量明显增加。2013年11月至2014年10月,自贸区法庭共受理知识产权民事纠纷37件,较去年同期增幅显著。审结18件,其中判决6件、调解2件、撤诉及按撤诉处理10件。案由以侵害商标权纠纷、著作权权属、侵权纠纷、侵害计算机软件著作权纠纷为主。(详见表1)

表1 知识产权纠纷具体类型

案由	数量(件)
侵害商标权纠纷	18
著作权权属、侵权纠纷	8
侵害计算机软件著作权纠纷	5
确认不侵害商标权纠纷	2
不正当竞争纠纷	1
擅自使用他人企业名称纠纷	1
特许经营合同纠纷	1
委托创作合同纠纷	1

受理案件反映出以下基本特点:

一是涉外案件较多。共受理知识产权涉外案件11件,占知识产权纠纷收案量的29.73%,占自贸区涉外案件总量的31.43%。其中有两起案件的原告依据知识产权国际公约要求获得保护。一件侵害计算机软件著作权和一件企业名称权纠纷的原告均系美国企业,分别以中、美两国同为《伯尔尼保护文学和艺术作品公约》、《保护工业产权巴黎公约》的成员国而依据公约要求知识产权保护,自贸试验区市场主体在交易及诉讼中、自贸区法庭在案件审理中,对域外法,包括外国法和相关国际公约的查明均有较大需求。

二是案件涉国际知名企业或知名品牌多。涉及家电行业的LG电子、日化行业的宝洁公司、航空国防行业的美国通用动力公司、高尔夫行业的美国卡斯顿制造公司及内燃机行业的上海柴油机股份公司等知名企业;涉及品牌包括“LG”、“Oral - B”、“PING”以及“东风牌”等知名商标,国内外社会关注度均较高。在一件确认不侵害商标权纠纷中,原告从洋山港向美国出口的牙刷,因包装上印有“COMPARE TO ORAL - B”字样而被海关以涉嫌侵害被告在海关备案保护的“ORAL - B”商标权而扣留,2个多月后又因被告向海关撤回扣货申请而放行。原告认为产品未侵犯被告商标专用权,被告的扣货申请给原告造成了重大经济损失,故诉请法院确认原告对“ORAL - B”文字的使用行为不侵犯被告的注册商标专用权,并要求被告承担货物被扣留产生的仓储费用及损失人民币185621元。该案最后一审判决,确认原告“COMPARE TO ORAL - B”字样不侵犯被告在中国注册的“ORAL - B”商标专用权,但因被告向海关申请采取知识产权保护措施是依法维权行为,主观上不存在过错,无需承担侵权赔偿责任。

三是出口商品被诉侵犯商标权的情况多发。自贸区法庭受理了13件因出口商品涉嫌侵犯商标权被海关扣留引发的侵害商标权纠纷,另有2件确认不侵害商标权纠纷,1件因出口商品涉嫌侵犯商标权被扣导致出口企业损失后要求赔偿,1件因出口商品涉嫌侵犯商标权被扣、出口企业赔偿后以重大误解为由要求返还赔偿款引起。

侵害商标权纠纷的被告以及确认不侵害商标权纠纷的原告，多为涉外定牌加工企业，诉讼中均以境外商标权人授权使用商标并生产出口商品，不构成商标权侵权为由进行抗辩或主张。实践中，海关系根据商标权人的知识产权备案保护申请对出口货物进行查验，对涉嫌侵权产品进行扣留。由于对涉外定牌加工是否属于侵权在法律及司法解释层面并无定论，海关在出口企业主张其为涉外定牌加工之后，并不对出口产品是否侵权做出认定；而目前司法实践中倾向性意见为认定定牌加工出口产品不侵犯国内市场商标权人的商标权。就定牌加工企业来说，其多为资金规模不大、劳动密集型企业，出口产品被扣留后，若涉诉并被申请诉讼保全，无论最终判决结果如何，定牌加工企业都要承担延期交货等违约责任，不但无法获得利润，还会面临大额赔偿。就商标权利人来说，向海关申请商标备案保护及对商品出口向海关申请采取知识产权保护措施，是其依据法律的维权行为。因此，此类案件中，商标权人的合法权利和出口企业的正当利益，有待司法审判和行政监管的进一步的协调和平衡。

四是电商非自营商品被诉侵犯知识产权的情况突出。受理了 10 件涉及电子商务平台的非自营商品经营者被诉侵犯他人知识产权的案件，其中著作权权属、侵权纠纷 7 件、侵害商标权纠纷 3 件。如一起案件原告是商标“我的美丽日志”在大陆地区的独家许可使用商，其发现“1 号店”上有两家平台内经营者销售标识为该商标的面膜商品，销售量较大。原告发函要求 1 号店删除侵权链接，但两家网店仍在“1 号店”上销售该面膜，遂诉请法院判令两家网店和“1 号店”停止侵权、登报消除影响并赔偿损失 100 万元。另外相关案件 1 件以调解方式结案，1 件仍在审理过程中。其他 7 件著作权案件也均涉及“1 号店”平台内经营者的非自营商品，各案的原告均诉称电商平台内经营者未经权利人许可，在其开设的网店中销售印有“腾讯 QQ 企鹅”、“熊出没”、“喜羊羊与灰太狼”系列美术作品中卡通形象作品的商品。除 1 件案件以当事人和解撤诉结案外，其余案件均尚在审理过程中。随着自贸试验区服务业领域的扩大开放及电子商务服务平台的发展，大量互联网企业纷纷入区，在其扩大和转型的过程中，其非自营商品的知识产权纠纷凸显，且预计此类纠纷将持续增长。该类案件涉及电子商务平台是否能够适用网络服务商的“避风港规则”及注意义务标准的确定以及赔偿数额的计算等问题，需要深入研究总结此类案件的处理规则，促进电子商务平台加强知识产权保护和平台商户管理。

四、关于自贸区知识产权保护问题的理论分析

根据座谈调研梳理的情况，课题组对理论上需要深入分析的自贸区知识产权保护相关问题进行了研究。以下分别就自贸区贴牌出口贸易、货物转运贸易和平行进口贸易中涉及的知识产权保护问题展开加以探讨。

（一）自贸区贴牌出口贸易中的知识产权保护

国外品牌在中国国内的大量注册，在国内与国外商标注册人不一致的情况下，贴牌出口贸易中的商标侵权争议将由此产生。自贸区内贴牌加工贸易在实践中的表现形式可能会较为复杂，既可能有传统的贴牌生产加工出口，又可能有纯粹的成品

贴牌出口,或者组件拼装后的贴牌出口。侵权者有可能利用自贸区在区内相对宽松的监管政策大肆从事知识产权侵权行为,应当对此予以防范采取对策,避免自贸区成为知识产权侵权者的天堂。妥善处理涉外贴牌加工商标侵权纠纷需要全面考量此类纠纷涉及的各方利益。在司法实践中,涉外贴牌加工商标侵权问题也不仅仅是单纯的法律问题,还涉及诸多的司法政策问题。审理涉外贴牌加工案件还应结合当下社会经济的发展情况,充分发挥利益平衡在知识产权审判工作中的作用,有效平衡商标权利人和其他各方的利益。在判断涉外贴牌加工是否侵犯商标专用权时,我们应当立足商标法的立法宗旨,当国内商标权人的利益与贴牌加工行业利益发展相冲突时,通过利益平衡,适时地调整知识产权司法保护政策,在不损害国内商标权人利益的前提下,对国内商标权人的权利进行相应的限制,有效解决就业、推动经济发展。由于贴牌加工商标侵权纠纷现实情况较为复杂,需要研究归纳审判实践中应重点审查的要素,为判断贴牌加工是否构成侵权提供统一的指导。具体来说,法院在贴牌加工商标侵权纠纷案件的审判实践中应注重审查四个方面,以判断贴牌加工产品是否构成侵权:(1)审查商标注册情况,即境外委托方在产品销往国是否享有商标权或其使用许可。(2)审查商标使用情况,即贴牌加工产品上标注的商标是否严格按照该商标在境外注册的内容及核准类别使用。(3)审查产品销售情况,即贴牌加工产品是否全部销往委托方享有权利的地域。(4)审查加工企业的注意义务履行情况,即加工方是否切实审查核实了委托方的商标权证明文件。上海法院在相关判决中认为,商标的基本功能是区分商品或服务来源的识别功能,侵犯商标权其本质就是对商标识别功能的破坏,使得一般消费者对商品来源产生混淆、误认。如果是委托贴牌加工涉案产品全部出口,未在中国境内销售,中国的相关公众在国内不可能接触到涉案产品,不会造成国内相关公众的混淆和误认。这种加工使用商标的行为不会构成混淆和误认,所以为出口而加工的行为不构成商标侵权。对自贸区企业在贴牌加工出口贸易中的商标侵权纠纷,可以参考借鉴上述做法。

鉴于自贸区贴牌出口贸易中的商标保护问题在实践中的争议较大,而自贸区司法实践中此类案件数量又较多,课题组为此专门组织了专家研讨。讨论中,倾向性的观点认为,商标与产品相结合后,还必须投入市场流通领域,才能真正起到商标的区分作用。在涉外定牌加工贸易方式中,受委托加工的产品在境内并不进入市场流通领域,而是需要依照合同约定,全部交付委托方,由委托方投入其所在国或者第三国市场。在这种情况下,加工方所贴附的商标在中国境内不能实际发挥识别商品来源的功能,不能认为在中国境内使用了商标。进一步说,由于涉外定牌加工所生产产品并不在境内销售,相关公众也不可能产生混淆和误认,不会对商标的区分来源功能造成损害,自不应被认为构成侵权。但是涉外定牌加工引发的商标侵权纠纷具体情况各不相同,尤其是在全球化的今天,固守商标地域性的原则和商标使用的概念进行法律适用,可能会带来对权利人保护不周,甚至引发故意利用定牌加工的形式制造销售假冒商品,以规避法律的负面效果。在商标侵权判定的司法实践中,主要应当考虑是否存在恶意利用请求保护商标商誉的情况。当存在恶意利用请求保护商标商誉从而认定构成侵权时，侵权行为人应当是定牌加工中的委托方，因为被控侵权商标的使用人是委托方，而不是加工方。加工方如果违反注意义务的，或者是故意参与实施恶意利用请求保护商标商誉的行为，可以构成共同侵权，并进而承担侵权赔偿责任，否则加工方仅需承担停止侵权的责任。讨论中也有观点坚持认为，如果原告在中国注册商标与该加工制造商品上使用的商标相同或近似，商品构成相同或类似商品，该指定使用商标已贴附于加工制造商品或其包装上，或有证据证明该商标即将被贴附于该商品或其包装上，原则上就应当认定该定牌加工商品属于侵权商品。只有在委托方为涉案商标的原创者，是目标市场国或地区的商标注册人，该加工制造商品在市场国或地区不属于商标侵权商品且不在中国境内销售，同时该加工制造商品与原告商品的包装装潢、厂名、厂址不相同不近似，才可以例外地不构成商标侵权。2013年修订的《商标法》明确，未经商标注册人的许可，在同一种商品上使用与其注册商标相同的商标的即构成商标侵权，并不要求考虑混淆因素。实践中，轻易扩张“商标使用”的内涵，对商标法的准确适用将产生负面影响，不利于中国打击跨国境假冒商品贸易，也不利于上海自贸区的健康发展。

(二)自贸区货物转运贸易中的知识产权保护

货物转运贸易作为一种贸易形态有其存在的必要性和合理性。自贸区总体方案鼓励的中转集拼业务、沿海捎带业务和国际中转货运等都将极大地推动自贸区货物转运贸易发展。在转运贸易中，过境国实际上扮演着过境通道的角色。通道本身应该是中立和无害的，并且是保持畅通，以实现快速通过的重要作用，从而降低国际贸易的运输成本，最终惠及全世界范围内的终端消费者。而我们所讲的“过境”是过境国提供运输通道方便的同时，过境产品不会进入过境国的市场进行流通，不会对过境国造成竞争损失。实践中，知识产权货物在过境国侵权，而在货物始发地的出口国和货物目的地的进口国也不一定侵权。那么，在临时过境环节判断知识产权侵权与否的合理性本身就值得怀疑了。2011年10月通过并向WTO成员开放签署的ACTA(反假冒贸易协议)虽然规定将边境执法从进口环节延伸至转运环节，但该项义务并非强制，仅系成员方可选择的执法义务。美国之所以对转运侵权货物不加区分地采取边境措施，是为了维护其作为知识产权大国的国家利益。相对而言，欧盟只有在转运货物“有进入市场可能性”的情况下才采取边境措施。当然，转运货物在一定情况下仍可能侵犯知识产权：尽管过境货物没有进入欧盟市场流通，比如只是在海关的中止放行程序中，甚至还没有进入欧盟境内，但货物已签订合同，而货物的目标市场是欧盟市场，这样的销售、许诺销售或者广告行为，或者其指导手册等文件都能表明其目标是在欧盟市场流通。除了目标市场为欧盟的商业合同以外，还有些情况也可能被怀疑为侵犯知识产权并被欧盟成员国的海关当局予以扣押，即：有明确的征兆证明货物即将在欧盟市场流通，而以前提供的是虚假目的地。在这些情况下，欧盟成员国的海关当局应该立刻扣押货物。上述所谓征兆在欧洲法院的裁决中已经说明,主要包括:当进入海关的中止放行程序时,不肯表明货物的目的地;缺少精确的、可信的制造者和货主的信息,而海关立法又要求提供上述信息;不与海关当局合作,或者不提供相关证明文件和联系方式。当然这些怀疑在各个案件中都要基于具体事实来判断。欧盟施行的上述政策实现了知识产权边境保护和贸易自由化之间的平衡,因此更加合理。实践中,转运货物类型多样,有的直接过境,属于外国商品单纯转运,有的转运虽然不进入自贸区所在国国内市场,但存在自贸区仓储行为,而有的则有可能进入国内市场。上海自贸区对转运侵权货物的处理应根据转运类型的不同区别处理。中国作为发展中国家,司法实践应当从提高通关效率、促进贸易自由的角度出发,对纯粹的临时过境行为不认定知识产权侵权,同时借鉴欧盟的做法,仅对"有进入市场可能性"影响本国利益的货物才采取边境措施。此外在具体实施过程中,海关必须依据"合理的理由"才可依职权启动转运货物的执法措施,权利人必须有"确切的证据"才可申请启动转运货物的执法措施。

(三)自贸区平行进口贸易中的知识产权保护

平行进口问题是经济全球化发展不平衡的产物。一方面资本试图最大限度地利用各国不同情况分割市场,另一方面市场又不可能静止不动,一旦有价格落差,马上就会有人从中发现商机。平行进口问题从实质上来讲是全球化背景下知识产权地域性与贸易自由之间的冲突。自贸区内两种新型业态即跨境贸易电子商务服务平台和保税展示交易平台将直接影响并推动自贸区平行进口现象产生,对此要针对性地提前做好应对,协调好平行进口出现后产生的利益失衡。

1. 自贸区内两种新型业态的表现形式

(1)跨境贸易电子商务服务平台

跨境电子商务,是指分属不同关境的交易主体,通过电子商务平台达成交易、进行支付结算,并通过跨境物流送达商品、完成交易的一种国际商业活动。上海自贸区2013年12月28日启动中国首个跨境贸易电子商务试点平台,试点平台包含了"跨境通"网站、报关报检、个人行邮税网上征缴、跨境外汇支付等系统。普通消费者通过"跨境通"网站订购的进口商品,可跨境外汇支付,经入驻"跨境通"的相关商家电子报关报检,再经海关征收个人行邮税后,快速入境并被快递公司直接送交至消费者手中。普通消费者通过"跨境通"网站进行的"海淘",本身属于政府许可的合法交易,虽然也要支付关税,但由于传统进口贸易的环节加价要远高于关税成本,这使得通过"跨境通"网站开展跨境电子商务所进口的商品在价格和品质上都具有竞争力。目前的测算是,同样的国际品牌商品,在"跨境通"网站上的价格要比国内实体零售店优惠约三成。不久前央行发布的《关于金融支持中国(上海)自由贸易试验区建设的意见》中指出,可通过设立本外币自由贸易账户实现分账核算管理,账户资金可自由划转等政策突破。境外商户在自贸区内开设相应的账户相当于境外账户,将使结算更加便利,这无疑将进一步推动跨境电商平台和跨境通海淘业务的发展。

(2)保税展示交易平台

通常情况下,国外的商品进入国内展示,需要经过复杂的通关流程,先报关缴纳关税,成为一般贸易货物,然后进入到国内各商品展示交易市场。如果因为商品市场行情不好该商品无法卖出,企业将面临巨大经济损失。如果市场行情很好,但是供货量不足却又会丧失市场商机。因此通关流程复杂、成本难以控制、反应不够灵活成为一般贸易货物展示交易的"瓶颈"。而搭建保税展示交易平台将确保商品展示可以享受若干优惠政策,如免税、保税、退税、免证、无仓储期限限制、分送集报等。在这种政策优势下,境外商品入区只需办理备案手续,展示商品在保税区的展厅内也属保税货物,有成交再报关进口或复出境外。这既保障了企业资金的合理利用,减少了货物在港口上的储存时间,降低各项成本费用,同时避免在港口存放期间因温度、光线、湿度不适对展示货物造成一定程度的伤害。通关后,客户可从保税港区直接提货,大大提高了买卖成交的速度和效率。因此经营成本、经营风险都会得到控制,从而使得企业经营灵活性大大增加。

目前上海自贸区搭建的保税展示交易平台在商业模式、监管模式、税款分离及产城融合四个方面均具有新的突破与创新。首先,展示交易,工业产品向消费品的跨越,由传统的企业间工业产品分拨功能升级为面向零售市场的高端消费品;其次,电子围网,由保税区铁丝网的物理围网向系统信息化的电子围网升级,将海关专用监管系统与 WMS 仓库管理系统、商场 ERP 管理系统整合对接,通过专用模块联网对进口消费品的流向实施状态监管;第三,清分平台,经济担保向信用担保升级,进口商品实现销售后,通过银行清分平台,以"T + 1"的方式,货款进入商家账户,税款进入商业运营账户,确保税款及时到账;第四,产城融合,发挥自贸试验区辐射效益,探索建立产城融合发展的联动模式,建立贸易便利的长效机制,带动区域整体发展。以一件境外商品为例,如果要进入中国市场,可分为进境、入库、分拨出区、保税展销四个环节,在进境前先进行预归类及价格审核,完成海关进境备案申报工作,然后进入保税区指定的分拨仓库,并在此完成预检验、报关、安检、查验等流程,随即进入保税展示交易平台,在电子围网的监控下进行展销,销售完成后再向海关集中进行报关完税;如若该商品没有实现销售,则可以自由返区离境,开始新的旅程,而在传统进口商品零售模式下,进口商品则是先清关完税后再进行销售,如果销售不畅则成为商家的存货,这意味着该商品的国际之旅也就在此戛然而止。由此可以看出,保税展示交易平台实现了内外贸在零售环节的对接,促进国际商品进入国内市场,进一步增强了贸易便利化;通过品牌全球调拨,参与国际贸易的资源配置,进一步扩大了进口贸易,形成综合优势,实践了自贸区"贸易自由"功能;提升了品牌商降低商品售价的积极性,从而让利顾客,拉动国民的进口消费额。

2. 自贸区平行进口贸易的司法应对

是否允许平行进口,关键在于知识产权权利人在商品售出之后是否还可以继续控制商品的流转,或者说权利人在商品售出之后权利是否已经用尽。而对权利用尽范围的认识,直接决定了是否允许平行进口。持权利国内用尽观点的,否定平行进口;持权利国际用尽观点的,则肯定平行进口。(1)专利产品的平行进口。2008 年修改专利法时,考虑到我国的产业发展在相当程度上仍然依赖于国外技术和产品及其零部件的引进,明确规定专利产品或者依照专利方法直接获得的产品经合法售出后,进口该产品不视为侵犯专利权,这就等于承认了“专利权用尽”的范围应当是“国际用尽”。可以说,我国在现有立法框架之下对专利产品的平行进口问题态度明确,即允许平行进口。(2)商标产品的平行进口。与专利产品平行进口相比较,商标产品平行进口的司法政策则没有那么清晰。这主要是因为处理商标产品的平行进口问题涉及消费者利益、商标权人利益以及国家贸易政策等多重因素的利益衡量,需要区分不同情形作出区别化处理。同时,由于对各种利益优先考虑的顺位不同,实践中又产生了不同的观点和做法。但不论哪种观点,有两项基本的原则值得参考借鉴:一是不得导致消费者对商品来源发生混淆。二是不得导致商标权人商誉不合理受损。如有关货物的状态或质量在进入市场后有所改变或受损,则不应允许此类货物的平行进口。笔者认为,在自贸区地域范围之内,考虑其特殊地位,如果商品在入境时清楚标明了真实来源,商品质量与状态在境内外比较基本相同,则应当允许平行进口。相类似地,香港就基于其自由港的特殊地位,在2004年商标条例中规定了商标权的国际用尽,允许平行进口。该条例规定,如果就某些已在世界上任何地方推出市场的货品使用某注册商标,而该等货品是由拥有人或经其同意,不论是明示或隐含的同意,也不论是附有条件或不附条件的同意,该项使用并不侵犯该注册商标。当然,由于允许平行进口不仅影响进口国的商标权人,还影响独占许可人的利益,独占许可人往往付出巨大代价方才取得相应垄断地位。对是否在审判实践中一般地允许商标平行进口,还需要在各种利益之间作更为全面和审慎地考察与衡量。

五、关于涉自贸区知识产权纠纷解决机制完善

《中国(上海)自由贸易试验区总体方案》明确表述“知识产权”的条文有两处,其中一处就是要求建立多元的知识产权纠纷解决机制。这凸显了自贸区内知识产权纠纷多元化解决的重要性。知识产权纠纷具有高度复杂性、利益保护紧迫性和市场关联性等特征,涉及的法律事实往往专业性、技术性强,处理存在难度大、时间长的特点,应当不断发展和完善诉讼、仲裁、调解等多元机制,大力倡导纠纷的多元解决方式,努力实现多赢局面。关于自贸区知识产权纠纷解决和审判机制建设,建议如下:一是建立司法与非诉讼纠纷解决的对接平台。引入专业调解组织、行业协会、商会及其他具有调解职能的组织,建立自贸试验区知识产权纠纷调解组织名册,对属于法院受案范围的、适宜委托调解的涉自贸试验区知识产权纠纷,经当事人同意、选择后,在立案后委托调解组织先行调解,法院依照有关规定审查确认调解协议的法律效力。通过这种非诉讼调解方式,使知识产权纠纷诉讼案件得到快速、便捷、公正、有效地解决。二是在自贸区实现知识产权“三合一”审判机制。知识产权案件审理的重点和难点在于对案件专业性事实的认定和实体法上专业性问题的法律适用,民事、刑事和行政等各类知识产权案件审理并不因为诉讼程序的不同而有明显的差别。世界各主要国家在知识产权审判机构的组建上已经形成了专门化趋势,包括上海三级法院在内的全国许多法院都已实施“三合一”审判机制。以可复制、可推广为目标的自贸区知识产权审判机制应当尽快实现

"三合一"。三是改造审前程序提升审判效率。知识产权案件涉及证据事实较多,往往审理期限较长。为有效提高正式庭审的质量,减少正式审判耗费的法院资源,建议改造审前程序,加强案件管理,通过任命审前事务法官,引导诉辩双方在正式庭审开始之前充分展示并固定己方证据,明确或缩小双方的争议焦点,在双方诉讼预期逐渐清晰的情况下,鼓励促进协商调解。四是完善事实查明机制解决技术难题。制约知识产权审判的"瓶颈"是技术和专业问题,知识产权诉讼从权利界定、侵权判定到损害认定都涉及专业事实查明。不同知识产权案件中专业事实查明的难度也不同,建议通过多样化的程序设计来解决不同难度的专业事实查明问题,通过程序设计充分发挥人民陪审员、专家证人、专家咨询和专业鉴定在解决专业事实认定难题中的作用。

上海市知识产权犯罪缓刑适用问题研究

上海市高级人民法院知识产权庭[①]

在经济全球化、区域经济一体化的今天,各个国家彼此间的联系及经济交往日趋密切,知识作为人类智慧的结晶,所具有的经济价值日益凸显。正如上世纪末WIPO总干事伊德里斯博士预测的一样:"在下个世纪,知识产权将成为发展中国家促进经济增长和经济发展的基本手段之一。"如今知识产权俨然已经成为保障国家安全与经济发展的战略性资源,成为各个国家提升国际竞争力的决定性因素。2008年6月5日国务院发布了《国家知识产权战略纲要》,决定实施国家知识产权战略,将知识产品保护提升到国家层面。在实施国家知识产权战略过程中,知识产权的刑事保护无疑是其中最为重要的一环,我国《刑法》在知识产权犯罪中规定了假冒商标罪,销售假冒注册商标的商品罪,非法制造、销售非法制造的注册商标标识罪,假冒专利罪,侵犯著作权罪,销售侵权复制品罪,侵犯商业秘密罪等七个罪名,并设置了法定最高刑为七年有期徒刑的严厉刑罚。2013年最高人民法院发布《中国法院知识产权司法保护状况》白皮书指出:全国地方人民法院共审结知识产权刑事一审案件9212件,生效判决人数13424人;给予刑事处罚13265人。其中,侵犯知识产权罪案件4957件,生效判决人数6866人;涉及侵犯知识产权的生产、销售伪劣商品罪案件2390件,生效判决人数3430人;涉及侵犯知识产权的非法经营罪案件1712件,生效判决人数2882人;涉及侵犯知识产权的其他罪名案件153件,生效判决人数246人。

① 课题组成员:朱丹、张本勇、孔立明。

在审结的侵犯知识产权罪案件中,假冒注册商标罪案件1546件,生效判决人数2462人;销售假冒注册商标的商品罪案件1496件,生效判决人数2221人;非法制造、销售非法制造的注册商标标识罪案件350件,生效判决人数589人;假冒专利罪案件1件,生效判决人数0人;侵犯著作权罪案件1499件,生效判决人数1490人;销售侵权复制品罪案件15件,生效判决人数33人;侵犯商业秘密罪案件50件,生效判决人数71人。但是没有公布知识产权犯罪的刑罚适用情况,尤其是知识产权犯罪缓刑的适用情况。在知识产权犯罪缓刑的适用问题上,我国各地法院在司法实务中的做法实际上是很不统一的,相同和类似的案件在不同法院、同一法院的不同承办人之间的把握标准也存在着巨大的差异。另外,从知识产权犯罪缓刑适用的总体情况上看,面对知识产权的国家战略和国际保护加大的需求,在刑事政策的把握上,从上海地区的知识产权犯罪缓刑适用来看,存在着失之过宽的趋势。本课题从上海地区知识产权犯罪缓刑适用现状、缓刑适用比重高的原因分析、缓刑适用中存在的问题以及完善知识产权犯罪缓刑适用的建议与思考等四个角度展开论述。

一、上海地区知识产权缓刑适用基本情况

(一)知识产权犯罪现状

2013年上海法院共受理一审知识产权犯罪案件418件692人,与2012年的586件997人相比,分别下降28.7%和30.6%。审结生效411件677人,与2012年的469件821人相比,分别下降12.4%和17.5%。涉及商标犯罪387件,著作权犯罪21件,商业秘密犯罪3件。没有假冒专利犯罪案件(见图1)。

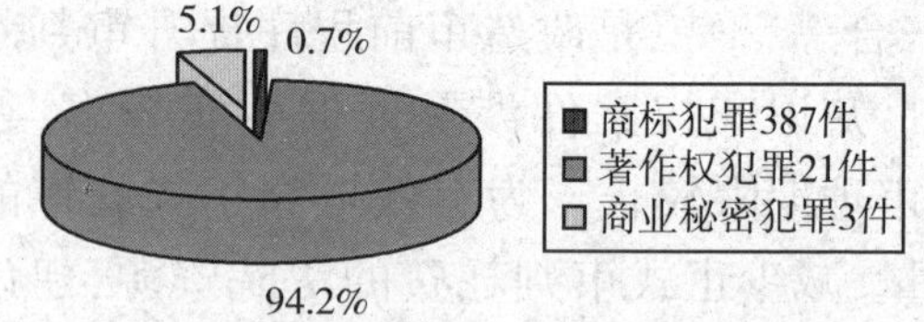

图1 知识产权犯罪案件组成情况

具体涉及六个罪名:假冒注册商标罪36件81人,销售假冒注册商标的商品罪346件520人,非法制造、销售非法制造的注册商标标识罪5件12人,侵犯著作权罪12件24人,销售侵权复制品罪9件27人,侵犯商业秘密罪3件13人(见图2)。

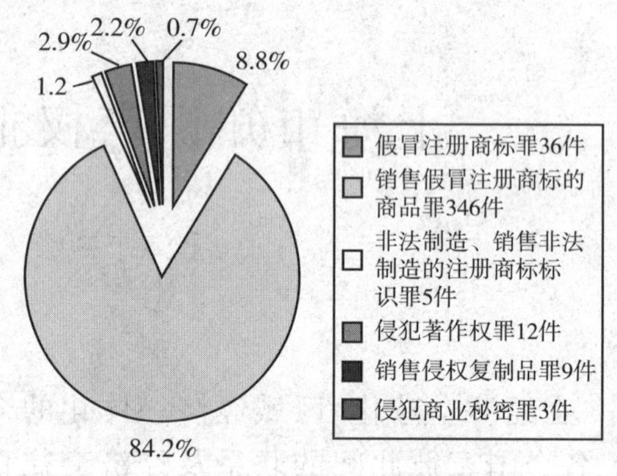

图2 知识产权犯罪罪名分布情况

(二)知识产权犯罪案件缓刑适用情况

在2013年审结生效的677人被告人中,判处3年以上7年以下有期徒刑19人,占被告人总数的2.8%;3年以下有期徒刑、拘役71人,占10.5%;缓刑543人,占总数的80.2%;单处罚金40人,占5.9%;免予刑事处罚4人,占0.6%;除免予刑事处罚外,633名被告人均并处罚金(见图3)。

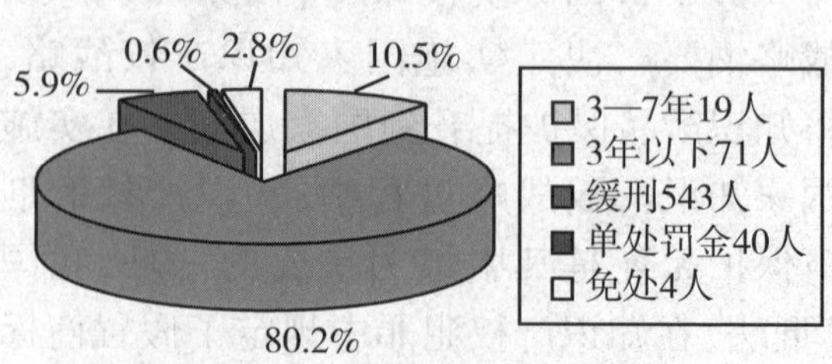

图3 知识产权犯罪被告人量刑情况

另审结生效以非法经营罪，生产、销售伪劣产品罪和生产、销售假药罪定罪处罚的涉知识产权犯罪案件468件602人：其中非法经营罪74件110人，生产、销售伪劣产品罪36件75人，生产、销售假药罪358件417人。判处7年以上有期徒刑6人，3年以上7年以下有期徒刑26人，3年以下有期徒刑和拘役刑罚中实刑219人、缓刑326人，单处罚金1人，免予刑事处罚24人；除免予刑事处罚外，其余被告人577人均并处罚金。

（三）知识产权犯罪缓刑适用特点

1. 知识产权犯罪适用率明显偏高。总体上看，根据统计显示2009～2013年，上海法院共一审审理知识产权刑事被告人2284人，其中1582人被判处缓刑，缓刑适用率占69.26%。如果从法律规定"依法判处三年以下有期徒刑、拘役的"可以有条件的判处缓刑的角度来分析，过去五年共有1992名被告人被判处三年以下有期徒刑或者拘役，其中1579人被判处缓刑，占79.27%，明显高于生产销售伪劣产品罪、生产销售假药劣药罪、非法经营罪等其他种类被判处三年以下有期徒刑、拘役刑罚的缓刑适用率。

2. 知识产权犯罪的缓刑适用率总体上升显著。2009年知识产权被告人160人，缓刑83人，缓刑率51.19%；2010年被告人为181人，缓刑116人，缓刑率64.09%；2011年被告人为421人，缓刑229人，缓刑率为54.39%；2012年被告人845人，缓刑611人，缓刑率为72.30%；2013年被告人677人，缓刑543人，缓刑率为80.20%。五年内，整个知识产权犯罪缓刑率从51.19%上升到80.20%，上升速度显著。

3. 知识产权犯罪缓刑适用主要集中在假冒注册商标罪、销售假冒注册商标的商品罪两类犯罪上。2012年，上海法院知识产权犯罪共判处缓刑罪犯611人，其中假冒商标和销售假冒注册商标的商品的罪犯被判处缓刑的为567人，该两类罪犯判处缓刑的比例占整个缓刑数的比例为92.80%；2013年，知识产权犯罪缓刑人数为543人，而上述两类被判处缓刑的罪犯为488人，比例也是高达89.87%。因此，上海法院知识产权犯罪的缓刑适用主要集中在假冒商标罪和销售假冒注册商标的商品罪两类犯罪上。

二、知识产权犯罪缓刑适用条件以及高比例适用的原因分析

缓刑作为一种个别化、人道化、社会化的刑罚执行制度，对改造犯罪分子和让他们重归社会具有重要作用。依照我国现行刑法的规定，缓刑适用必须具备对象和情节轻微两个条件，只有被判处拘役、三年以下有期徒刑的犯罪分子，并且根据犯罪人犯罪情节和悔罪表现、适用缓刑确实不致再危害社会、对居住社区没有重大不良影响的才可适用。也就是说，并非对判处拘役或者三年以下有期徒刑的犯罪人一般都具备适用缓刑的基础。

（一）知识产权犯罪法定刑规定为缓刑适用设立了刑罚制度基础

缓刑制度是我国一项重要的刑罚执行制度、人权制度，也是"惩罚与宽大相结合"、"惩罚与教育相结合"原则的重要体现，对督促犯罪分子改过自新、预防犯罪分子重新犯罪、保障人权、促进社会治安综合治理，维护社会安定具有积极意义。我国《刑法》第72条规定："被判处拘役、三年以下有期徒刑的犯罪分子，根据犯罪分子的犯罪情节和悔罪表现，适用缓刑确实不致

再危害社会的,可以宣告缓刑。被宣告缓刑的犯罪分子,如果被判处附加刑,附加刑仍须执行。”

2007年4月5日实施的《最高人民法院、最高人民检察院关于办理侵犯知识产权刑事案件具体应用法律若干问题的解释(二)》第3条规定:“侵犯知识产权犯罪,符合刑法规定的缓刑条件的,依法适用缓刑。有下列情形之一的,一般不适用缓刑:(一)因侵犯知识产权被刑事处罚或者行政处罚后,再次侵犯知识产权构成犯罪的;(二)不具有悔罪表现的;(三)拒不交出违法所得的;(四)其他不宜适用缓刑的情形。”最高人民法院在《最高人民法院、最高人民检察院关于办理侵犯知识产权刑事案件具体应用法律若干问题的解释(二)》的理解与适用中指出:“对于判处三年以下有期徒刑或者拘役的知识产权犯罪人,如果根据犯罪情节和犯罪人的悔罪表现,暂不执行刑罚不致危害社会的,即可以依法宣告缓刑……”

我国刑法在知识产权犯罪中规定了假冒商标罪,销售假冒注册商标的商品罪,非法制造、销售非法制造的注册商标标识罪,假冒专利罪,侵犯著作权罪,销售侵权复制品罪,侵犯商业秘密罪等七个罪名。上述七个犯罪的第一档法定刑都是三年以下有期徒刑或者拘役,第二档即最高法定刑是三年以上七年以下有期徒刑,因此,知识产权犯罪的被告人,从具体罪名两档的法定刑设计上,均具备了适用缓刑的刑罚制度基础;即使是应当判处三年以上七年以下的罪犯,只要其认罪态度好,交出违法所得,不是因侵犯知识产权被刑事处罚或者行政处罚后再次侵犯知识产权构成犯罪的,也可能被判处缓刑。

(二)知识产权犯罪特点决定其缓刑率高

知识产权犯罪案件中,除了在假冒注册商标、销售假冒注册商标的商品、侵犯商业秘密案件中存在少量单位犯罪以外,其他基本上为自然人犯罪,很难形成规模性犯罪。因此,该类犯罪大多都是由公安、工商、质检、烟草等部门检查而案发,而案件大多数处于运输、仓储等销售前环节,具有未遂情节。另外,在销售现场查获的一般也是很小一部分已售金额,在仓库查获的反而大部分是未售的,即此类犯罪也主要是未遂情形。当然随着网络销假渠道的不断拓宽,交易的便捷性和实时性使得销售假冒注册商标的商品摆脱了传统货物销售所需要的运输、仓储等中间环节,犯罪分子在达成交易意向的同时即可实现销售目的,销假案件的既遂率随之提高,但总体而言,案件的未遂比重相对较高。以销售假冒注册商标商品罪为例,在2013年上海市审理的销售假冒注册商标的商品犯罪案件中,既遂147件,未遂199件,未遂率为57.5%。我国《刑法》第23条规定:“……对于未遂犯,可以比照既遂犯从轻或者减轻处罚。”另外,由于知识产权犯罪为法定犯,“法定犯罪作为一定的社会现象,其本身并不一定蕴含着法律所禁止的性质或为社会所责难的性质……”,对于知识产权犯罪来说,在未遂形态下一般很难会对社会及知识产权人造成损害。因此,在司法实践中,知识产权犯罪未遂形态下,即使涉案金额巨大,如果罪犯认罪态度较好,一般会减档判处刑罚。在这种情况下,知识产权类犯罪的法定刑量刑区间很容易落在第一档或者判处更轻的刑罚,因此知识产权类犯罪更容易出现判处缓刑的情况。

（三）司法解释规定不科学导致犯罪金额认定不规范而易于适用缓刑

法释〔2004〕19号《最高人民法院、最高人民检察院关于办理侵犯知识产权刑事案件具体应用法律若干问题的解释》第12条规定："已销售的侵权产品的价值，按照实际销售的价格计算。制造、储存、运输和未销售的侵权产品的价值，按照标价或者已经查清的侵权产品的实际销售平均价格计算。侵权产品没有标价或者无法查清其实际销售价格的，按照被侵权产品的市场中间价格计算。"这个规定将已售商品价格、商品标价和被侵权产品（正品）的市场中间价在实质危害性和计算方法上按照同一标准对待，明显违反客观实际，因为已售的价格是按照冒牌的价格计算的，明显要远远低于正品的市场中间价。而在司法实务中，在绝大多数的销售假冒注册商标商品罪的案件中均为未销售情形，"已销售金额"的认定难度高，公安机关往往只是简单地按照同类商品正品的市场价值予以估算或者鉴定出待售货物的价值，导致的结果是，同样的侵犯假冒注册商标商品罪的案件，如果是未售的，其危害性应当小于已售的犯罪案件，但其认定的金额肯定要远远大于按照实际已售的商品的价格，因为其是按照正品市场中间价估价计算出的犯罪金额，估价与实际销售价明显不符，对于这些因为认定价值虚高而导致罪刑无法匹配的案件，法院一般倾向于适用缓刑。

（四）贯彻宽严相济刑事政策在知识产权犯罪适用上表现为缓刑率较高

宽严相济刑事政策是在对严打政策反思和纠正以及对惩办与宽大相结合政策的继承和发展的基础上，为应对日益繁杂的犯罪现象，并在追求刑罚效益和有效节省司法资源的要求下产生的。知识产权作为一种民事权利，其包含着个人的财产权利，但是侵犯知识产权犯罪和抢夺罪、诈骗罪、盗窃罪等侵犯财产犯罪有着本质的区别。知识产权类犯罪主要侵犯的是知识产权权利人应当获得的经济利益，而侵犯财产类犯罪则表现为对特定财产的完全非法剥夺，二者在社会危害性上显著不同，世界各国对知识产权类犯罪的法定刑设置明显要比其他纯财产类犯罪法定刑的设置要轻得多。此类轻型犯罪，根据宽严相济的刑事政策，只要具备从轻的其他法定、酌定条件，如自首、从犯、初犯、未遂，犯罪情节较轻等，一般都会判处较轻的刑罚，甚至缓刑。

在具体司法实践中，2013年上海法院审判的知识产权犯罪案件的具体特点是：犯罪主体主要表现为自然人犯罪，其中个体户、私营业主152人，无业人员235人，占全部被告人人数的57.2%；被告人的文化程度普遍偏低，多数为初中及以下文化程度；在非法经营罪、生产、销售伪劣产品罪和生产、销售假药罪定罪处罚的涉知识产权犯罪案件中，无业人员267人，占44.4%。由以上数据可以看出，知识产权犯罪的罪犯中多数文化程度相对较低，收入水平也较低。他们普遍法律意识比较淡薄，再加上我国知识产权法律保护一直存在着"制度安排在先，意识形态滞后"的现象，人们很难在意识上认识到知识产权犯罪的严重社会危害性，因此他们主观恶性并不高，且多数罪犯都是初犯。以闵行法院2013年审结的87名被告人为例，法院采纳初犯辩护的有84人，初犯率高达到96.6%。因此，有必要对这类罪犯实行更为宽缓的刑罚。2012 年 9 月 7 日,最高人民法院院领导到基层工作联系点广东省广州市南沙区人民法院调研时也强调:“知识产权审判要按照加强保护、分门别类、宽严适度的要求,努力实现法律效果、社会效果和政治效果的统一。”另外,目前的财产刑的处罚力度也在进一步加大,在 2013 年上海知识产权犯罪的罪犯中,除 4 名被告人被免予刑事处罚外,其余 673 名被告人均被依法单处罚金或者并处罚金,在经济上进一步剥夺犯罪分子的再犯能力和条件。因此,对于初犯的知识产权类罪犯,只要认真态度好,真心悔过,大部分都被判处了缓刑,以彰显宽严相济和刑罚谦抑性原则。

三、知识产权犯罪缓刑适用中存在的问题

缓刑的正确适用,可以体现惩办与宽大相结合的刑事政策,有效避免短期自由刑的弊端,感化教育犯罪人,避免许多罪犯因受狱内不良影响,再度陷入犯罪泥潭。但一味地强调从轻处罚尽量判处缓刑,一方面可能为犯罪分子继续危害社会创造了条件,另一方面也势必造成对犯罪的打击不力,有损于法律的严肃性,也有碍预防犯罪的效果。对知识产权犯罪中缓刑的适用,不仅要结合犯罪事实,罪犯犯罪前的表现,悔罪表现,犯罪动机等因素正确把握缓刑的适用,还要从国家科技体制改革、知识产权战略发展、缔约国际知识产权条约的义务履行及打击知识产权犯罪的总体态势等多方面把握好原则、掌握好尺度。从大多数知识产权犯罪适用缓刑的情况看,当前缓刑适用的总体情况并不存在违反法律的情形,也挽救了大批犯罪分子,取得了一定的社会效果。但纵观知识产权犯罪缓刑适用的各个方面,与生产、销售伪劣产品罪等大体相类似的犯罪缓刑适用相比,以及从知识产权国家战略长期发展相比,知识产权犯罪的缓刑适用还存在很多差距和问题。

1. 在宏观上,知识产权犯罪缓刑适用的刑事政策把握不太准确,该重未重、罚不当罪。知识产权犯罪的量刑不仅要考虑案件的事实、性质、情节、社会危害程度、法定刑设置、宽严相济刑事政策,还要考虑国家知识产权发展战略、不同时期本地区的经济社会发展和治安形势的变化,知识产权犯罪法定刑本身的设置以及与知识产权犯罪性质和危害后果大体相当类型犯罪的量刑情况。知识产权刑事司法保护的目的主要是通过打击犯罪在使知识产权人的合法权利得到保护的同时,促进国家创新发展战略的发展。因此,知识产权犯罪的缓刑适用率高达 80% 以上甚至更高,绝对是失之过宽,该重未重,是对宽严相济刑事政策的错误理解和适用,有失于司法的权威性,也不利于国家创新发展战略的发展和在国际上树立打击知识产权犯罪负责任的大国形象;必须调整知识产权犯罪刑罚适用的总体思路,分对象、分类别,需要判处实刑的,要坚决判处实刑,从而有效地遏制知识产权犯罪的上升势头。

2. 在中观上,缺少统一的知识产权犯罪缓刑量刑标准,法官个人意志对量刑影响过大。刑法规定的适用缓刑的原则性,决定了适用缓刑时必然伴随着较大的随意性和不统一性。根据对上海基层人民法院 2012 年 1 月 1 日至 2013 年 12 月 31 日审结的“销售假冒注册商标的商品罪”一审判处缓刑情况的分析,该罪名的缓刑适用率分别是:浦东 92.1%,杨浦 86.6%,黄埔

83.1%,徐汇81.5%,闵行77.9%,普陀74.3%,[①]可以看出上海不同法院对同一罪名缓刑适用标准是不统一,最高适用缓刑浦东法院和最低适用率的普陀法院差异有18%。根本原因还是由于缓刑适用条件太过原则,即"确实不再危害社会"的标准过于抽象。正因为如此,有些法院已经发现并正在逐步完善缓刑的使用,例如广东省高级人民法院制定出台了《关于正确适用缓刑的指导意见》,就对缓刑的具体适用作出了翔实的规定,内容较为科学,笔者很赞同最高法院颁布缓刑适用的指导性意见,同时建议上海法院可以出台知识产权犯罪缓刑适用的具体意见。用制度的方式规范可以有效杜绝因对法律理解的不统一而造成法律适用的不统一。

3. 在程序上,知识产权犯罪缓刑适用缺乏有效监督。首先,从我国司法实践看,人民法院在缓刑适用的裁判程序上,不同法院存在不同的要求:部分法院缓刑的适用是合议庭决定的结果,部分是审判庭讨论的结果,部分是报分管院长讨论的结果,也有是法院审委会讨论的结果。其次,由于既不存在缓刑适用的司法解释,也不存在知识产权犯罪缓刑适用实证标准,因此,社会公众一般也就无法对人民法院作出的个案缓刑适用做出是否妥当的判断。最后,检察机关对法院的缓刑判决缺少法律监督。近年来,人民法院缓刑适用率明显上升,而检察机关既没有对类案缓刑适用率明显上升会同法院进行分析,也没有对人民法院因为某个犯罪分子不恰当适用缓刑而提起抗诉,检察机关在知识产权犯罪缓刑适用问题上的法律监督权尚未有效积极行使。

4. 对知识产权犯罪缓刑犯考察监管流于形式,缓刑实际执行效果难以评估。在我国,缓刑的执行依法是由社区矫正机关负责执行。依照《刑法》第76条规定"被宣告缓刑的犯罪分子,在缓刑考验期限内,由社区矫正机关考察,所在单位或基层组织予以配合"。然而在实践中,由于诸多因素,导致对缓刑犯的考察流于形式,疏于监管,甚至缓刑期间又重新实施侵犯知识产权犯罪。就其原因是:第一,缓刑所给定考察内容过于空泛。考察内容还不够全面,还有些可能导致缓刑犯重新犯罪的外界条件、因素没有列入考察范围,如刑事判决中一般都没有知识产权犯罪缓刑犯不得参与知识产权活动相关的职业活动。第二,对缓刑犯的监督考察形同虚设。由于刑诉法对监督考察内容规定的过于原则化,相比一些西方国家的缓刑社区服务、义工等制度相比,操作性相差甚远,缺少一套对犯罪分子进行有效矫正的机制。第三,法定的考察权由社区矫正机关行使,所在单位及基层组织予以配合,然而由于规范上的笼统,缓刑考察义务无法做到社会化,致使放任自流的现象大量存在,导致重新再犯。

四、对完善知识产权犯罪缓刑适用的思考与建议

"法律的生命在于它的实行。"如何真正地将知识产权犯罪缓刑制度的适用在司法实践中落到实处,如何进一步对其完善、改进是我国司法界目前面临的一个课题。我们认为,必须根据我国的刑事政策和国家知识产权战略,结合知识产权犯罪的特点,明确知识产权犯罪刑罚的定位,制定相应的统一的知识产权缓刑适用规则,严格缓刑适用程序,加强知识产权犯罪缓刑的

① 九章决策方法研究所:《关于"销售假冒注册商标的商品罪缓刑适用问题"实证分析》,2014年7月。

监管,最终达到罚当其罪、教育改造、预防犯罪和促进和保护知识产权发展的目标。

1. 正确把握知识产权犯罪缓刑适用的刑事政策。在缓刑适用的刑事政策上,应当重点把握:(1)知识产权犯罪与生产销售伪劣产品罪判处7年以下有期徒刑、非法经营罪判处5年以下有期徒刑的罪犯的缓刑适用率应当基本相当。不能因为某个罪名的法定刑设置较轻,该类犯罪就绝大部分都判处缓刑,如3年以下的盗窃,危险驾驶罪等,司法实务中缓刑适用率也很低,尤其是属于与生产销售伪劣产品罪或者非法经营罪的知识产权犯罪,即使有其他从宽量刑情节,也要慎重把握缓刑的适用。(2)对于主犯、从事犯罪时间长、犯罪金额特别巨大、社会影响特别大的,原则上不适用缓刑。对于知识产权共同犯罪中的造意犯,多年专门从事知识产权犯罪,知识产权犯罪生产、加工、销售形成一条龙产业的,知识产权犯罪已售数额特别巨大的、社会影响特别巨大或者恶劣的,原则上都不应该判处缓刑。(3)因侵犯知识产权被刑事处罚或者行政处罚后再次侵犯知识产权构成犯罪、拒不交出违法所得、不具有悔罪表现的,原则上不应当适用缓刑。犯罪后的悔罪表现是反映一个人人身危险性的一个重要表现,因此,对于犯罪后没有悔罪表现的,就不应该适用缓刑。(4)对于从事生产假冒他人注册商标食品、药品、安全产品或者涉及侵犯专利的药品、安全产品的犯罪原则上不予适用缓刑。犯罪对象是影响量刑的一个重要因素,而食品、药品、安全产品更是涉及社会公众最基本安全的重要产品,对此类假冒产品,不仅仅是侵犯的商标权,同时也给社会公众心理造成严重的影响,因此,此类知识产权犯罪,原则上不应当考虑缓刑。

2. 建立知识产权犯罪的量刑标准,细化缓刑适用条件。在法律规范上需要进一步完善知识产权犯罪缓刑的适用条件。知识产权犯罪7个罪名,每个罪的第一档法定刑都是3年以下有期徒刑或者拘役。对于判处3年以下有期徒刑或者拘役的知识产权犯罪人,如果不是因侵犯知识产权被刑事处罚或者行政处罚后再次侵犯知识产权构成犯罪的、行为人也具有悔罪表现和交出违法所得的,只要不是主犯和侵犯特殊类型的知识产权犯罪,犯罪情节较轻,暂不执行刑罚不致危害社会的,一般都可以依法宣告缓刑。如果行为不具备上述条件,或者犯罪既遂应当判处3年以上刑罚的,原则上都应当判处实刑。对于应当在3年以上7年以下法定幅度内量刑,但有具有自首、立功、未遂、坦白等法定或者酌定量刑情节的,依照最高人民法院相关量刑规范处理。

3. 完善知识产权犯罪缓刑适用程序。适当增加知识产权缓刑适用程序,增加检察机关和社会参与度,减少法官个人适用的随意性。程序公正即可排除在选择和适用法律过程中的不当偏向,又能保障法律准确适用,程序公正是实体公正最有力的保障。我国缓刑制度没有设置程序性规范,不得不说是一个重大缺陷,很大程度上影响着缓刑裁量的公正性和准确性。在英美法系的一些国家,为了保障缓刑适用的准确性,专门设有缓刑官,法律要求缓刑官对案件的判决提供判决前报告,提出评估案犯是否适宜监禁刑还是适宜缓刑的建议,而且美国缓刑法官的建议与法官各方面意见的裁量关系是极为紧密的。笔者建议,在我国目前的量刑制度下,检察机关应当在起诉书的求刑部分明确增加是否适用缓刑的程序,对缓刑问题单独提出缓刑建议及评估,再提交公诉,作为合议庭是否适用的依据。而法院在知识产权犯罪缓刑适用中,建议将案件报经审委会讨论作为适用缓刑的必经程序,同时加大裁判文书向社会公开的力度,加强社会对法院缓刑适用的监督。

4. 完善知识产权犯罪缓刑考察方式,增加考察内容,加大社区矫正力度。“刑罚种类的轻缓化,处罚的轻型化、开放化是刑法发展的进步表现及必然结果。”缓刑作为刑罚执行的一种变通方式,其宗旨就是通过将罪犯放置于社会,通过矫正,使其不再重新犯罪。对知识产权缓刑犯的监考和考察,目的是为了帮助罪犯不再重新犯罪。所以法院在缓刑判决时,应当将其不可能再参与侵犯知识产权行为纳入考察的对象,作为社区矫正机关和检察机关监管和考察的重点内容;如果考察期间,行为人继续参与知识产权违法行为或者从业禁止行为,法院就应当撤销缓刑判决,执行其原判刑罚。

关于老字号知识产权保护的调研

浙江省高级人民法院联合课题组①

导 言

早期的字号是经营者为招揽生意而用于店堂牌匾、招幌的名号。我国有记载的字号最早出现在北宋,自明清两代以来,随着城市商业经济的日趋繁荣,字号得到较大的发展。尤其是近代以来,餐饮、零售、食品、医药等行业的各类字号广泛存在。其中不少字号凭借独特的文化传统、独到的经营理念、独家的加工工艺,历经百年而经久不衰,故被冠以“老字号”的称谓,如胡庆余堂、张小泉、知味观等。这些老字号不仅是经营者的“金字招牌”和商誉载体,更是我国传统文化的瑰宝和商业文明的成果,是弥足珍贵的无形财产。

为促进老字号发展,弘扬商业文化,原国内贸易部在1991年开展了“中华老字号”的认定工作,在1万多家老字号企业中挑选1600余家授予“中华老字号”称号。2006年,商务部发布了《“中华老字号”认定规范(试行)》,并提出“振兴老字号工程”方案,截至目前,全国共重新认定“中华老字号”1128家,其中浙江省共有“中华老

① 课题主持人:浙江省高级人民法院副院长徐杰、刘合华。课题组成员:浙江省高级人民法院知识产权审判庭庭长周根才、副庭长应向健、审判员王亦非、助审员何琼、李臻、陈为、王磊;金华市中级人民法院副院长邵永龙、知识产权审判庭庭长卢圣香、助审员朱鸣;宁波市中级人民法院知识产权审判庭副庭长张良宏、助审员邓梦甜;湖州市中级人民法院知识产权审判庭副庭长朱莹;浙江工业大学法学院讲师吴海燕。

字号”91 家。同时,浙江省商务厅(原省经贸委)自 2008 年至 2014 年期间,分四批认定“浙江老字号”412 家。

然而,老字号认定工作的积极开展,却难掩老字号的经营困境。我国老字号历经“家族所有——公私合营——国家所有”等多种体制转换,当前又面临市场经济条件下转型和发展的严峻挑战,经营状况不容乐观。根据我省老字号企业协会的统计,2013 年有 36 家处于亏损状态,34 家销售额不超过 100 万,各占老字号企业总数的 8.7% 和 8.2% ,5 家浙江老字号因拆迁、经营亏损等原因处于停业状态。在老字号面临的诸多困境中,知识产权保护问题十分突出。老字号聚合了字号、商标、商品名称等多种商业标识类知识产权,并已形成了良好的声誉,故假冒老字号“金字招牌”的侵权现象层出不穷,老字号在国内外被抢注的事件也屡见报端。涉及老字号的知识产权权属争议、权利冲突、显著性弱化问题屡见不鲜,老字号知识产权保护机制尚未健全。如何明晰老字号知识产权纠纷的裁判规则,健全老字号知识产权保护机制,已成为当前知识产权审判亟须研究的重要问题。因此,就老字号知识产权保护问题展开调研,对于破解老字号知识产权保护困局,完善老字号知识产权保护机制,引导具有自主知识产权的老字号创新发展,具有重要的现实意义。

一、老字号概述

(一)老字号的概念

1. 字号的概念

字号自近代开始进入知识产权法的保护范畴,并侧重从制止不正当竞争的角度加以保护。《保护工业产权巴黎公约》最先将字号纳入知识产权国际保护体系,规定字号属于工业产权的保护客体。① 我国尚无关于字号的专门立法,在现行法律规范体系中,仅有《民法通则》在法律层面上采用了“字号”的表述,即第 26 条、第 33 条规定个体工商户和个人合伙可以起字号,但《民法通则》并未明确字号的含义,以及字号与第 37 条中的法人“名称”的关系。《反不正当竞争法》第 5 条规定经营者不得擅自使用他人的企业名称,但对于字号的反不正当竞争保护问题未作规定。《企业名称登记管理规定》是我国专门规定企业名称的行政法规,其第 7 条规定:“企业名称应当由以下部分依次组成:字号(或者商号)、行业或者经营特点、组织形式。企业名称应当冠以企业所在地省或者市或者县的行政区划名称。”该规定已成为界定字号概念的基本规范依据,根据该规定,企业名称是表明企业的注册地、字号、行业、财产责任形式或组织形式等特点的全称,而字号则是企业名称的下位概念,也即企业名称的构成要素之一。② 与国外以字号为中心的立法思路不同,我国采用了以“企业名称”为中心的规范体例。③ 本调研报告也循此体例,将字号定义为用以区分经营主体的商业标识。④ 基于字号是企业名称中最

---

① 该公约第 1 条第(二)项规定,工业产权的保护对象是专利、实用新型、外观设计、商标、服务标记、商号、货源标记或原产地名称以及制止不正当竞争。其中商号(trade name),即指字号。

② 如我国关于商号的第一个地方性立法《浙江省企业商号管理和保护规定》第 3 条依据《企业名称登记管理规定》明确了字号的定义:“本规定所称企业商号,即字号,是指企业名称中除行政区划、行业或者经营特点、组织形式外显著区别于其他企业的标志性文字。”

③ 蒋虹:《论商号及其法律保护》,华东政法大学 2011 年博士学位论文。

④ 商业活动中具有识别性或区分性的标识,统称为商业标识。参见孔祥俊:《商标与不正当竞争法原理和判例》,法律出版社 2009 年版,第 21 页。

具识别意义的构成要素,《最高人民法院关于审理不正当竞争民事案件应用法律若干问题的解释》第6条规定,具有一定的市场知名度、为相关公众所知悉的企业名称中的字号,可以认定为反不正当竞争法第5条第3项规定的"企业名称"。①

2. 老字号的概念

老字号并非严格意义上的法律术语,而是在字号概念基础上衍生出的特定称谓。老字号之所以被冠以"老"字,是因为其具有悠久的传承历史,并且形成了特有的品质,承载着良好的声誉。2006年商务部出台的《"中华老字号"认定规范(试行)》中规定了"中华老字号"的定义,即指历史悠久,拥有世代传承的产品、技艺或服务,具有鲜明的中华民族传统文化背景和深厚的文化底蕴,取得社会广泛认同,形成良好信誉的品牌。该规范将老字号界定为品牌,实际是把老字号作为由名称、术语、标记、符号、图案或其组合而形成的用于区别市场上其他产品和服务的无形资产。②该定义体现了老字号所具有的丰富内涵,但并未对老字号的法律属性作出定性。我们认为老字号系从字号衍生出的特定称谓,应以主体名称为上位概念,将老字号的定义为,创办已有一定时期,拥有世代传承的产品、技艺或服务,具有较高知名度和良好信誉的经营主体名称。

3. 与老字号相关的知识产权

虽然将老字号界定为经营主体名称,但围绕老字号的相关知识产权并非仅限于主体名称范畴。随着商品经济的发展和商业标识类型的多样化,老字号的相关权利已从招牌字号扩展到商标、知名商品特有名称、域名等领域。

老字号企业在传统商业活动中,重"招幌"、轻"商标"。③ 但在现代商业活动中,商标已成为使用最普遍、最为公众所知、保护力度最强的商业标识,《"中华老字号"认定规范(试行)》所规定的"中华老字号"认定条件即包括"拥有商标所有权或使用权",目前很多老字号已被注册为商标。如"张小泉"、"雪舫蒋"等既是注册商标,也是"中华老字号"。

当老字号企业将其字号用于商品名称乃至包装、装潢,且形成相应的知名度和区别性时,则会产生知名商品特有的名称、包装、装潢权益。如张锠、张宏岳、北京泥人张艺术开发有限责任公司与张铁成、北京泥人张博古陶艺厂、北京泥人张艺术品有限公司不正当竞争纠纷案(以下简称"泥人张"案)④的再审判决指出,"泥人张"具有多种含义和用途,承载多种民事权益,已从特定人群的称谓发展到反不正当竞争法意义上的知名商品(包括服务)的特定名称。

随着互联网的普及与全球电子商务的发展,域名作为企业的网络地址,已成为企业在互联网上进行展示、宣传和销售等一系列活动的重要商业标识,被称为"企业的网上商标"。⑤ 在山东宏济堂制药集团有限

① 该司法解释规定的起草理由是:"企业名称通常是由行政区划、字号、行业或者经营特点以及组织形式诸多元素构成的,其中,字号最具识别意义,使用具有知名度的企业名称中的字号与使用企业名称产生同样的结果;且经济生活中对于涉及企业名称的仿冒行为或者权利冲突,通常都是因为使用企业名称中的字号而引起。"参见沈德咏主编:《知识产权司法解释理解与适用》,法律出版社2009年版,第314页。

② 宋晓亭:《谈老字号中的知识产权问题》,载《电子知识产权》2009年第9期。

③ 郑成思:《知识产权论》,法律出版社2007年版,第5页。

④ 最高人民法院(2010)民提字第113号。

⑤ 吴晓玲:《域名纠纷的法律经济学分析》,载《当代法学研究》2000年第2期。《中国互联网络域名管理办法》第3条第1项对域名的定义是:互联网络上识别和定位计算机的层次结构式的字符标识,与该计算机的互联网协议(IP)地址相对应。

公司与山东宏济堂阿胶有限公司、栗冠芳侵犯商标权、不正当竞争纠纷案①(以下简称“宏济堂”案)中,原告的权利基础即包括其根据老字号“宏济堂”所注册的域名。

因此,作为本调研研究对象的“老字号知识产权”,即与老字号相关的知识产权,是以字号为基础,涵括商标、知名商品特有名称包装装潢及域名等商业标识权利的混合性知识产权。

(二)近年来老字号知识产权案件的审理情况

2008 年 1 月至 2014 年 5 月,我省法院共受理涉老字号知识产权案件 128 件,结案 112 件。其中,老字号作为原告的知识产权案件共 120 件,以调解撤诉方式结案共 88 件,老字号诉请得到支持的案件共 86 件。我省法院审理的老字号知识产权案件呈现出以下几个特点:

1. 各地法院受理案件数量不均

2008 年至 2014 年,我省受理老字号知识产权案件最多的地区分别是杭州地区 42 件,湖州地区 25 件,宁波地区 21 件。而台州、衢州地区则无该类案件。这与老字号的地区分布情况具有相关性。商业历史底蕴深厚、拥有老字号较多的杭州、湖州、宁波地区,同时也是老字号知识产权案件较多的地区,而老字号较少的衢州等地则没有老字号知识产权案件发生。

表 1　2008 ~ 2014 年老字号知识产权案件数量情况

	收案		结案		调解、撤诉结案		诉请得到支持	
	老字号作原告	老字号作被告	老字号作原告	老字号作被告	老字号作原告	老字号作被告	老字号作原告	老字号作被告
杭州	37	5	37	5	24	3	24	2
湖州	25	—	13	—	13	—	13	—
宁波	21	—	21	—	21	—	21	—
温州	14	—	11	—	11	—	11	—
嘉兴	14	1	13	1	12	1	8	1
金华	7	—	7	—	6	—	7	—
绍兴	1	1	1	1	1	—	1	1
丽水	1	—	1	—	—	—	1	—
舟山	—	1	—	1	—	—	—	—
总计	120	8	104	8	88	4	86	4

注:诉请得到支持的案件数既包括全部得到支持,也包括部分得到支持;既包括通过判决得到支持,也包括通过调解、和解方式得到支持。

2. 案件调撤率和老字号胜诉率均较高

2008 年至 2014 年,我省老字号知识产权案件的调撤率为 71.88%,高于同期一般知识产权案件的调撤率,考虑到老字号知识产权纠纷往往涉及复杂的历史因素,以调解和和解撤诉方式结案可以更好地实现涉诉主体的包容发展。同时,老字号作为原告的知识产权案件中,老字号的胜诉率

① 山东省高级人民法院(2013)鲁民三终字第 2 号。

达到71.67%，反映了我省对老字号知识产权的司法保护力度较强。

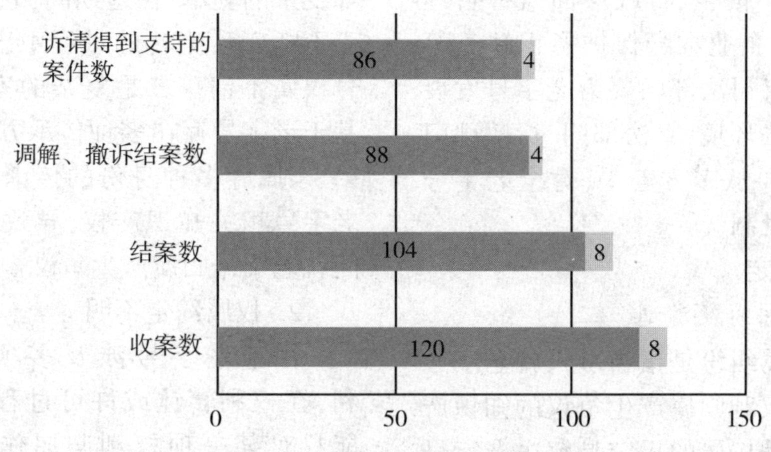

图1　2008～2014年老字号知识产权案件结案情况

3. 涉及商标的案件类型居多

老字号知识产权案件类型中，商标案件达到117件，占全部案件数量的92%，著作权案件6件，不正当竞争案件2件，其他案件（均为企业名称使用合同纠纷）3件，没有专利案件。老字号知识产权案件类型情况系由老字号的商业标识属性所决定，且商标已成为使用最为普遍和仿冒情形最为严重的商业标识，故商标案件占绝对多数，而涉及技术方面的专利案件则没有发生。

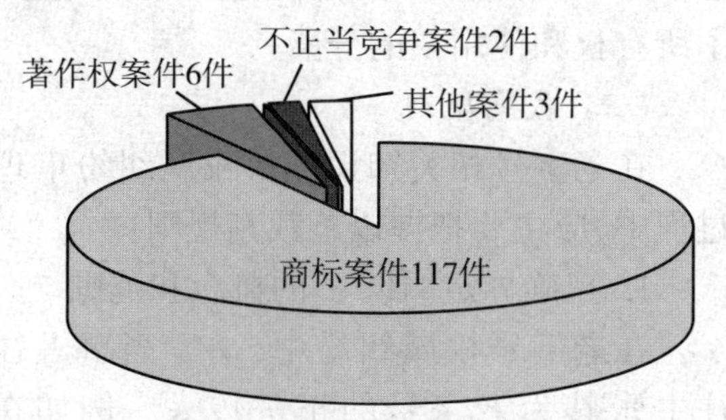

图2　2008～2014年老字号知识产权案件类型情况

（三）老字号知识产权案件存在的法律问题

通过对我省法院审理的老字号知识产权案件，及全国范围内具有典型意义的老字号知识产权案件的调研分析，我们发现该类案件存在以下法律问题：

1. 权属不明晰

老字号权属的界定是解决老字号知识产权纠纷的基础。但由于老字号传承谱系的复杂化、公私合营等历史原因，使得大量老字号的权属并不明晰。

2. 权利冲突

由于字号、商标、知名商品特有名称等权利的取得是依据不同的知识产权法律规范，产生方式也有所不同，使得不同商业标识之间容易产生权利冲突。

3. 显著性弱化

如果老字号自身管理不善，或者老字号为其他经营者不当使用，就会弱化老字号与权利主体之间的特定联系，影响老字号的商业标识功能，甚至会导致老字号退化为某一类商品或服务的通用名称。故在部分老字号知识产权案件中，会涉及对弱化行为的规制及对通用名称的判定问题。

4. 保护机制不完善

由于历史发展和社会转型，我国老字

号知识产权保护机制尚不完善,存在立法层面制度规范不健全、行政层面监督管理不规范、老字号企业本身保护意识缺乏等问题。因此不仅司法部门要为老字号发展创造良好的司法环境,立法部门、行政部门和企业自身也要从多方着手,健全老字号知识产权保护机制。

二、权属界定

(一)权属纠纷及类型

老字号权属纠纷是指当事人就老字号相关知识产权权利归属产生争议的知识产权纠纷。老字号权属的界定是解决老字号相关知识产权纠纷的基础。我们在调研中发现,老字号权属界定方面存在诸多问题。例如:宁波地区约三分之一的老字号企业存在老字号与企业名称、注册商标不一致的情形;"传人"的概念和权益不明确;老字号企业名称、商标和域名抢注情形多发,导致老字号知识产权归属的模糊;老字号企业对于老字号相关知识产权保护意识不强。

老字号权属纠纷主要包括以下几种类型:一是老字号"传人"之间的权属纠纷。二是老字号"传人"与字号或商标所有人之间的权属纠纷。三是字号所有人与使用人之间的权属纠纷。如围绕"王老吉"产生的知识产权纠纷。四是老字号国内权利人与域外权利人之间的权属之争。如因"王致和"商标在德国被抢注所引发的知识产权纠纷。

(二)权属纠纷产生原因

1. 历史变迁复杂

一是公私合营、企业改制等历史原因。新中国成立前许多老字号属于个体经营,公私合营后这些老字号全部转由国有或者集体所有企业经营,改革开放后,这些企业又经历了改制或者承包、转让、合并、分立等复杂的变革,在这期间,老字号权属也处于不断变动流转的过程中,往往导致老字号权属不清。二是复杂的家族传承关系。基于老字号存在多种传承方式,继承人、徒弟、亲属等多种身份的传承人均可能主张老字号相关知识产权,导致多个传承人之间就老字号归属产生争议。

2. 权属约定不明

由于老字号涉及多项商业标识权利,在权利转让或许可过程中,当事人可能只对某一项权利归属作出约定,而未涉及其他知识产权。例如,在"王老吉"系列案件中,"王老吉"商标的归属虽然是明确的,但当事人在许可使用过程中,未对围绕王老吉商标而衍生的商品包装、装潢权益的归属作出约定,从而引发了多起纠纷。

3. 保护意识不强

老字号企业普遍缺乏知识产权保护意识,难以对自身的知识产权进行有效保护,在企业转制、权利继承或知识产权转让许可过程中,往往未明晰权利归属。此外,一些老字号企业由于自身经营不力,被迫将老字号相关知识产权转让他人经营,造成了所有权和使用权的分离。

(三)裁判规则

在老字号相关知识产权权属纠纷审理过程中,应主要把握以下裁判规则:

1. 正确界定"传人"的概念和范围

在老字号权属纠纷中,一方当事人往往主张其为老字号的正宗传人。例如在"泥人张"案中,张锠、张宏岳分别主张其为创始人张明山的"后人",同时也是"泥人张"第四代和第五代"传人";在吴国城等与上海三联(集团)有限公司吴良材眼镜公司企业字号权纠纷案①(以下简称“吴良材”案)中,吴国城、吴自立等分别主张其为“吴良材”第五代和第六代“后人”。老字号的传人是否必须是老字号创始人的亲属?是否可以扩展到外姓传人?我们认为,应当明确区分“后人”与“传人”的概念,后人不一定是传人。在“泥人张”案的判决中,最高院认为,对此问题可以参照我国《非物质文化遗产法》第二十九条的规定,非物质文化遗产代表性项目的代表性传承人应当符合下列条件:熟练掌握其传承的非物质文化遗产;在特定领域内具有代表性,并在一定区域内具有较大影响;积极开展传承活动。可见,判定传承人的条件不是亲缘关系,而是主要看上述三个条件是否具备。

2. 重点审查历史变迁因素

查明老字号实际使用及历史变迁情况是审理老字号权属纠纷的重要一环。一方面,这类事实的查明可以帮助法官明确老字号知识产权的权利内容。例如在“泥人张”案中,最高院通过查明“泥人张”老字号的使用历史和现状,认为“泥人张”已从一种对特定人群的称谓逐渐演化成对特定泥塑技艺和创作、生产的作品的称谓。这种对使用情况和传承历史的梳理在最终确定“泥人张”是一种知名商品特有名称的过程中不可或缺。另一方面,对该种事实的查明可能直接关系到权利归属的认定。例如在“吴良材”案中,“吴良材”家族传人请求确认其享有“吴良材”字号的使用权,并判令上海三联商业集团停止使用“吴良材”商标。上海二中院经审理后认为,上海三联商业集团长期使用涉案字号,已经脱离吴良材个人而成为企业名称,在一般情况下,企业名称权随着企业整体的转让而转让,故吴良材家族传人不享有“吴良材”字号的使用权。与此不同的是,在“宏济堂”案中,山东宏济堂制药集团有限公司以商标侵权及不正当竞争为由起诉山东宏济堂阿胶有限公司。山东高院经审理认为,“宏济堂”为济南本土的中药老字号,历经分立、合并、整合、改制和更名等多次调整后分立为山东宏济堂制药集团有限公司和山东宏济堂医药集团有限公司,后者又投资设立了山东宏济堂阿胶有限公司,该纠纷系基于历史原因和母子公司关系产生,山东宏济堂阿胶有限公司使用“宏济堂”字号具有合理性,不构成侵权。

3. 综合认定历史传承证据

在老字号权属纠纷中,当事人为了证明其享有老字号知识产权,往往会提交大量报刊、图书等公开出版物。不同类型出版物的性质不同,其作为证据的证明力也有所不同。比如,人物宣传类文章容易受到被宣传人物的影响,新闻报道类文章虽然以客观中立为其导向,但现实中也存在虚假失实的情况,因此这两类文章一般不宜单独作为认定相关事实的依据。地方志类图书作为全面系统地记述本地区自然、政治、经济、文化和社会的历史与现状的资料性文献,其编纂本身要求存真求实、全面客观,其记载的内容可信度较高。专业学科历史类图书作为对过去事实的反映,也具有较强的证明力。此外,要注意不同出版物对相同事项的描述是否具有一致性,如果不同出版物对相同事项的描述内容不一致,则该证据证明力就较弱。

三、权利冲突

(一)权利冲突及类型

本调研所指的老字号权利冲突是指原

① 上海市第二中级人民法院(2001)沪二中知初字第81号。

告依据其享有的老字号权利提出诉讼请求,而被告以行使自己享有的知识产权为由进行抗辩的情形。老字号权利冲突存在多种形式,包括字号权之间,以及字号权与商标权、域名权、著作权、地理标志的冲突等。实践中,大量存在并具有典型意义的是字号权之间以及字号权与商标权的冲突。近年来,字号权与商标权"撞车"的情形屡见不鲜,其中又主要分为几种情况:一是在他人在先字号的登记地域之外登记与之相同或近似的字号,导致在先字号与在后字号发生冲突,如"万隆"、"毛源昌"等老字号因具有较高的商标价值,而被他人在异地登记了相同的字号;二是将与他人在先注册的字号相同或相似的文字注册为商标,导致在先字号与在后商标发生冲突,如杭州张小泉集团有限公司与上海张小泉刀剪总店、上海张小泉刀剪制造有限公司商标侵权纠纷案件①(以下简称上海张小泉案);三是将他人注册商标相同或相似的文字作为字号注册使用,导致在先商标与在后字号发生冲突,如舟山顾鹤传骨伤医院有限公司与舟山顾氏骨伤医院有限公司商标侵权纠纷案件②(以下简称顾氏案)。对与老字号有关的权利冲突进行研究,应当在诚实信用的基础上,划清各自权利领域,协调权利关系,促进老字号知识产权的健康发展。

(二)权利冲突纠纷产生原因

造成老字号权利冲突的原因是多方面的,涉及字号的自然属性、法律属性、市场属性与历史沿革等多个因素。由于字号与商标冲突在司法实践中的典型意义,下文主要以字号之间及字号与商标之间的冲突为例展开分析,阐述权利冲突的原因及相应的裁判规则。

1. 字号权行政保护范围过窄

我国企业名称制度实行的是核准注册制和企业分级管理制,作为企业名称的组成部分,对字号的保护限定在同一行政区划或相同行业。首先,《企业法人登记管理条例》第10条规定:"企业法人只准使用一个名称,企业法人申请登记注册的名称由登记主管机关核定,经核准登记注册后在规定范围内享有专用权。"据此,对企业名称实行的是按地域登记管理制度,检索范围仅限于本地,不同地区的不同企业可以使用相同的名称。这种将字号的专用权局限在登记机关辖区内的规定,使得市场主体的商业活动和知名度超过登记机关辖区范围时,就无法得到有效的行政保护,从而易产生字号之间的权利冲突。其次,对于在同一行政区划内不同行业的字号相同或近似的情形,法律亦未禁止。但现实中,许多企业都是一业为主,多种经营,如果不加限制地允许企业字号相同,就容易发生对商事主体的混淆误认,或者产生淡化字号的后果。

2. 文字相同的字号与商标易混淆

字号是用于区别经营者的企业名称的核心组成部分;商标是区别商品或者服务来源的,主要由文字、图形或者其组合构成的,具有显著特征的标识。字号与商标同为商业标识,通过不同的方式分别发挥着区分商事主体或商品来源的功能,当商标主要由文字构成时,就容易导致商标和字号的混淆,从而发生权利冲突。

3. 字号与商标保护制度不协调

字号主要由《企业名称登记管理规定》

① 上海市高级人民法院(2004)沪高民三(知)终字第27号。

② 浙江省高级人民法院(2011)浙知终字第39号。

予以界定和规范，并分别由各地各级工商行政管理部门进行登记和管理。商标权则主要由《商标法》进行调整，由国家工商总局商标局进行统一授权。两种权利的规范层级不同、审查管理部门不同，信息资源无法共享，导致字号与商标易于发生冲突。

4. 权利行使不规范

权利的不规范行使体现在两个方面。一是对企业名称的不规范使用，权利主体在商品中标注企业名称时，以特殊、醒目的颜色或字体等方式突出使用与他人商标相同或相似的字号，或仅标注字号而不标注企业名称的全称，导致与他人注册商标相同或近似。二是对商标的不规范使用，商标权人在经营活动中仅使用注册商标的一部分，增加或者减少相关文字，造成与他人的字号相同或相似。

（三）裁判规则

解决老字号权利冲突关键在于在市场经济条件下应当如何规范使用商业标识以及促进市场公平竞争。由于这类案件往往涉及众多因素，因此，应当在充分考虑和尊重相关历史事实的前提下，根据公平、诚实信用的法律原则，合理解决争议，以促进老字号的健康发展。我们认为，对于老字号权利冲突案件的审理，应当遵循以下几项原则：

1. 保护在先权利

保护在先权利是指在同一客体上存在多个权利发生冲突时，根据权利取得的时间先后顺序，优先保护在先取得的权利，在后权利的设立、行使不得侵害他人的在先权利。保护在先权利原则已在诸多知识产权法律法规和司法政策中予以明确。《国家工商行政管理局关于解决商标与企业名称中若干问题的意见》第6条规定：“处理商标与企业名称的混淆，应当适用维护公平竞争和保护在先合法权利人利益的原则。”《与贸易有关的知识产权协议》（TRIPs协议）第16条规定：“商标权不应损害任何已有的在先权，也不得影响成员使用而确认效力的可能。”可见，保护在先权利原则是处理权利冲突的一般共识。

在上海张小泉案中，杭州张小泉集团和上海张小泉刀剪总店都是制造剪刀的企业。1999年3月，杭州张小泉集团以上海张小泉刀剪总店在企业名称中使用“张小泉”字号以及在产品标识上使用“张小泉牌”、“上海张小泉”字样的行为侵犯杭州张小泉集团的“张小泉”、“张小泉牌”注册商标权为由向上海二中院提起诉讼，后经上海高院二审审理，认定上海张小泉刀剪总店的行为不构成侵权。在该案中，上海高院即依据保护在先权利原则作出判决。法院认为，杭州张小泉集团于1964年注册“张小泉牌”商标，上海张小泉刀剪总店的企业名称于1956年登记，杭州张小泉集团的注册商标与上海张小泉刀剪总店的企业名称的使用时间均达数十年之久。由于上海张小泉刀剪总店的“张小泉”字号的登记使用远远早于杭州张小泉集团“张小泉”、“张小泉牌”注册商标的注册时间。因此，根据保护在先权利的原则，杭州张小泉集团不能以在后取得的注册商标禁止在先取得的字号的继续使用，故上海张小泉刀剪总店在企业名称中使用“张小泉”文字不构成对杭州张小泉集团“张小泉”及“张小泉牌”注册商标的侵害。

2. 禁止市场混淆

禁止混淆原则要求权利人在行使权利时，不得使相关公众对提供的商品或者服务来源产生混淆误认。混淆有两种形式：

一种是直接混淆,即消费者无法分辨或混同两个事实上来自不同企业的商品;另一种是间接混淆,即消费者知道某一商品不可能由某一企业生产,但却可能认为该企业与实际生产者之间存在某种联系。《最高人民法院关于审理不正当竞争民事案件应用法律若干问题的解释》第 4 条规定:“足以使相关公众对商品的来源产生误认,包括误认为与知名商品的经营者具有许可使用、关联企业关系等特定联系的,应当认定为反不正当竞争法第五条第(二)项规定的‘造成和他人的知名商品相混淆,使购买者误认为是该知名商品’。”《最高人民法院关于审理商标民事纠纷案件适用法律若干问题的解释》第 1 条第 1 项明确了将与他人注册商标相同或者近似的文字作为企业的字号在相同或者类似商品上突出使用,容易使相关公众产生误认的,属于《商标法》第 52 条第 5 项规定的给他人注册商标专用权造成其他损害的行为。其中的“突出使用”是指将与商标权人注册商标文字相同或相近似的字号从企业名称中脱离出来,在字体、大小、颜色等方面突出醒目地进行使用,使人在视觉上产生深刻印象的行为。

判断字号与商标是否造成消费者混淆,应该以侵权行为发生时的有关事实为依据,同时还应当考虑以下因素进行综合判断:销售商品或者提供服务的渠道与方式;是否有证据证明已经造成了实际混淆;被告是否具有利用或者损害他人商誉的故意等。[①] 在上海张小泉案中,上海高院虽判决上海张小泉刀剪总店不构成侵权,但同时为避免相关公众对杭州张小泉集团与上海张小泉刀剪总店的商品产生误认,保证杭州张小泉集团的注册商标与上海张小泉刀剪总店的企业名称都能在市场上正当合法地使用,今后上海张小泉刀剪总店应在商品、服务上规范使用其经核准登记的企业名称。后杭州张小泉集团发现上海张小泉刀剪总店仍然在其产品以及包装、标牌上直接使用“上海张小泉”字样标识,又于 2005 年向杭州中院提起诉讼,请求判令上海张小泉刀剪总店立即停止侵权行为。经审理,浙江高院判决上海张小泉刀剪总店构成商标侵权。[②] 法院认为,由于历史的原因,上海张小泉刀剪总店企业名称中的字号与杭州张小泉集团的注册商标文字相同,双方生产的产品也相同。在这种情况下,从诚实信用角度讲,为了使消费者更好地区分两者的产品,上海张小泉刀剪总店理应规范地使用其企业名称,但是,上海张小泉刀剪总店仍在其产品的包装盒侧面及产品本身刀身上显著、醒目地标注了“上海张小泉”字样,与其“泉”字牌商标相比,“上海张小泉”颜色深、字体大,显然是弱化其本身的商标而随意简化并突出使用其企业名称字号,虽然其在包装盒背面底部标明了企业名称全称,但从产品及包装整体来看,容易造成双方当事人之间产品、杭州张小泉集团商标和上海张小泉刀剪总店企业名称的混淆。因此,上海张小泉刀剪总店不规范使用企业名称的行为,违反了禁止混淆原则,从而构成商标侵权。此案判决充分体现了禁止混淆原则在解决权利冲突问题中的运用,对于其他与此情况相似的老字号纠纷的审理具有借鉴意义。

3. 尊重历史因素

老字号的知名度和声誉都是在漫长的

---

① 参见黄晖:《商标法》,法律出版社 2004 年版,第 285 页。

② 浙江省高级人民法院(2006)浙民三终字第 78 号。

历史过程中形成的,故权利冲突的产生往往存在特定的历史背景,不能机械适用相关法律条文来处理纠纷。对于老字号权利冲突案件的处理,应当尊重历史因素,这既是个案利益平衡的需要,也是获得良好社会效果的司法要求。对于因历史原因造成的权利冲突,当事人不具有恶意的,应当视案件具体情况,在考虑历史因素和使用现状的基础上,公平合理地予以解决,不宜简单地认定构成商标侵权或者不正当竞争。同时,对那些由于历史原因,使用时间较长、已建立较高市场声誉和形成特定消费群体的老字号知识产权,应从公平角度出发,尊重历史和维护业已形成的市场格局。

在审判实践中,对历史因素的考量具体包括:企业的历史沿革,字号或商标的存续转移关系,使用者是否存在家族渊源,以及取得及使用标识时的主观状态等。如在顾氏案中,法院认为,原告顾鹤传医院注册的"顾氏 1842"商标合法有效,其专用权应受法律保护。被告顾氏医院在相同地域,类似医疗服务企业名称中使用该商标中的"顾氏"文字作为字号,容易使相关公众对两者的服务来源产生混淆。但是,顾鹤传医院的主要投资人及法定代表人顾岳全与顾氏医院的投资人之一顾鹤良及法定代表人顾鹤鸣的父亲顾伦隆和顾伦寿为亲兄弟。根据《舟山卫生志》的记载,双方父辈共同祖辈顾智银(1842~1903)早在清光绪年间就运用中草药疗伤,名闻乡里,后传子顾显存(1868~1942),顾显存又传子顾颐兴(1888~1967),顾颐兴又传子顾伦定、顾伦隆和顾伦寿。顾伦隆之子顾岳全,顾伦寿之子顾鹤良、顾鹤鸣均从父辈传承了运用中草药治疗骨伤的医术,各方也一直使用"顾氏"字号在舟山地区从事骨伤医疗为重点的服务。因此,"顾氏"两字在舟山地区骨伤医疗领域与顾岳全及顾鹤良、顾鹤鸣已形成了特定的关联和含意,任何顾氏骨伤传人均有权合理使用。现顾氏骨伤传人顾鹤良以"顾氏"作为字号与他人共同投资设立顾氏医院,具有一定的历史背景,不存在恶意攀附他人商誉的目的,故顾氏医院的行为不构成不正当竞争行为。该案所涉的"顾氏"字号,历史沿革长达一百余年,历史背景和家族关系复杂,对于此类历史关系复杂的案件,必须充分考虑到其中的历史因素,否则,不仅无法妥善解决权利冲突,反而可能引发新的矛盾纠纷。

4. 延伸保护范围

字号的延伸保护,是指字号权不应仅限于登记主管机关的辖区范围内,而应当根据该企业字号的知名度决定其延伸保护的范围。

根据《企业名称管理办法》的规定,在登记主管机关辖区内,申请登记的企业名称不得与已登记的同行业企业名称相同或近似。据此,有观点认为字号专用权的范围为所属行政区域内的同行业。但是,上述理解与市场经济的内在规律并不协调,也不符合经济发展的现实需要。《最高人民法院关于审理反不正当竞争民事案件应用法律若干问题的解释》第 6 条规定:"具有一定的市场知名度、为相关公众所知悉的企业名称中的字号,可以认定为反不正当竞争法第五条第三项规定的企业名称",该规定就赋予了企业跨登记地禁止攀附字号行为的权利,并根据字号的知名度决定且保护范围。《浙江省企业商号管理和保护规定》作为地方性法规,也规定了"申请登记的企业名称,其商号不得与浙江省知名商号相同或近似",即在浙江省范围内体现了字号延伸保护原则。我们认为,根据字号的知名程度对其保护范围作相应延伸,是符合商业标识保护的原理和趋势的。"企业名称在登记主管机关辖区内享有的权利更多的是一种独占性权能,而在辖区之外,仍然根据其知名度的辐射范围而享受反不正当竞争法的保护,即企业名称毕竟与商标具有类似的识别功能,同属于商业标识的范畴,至少在他人使用相同或者近似企业名称,足以产生市场混淆时,可以认定构成不正当竞争……"①

当然,由于字号权的效力毕竟弱于商标权,商标一旦核准注册,即可在全国范围内产生排他效力,而字号则仅在其登记地域内享有当然的排他效力。因此,在对字号进行延伸保护时,应当考虑其知名度所抵达的区域范围,防止延伸保护范围失于宽泛。

四、显著性弱化②

(一)显著性弱化的界定及其类型

显著性弱化是指老字号在使用过程中由于种种原因,其作为商业标识的识别功能减弱甚至消失,从而使其与经营主体之间独特、唯一的联系受到模糊或者贬损。包括字号在内的商业标识,其使用的主要目的在于识别。老字号正是因其自身所蕴含的丰富价值和良好商誉而在社会受到广泛认同,是用于识别不同经营主体的标识或表征,部分老字号更是逐渐成为区域特色的突出代表。但与此同时,也有许多老字号在经营过程中不断被降低其所承载的商誉、社会吸引力和资产价值,逐渐丧失其显著的识别性,甚至最终消失。如何正确规制老字号显著性弱化问题,并从法律层面引导经营者妥善维护老字号的知名度,预防老字号识别功能的减退,对于老字号的保护具有积极意义。

老字号显著性弱化的实质正在于老字号作为商业标识的识别力被减弱,在实践中,其主要表现形式有以下两种:

1. 通用名称化

老字号的通用名称化,是最为典型的间接削弱老字号显著性和识别度的表现形式。老字号是为消费者及公众所熟知的企业名称,具有鲜明的指示作用,比如消费者一看到"五芳斋"就知道其指称的是浙江嘉兴地区生产粽子的老字号企业。而通用名称则是为公众所熟知的商品或服务的一般名称,没有指示来源的功能,不具有显著性,比如"粽子"仅指代一种食物,无法据此辨别其提供者。在保护得当的情况下,老

---

① 参见孔祥俊:《司法哲学与裁判方法》,人民法院出版社2010年版,第364页。

② 由于目前淡化理论在我国立法上尚没有明确规定,虽然在驰名商标的跨类保护上有所涉及,但关于字号的反淡化保护,从立法例的角度来看,目前各国法律对于除商标以外的商业标识的反淡化保护均没有明确规定,而只提供基于混淆的保护,实践中也未见此类判例,只有世界知识产权组织1996年《关于反不正当竞争保护的示范规定及其注释》明确对此作出了要求。而在我国理论界也有学者明确反对将反淡化保护的保护对象扩展至企业名称,认为企业名称的识别功能与商标的识别功能完全不同,反淡化法的目标是保护高度驰名的商标区分不同商品或服务来源的能力不因他人的淡化性使用而丧失或削弱,其所保护的本质上是商标的显著性。由于商号本身只区分经营者的身份而不区分商品或服务,他人对该商号的相同或近似使用自然也谈不上导致商号的针对商品或服务的区分功能的丧失或削弱。……从国外立法来看,无论美国还是欧盟及其成员国,都没有将商号纳入反淡化法保护对象的范畴。我国现阶段确实存在对商号保护不充分的现象,但这一问题主要应通过完善《反不正当竞争法》等来解决,不可贸然将商号纳入反淡化法保护范围。参见魏森:《论商标的淡化——以美国法为中心的比较研究》,对外经济贸易大学2007年博士论文。因此考虑到淡化一词属具有特定意义的法律概念,因此为审慎起见,本文使用了"显著性减弱"这样一个表述性词语,其内容以老字号的通用名称化和除直接混淆外的侵权行为所致的老字号显著性减弱为主。

字号的知名度越高、显著性越强,其与商业主体之间的指向关系就应当越密切。但如果保护不利、权属不清,在公地效应之下,老字号的知名度越高,反而会导致识别度降低甚至通用名称化的现象。如四川极为有名的"灯影牛肉",本是达州年代最为久远的老字号,但在经营过程中商标被胡乱出租、大量经营者借地方特产之名标注销售产品为灯影牛肉,老字号及其相应注册商标的识别度都日益下降,"灯影牛肉"逐渐被认为是大家可以合理使用的通用名称。

2. 显著性减弱

老字号显著性的减弱,是指老字号与相关经营主体之间的特定联系被减弱,无法有效发挥其指示功能。与老字号的通用名称化相比,老字号显著性的减弱往往系因其他市场主体的不当行为所造成,且损害程度相对较轻。相较于仿冒等直接混淆的侵权行为而言,老字号显著性减弱的认定更倾向于对行为效果的考量,即其他市场主体对老字号的不当使用行为破坏了老字号与其指向的经营主体之间的特定联系,导致老字号显著性的减弱。如将老字号用于与老字号本身所从事的经营范围不相同或不相似的领域时,容易使消费者产生不当联想,削弱老字号与经营主体之间的联系;又如在许可经营过程中,被许可方在使用他人老字号的同时标注自身商标的行为,在攀附老字号商誉的同时产生了弱化老字号识别度的后果。如在东阳市上蒋火腿厂(以下简称上蒋火腿厂)与浙江雪舫工贸有限公司(以下简称雪舫工贸)侵害商标权纠纷案[①](以下简称"雪舫蒋"案)中,上蒋火腿厂将其"雪舫蒋"注册商标(同时也被认定为"中华老字号")许可雪舫工贸使用,而雪舫工贸则在产品上将其自己注册的"吴宁府"商标与被许可使用的"雪舫蒋"商标共同使用。这种混合使用的做法实际上使同一商品出现了两个来源,在客观上造成消费者混淆的同时,也隐含着通过攀附被许可商标来提高自有商标知名度的意图,从而损害被许可商标识别功能,在一定程度上产生了显著性减弱的后果。

(二)显著性弱化产生原因

造成老字号显著性弱化的原因很多,主要可以从以下几个方面进行分析:

1. 老字号易于流传

老字号本身的特性突出,其一般以文字为表征,且与创始人、行业、起源地等有不同程度的联系,往往简短精炼,更易入耳上口,便于流传。老字号的这种特性,一方面符合老字号发展过程中主要依靠口头传播的要求,可以帮助其在流传过程中较为迅速地传播并积累知名度,如"北有同仁堂,南有庆余堂"这样的传颂代表着公众对中药老字号品质的认同。另一方面也因为老字号的这种特性,使其在发展过程中容易被泛化使用,比如"女儿红"、"金华火腿",在其声名鹊起的同时往往被用来指代特定区域的特定商品或服务,当然这种指代在一定阶段仍具有特定性并可以帮助老字号继续提升知名度,但当这种以老字号指代商品或服务的行为被继续纵容或默示,由量变转向质变,那么老字号越驰名,其显著性越可能被耗尽而成为商品或服务的通用名称。因此,老字号本身的特性成为老字号显著性发展的一把"双刃剑"。

2. 老字号易被攀附

老字号本身所蕴含的丰富价值,使其

① 浙江省高级人民法院(2013)浙知终字第301号。

他市场主体在利益的驱使下有攀附的主观意图,而老字号的发展过程使其具有容易被攀附的客观基础。老字号发展所经历的从家族模式到国有企业到公私合营的变迁过程,使老字号传承的唯一性无法保证,多个市场主体围绕同一老字号主张不同权利,直接导致老字号的指示功能减弱,从而影响其显著性。如随着老字号商业价值的提升,其他市场主体借地方特产、师徒传承、家学渊源、历史文物等名义进行使用,通过攀附老字号知名度在客观上削弱老字号与经营主体之间的联系。比如顾氏案中,双方当事人的法定代表人同为顾氏家族后人,也均从事骨伤治疗服务。又如北京的“瑞蚨祥”之争①,北京市江南绣锦商贸有限公司通过租用北京瑞蚨祥绸布店有限责任公司创业时所用的建筑物,依托该建筑上所保留的“瑞蚨祥鸿记”标记进行经营使用,客观造成了消费者将使用该建筑的经营者提供的产品或服务混同于“瑞蚨祥”百年老店,直接后果是模糊了“瑞蚨祥”百年字号的真正经营主体。而且由于历史建筑及其建筑体上固有文字的不可更改性,在时间的延续中,这种趋势仍将客观存在。

3. 自身经营不善

维护自身商业标识的识别力是企业在经营管理过程中保护自身的重要环节。但实践中,企业对老字号显著性弱化的问题缺乏足够认识,经营过程中存在使用不当、保护不力的现象。一是为企业经营规模和运营模式所限。老字号企业多集中在餐饮、服装、食品等传统行业,经营模式传统,经营规模有限,缺乏知识产权管理的资金、人才和有效机制,对老字号的使用和管理水平不尽如人意,如许可泛滥致使老字号品质受损。二是由企业经营理念所决定。老字号企业多从家族企业发展而来,对于知识产权的维护和运用缺乏足够了解,容易纵容或默示其他市场主体、传媒等使用老字号来指代商品或服务。并且由于其地域特点和产业特点,从熟人社会发展而来的老字号存在中国传统的厌讼心理。如在浙江湖州以湖笔闻名的老字号企业近年来虽饱受知识产权侵权的困扰,但因该产业范围不大、客户群相对固定,且有较重的文人特性,至今没有发生一起维权诉讼。

(三)裁判规则

1. 正确认定通用名称

老字号的通用名称化,是对老字号显著性和识别功能的“耗尽”,一旦成立,则意味着社会公众均可进行合理使用。体现在具体案件中,老字号的通用名称化往往被作为侵权抗辩事由提出,这也是老字号显著性弱化问题在司法实践中最集中的体现。如在原告浙江省龙泉市宝剑厂有限公司诉被告龙泉龙韵工艺品有限公司侵犯商标专用权纠纷一案②中,被告即提出“龙泉宝剑”已经通用名称化,应当属于特定区域的共有财富。

目前,法院在案件裁判中对于通用名称的认定标准,立足于广泛性、规范性的审查,并在此基础上结合个案实际情况具体分析判定。具体而言,在认定通用名称时,需要依循如下裁判规则:

第一,认定通用名称的关键在于对其广泛性、规范性特征的审查。

商品或服务的通用名称是指为公众所熟知的商品或服务的一般名称,用来区别

---

① 北京市第一中级人民法院(2005)一中民初字第3851号北京瑞蚨祥绸布店有限责任公司与北京市江南绣锦商贸有限公司侵犯注册商标专用权、不正当竞争纠纷案。

② 浙江省高级人民法院(2010)浙知终字第63号。

不同种类的商品或服务，其没有指示商品或服务来源的功能，不具有显著性。一般而言，通用名称应当为国家或者某一行业所共用的，反映一类商品与另一类商品之间根本区别的规范化称谓。因此，在认定通用名称时，应当重点审查该名称在什么范围内具有广泛性，以及应当以什么标准来判定其具有名称的规范性这两个核心问题。

鉴于通用名称的认定对于界定当事人合法权益及社会公共利益具有重大影响，司法实践中，对通用名称的广泛性、规范性有着严格的标准要求。就广泛性而言，其应该是国家或者某一行业所共用的，仅为某一区域所使用的名称，不具有广泛性；但是，对于一些具有地域性特点的商品名称，判断其是否具有广泛性，可以特定产区及相关公众的接受程度为标准。就规范性而言，其应该符合一定的标准，反映一类商品与另一类商品之间根本区别，即应指代明确。[①] 对于约定俗成、已为相关公众认可的名称，即使其不尽符合相关科学原理，亦不影响将其认定为通用名称。在广泛性、规范性的认定过程中，可以参考的材料包括正规的教科书、工具书、史料记载、媒体报道等等。

在原告山东鲁锦实业有限公司诉被告鄄城县鲁锦工艺品有限责任公司、济宁礼之邦家纺有限公司侵害注册商标专用权及不正当竞争纠纷一案[②]中，当事人的主要争议焦点以及一、二审法院裁判的主要分歧均在于"鲁锦"是否系通用名称这一问题上。一审法院认为现有证据不能证明"鲁锦"属于《类似商品和服务区分表》中的第25、24类商品的通用名称或者第25、24类商品中某一具体商品的通用名称。而二审法院则认为"鲁锦"专指鲁西南民间织锦，即一种山东民间纯棉手工纺织品，其纹彩绚丽、灿烂似锦、历史悠久，各级新闻媒体报道、山东省市县三级史志资料及有关工具书均认可该指称，其织造技艺还被确定为国家级非物质文化遗产，因而"鲁锦"可以认定为通用名称。至于我国其他省份的手工棉纺织品不叫"鲁锦"，并不影响上述事实；"粗布"、"老土布"等旧有名称的存在，亦不影响"鲁锦"通用名称的认定。"鲁锦"案中一、二审在把握通用名称广泛性、规范性的标准时体现了一定的差异，诚如一审法院所认定的那样，通用名称应当符合相应的国家或行业标准，但不可否认的是，二审法院充分考虑到地区特点从而对约定俗成、公众接受的名称予以认定，更符合相关公众的认知。

第二，通用名称认定的重点在于明确其与知名商品特有名称的区别。

所谓知名商品的特有名称，是指知名商品独有的与通用名称有显著区别的商品名称，但该名称已经注册为商标的除外。和通用名称相比，知名商品特有名称保留了其指示商品来源的功能，对于阻却老字号的通用名称化具有积极意义。《反不正当竞争法》保护知名商品特有名称的目的就在于为知名品牌的培育和成长创造有利空间，遏制他人搭车模仿的行为。

受到法律保护的商品特有名称应当具有一定知名度和显著性。在认定知名程度时，可以参考该商品的销售时间、销售区

---

① 北京市高级人民法院(2006)高行终字第188号河南省柘城县豫丰种业有限责任公司诉国家工商行政管理总局商标评审委员会、河南省柘城县三鹰种业有限公司商标行政纠纷上诉案。

② 山东省高级人民法院(2009)鲁民三终字第34号。

域、销售额和销售对象,进行商品宣传的持续时间、程度和地域范围等因素。在认定显著程度时,应重点考察其区分商品来源的功能强弱,并注意其历史渊源、经营传承和市场状况等具体情况。比如在佛山市合记饼业有限公司与珠海香记食品有限公司侵犯注册商标专用权纠纷案①中,案件的争议焦点之一就是"盲公饼"是属于商品通用名称还是知名商品特有名称。本案经发回重审,又经最高院提审,最终认为盲公饼是有着200多年历史的一种佛山特产,有着特定的历史渊源和地方文化特色,但"盲公"或者"盲公饼"本身并非是一类饼干的普通描述性词汇,其经营者传承完整,且在《商标法》施行后即申请了"盲公"商标,品牌维护积极。因此由于特定的历史起源、发展过程和长期唯一的提供主体以及客观的市场格局,我国内地的大多数相关公众会将"盲公饼"认知为某主体提供的某种产品,仍保持着产品和品牌混合的属性,具有指示商品来源的意义,并没有通用化,不属于通用名称。同时,最高院在该判决中还清晰地传达了区分商品通用名称和知名商品特有名称的目的:认定"盲公饼"为知名商品的特有名称,是因为"对于这种名称,给予其较强的保护,禁止别人未经许可使用,有利于保持产品的特点和文化传统,使得产品做大做强,消费者也能真正品尝到产品的风味和背后的文化;相反,如果允许其他厂家生产制造'盲公饼',一方面权利人的权益受到损害,另一方面也可能切断了该产品所承载的历史、传统和文化,破坏了已有的市场秩序。"

2. 妥善处理显著性减弱问题

对于在许可经营过程中产生的老字号知识产权的显著性减弱问题,司法实践中应当遵循避免混淆、预防淡化、禁止攀附的裁判思路,妥善认定相关行为是否构成侵权。如在雪舫蒋案中,对于雪舫工贸在同一商品上标注被许可使用的"雪舫蒋"商标与自有商标是否构成商标侵权,《商标法》并未明确,但二审法院通过对被诉行为的性质和后果的实质性衡量,对此种减弱商标显著性的行为予以否定评价。二审法院认为,商标许可使用制度的目的之一就在于保证商品来源的唯一性,在许可使用关系中,虽然商标所有人并非商品的实际生产经营者,但被许可人使用的商标所指向的商业来源都是商标所有人。雪舫工贸在同一产品上同时标注了被许可使用的"雪舫蒋"商标和自己注册的"吴宁府"商标,实际上使同一商品出现了两个来源,会使消费者误认为两个商标品牌的商品出于同一商业来源,影响"雪舫蒋"商标标识功能的正常发挥。同时雪舫工贸主观意图也是通过攀附"雪舫蒋"商标所积累的商誉,提高自身"吴宁府"商标的知名度。最终认定雪舫工贸的被诉行为构成《商标法》规定的"给他人的注册商标专用权造成其他损害的"行为。

五、对完善保护机制的建议

从上文对老字号所涉纠纷产生原因的分析来看,不管是权属纠纷、权利冲突纠纷还是显著性弱化问题,都指向老字号保护机制存在的诸多缺陷,包括法律规范不健全、行政管理不完善以及老字号企业自身保护意识缺乏等等。可见,对老字号知识产权的保护是涉及我国立法、行政、司法的整体性问题,最终需要通过体制机制的全面完善才能得到根本解决。法院作为司法

① 最高人民法院(2011)民提字第55号。

机关,应当充分发挥审判职能,树立正确的司法保护理念,进一步明确案件裁判规则,为老字号知识产权保护提供可预期的司法保障。此外,对于立法机关、行政机关和市场主体而言,也要采取各项措施,改善老字号保护现状,促进老字号企业的振兴和可持续发展。对此,我们提出以下几点建议。

(一)立法层面

从我国现阶段的商业标识立法来看,涉及商标的法律规范相对而言已较为全面完善,而涉及字号、知名商品特有名称等其他商业标识的规定却零散缺失,老字号的法律概念及保护标准亦不明确。因此,完善老字号保护机制,从立法层面上就是要健全以字号为重要保护对象的商业标识法律制度。

1. 明确字号权的法律地位

在我国知识产权法律体系中,字号权并不是一项独立的知识产权。即使《最高人民法院关于审理不正当竞争民事案件应用法律若干问题的解释》对字号提供保护,也是拟制为企业名称进行保护。鉴于字号在区别市场主体方面的重要识别作用,建议在立法上明确"把'字号权'从诸多模糊权利中独立出来,将其作为一项知识产权予以确认和保护"[①],解决现实中字号与企业名称、商标等其他商业标识界限不清的问题,并回应《巴黎公约》中关于字号的规定。

2. 拓宽字号的保护途径

如上所述,目前我国的法律规范仅规定字号可以作为企业名称受到反不正当竞争法保护,但我们认为,还应当增加规定,字号可以作为未注册商标受到商标法的保护。字号作为未注册商标受保护的意义在于,一方面,在先注册并使用相关字号的企业在遭遇商标抢注并被抢注方起诉时,可以行使新《商标法》第59条规定的在先使用抗辩权,减轻因商标抢注对自身受到的损害;另一方面,在字号的知名度达到为相关消费者普遍知悉的程度时,可以作为未注册驰名商标受到跨类别保护。以上两项特殊保护,都是字号在被作为企业名称受保护时所无法享受的待遇。当然,由于字号与商标的功能毕竟有所不同,前者用于区分市场主体,后者用于区分商品或服务来源,因此,字号要作为未注册商标进行保护应当满足一定条件,即该字号在使用过程中实际上已产生了标示商品来源的效果。

3. 增加驰名字号保护规定

我国法律为知名度特别高的商标设立了驰名商标制度,但在字号领域,除了《企业名称登记管理规定》第7条规定"历史悠久、字号驰名的企业"可以不冠以企业所在地行政区划名称外,未对驰名字号的特殊保护作出任何规定,不利于老字号和其他驰名字号的发展。我们认为,在立法上,应给予驰名字号类似驰名商标的保护,由法院在个案中进行认定,一旦认定为驰名,就可以根据具体情况,给予超出其登记行业的保护。

4. 制定符合地方实际的老字号保护办法

建议地方立法部门在时机成熟时,整合关于字号及老字号的法律规范、行政法规及其他规定,根据地方特色,制定专门的老字号保护办法,从而既能将各地的老字号认定办法脱离政策文件而得以科学化规范化,又可将老字号的保护措施予以制度

① 欧阳恩剑:《老字号知识产权属性、冲突及解决》,载《昆明师范高等专科学校学报》2006年第2期。

化和法律化。具体实践中,地方立法可以规定知名老字号的认定标准和认定程序,规定赋予老字号特殊权利,为老字号提供财政、税收、租金方面的政策支持等,以更好地落实振兴地方老字号工程。

(二)行政层面

根据我国目前的企业名称登记管理制度,对字号的行政保护仅局限于其登记机关辖区范围和登记行业,并且企业登记与商标注册之间存在管理结构的隔断,无法实现相互检索,这些都是导致老字号权利冲突的重要原因。因此,就行政层面而言,要解决老字号的保护机制问题,主要在于构建科学合理的字号管理体制。

1. 改革企业名称登记管理制度

建议根据市场知名度、企业规模、经营范围等标准,区分一般字号、知名字号和驰名字号,针对不同字号确定不同的专用权地域及行业保护范围,在此基础上给予老字号以特殊保护,以缓解目前字号权与字号权冲突尖锐的现状。例如规定省级以上老字号的专用权在全国范围内具有效力,其他企业字号均不得与其相同;中华老字号还具有跨行业的排他效力等。

2. 搭建交叉检索技术平台

整合国家工商行政管理总局的内部资源,建立各级地方企业名称登记管理部门之间以及其与商标总局之间的联合检索数据库,在技术上实现字号之间、字号与商标之间的交叉检索,打通目前字号登记与商标注册之间资源平台的阻隔,从而为最终解决权利冲突问题提供技术保障。

3. 建立老字号确权纠纷的行政解决机制

老字号纠纷大多涉及权利的归属问题,该类案件事实久远且较难取证,专门的行政管理部门一方面可以凭借其历史档案资料的占有优势,为老字号确权纠纷提供行政解决的途径;另一方面还可以借助老字号自治组织的管理经验及商业惯例,实施纠纷的自治组织内部调解,拓展多元化的纠纷解决途径。

4. 加强行政与司法的协同保护

行政机关应当为法院提供畅通的调查取证通道,依法提供相关证据材料,协助法院查明案件事实;在认定老字号时,有必要向法院询问相关企业的涉诉情况,以准确判断是否符合老字号认定标准;在制定老字号管理办法时,可与同级法院会商探讨,统一法律标准。法院也可以主动定期汇总老字号企业涉诉情况,并告知行政机关,帮助其掌握企业动态。

(三)企业层面

老字号企业一方面要提高知识产权保护意识,充分认识到老字号的发展振兴才是企业发展的内在动力。另一方面,要加强知识产权保护能力,聘用专业人员甚至成立专门机构,明确权属、保护权利,不仅要在发生纠纷时积极应对,还应把知识产权保护纳入到企业的日常管理运作过程中,防患于未然,降低侵权或被侵权的风险。

植物新品种司法保护若干问题及其对策

安徽省合肥市中级人民法院知识产权庭

一、案件审理总体情况

合肥中院作为安徽省会所在地的法院,专属管辖全省涉及农业植物新品种案件。2005 年至 2013 年,共审理该类案件 132 件,占全部一审知识产权案件的 7.3%。九年间收案数量有升有降;同一品种权人分别起诉多名侵权人的关联案件较为常见,如安徽皖垦种业公司、江苏金土地种业公司等分别起诉多名生产者、销售者植物新品种侵权系列案件;案件调撤率较高,达 70% 以上,判决的案件,一般均需进行司法鉴定;诉讼中,通过公证证据保全及申请法院进行证据保全的情况较为常见;诉讼成本高,风险大,侵权容易维权难已经成为目前种业界的共识。

2005～2013 年植物新品种案件统计表

项目＼年度	2005	2006	2007	2008	2009	2010	2011	2012	2013	合计
植物新品种案件	7	5	3	2	22	8	36	32	17	132
知识产权案件总数	120	117	142	245	265	292	172	211	238	1802
植物新品种案件比率	5.8%	4.3%	2.1%	0.8%	8.3%	2.7%	20.9%	15.2%	7.1%	7.3%

二、植物新品种侵权现状

(一)研发阶段

由于企业或研发单位缺乏必要的保密意识和保密能力,新品种技术秘密往往会受到侵权,当新品种选育有了实质性进展或新的研发成果后,研发人员跳槽或将研发资料暗中提供给他人,从中获利。研发单位发现被侵权后,虽可提起商业秘密侵权诉讼,或品种权权属诉讼,但因缺少有价值的证据,诉讼中往往十分被动,诉讼风险很大。

(二)授权阶段

我国对新品种授权主要采取由申请人提供资料及被测试种子,授权机关集中进行 DUS(一致性、稳定性、特异性)测试的方式。实践中,侵权者采取套购或自己繁殖等方式,获得被测试种子,编造材料申报。虽然该被测试种子可能是他人选育的新品种或已授权保护品种,但因 DUS 测试是以被测试品种与市场上公认的成熟品种之间的比对,而非与被侵权品种之间的比对,在众多被测试品种特别是近似品种中,很难发现被测试品种与被侵权品种为同一品种,从而导致新品种被他人抢先申报,或本是同一品种但因名称不同的重复授权。这种瞒天过海的侵权方式,在品种审定阶段同样也会出现。

(三)种子生产阶段

因气候和土壤等自然环境的限制,五大主要农作物中,不论是杂交种子还是常规种子,都有相对固定的制种区域,如两系杂交水稻一般在江苏盐城、阜宁等地区,杂交玉米在甘肃武威、张掖等地区。我国种业企业规模不大,大多没有自己的农场作为制种基地,一般委托制种基地的公司制种,这些公司与当地的基层组织或直接与农民签订制种合同。但实践中这些受新品种保护的种子并不在品种权人控制之下,制种公司为获取更高的利益,采取擅自扩大制种面积,谎报产量等方式,截留种子自己包装销售或以更高价格转卖他人获利,这种从基地非法购买保护品种的行为,业内称之为“套购”。套购种子不需要承担农业生产风险、不需要生产技术投入、不需要承担品种费用,品种权人难以取证,难以追究行为人责任,且侵权利润丰厚,故基地套购种子的现象十分普遍。

(四)销售阶段

1. 直接包装销售,即未经授权,将保护品种的包装进行完全复制,包装保护品种或其他种子销售,导致真假难辨。这种方式侵权后果最为严重,不但侵犯了品种权人的品种权和商标权及其他知识产权,同时还挤占、扰乱了品种权人的市场。这种方式的种子来源一般是从育种基地套购或以另一合法品种名称制种,进入销售阶段再擅自更换成保护品种的包装。销售时将部分保护品种“真品”放置于柜台做幌子,把擅自包装的侵权“赝品”对外销售,可以说是“挂羊头、卖狗肉”,“得利不得名”。

2. 套牌销售,即使用合法取得的品种审定证书、品种权证等相关资料,包装他人的保护品种销售,即所谓“挂狗头,卖羊肉”。这种侵权方式十分隐蔽,容易逃避农业行政管理部门的监管,若种子质量如牙率、纯度等没有问题,不会给农业造成损失,相反,实际销售的种子比包装标称的种子可能更具优势,也提高了所标称种子及侵权者的知名度,可以说是“名利双收”。套牌侵权成为目前最主要的侵权方式,成为侵权者逃避法律制裁的第一道屏障。

3. 以终端销售商为保护屏障,降低侵权法律风险。当前,种子的销售渠道主要由生产商批发至县级代理商,代理商再转批发至各乡镇个体经营户零售商销售给农民。《种子法》第 29 条第 2 款规定,经营者销售不再分装的种子不需要办理经营许可证,但要有供货者提供的委托销售授权委托书。实践中,这些销售商并没要求供货商出具授权委托书,有的销售商甚至不办理营业执照,不到县级种子管理站办理种子经营备案手续。销售商在当地经营时间较长,与唯一消费群体当地农民形成了较为稳定的供货关系,农民购买种子“认人不认货”,种子销售特别是新品种销售很大程度上依赖于销售商的推荐介绍。侵权产品不会导致农业明显减产,销售商便大胆地推荐侵权品种,保护品种没有任何市场优势,知识产权的价值更是无法体现。销售商与供货商之间大多没有供货凭据,没有合同,若因侵权成讼,供货商即否认种子由其提供,法院只能判决销售商承担侵权责任。销售商分散、不规范的经营方式和购买者的盲从,为侵权行为提供了土壤,是目前种子销售市场突出特点之一,成为侵权者逃避法律责任的第二道屏障。

4. 采取"金蝉脱壳"法,逃避法律责任。侵权者在种子生产基地注册空壳公司,向管理部门提供其他生产许可证、品种审定证书等证件,骗过种子生产、检验等管理环节,在种子的销售区域,使用保护品种名称,用自己的包装或冒用其他有一定知名度的企业名称、包装,销售侵权种子。这种侵权方式虽容易做出侵权判断,但不易追究其法律责任。空壳公司没有任何赔偿能力,工商登记账户长期不用,且侵权区域涉及几个省,品种权人的取证、诉讼维权成本无形中大大增加,且存在管辖障碍。侵权者一旦涉诉,便另成立公司,继续侵权,而权利人经过艰苦复杂的诉讼过程,换来的只是一纸判决。侵权者的"游击战",判决的执行难,成了侵权者逃避法律责任的第三道屏障。

三、审理植物新品种侵权案件的法律适用问题

基于我国目前植物新品种侵权的实际情况,在司法实践中如何加大对侵权的打击力度,维护品种权人的知识产权,鼓励创新,推动农业科技的发展,是目前所要研究的重要课题。

(一)证据保全问题

由于农业的季节性强,错过时间将无法取得证据,故司法实践中对于当事人申请法院进行证据保全的,一般应予准许,及时到生产基地、经营场所进行证据保全,同时通知被告或当地的农业行政管理部门到场,在当事人的监督下取证,若被告或农业行政管理部门拒绝到场,法院可先行证据保全,随后再次通知当事人到现场取证,为当事人提供平等参与取证的机会,若被告放弃参与取证的,不影响取证工作的正常进行。所取样品予以封存,由当事人、在场人、法院工作人员签名,并拍照、摄像,记录取证全过程,侵权种子样品交由原告或法院保管,并及时组织证据交换和鉴定。

在进行证据保全时,经常会遇到两个问题。(1)证据保全是否需要有农产品检验资格的第三方参加。有人认为,法官不具有农作物检验资格,若没有检验人员在场,其保全的证据不具有合法性。对此,我们认为,证据保全并不是对农产品进行检验,是对涉嫌侵权种子进行抽样,在同一地块或同一仓库或同一包装的种子,不论是常规种子还是杂交种子,其纯度都要达到规定的标准,否则不能上市销售,如果要求检验人员参与,无形会增加法院的工作量并易错过最佳取证时间。司法实践中,当事人并没有因检验人员没有参与抽样取证而对案件的处理结果提出质疑,对保全的样品也基本不持异议。(2)证据保全少量种子的代表性问题。有人认为,公证保全少量种子不具有代表性,不能认定其他种子构成侵权。对此,我们认为,应结合种子管理行政法规及农业生产实践来看待此类问题,种子作为特殊商品,入市前农业行政管理部门需要对同批次、同包装的种子进行纯度、牙率等方面的检测,且要求具有一致性,否则无法通过检验,也无法保证生产实践中大田种植的种子纯度,公证保全证据是知识产权案件常见的证据收集形式,

可有效减轻法院取证的工作量,公证保全在市场销售的包装种子,虽无法确认侵权者实际的侵权数量,但可代表同一包装,同一批次的种子的特征特性,并不影响侵权事实的认定,对于侵权种子的数量,可以通过其他的途径解决。

(二)司法鉴定问题

对涉嫌侵权种子的司法鉴定具有很强的专业性,目前没有司法行政部门指定的植物新品种案件鉴定机构,一些种子的鉴定标准不够完备,对鉴定方法的选择也直接影响到诉讼的效率和案件的处理结果。司法实践中,我们在证据保全后即传票通知当事人到庭,就鉴定问题征求双方当事人的意见,包括鉴定机构、鉴定方法、鉴定标准、送检时间等,当事人拒绝参与或明确表示不参与的,不影响案件的审理,并如实记录在案。如当事人就鉴定单位不能协商一致,可咨询农业行政部门,选择具有鉴定能力的机构鉴定。鉴定机构确定后,双方就鉴定方法、鉴定标准不能达成一致的,应征求鉴定机构的意见,没有国家标准的,适用行业标准,没有行业标准的,参考权威学术观点。

针对司法鉴定过程中遇到的困难和问题,我们建议:(1)最高院及司法行政机关应尽快确定鉴定机构,并按照司法鉴定的有关规定,规范司法鉴定行为,农业行政部门,应加快制定标准,使司法鉴定得以规范。(2)国家应尽快建立五大农作物种子基因档案,让每一个新品种在授权后都有自己独特的基因档案,这既为鉴定提供基因标准,也可防止同一新品种的重复授权。

(三)赔偿数额问题

植物新品种侵权的赔偿数额,按照最高院的司法解释若原告不能提供侵权造成的实际损失,或被告侵权获利,法院最高在50万元内酌定确定赔偿数额。有的案件侵权种子种植面积大,销售范围广,其获取的利益及给权利人造成损失远远高出50万元。由于权利人很难举证证明侵权行为给其造成的损失,也难以证明侵权者的实际获利情况,因此,在50万以内酌定侵权赔偿数额,就会显失公正。根据最高院公布的案例及我院的审判实践,对生产者酌定的赔偿数额一般在30万元左右,对较大的批发商一般在10万元以内,零售商一般在3万元左右,侵权赔偿数额偏低可能会导致权利人对维权丧失信心。

为克服上述弊端,我们在司法实践中采取以下两方面做法。第一,合理适用证据规则,把举证责任适当地分配给被告,如果原告提供的证据如合同、当年的平均产量、种植面积、成本等能够证明被告的产量、销售量及盈利,被告否认的,由被告举证,被告不能对其抗辩举证,即可合理的推算侵权数额。第二,对被告采取证据保全、调查取证等司法措施,通过必要的诉讼活动,确定侵权事实及侵权规模,尽可能回归案件的客观真实。

针对以上情况,我们建议:(1)植物新品案件侵权赔偿数额应参考商标法作相应的调整,以更符合司法保护实际。(2)建立生产经营档案的强制备案制度。种子生产、经营单位必须将其当年的种子“生产地点、生产地块环境、前茬作物、亲本种子来源和质量”等内容建立真实的档案,并主动按要求提前报农业行政主管部门备案,农业行政部门根据备案情况进行抽查,未申报或弄虚作假的,予以行政处罚,责令改正,情节严重的,撤销或不颁发生产、经营许可证,以实现对种子生产、经营者的全面监管。生产经营档案的强制备案制度为有效打击侵权行为提供了有力的证据，行政机关可准确掌握违法数额，也有效解决人民法院判决难以确认赔偿数额的问题。针对当前侵权者在诉讼中不提供生产、经营档案，无法确认侵权赔偿数额的现状，法院可以采取发司法建议函的方式，要求行政机关对其进行行政处罚，并视侵权行为情节严重，赔偿数额予以适当提高。

（四）销售者的注意义务

我国对种子的生产、经营实行许可证制度。销售者在销售侵权种子时，如何认定其对种子的来源尽了合理的注意义务，实践中意见分歧。

我们认为，作为销售者销售的侵权产品，从外包装判断，包装的种子与实际标称的种子一致，不需要鉴定就可以判断侵权的，销售者对其销售种子的合法来源的审查，应提供种子提供者的营业执照、被控侵权种子生产许可证、经营许可证或品种权人的授权证明。若种子提供者伪造上述资料，销售者不知情的，应当免责。销售者不能证明其前手具有保护品种的合法生产、经营资格，或取得合法授权的，应承担责任。对于实际包装的种子与标称的种子不一致的，销售者无法对实际包装种子的真实性进行判断，因此销售者只要对包装标称的种子的合法性进行审查，即可视为履行了合理的注意义务。

司法实践中，销售者对其前手销售的种子是否具有合法的来源，能够按照上述要求尽合理注意义务的十分少见，这主要是行政机关监管不力造成的。为改变这种状况，国家应加强对种业市场的管理，从规范最基层的销售者入手，督促、帮助基层销售者完善经营的法律文件，以便逐级向上追究其前手的法律责任。

（五）诉讼禁令

在植物新品种侵权案件中，特别是种子的销售季节，侵权种子对权利人的市场影响很大，同时因为种子销售季节很短，诉讼禁令对于有效制止侵权十分必要。

司法实践中，对当事人提出的诉讼禁令申请，得到支持的很少，这主要是因为未经鉴定无法判断种子是否侵权，采取诉讼禁令的风险大，而在鉴定后，种子已经过了销售季节，诉讼禁令已经没有必要；同时，诉讼禁令在实际执行过程中，也存在很多的困难，在仓库内的种子需要安排专人保管，进入市场的种子，无法实际控制，因此，诉讼禁令在司法实践中操作困难。

但我们认为，诉讼禁令对于及时制止侵权，加大知识产权司法保护力度，降低维权成本十分重要。由于现行法律对此仅有原则性的规定，司法实践中不好操作，在立法上应就禁令的条件、听证程序、担保与反担保、禁令的执行、禁令错误的法律责任等进一步细化，让诉讼禁令制度真正成为司法保护知识产权的利器。

（六）侵权者的刑事责任

我国《刑法》及最高院关于侵犯知识产权罪的司法解释，对侵犯植物新品种权行为如何追究刑事责任没有规定。《种子法》第59条、《条例》第40条分别对生产假种子、假冒授权品种的行为情节严重的，应追究刑事责任做出规定，因此，根据罪刑法定原则，要追究植物新品种侵权行为的刑事责任，只能依据《种子法》第59条和《条例》第40条的规定，援引《刑法》第147条“生产、销售伪劣农药、兽药、化肥、种子罪”即“生产假农药、假兽药、假化肥，销售明知是假的或者失去使用效能的农药、兽药、化肥、种子,或者生产者、销售者以不合格的农药、兽药、化肥、种子冒充合格的农药、兽药、化肥、种子,使生产遭受较大损失的……”追究刑事责任。植物新品种侵权行为中,套牌种子是假种子,但套牌行为除给品种权人造成重大损失外,并没有给农业生产造成重大损失,在一定程度上还有可能对当年的农业生产有利,因此,无法据此追究行为人的刑事责任。

对于实践中并不常见的生产假冒授权品种的行为,从民法原理来看,实际上是侵犯品种名称权的行为,是否属于植物新品种侵权行为存在争议,且何谓“情节严重”没有可供参考的依据,实践中少有因假冒授权品种被追究刑事责任的。由于刑事立法的缺位,对侵权行为的惩罚力度不够,导致套牌经营、无证经营,随意使用他人的品种审定证书号、品种名称、品种权证书、生产许可证,伪造虚假的检验、检疫证明,甚至未经授权,擅自使用他人的商标、企业名称、产地等违法行为,遍及种业市场的各个角落,且有恃无恐、屡禁不止,公安机关接到报案后,因缺少追究侵权者刑责的法律依据,也只能不立案或被迫销案。

植物新品种侵权行为严重,主要是因为侵权成本过低造成的,如何加大侵权者的侵权成本,保护好品种权,鼓励育种者的积极性,促进农业科技创新,吸引民间资本投入,是当前农业植物新品种司法保护所必须面对的问题。而在知识产权的司法保护中,对植物新品种侵权行为追究刑事责任,无疑是力度最大的保护措施。

(七)窜货与侵权

我国地域辽阔,新品种适宜种植的区域可能会跨越多个省级行政区域,品种权人为了便于对市场的管理,在特定的区域内实行独家代理制,代理人对种子的销售实行分级销售,故很容易导致甲地代理商的种子,流向乙地销售,从而影响、冲击了乙地代理的市场,因此,窜货与侵权相伴而生,使种子市场混乱而又复杂。

我们认为,窜货与侵权是两个不同的法律关系,应区别对待。窜货是合同法律关系,通过合同的约定来规制经营者的行为。获得授权的生产者、经营者应当与其后手签订授权品种销售区域的合同,其后手违反约定,超越区域销售的,即构成窜货。窜货的法律责任应当通过植物新品种实施许可合同来解决,被窜货区域的被许可人可依据合同向其品种权授权人主张违约责任,品种权授权人承担违约后,可依据合同向其后手追偿。植物新品种侵权行为是未经品种权人授权,擅自生产、繁殖、销售保护品种的行为,销售者尽管其可以证明种子的来源,但其对前手生产、经营种子的合法性未尽合理的注意义务,应承担侵权责任。若销售者尽合理注意义务,权利人可逐级向销售者的前手主张侵权责任。

不论是窜货还是侵权,销售者均应提供产品的合法来源,通过合法来源的证据链判断是侵权还是窜货。如“济麦22”小麦品种分别由安徽的皖垦种业公司和河北的乐土种业公司取得在安徽、河北的独占生产、经营权。皖垦种业公司在安徽省境内发现了有包装标称为河北乐土种业公司生产的“济麦22”种子,即向法院提出侵权之诉,皖垦种业公司诉讼中举证证明该涉嫌侵权种子由河北衡水泽丰种业公司销售,衡水泽丰公司认为其在河北销售,并不构成对安徽省境内的“济麦22”品种独占许可权的侵权,但没有提供乐土公司授权其销售或种子来源于乐土公司的证明。法院认为,衡水泽丰公司没有取得乐土公司的授权,其性质属于侵权行为,其侵权种子在衡水批发给安徽的经营户销售,对皖垦种业公司的品种权造成侵害,应承担在安徽市场销售额的侵权法律责任。若衡水泽丰公司及安徽销售者举证证明其种子来源于乐土公司或取得乐土公司的授权,则皖垦公司即不得向衡水泽丰公司及安徽销售者主张侵权之诉,但可依据其与品种权人的植物新品种独占实施许可合同,主张品种权人的合同责任,尽管品种权人没有窜货行为,但其对窜货行为有管理责任,品种权人、乐土公司等可根据其与后手签订的合同,分别向其后手追偿。

关于福建省特许经营合同纠纷案件的调研报告

福建省高级人民法院知识产权庭[①]

前　　言

《最高人民法院民事案件案由规定》已经将特许经营合同作为一类单独的知识产权纠纷规定由知识产权庭审理。近年来,我省各级法院(包括可以受理一般知识产权民事案件的基层法院)受理和审结了一批特许经营合同纠纷案件,在审理过程中积累了一些经验,也暴露了一些问题。相比其他知识产权案件类型,特许经营合同纠纷案件是近年才出现的新类型案件,目前审理中主要的法律依据就是《商业特许经营管理条例》(下称《条例》),缺乏配套的司法解释,因此审判实践中对一些普遍性、典型性的法律适用问题争议较大。结合我省近年来审理的特许经营合同纠纷案件的基本情况和出现的热点、难点问题,笔者通过数据的统计比较、案例的总结分析,并与特许经营合同案件较为集中地区的法官进行交流探讨的基础上形成以下调研报告,以期对我省特许经营合同纠纷案件的审理提供一些有益参考和借鉴。

一、我省特许经营合同纠纷案件的总体情况和主要特点

1. 案件数量呈现阶段性逐年递增的态势。《民事案件案由规定》于2008年4月实施,经统计,全省法院2008至2013年共受理特许经营合同纠纷案件224件,其中一审案件192件,二审案件32件。其中2008～2010年受理数仅有30件,而2011至2013年,受理数则达到194件,同期相比增幅为546%,阶段性递增的特点十分明显。其中2011年至2013年年均增幅均保持72%左右,呈现逐年递增态势(见表1)。

① 执笔人:蔡伟、欧群山。

表1　全省法院特许经营合同纠纷案件(一、二审)统计

	2008～2010年(合计)	2011～2013年			
		2011年	2012年	2013年	合计
案件数	30	36	64	94	194

案件快速增长的原因分析。福建作为沿海省份,民营经济较为发达。特别是当地政府比较注重发展和扶持品牌经济,各类企业比较早就通过特许经营这种商业模式进行品牌推广和市场扩张。但由于企业的盲目扩张,在运营过程中缺乏有效管理和监督,特许经营门槛过低,合同约定不规范、权责不明晰,特别是随着近年来整体经济的增速放缓,竞争加剧,市场洗牌等原因,导致开展特许经营的企业与加盟商之间的矛盾凸显,纠纷日益增多。

2. 案件的地区分布比较集中。我省特许经营合同纠纷类案件主要集中在福州、厦门和泉州三个经济发达地区,三地中又以泉州地区最多(见表2)。

表2　全省法院2008～2013年特许经营合同纠纷案件分布情况

地区	案件数	占案件总数比例
福州、厦门、泉州	212	94.6%
其他地市	12	5.4%
泉州	179	79.9%

3. 涉及的社会行业比较广泛,案件标的额相对较大。从全省法院受理的特许经营合同纠纷案件总体情况来看,特许经营涉及的社会行业较为广泛,主要包括服装、鞋帽、食品销售、餐饮服务、美容、教育等众多行业,但主要集中在服装、鞋帽行业。以2013年为例,受理的94件案件中,涉及服装、鞋帽行业的有72件,占76.6%。相比其他类型知识产权案件,特许经营合同纠纷案件标的额相对较大。仍以2013年为例,受理的94件案件中,标的额50万元以下的有22件,50～100万元的有44件,100～500万元的有20件,500～1000万元的有6件,1000万元以上的有2件。

4. 诉讼双方身份单一,关联案件多。特许经营合同纠纷案件中的原告多为特许人一方,被告多为被特许人一方,被告中绝大多数为外省企业或者自然人。涉及同一特许人针对不同被特许人集中提起诉讼的关联案件较多,此类案件中特许人与被特许人签订的均是格式合同,合同内容基本一致,所以诉讼中当事人起诉所依据的事实和理由、争议焦点基本一致。

5. 案件的调解及撤诉比例不高。大部分特许经营合同纠纷案件案情虽不复杂,但双方当事人矛盾冲突较为激烈,案件的调解工作难度较大。经统计,2011～2013年特许经营合同纠纷案件一审调撤率分别为41%、37.6%和45.3%,均低于当年度于知识产权案件一审平均调撤率。

6. 案件的争议类型相对集中。通过对我省近年来特许经营合同纠纷案件的梳理分析,纠纷双方争议类型主要集中在以下三类:一是因合同的效力产生的纠纷。如特许人不具备主体资格条件、不具备"两店一年"条件等情形。二是因合同的解除、撤销产生的纠纷。如特许人未尽到信息披露义务构成欺诈导致被特许人要求解除或撤销合同或者因双方自愿解除合同后对加盟费的返还、剩余货物的处理协商不成引发的纠纷。三是因合同履行中或合同到期后特许经营费用的支付、扣除、商品的质量瑕疵、后续服务的标准、货款的结算引发的纠纷。其中第三种情况引发的案件占到案件总数的90%以上。

二、特许经营合同纠纷案件审理中的主要问题

1. 案件的管辖问题。特许经营合同纠纷案件属于知识产权案件，在管辖上必须符合知识产权案件管辖的相关规定。实践中问题较多的出现在约定管辖这块。由于特许经营合同仍属于合同类，故合同双方依法可以对纠纷的司法管辖进行约定。经统计，95%以上的特许人与被特许人在签订合同时均对纠纷的司法管辖有进行约定。而特许人作为强势一方，往往都是约定由特许人所在地法院管辖。但由于在约定管辖的内容上不明确，用语上不周延、不规范，常常导致案件在受理问题上争议较大。如胡家德诉宿迁市洋河镇古酿酒业有限公司特许经营合同纠纷一案中，双方在《声明书》中约定："如果协商不成，由古田县人民法院受理裁决"，后原告选择向宁德市中级人民法院提起诉讼。被告提出管辖权异议后，一审法院认为古田县法院虽无知识产权案件管辖权，但宁德市中级人民法院作为古田县法院的上级法院，有权受理本案，且不违反级别管辖规定。如步贤（福建）鞋服有限公司诉赵青林特许经营合同纠纷一案中，双方在合同中约定"如若双方发生争议由合同签订地晋江市人民法院管辖"，后原告向泉州市中级人民法院提起诉讼。被告提出管辖权异议后，一审法院认为晋江市人民法院只能管辖50万元以下的知识产权案件，由于本案标的超过50万元，故应由晋江市人民法院的上级法院泉州中院管辖。对上述两案的处理，主要有两种观点：一是认为约定违反级别管辖规定，应属无效，一审法院受理没有依据；二是认为合同双方具有约定管辖的真实意思表示，约定虽不明确，但并不存在明显违反管辖规定的情况，一审法院进行受理并无不当。一般认为，对于合同双方存在约定管辖的，原则上仍应严格审查，对确实存在约定不明或者明显违反民诉法级别管辖和专属管辖规定的，不应为了单纯扩大案源随意突破法律规定或者曲解条文原意，从而破坏法律规定的严肃性。

2. 合同的性质认定问题。审判实践中认定一份合同是否属于特许经营合同存在较大分歧。通过对我省特许经营合同纠纷案件的分析，可以发现协议双方签订的合同名称五花八门，有《经销合同书》《区域经销协议书》《加盟代理协议》《授权代理合同书》《特许经营协议书》等等，合同名称中直接涉及特许经营的比例并不高。因此，单从合同名称本身并无法直接判断双方之间属于何种法律关系。如何判断双方之间是否属于法律意义上的特许经营合同关系，应重点结合《条例》第3条的规定，即特许经营法律关系的本质特征在于特许人将其拥有的注册商标、企业标志、专利、专有技术等经营资源以合同形式许可被特许人使用，被特许人按照合同约定在统一的经营模式下开展经营，并向特许人支付特许经营费用的经营活动。被特许人在经营过程中，应当接受特许人的监督管理，双方之间存在一定程度的依附关系。因此，依照上述规定，对双方合同中的具体内容进行审查，双方在合同实际履行过程中的权利义务内容是否符合特许经营合同的基本特征是判断的重要标准，不应简单地将合同名称作为定性的主要依据。要注意将特许经营合同与普通的产品经销合同、知识产权许可使用合同区分开来。产品销售合同或知识产权许可使用合同仅涉及特定产品销售或特定知识产权使用的许可，产品提供方仅为其产品质量负责，知识产权许可方仅担保其权利的有效性和完整性，此外并不拥有更多的监督、管理、培训、技术支持等权利或义务。通过对一些案件的分析可以发现，虽然合同双方的内容涉及商标的授权使用和经营管理模式的统一要求，但实际履行时只是存在单纯的货物买卖关系，双方发生纠纷的原因也只是因为对货款的结算存在争议，对于此类案件就不宜按特许经营合同纠纷案件进行处理。实践中还有一种情况也比较经常出现，就是双方会在合同中约定一方以另一方的分支机构、子公司或者控股公司进行注册并经营，当事人往往主张不属于特许经营合同，对此应当"要透过现象看本质"，重点结合该约定的具体履行情况判断合同性质。

3. 合同的效力认定问题。审判实践中涉及合同效力的争议主要有以下三种：一是特许人不具备特许资格的问题。《条例》第3条明确规定只有企业才能作为特许人，我们认为这一条款应属于效力性强制规定，非企业作为特许人签订的特许经营合同应认定无效。如福州中院审理的陈静诉李颖特许经营合同纠纷一案，法院依法认定陈静作为个人与他人签订《1108 私房咖啡加盟经营合同》特许经营合同，违反《条例》的强制性规定，应属无效。二是特许经营合同未经备案的问题。《条例》第 8 条规定，特许经营合同须向商务主管部门备案。我们认为，特许经营合同本质上仍属于民事合同，在认定合同效力时仍应尊重当事人的意思自治。备案制度是从行政机关的角度出发制定的行政管理制度，其目的是为了规范特许经营活动，方便行政管理职能实施。因此，备案只是一项管理性措施，不是特许人从事特许经营活动的前置条件，不能以特许经营合同未备案为由认定其为无效合同。特别是通过分析我省特许经营合同案件可以发现，绝大多数特许经营合同并未进行备案，如果轻易否定其效力，将会极大影响交易稳定性，对合同双方都是不公平的。三是特许人不具备"两店一年"条件的问题。《条例》第 7 条第 2 款规定："特许人从事特许经营活动应当拥有至少 2 个直营店，并且经营时间超过 1 年"。实践中对特许人不具备上述条件是否影响效力分歧较大。一种意见认为"两店一年"是管理性强制性规定，非效力性强制性规定，违反"两店一年"不导致合同无效的后果；另一种意见则认为"两店一年"属于特许人进行特许经营的市场准入条件，属于关涉社会公共利益的法律强制性规定，违反会产生合同无效的后果。如李玉萍诉泉州市丰泽大约翰饮食有限公司等特许经营合同纠纷一案中，一审法院认为特许人因为不具备"两店一年"的特许条件，认定双方签订的《特许经营协议书》无效。我们认为"两店一年"的规定属于直接关涉特许人与被特许人特定群体利益的强制性规定，不属于直接关涉社会公共利益的强制性规定。该规定原意在于对部分特许人进行经营资质管理的条款，而并非意在建立严格的特许经营市场准入制度。特别是当前的特许经营市场尚不规范，很多企业在初期扩张过程中，为抢占市场，往往会在短时间内发展众多的加盟商，如果轻易以违反"两店一年"规定否定合同效力不但无助于市场规范，反而会影响市场稳定。

4. 因欺诈引起的合同解除问题。《条例》第 23 条第 3 款规定："特许人隐瞒有关信息或者提供虚假信息的，被特许人可以解除特许经营合同。"该条规定在具体适用中的难点是特许人未依法履行信息披露义务构成欺诈的认定标准问题。从审判实践来看，特许经营合同中的欺诈主要表现为：(1)特许人基本情况和经营资源方面的欺诈，如把中资企业谎称为外资企业或者与国外企业具有关联关系，谎称该经营模式系从国外传入并已获得重大成功等。把非注册的商标谎称为注册商标，把非专利技术谎称为专利技术等；(2)被特许人情况和预期收入方面的欺诈，如虚构或者夸大被特许人数量、特许经营授权范围、颁布地域，加盟后可在短期内回收成本并盈利等；(3)就产品或者服务质量、特许经营费用的欺诈，如谎称产品获评驰名商标、对产品产地进行虚假描述，隐瞒拟收取的费用，不具体说明各项费用的用途及退还条件等。如泉州中院审理的许珍霞诉黄堆金特许经营合同纠纷一案，特许人称其所经营的美容服务来自泰国圣荷化妆品国际有限公司，特许人系该公司大中华区唯一全权代表机构，但并无证据证明。又如厦门中院审理的王留忠诉厦门市双丹马实业发展有限公司特许经营合同纠纷一案中，特许人在签订合同时对合同项下产品(产自印尼的燕窝)的重要信息进行了隐瞒(燕窝产品存在亚硝酸盐含量超标以及国家明令禁止从印尼进口燕窝)，导致被特许人的加盟品牌丧失商业信誉，无法经营。我们认为在审理中对欺诈的认定应当采取比较慎重的态度，要注意区分恶意欺诈与商业吹嘘的差别。商业吹嘘在产品或者服务的推广宣传中比较普遍，这种吹嘘应当是对产品质量或者服务标准的合理夸大或者适度拔高。是否构成具备解除条件的欺诈，具体而言，应当综合考虑特许人所隐瞒信息或者所提供虚假信息的重要性、与真实信息相背离的程度以及对于特许经营合同订立和履行的影响程度等因素进行判断，尽可能维护特许经营合同的稳定性，防止被特许人滥用解除权，把正常的商业风险导致经营失败的全部责任转嫁到特许人身上。

三、处理特许经营合同纠纷案件的对策建议

1. 加强学习，提升审判人员处理案件的业务水平。特许经营合同纠纷虽然是知识产权纠纷，但本质上仍属于民事合同纠纷，因此，我们的审判人员除了要重点掌握和了解《商业特许经营管理条例》的规定，对能够规范特许经营活动和作为审理特许经营合同纠纷案件法律依据的《民法通则》、《合同法》及其司法解释等也应当学深学透，不断提升处理此类案件的专业水平。要加强对省内乃至全国案例的分析，掌握特许经营合同纠纷案件的规律和特点，为最高院下一步出台专门的司法解释搜集数据、发现问题以及提供建议。

2. 强化调解，促进案件纠纷和谐解决。特许经营合同纠纷案件发生时，往往合同一方已经处于经营困难或者倒闭的境况，双方的对立情绪异常尖锐。因而特许经营合同纠纷案件的调解难度往往大于一般知识产权案件。而法院如果简单下判，基于特许经营模式的特殊性，判决的示范效果可能引发系列案件。为妥善解决特许经营合同纠纷，化解特许经营矛盾，法院应当加强诉讼调解工作。如通过法律释明，促使双方了解法律规定；帮助双方增进沟通，奠定进一步合作基础；多元调解，共同介入化解纠纷。如省法院审理的狼道服饰公司诉马益仁特许经营合同纠纷案件中，合议庭充分发挥行政机关辅助调解、行业协会介入调解等多元调解的方法，促成该案成功

化解,收到了良好的效果。

3. 能动司法,促进特许经营行业健康发展。在处理特许经营合同纠纷案件时在坚持严格依法审判原则的前提下,应着重考虑这类纠纷处理的法律效果与社会效果的统一,加强同行政机关、行业协会的沟通,通过司法建议等方式将案件审理中反映出来的典型问题及时反馈到行政主管部门和行业协会,促使他们更好地发挥自己的职能,促进相关部门管理职能的创新,减少和预防此类案件的发生。要加大司法审判的宣传力度,充分发挥司法裁判的社会公示和引导作用。落实裁判文书上网公开制度,通过实际案例引导特许人规范其经营行为,引导被特许人在选择加盟时提高法律意识,尽量减少特许经营行业的法律风险,促进特许经营行业健康有序发展。

“三审合一”诉讼模式下知识产权案件审理的现状、问题及前瞻

——以福州两级法院知识产权案件审理情况为研究视角

福建省福州市中级人民法院知识产权庭①

知识产权保护包括民事、行政和刑事保护。人民法院为充分发挥司法保护知识产权的主导作用,将知识产权刑事、民事、行政案件归口由专门的知识产权审判庭审理的“三审合一”审判模式,有利于完善知识产权审判机制,优化审判资源配置,统一司法尺度,提高审判和执行能力。2010 年 10 月,福州中院根据最高院的批复精神,在基层鼓楼区法院设立知识产权审判庭,由该院管辖辖区内的部分知识产权民事案件和全市各基层法院受理的知识产权行政、刑事案件。相应地,福州中院知识产权庭集中受理各类知识产权刑事、民事、行政一、二审案件,并承担对鼓楼法院知识产权案件审理的指导监督职能,确保各类案件的审判质量。② 本文结合福州法院开展知

---

① 执笔人:李瑞钦、黄金凤。

② 2010 年 10 月,福州中院根据最高院的批复精神,在不突破三大诉讼法关于级别管辖规定的前提下“实行知识产权刑事、民事、行政案件集中管辖以及上、下级法院知识产权庭专业对口指导的方式”确定鼓楼区法院设立知识产权审判庭,将部分知识产权民事案件管辖权下放。除专利、植物新品种、集成电路布图设计案件外,由该院管辖辖区内的部分知识产权民事案件,并将全市各基层法院受理的知识产权行政、刑事一审案件归口鼓楼区法院审理,特别是知识产权刑事一审案件,凡属基层法院管辖的涉嫌知识产权犯罪的,均移送鼓楼区检察院审查,向鼓楼区法院起诉。相应地,福州中院知识产权庭则集中受理各类知识产权刑事、民事、行政一、二审案件,并承担对基层法院指导、监督职能,确保各类案件的审判质量。至此,福州两级法院在全市范围内建立起知识产权案件“三合一”诉讼模式,实现了三类诉讼合一。

识产权“三审合一”工作以来知识产权案件审判工作的具体情况和效果，就当前知识产权案件审理的现状、存在的问题及解决对策进行探讨，并提出相应建议，以期更好地开展“三审合一”审判工作。

一、知识产权案件的发展趋势及其案件特点

自2010年知识产权审判“三审合一”试行以来，共受理各类知识产权案件2960件，其中民事案件为2745件，占案件总量的92.74%；刑事案件210件，占案件总量的7.09%；行政案件5件，仅占案件总量的0.17%。各类案件数呈如下特点：

1. 案件数量逐年保持较高幅度的增长。2010年共受理各类知识产权案件359件，2011年受理各类知识产权案件657件，2012年受理各类知识产权案件1289件，2013年受理各类知识产权案件1014件，案件受理数呈上升趋势。案件数量的变化与知识产权商业化维权以及群体性侵权的出现密切相关。

2. 新型案件增长迅速。随着社会经济的发展，新类型案件不断涌现。例如，受理的雕刻弥勒佛艺术品引发的侵犯著作权纠纷；购买盗版软件引发的侵犯计算机软件著作权纠纷；播放音乐电视作品（MTV）引发的侵犯放映权纠纷；员工跳槽到同业竞争企业引发的侵犯商业秘密纠纷等等。特别是随着互联网日益成为人们生活、生产经营的重要部分，涉及网络的知识产权纠纷案件增长迅速，如网站因上载、传输文字作品、影视作品和音像制品以及网吧对影视作品提供在线观看而引发的网络著作权纠纷案件。据统计数据分析，在各类知识产权案件中，以著作权纠纷案件居首，受理案件数为1306件，占54.08%，而其中侵害作品信息网络传播权纠纷案件所占比重较大，占59.62%。网络域名引发的商标侵权或不正当竞争纠纷、网上发表文章引起的损害商誉的不正当竞争纠纷计205件，占11.73%。

3. 知识产权刑事案件呈现迅猛增长的态势，远超同期民事及行政案件增长率。刑事案件数量迅速上升，三年共受理知识产权刑事案件210件，其中2012年案件数比2011年增长56.1%，2013案件数同比增长64.06%，案件数量呈现出迅猛增长的态势，远超同期知识产权民事及行政案件的收案增长率。刑事案件呈现如下特点：(1)侵犯商标权犯罪案件占据最大比重，其中2011年占知识产权刑事案件总量的56%，2012年占刑事案件总量的42%，2013年占比略有下降，但案件数量呈上升趋势。(2)侵犯著作权犯罪案件的比例和数量持续上升。上升原因主要为：以往此类违法行为主要由文化执法部门进行行政处罚，没有进入刑事打击的视野，随着知识产权保护力度不断加强，[①]大量的之前普遍存在的侵犯著作权的违法行为被课以刑事处罚。(3)其他涉及知识产权刑事案件所占比重较小，案件主要涉及烟草的以非法经营罪、生产、销售伪劣产品罪等罪名定罪的犯罪。三年共受理上述案件38件，2011年共受理8件，2012年共受理13件，2013年受理17件，呈增长趋势。

---

① 《最高人民法院、最高人民检察院关于办理侵犯知识产权刑事案件具体应用法律若干问题的解释（二）》规定：以营利为目的，未经著作权人许可，复制发行其文字作品、音乐、电影、电视、录像作品、计算机软件及其他作品，复制品数量合计在500张（份）以上的，属于《刑法》第217条规定的“有其他严重情节”；复制品数量在2500张（份）以上的，属于刑法第217条规定的“有其他特别严重情节”。又规定：《刑法》第217条侵犯著作权罪中的“复制发行”，包括复制、发行或者既复制又发行的行为。

4. 知识产权行政案件收案数明显偏少。三年福州两级法院仅受理知识产权行政一审案件4件,涉及著作权登记、专利侵权纠纷处理决定、行政处罚决定等知识产权行政管理行为。被告为省知识产权局、省版权局。其中,有3个案件原告均在法院调解下主动撤诉,1个案件以判决结案,无上诉案件。

二、知识产权案件审理的社会效果

技术发展带来的法律适用难题等专业性问题需要专业化的解决方案。知识产权案件区别于其他民事案件最为主要的特点就是专业性强,权利人主张的权利涉及的领域非常广泛,实行"三审合一"诉讼模式后,有利于充分利用法院在审理大量民事案件中已经积累的经验和功底,全面把握知识产权法律适用的标准与范围,从而提升知识产权案件的审理质量和水平。

(一)审判思维突显专业化

由于知识产权既缺乏物权所具有的天然的物理边界,又缺乏债权所具有的清晰的法律边界,相较于人身权、财产权等权利而言,知识产权是否存在、权利归属的审查和判断要复杂得多,确定权利及其归属是知识产权案件审理的前提,也是知识产权案件专业性突出的体现。[①] "三审合一"后,福州法院知识产权法官在刑事案件审理当中,特别注重对权利是否存在和权利归属认定的审查。例如在假冒注册商标案中,知识产权法官严格遵循涉案商标的认定规则,深入审查涉案商标核定使用的商品类别,以准确判断被告被控侵权行为的性质。对权利的审查认定是知识产权审判专业化的重要体现,也是各类知识产权案件正确审理的前提和关键,不应因刑事、民事和行政案件的区别而有任何差异。

(二)证据采信规范化

刑事案件对证据采信标准高于民事案件。刑事案件对证据标准适用的是"排除合理怀疑"原则,而民事案件对证据采信标准遵循的是"优势证明规则"。但在以往知识产权刑事审判中,不少刑事案件相较于民事案件,其对证据的要求并未高于民事案件的采信标准,如前述的审理假冒注册商标案,对于被告人销售的假冒注册商标的商品是否为正品,如果被告人坚称其销售的产品为正品,那么对涉案商品是否为正品应当由哪方委托鉴定?是由公诉机关委托还是须由法院委托鉴定,抑或凭借被害单位委托的鉴定结论作为认定标准,鉴定结论应如何采信?福州法院知识产权庭经过反复的讨论,形成统一做法:知识产权刑事案件审理,其对证据的采信标准应高于民事案件。涉案商品的真伪被告人有异议的,应由公诉机关委托,或由受诉法院委托鉴定,而不能由被害单位委托鉴定。而对鉴定结论的采信则应考虑以下因素:(1)鉴定人的资格。法官在判断鉴定意见是否具有可采性时,应判断鉴定人在一定领域内是否凭借知识、技能、经验、训练或者教育能够成为一名"专家",即判断鉴定人的专家资格。(2)鉴定意见所用的证据资料。鉴定意见是鉴定人对证据资料进行意见加工的结果,因此,应当考察作为加工对象的证据资料是否存在瑕疵的问题。(3)加工方法的科学性。鉴定人对证据资料进行加工而形成鉴定结论需要依靠一定的方法。其中既包括逻辑推理的方法,也包括科学试验的方法。加工方法运用得当与否直接关系到专家意见的客观性,故此

① 叶若思、祝建军、叶艳:《质的融合:深圳知识产权"三审合一"》,载《人民司法》2013年第11期。

加工证据资料的方法应当作为考察鉴定意见可采性的因素。[①] 通过民事、刑事审判思维的相互借鉴和融合，知识产权法官对证据的证明标准及证明力问题上有了非常明晰的认识，这对于知识产权案件的妥善处理是至关重要的。

(三)审判思维融合化

审判思路体系化在案件审判中尤为重要。“三审合一”改革之前，由于专业知识的缺乏性，刑事法官在审理知识产权刑事案件中，其审查的要点侧重于犯罪构成要件，而忽略了对被告人、代理人所提出的知识产权权属以及侵权是否成立的分析。“三审合一”改革之后，知识产权法官将民事审判中所遵循的审判认定方法，即“权利审查——侵权判断——侵权责任与赔偿”这一审查评判思维成功运用于知识产权刑事审判中。按照这一审判思路，知识产权法官在刑事案件中确立了如下审判思路，即“权利审查——犯罪构成要件审查——定罪量刑”审判规则，也即，在知识产权刑事案件审理中，首先审查涉案产品的权利主体、权利归属、权利效力以及被告人行为是否构成对涉案产品权利的侵犯，进而审查该侵权行为是否已达到刑事犯罪构成要件以及可能影响定罪量刑的各种因素。

三、知识产权案件审理在司法实践中面临的法律问题

“三审合一”诉讼模式大力推广的一个重要缘由乃是合一后可大幅节约审判资源，但这一优势也不宜过度放大。尽管知识产权案件的特殊性决定了三大诉讼在某些方面具备同质性，但仍面临着刑事、民事以及行政如何转化与衔接问题，而三大诉讼中的举证责任分配、证明标准迥异也是法学界公认的，知识产权案件审理在司法实践中面临着诸多的法律问题。

(一)三大诉讼固有特点不因“三审合一”而有所消弭

民事诉讼实行的是“谁主张谁举证”的举证分配规则，否则当事人将承担举证不能的法律后果。而刑事案件证据主要源于检察机关、侦查机关运用国家赋予的诸多侦查权力查明案件事实的证据，这些证据尽管可直接证明知识产权犯罪成立，但这些证据能否直接适用以判定知识产权民事侵权成立？如知识产权商业秘密侵权案，原告若启用刑事救济途径，可通过检察机关、侦查机关查明的证据认定被告涉足知识产权刑事犯罪，而另一方面如依据民事举证责任的分配规则，原告将承担举证不能的败诉后果。固然，法院可根据“先刑后民”判案规则，先将刑事部分的结论形成判决，在其生效后再根据《最高人民法院关于民事诉讼证据的若干规定》第9条第4项关于“已为人民法院发生法律效力的裁判所确认的事实，当事人无须举证证明”的规定而免除原告的举证责任。但如此一来，无形中撬动了民事诉讼中“谁主张谁举证”的责任分配杆杠，置知识产权民事侵权的被告于不利地位。

同理，行政诉讼法为强化行政机关依法行政，举证责任在于被告行政机关，即举证责任倒置，由被告行政机关证明其作出的行政裁决有充分的证据，否则将承担败诉的法律后果。[②] 但知识产权纠纷牵涉的行政机关基本是扮演居中裁决的角色，这

① See Deirdre Dwyer, Changing Approaches to Expert Evidence in England in England and Italy. 转引自徐继军:《专家证人研究》，中国人民大学出版社2004年版，第25页。

② 陈小慧:《我国知识产权审判制度检视与反思——以知识产权“三审合一”审判改革为视角》，载《三明学院学报》2011年第4期。

种裁决角色有别于传统意义上的纯粹为了公共利益实施执法的公职机关。为避免败诉,行政机关依然会将其搜集的相关证据提供给自己裁决所支持的某一方当事人,力求获得法庭支持以维持自己的裁决。法官同样面临同案中行政诉讼过程中查明的事实能否直接采信的问题。

(二)知识产权民、行、刑转化衔接问题

"三审合一"主要是基于知识产权问题的专业技术特性和三类知识产权案件的法律关系中权利基础、行为特征的判断原则相同,强调的是这三类案件的同质性特点。但刑事、民事、行政案件诉讼程序不同,法律适用方法各异,基于同一侵权行为存在刑民、刑行交织的法律问题。

1. 民事与刑事转化问题

法院在知识产权民事侵权纠纷案件的审理中,发现被告的侵权行为产生的违法得所或其非法经营数额达到刑事入罪标准的,该如何处理的问题。如鼓楼区法院审理的路易威登玛利蒂公司诉林恭忠侵害商标权纠纷一案中,[①]原告向法院申请诉前证据保全,对被告涉嫌侵权的产品进行了查封,原告以被查封的侵权商品的货值已达刑事立案标准为由,向法院申请将案件移送公安机关立案侦查。在这种情形下,会产生如下问题:(1)法院发现被告的非法经营数额可能达到刑事立案标准是否应当主动将有关犯罪线索移送公安,或者法院是否有义务告知原告以刑事手段维权。在将有关线索移送公安机关并被其立案受理后,法院正在审理的民事案件在程序上应如何进行。而这些问题在当前的刑事、民事诉讼法中均没有做出明确的规定,导致在司法实践中遇到此种情况时处理方式不尽相同。(2)权利人是否可以在刑事诉讼中提附带民事诉讼。在侵犯知识产权犯罪的刑事诉讼中,权利人是否可以在刑事诉讼中提附带民事诉讼,也就是,当事人提出"刑附民"诉求,法院是一并审理,还是另案处理,或是通过追赃退赔程序解决,这些程序上的问题在相关法律中均未规定。例如,鼓楼区法院审理的林某等四人假冒注册商标罪一案中,[②]被告人林某伙同他人假冒权利人的知名品牌,制造假冒的工业涂料,导致权利人被消费者投诉、索赔,被告人的犯罪行为对权利人的商誉和市场份额造成了重大损害,权利人对主张民事赔偿有较迫切的需求,向鼓楼区法院提起刑事附带民事诉讼。对于知识产权犯罪的刑事附带民事诉讼能否成立,在法学界是一个有争议的问题。如有学者认为知识产权的智力成果,既不是有体物,也不属于无体物,而只是一种无形财产,故受害人不能在刑事诉讼中附带提起民事诉讼。[③] 也有学者认为知识产权作为一种无形财产权,属于民法意义上的无体物,知识产权因侵权遭受的财产损失理当属于物质损失,故知识产权案件符合刑事附带民事诉讼的成立条件。[④] 但由于缺乏明确的法律规定,对司法解释的理解存在差异,导致各地法院对知识产权刑事附带民事诉讼的做法并不统一。

---

① 参见福州市鼓楼区人民法院(2012)鼓民初字第399号民事判决书。

② 参见福州市鼓楼区人民法院(2012)鼓刑初字第733号刑事判决书。

③ 吴汉东、胡开忠:《无形财产权制度研究》,法律出版社2001年版,第32页。

④ 赵青:《知识产权刑民交叉案件的困境与出路——"先民后刑"的适用与完善》,载 http://cqfy.chinacourt.org/article/detail/2011/11/id/653118.shtml,最后访问日期:2014年4月10日。

2. 行政执法与刑事司法的衔接问题

行政执法和刑事司法是打击知识产权违法犯罪行为的两把利剑,只有相互配合,有效衔接,形成合力,才能更好地惩治违法犯罪行为人。近年来,福州市积极开展以打击侵犯知识产权和假冒伪劣商品为主题的“两打”活动,查处了一批关系群众切身利益、社会危害严重的违法犯罪案件,取得了显著成效。但工作中也暴露了行政执法与刑事司法的衔接问题。通过对鼓楼法院受理的侵犯知识产权刑事案件案由的统计,发现只有少数非法经营数额较大的案件是由行政机关移送公安机关进行刑事立案查处的,如黄某、林某销售假冒注册商标的商品一案,工商部门在2008年就受理群众举报进行行政查处,在2010年全市集中开展“两打”活动期间才通过自查方式将该案移送公安机关立案侦查。这样的情况并不鲜见,简言之,由于受诸多因素的影响和制约,行政执行与刑事司法衔接工作存在以下几个现象:违法行为实际发生的数量很多,但查处得少;行政处罚多,移送司法机关少;查处一般犯罪分子多,追究幕后主犯少。

3. 刑事案件法律适用问题

知识产权刑事案件审判是知识产权“三审合一”审判工作的重点内容,直接关系到对“三审合一”审判机制成效的评价。但在审判实践中刑事案件的处理却面临着诸多法律适用问题。

(1)罪名选择的问题

知识产权刑事案件犯罪客体复杂,导致侦查机关、公诉机关和法院对涉嫌罪名认识不一致,对罪名的选择存在较大争议。如被告人郑某、李某、叶某等五被告人因销售假烟被公安机关以生产、销售假冒伪劣产品罪立案侦查、检察院审查起诉后却以五被告人涉嫌生产、销售伪劣产品罪及非法经营罪向法院起诉、经法院审理查明五被告人的非法经营数额分别为669215元、294000元、170000元、100000元及67150元,最后鼓楼法院对五被告人分别以生产、销售伪劣产品罪、非法经营罪、销售假冒注册商标的商品罪定罪量刑。[①] 对同一销售行为,侦查机关、公诉机关和法院对其涉嫌罪名的理解存在如此大的分歧,因为不同的罪名决定不同的量刑区间,很大程度上也影响各被告人和辩护人对涉嫌罪名的理解。

又如被告人陈某某销售盗版光盘,销售盗版光盘数量5万张,进价1元/张和售价3~3.3元/张,有完整的进货单据和销售记录,且与市场上的盗版光盘价格吻合,因此可认定其违法所得为11万元。但在定性量刑上却有法律适用的矛盾:是根据《刑法》第217条定侵犯著作权罪还是根据第218条定销售侵权复制品罪?如按《刑法》217条侵犯著作权罪对其处刑,因其销售数量达5万张,远超出了司法解释规定的复制发行数量2500张,即为“情节特别严重”,其基准刑期应为有期徒刑5年。如适用刑法218条销售侵权复制品罪,则因其违法所得为11万元,则刚达到销售侵权复制品罪入罪的起点,那么其基准刑就是有期徒刑六七个月。同一种销售盗版光盘的行为,在数量差别不大的情况下,适用不同罪名却会产生罪与无罪、罪轻与罪重的重大差距,这导致了司法实践的无所适从与司法尺度的不统一,因此有必要对刑法相关条文和有关司法解释的规定进行梳理和讨论。

① 参见福州市鼓楼区人民法院(2012)鼓刑初字第400号刑事判决书。

(2)非法经营额认定的问题

非法经营数额的准确认定对于区分罪与非罪以及后续的量刑具有重要意义。如在2004年两高司法解释中有多条规定非法经营额达到一定数额即属于刑法规定的“情节严重”,应追究刑事责任;达到一定数额即属于刑法规定的“情节特别严重”,应在更高的量刑区间上量刑。因此,如何正确理解并认定“非法经营数额”是此类案件审理的关键点和难点。

第一,如何认定侵权产品实际售价的问题。如宰某销售假冒注册商标罪一案,[①]工商部门在宰某位于长乐的饰品店内查扣准备用于出售的假冒的“LV”、“GUCCI”、“CHANEL”商标的拉杆箱等各类物品共计351件。按照两高司法解释,在认定非法经营数额时,已销售的按实际售价计算。未销售的,按标价或已查清的侵权产品实际售价计算。没有标价或无法查清实际售价的,按侵权产品的市场中间价计算。本案中一部分被查扣的侵权产品中无标价和无具体型号,一部分有标价,还有部分无标价但有具体型号。而本案被告人系零售,无销售记录,根本无法查清已销售的商品货号及实际销售价格。在此情况下,不同的认定标准,将产生截然不同的法律后果。有的观点认为部分侵权产品无标价也无具体型号(即被假冒的真品中无此型号),那么按实际售价及市场中间都无法确定其非法经营额,该部分非法经营额应不予计算。有的观点认为应按相类似的型号的真品的市场中间价计算。还有的观点认为应按有标价类似型号假冒品的价格认定;对部分无标价但有具体型号的,应按真品的市场中间价计算。不同的认定标准,将导致截然不同的法律后果。

第二,网上虚假交易金额甄别问题。如在黄某、林某销售假冒注册商标罪一案中,[②]被告人黄某、林某在淘宝上开设店铺销售假冒的匡威鞋,工商部门在其租住的房子内查获准备用于出售的假冒的匡威牌鞋子共计1182双、袜子3480双,公安机关通过提取淘宝网的销售记录和支付宝及银行卡的资金往来记录,认定二被告人的销售金额分别为60余万、20余万元。二被告辩解其在店铺刚开的时候有刷信用的行为,该部分虚假交易产生的销售金额大概有10余万元应予以剔除。[③] 类似情况在审理的其他网上销售假冒品牌产品案件中均普遍存在。由于虚假交易系卖家为逃避淘宝网的稽核,刷信用的第三方与卖家会尽量使交易贴近真实,导致在被告人辩解非法经营数额存在虚假交易时,该部分的金额的查证成为诉讼中的难点。

第三,已销售与未销售金额累加认定问题。如陈某销售假冒注册商标的商品罪一案,[④]经审理查明被告人已经销售的金额为4万余元,尚未销售的侵权产品价值21万余元,根据最高人民法院、最高人民检察院、公安部印发《关于办理侵犯知识产权刑事案件适用法律若干问题的意见》的通知

---

① 参见福州市鼓楼区人民法院(2012)鼓刑初字第597号刑事判决书。

② 参见福州市鼓楼区人民法院(2012)鼓刑初字第217号刑事判决书。

③ 淘宝网上的店铺有一套以销售量和卖家评价作为店铺搜索排名的信用评价体系,排名靠前的店铺在买家通过淘宝网进行购物搜索时会获得优先的靠前显示,从而使获得较高信用等级的店铺较易获得流量支持,从而提升店铺销量。这种评价体系导致一些新开的店铺为了快速提升店铺信用等级,快速提高销售额,往往采用发动亲朋注册大量淘宝账号进行虚假交易,或者有偿雇佣第三方进行虚假交易提高店铺销量,使店铺获得更高等级。

④ 参见福州市鼓楼区人民法院(2013)鼓刑初字第466号刑事判决书。

第8条的规定[①],被告人构成犯罪应无疑义,但在被告人未遂部分金额已超过15万入罪标准后,对已遂部分的金额是否应累加计入其非法经营额,司法解释没有明确的规定。这产生不同的处理意见:一种意见认为,如已销售金额未超过5万元,但与未销售部分的货值合计超过15万元的,已销售金额和未销售金额应累加,并以销售假冒注册商标的商品罪未遂定罪,即如被告人未销售货值已超过了15万元,则不能将已遂部分与未遂部分进行累加计算。另一种意见则认为:如果被告人未遂的金额为25万元,根据两高司法解释其属于刑法规定的“情节特别严重”,在3到7年的幅度内量刑。而本案中被告既遂金额4万余元,未遂金额21万余元,如其非法经营额不予累加,只认定其未遂部分的非法经营额21万元,则只属于情节严重,法定刑幅度反而较轻,殊为不合理,与罪刑相适应的原则相违背。由于现行立法对此规定不明确,导致司法审判实践中,公、检、法各部门对此认识不一,相应的处理结果也相差较大。

第四,罚金量刑适用问题。罚金刑是对司法机关强制被告人缴纳一定数额金钱的刑罚方法,属于财产刑的一种。与其他刑种相比,罚金刑具有可分割性、可附加性、误判易纠性、经济性等特点。[②] 对于侵犯知识产权犯罪的,现行立法对罚金数额一般在违法所得一倍以上五倍以下,或按非法经营数额的50%以上一倍以下确定。在审判实践中,由于大部分被告人为逃避制裁,对销售收入及获利情况不做账,造成违法所得难以查清,故法院判处罚金的标准就以被告人的非法经营额的50%以上一倍以下确定,这就容易造成一些依法认定的罚金数额过高问题。如陈某假冒注册商标罪一案,[③]陈某伙同他人以次充好,生产假冒“五粮液”白酒并由陈某销售后至福州市的酒店,酒楼等消费场所,经审理查明陈某涉案金额共计达10446470元。根据最高院、最高检察《关于办理侵犯知识产权刑事案件具体应用法律若干问题的解释(二)》的规定,罚金应在非法经营数额50%以上一倍以下确定,故对被告人并处罚金5308000元。在审理期间,为保证罚金刑的执行,法院对被告人的财产情况进行调查,但仅查到被告人房产一套,无其他财产。显然上述过高的罚金刑是“空判”被告人不可能缴纳。

另外,对违法所得及非法经营数额均无法查清的情况下,罚金该如何确定,相关司法解释也没有作出明确规定。如在非法制造、销售非法制造的注册商标标识罪、侵犯著作权罪、侵犯商业秘密罪等案件,违法所得数额或非法经营数额一般无法查清。在以上的这些情况下,法院一般根据酌定的市场中间价确定罚金数额。然而酌定的

---

① 《最高人民法院 最高人民检察院 公安部关于办理侵犯知识产权刑事案件适用法律若干问题的意见》第8条第2款:“销售明知是假冒注册商标的商品,具有下列情形之一的,依照刑法第二百一十四条的规定,以销售假冒注册商标的商品罪(未遂)定罪处罚:(一)假冒注册商标的商品尚未销售,货值金额在十五万元以上的;(二)假冒注册商标的商品部分销售,已销售金额不满五万元,但与尚未销售的假冒注册商标的商品的货值金额合计在十五万元以上的。假冒注册商标的商品尚未销售,货值金额分别达到十五万元以上不满二十五万元、二十五万元以上的,分别依照刑法第二百一十四条规定的各法定刑幅度定罪处罚。销售金额和未销售货值金额分别达到不同的法定刑幅度或者均达到同一法定刑幅度的,在处罚较重的法定刑或者同一法定刑幅度内酌情从重处罚。”

② 马克昌主编:《刑罚通论》,武汉大学出版社2002年版,第194~197页。

③ 参见福州市鼓楼区人民法院(2012)鼓刑初字第399号刑事判决文书。

中间价无法摆脱法官个人的主观性,表现出一定的恣意性,在各个案件中是否能做到量刑均衡及罪责刑相适应无法保证,如何针对案件具体类型确定详细的罚金适用标准和量刑规范是一个亟待解决的问题。

四、知识产权案件审理相关法律问题的完善

“三审合一”是管辖权之合,是审判权之合,更是知识产权法律适用之合。三类知识产权案件有各自不同的审判思路和处理模式,如果不能形成体系化的规则,势必影响知识产权法律适用的严肃性与统一性,因而应不断探索和完善相关法律制度,促进知识产权审判资源的优化配置。

(一)在三大诉讼框架内把握案件审理思路的转换与协调

如前文所述,知识产权司法保护“三审合一”主要是基于知识产权问题的专业技术特性和三类知识产权案件的法律关系中权利基础、行为特征的判断原则相同,强调的是这三类案件的同质性特点。但各诉讼法均按实体法实施的要求和各诉讼制度的内在要求,对诉讼程序作了不同的规定,这使当事人在不同的诉讼程序中的诉讼权利和义务有所不同。尤其是不同的诉讼法对诉讼管辖的规定不同、对当事人举证责任分配原则的规定不同和对证明标准的规定不同,对当事人所承担的诉讼义务和能否实现诉讼目的的影响更大,在审理中知识产权法官在处理各种诉讼程序和法律适用之间的关系尤需把握其不同的规定和特点:(1)刑事诉讼由控诉方承担完全举证责任,并在证明标准上采用绝对概然性原则,达到“事实清楚,证据确实、充分,排除一切合理怀疑”的要求,被告人不承担举证义务,但享有辩护权。(2)民事诉讼实行“谁主张,谁举证”,并采取一般概然性原则,达到优势证明标准即可。(3)行政诉讼,原告除了完成程序推进性证据的举证责任外,其余举证责任均由被告行政机关来完成。在审查行政机关具体行政行为的事实和法律依据成立及正确与否的问题上,根据案件类型的不同,分别适用优势证据、明显优势证据和排除合理怀疑三类不同的证明标准。因此应深刻理解不同制度设置的内涵,正确完成不同诉讼案件审理思路的转换和协调,处理好各种诉讼程序和法律适用之间的关系,是法官三审合一时必须注意的问题。

(二)民事、刑事、行政审理机制的衔接

知识产权“三审合一”诉讼模式是一种裁判思路、证明标准体系乃至整个纠纷解决体系的融合。通过知识产权民事诉讼,刑事诉讼及行政诉讼三大诉讼的职能对接,更恰当地运用民事、刑事、行政手段调节社会关系,寻求纠纷解决的最佳路径。

1. 刑事与民事审理机制的衔接

法院在审理在民事案件中,发现被告人违法得所或非法经营数额达到刑事入罪标准,可能构成犯罪的,民事诉讼法没有明确规定法院应如何处理,但根据最高院《关于民事审判中发现经济犯罪的处理司法解释》中的规定①精神,法院在发现确切的犯罪线索的应将有关线索和材料移交公安机关立案侦查,同时权利人也有权继续在民事诉讼中主张救济,法院不应驳回权利人

① 该规定第10条规定人民法院在审理经济纠纷案件中,发现与本案有牵连,但与本案不是同一法律关系的经济犯罪嫌疑线索、材料,应将犯罪嫌疑线索、材料移送有关公安机关或检察机关查处,经济纠纷案件继续审理。第11条规定人民法院作为经济纠纷受理的案件,经审理认为不属经济纠纷案件而有经济犯罪嫌疑的,应当裁定驳回起诉,将有关材料移送公安机关或检察机关。

的起诉。至于移送后,民事案件是否应当继续审理,在民事诉讼的司法惯例上一般遵循“先刑后民”的原则,以民事案件的审理必须以刑事案件的审理结果为依据中止审理,但在知识产权民事侵权诉讼中,应根据民事诉讼的“优势证据”原则,相对于刑事诉讼,权利人更容易证明被告存在民事侵权行为,在民事侵权事实能够查清的情况下,法院应继续审理民事案件。这样法院已经进行的民事诉讼程序不至于前功尽弃,同时有助于刑事诉讼的进行。关于知识产权能否适用刑事附带民事诉讼的问题尽管存在争议,但在理论上通过适当扩张“物质损失”的概念,即可将知识产权民事损害赔偿纳入刑事附带民事诉讼范畴。在实践上各地法院已有对刑事案件中的民事诉讼请求提供保护的实践,最高院也以公报案例形式确认了权利人可以在知识产权领域请求适用刑事附带民事诉讼保护自己的权利。基于在刑事诉讼中提起附带民事诉讼有一定的实用性和效率性,特别是在知识产权审判三审合一的模式下,知识产权刑事附带民事诉讼可以有效避免以往刑庭法官对知识产权民事审判在民事法律适用能力和经验上的不足,在知识经济时代,作为一种财产形式的知识产权理应得到法律的全包保护,建议完善有关法律和司法解释,区分不同的案件情节,明确知识产权刑事附带民事诉讼的范围。

2. 行政执法与刑事司法审理机制的衔接

第一,行政机关应与侦查机关应就案件管辖、证据收集、移送标准等设立统一标准,建立行政执法信息共享机制与网络平台,强化检察机关的执法监督职能,促进对涉嫌犯罪案件的移送。第二,对两法衔接制定出更为完善、高效的操作规程。2012年新修订的刑事诉讼法已将行政执法当中获取的证据在刑事诉讼中的效力作了规定,但未对如何转化作更细的规定,制定统一的证据规则显得非常必要。行政机关在对侵犯知识产权行为进行行政处罚时,应注意收集被处罚人违法证据,如查扣侵权产品、销售单据、销售记录、银行账户等,对当事人第一时间进行讯问查清其进货或销售价格、销售款的去向等,以固定证据。对可能涉嫌犯罪的,可通知公安机关提前介入,而不能一罚了之。

(三)公检法建立联席机制统一执法标准

知识产权“三审合一”改革实施以来,知识产权刑事案件在证据形式上相较于民事证据更加严格规范,在证据收集上要求更高。但由于我国没有一部完整的证据法,有关证据收集、证据认定,公、检、法三机关没有统一的标准,例如,关于侵犯知识产权罪是否有同时构成生产、销售伪劣产品罪或非法经营罪的问题。对于实践中常见的假冒注册商标罪或销售假冒注册商标的商品罪,由于生产、销售的假冒注册商标的商品大都是著名品牌(如LV、耐克等),此类犯罪是否又同时构成生产、销售伪劣产品罪问题。侵犯知识产权罪是否同时构成生产、销售伪劣产品罪的关键要看被告人生产或销售的假冒商品质量是否合格。鼓楼法院则认为,如果被告人生产或销售的假冒商品质量经鉴定是合格的,且以明显低于正品的价格出售给消费者的(如在淘宝网上以低价销售假冒品牌的产品,即以“以假卖假”),那么被告人的行为仅构成知识产权犯罪,不构成生产、销售伪劣产品罪。但是,被告人若将假冒的知名商品以真品的市场价或以打折的名义,稍低于市场价出售给消费者(如在大商场或品牌专卖店上销售假冒品牌的产品,即"以假卖真"),那么被告人的行为就符合生产、销售伪劣产品罪中以假充真、以次充好的犯罪构成要素,同时构成生产、销售伪劣产品罪。还有如果被告人生产或销售的假冒商品质量经鉴定是不合格的,那么不管被告人是以什么价格出售给消费者,其行为都符合生产、销售伪劣产品罪中以不合格产品冒充合格产品的犯罪构成要素,同时构成生产、销售伪劣产品罪。再如,对于同时构成侵犯知识产权罪、生产、销售伪劣产品罪及非法经营罪(假烟案)的。鼓楼法院认为,在最后定罪量刑时,应择一重罪进行处罚。一般情况下,被告人非法经营数额达到50万元以上的,生产、销售伪劣产品罪的量刑期是7年以上有期徒刑,是三个罪名中最重的;如果非法经营数额在50万元以下的,被告人即使同时构成了生产、销售伪劣产品罪,但按侵犯知识产权罪的量刑更重,法院最终确定的被告人罪名还是侵犯知识产权罪。如果假烟案值在25万元以上50万元以下的,则按量刑更重的非法经营罪认定。针对当前知识产权刑事审判中存在的问题,在现行立法为作明确规定的情况下,福州市公、检、法及相关知识产权行政执法部门应加强相互沟通、协调,建立长效联席会机制,对在侦查、起诉、审判过程中碰到的疑难问题共同研究、探讨,对一些具体执法标准,进行研究协调,以统一辖区相关案件的执法标准。

化解商业秘密保护疑难问题　维护市场竞争秩序

——涉竞业限制协议商业秘密侵权案件若干疑难问题探析

山东省高级人民法院知识产权庭

商业秘密作为一项重要知识产权,其案件审理一直是社会关注的热点、难点。多年来,山东法院始终坚持在实践中探索,创新法律思维,既依法加强商业秘密保护,为企业的创新和投资创造安全和可信赖的法律环境;又注意衡平自由竞争和公平竞争的关系,促进择业自由,防止权利滥用,取得了较好的法律效果与社会效果。

一、山东法院商业秘密纠纷案件的主要特点

2001~2013年,山东法院共受理商业秘密一审案件266件,审结239件。在审结的案件中,判决81件,调解和撤诉137件,以其他方式结案21件。案件审理主要呈现出以下特点:

1. 案件总量不大,但在不正当竞争案件中比例不小。2001~2013年,全省法院受理不正当竞争案件1439件，其中，商业秘密案件占16.6%，在所有不正当竞争案件类型中所占比例最高。该数据表明商业秘密案件的妥善处理对构建自由公平竞争的市场秩序发挥着重要作用。

2. 请求赔偿额较大，且呈上升趋势。2001~2013年，山东法院商业秘密案件的年度请求赔偿数额从最初的395万元提高到目前的5876.56万元，个案请求赔偿额也从最初的10万元跃升至目前的5300万元，明显高于其他不正当竞争纠纷。该项数据集中体现了商业秘密所涵盖的高新技术和经营信息对于企业发展的核心产业价值日益突出。

3. 判决结案少，调撤率较高。数据统计显示，商业秘密案件判决率仅为33.9%，而调撤率达到57.3%。其主要原因是原告举证不利：一是原告难以举证。原告对被控侵权信息与其商业秘密相同或者实质相同以及被告采取不正当手段的事实普遍难以举证。二是原告不愿举证。原告在商业秘密诉讼时有“二次泄密”的顾虑，担心对商业秘密内容的举证会造成“二次泄密”而不愿举证。在法院依法释明的基础上，原告考虑败诉风险，不得不撤诉或做出调解让步。

4. 一般因职工跳槽引发。数据统计显示，商业秘密侵权案件几乎全部由职工跳槽引发，大多数案件涉及竞业限制协议，但通过案件审理，该类纠纷的发生除去职工的原因外，企业将不构成商业秘密的信息作为商业秘密来保护或者不适当的利用竞业限制协议限制职工自由择业的权利也是引发该类纠纷的重要因素。涉及竞业限制协议的商业秘密侵权案件中有关疑难问题正是我们下面要探讨的内容。

二、涉及竞业限制协议的商业秘密侵权案件疑难问题及思考

商业秘密案件审理难度大是审判实践中的共识，而涉及竞业限制协议的商业秘密案件的审理更是争议问题较多，我们对审判实践中争议比较集中的四个问题进行了梳理并研究提出了相关意见。

（一）法院能否受理“侵犯商业秘密竞业限制纠纷”

在2008年《民事案件案由规定》中，与竞业限制有关的案由规定为三级案由“156. 侵犯商业秘密纠纷”项下的四级案由“（3）侵犯商业秘密竞业限制纠纷”，与该案由并列的还有“（1）侵犯技术秘密纠纷”、“（2）侵犯经营秘密纠纷”。虽然《劳动合同法》中对竞业限制作了规定，但2008年《民事案件案由规定》有关劳动人事争议部分却没有规定竞业限制的相关案由。2011年《民事案件案由规定》则对上述内容均作了调整，删除了上述四级案由“（3）侵犯商业秘密竞业限制纠纷”，并在三级案由“169. 劳动合同纠纷”中增加四级案由“（7）竞业限制纠纷”。随着案由的调整，随之而来的问题就是法院还能否受理已被删除的“商业秘密竞业限制纠纷”。

我们认为，虽然2008年《民事案件案由规定》中单独规定了“侵犯商业秘密竞业限制纠纷”，但法院在审理商业秘密侵权纠纷时，不管有无涉及竞业限制协议，主要审查内容仍然是商业秘密是否成立以及被告行为是否构成侵权的问题，与其他商业秘密侵权纠纷的审理思路并无二致，因此，“侵犯商业秘密竞业限制纠纷”完全可以归类到原本与其并列的“侵犯技术秘密纠纷”或“侵犯经营秘密纠纷”案由中。而且竞业限制协议本身引起的纠纷，很多情况下与

商业秘密没有直接关系。对此，最高法院在陈建新与化学工业部南通合成材料厂等侵犯技术秘密和经营秘密纠纷管辖权异议案中明确：对于因劳动者与用人单位之间的竞业限制约定引发的纠纷，如当事人以违约为由主张权利，应通过劳动争议程序解决；如果当事人以侵犯商业秘密为由主张权利，则属于不正当竞争纠纷，人民法院可以依法直接受理。[①] 所以，法院可以受理“侵犯商业秘密竞业限制纠纷”，但由于目前无此案由规定，法院受理时需审查涉及技术秘密还是经营秘密，然后将其归到“侵害技术秘密纠纷”或“侵害经营秘密纠纷”中。

(二)竞业限制协议是否仅以存在商业秘密为前提

《劳动合同法》第23条规定，用人单位与劳动者可以在劳动合同中约定保守用人单位的商业秘密和与知识产权相关的保密事项。对负有保密义务的劳动者，用人单位可以在劳动合同或者保密协议中与劳动者约定竞业限制条款。从上文的规定来看，用人单位和劳动者约定竞业限制的前提是用人单位要有“商业秘密”和“与知识产权相关的保密事项”，但法律对后者的内容并未作明确规定。

审判实践中，竞业限制协议一般以存在商业秘密为前提争议不大，但是否仅以存在商业秘密为前提则有不同认识。有的观点认为，竞业限制协议应仅以存在商业秘密为前提。其认为该问题应从竞业限制制度设计的初衷及用人单位与劳动者之间关系现状来分析。(1)竞业限制制度的作用是平衡用人单位与劳动者之间的利益冲突，使得竞业限制制度在发挥作用时不仅能保护用人单位的合法权益，同时不被用人单位滥用为限制劳动者择业自由的工具，这应当是竞业限制制度的关键所在。(2)竞业限制协议的主体之间存在不平等性。用人单位处于强势地位，其可以与劳动者签订对用人单位有利的合同。劳动者之所以接受竞业限制，除了用人单位给付了金钱补偿外，更在于用人单位提供的就业机会。所以，即使竞业限制协议对其不利，也会违背真实意志签订。可见，虽然竞业限制协议应当是用人单位与劳动者平等协商的结果，但在现实中劳动者往往没有话语权。所以，法院在审理案件时就要最大限度的维护公平，特别是在劳动者处于明显弱势的情况下，更要妥善处理好保护商业秘密与自由择业、涉密者竞业限制和人才合理流动的关系，以维护劳动者正当就业、创业的合法权益，依法促进劳动力的合理流动。基于上述考虑，该观点认为，目前情况下，竞业限制协议应当仅以存在商业秘密为前提。有的观点认为，存在“与知识产权相关的保密事项”也应当是竞业限制协议的前提，该事项可以界定为用人单位除商业秘密之外的其他需要保护的合法利益，只要用人单位花费大量人力物力所开发的经营效益、业务关系等，包括用人单位对职工的特殊培训利益均可以竞业限制协议的形式获得保护。如在某化学公司与朱某竞业限止合同纠纷中，法院认为，某化学公司将朱某送到日本进行专门培训并支付了费用，某公司希望其该投入能为其发挥作用，而不是为竞争对手所利用，显然可以构成签订竞业限制协议所要求的“具有可保护利益”要素。

我们认为，既然《劳动合同法》明确规

① 《最高人民法院知识产权审判案例指导》(第二辑)，中国法制出版社2010年版，第60页。

定了用人单位和劳动者约定竞业限制的前提是用人单位要有“商业秘密”和“与知识产权相关的保密事项”,那么竞业限制协议仅以商业秘密为前提的观点显然有失片面,但是在法律未明确规定“与知识产权相关的保密事项”内容的情况下,法院不宜随意对该事项进行确认,否则很可能不适当的扩张用人单位的权利,损害劳动者的合法权益,不利于合理平衡用人单位与劳动者之间的权利义务关系。所以,我们认为,虽然“商业秘密”和“与知识产权相关的保密事项”均能构成约定竞业限制的前提条件,但是对后者的内容,还需要我们在审判实践中努力探索,探索真正符合竞业限制制度本义的内容,也恳请最高法院能在适当的时机出台司法解释或司法政策对该问题予以明确。

(三)权利人提起商业秘密侵权之诉与违反竞业限制协议之诉是否构成请求权竞合

劳动者在竞业限制期间到竞争企业工作且同时向竞争企业泄露原企业的商业秘密,既违反了竞业限制协议的约定,又侵犯了权利人的商业秘密。这种情况下,权利人既可以提起违约之诉,也可以提起侵权之诉,但是对这两种诉讼是否构成请求权竞合存在不同认识。有的法院在案件中认为:“某电气公司指控的周某等人的行为,属于违约责任和侵权责任发生竞合的情形,某电气公司有权选择侵犯商业秘密竞业限制法律关系提起侵权之诉。”有的法院则在案件中认为:“在另外的商业秘密纠纷案件中,法院审理的是路某是否披露、使用某科技公司商业秘密的行为;而本案则是审理路某是否违反其与某科技公司签订的合同,有无从事合同禁止的行为。因此,尽管两个案件当事人相同,但案件的性质不同、诉讼请求不同、事实也不完全相同,原审法院受理该案没有违反‘一事不再理’的原则。”

我们认为,请求权竞合,是指一个事实,符合多个法律构成要件,从而产生多个请求权,而这些请求权的目的只有一个。在请求权竞合的情况下,同一给付目的的数个请求权并存,当事人得选择行使之,其中一个请求权因目的达到而消灭时,其他请求权亦因目的达到而消灭。[①] 而违反竞业限制协议义务和侵犯商业秘密,并不是基于同一个事实,前者是指劳动者违反竞业限制协议的约定,到与本单位生产或者经营同类产品、从事同类业务的有竞争关系的其他单位工作;后者是指劳动者披露使用或向其他单位披露原单位的商业秘密。这是两个不同的行为,属于不同的事实,因此不构成请求权的竞合,企业可以分别或在一案中同时提起两个诉讼。

(四)竞业限制协议约定的违约金对商业秘密侵权赔偿金的影响

《民法通则》第112条和《合同法》第114条均规定,当事人可以约定一方违约时向对方支付一定数额的违约金,也可以约定因违约产生的损失赔偿数额的计算方法。《最高人民法院关于审理著作权民事纠纷案件适用法律若干问题的解释》第25条第3款规定,当事人按照本条第1款的规定就赔偿数额达成协议的,应当准许。该条实质上即为法院对当事人就侵权责任赔偿数额作出约定的认可。最高法院在隆成公司诉童霸公司侵害实用新型专利权纠纷案中认为,侵权责任法、专利法等法律并

① 王泽鉴:《法律思维与民法实例》,中国政法大学出版社2001年版,第166页。

未禁止专利权人与侵权人就侵权责任的方式、侵权赔偿数额等预先作出约定。这种约定的法律属性,是双方就未来发生侵权时权利人因被侵权所受到的损失或者侵权人因侵权所获得的利益,预先达成的一种简便的计算和确定方法,属于私法自治范畴;若无法律规定的无效情形,人民法院应予支持。

我们认为,在侵害商业秘密纠纷中,如果当事人在竞业限制协议中对违约金有约定,可以视为就赔偿数额达成协议。事实上,法院在审理侵害商业秘密案件中,已对该问题进行了有益的探索,在某灯具公司与崔某侵犯商业秘密竞业限制纠纷案中,某公司与崔某签订有竞业限制协议,协议约定"解除劳动合同后,崔某在三年内不得到同行业的其他企业从事任何工作,或自营、兼营同类产品,不得泄露甲方一切商业秘密,否则赔偿不低于30万元的违约金",崔某离职后,违反上述竞业限制协议,实施了侵害某公司商业秘密的行为,法院最终判决崔某赔偿经济损失30万元。但是对该类侵害商业秘密纠纷作进一步思考,确定该类案件的赔偿数额应当与其他的侵权案件有所不同。因为竞业限制毕竟是对劳动者择业权的限制,在一定程度上影响了劳动者的生存权和自由发展,而且在订立竞业限制协议时由于劳动者的弱势地位,最终确定的违约金对劳动者而言不一定公平。因此,在适用竞业限制违约金约定确定赔偿数额时,应当以补偿性为主,这也符合我们一贯坚持的"填平原则"。所以,我们认为,如果权利人选择以竞业限制协议中约定的违约金数额作为赔偿依据时,在竞业限制协议有效成立的情况下,本着尊重当事人真实意思的原则,如果约定的违约金数额不过高于实际损失或者侵权人获利,应予以准许。如果约定的违约金过高于实际损失或者侵权人获利,法院可以根据当事人的请求予以适当减少。

关于涉文化领域知识产权司法保护状况的调研报告

山东省淄博市中级人民法院课题组①

涉文化领域是涵盖出版发行、影视制作等传统文化领域和数字出版、动漫游戏等新兴文化领域的综合体。因此,其知识产权是以著作权为核心,以专利权、商标权、商业秘密权和反不正当竞争为外围的复合型知识产权。因涉文化领域知识产权所涵盖的范围极广,几乎涉及所有的文化领域和知识产权案件类型,要想对涉文化领域的所有知识产权案件逐一进行研究难以实现。因此,课题组选择文化业态的突出领域,如网络著作权、动漫、新媒体等与涉文化类知识产权最密切的类型(如著作

① 课题主持人:王淑玲副院长。课题组成员:黄强、毕青龙、陈燕萍、李兴明、刘雪丽。执笔人:陈燕萍。

权及邻接权、商标权等),以及相关的热点疑难案件作为研究对象。

一、涉文化类知识产权案件的基本情况及主要特点

(一)案件总量较大、增幅较大,在知识产权案件中占比较大

以著作权及邻接权为例,2009年山东省三级法院受理民事一审著作权案件共计785件[①],约占全部知识产权民事一审案件的34.8%。之后,案件数量一路攀升。至2012年,全省法院受理民事一审著作权案件数量达到2358件,同比增长102.4%,成为知识产权民事纠纷案件的主要类型。2013年案件数量有所下降,但仍维持在1560件的高位。2014年上半年收案1035件,同比上升33%(详见图1):

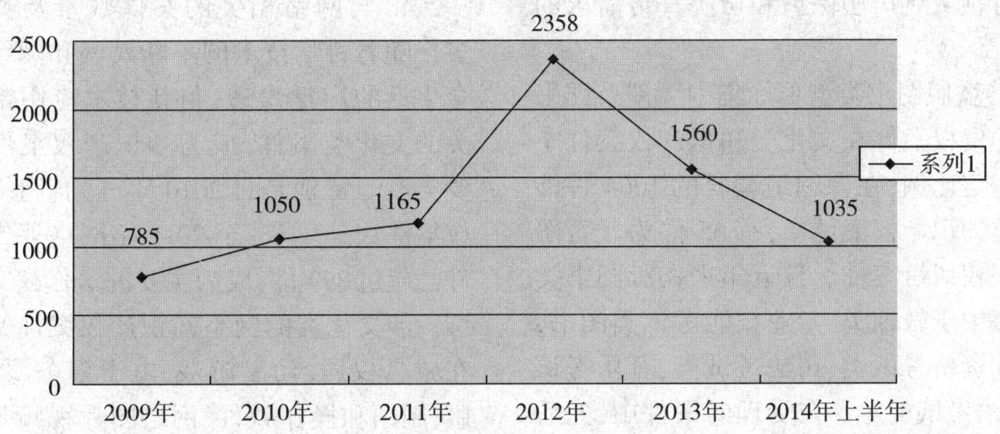

图1 2009~2014年上半年山东省著作权类知识产权案件数量表

与同时期的其他知识产权类型相比较,著作权类案件的增幅也明显超过其他类型知识产权案件。如2010年全省法院受理的一审著作权民事案件数量同比增长33%,增长率分别高出专利权、商标权案件4个、15个百分点。2012年全省法院受理著作权民事案件数量同比增长102.4%,增长率高出商标权案件89.1%。同时,著作权案件在所有知识产权案件类型中占比超过30%,已成为知识产权案件主要类型之一。

(二)传统文化和新兴文化领域案件不断增多

1. 传统文化媒体涉案数量增多。传统文化媒体,如报刊、杂志、书籍等,涉及著作权侵权案件增多。在课题组调研的1064件涉文化类知识产权案件中[②],就有160件为侵害摄影作品或图片著作权纠纷案件,主要涉及报刊、杂志等未经授权,擅自使用他人享有著作权的摄影作品、图片等。近年来,以沈阳治图、华盖、北京全景等为主的图片制作公司和部分个人,在我省济南、

---

① 相关数据来源于山东省高级人民法院每年发布的《山东法院知识产权司法保护状况》。

② 为了考察山东省涉文化领域知识产权案件的案件类型、案件特点和存在的问题,淄博市中级人民法院课题组以"著作权及著作邻接权"民事纠纷案件为考察对象,2014年8月在"中国知识产权裁判文书网"上,选择地区为"山东",案由为"著作权和邻接权",裁判时间为"2009.01.01-2014.06.30",从搜索结果中搜取著作权和邻接权民事案件共1064件,其中2009年度192件、2010年度60件、2011年度108件、2012年度407件、2013年度294件、2014年度3件。

青岛、淄博、烟台、临沂等多地提起一系列侵权诉讼，主张部分出版社、报社、广告经营者在出版的图书、报刊中或进行广告宣传时，未经图片公司或著作权人许可直接从网络下载或者从图册中复制图片、摄影作品等作为配图或插图，侵犯其著作权。此类案件的增多，一方面与图片权利人维权意识增强有关，一方面也反映出我省出版发行领域对司法保护和司法宣传需求的加大。

2. 盗版图书类型更加集中。涉及图书出版的侵权案件在文化类知识产权案件中仍占一定比例，在课题组调研的1064件涉文化类知识产权案件中，有65件为侵害图书著作权纠纷案件。且近年来盗版图书类型更集中于教辅类、专业技能考试类图书，如会计资格考试类、司法考试类、音乐考试类、英语考试类等。在受理的案件中，先后有上海音乐出版社有限公司①、人民音乐出版社有限公司②、人民法院出版社③、人民教育出版社④等在我省多地就盗版教辅类、考试类图书提起民事诉讼，此类诉讼增多表明我省特定图书领域的司法需求增大。

3. 网吧、KTV等休闲娱乐行业成为案件高发区，维权主体开拓市场诉讼目的明确。网吧、KTV行业成为文化类知识产权纠纷的高发区。以2012年为例，软件、影视、音乐类著作权人或集体管理组织提起大量知识产权诉讼，指控网吧向客户提供未经授权的影视平台、安装盗版单机游戏软件，或KTV经营业主向客户提供未经授权的歌曲和MTV点唱服务。全省法院共受理此类纠纷多达1474件，占全部著作权纠纷案件的62.5%，在济南、淄博、烟台、临沂等地已形成批量诉讼。尤其以KTV为被告的著作权纠纷案件却在全省呈日渐增长趋势，这表明音乐作品的收费使用问题，已成为困扰KTV行业发展的突出问题。同时，音乐作品集体管理组织开拓市场的诉讼目的越来越明确，即提起诉讼的目的在于与KTV经营者达成长期许可使用协议。因此，通过司法裁判对版权作品进行市场定价，对于此类纠纷的化解和行业健康发展意义重大。

4. 与网络相关的案件数量及类型增多。随着科学技术的不断发展和网络对社会生活的广泛渗透，与新技术应用密切相关的文化类案件，成为知识产权案件的主要类型。特别是自2010年开始，网络著作权案件快速增长，至2011年网络著作权案件已超过399件，成为主要的著作权案件类型。涉文化类的网络知识产权案件又集中在域名权属、动漫游戏、电子商务、数字出版、制图和操作软件、网络图片视频等新兴文化领域，且大多与社会公众已经习惯并有所依赖的网络数字生活密切相关。因网络技术的发展与相关法律法规的不健全，需要人民法院妥善平衡权利人、网络服务提供者和社会公众之间权益的案件增多。

5. 案件标的额不断攀升。近年来，涉文化类知识产权案件的诉讼标的额从低于1万元的小额诉讼标的，不断攀升超过法定最高赔偿额。如济南中院受理的浙江华谊兄弟影业投资有限公司诉山东电视台侵害著作权纠纷一案，诉请标的额高达1.2亿

① 详见山东省烟台市中级人民法院(2013)烟民三初字第104号民事判决。

② 详见山东省滨州市中级人民法院(2012)滨中民三知初字第79号民事判决。

③ 详见山东省青岛市中级人民法院(2009)青民三初第215号民事判决。

④ 详见山东省淄博市中级人民法院(2009)淄民三初第91号民事判决。

元,青岛中院受理的张伟诉青岛海德蓝餐饮有限公司等特许经营合同纠纷一案,诉请标的额则为385万元。中国建筑工业出版社提起的侵害著作权纠纷案件标的达200万元,深圳市盟世奇商贸有限公司提起的侵害著作权纠纷案件标的为50万元,另有多起电视台被诉影视作品侵权纠纷标的额超过法定赔偿最高限额。版权带来的产业效应日益凸显。

(三)案件类型的地域特色突出

山东省是文化资源大省,各地市文化资源丰富,文化产业也各具特色,反映在司法领域就是各地涉文化类知识产权案件类型的地域性特色突出。以淄博市为例,该市是全国重点陶瓷产区,有三百余家日用陶瓷生产企业,但因日用陶瓷产业的生产工艺、外观、瓷身图案等同时蕴含了多种知识产权,而这些工艺、外观、图案等因易于模仿和复制,故淄博市涉陶瓷类知识产权案件类型和数量较多。为此,淄博中院对淄博陶瓷产业知识产权司法保护状况进行了专题调研,并通过建立涉陶瓷知识产权案件快速处理机制、为陶瓷产业开设诉前证据保全绿色通道、协调行政与司法协作保护等方式,加强了涉陶瓷产业知识产权司法保护。同时,济宁中院对"水泊梁山"旅游资源的保护①、滨州中院对"滨州民间剪纸"的保护②、聊城中院对"景阳冈酒"的保护③等,都取得了良好的司法效果和社会效果。此外,山东高院在"山东鲁锦实业有限公司诉鄄城县鲁锦工艺品有限责任公司、济宁礼之邦家纺有限公司侵犯注册商标专用权及不正当竞争纠纷"④一案中,提出了具有地域性特点的商品通用名称的判断标准,规范了山东民间手工棉纺织品的市场竞争秩序,保护了非物质文化遗产,促进了山东手工棉纺织产业的发展繁荣。

(四)商业维权案件及维权创新主体增多

"商业维权"是近年来知识产权民事诉讼领域出现的普遍现象,涉文化类知识产权案件中商业维权案件也占较大比例。在我省近五年来审理的1064起著作权纠纷案件中,有795件案件属于商业维权的关联案件,占整个著作权纠纷案件的74.71%;其中包括356件"游戏天堂电子科技(北京)有限公司、软星科技(上海)有限公司"等诉我省各地网吧游戏软件著作权纠纷的关联案件;有60件为北京帝豪星辰文化传媒有限责任公司诉我省各地娱乐公司、KTV音乐作品著作权侵权案件。与此同时,越来越多的文化创新主体参与到司法维权队伍中来。以2013年度为例,我省文化类知识产权案件维权主体的数量从2012年的53个增长为97个,增幅达到83%。集体管理组织不仅有中国音像著作权集体管理协会,中国文学著作权协会也开始在全省各地展开集中维权;个体维权主体不仅有多个动漫设计公司,曹晓丽、高兴宇、马晓贵等多个创作者也参与到维权队伍中来。

(五)侵权赔偿额确定方式单一、裁判标准不统一

由于文化权利人在维权诉讼中难以举

① 详见山东省济宁市中级人民法院(2006)济民五初字第25号民事判决、山东省高级人民法院(2007)鲁民三终字第91号民事判决。

② 详见山东省滨州市中级人民法院(2006)滨中民三知初字第13号民事判决、山东省高级人民法院(2007)鲁民三终字第14号民事判决。

③ 详见山东省聊城市中级人民法院(2008)聊民三初字第50号民事判决。

④ 详见山东省济宁市中级人民法院(2007)济民五初字第6号民事判决、山东省高级人民法院(2009)鲁民三终字第34号民事判决。

证证实其实际损失,亦难以取证侵权人的违法所得,故一般均主张按照法定赔偿来确定其损失赔偿数额,人民法院亦主要适用法定赔偿来确定侵权损害赔偿数额。对于法定赔偿的考量因素,依据最高人民法院在《关于审理著作权民事纠纷案件适用法律若干问题的解释》第25条的规定,“人民法院在确定赔偿数额时,应当考虑作品类型、合理使用费、侵权行为性质、后果等情节综合确定”。我省各地市法院在审理各类涉文化知识产权案件时,将不同的文化作品类型适用了不同的考量因素:

表1　涉文化类知识产权案件法定赔偿考量因素

案件类型	考量因素
涉图书类案件	涉案书籍的图书类型、知名度、定价、销售群体、被告侵权行为的性质及销售该图书的销售价、原告为制止侵权所付的成本等
涉图片、摄影作品类案件	摄影作品拍摄的难易程度、独创性程度、被告使用的作品大小、侵权载体、传播范围,参照原告同类图片实际的市场许可价、被告的过错程度以及原告为制止侵权所支付的合理开支等
涉影视类作品案件	涉案影视作品的档期、数量,被告侵权性质、后果及原告为诉讼支付的合理支出等
涉信息网络传播权纠纷案件	涉案作品数量、知名度、被控侵权网站相关作品被点播的次数、侵权行为后果等
涉计算机软件类纠纷案件	被告的经营规模、经营时间、侵权软件数量、被告的侵权主观恶意(包括在证据保全过程中的配合程度)、原告软件的参考价格以及本案所支付的合理开支等
涉游戏类软件纠纷案件	游戏软件的知名度、网络普及率、涉案游戏光盘的发行价格、发行时间,被告的主观过错程度、经营规模,以及原告为制止侵权行为所支出的费用等
涉美术作品类案件	作品的知名度、被告的主观过错程度、侵权情节、使用数量、侵权行为持续时间等
涉动漫作品类案件	作品的类型、被告侵权行为性质、经营规模、产品价格、过错程度、原告为制止侵权支付的合理费用
涉音乐作品类案件	相关作品使用的付费标准,涉案作品的性质及艺术水平、音乐电视的制作成本和流行程度,被告的经营规模、使用作品数量、范围、侵权行为期间、后果和过错程度等
其他案件	原告的作品类型、知名度、被告侵权的主观过错程度、侵权行为的性质、手段、情节、对原告财产著作权的影响程度以及原告因侵权行为所支付的合理费用等

从统计情况来看,我省各地市法院在确定涉文化类知识产权侵权案件的损害赔偿额时,针对不同的作品类型,创造性地适用了不同的考量标准,主要的考量因素是涉案作品的类型、知名度、相关付费标准、作品定价,被告侵权的主观过错程度、侵权数量、侵权行为性质、范围、情节,以及原告因制止侵权而发生的合理支出等。

二、涉文化领域知识产权司法保护存在的问题及成因

(一)司法理念不适应技术和商业形态的快速发展

随着当前社会科技发展的日新月异,新的技术领域接连涌现、技术手段不断更新,引领新的商业模式不断发展。涉文化领域知识产权是经济文化发展以及文化创新商品化的产物。文化类知识产权作为文化产业要素的资源配置功能和文化市场调整功能越发凸显。知识产权的商品属性和市场要素作用使得涉文化类知识产权的司法保护也应具有商事理念和商事思维,根

据市场变化进行而适当调整，以有利于促进文化创新和培育新型文化业态。以著作权为例，新媒体和信息交流平台快速发展，涉及动漫设计、计算机软件以及网络环境下的新型著作权纠纷持续增多，对于著作权的保护已超越了传统意义上的文学、艺术和科学作品的创作，而直接与促进经济发展和科技创新相关联。如网络的普及与发展使得网购成为重要的商品交易方式，而对于C2C电子商务模式下如何确定知识产权侵权事实、电子证据如何进行固定与采信、在网络服务交易平台上网络服务平台提供商的责任边界在哪里等问题，部分法院及法官未能从促进技术创新和商业发展的角度来进行认定。过度地加大技术提供者的责任可能抑制了技术的创新与发展，也阻碍了新型商业模式的发展。

从其他省市看，如天津、广东、四川等地，结合当地文化特色与文化产业发展情况，出台了为社会主义文化大发展大繁荣提供知识产权司法保障与服务的具体实施办法，以加强涉文化领域的知识产权保护，推动传统文化产业发展壮大，促进新兴文化产业迅速发展。湖北法院系统针对KTV、网吧在经营过程中频发著作权侵权案件的情况，向当地工商、版权、文化局等发出司法建议。北京法院会同有关部门就老字号及非物质文化遗产开展知识产权保护行动；江苏法院在创意产业重点企业、产业园区建立知识产权保护基地。浙江绍兴法院就绍兴黄酒、江西景德镇法院就陶瓷工艺开展了特色调研，并就特色产业保护提出建议。我省各级法院在为地域特色文化品牌和创新文化业态进行保护上采取了一定举措，但未形成具有示范性、规模性和特色化的司法服务模式。在推动我省特色的孔孟文化、齐文化、泰山文化、海洋文化、出版传媒等传统文化产业的发展壮大和培育动漫、创意文化等新型文化业态上，还未能找准司法服务的切入点和结合点。

(二)知识产权审判促进文化发展的职能作用发挥不足

我省作为文化资源大省，每年商标申请、专利申请和作品登记的数量都很高。以作品登记为例，我省2011年著作权作品登记数量超过2万件、2012年亦超过2万件、2013件著作权作品登记数量超过3万件，截至2014年7月著作权作品登记数量已超过2万件。在文化行政执法方面，全省每年出动文化执法检查人员20余万人次，每年查办各类案件近两千件。而在我省各地市法院受理的涉文化类知识产权案件中，涉及本地企业或个人作为原告的案件仅占10%，其余原告权利人均为外地企业或个人。各地市法院受理的涉文化类著作权民事纠纷案件的数量亦低于文化行政执法案件，司法解决涉文化类知识产权纠纷案件的主渠道作用发挥不足。另外，我省进行知识产权审判"三合一"试点工作的法院数量较少，在实现知识产权审判专业化，文化类知识产权民事、行政和刑事案件适用法律统一化方面还存在较多障碍，涉文化类知识产权案件的审判质量和效率也有待提高。如近年来全省法院审理的1064件"著作权及著作邻接权"类民事纠纷案件中[①]，以判决方式

① 为了考察涉文化领域知识产权案件的案件类型、案件特点和存在问题，课题组以"著作权及著作邻接权"纠纷案件为考察对象，2014年8月在"中国知识产权裁判文书网"上，选择地区为"山东"，案由为"著作权和邻接权"，裁判时间为"2009.01.01－2014.06.30"，从搜索结果中搜取著作权和邻接权案件共1064件，其中2009年度192件、2010年度60件、2011年度108件、2012年度407件、2013年度294件、2014年度3件。

结案的案件634件;以权利人撤诉或按撤诉处理方式结案的案件387件;以调解方式结案的案件43件。"著作权及著作邻接权"案件的调撤率为40.41%,低于全省各年知识产权民事纠纷案件调撤率的平均水平。调研中,一些调研企业还表示维权举证难、法院审理周期长、判赔数额低、司法成本高、执行难等问题,也影响了文化权利人选择通过司法渠道解决文化类知识产权纠纷。

(三)涉文化类案件呈现新特点,增加了案件审判的难度

1. 作品独创性的认定难度加大。独创性是作品获得著作权保护的核心条件,作品的独创性高度直接影响到著作权保护的强度。文化类知识产权案件中,涉及根据不同作品特点,需合理确定司法保护强度的案件逐渐增多,对作品独创性认定的难度也不断增大。在涉及文字作品的独创性认定中,因网络的普及和计算机技术的发展,公众获取文字信息的渠道更便利,对文字作品进行"复制+粘贴"的"抄袭"行为也更多样、更隐蔽。这就为人民法院准确认定文字作品是否系独创,与其他作品之间是否构成"抄袭"等增加了难度。如,在"张志强诉李俊成侵犯著作权纠纷"①一案中,李俊成发放的印刷品除部分章节外,其余绝大部分章节与张志强编著的作品相应内容一致,有的段落一字不差,有的段落加以删减或增加部分语句,或表达方式有所变化,但表达的实质内容相同。如何进行实质性相似比对,如何对具体内容的表达方式、实质内容进行甄别,成为案件审判的难点。在涉及工程设计图、汇编作品、科学作品等不同领域作品的独创性问题时,因作品属性、所属领域的作品现状、创作空间等均不一致,独创性高度的要求亦不一致,对不同作品的独创性如何认定也存在难题。

2. 新类型案件增多,审理难度加大。随着文化产业的不断发展,各类新型文化类案件不断增多,对人民法院的知识产权审判提出了更高挑战。如"中国科学院海洋研究所、郑守仪诉刘俊谦、莱州市万利达石业有限公司、烟台环境艺术管理办公室侵犯著作权纠纷"②一案,该案是全国首例涉及将洋生物模型制作成城市雕塑的著作权保护问题,属于著作权保护中的新类型案件。该案的原告郑守仪系从事有孔虫研究的中科院院士,其凭借专业的科研手段和分类学专家的知识经验,雕琢了230多个有孔虫模型。后郑守仪发现烟台滨海中路新落成的雕塑中有10个"有孔虫"雕塑,与刘俊谦之前从其处借走的有孔虫模型中的10个极为相似,故要求三被告停止侵权,清除雕塑并赔偿经济损失。而被告却主张其雕塑是基于自然界客观存在的生物经艺术加工创作完成,创作题材完全来源于公共领域,系被告独立创作,且其雕塑艺术作品与原告所制作的科学标本模型分属不同的领域,不存在侵权的行为。对于涉案有孔虫模型是否属于著作权保护对象,被告将有孔虫模型制作成城市雕塑是否构成对原告模型的侵权等问题,均是该案的审理难点。该案的一、二审法院经审理后均认为,涉案有孔虫模型系郑守仪在其专业领域研究过程中独立创作完成,体现了其对有孔虫特定生长阶段、色彩及表达方

① 详见山东省淄博市中级人民法院(2013)淄民三初字第62号民事判决。

② 详见山东省高级人民法院〔2012〕鲁民三终字第33号民事判决。

法的个性化选择及其观察能力、绘图能力和雕刻能力,是其智力劳动的成果,属于著作权法保护的对象。经比对,被告的雕塑作品中有9件从整体上看与模型作品不存在明显的视觉差异,构成实质性相似。又因被告曾借走郑守仪的模型作品,故适用"接触+相似"原则,认定被告的9个雕塑作品构成对原告模型的侵权。同时,因侵权雕塑用于社会公益事业,如拆除将造成社会资源的较大浪费,故对拆除侵权作品予以变通处理,判令将被告"拆除雕塑"的责任方式变为在雕塑上署名作者为原告,并向原告支付使用费,有效地避免了社会资源的浪费。

再如,"青岛出版社诉武汉亚新地学有限公司请求确认不侵犯商标权纠纷"①一案,也是近年来出现的新类型案件。因请求确认不侵犯商标权的受理条件、侵权认定标准等在相关法律中没有任何规定。对于此类案件依据何种标准进行审理,是审判实践中的难题。该案的一审法院参照了最高人民法院关于确认不侵犯专利权纠纷案件的批复、关于审理专利纠纷案件适用法律的相关规定来进行审判。亚新公司对此提出异议,认为确认不侵犯商标权纠纷适用确认不侵犯专利权纠纷的相关规定,无法律依据。亚新公司上诉后,二审法院认为一审法院参照确认不侵犯专利权案件的受理条件处理本案并无不当。对于新类型案件在相关法律规定空白的情况下,如何正确适用法律,是涉文化类知识产权案件审判中亟待解决的问题。

3. 如何对动漫作品商业化权利进行保护成为审判难点。随着我国动漫产业的蓬勃发展,动漫创造者对动漫作品的商业化权利要求日益凸显,与之相关的权益保护也成为近年来司法保护的热点和难题。近年来,国内外众多知名动漫作品的权利人,如动漫片《喜羊羊与灰太狼》的权利人广东原创动力文化传播有限公司②、"多啦A梦"机器猫的权利人艾影(上海)商贸有限公司③、腾讯QQ的权利人深圳市腾讯计算机系统有限公司④、"阿狸"的权利人北京梦之城文化传播有限公司⑤、"辛巴狗与哈米兔"的权利人广州市文博实业有限公司⑥、动漫片《熊出没》中"熊大、熊二"等动漫形象的权利人深圳市盟世奇商贸有限公司⑦、动漫片《铠甲勇士》等的权利人广东奥飞动漫文化股份有限公司⑧等,在我省济南、淄博、临沂、泰安等地,针对其动漫作品的商品化权利提起多项诉讼。被控侵权商品类型包括服装、玩具、文具、手提箱、车饰、家纺等。

由于相关知识产权法律法规中并没有对动漫作品商业化权利如何进行保护的具体规定,动漫作品的权利人目前也主要通过著作权、商标权或外观设计专利权等形式主张权利。如广东奥飞动漫文化股份有限公司就对其"铠甲勇士"、"果宝特攻"等

① 详见山东省青岛市中级人民法院(2007)青民三初字第109号民事判决、山东省高级人民法院(2008)鲁民三终字第64号民事判决。

② 详见山东省淄博市中级人民法院(2011)淄民三初字第135号民事判决。

③ 详见山东省济南市中级人民法院(2013)济民三初字第365号民事判决。

④ 详见山东省济南市历下区人民法院(2014)历知民初字15号民事判决。

⑤ 详见山东省淄博市中级人民法院(2013)淄民三初字第145号民事判决。

⑥ 详见山东省临沂市中级人民法院(2012)临民三初字的238号民事判决。

⑦ 详见山东省淄博市中级人民法院(2013)淄民三初字第141号民事判决。

⑧ 详见山东省淄博市中级人民法院(2010)淄民三初字第140号民事判决。

动漫作品中的商品权利分别进行了动漫形象的著作权保护、衍生产品的商标权保护和玩具外形的外观设计专利权保护等多种形式的保护,并在相关诉讼中均得到支持。如在广东奥飞动漫文化股份有限公司诉淄博政通超市有限公司侵犯著作财产权纠纷一案①中,奥飞动漫公司主张的是其美术作品铠甲勇士 LOGO,美术作品人物形象—雪獒侠等的著作权。而在广东奥飞动漫文化股份有限公司诉成武县亿客隆连锁超市有限公司侵害外观设计专利权纠纷②一案中,奥飞动漫公司主张的是其"玩具爪(裂地)"的外观设计专利权。

因著作权法并没有关于销售侵犯他人著作权商品的相关责任规定,在司法实践中,我省大部分法院均参照商标权法关于"销售侵犯注册商标专用权的商品"的相关规定,确定销售侵犯他人著作权商品的责任和侵权赔偿数额。如在"北京梦之城文化有限公司诉山东奥德隆集团有限公司侵害作品复制权纠纷一案"③中,奥德隆公司销售了带有梦之城公司享有著作权的"阿狸"形象的彩色卡纸,淄博中院经审理后认为奥德隆公司的销售行为侵犯了梦之城公司的作品复制权,判令奥德隆公司按照其销售规模、数量等赔偿梦之城公司经济损失 3000 元,而非适用著作权法中作品侵权复制件销售量与该复制品单位利润乘积为基准来计算赔偿额。因此,对于动漫作品的商品化权利应如何进行保护,亟待在司法中探索出路径,以促进和保护动漫产业的健康发展。

4. 网络著作权纠纷案件增多,审理难度增大。近年来,网络著作权纠纷案件快速增长,已成为主要的文化类知识产权案件类型。但对于网络环境下著作权侵权如何进行认定,以及网络著作权案件的法律适用问题等,成为审判工作的难点。如在"北京优朋普乐科技有限公司诉滨州市人民政府新闻办公室、滨州分众传媒有限责任公司侵害作品信息网络传播权纠纷"一案中,被告在其网站上设置了相关电影频道,通过上述电影频道可以搜索到原告享有著作权的影片,该影片可以通过土豆、优酷等播放地址点击播放,原告主张被告的行为侵犯了其影片的信息网络传播权。但该案一、二审法院均认为被告虽播放了涉案影片,但其所播放电影作品的播放地址来源于优酷、土豆等,被告只是提供搜索、链接服务,在其网站上不存在对原告享有信息网络传播权的作品的上传和下载。在此情形下,依据《信息网络传播权保护条例》第 23 条规定的"避风港原则",只要被告不存在接到权利人发出的权利通知而拒不断开链接,以及明知或者应知所链接的作品、表演、录音录像制品侵权的,被告就不应承担侵权责任。遂判令驳回了原告的诉讼请求。但对于"避风港原则"的适用准则在司法实践中还存在较多难点,且对于网络服务提供者是否构成间接侵权如何认定、如何处理好技术中立与侵权行为认定的关系、网络侵权案件中电子证据如何认定、公证证据如何采信等问题,亦亟待在司法实践中明确适用规则。

(四)法律适用尺度不统一,审判监督和业务指导有待加强

文化类知识产权案件中新类型案件

① 详见山东省淄博市中级人民法院(2010)淄民三初字第 140 号民事判决。

② 详见山东省济南市中级人民法院(2010)济民三初字第 218 号民事判决。

③ 详见山东省淄博市中级人民法院(2013)淄民三初字第 147 号民事判决。

多、关联案件多,我省各地市法院在对新类型案件的裁判标准和关联案件的裁量尺度上,还存在不统一的情况。如在作品独创性的认定标准上,不同的法院对作品创造性高度的要求存在不同;对报刊、杂志等在使用图片、摄影作品时的审查义务要求不同;对 KTV 所用曲库侵犯音乐作品著作权的判赔标准不同等。以游戏软件著作权纠纷案件为例。在游戏天堂电子科技(北京)有限公司诉各地市网吧游戏软件《三国群英传》的著作权侵权案件中,烟台中院裁决被告网吧的侵权赔偿数额为 1 万元、菏泽中院为 8000 元、淄博中院为 6000 元、威海中院为 5000 元,而临沂中院裁决数额为 3000 元。法律适用和裁判尺度的不统一,影响了司法的权威性,也凸显出文化类知识产权案件的审判监督和业务指导工作中还存在短板。另一方面,我省各级法院对文化类知识产权案件审判中出现的突出问题,新类型案件中反映出的疑难问题,新旧法适用中的衔接问题等,缺少理论调研和审判经验总结,未能形成文化类知识产权案件审判的法律适用原则和裁判规则。

(五)裁判水平地区差异大,知识产权法官队伍司法能力有待加强

文化产业与事业的发展与地区经济水平紧密相关,从课题组调研的情况来看,我省济南、青岛等经济发达地区的作品登记数量多、文化产业发达、文化市场活跃、参与文化主体多。相应的,经济发达地区的文化类知识产权纠纷案件的数量多、复杂程度高、新型案件多、审理难度大。相关的知识产权法官审理文化类知识产权纠纷的裁判水平高、理论层次高,驾驭新类型案件和疑难案件的能力强。而经济欠发达地区的案件类型较单一,以关联案件为主,知识产权法官的裁判水平不高,法律适用的理解能力和疑难复杂案件的审判能力都较弱,难以对当地文化建设起到促进和保障作用。

上述问题的存在,表明我省各级法院在司法理念、案件审判、司法服务、审判指导和法官建设上还存在较多问题,无法适应当前文化建设的发展需求,需要我们切实提高思想认识、更新司法理念,加强涉文化类知识产权案件审判工作,积极延伸审判职能,拓宽审判监督指导,加强审判队伍建设,增强促进和保障全省文化建设的司法能力。

三、加强涉文化领域知识产权司法保护的对策与建议

(一)更新司法理念,用发展的思维保护文化创新

要进一步强化加强文化类知识产权的保护观念,切实降低维权成本和加大制裁力度。在涉文化类知识产权案件审理过程中,应贯彻“强化利益平衡;强度与高度协调统一;妥善处理权利保护、产业发展和信息传播关系和加强非物质文化遗产保护”①的司法保护基本政策,通过科学界定不同类型文化领域知识产权的保护范围和合理确定保护强度,既防止文化创造者滥用知识产权,又促进文化作品的传播和运用。要进一步强化利益平衡观念,把利益平衡作为文化类知识产权司法保护的重要基点,统筹兼顾智力创造者、商业利用者和社会公众的利益,协调好激励创造、促进产业发展和保障基本文化权益之间的关系,使

---

① 孔祥俊:《知识产权法律适用的基本问题——司法哲学、司法政策与裁判方法》,中国法制出版社 2013 年版,第 47 ~55 页。

利益各方共同受益、均衡发展。

充分发挥司法保护文化类知识产权的优势作用,重视裁判的引领和导向功能,通过正确审理新类型和疑难复杂案件,明晰法律标准,划定行为界限,规范行业发展。加大文化类知识产权案件的执行力度,使法院作出的判决能切实有效的执行,以更好地保障文化创造者的合法权益,增强其通过诉讼方式维护权益的信心和积极性。坚持全面赔偿原则,切实加大侵权惩罚力度,努力降低维权成本,尤其是对侵犯具有重大影响和有较高经济效益的文化权益的判赔力度,加重对盗版、仿制、重复侵权和恶意侵权等行为人的赔偿责任;积极探索法定赔偿的适用规则,准确确定法定赔偿的考量因素,如参考版权类型、版权许可费、行业一般利润率、侵权行为的性质、持续时间、当事人的主观过错等因素,公平合理地确定赔偿数额。充分发挥举证妨碍制度在损害赔偿确定中的作用,权利人能够证明被诉侵权人的行为构成侵权并应承担赔偿责任,而被诉侵权人持有关于侵权获利的证据但无正当理由拒不提供的,根据情况推定权利人关于损害赔偿数额的诉请成立。

(二)加强涉文化类知识产权案件的审判工作

在案件审判过程中,既要依法保护传统文化产业,加强对地方特色文化品牌的著作权保护,又要高度重视文化创意、数字出版、动漫游戏、移动多媒体等新兴文化产业的著作权保护。在保护著作权的同时,注重培育新兴文化业态,推动文化优势资源的保护、传承和商业利用,不断增强我省文化产业实力和竞争力。在案件数量较多的网络著作权纠纷中,注意合理平衡权利人、网络服务提供者和社会公众的利益,积极促进网络环境下产业组织和商业模式的创新。

1. 加强文化类知识产权审判制度创新,努力提高知识产权司法水平。针对文化类知识产权案件技术性、专业性强的特点,建立和完善司法鉴定、专家证人、技术调查等相关诉讼制度。注重发挥科技专家在提供知识产权司法保护宏观政策咨询、提供案件技术专业问题的智力支持和协调解决知识产权纠纷的作用。积极探索建立和完善案件技术事实查明机制,建立技术专家咨询库,试行专家陪审员和专家证人制度,提高知识产权案件的审判质量。结合人民陪审员“倍增计划”,在知识产权案件审理中推广适用人民陪审员制度,探索完善专家陪审技术事实查明机制。建立文化类知识产权审判的保密令制度,解决诉讼中商业秘密的保护问题,解除当事人维权的后顾之忧。

2. 有效发挥诉前临时措施的独特作用,切实减轻当事人的举证负担。针对涉文化类知识产权权利人取证、举证难的问题,加大证据保全和依职权调取证据的力度。对于当事人在诉前或诉中提出的证据保全、财产保全等申请,积极受理、迅速审查并及时执行。充分发挥证据保全、行为保全的特殊优势,及时固定侵权行为、侵权产品数量及侵权利润收入等证据。对于不及时制止侵权行为就可能造成无法挽回的损失的,只要权利人符合诉前禁令的程序条件和实质条件的,人民法院应及时采取诉前禁令措施,及时维护权利人的合法权益。同时,加强诉讼指引,引导文化类案件权利人探索通过刑事、民事和行政等手段获取侵权及获利证据,如通过刑事经济侦查确定侵权事实和侵权产品数量,或通过文化执法部门查处确定侵权产品数量、侵权获利财务账册,或通过法院查封确定侵权及获利证据等。

3. 依法规范商业维权,有效平衡各方权益。商业维权的发展为涉文化类知识产权保护带来了新生力量,其使原权利人从维权事务中解脱出来,批量的维权诉讼也降低了原权利人的维权成本,提高了维权效率。商业维权行为也促进了文化类知识产权案件的专业化和模式化。但因商业维权个体的资质参差不齐,维权目的的趋利性太强,故需对其进行理性地引导,以促使其对涉文化领域知识产权保护发挥良性作用。一是对商业维权案件应严格进行证据审查。主要包括对原被告的主体资格和权利范围进行严格审查、对侵权证据的形式要件和取证过程的合法性进行审查。二是合理分配商业维权案件中的举证责任。对于商业维权人主张按照法定赔偿确定赔偿数额的,应责令其提供相关证据。而“在被告提出合法来源抗辩时,应考虑被告的举证能力、行业经营习惯等,适时在原被告之间转移举证责任。”[①]三是在商业维权案件中应充分考虑个案平衡。商业维权通常是批量诉讼,但每一个被诉侵权人的具体情况是不相同的,法官应注意考量个案情形,避免简单机械地复制粘贴裁判文书了事,也不能麻痹大意疏于证据审查。

4. 依法加强调解工作,不断创新调解工作方法,努力化解矛盾纠纷。我省各级人民法院在审理涉文化类知识产权案件中,应贯彻“调解优先、调判结合”的原则,加大对该类案件的调解力度。通过庭前调解、诉讼中调解等多种方式,提升调解效率,促进文化创造者与使用者的合作共赢。坚持在拓展调解领域、规范司法调解程序、注重调解质量和提高调解效率上下功夫。健全完善版权纠纷调解中心,非诉讼纠纷解决机制。充分发挥专家调解员、人民陪审员、行业协会、诉讼代理人等社会资源参与调解的作用,构筑大调解格局,将大量矛盾纠纷化解在基层和诉前。如潍坊中院曾通过与行业同盟协会对接,与行政执法部门联动,借助行业内部力量,调解了47件家纺著作权侵权案件,促进了家纺行业的自律,规范了市场秩序。各级法院还应重视KTV等行业关联案件的调解工作,实现合作共赢,促进社会和谐。对案情复杂、矛盾尖锐的案件,也要避免简单机械地坐堂问案,而应深入基层实地走访了解情况,将涉及民生的案件有效化解在基层。

5. 积极推进阳光司法,加大司法公开力度,提高司法透明度。坚持“阳光司法”,通过公开确保公正。进一步完善和规范知识产权裁判文书网络公开制度。强化裁判文书说理性,全面客观公开案件事实、定案证据以及诉辩观点、判决理由,增进群众对司法裁判的了解和理解,使裁判文书真正成为向社会公众展现司法过程、展示司法形象、规范司法行为、宣传法律知识、引领社会风尚的载体,树立正确的社会导向,传递法治正能量。进一步明确立案、庭审、执行、听证、文书、审务六个方面必须公开的内容、程序和方法,创造性地通过新闻发布会制度、法院开放日活动、网络直播等多种方式提高文化类知识产权审判的透明度,促进知识产权审判的公正,规范知识产权司法自由裁量权的行使。强化重大案件的深度公开。对于社会关注度高的案件,以“全媒体”形式对案件审理进行全景展示,不断提高公开的深度和力度。建立人大代

① 张雁:《知识产权商业维权诉讼辨析》,载《人民司法》2013年第5期。

表旁听庭审和庭审网络直播长效机制,定期邀请人大代表旁听知识产权案件庭审。将庭审互联网直播进行常态化管理,不断提升司法公信力。

(三)积极延伸司法服务,提升服务地方特色文化产业的司法能力

结合文化类知识产权审判工作实际,找准服务经济社会发展大局的切入点,推动我省文化大发展大繁荣和经济自主协调发展,是知识产权审判发挥服务保障经济文化发展职能作用的重要方式。我省各级法院应坚持把文化类知识产权审判工作置于党和国家发展全局中谋划,放在全省经济社会发展目标中推进,把地方经济亮点作为文化类知识产权司法保护重点。

1. 不断延伸知识产权审判职能,积极回应经济社会发展的要求。我省各地市法院应对本辖区内特色文化产业和新兴文化产业的司法需求进行充分调研,并制定为文化产业发展提供知识产权司法保障与服务的具体实施办法,加强对地域特色文化的保护力度,推动传统文化产业的发展壮大,促进新兴文化产业的迅速发展。如选择当地具有地域文化特色和文化创新型企业建立"知识产权司法保护工作联系点",提供优质司法服务;积极开展富有地方特色的调研工作,了解企业在文化创新发展过程中对司法保护的内在需求,探索结合地方文化产业发展特点的文化类知识产权保护路径,促进企业创新能力的提高。同时,积极主动为本地市重大活动提供知识产权司法保障和服务,制定知识产权审判服务保障重大活动的工作方案。如淄博中院在中国(淄博)国际陶瓷博览会召开期间,专门到会为陶瓷企业提供知识产权法律咨询,增强陶瓷行业知识产权保护意识。

2. 坚持司法为民,不断拓展知识产权司法服务。我省各级法院在知识产权审判工作中应自觉践行司法为民工作宗旨,深入基层,深入群众,倾听群众呼声,了解群众诉求,不断完善司法便民利民举措。加强维权和诉讼指导,强化对权利义务、举证责任、诉讼风险等事项告知工作,引导权利人管控侵权、理性维权。如定期向本地企业发放"法律风险提示卡"、《企业知识产权保护风险提示手册》等,引导企业建立维权应对机制和诉讼引导机制。加大证据保全和依职权调取证据的力度,凡是符合证据保全或者调查收集证据条件的,均及时采取相关措施,切实减轻权利人的举证负担。因地制宜开展巡回审判。对案情复杂、当事人对立情绪大、社会影响较大的文化类知识产权案件,探索开展巡回审判,充分发挥司法审判的指引功能。

3. 积极开展司法建议工作。充分发挥司法建议的指引、导向功能,对在开展文化类知识产权司法保护工作中发现的突出问题、共性问题、高发问题等,积极向相关部门发出司法建议,促进问题的实质解决。如针对网吧、KTV 等著作权侵权纠纷,向当地工商局、版权局、文化局等部门发出司法建议,引导知识产权使用者合法、规范经营,促进行业健康有序发展。针对网络著作权纠纷案件中存在的电子信息公证证据不规范等问题,向省市司法局发出司法建议,敦促规范公证行为等。

4. 坚持创新,推进审判体制改革。各地市法院应结合当地的实际,制定细化方案,切实抓好民事、行政、刑事案件"三合一"试点工作,扩大试点范围,促进保证知识产权民事、行政、刑事裁判标准的统一和上下级业务指导的顺畅。合理规划知识产

权案件管辖布局，根据各地法院辖区的案件数量及增长趋势、司法保护需求、相关法院审判能力等因素，按需增加受理一般知识产权民事案件的基层法院数量。

5. 协调执法与司法，形成文化领域行政保护和司法保护的合力。对于文化类知识产权保护，文化、版权、工商、公安、海关和知识产权局等行政部门与人民法院各司其职，适用不同的保护方式。需协调知识产权司法保护和行政保护的关系，进一步加强与行政执法部门的合作，形成文化类知识产权的保护合力，构建知识产权立体保护格局。如积极推进知识产权保护联动机制建设，建立信息共享平台；与行政机关建立长效的沟通机制，积极拓展文化类知识产权纠纷调解新途径等。

(四)拓宽监督指导途径，确保裁判尺度统一

统一知识产权案件司法尺度，确保裁判标准的统一性，是建立公正高效权威知识产权司法保护制度的基本要求。尤其文化类知识产权纠纷中，新类型案件、疑难复杂案件、关联案件数量多，需要统一法律适用和裁判标准的案件也很多。因此，我省法院应重视文化类知识产权法律适用的统一，抓准影响裁判公正和司法标准统一的突出问题，不断创新和加强审判管理，进一步健全审判监督和业务指导的工作机制和制度，切实维护知识产权司法公正和统一。

1. 加强司法政策调控，规范文化类知识产权审判裁量权行使。我省法院应根据不同文化类知识产权的不同特点和保护需求，明确分门别类、区别对待和宽严适度的宏观司法政策，以及“强化利益平衡；强度与高度协调统一；妥善处理权利保护、产业发展和信息传播关系和加强非物质文化遗产保护”的文化类知识产权司法保护政策。进一步明晰和细化文化类知识产权案件的司法政策并通过各种方式保障司法政策的贯彻和落实，有效地发挥司法政策的宏观调控作用，推进文化类知识产权审判工作的规范化和统一性。

2. 强化文化类知识产权审判业务指导，确保法律正确实施。我省法院应注意通过司法文件、会议纪要和典型案例的裁判批复等形式，明确文化类知识产权保护的具体司法原则和标准，及时解决一些较为突出的审判实践问题，特别注重出台具有普遍指导意义的司法文件。就重点问题有针对性地加强对下指导。对类似案件进行研究协调，指导相关法院正确适用法律。如针对涉及KTV、网络著作权纠纷、作品独创性认定等案件中存在的突出问题，及时明确该类案件的审理原则和具体标准，对依法保护当事人的著作权，有效制止侵权行为，促进信息传播和规范传播秩序，推动相关互联网文化产业和文化娱乐行业健康发展发挥重要作用。

3. 各地市法院应注重及时总结审判经验。各地市在保护本地特色文化产业和审理疑难复杂案件过程中，形成了许多有益的审判经验，需要及时总结并推广适用。如山东省法院在审理“刘艳英诉杨文学、胡革纪侵害著作权纠纷”总结出的对文字作品如何进行独创性认定，以及对是否构成抄袭进行实质性比对的司法经验：包括“题材本身并不受著作权法保护”；“单纯的人物关系、人物性格并不具有独创性，而应结合具体的故事情节以及内容表达来判断是否构成实质性相似”；考察人物设置及关系时，应对“人物性格、特点、人物形象、人物关系、人物的命运、结局及具体文字表达

等"进行比对;而"故事情节是整部作品的灵魂和精华所在,故事情节是通过一定的人物与事件的矛盾冲突具体表现出来的",具体应重点比对故事情节的发生、发展、结局以及作品描写的侧重点等。青岛中院在审理"西门子产品生命周期管理软件有限公司诉青岛海隆机械集团有限公司、青岛吉泰汽车模具有限公司侵害计算机软件著作权纠纷"中对国外著作权人进行平等保护和适用宽严适度的司法政策总结的司法经验;各地市法院在各类涉文化知识产权侵权案件适用法定赔偿时,对相关考量因素积累的司法经验等。各地市法院应及时总结司法经验,并针对解决本地审判实践中遇到的问题,提出比较系统的指导性意见。

4. 积极发挥知识产权典型案例的示范效应,创新审判指导方式。我省法院应积极探索文化类知识产权案例指导制度,及时发布知识产权典型案例。将典型案例的挑选和推广作为一项重要工作,加强案例指导工作的规范化、制度化和长效化建设。对及时总结审判经验,加强审判指导工作,促进知识产权法律适用标准的统一和完善起到积极作用。各地市法院也应注重对典型司法案例的收集整理、理论分析和编辑出版,指导审判实务。各地市法院还应对有较大社会影响的关联和类似案件,注意及时沟通协调,统一案件审判标准,保证裁判结果的一致性,维护司法的权威性。

5. 加强文化类知识产权审判调研,提供理论基础支撑。文化类知识产权相关法律规定不甚完善,新类型案件多,适用法律的难点和空白点多,必须加强相关法律适用问题的专题调研,以及时有效地研究解决司法实践中出现的突出问题。如加强网络环境下著作权司法保护相关问题调研、新类型案件法律适用调研等。通过调研活动充分了解和掌握文化类知识产权领域的司法现状和动态,并以召开专题研讨会、请专家讲课、举办法官论坛、实地考察、撰写调研报告、出版书籍等形式进行调研成果转换。在调研充分成熟的基础上适时出台文化类知识产权司法保护的专门性审判指导意见。各地市法院也应根据当地实际和审判工作需要,积极主动地开展重要课题的调研,促进裁判标准的细化和统一,为审判工作提供重要的理论支持。

(五)加强审判队伍建设,提升知识产权法官司法能力

加强全省知识产权法官队伍建设,不断提高知识产权司法能力和水平,是适应新形势下文化类知识产权审判工作的迫切需要。

1. 着力夯实知识产权审判组织体系建设。我省各级法院应注重从精通法律、外语基础较好、具有理工专业背景和一定审判经验的人员中选拔、培养知识产权专业法官,进一步完善知识产权审判队伍的专业结构。针对文化类知识产权案件特点,精心选择、积极推荐相关领域专家担任人民陪审员,发挥他们在一些专业性较强案件审判中的专业优势和独特作用。

2. 加强知识产权审判业务能力建设。我省各级人民法院应高度重视对知识产权法官的专业知识和审判技能的强化培训,有针对性地加强知识产权审判专门人才培养。重点针对当前文化类知识产权审判热点、难点问题举办业务培训。尤其加大对我省中西部法院和基层法院知识产权审判的支持力度,推动全省法院文化类知识产权审判水平的整体提高。

结 语

知识产权是文化事业和产业发展的生命线,加强涉文化领域知识产权司法保护是促进我省经济文化发展的必经之路,亦是司法发挥服务地方经济、为文化建设保驾护航作用的使命所在。我们相信通过更新司法理念、加强涉文化类知识产权案件的审判工作、积极延伸司法服务、加强审判监督指导和法官队伍建设,必能充分发挥知识产权审判对文化建设的规范、引导、促进和保障作用,促进增强我省整体文化实力和核心竞争力,实现我省从文化资源大省向文化产业强省的新跨越。

关于知识产权诉讼担当问题的调研报告

湖北省高级人民法院课题组①

诉讼担当,是指本来不是民事权利或民事法律关系主体的第三人,对他人的权利或法律关系有管理权,以当事人的地位,就该法律关系所产生的纠纷行使诉讼实施权,所受判决的效力及于原民事法律关系的主体。② 民事诉讼通常只能由实体权利主体提起诉讼,但在诉讼担当的情形下,实体权利主体与诉权实施主体相分离,诉争权利或法律关系主体以外的第三人可以以自己的名义提起诉讼,这在一定程度上是对当事人适格理论的突破。在传统的民事诉讼中,诉讼担当的主要类型有工会诉讼、遗嘱执行人诉讼、债权人代为诉讼、遗产管理人诉讼、股东代表诉讼、破产管理人诉讼、合伙人诉讼、业主委员会诉讼和身份权诉讼等。随着知识产权集体管理和商业化运用的发展,知识产权民事诉讼中的诉讼担当现象日益增多,由于法学理论界和审判实务界对于知识产权诉讼担当问题的研究比较缺乏,审判实践中出现了一些知识产权诉讼担当不规范的现象,并由此引发了当事人主体资格争议、诉讼权利垄断和滥用、诉讼行为不规范、权利主体与担当主体利益失衡等问题,从而形成了一系列法律问题和社会问题。为应对知识产权诉讼担当带来的新挑战,本课题组结合审判工作,综合运用数据统计、案例分析、座谈调研等方法,探寻目前知识产权诉讼担当领域存在的突出问题,分析其成因,提出对策和建议。现将研究情况报告如下:

一、知识产权诉讼担当的案件类型

在司法实践中,知识产权诉讼担当案件有以下四种类型:集体管理型诉讼担当、使用许可型诉讼担当、公益诉讼型诉讼担

① 课题组主持人:覃文萍副院长,课题组成员:文利红、徐翠、童海超(执笔人)。

② 江伟、肖建国:《民事诉讼法》,中国人民大学出版社2008年版,第136页。

当和权利继承型诉讼担当。

(一)集体管理型诉讼担当

著作权集体管理是保护和行使著作权的重要制度。"先许可、后使用"是使用作品的基本原则,但是,处于高度分散状态的作品使用者,如果要自行寻找数以万计的作者,逐一取得其作品授权并支付报酬,不仅极其困难,而且交易成本过高。于是,著作权集体管理组织应运而生,集体管理组织在获得著作权人授权后,集中许可使用者使用作品并收取版权费,再将收取的版权费按比例返还给著作权人,从而有效解决著作权市场供求关系脱节的问题。我国《著作权法》第8条第1款规定:"著作权人和与著作权有关的权利人可以授权著作权集体管理组织行使著作权或者与著作权有关的权利。著作权集体管理组织被授权后,可以以自己的名义为著作权人和与著作权有关的权利人主张权利,并可以作为当事人进行涉及著作权或者与著作权有关的权利的诉讼、仲裁活动。"根据《著作权法》赋予的职能,著作权集体管理组织可以以自己的名义将加入集体管理组织的会员的作品许可给他人使用,并向使用者收取许可使用费,并且,著作权集体管理组织可以以原告的身份进行诉讼,起诉他人侵犯其会员著作权或相关权利的行为。近年来,随着管理音乐作品的中国音乐著作权协会和管理音乐电视作品/制品的中国音像著作权集体管理协会针对KTV等行业的广泛维权,集体管理型诉讼担当的案件占有相当比例。据统计,2011年至2013年,湖北省法院受理知识产权纠纷一审案件数量分别为2196件、4758件和5982件;其中,著作权纠纷一审案件数量分别为1539件、3920件和4096件;在著作权纠纷案件中,著作权集体管理组织以自己名义参加诉讼的案件分别为50件、2603件和1844件,分别占著作权案件的3.25%、66.40%和45.02%。

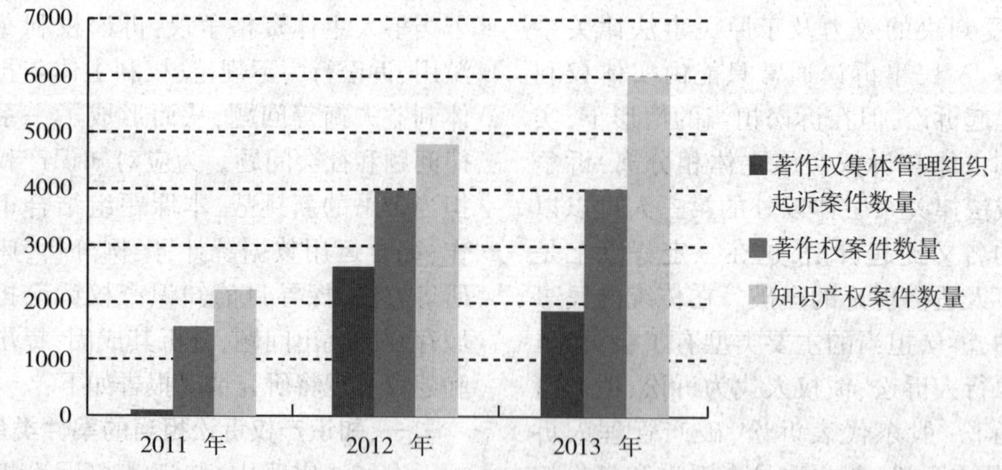

(二)使用许可型诉讼担当

根据我国知识产权专门法的规定,商标权、植物新品种权和商业秘密等知识产权的权利人可以通过许可的方式,将其知识产权在一定的期限和地域范围内授权给他人使用。我国的使用许可型诉讼担当由相关司法解释作出规定,主要有以下几种情形:

1. 商标权的使用许可型诉讼担当。《最高人民法院关于审理商标民事纠纷案件适用法律若干问题的解释》第4条规定："普通使用许可合同的被许可人经商标注册人明确授权,可以提起诉讼。"

2. 植物新品种权的使用许可型诉讼担当。《最高人民法院关于审理侵犯植物新品种权纠纷案件具体应用法律问题的若干规定》第1条规定:"普通实施许可合同的被许可人经品种权人明确授权,可以提起诉讼。"

3. 商业秘密的使用许可型诉讼担当。《最高人民法院关于审理不正当竞争民事案件应用法律若干问题的解释》第15条规定,对于侵犯商业秘密行为,"普通使用许可合同的被许可人和权利人共同提起诉讼,或者经权利人书面授权,单独提起诉讼的,人民法院应当依法受理。"

商标权、植物新品种权和商业秘密的使用许可可以分为独占使用许可、排他使用许可和普通使用许可三种方式,在被许可人的权利遭到侵害时,独占使用许可的被许可人可以向人民法院提起诉讼;排他使用许可的被许可人可以和权利人共同提起诉讼,也可以在权利人不起诉的情况下自行提起诉讼;普通使用许可的被许可人经权利人明确授权,可以提起诉讼。一般认为,独占使用许可的被许可人作为唯一的权利使用人,在其获得授权的期限和地域范围内,享有专有性的实体权利,因而是有实体权利的适格当事人;排他使用许可的被许可人是权利人之外的唯一实体权利人,相当于排他使用许可的被许可人与权利人共同享有权利,因而在法律规定的起诉条件成就时,同样是有实体权利的适格当事人,以上两种情形的诉讼,仍然属于民事权利主体为维护自身权利的诉讼活动。

与此不同的是,普通使用许可的被许可人并不享有任何专有性的权利,权利人可以将其知识产权随时许可给第三方使用,因此普通使用许可的被许可人并不是民事权利的主体,普通使用许可的被许可人经权利人明确授权获得诉权,在本质上是一种使用许可型诉讼担当。正如有学者指出的那样,独占使用许可的被许可人、排他使用许可的被许可人基于实体管理权、处分权成为适格的实体当事人,而普通使用许可的被许可人则是基于诉讼担当制度的适用成为适格当事人。①

需要指出的是,我国现行《专利法》及相关司法解释并没有规定专利权的普通使用许可合同的被许可人可以成为诉讼担当的主体。例如,《专利法》第66条第1款规定:"专利权人或者利害关系人有证据证明他人正在实施或者即将实施侵犯专利权的行为,如不及时制止将会使其合法权益受到难以弥补的损害的,可以在起诉前向人民法院申请采取责令停止有关行为的措施。"《最高人民法院关于对诉前停止侵犯专利权行为适用法律问题的若干规定》第1条对有权向法院申请诉前行为保全的"利害关系人"的范围作出了明确规定:"专利权人或者利害关系人可以向人民法院提出诉前责令被申请人停止侵犯专利权行为的申请。提出申请的利害关系人,包括专利实施许可合同的被许可人、专利财产权利的合法继承人等。专利实施许可合同被许可人中,独占实施许可合同的被许可人可以单独向人民法院提出申请;排他实施许可合同的被许可人在专利权人不申请的情况下,可以提出申请。"按照该司法解释的规定,有权提起诉前行为保全的"利害关系

① 肖建国、黄忠顺:《任意诉讼担当的类型化分析》,载《北京科技大学学报》(社会科学版)2009年3月。

人”只有两类,一类是“独占实施许可合同的被许可人”,其可以单独向法院申请行为保全;另一类是“排他实施许可合同的被许可人”,其可以在权利人不申请的情况下向法院申请行为保全。与商标权、植物新品种权和商业秘密的普通使用许可的被许可人不同的是,专利权的普通使用许可的被许可人不能基于诉讼担当成为适格当事人。究其原因,在于专利权更加强调对于享有专有性实体权利的原始权利人的保护,专利权的普通使用许可的被许可人只有权依照合同约定实施专利权,而不能据此成为诉讼的适格主体。

(三)公益诉讼型诉讼担当

【案例1】《乌苏里船歌》案

《想情郎》是一首世代流传在乌苏里江流域赫哲族中的民间曲调,1962年郭颂等到乌苏里江流域的赫哲族聚居区采风,收集到了包括《想情郎》等在内的赫哲族民间曲调,在此基础上,郭颂等共同创作完成了《乌苏里船歌》音乐作品。2000年,中央电视台发行的刊载有《乌苏里船歌》音乐作品的出版物上,《乌苏里船歌》的署名为“作曲:汪云才、郭颂”。原告黑龙江省饶河县四排赫哲族乡人民政府认为,被告郭颂、中央电视台的行为侵犯了其著作权,伤害了赫哲族人的自尊心和民族感情,请求判令:被告在中央电视台说明其为赫哲族民歌,对侵犯著作权之事作出道歉并赔偿经济损失和精神损失。北京市第二中级人民法院经审理认为,原告作为民族乡政府,可以以自己的名义提起诉讼,《乌苏里船歌》系在赫哲族民间曲调的基础上改编完成的作品,郭颂等人在使用音乐作品《乌苏里船歌》不当,构成了侵权。据此判决:郭颂、中央电视台以任何方式再使用音乐作品《乌苏里船歌》时,应当注明“根据赫哲族民间曲调改编”;郭颂、中央电视台在《法制日报》上发表音乐作品《乌苏里船歌》系根据赫哲族民间曲调改编的声明;郭颂、中央电视台各给付赫哲族乡政府因本案诉讼而支出的合理费用1500元等。[①] 被告郭颂、中央电视台不服,提起上诉。北京市高级人民法院终审判决:驳回上诉,维持原判。

本案是全国首例侵犯民间文学艺术作品著作权纠纷的案件,在当时立法缺失的情况下,对知识产权的公益诉讼作出了有益尝试,引起社会各界的广泛关注。[②]《想情郎》是一首在乌苏里江流域赫哲族世代流传的民间文学作品,其著作权应当由创作和传承该作品的少数民族群体共同享有,换言之,该作品的民事权利主体是赫哲族群体。在赫哲族群体没有提起诉讼的情况下,赫哲族乡政府为维护本区域内的赫哲族公众的权益,代表赫哲族群体作为原

---

① 参见北京市第二中级人民法院(2001)二中知初字第00223号民事判决书。

② 说明:有学者将张平等五教授为提起人向国家知识产权局专利复审委员会提出的DVD专利权无效公益申请案称为中国知识产权公益诉讼“第一案”。该案的基本案情是:2005年12月,北京大学教授张平向国家知识产权局专利复审委员会提出公益无效申请,希望认定飞利浦在DVD领域名为“编码数据的发送和接收方法以及发射机和接收机”的专利在中国范围内无效。随后国内四位知识产权专家陶鑫良、徐家力、单晓光、朱雪忠教授陆续提出相同公益无效申请。五教授分别以个人名义,自费向专利复审委员会提交了针对同一项属于3C“DVD专利池”之发明专利的专利权无效宣告请求。2006年12月10日,五教授与飞利浦知识产权部的代表在北京大学共同签署了一项联合声明。飞利浦最终决定将被诉的发明专利从DVD专利许可协议之专利清单中撤出,并表示对此项中国专利不再主张权利,五教授则向国家知识产权局专利复审委员会撤回对这一项中国发明专利的无效宣告请求。参见刘友华:《我国知识产权公益诉讼制度之构建——从知识产权公益诉讼“第一案”谈起》,载《电子知识产权》2007年第3期。本课题组认为,该案虽具有公益性质,但其属于专利复审程序中的案件,与我国民事诉讼法意义上的公益诉讼并不相同。

告提起诉讼,具有公益诉讼的性质,且符合诉讼担当的形式要件,可以称为公益诉讼型诉讼担当。

(四)权利继承型诉讼担当

我国《侵权责任法》第 18 条第 1 款规定:“被侵权人死亡的,其近亲属有权请求侵权人承担侵权责任。被侵权人为单位,该单位分立、合并的,承继权利的单位有权请求侵权人承担侵权责任。”该款即为基于身份权引发的一般的诉讼担当,按照该规定,自然人死亡后,其人格权等身份权(如死者的名誉权)受到侵害的,由其继承人作为担当人提起诉讼。我国《著作权法》第 20 条规定:“作者的署名权、修改权、保护作品完整权的保护期限不受限制。”《著作权法实施条例》(2013 年修订)第 15 条第1 款进一步规定:“作者死亡后,其著作权中的署名权、修改权和保护作品完整权由作者的继承人或者受遗赠人保护。”该款即是我国著作权领域基于身份权引发的诉讼担当的特别规定,署名权、修改权和保护作品完整权是作者专有的著作人身权,作者在世时,只有作者本人才是适格的民事权利主体。在作者死亡后,继承人或受遗赠人虽然不能享有死者的著作人身权,但继承人或受遗赠人可以以当事人的地位起诉维权,保护死者的上述权利。这种情形,即是权利继承型诉讼担当。当然,在司法实践中,此类诉讼担当的案例比较少见。

二、知识产权诉讼担当的问题及分析

(一)著作权集体管理组织的会员自行行使权利的问题

著作权集体管理组织本身不是著作权人,该组织基于对会员作品的管理权,作为当事人进行诉讼的活动,即是一种最为常见的知识产权诉讼担当。在著作权集体管理组织管理、行使会员的著作权并开展诉讼维权活动的同时,一些加入集体管理组织的会员也在自行行使诉讼权利或自行行使实体权利,从而形成了法律争议和问题。

1. 会员自行提起诉讼主张权利的主体资格问题

【案例 2】叶佳修案

台湾音乐人叶佳修是《外婆的澎湖湾》、《乡间的小路》、《思念总在分手后》等歌曲的词曲作者。我国台湾地区“社团法人中华音乐著作权仲介协会”出具证明,证实叶佳修是该协会的会员。叶佳修于 2008 年 7 月 10 日授权吴锡坚就其音乐著作权遭受不法侵害事宜,在大陆地区进行调查取证、起诉等维权活动,并授权其可再委托大陆各当地维权公司、律师事务所或个人执行相关维权事宜。在原告叶佳修诉被告张江防等侵害著作权纠纷案中,张江防辩称,我国台湾地区“社团法人中华音乐著作权仲介协会”与中国音乐著作权协会签订了相互代表协议,相互授权对方在其所在国或者地区进行集体管理活动,叶佳修已将部分著作权委托集体管理组织进行管理,其在中国大陆地区无权再以个人名义起诉,故请求法院驳回叶佳修的诉讼请求。湖北省黄冈市中级人民法院一审判决:张江防于判决生效之日起立即停止涉案歌曲向公众播送的行为,立即删除播放设备中涉案歌曲,并赔偿经济损失和支付合理开支。张江防不服,提起上诉。湖北省高级人民法院终审判决:驳回上诉,维持原判。

关于已经加入著作权集体管理组织,并将部分著作权委托著作权集体管理组织管理和行使的著作权人,其作为集体管理组织的会员是否有权自行提起诉讼主张权利的问题,在知识产权法学界的争议较大。

一种观点认为,加入著作权集体管理组织的著作权人无权再自行起诉维权。持该观点的法律依据是,2004 年颁布施行的我国《著作权集体管理条例》第 20 条规定:“权利人与著作权集体管理组织订立著作权集体管理合同后,不得在合同约定期限内自己行使或者许可他人行使合同约定的由著作权集体管理组织行使的权利。”据此,有学者认为:“存在任意的诉讼担当时,即著作权集体管理组织根据授权而成为诉讼担当人时,则适格的当事人应当是著作权集体管理组织,而非著作权人本人。”[①]也就是说,著作权人在加入著作权集体管理组织成为会员后,既不能许可他人行使著作权集体管理合同约定权利,也不能自行行使该合同约定由集体管理组织行使的权利,而且还不得自己起诉主张权利。与此截然相反的是,另一种观点认为,加入著作权集体管理组织的著作权人仍然有权自行起诉维权。早在 1993 年,最高人民法院民事审判庭在《关于中国音乐著作权协会与音乐著作权人之间几个法律问题的复函》中就曾指出:“音乐著作权人在其著作权受到侵害而音乐著作权协会未提起诉讼或者权利人认为有必要等情况下,依法仍有权提起诉讼。”持会员有权起诉观点的意见认为,虽然该复函在《著作权集体管理条例》之前发布,但如果在著作权集体管理组织不积极维护会员权利的情况下,如果不允许作为会员的著作权人自行起诉维权,将无法保护著作权人的合法权益。

2. 会员未经集体管理组织授权使用自己作品的问题

【案例 3】2010 仟吉中秋演唱会案

音乐作品《狼》由台湾歌手齐秦作词、作曲。1999 年,中国音乐著作权协会与我国台湾地区中华音乐著作权仲介协会签订了音乐著作权集管组织相互代表合同。2004 年,涉案音乐作品词、曲作者、表演者齐秦加入中华音乐著作权仲介协会,并与该协会签署《音乐著作财产权管理契约》,将其创作的音乐作品包括作品表演权在内的著作权授予中华音乐著作权仲介协会托管。2010 年,武汉新健演出有限公司与案外人荣格公司合作主办“2010 仟吉中秋演唱会”,台湾歌手齐秦受邀请参演了该演唱会并现场演唱了涉案音乐作品《狼》。中国音乐著作权协会诉至法院,请求判令:武汉新健演出有限公司赔偿其经济损失并承担诉讼费用。湖北省武汉市中级人民法院经审理认为,尽管涉案音乐作品《狼》源于台湾,但基于大陆、台湾两地集体管理组织签订的对各自管辖地域内的会员作品相互授权的事实,中国音乐著作权协会有权代表该会员作品的权利人对本案被控行为提出侵权指控,该演唱会中受邀歌手演唱该作品的行为构成对涉案作品词、曲作者表演权的侵犯,应认定为侵权行为。据此判决:武汉新健演出有限公司赔偿中国音乐著作权协会经济损失 1 万元。武汉新健演出有限公司不服,提起上诉。二审期间,在湖北省高级人民法院主持下,双方当事人达成调解协议。[②]

本案中,台湾歌手齐秦是音乐作品《狼》的词曲作者,齐秦应邀在演唱会上演唱了自己创作的歌曲,但一审法院认定齐秦未经中国音乐著作权协会授权演唱自己

① 刘学在:《著作权集体管理组织之当事人适格问题研究》,载《法学评论》2007 年第 6 期。

② 参见湖北省武汉市中级人民法院(2012)鄂武汉中知民初字第 02097 号民事判决书,湖北省高级人民法院(2013)鄂民三终字第 00008 号民事调解书。

作品的行为构成了对该音乐作品词曲作者表演权的侵犯,并判令演唱会的主办方向中国音乐著作权协会赔偿经济损失。也就是说,在著作权人加入集体管理组织成为其会员的情况下,会员未经集体管理组织授权使用自己作品的行为仍然属于侵权。在司法实践中,会员自行提起诉讼主张权利已经得到了人民法院的认可,如前述案例2中的词曲作者叶佳修已经持续多年以自己的名义开展了广泛的诉讼维权。但是,会员未经著作权集体管理组织授权使用自己作品的行为是否应当认定为侵权,需要进一步研究。案例3中,一审法院认为,在未经过著作权集体管理组织授权的情况下,会员在演唱会中演唱自己作品的行为构成侵权,由于本案中国音乐著作权协会只起诉了演唱会主办单位,没有起诉会员歌手齐秦,因而只判令未缴纳版权许可使用费的演唱会主办单位承担赔偿责任。

但在现实生活中,情况更加复杂。例如,应演唱会的现场观众强烈要求,歌手加唱歌曲,而且加唱的歌曲往往是众多观众现场临时点唱的,难以提前预判并向著作权集体管理组织取得授权。在此情况下,涉及音乐著作权人、音乐著作权集体管理组织和社会公众三方面的利益平衡,如何能够既维护著作权集体管理的秩序,又促进优秀作品的传播并保障社会公众享用优秀作品的利益,需要在裁判中实现利益平衡。

(二)使用许可型诉讼担当的合法授权问题

使用许可型诉讼担当成立的前提是权利人对诉讼担当人进行了合法授权。按照诉讼担当的定义,诉讼担当人应当对权利人的“权利或法律关系有管理权”,因此,在使用许可型诉讼担中,诉讼担当人获得的授权应当是既有使用许可权,又有诉讼实施权,二者缺一不可,否则不能认定诉讼担当人获得了合法授权。下面通过两个案例的比较,分析使用许可型诉讼担当的合法授权问题。

1. 有合法授权的使用许可型诉讼担当

【案例4】東威利案

1998年,经我国国家工商行政管理局商标局核准,“東威利”中文文字商标获准注册。2008年,关文宝将其合法持有的“東威利”注册商标许可给东莞宏利木品厂有限公司使用,并与该公司签订商标使用授权协议书约定:关文宝同意东莞宏利木品厂有限公司在中国大陆区域内制造、使用、销售关文宝商标“東威利”产品,若发现他人非法使用、假冒“東威利”商标的商标侵权或不正当竞争行为,关文宝授权东莞宏利木品厂有限公司依法展开维权工作。2009年,东莞宏利木品厂有限公司发现浙江武义宇亨门业有限公司等生产、销售的“东威利”门与“東威利”商标构成近似,为此,关文宝和东莞宏利木品厂有限公司共同提起诉讼,请求判令被告立即停止生产、销售涉案商标“東威利”品牌门业的不正当竞争和商标侵权行为并赔偿经济损失和合理费用等。湖北省武汉市中级人民法院判决被告停止侵权、赔偿经济损失和合理费用等。浙江武义宇亨门业有限公司不服,提起上诉。湖北省高级人民法院终审判决:驳回上诉,维持原判。

本案是一起典型的使用许可型诉讼担当的案例。在涉案商标使用授权协议书没有明确约定独占使用许可或排他使用许可“東威利”商标的情况下,该授权应当认定为普通使用许可。“東威利”商标的权利人关文宝授权该商标的普通许可人东莞宏利木品厂有限公司进行维权,按照《最高人民法院关于审理商标民事纠纷案件适用法律若干问题的解释》第4条“普通使用许可合同的被许可人经商标注册人明确授权,可以提起诉讼”的规定,普通使用许可的被许可人东莞宏利木品厂有限公司有权提起诉讼。本案中,“東威利”商标的权利人关文宝和被许可人东莞宏利木品厂有限公司共同提起诉讼,但两者的权利基础并不一致。其中,关文宝起诉的权利基础是商标专用权,东莞宏利木品厂有限公司起诉的权利基础是普通使用许可的使用权利和诉讼实施权,两者都是适格的当事人。并且,根据上述司法解释的规定,即便是普通使用许可的被许可人东莞宏利木品厂有限公司单独提起诉讼,该公司也是适格的原告。

2. 无合法授权的使用许可型诉讼担当

【案例5】派克笔案

“派克”、“PARKER”、“P”商标系经国家工商行政管理总局商标局核准注册的商标,注册人为派克笔产品公司。2011年,派克笔产品公司出具《授权委托书》,委托上海派克笔有限公司在中国境内以受托人自己名义对任何涉嫌实施侵犯委托人知识产权(包含但不限于商标、专利及版权、商号/厂名)或其他针对委托人的不正当竞争行为的个人、公司或其他组织提起诉讼或启动行政程序,并处理与前述程序有关的一切必要事务。

据此,上海派克笔有限公司起诉湖北省宜昌市伍家岗区满意文化用品商行的经营者陈能飞,指控其销售的印有“PARKER”标识的笔侵犯其商标权,请求法院判令陈能飞立即停止销售并销毁侵犯上海派克笔公司注册商标专用权的商品,赔偿上海派克笔公司经济损失和合理费用,并在省级以上报纸上刊登道歉声明等。湖北省宜昌市中级人民法院判决:陈能飞立即停止销售并销毁侵犯“PARKER”、“P”注册商标专用权的产品,赔偿经济损失和合理费用等。陈能飞不服,提起上诉。

二审期间,上海派克笔有限公司于庭审后补充提交《商标特许权协议》,证明派克笔公司授予上海派克笔有限公司一般许可使用涉案商标,本案在湖北省高级人民法院主持下,双方当事人达成调解协议。①

本案中,“PARKER”、“P”注册商标的商标权人是派克笔产品公司,而起诉的原告是上海派克笔有限公司,两者并不是同一主体。从原告上海派克笔有限公司一审提交的证据来看,本案并无证据证明派克笔产品公司许可上海派克笔有限公司使用涉案“PARKER”、“P”注册商标,而只是授权其进行诉讼维权。在未获得普通使用许可权利的情况下,单独授予诉讼的权利,其本质上是一种诉权转让的诉讼行为,不仅不符合使用许可型诉讼担当的构成要件,而且有违我国诉权法定的民事诉讼制度。在涉及权利使用许可的诉讼维权活动中,诉讼维权的实际主体有时只关注于诉权的授予,而忽视了权利本身的许可,或者是在诉讼过程中遗漏了对于权利证据的举证。在审判实践中,部分知识产权法官对知识产权诉讼担当的条件缺乏了解和研究,在判决中支持了诉权转让的诉讼行为,这需要引起人民法院的高度重视。

① 参见湖北省宜昌市中级人民法院(2012)鄂宜昌中知民初字第00185号民事判决书,湖北省高级人民法院(2013)鄂民三终字第00149号民事调解书。

（三）知识产权公益诉讼型诉讼担当的法律依据问题

《乌苏里船歌》案的程序问题的争议焦点在于原告的主体适格问题。在涉及民间文学艺术作品的知识产权纠纷中，民间文学艺术作品体现了所属群体的公共利益，利益主体具有群体性、共有性与不确定性等特点，其著作权的权利主体在我国现行《著作权法》中是缺位的。对此，北京市高级人民法院认为：涉案的赫哲族民间音乐曲调形式作为赫哲族民间文学艺术作品，是赫哲族成员共同创作并拥有的精神文化财富。它不归属于赫哲族某一成员，但又与每一个赫哲族成员的权益有关。该民族中的任何群体、任何成员都有维护本民族民间文学艺术作品不受侵害的权利。赫哲族乡政府作为一个民族乡政府是依据我国宪法和法律的规定在少数民族聚居区内设立的乡级地方国家政权，可以作为赫哲族部分群体公共利益的代表。故在符合我国宪法规定的基本原则、不违反法律禁止性规定的前提下，赫哲族乡政府为维护本区域内的赫哲族公众的权益，可以自己的名义对侵犯赫哲族民间文学艺术作品合法权益的行为提起诉讼。应当说，《乌苏里船歌》案对于推动我国知识产权公益诉讼型诉讼担当具有里程碑的意义，该案将公共知识产权纳入公益诉讼制度的保护范畴，不仅解决了权利主体难以确定的争议，还有效维护了民族传统文化知识的公共利益。

虽然司法实践对知识产权的公益诉讼作了探索和突破，但是，知识产权的公益诉讼仍然存在较大争议。即便在《乌苏里船歌》案判决十几年后，我国对于公益诉讼的关注仍然主要集中在环境污染、消费者权益保护等方面，而对知识产权的公益诉讼一直罕有关注。2013 年修订的《民事诉讼法》增加了有关公益诉讼的条款，即《民事诉讼法》第 55 条规定："对污染环境、侵害众多消费者合法权益等损害社会公共利益的行为，法律规定的机关和有关组织可以向人民法院提起诉讼。"该条正式确立了我国的公益诉讼制度，但从条文列举的公益诉讼的类型来看，立法者显然对于知识产权的公益诉讼持有审慎的态度，知识产权的公益诉讼型诉讼担当至今仍然面临着缺乏法律依据的障碍。

三、知识产权诉讼担当的规制之策

（一）合理平衡集体管理组织与会员及非会员的利益

有日本学者以诉讼目的为标准，将诉讼担当划分为两类：为了诉讼担当人利益的诉讼担当和为了权利主体利益的诉讼担当。① 按照我国《著作权集体管理条例》第 1 条的规定，国家设立著作权集体管理组织的本意是"为了规范著作权集体管理活动，便于著作权人和与著作权有关的权利人行使权利和使用者使用作品"，但在著作权集体管理组织以诉讼担当形式维权的过程中，存在著作权集体管理组织的利益优先还是会员的利益优先的问题。申言之，著作权集体管理组织为保护会员的著作权，会对侵权人开展诉讼维权，这就是典型的为了权利主体（即加入集体管理组织的会员）利益的诉讼担当。此外，著作权集体管理组织为维护集体管理的秩序，会限制会员对其著作权的行使，这就是典型的为了诉讼担当人（即集体管理组织）利益的诉讼担当。

① ［日］高桥宏志：《民事诉讼法：制度与理论的深层分析》，林剑锋译，法律出版社 2003 年版，第 254 页。

本课题组经研究认为,我国应从以下三个方面着手,促进著作权集体管理组织和会员及非会员之间的利益平衡,促使诉讼担当人更多地体现权利人的利益。

第一,以著作权集体管理组织诉讼维权为主体,以会员自行诉讼维权为补充。据中国音乐著作权协会统计,该协会2012年通过诉讼等方式共索赔和追回著作权使用费(已到账)234.76万元,待执行款近13万元,诉讼花费总支出56.07万元(其中往年支出11.64万元)。[①] 我国的音乐著作权集体管理的行政色彩过浓,不仅被纳入到行政管理体系中,而且参照行政机关定级定编,容易滋生官僚作风和运营效率不高的问题。面对互联网快速发展、卡拉OK经营场所普及和其他文化消费市场发展引发的侵权现象,我国的音乐著作权集体管理组织有时鞭长莫及,难以及时有效地提起诉讼制止侵权行为。因此,在著作权集体管理组织不积极、不主动地维护会员权利,或者是凭借著作权集体管理组织的力量难以及时有效维权的情况下,允许会员自己起诉维权,有利于保护著作权人的合法权益,这也正是最高人民法院民事审判庭1993年《关于中国音乐著作权协会与音乐著作权人之间几个法律问题的复函》至今仍然保留有效的重要原因。由此可见,建立以著作权集体管理组织诉讼维权为主体,以会员自行诉讼维权为补充的诉讼制度,是符合我国现阶段国情的选择,人民法院审理集体管理型知识产权诉讼担当案件,应当维护好该诉讼制度。

第二,尊重著作权集体管理组织和会员的意思自治,合理确定诉讼主体资格。按照我国《著作权法》第8条第1款的规定,著作权集体管理组织被授权后,可以作为当事人开展诉讼活动。该规定表明,集体管理组织的权利来源于权利人的授权,只有经过授权才能取得提起诉讼的权利。申言之,集体管理型诉讼担当成立的前提是集体管理组织获得了会员授予的诉权。本课题组认为,对于著作权集体管理组织和会员的诉讼主体资格的确定,应当充分尊重著作权集体管理合同的意思自治,根据集体管理合同的授权约定确定诉讼主体资格。具体而言,如果集体管理合同约定权利人授权集体管理组织起诉,并且权利人再无权自行起诉,则作为会员的权利人一般不再享有诉权,会员只有在集体管理组织怠于起诉维权或明确表示不起诉的情况下才可以起诉;如果集体管理合同约定集体管理组织有权起诉,并且同时约定权利人保留起诉的权利,则作为会员的权利人仍然有权起诉;如果集体管理合同没有约定集体管理组织有权起诉,则作为会员的权利人不因加入集体管理组织而丧失起诉的权利,会员仍然可以自行起诉维权。

第三,通过著作权集体管理组织和非会员之间的适度竞争,促进集体管理组织完善集体管理型诉讼担当。近年来,中国音乐著作权协会和中国音像著作权集体管理协会的收费机制不透明、会员分配版权使用费比例低的问题十分突出、饱受诟病。有资料显示,美国最大的音乐著作权集体管理组织ASCAP的运营费用占版权费用收入的比例是11.5%,[②]德国最大的音乐著作权集体管理组织GEMA的运营费用占

① 《中国音乐著作权协会2012年报》,第10页。

② 《ASCAP 2008年报》,第8页,载BLAWGDOG—网络法豆—知识产权博客,网络地址:http://www.blawgdog.com/article/BLawg/991.htm,2015年1月26日最后访问。

版权费收入的比例是 13.92%。[1] 但据有关研究表明,中国音像著作权集体管理协会的运营费用极高,版权费扣除税费和其他费用 8% 后,50% 用来支付集体管理组织的运营成本(其中中国音像著作权集体管理协会提取 23%,运营公司天合新纪元文化有限公司提取 27%),剩下的 50% 才用来支付给会员权利人。[2] 按照中国音乐著作权协会自己公布的数据,该协会的运行成本也比较高。例如,2012 年该协会许可总收益达到 1.099 亿元,但 2012 年该协会分配金额为 7653 万元,分配给会员的收益只有 69.64%。[3] 又如,2013 年该协会许可收入总额为 1.12 亿元,但 2013 年 8 次分配的总金额占许可收入的 82.23%,分配版权收益仍然偏低,而且其分配的基数还没有包括诉讼案件的侵权赔偿款。[4] 我国的音乐著作权集体管理采取的是垄断型的模式,只有中国音乐著作权协会和中国音像著作权集体管理协会两家协会分工负责且不存在竞争关系。显然,著作权集体管理组织的垄断性过强是其运作管理不善、运营成本过高的重要原因。当前,因为加入著作权集体管理组织的分配收益过低,有一部分音乐著作权人选择了不加入集体管理组织并且自行诉讼维权,这些非会员权利人主要有北京华夏金马文化传播有限公司、北京天语同声信息技术有限公司、重庆金盾知识产权代理有限公司和北京帝豪星辰文化传媒有限责任公司等。在著作权审判中,平等保护著作权集体管理组织和非会员权利人的合法权益,形成著作权集体管理组织和非会员之间的适度竞争局面,可以促进集体管理组织完善集体管理型诉讼担当,改进日常管理工作,降低运营成本,为会员权利人分配更多的版权许可收益。

(二)规范使用许可型诉讼担当的诉讼活动

在许可使用型诉讼担当的诉讼活动中,权利主体和诉讼担当人是原始权利人与继受权利人的关系,也就是说,有权提起诉讼的诉讼担当人的权利来源是基于权利主体授予的使用许可权和诉讼实施权。人民法院审理许可使用型诉讼担当的案件,应当高度重视诉讼担当人的主体适格问题,诉讼担当人必须按照法律或司法解释规定,从权利主体处取得使用许可性质的授权。

我国《信托法》第 11 条第 4 项规定,专以诉讼或者讨债为目的设立的信托无效。对于权利人只授权被许可人诉讼维权而未授权被许可人以普通使用许可方式使用权利的情形,并不符合诉讼担当的构成要件,此类授权行为属于诉权转让性质的诉讼活动,与我国《信托法》第十一条第(四)项明文禁止的“诉讼信托”行为没有本质差异,人民法院应当不予支持。

(三)加强公共知识产权公益诉讼的立法

从诉讼担当的角度来看,更加能够发现知识产权领域公益诉讼型诉讼担当问题的症结所在。按照日本学者的观点,诉讼担当可以分为法定的诉讼担当和任意的诉讼担当。“按照法律规定当然发生的诉讼

---

① GEMA 首席执行官 Dr. Harald Heker:《2007 年会员大会上的讲话》,载 BLAWGDOG—网络法豆—知识产权博客,网络地址:http://www.blawgdog.com/article/BLawg/991.htm,最后访问日期:2015 年 1 月 26 日。

② 谭翠、玉兰:《于 KTV 版权费新收费模式的可行性分析》,载《法制与经济》2010 年 5 月刊。

③ 《中国音乐著作权协会 2012 年报》,第 6～8 页。

④ 《中国音乐著作权协会会讯》(总第 25 期),第 6～8 页。

担当就是法定的诉讼担当”,[①]“基于本来权利义务主体之意思进行的诉讼担当就被称为任意的诉讼担当”。[②] 根据诉讼担当的理论,任意的诉讼担当必须基于本来权利义务主体的意思而发生,也就是说,只有本来权利主体将纠纷的诉讼实施权授权给第三人,才能发生任意的诉讼担当。但在知识产权的公益诉讼中,公共利益主体的不确定性决定了知识产权权利主体的不确定性,这就无法通过授权发生任意的诉讼担当。另一方面,在缺乏法律明文规定的情况下,法定的诉讼担当也缺乏法律依据。

对此,本课题组认为,我国应当加强知识产权公益诉讼的法定诉讼担当的立法工作和司法解释工作,确立公共知识产权的公益诉讼制度。知识产权既是一种私权,也体现了人类智力成果的公共利益,尤其是民间文学艺术等传统知识产权,其成果属于世代相传的特定群体共同享有。实现私人权利与公共利益之间利益平衡是知识产权保护的重要原则,知识产权诉讼兼有保护私权和维护公益的双重职能,在积极保护智力成果创造者享有的私权的同时,也要保证社会公众依法分享知识产权。但是,传统的知识产权诉讼遵循的是谁享有知识产权谁就享有诉讼权利的规则,当公共知识产权被垄断滥用或遭受不法侵害时,因公共知识产权的权利主体不具有特定性,难以获得有效的司法救济。建立知识产权公益诉讼制度,是保护公共知识产权的重要途径。新修订的《民事诉讼法》第55条规定:“对污染环境、侵害众多消费者合法权益等损害社会公共利益的行为,法律规定的机关和有关组织可以向人民法院提起诉讼。”在《民事诉讼法》确立的公益诉讼制度的立法框架内,人民法院可以以司法解释的形式对上述法律规定中的“等”字作出扩大解释,涵盖公共知识产权的公益诉讼。

另外,公共利益必须有明确的主体予以代表和维护,确定适格的起诉主体是开展公益诉讼的关键。《中共中央关于全面推进依法治国若干重大问题的决定》明确提出“探索建立检察机关提起公益诉讼制度”,本课题组认为,检察机关作为国家利益和公共利益的代表,当然是知识产权公益诉讼的适格主体。除此之外,结合知识产权诉讼专业性强的特点,知识产权行业协会、有关社会团体和民族区域政府在专业知识、举证能力等方面有着明显的优势,也可以成为知识产权公益诉讼的适格主体。

四、结语

知识产权诉讼担当在当前的知识产权案件中广泛存在,但知识产权诉讼担当的问题是知识产权审判中亟待研究的新课题。加强知识产权诉讼担当的研究,具有十分重要的现实意义,可以促使诉讼担当人以权利主体的利益为核心进行诉讼,规范和引导知识产权的行使和诉讼维权行为,指导人民法院知识产权在审判实践中对当事人适格的判定,为促进我国知识产权司法保护制度的完善发展和国家创新驱动发展战略的实施提供有力的司法保障。

---

① [日]高桥宏志:《民事诉讼法:制度与理论的深层分析》,林剑锋译,法律出版社2003年版,第216页。

② [日]高桥宏志:《民事诉讼法:制度与理论的深层分析》,林剑锋译,法律出版社2003年版,第251页。

“三步检验法”与剧本抄袭侵权比对若干问题分析

湖北省武汉市中级人民法院知识产权庭

近年来,小说、剧本、影视作品(以下统称为剧本)未经许可,被改编、摄制及被剽窃问题特别突出,剧本创作环节抄袭之风盛行。在司法审判环节,一些重大、疑难、复杂的剧本抄袭案件不断增多,而且,这类案件中被抄袭被剽窃的作品通常是知名作家、剧作家、知名影视制片人的剧作,有影响的作品被仿照、被抄袭也是近年来剧本抄袭的一个显著的特征。对创作界日益盛行的抄袭之风早已引起社会的强烈关注。而在审判实践中,法官对这类案件审判思路不同,审理方法不同,审理结果可能不同,甚至同一案件由上、下级两审法院采用相同的比对方法,比对的结果很可能完全相反。这又涉及人们对司法界剧本创作保护不力的担忧。剧本创作抄袭问题突出,重大剧本抄袭侵权案件频发,引发社会关注。我们感到确有必要对近十多年来全国法院审理的剧本抄袭侵权案件进行总结、分析,探寻审判实践中对剧本比对范围、比对方法存在的问题,解决审理剧本抄袭比对侵权案件的基本思路和方法问题,并对剧本抄袭比对若干问题提出我们的意见和建议。

一、近年来剧本抄袭侵权比对案件基本情况

在此次调研中,我们选择了近十年来全国法院审理的涉及小说、剧本、影视剧等著作权侵权案件近60件,实际涉及著作权剧本抄袭比对的案件有55件。这55件涉及抄袭侵权的案件类型上可以区分为署名权侵权、改编权侵权、摄制权侵权,都需要对在先作品和在后作品进行比对才能判断两部作品是否抄袭。这些案件主要特点是:

1. 这类案件主要集中在北京、上海等地,可以说这类案件分布极不均匀。所选案件中,北京三级法院33件,占所选案件60%,上海三级法院8件,占15%,山东、陕西、昆明、武汉等法院各2件,占15%,江苏、贵州、广西、福建、重庆、广州等法院各1件,占10%。

2. 从类型上看,这类案件主要涉及剧本署名权、改编权、摄制权,其中,多发环节为剧本交易、演绎环节。从权利作品和侵权作品类型而言,抄袭剽窃多发环节为作品形式衍生环节。这些案件中,涉及权利作品有小说、剧本、戏剧、电影、电视、音乐、动漫,而被控侵权作品也都涉及小说、剧本、影视、动漫、音乐、戏剧。在指控侵权行为方面,多为改编侵权、摄制侵权和署名侵权。其中,小说—剧本、剧本—影视、影视—影视、影视—剧本、剧本—小说、影视—小说都所占比重较大,特别是小说到剧本、剧本到影视占比较大。这些说明,抄袭剽窃案件多发在小说、剧本、影视之间的改编、摄制环节,主要涉及作品署名权、改

编权、摄制权。

3. 就作品题材而言,涉及历史题材的剧本居多,兼有个性化的题材创作。历史剧、历史题材多达34件,占比超过全部案件60%。如,《天涯歌女》《传奇福贵人》《梁祝哀史》《辛亥武昌首义》《古街》《潜伏》《地下地上》《激情燃烧的岁月》《梅花档案》《奢香夫人》等。历史题材是文学作品创作的主要来源和创作素材,题材相同,创作不同的可以获得著作权保护,但是,这就给历史题材抄袭案件比对带来了很大的困惑,哪些可以版权进行保护,哪些不可以给予版权保护都依赖于法官对版权保护对象的认识和理解。

4. 就裁判结果而言,这些案件审理中法官主要采用的抄袭比对方法为思想表达二分法和内容形式二分法进行比对。从裁判文书给出的比对方法看,采用思想表达二分法比对的案件有35件,占全部案件的64%,特别是北京地区的法官更多地采用思想表达二分法的比对方法进行侵权比对,而内容形式二分法比对的案件16件,占29%,其他4件案件为其他比对方法。从裁判认定抄袭成立与否的结果看,认定抄袭构成的案件有19件,抄袭指控不成立的案件有35件,另外一件实质上属于合同诉讼。从比对方法与比对结果而言,采用思想表达二分法35件案件中有27件案件裁判结果为不构成抄袭,占77%;在采用内容形式二分法比对16件案件中有5件不构成抄袭,占31%。思想表达二分法比对得出的抄袭不构成的比例远远大于内容形式二分法比对不构成抄袭的比对结果。

二、在剧本抄袭侵权比对案件中适用思想表达二分法所存在的问题

从抄袭侵权比对方法而言,法院通常采用思想表达二分法进行侵权比对判定,而且,这种比对方法直接依赖于法官对剧本内容的把握和分析,需要法官自由裁量权的行使。这是审理这类侵权案件的主要特点,也是思想表达二分法在审判实践中存在的一些问题。而这些问题可能是惨遭版权学界诟病和批评的症结所在。

1. 历史题材类型的侵权案例中对剧本思想范畴的认定与把握。如,传记文学《李玉琴自述》诉电视剧本《传奇福贵人》抄袭侵权案。[①] 该案中,《中国最后一个皇妃李玉琴自述》(下称《李玉琴自述》)由李玉琴和王庆祥共同创作完成的传记文学作品。2001年李玉琴离世。原告黄焕新是李玉琴独子,发现被告中国文采声像公司拍摄的电视剧本《历史的背后》(后更名为《传奇福贵人》)大量抄袭《李玉琴自述》后,向法院提起诉讼,指控剧本编剧胡建新、导演丁荫南、摄制方中国文采声像公司侵权。原告指控抄袭部分包括情节抄袭33处、语言抄袭19处,涉及故事主线、故事人物、抽象线索、延续情节、往来书信、特定语言等内容。法院认为,抽象的故事主线为思想范畴,不属于著作权法的保护范围。传记文学中的主要人物是客观事实,并非原作独创。围绕故事主要任务撰写的故事情节属于历史上客观存在的事实,不为任何人所垄断,而利用这些客观事实通过艺术虚构形成的相关情节虽然与《李玉琴自述》存在相似之处,但情节的表达却完全不同。《李玉琴自述》中的书信往来属于客观发生的历史事实,原告不能排斥他人利用这些事实进行合理的使用。法院最后驳回了原告对《传奇福贵人》抄袭侵权的指控。该案属

① 参见北京市第一中级人民法院(2009)民初字第8806号案民事判决书。

于历史题材的创作,创作素材中涉及诸多历史史料,抄袭指控的两个作品如何进行比对绝对离不开史料素材。很显然,该案裁判结果、裁判理由表明,法官采用了思想表达二分法这一比对方法进行两个剧本的比对,首先排除原作中关于历史人物、历史事实中的非独创部分,即作品展现的思想部分,其次,就叙事情节中的特定历史事件进行区分,撇开不属于原作可以垄断的非独创内容,再进行比对,得出的结果必然是相同题材不同创作,因而先后两个作品不构成抄袭。该案二审中,北京高院比对后认定两部作品在文字表达部分还是存在部分相同或近似之处,但总体而言相同近似表达在自述中所占比例极低,从读者阅读体验来讲两部作品仍不构成实质近似。[①]因而,二审法院最后裁判驳回上诉,维持原判。

2. 对个性化创作题材的剧本抄袭侵权案件中剧本主要情节的比对与认定。在原告庄羽《圈里圈外》诉被告郭敬明《梦里花落知多少》抄袭侵权一案中,[②]庄羽于2002年11月创作、完成小说《圈里圈外》,该小说在创作过程中就陆陆续续地在天涯社区和海外文学网站上分期发表,创作完成后,该小说于2003年8月出版、发行。2003年11月被告郭敬明的小说《梦里花落知多少》由春风出版社出版发行。原告将被告小说《梦里花落知多少》进过比对后认为,《梦里花落知多少》剽窃了原告作品中的独创性构思、故事主线、大部分故事情节、主要人物特征、作品语言风格、表达语句等,属改头换面的高级抄袭。原告向法院起诉,指控被控作品抄袭侵权。审理中,原告指控被告抄袭作品主要情节12处、一般情节、语句98处、主要人物8处,涉及作品构思、语言风格、主要人物、人物关系、叙事情节、语句等。一审法院认定,叙事性作品的构思涉及作品的表现形式和表达方式,是作品人物活动与事件进展的谋篇布局,但不涉及具体时间的展开性描述,因而是作品内容的高度概括,应认定为作品的思想范畴,不由著作权法进行保护;作品语言风格是作者语言表达的特色风格,体现的是作者的个性化的创作风格,不属于作品的表达形式,不应由某一作者垄断;主要人物是作品的重要创作元素,直接影响作品表达的成功与否,特别是人物关系的设置、推演、冲突、发展则是作品个性化表达的实质所在,属于剧本创作中的表达部分。而在本案中,原告作品创作在先,被告作品创作在后,而这两部作品在人物特征展现方面存在明显不同,但在人物关系描述中却存在极高的相似度。故事情节属于叙述性文学作品中具有内在因果联系的人物活动及其形成的事件的进展过程,属于作品表达部分。该案中,原告指控被控作品对应情节非常相似,被告没有证据证明这些情节属于非独创性的情节,因而被控作品的该部分情节来源于原告作品中的对应情节。法院最后认定,被控作品在具有独创性的人物关系的内容及部分情节、语句方面剽窃了原告作品,造成两个作品整体上构成实质性相似。该行为应认定为抄袭行为。法院判决被告抄袭成立,判令被告赔偿原告经济损失20万元。二审法院认定原审原告的《圈里圈外》属于叙事性最强、叙述最复杂的叙事性文学体裁,更离不开作者

① 参见北京市高级人民法院(2011)民终字第28号民事判决书。

② 参见北京市第一中级人民法院(2004)民初字第47号民事判决书。

独特的生命体验,在主要情节和一般情节、语句构成相似数量来讲,已经远远超出了可以用巧合来解释的程度,因而应推定这些情节和语句并非被告独立创作的结果。二审法院肯定了原审法院的抄袭认定,在维持原判基础上加判被告赔偿原告庄羽的精神抚慰金1万元。[①] 该案表明,在个性化的创作中,两个作品是否抄袭,除思想表达二分比对外,更重要的还要看作品的具体内容及其来源,因为个性化的创作素材来源于个性化的创作个性,字面比对都可以反映两部作品的相似度,此时被控作品有义务提供证据证明极高相似度的创作结果来源于独创体验,否则可以直接推定抄袭成立。

3. 悬疑题材的剧作中对具体情节进行抄袭比对的认定和把握。原告刘育新长篇小说《古街》诉编剧陈燕民、中国煤炭文工团等改编、拍摄的电视连续剧《人生几度秋凉》(下称《秋凉》)改编侵权案。[②] 1998年,原告以民国时期琉璃厂为背景创作完成长篇小说《古街》,次年由北京出版社出版发行。2003年由中国煤炭文工团等投拍的电视连续剧《秋凉》创作完成,电视剧署名编剧陈燕民,在北京电视台播放,署名编剧陈燕民。原告经比对认为,《秋凉》在人物塑造、作品结构、具体故事情节、语言对白等方面严重抄袭了原告作品《古街》。原告向法院指控被告作品抄袭侵权。原审法院从作品结构、人物及人物关系、主要故事场景、主要情节及走向、具体情节等五个方面进行比对后认为,《秋凉》开篇以"假手臂"行骗的具体细节和包括故事设计、语言对白等具体情节在内的作品内容,均与《古街》存在相同之处,而该情节系由原告独自虚构所致,另外,从两部作品的基本结构、古玩商人形象、人物关系刻画与处理,与《古街》相比有使用和借鉴之处,上述独创性的表达已然出现在《秋凉》中,如将其删除,《秋凉》则只余一条故事线索而不完整。因而,法院认定陈燕民剧本实则是对《古街》的改编(抄袭),判决被告停止侵权、赔礼道歉、赔偿原告经济损失40万元。二审法院对相关事实作出进一步地认定后认为,作品结构比对看,从故事开场和结尾引出全剧,但开场和结尾都因不同人物不同事件而导致不同结果;《秋凉》由两条主线、两条附线构成,主线交织、发展,两个主要人物因两条主线交织组成缺一不可的完整故事情节,最终形成故事结局,单独剔除任何一条主线故事都不会完整。而《古街》的故事主线相对独立,三个主要人物的故事构成三个独立的故事主线,剔除任何一条主线都不影响故事结构其他故事主线的完整性。因而从故事主线分析故事结构,两个作品明显存在各自不同的独创性的故事结构。人物塑造方面,两部作品主要人物形象差异较大。对比17处具体情节,除假人头、假胳膊的开场情节表达相似外,其他情节均不相似。实际阅读两部作品的读者、观众而言,两部作品整体上的差异较为明显。假人头、假胳膊的开场情节相似一节,因《古街》创作在先,《秋凉》并没有举证证明假胳膊开场属其独创表达,《秋凉》中的假胳膊开场情节来源于《古街》,但不影响两部作品的整体独创性,并不构成实质性相同。二审法院认定不构成抄袭,驳

---

① 参见北京市高级人民法院(2005)民终字第539号案民事判决书。

② 参见北京市海淀区人民法院(2005)民初字第13745号案民事判决书。

回原审原告的抄袭指控。[①] 两级法院对同一对作品进行侵权判断,判断的方法相同,但判断的结果并不相同,一审重在具体情节的完整性,二审则重在具体情节的细节部分,具体情节可能相同,但具体情节的细节设计并不一定相同,可能形成独创性的表达。所以,细节情节设计可能影响具体情节,也影响故事情节的比对结果。

4. 对影视剧侵权案件中相同、相似情节抄袭比对的认定与把握。电视连续剧《梅花档案》诉电视连续剧《滴血纹身》抄袭侵权案为全国首例电视连续剧抄袭侵权案。[②] 该案基本案情就是,2002 年 10 月,北京志茂等受让《梅花档》剧本的包括改编、摄制等专有权利在内的著作权,并于 2003 年 3 月将该剧摄制完成,取名《梅花档案》,获准电视连续剧发行。2004 年 6 月,被控影视剧《滴血纹身》(由《凤凰迷影》剧本演绎而来)摄制完成,摄制单位为电视国际、广电节目交易中心等被告。原告发现被控影视剧《滴血纹身》大量使用了原告专有摄制权的剧本《梅花档案》中的剧情,被告行为构成抄袭。原告向法院起诉,指控被告抄袭侵权。审理中,法院比对结果是两剧题材相同、背景相同、角色情节相同,无论是剧情安排,还是人物设置,两据情节异常相似,因而,法院认定两剧剧情结构安排、故事人物角色选择、悬念设计与布局等电视剧的故事情节独创部分均构成实质相似。两剧剧情均出自剧本,由剧本决定。由此可知,剧情雷同源于剧本雷同。被告拍摄《滴血纹身》时使用了原告享有专有使用权的《梅花档案》剧本,且属于明知,因而构成对原告专有摄制权的侵害。原审法院判决《滴血纹身》摄制方的各被告停止侵权、赔偿50 万元经济损失。二审法院确认原审法院的比对结果,认定被告行为构成侵权,判决驳回上诉,维持原判。[③] 该案一个显著地特点就是权利作品为电视连续剧,被控作品也为电视连续剧。法院在比对中将电视连续剧还原成电视剧剧本,通过剧本比对判断是否构成雷同。同时,在比对中采用的比对方法采用了剧本内容的比对,由此确认故事人物角色选择、悬念设计、布局等构成实质性相似。

分析表明,法官在审理剧本抄袭侵权案件中,广泛地采用思想表达二分法进行侵权比对,而且在审判实践中这种侵权比对方法还过分地依赖于法官对创作的理解与悟性,因而可能更需要法官的自由裁量权。

三、剧本抄袭侵权比对对象和范围分析

从收集的剧本侵权比对案例来看,多数法官对剧本的题材、主题、线索、结构、人物、情节、语言、对白等内容进行比对,基本囊括了剧本的所有创作元素。这也说明,剧本抄袭比对对象、比对范围具有开放型,哪些剧本该做那些比对没有一个严格的范围,如小说,可以比对文字表达,也可以比对作品内容,还可以按照“三步检验法”进行比对,电影电视也一样,只不过将影视还原成剧本,再做文字比对。但是,无论哪种比对,都涉及比对方法问题,思想表达二分,还是内容形式二分对剧本比对十分关键。所以,剧本比对对象和范围是剧本抄袭比对重中的重中之重。查阅所有的剧本

① 参见北京市第一中级人民法院(2006)民终字第 6246 号民事判决书。

② 参见北京市第一中级人民法院(2005)民初字第 8531 号民事判决书。

③ 参见刘辉:《全国首例电视剧抄袭案—〈梅花档案〉状告〈滴血纹身〉》,载《中国审判新闻月刊》2007 年 2 月。

抄袭比对侵权案件的判决就会发现一个共同点,这就是判决比对抄袭认定都涉及剧本中的故事题材、主题、梗概、谋篇、布局、故事主线、情节、人物、场景、语言等比对的内容。这些内容又恰好是剧本创作的基本元素,是剧本创作者必须思考的问题,同时这些元素也是剧本创作中的核心内容。判断两个剧本是否构成相同或者是实质性相似都必须比对这些基本的创作元素,因而是剧本区别的基本要素。要回答两个作品是否抄袭就需要抄袭比对,关键问题就是比什么?还要回到剧本创造的基础找寻答案。

1. 故事题材、主题。故事主题是剧本文学作品需要表达的思想内容部分,它是剧本通过对社会现实的描述和艺术提炼,通过艺术加工反映社会现实,显现剧本的创作意图,表达剧本创作者的创作思想,该创作意图渗透并贯穿创作的始终。故事题材是剧本创作的基本要素,故事讲述的对象,故事创作的起点和归属,题材不同,思想不同,题材不同,表达不同。如,历史题材,悬疑题材,科幻题材,言情题材等,是剧本创作前坐着需要思考的问题。不同题材涉及不同主题,展现的作品内容就有可能不同。某一剧本,作者讲述的是一个历史悬案,而另一作者讲述的是言情小说中的言情故事。两个作品故事题材存在很大的差别,就可以从故事题材上去区分两个剧本,以判断抄袭的可能性。但是,也有例外情形,如,在历史悬疑题材案件中,言情作品可能会使用时空穿越的手法,夹杂一些历史悬案、科幻悬疑等情节,则这种穿越题材又有抄袭的可能。所以,在剧本比对中,必须注意题材上的跨界,或者是在后创作基于情节表达的借鉴和借用,也不排除情节表达的抄袭和剽窃。

2. 故事梗概、线索。故事梗概是作者对故事整体内容的简要描述,表明作者讲述故事内容的时空场景、人物特性和作者要表达的思想主题。故事线索是贯穿故事始终,展开、推动故事情节发生、发展、高潮、结局的主题,是支撑故事内容的骨架,有时也称为故事背景。故事梗概、故事主线涉及剧本故事内容,是剧本内容的高度抽象,可能构成剧本创作者要表达的思想部分。属于思想范畴。如,在《李玉琴自述》抄袭侵权指控案件中,原告指控被控剧本抄袭了自述中的故事主线,两作品都是围绕李玉琴与末代皇帝溥仪两个人的情感发生变化这一主线展开,因而两个剧本主线相同。北京法院分析后认定抽象的故事主线属于思想范畴,因此,原告无权对李玉琴和末代皇帝溥仪两个人的情感发展变化的故事主线进行垄断,不能阻碍他人以同样的故事主线进行文艺创作。[①]

3. 故事结构。剧本故事内容的谋篇、布局,剧本的结构、框架、提纲,是故事情节展开、展示的脉络。正如北京市第二中级人民法院在审理李鹏所著《潜伏》诉石钟山所著《地下地上》抄袭侵权案中判决书所言,一部小说要想获得成功,结构的巧妙安排和展开是基石,也是最能反映作者独创性思维的地方。[②] 剧本创作都是通过创作反映社会现实,有的借历史题材进行加工创作,有的借个性化题材进行创作,不管哪一种题材,创作反映的是创作者的个性,创作者的思想,而题材创作的对象,即使是相

① 参见北京市第一中级人民法院(2009)民初字第8806号民事判决书。

② 参见北京市第二中级人民法院(2008)民终字第02232号民事判决书。

同点题材,不同点创作者进行不同创作,创作结果都可能不完全相同,核心问题就是为了表达创作者的个性思维,因而都会在创作过程中以不同点情节表达不同的观点,不同的情节隶属于不同的主题,多个主题组合构成创作主题,这种组合不是堆砌,而是内在关联。内在关联就是创作的结构,体现创作者的构思、谋篇和创作布局。因而,整体的创作结构形成整体的创作大纲,也就是创作剧本的故事大纲。在抄袭侵权案件中,创作大纲可以作为抄袭比对基础,因为即使是相同的题材、相同的创作,由于创作结构安排不同,故事内容取舍不同,故事情节都会存在很大差异。如,剧本《金嗓子周璇》诉电影《天涯歌女》改编侵权案件一案,在先剧本《金嗓子周璇》与改编电视连续剧《天涯歌女》讲述的故事都是旧上海艺术家周璇从艺的故事,由于两个作品描写的都以艺人周璇从艺为主线的真人故事,两者题材、主题、故事人物、情节、场景都存在极大的相同之处,但是,《金嗓子周璇》围绕周璇个人人生经历展开故事主题,故事所有人物的设置也是围绕周璇的事业和感情线索展开故事情节,而电视剧《天涯歌女》则是围绕周璇、赵花、王心芳、白莉英和沈琳琳五位女性的艺术生涯和感情故事形成五条故事主线,五条主线相互独立又相互交织,展现的是五位艺术家(五朵小花)不屈不挠追求美好人生的积极态度。经过按照思想表达二分法比对,最后就剩下故事结构大纲不同,法院判决原告指控的抄袭不构成。[①]

4. 故事人物及人物情节。小说写人,剧本写人,影视作品同样写人,只不过写人的方式不同而已,文字作品用文字写人,影视作品用镜头写人。无论哪一种,都必须确定剧本人物、人物关系,并围绕人物及其人物之间的关系去展开故事情节,凸显故事情节中的人和人物关系,表达作者的思想。人与人物关系在剧本中占有重要的地位,也是剧本的重要故事内容。单纯的人的特点可能不属于表达部分,但是,用故事情节表现的故事中的人可能就构成故事的表达。在庄羽《圈里圈外》诉郭敬明《梦里花落知多少》侵权案中,法院就认定,无论是人物的特征还是人物关系,都是通过相关联的故事情节塑造和体现的,单纯的人物特征,如相貌、品行,或者单纯的人物关系,如恋人关系、母女关系等,都是公有领域的素材,不属于著作权法的保护对象。岁,所谓的人物特征、人物关系,以及与之相应的故事情节都不能简单割裂开来,人物和叙事应为有机融合的整体,在判断抄袭时应综合进行考虑。[②] 所以,剧本在写人这一方面,著作权法所要保护的不是剧本中的人的特点,而是展现剧本中的人的特征的具体情节。

5. 故事叙事及叙事情节。故事情节是一个剧本内容的实体部分,创作者围绕创作主题设计若干故事情节,展开故事结构,展示故事内容。故事情节由人、场景、行为组成,决定故事走向,也决定故事成败。从创作角度讲,故事情节设计实际上是故事内容的核心。一个剧本有多个主线,又有多个情节,多个情节反映多个主题,多个主题反映多个思想,最终形成创作者要表达的核心内容和核心主题。由此,故事情节可以划分为抽象情节和具体情节,主要情

---

① 参见上海市徐汇区人民法院(2013)知初字第35号民事判决书。

② 参见北京市高级人民法院(2005)民终字第539号民事判决书。

节和次要情节,人物情节和场景情节等等。其中,抄袭比对案件中,最为重要的或者是涉及更多的是作品的抽象情节和具体情节,主要情节和次要情节。抽象情节是多个情节的集中体现,可能成为作品的思想部分,而主要情节是作品的核心内容,决定两部创作是否构成相同或者实质性相似的重要判断依据。抽象情节,是具体情节的层级抽象,上升到一定抽象程度时,可能就只是一两句话可以概括的故事内容,这种情节,在诸多相同题材中会经常遇见,但是,这种抽象通常把它归结为思想部分,排除在著作权法的保护之外。原告不能以此提出独创性的保护要求。例如,故事梗概、故事主题,或者某一场景的高度概括等。而故事中的具体情节则要仔细甄别,哪怕是表面上看起来都相似的具体情节也需要比对差距,因为细微的差别就可能导致不相似。如,《潜伏》诉《地下地上》抄袭侵权案,在该案中,两部作品题材相同,背景近似,部分结构相同,部分情节相近似,人物、人物关系近似,但是,法院在比对故事主要情节及其具体情节后认为,情节是整部作品的灵魂和精华所在,直接影响读者的体验和欣赏,决定一部作品与另一部作品之间质的区别。在本案中,两部作品不仅在情节发展的关键环节、情节推进方式、各个情节之间的逻辑关系设置上存在差异,而且在大量的情节描述、细节设置上存在显著的区别,使得读者对于上述两部作品会产生不同点欣赏体验。法院由此判定《潜伏》与《地下地上》是两部不同的作品,原告指控抄袭不成立。①

6. 故事语言及语言情节。语言是表达工具,承载故事内容的载体。根据故事体裁的不同,故事语言可以分为字面语言和镜头语言,字面语言,如对话、文字描述、书信等,都可以直接解读创作者的字面含义,镜头语言则需要揣摩、体味镜头的延伸语义。但是,语言使用因人而异,相同的对白不一定会产生相同的内容表达。同样,镜头语言也是如此。所以,字面含义需要结合具体情节才能判断是否构成表达,是否构成抄袭。在审判实例中,原告通常指称语句、语言风格、描述、某些对白、台词、场景镜头等相同就认定构成抄袭。实际上,版权法中的抄袭并非字面抄袭,字面相同只是作品内容相同的一种可能性,特别是语句,或者是不具有独创性的对白,所反映的是语言工具功能性特征,任何人都有利用表达工具进行思想表达的权利,即使相同也不应认定为抄袭,因为表达工具并非独创性的思想表达。如,在黄焕新《李玉琴自述》诉中国文采声像公司《传奇福贵人》侵权纠纷一案中,原告指控被控作品使用了《李玉琴自述》中的书信、字、词、短句及人物对话等。法院审理后认为,书信、字、词、短句属于特定历史事实和对客观事实的描述,基于对客观事实和客观事实描述的有限性,应认定这些相同部分是对事实的使用,不应认定为抄袭。②

四、"三步检验法"与剧本抄袭侵权比对的问题分析

1. 侵权比对"三步检验法"。在著作权侵权案件审理过程中,两个作品是否构成抄袭的法律标准就是能否证明在后作品与在先作品达到接触加实质性相似这一原则界限。这一界限中,接触是事实问题,首

① 参见北京市第二中级人民法院(2008)民终字第02232号民事判决书。

② 参见北京市第一中级人民法院(2009)民初字第8806号民事判决书。

先应该由原告举证证明。在完成接触的证明后,原告还需要证明两个剧本是否构成相同或者是实质性相似。因为实质性相似涉及法官的判断方法和判断技能,特别是在审判实践中,法官通常采用思想表达二分法这一方法来判断两个剧本是否构成相同或者是说实质性相似。所以,我们必须讨论思想表达二分法的内容及其在著作权法中侵权判定的地位和作用。

著作权法以作品为保护对象,但同时声明保护作品的表达,不保护作品的思想。作品是创作者思想流露的载体,思想深藏于作者的内心,在思想没有外露的时候,思想还不是作品的思想,一旦通过文字、图案、数据、视听效果展现出来,作者的思想就可能构成作品的思想,文字、图案、视听等就是承载作者思想的表达工具,构成可能的思想表达。所以,表达是思想的表达,思想是表达的对象和内容,思想、表达集合在作品这一有机统一体中。由于著作权法只保护作品的表达部分,而不保护作品的思想部分,在某一特定作品中,作品的思想部分与作品的表达部分必然形成分离状态。所以,在判断某一作品的独创性表达是否被另一作品抄袭时就必然要对作品的思想和作品的表达进行区分,将作品的思想部分抽象出去,将思想表达难以区分或者公有领域内的思想的表达排除在著作权法的保护之外。而如何抽象、如何排除则涉及思想表达二分法的操作步骤和操作方法的问题。

思想表达二分法在版权法中占有极其重要的地位,而实施思想表达二分法的具体方法思想表达二分则属于舶来品。一般而言,思想、表达二分法产生于19世纪的英美等普通法国家,由法官通过众多的版权法判例沿袭而创设。之后,《美国版权法》第102条又将思想表达区分后的思想部分单独写进第102条进行排除,从而在版权法体系中被最终确立。① 思想、表达二分法作为侵权判定方法,在形成过程中,最重要的案件就是美国贝克诉赛尔登案。该案成为最早阐述表达与思想观念分界的著名案例,判决由最高法院于1879年做出。② 在该案后,美国法院在处理Whelan案件中法官又将软件中的软件目的或功能认定为是软件的思想部分,而对于实现该功能或者目的不是必须的部分认定为表达,进一步地对软件作品中的思想和表达做出区分,进而划分出受版权法保护的表达和不受版权法保护的思想。此后类似案件处理中,美国的法官在案件审判中,先后还提出了"层级抽象法"、"合并原则"(表达与思想难以区分)、"场景原则"(事实表达、标准表达)等一系列规则,③逐步形成了"抽象"—"过滤"—"比较"这一侵权判定"三步分析法",有时又被称为"三步检验法",还有学者将它称为"侵权判定三段论",④即:第一步抽象法,首先要把原、被告作品中不受保护的"思想"本身从"思想的表达"中删除出去。如果只是创作或者设计思想本身相同,即使这种相同表现为结构的相同,也不构成侵权;第二步过滤法,即把原、被告作品中,虽然相同的,但又都属于公有领域中的内容删除出去。即使这些

① 转引自王玥、许剑飞:《版权法思想、表达二分法极其发展——以利益平衡为分析工具》,载《南通大学学报》(社会科学版)2008年5月。

② 参见李明德:《美国知识产权法》,法律出版社2003年版,第138页。

③ 参见王骁:《浅析思想表达二分法》,载《法学研究》(中)2013年9月。

④ 参见孟祥娟:《版权侵权认定》,法律出版社2001年版,第151~154页。

内容不再是思想的本身,而是思想的表达;第三步对比法,只有在抽象和过滤后,所剩下的部分,若被告作品中仍旧有实质性内容与原告作品相同才有可能认定为侵犯版权。在这时才可以把原、被告作品加以比对。

我国法院最早采用"三步分析法"进行侵权判定第一个案件是北京市西城区人民法院1990年11月审理的李淑贤、王庆祥诉贾英华侵权案。该案中,法院认定,原、被告所著之书在记述人物、时间、事件等内容时所反映的客观史实和利用的史料部分相同,不能作为抄袭的依据,应该从侵权判定中过滤掉。该案被认为是中国法院适用"三步检验法"典型代表。[①] 对此案的审判,法学界给予相当高的评价,合议庭使用的"三段论认定法"符合国际上的做法。[②] 应该说,我国法院对于"三步检验法"的运用已经达到了相当的高度,从收录的剧本比对案件判决看,采用"三步检验法"的方法进行侵权比对判定的案件有35件之多,占比超过了65%。而且,就"三步检验法"适用,特别是在作品思想抽象、公有表达、表达有限性过滤等方面,全国法院已经形成了一系列的特色和方法。例如,在王放放、王浙滨诉胡建新、中国文采声像公司侵犯《与皇帝离婚的女人》剧本侵权案件中,法院将历史史实、特定事件、客观事实划入不受著作权法保护的思想范畴,而将某些具体情节的表达认定为有限的表达,厘清思想表达存在模糊界限时从"思想的表达"中过滤出去。[③] 而且,在比对中,法官特别强调表达的独创性,非独创性的表达,即使某些情节构成相同,也有可能被认定为创作要素中的非独创性的表达而不被认定为构成相似。例如,在电广传媒诉北京劳雷著作权侵权案,该案中,原告电广传媒主张的权利作品为剧本《谋杀似水年华》,而被控作品为电影《二次曝光》,双方比对中,发现有六个方面的具体情节可能构成近似。法院认定这六个方面的具体情节均非具有明显的独创性的创意和表达,并非都是各自作品中的故事主线,且该情节在涉案电影作品中并非是具有不可替代作用的核心情节。故此,法官最终判定两个作品不构成抄袭。[④] 该判决表明,作品的表达应该是独创性的表达,非独创性的表达即使构成相似性表达,也可能因非专有表达而被过滤。

思想表达二分是普通法系国家在侵权判定中通常采用的比对方法,又被逐渐发展成"三步检验法",或者"三步抽象法",在国内被称为"侵权判断三段论"。该方法来源于法官的审判实践,后又上升到版权立法。一百多年来的发展历程表明,思想表达二分法在司法实践中虽然存在过多的争议。但是,这一方法在实践中又经历了一个又一个的完善和补充,最后被立法所接受,说明这一方法具有较大的开放性和极强的生命力。这种方法移植到我国审判实践时间不长,但很快被我们的法官轻而易举的接受,并在实践中不断地完善、不断地发展,同时,我们的法官在吸收这一先进判断技能时,思想表达二分法也被改造成兼具中国特色的审判规则。我们在与北京法官座谈时,他们介绍的使用经验比我上

---

① 转引自何怀文:《著作权侵权的判定规则研究》,知识产权出版社2012年版,第66页。

② 孟祥娟:《版权侵权认定》,法律出版社2001年版,第156页。

③ 参见北京市第一中级人民法院(2009)民初字第1936号民事判决书。

④ 参见北京市第二中级人民法院(2014)民终字第01669号民事判决书。

面介绍的还要多得多的,而且坚称思想表达二分法是判断剧本抄袭与否的黄金规则,除此之外,没有别的方法可以替代。这种自信源于对该方法的娴熟把握。没有思想表达二分法这一方法,仅凭字面比对,无法区分两个剧本是否抄袭,特别是在高级抄袭比对中,抄袭是否构成将更难区分。所以,思想表达二分法对法官判断两个剧本是否构成实质性相似具有非常积极的意义。

2. 对"三步检验法"质疑、批评和改良的思考。思想表达二分法在审判实践中过分地依赖于法官的自由裁量权,既是对法官行使自由裁量权的经验的考验,也是对法官专业知识、综合技能的考验。正是基于法官自由裁量权的行使,再加上思想表达二分法规则中思想表达界限难以明晰这一逻辑障碍,使得思想表达二分法在司法实践中备受关注,同时也备受质疑。从收录案件裁判结果看,有的剧本被判抄袭,有的不抄袭,甚至同一个案件,同一剧本,不同法官采用同样判定方法得出的判定结果却大相径庭,有的甚至是读者、观众都认为两个剧本完全雷同,则不被认定为抄袭。而这一结果,又与创作业界依然存在的剧本枪手、创作拿来主义的创作现实存在极大的反差。① 因此,对思想表达二分法这一方法,就有学者指出,思想表达二分法固然可以正确地界定著作权的保护范围,保障了著作权人和作品使用者在作品利益分配中各得其所,从而实现了利益平衡的目的。但是,在实践中存在的争议较多,如对该原则的适用范围即有不同点观点。思想表达二分法原则是否会限制著作权的标的、限制著作权的标的的复制构成侵权的范围或者两者都被限制了,该学者对此也提出了怀疑。②

毕竟,作品思想和作品表达是一个对立统一体,共存于一个作品之中,思想、表达本身需要抽象、需要区分,而抽象和区分没有一个统一的客观标准,需由法官根据作品的创作特点进行自由裁量,同时,思想表达在某些情形下既可以划入思想范畴,也可以划入表达范畴,法官的自由裁量通常受到法官思维逻辑的影响,难以做出合理判断。再有,某些表达属于行业通用表达,某些表达属于公有表达,还有些表达本身存在局限性。在这种情形下,判断作品的表达是否被借用,则是对法官智慧的莫大的考验。因而,有学者对思想表达二分法提出了很大的质疑。这些质疑包括:在很多适用思想表达二分法的案例中,法官都尝试去界定"思想"。法官时常将表达目的作为思想,也常常将表达对象、表达通用元素标签化为思想,把功能作为思想,适用思想表达融合法则而不予表达的保护。③ 所以,有学者批评认为,从法院对思想表达二分法则的种种解释不难看出,法官根本无法从特定作品本身获得"思想"和"表达"划分的依据,而企图从这个作品的"外部"去寻找根据。④ 因而,在版权法学界,有学者基于思想表达二分法在审判实践中本身具有的合理性和对于思想、表达范围如何区分、思想表达模糊区如何认识、思想表达二分法在司法实践中运用需要依赖于法

---

① 实习记者高雅:《法眼下的影视剧本》,载《法律与生活》(热点观察)2007 年 7 月。

② 冯晓青:《著作权法中思想与表达二分法原则探析》,载《湖南文理学院学报》(社会科学版)2008 年 1 月。

③ 何怀文:《著作权侵权的判定规则研究》,知识产权出版社 2012 年版,第 13 ~ 15 页。

④ 何怀文:《著作权侵权的判定规则研究》,知识产权出版社 2012 年版,第 13 ~ 15 页。

官的自由裁量权,版权学界一些学者都在极力反思思想表达二分法的功与过,提出不要将思想/表达二分法视为一个教条。[①]

在对思想表达二分法提出质疑的同时,有学者提出对思想表达二分要进行改良,提出了一些改良的方法,即用内容形式二分取代思想表达二分。这种改良观点的理由就是,基于思想表达二分法中思想与表达界限不明,实际操作依赖于法官的自由裁量权,导致思想表达二分法中思想范畴极度的扩张,把一些该保护的表达划入不该保护的思想范畴中,以致思想表达这一明晰的保护范围被人为地扭曲。1991 年前后,有学者提出思想表达二分法中的思想表达二分应该是内容、形式二分,而不是思想表达二分,而主张应由作品的内容形式二分来代替思想表达二分。持此观点学者采取最为严格的解释,将"表达"仅仅理解为文字、符号、图形等外在形式。这种解释对司法实践来讲相对麻烦很少,著作权保护什么、不保护什么的界线比较清晰,然而,它很难解释著作权中的翻译权、改编权等权利存在。[②] 因而,在 1997 年前后逐渐被思想表达二分所取代。但是,近年来,又有学者重新提出"区分作品的内容与形式是判断是否侵权的一个最基本的标准,也是著作权法对作品进行保护的一个基本立足点"。[③] 这一改良观点主张对作品要进行深入解构,将"表达形式"分解为文字、结构、体裁等,将"内容"也进行了深入细致的划分。这种改造后的"内容与形式"二分就能更好的解释翻译权、改编权等权利存在,并且避开了"思想"与"内容"语义上无法清晰地划定界限的困难。

内容形式二分作为思想表达二分的操作方法,需要对作品内容和作品形式进行区分,而作品内容既可能包括了作品的思想,也可能包含了作品的表达,同样要像"三步检验法"一样,先抽象出作品的思想,在过滤到作品的非独创表达,再进行比对,而在某一作品中区分作品的内容与作品的思想同样困难,而且事实上也很难以区分,这就必然遭遇思想表达二分法所遇到的困境。所以,学界就在呼吁,与其摈弃思想表达二分,还不如坚持思想表达二分,但不应将它教条化。对于将思想表达二分解构为内容形式二分的学者们的观点,郑成思教授指出,不加严格地限制适用这一原则(早期的内容与表达形式二分法)或把它扩大适用到不应适用的范围,则会把许多专用的东西划入公有领域,给原文照抄之外的侵权活动开了绿灯,从而最终使著作权保护制度基本落空。[④] 郑教授的这一表态,或多或少地引起了将思想表达二分解读为内容形式二分的学者们的警醒。这一观点沉默了一段时间。但是,诸如思想表达二份中思想的限定,表达的界定难以用具体的法律进行标示,又必须立足于法官对具体个案的把握而定。所以,对于思想与表达二分的理解,有学者在分析著作权法中的思想、表达存在模糊性的问题后认为,我们不应放弃思想表达二分法这一原理,但在实践中并不能把它作为一个僵死的教条,更没有必要把任何不包括的对象都归结为思想;把保护的对象限定为表达。并提出

---

① 李雨峰:《思想/表达二分法的检讨》,载《北大法律评论》2007 年第 8 卷第 2 辑。

② 陈佳强:《著作权法思想与表达二分法原则的解读与重构》,载《大连大学学报》第 29 卷第 2 期。

③ 转引自陈佳强:《著作权法思想与表达二分法原则的解读与重构》,载《大连大学学报》2008 年第 29 卷第 2 期。

④ 郑成思:《版权法》,中国人民大学出版社 1997 年版。

在操作中可以同时考虑如下的因素:有关的技能和劳动、一部作品借用了他人的富有技能和劳动的作品,并不必然构成侵权、在认定版权的保护对象时,不能一概否弃结构或者情节。[①] 可以说,学者们的这些建议对法官在采用思想表达二分法进行侵权判定时具有相当的借鉴意义。思想表达二分法属于舶来品,在国外已达百年的发展实践表明没有更好的规则可以取代思想表达二分法这一规则,有学者并不主张舍弃,但认为,思想表达二分法在理论上存在的缺陷和在实践中存在的问题必须克服和避免,而不是一味地不加区分地接收。正如有学者在讨论我国对思想表达二分法的应然对策中指出,一方面我们可以在立法中通过具体的措词设计,达到国际公约规定的最低要求;另一方面,在坚持思想表达二分法大原则的前提下,在具体操作中通过司法解释和最高院案例批复将之体现为"内容与表达二分法"。[②] 从审判实践看,在我们接触到的知识产权法官群体中,他们都认为思想表达二分法是抄袭侵权比对中不可替代的一个方法,而这一方法直接来源于著作权法的保护对象的规定,至于思想表达模糊区域,还可以通过合并原则、场景原则来进行区分。

随着思想表达二分法的进一步发展,学界对这一区分方法的讨论也在进一步地升华。至于是思想表达二分,还是内容形式二分,版权学界争论不休。但是,争论的核心问题还是在于哪些是思想、哪些是表达、哪些是内容、哪些是形式之间没有一个也不可能有一个更为明晰的更具操作的界线。因而就有学者指出,从版权法而言,版权法不保护的是作品的思想,而保护的是作品的表达,但表达部分是否应该全部给予保护值得商榷,[③]主张从文学创作角度来区分文学作品思想与文学作品表达。文学作品思想体现在如下几个要素,一是主题,二是题材,三是基本概念、原理等;而对文学作品的表达部分,作者认为根据文学体裁,对不同体裁的文学作品的变动进行解构和分析,并以戏剧为例。戏剧作品主要有下几种要素构成,戏剧人物、人物冲突、人物结构、人物台词。在戏剧人物中,将具有独创性成为一种典型环境中的典型人物甚至成为了某种文化的符号就应该受到保护,而除此之外的戏剧人物就不应该受到保护。在戏剧冲突中,对有独创性的戏剧冲突应该受到著作权法的保护,防止戏剧冲突的雷同。在戏剧结构中,作品的演绎权就是为了保护作品的结构而设立,因此,作品的结构应该受到著作权法的保护。至于戏剧语言,可以区分为舞台提示和人物对白,具有一定的内容,反映了作者的思想、情感或者观点而又具有独创性语言,自然应该受到著作权法的保护。其他作品,如,剧本、报告文学等都可以参照这一逻辑进行类似的解构和分析。[④] 可以说,这篇文章讨论思想表达二分还是内容形式表达二分的论证结构是可取的,因为它将文学创作与版权对文学创作的保护结合起来,并以文学创作为起点,在版权法视野下来讨论作品的思想、内容、表达、表现形式,并提

---

① 李雨峰:《思想/表达二分法的检讨》,载《北大法律评论》2007 第 8 卷第 2 期。

② 陈佳强:《著作权法思想与表达二分法原则的解读与重构》,载《大连大学学报》第 29 卷第 2 期。

③ 刘歆衍:《从文学理论对思想表达二分法的重构——以戏剧文学作品为例》,载《华中师范大学研究生学报》第 16 卷第 2 期。

④ 刘歆衍:《从文学理论对思想表达二分法的重构——以戏剧文学作品为例》,载《华中师范大学研究生学报》第 16 卷第 2 期。

出以作品要素进行思想表达的区分,或者内容形式的区分。从微观来讲,以一个文学作品可以从体裁、题材、主题、结构、人物、语言、冲突等方方面面来区分作品的内容和作品的表现形式,可以成为判断两个作品是否雷同、是否抄袭的基本方法。但是,在版权法视野下,学界所争论的是思想表达二分还是内容形式二分谁替代谁的问题,实质是在争论思想表达二分法是否应该坚持的问题。该文作者以戏剧内容是否受版权法的保护为起点讨论戏剧作品,抑或是其他文学创作的版权保护问题,但从学者得出的结论来看,作者实际上还是试图从文学创作专业角度去区分作品的内容和作品的表达,而将作品的内容进行细化,准由法官去自由裁量,其最终的观点仍然是思想表达二分。

对思想表达二分法的质疑和改良表明,思想表达二分法受到了来自于版权理论界的质疑和挑战,暴露出这一方法在审判实践中存在的天生的缺陷,也备受学界持续的关注,学界试图通过理论完善来让这一方法尽善尽美。然而,思想表达二分法作为一种操作性较强的剧本抄袭(或同一性)比对方法,离不开法官的司法实践。所以,任何撇开法官在适用该方法中的主观能动性去思考、去改良思想表达二分法都是一件非常困难的事情。实际上,思想表达二分本身来源于司法实践,本身就需要依赖于法官的自由裁量权,只不过基于普通法系国家对法官自由裁量权的过渡信任与我们国家对法官自由裁量权的过渡限制不同而不同。但是,历经近百年的检验和发展,思想表达二分法正在日臻完美,思想表达二分与内容形式二分都需要人的判断,离不开法官的自由裁量权的行使。从这一点上讲,我们要改良的是法官的自由裁量权的正当行使,而不是思想表达二分法本身。

五、剧本抄袭侵权比对方法适用的对策和建议

剧本抄袭侵权判定需要法官的智慧和方法,尽管思想表达二分法在剧本抄袭比对中存在这样那样的问题,尽管版权学界对思想表达二分法提出种种质疑和改良,但是,到目前为止,法官在剧本抄袭侵权比对中还没有发现更好的方法可以替代他。当然,在审判实践中,法官热衷于思想表达二分法去进行侵权判定,而这并不是说思想表达二分法就十全十美。正如前面所言,专家学者们仍然对思想表达二分法有着浓厚的兴趣,对这一方法进行更加深入地探讨和研究,以期思想表达二分法更好地服务于审判实践。所以,本文与其他法官一样,赞同在审判实践中采用思想表达二分法进行侵权比对,只是在具体操作上应该注重具体个案特点而具体对待。

第一,有些抄袭指控的案件本身并不复杂,通过案件事实就能反映在后作品对在先作品进行剽窃和抄袭的,采用字面比对就可以确定抄袭可能性时,就无须按照"侵权判定三步法"进行抽象、过滤、比较来判定,即,区分作品的字面相似和非字面相似问题。[①] 如,原告起诉作品署名权侵权的案件,就无须详尽的比对。如,武汉中院审理的龚啸岚诉罗炳阳《辛亥武昌首义》剧本侵权案件中,权利作品为合作作品,其中合作之一的作者将权利作品交由被告进行修改,并与被告签订署名协议,将权利作品的

---

① 参见贾杰:《论著作权侵权纠纷案的认定——以庄羽诉郭敬明为例》,载《忻州师范学院学报》2010年第26卷第3期。

三个合作作者连同被告罗炳阳以其合作署名，而把第一合作作者的原告署名为策划，法院在审理中查明被控作品除少数文字进行字面修改外，其他内容没有做任何实质性的修改。法院认定修改属于编辑性修改，不产生新的作品，在对整体结构、线索、内容、表达对比后认定被控作品与权利作品构成相同，而判定有被告罗炳阳等非创作人员署名的在后作品抄袭成立。[①] 类似的案件还有江苏省高级人民法院审理的戴延庆《掷剑踏莎行》诉《奇剑傲江湖》信息网络传播权侵权案。[②] 所以，通过字面比对就可以确定两个剧本相同或者相似的剧本抄袭侵权案件可以直接由接触加实质性相似进行判定。

第二，对于剧本中思想表达区分不明显的复杂案件，适用思想表达二分法时，要严格遵循思想表达二分法的适用方法、步骤进行判定。特别是严格区分剧本的思想部分和表达部分，以及思想部分与表达部分在作品中的关系，还要考虑层级抽象与思想范畴确定的关系，抽象情节有可能部位作者独创，或者不作为独创性的表达，而划入思想保护范围，以免形成不必要的专有表达而被垄断。对于历史题材中的特定事件、个性化题材中的公有题材、某些客观事实，因为记载这些事实内容的表达方式十分有限，如果划入作者的表达范畴由作者独有，则有可能因被作者垄断而阻碍公众对这一事实的表达和交流，该部分表达应作为非独创性表达而过滤到思想表达的范畴。如前述黄焕新《李玉琴自述》诉中国声像文采公司电视连续剧《传奇福贵人》抄袭侵权案。该案中，法官将两个剧本中的特定历史事实、客观事件区分为非独创性表达，而划入剧本到思想部分，即使该部分构成相同或者实质性相似，也非权利作品的独创性表达，因而不应由著作权法来保护。[③]

第三，对于思想表达存在交合区域，要根据作品保护的具体情形来区分是作思想保护，还是作表达保护。思想表达二分法本身存在思想表达模糊区域，而这一模糊区既可以认定为思想范畴，也可以认定为思想的表达部分，则就需要法官根据作品个性进行把握。在历史题材的剧本中，必须尊重历史，而不容许创作者作更多的描述和表达，其他人要对这种特定情形进行创作时也必须尊重这种表达的，这种表达就应认定为思想部分，不能任由在先作者进行垄断。正如学者指出，思想与表达的合并原则，又称思想表达例外原则。它只存在于特定的表达形式中，即表达与思想难以区分，甚至必须被认为混合在思想中，尽管在理论上将其从思想中区分是可能的。在这种情况下，即令表达具有独创性，该作品也不受著作权保护。[④] 这类案件在历史题材的剧本抄袭侵权案件中非常普遍，需要法官适用合并原则对思想表达二分法进行补充。

第四，在适用思想表达二分法进行侵权比对中，必须注意把握合理使用、合理借鉴等合理引用与实质性相似判定之间的关系。合理使用是我国《著作权法》规定的不侵权的排除情形，符合我国《著作权法》第

---

① 参见武汉市中级人民法院(2011)武知初字第01410号民事判决书。

② 参见江苏省高级人民法院(2011)民终字第0158号民事判决书。

③ 参见北京市第一中级人民法院(2009)民初字第8806号民事判决书。

④ 冯晓青:《著作权中思想与表达二分法之合并原则及其实证分析》,载《法学评论》2009年第2期。

22 条所列排除情形的可能构成合理使用。合理借鉴不是一个版权法概念,在文学创作过程中,创作者在前人作品基础上可以进行新的创作,新的创作必须符合独创性要求,否则,新的创作就是抄袭。对前者而言,合理利用在先作品进行新的创作的,可以成为创作中的借鉴,而照搬照抄或者改头换面地照搬照抄,则就不是合理借鉴的问题。当然,合理借鉴还有一个质的要求和量的要求,借鉴别人的主要情节就可能构成实质性相似,而借鉴在先作品中的一般情节虽然可能不构成实质性相似,但达到一定的量时就不可能援引合理借鉴进行抗辩了。在《古街》诉《秋凉》一案中,在后作品借鉴了"假胳膊"替换"假人头"这一情节,就是典型的非主要情节的抄袭。所以,被告不能适用合理借鉴抗辩抄袭不构成。① 在作品抄袭判断中,有学者指出,在司法实践中,但原、被告作品完全相同或者基本相同、相似的,对于是否构成抄袭、剽窃的认定是比较容易的,但当剽窃是高级剽窃、改头换面的剽窃时,或者被指控剽窃之处仅涉及作品的构思、语言风格、人物特征及关系、主要情节、个别字句等且散落在作品的各个部分、文字等最终表达不尽相同时,对是否剽窃的认定要复杂得多。② 因此,合理使用、合理借鉴看起来都可以叫合理引用,是在后创作援用在先创作的合理来源,但是,对于合理使用必须满足法律对合理使用的规定,而合理借鉴则要分析借鉴的是字面表达还是情节表达,还要考虑借鉴的质的要求和借鉴的量上的要求。

第五,在判断方法上,要注意思想表达二分法的比对对象和比对范围,并结合作品的全部内容进行综合评判。在范围上,本文认为,可以着重关注作品如下内容:(1)比较可能存在抄袭嫌疑的两个作品之间的整体框架与结构。结构和框架是作品的谋篇布局,牵一发而动全身,结构相同,就有可能存在抄袭。(2)比较两个作品具有可比性的抽象情节和具体情节,抽象情节是具体情节的提炼,相对于具体情节而言,抽象情节又是具体情节的方向和内容。特别是在高级抄袭中,抄袭者通常不是逐字逐句的抄别人的东西,而是抄袭别人的思想和结构,集中体现就是抽象情节,或者是可能的具体情节设计。(3)比较作品的语言表达和语言特色。语言表达可能是字面上的,但同一语义可能有不同的语言表达,字词句的替代和调换也是常见的抄袭方法。单独的字词句难有独创性,任何人都不能专有,但是有特色的语言表达可能构成独创性的表达。如果语言表达中的独创性部分相同,就有可能存在抄袭。(4)注意比较两个作品中的特有标记,如,作品中的错漏之处。

① 参见北京市第一中级人民法院(2006)民终字第 6246 号民事判决书。

② 陈锦川:《著作权审判——原理解读与实务指导》,法律出版社 2014 年版,第 316 ~ 317 页。

广东法院加大知识产权司法保护力度降低知识产权维权成本调研报告

广东省高级人民法院知识产权庭

知识产权侵权损害赔偿问题是知识产权司法保护当中的重大难题。从审判实践看,大量以法定赔偿方式替代实际损失查明,客观上制约了侵权损害赔偿力度,是当前知识产权赔偿难的集中表现形式。根据现行知识产权法律法规和司法解释的相关规定,知识产权侵权损害赔偿适用全面赔偿原则,其范围和数额是权利人因被侵权所受到的实际损失;实际损失难以确定的,可以按照侵权人因侵权所获得的利益来计算。在实际损失和侵权获利均难以确定时,可以由人民法院根据相关情节针对专利权判决1万至100万元的法定赔偿;针对商标权和著作权判定50万元以下的法定赔偿。从上述法律规定的立法设计来看,知识产权侵权损害赔偿的认定应以实际损失为主,以法定赔偿为辅。法定赔偿本是立法者考虑到知识产权实际损失难以计算的特点和权利人维权的现实困难,吸取相关国家和地区的有益经验,根据我国的实际情况,为侵权损害赔偿的司法救济所作的补充安排。但目前司法实践中的情况正好相反,由于实际损失难以查明而出现了法定赔偿适用泛化的倾向。这种情况,虽然有效绕过了实际损失难以查明的司法障碍,使大量知识产权侵权纠纷案件得以及时作出判决,对制止不法侵害行为,保护当事人合法权益,起到了积极作用,但客观上也存在不利于充分发挥司法保护作用的一面。首先是制约了侵权损害赔偿力度。无论实际损失的真实情况为何,只要难以查明的,权利人就只能在100万或50万的法定额度内获得赔偿。对于相当一部分侵权行为给权利人造成的损失来说,权利人获得的赔偿与其受到的损失明显不相称,不利于对权利人的保护。其次,难以体现知识产权智力成果的市场价值。高附加值产品具有技术知识密集度高、市场需求度高、品牌知名度高、品质优异以及经济效益好等特征。通过对知识产权的开发和运用,可以生产出“投入产出比”较高的高附加值产品。因此,作为智力成果的知识产权不同于一般有形财产,其评估值更多地集中在其可为权利人带来的具有实际意义的未来巨大收益上。法定赔偿额的普遍适用,则无法弥补权利人的开发成本,无法提高侵权代价,与国家将战略方向和战略重点转向从知识、智力资源中要生产力,从具有高附加值的知识产权产业中要GDP的国策精神不相符合。再次,法定赔偿限额低,不利于提振权利人寻求知识产权司法保护的信心和有力遏制知识产权侵权行为。由于实际损失举证困难,法定赔偿变为主要的救济途径,使权利人实际获得的赔偿数额往往低于其合理期望,客观上挫损了权利人维权的决心和信心,而有些窃取他人成果者却仍能得到高额回报。

为寻求破解知识产权侵权损害"赔偿难"的有效途径,探索建立一套科学、公平、合理、实操性较强的知识产权侵权诉讼损害赔偿认定机制,广东高院在2011年成立了由徐春建副院长牵头的专题调研小组,在分类梳理全省知识产权侵权诉讼案件的基础上,分析了广泛适用法定赔偿的不利后果及其成因,从探索完善证据制度入手,创新性地提出了全面整合现行法律、法规、司法解释的相关规定,尽最大可能查明权利人的实际损失或侵权人的侵权获利,以有效解决赔偿难问题。调研成果最终形成《以制度创新破解知识产权赔偿难问题——司法保护视野下的解决途径》的研究报告。该文发表于人民法院报和《中国知识产权审判研究》(第三辑)。2012年以来,广东高院加快转化运用以上调研成果步伐,结合新修改的民诉法对调研成果相关的内容进行了更新和完善。2013年5月17日,广东高院召集了有代表性和较具备条件的六家中级法院、八家基层法院召开专题座谈会,形成《关于开展"探索完善司法证据制度破解知识产权侵权损害赔偿难"试点工作的实施方案》和《广东法院"探索完善司法证据制度破解知识产权侵权损害赔偿难"试点工作座谈会纪要》(以下简称会议纪要),于2013年6月1日在上述法院正式启动"探索完善司法证据制度破解知识产权侵权损害赔偿难"试点工作。

一、广东法院知识产权侵权诉讼损害赔偿情况

(一)试点前知识产权侵权诉讼损害赔偿情况

1. 广东知识产权侵权案件广泛适用法定赔偿。2011年、2012年及2013年前5个月,广东判决侵权的知识产权案件分别为6376、9981和4965件。其中,适用法定赔偿判赔的案件分别为6375、9980和4963件,占99.98%、99.99%和99.96%。依据权利人的实际损失或侵权人的侵权获利认定赔偿数额的案件分别为1、1和2件,占0.02%、0.01%和0.04%。由此可见,在广东司法实践中,通过查明实际损失或侵权获利判赔的知识产权侵权案件极少,而首先适用法定赔偿方法成为知识产权侵权案件确定损害赔偿数额的普遍做法,知识产权侵权案件出现了法定赔偿适用泛化的倾向,并不符合我国知识产权法律关于损害赔偿的认定应以实际损失为主,以法定赔偿为辅的立法本意。

2. 广东法院判赔数额占诉讼请求主张数额的比例较低。2011年、2012年及2013年前5个月,广东法院所支持的数额占原告诉请主张数额百分比的平均数分别为28.54%、32.84%和32.26%。根据上述数据,在广东知识产权侵权赔偿案件中,原告通过诉讼程序得到的赔偿数额整体偏低,与诉讼请求主张的赔偿数额差异较大,在一定程度上反映广东法院知识产权司法保护力度还有待加强。

(二)试点后知识产权侵权诉讼损害赔偿情况

1. 依据实际损失和侵权获利判赔案件有所增长。2013年6月1日至2014年5月31日试点工作期间,广东法院判决侵权案

件总数为12326件。其中，适用法定赔偿判赔的案件为12308件，占98.85%，按实际损失或侵权获利判赔的案件为18件，占0.15%，比试点前两年案件总和还增长500%。反映了适用法定赔偿仍是广东主流，但通过查明实际损失或侵权获利判赔的案件有所增长，以往简单适用法定赔偿方法的情况逐步改善。

2. 依据实际损失和侵权获利判赔案件类型主要为专利、商标和反不正当竞争案件。从案件类型看，试点法院按实际损失或侵权获利判赔的18件案件中，涉及专利、商标和反正当竞争纠纷分别为12.3和3件，没有涉及著作权纠纷的案件。试点法院审结的著作权侵权案件，判决赔偿的数额占诉讼请求主张数额的百分比的平均数为23.52%，低于涉及专利、商标和反正当竞争纠纷案件。与此相对应，广东著作权案件中涉网吧、KTV、个体工商户的系列案较多，规模化、商业化维权较为集中。上述数据反映出，在这些案件的权利往往独创性不高，权利人举证意愿不强，举证和法院查证难度较大，如果适用会议纪确定的各项证据制度，从操作性上看比较难，可能影响审判效率和当事人快速解决纠纷的意愿，因此，此类案件宜适用更为快捷、成本较低的法定赔偿方法。

3. 权利人诉讼请求实际获赔率有所提高。试点工作期间，广东法院所支持的数额占原告诉请主张数额百分比的平均数为34.68%，与试点前的2011年、2012年及2013年前5个月相比，分别提高了6.14个、1.84个、2.24个百分点。在试点法院按实际损失或侵权获利判赔的18件案件中，诉讼请求总金额为2495.5118万元，判决支持总金额为1679.5592万元，判决数额占诉请主张数额67.3%；其中，判决数额达诉讼请求金额50%以上的案件9件，占50%，达诉讼请求金额75%以上的案件7件，占38.89%。上述数据表明，试点工作有效提升了广东知识产权侵权诉讼损害赔偿水平，《会议纪要》所确定的各项证据制度，能够最大限度地接近或查明知识产权侵权实际损失或者侵权获利，对切实解决损害赔偿举证难和认定难具有重要意义。

4. 适用优势证据制度是查明实际损失或者侵权获利的主要方式。在试点法院按实际损失或侵权获利判赔的18件案件中，适用优势证据规则的案件13件，占72.22%，适用证据披露规则的案件2件，11.11%，适用举证妨碍规则的案件1件，占5.56%，运用评估、鉴定方法的案件2件，占11.11%，适用专家辅助人规则的案件0件。广东法院通过实践检验，逐步建立起一套以优势证据规则为主，同时结合个案具体案情采用证据披露、举证妨碍等规则的较为科学的损害赔偿认定机制。另外，优势证据制度的大量适用，反映出该制度在查明实际损失或者侵权获利中具有较强的操作性和实效性，可以兼顾到个案的具体案情和证据，适用范围较广，使判决数额真正体现个案差异性。

（三）在试点中适用的诉讼证据制度和规则

证据披露、举证妨碍、优势证据、专家辅助人等证据制度和规则的主要内容为：

1. 证据披露制度。证据披露制度，是基于当事人的举证责任与法院查证、认证的职能要求，立法上明确规定和授权法院依职权决定当事人及案外人进行证据披露，或以特定的证明方式协助证据披露的一种诉讼活动。其核心在于被请求的一方当事人必须根据请求方的要求展示其关于案件的证据材料,不管是有利还是不利的证据都必须提供,不得隐瞒。我国《民事诉讼法》第13条规定,民事诉讼应当遵循诚实信用原则。第64条第1款规定,当事人对自己提出的主张,有责任提供证据;第2款规定,当事人及其诉讼代理人因客观原因不能自行收集的证据,或者人民法院认为审理案件需要的证据,人民法院应当调查收集。从《民事诉讼法》第64条的规定来看,第1款规定民事诉讼的一般举证责任为"谁主张、谁举证",而第2款则是"谁主张、谁举证"的例外,即在当事人因客观原因无法收集到有利于其自身主张的证据时,从公平角度出发,人民法院有义务、职能和权利为其收集证据;而相对的,证据持有人根据诚实信用原则有义务披露证据。在知识产权侵权诉讼中,由于知识产权本身的无形性导致权利价值和收益难以评估,当前社会商业道德和诚信体系不健全,企业财务账册和评估结果难以采信,现行诉讼制度和证据制度在查明知识产权实际损失或侵权获利上缺乏操作性等因素影响,当事人经常因客观原因无法收集到证明实际损失或侵权获利数额的证据。考虑到知识产权侵权损害查明的这种特殊性,我们认为,针对知识产权侵权损害实际损失或侵权获利难以查明的现状,可以结合"谁主张,谁举证",有条件的试行证据披露制度。

2. 举证妨碍制度。举证妨碍制度是指当不负有证明责任的一方当事人通过作为或者不作为阻碍负有证明责任的一方当事人对后者所主张的事实进行证明时,行为人应为其妨碍行为承担相应后果的一种诉讼制度。根据《最高人民法院关于民事诉讼证据的若干规定》第75条的规定,当法院经审查认为被控侵权人负有披露义务,应当披露涉及被控侵权人获利状况的证据,但被控侵权人通过积极行为或消极行为不履行披露义务,或者故意造成披露的证据不真实、不完整,构成举证妨碍,应承担相应的法律后果。如权利人请求法院对被控侵权人的财务账册、电脑硬盘中的财务数据、产品库存量等进行证据保全,而被控侵权人阻扰、抗拒、破坏法院的调查或者保全措施的,可以视为被控侵权人持有不利于自己的证据但拒绝提供,则可结合有关情况推定权利人关于损害赔偿数额的诉请成立。同时,若有证据证明被控侵权人向法院提交残缺、虚假的财务账册的,也应视为被控侵权人隐匿了对自己不利的真实证据,构成举证妨碍,可以结合有关情况推定权利人关于损害赔偿数额的诉请成立。此外,有两点需要注意:一是举证妨碍制度是针对负有证据披露义务的主体不履行披露义务的法律规制,不能仅仅局限于法院采取了证据保全措施的情形;二是"可以结合有关情况推定权利人关于损害赔偿数额的诉请成立"的含义是法院经审查认为原告请求披露而被告拒绝披露的证据非常关键,恰恰是可以证明实际损失或侵权获利高于或者等于权利人在诉讼中主张的赔偿金额的,可以考虑直接推定权利人关于损害赔偿数额的诉讼请求成立;否则,被控侵权人构成举证妨碍行为将降低原告的证明标准,法院可以根据原告已提供的初步证据,采用优势证据标准,综合认定实际损失或侵权获利。

3. 关于优势证据标准。所谓优势证据标准,指在民事诉讼中实行优势证据证明标准,如果综合全案证据,法官有合理理由相信某一待证事实存在的可能性明显大于不存在的可能性的,尽管还不能100%排除怀疑,也应当允许法官按照高度盖然性认定该事实。对于难以证明侵权受损或侵权获利的具体数额,但有证据证明前述数额明显超过法定赔偿最高限额的,应当综合全案的证据情况,在法定最高限额以上合理确定赔偿额。应该指出的是,优势证据只是民事证据规则体系中的一个组成部分,在司法实践中,仍应强调要全面客观地理解和适用证据规则。因此,现实中必须防止两种趋势:一是保守退缩,畏手畏脚,不敢灵活运用逻辑推理和日常生活经验来认定优势证据,从而课以权利人过重的举证责任,与当前加强知识产权司法保护的司法政策背道而驰。二是违背基本规律,任意妄为,未能全面、客观审核全案证据,不认真甄别证据真伪,就以优势证据为由作出相关事实认定,从而采信本不应采信的证据,使当事人获得不当利益。

4. 专家辅助人制度。专家辅助人制度是民诉法修改时新增的内容。《民事诉讼法》第79条规定,当事人可以申请人民法院通知有专门知识的人出庭,就鉴定人作出的鉴定意见或者专业问题提出意见。专家辅助人在诉讼中可从两方面起到辅助作用:一是就鉴定人作出的鉴定意见提出意见。即辅助一方当事人针对鉴定意见进行质证或者强化,从而协助将相关问题质证清楚,帮助排除不能成立的鉴定意见,减少不必要的重新鉴定或者反复鉴定。二是就专门性问题发表意见。即即使在案件不存在鉴定意见的情况下,专家辅助人亦可接受一方当事人的委托,在委托人向其通报的或者通过检验、测量等类似手段所发现的事实的基础上,充分应用自己的知识,就案件所涉及的专门性问题进行充分的说明、论证和评价,帮助法官形成内心确信。与鉴定制度相比,专家辅助人制度的优势。一是资格限制虽有一定门槛但不需要行政审查、审批,并不限于具有司法鉴定、评估资质的人员范围。那些并非专门从事鉴定、评估行业从而未申请鉴定人、评估人资质的科研单位的研究人员、大学教授、会计师、审计师等,也可以有效参与到庭审活动中来,有利于专门性问题的解决。二是可以节约诉讼成本。采用专家辅助人出庭解决与实际损失或侵权获利查明相关的专门问题的,当事人和法院不必耗费漫长的司法评估时间、高额费用和办理繁复的评估手续,有利于提高审判效率。

5. 鉴定制度。司法实践中,鉴定制度对于查明技术问题起着重要作用,但鉴定往往程序繁琐漫长、费用高昂,且现实生活中鉴定机构和鉴定人员良莠不齐,鉴定意见不一定权威可信,因此,对于鉴定,应注意到其只是辅助查明事实的方法之一。为了避免不必要的诉讼拖延及减轻当事人诉讼成本负担,我们认为,必须坚持鉴定对象的有限性和必要性原则,只有在当事人对于相关数额认定存在争议,且穷经其他方法均难以查明的情况下,才进行鉴定。同时,鉴定事项属于待证事实的一种,属于当事人举证责任范畴。因此,鉴定程序的启动,一般应由负有举证责任的当事人来申请启动,若其未申请,法院应向其释明相关的后果。如其仍不提出鉴定申请,导致相关事实无法查明的,则人民法院可以适用举证责任分配规则确定由该当事人承担相应后果。

二、加大知识产权司法保护力度,降低知识产权维权成本,提高知识产权侵权代价面临的主要问题和困难

(一)试点工作中发现的问题

1. 权利人对试点制度既缺乏了解又顾虑成本

在一年的试点工作中,法院运用试点证据制度查明权利人实际损失或侵权人侵权获利的案件数量较少,主要是由于权利人提出申请的案件不多,原因在于以下两方面:一是司法实践中仍然存在宣传不到位、法官释明有欠缺的情形,令权利人对试点工作所提倡的证据制度和规则不熟悉,对裁判结果的预期比较模糊,不愿意投入精力搜集并向法院提供证明权利人实际损失或侵权人获利的初步证据,仍然习惯于请求法院适用法定赔偿酌定损失数额。二是从诉讼成本进行考虑,当承办法官在一些案件中向权利人行使释明权时,很多权利人担心在财务制度不健全的社会现实情况下,被控侵权人的财务资料可信度不高,即使经过证据披露、证据保全、评估审计等一系列程序仍然很难真正查明实际损失或侵权获利,最终还是要回到酌定赔偿的老路上来,同时这个过程还得付出时间成本牺牲效率、垫付评估审计支出以及可能引发双方冲突进一步升级的风险,而获得的赔偿金额却可能与法院适用法定赔偿酌定的金额差距不大甚至更低,因此不少权利人请求法院直接适用法定赔偿酌定赔偿金额。

2. 部分试点法院及承办法官将试点工作视为额外负担

在试点工作中,某些试点法院和一线办案法官也对试点工作存在不同看法。由于广东是知识产权案件大省,2013 年全省审理的知识产权案件超过 30000 件,占全国案件的四分之一强;同时"案多人少"的老大难问题长期存在,审判力量配置和案件增长速度相比相对滞后,法官队伍力量不足的现象突出,特别是案件集中的珠三角地区法院的法官审判负担更重。例如近三年来,全国知识产权基层示范法院广州市天河区法院的知识产权法官人均审理知识产权案件数已超过 300 件。在这种情况下,为了完成审限内结案的任务,保持案件的收结流转平衡,同时完成排头兵、绩效考核等内设指标,提高审判效率必然成为一线办案法官首先关注的问题,而对于降低审判效率的审理程序,往往欠缺积极主动。探索适用试点证据制度破解赔偿难问题,需要法官在案件中增加法官释明、证据披露或保全、评估审计、聘请专家辅助人等一系列的程序,在一个案件中付出三五倍、乃至六七倍于普通案件的时间和精力,而这些程序性工作的努力与付出,既无法在评优评先中得到体现,也不能折抵多件普通案件数,反而降低了案件的审理速度和占据了审理其他案件的时间;反过来而言,在案件中适用法定赔偿,当事人一般不会提出异议,赔偿数额的确定不影响侵权的定性,二审法院一般也较少单独就数额进行改判,这既解决了审判效率问题、考虑了当事人的感受,也兼顾了排头兵、绩效考核等指标。因此,基于以上原因,部分一线办案法官对于试点工作欠缺积极性和主动性,在工作中有意识地将试点案件范围缩小,尽量减少对整体审判效率的影响。

3. 社会信用缺失

世界上经济发达的国家都非常重视信用法律的制度建设,并随着经济和信用程度的发展不断完善,逐渐形成了一套较为完整的信用法律体系,如美国的《诚实借贷法》。从我国的法律制度而言,1986 年发布的民法通则规定民事活动应遵循诚实信用原则,2012 年修订的民事诉讼法将诚实信用原则明确规定于民事诉讼程序中;在知识产权领域中,2013 年修订的商标法也增加了诚实信用原则,因此就立法这个层面而言,诚实信用已经成为民事主体在社会生活中从事法律行为的基本原则和要求。但是,由于近代以来我国多处于文化动荡、秩序重建的时期,市场经济的发育不充分,信用经济发育较晚,市场信用交易不发达;改革开放以前我国又长期处在计划经济体制之下,真正的社会信用关系十分淡薄,公民普遍缺乏现代市场经济条件下的信用意识和信用道德观念的培养;同时,国家信用管理体系不完善,法律规定的失信惩罚机制不健全,以上种种原因导致社会上信用缺失行为盛行。[①] 因此,现实生活中仍然存在很多不诚信的现象和各种欺诈行为,如"三聚氰胺"、"毒豆芽"、"地沟油"、学术造假、考场舞弊等事件接连不断地出现,社会信用体系受到了很大的破坏。在计算知识产权侵权赔偿额时,信用缺失的问题直接体现为被控侵权人在宣传时夸大生产经营规模却在缴税时或侵权时极力缩小营利数额以及财务账册普遍存在残缺、虚假、阴阳账等情况。

4. 评估审计等配套措施不健全

专业评估机构对实际损失进行的评估,是支持实际损失的另一项重要证据。目前国内专业无形资产(含知识产权)评估事务所的业务主要是企业为获取行政登记、资质、许可、证明等单方申请进行的小型评估,一般不涉及技术分析,层次较浅;[②] 部分评估结论互相矛盾,缺乏权威,难以成为定案依据,例如,在王春富诉博世公司专利权转让合同纠纷案中,[③]原被告双方在纠纷发生前,曾共同委托深圳市公平衡资产评估有限公司将涉案专利的价值评估为 6296 万元,并以此评估为依据,以该专利折价 596 万美元入股案外人联泰公司,取得该公司 20% 股权。讼争发生后,原告主张该专利的价值为 50 万元,被告则抗辩称该专利一钱不值。由于评估值与当事人的主张太过悬殊,法官据此分析该评估价系双方当初为入股联泰公司所做的"安排",不能真正反映专利的真实价值,无法采信。而且,对知识产权无形资产的市场价值评估审计的方法还没有在法院委托的评估鉴定中得到充分运用,即使有所尝试,现行的做法也只是对有形资产的重置成本法、收益现值法、现行市价法(可比价格法)等评估理论和方法的简单移植和借用,却不能充分体现知识资产自身的知识和技术特征,不能真实反映知识产权的市场价值,从而使评估结果的应用价值受到局限。如运用重置成本法无法兼顾知识成果的创造投入高风险、高回报的特征,知识产权产生的收益可能会远远大于或小于曾经付出的成本;如知识产权的预期收益是不确定的,运用收益现值法难以估算知识资产在未来经营中的预期收益;如市场上不一定有和所评估的知识产权价值相当的知识产权特点,运用现行市价法(可比价格法)进行无形资产评估并非一直适用的。[④]

① 国务院发展研究中心市场经济研究所"建立我国信用体系的政策研究"课题组:《我国信用体系建设:时不我待》,载 http://finance. sina. com. cn。

② 《MBA 智库 · 百科》网站"知识产权评估"条目,载 http://wiki. mbalib. com/wiki/。

③ 参见广东省高级人民法院(2008)粤高法民三终字第 261 号民事判决。

④ 陈洪、赵英爽:《知识产权损害赔偿评估》,载《科技与法律》2013 年第 6 期。

5. 处于对操作确定性和结果预期考虑,权利人更愿意采取证据保全而非证据披露

在个案中,权利人怠于提起证据披露的原因包括:一是证据披露与证据保全这两种制度在诉讼作用上有很大一部分是重合的,目的都是为了获取被控侵权人的侵权获利证据,相比我们从民诉法相关法律规定的理解适用中创新性地提出的证据披露制度,法院适用民诉法明文规定的证据保全制度更有把握,实践操作也更有确定性,事后当事人针对诉讼程序提起的涉诉信访可能性更小。二是权利人多向法院提出证据保全的申请而非证据披露的申请,这是由于证据保全具有突然性,往往是在被控侵权人不知情的前提下采取的,而证据披露却要通知被控侵权人,并给予其自行披露证据的数日时间,因此在取得证据的实效上证据保全要优于证据披露。三是个案中法院执行证据保全措施的文书依据是裁定书,而采取证据披露措施的文书在会议纪要中没有明确,在会议纪要的起草说明中我们创新性地提出适用《调取证据令》,无论是考虑文书强制性的效力位阶还是出于诉讼程序的路径依赖,相比证据披露制度,有相当部分的权利人和法官都倾向于优先适用证据保全措施。四是虽然新修订的《商标法》第63条第2款增加了证据披露制度,证据披露已经从试点制度走向了法律规定,但仍有部分法院认为商标法规定的“权利人已经尽力举证”、“与侵权行为相关的账簿、资料主要由侵权人掌握”这两个构成要件难以把握,相比前者可以理解为权利人要初步证明侵权可能性和提交正品的价格、利润率等证据尽力证明实际损失或侵权获利,后者如何判断被控侵权人是否或应当持有财务账簿等证据,更属于司法实践的疑难问题。五是从拒绝披露到举证妨碍的适用,需要法官的司法智慧和勇气魄力,部分法院、法官暂时还存在畏难犹豫的情绪,这也直接导致了适用证据披露制度的必要性大打折扣。

(二)法律适用中主要存在的疑难与问题

1. 关于证据保全中财务账册残缺、虚假的问题

在适用证据保全措施查封财务账册时,目前存在的突出问题是:(1)账册经常存在残缺、虚假的情况,导致审计机构对于侵权获利无法审计或者审计数额不符合常理,远低于企业一般经营的实际情况,例如审计结果是企业常年处于亏损状态,但仍然继续保持甚至扩大被控产品经营规模的情形。如西门子(中国)有限公司诉深圳市合信自动化技术有限公司不正当竞争纠纷案,法院根据西门子公司的申请,依法对深圳合信公司的财务账册采取证据保全,审计后得出深圳合信公司侵权获利数额仅人民币数千元,与深圳合信公司的营业规模、侵权获利情况显然不符。(2)财务账册不能与被控侵权产品的获利相对应,或者是账册除了被控侵权产品还包括其他产品的获利,或者是账册不包含被控侵权产品的内容,导致无法审计被控侵权产品的获利数额。(3)当事人通过申请证据保全,查封扣押另一方当事人存续期间全部的财务账册,影响另一方当事人的正常经营,也给法院保管证物带来了一定压力。

2. 关于证据保全中适用搜查令的问题

司法实践中,证据保全措施开展困难,容易导致矛盾激化,时常遭遇被控侵权人的各种阻扰甚至暴力抗拒;而且,由于权利

人提供的证据线索往往不清晰,法院只能要求被控侵权人配合调查和保全措施,在被控侵权人以证据不存在为由拒绝时,往往只能不了了之。保全措施不到位的结果,既让被控侵权人漠视法院和法律的威严,也让权利人将诉讼的不利后果归咎于法院的执行能力不足。在这种情况下,有试点法院提出,在证据披露制度中可运用《搜查令》等令状要求当事人提供证据,并在证据保全中进行了实践,对当事人产生一定的威慑,效果不错。根据试点法院提供的《搜查令》文书范本,发出搜查令的法律依据是《民事诉讼法》第 248 条的规定,被执行人不履行法律文书确定的义务,并隐匿财产的,法院有权发出搜查令,对被执行人及其住所或者财产隐匿地进行搜查。他们认为,由于证据保全是以裁定书作为执行依据的,在法律没有规定禁止的情况下,证据保全中的执行可以参照执行的规定处理,由院长在证据保全的执行中签发搜查令。

3. 关于针对电子商务的平台服务商适用证据披露的问题

由于从被控侵权人的财务账册等证据普遍存在残缺、虚假的情形,不能直接反映侵权产品的销售数量、单位利润真实情况,导致权利人申请被控侵权人披露财务账册的动力不足,往往直接要求法院适用法定赔偿酌定赔偿数额。针对这种情况,有试点法院提出,证据披露的主体应当在掌握客观、稳定数据的对象上进行重点突破,电子商务平台服务商就是其中之一。对于电子商务的平台服务商而言,产品的销售数量和单价属于其服务器内后台存储的过往数据,相对较为稳定、可靠性高。但在过往的司法实践中,平台服务商对于法院的调查取证,一般是拒绝披露,因此关键在于如何解决电子商务平台服务商拒绝披露的法律责任。

4. 关于知识产权贡献率的问题

有试点法院提出,在确定赔偿数额时要根据填平原则,先计算侵权商品或服务的营业利润或销售利润,然后再考虑知识产权在侵权获利中的贡献率问题,要将侵权人与知识产权无关的获利部分予以剔除。如在房地产发展商侵害商标权的案件,即使该房地产发展商使用了侵权商标,仍然要审查该商标在企业的获利中的贡献程度,不能将销售房产的全部获利与损害赔偿画等号。

5. 关于如何理解《商标法》第 63 条第 2 款中“尽力举证”、“参考权利人的主张和提供的证据判定赔偿数额”等问题

《商标法》第 63 条第 2 款规定:“人民法院为确定赔偿数额,在权利人已经尽力举证,而与侵权行为相关的账簿、资料主要由侵权人掌握的情况下,可以责令侵权人提供与侵权行为相关的账簿、资料;侵权人不提供或者提供虚假的账簿、资料的,人民法院可以参考权利人的主张和提供的证据判定赔偿数额。”对于该条的理解和适用,有法院提出一些疑问:(1)按照该规定,人民法院可以责令侵权人提供与侵权行为相关的账簿、资料必须符合两个前提条件:一是权利人为其主张的赔偿数额已经尽力举证;二是侵权行为相关的账簿、资料主要由侵权人掌握。其中,第一个前提条件当中“权利人已经尽力”举证比较难以掌握,应当如何理解和掌握“已经尽力”?(2)侵权人未按照法院的责令提供与侵权行为相关的账簿、资料,其承担的不利后果是:“人民法院可以参考权利人的主张和提供的证据

判定赔偿数额”。其中,“参考权利人的主张和提供的证据”如何掌握?是无条件地采纳权利人的全部主张,还是要审查证据能否支持该主张?(3)侵权人提供与侵权行为相关的账簿、资料后,法院经双方同意委托中介机构进行评估。评估结论的侵权获利低于权利人的预期,权利人对侵权获利的评估结论不接受,应该如何处理?有些法院认为,财务资料经保全或按照法院责令由侵权人提供后,权利人同意评估的,对于评估结果,权利人应当无条件接受。这是出于对不能浪费法院司法资源的考虑。

6. 关于侵权人在商业活动中对外公开的信息能否在案件中采信为侵权获利证据的问题

有些案件的权利人对于确定侵权人侵权获利,提交了侵权人在商业活动中对外公开的经营数据作为证据,且被法院采纳为认定侵权获利事实的依据。例如,在黑牛公司诉菊乐公司侵犯商标专用权和企业名称权纠纷案中,权利人黑牛公司向法院提交了被控侵权人菊乐公司的法定代表人公开发表的文章作为证据。该文声称菊乐公司销售品种达到40种。在菊乐公司拒不提交相关财务资料的情况下,法院依据该文公开的菊乐公司销售品种数量,结合该司年度申报增值税应税销售收入总额,计算出该案被控侵权产品的销售收入。在根据该被控侵权产品的销售利润率算出侵权获利。在该案中,菊乐公司在商业活动中对外公布的销售品种数量,最终被法院认定为计算侵权获利的依据。在其他案件中,有的权利人提供了从公开渠道获得的侵权人公司财务报告、侵权人自我宣传或第三方电子商务平台公布的销售数量、经营规模、经营时间、商品价格、商品利润率等经营数据。在个案中,对于这些证据,侵权人往往提出真实性的质疑。例如,淘宝等第三方电子商务平台公布的侵权人销售商品的数量、单价等数据,侵权人往往提出抗辩:因该信息含有侵权人为提高企业知名度而作虚高宣传等因素,不具有真实性,不能作为定案依据。对于上述证据,应当如何区分不同情形,辨别其真实性,认定为定案依据?

7. 关于侵权获利确定问题

《最高人民法院关于审理专利纠纷案件适用法律问题的若干规定》第20条人民法院依照《专利法》第57条第1款的规定追究侵权人的赔偿责任时,可以根据权利人的请求,按照权利人因被侵权所受到的损失或者侵权人因侵权所获得的利益确定赔偿数额。权利人因被侵权所受到的损失可以根据专利权人的专利产品因侵权所造成销售量减少的总数乘以每件专利产品的合理利润所得之积计算。权利人销售量减少的总数难以确定的,侵权产品在市场上销售的总数乘以每件专利产品的合理利润所得之积可以视为权利人因被侵权所受到的损失。侵权人因侵权所获得的利益可以根据该侵权产品在市场上销售的总数乘以每件侵权产品的合理利润所得之积计算。侵权人因侵权所获得的利益一般按照侵权人的营业利润计算,对于完全以侵权为业的侵权人,可以按照销售利润计算。从上述司法解释的规定可以看出,在确定侵权人侵权获利当中,司法解释区分了营业利润和销售利润两个不同的概念,目的在于体现对于“完全以侵权为业”的加重惩罚原则。但是,在司法实践中,有一些判决并没有明确区分这两个概念,导致销售利润、营业利润与净利润等一些概念造成混淆,体现不出上述司法解释的意图。

三、进一步加大知识产权司法保护力度,降低知识产权维权成本,提高知识产权侵权代价的措施和建议

(一)工作措施

经过一年来的试点,我们收获了经验、成果和典型案例,更为可贵的是,发现了存在问题和困扰。我们要以问题为导向,在总结一年来试点工作经验基础上,将试点工作推向第二阶段。要扩大试点范围,着重在强化操作性、实效性和正能量上下功夫。

1. 要增强法官的责任感和司法能动性,充分发挥好主导作用。要在思想上认识到开展这项改革试点工作的重要意义,试点工作事关破解长期困扰知识产权工作的瓶颈问题,事关加强知识产权司法保护力度、彰显司法在知识产权保护中的主导作用问题。也要认识到,广东法院开展的试点工作,与商标法修改的重要内容是吻合的,与最高法院的有关精神也高度一致;试点中已取得的阶段性成果,得到了最高法院的充分肯定和兄弟省市法院的高度评价。下一步,我们要为改革试点工作取得更大实效作出应有的贡献,法官要做好诉讼指引和释明工作,引导当事人提高举证证明侵权损害实际损失或侵权人实际获利的意识和能力。

2. 把握好试点案件的范围。试点"求精不求广",以工作绩效和正能量最大化为目标,既要在重点案件上注重精细化审判和质量提高,又要保证一般类型案件的处理效率。选择试点案件,应重点放在创新程度高、有利于体现知识产权较高市场价值的案件上,特别是针对那些有利于明晰试点证据规则的案件。对于涉及价值链低端、销售终端的规模性商业维权诉讼案件、权利人懈怠维权、放水养鱼式的维权诉讼案件,则一般不宜列入试点范围。如对于涉及生产商、制造商等侵权源头领域的侵权行为,要加大打击力度,提高赔偿数额;对于销售商、使用者需要承担赔偿责任的,则要依据其具体情节合理确定;对于一些因客观原因导致的权利冲突,在确定赔偿数额时要充分考虑被告的主观过错程度,合理确定赔偿数额。

3. 要注重实现赔偿与市场的良性互动,围绕知识产权市场价值评估这个核心问题,将完善证据规则的探索,与健全鉴定和评估机制等工作有机结合起来,加强与相关行政部门、中介机构和社会各方面的沟通协作,探索与证据规则、证据保全和妨碍诉讼强制措施等民事诉讼相关规定配套的操作性较强的制度和措施;通过重建专家库、用好技术调查官和专家辅助人、要求涉案产品相关行业协会出具专业意见等方式,借鉴美国"法庭之友"等具体操作,创新审判机制,让当事人的陈述、行业协会的意见、专家的看法等各方声音在法庭上得到集中呈现和对抗,尽可能查明涉案知识产权的科技含量、现实的市场价值、市场潜力、不同实施阶段所带来的价值变化,以及侵权情节、实际损失和侵权获利等内容,使损害赔偿较好反映和实现知识产权的真实市场价值。例如涉案专利权的科技含量,应当区分涉案专利是外观设计、实用新型还是发明,三者的创新性和科技含量一般由低到高排列,分别匹配不同的专利价值和赔偿数额。又如一般日用品的外观设计专利从创造、投产、获利的周期较短,因此专利的价值在专利获得授权的前期阶段得

到充分体现,随着专利有效期的临近,专利价值随着实施阶段的发展一般应有所下降,相应的侵权赔偿额也应当有所减少;而药品发明专利由于其从发明创造、审批到上市周期较长,因此专利的价值往往在专利有效期结束的前几年才得到充分体现,即专利价值和侵权赔偿额随着实施阶段的发展一般应有所上升。

4. 要根据商标法等法律法规的最新修订内容,结合典型案例的整理和推出,进一步完善办案指导参考意见,更好地指导推动这项工作。在裁判文书中如何适用证据披露、举证妨碍和优势证据等规则,要尽量说理充分、规范、有逻辑性,为形成典型案例、完善办案指导意见打好基础。

5. 进一步扩大试点法院范围,强化广东破冰探路的集聚效应,为将来全省全面推行做好准备。

6. 积极与宣传部门沟通,制定宣传典型案例的有效方案,加强试点工作的专题报道和重点报道,并通过强化司法公开工作,指导当事人从立案阶段开始,就能较好地运用相关证据规则和配套操作规程进行诉讼。

(二)法律适用的建议

1. 在证据保全中充分运用专家辅助人制度

民事诉讼法增设专家辅助人,是为了解决诉讼中法官、当事人和诉讼代理人均不具备相应的专业知识,导致对相关专业问题或相关鉴定意见质证困难、质证活动难以充分展开的问题。因此,我们认为,可以运用专家辅助人制度有效解决证据保全中财务账册残缺、虚假的问题。

关于在证据保全中如何运用专家辅助人,实践中有两种意见,第一种意见认为,在保全申请时应当运用专家辅助人,有利于进一步明确保全财务账册需要固定哪些具体数据资料,但考虑到此时被告尚未得知证据保全措施,难以进行有效答辩,因此为公平起见,专家辅助人必须由法院指定,而不能由原告指定;专家辅助人在明确了具体数据资料后,法院还应征得原告同意才能作出裁定采取保全措施。对此有反对意见认为,保全的范围和内容应当由原告在保全申请中明确,由法院专门就此聘请专家辅助人去明确保全的内容,有以公权力过分干涉私法自治的嫌疑。我们认为反对的意见是可取的,《民事诉讼法》第 102 条的规定,法院的保全措施限于原告请求的范围;《民事诉讼法》第 105 条的规定,申请有错误的,申请人应当赔偿被申请人因保全所遭受的损失,因此根据权利、义务、责任相适应原则,保全的内容应当尊重申请人的处分权,以申请的范围为准,申请错误的应当由申请人承担赔偿责任,此时法院不应引入自行指定的专家辅助人,形成对申请人处分权行使的实际干预,而应当依法审查原告的申请是否合法、明确、具有可操作性,遇到不符合法律规定的申请时应当告知原告自行加以完善补充。第二种意见认为,在保全裁定执行时,应当运用法院指定的专家辅助人,有利于在保全现场初步甄别需要保全的资料是否完整、真实,便于有针对性地对有关账册资料进行扣押、摘抄和复印,同时避免由于保全措施对被告的生产经营造成停滞等不良影响。我们认为,专家辅助人在保全现场向法院提供有关财务会计的专家意见,协助法院完成保全,确实有利于缓解甚至解决证据保全中普遍存在的财务账册残缺、虚假的问题,值得我们在下一步的改革试点中进行尝试;但要注意的是,为公平起见,这个阶段的专家辅助人必须由法院指定,而不能由原告指定,聘请费用由原告垫付,最后由败诉方承担。

2. 证据保全中不应适用搜查令

《民事诉讼法》第 248 条规定,被执行人不履行法律文书确定的义务,并隐匿财产的,法院有权发出搜查令,对被执行人及其住所或者财产隐匿地进行搜查。采取前款措施,由院长签发搜查令。根据最高人民法院关于印发《执行文书样式(试行)》的通知(四)规定的文书样式,《搜查令》的文书样式根据《民事诉讼法》第 248 条的规定制定。供各级法院对不履行生效法律文书确定的义务,并隐匿财产的被执行人及其住所或者财产隐匿地进行搜查时使用。《民事诉讼法》第 81 条第 3 款规定,证据保全的其他程序,参照适用本法第 9 章保全的有关规定。但是,《民事诉讼法》及其相关司法解释并未规定在保全中可以参照适用《民事诉讼法》第 248 条规定。我们认为,由于搜查涉及对当事人的私人权利的限制和干涉,在法无明确规定授权法院行使的情况下,法院不应适用搜查令制度。并且,《民事诉讼法》第 142 条规定,保全限于请求的范围,或者与本案有关的财物。据此,保全申请应当明确保全的内容,提供保全的线索,法院只应按照保全内容及线索出具文书并予以执行。采取过激的搜查措施易引发被控侵权人抗拒,反而带来执法风险;对于被控侵权人不配合保全的行为,应当适用举证妨碍规定、罚款和拘留等强制措施予以惩戒。

3. 电子商务平台的拒绝证据披露的责任

关于电子商务平台的拒绝证据披露的责任,可以根据电子商务平台在诉讼中分别作为被告、第三人、案外人的主体地位加以区分;同时可以根据电子商务平台是采积极的伪造、毁灭重要证据的行为,还是采消极的隐匿或无正当理由拒绝提供证据的行为加以区分。

《民事诉讼法》第 111 条规定,诉讼参与人或者其他人伪造、毁灭重要证据,妨碍人民法院审理案件时,人民法院可以根据情节轻重予以罚款、拘留,直至追究刑事责任。我们认为,结合《民事诉讼法》第 67 条和第 72 条的表述,该条规定的"其他人"应指诉讼参与人之外的持有与案件相关证据的单位和个人。据此,在知识产权侵权诉讼中,当掌握了与案件侵权赔偿额相关的证据并负有披露义务的电子商务平台违反披露义务,伪造、毁灭重要证据,妨碍人民法院审理案件的,人民法院可以根据情节轻重予以罚款,直至追究刑事责任。

《民事诉讼法》第 114 条规定,有义务协助调查、执行的单位拒绝或者妨碍人民法院调查取证的,人民法院除责令其履行协助义务外,并可以予以罚款。对其主要负责人或者直接责任人员予以罚款;对仍不履行协助义务的,可以予以拘留;并可以向监察机关或者有关机关提出予以纪律处分的司法建议。这是属于案外人违反披露义务,但并非积极地伪造、毁灭重要证据的情形,而是消极地隐匿或无正当理由拒绝提供证据,妨碍人民法院调查取证的行为;我们应当以上述法律规定为依据对属于案外人的电子商务平台的举证妨碍行为进行规制。

综上,我们认为,当被控产品是通过互联网电子商务平台发布时,无论平台服务商是被告、第三人还是案外人,法院都可以通过《调取证据令》等文书责令其披露有关被控产品的销售量和销售价格这些不属于电子商务平台商业秘密的内容,并在调取证据令中告知其不披露的后果:(1)作为当事人的电子商务平台构成举证妨碍行为的法律后果,法院有可能推定原告主张成立,或降低原告的证明标准,适用优势证据规则酌定赔偿数额;若电子商务平台伪造、毁灭重要证据,妨碍人民法院审理案件的,还要处以罚款乃至承担刑事责任。(2)作为案外人的电子商务平台构成举证妨碍行为的法律后果。一是电子商务平台构成伪造、毁灭重要证据,妨碍人民法院审理案件的,人民法院可以根据情节轻重予以罚款,直至追究刑事责任。二是电子商务平台构成隐匿或无正当理由拒绝提供证据的,人民法院除责令其履行协助义务外,并予以罚款;同时对其主要负责人或者直接责任人员予以罚款。若再次责令后仍然拒绝披露的,对其主要负责人或者直接责任人员予以拘留,并向监察机关或者有关机关提出予以纪律处分的司法建议。

4. 计算侵权获利时要考虑知识产权贡献率

陶凯元副院长在2014年7月全国法院知识产权审判工作座谈会的讲话中谈到:"要促进形成符合市场规律和满足权利保护要求的损害赔偿计算机制,使损害赔偿数额与知识产权的市场价值相契合,与知识产权对侵权行为获利的贡献率相适应。"据此,在计算实际损失或侵权获益时,应当考虑知识产权在实现商品利润中所起的作用来确定其与获利的贡献率问题。

以在专利侵权诉讼中根据侵权获利计算赔偿额为例,《最高人民法院关于审理专利纠纷案件适用法律问题的若干规定》第20条第3款规定,侵权获利可以根据侵权产品的销售总数乘以每件侵权产品的合理利润所得之积计算,一般侵权获益按侵权的营业利润计算,以侵权为业的按销售利润计算。《最高人民法院关于审理侵犯专利权纠纷案件应用法律若干问题的解释》第16条规定,人民法院依据《专利法》第65条第1款的规定确定侵权人因侵权所获得的利益,应当限于侵权人因侵犯专利权行为所获得的利益;因其他权利所产生的利益,应当合理扣除。侵犯发明、实用新型专利权的产品系另一产品的零部件的,人民法院应当根据该零部件本身的价值及其在实现成品利润中的作用等因素合理确定赔偿数额。侵犯外观设计专利权的产品为包装物的,人民法院应当按照包装物本身的价值及其在实现被包装产品利润中的作用等因素合理确定赔偿数额。因此,在侵权人属于一般侵权而非以侵权为业的情况下,法院查明了侵权人的营业利润后,还应当根据证据审查侵权人的被控产品上是否具有其他权利,因其他权利所产生的利益,应当合理扣除。如被控产品的包装上明确标有商标标识,应当扣除因商标权所产生的利益;如被控产品上还有其他专利权,应当扣除因其他专利权所产生的利益。

综上,考虑知识产权在实现商品利润中所起的作用来确定侵权获利时,以下列举几种情况作区分处理:一是被控产品属于高新科技领域、创新程度高的,产品上必然同时凝聚了多项专利技术,如平板电脑、手机、汽车等,应当在查明了侵权人的营业利润后,再特别注意计算出该案中所涉的专利在实现利润中的所起的作用,扣除因其他权利所产生的利益,不能将侵犯涉案专利权的获利等同于侵权人销售被诉产品的营业利润。二是被控产品的商标属于家喻户晓的驰名商标或被控产品属于知名商品的,产品上往往同时有多项专利权、商标权或知名商品特有名称、包装、装潢权,此时也应当区分各种权利在实现利润中所起的作用,才能计算出侵权获利。三是被控产品属于特殊商品或服务的,如房地产使用的商标存在侵犯他人商标的情形,由于消费者在购买房产时其一般注意力主要不在房地产商使用的商标上,即商标相同或近似造成消费者的混淆可能较低,此时不能简单地把侵权人销售房产所获的营业利润与侵权人因侵犯商标权所获得的利益划等号,而同时应当考虑侵权商标在房地产销售获利中所起的作用确定侵权获利。四是被控产品属于创新程度一般、日用品、小额商品等情形的,由侵权人自行抗辩、举证证明被控产品上具有除涉案权利外的其他权利,侵权人未作抗辩或者现有证据不足以证明被控产品上具有其他权利的,法院在计算侵权获利时不再考虑被控产品存在因其他权利产生的利益。

5. 关于《商标法》第63条第2款的理解问题

我们认为:(1)"权利人已经尽力举证",我们理解为权利人应当举出初步证据证明三个条件:一是被告侵权成立;二是损害赔偿数额可能大于法定赔偿数额;三是证明被控侵权人获利状况的证据,处于被控侵权人或其诉讼代理人掌控中而权利人难以获得。(2)该条是证据披露规则条款。证据披露是根据《民事诉讼法》第64条第2款以及第67条第1款的规定而由人民法院责令当事人交出其所持有的有可能不利于其自身的证据的一种制度。结合我们理解"权利人已经尽力举证"即权利人必须初步举证三个条件来看,无论侵权人是否披露证据,证明实际损失或侵权获利的举证责任应归属于权利人,不会因此发生举证责任倒置的情形。基于该事实的举证责任仍然在于权利人,所以侵权人拒不提交或虚假提交账册资料的,不宜直接推定权利人主张及其提供的证据成立,而是应当结合有关情况推定权利人关于损害赔偿数额的诉请能否成立。法院经审查认为,权利人请求披露而侵权人拒绝披露或虚假披露的证据非常关键,恰恰是可以证明实际损失或侵权获利高于或者等于权利人在诉讼中主张的赔偿金额的,法院可以考虑认定权利人关于损害赔偿数额的主张成立。"非常关键"理解为:侵权获利的往往由各个组成要素计算得来,如产品单价、销售数量、销售利润率。在计算侵权获利的各个组成要素,现有证据已经能够证明大部分组成要素,唯一缺少的一个要素掌握在侵权人手中且不披露或虚假披露,也即只要侵权人披露该要素,侵权获利就可以确定。在这种情况下,由于侵权人拒绝披露或虚假披露的非常关键的证据,使得侵权获利无法确定,法院则可以考虑结合有关情况推定权利人关于损害赔偿数额的诉请成立。而如果侵权人拒绝披露或虚假披露的证据不是属于"非常关键",侵权人的举证妨碍行为,将降低权利人的证明标准。法院可以根据权利人已提供的初步证据,采用优势证据标准,综合认定实际损失或侵权获利。上述两种情形"推定权利人关于损害赔偿数额的诉请成立"和"认定实际损失或侵权获利",均需要考虑结合案件"有关情况"和"综合认定"。例如,在查明侵权人属于个体户、注册资本金较小,经营时间比较短的情况下,权利人的主张明显超过侵权规模和侵害程度的,则不能全部采纳侵权人的主张,而应当考虑侵权人的经营规模、侵权时间等因素来确定赔偿额度。(3)对于有法院认为,处于司法资源和权威的考虑,提交评估的结论,权利人应当接受的观点,我们认为不能一概而论。在启动披露规则之前,法院应当是经过了审查认为实际损失或侵权获利数额较大。在此前提下,如果责令披露结果发现获利与法定赔偿比较明显很低,则要考虑侵权人提交的财务资料是否能够全面、真实地反映侵权人的财务状况,如果发现存在虚报或有不全的情况,应当适用举证妨碍和优势证据规则,结合其他条件,综合考虑侵权人的赔偿额主张。

6. 关于侵权人在商业活动中对外公开的经营信息采信问题

我们认为,在查明侵权人侵权获利中,权利人提交的侵权人在商业活动中对外公开的经营信息,能否认定为计算侵权获利的依据,应当结合其他证据全面综合判断。对于第三方平台发布的信息,可考虑该发布平台的权威性以及与侵权人之间是否有利害关系等因素来确定该信息的真实性。一般情况下,官方机构、权威性较高的中介机构发布的对侵权人公司经营数据信息,其真实性较高,在侵权人无反驳证据的情况下,可以认定其真实性。对于侵权人依据法定职责公开的信息,如上市公司的财务报告,在侵权人无反驳证据的情况下,也应当确认其真实性。对于侵权人自行控制发布的经营信息,如侵权人在淘宝等第三方商务平台上发布商品数量、单价等数据,侵权人以其为提高企业知名度而作虚高宣传,因此认为该经营信息缺乏真实性的抗辩主张,我们认为,从维护商业诚信考虑,既然侵权人在企业宣传当中通过虚报经营信息来提高企业知名度,那么在侵权赔偿时就不能支持其对该经营信息缺乏真实性的抗辩,以避免侵权人“两头得利”。也就是说,对于权利人提出的侵权人该经营信息的证据,可结合案件其他证据,认定为计算侵权获利的依据。

7. 关于侵权获利确定问题

在权利人以超过法定赔偿数额主张损害赔偿的侵权案件中,按照现行知识产权相关法律关于侵权损害赔偿主张的顺序,首先是以权利人的实际损失来确定损害赔偿,其次是以侵权人侵权获利来确定损害赔偿。从证据采信难易角度看,权利人在侵权期间的实际损失,因受到市场需求、产品周期变化、企业营销能力等较多不确定性因素影响且难以作准确的评估,权利人的举证难易被采信;而权利人如果从侵权获利的角度主张损害赔偿,因在侵权产品的数量往往在个案中容易查明,证明产品利润相对而言比较容易举证(在个案中,权利人往往能够举出行业利润、该行业领头企业的利润等作为该案侵权人产品利润,且在侵权人拒不披露侵权企业产品利润的情况下被法院采信),因此,权利人从侵权获利的角度主张和举证损害赔偿,比较容易获得法院支持。也就是说,在损害赔偿主张中,权利人更愿意从侵权获利角度主张。但是,从侵权获利的角度主张赔偿,也并不是完全没有障碍。侵权获利往往需要由产品数量、产品单价和利润三个要素计算得来。在个案中,产品数量往往由行政部门查处、电子商务平台销售数据、侵权人自行公布的销售数量或规模等处查实;产品单价也可以从侵权人的交易中查实。但是,对于利润的确定,则存在着一些不明确之处。利润是会计领域的概念,除了司法解释提到的销售利润、营业利润之外,还有净利润之分。销售利润、营业利润与毛利润、净利润如何分清,以及销售利润、营业利润应该如何区分适用,是我们确定侵权获利金额中必须解决的问题。

我们认为,根据财政部的印发《企业会计制度》(财会[2000]25 号),营业利润是指业务收入减去业务成本、营业税金及附加、营业费用、管理费用和财务费用后的金额。净利润是指营业利润总额减去所得税后的金额。根据《国家税务总局关于下发2009 年独立纳税重点税源监控报表制度的通知》(国税函[2008]1070 号),销售利润是指销售该产品或提供该劳务的收入减去业务成本、营业税金及附加后的利润,即产品的毛利润。由此可见,营业利润和销售利润两者的差别在于是否包含营业费用、管理费用和财务费用。因此,在按照加重赔偿条款计算销售利润时,利润中不应扣除营业费用、管理费用和财务费用,而在使用一般条款时,则要考虑在利润中扣除营业费用、管理费用和财务费用。另外,不管是营业利润还是销售利润,均不扣除所得税,以此与净利润区别。

关于完善证据规则破解知识产权赔偿难问题的调研

广东省深圳市中级人民法院知识产权庭课题组①

前 言

21 世纪是知识经济时代,产权化的知识日益成为社会最重要的生产要素和财富资源,对知识产权的保护已成为推动人类社会发展进步的重要手段。知识产权已日益成为各国发展的战略性资源和国际竞争力的核心要素,成为创新型国家的重要支撑和掌握发展主动权的关键。

知识产权司法在知识产权保护中起主导作用,人民法院通过依法审理知识产权案件,为保护知识产权人的利益、鼓励创新、维护公平有序的创新环境发挥了重要作用。但随着技术的发展和市场竞争的加剧,新情况、新问题不断涌现。加之,由于知识产权的无形性和侵权人侵权的隐蔽性,导致知识产权权利人取证困难,面对知识产权侵权案件,法官该如何合理地确定知识产权损害赔偿数额问题,从而较好保护知识产权人的利益并有效制裁知识产权侵权行为,一直是困扰知识产权审判的一

① 主持人:傅新江;成员:叶若思、祝建军、潘亮、兰诗文、邓婧。

个突出性问题。

在知识产权司法实践中,课题组通过调研发现,法官在处理知识产权赔偿问题时,绝大部分侵权案件,几乎清一色地运用酌定赔偿标准,而且在运用该标准说理时,又几乎清一色地运用几句套话,比如,根据原告权利的性质、被告侵权行为的表现、被告侵权的主观过错、造成的损害后果等因素,酌情确定原告应赔偿给被告的经济损失数额。依据这样的方法确立的知识产权侵权损害赔偿数额,给人的感觉是固定化、程式化、简单化,这导致人们对知识产权损害赔偿问题颇有微词,甚至在社会上对知识产权保护有一种负面的声音,认为"知识产权维权举证难、周期长、成本高、赔偿低、效果差"。① 可见,解决知识产权赔偿难问题,已到了必须要高度重视且非改不可的地步。

2012 年,广东省法院为解决赔偿难这一长期制约知识产权司法保护水平提高的瓶颈问题,积极而卓有成效地开展了"探索完善司法证据制度破解知识产权侵权损害赔偿难"的专项课题调研,形成了调研成果及指导意见,并即时下发辖区各法院。同时,省法院还确立了辖区内某些中级法院和基层法院试点该项解决赔偿难的破冰制度。

深圳两级法院在广东省法院的有力指导下,积极参与省法院的该项试点工作,向办案法官下发省法院的指导意见,并组织大家学习、领悟该指导意见的各项规定,培养典型案例,并就试点工作中的问题及时向省法院请教,从而在一定程度上充分运用现行各项证据制度,努力解决知识产权损害赔偿难问题。

本调研课题将采用理论联系实践的方法,遵循"提出问题——分析问题——解决问题"的论证思路,遵照省法院部署的"探索完善司法证据制度破解知识产权侵权损害赔偿难"之试点工作指导意见,就开展该项审判工作中遇到的问题结合相关典型案例进行课题调研,以期对破解知识产权损害赔偿难问题有所裨益。

一、适用证据披露、举证妨碍制度遇到的问题与解决

(一)证据披露、举证妨碍制度的内涵及二者之间的关系

证据披露,也称证据开示、证据展示。该制度是基于当事人的举证责任与法院查证、认证的职能要求,立法上明确规定和授权法院依职权决定当事人及其他诉讼第三人进行证据披露,或以特定的证明方式协助证据披露的一种诉讼活动。其核心在于被请求的一方当事人因负有披露义务必须根据请求方的要求展示涉案证据材料,无论对被请求方有利与否的证据都必须披露,不得隐瞒。证据披露的目的是为了解决信息不对称、实现当事人武器平等,如法院在案件审理中向被诉侵权人发出《调取证据令》、作出证据保全裁定等方式,要求被诉侵权人披露案件所涉证据。

举证妨碍,又称证据妨碍、证明受阻。该制度指诉讼中不负证明责任的一方当事人或案外人通过作为或不作为阻碍负有证明责任的一方当事人对后者所主张的事实进行证明时,行为人应为其妨碍行为承担相应后果的一种诉讼制度。实践中举证妨碍行为多样,主要包括:有证据拒不提交,

① 参见国家知识产权局关于《专利法》第四次修改中关于送审稿的说明。

毁灭、伪造证据,不配合对方当事人的举证,过失遗失证据等。在案件审理中,法院对当事人、案外人的上述行为不通过采取证据保全的措施取得证据,而是通过向证据保全被申请人发出书面的限期提交证据通知书,告知其逾期提交或拒不提交的法律后果。

实质上,证据披露制度和举证妨碍制度并不是孤立存在的证据规则,证据披露制度一定要与拒不披露证据或怠于披露证据相联系,举证妨碍制度则以证据披露制度为适用前提,证据披露制度以举证妨碍制度为救济和保障,故证据披露制度与举证妨碍制度是硬币的两面,其实际功效和适用密不可分,也只有结合适用才能实现。

(二)证据披露、举证妨碍制度克服传统举证制度的弊端

但依照一般的举证责任,实际损失或侵权获利的举证责任是分配给权利人的。我国现行《民事诉讼法》第 64 条第 1 款对举证责任做出了原则性规定,即"谁主张,谁举证",该款法条内容是"当事人对自己提出的主张,有责任提供证据"。《最高人民法院关于民事诉讼证据的若干规定》第 2 条第 2 款规定"没有证据或者证据不足以证明当事人的事实主张的,由负有举证责任的当事人承担不利后果",即当待证事实在诉讼中处于真伪不明的情况下,负有举证责任的当事人需要承担不利后果。关于举证责任分配的一般规则,由主张权利存在的当事人对权利发生的法律事实负举证责任,主张权利不存在的当事人对权利消灭、妨碍权利发生或限制权利行使的法律事实负举证责任。故知识产权侵权诉讼的权利人应对侵权人的主观过错、违法行为、损害结果、违法行为与损害结果之间的因果关系——承担举证责任。依照一般的举证责任,实际损失或侵权获利的举证责任分配给权利人。但在知识产权侵权案件中,"待证事实——损害结果"是一个特殊的命题,因权利人对损害结果的证明存在客观困难和能力缺陷,其无法提供证据证明实际损失或侵权获利的具体数额。若机械地以"谁主张,谁举证"来分担举证责任,只会背离诚实信用这一现代民法的"帝王原则"。故"证据披露——举证妨碍"制度是一般举证责任的例外,适用在取证产生实质不公时,使权利人突破了一般举证责任的束缚。

(三)运用证据披露、举证妨碍制度解决赔偿难问题的司法实践

知识产权司法具有能动性,我国各地法官智慧地运用证据披露、举证妨碍制度解决赔偿难问题,已成功地审结许多重大疑难复杂案件。例如,雅马哈发动机株式会社诉浙江华田工业有限公司、南京联润汽车摩托车销售有限公司、台州华田摩托车销售有限公司、台州嘉吉摩托车销售有限公司商标侵权纠纷一案中①,法院应原告申请,保全到浙江华田工业有限公司八本会计凭证资料,并应雅马哈发动机株式会社申请,委托审计机构进行司法审计,以确定浙江华田工业有限公司生产、销售涉案摩托车的利润。后审计机构发函称审计的财务资料不全,并列明了需要提供的 13 种资料清单。对此,法院召集双方当事人对查封的会计凭证进行质证,并限定被告浙

① 具体案情详见最高人民法院(2006)民三终字第 1 号民事判决,即雅马哈发动机株式会社诉浙江华田工业有限公司、南京联润汽车摩托车销售有限公司、台州华田摩托车销售有限公司、台州嘉吉摩托车销售有限公司商标侵权纠纷案。

江华田工业有限公司、台州华田摩托车销售有限公司限期提供鉴定所需财务资料。浙江华田工业有限公司在限期内拒不提供。台州华田摩托车销售有限公司以公司年代久远、不可能建立规范的财务账册、公司已改制为由未提供相关鉴定资料。且在法院庭审中,又明确表示不提供销售成本的财务资料以及反映其经营状况的工商登记资料。其后,审计机构在根据现有资料审计得出浙江华田工业有限公司的销售利润、营业利润、利润总额均为负数。同时,法院在审理过程中,应原告申请对台州嘉吉摩托车销售有限公司进行证据保全,在因其他原因无法实施保全措施后,要求该公司提交证据保全裁定所涉的证据材料。台州嘉吉摩托车销售有限公司及其法定代表人在规定期限内,拒不提供相应证据材料。由于浙江华田工业有限公司提供给法院的财务资料不完整,台州华田摩托车销售有限公司拒绝提供反映其经营状况的相关财务资料,台州嘉吉摩托车销售有限公司两次拒绝提供法院保全的财务资料,并拒不参加庭审。一审法院根据《最高人民法院关于民事诉讼证据的若干规定》第75条"有证据证明一方当事人持有证据无正当理由拒不提供,如果对方当事人主张该证据的内容不利于证据持有人,可推定该主张成立"的规定,推定原告主张并计算的被告浙江华田工业有限公司、台州嘉吉摩托车销售有限公司应负的赔偿数额成立,判决浙江华田工业有限公司向原告赔偿损失人民币8300440.43元,台州嘉吉摩托车销售有限公司对其中8227977.03元负连带赔偿责任,台州华田摩托车销售有限公司对其中72463.4元负连带赔偿责任。后浙江华田工业有限公司对本案提出上诉,二审法院予以维持。

再比如,珠海格力电器股份有限公司诉广东美的制冷设备有限公司、珠海市泰锋电业有限公司侵犯发明专利权纠纷一案件中,[①]珠海格力电器股份有限公司起诉请求包含判令广东美的制冷设备有限公司立即停止侵权行为,并请求判令广东美的制冷设备有限公司赔偿其经济损失人民币300万元。珠海格力电器股份有限公司提交了《资产评估报告书》和销量下滑的数据,但均无法据此确定珠海格力电器股份有限公司的实际损失或专利许可使用费,且广东美的制冷设备有限公司对珠海格力电器股份有限公司自行委托评估机构作出的评估价值及珠海格力电器股份有限公司制作的销售下滑的计算依据均不予认可。而广东美的制冷设备有限公司的侵权获利数额,广东美的制冷设备有限公司没有对外披露,珠海格力电器股份有限公司很难查知,广东美的制冷设备有限公司负有证据披露的义务,根据珠海格力电器股份有限公司申请,法院责令广东美的制冷设备有限公司提供原告所称20款涉嫌侵权的空调器产品的具体销售数量、销售金额、利润等数据。但广东美的制冷设备有限公司在法院指定的期限内仅提供了KFR-26GW/DY-V2(E2)分体机的相关数据,没有完整地履行证据披露义务,应承担相应的举证妨碍的法律后果。但现有证据证明该数额明显超过法定赔偿最高限额。综合考虑涉案专利的类型是发明专利,研发成本和市场价值较高,广东美的制冷设备

---

① 具体内容详见广东省高级人民法院(2011)粤高法民三终字第326号民事判决,即珠海格力电器股份有限公司诉广东美的制冷设备有限公司、珠海市泰锋电业有限公司侵害发明专利权纠纷案。

有限公司生产销售时间长达2年半，以及侵权主观过错程度、侵权情节、参考利润、维权成本等因素，法院判令广东美的制冷设备有限公司赔偿珠海格力电器股份有限公司包括为制止侵权的合理开支在内的经济损失200万元，二审对此予以维持。

该两案反映了众多知识产权侵权案件都普遍存在的难题，即如何查明权利人的实际损失或侵权人的侵权获利以确定损害赔偿数额问题。案件审理中的一大亮点便是人民法院运用“证据披露——举证妨碍”制度解决侵权案件损害赔偿数额的确定。

(四)证据披露、举证妨碍制度适用的条件

证据披露制度要求当事人进行证据披露需以负有披露义务为前提。虽然跳出了“谁主张、谁举证”的举证责任分配，但当事人这类请求必须获得法庭的批准，在法庭的主导下进行，[①]在知识产权侵权诉讼中，当事人难以获得并处于另一方当事人掌控中的涉及被控侵权人获利状况的证据，或是处于当事人之外的有关单位和个人掌握的涉及被控侵权人获利状况的证据，另一方当事人、案外其他单位或个人亦负有披露的义务。人民法院对于当事人申请向另一方当事人、诉讼代理人或案外有关单位和个人调取证据，应依法审查，并根据相关法律和行政法规的规定以及商业惯例和日常生活经验法则，综合判断被申请人是否持有或者应当持有申请人请求调取的证据，并明令被申请人进行相应的披露。

1. 证据披露、举证妨碍制度适用的范围

在知识产权侵权案件中，权利人被侵权后企业的经济亏损、侵权人侵权收入和利润、涉案知识产权使用费和转让费的市场价格、产品的单位价格的标准、惯例和行情等用以确定实际损失事实的证明责任全分配给权利人，一会造成权利人的维权成本过高，二是有些证据权利人根本无从搜集。同时，在权利人因取证陷入困局时，往往向法院提出调查取证、证据保全等申请，就如同前述案例中雅马哈发动机株式会社对浙江华田工业有限公司的会计凭证资料申请证据保全，珠海格力电器股份有限公司申请对广东美的制冷设备有限公司20款涉嫌侵权的空调器产品的具体销售数量、销售金额、利润等数据的证据保全。但是在法院行使调查权或者依权利人申请进行诉讼保全时，往往又遭遇侵权人的各种抗拒阻力，权利人寄希望于依靠法院替其搜集证据，多数却收效甚微，而且也不利于社会安定和矛盾化解。而且，目前诉讼中确定经济损失的举证、认证主要依靠专业评估事务所的评估，手段单一，历时漫长，手续复杂、费用极高。即便如此，即使案件经证据保全取得了被控侵权方的财务账册资料，并进行了司法审计，但因涉案审计的财务账册资料不全，致使审计机构在根据现有资料审计得出浙江华田工业有限公司的销售利润、营业利润、利润总额均为负数。况且，民事诉讼法及相关司法解释对评估机构和评估人员在诉讼中应该承担的诉讼义务和违反义务的责任缺乏明确具体的规定。当该等主体出现怠慢疏忽、违反诚信义务，损害其委托人及其他相关人的民事权益的行为时，法庭难以正确认定其责任，当事人也无法向其追偿损失。所以，在权利人由于举证责任分配规则的制约和取证能力的缺陷导致无法从侵权人处取得

① 王锦、郑鸣：《浅谈两大法系民事证据披露规则的比较》，载《理论月刊》2004年第3期。

证据而陷入实质不公正时,侵权人应履行真实披露证据的义务,作出真实陈述,使当事人之间实现武器平等。因此,在浙江华田工业有限公司提供给法院的财务资料不完整,台州华田摩托车销售有限公司拒绝提供反映其经营状况的相关财务资料,台州嘉吉摩托车销售有限公司两次拒绝提供法院保全的财务资料,并拒不参加庭审。法院根据《最高人民法院关于民事诉讼证据的若干规定》第 75 条"有证据证明一方当事人持有证据无正当理由拒不提供,如果对方当事人主张该证据的内容不利于证据持有人,可推定该主张成立"的规定,推定原告主张并计算的被告浙江华田工业有限公司、台州嘉吉摩托车销售有限公司应负的赔偿数额成立。在知识产权侵权诉讼中,处于一方当事人及其诉讼代理人掌控中而另一方当事人难以获得的涉及被控侵权人获利状况的证据,如当事人的真实财务账册等,另一方当事人可以申请人民法院责令证据持有人披露,被申请人负有披露该证据的义务。

2. 证据披露、举证妨碍制度中负有披露义务的主体

《最高人民法院关于民事诉讼证据的若干规定》第 75 条规定:"有证据证明一方当事人持有证据无正当理由拒不提供,如果对方当事人主张该证据的内容不利于证据持有人,可以推定该主张成立。"据此,诉讼中的当事人为负有证据披露义务的主体。当一方当事人已经提交了在其范围内能合理获得的证据,同时向人民法院指明了与实现其诉讼主张有关的、但由对方当事人持有的证据,同时基于常理判断该证据一定存在于对方当事人手中,在对方当事人拒绝提供时,人民法院可依据现有证据裁决。《民事诉讼法》第 67 条第 1 款规定:"人民法院有权向有关单位和个人调查取证,有关单位和个人不得拒绝。"依据该规定,对于当事人及其诉讼代理人之外的有关单位和个人掌握了与案件侵权赔偿额相关的证据,如涉案产品市场份额数据、行业利润率、许可使用费、转让费标准、行业惯例时,亦负有披露义务。人民法院对于当事人申请向案外有关单位和个人调取证据,应依法审查,并根据公司法、审计法、税法等相关法律和行政法规的规定以及商业惯例和日常生活经验法则,综合判断被申请人是否持有或者应当持有申请人请求调取的证据,并明令被申请人进行相应的披露。

3. 证据披露、举证妨碍制度的具体运用程序

依据诚实信用原则,作为被诉侵权人和其他被调查人都负有向法院如实陈述和披露证据的义务。在知识产权侵权诉讼中,当权利人有初步证据证明侵权成立及损害赔偿数额可能较大,而权利人因客观原因无法自行收集到实际损失或侵权获利的证据,此时具备了适用证据披露制度的条件。同时,法院要审核判断被诉侵权人或其他被调查人是否知道或应当知道,持有或应当持有权利人申请调取的实际损失或侵权获利的证据。而且,被诉侵权人的行为造成了权利人无法充分获取证据证明实际损失或侵权获利的结果,此时即具备了适用举证妨碍制度的条件。例如在前述案例中,法院要求被告浙江华田工业有限公司、台州华田摩托车销售有限公司限期提供鉴定所需财务资料。浙江华田工业有限公司在限期内拒不提供。台州华田销售公司以公司年代久远、不可能建立规范的

财务账册、公司已改制为由未提供相应鉴定资料，且在法院庭审中，明确表示不提供销售成本的财务资料以及反映其经营状况的工商登记资料。据此，依据证据披露制度，被诉侵权人系有限责任公司，根据公司法的相关规定应当建立真实、完备的财务账册，故可以推定被诉侵权人持有相关证据而拒不提供，由此，法院依据民事诉讼法第 67 条第 1 款、第 81 条的规定，向被诉侵权人发出《调取证据令》、证据保全裁定，要求被诉侵权人提供对己不利的证据。

再比如，在深圳迈瑞生物医疗电子股份有限公司诉深圳市理邦精密仪器股份有限公司侵害发明专利权纠纷一案中，①在案件定性方面，法院认定深圳市理邦精密仪器股份有限公司未经专利权人深圳迈瑞生物医疗电子股份有限公司的同意，以经营为目的制造、销售、许诺销售被控侵权产品，构成侵权，应当承担侵权责任。关于应如何确定被告方的赔偿责任，是本案的难点。在本案审理过程中，法院曾作出证据保全的民事裁定，但深圳市理邦精密仪器股份有限公司在法院进行证据保全时，拒不提供涉嫌侵权产品的销售合同及财务账册。只在之后提交了一份《关于无法提供涉案产品财务账册的说明》。根据当事人的申请及案件审理需要，案件委托会计师事务所进行审计，但深圳市理邦精密仪器股份有限公司亦提交了一份《关于理邦公司无法按期提供审计资料的情况汇报》，被告始终不提交财务账册资料。据此，法院考虑该案因深圳市理邦精密仪器股份有限公司原因无法进行案件审计，深圳市理邦精密仪器股份有限公司制造、销售侵权产品的时间和数量，被控侵权产品价格，以及其在招股说明书中的自述等，酌情确定被告赔偿原告经济损失人民币 100 万元。全部支持了原告的诉讼请求。

同时，举证妨碍行为的实施者还可能面临公法上的制裁。依据我国《民事诉讼法》第 111 条规定，诉讼参与人或者其他人伪造、毁灭重要证据，妨碍人民法院审理案件的，人民法院可以根据情节轻重予以罚款、拘留；构成犯罪的，依法追究刑事责任。

4. 适用证据披露、举证妨碍制度解决赔偿问题的两种方法

运用举证妨碍制度查明损害赔偿数额上，分不同情况人民法院对此有两种处理方式。简而言之，一是推定权利人关于损害赔偿数额的诉讼请求全部成立，权利人的主张全部被支持；二是不能推定权利人关于损害赔偿数额的诉讼请求全部成立，但通过举证妨碍制度的运用，推定权利人主张的被诉侵权人未披露或未如实披露的证据之真实性，继而法院结合全案案情综合认定损害赔偿的数额，通常在酌定时，会判决被告承担较高的赔偿数额。

如何用好“证据披露——举证妨碍”制度。被诉侵权人作为社会经济人，在诉讼中，其也必然会想尽办法实现其利益的最大化，这样在适用证据披露制度时，尽管有诚实信用原则的要求，即便有举证妨碍制度的救济，但现实审判中被诉方更多还是会选择不履行真实陈诉义务和证据披露义务。这也是该项证据制度多年来没有贯彻好的主要原因。为此，让被诉侵权人选择真实地披露证据，唯有加大损害赔偿力度。人民法院可以探索让被告承担适度的惩罚

---

① 具体内容详见广东省深圳市中级人民法院（2011）深中法知民初字第 319 号民事判决书，即深圳迈瑞生物医疗电子股份有限公司诉深圳市理邦精密仪器股份有限公司侵害发明专利权纠纷案。

性损害赔偿额。

当以第一种方式处理时,即直接推定权利人的诉讼请求全部成立,审理时法官应行使释明权,一般来说,该释明权的行使并没有审级的要求,亦没有审理阶段的要求,法院所要主导的是向当事人明确释明证据披露制度的含义、启动方式、法律后果。适用证据披露制度依然要以当事人申请为前提条件。《最高人民法院关于民事诉讼证据的若干规定》第18条规定:"当事人及其诉讼代理人申请人民法院调查收集证据,应当提交书面申请。申请书应当载明被调查人的姓名或者单位名称、住所地等基本情况、所要调查收集的证据的内容、需要由人民法院收集证据的原因及其要证明的事实。"据此,权利人提出请求披露证据的申请应当内容具体明确,如申请被诉侵权人披露其财务账册、销售单、销售发票、海关报关单等。法院只有在审查得出被诉侵权人拒绝披露的证据可以直接证实实际损失或侵权获利大于或等于权利人在侵权诉讼中主张的损害赔偿数额时,才可适用该处理方式。例如,在山东九阳小家电有限公司诉上海帅佳电子科技有限公司等侵犯发明专利权纠纷一案中,[①]法院均认为,应权利人请求法院裁定对侵权人制造销售被控侵权产品的财务账册进行证据保全,侵权人作为有限责任公司,拥有完备的财务账册却拒绝提交,视为侵权人持有内容不利于自己的证据而拒不提供,推定原告主张的侵权赔偿额成立。再如,在沈汉标诉广州市恋伊家庭用品制造有限公司等专利侵权纠纷一案中,[②]权利人以被控侵权人因侵权获得巨大利润为由请求赔偿200万元的经济损失,同时申请法院对被控侵权人采取证据保全和财产保全措施,法院对该申请予以准许,并向被控侵权人送达了保全民事裁定。但被控侵权人却以"企业规模不大,账册等财务资料不齐全"为由拒不提供,最终法院推定被控侵权人获利200万元,全额支持了权利人的诉讼请求。

当适用第二种方式处理时,尽管没有直接推定原告的诉讼请求全部成立,法院对损害赔偿数额仍需综合认定。但举证妨碍制度的适用,使得权利人主张的需要被诉侵权人披露的证据内容的真实性得到推定,也对法院认定权利人主张的赔偿数额具有重要的影响力。例如在前述案例中,珠海格力电器股份有限公司起诉时请求的损害赔偿数额为300万元,经过审理,法院判决的赔偿数额为200万元,即适用第二种方式处理。尽管没有直接推定原告的诉讼请求全部成立,但原告获得了200万元的较高赔偿数额。

由上可见,证据披露、举证妨碍制度对加大知识产权司法保护力度发挥了重要作用,其不仅降低了权利人的举证责任和证明标准,而且还化解了仅依靠法院力量调查、保全产生的抗法行为和社会矛盾的激化。同时,在司法实践中,结合其他诉讼证据制度的运用,例如优势证据标准、专家证人制度等综合确定赔偿标准,就能够达到依法加大赔偿力度的目的。

应明确的是,证据披露、举证妨碍制度仅是民事证据规则体系中的一个组成部分,在司法实践中,在当前加强知识产权司

① 具体内容详见山东省高级人民法院(2007)鲁民三终字第38号民事判决书,即山东九阳小家电有限公司、王旭宁和济南正铭商贸有限公司诉上海帅佳电子科技有限公司、慈溪市西贝乐电器有限公司侵害发明专利权纠纷案。

② 具体内容详见浙江省宁波市中级人民法院(2004)甬民二初字第229号民事判决书,即沈汉标诉广州市恋伊家庭用品制造有限公司侵害专利权纠纷案。

法保护的司法政策指导下，仍应要全面客观地理解并灵活适用各种证据规则。

二、适用优势证据规则遇到的问题与解决

（一）优势证据规则的内涵

优势证据规则，是指在知识产权侵权诉讼中，若当事人有证据证明其损失或获利明显超过法定赔偿最高限额或低于法定赔偿最低限额，但不能准确计算权利人实际损失或侵权人侵权获利的具体数额的，人民法院可以在法定最高限额以上或最低限额以下合理确定权利人的实际损失或侵权人的侵权获利数额。

依据我国知识产权法律及司法解释的规定，侵犯知识产权的赔偿数额按以下顺序确定，首先是“权利人因侵权行为所受损失”，其次“侵权人因侵权的非法获益”，上述两种标准难以确定时“参照专利许可使用费的倍数合理确定”，在“权利人损失”、“侵权人获利”、“专利许可使用费”都难以确定的情况下，才适用“法定赔偿”授权法官依据案件的具体情况酌定赔偿数额。在司法实践中，针对前两种赔偿标准，要求当事人充分举证，然而当事人很难完成该举证要求。优势证据规则就是建立在客观上对实际损失难以查明，将已能查明数额与酌定数额相结合计算赔偿标准。根据案件具体情况，如果当事人提供了据以计算权利人损失或侵权人获利所需的销售数量等数据，其他所需数据尚不能完全确定的，可以参考许可费、行业一般利润率、侵权行为的性质、持续时间、当事人的主观过错等因素，酌定计算赔偿所需的其他数据。①

（二）适用优势证据规则遇到的问题与解决

目前针对知识产权中的优势证据规则，还没有明确的法律或者司法解释，这导致知识产权法官在适用该规则时，遇到了许多困惑以及急需要解决的问题，具体表现在：（1）能否适用优势证据规则在酌定赔偿时突破了知识产权法中法定赔偿之最高限额或最低限额？（2）如何对待当事人自认的与赔偿额有关的证据？（3）如何利用第三方数据来确定损害赔偿问题？（4）能否利用行业惯例来确定损害赔偿问题？

1. 关于酌定赔偿时突破法定最高限额的问题

《最高人民法院关于当前经济形势下知识产权审判服务大局若干问题的意见》（法发[2009]23号）指出，在确定损害赔偿时要善用证据规则，全面、客观地审核计算赔偿数额的证据，充分运用逻辑推理和日常生活经验，对有关证据的真实性、合法性和证明力进行综合审查判断，采取优势证据标准认定损害赔偿事实。对于难以证明侵权受损或侵权获利的具体数额，但有证据证明前述数额明显超过法定赔偿最高限额的，应当综合全案的证据情况，在法定最高限额以上合理确定赔偿额。最高院的该项司法政策是对司法实践已有裁判规则的总结，许多法院在裁判案件时，已经适用了该规则，例如在浙江蓝野酒业有限公司诉上海百事可乐饮料有限公司商标侵权纠纷案中，②浙江高院认为，虽然原告不能提供确切的证据证明其损失或者被告获利的具体数额，但根据被告提供的“蓝色风暴”宣传计划、实施方案、促销宣传投入的资金、

---

① 徐春建、刘思彬、张学军：《知识产权损害赔偿的证据规则》，载《人民司法》（应用版）2012年第17期，第40页。

② 具体案情详见浙江省高级人民法院（2007）浙民三终字第74号民事判决书，即浙江蓝野酒业有限公司诉上海百事可乐饮料有限公司商标侵权纠纷案。

有关促销活动取得成功的报道,结合企业向工商部门填报的获利报表,足以认定被告生产、销售采用“蓝色风暴”字样的百事可乐产品,确实带来了巨大的利润,故法院全额支持了原告的诉讼请求,判令被告赔偿原告经济损失300万元。该案在判决后,仅就判赔数额的认定,当时就曾引起不少争论。课题组认为该商标侵权案件的特点在于涉案商标是被反向混淆,故法院在赔偿金额计算上给予了具体考虑,没有按照原告浙江蓝野酒业有限公司的损失计算,而是根据被告上海百事可乐饮料有限公司的获利来确定赔偿金额。浙江高院在赔偿金额的酌定上适用了优势证据规则,即在现有证据证明被告获利明显超过法定赔偿最高限额时,综合全案的证据情况,在法定最高限额以上合理确定赔偿额。

2. 关于酌定赔偿时突破法定最低赔偿限额的问题

目前司法实践中运用优势证据规则突破法定最高赔偿限额没有太大争议,但能否突破法定最低赔偿限额的问题上,却存在很多争议。课题组既然认为依据优势证据规则可以突破法定最高赔偿限额,那么依据公平原则,本着实事求是的精神,如根据案件中原、被告双方的举证情况,原告因侵权遭受的损失和被告因侵权获得的利益无法查清,但依据现有证据法官内心确信被告因侵权获得的利益低于法定最低赔偿额时,法官应可以低于法定最低赔偿额来确定赔偿数额。例如在奥飞动漫公司诉华荣公司侵害外观设计专利权纠纷一案中,①东莞中院认为:关于赔偿数额,由于本案权利人的损失、侵权人获得的利益均难以确定,故本院综合考虑:(1)案涉专利为外观设计专利。(2)案涉侵权产品系三无产品。(3)案涉侵权产品为整套“炫动魔法棒”玩具中的魔法棒,奥飞动漫公司认可其价值大约占整套“炫动魔法棒”玩具价值的2/3到3/4,即为12元至13.5元,价值较低。(4)华荣公司经本院合法传唤拒不到庭参加诉讼。(5)华荣公司所处地段在东莞经济发展格局中处于相对落后地区,其侵权获利明显低于1万元。(6)奥飞动漫公司虽未举证证明本案支出的合理维权费用,但对公证费等实际支出应酌情予以支持。当然,同时需要结合本院受理的(2013)东中法民三初字第58号和第77号案件予以分摊。(7)涉案诉讼为系列维权诉讼,维权成本较低等因素,本院酌情确定华荣公司赔偿奥飞动漫公司包括合理维权费用在内的经济损失4000元。该案以《专利法》所规定的法定最低限额以下确定赔偿数额,曾引发广泛争议。奥飞动漫的维权案件在广东地区应该算是一类特别典型的群体性案件,权利人针对同一标的,针对相同或者不同侵权人进行多个案件的维权诉讼,单以广东地区计算,根据奥飞动漫起诉的案件数量,如每个案件赔偿数额在1万元以上,那么其所获得的赔偿总额应该在千万元以上。考虑到该情况,东莞中院的办案法官依据侵权人的经营规模、经营地区、主观状态、侵权产品的实际售价,其内心确认侵权人的获利明显低于法定最低赔偿限额,故法院酌情确定赔偿金额包括合理维权费用在内为4000元。课题组认为虽然东莞中院在判决表述中使用了“酌情确定”字样,但该案应属于按照“侵权人因侵权的非法获益”来计算赔偿金额,办案法官同时

① 具体案情详见广东省东莞市中级人民法院(2013)东中法民三初字第78号民事判决书,即奥飞动漫公司诉华荣公司侵害外观设计专利权纠纷案。

适用了优势证据规则，用已查明的事实，加上逻辑推理和日常生活经验，计算具体案件的赔偿金额，其并不属于专利法规定的法定赔偿的范畴，没有违反《专利法》第65条的规定。

3. 关于当事人自认的事实来确定损害赔偿额问题

当事人一方之前自愿做出的宣传或认可，在随后的案件审理中可作为认定损害赔偿的依据。例如深圳中院审理的原告内蒙古小肥羊餐饮连锁有限公司诉被告深圳市周一品小肥羊餐饮连锁管理有限公司侵害注册商标专用权及不正当竞争纠纷一案中，[①]小肥羊公司主张的赔偿数额超过法定赔偿数额，并要求以周一品小肥羊公司的实际获益作为计算赔偿数额的依据，而周一品小肥羊公司也提交了证据来证明其实际的收益。深圳中院认为：(1)周一品小肥羊公司依据特许合同约定的加盟费和管理费，其从四家加盟店收取的费用共计为77.5万元；(2)从周一品小肥羊公司提交的2011年纳税证明来看，其与关联公司2011年的盈利约为59万元。从该两份证据可以看出，周一品小肥羊的收益超出了50万法定最高赔偿限额。由于小肥羊公司与周一品小肥羊公司提交的证据均不能计算出周一品小肥羊公司的准确获益数额，故一审法院拟根据上述证据确定合理的损失金额为90万元，合理的维权费用为人民币10万元。

在浙江新安化工诉浙江金帆达公司侵犯发明专利权纠纷一案，[②]一审法院依据金帆达公司2004年至2007年的审计报告，审计出其生产、销售氯甲烷毛利合计人民币23308100.43元，按照金帆达公司自己确定的0.4的获利折算比例，金帆达公司三年可获毛利为16636590元，五年累计应当超过2000万元，所以法院确定金帆达公司赔偿新安化工人民币2000万元。这个案件也使用了被告自行确定的获利折算比例来计算损害赔偿数额。

4. 关于使用第三方数据来确定损害赔偿额的问题

在李道之、上海班提酒业公司诉法国卡斯特兄弟简化股份公司及其中国代理商深圳公司侵犯“卡斯特”商标纠纷一案中，[③]原告方主要依据的事实在于被告对华出口的18个批次的葡萄酒商品相关报关、报检材料中使用了包含“卡斯特”标识的文字，并将法国卡斯特兄弟简化股份公司的中国代理商深圳公司的进口报关、报检作为侵权利润的计算方法和参照标准，温州中院判决被告赔偿原告经济损失人民币3373万元，浙江高院二审维持了该判决。在该案件中，办案法官使用了进出口公司在海关进口报关时的相关报关材料、报检材料，以此作为计算被告赔偿损失的依据。

5. 关于按照市场行业惯例来确定损害赔偿额的问题

在浙江三维公司诉干人友侵犯商标专用权纠纷一案中，[④]办案法官认定，侵权人的侵权获利是其侵权期间的销售净收益，

① 具体案件详见广东省深圳市中级人民法院(2012)深中法知民初字第1262号民事判决书，即内蒙古小肥羊餐饮连锁有限公司诉深圳市周一品小肥羊餐饮连锁管理有限公司侵害注册商标专用权及不正当竞争纠纷案。

② 具体案件详见浙江高级人民法院(2009)浙知终字187号民事判决书，即浙江新安化工诉浙江金帆达公司侵害发明专利权纠纷案。

③ 具体案件详见浙江高级人民法院(2012)浙知终字166号民事判决书，即李道之、上海班提酒业公司诉法国卡斯特兄弟简化股份公司侵害商标专用权纠纷案。

④ 具体案件详见广东省东莞市中级人民法院(2010)东中法民三初字第12号民事判决书，即浙江三维公司诉干人友侵害商标专用权纠纷案。

用销售收入减去进货成本及经营成本后就可以得出销售净收益。现查明侵权人销售收入减去进货成本的收益为729万余元,法院酌定其经营成本为200万元,从而计算其侵权获利为529万余元。同时,销售净收益还可以用销售收入乘以利润率来计算。现有证据显示同类企业的年利润率为12%~15%,而被告侵权经营,不用支付商标许可费,其利润率应高于合法经销商。若认定侵权获利为529万余元的,则可以计算被告的平均年利润率为21%,比同类合法经营企业年利润率高出6%~9%,合乎市场规律和生活常识,反过来也印证了侵权获利为529万余元的合理性和准确性。据此最终判决侵权损害赔偿额为529万余元。这个案件的特点是从两个方面的行业惯例来印证损害赔偿数额。一方面是同类型企业的经营成本,另一方面是同类企业的年利润率,这为我们在确立侵权赔偿数额时,提供了可行思路。

(三)探索实现优势证据规则适用的制度化

1. 引导当事人积极、稳妥适用优势证据规则

课题组注意到,在司法实践中,许多案件的当事人对赔偿数额的举证表现得较消极。究其原因,一方面是因为中国虽然是知识产权数量大国,但大部分知识产权技术含量不是很高,以专利为例,我国专利多以小发明的实用新型和外观设计为主,权利本身市场价值、经济效益并不高,某些维权人通过批量维权来获得收益,此时权利人就不愿意明确其侵权产品的实际利润或者其实际损失,权利人往往主动要求法院酌定赔偿金额;另一方面,要收集损失或者获利方面的证据,耗时耗力,本身就困难重重,有些案件当事人出于减少诉讼成本、提高效率的考虑,坚持要求适用法定赔偿,而不愿意通过申请调查取证,按实际损失或获利要求赔偿。

针对这一层面的问题,要求法官行使释明权,在庭审过程中,要注意适当地引导当事人提供相关的证据证明其损失或对方的获利,适当放宽其举证的证明标准,使当事人充分了解适用优势证据规则对其自身权利的影响,以采取积极有效的应对方式,引导当事人放心地拿出真实、全面的证据进行质证,推动双方当事人就赔偿数额进行证据交锋和辩论,为下一步法官确定赔偿数额的工作打好基础。

2. 提高法官适用优势证据规则的积极性

适用优势证据规则来确定赔偿数额,依据只是审判时呈现的现有证据,真实事实和认定事实是一种盖然性的关系,本身具有法官自由心证的因素,往往会成为当事人上诉或申请再审时针对的重点方向;另一方面,推定事实本身具有可反驳性,也容易被新出现的证据或情况所否定,因此办案法官也害怕出现被改判、被再审的被动局面;而适用法定赔偿条款授予的自由裁量权决定赔偿额的,则极少就金额的原因被撤销或改判。[①] 比如上文提到的"卡斯特"商标侵权案件,就已经被最高院决定再审。[②] 再审申请人申请再审的理由之一就是认为原判中认定的赔偿金额计算有误。这也限制了审判人员探索适用优势证据规则的积极性。

---

① 蒋志培主编:《知识产权审判指导与参考》(第一卷),法律出版社1998年版,第78页。

② 具体案件详见最高人民法院(2013)民申字第1405号裁定书,即法国卡斯特兄弟简化股份公司申请再审案。

解决上述问题一方面当然是提高法官自身素质,加强判决中对优势证据的说理。法院在判决书的说理过程应当明确阐述法官对优势证据的分析、论证和认定,说明法官形成自由心证的理由,这既能使得案件当事人真正信服裁判的结果,也便于上级法院审查或是理解其适用该规则的推理过程。另一方面,关于错案追究制度,如果败诉当事人在二审或再审时针对适用优势证据规则确定的赔偿金额,提出新的证据或计算方式,导致改判或者再审的,不能算作错案。

3. 积极寻求上级法院的指导意见

目前针对知识产权中的优势证据规则,还没有明确的法律适用规则或者司法解释规则,办案法官对该司法政策的把握不是很准确,对上级法院的一些新观点也不能及时转化,故如果能够以司法解释或办案指导等形式对该证据规则予以肯定和明确,将对正确适用优势证据规则有很大帮助。另外还要探索优势证据的具体分类和适用标准,建立科学的评价标准。

三、建立专家辅助人制度应对赔偿难问题

专家辅助人制度是民诉法修改时新增的内容,主要为了解决当事人及代理人对涉案专业问题或鉴定意见质证困难的现状。我国《民事诉讼法》第79条规定,当事人可以申请人民法院通知有专门知识的人出庭,就鉴定人作出的鉴定意见或者专业问题提出意见。《最高人民法院关于民事诉讼证据的若干规定》第61条规定,当事人可以向人民法院申请一至二名具有专门知识的人员出庭对专门性问题进行说明。

(一)专家辅助人制度解决专门性问题的司法尝试

专家辅助人大多适用于存有鉴定意见的纠纷中,以解决技术侵权对比,进而判定被告使用的技术是否构成侵权。在解决知识产权损害赔偿问题时,能否亦适用该制度,值得研究。根据《民事诉讼法》第79条规定,专家辅助人在法庭上“就鉴定人作出的鉴定意见或者专门问题提出意见”。这意味着在知识产权审判中,专家辅助人可从两方面起到辅助作用:一是就鉴定人作出的鉴定意见提出主张,即辅助一方当事人针对鉴定意见进行质证或者强化,从而协助将相关问题质证清楚,帮助排除不能成立的鉴定意见,减少不必要的重新鉴定或者反复鉴定。例如,CDMA/GSM双模式移动通讯方法发明专利侵权纠纷案①(系国际知名手机生产商被诉侵害中国同行专利权第一案),一审法官认定被告深圳三星科健移动通信技术有限公司实施的技术构成侵权,判赔金额高达人民币5000万元。二审法官借助技术鉴定,并鼓励双方当事人聘请专家辅助人就鉴定意见进行充分阐述,法官最终认定被告的技术不构成侵权,改判驳回了原告的全部诉请。二是就专门性问题发表意见,即在案件不存在鉴定意见的情况下,专家辅助人亦可接受一方当事人的委托,在委托人向其通报的或者通过检验、测量等类似手段所发现事实的基础上,应用自己的知识,就案件所涉及的专门性问题进行充分说明、论证和评价,帮助法官形成内心确信。②

针对网络、电子、生物、化工、精密仪器等高科技案件的技术事实认定难问题,一

---

① 具体案情详见浙江省高级人民法院(2009)浙知终字第64号民事判决书,即浙江华立通信集团有限公司诉深圳三星科健移动通信技术有限公司、戴钢侵害发明专利权纠纷案。

② 参见《广东法院“探索完善司法证据制度破解知识产权侵权损害赔偿难”试点工作座谈会纪要》。

些法院早已尝试适用专家辅助人解决争议。在“中国网事第一告——IP电话案”中,福州马尾区的陈锥、陈彦两兄弟在自己的商店经营网络电话(又称IP电话),结果被电信局告发。公安部门以涉嫌“非法经营电信罪”暂扣了陈氏兄弟的电脑及人民币5万元。陈氏兄弟不服,状告公安部门。一审败诉后,陈氏兄弟上诉至福州市中级法院。二审法官要求上诉方陈氏兄弟与被上诉方公安部门各自邀请专家,就IP电话的原理和相关技术问题作证。二审法官最终采纳了上诉人陈氏兄弟邀请专家的意见,认定IP电话不属电信专营,终审裁定上诉人陈氏兄弟胜诉。针对其他专业问题,审判中也有适用专家辅助人的有益尝试。原告奇虎360公司诉被告腾讯公司滥用市场支配地位纠纷一案,奇虎360公司索赔人民币1.5亿元。[①] 双方都聘请专家到庭,360公司聘请的是英国学者DAVIDSTALLBA SS(曾担任英国伦敦公平贸易局局长,是欧洲最大的独立提供竞争法调查经济意见的机构RBB的顾问);而腾讯公司聘请的是中国社会科学院信息化研究中心秘书长姜奇平(曾当选中国互联网十大启蒙人物)。双方专家就事关此次反垄断诉讼全局的“相关市场界定问题”发表意见和接受询问,法院最终采纳了腾讯公司的意见。

令人遗憾的是,在确定损害赔偿中尚未有适用专家辅助人的案例出现。为破解知识产权损害赔偿难的现状,积极探索并适用专家辅助人制度将有助于法官查明侵权损害的实际损失或侵权人的侵权获利数额。课题组的思路是:法官根据个案情况对赔偿数额难以认定或分歧较大时,应鼓励当事人委托审计、会计等相关专业领域的专家辅助人出庭对销售额、行业利润率、同类产品单价及财务报表等作出评价和说明。[②] 对具有充分可靠的科学依据并经庭审质证的上述意见,法官可予采信。

(二)专家辅助人在解决赔偿难问题中的作用

在司法实践中,要积极审慎地适用专家辅助人制度,应以了解专家辅助人的重要作用为前提,课题组认为,解决知识产权赔偿难问题,应在如下领域发挥专家辅助人的作用:

1. 在证据保全时发挥专家辅助人的作用。证据保全对于原告的诉请能否得到法院支持及查明涉案事实具有至关重要的作用。知识产权证据保全申请中,权利人多要求保全侵权人的财务账册,旨在评估、审计侵权人的非法获利,以此作为计算侵权获利及索赔的依据。从实际操作情况看,目前突出的问题是:(1)保全的账册常常资料不全或者不真实,导致审计机关对侵权人的获利情况无法审计或者审计的结果与实际情况不符。(2)保全的财务账册并不仅针对侵权产品或未针对侵权产品,结果造成查封的账册不能用于审计确定赔偿数额。(3)权利人要求查封侵权人多年的财务账册,一方面影响了侵权人的经营活动,另一方面也不便于法院对证物的保管。西门子公司诉深圳合信公司不正当竞争纠纷中,[③]西门子公司指控深圳合信公司未经许

---

① 具体案情详见广东省高级人民法院(2011)粤高法民三初字第2号民事判决书,即奇虎360科技有限公司诉腾讯控股有限公司滥用市场支配地位纠纷案。

② 徐春建、刘思彬、张学军:《知识产权损害赔偿的证据规则》,载《人民司法》(应用版)2012年第17期。

③ 具体案情详见深圳市中级人民法院(2008)深中法民三初字第116号民事判决书,即西门子(中国)有限公司诉深圳市合信自动化技术有限公司不正当竞争纠纷案。

可抄袭(《SIMATIC S7 - 200 可编程序控制器产品目录》)的部分段落,冒用其涉案知名商品的特有名称及从事虚假宣传行为。案件审理过程中,法院根据西门子公司的申请,依法对深圳合信公司的财务账册采取保全措施,经审计后得出深圳合信公司侵权获利数额仅人民币数千元,与深圳合信公司的营业规模、侵权获利情况显然不符。法院最终没有采纳审计结论,而是根据侵权规模酌定赔偿金额为人民币 15 万元。针对上述情形,课题组认为:(1)保全前,法院可要求权利人明确保全财务账册需要固定哪些数据,由法院聘请具有专门知识的财务人员一同前往保全。(2)保全时,法院工作人员根据权利人的申请,在财务人员的指导下,有针对性地对有关账册进行扣押、摘抄和复印。(3)保全后,财务人员应对侵权人提交的财务账册是否具备审计条件提出意见,以免审计工作盲目进行。

2. 酌定损害赔偿时发挥专家辅助人的作用。在简易案件的裁判中,法官按赔偿标准酌定的金额有时远不足以弥补权利人的损失。例如,在同德兴机械公司诉特思德激光公司侵害外观设计专利权纠纷一案中,[①]特思德激光公司实施了制造、销售、许诺销售侵权行为,其对外宣称是一家集生产、销售、服务于一体的高新技术企业,供货总量为1000 台,被控侵权产品单价为人民币 8 万元。法院最终酌定的赔偿金额为人民币 12 万元,仅比制造侵害外观设计专利权的一般产品高出 2 万元。究其原因,主要在于:(1)多数知识产权案件因无法确定权利人的损失或侵权人的获利,法官只能在法定赔偿范围内酌定赔偿金额。为限制酌定赔偿的随意性及确保赔偿标准的统一性,一些法院按权利类别和侵权性质划分了赔偿金额的基准线,法官结合个案中的具体情形(如侵权规模、产品单价、维权费用等)在基准线上浮动。这种处理方式在解决简易案件时并无不妥,但在面对某些现有证据显示产品单价、利润率较高、侵权规模较大情形时,法官囿于该方面专业知识的匮乏、对此类证据的质证、审查流于形式,酌定的赔偿金额(在基准线上浮动)难免简单武断、有失公允。(2)法官偏离基准线酌定赔偿金额时,还会面临以下窘境:偏离过多缺乏充分依据且内心难以确信;此外,偏离过多还可能超越侵权赔偿的酌定范畴。因此,法官会认为赔偿金额在基准线上做小幅浮动比较稳妥。针对上述情形,课题组认为,通过专家辅助人出庭解决与实际损失或侵权获利查明相关的专门问题不失为可取之道。法官鼓励当事人通过委托经济学、审计学、会计学等专业领域的专家来对销售额、行业利润率、同类产品单价及财务报表等作出评价和说明,以便最终做出合理有据的判赔标准。需指出,判决书应对各方专家辅助人的意见作出评价、决定取舍。只有充分地说明理由,才能使当事人对判决信服并自愿遵守,从而保障该制度有效运作并发挥实际作用。

(三)知识产权审判中运用专家辅助人制度存在的问题及解决

运用专家辅助人制度解决知识产权赔偿难问题,应重点解决以下几个问题:

1. 专家辅助人资格的审查。具备什么条件的人才有资格提出专家意见?我国

① 具体案情详见深圳市中级人民法院(2013)深中法知民初字第43 号民事判决书,即同德兴包装机械(深圳)有限公司诉深圳市特思德激光设备有限公司侵害外观设计专利权纠纷案。

《民事诉讼法》中没有直接规定专家的概念,但却指出了是具有专门知识的人员。相关法律法规并未对"有专门知识的人"的资格提出特别要求。实践中有的主张专家辅助人必须具备案件涉及专业硕士研究生以上学历或中级以上技术职称,或从事案件涉及的行业十年以上。[①] 该观点值得商榷,鉴于知识产权案件所涉及的技术领域多为技术应用领域而非理论研究领域,其更多体现专业理论于实践中的运用,因此实践能力和经验应当成为考察专家辅助人资格的最重要标准。[②] 在中国太阳神集团有限公司诉美国可口可乐公司侵害著作权纠纷一案中,[③]太阳神集团有限公司认为:可口可乐公司广告曲《真我》与太阳神集团有限公司广告曲《当太阳升起的时候》在旋律和歌词上基本相同。尤其是"当太阳升起的时候,我们的爱天长地久"与可口可乐公司的"当太阳升起的时候,你的味道让我品不够"这句容易让人混淆。对该事实的认定,恰恰只需要音乐界的专家凭借其对音乐的良好感悟、深厚理解和精深造诣,对两首歌曲是否相同、是否存在抄袭发表专家意见。

课题组认为,在知识产权审判中,专家辅助人的资格标准不必确定得过高,但应符合以下两方面要求:(1)接受过系统教育、专门训练或具有实践经验;(2)其所受系统教育、专门训练或具有实践经验与涉案专业有关。一般来说,"专家辅助人对于相关领域必须拥有充分的知识和技能","这种知识可能单独来自于其他领域的学习(如教育),也可能单独来自于其他领域的实践(如经验),或者更为常见的二者兼而有之。"[④]此外,专家辅助人还必须具备良好的职业道德。因为案件涉及专门性问题,具有不同职业品德、职业素养的专家辅助人极有可能作出不同的专家意见,而法律很难去调整和查明道德范畴的事项。曾经有违法违纪记录,如在以往诉讼过程中有故意陈述虚假意见、作伪证、剽窃过他人学术成果等劣迹的"专家",应排除其出庭作证的资格。

2. 专家辅助人诉讼地位的认定。专家辅助人可否作为独立的一类诉讼参与人。课题组认为,专家辅助人具有独立的诉讼地位。[⑤] 首先,民诉法增设专家辅助人制度,确立了专家辅助人与鉴定人并存的双层专家证据制度。与鉴定人制度的定位和功能不同,专家辅助人的主要功能和作用就是辅助当事人充分有效地完成诉讼活动,不具有法官的"专业助手"的功能。[⑥] 其次,专家辅助人不同于民诉法中所讲的证人,也不是诉讼代理人。专家辅助人是基于当事人聘请、委托行为参与到民事诉讼之中的,实际上是通过自己的专门知识协助一方当事人参与法庭审理;其有关费用和报酬先由聘请、委托的当事人负担;如果侵权成立的,作为合理的维权费用由侵权人负担。鉴于专家辅助人的诉讼地位及性质,不应由法院来指定和聘请;但是,因专

---

① 参见厦门中级法院2009年6月22日出台的《知识产权审判专家辅助人制度》。

② 孙海龙、姚建军:《司法鉴定与专家辅助人制度研究——以知识产权审判为视角》,载《人民司法》(应用版)2008年第3期。

③ 具体案情详见北京市高级人民法院(2000)高知初字第19号民事判决书,即中国太阳神集团有限公司诉美国可口可乐公司侵害著作权纠纷案。

④ 约翰·W. 斯特龙主编:《麦考密克论证据》,汤维建等译,中国政法大学出版社2004年版,第32~33页。

⑤ 参见《浙江省高级人民法院民事审判第三庭关于审理知识产权民事案件若干问题的讨论综述》。

⑥ 参见《广东法院"探索完善司法证据制度破解知识产权侵权损害赔偿难"试点工作座谈会纪要》。

家辅助人的专业意见具有一定的技术中立性,若双方当事人共同申请法庭通知同一名有专门知识的人出庭的,有利于双方当事人对诉争专业问题和相关鉴定意见达成一致认识,应当予以鼓励。[①]

3. 专家辅助人参与庭审的程序。专家辅助人参与庭审的程序能否照搬证人的全部制度。[②]《最高人民法院关于民事诉讼证据的若干规定》第61条对专家辅助人在法庭上的活动,很大程度上是参照证人作证的规则设计的。如对具有专门知识的人员的询问、双方当事人各自申请的具有专门知识的人员相互对质的规定等。民诉法对此没有作出与《最高人民法院关于民事诉讼证据的若干规定》不一致的规定。鉴于知识产权审判的特点,课题组认为,在以下三个方面,专家辅助人参与庭审的程序与证人有别。(1)专家辅助人不应适用举证期限的规定。在经历一定的诉讼程序之前,当事人可能无法知晓对方的诉讼主张,因此无法确定案件的技术争议焦点(如商业秘密案件,原告方可能无法判断被告会提出哪些公知信息对其信息的秘密性进行抗辩);同时专家辅助人的重要作用在于对鉴定意见进行分析、质疑,当事人亦无法在对方当事人申请鉴定之前对是否需要专家辅助人进行判断。因此,可以结合案件的实际情况,在证据交换之后限定双方当事人申请专家辅助人的期限;若案件涉及司法鉴定,则在鉴定意见送达当事人之后限定其申请专家辅助人的期限。(2)法庭应当许可专家辅助人旁听审理。传统诉讼法规定证人不能旁听案件整个审理过程的理由在于防范证人受到庭审的影响而丧失其证言的真实性。然而,专家辅助人与此不同,其作用是基于对案件事实、材料的分析,进行推理并作判断性陈述。因此充分了解案情和对方关于技术问题的主张,有利于专家辅助人的意见更加准确并且更具有针对性,这也是双方当事人聘请的专家辅助人之间充分对质的需要。(3)当事人应于申请专家辅助人出庭时向法庭递交书面的专家意见。专家辅助人的意见系通过庭审笔录予以记录并由专家辅助人签字,但由于庭审的时效性及使用专业术语阐述相关问题时难免晦涩难懂,庭审笔录内容可能无法全面反映专家辅助人的完整意见,法庭还应要求专家辅助人就其陈述的结论性意见及推理过程出具书面意见,该意见应于申请专家辅助人出庭时一并提交。在书面意见的内容和构成方面,应阐述具体方法及得出分析结论的具体推理过程或计算过程等内容。

4. 专家辅助人的法律责任。专家辅助人对己方当事人存在天然的偏袒性,如何保障其既要对当事人负责,更要对法庭负责是一个难题。课题组认为,可从构建专家辅助人的程序性责任和实体责任两个方面着手。全国人大常委会《关于司法鉴定管理问题的决定》第13条规定了鉴定人的责任,主要是行政责任。专家辅助人违反程序规定,如不遵守法庭纪律,可按照《民事诉讼法》第110条的规定采取强制措施;对于故意提供虚假意见的专家辅助人,可比照鉴定人的行政责任处理,由相关管理机构给予行政处罚,如警告、吊销资格等。当然,当事人也可依据委托合同追究相关

① 参见《广东法院“探索完善司法证据制度破解知识产权侵权损害赔偿难”试点工作座谈会纪要》。

② 孙海龙、姚建军:《司法鉴定与专家辅助人制度研究——以知识产权审判为视角》,载《人民司法》(应用版)2008年第3期。

的民事赔偿责任;因故意出具虚假、错误的结论或其他重大过失而致他人财产损失的,还应承担侵权赔偿责任;对故意捏造与客观事实不符的专家意见并造成严重后果的,建议予以追究刑事责任。

四、运用会计鉴定制度解决知识产权赔偿难问题

司法会计鉴定是专项性的财务审计。在知识产权审判中,法院委托相应机构对涉案侵权损失进行查证,对有关账册、凭证等会计资料和财务报表进行审查核对,在查清事实的基础上提出确凿的证据和数额并出具审计报告,为法院审理工作提供有力的佐证。专家辅助人制度与司法会计鉴定在确立损害赔偿时各有侧重、互为补充。

(一)坚持司法会计鉴定对象的必要性和有限性原则

在当事人对相关数额认定存在较大争议,且涉及的财务资料众多、穷尽其他方法均难以查明的情况下,有必要进行司法会计鉴定。例如,在新东方学校诉美国教育考试服务中心(Educational Testing Service,ETS)侵害著作权和商标专用权纠纷一案中,[①]新东方学校的侵权行为在1998年至2000年间呈连续状态,ETS在起诉前最后一次向新东方学校主张权利是在2000年11月15日,而在此前的两年多时间内均未向新东方学校主张过权利。因此,对新东方学校的侵权行为损害赔偿请求权的诉讼时效在2000年11月15日中断,此前两年即1998年11月15日后发生的侵权行为损害赔偿请求权因中断而均未罹于失效,2000年11月15日至2001年1月4日起诉时发生的侵权行为损害赔偿请求权是重新计算的诉讼时效期间内,在计算赔偿时也应包括在内,所以新东方学校的侵权行为损害赔偿的数额应当从1998年11月15日开始计算。法院对新东方学校的财务账册实施了证据保全,并委托北京天正会计师事务所对相关财务账册进行了审计,法院最终依据审计结果和查明的事实判决新东方学校赔偿美国教育考试服务中心人民币370多万元。试想,此案如果让法官酌定赔偿或仅听取相关专家的意见、评价,要得出一个相对客观、确切的赔偿金额,其难度是可想而知的。

司法会计鉴定对于查清涉案金额起着重要作用,但鉴定过程往往程序烦琐漫长、费用高昂,且鉴定意见的准确取决于检材的客观真实。如送检的财会资料存在重大错误、缺失,或者因被审查单位内部控制制度存在重大漏洞、缺陷等,则依此作出的鉴定意见亦无法客观、真实地反映经济活动。法院对于是否启动鉴定程序要进行慎重审查,不仅考虑有关鉴定的必要性、可行性问题,还要考虑相关案件的金额和重要性、诉争事项的复杂度、诉讼成本等问题。

(二)通过专家辅助人制度强化对司法会计鉴定意见的实质性质证

司法会计鉴定意见本身具有很强的专业性,不认同鉴定意见的诉讼方可能因缺乏财会方面的专业知识而难以提出实质性的质疑,亦难以辨明司法会计鉴定意见的真伪。此外,仅凭司法会计鉴定人进行的质证,也使法官难以对司法会计鉴定意见提出新的认识,为了避免责任可能采取重复鉴定的方法。在强调司法会计鉴定人员出庭的同时,也必须引入该方面具有专业

① 具体案件详见北京市第一中级人民法院(2001)一中知初字第35号民事判决书,以及北京市高级人民法院(2003)高民终字第1393号民事判决书,即新东方学校诉美国教育考试服务中心侵害著作权和商标专用权纠纷案。

知识的人作为辅助人的身份出现，对专门性问题进行说明或发表专业性意见及评论。课题组对相关程序的安排如下：(1)当事人聘请具有财会方面知识的人对专业性问题进行说明时，法庭应当允许。随后，法庭应将决定告知申请方，同时也有义务通知对方当事人，并提示对方当事人也可聘请专家辅助人，双方均享有平等的权利。(2)专家辅助人对涉案专门性问题的认识和看法，应当在庭审前及时、充分地与当事人进行沟通及阐明。作为具有专门知识的人，对专业领域内的专门问题进行说明，必须把握两个尺度：一是帮助当事人维护其合法权益；二是以科学事实为依据。只有把这两方面结合起来才能正确有效地发挥专家辅助人在诉讼中的作用。[①] (3)经法庭允许，专家辅助人可以对鉴定人进行质证及辩论，由于双方当事人均可聘请专家辅助人，法庭上很可能出现专家辅助人之间的质证与辩论，通过直接对质辨别专家辅助人出具的专家意见。

五、积极稳妥地适用法定赔偿制度

（一）适用法定赔偿制度遇到的问题

法定赔偿的本义在于：当权利人既无法证明所受损害数额，也无法确定侵权人的违法所得时，法律明确规定侵权人给予权利人一定数额的赔偿。[②] 法定赔偿是在在传统计算方法无法发挥时，基于公平和效率的考虑，法律创造出的一种兜底的计算方式，即赋予法官较大的自由裁量权，根据自由心证来计算出一个赔偿数额，它应该是在穷尽了其他方法后的最后之选，但现实的状况是由于其快速和改判的可能性较小等优势，成为了法官们的普遍首选。

任意选取深圳中院2013年度已审结的侵害外观设计专利权纠纷案件为素材，随机抽取10宗案件，最终都认定被告构成制造、销售侵权，判决被告承担经济赔偿责任。具体列表如下：

序号	项目	数值
1	法定赔偿适用率	100%
2	赔偿数额均值	6.9万
3	赔偿数额最大值	10万(2宗)
4	赔偿数额最小值	5万(3宗)

从上表可以看出，在实践中适用法定赔偿的比率相当的高，结合数据深入到具体判决，可以发现以下几个问题：

1. 适用法定赔偿的优先和泛化

几乎100%的适用率，这说明法定赔偿已经不再是兜底性的赔偿方式，而是优先适用方式，有些学者因此诟病法定赔偿标准被滥用。

2. 适用法定赔偿固定且数额偏低

在抽样的10宗案件中，判赔10万的有2宗，判赔8万的2宗，判赔6万的3宗，判赔5万的3宗，可以说法官酌定的赔偿金额数额高度集中和固定，而相对于法律规定给予法官自由裁量酌定的赔偿范围来说，赔偿金额整体偏低。

3. 适用法定赔偿说理公式化

这10份判决在针对适用法定赔偿、决定具体数额的说理部分相当缺乏，基本采用公式化说理，而不作细致论证。

深圳中院下辖的龙岗法院也有相关统计。2012年龙岗法院旧存知识产权民事案件158宗，截至2013年10月10日新收知识产权民事案件1054宗，其中适用证据披

① 王刚：《浅论“专家辅助人”及其诉讼地位》，载《中国司法鉴定》2003年第1期。

② 夏一峰：《知识产权法定赔偿的价值选择与制度定位》，载《法制博览》2012年第10期。

露、举证妨碍、优势证据等证据规则的案件仅为7宗,所占比例不足7%。可以说基本都适用了法定赔偿标准。这一现象不仅仅是珠三角地区审判实践中的普遍现象,以2008年上海法院的判决为例,其适用法定赔偿方法确定赔偿数额的占判决赔偿案件的98.89%。[①]

(二)适用法定赔偿制度存在的问题之分析

法定赔偿在长期的司法实践中成为全国法官们的普遍选择,自然具有值得思考的原因,试阐述如下:

1. 案件基数大,考核压力大

2012年全国地方法院共新收知识产权民事一审案件87419件,审结83850件,分别比上年增长45.99%和44.07%;[②]目前许多法院都面临案多人少,积案过多的突出问题,每年乃至每月的办案结案指标成为悬在每位法官头上的达摩克利斯之剑。以深圳中院为例,2013年,深圳全市法院受理知识产权案件9694件,审结8174件,深圳中院受理知识产权案件2936件,审结2114件,深圳中院知识产权庭的法官为18名,年人均结案117.5件,这就要求每人平均每月审结近10宗知识产权案件。如果一概要求推行精细化办案,势必延长了办案周期,降低了结案效率。法官对一些类型化、简单化的案件通过适用法定赔偿标准,能达到在赔偿问题上不作过多纠缠,既快速处理案件又符合法律规定的双赢效果。

2. 实行全面赔偿原则,导致酌定赔偿金额偏低

民事权利的私权性质决定了对民事损害赔偿责任主要是一种补偿性质的责任,即填平原则。补偿救济功能应当是民事损害赔偿制度的基本功能,也就是说任何人不得因为他人的违法行为而受到损失,任何人亦不能因他人的违法行为获得额外的利益,所以目前知识产权关于损害赔偿方面也主要是补偿性赔偿原则,即全面赔偿原则,这与我国民事法律所奉行的公平原则是契合的,也符合我国社会大众朴素的公平正义观。既然适用补偿性赔偿原则,自然不可能出现过高赔偿数额,否则权利人通过侵权行为反而获得额外的利益,其在利益驱使下会出现"池塘养鱼"式的维权或者滥用诉权来维权的不合理现象。

(三)解决法定赔偿制度存在问题的方法

1. 加强说理,制订指引性标准,提高办案的精细化水平

由于地区经济发展水平、审判人员个体思维差异,导致认定结果的差异,那如何减少因为人为因素导致赔偿差异呢。课题组认为上级法院要经常指导下级法院,保障法律准确适用。建立制度化公开的赔偿计算标准,对不同地区的各级法院统一审理尺度和标准,具有积极作用和示范效应。在这方面深圳中院进行了积极有益的尝试,早在2011年深圳中院制定《关于知识产权侵权损害赔偿问题的指导意见》,统一和规范全市法院知识产权侵权损害赔偿标准及法律适用。

2. 坚持区分个案特点,加大侵权损害赔偿力度

虽然法定赔偿是建立在全面赔偿原则的基础上,但同时要强调过错责任原则和

① 应新龙:《坚持贯彻全面赔偿原则 加强知识产权司法保护》,载《中国知识产权报》2009年12月30日第6版。

② 参见最高人民法院(2012)《中国法院知识产权司法保护状况白皮书》。

个案区别原则。在确定法定赔偿时有两方面考虑因素,一是侵权人的主观状态,二是维权人的主观状态。前者考虑侵权人是故意还是过失,是性质恶劣还是过失侵权。例如桐庐光华文化用品有限公司诉桐庐佳禾制笔厂侵犯外观设计专利权纠纷一案。[①]原告曾于2006年在向杭州中院起诉被告外观设计专利侵权,杭州中院曾做出被告停止侵权并赔偿原告经济损失3元的判决,而被告在判决生效后仍从事侵权产品的生产销售行为,原告于2007年再次就被告的侵权行为提起诉讼,杭州中院和浙江高院一致认为被告的侵权行为系重复侵权,主观故意和过错明显,客观上给权利人造成较大经济损失,判决被告赔偿原告经济损失30万元。这与第一次的判决金额有着天壤之别,该判决体现了对恶意侵权行为的惩罚和对再次侵权行为的遏制。

关于维权人的主观状态因素,针对的是权利人的群体性维权以及钓鱼式维权。例如在广东省出现过奥飞动漫外观设计专利侵权系列案件,权利人将维权、起诉的权利完全授予代理人,而代理人会完全出于经济效益出发考虑案件。一方面一个小小的玩具上同时存在几个外观设计专利,另一方面大规模起诉针对的是微小型的销售方(个体工商户),往往起诉动辄成百甚至上千个案件,每个销售商同时被多宗案件起诉。另一种是钓鱼式维权,深圳中院在审判实践也遇到过权利人主动联系销售商,要求其提供某一特定产品,在"引诱"其销售后,公证固定证据后起诉其侵权。虽然法院最后还是认定侵权行为成立,但是在酌定赔偿金额时,对此情节还是予以了关注,适当降低了赔偿金额。

3. 区分合理费用,维权成本应另行计赔

对于正当、合理、必要的维权成本包括律师费用都可以纳入赔偿范围,但应另行计赔,不列入法定赔偿额之内。即使权利人没有提交具体证据,但合理的维权人员差旅费、食宿费属于必然要发生的费用,依照逻辑推理和日常生活经验,应当予以支持。当事人聘请专家辅助人所支出的费用属于合理的维权费用,也可予以支持。

被控侵权行为如果在诉讼过程中仍在进行,且权利人对因此造成的扩大损失提出明确的赔偿请求的,终审判决也可将这部分损失一并计算在赔偿范围之内。

作为自然人的原告因侵权行为受到精神损害的,也可以根据其请求依法确定合理的精神损害抚慰金。

4. 尊重当事人意思自治的约定,拓宽损害赔偿数额的计算方式

意思自治原则首先确立于合同领域,是指合同当事人取得权利、承担义务或从事民事活动时应基于其意志的自由,不受国家权利或其他当事人的非法干预。现在对意思自治原则已经扩大到诸多非合同领域,提高到民事法律关系的基本原则层次。[②]

在知识产权案件中,以调解方式结案的比率是很高的,以深圳中院为例,其2012年的案件调撤率为60.69%,2013年的案件调撤率为48.49%。在众多以调解结案的案件中,常常有当事人在达成的调解协议中约定:如果再次发生侵权行为的,由侵权

① 具体案件详见杭州市中级人民法院(2007)杭民三初字第400号民事判决书、浙江省高级人民法院(2008)浙民三终字第215号民事判决书,即桐庐光华文化用品有限公司诉桐庐佳禾制笔厂侵害外观设计专利权纠纷案。

② 徐伟功:《法律选择中的意思自治原则在我国的运用》,载《法学》2013年第9期。

人直接赔偿权利人经济损失若干元。对于这种当事人经协商达成的赔偿数额,在其后的案件审理中,法院能否在民事判决中直接以当事人达成的协议所约定的数额作为赔偿数额呢?课题组认为法院应当尊重当事人的意思自治,依法支持当事人有关侵权赔偿额计算方法的约定。当然,对调解达成的协议也应当进行审查,审查是否存在违反法律强制性规定、自愿原则的情况,如果协议内容违反了平等自愿原则,该约定无效。在朱勇文诉陈延副侵害外观设计专利权纠纷一案中,[①]深圳中院就适用了该计算方法。2011 年 12 月 19 日,朱勇文与陈延副曾就解决(2011)深中法知民初字第 798 号案件签订《和解协议》,约定陈延副在签订协议之后如果再次发生侵害朱勇文 ZL200930164431.1、ZL201030115454.6 外观设计专利权的行为,愿支付本次赔偿金额的 20 倍(即人民币 120 万元)赔偿,并一次性支付给朱勇文。深圳中院对该民事调解书予以确认。2012 年 3 月 1 日原告再次在被告处公证购买到侵犯 ZL200930164431.1 专利权的产品,于是朱勇文再次将陈延副起诉至深圳中院,请求法院判令被告赔偿其经济损失和原告为制止侵权行为所支出的合理费用,共计人民币 50 万元。深圳中院根据已生效的调解书确定的赔偿标准,认为原告主张被告赔偿人民币 50 万元符合双方约定及法律规定,予以全额支持。该案办案法官综合考虑被告属于再次侵权,主观恶意明显,而且按照已生效的民事调解书确定的赔偿依据,原告主张被告赔偿人民币 50 万元符合双方约定,也不违反法律规定。

关于知识产权诉讼禁令案件审理情况的调研报告

广东省佛山市中级人民法院知识产权审判庭

前　言

在当今以知识的流动传播为表现、以科技的创新转化为动力的新经济时代,由知识产权法律保护体系所承载的知识成果、智力成果、技术成果等虚拟资源在经济生产领域中所发挥的作用也越来越大。在知识产权法律保护体系中,诉讼禁令制度因与我国法律传统的异质性而尤具魅力。作为根植于衡平法之精神土壤中的诉讼禁令制度,以其救济的及时性与有效性,为权益人开辟了一条司法保护的绿色通道,彰显了知识产权司法保护的力度和效果。在我国,诉讼禁令制度最先是规定在知识产权法这一部门实体法中,2012 年新修正的

① 具体案件详见广东省深圳市中级人民法院(2012)深中法知民初字第 563 号民事判决书,即朱勇文诉陈延副侵害外观设计专利权纠纷案。

《中华人民共和国民事诉讼法》首次增设了行为保全制度,这不但意味着禁令制度在我国完成了从实体法向程序法的正确定位回归,而且还表明所有知识产权民事案件均可按照行为保全的规定适用禁令制度,实现了禁令制度在知识产权领域的全面覆盖。但不可否认的是,禁令是把双刃剑,适用得好可以有效及时地保护知识产权,适用不当则会导致滥用诉讼权利的情况发生。作为我国民事诉讼领域的新鲜制度,人民法院在禁令的适用标准和程序中仍然面临着很多有待明确和完善的问题。在当前加强知识产权保护的基本定位下,如何通过充分借鉴、消化、吸收西方发达国家诉讼禁令制度的立法技术、司法设计方面的成熟经验,并结合中国自身知识产权发展的国情及知识产权保护的现实要求,对知识产权诉讼禁令制度相关的立法体系进行不断完善与创新已经成为中国立法界和司法界均应严肃面对的一个紧迫命题。作为处于我国知识产权保护一线的人民法院,特别是处于我国知识产权保护第一阵营的珠三角法院,尤应对这一命题作出积极、认真的回应和思考。在此背景下,佛山中院针对知识产权诉讼禁令制度在司法审判适用中存在的若干问题,运用理论分析与实证调研相结合的方法,通过对佛山中院2002年至2013年期间审结的诉讼禁令案件的全面梳理、研究、分析,将过去的经验和做法进行了总结,提出相关问题和解决的建议,最终形成了本专项调研报告。

一、佛山中院审理知识产权诉讼禁令案件的基本情况

(一)佛山中院知识产权诉讼禁令案件的特点

自知识产权诉前、诉中禁令实施以来,佛山中院始终坚持依法和慎重的态度审理诉讼禁令案件,从2002年至2012年佛山中院共受理与知识产权有关的诉讼禁令案件126件,其中诉前禁令113件,诉中禁令13件(具体情况见下表)。总体来说,佛山中院禁令措施的案件呈现如下特点:

1. 案件总体数量呈下降趋势,诉前禁令案件急剧下降。2002年到2006年最初实施禁令措施的几年中,佛山中院对禁令申请的审查较为宽松,导致受理和采取禁令措施的案件数量较大。在受理的126件禁令案件中,2002年到2006年就有103件,其中诉前禁令案件有102件,诉中禁令案件只有1件。随着佛山中院对诉讼禁令研究的深入和办案经验的增加以及最高人民法院关于依法慎重采取诉前禁令措施等精神要求的出台,佛山中院自2006年后对诉前禁令申请在立案前的审查阶段即依法进行严格把控。从2007年开始,受理禁令申请的案件总数也大幅下降。2007年到2010年收案为22件;而2008年到2010年只有3件,且均为诉中禁令案件;2011年到2012收案仅1件,为诉前禁令案件。

2. 诉前禁令案较多,诉中禁令案较少。佛山中院受理的126件案中,诉前禁令案件达113件。2006年开始出现有申请诉中禁令的案件,但案件数量并不多,除了2007年有9件诉中禁令案件(其中存在系列案件)外,2008年到2012年中每年均为1件,共计收案12件。诉前禁令案件数量多的原因有:一是司法解释对诉前禁令有明确规定,当事人提起申请有明确依据;二是已进入诉讼的案件一般均采取了财产保全或证据保全措施,已达到当事人一定的目的,故当事人不再申请诉中禁令;三是因过去对诉前禁令案件在立案前缺乏审查,未把

住入口关。

3. 准许撤回申请的案件较多。在受理的126件案中申请人撤回申请的有65件,直接驳回的有14件。申请人撤回申请案件数量较多的主要原因有:一是在进行财产保全、证据保全和听证过程中,被申请人侵权行为证据确凿,被申请人与申请人主动进行和解,申请人自愿撤回申请。二是审判人员在进行证据保全或听证后,发现申请人的申请不符合审查条件的要求,如根本未保全到所谓的侵权产品,即建议申请人撤回申请。一般情况下申请人会按照建议撤回申请,或者申请人在证据保全和听证后自行撤回申请。

4. 与专利权纠纷有关的案件较多。从佛山中院所受理的禁令案件类型上看,与专利权纠纷有关的占85%,与著作权纠纷有关的占10.3%,与商标权纠纷有关的占4.7%。佛山中院受理的案件呈现这样态势与佛山地区制造业较为发达有关,知识产权类纠纷主要因侵犯专利权而产生,禁令措施相应地也集中于此类与专利权有关的案件。

5. 无因作出禁令错误导致损害赔偿的案件。虽然佛山中院作出禁令的案件较多,但因严格遵循审查程序和准确把握审查条件,佛山中院没有因作出禁令错误而导致损害赔偿的案件。

表 佛山中院2002年至2012年诉前、诉中禁令统计概况

年份	收案	类型	件数	结果	件数
2002	10件 诉前禁	专利权	9件	撤回	6件
				驳回	1件
				禁令	2件
		商标权	1件	禁令	1件
2003	54件 诉前禁	专利权	41件	撤回	34件
				禁令	7件
		商标权	2件	撤回	1件
				禁令	1件
		著作权	11件	撤回	2件
				禁令	9件
2004	3件诉前禁	专利权	3件	撤回	3件
2005	21件 诉前禁	专利权	20件	撤回	8件
				驳回	1件
				禁令	11件
		商标权	1件	禁令	1件

续表

年份	收案	类型	件数	结果	件数
2006	14件 诉前禁	专利权	14件	撤回	5件
				驳回	4件
				禁令	5件
	1件诉中禁	专利权	1件	禁令	1件
2007	10件 诉前禁	专利权	10件	驳回	8件
				禁令	2件
	9件 诉中禁	专利权	6件	禁令	2件
				撤回	4件
		商标权	2件	撤回	2件
		著作权	1件	禁令	1件
2008	1件诉中禁	专利权	1件	禁令	1件
2009	1件诉中禁	专利权	1件	禁令	1件
2010	1件诉中禁	专利权	1件	禁令	1件
2011	0件				
2012	1件诉前禁	著作权	1件	禁令	1件
合计	126件				

（二）佛山中院知识产权诉讼禁令的基本做法

佛山中院统一由知识产权审判庭对申请禁令的案件进行立案前审查、审理以及执行工作，基本做法是：

1. 立案阶段的初步审查。立案庭收到申请人提交的申请材料后，将材料交由知识产权审判庭进行初步审查，认为确有必要且具有可行性时，再告知立案庭立案。立案后，由知识产权审判庭进行审理和执行。佛山中院最近几年对于立案阶段的初步审查要求有所提高，特别是诉前禁令较为严格，若无充足的证据证明权利人权利的有效性、被申请人的行为构成侵权等要件，很难跨越该关口。实践也证明，进行立案前审查，可以防止专利权人滥用权利，利用临时措施作为打击竞争对手的工具。

2. 区分诉前禁令和诉中禁令的情况。申请诉前禁令的案件，基本上均要求申请人同时申请证据保全，或者同时申请证据保全和财产保全。在执行过程中，先进行证据保全和财产保全，再根据保全情况进行实体审查。

在诉前禁令案件中，申请人对被申请人的侵权行为以及是否给其造成了无法弥补的损失，往往缺乏充足的证据，审判人员没有经过诉前保全的环节，对被申请人的被诉侵权情况没有感性认识，对是否会对申请人造成无法弥补的损失难以达到内心确信。而诉中禁令案件往往已经过实体审理或有一定的证据支持，对申请人权利是否稳定，被申请人是否构成侵权等问题已比较清楚。因此对诉前禁令采取首先进行诉前证据保全的做法有利于审判人员掌握被申请人是否仍在或将要实施被诉侵权行为、被申请人的生产规模、被诉侵权产品的生产、销售数量及因此可能给申请人造成损害的直接证据。采取此种方式,法院还可及时保全到证明被申请人侵权的证据或者侵权获利的真实的财务账册,有利于促使侵权案件顺利解决。例如,佛山中院审理的申请人撤回申请的案件中,有些案件就是因为在证据保全的过程中保全到侵权的证据,促成双方当事人和解。

3. 申请禁令案件均须进行听证程序。依照开庭程序组织申请人与被申请人进行举证和质证,围绕申请人是否享有较稳定的权利、被申请人是否存在侵权的可能性、申请人提供的担保数额是否合适、不采取有关措施是否会对申请人造成难以弥补的损害等问题进行辩论。

听证程序是佛山中院在2002年的首创,现已被全国法院所借鉴。由于我国对外观设计、实用新型专利授权不进行实质性审查,为了防止专利权人滥用权利来打击竞争对手,通过听证程序,可以让双方当事人对权利人的权利及被诉侵权产品的技术特征作对比说明,尽可能保证作出禁令措施的正确性。同时,进行听证时法官可以进行调解,有利于促进案件协调解决。如申请人ANHEUSER－BUSCH, INCORPORATED(中文名安海斯－布希公司)、百威(武汉)国际啤酒有限公司、百威啤酒(佛山)有限公司与被申请人河南蓝牌酒业有限公司洛阳分公司诉中停止侵犯注册商标专用权纠纷系列案,涉及知名品牌和企业,处理不好会导致不良影响,但法官在听证程序结束时积极做双方当事人的调解工作,最后双方当事人达成和解,申请人撤回申请,取得较好的社会效果。另外,佛山中院作出禁令的案件不到受理案件数的一半,申请人撤回申请和被驳回申请的案件数占受理案件数的63.2%,其中固然有双方当事人达成和解而撤回申请的情况,但是经审查认定申请人的申请不符合作出禁令条件而劝告申请人撤回申请或者由法院驳回申请的案件占了其中相当大的部分。因此,实行听证程序对于保障案件的质量有其必要性和现实意义。

4. 禁令措施适用条件的审查重点是申请人权利是否稳定和被申请人的行为是否确有可能构成侵权以及申请人是否已经提供适当的担保。例如,佛山中院在对与专利权纠纷有关的禁令申请审查中,主要是根据《最高人民法院关于诉前停止侵犯专利权行为适用法律问题的若干规定》第11条规定的四个方面进行审查,其中重点对申请人的权利的稳定性和被申请人的行为是否构成侵权和担保方面进行审查。对于不采取有关措施是否会给申请人合法权益造成难以弥补的损失,因较难作出判断,所以过去审查较松。但在最近几年中,审判人员通过先行采取的证据保全和财产保全执行过程,实地了解被申请人的生产和销售规模、财务状况等情况的方式,开始逐步对该项条件实施较为严格的审查。

5. 合议庭作出禁令后,对被申请人执行禁令的情况随时保持关注,在得知被申请人不执行禁令的情况后,均马上进行现场勘察,并采取相应的强制措施,以确保禁令的有效遵守和执行。

二、目前审理知识产权诉讼禁令案件中存在的主要问题

知识产权诉讼禁令在我国属于一个非

常新的诉讼制度,我们在对上述案件的梳理和调研过程中发现,由于立法的不完善以及实践经验的欠缺导致该制度在适用条件、程序及实施效力等各方面都存在很多问题。

(一)审查条件缺乏标准,适用存在难度

目前对于申请禁令的审查条件缺乏一定标准,适用存在较大困难。特别是对申请人权利的稳定性和被申请人是否构成侵权、不采取有关措施是否会给申请人合法权益造成难以弥补的损害如何判断,对申请人的举证应作何要求等问题在司法实践中均难以操作,适用禁令措施存在难度。

例如,实践中对被申请人正在实施或即将实施的行为是否构成侵权存在不同理解,主要有两种观点,一是认为作出禁令的前提条件是有证据证明他人的行为已经构成侵权,即申请人必然胜诉,一是认为申请人没有必要提交证据证明其必然胜诉,只需提交初步证据证明存在侵权可能性即可。在审判实践中,各地法院对该问题的举证责任及是否核发禁令把握的标准也不一致。为确保案件质量,佛山中院对于该审查条件的掌握基本上从严把握,一是对申请人享有的权利的稳定性的证据作出较高要求,二是如在审查与专利纠纷有关的禁令申请时,必须对被诉侵权产品是否落入专利权保护范围进行审查。从实际效果看,采用严格审查标准成效较好,即佛山中院虽然在多年来作出了为数不少的禁令,但到目前为止尚无因不构成侵权而导致有关的损害赔偿案件。但是这种做法是否符合禁令作为一种临时措施的本质,不无疑问。实际上,禁令程序毕竟不是实体审理的程序,时间的紧迫性使得法官也不可能永远作出完全正确的判断。同时,目前禁令制度没有真正发挥其及时阻却侵权的作用,最重要的原因就是缺乏完整而详尽的适用条件,导致很多法院因担心错误采取禁令带来的负面影响而不愿意接受申请,使得禁令程序未能发挥其有效的作用。近些年全国各地法院,包括佛山中院禁令案件的大幅减少已说明这个问题。因此,审查条件的确定和细化是禁令措施面临的首要问题。

(二)禁令作出的程序不完善

目前法院在禁令作出应当遵循的程序方面存在着诸多不完善的问题。这种程序的不完善既包括是否需要进行听证等程序本身的问题,还包含法院内部本身分工对禁令程序的影响等各种问题。以听证为例,禁令的作出是否必经听证的程序并无相应具体的规定。而在实际的操作中,包括佛山中院在内的很多法院基本上都要求经过听证的程序,以免出现禁令与最后裁判不一致的情形。而这样的操作所带来的时间拖延明显导致了禁令及时制止侵权的作用未得以有效发挥。很多观点都提出,应当区分紧急情况和非紧急情况。在非紧急情况下,一般应通过听证程序听取双方当事人意见后再决定是否作出禁令,以提高裁定与最终裁决的一致性;而对于紧急情况则可不经听证而在法律规定的时限内决定是否作出禁令。这种说法并不太符合实践的具体情况。事实上,当事人提出禁令申请时基本上都存在紧急情况的理由,否则法院可能不接受其申请,但如果法院对这些申请一律都不听证的话,很容易出现适用禁令错误的情况。但如果都听证,时效性又很难保证。在当前提出要发挥禁令作用、加大知识产权保护司法力度以及新的民事诉讼法已经将保全行为进行统一规定的背景下,人民法院既要真正发挥禁令的作用又要减少禁令可能带来的副作用。因此,对禁令作出是否需要听证以及听证可适用的具体情形等各种程序问题必须进一步予以细化。

(三)对禁令裁定的复议组织和复议程序规定不明确

按照相关司法解释的规定,诉前禁令作出后,当事人可以申请复议一次,但是并没有规定进行复议的审判组织。由于诉前禁令对当事人的实体权利有很大影响,如果由作出裁定的原合议庭复议,很可能使复议形同虚设,无法对禁令措施实施有效的监督。实践中有两种不同的意见。一种意见是复议机关仍为作出裁定的人民法院,但是应当另行组成合议庭对复议申请进行审查;另一种是将复议机关明确规定为上一级人民法院,当事人对是否采取诉前禁令措施的裁定不服的,可以向上一级人民法院申请复议,上一级人民法院应在15天内审查完毕并作出决定。

佛山中院目前对于复议申请仍由原合议庭进行审查,因此,审查在一定程度上可以说是流于形式。为了避免复议审查的形式化,我们已经开始另行组成合议庭对复议申请进行审查。但复议审查的具体程序还有待设计和完善。另外,值得思考的是,因禁令的颁发和限制都将直接影响到当事人的权利,这种仅由同一法院对其作出禁令进行复议而不交由上一级法院复议的设计可能并不是太符合程序法的精神。

(四)对禁令"申请错误"的理解不一

专利、商标及著作权的司法解释均规定对申请人申请错误造成被申请人损失的,被申请人可以请求申请人赔偿。但实践中对"申请错误"存在不同的理解。一种观点认为,一旦禁令措施被撤销或经过案件审理后申请人败诉的,申请人的申请即构成申请错误,应当承担申请错误的赔偿责任。另一种意见认为,只有在申请人主观上有过错或存在滥用诉权的情况下,才属于申请错误。在申请人不存在主观恶意的情况下,即使临时禁令措施被撤销,也不是申请错误,不应当承担赔偿责任。随着对该问题认识的深入以及侵权责任法的发展,更多人同意第一种观点,即过错的判定已经向客观化发展,申请人败诉即可判定申请人申请禁令有过错,应当承担相应的赔偿责任。从佛山中院已经审结的其他法院因"申请禁令"错误引发的损害赔偿的案件看,我们更倾向于第一种观点。

禁令作用的双面性使得适用该制度的时候必须对滥用此权利的行为进行堵截,如果将"申请错误"进行正确的定义即可解决这一问题,但目前仅有一些零星的判决在摸索,并无相应的立法或者司法解释对此专门作出规定,急需予以解决。

(五)对违反禁令的行为缺乏有效的制止和处罚措施

对于违反禁令的行为的处理,目前直接的依据只有《最高人民法院关于对诉前停止侵犯专利权行为适用法律问题的若干规定》第15条的规定,即"被申请人违反人民法院责令停止有关行为裁定的,依照《民事诉讼法》第102条规定处理"。依据2012年新修正的《民事诉讼法》第111条规定,对被申请人的处罚措施为罚款、拘留、追究刑事责任三种。实践中,这三种处罚措施在民事案件中很少适用,而追究刑事责任的情况几乎没有,对被申请人威慑不够。同时,这三种措施还缺乏针对性,不能直接对被申请人的侵权行为进行及时有效的制止。因缺乏有效的措施对违反禁令的行为进行制止和处罚,被申请人往往在法院禁令裁定作出后,在生产的还会加速生产,禁令变得形同虚设。如申请人廖笑玲与被申请人王顺平诉中停止侵犯专利权纠纷一案中,被申请人王顺平在禁令作出后,仍继续生产、销售被诉侵权产品,佛山中院经核实后,依照《最高人民法院关于对诉前停止侵犯专利权行为适用法律问题的若干规定》第十五条的规定,对被申请人采取了罚款的处罚措施。但处罚后,被申请人仍未停止生产,申请人经常要求法院进行干涉。在二审判决后,我们只能告知申请人在执行程序中处理或重新起诉索赔。

(六)法律文书不规范

对于采取禁令措施的案件,法律文书的格式缺乏统一标准,各地法院实践中存在各种各样的裁定书。例如,有的裁定书完全采用判决书的形式,将双方当事人举证、质证和法院认证的意见均写入裁定书,有的则对此完全省略;在论述做禁令的理由时,有已构成侵权、构成侵权的可能性较大、构成侵权的可能性极大、有胜诉的可能性等不同表述方式;在裁定书的主文里,有的裁定书写入证据保全的内容,有些则不写。

三、佛山中院在审理知识产权诉讼禁令案件中对禁令适用条件和程序的处理思路

对于上述禁令措施在实践当中存在的适用条件和程序存在的各种问题,佛山中院在实践对审查标准和程序等各方面的细化和完善,处理思路清晰,且取得很好效果,但仍有不少问题值得继续深思和完善。

(一)审查标准的具体确定

佛山中院在把握我国有关法律和司法解释的基础上,参照国外司法经验,统一执法标准。特别是近几年,审查标准逐步严格和统一,并要求综合考虑采取禁令可能对各方面造成的影响,尽量平衡双方当事人的权利和义务。例如,申请人科龙公司向佛山中院提出诉前禁令申请,要求被申请人海尔公司在诉前立即停止侵犯其专利权的行为。该案属于电冰箱外观设计专利侵权纠纷,且申请人与被申请人双方系中国的两大家电巨头,知名度高。我们认为,申请人科龙公司的专利属于层次较低的外观设计,权利可能存在不稳定性;被诉侵权产品(海尔公司的某一型号冰箱)与申请人的专利对比,在冰箱门把手及门右侧等设计要部上存在一定的差异性,是否完全落入申请人专利权保护范围还有待进一步分析;科龙公司属于大型家电企业,其生产的该外观设计专利的冰箱只占其全部产品及利润的一小部分;海尔公司也是大型家电企业,其生产的涉案冰箱也只占其全部产品及利润的一小部分,但如采取禁令则给其企业商誉造成巨大的影响;如果最终判定侵权成立,海尔公司有足够的赔付能力,但如果最终判定侵权不成立则发出禁令可能给海尔公司造成难以消除的损害。综合考虑上述因素,以及科龙公司与海尔公司的竞争关系,科龙公司提出的禁令申请显然已经超出了正常的专利司法保护范围,其对竞争对手可能造成的伤害大于对自身专利权利的维护。因此,法院最终没有同意申请人科龙公司的禁令申请。

实践中,我们主要从以下几个方面对禁令措施的申请进行审查:

1. 对主体资格及权利稳定性的审查

第一,在主体资格审查方面,权利人应当提交证明其权利合法存在的真实有效的

文件,对利害关系人的主体资格审查要更加严格。例如对于独占实施许可和排他实施许可合同中的被许可人提出申请的,除要求其提交许可合同及备案登记外,还需提交合同已经实际履行的证明材料。

第二,在对权利有效性的审查方面,主要审查申请人提供权利有效存在的证据。如要求申请人提供有效的专利权属证明,了解专利是否经过维持程序,以确定正确的保护范围。对于实用新型专利,要求申请人提供专利检索报告,如不提交,则一般予以驳回。对于外观设计专利,鉴于被国家专利复审委员会宣告无效的比例较高,因此对外观设计的禁令申请往往采取特别谨慎的态度,一般要求经过至少一个无效宣告程序后被维持有效的,才视为权利稳定。对被申请人提供的先用权、现有技术抗辩的证据材料进行重点审查。通过上述综合因素的考量,分析涉案专利权的稳定性。

权利稳定性的审查是我们面临的主要困难,把握不准。如我们目前认为,对于外观设计专利权应要求已经过至少一个无效宣告程序后被维持有效的,才能视为权利稳定;但也有法官认为即使经过一个无效宣告程序后被维持有效的,其权利状态是否稳定仍是存疑。由于对权利稳定性难以把握,也造成对禁令申请的受理存在顾虑和畏惧。因此,对于权利稳定性的要求还需要进一步明确和规范。

2. 对侵权可能性的审查

禁令申请提出后,被申请人正在实施或即将实施的行为是否构成侵犯专利权,即是否存在侵权的可能性,对此判定应当采取的审查标准以及双方当事人的举证责任在理论上有一定的争议。很多人提出,对此判定既要避免类似证据保全的形式审查,也要避免绝对的实质审查。我们认为,禁令的后果是相当严重的,如果对侵权可能性的审查过于宽松,会导致禁令的滥用,所以我们对禁令采取了很慎重的态度,要求进行相对实质性的审查,对双方当事人提交的证据进行细致审查和核实。在举证责任上,由申请人提供被诉侵权产品与申请人权利保护范围相同或相似性的对比说明,被申请人提供其抗辩不相同、不相似的对比说明,合议庭对此进行重点审查。在认定侵权的标准上从严掌握,要求申请人提供的证据要达到足以证明侵权行为发生或即将发生的程度,更接近将来实体判决的胜诉性。如在审查中存在疑点或合议庭意见不一致,则一律驳回申请。

我们在审查的过程中还对申请人就被申请人正在实施或即将实施侵权行为在证据的提供上作出较高要求。如在申请人陈建成与被申请人佛山市顺德区杏坛镇瑞福实业有限公司诉前责令停止侵犯专利权案中,申请人提供了被申请人的送货单、收款收据、订货确认单等用以证明被申请人实施了侵犯专利权行为,但是法官到被申请人住所地进行诉前证据保全时,在现场没有发现被诉侵权产品,而申请人也没有提出其他证据证明被申请人正在实施或即将实施侵犯专利权的行为,故驳回了申请。

对侵权可能性的审查所面临的主要问题与诉讼面临的问题一致,即技术比对的困难和现有技术或现有设计的抗辩是否成立,同时禁令申请审查的时间非常短,一旦把握不准,就会出现错误判断。

3. 对“难以弥补损害”的衡量

根据 TRIPs 协议,只有在如不采取临时措施将会使申请人可能面临不可挽回之损害的情况下,法院才会应申请人的申请采取禁令措施。各国的法院在采取临时措施时均存在上述不可挽回之损害的判断。由于该审查条件的判断较难操作,过去我们审查都较为宽松,导致该审查条件流于形式。近几年,我们在审查中,对该条件的审查从严掌握,避免申请人滥用权利。在进行不可挽回之损害的判断时既考虑申请人的因素,还考虑被申请人的因素,考虑侵权行为性质的因素。例如,申请人的商业能力和机会是否因此受到严重威胁?被申请人经营的稳定性和经营规模如何?被申请人涉嫌侵权的行为在其正常商业活动中所占比例及市场占有情况如何?被诉侵权行为的性质是否恶劣。经过综合判断后才能得出是否存在不可挽回之损害的结论。如2009年审理的申请人周子鹏与被申请人深圳市左右家私有限公司诉中停止侵犯外观设计专利纠纷案中,合议庭发现被申请人左右公司在申请人提起诉讼后,正以促销方式销售被诉侵权产品,同时还考虑到左右公司家具产品较为知名,销量也大,故认定不采取禁令措施将会造成申请人难以弥补的损害,遂作出诉中禁令。

上述考虑因素虽然全面,但因证据的取得存在一定困难,故进行判断时往往缺乏客观依据,随意性较大,实际操作中,我们更多的是从被申请人企业规模、被诉侵权产品的生产和销售数量等量化标准进行审查。特别是在证据保全和财产保全的过程中,法官尽量采用各种方式观察被申请人企业的情况,查询或保全被申请人的账册,以能够准确了解被申请人的侵权规模和获利的具体情况。该审查标准的运用有效地防止一旦采取禁令将导致打击面过大的情况。但该审查标准的严格适用也存在一些问题。佛山中院受理的专利纠纷中有许多家具外观设计专利纠纷,家具款式的生命力比较短暂,也许今年时兴,明年就淘汰了;这个季节是必需品,换季就成垃圾。因此,如果简单以生产规模、生产数量等量化的标准来衡量“难以弥补的损失”,可能会失于利益的平衡。

4. 对担保的审查

由于禁令措施对被申请人的生产经营将产生很大的影响,要求申请人提供担保就显得尤其重要。担保一方面可以让申请人谨慎提出申请,另一方面也可以在一旦出现错误时弥补被申请人的实际损失。为了确保担保的可靠性,我们要求申请人提供充分的担保,一般采用以下几种形式:一是以现金担保,冻结申请人提供的银行账户存款;二是以房屋担保,首先需查明是否存在在先抵押,有抵押的房屋不予接受;三是以汽车担保,对汽车担保一般不接受,除非车辆车况较好,保险金额较高;四是进入法院名录的担保公司的担保,但其他机构或个人的保证担保一律不接受。

在担保审查方面,面临的主要问题是担保金额的确定。虽然根据《最高人民法院关于诉前停止侵犯专利权行为适用法律问题的若干规定》第6条第3款的规定,在确定担保范围时,应当考虑责令停止有关行为所涉及的产品的销售收入,以及合理的仓储、保管等费用;被申请人停止有关行为可能造成的损失,以及人员工资等合理费用支出等因素,但是,上述应当考虑的因素往往无相应的证据可供参考。原因主要是:首先,申请人囿于举证能力无法提供上述证据供法院确定担保金额时审查;其次,法院在进行证据保全时也未必能取得上述因素的证据;再次,被申请人不愿意将上述证据提供给法院。特别在申请诉前禁令的案件的证据保全过程中,法院要求被申请人提供相关的账册,被申请人往往以没有账册为由搪塞,或拒不提供相关的账册。所以,在确定诉前禁令的担保金额时,我们要求申请人提出其可能遭受的损失金额并结合同类别知识产权案件的判赔金额确定担保金额。而对于诉中禁令案件,则根据起诉的标的额确定担保金额。这样确定担保金额的方法操作起来比较简单,但也极有可能造成部分案件的担保金额与禁令措施给被申请人造成的损失数额不相当,导致权利与义务的失衡。因此,担保金额的确定仍需进一步明细。

(二)适用禁令程序的具体操作

对于佛山中院采取的适用禁令程序在上文中已经做了介绍,这里主要说明一下对在实际操作中几个问题的理解和处理:一是审查阶段提前至立案前是否恰当;二是听证程序与禁令发出的时间的协调问题;三是禁令措施与保全措施衔接问题;四是法院内部分工对禁令程序的影响问题。

关于审查阶段提前至立案前是否恰当的问题。过去,佛山中院申请禁令的案件很多,主要原因是在立案前几乎不进行审查,立案后才作审查,因此,在审查后大部分案件被驳回或者经审查不符合条件后当事人自愿撤回了申请。但司法统计时,未作出禁令的案件同样也统计为诉讼案件,因而案件数量较多。近几年,佛山中院严格了禁令措施的适用条件,并将审查程序提前至立案前。在立案前就对申请人提交的证据进行严格的审查,要求申请人提交的证据应当足以证明其权利的有效性和被申请人正在实施或即将实施侵犯知识产权的行为,并提供足额的担保,如果不符合这些采取禁令措施的条件,就要求申请人撤回申请,不予立案。在这种情况下,案件数量自然下降。我们认为,采用此种方式进行审查符合慎重采取临时措施的要求,有效防止禁令的泛滥。不过,因无明确规定,如何把握该阶段的审查深度和条件是目前急需解决的问题。另外,在当前司法政策转向"积极合理"地采取知识产权禁令措施的情况下,在立案阶段就予以严格控制并不利于禁令制度的发展。在这个问题的设计上还需要进一步完善。

关于听证程序与禁令发出时间的协调问题。佛山中院对申请禁令案件均要求进行听证,从立案到禁令的作出一般需要两周的时间。因此,禁令一般不可能在 48 小时内作出裁定。司法解释规定法院必须在 48 小时内对禁令申请做出裁定,这在各国的相关法律规定中是不常见的,它充分反映了我国对高效禁令措施的期望与要求。但是,知识产权侵权判断的专业性较强,在短时间内即要作出正确的裁断明显要求过高。同时,48 小时的要求使得听证程序无法进行,将剥夺被申请人最重要的一项权利,即陈述和申辩的权利。因此,两相比较,我们认为,听证程序更为重要,故未对 48 小时作出严格要求。这是佛山中院以前的做法。随着整个社会知识产权保护意识的提高和知识产权保护力度的加大,对于紧急情况下及时作出禁令的要求会越来越多,例如,佛山每年都会有很多大型的家具展销会,展销会时间一般也就一个星期左右,但是侵权行为却会对权利人的权利造成很大的损害,这种情况下是需要快速制止侵权行为的,因而在 48 小时内作出反应很有必要。现在我们认为,禁令作出时间的及时性应与现有的复议程序的完善相配套,在复议程序中允许被申请人进行陈述,使得被申请人的权利能够得到相应的保证,也可以通过复议程序来纠正因时间紧迫而匆忙作出的禁令可能存在的错误。

关于禁令措施与保全措施的衔接问题,我们已经形成了一套步骤和做法:先进行证据保全和财产保全,并以证据保全为主,再根据保全情况进行禁令审查。采用这样的方式,被申请人主动提出和解结案的比例高、结案快,很多案件不再进入实体审理程序。

关于法院内部分工对禁令案件的影响问题。全国法院对于禁令案件由哪个部门主管没有统一的做法,法律也没有明确的规定。禁令案件主要涉及受理、审查、执行三个环节,从形式上可分归为立案庭、审判庭、执行局三个不同的部门,实际上全国法院有一部分是这样分工的,也有的法院划归立案庭、审判庭两个部门管理。我们认为这两种模式都有不足,第一种模式职能太分散,互相扯皮,没有效率,特别是执行局不愿意接受这样的案件,因为禁令裁定在很多法院不属于单独的案件,执行局认为处理这样的案件完全是费力不讨好,干了也白干。第二种模式往往是立案庭不该立的立了,造成退费上的麻烦,该立的也把握不准,又不能及时转交审判庭,导致案件延误处理。通过多年的探索,佛山中院将第二种模式加以改造,形成了一套做法,即知识产权庭在立案阶段就处于主导地位,统一对禁令审查和执行。具体做法是,立案庭接到禁令申请后立即将有关材料送知识产权庭进行形式审查,知识产权庭认为具有可行性时即通知立案庭立案收费,并在立案后由知识产权庭进行审查和执行。这套做法有效化解了法院内部分工对禁令措施的影响,效果很好。

(三)其他相关问题

一是关于违反禁令行为的制裁问题。为了有效制裁违反禁令的行为,我们在实践中对此类情况加大处罚措施的适用,并在随后的判决中适当提高侵权赔偿数额,让侵权者付出相应的代价。

二是关于裁判文书的撰写方式。对裁定书的规范,我们认为,禁令与一般的财产保全和证据保全的裁定不同,其带有先予执行性质的特殊性,裁定书的内容应当详细一些,但也要避免完全和判决书一样。因此,佛山中院的裁定书根据案情的需要主要采取两种方式,一种是当事人争议较大的,就采取较为详细的写作方式,即对当事人提交的证据均列明,同时,对技术对比过程以及是否可能落入专利权保护范围进行论述;另一种是针对当事人争议不大的,采取较为简略的表达方式,在简要列明当事人证据后,即简单论述裁定理由。不过,在裁定主文的表述上,佛山中院基本上采取较为统一的表达方式,即“被申请人××立即停止可能侵犯申请人××专利权(专利名称、专利号)的行为”或者“被申请人××立即停止制造、销售可能侵犯申请人××专利权(专利名称、专利号)产品的行为”等。

四、进一步构建并完善我国知识产权诉讼禁令制度的若干建议

当前,加强知识产权保护已是我国知识产权审判的一项基本司法政策,知识产权诉讼禁令制度越来越受到重视。虽然经过立法和司法实践的不断发展,知识产权诉讼禁令制度的内容已经越来越丰富,但仍然存在本文上述所论述的各种问题。在新修改的民事诉讼法将知识产权诉讼禁令统一纳入保全行为进行规定,以及当前知识产权诉讼禁令制度的司法政策也已由慎重适用转向"积极合理"适用的情况下,构建全面而完整的知识产权诉讼禁令制度的任务更加紧迫。下面本调研报告将对如何进一步构建并完善我国知识产权诉讼禁令制度提出几点建议。

(一)基础立法规则方面的构建路径

2012年新修改的民事诉讼法通过一系列规定,在原民事诉讼法有关财产保全相关规定的基础上,增设了行为保全制度,弥补了我国民事诉讼行为保全的法律漏洞。但同时,诉讼禁令制度因受到部门实体法规范和民事诉讼规范的双重调整,实体权利和程序规则的相互混杂极易引起法律条文的冲突和适用上的矛盾,使该制度的立法价值和司法功能大打折扣。另外,该制度的设立因遵循"宜粗不宜细"的立法技术,导致该制度的内容较抽象和疏漏,在进行具体司法操作时可能会出现一定程度的偏差。因此,该制度在立法方面的完善应着重从以下几个方面努力:(1)借鉴西方发达国家的成熟做法,将禁令措施视为保障实体权利的一项特殊诉讼制度在程序法中予以专章规定。诉讼禁令制度在我国从实体法到程序法的回归不仅是该制度自身适用的内在要求,也是加强我国知识产权司法保护的客观需要,因此应在民事诉讼法程序性规则中对诉讼禁令的基本涵义、一般适用规则、基本程序要求、特殊限制性规则等再进一步作出统一完善的规定,此举意在构建诉讼禁令制度的基础规则。(2)禁令制度与我国法律传统具有天生的异质性,决定其立法思路和技术要求不同于我国民事诉讼法律传统的一般性、普遍性规范,客观上其要求相关立法制度的构建应积极主动适应诉讼禁令制度的独特属性。因此,我们建议应适时出台一部专门、系统的诉讼禁令制度规范,形成知识产权体系内司法适用的统一规则。摒弃原则性、概括性的立法形式,通过成文法的形式将诉讼禁令的类型、基本内容、适用条件、形式程序、权利救济方式等程序规则和实体规则等进行明确而详尽的规定,从而改变我国现行法律散乱无序、各地人民法院适用标准不一、司法实践中各行其是的问题。

(二)司法适用扩展规则方面的具体构建路径

1. 构建侧重于事前即时救济的快速反应机制。诉讼禁令适用程序的设计应以确保及时实现对申请人的权利保护为宗旨,避免程序上的过于烦琐导致诉讼成本的增加,即诉讼禁令适用程序应紧紧围绕有助于实现对申请人权利及时有效的救济而进行,积极审慎,繁简相宜。司法适用对诉讼禁令程序及时性和有效性的要求,可以说是颁发诉讼禁令最有力的理由。所以,根据最高法院司法解释规定,法院在接受申请人提出颁发临时禁令的申请后,经审查符合条件的,应当在48小时内作出书面裁定;裁定颁发禁令的,应当立即开始执行。这些规定,充分体现了程序及时原则,使当事人需要的救济及时到来。但与此同时,我们在司法适用时也要注意防范另一种倾向,即只单纯追求禁令救济效果的及时性,以至于程序走得太快、过分急速。过于快捷的审判往往是法官带着其先见和预判来审判,实质上是一种先定后审,这将使程序沦为纯粹的装饰品。禁令制度立法价值所体现的效率优先并非忽略了法律本身的公平正义价值,而恰恰是为了更好地促进公平正义价值的彰显和实现。因此，在司法实践中应当体现这种立法的积极审慎原则，探索并形成一套既有现实的司法指导意义又具有可操作性的诉讼禁令制度司法适用规范，并通过向立法层面积极反馈推动诉讼禁令制度的立法完善与成熟。这套适用规范应当包括审查标准、审查要件、程序设计（包括引入听证和辩论程序等）等具体内容，并尽可能统一、明确、详细、规范，以尽量减少法官自由裁量权的大量适用。

2. 构建侧重于事后有效补救的程序保障机制。同样基于禁令制度的积极合理适用原则，我们认为可以借鉴西方发达国家的成熟经验，构建裁决作出后的补偿程序保障机制，即诉前诉中专注于禁令的及时有效性，但裁决作出后一定要专注于保障被申请人有足够的权利救济机制以实现权利的制衡。第一，健全对禁令裁定的复议和上诉制度。目前，我国禁令制度中对复议的审理程序过于简单、原则，可操作性不强。而且，现行制度中缺乏上诉程序，由原合议庭或主审法官自行复议亦根本难以起到程序救济的作用。我们建议今后在制订诉讼禁令统一适用规则时宜规定应由同级法院另行组成合议庭或上级法院作为复议机关，同时，在该环节充分引入庭审、质证、辩论、回避等规则，赋予被申请人充分的陈述、申辩、反驳的机会，及时发现、纠正、撤销不当的禁令裁定，且赋予当事人提起上诉的权利。第二，建立禁令易于取消或解除制度，因为诉讼进程和案件事实总是不断发生变化的，为了适应禁令所针对客观情况的发展变化，在作出禁令裁决之后，必要时可以对裁决进行变更甚至撤销。美国诉前禁令的欠缺稳定性和日本禁令“易于取消”的制度，即反映出这一理念。第三，健全事前担保与事后赔偿相互衔接的对被申请人权益的补偿性救济机制。按照衡平法的精神，被申请人的权利保障要求与申请人的权利保障要求同等重要，由于法院在决定是否采取禁令措施时主要考虑的是采取这种措施的必要性、紧迫性，那么也要同时考虑申请人存在故意和过失滥用其申请禁令权利的可能性以及法院因裁定程序过简、时间过短而致禁令作出错误或不当的可能性。基于此，法院应要求申请人申请禁令保护时提供合理的、有效的担保，同时对于被申请人的异议、申诉提供充分的、公平的、可靠的程序保障。综上，我们建议今后在制订诉讼禁令制度统一规则时，应当专章对担保、裁决发布后的复议、申诉、上诉，禁令申请错误的撤销、解除、赔偿等予以详细、明确、科学的规定。

3. 构建可灵活适用于不同诉讼进程的多层次诉讼禁令制度。我们认为，我国完全可以借鉴美国司法实践中关于临时限制令、初步禁令和永久性禁令制度的划分方法，因为根据诉讼进程灵活选择相应不同的行为保全类型，可以较好地解决诉前行为保全制度对效率优先之立法价值的追求，同时又不至于牺牲程序正义的立法价值。临时限制令一般在单方程序中作出并且仅在一个非常有限的时间内有效，如10天左右。初步禁令的持续有效时间较长但仍然不是终局性的。而永久性禁令，也就是终局禁令，是法院在案件审理完毕后正式发出的禁令，是在法院作出判决的同时发出，属正式判决的一部分。从性质上说，上述三种禁令均是对被申请人行为的限制，但区别在于临时限制令、初步禁令属于诉前或者诉中的一种应急性临时措施，属于非正式禁令；而永久性禁令是法院有效判决的一部分。美国司法制度中关于区分不同诉讼阶段使用不同禁令形式的做法在客观上更有利于平衡双方当事人的利益。对此,我们建议在今后制订诉讼禁令统一规则时充分借鉴引入美国法律中关于临时限制令、初步禁令、永久禁令三种分不同诉讼阶段实施不同禁令形式的制度架构,在不同诉讼阶段设置不同的禁令适用要件和后果,明确不同禁令的时限要求,进行统一专章规定,根据诉讼的自然进度灵活选择相应的禁令形式,从而保障诉讼行为保全制度效率价值与公平价值适时进退、各得其所。

4. 健全和完善诉讼禁令在知识产权其他领域扩展适用制度。知识产权保护范围的持续扩张和发展,在客观上需要诉讼禁令扩展适用到知识产权其他领域。比如,英美法系国家的法律对不正当竞争案件同样适用禁令制度加以保护,尤其是对侵害商业秘密的案件更为注重。而在 2012 年民事诉讼法修改前,我国相关法律中没有规定不正当竞争案件可以适用该制度,但是,应当看到在知识产权中不正当竞争案件占有相当的比例,严重的不正当竞争行为给经营者带来的侵害同样可能是无法弥补的。不正当竞争案件有适用禁令制度的客观需要和条件。况且,由于禁令制度本身就是起源于英美法系的一项法律制度,而且其在西方国家又经过长期的司法实践而不断得到完善和修正,这本身就足以表明英美法系在此制度上已经渐趋成熟,确有值得我国借鉴之处。2012 年新修正的民事诉讼法的行为保全制度的确定,实际上是将包括不正当竞争案件在内的所有知识产权案件均纳入了诉前行为保全制度的适用范畴中,但法条的概括和粗略是显而易见的,而知识产权不同类型案件对于禁令的适用条件和程序存在不同要求。因此,必须进一步完善各类型案件(至少应分类为专利权、著作权、商标权、不正当竞争四类)的禁令制度的适用条件和程序。建议最高人民法院在条件成熟时,本着“成熟一个、制定一个”的原则,对知识产权其他领域的禁令适用制定出专门、系统、细化的具体适用规则。

结　语

诉讼禁令制度因其在知识产权保护体系中所具有的独特作用,加之其与我国法律传统的异质性及其在现行法律规定中的粗略性而尤其值得我们结合相关司法实践进行深入研究。目前我国知识产权领域的相关司法实践中,法院在具体的法律适用中均或多或少存在一些不统一、不一致甚至相互冲突矛盾的认识和做法。在新的民事诉讼法关于行为保全的规定出台后,基于目前加强知识产权司法保护的客观需求,必须进一步统一、完善并细化散布于各部门法之中的行为保全制度,使之成为一套形式统一、体系完备、设计科学的规范化制度体系。因此,我国知识产权领域禁令制度应充分借鉴英美等发达国家的成功经验,并总结以往的成功经验,最终形成一套合乎我国知识产权保护国情的知识产权保护法律体系。如此,这一重要法律制度的移植方能真正落地生根并在其本土化的过程中具有长久的生命力。

白酒知识产权保护问题与实践

——白酒企业知识产权保护指引

贵州省高级人民法院白酒知识产权法律保护课题组*

二〇一四年十二月

一、课题背景综述

白酒产业是贵州省的支柱产业之一，贵州茅台驰名中外，茅台集团稳居白酒行业的领头羊地位，除茅台集团外，贵州白酒行业生产企业众多，各种不同品牌的白酒各具特色，在全国都有一定的影响力。2013年，贵州全省规模以上白酒生产企业累计完成产量32.4万千升，实现产值494亿元，工业增加值470亿元，利润总额居全国各省市自治区第二位，利润率全国第一。但这一骄人成绩背后仍存在很多问题，贵州白酒行业整体存在经营分散、企业规模小，经营管理水平不高的问题，据统计，截至2014年10月21日，全省注册登记生产类白酒企业共计719家，仅在遵义市拥有有白酒生产许可证的企业就有284家，如果再加上挂靠生产的酒企，企业总数更加惊人。数量众多的许多小作坊式的酒企大多没有自主品牌，靠生产基酒或贴牌维生，既没有创造多大的价值，又浪费了水、粮食、土地等有限的资源，影响、限制了具有成长优势的白酒企业发展壮大，亟须通过市场手段予以整合；另外还有不少中小型酒企虽然有自主品牌，但品牌运作水平不高，市场影响力差；规模以上的企业中，不少没有明晰的知识产权管理和战略规划，缺乏自主创新创新能力，知识产权保护的自觉性与紧迫感有待提高，知识产权运用和保护能力不强，被恶意侵权现象频发，企业束手无策或者应对不力，影响了企业无形资产的累积和创新驱动力的形成。

由于各种因素的累加，近年来白酒行业整体受到极大的冲击，特别是2014年白酒行业更是整体萧条：高端白酒量价齐跌，中低端白酒竞争加剧，销售费用上升，企业利润降低，不少企业陷入亏损状态。在全国白酒销售一片风声鹤唳的危机之中，贵州白酒也不能幸免，特别是作为贵州省白酒企业最为集中的仁怀市已经有一些中小型酒企停止投料，生产陷于停滞。随着危机的进一步加剧，酒企之间的竞争将更加激烈，整个白酒行业将进行重新洗牌，一些竞争能力不强的企业将会在这次调整中倒闭。在这场竞争中，对市场的占领至关重要，丧失市场份额，就意味着死亡。竞争要求企业，一方面要加强创新，通过创新降低经营成本，扩大品牌影响力，提高市场占有率；另一方面也要注意用法律手段来保护

* 课题组成员：余红梅（组长）、郭民（执笔人）、白帆（执笔人）、田滔、王蕴、杨宁。

创新,建立并维护企业的核心竞争力。在当前"山寨"文化猖獗,跟风、模仿现象屡禁不止的现实状况下,没有强有力的知识产权制度保护体系,个别企业的创新就成了为他人做嫁衣,创新的企业并不能充分享受创新所带来的利益,创新就没有足够的激励。

为了有针对性地解决贵州白酒业在发展中存在的突出问题,切实保障增强创新驱动发展新动力,服务党和国家工作大局,同时也为了发展和完善现有的知识产权审判理论,贵州省高级人民法院联合最高人民法院白酒知识产权司法保护调研基地和遵义市中级人民法院,成立了以省法院余红梅副院长为组长的课题组,对我省白酒知识产权保护课题展开专项研究。课题研究通过对白酒企业在生产、宣传、销售等环节所涉及的知识产权问题进行梳理、分析,试图为白酒企业提供知识产权保护提供指引,保护贵州白酒企业的创新,促进贵州白酒企业的市场竞争中生存、发展、乃至壮大。

二、生产环节问题研究

白酒产业是一个很讲究历史与传统的行业,不少白酒的卖点就是宣传其工艺是传统工艺,完全按古法生产,似乎不古老就显得没有价值。应当说不少白酒的生产工艺和操作流程是多年传承的,但这并不意味着白酒行业就应该完全墨守成规拒绝创新。以酱香型白酒来说,目前贵州白酒企业生产的酱香型白酒大多是50度以上的高度酒,虽然高度酱香酒品质优良,但现在就面临着新老消费"断层"的问题,年轻一代的消费者更喜欢低度酒,关注酒的保健功能,以保健功能为卖点的红酒近年来不断在中国的酒类市场上攻城略地即是明证。所以目前的贵州白酒企业也面临开发低度酒、保健酒等新产品的挑战。即使是传统的高度白酒在生产工艺的某个传统环节也存在创新的可能性,传统白酒的基酒储存大都使用含有塑料成分的产品进行封存,在酒鬼酒被爆塑化剂超标之后,如何对传统工艺进行改进就成了酒企所面临的一个问题,此外产品的防伪技术等都是可以进行创新的点,可以说白酒行业生产技术的创新永远没有尽头。创新完成后,如何通过知识产权来保护创新是企业必须关注的问题。

(一)专利与商业秘密保护

目前一谈到生产技术领域的知识产权,大家就当然想起专利保护问题,专利包括发明、实用新型、外观设计三种类型,专利被授予之后,专利权人可以在一定期限内阻止他人实施其专利,这样就可以独享创新所带来的利益。专利权申请量及授予量一定程度上代表的企业的创新水平,目前专利持有数量已经成了衡量一个企业技术创新的指标,各级地方政府也往往出台各种政策,给予资金扶持、税收优惠等各种奖励。但是应当意识到申请专利并非保护企业技术创新的唯一手段,除专利之外,企业还可以用商业秘密的方法保护技术创新,专利保护和商业秘密保护各有其优缺点,企业应当根据自己的具体情况决定采用何种保护方法。

专利由申请人向国家专利局提出申请,经审查核准之后由国家专利局授予专利,核发专利证书;任何单位或个人未经专利权人许可,都不得实施其专利,未经许可实施其专利的,专利权人可以请求其停止使用并赔偿损失,专利保护具有权属清晰,保护力度强的优点。但也存在不足:第一,技术被公开,申请人在申请专利时必须公开其技术,公开的程度应足以达到社会公众通过阅读专利文件后能够实施该专利的程度,否则就视为公开不充分,不能获得专利授权;第二,专利保护是有期限的,发明专利的期限为二十年,实用新型和外观设计的期限为十年,期限届满后,该技术就不再受保护,任何单位和个人都可以实施该技术。

商业秘密,是指不为公众所知悉、能为权利人带来经济利益、具有实用性并经权利人采取保密措施的技术信息和经营信息。商业秘密的所有人享有禁止他人非法获取、使用、披露其商业秘密的权利。作为商业秘密的技术信息不需要向社会公开,如果保密工作做得好,理论上保护期是没有时间限制的,最典型的就是可口可乐的配方,至今已有上百年的历史,其配方外界仍然是一无所知。但商业秘密没有一个统一的核准授予机构,权属不明晰,所以在发生侵权行为时,权利人维权首先就要证明相关的生产技术属于其商业秘密,否则其请求将得不到支持。商业秘密的权利人需要证明其已经采取了保密措施,并且该生产技术不为社会公众所知悉。根据最高人民法院的司法解释,权利人证明具有以下情形之一的,可以认定权利人采取了保密措施:(1)限定涉密信息的知悉范围,只对必须知悉的相关人员告知其内容;(2)对于涉密信息载体采取加锁等防范措施;(3)在涉密信息的载体上标有保密标志;(4)对于涉密信息采用密码或者代码等;(5)签订保密协议;(6)对于涉密的机器、厂房、车间等场所限制来访者或者提出保密要求;(7)确保信息秘密的其他合理措施。但是权利人要举证该相关的生产技术不为社会公众所知悉比较困难,因为"证有不证无",证明"有"很容易,但证明"无"很难。与专利相比,商业秘密的权利人维权时举证责任重。同时,商业秘密的所有人无权禁止他人研究开发相同的技术,也无权禁止他人通过反向工程破解其技术秘密,其保护力度较专利为弱。

鉴于专利保护和商业秘密保护各有其优缺点,白酒生产企业应该根据技术的不同特点采取不同的保护方法,以最大限度地保护企业的技术创新。对于可以长期独占市场且很难通过反向工程或者其他途径破译的生产技术,以及申请专利保护会过早暴露企业重大技术研发意图和策略的技术,比如董酒的生产工艺、茅台酒的勾兑工艺等,都不宜申请专利或者过早申请专利,而应采取商业秘密的方法加以保护。企业经营应以利益最大化作为出发点,而不能为了显示企业的科技研发能力,贸然申请专利,盲目地追求专利持有数量。但是对于很容易破解或者模仿的技术以及竞争对手集中研发并取得一定进展的技术,就要及时申请专利。在我国,专利实行先申请原则,如果不及时申请而被竞争对手捷足先登,就会使自己反而受他人约束,所以要注意专利信息检索、关注竞争对手的研发动态,抢先申请专利,通过专利手段保护对创新技术的独占使用。而对于不宜申请专利、暂时不宜申请专利以及不能申请专利的技术,应采用商业秘密的方法予以保护。采取商业秘密的手段予以保护时,要注意和掌握商业秘密的工作人员签订保密协议,保密协议中明确需要保密的信息。调研中我们发现,虽然不少企业同期员工签订了保密协议,但保密协议不具体、不明确,往往不分工作岗位和工作性质,统一地签订保密协议,保密协议中又没有明确需要保密的信息,这样的保密协议形同虚设,将来一旦发生纠纷,在证明相关的信息为商业秘密时将处在极为不利的境地。除了采取签订保密协议的手段明示商业秘密外，还应注意采取其他手段，比如将整个商业秘密进行分解持有，避免一个人掌握整个的生产工艺或操作流程，否则一旦掌握整个生产工艺或者操作流程的核心工作人员泄密，给企业造成的损失将是致命的。

调研发现，贵州的白酒企业在生产技术研发知识产权保护方面还有待进一步努力，目前企业拥有的专利大多是外观设计专利，实用新型专利不多，发明专利更是屈指可数。目前在专利方面做得比较好的是天津天士力集团下属的国台酒业集团有限公司，该公司已经拥有12件专利，还就国台酒庄建设创新发明等22项发明向国家专利局提请专利申请，目前正在审批中。下图为国台酒庄享有专利权的部分生产设备与国台酒庄鸟瞰图：

正是借助于技术创新的推动，国台酒业公司已经做成了“茅台镇第二大酿酒企业”，国台品牌先后荣获“布鲁塞尔国际金奖”、“贵州省名牌产品”、“贵州省著名商标”、“贵州十大名酒”等荣誉称号，并于2012年荣膺“中国驰名商标”。国台酒业公司的迅速发展充分说明了技术创新在推动企业发展中的重要作用。此外董酒股份有限公司在商业秘密保护方面的努力也值得一提：董酒的工艺和配方是国家机密，企业为此专门成立了保密委员会，并制定了一系列配套的保密规章制度和流程规范。两个公司的成功经验告诉我们，应当把专利与商业秘密保护结合起来，为企业生产技术领域的创新提供全方位的法律支持。

（二）竞业限制协议

对于白酒生产企业来说，其研发和生产领域的核心技术人员对企业发展的重要性不言而喻，企业应当千方百计地留住核心技术人员。一方面要给予核心技术人员以高额的报酬，增强岗位的吸引力，另一方面也要注意与其签订竞业限制协议，捆住技术人员的手脚。所谓竞业限制协议是指企业与其员工约定，员工离开企业后一定时间内不得到与该企业生产或者经营同类产品、从事同类业务的其他企业工作，也不能自己生产或者经营同类产品、从事同类业务，竞业限制的期限最长不得超过两年。通过竞业限制的约定，可以一定程度上避免企业被人挖墙脚或者企业关键岗位上的人员出去自立门户，利用在企业掌握和接触的技术和信息与企业展开同业竞争。

实践中保密协议和竞业限制协议往往是结合在一起的，值得注意的是，保密协议不同于竞业限制协议，两者并不等同。由于商业秘密的对世权性质，权利人以外的所有主体都负有不得侵犯该权利的义务。员工和企业签订了保密协议后，就意味着企业已经以合理的方式向员工宣示其权利的存在，员工负有不得侵犯企业商业秘密的义务，对员工而言该义务是其单方面的义务，企业不需要支付任何对价，并且该义务是没有时间限制的，直至该商业秘密因为其他原因为公众所知悉。竞业限制是员工与企业约定，员工离开企业后不得到企业有竞争关系的企业工作或者自己与企业竞争,该约定是一种双务合同,即任何一方既享有权利,又同时负有义务,劳动者负有不得竞业的义务,但同时也享有竞业补偿金的权利,如果企业拒不支付竞业补偿金,员工就不再遵守竞业限制的约定,同时竞业限制是有期限的,竞业限制期满,员工就不受限制。竞业限制协议和保密协议性质不同,效力也有区别,不能将两者混淆。实践中将两者等同会产生两种错误认识:一种错误认识是,员工认为由于企业不支付竞业补偿金,单位违约,所以员工就可以不受协议的限制,可以披露、使用或者许可他人使用原企业的商业秘密,这种情形仍属于侵犯商业秘密的侵权行为,员工要为其侵权行为承担法律责任;另一种错误是,企业认为即使不支付竞业限制补偿金,劳动者仍应遵守竞业限制协议的约定,不得与企业竞争,因此拒不向员工支付竞业限制补偿金。根据上述分析,竞业限制协议是双务合同,企业不支付补偿金是无权要求原员工在离开企业后遵守竞业限制的约定。实践中还应注意的是,为了避免对是否支付了补偿金发生争议,补偿金不能与在岗时的工资一并支付,而应在员工离开企业后另行支付。

(三)产品包装、装潢的多维保护体系

生产环节还涉及酒瓶及产品外包装的设计问题,精致的包装设计对于提高白酒的文化品位,提升产品的整体形象,推动产品的市场销售具有重要作用,这也成为众多白酒企业的共识。在调研中我们发现,企业对产品的包装、装潢有较强的保护意识,对产品外包装,包括包装盒、酒瓶等花重金请名师设计,并申请了大量外观设计专利,这一点十分值得肯定。但企业应当注意的是,外观设计专利存在保护期短、需按时缴纳年费、未经实质审查故专利稳定性低等不足,因此企业在保护产品包装、装潢的方面路径不应过于单一,而可以综合运用保护体系中的各种途径,最大限度地维护自身利益,以下便对这一综合保护体系作一简要介绍。

1. 外观设计专利

这是企业所最为熟悉也是运用最多的保护方式。所谓外观设计,是指对产品的形状、图案或者其结合以及色彩与形状、图案的结合所作出的富有美感并适于工业应用的新设计。申请外观设计专利必须具备以下条件:(1)授予专利权的外观设计,应当不属于现有设计,也没有任何单位或者个人就同样的外观设计在申请日以前向国务院专利行政部门提出过申请,并记载在申请日以后公告的专利文件中;(2)授予专利权的外观设计与现有设计或者现有设计特征的组合相比,应当具有明显区别;(3)授予专利权的外观设计不得与他人在申请日以前已经取得的合法权利相冲突。实践中,企业产品的包装盒、酒瓶等符合上述条件均可以申请外观设计专利。

2. 著作权

著作权,是指作者对其作品所享有的权利。在满足《著作权法》独创性要求的前提下,一些产品的包装、装潢,如装饰图、酒瓶等可以作为著作权法意义上的美术作品,即“以线条、色彩或者其他方式构成的有审美意义的平面或者立体的造型艺术作品”。需要说明,对于实用艺术品,著作权法仅保护其艺术性(装饰性),不保护其实用性(功能性)。著作权自作品完成时即自动获得,同时我国采自愿登记制,有需要的可以到著作权登记机关(一般为版权局)进行著作权登记,著作权登记证书可以作为享有著作权的初步证据。

包装设计可以申请专利权,同时包装设计也构成作品,这样同一包装上就可能存在两个不同的知识产权即外包装设计专利权和著作权,两者的保护条件和保护期限不同,著作权实行自动保护原则,从作品完成之日起便受到保护,保护期限为首次发表之日期50年,而外观设计专利并非当然享有,需要向国家专利局提出申请,只有经过审核并发放专利证书后,才能享有专利权,且保护期限较短只有10年。因此一般情况下,外观设计专利保护期届满之后,其著作权的保护期还有很长时间,此时外包装是否受著作权法的保护。对此问题有不同观点,存在争议,但主流观点认为两种权利性质不同,专利权保护期届满之后,仍应受著作权法的保护,此保护期更长。因此,酒企除了注意通过申请外观设计予以保护外,还要注意通过著作权进行更长期限的保护,虽然著作权实行自动保护原则,为了避免就著作权的主体、保护期限等发生争议,建议企业到著作权登记机关进行著作权的登记。

同时,企业还应注意通过合同与设计师、实际创作者等主体对著作权的归属进行事先安排和约定,以免日后产生不必要的纠纷。企业的包装或者是自己设计,或者是委托他人设计,自己设计知识产权自己持有,当然最佳,但更多的企业由于种种原因大都是委托外单位设计。根据《著作权法》的规定,委托创作的作品,著作权的归属由委托人和受托人通过合同约定;合同未作明确约定或者没有订立合同的,著作权归受托人。因此在签订委托设计合同时,应尽可能地约定外包装的著作权归白酒企业,这样就可以避免没有包装的著作权所带来的种种弊端。

在省版权局调研时我们了解到,我省亦有酒企对企业产品标志、产品外包装盒及酒瓶和与企业、产品历史相关的文学、美术、书法等作品进行了著作权登记,其中数量最多的是将企业标志或产品标志作为美术作品登记。目前我省酒企中著作权登记数量最多的是仁怀市茅台镇王立夫酒业有限公司,以该企业及其法定代表人作为著作权人进行登记的作品有:“王立夫烧坊简介”图文集、“王立夫酒”酒盒用简介、《王立夫酒业宣传册(2012版)》图文、“王立夫酒业简介”卡图文、王立夫塑像、王立夫电脑艺术画像、“王”书法作品、“王立夫家族历史”手稿、“王立夫老酒瓶”图片、“王立夫”书法作品、王立夫烧坊历史画卷、王立夫酒业视觉识别系统,等等。该企业的这种著作权意识十分值得赞赏和学习。下图为该酒企著作权登记内容示例:

3. 立体商标

《商标法》第8条规定:“任何能够将自然人、法人或者其他组织的商品与他人的商品区别开的标志,包括文字、图形、字母、数字、三维标志、颜色组合和声音等,以及上述要素的组合，均可以作为商标申请注册。”其中的“三维标志”即指立体商标。依该条的规定，白酒的产品包装如具有独特外形、可以使消费者区分商品来源，即可以申请注册为立体商标。

同时，以三维标志申请注册商标的，仅由商品自身的性质产生的形状、为获得技术效果而需有的商品形状或者使商品具有实质性价值的形状，不得注册。也就是说，当包装外形对于产品的目的或用途至关重要，或者影响产品的成本或质量时，为维护公共利益和自由竞争，避免功能被长期垄断，该商标会将被禁止注册。

此外需要说明，产品包装仅仅是形状具有独特性，作为立体商标而言还是不够的。因为商标必须具有显著性，即便于识别，可以区分商品来源；而产品包装即使外形独特，但消费者一般也只会认为其造型美观，而不会意识到其还发挥着商标指明商品来源的功能。所以产品包装的立体商标申请有一定难度，需要经过长期使用，使消费者一看到该包装就想到是某企业产品的包装，达到这种程度产品包装才具有显著性，方能获得商标注册。

4. 反不正当竞争保护

《反不正当竞争法》提供了对产品包装、装潢的有限保护，规定经营者不得采用下列不正当手段从事市场交易，损害竞争对手：擅自使用知名商品特有的名称、包装、装潢，或者使用与知名商品近似的名称、包装、装潢，造成和他人的知名商品相混淆，使购买者误认为是该知名商品。同时，参照国家工商行政管理局《关于禁止仿冒知名商品特有的名称、包装、装潢的不正当竞争行为的若干规定》第 3 条的规定，“知名商品，是指在市场上具有一定知名度，为相关公众所知悉的商品。特有，是指商品名称、包装、装潢非为相关商品所通用，并具有显著的区别性特征。知名商品特有的名称，是指知名商品独有的与通用名称有显著区别的商品名称。但该名称已经作为商标注册的除外。包装，是指为识别商品以及方便携带、储运而使用在商品上的辅助物和容器。装潢，是指为识别与美化商品而在商品或者其包装上附加的文字、图案、色彩及其排列组合。”之所以说是有限保护，是因为要受到《反不正当竞争法》提供的这项保护，需要满足商品是知名商品，包装、装潢属于特有的包装这两个前提条件。只要满足这两个条件，反不正当竞争法给予的保护甚至是没有任何期限的，但是酒企一定要注意跟踪市场，一旦发现仿冒的产品立即予以制止，以维护自己的包装的独特性，这方面茅台酒的就是一个教训，茅台酒的白色圆瓷瓶和外包装在茅台镇已经被用滥，茅台酒很难证明其使用包装属于知名商品特有的包装，而禁止其他酒企使用。

以上四种保护方式，专利保护期限是十年，保护期限最短，著作权保护期限是五十年，比专利权稍长，商标和反不正当竞争保护管理得当，保护期可以是无限的，这样由外观设计专利，到著作权，再到商标和反不正当竞争保护，就形成了一个期限由短到长乃至无限的完整的综合保护体系。

三、宣传环节问题研究

对于白酒企业来说，生产当然重要，但宣传和营销更为关键。实际上，白酒的主要成分都是水和乙醇，各种品牌的白酒之间的差异仅在微量成分上不同，除了品酒专家以外，一般的消费者是很难分清楚彼此之间的细微差异的。在白酒产品高度同质化的背景下，白酒企业更需要通过品牌传播的差异化、渠道的优化才能创造真正的竞争优势。目前贵州白酒企业,特别是一些中小型企业其短板就是缺少品牌长远规划、营销手段单一,因此有必要对宣传和营销中涉及的知识产权问题进行深入研究。

在传统的熟人社会中,“酒好不怕巷子深”,通过口口相传也可以实现产品的销售,但在现代的陌生人社会里,由于销售范围的急剧扩大,就需要通过广告来带动产品的销售,当年默默无名的秦池酒厂勇夺央视标王一夜成名的故事,生动地说明了广告对于白酒企业的重要作用。更进一层讲,广告不仅是带动产品销售的助推器,广告本身也是一种生产,它实际在赋予有形产品以无形的价值。企业在宣传环节需要考虑的不光是如何推介自己的产品,还应有战略布局和长远目光,把企业的商标战略同广告宣传有机结合起来,通过广告宣传,树立、培育和维护企业自身良好、健康的商业形象。没有独立的自主品品牌或者仅仅满足于攀附模仿他人品牌,在白酒行业高涨时尚能分得一些残羹剩饭,一旦行业整体萧条时,受到冲击的首先就是这些没有自主品牌的白酒生产企业,今年很多生产基酒的企业纷纷停产就是一个非常现实的例子。

(一)商标

商标是将企业的商品或服务与其他企业的商品或服务区别开的标志,即用于标示商品、服务来源的标记。从课题组调研情况来看,目前我省绝大多数企业已经具有了商标意识,其所生产的白酒大都具有自己的商标,但企业在运用商标的环节上还存在一些不足和困惑。

1. 商标的显著性

商标作为产品的名号必须具有显著性,应当显而易见,很容易把自己的产品同其他人的产品区别开来,否则在实际使用时将处于十分不利的境地。根据《商标法》的规定,如果注册商标中含有的本商品的通用名称、图形、型号,或者直接表示商品的质量、主要原料、功能、用途、重量、数量及其他特点,或者含有的地名,注册商标专用权人无权禁止他人正当使用。此外,商标注册人申请商标注册前,他人已经在同一种商品或者类似商品上先于商标注册人使用与注册商标相同或者近似并有一定影响的商标的,注册商标专用权人无权禁止该使用人在原使用范围内继续使用该商标,但可以要求其附加适当区别标识。因此,在符合法律规定的情况下,企业无权阻止他人对自己商标的正当使用,其商标的价值显然就会受到影响。这就提醒企业,在设计商标之初就应考虑到商标的显著性问题,尽量避开通用名称、地名和已经使用的商标,减少被他人合理使用的可能性。

例如在调研中我们发现,金沙窖酒酒业有限公司所使用的“金沙”和“金沙回沙”商标就存在显著性不强、易被他人正当使用的问题:“金沙”二字是金沙县的地名,而“回沙”是酿酒所采用的一种工艺的名称,两者都不具备固有显著性;虽然经过长期使用,两个商标已具备了较高的知名度,“金沙及图”商标还被认定为驰名商标,但依然无法阻止他人符合法律规定的正当使用。下图为金沙窖酒酒业有限公司使用的“金沙及图”商标和“金沙回沙酒”字样:

金沙窖酒酒业有限公司在与本地另一酒企关于"金沙古酒"商标的争议中,就因为法院认为另一企业使用"金沙古酒"是正当使用而被驳回诉讼请求。又如,近年来由于酱香型白酒在市场上受到推崇,很多企业喜欢使用含有"酱"字的商标,"国酱"、"名酱"、"酱小子"等等不一而足,由于酱代表的是一种白酒的类型,属于通用名称,所以上述商标也不能排除他人的正当使用。还有不少中小型企业喜欢攀附国酒茅台,在商标中使用"国"、"茅"或"台"字,这类商标显著性不高,而且很容易因和茅台相混淆而被起诉。从长远发展看,这类商标发展空间有限,不利于建立企业的自主品牌,等企业做大做强后,必然要考虑重新注册使用新的商标,到那时代价将会更大。当年联想的商标为"Legend"(英文单词,意思是"传奇"),在联想走向国际化之后,该商标在英语里就存在显著性不高的缺陷,不利于品牌建设,后来联想痛下决心将商标改为"Lenovo",仅仅因为更换这一个商标,联想集团就付出了数亿元的支出,代价可谓高昂。

2. 地理标识

大树底下好乘凉,由于茅台的巨大影响力,带动了茅台镇乃至整个仁怀市的白酒产业,对于茅台镇或仁怀市的白酒生产企业来说,如果不标明其生产的白酒产自茅台镇或仁怀市,那简直是有钱不赚。但是用茅台镇或者仁怀市做商标,要么很容易被认为侵权,要么面临商标显著性不够的问题,解决这一矛盾就离不开地理标识的运用。地理标志是用地理名称来指明原产于该地的产品,产品的质量特征完全或主要取决于该地的自然环境和人文因素,对于白酒生产企业来说就是该地特殊的土壤、水质和微生物发酵环境,茅台酒异地试验失败的例子就充分说明了地理环境对白酒生产的决定性作用。地理标志是反映产品质量和产地来源的一种重要的商业标记,具有很大的经济和商业价值。目前在我国,对地理标志产品的保护是"三个部门、三种体质、三套模式",分别为国家质检总局依据《地理标志产品保护规定》建立的地理标志产品保护制度、国家工商总局依据《商标法》建立的地理标志商标保护和农业部施行的农产品地理标志登记保护制度,质检总局的地理标志产品侧重于产品质量,农业部的农产品地理标志侧重于未经加工的农产品,对于白酒来说,就商标意义上而言,运用较多的是国家工商总局的地理标志商标保护,这类标志在国际上的认可度也比较高。

根据《商标法实施条例》第4条的规定,"商标法第十六条规定的地理标志,可以依照商标法和本条例的规定,作为证明商标或者集体商标申请注册。以地理标志作为证明商标注册的,其商品符合使用该地理标志条件的自然人、法人或者其他组织可以要求使用该证明商标,控制该证明商标的组织应当允许。以地理标志作为集体商标注册的,其商品符合使用该地理标志条件的自然人、法人或者其他组织,可以要求参加以该地理标志作为集体商标注册的团体、协会或者其他组织,该团体、协会或者其他组织应当依据其章程接纳为会员;不要求参加以该地理标志作为集体商标注册的团体、协会或者其他组织的,也可以正当使用该地理标志,该团体、协会或者其他组织无权禁止。"由于茅台酒对于贵州很重要，过多地使用茅台这一地理标识，将会冲淡茅台酒的商标价值，仁怀市政府目前想通过“仁怀酱香”这一地理标识证明商标来规范地理标识的使用，并借此推动仁怀市白酒产业的发展。目前已经由仁怀市白酒行业协会注册了“仁怀酱香酒”地理标志证明商标，开始通过媒体对该商标进行宣传，并专门成立的仁怀酱香酒公司负责管理运营这一地理标志证明商标，目前为止管理、使用的具体制度尚未出台。通过对“仁怀酱香酒”这一地理标志证明商标的宣传，既避免了和茅台相混淆，又扩大仁怀酱香型白酒的影响力，可以带动整个仁怀白酒产业发展，这一构想是极其高明的。但在调研中我们发现，负责管理该商标的仁怀市酱香酒酒业有限公司属于国有控股的大型白酒生产企业，目前其在自己生产的白酒包装上单独使用了该“仁怀酱香酒”商标，并未标有其他商标，同时产品名称也标为“仁怀酱香酒”。而为推广“仁怀酱香酒”这一品牌，政府规定小企业生产的酒要上市就必须使用仁怀酱香酒公司的统一商标、名称（“仁怀酱香酒”）和产品包装。我们认为，这属于对地理标志证明商标的错误理解和使用：将证明商标混同为普通的商品商标，既无法发挥商标本应具有的证明标志作用，也是对该标志的不当垄断，会使消费者在证明商标与特定产品间建立错误联系，而在产品名称与商标呼叫相同时，更加剧了消费者的误解，淡化了商标的作用。这一错误理解和使用地理标志证明商标的行为应引起重视并加以改正。下图为“仁怀酱香酒”地理标志证明商标及仁怀市酱香酒酒业有限公司生产的某款“仁怀酱香酒”：

3. 商标体系的建设和管理

对于白酒生产企业来讲，一般都持有多个商标，这就涉及多个商标之间的分工和定位问题，如果商标之间分工不明确，商标定位不清晰，众多的商标就会导致消费者混淆，在诸多品牌之间无从选择。在调研中我们发现，贵州不少大型的酒企都不同程度地存在上述问题，其中最为典型的是茅台集团，除茅台股份有限公司以外茅台集团还有四个下属公司在生产白酒，每个公司都有数十甚至上百件商标在使用，合计整个茅台集团共有两三百个商标，仅就从贵阳到仁怀高速公路两边的广告而言，就可以看到有茅台白金酱酒、茅台财富酒、大河酒、汉酱、仁酒、茅台王子酒、茅台迎宾酒、九洲韵、兴邦酒、茅台不老酒、茅台醇、茅乡等众多品牌，其主打产品茅台酒又有“飞天”、“五星”两个商标，茅台酒还推出各种年份酒、纪念酒，产品线之丰富、品牌之众多丰富让人眼花缭乱。茅台的品牌战略和五粮液有些类似，就是通过多品牌战略，全面占领低中高端市场——正是凭借此战略五粮液实现了迅速扩张，成为白酒行业的巨头。但这种战略也有其弊端，虽然在白酒行业兴盛时借此战略可以实现市场占有率的迅速提高,但一旦市场不景气其溃败也是惊人的,近两年的萧条就已经使五粮液白酒行业老二的地位岌岌可危。多个品牌同时运营,不但成本高昂,而且处理不好还会导致品牌之间相互冲突,产生内耗,就拿"习酒1988"同"汉酱"两个品牌而言,两个品牌的定位就有些类似,在市场销售上就会相互影响。正如一开始所讲的那样,商标不仅关涉到产品的销售,还关涉到企业的形象塑造,众多杂乱或者低端品牌的运营也会在一定程度上拉低茅台集团的企业形象,影响其核心产品的销售。在这一点上宝洁公司的品牌战略值得借鉴,作为世界上最大的保洁用品公司,保洁公司也曾同样秉承多品牌战略,仅在中国大陆市场其品牌就有几十个,在全球共有100个品牌。由于品牌过多,带来一系列问题,后来保洁公司壮士断腕,痛下决心通过出售、停产、自然淘汰等形式,放弃旗下的多个品牌,集中精力把核心品牌做强,经过品牌战略调整,其旗下的品牌大量减少,但宝洁公司的盈利不降反增,其做法值得借鉴。

调研中我们了解到,茅台集团现在已逐步意识到这一问题,一方面不再允许子品牌使用茅台商标,另一方面开始控制品牌、品种。集团还专门制定出台了《贵州茅台集团标识使用管理办法》及《贵州茅台新版企业集团标识应用规范》,旨在保护茅台集团及成员单位的合法利益,规范贵州茅台集团成员单位对集团标识的使用行为。根据《贵州茅台集团标识使用管理办法》规定,贵州茅台酒股份有限公司和贵州茅台酒销售有限公司只能选择独家使用标识;茅台集团内部除贵州茅台酒股份有限公司和贵州茅台酒销售有限公司以外的其他成员单位,只能选择使用共同使用标识。中国贵州茅台酒厂(集团)有限责任公司对外开展广告宣传、企业推介等商业行为时,可以选择单独或同时使用上述两件标识。下图分别为上述独家使用标志和共同使用标志:

独家使用

共同使用

当然,仅仅规范集团标识的使用还不够,对于如此众多的商标,茅台集团还需要下大力气清理,理顺众多商标之间的关系,建立科学合理的商标体系。

对于其他大中型白酒生产企业而言,在商标使用和管理上或多或少都可能会遇到同茅台集团一样的问题。商标的定位应该和产品的定位相适应,一般的白酒企业都可能会存在高、中、低三个档次的产品,高档产品用来提升企业的整体形象,中档产品是企业盈利的主要来源,而低档产品则用来占领市场,扩大市场占有率(当然对于小型酒企来说可能只做中低档产品),高中低档产品定位不同,最好使用不同的商标,以免不同档的产品之间相互影响,而在同一档次的酒类产品中除了产品类型明显不同的情况(如酱香和浓香、兼香)外,尽量不要使用太多的商标,以免商标之间相互淡化。商标的定位不同,采取的宣传方法也应当有所区别,高档产品的广告当然走"高、大、上"路线,通过电视、报纸、期刊杂志发布广告,而低档产品的广告形式应当亲民,便于接近,不妨采用车体广告、店铺招贴、灯箱广告、楼宇广告、现场促销等日常生活中容易接触、费用较低的广告方式。对品牌的宣传应当有一个统一的规划，而不能放任经销商自行宣传，否则宣传不当，白白消耗企业的人力物力而没有任何效果。企业规模壮大以后，品牌多、广告宣传活动复杂时，这一问题尤其需要注意。商标体系的管理和维护是动态的，需要专人负责、跟踪管理，首先商标授予之后并不是就可以一劳永逸地永远持有了，商标注册期限是十年，满十年后需要续展，如到期后在法律规定的宽展期内没有续展，该商标将会被注销。商标的价值在于使用，如果连续三年不使用，经他人申请商标也会被注销。在企业拥有多个商标时，如果没有专人跟踪管理，很容易发生商标被注销的情况，在这一点上贵州的白酒企业可谓是教训深刻。酒中酒公司的“古镇老酒”商标，仁怀市怀茅酒厂的“怀茅”商标都曾因到期未续展而被注销，茅台集团的“赖茅”商标因为连续三年未使用也被注销。一旦商标被注销，就需要重新注册，如果该商标被别的厂家盯上，重新注册的道路漫长且又艰辛，茅台集团的赖茅商标被注销后，因为其他企业的异议经过十多年的反复，费尽千辛万苦才得以重新注册。而酒中酒公司的“古镇老酒”商标被注销后，四川的一家酒企注册了类似的商标“古镇王”，酒中酒公司重新申请时，因被认为和“古镇王”商标近似，商标局不予受理，酒中酒公司不服向商标评审委员会复议，对复议结论不服又向法院提起行政诉讼，经两审终审其重新注册的申请终未被受理，花费的差旅费、律师费无数，以前在该商标上的巨额投入统统都打了水漂。商标体系的管理还包括对他人近似商标的注册申请及时提出异议，阻止他人注册近似商标，以免将来造成混淆。贵州省同济堂制药有限公司拥有“同济堂”商标，湖北一家企业在同济堂制药有限公司商标已经注册的情况下，申请注册“同济堂 reday”商标，由于同济堂制药有限公司没有在异议期内提出异议，该商标获准注册，在五年之后同济堂公司才发现湖北公司注册的“同济堂 reday”商标，因为已经超过了申请撤销注册的五年期限，而且湖北公司在注册“同济堂 reday”商标时，“同济堂”商标还不是驰名商标，不能适用驰名商标不受五年限制的规定，同济堂制药公司束手无策只能坐视既成事实。阻止他人注册近似商标，就要求企业必须关注商标局商标申请情况，不派专人实时跟踪商标注册申请动态，是根本不可能的，这就对企业的商标体系管理提出了很高的要求。在调研中我们发现，有的企业对于自己的商标已经具备了事前防范的意识，如茅台集团和青酒厂，他们或自己设立专门的部门，或委托专业知识产权代理机构，时刻关注国家商标局公布的商标初步审定公告，当发现与自己商标类似、可能攀附或减损自己商标与产品的联系时，则积极向商标局提出异议。这些企业建立了较为科学的“预警——异议——诉讼”机制，值得称赞和学习。

4. 防御商标

上述“预警——异议——诉讼”机制是一种被动防御策略，跟踪商标注册申请状态耗时费力，而且难免会挂一漏万发生遗漏。对此有企业提出主动防御的思路，即围绕自己的核心商标先把近似的商标注册，防止他人攀附、挂靠自己的核心商标，这种防御性的注册商标即为防御商标。注册防御商标的优点在于主动阻却他人申请近似商标,而无须异议和诉讼程序,更为便捷;同时还给企业向其他领域拓展留足了空间。在调研时茅台集团就提出了防御商标的问题,并且茅台集团已经采取了行动,围绕着"茅台"注册了不少近似商标,应该说茅台集团的商标战略还是很高明的,国内其他知名企业如娃哈哈集团等采取了类似的策略,但该主动防御策略效果如何,还有待观察。因为商标的作用就在于发挥指示商品和服务来源的功能,商标法鼓励商标在市场上的实际使用,反对对商标的囤积和垄断。在世界范围内除日本、意大利等少数几个国家外,包括我国在内的全球大多数国家均不认可防御商标制度。我国《商标法》规定,注册商标没有正当理由连续三年不使用的,任何单位或者个人可以向商标局申请撤销该注册商标。也就是说商标局并不主动审查商标是否实际使用,决定是否撤销企业注册但未实际使用的商标,但如果有人申请撤销,防御商标将会因没有实际使用而被撤销。现实中"赖茅"商标就是因为没有实际使用,而被其他白酒生产企业申请撤销的,所以防御商标的稳定性有赖于其他企业是否申请撤销,如果没有人提出申请,则防御商标不会因为没有实际使用而被撤销。但我们认为即便如此,注册防御商标也是可以考虑的一种商标保护手段,因为一旦有企业申请撤销已注册的防御商标,就意味着提出异议的企业有可能下一步申请注册与之近似的商标,其撤销申请可以为企业提供预警,方便企业对提出申请的企业进行动态跟踪。

除此之外,著作权登记也是一个可以考虑的防御措施。根据我们在省版权局调研的结果,目前我省酒企对标识、图标进行著作权登记的为数不少,约有数十件之多。著作权虽无法阻止他人使用相同内容的简短词语,但至少可以防止他人采用相同的样式书写,防止他人使用相同样式的图形或标识。

5. 注册商标必须规范使用

获得注册商标专用权后,并不意味着企业可以以任何方式随意使用自己的商标,使用商标也必须按照法律要求规范使用。根据《商标法》的规定,如果商标注册人在使用注册商标的过程中,自行改变注册商标、注册人名义、地址或者其他注册事项的,工商行政管理部门可以责令限期改正;期满不改正的,将会由商标局撤销其注册商标。同时,如果不规范使用注册商标侵害他人合法权益的,还要承担相应的法律责任。在贵州贵酒有限责任公司诉贵州省仁怀市茅台镇麒麟酒业有限公司、贵阳顺潮商贸有限公司侵害商标权及不正当竞争一案中,法院就认为,贵酒公司第101911号、第8550010号"贵"字商标以及顺潮公司第6371593号"贵壹品"商标均系合法注册取得,依法享有注册商标专用权。麒麟公司、顺潮公司在其生产、销售的白酒上使用"贵壹品"时,将"贵"子突出,而"壹品"两字与"贵"字比相比显著较小,这样一种文字的构图、排列方式使其中"贵"字构成一个相对独立、醒目的识别部分,容易与贵酒公司的"贵"字注册商标发生混淆、误认,构成商标侵权,而被判令承担侵权责任。这便是不规范使用自己的注册商标导致侵犯他人合法权益的一起典型案例,企业应引以为戒;须知打"擦边球"、模仿、攀附和不正当利用他人积累的商誉,都是违反法律的行为。下图左为贵酒的产品外包装、右为贵壹品酒的外包装:

(二)企业名称、字号及网络域名

《反不正当竞争法》规定,擅自使用他人的企业名称或者姓名,引人误认为是他人商品的,属于不正当竞争行为。企业名称能够起到区别商品和服务来源的功能,实际上也具有商标的功能。企业名称由行政区域、所属行业、组织形式及字号四要素组成,比如"贵州茅台酒股份有限公司"这一企业名称中,"贵州"两字标明了行政区域,"酒"标明了所属行业,"股份有限公司"标明了企业的组织形式,而"茅台"则属于企业的字号。其中字号是最核心的要素,是企业名称中最显著、最重要的部分。具有一定的市场知名度、为相关公众所知悉的企业名称中的字号,可以认定为反不正当竞争法中规定的"企业名称"予以保护。但字号的保护不同于商标,商标由商标局核准注册,注册商标在全国范围内享有商标专用权,他人未经许可不得在相同或类似产品上使用该商标;而字号只能由其所在区域的工商登记管理机关核准,仅在工商登记的区域范围内享有专用权,排除他人使用相同的字号。由于商标和字号的保护范围不同,实践中有人钻取两种制度的空子,将他人使用的字号申请为注册商标,然后打着合法使用注册商标幌子从事侵犯他人合法权益勾当的行为,也有人将他人的商标注册作为企业名称中的字号,以使用企业名称的形式侵犯他人商标权的情形。虽然上述两种行为都是侵权行为,但由于有了商标或企业名称的"合法外衣",还是能够欺骗不少消费者的,甚至于工商行政管理机关在行政执法时都有些缩手缩脚。为了不给他人以可乘之机,建议企业将最核心的文字商标或者商标中的文字部分作为企业的字号使用在企业名称中,这样既可以寻求商标法的保护,也可以寻求反不正当竞争法的保护。这种做法同时还可以充分发挥企业名称及核心商标的辐射作用,带动使用其他商标产品的销售,发挥协同作用,实现商标之间的联动。企业在推广宣传一个商标的同时,必然也会宣传企业的名称,当使用其他商标时,通过企业名称的连接作用,将已有商标的商誉延及新的商标。企业名称实际上起到了副商标的作用,实际上商标法并没有规定一种产品只用一个商标,一种产品上完全可以使用多个商标,主商标用来突出产品系列,而副商标用来宣传企业,企业所有的产品都使用一个共同的副商标,通过副商标将企业所有的产品联系起来,副商标还可以为新品的开发拓展留足空间。此种商标战略药品生产企业经常常用,因为处方药禁止通过大众传媒发布广告,所以药品生产企业往往采用集中宣传非处方药,提高企业的知名度,用非处方药的名誉带动处方药的销售,企业名称的商标功能得以充分的发挥,白酒生产企业也完全可以借鉴这种作法,集中精力打造一款知名产品,然后携知名产品的名声,全线占领市场。

与企业名称、字号相关的还有企业的网络域名,网络域名就是企业的网站、网页在网络中的名称和地址,网络域名实际上是企业在网络世界里中的“姓名”,一定程度上它也是企业的“电子商标”。网络在商务活动中的广泛运用及电子商务的迅猛发展极大地影响了企业的经营方式,网络域名对于企业的经营越来越重要,实际上域名已经和企业名称或字号同等重要了,企业应当对此给予足够的重视,目前恶意抢注域名后向相关企业索取高价的事件屡见不鲜。对于域名之间冲突的解决,中国互联网络信息中心(CNNIC)发布有《中国互联网络信息中心域名争议解决办法》及其《程序规则》,对域名间的冲突是通过民间解决机制(仲裁等)来处理。最高人民法院于2001年6月颁布了《关于审理涉及计算机网络域名民事纠纷案件适用法律若干问题的解释》,对于涉及计算机网络域名注册、使用等行为的民事纠纷处理作出了规定。根据司法解释的规定,如果注册的域名或其主要部分构成对他人驰名商标的复制、模仿、翻译或音译;或者与他人的注册商标、域名等相同或近似,足以造成相关公众的误认;且注册人及使用人对该域名的注册、使用具有恶意,其行为将被视为侵权或不正当竞争行为。关于恶意的认定,具有下列情形之一的,都视为具有恶意:(1)为商业目的将他人驰名商标注册为域名的;(2)为商业目的注册、使用与原告的注册商标、域名等相同或近似的域名,故意造成与原告提供的产品、服务或者原告网站的混淆,误导网络用户访问其网站或其他在线站点的;(3)曾要约高价出售、出租或者以其他方式转让该域名获取不正当利益的;(4)注册域名后自己并不使用也未准备使用,而有意阻止权利人注册该域名的;(5)具有其他恶意情形的。司法解释仅规定侵犯他人已注册域名、注册商标及驰名商标的才构成侵权行为或不正当竞争行为,权利人可要求侵权人停止侵权,司法解释并没有规定将他人的企业名称(如果不含注册商标)注册为域名的行为是侵权行为,这种情况下,权利人维权就有一定的难度,这也是我们为什么建议将核心商标作为企业字号的原因。因此企业利用互联网宣传、尤其是建立自己的官方网站时,最好将自己的商标或企业字号作为域名。即使暂时没有互联网推广计划的企业,也应树立忧患意识,提前将与本企业关联的商业标识或字号注册为域名,这样一方面可以为企业今后通过互联网拓展业务留足空间,另一方面也可以有效防止他人的恶意抢注。

(三)网络宣传中的竞价排名问题

随着互联网的发展,越来越多的酒企开始利用互联网宣传推广自己的产品,随之而来的,关键词搜索也成了网络环境中独有的重要商业标识,这就涉及竞价排名问题。竞价排名服务是搜索引擎商获取利益的手段,更是当前企业通过互联网竞争的主要方式之一。它要求客户选择特定的关键词(如企业商标、字号等),从而确定客户网站在搜索结果中的排名和对应的点击价格,排名越靠前单次点击所支付的费用也就越高。有些企业为了吸引潜在的顾客,会将竞争者的商标作为竞价排名的关键词,从而确保相关公众在搜索时,该企业的网站处于搜索结果的前列,甚至在用户搜索某一商标、字号时,排在前列的搜索结果也会指向别的企业。下图展示了百度搜索引擎对“茅台酒”这一关键词的搜索结果,其中排在第一、二位的均为使用竞价排名的白酒销售商网站,排在第五位的才是贵州茅台酒股份有限公司的官方网站:

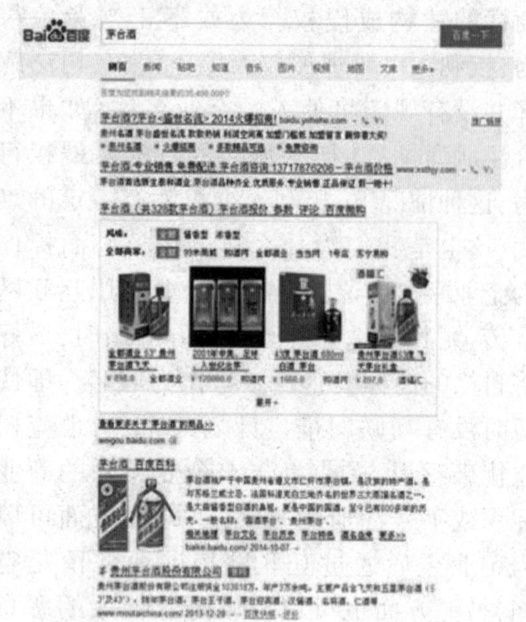

搜索引擎商提供的这一竞价排名服务是否构成侵权目前还存在着争议,但是购买和使用这一竞价排名服务的企业若选择的关键词是他人商标的,或者会构成商标侵权,或者构成不正当竞争,总之都是侵犯他人合法权益的行为。这一点已经有多地法院的判例的支持,学界也基本上达成共识。因此,企业应妥善利用竞价排名这一工具,一方面可以通过购买服务提升自己企业商标、字号在相应搜索结果中的排名,另一方面尤应注意不能把这一工具当做不正当竞争的手段,不能任意将他人商标、字号指向自己的企业,恶意损害竞争对手的合法权益,否则终将承担不利的法律后果。

四、销售环节问题研究

(一)白酒营销模式传统与创新

白酒销售可以说是渠道为王,产品质量再好,没有好的渠道,带动不了市场销售,企业最终将会在激烈的市场竞争中被淘汰。传统的白酒销售无非几种模式:直销、代销、经销,近年来网络销售异军突起,不少白酒企业也纷纷"触电",开始探索通过网络销售。其实各种销售方式各有其优缺点,企业在选择销售模式的时候,不能拘泥于一种模式,而是结合自身特点,建立符合自己实际情况的销售模式,也可以是将几种模式混合起来使用,目前茅台酒厂就是既通过经销商销售,也建立自己的直营店直销,并且建立自己的电子商务销售公司,开展网络销售。

白酒直销模式有以下优势:酒企可以直接控制终端,直接面对批发网络即零售网络,方便价格和渠道的控制,由于直接掌握渠道,对市场反应迅速,可以根据市场销售情况及时调整生产和销售策略,并且酒企也可以对市场进行精耕细作,充分挖掘市场潜力。但白酒直销最大的弊端就是销售区域偏小,如果要跨区域销售,经营管理费用将极为高昂,人力成本十分巨大,非财力雄厚的大企业不能为,茅台之所以在全国各地建立直营店,与其资金雄厚不无关系,对于一般的酒企而言,这一点是不可想象的,所以直营模式一般适用于销售区域局限于本地的地产白酒。

白酒代销模式由于销售商风险小,销售商代理销售的顾虑小,所以保证产品可以通过代理迅速占领市场,对于新的酒企比较适用,但代销模式对于生产厂家而言,其大量的产品压在代理商手上,需要承担巨大的风险,一旦代理商出现信用问题,将可能造成生产厂家的血本无归,并且由于销售商没有分担风险,对销售商而言只有正向的激励,没有反向的激励,存在激励不足的缺陷,往往会导致对市场反应缓慢,不利于企业及时根据市场反庆调整营销策略,所以代理模式适用的对象是新企业或者新产品。

对大部分白酒企业而言,出于市场竞

争,商家信用以及市场管理的种种考虑,往往采用白酒经销模式。白酒经销模式将商家与厂家绑在了一起,对于厂家而言,通过经销商已经建成的渠道将产品推向市场,有利于在更大的区域内占领市场,也可以通过利用经销商丰富的资源和促销经验扩大产品的影响力,同时根据经销商的建议,及时对市场作出反应;对于经销商而言,通过经销为其在区域市场上提供了自由操作的空间,商家销售品种、销售数量上可以根据自己的实际情况进行调整,以达到利益最大化,同时可以在广告投入和促销投入上得到白酒企业更多的支持,从而实现双赢。但经销商和生产厂家之间的关系是一种交易营销关系,双方追求自身利益最大化,因此经销商和生产厂家之间经常发生矛盾。对于生产厂家而言,经销商不强肯定会影响产品的销售,不利于企业发展,但是经销商过强就会导致渠道支配生产,压低生产商的利润。不少酒企都抱怨经销商收取诸如进场费、上架费、促销费,返点费等名目繁多的费用,而且见利忘义、忠诚度低,容易见异思迁,因此如何处理与经销商的关系成为酒企十分头痛的问题。成功的酒企大都是与经销商关系良好的企业,而经营失败的企业大都源于与经销商关系恶化。处理好与经销商的关系,既要给经销商甜头,让其获得丰厚的利润,诸如加强品牌塑造增大广告宣传力度、定期推出新产品、维护产品的市场关注度,制定并保持合理、稳定产品价格体系,适时采取促销措施等,但也要注意加强对经销商的监督和管理,及时对擅自改变销售价格、串货等违规行为进行处罚。除了传统营销方式之外,一些企业也开始尝试新的营销方式,利用更具有时代特征的高新技术手段努力拓展企业的营销渠道。近年来随着电子商务的兴起,网络购物的日渐普及,这一趋势也极大地改变白酒企业的销售模式,越来越多的白酒企业开展了网上销售业务,并取得不俗的成绩。比如 2014 年金沙回沙酒仅“双十一”一天就销售三百多万元,2014 年 1 至 10 月份,茅台集团下属的仁怀国酒茅台电子商务有限公司的销售额就达到了 2156 万元。同时,茅台公司还尝试了时下较为新潮的微信公众平台销售方式,建立了茅台微信商城,使众多用户可以通过微信直接购买和支付。贵州国台酒业有限公司旗下的贵州国台电子商务有限公司推出了“国台酒卡”。该卡如信用卡般大小,同样具有编号和磁条,卡面印有不同酒的图样和数量;酒卡不记名、不挂失,有效期为三年。消费者在购卡时通过 POS 机刷卡付款并激活该酒卡,然后可以持该酒卡在全国任意一个国台酒专卖店或指定取酒点进行提货,或通过线上国台官网、手机 APP、400 客服电话、国台官方微信进行取酒。该卡的好处在于便于携带和流转、价格优惠、取酒便捷,其法律属性则类似于票据法上的提单。此外,国台公司还专门开发了配套的国台酒卡手机 APP,设立了国台官方微信。下图为国台酒卡图样和借助移动 POS 机、手机 APP 使用酒卡的演示图(来源于企业宣传资料,未与实物核对):

贵州董酒股份有限公司则开发了智能手机 APP 平台,创建了企业的白酒服务俱乐部——“董仕会”,建立起一个便于消费

者交流沟通、拓展人脉、增长智慧的综合平台。

上述销售模式及销售方法的创新都需要用法律予以保护,但相比于生产和宣传环节,在营销方面法律保护要受到很多限制,一方面要受权利枯竭理论的限制——所谓权利枯竭,是指权利人自己生产的产品经合法售出后,其对商品所具有的专利、商标及著作权等权利就已经用尽,权利人不能对产品其后的使用及再次销售行为进行控制;另一方面要受反垄断法的限制,如果酒企的行为特别是对销售范围、销售方式的限制及销售价格的规定被认定限制了竞争,将会受到反垄断处罚。由于上述两个限制,用知识产权保护企业的销售模式及创新存在不少难题,但这并不意味着法律在营销方面毫无作为,通过对销售环节进行精细分析,还是能够找到不少保护方法的。

(二)商业秘密保护

市场销售中的不少信息诸如产品的价格体系(包括出厂价、转售价、零售价等)、新品投放计划、促销方案、产品的库存管理及配送体系、市场调查方法及调查结果等,对于企业的发展都具有极大的影响力,凝聚了企业管理人员的辛勤劳动,如果不运用法律手段加以保护,听任这些信息被他人获取并利用,将给企业的经营造成极大的冲击。对于这些信息,可以采用商业秘密的方法加以保护,企业应当通过签订保密协议的形式明确哪些信息属于商业秘密,以让其员工及经销商保守商业秘密。一般而言,企业注重的是生产领域的商业秘密,而没有注意营销领域也存在商业秘密,而忽略了与影响人员及经销商签订保密协议,结果导致企业在营销方面的不少好的做法被竞争对手获知并模仿。营销领域的商业秘密除了上述需要经过脑力劳动创造的技术或经营信息外,还包括通过生产经营活动累积的经营信息诸如客户名单等。对于企业而言、企业的商业秘密集中在生产和销售两个环节,为了保守企业的商业秘密除了签订严密的保密协议之外,还要注意提供上述人员的工资待遇,通过增大其违约成本,来稳定上述岗位的工作人员。但是应当注意到,上述营销领域的商业秘密毕竟不同于生产领域的商业秘密,生产领域的商业秘密只要保密措施到位、执行效果好,可以长期保证该信息不被泄露或获取,但营销领域的商业秘密很多一旦实施,就不能保密了,比如新品投放计划、促销计划等,即使其他信息如产品的价格体系、库存管理及产品配送体系、市场调查方法等相对于生产领域的技术信息而言,保密的难度也更大,很容易丧失其保密性,因此有必要在商业秘密之外,寻求其他的知识产权保护办法。上述信息大都形成了文件,当然也构成了作品,可以寻求著作权保护,特别是对于与经销商签订的约束其不当行为合同,用著作权法保护,禁止他人复制、使用,还勉强说得过去,但由于著作权法保护的是具体的表达,而非思想,所以竞争对手获取上述文件后,改变一下表述方式,拿去使用就很难说在侵犯著作权了。而至于其他信息,其意义就在于运用于销售活动中,不能认为是对作品的表演,所以更无从在著作权法的领域内寻求救济,自然而然的,我们就会想到,能否用专利保护?

(三)商业方法专利保护

论及专利保护,在专利法的范围内可供运用的就是商业方法。涉及商业方法的专利申请可以分为单纯的商业方法专利申请和与商业方法相关发明专利申请。产品的促销方法或者产品售后服务方法等，如果不包含任何技术特征，就属于单纯的商业方法专利，根据《专利法》第25条第1款第2项的规定，因其属于“智力活动的规则和方法”，不能被授予专利。但是如果将商品的销售、配送等与计算机及网络技术相结合，就成了与商业方法相关的发明专利申请，根据现行法律规定，该类申请可以获得授权。因此在申请商业方法专利时，应当注意把商业方法与计算机和网络技术相结合，特别是电子商务领域申请商业方法专利更是大有可为，前述董酒公司、国台公司的创新都可以考虑申请商业方法专利。

电子商务最大的问题就是处理与传统销售商的关系，传统的销售商都是分区域销售，除非有串货的情形，彼此之间不会产生冲突，但网络销售极大地改变了这一相安无事、和平共处的格局。网络销售打破了销售的地域限制，使商品可以在全国甚至全球范围内流通，这势必会影响消费者所在区域经销商的销量，因为目前网络销售相比于传统渠道还微不足道，将来网络销售规模增大后，必然会引起实体经销商和电商的冲突，处理不当将会影响白酒的整个销售体系。鉴于此一些酒企试图通过合同来约束经销商，约定除自己经营的网络销售公司或者合作的电商之外，其他经营商不得以电子商务的形式销售白酒，否则可以对经销商予以处罚。白酒企业希望通过理顺电商和实体经销商的关系，来避免两者之间相互恶性竞争，但这种做法限制了实体经销商的销售，会引发实体经销商的不满，在当前白酒销售不景气，销售商忠诚度降低的情况下，片面的限制实体经销商可能会导致实体店倒戈，甚至会给白酒企业带来致命的打击。实际上，电子商务不过是将产品推介、订货和支付在网上完成，销售仍然离不开实体配送服务，这方面实体销售商已经建立的物流体系可以提供就近服务，把两者的优势结合起来，可能将会更大地促进产品的销售，因此白酒企业可以考虑自己建立电子销售网站，负责电子销售点的线上服务，而由各地的经销商负责货物配送，网络销售所实现的利润由两家分享，这种电子商务发展模式既可以扩大白酒的销售，又能够避免生产厂家同销售商及销售商之间的恶性竞争，实现互利共赢。同时下单、培训及结算系统也可以通过申请商业方法专利来加强保护。

（四）通过合同规范销售

2014年“双十一”节一个引人注目的现象是酒仙网、1919网等酒类电商以低于出厂价的价格销售茅台、五粮液、剑南春等知名品牌的白酒。对此茅台、五粮液等酒企纷纷声明，上述酒类电商与自己企业没有合作关系，如白酒出现问题，酒企概不负责。上述酒类电商之所以要在双十一低价销售，就是想通过提高点击率在网络销售的排行榜中占据领头位置，这是由网络销售更注重吸引销售者注意力的特性决定的，但上述酒类电商的低价销售行为客观上降低了消费者对上述知名白酒的价格预期，导致白酒价格下行的压力加大，冲击了白酒企业的产品定价体系。上述酒类电商所销售的产品都是正品，根据权利枯竭理论，生产商自己生产的产品经合法售出后，其对商品所具有的专利、商标及著作权等权利就已经用尽，权利人不能对其后的使用及再次销售行为进行控制，所以酒企很难以专利、商标及著作权等权利限制酒类电商的低价销售行为。上述酒类电商的产品是从销售商手中取得的,虽然酒企可以通过与经销商约定白酒的销售价格,但上述约定仅能拘束合同相对人,对于合同之外的酒类电商,该价格约定不具有约束力。所以经过分析,酒企维权并不容易,在法律上很难找到相应的依据。所幸今年上述酒类电商所定的销售价格低于出厂价,自然也低于酒类电商的进货价,其销售行为可能会构成反不正当竞争法第十一条所禁止的倾销行为,白酒企业可以构成倾销为由向上述酒类电商提起诉讼。如果酒类电商的销售价格略高于其进货价,即使其销售价格远低于酒企制定的指导价,酒企也很难对之进行有效应对,唯一的对策就是加强对销售商的控制,确保销售商不将产品供给上述低价销售的酒类电商。

这就涉及白酒生产企业与其经销商的约定问题,其中最核心的是销售区域、销售方法及销售价格。关于销售区域的约定主要就是经销商必须在指定的区域内销售产品,不得跨区销售,跨区销售即为串货,生产商可以对其采取扣保证金、罚款或者停止供货等措施。串货的行为极大地扰乱了正产的产品销售秩序,为生产厂家所深恶痛绝,生产厂家大都形成了一套完整并行之有效的监督体系和处理办法,对此不再赘述。

关于销售方法,除了批发、零售、能否再次转让代理权等问题外,还涉及网络销售的问题,由于网络销售是新兴事物,原来传统的约定中并没有对此予以规定。如果放任销售商自己决定是否进行网络销售,会影响整个产品的销售体系,建议白酒企业在与其经销商予以明确。这里必须注意的是,如果白酒企业约定销售商不能进行网络销售,网络销售由自己从事,这种约定会不会被认定为垄断行为遭受反垄断处罚?对此问题,还需要进一步研究,建议统一网络销售,由生产商和销售商共享网络销售所带来的利益。

关于销售价格,要特别注意最低销售价格问题,经销商在市场销售竞争中往往会采取价格战的方式,经销商的低价销售策略经常会损害生产商的利益,当某个产品的价格一旦在市场上习惯性地以低价位运行时,消费者对于该产品的价格预期会习惯性地降低,从而使生产厂家丧失其在高价位运行的基础。因此,生产厂家往往要限制经销商的转售价格或者最低销售价格,使得生产商、经销商、零售商在固定、有序的价位上运营。生产商的此种行为可能会影响消费者的利益,因为消费者不能享受销售商因价格竞争所带来的实惠。因此,酒企在确定确定销售价格时必须注意,不要陷入垄断的陷阱。

2012 年年底,茅台对旗下经销商发出最低限价令,要求经销商不得擅自降低销售价格。2013 年 1 月,3 家经销商由于低价和跨区域销售被处以暂停执行茅台酒合同计划,并扣减 20% 保证金,以及提出黄牌警告。五粮液紧随其后,发布营销督查处理通报,对 12 家降价或串货的经销商进行通报处罚。2013 年 2 月 22 日,贵州省物价局发布公告,对贵州省茅台酒销售有限公司开出 2.47 亿元的罚单;同日,四川省发改委对宜宾五粮液酒类销售有限责任公司开出 2.02 亿元罚单。上述罚款金额总计 4.49 亿元,是上年度两家酒企销售额的 1%。在对茅台的处罚公告中,贵州省物价局称其限制了市场竞争,损害了消费者权益,但未对竞争影响进行阐述。在处罚五粮液的公告中，四川省发改委认为五粮液通过限定最低转售价并实施监督考核和惩罚措施，派出了同一品牌内经销商之间的竞争，其行为在行业内产生负面效应，其他白酒品牌已经开始对经销商进行类似限制和处罚，限制了行业内不同品牌之间的竞争，也排除了消费者购买低价商品的机会，并且因为五粮液在浓香型白酒中的重要地位，产品的可替代性低，制约了消费者的选择。我国《反垄断法》第 14 条的规定："禁止经营者与交易相对人达成下列垄断协议：(一)固定向第三人转售商品的价格；(二)限定向第三人转售商品的最低价格……"这就带来一个问题是不是规定商品的转售价格就必然构成垄断？如是，则白酒生产企业的建立统一的销售价格体系在法律上就根本不可行，如不是，那什么情况下规定商品的转售价格不构成垄断？北京锐邦涌和科贸有限公司(简称"锐邦")起诉强生(上海)医疗器材有限公司和强生(中国)医疗器材有限公司(简称"强生")垄断纠纷一案中，法院查明，锐邦公司是强生公司在指定的区域内的经销商，强生公司与锐邦公司销售产品的价格不得低于规定的产品价格。强生公司认为锐邦公司在 2008 年 3 月北京人民医院的竞标中，通过私自降低销售价格，获取非授权区域的缝线经销权，并以此为由扣除了锐邦公司的保证金并取消其在北京阜外医院的销售。此后，锐邦公司向强生公司发出订单要求发货，但强生公司一直没有给锐邦公司发货，锐邦公司遂以强生公司违反《反垄断法》为由，起诉至法院。法院驳回了锐邦公司的诉讼请求，上海一中院认为限制最低转售价格条款，并不一定具有限制竞争效果。在该案中，法院认为转售价格限制并不适用"本身违法原则"或"当然违法原则"，价格纵向垄断协议是否具有限制竞争的效果应当采用合理分析原则。国家发改委《反价格垄断规定》也规定了价格纵向垄断协议的例外，这些例外情形包括：(1)为改进技术、研究开发新产品的；(2)为提高产品质量、降低成本、增进效率，统一产品规格、标准或者实行专业化分工的；(3)为提高中小经营者经营效率，增强中小经营者竞争力的；(4)为实现节约能源、保护环境、救灾救助等社会公共利益的；(5)因经济不景气，为缓解销售量严重下降或者生产明显过剩的等。而在最高院举行的《关于审理因垄断行为的民事纠纷案件应用法律若干问题的规定》新闻发布会上，发言人也表示"对于大多数纵向协议，只有在品牌间竞争不充分的情况下才会产生竞争问题，也就是说，只有在供应商层面或购买商层面或这两个层面同时存在特定水平的市场势力的情况下才可能对竞争有消极影响"。因此，对于贵州的大多数中小型白酒生产企业来说，还不具有在市场上形成垄断势力的可能，通过规定产品价格体系来实现市场的有序开发，提高经营效率，不存在反垄断的障碍，但对于大型白酒生产企业而言，就要注意反垄断问题，即使企业没有达到茅台、五粮液这样的市场地位，不用担心品牌之间的限制竞争问题，也要注意同一品牌内部的反垄断问题，注意其价格政策不至于被发改委认定属于限制同一品牌不同经销商之间竞争的垄断行为。一方面，价格要有弹性，不能固定转售价格；另一方面，采取多种形式鼓励经销商开展价格以外的竞争策略，对于在营销上有创新市场开拓效果明显的营销上予以激励，减少处罚方式的应用。

(五)销售中营业形象的保护

随着市场经济的逐步发展,模仿、攀附、“打擦边球”的行为也越发多样,已经从最初对产品商标、名称和包装的模仿发展到对企业名称、字号、官方网站、产品介绍、宣传资料、专卖店装潢、人员服饰等的“全方位”模仿,销售中的“营业形象”也成了模仿对象。营业形象,主要指企业经营场所向消费者展现的整体形象,包括店面的门头设计、内部装潢、室内布局、商品展示方式、工作人员服饰等。这些元素的结合不但营造了舒适、高雅的购物环境,更能体现企业文化和理念,也彰显品牌的价值与品味;其形成的风格独特,易被消费者记忆和辨识。使用“营业形象”一词,也是为了与商业外观或商业标识相区别——商业外观或商业标识的外延往往更为广泛,而这里仅对其中的营业场所特有形象进行讨论。

在国际条约中最早对营业形象提供保护的是《保护工业产权巴黎公约》,公约保护工业产权的方式之一是禁止不正当竞争,根据该公约第10条之二第3款a项的规定,采用任何手段对竞争者的营业所产生混淆性质的一切行为皆属于应予禁止的不正当竞争行为。目前我国在实践中也是依靠反不正当竞争法对营业形象提供保护,其主要依据就是《最高人民法院关于审理不正当竞争民事案件应用法律若干问题的解释》第3条,该条规定:“由经营者营业场所的装饰、营业用具的式样、营业人员的服饰等构成的具有独特风格的整体营业形象,可以认定为反不正当竞争法第五条第(二)项规定的‘装潢’。”通过该条的解释,将经营者的营业形象与《反不正当竞争法》中“知名商品包装、装潢”联系在一起,搭建了为其提供保护的桥梁。需要注意的是,司法解释所指向的《反不正当竞争法》第5条第2项仅对“知名”商品(服务)提供保护,因此便排除了对原创但未投入使用和虽已实际使用但未达到“知名”程度的营业形象的保护,当事人在寻求保护时也需要对“知名”进行举证。

实践中也有的企业用著作权对营业形象予以保护,有的企业将店面设计图登记为图形作品,有的则将店面门头样式作为图片登记为美术作品,但这些著作权真的能保护店面设计免遭模仿吗?我们认为,用著作权保护营业形象尚存障碍:第一,著作权法虽然认可从平面到立体的复制,但既然是作品的复制,则复制所产生的复制品也必须是作品方可,如将平面卡通图样变为立体雕塑,而如果作品的复制件不是作品则难以令人信服;第二,著作权法不保护思想,只保护思想的具体表达,所以需要区分对作品表达的复制和对作品中介绍的思想的实施;第三,著作权法不保护功能性(如实用艺术品),所以还涉及功能性的排除;第四,设计中使用的公有领域元素不受保护,任何人均可自由使用。下图为我省两个酒企作为美术作品进行著作权登记的专卖店店面门头设计图片:

也有企业采用拆分登记的方式对店面

的某些组成元素进行单独保护,如对特色的楼梯、展柜等申请专利,对独特工艺品和装饰画进行著作权登记等。这样在一定程度上能够防止营业形象被整体克隆,但对其中的主要部分,如店面门头设计、内饰装潢等仍无法提供足够的保护。

通过分析,我们发现两种保护方式均有不足,反不正当竞争保护仅适用于知名企业的特有的营业形象,范围有限,而著作权保护强度不够。在保护营业形象上,美国苹果公司做出了新的尝试,其向美国专利商标局提交申请,将店面内部设计注册为立体商标,并于2013年1月22日被核准注册,这可以说是在保护营业形象上的一大突破,在我国能否将营业形象注册为立体商标还有待研究,但苹果公司的做法给了我们不少启迪。下图为苹果公司注册成功的立体商标:

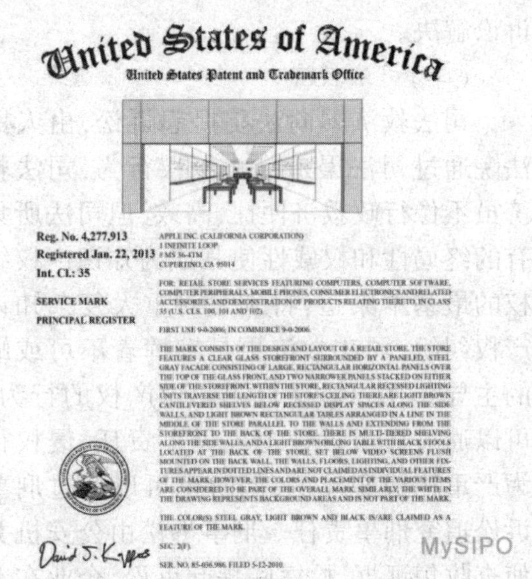

United States of America

United States Patent and Trademark Office

Reg. No. 4,277,913

Registered Jan. 22, 2013

Int. Cl.: 35

SERVICE MARK

PRINCIPAL REGISTER

APPLE INC. (CALIFORNIA CORPORATION)
1 INFINITE LOOP
MS 36-4TM
CUPERTINO, CA 95014

FOR: RETAIL STORE SERVICES FEATURING COMPUTERS, COMPUTER SOFTWARE, COMPUTER PERIPHERALS, MOBILE PHONES, CONSUMER ELECTRONICS AND RELATED ACCESSORIES, AND DEMONSTRATION OF PRODUCTS RELATING THERETO, IN CLASS 35 (U.S. CLS. 100, 101 AND 102).

FIRST USE 9-0-2006; IN COMMERCE 9-0-2006.

THE MARK CONSISTS OF THE DESIGN AND LAYOUT OF A RETAIL STORE. THE STORE FEATURES A CLEAR GLASS STOREFRONT SURROUNDED BY A PANELED, STEEL GRAY FACADE CONSISTING OF LARGE, RECTANGULAR HORIZONTAL PANELS OVER THE TOP OF THE GLASS FRONT, AND TWO NARROWER PANELS STACKED ON EITHER SIDE OF THE STOREFRONT. WITHIN THE STORE, RECTANGULAR RECESSED LIGHTING UNITS TRAVERSE THE LENGTH OF THE STORE'S CEILING. THERE ARE LIGHT BROWN CANTILEVERED SHELVES BELOW RECESSED DISPLAY SPACES ALONG THE SIDE WALLS, AND LIGHT BROWN RECTANGULAR TABLES ARRANGED IN A LINE IN THE MIDDLE OF THE STORE PARALLEL TO THE WALLS AND EXTENDING FROM THE STOREFRONT TO THE BACK OF THE STORE. THERE IS MULTI-TIERED SHELVING ALONG THE SIDE WALLS, AND A LIGHT BROWN OBLONG TABLE WITH BLACK STOOLS LOCATED AT THE BACK OF THE STORE, SET BELOW VIDEO SCREENS FLUSH MOUNTED ON THE BACK WALL. THE WALLS, FLOORS, LIGHTING, AND OTHER FIXTURES APPEAR IN DOTTED LINES AND ARE NOT CLAIMED AS INDIVIDUAL FEATURES OF THE MARK; HOWEVER, THE COLORS AND PLACEMENT OF THE VARIOUS ITEMS ARE CONSIDERED TO BE PART OF THE OVERALL MARK. SIMILARLY, THE WHITE IN THE DRAWING REPRESENTS BACKGROUND AREAS AND IS NOT PART OF THE MARK.

THE COLOR(S) STEEL GRAY, LIGHT BROWN AND BLACK IS/ARE CLAIMED AS A FEATURE OF THE MARK.

SEC. 2(F).

SER. NO. 85-036,986, FILED 5-12-2010.

David J. Kappos

五、维权环节问题

前面所讲的生产、宣传和销售环节的问题都是在于帮助企业在知识产权建设方面进行谋篇布局,建立其知识产权保护体系,但真正的运用知识产权保护企业的自主创新,提升企业的市场竞争力,归根结底还有赖于企业正确、积极地行使知识产权,同各种侵权行为进行斗争,维护企业的合法权益。微软之所以能从一个默默无名的小企业,发展成为软件业的巨头,除了其花费巨资大力研发之外,一定程度在也是由于企业在花费巨资打击盗版行为,据统计微软每年花在维权上的开支就达数亿美元,可以说没有维权,就没有微软的今天。但通过调研发现,贵州的白酒企业在知识产权管理方面,还停留在满足于攻城拔寨,获取知识产权,而在取得知识产权之后,如何维护还存在很多不足。有的企业仅仅将商标、专利等视为一种可供广告宣传的荣誉、噱头,满足于在宣传时突出标明"注册商标"或"外观设计专利号",但在相应权益遭到侵犯时,却放任不管,不愿意进行维权;有的企业申请到注册商标后忽略了对其的维护,导致商标要么因连续三年不使用而被撤销,要么因没有按规定续展而被注销;还有的企业缺乏相应的监测、预警与防护机制,没有监测商标申请注册的动态,待发现他人注册了与自己商标近似的商标已在使用,才恍然大悟、一筹莫展。因此,事先了解法律提供的维权方式,在发生纠纷时及时选择合适的方式维护自身的合法权益,对企业来说是十分必要的。

(一)行政救济

世界上大多数国家都认为知识产权是一种私权,奉行"民不告则官不究"的原则,主要是依靠司法途径由权利人自己提起诉讼来解决纠纷,而我国则认为知识产权不仅关系到权利人的权益,还关系到产品质量、市场秩序和消费者的切身利益,因此有以行政权主动介入加以管理和执法的必要。因此,在知识产权保护方面,我国采取了司法与行政并重的具有中国特色的“双轨制”保护模式。权利人或利害关系人既可以直接向人民法院起诉,也可以向行政机关投诉。

行政救济具有独特的优势,主要体现在案件处理的简便、快捷上,且基本无须当事人交纳费用;此外,在权利人自我保护意识差、能力弱时,行政机关依职权主动执法既保障了权利人利益,更净化了市场,使消费者得到了很好的保护。多年的实践证明,行政机关、尤其是工商行政管理机关开展保护知识产权的行政执法工作卓有成效,大量侵权案件得到了查处。据统计,2013年全省工商系统开展专项整治共办理案件257件,罚没款188.66万元。查获假冒茅台酒2287瓶,侵权酒5337瓶,假冒习酒1421瓶,假冒及侵权青酒3140瓶,假冒及侵权金沙酒749瓶,假冒国台酒98瓶,其他侵权酒3244瓶。尤为值得一提的是,我省行政执法机关在白酒知识产权保护方面开创了一些独特的经验和做法。省工商局专门成立了直属分局——国酒茅台分局,其主要职能是:负责拟定省内国酒茅台、贵州十大名酒(习酒、国台、鸭溪窖、董酒、茅台王子酒、酒中酒、金沙回沙、青酒、贵州醇、胡涂酒)、省其他名优酒市场监管的具体措施并组织实施;负责依法查处各种制售假冒国酒茅台、贵州十大名酒、我省其他名优酒违法、侵权行为;负责国酒茅台、贵州十大名酒、省其他名优酒的省外打假维权协调工作。

因此在发生侵权时,最先考虑的救济渠道就是向工商行政管理机关投诉,特别是对点多面广的销售环节的侵权行为,行政救济手段便捷高效的特点更是司法救济所不能比拟的。但行政救济也有其不足,由于行政管理的特点,行政执法地方化的特征更强,对于发生在省外的侵权行为,行政执法的效果往往不佳。另外,行政执法不具有终局性,当事人对行政处罚措施不服可以提起行政诉讼,现实的考虑使得行政机关对于事实清楚、法律关系明确的纠纷案件执法积极性较高,而对于法律关系复杂、是非不是很清晰的案件,行政管理机关执法的积极性就不那么高了,对于这类案件向行政机关投诉就不是一种最佳的选择。例如,我们走访青酒公司时,了解到安顺一家白酒生产企业申请注册了“金装青”商标,在实际使用时其将“金装青酒”并列等同使用,使人误认为是金装“青酒”,侵犯了“青酒”商标,但青酒公司向工商行政管理机关投诉时,工商行政管理机关就认为因为被投诉人使用的商标也是注册商标,是否侵权很难判定,而建议请求公司通过诉讼解决。

(二)司法救济

司法救济即向法院提起诉讼,由人民法院通过司法渠道制止侵权行为,司法救济虽不像行政救济便捷、高效,但司法所具有的终局性和权威性使其成为知识产权维权的最基本渠道,特别是对重大复杂知识产权纠纷,司法救济更是发挥着不可或缺的主导作用。对于侵犯知识产权的行为,可以通过民事诉讼追究民事责任,侵权行为严重构成犯罪的,同时也可以通过刑事诉讼追究刑事责任。刑事诉讼由公安机关侦查收集证据,检察院提起诉讼,企业在案件侦办、起诉及审理过程中所起的作用受到很多限制,或许是由于介入程度不够,对案情不太了解,有些企业所以对处理结果不是很满意。走访中茅台集团就多次提出意见,认为贵州省的判决对犯罪嫌疑人处罚过轻,适用缓刑的案件太多。我们认为,首先应当认识到侵犯知识产权的犯罪同侵害人身安全或危害公共安全的犯罪相比,社会危害性较小,其刑责主要是经济责任,在世界范围内对侵犯知识产权犯罪的处罚上都有轻人身自由刑的趋势,中国也概莫能外。其次,由于侦查的原因,认定事实的证据不足或存在瑕疵,导致不少犯罪事实不能认定,只能疑罪从无。对于酒企而言,制止侵权行为最重要途径的还是民事诉讼,不同于刑事诉讼,民事诉讼由企业自行收集证据,诉讼的发起、进行乃至终结都完全由企业自主决定,企业自身的诉讼能力直接决定了案件的审理结果。走访中不少企业都慨叹现在的侵权行为具有“量小点多”的特点,侵权企业规模不大,产品的数量不多,但侵权人很多,遍布全国各地,这给维权带来了难题。追究侵权人的侵权责任,费用消耗大,收获不多,有大炮打蚊子的感觉,胜之不武,并且企业也没有足够的人力全国维权,即使如茅台集团建立起强大的维权队伍,仍感到力不从心;但如果不予理睬,又怕侵权行为持续进行,侵权规模和范围越来越大,造成难以弥补的影响。我们认为作为企业其主要的工作还是生产和销售,不可能也没有能力自己包办全部的诉讼业务,正如在商标体系管理中所讲的那样,企业可以把这部分法律业务外包,由律师事务所、知识产权事务所等社会中介机构承包,根据获得赔偿的数额按比例与中介机构分成,如果所获赔偿数额不足以支付维权费用的,则由企业给予适当的补偿,但不是全额补偿,可以考虑定额补偿,具体数额由企业与中介机构约定。在我们所审理的案件中,东部沿海地区已经有不少企业如腾讯公司、红双喜公司、康恩贝公司采取了这种策略。实践证明该策略效果很好,风险共担、利益共享,既可以充分调动中介机构的积极性,利用外力打击侵权行为,又避免中介机构弄虚作假,虚报支出。当然对于情节非常严重,影响重大,甚至关涉企业命运的知识产权案件,比如类似“国酒茅台”商标争议案这样的案件,还需另行决定诉讼策略。

(三)电子商务维权问题

2014年“双十一节”一天,淘宝和天猫一天销售额达到了570多亿,贵州的不少白酒企业也在这天赚到不少真金白银,这充分显示了网络销售的巨大能量,值得庆贺。但购物狂欢节日过后,有关商品质量的各种吐槽也可谓是排山倒海,煞是壮观,有偏激者甚至说淘宝就是一个充斥假冒伪劣产品的垃圾市场,这充分说明了网络销售市场还亟待净化。走访中不少企业都在抱怨,网络销售市场假冒产品泛滥、侵权行为层出不穷,简直就像割韭菜一样,一茬接一茬,打而不绝、屡禁不止。仅茅台集团一家2014年1至10月份,就发现并打掉假冒、仿冒公司网站的四家网站:茅台电子商务有限公司、浙江民营企业网、仁怀国酒茅台电子商务有限公司(假冒的,非茅台自己的电子商务公司)、茅台网上商城,打掉了60余家网店,删除了200多个侵权的连接,但是登录淘宝网站输入“茅台酒”搜索,侵权的产品仍然不少。除了侵权多发,网络维权还有以下难题:根据属地管辖原则,侵权案件由侵权行为地或上传侵权内容的计算机服务器所在地管辖,上述地点很难发现,并且往往不在贵州,使得维权十分困难;通知淘宝网、京东商城等电商平台删除侵权内容,都需要提供证据证明所卖的酒是假酒,这就需要实际购买假酒,并且对产品进行鉴定,出具鉴定结论,并且对购买、鉴定过程都进行公证,成本高,且不能及时制止侵权;部分电商存在真假混售的问题,很难证明其售假;一些售假者的网络服务器设在国外,难以将其关闭;出现了一些新的电子商务模式,诸如通过微信、微博等销售假冒商品,由于微信和微博都是自行注册,网络运营商都不进行审查,即使发现侵权也不能找出真正的侵权人。上述种种问题,在现行的法律和技术条件下,有的可以解决,有的可能很难解决,但正如哲学上的矛盾论一样,矛盾无时不在、无处不在,不能幻想永远消除矛盾。企业所做的应该是将问题约束在可控范围内,不使侵权行为干扰企业的正常运营。就网上多发的侵权行为而言,由于网络的技术特点,企业不可能彻底根除侵权行为,但侵权行为的目的就在于将其产品与正牌产品混淆,逐一打击侵权网店无异于扬汤止沸,不如转变思路采取釜底抽薪的办法,切断假冒产品与正品混淆的渠道。与实体销售商不同,网络销售的特点决定了几家网络销售商就可以控制全国的销售市场,因此白酒企业应当对网络销售商的数量进行控制,不可盲目扩张,而对于实体销售商则应当与之签订合同,约定其不得从事网络销售,也不得将所销售点产品供给网络销售商,一旦违反约定将取消其销售资格,同时应通过公司的网站及其他各种形式告知市场上的消费者,与其合作的网络销售商的名称和数量,避免消费者产生混淆。今年双十一酒仙网、1919 网等部分酒类电商以低于出厂价的价格销售部分名优白酒,该行为客观上冲击了所涉白酒品牌的定价体系,很快就引起了众多知名白酒企业的集体声讨,茅台、五粮液、剑南春等酒企纷纷发表声明企业与上述电商不存在合作关系,如所售产品出现质量问题,上述白酒生产企业概不负责。该声明就很快澄清了事实,避免消费者误认为上述白酒生产企业和电商存在合作关系(当然,上述电商销售的未必是假货)。我们认为,对于其他多发的网络侵权行为,也可以通过事先声明的形式避免混淆。

当然对于侵权的网店也不能放任不管,该打击的还是应该大力打击,但要清楚通过打击想要达到的效果。最好的效果当然是将侵权的网站及实体店一并打击,关闭其服务器,打掉实体店,彻底阻止侵权行为,但要达到这种效果所花费的成本较高,必然面临实体店难以查找、外地维权费用高额等障碍,有时甚至完全找不到实体店。退而求其次,不追求打掉实体店,只要断开与侵权网站的链接,使其不能上传侵权内容就可以了。我们认为对于侵权销售规模大、侵权时间长、情节严重的网店,应当追求第一种也就是最佳的效果;而对于销售规模小、侵权时间短,情节不严重的网站,应该适当妥协,接受第二种效果。

关于部分白酒企业反映的在淘宝等电子商务平台维权烦琐、困难的问题,主要在于这些平台要求权利人举报售假时必须证明商品非正品,电商平台的这一要求大大提高了维权难度,也增加了维权成本。我们认为,电商平台对权利人自行做出的这一要求是不符合法律规定的。根据《侵权责任法》第 36 条第 2 款的规定,网络用户利用网络服务实施侵权行为的,被侵权人有权通知网络服务提供者采取删除、屏蔽、断开链接等必要措施。网络服务提供者接到通知后未及时采取必要措施的,对损害的扩大部分与该网络用户承担连带责任。

法律的这一规定主要是根据数字著作权保护领域的“避风港规则”创立的(见《信息网络传播权案保护条例》),但根据侵权责任法的表述可知,第36条第2款的保护范围不仅限于著作权,还可涵盖利用网络服务实施侵权行为的所有情形,包括但不限于侵犯商标权、著作权和商业秘密等。国家工商行政管理总局《网络商品交易及有关服务行为管理暂行办法》第24条规定,提供网络交易平台服务的经营者应当采取必要手段保护注册商标专用权、企业名称权等权利,对权利人有证据证明网络交易平台内的经营者实施侵犯其注册商标专用权、企业名称权等权利的行为或者实施损害其合法权益的不正当竞争行为的,应当依照《侵权责任法》采取必要措施。我们认为《网络商品交易及有关服务行为管理暂行办法》第24条规定的证据,是指证明权利主体适格的证据和证明侵权的初步证据,对初步证据证明程度的要求,应低于申请法院颁发诉前禁令时所提交证据的证明标准。《信息网络传播权保护条例》第14条第1款第3项规定,权利人仅须提交构成侵权的初步证明材料,法律之所以这样要求,一是因为权利人发出通知的目的往往在于要求网络服务提供者防止损失的扩大,具有紧迫性,因此来不及提供完整的证据;二是网络服务提供者不是法院,没有能力更没有权力对全案证据进行审查;三是法律赋予了网络服务对象抗辩的权利,其可提供证据并要求恢复,权利人不得再通知删除;四是在通知错误的情况下,权利人应当对通知的真实性负责,法律同样为因此受损的用户提供了救济。因此,网络服务提供者仅应对证据做形式审查,其按照通知采取必要措施是为了免除自身的责任,而没有理由让其扮演居中裁判者的角色——没有任何法律赋予网络服务提供者对侵权事实做出认定的权力,这是司法权专属的领域。综上,电商平台要求白酒生产企业证明所售产品非正牌产品的要求既不合理也不合法,考虑到与电商平台的业务关系问题,酒企可以采取协商的方法与电商平台达成一致,实在不能达成一致,可以向法院提起诉讼,就电商平台在接到通知后没有及时采取措施所造成的损失与电商承担连带责任,通过个案的判决明确权利人发出通知时应提供证据的证明标准。

至于通过微信、微博等媒介从事的侵权行为,微信、微博本质上也属于互联网的一种表现形式,处理亦同,不再赘述。

结 语

正如中国技术交易所副总裁李中华在2014年全国技术交易大会上的发言所讲,创新是一个整体,应该形成完整的体系。不能将创新理解为单一的技术革新,创新除了技术上的革新以外,还应该包括商业模式、企业管理、营销策略等多方面的整体创新,创新应该与法律保护相结合,用法律保护创新。越是在白酒行业的寒冬,贵州白酒企业越是应该苦练内功,提升企业的核心竞争力,学会运用知识产权保护和激励企业整体的自主创新,用自主创新助推企业发展,实现贵州白酒行业的逆势扩张。

第六部分　域 外 动 态

知识产权司法保护国际研讨会会议综述

最高人民法院知识产权庭　吴　蓉

2014 年 5 月 22 日至 23 日，由中国最高人民法院知识产权审判庭和美国华盛顿大学知识产权研究中心主办，上海市高级人民法院承办的“知识产权司法保护”国际研讨会在上海市召开。会议就知识产权审判组织专门化、各国知识产权诉讼制度、专利诉讼取证程序、专利侵权救济等问题进行了深入探讨。来自最高人民法院、北京、上海、江苏、浙江、山东、广东等省、市高级人民法院及其相关中级人民法院的知识产权法官，德国联邦最高法院、澳大利亚联邦法院、美国加州北区圣荷西联邦地区法院知识产权法官，美国华盛顿大学法学院教授及美国、德国、日本知识产权律师等共 30 余人参加了会议。现将会议主要内容综述如下：

一、关于知识产权审判组织专门化问题

(一)美国

1982 年美国国会通过《联邦法院改革法》，决定将原来的美国海关与专利上诉法院、美国索赔法院的上诉部门合并，成立美国联邦巡回上诉法院(简称 CAFC)。CAFC 最为特殊的职能是作为对专利确权、侵权案件的专属上诉法院，受理来自美国专利商标局关于专利审查案件、美国联邦地区法院专利侵权案件、美国国际贸易委员会关于“337 调查”案件的上诉。专利案件通常涉及复杂的技术问题，要求审判人员兼具技术和法律素质，普通法院一般不具有这样的人才资源；对于类似甚至相同的案情，不同的上诉法院可能作出不同的判决，而这些判决相互之间不具有约束力，造成了审判标准的不统一，严重影响了判决的可预见性。CAFC 的成立在很大程度上解决了这些问题。自成立以来，CAFC 审理的案件大约有三分之一涉及专利，其关于专利案件的重要判决创立了许多明确规则，在美国专利制度的发展中发挥了极其重要的作用。但是，近年来，美国国内也出现了很多对 CAFC 的批评声音，认为 CAFC 对专利案件的专属管辖使得专利制度偏离法律主流，专利诉讼也仅限于美国最高法院与 CAFC 之间的对话，判决的一致性并不必然会促进专利制度的发展。在 CAFC 成立之初，美国最高法院对 CAFC 的判决基本上采取认可的态度。但是，近 15 年来，美国最高法院采取积极介入的姿态，对 19 个重大的专利纠纷案件，有逾 80% 撤销、改判或者严重质疑。

(二)欧洲

2012 年底，欧盟提出了欧洲单一专利(Unitary Patent，简称 UP)及欧洲统一专利法院(Unified Patent Court，简称 UPC)的改革方案供会员国签署。2013 年 2 月 19 日，欧盟 24 个成员国的部长在布鲁塞尔就设立统一专利法院签署了协议，统一专利法

院协议将在包括法国、德国、英国在内的13个欧盟成员国批准后正式生效。欧洲统一专利法院负责处理传统欧洲专利及将来的欧洲单一专利相关的诉讼事务,包括一个初审法院、一个上诉法院以及一个注册处。初审法院包括一个设在巴黎的中央法庭,和若干位于各成员国的地方法庭和地区法庭。中央法庭在伦敦和慕尼黑设立两个分庭。上诉法院设于卢森堡。位于伦敦的初审法院将主要审理化学、冶金以及人类生活必需品类型之专利案件(国际专利分类之A类及C类),位于慕尼黑的初审法院将主要审理机械工程相关的专利案件(国际专利分类之F类),而位于巴黎的初审法院将主要审理物理、电子、电脑科学、织物/纸类、固定结构等相关的专利案件(国际专利分类之B、D、E、G、H类)。虽然以技术领域分案可使特定法院较为熟悉某技术领域之案件,但可预期的是,在某些情况下可能造成诉讼当事人负担更多的费用。此类增加的诉讼费用可能迫使该专利权人放弃应诉或是接受较不利的和解条件。

二、关于知识产权诉讼制度

(一)德国

1. 专利侵权诉讼程序

根据德国法律,民事法院对专利侵权诉讼享有专属管辖权,德国地区法院为专利侵权诉讼的一审法院。德国共有12个地区法院,每个法院至少设有一个专门法庭,由三名受过专门训练的法官组成合议庭,负责审理专利侵权案件。其中,设在杜塞尔多夫市和曼海姆市的德国地方法院尤其擅长于审理专利侵权案件,每年审结的一审专利侵权案件数量超过全德一审专利案件总量(1400件)的三分之二。

对德国地区法院的判决或裁定不服的,可以上诉至德国高等地区法院。德国高等地区法院设有专利审判庭,负责审理知识产权案件。原则上,高等地区法院只审理专利案件中的法律问题,但如有新的事实问题出现,高等地区法院通常可以行使自由裁量权,决定是否对其加以审理。不服高等地区法院判决或裁定的,可以上诉至德国联邦法院,启动专利侵权诉讼的终审程序。德国联邦法院第十审判庭负责审理专利案件,审判员从地区法院、上诉法院和联邦专利法院的专利审判庭中选任,专门审理知识产权案件。联邦法院在审理专利案件时,只审查法律问题,不审查事实问题,其判决为终审判决,无须缴纳保证金即可申请无条件执行。如果德国联邦法院经审查,认为作为判决基础的事实证据不足的,可以将案件发回高等地区法院重审。

2. 专利无效诉讼程序

德国联邦专利法院对于专利无效案件享有专属管辖权。该法院设在慕尼黑,由具有专业技术背景的法官组成合议庭进行审理,每个合议庭由五名法官组成,其中两人受过专门法律培训,另外三人受过专门技术培训。与专利侵权诉讼案件程序不同,对德国联邦专利法院作出的专利无效判决不服的,可以直接上诉至德国联邦法院。德国联邦法院对专利无效案件既审查法律问题,又审查事实问题,如果判决对争议专利的权利要求书内容有修改或者宣告该争议专利为无效专利,则该判决将送达至专利登记机关。该判决为终审判决,立即生效,不得上诉或提出任何异议。对于被告提出异议或提起专利无效之诉的上诉案件,德国联邦法院在就专利有效性做出最终裁定以前,不得直接就侵权问题作出判决。

3. 分别审理制度

德国专利法律制度的基本特点之一就是专利侵权诉讼和专利无效程序的分离,即专利侵权之诉和专利无效之诉不仅审级不同,而且由不同的专门法庭审理。对德国指定的欧洲专利或德国授予专利提起的专利无效之诉均由设在慕尼黑的德国专利法院专属管辖;对其判决不服提起的上诉案件,由德国联邦法院管辖。另一方面,专利侵权案件的一审由德国的民事法院进行;对其判决不服提起上诉的,由地区上诉法院审理(二审);对二审判决不服而上诉的,由德国联邦法院进行终审。无论是专利侵权案件,还是专利无效案件,德国联邦法院的判决都是终审判决。对于专利侵权诉讼中被告对专利有效性或权利要求书提出的异议,民事法院不会作出裁决,被告必须另行单独提起专利异议之诉或专利无效之诉。之后,民事法院对这些未决之诉进行审查,在被告提出的新证据可以清楚地证明争议专利的有效性存有疑问,且专利授予机关在审查专利时尚未考虑这些新证据时,中止审理专利侵权诉讼。这一点不同于专利侵权上诉案件的中止审理,后者中止审理的原因往往是需要等待一个并行的专利异议之诉或专利无效之诉的终审判决。

(二)澳大利亚

澳大利亚法院系统分为联邦法院和州法院,知识产权案件均由联邦法院管辖。澳大利亚联邦法院对所有联邦事务具有一般管辖权。在联邦法院中,设有专利合议庭,其法官在专利领域具有专长。知识产权诉讼传统上向联邦法院提出,2013 年修法后关于商标和外观设计的争议可以向联邦巡回法院提出。如果是争议不复杂的诉讼,这是一个成本较低的选择。对于版权许可诉讼,联邦法院设有版权专门法庭,由三个联邦法院的法官和业外人士(经济学家)负责该类案件的审理。知识产权侵权诉讼中,原告是知识产权的所有权人或者独占被许可人,当其权利受到侵害时,通常可以获得禁令、损害赔偿等救济。但是,任何人均可以提起撤销专利权(使其无效)的诉讼,侵权诉讼和撤销(无效)诉讼通常在同一个法院审理及决定。

澳大利亚是普通法系的国家,法院必须遵循其上级法院的判决,上级法院的判决对下级法院具有拘束力,即所谓的遵循先例原则。法院后来的判决必须与先前的判决保持一致,只有在存在明显错误的情况下,才能作出与先前的判决不同的判决,这种情况在司法实践中很少发生。但是,如果事实不同,判决结果可能就会不同。因为知识产权案件属于联邦法院管辖,在知识产权诉讼中,州的判决和解释的作用是非常有限的。在法院判决中,判决理由指法官所直接或间接使用的任何法律规则,法官以此规则作为达成法律主张之结论的必要步骤。上级法院判决中的判决理由部分对下级法院具有拘束力。附带说明指判决理由中非属于主要论理依据的部分。严格来说,附带说明对于作出判决的法院本身或下级法院不具有拘束力。但因为其是法官在作出判决时所考虑的因素,即使与本案并非完全相关,仍可能和未来其他的案件有关。因此,附带说明仍然是具有说服力的。

(二)日本

日本专利法大量移植了德国专利法、判例以及欧洲专利公约。在 2000 年前,日本与德国一样实行分别审理制度,即专利侵权诉讼和专利无效程序相分离,日本特许厅对专利无效程序具有专属管辖权。2000 年 4 月 11 日,日本最高法院变更了判例,赋予地方法院在专利侵权诉讼中审查专利权有效性的权力。在日本,东京及大阪地方法院对于专利案件及知识产权技术相关案件(例如集成电路布图设计、软件著作权)具有专属管辖权。东京地方法院设 4 个审判庭,配置 16 位法官(7 位调查官);大阪地方法院设 2 个审判庭,配置 6 位法官(3 位调查官)。2005 年 4 月,日本成立知识产权高等法院,设 3 个审判庭,配置 18 位法官(11 位调查官)。知识产权高等法院管辖东京及大阪地方法院上诉的知识产权技术案件(专利、实用新型、软件著作权案件)、东京高等法院辖区内地方法院上诉的相关非技术案件(商标、外观设计专利、著作权案件等)、日本特许厅上诉案件和其他有关知识产权的上诉案件(知识产权的税法、形象权案件等)。知识产权高等法院法官具有丰富的知识产权审理经验,但是不具有理工科专业背景,法官每隔几年会轮岗到非知识产权审判庭进行交流。调查官是法院内部的技术专家,一般为日本特许厅资深审查员和专利律师。知识产权高等法院的成立,使得在日本特许厅的决定和东京或大阪地方法院的判决冲突的情况下,也能由其共同上诉法院(知识产权高等法院)作出统一的有效性判决,从而有效避免判决冲突。对知识产权高等法院判决不服的上诉案件,则统一由日本最高法院受理。

三、关于专利诉讼证据制度

(一)美国

美国专利诉讼均由联邦法院依照联邦民事诉讼规则审理,位于华盛顿特区的联邦巡回上诉法院对专利案件具有专属管辖权,但是许多涉及证据开示的法律争议是依照区域联邦法院的法律与判例审理,而非依照联邦巡回上诉法院的判例审理。专利侵权诉讼原告向侵权行为地法院提起诉讼,包括制造、使用、销售、许诺销售等侵权行为所在地法院。许多联邦地方法院采用独特的证据开示规则及专利案件的管理规则,不同的法院适用不同的当地法以补充概括性的联邦法,但不得与联邦法抵触。证据开示前一般要召开证据开示会议,证据开示会议后 14 日内,进行初期证据开示。证据开示的范围极为广泛,当事人得要求开示任何非属保密特权,且与权利主张或抗辩相关的事项,包括任何文件或有体物的存在、描述、属性、保管地、状况及位置,以及了解有关应开示证据信息的人。有正当理由时,法院得下令开示与案件有关的任何证据。当事人可以依据法律规定进行取证,但是最多只能进行 10 次,每次取证时间最多可持续 7 小时。对于证据开示过程中取得的证据,必须妥善保管,破坏相关文件将受到严重惩罚。

(二)德国

德国没有证据开示程序,根据德国民事诉讼规则,原告必须在诉状中说明所有足以让法院作出被告侵权之结论的相关事实,尤其是被控侵权物品已全面落入原告专利的权利保护范围的事实。在专利侵权案件中,权利人可以采取反向工程、分析产品的化学成分等方式搜集侵权证据,但是对于在被告工厂实施的方法专利、分析产品后无法证明产品是以方法专利制成,或产品已全面覆盖专利的权利要求、侵权产品无法在市场取得或太贵等情况就需要被告协助才能取得侵权证据。在上述情况下,原告被赋予调阅权与查验权,可以调阅任何能确认或证明侵权行为的文件,也可要求被告提供银行、财务或商业性质的文件。与美国的证据开示不同,原告必须具体指明要求调阅的文件是什么。另外,原告可以进入被告的生产场所查验物品(例如机器或产品)或制作侵权产品的方法,同样的,原告必须指明要查验的特定物品或全部物品是什么。法院在调阅或查验的命令中,必须采取必要措施以保护被告的机密信息,特别是在依申请的查验命令中,通常只有原告的律师可以进入被告的生产场所,除非法院允许,否则原告的律师不得将查验结果告知原告,被告也可以在提供文件给原告前,删除文件中的机密信息。法院对原告调阅和查验申请的审查十分严格,申请必须具体指明被告有直接或间接侵害专利权的充足可能性,且调阅和查验对原告起诉或证明其主张十分必要、调阅的文件和查验的物品必须在被告的支配下。如果调查的结果是侵权指控不成立,则原告需赔偿调阅和查验给被告造成的损害。

(三)日本

日本也没有证据开示程序,但是有文书提出命令制度,为证明专利侵权或计算损害赔偿,法院可以命令当事人一方提出必要的文书。一般情况下,如果某方法侵害专利,且该方法非属商业秘密,法院会作出文书提出命令,因为原告在主张该方法是否侵害专利上会有困难。为平衡双方当事人的利益,2004 年修法时日本引进保护令制度,当证据含有机密信息时,法院可能会核发保护令,被命令的人不得将依文书提出命令获得的商业秘密使用于系争诉讼以外,也不得将此秘密披露给第三人。违反保护令可能会面临罚款甚至刑事处罚。在现行的法律实践中,更多的是用保密协议对被告进行保护。对于日本的文书提出命令,目前比较普遍的顾虑是“证据钓鱼”风险,文书提出命令和保护令的核发的条件也是实务中争议较大的问题。

四、关于专利侵权救济制度

(一)美国

在美国的专利侵权诉讼中,专利权人可能获得的救济包括初步禁令和永久禁令、损害赔偿、迟延利息、律师费、合理费用等,被诉侵权人可能获得的救济包括不侵权声明、专利无效、专利不可保护性、律师费、合理费用等。200 年前,永久禁令的核发已成为常规,但是现在,要请求永久禁令的核发,专利权人必须证明:侵权行为造成不可挽回的损害、其他法律救济方式不合适、考虑双方利弊得失衡平法的救济方式有正当性、公众利益不受危害。而对于损害赔偿额的计算,一般不会低于合理的专利许可费,但是当陪审团认为侵权行为为故意时,法院可以行使自由裁量权,将损害赔偿额裁判为合理的专利许可费的 3 倍,侵权人极其恶劣的侵权情形也会导致损害赔偿额被提高。在美国,通常会鼓励专利权人和被诉侵权人通过谈判达成和解,因为专利侵权诉讼大多很复杂,在一个法院要审结通常是旷日持久,更何况是在多个不同的法院,和解可以缓解法院的办案压力,同时对专利权人而言,不仅能节省诉讼的费用,也可以达到继续诉讼所能获得的结果。

(二)德国

在德国,大多数与专利救济相关的规定在其专利法第 139 条,德国专利侵权可用的救济方法包括禁令、损害赔偿、纠正措施、销毁侵权产品、召回并从销售链上移除、获得信息权、判决刊登。对于禁令,只要侵害专利权的行为存在并且有反复实施的危险,法院一般都会应原告请求核发禁令。在间接侵权的情况下,如果有合理的非侵权使用,则禁令的准予并非绝对,如包装上提供给消费者此方法可用于侵权使用的提示被移除、被告以合同要求消费者不得将此方法使用于侵害的行为。损害赔偿的请求则以被告的侵权行为出于故意或疏失(有过错)为要件,原告可以选择下述标准计算损害赔偿:专利权人的利益损失、合理许可费、侵权行为人所得利益。在间接侵权的情形,如果被告所提供的方法并非作为其顾客侵权使用,则无损害赔偿可言。在德国没有3倍赔偿额的规定,其损害赔偿额也比美国低很多。

(三)日本

在日本,对于专利侵权的救济也包括禁令、损害赔偿等,对于标准必要专利是否应该核发永久禁令的问题,在2013年三星与苹果诉讼的案件中,东京地方法院认为专利权人构成权利滥用,因此不予核发永久禁令,这一决定同时考虑了下列因素:许可费率对其他被许可人并未揭露,因此“公平、合理、无歧视”的情况无从被检验;权利人未及时对标准制定组织披露专利;其他当事人间协商谈判的历史记录。对于损害赔偿的适用,专利权人须证明侵权人为故意或出于疏忽、侵权的行为造成损害的发生以及损害赔偿额的合理性。如果权利人难以证明损害赔偿额,则可以专利权人利益损失、侵权人所得利益或者合理的许可费为标准计算损害赔偿额。

知识产权保护的国际视野国际研讨会总结报告

最高人民法院知识产权庭　刘　媛

经批准,由最高人民法院与世界法学家协会共同举办,中国法院知识产权司法保护国际交流(上海)基地承办的“知识产权保护的国际视野”国际研讨会于2014年11月3日至4日在上海成功举办。此次会议在党的十八届四中全会刚刚闭幕的大背景下召开,得到了院领导的高度重视和直接领导,陶凯元副院长专门出席会议并发表讲话,进一步展示了我国在知识产权保护世界舞台上的影响和作用,取得了圆满成功,达到了预期效果。此次会议也是中国法院知识产权司法保护交流(上海)基地自2014年9月挂牌成立后承办的首次国际会议。会议的成功举办,为今后继续开展与有关国际组织及知识产权司法保护经验丰富国家之间的交流与合作,打下了坚实基础,提供了诸多宝贵经验。

一、会议基本情况

此次研讨会为期一天半。最高人民法院陶凯元副院长出席开幕式并致辞。世界法学家协会贝洛拉维克主席、上海市赵雯副市长出席开幕式并致辞。上海市高级人民法院崔亚东院长出席开幕式。开幕式由最高人民法院知识产权审判庭宋晓明庭长主持。

陶凯元副院长在致辞中表示,最高人民法院对中外嘉宾和代表出席此次国际研讨会表示欢迎。她强调指出,在经济全球化进一步加深的背景下,知识产权在国际竞争与发展中的地位和作用日益重要。中国高度重视知识产权保护,不断完善立法,积极履行国际公约和条约义务,站在国家战略的高度对知识产权进行保护。30多年来,中国法院依法履行司法职责,强化知识产权司法保护职能,公正高效审理各类知识产权案件,发挥司法保护主导作用,取得重大成就。她突出强调中国法院注重司法公开透明,通过对具有社会影响力的案件实行庭审直播,知识产权裁判文书全部上网,每年发布中国法院知识产权司法保护10大案件、10大创新性案件和50件典型案例,发布《中国法院知识产权司法保护状况》(白皮书)和《最高人民法院知识产权案件年度报告》等措施,确保司法公开公正,树立司法公信和权威。与此同时,中国法院不断加强知识产权国际交流与合作,开拓法官国际视野,以适应中国科技创新、经济战略转型发展的现实需要。她最后表示,在中共中央十八届四中全会对全面推进依法治国做出重大部署的新形势下,中国愿与世界各国一道,进一步深化交流合作,分享知识产权保护领域的研究成果和先进经验。

贝洛拉维克主席在致辞中表示,世界法学家协会与中国最高人民法院有过多次成功合作,最为成功的两届世界法律大会均为在中国举办。他高度赞扬中国为推动国际法律界之间友好交流做出的巨大贡献,期待在不久的将来能与中国同行再度合作。他赞赏中国为保护知识产权所做出的努力,认为国际法律界非常尊重且应该尊重中国的努力。他指出,保护知识产权具有非常重要的意义,知识产权之战是当今世界的三种战争形式之一。他愿与中国同行一道,为确定并推动国际知识产权保护相关规则的制定和实施共同努力。

赵雯副市长在致辞中表示,近年来,上海市按照当好"排头兵"和"先行者"的要求,抓紧推动上海自贸区和浦东新区建立"专利、版权、商标"统一的知识产权行政管理和执法体制,完善知识产权纠纷仲裁,调解多元解决机制。在全面推进依法治国的过程中,上海要进一步加强知识产权保护,尤其要不断学习国际法学界、知识产权界关于知识产权保护的先进理念,不断借鉴先进国家知识产权保护的成熟经验。

来自奥地利、捷克、波兰、巴基斯坦、尼日利亚、菲律宾等国家的法官、学者、律师,我院及部分地方法院知识产权法官,商务部条约法律司、国家版权局版权管理司、国家知识产权局条法司、国家工商行政管理总局商标局代表,以及我国知识产权领域的专家学者和律师共90余人参加了会议。我院司法改革办公室、新闻局也应邀派代表参加了会议。中外与会代表围绕"知识产权保护的国际视野"这一主题,就知识产权保护的新趋势与未来、知识产权保护对于技术创新和市场竞争力的激励作用、互联网环境下知识产权保护面临的挑战、知识产权保护与文化繁荣发展的关系、知识产权纠纷的解决措施、知识产权保护与国际交流和协作等议题,以主论坛、分论坛并行研讨的形式进行了广泛而深入的交流。中央电视台、中央人民广播电台、中国新闻社、法制日报、中国知识产权报、人民法院报、《中国审判》杂志、新华网、中国新闻网、上海电视台法治频道、凤凰卫视、澎湃新闻网派记者对会议及时报道。

宋晓明庭长在会议第一项议题“知识产权保护新趋势与未来”中作了题为《知识产权法院的中国探索——中国知识产权保护的里程碑》的主题发言。宋晓明庭长在发言中介绍了中国知识产权法院成立特点、制度设计和未来展望。在北京、上海和广州设立知识产权法院,一是由于地区科技创新较为活跃,保护需求更为迫切。二是由于案件数量,尤其是专利等技术类案件数量较多。三地知识产权法院在案件管辖及审判职能上有所不同。北京知识产权法院将以审理专利商标授权、确权等行政案件为主,兼顾审理民事案件;广州和上海知识产权法院则以审理专利等民事侵权案件为主。三个知识产权法院属于中级法院,既是初审法院,又是上诉法院。北京知识产权法院即将正式成立并开始受理案件。上海和广州知识产权法院尚在筹建之中。11月3日,最高人民法院公布了《关于北京、上海、广州知识产权法院案件管辖的规定》。宋晓明庭长还对知识产权法院今后的发展作了展望,指出知识产权法院将做好案件压力不断增长的应对工作,努力完成好司法改革先行者的重要使命,不断探索与完善知识产权审判体制与工作机制。

最高人民法院外事局刘合华局长在会议第七项议题“知识产权保护与国际交流和协作”中作了题为《知识产权保护与交流与协作》的主题发言。他以翔实的数据和丰富的案例,展示了中国法院开展国际交流与协作,特别是在知识产权司法保护国际交流与合作中,积极参与国际知识产权合作项目、成功举办多次知识产权国际会议、派员参加国际论坛、接待外国来访团组、加大知识产权人才培养、拓展知识产权国际交流形式等方面取得的巨大成绩,进一步阐明了以最高人民法院为主导的中国法院,对国际交流与合作的高度重视,对国际交流形势和要求的深刻了解和准确把握,并对进一步开展国际合作与交流提出了建议与要求。

上海市高级人民法院吴偕林副院长也在该议题中作了发言,介绍了上海法院开展国际交流与合作丰富多彩的具体实践与成功经验。

贝洛拉维克主席在会议第一项议题中作了题为《新欧洲专利制度:单一专利长路漫漫》的发言,介绍了欧洲新专利制度。世界法学家教授协会主席、布拉格城市大学法律和行政管理系主任、教授卡雷尔·克利马在会议第二项议题中作了题为《知识产权的传统宪法价值》的发言,阐述了知识产权的传统宪法价值。波兰最高行政法院法官、比亚维斯托克大学法学院教授、华沙莱昂科兹明斯基学院法学院教授乔安娜·斯恩兹科·克拉比克斯在会议第四项议题中作了题为《第2012/28号欧盟指令规定的孤儿作品:著作权法修改建议》的发言,介绍了欧盟关于孤儿作品的规定。捷克Glatzova& Co律师事务所合伙人维特·霍拉斯科博士在会议第六项议题中作了题为《在线纠纷解决》的发言,介绍了国外的相关实践。

此外,最高人民法院特邀咨询专家、中南财经政法大学吴汉东教授、北京大学知识产权学院郑胜利教授、中国人民大学知识产权学院副院长郭禾教授、华东政法大学王迁教授,上海市高级人民法院吴偕林副院长、广东省高级人民法院徐春建副院长、江苏省高级人民法院民事审判第三庭宋健庭长、中华全国律师协会知识产权专业委员会李德成副主任兼秘书长也都在研讨会上围绕网络技术革命与著作权制度变革、科技创新驱动经济发展、电子游戏法律保护、著作权保护与互联网的成就与挑战、在国际交流合作中推动知识产权司法保护的共同发展、司法保护主导作用与促进市场公平竞争、知识产权审判"三合一"思考、技术秘密司法保护现状对技术创新产生的影响与建议等作了发言。

最高人民法院知识产权审判庭金克胜副庭长主持了闭幕式,并对此次会议的成功举办给予了肯定,对世界法学家协会的共同合作表示了感谢,对中国法院知识产权司法保护交流(上海)基地为承办此次会议做出的努力表示感谢。

会后,全国人大常委会万鄂湘副委员长在京会见了贝洛拉维克主席。万副委员长首先对"知识产权保护的国际视野"国际研讨会在上海成功举办表示祝贺,同时对贝洛拉维克主席邀请来自世界相关国家知识产权领域知名专家与中国同行进行有益交流表示感谢。双方愉快地回顾了中国最高人民法院与世界法学家协会建立的长期友好合作关系,并就中方担任协会领导职务人员变更事宜进行了磋商。万副委员长表示,中方将会一如既往地支持协会的工作,进一步促进和加强与世界法学家协会的交流与合作关系。贝洛拉维克主席对中方的支持表示感谢。他说,中国法律界、特别是最高人民法院与世界法学家协会长期保持着良好合作关系,双方合作共同举办了两届世界法律大会,中国最高人民法院还派代表出席了第十二届大会以来的历次会议,期待与中方继续合作。

二、会议成效与启示

(一)会议成效

习近平同志指出:"在传统国际发展赛场上,规则别人都制定好了,我们可以加入,但必须按照已经设定的规则来赛,没有更多主动权……要在新赛场建设之初就加入其中,甚至主导一些赛场建设,从而使我们成为新的竞赛规则的重要制定者、新的竞赛场地的重要主导者。"在知识产权保护领域,中国在较短的时间内,走过了发达国家几百年的历程,且在互联网等新兴领域走在了世界知识产权司法保护的前沿。此次会议是再次树立我国负责任大国形象、确立我国在世界知识产权舞台上重要地位和作用、主导知识产权司法保护话语权的一次会议。会上,我国知识产权法官、专家学者和律师代表,通过专业、自信、强势的话语,向世界再次展示了我国知识产权司法保护的成就,宣示了我国保护知识产权的坚定决心和未来发展方向。此次会议也进一步加深了我院与世界法学家协会之间的友好合作关系,再次证明我国愿与世界法律同行一道,致力于实现公平、公正司法,以司法促和平,以和平促发展。

会议的召开受到我国媒体的广泛关注和报道。会上,陶凯元副院长接受了凤凰卫视记者的专访。宋晓明庭长接受了中央电视台记者的专访。在刘合华局长的主持下,贝洛拉维克主席等5位外方代表接受了新华网、中国新闻网、中国知识产权报、《中国审判》杂志、上海电视台以及人民法院报等媒体的集中采访。通过媒体的广泛宣传和报道,不仅使更多的人关注到此次会议,有助于增进对知识产权司法保护的理解与支持,更是对知识产权法官辛勤工作成果的肯定和鼓励。

(二)会议启示

1. 高度重视、积极拓展知识产权国际交流的广度与深度,为我国知识产权司法保护实现跨越式发展创造宽松有利的国际环境

贝洛拉维克主席在会议开闭幕式致辞及多个正式场合均表示,中国为推动国际法律界间的友好交流做出了巨大贡献,国际法律界非常尊重且应该尊重中国为保护知识产权所做出的努力。但就现实而言,不乏少数人以个案为由,利用双边或多边交流机制对我国知识产权司法保护制度与实践施压,借机干涉我国司法。因此,充分利用国际交流的机会释疑解惑、增进共识,不仅是展示我国法院知识产权司法保护成果的重要途径,更是为我国知识产权司法保护实现跨越式发展创造宽松有利的国际环境。不断转变观念,提高认识,重视国际交流,积极主动参与国际交流,宣传我国保护知识产权司法实践,让世界了解我国在知识产权司法保护方面的努力与成就,介绍中国实际、中国经验。以事实说话,用法律沟通,逐步掌握话语权,方能无往而不利。

此次会议是中国法院知识产权司法保护交流(上海)基地成立以来的首次国际会议,为此,会议特别安排了国际交流与合作专题研讨环节,中方代表以翔实的数据,充分展示了以最高人民法院为主导的各级人民法院为加强国际交流与合作做出的巨大努力和取得的巨大成就。与会的商务部代表对此评论认为,正是由于最高人民法院积极派员参与 WTO 审议、自贸区谈判和知识产权对话等工作,为我国积极参与国际组织各项工作、树立负责任大国形象、增进成员国间在司法上的沟通和理解,以及为双边贸易政策的制定和协调均做出了重要贡献,希望我院日后对商务部知识产权相关工作继续给予有力的支持。

2. 进一步加强国际研讨的前瞻性和针对性,是会议在专业交流领域成果最大化的前提和基础

知识产权法院的设立和国际交流与合作是此次会议与会代表重点关注和热烈讨论的话题,成为此次会议的重点和亮点。自《中共中央关于全面深化改革若干重大问题的决定》提出“探索建立知识产权法院”,明确将设立知识产权专门法院作为国家的一项重要战略部署以来,世界各国对我国设立知识产权专门法院的进展情况倍加关注,通过各种渠道获取相关信息。此次,宋晓明庭长在会议第一项议题中就知识产权法院的中国探索情况进行发言,第一次全面系统地对外宣传我国知识产权法院的设置情况,宣示我国知识产权司法保护的决心,引起了与会国外代表的强烈关注。尼日利亚首席大法官更是不顾会前多次劝阻,表示愿以普通会议代表身份参加会议,学习中国知识产权司法保护制度与实践。我国知识产权司法保护制度与实践的发展时间虽然只有短短几十年,但其完备性、合理性和先进性并不亚于欧美一些发达国家,且在某些领域走在了世界前列。中国实际和中国经验对世界许多国家而言,特别是对一些知识产权司法保护刚刚起步的国家而言,具有较大影响力。但也应注意到,此次会议期间,尼日利亚代表少有发言或提问。国际交流是有成本的,对于这种专业性较强的国际会议,应尽量调动外国与会代表的积极性,充分利用会上

发言、会后交流等形式，尽可能挖掘域外相关司法实践，避免出现业务交流变为友好交流，或国外代表普法式交流等情形。为此，我们应首先做好做实本国及域外知识产权立法与司法实践的基础调研工作，找准切入点和着力点。在此基础上，充分调动与会国外代表的积极性，必要时有针对性地邀请部分国外代表，充分利用每次机会进行深入交流，及时总结提炼新情况、新问题，善于甄别并结合我国实际进行研判，为全面深化改革和实施创新驱动发展战略添砖加瓦。

域外知识产权专门法院设立情况简述

最高人民法院知识产权庭

截至目前，世界范围内已有美、德、英、俄、日、韩、新加坡、马来西亚、泰国、印度、土耳其、芬兰和我国台湾地区等10余个国家、地区设立了知识产权专门法院，欧盟在酝酿多年后亦最终决定设立欧洲专利法院。综观域外知识产权专门法院的设立背景和模式，有下列共同特点值得关注：

1. 从国家战略利益出发，将设立知识产权专门法院作为激励创新、提高综合竞争力的有效手段。随着知识产权重要性的日益增强，保护知识产权愈加上升为国家利益，各国更加重视科技和文化创新，更加重视知识产权在国家发展战略中的核心地位和作用。通过设立知识产权专门法院，进一步强化知识产权保护，进一步释放和激发社会创造活力，为实施创新驱动发展战略和建设创新型国家提供强大推动力。从域外的实践看，专门法院的建立对激励创新、吸引投资和鼓励贸易发挥了重要的推动作用。

2. 从知识产权法律规范综合性出发，将设立知识产权法院作为统一司法标准的重要途径。知识产权法以法律规范综合性、保护措施多样性为主要样态，知识产权保护体系以民事、行政、刑事诉讼三种模式相互牵连、多位一体为主要特点。从美国、日本等专门法院的实际运作效果看，对于专利等技术性较强的案件，更加强调司法标准的统一性，在对专利等侵权一审案件实行相对集中管辖的同时，通过高等法院位阶的专门法院统一处理确权、侵权纠纷上诉案件，实现程序的有机统一和相互协调，有利于统一司法标准，形成统一、全面、立体的知识产权保护机制。

3. 从知识产权案件审理专业性出发，将设立知识产权专门法院作为提高审理质量的制度保证。知识产权案件具有特殊的专业性、高度的复杂性和敏感的政策性，审理难度较大。在专利等涉及复杂、专业技术的技术类案件中，通过引入技术调查官或专门委员等审判机制解决技术事实查明的问题，有利于专业审判人才的培养，确保知识产权案件的审理质量。

4. 从知识产权司法救济实效性出发，

将设立知识产权法院作为优化司法资源、提高司法效率的主要举措。基于知识产权侵权行为的隐蔽性、多发性和迅速性,提供及时有效的司法救济对于知识产权保护尤为重要。德、美、日和我国台湾地区的实践表明,设立知识产权专门法院,简化知识产权行政授权、确权案件审理程序,乃至在侵权案件中可以直接宣告权利的效力,可以大大节约诉讼成本,缩短争议解决时间,提高审理效率。

2005 年,国际律师协会(IBA)启动了一项对全球知识产权专门法院或法庭设置情况的调查,调查结论为:设立专门法院负责审理知识产权纠纷已经成为普遍认同的国际趋势。

一、美国联邦巡回上诉法院

美国联邦巡回上诉法院成立于 1982 年,是美国 13 个联邦上诉法院中唯一的专门法院。设立的目的在于加强专利保护,解决因不同巡回上诉法院对于专利法适用差异而导致的裁判冲突,并增强专利行政诉讼的确定性。

该院不同于美国其他 12 个巡回上诉法院,不受巡回区限制,而是管辖全国范围内有关专利、商标、国际贸易、特定行政决定等上诉案件。需要指出的是,该院受理的专利上诉案件包括不服所有联邦地区法院的专利侵权裁判而提起的上诉案件,法院有权在裁判中对专利有效性作出认定,且对美国专利商标局和以后的诉讼具有法律拘束力。

该院现有 12 名法官,其中 4 名具有技术背景。

二、德国联邦专利法院

德国联邦专利法院成立于 1961 年 7 月,是国际上第一个专门处理知识产权诉讼的高等法院,其设立基础及运作成为各国设立专门法院的重要参考对象。该院设立在德国专利商标局所在地慕尼黑,便于专利法院充分利用专利局的图书资源、技术审查人员与设备。

该院的受案范围包括:(1)当事人不服行政机关有关专利、商标、植物新品种、集成电路布图设计决定而提起的上诉;(2)当事人针对德国专利及德国境内的欧洲专利的无效宣告;(3)当事人针对专利强制许可决定提起的诉讼。对其判决不服的,可以向联邦最高普通法院提起上诉。

该院的法官包括法律法官和具有技术专长的技术法官。其中,技术法官是德国法院系统中独有的设置,旨在解决专利案件中复杂的技术事实查明问题,其与法律法官具有相同的权利义务。

三、日本知识产权高等法院

2005 年 4 月,知识产权高等法院作为东京高等法院的特别支部成立,设立的根本原因在于:知识产权在日本经济和社会发展中的意义重大,需要通过专门的司法途径高效地解决知识产权案件,同时具有向公众和国际宣称保护知识产权的象征作用。该院最重要的任务和职责是,通过高水平的专业法官以高效负责的方式审理案件,作出公正的判决,以合理地保护知识产权并提供司法判决等司法信息,保证对知识创造者的保护,满足日本社会各界和时代的要求。

该院具有如下特点:(1)专门性。通过专门法设立,内设于东京高等法院之内,专司知识产权案件审理;(2)独立性。知识产权高等法院被授予特定的权力处理司法行政事务,比东京高等法院的内设法庭具有更大程度的独立性;(3)独特性。知识产权高等法院的组成和管辖方面具有自身的特点,尤其是法院内设专家委员会,专家委员可以协助法官对案件中专门技术知识进行查明和解释。

目前日本共有8个高等法院,每个高等法院仅具有基于地域范围的有限管辖权,而知识产权高等法院则打破地域管辖的限制,审理不服专利局无效决定提起的一审行政案件以及全国范围内有关专利、集成电路布图设计、计算机程序著作权的二审案件。外观设计、商标权,传统著作权等上诉案件,仍由分布在全国的8个高等法院管辖。

该院的法官是东京高等法院的法官,由最高法院从经内阁批准的法官名单中任命,在司法管理方面受最高法院的监督。法院调查官按照法官的要求研究和解决专利等案件的技术问题,经法官允许,可以向当事人提问,以查明案件事实。此外,还有专业委员参与案件的处理。专业委员是最高法院任命的非专职职员,从各技术领域具有渊博专业知识的大学教授或公共机关的研究人员中遴选。

四、韩国专利法院

韩国于1998年3月成立专利(高等)法院,其模式与德国专利法院较为接近。

该院负责审理不服知识产权局关于专利、商标决定而提起的行政上诉案件。对专利法院的裁判不服,可以上诉到最高法院。

该院的主要特色在于新设技术审查员,其主要职权有:参与案件的所有审理程序,包括审前会议及庭审程序,提供技术方面的专业意见;在审判长的同意下,可以询问当事人有关技术方面的问题;在庭审结束之后,向合议庭提出书面意见,但是不能参与案件结论的决定。

五、俄罗斯知识产权法院

2013年2月,俄罗斯知识产权法院成立。此前,一方当事人为自然人的案件由普通法院管辖;双方当事人均为法人的案件由仲裁法院管辖。该院设立后,不论当事人的身份,知识产权一审、二审案件均由其管辖。

该院审理的一审案件包括:不服专利商标局、农业部有关专利、商标、植物新品种授权确权的行政案件;不服反垄断局有关企业并购反垄断审查决定的行政案件。专利、商标、版权等知识产权民事案件仍由原具有管辖权的法院进行一审,俄罗斯知识产权法院将作为此类案件的上诉法院。

知识产权案件实行三审终审制:一审分别由知识产权法院和其他具有知识产权案件一审管辖权的仲裁法院审理,二审由知识产权法院常务委员会审理,三审由最高法院审理。

六、欧洲统一专利法院

2013年2月,欧盟24个成员国签署设立统一专利法院的协议,决定设立一个专门法院来处理传统欧洲专利及将来的欧洲单一专利相关的诉讼。统一专利法院包括1个一审法院、1个上诉法院以及1个注册处。一审法院包括一个中央法庭和若干位于各成员国的地区法庭。这一举措极大地改变了由欧盟各国法院就欧洲专利的侵权及效力问题各自作出裁决的状况。

七、我国台湾地区智慧财产法院

2008年7月,我国台湾地区智慧财产法院成立。设立的主要原因在于知识产权保护的重要性、专业化和全球化与日俱增,需要回应社会对知识产权的重视。智慧财产法院成立后,因诉讼同轨,裁判统一,并能够迅速审理和正确解决知识产权纠纷,得到业界肯定。

该院在台湾法院系统中与高等法院、高等行政法院级别相同,目前尚未设置分院,但据有关法律规定,可以根据地理环境和案件数量,增设智慧财产法院分院。

该院的主要特色在于:(1)受理民事、行政、刑事三种类型的知识产权案件。(2)建立技术审查官制度。技术审查官的职责为:根据法官的命令,办理案件的技术判断、技术资料的收集、分析及提供技术意见,并依法参与诉讼程序;就事实及法律事项,基于专业知识对当事人说明或发问;对证人或鉴定人直接发问;就本案向法官陈述意见;在证据保全时协助调查证据等。

赴英国考察知识产权审判体系及临时禁令、损害赔偿等制度的考察报告

最高人民法院知识产权庭　骆　电　郎贵梅

在英国外交与联邦事务部以及英国知识产权局的邀请和资助下,2014 年 3 月 16 日至 20 日,我们参加了由最高人民法院、广东省高级人民法院、广州市中级人民法院、深圳市中级人民法院的法官以及华南理工大学、中国人民大学、深圳大学的教授,广东合盛律师事务所、北京立方律师事务所的律师在内共 14 人组成的考察团,访问了英国知识产权局、上议院、高等法院、睿阁律师事务所、伦敦大学法学院、中殿律师学院等机构,就英国知识产权案件审判体系、欧洲统一专利法院设立、知识产权临时禁令制度、损害赔偿制度和英国知识产权局的组织及运行等问题进行了广泛而深入的交流。

一、关于英国的法律辖区、三权分立及法院体系

历史上的英国形成了三大法律辖区,即英格兰、威尔士、北爱尔兰,并延续至今。下文即将提到的三权分立和法院体系是指英格兰辖区。

英国实行三权分立制度,立法权归议会,行政权归政府,司法权归法院,法院独立于政府,并监督政府的执法行为。英格兰法官均是从具有丰富经验的律师中选任,与我国(还有德国、法国)不同,英国的律师直到年龄较大时才会从女王处获得法官的任命。英国律师分为诉讼律师和事务律师两种。诉讼律师负责出庭处理诉讼事务,为当事人在法庭上辩论;而事务律师则是在律师事务所负责案件相关的准备工作。具有 15 ~ 20 年出庭经验的诉讼律师则被称为资深律师,可以担当皇室律师。很多高等法院法官之前均是皇室律师。

在英国,法院按照审理案件的性质不同可分为民事和刑事两大系统。此外,还

有反垄断法院、行政法院和军事法院等专门法院。在英国法律体系下,刑事法官与民事法官区别很大。有的法官审理两类案件,也有的法官专门只审理民事案件。

刑事法院分为两种,第一种是皇家刑事法院,处理更加严重的刑事犯罪,实行陪审团制度,法官确保案件的判决以合理方式进行,如果陪审团最后认定被告有罪,法官则要决定其刑罚。第二种是治安法院,公众参与治安法院的方式与参与皇家刑事法院不同。一般社会上有名望、受人尊敬的人被任命为治安法官。治安法官仅就案件事实作出裁决,认定被告有罪即作出处罚。

民事法院系统由四级法院组成,即郡法院、高等法院、上诉法院和最高法院(原来的上议院)。其中,高等法院分为王座庭、家事庭和大法官法庭,大法官法庭与王座庭并没有明显的区分。高等法院的案件都是一个法官独任审理。

二、英国的知识产权法院体系

(一)高等法院受理的知识产权案件及其分工

在英国,郡法院没有知识产权案件管辖权。知识产权案件,包括专利案件、著作权案件、商标案件和商业秘密案件等,由高等法院的大法官法庭审理。根据受理案件的审级,大法官法庭既审理一审案件,也审理上诉案件。大法官法庭设在伦敦的 the Rolls Building,共 31 个法庭和 50 个会议室,内部机构包括海事法院、商业法院以及技术和建筑法院等专门法院。

在大法官法庭内部,知识产权案件的审理机构按照案件的类型分为三个部分:第一个领域是专门的专利法庭,案件主要分为五种不同的类别,类别 1 ~ 3 是比较简单的知识产权案件,类别 4 ~ 5 是与科技有关的知识产权案件,比较复杂,由具有科技学位背景的两位法官审理。而类别 1 ~ 3 的案件不太复杂,由两位高级的资深法官或者其他法官处理,不需要科技背景,但需要专利法背景。第二个领域是除了专利之外的著作权、商标、外观设计、仿冒等案件,由大法官法庭的任何法官进行审理。第三个领域是知识产权企业法庭(即 IPEC),该法庭是过去几年创立的,是为中小企业及个人提供时间少、花费小的案件审理。该法庭的审理程序针对速度及费用进行了调整,由一个排位低于高等法院法官的法官审理,但也要受高等法院法官指导,赔偿金及诉讼费用有限制。专利法庭和知识产权企业法庭均属于大法官法庭的一部分。

除了知识产权案件,大法官法庭还负责审理税务、破产、公司法、房地产等案件。对于大法官法庭审理的案件不服,可以上诉到上诉法院。对上诉法院的案件不服,可以上诉到最高法院。上诉法院有两个专门处理知识产权案件的法官,最高法院没有知识产权专家,但法官或者院长在知识产权领域有一定经验。最高法院审理的案件是对公众来说具有重要性的案件。

高等法院设有申请庭,与医院急诊科功能相像,每周工作七天,每天 24 小时开放,所有法官轮流值班。知识产权案件中一些典型的申请,如临时禁令、搜查、扣押和冻结资产以及证据公示等,均由申请庭负责办理。

与我国不同,英国法院可以对专利权的效力作出认定。在专利侵权案件中,被告提出的抗辩理由可以是专利权无效,也可以是被诉行为不构成侵权。英国法官认为,将专利的有效性与被诉行为是否侵权分开处理和区别对待,是不合理的。

(二)知识产权企业法庭与专利法庭适用程序的不同

英国知识产权企业法庭的前身叫郡专利法院,成立于 1990 年,旨在专门为中小企业和个人纠纷提供服务,但改革并不成功,一是由于该法院位于北伦敦的郊区,二是缺乏为其专门设计的规则。后经引入特殊规则,才真正发挥专门法院的效果。知识产权企业法庭与大法官法庭中的专利法庭在程序方面的主要区别如下:

1. 涉案金额、审理时间和诉讼费用不同。知识产权企业法庭受理案件的当事人为中小企业或者个人,损害赔偿上限为 50 万英镑,知识产权企业法庭收取的费用是固定的,律师费用由当事人自己决定,法院决定的败诉方当事人向胜诉方当事人支付的费用不超过 5 万英镑,而且不同阶段有不同的上限,开庭审理时间不会超过 2 天。而大法官法庭受理的知识产权案件当事人多为跨国公司,主张的损害赔偿数额没有限制,律师费用一般也很高。

2. 对待和解态度不同。知识产权企业法庭在开庭前鼓励双方当事人沟通案情,要求原告充分写明案情和主张,被告在明确争议焦点的基础上进行回应并给出理由。如果双方拒绝沟通,就会面临罚金的处罚,该制度会促使双方和解。而大法官法庭则不存在此种程序要求,从而降低了当事人对待和解的积极性。

3. 开庭之前的案情陈述不同。知识产权企业法庭受理的案件,要求双方当事人列出案情陈述,一方面要列出所有事实、证据和论点,另一方面要简洁清楚,而且在临近开庭前,除非极其例外的情况,双方不能添加或者修改案情陈述,该制度迫使双方当事人在开庭前思考案件。大法官法庭审理的知识产权案件本身很复杂,所适用的程序对于案情陈述也没有上述限制,造成当事人修改案情陈述的情况比较多。因此,对于知识产权企业法庭受理的案件,法官在早期就能掌握案件本身涉及的问题且在开庭前不能变更,从而容易确定审理和裁判方向;而且,双方也能全面了解案情,开庭时不会有意外或者模糊不清的地方,对胜诉可能性也会有认识。

4. 知识产权企业法庭受理的案件,从始至终均由同一法官审理,能够激励法官在早期就对案件进行详细了解。

5. 法官对案件的控制程度不同。在知识产权企业法庭受理的案件中,法官对案件审理的各个环节有更充分的控制权。法官有权限制当事人案情陈述、证人陈词、需要辩论的议题,而且审理工作的时间表不能随便变更。知识产权企业法庭受理的案件,在案情陈述结束后,双方当事人会收到法院的来信,要求参加由法官主持的案件管理会议,明确开庭时讨论的案件议题。开庭后,法官会在固定日期发布裁判。法官在开庭后还会根据案情建议双方当事人通过其他方式解决争议,或者给出谁可能胜诉的建议,从而鼓励和解。在知识产权企业法庭程序中,由于法官已经确定案件议题,法官在诉讼早期可以控制议题或者证据,限定双方当事人提交的证据数量和请求讨论的议题,法官有时会要求双方不得有呈堂的任何证据。知识产权企业法庭通过法官对程序的控制限制了费用,双方当事人从中获益,这就是"利益费用原则"。而大法官法庭受理的案件不适用该原则,在大法官法庭受理的知识产权案件中,当事人应向对方当事人披露所有证据,但通常大部分证据对于案件判决并不重要,双方当事人还会就各方面进行辩论,致使双方参与诉讼的成本很高。

知识产权企业法庭自 2010 年引入新规则后,效果显著。知识产权企业法庭受理的案件数量大大上升,但是高等法院大法官法庭受理的知识产权案件数量并无下降。

三、关于与欧洲的协调及欧洲统一专利法院

过去几十年,欧盟一直在协调 28 个成员国的不同领域的法律,这项工作非常复杂和困难。英国是欧洲很重要的组成部分,与法国、德国一道,在欧洲法律的协调方面扮演着先驱的角色。在知识产权的不同领域,协调成本不同。商标等领域协调成本很高,著作权领域已经有一定程度的协调,有些方面还没有进展,专利领域情况比较复杂。在专利领域,欧盟所做的协调工作很少,而是通过另外一个不同的路径,如欧洲专利公约进行高程度的协调。欧洲专利公约由 38 个成员国签署,与欧盟的成员国不同。英国作为 28 个欧盟成员国之一,英国知识产权法官希望在欧盟层面的专利协调工作能够得到进一步发展,即建立欧洲统一专利法院。协调工作的结果是,英国知识产权法律越来越复杂,除了考虑英国国内法外,还需要考虑欧盟的法律,以及相关领域的国际条约等。这种复杂性使得英国知识产权法官更加专业化。但是,很多知识产权案件属于商业领域的纠纷,不仅需要适用知识产权法,还需要适用公司法、破产法等众多法律。如果只是一味追求知识产权领域的专业化,可能会导致对一般法律的不了解,从而无法很好地裁判有关知识产权案件。在英国,The Rolls Building 中集中了审理商业案件的各类法庭,从而也将商业领域的法律专家集中在一起。

英国专利法院的部分工作是负责处理英国与欧洲专利办公室的关系。欧洲专利办公室(即 EPO)可以在欧洲范围内撤销专利,受理他人提出异议,从而决定专利在欧洲范围内的撤销或者修改。对于针对欧洲专利的有效性,英国专利法院与 EPO 有平行的管辖权。有时认定会出现冲突从而产生困难,英国专利法院认为是有效的,但 EPO 可能会觉得无效;通常的情况是相反。现在由新设立的组织即欧洲统一专利法院来解决此问题。在欧洲统一专利法院架构下,所有签署欧洲专利公约的国家可以单独或者共同处理欧洲专利侵权案件。其中一个设在法国的中央法庭主要处理生命科学的案件。该法庭原本计划在 2015 年开始工作,但可能会推迟。

在欧洲,泛欧的商标和外观设计办公室(即 OHIM)专门处理商标和外观设计事务。该组织的内部市场协调办公室设在西班牙,这里的内部是指欧洲、欧盟。内部市场协调办公室可以受理关于商标和外观设计的异议,一些欧盟国家的法院也可以处理此类异议。欧盟成员国指定其一个法院处理欧盟商标和外观设计案件。在英国是大法官法庭处理此类案件。这些法院作出的裁决在欧盟范围内对当事人双方均有约束力。如果商标是文字而不是图案,就会涉及语言问题。对于同一字母组合形成的文字商标,英格兰法官基于英语的理解认为使用意思相近的文字可能认定构成侵犯商标权,但如果基于法语的理解可能得不出这样的结论,如果英格兰法院下发的禁令在欧盟范围内均有效,就可能存在冲突。

英国法官希望欧洲各国法律能够实现统一,但现实中是不可能的。因此,在商标案件中,有时候还需要听取来自其他国家的证据。

欧盟司法院(即CJEU)是欧洲法系体系下的最高法院,设于卢森堡。欧盟司法院只能接受各国法院转交的案件,不能直接受理案件。在英国,下级法院不想将案件交给最高法院审理,但最高法院仍有权提审。CJEU在欧洲知识产权方面也扮演重要角色。由于各国法律不尽统一,CJEU就要确保各国法律能在欧盟内部得到协调,如:商标法完全统一适用欧盟法;外观设计方面实现了部分协调,有一些外观设计案件会由CJEU统一审理;著作权的协调程度没有外观设计高,也有人认为CJEU对著作权的协调程度已经高于它应当协调的程度;在专利法律协调方面,欧盟的作用是很有限的,因为EPO(欧洲专利局)并不是欧盟机构。CJEU在专利协调方面影响有限,主要集中在生物技术和专利展期方面。在生物技术方面,最近有一些关于干细胞方面是否可以被授予专利权的裁决,可能引发道德问题,欧盟对此有专门立法。专利展期方面的规定主要针对制药行业,因为药品获得市场许可往往需要很长时间,通过专利展期的方式可以弥补专利权人因许可审批时间过长而受到的损失,CJEU规定许可审批时间过长的药品可以延展五年许可使用期限。此外,有人提议,希望欧盟将协调扩大到不正当竞争和商业秘密。

四、英国的临时禁令制度

(一)临时禁令制度设立的原因

在英国知识产权领域,临时禁令是指在案件没有开庭审理之前,根据原告的申请法院作出禁止被告从事侵犯原告知识产权的行为或者责令被告作出一定的行为,前者相当于我国的诉前和诉中责令停止侵权,后者如甲方委托乙方开发计算机程序,后发生纠纷,甲方可以请求法院责令乙方交出开发成果。之所以有临时禁令制度,是由知识产权诉讼时间过长造成的。如果法院可以自当事人起诉之后立即审理案件并做出裁决,那么临时禁令就没有存在的意义了。法院开庭审理时间的确定有两个限制。一是双方当事人需要为正式审理所做的准备时间。如果一个人提出知识产权方面的主张,需要花时间准备案情、提供证据,同样,被告也需要时间提出抗辩理由并收集证据。到底双方需要多长时间,取决于双方案情的复杂程度。根据经验显示,若双方均有丰富经验,案件准备时间会很快。当然,到底有多快,同样取决于案件的复杂程度。二是法院开庭审理的安排时间。这取决于法院工作的繁忙程度。自1975年始,法院也认识到案情的紧急程度存在不同,有一些案件完全是关于支付金钱方面的争议,这样的案件多长时间作出裁决对双方影响不大,只要最后判决给付金钱利息,这样对原告可能更加有利。而对于一些知识产权案件,不仅涉及过去侵权行为的损害赔偿,而且涉及停止侵权行为等问题。所以对所有案件同等对待并不可取。然而,当前的体系需要保证那些需要得到快速审理的案件得以快速审理。所以仅需要考虑两个因素:双方准备案件的时间、法院准备开庭的时间。

举个例子来说明临时禁令对于案件当事人的意义:原告为专利权人,希望保持在某专利药品生产方面的垄断权,但当事人可能需要等待3年时间获得法院审理。在这一段时间内,专利权人就有可能丧失垄断,或者降低产品价格,但事后又不能得到损害赔偿。在这样的背景下,英国法院发展出了临时禁令制度。

(二)临时禁令的审理程序和标准

在英国,原告只有在依照正常程序向法庭起诉后,才可以申请临时禁令。英国临时禁令的审理分为两种程序,除了程序上要求不同外,是否支持禁令的实体标准是一致的。

1. 单方程序

在事出紧急、不通过单方程序获得临时禁令,被诉侵权行为就可能很快结束,或者适用双方程序会打草惊蛇的情况下,原告可以向法院申请适用单方程序采取临时禁令。在单方程序中,原告一方面向法官,在法庭进行口头陈述,被告不与法官交流,不用形成文件。原告申请单方程序应当理由充分,并说明为何采用单方程序。适用单方程序发布的临时禁令期限很短,最多为7天,期满后双方出庭陈述。经由单方程序发布临时禁令,也是督促被告出庭为其辩护。由此,案件由临时禁令阶段直接进入实体审理阶段,允许双方当事人在一到两周内补充证据。直接进入实体审理阶段,这点与我国不同。根据审理查明的情况,法庭可能会作出期限更长的禁令。单方程序的不利之处是,原告要完整坦诚地披露一切案情,包括自己的缺陷,原告隐匿事实不报,将有惩处措施,如取消禁令。

现在,法院很少在单方申请下直接发布临时禁令。因为,现在联系非常方便,通知被告的方式多且速度快,并不存在单方申请无法联系被告的情况。现在只有在特殊情况下才不通知被告,比如有证据表明被告明显不诚实。

2. 双方程序

双方程序是指在审查临时禁令申请时双方均出庭的程序。曾经有一个重要判例,在审理临时禁令申请时对实体进行微审判,以胜诉的胜算决定是否发布禁令。后来这种做法被认为行不通,因为知识产权的有效性及被申请人是否有侵权行为要根据若干领域的专家意见作出判断,法庭难以在很短的临时措施期间作出决定。于是英国上诉院改变做法,在双方均有理,即争议具有可辩驳性的情况下,重点审查损害是否不可弥补。

(三)发布临时禁令需要考虑的因素

1975年,在英国国会上议院审理的美国氰胺公司案中,明确要求临时禁令应当符合以下四要素:

1. 双方当事人必须证明案件实体上具有“可辩论性”

原告必须证明其权利基本有效且被侵犯。被告必须证明涉案权利基本无效或其行为没有侵犯原告的权利。如果法官断定原告的权利明显无效,或者被告明显不构成侵权,则应当驳回原告的申请,同时,被告可以请求法官直接判决原告败诉。如果原告的权利明显有效且被告的行为明显侵权,则原告可以直接请求法官作出最终判决,法官也无须再继续审理临时禁令的申请。

2. 原告必须证明,如果法庭最终支持原告的请求,损害赔偿金并不足以弥补原告的损失

原告因侵权行为造成的损失难以用损害赔偿金弥补,原因可能在于:原告的损失非常大或者非常复杂,以至于无法准确计算原告损失的金钱数额;被告没有足够的经济能力支付损害赔偿金;原告可能遭受

的损失已经无法以金钱衡量,即原告的声誉受到破坏。法官一般不会因为被告赔偿能力小,如被告是小公司而发布禁令。

临时禁令往往发生在两类案件中。一类案件是药品专利侵权案件。药品研发成本大,药品专利有效期内专利药品价格高,仿制药厂有在专利未到期之前推销仿制药的商业动机。此类案件中,申请临时禁令的较多。药品专利权人一般应证明,如果仿制药一旦上市,药品价格将会大幅度下降,其损失巨大,且价格为永久性降价,不可回去。由于仿制药推向市场的计划需要较长的准备时间,实际上冒着侵权风险,如果被告事先没有申请宣告专利无效,事后被诉侵权时又主张专利无效,法官可能会倾向于发禁令。另一类案件是商标侵权案件,在商标侵权案件中往往会给原告造成商誉损失。对于临时禁令申请的审查,一般不审查在实体上是否构成侵权,但在商标案件中,也要审查实体。

3. 原告必须证明,不发布临时禁令给其造成的损失要大于发布临时禁令给被告造成的损失

对此,法官要进行利弊平衡分析。在商标侵权案件中,如果原告的经营已经非常成熟且经营额很高,而被诉使用原告商标的被告刚刚开张、经营额也不高,则发布临时禁令;如果被告为推出其新产品已经有大量广告投入,采取临时措施将迫使被告推迟新产品的上市计划,被告的市场声誉和信誉及在消费者心中的形象将受到破坏,而原告之前已经与其他厂商达成和解协议,近期也没有任何计划推出与被告相竞争的产品,被告也有能力赔偿原告的损失,在此情况下,法院拒绝发布临时禁令。如果原告在被告企业尚没有发展起来时怠于行使权利,直到被告企业已经发展壮大才主张权利,则法院会倾向于被告。

4. 原告必须承诺,在错误发布禁令的时候赔偿被告因此遭受的损失

在我国,诉前禁令申请错误而致使被申请人遭受损失的,申请人应当予以赔偿,这在民事诉讼法上有明确的法律依据。由此而产生的纠纷将作为一个新的案件另行起诉。在英国,立法中没有申请临时禁令错误承担赔偿责任的规定,错误发布临时禁令并不是侵权事由。从理论上讲,临时禁令发布错误,原告没有赔偿的法律义务,但在实践中,若原告不承诺承担申请错误的赔偿责任,法院就不会发布临时禁令。支付承诺的一般用语如下:“申请人承诺,若法庭裁判禁令给被申请人或者其他被执行人造成损失,而且被申请人或其他相关人的损失应得到赔偿,申请人愿意遵守并执行法庭因此而做出的裁判。”如果原告是个小公司,没有赔偿能力,仅承诺赔偿是没有用的,法官开庭时可以要求原告提供银行保函,保函数额由法官根据个案确定,没有统一标准。

如果进入实体审理后原告败诉,则要在同一程序中计算原告依据承诺应当赔偿被告的损失数额。

(四)临时禁令在当前的适用

1986 年左右,申请和授予临时禁令是很常见的。现在,申请和授予都不太经常了。主要原因有二:一是随着法院审理案件效率的提高,所有案件均大幅减少了等待开庭的时间。过去一个专利案件等待开庭审理可以要等 2 ~ 3 年,现在是等待 12 ~ 15 个月,这样就大大减少了权利人对临时禁令的需求。二是法院已经认识到并不是所有的案件都需要快速开庭审理。典型的

情况是,当事人申请临时禁令,法院驳回申请,但会同时下令快速审理。有时也会发生这样的情况:原告申请临时禁令,被告则主张要快速审理。双方当事人可以在法官的主持下分别发表其意见,原告主张申请临时禁令的原因之一是审判时间太长,如果法庭可以快速地审理,则不申请临时禁令。法官经常会发布命令要求在4个月内开庭审理,原告则不能再主张临时禁令。因此,双方当事人往往直接主张快速审理。由此可见,问题的关键还是在于等待开庭审理的时间。如果法院可以快速确定开庭审理的时间,就不需要花费金钱和精力授予临时禁令。

禁令并不仅仅指禁止他人做一定行为,也包括要求他人做一定行为。比如在一个关于电脑软件的争议中,双方当事人关于软件著作权归谁所有方面存在争议,假设双方中拥有著作权的是原告,但源代码掌握在被告手中,原告可以申请强制性的禁令,要求被告公开源代码,在签署保密令的情况下,被告必须公开其源代码。

(五)错误授予禁令的赔偿责任

错误授予禁令则原告应当承担赔偿责任。一个简单的判断方法是,如果原告胜诉,则禁令授予正确;如果原告败诉,则禁令授予错误。当被申请人的行为被认定侵权,但专利被宣告为无效时,禁令授予不存在错误。比如原告是专利权人,因专利无效而败诉,在这段期间被告被错误授予禁令而遭受损失,原告要向被告进行赔偿。这种案件的关键是原告赔偿额的确定问题。

考虑授予临时禁令时法院也不知道到底谁胜诉,最主要的考虑因素就是如何裁判可以带来最少的司法不公。临时禁令是一个非常不完善的救济方式,很容易出现授予禁令后发现授予错误。但是,如果法院有时太过谨慎,拒绝原告的申请,也会对原告也会造成损害。所以,为了最大限度地避免司法不公,核心就是要加快案件的审理。

五、英国知识产权民事诉讼中的损害赔偿计算

在知识产权民事案件中,大部分国家均使用“两步法”确定损害赔偿金,第一步是认定侵权责任,第二步是确定损害赔偿金。

在英国,专利权人可以选择损害赔偿金或者被告所获利润。在英国法律中,损害赔偿金是一个专门词汇,是指对于专利权人遭受的损失进行赔偿,用以确定专利侵权行为对专利权人的业务造成何种影响。利润就是被告自己在专利侵权行为中获得的利润。英国法律不允许专利权人既获取损害赔偿金,又获取被告所获利润。专利权人可以在充分了解的情况下在两者之间做出选择。在选择之前,专利权人有权查看被告的账册,了解被告的利润与成本,粗略计算出利润,被告应在2~3月内给专利权人自己的账册。在英国,无论被告是否有主观侵权恶意,都没有惩罚性赔偿,这也是与美国不同的地方。

专利权人在估算被告所获利润之前可以要求立即支付一定数额,被称为临时支付。如果根据最后的计算,临时支付高于被告所获利益,专利权人需要返还一部分差额,这样可以增加和解的可能性。

在现实中,专利权人很少要求利润,因为损害赔偿金在数量上更多一些。很多企业的早期业务是赔钱的,如果要求利润,原告虽然胜诉了,但获得的赔偿数额并不多。

另外,很难确定被告所获利润到底多少是因为使用专利而获得的,被告会将获利归功于自己的推广、宣传工作。另外一个重要规则是,被告不能以本来可以绕过侵权专利、从事其他经营来获得同样的利润为免责理由。

专利权人直接许可给子公司时,可能不产生利润。英国法律要求这种许可必须支付费用,并且许可费必须是合理的费用。有少数专利权人既自己制造产品,又许可他人生产。有的专利权人从来不做许可,特别是大的跨国公司。专利权人及被许可人在制造成本、利润分摊方面并不精确,这时法院还要考虑其他因素。

在专利权人自己不制造产品的情况下,到底怎么确定损害赔偿数额,就涉及专利流氓的问题。美国有很多这样的公司,他们主张的赔偿也得到了陪审团的支持。在英国,他们能够获得赔偿金的最好机会就是禁令。当然,法院批准发布禁令要考虑很多因素。在德国,如果侵犯到有效的专利权,就必须停止侵权。在英美法中,禁令发展得比较晚,禁令的发布也要考虑更多的因素。

在一些专利侵权中,专利权人必须降价才能保持在市场的份额,这时专利权人可以就此损失主张赔偿。例如,药品是个很特别的行业,制造成本很小,但售价很高。如果侵权人以五折销售药品,仍然可以获得很大利润,专利权人要想保持市场份额就必须降价。药品需要维持一定的高价格,因为开发一种新药得花 15 年时间及几十亿美元,成功的产品还得负责承担失败产品的成本。

假设被告是在专利失效之前开始侵权,而在判决结果出来之前,专利已经失效,被告在专利失效后销售专利产品相比于在之前没有准备就更容易了。有人主张,即便判决结果出来时专利已经失效了,也要发布一个短期的禁令。英国低级别的法院发过这样的禁令,但也有法官认为这种禁令不合适。

美国和欧洲其他国家的损害赔偿数额较高。知识产权损害赔偿数额在英国达到了一个比较合理的妥协。对于损害赔偿数额的确定,英国一名退休法官认为,知识产权领域的很多问题不能走极端,不要像美国一样过火,美国的知识产权损害赔偿等规则对美国的损害很大。

除了专利领域的赔偿,知识产权其他领域的赔偿规则总体上一样。但著作权领域有个例外规则:法庭可以判令额外赔偿,即若侵权是恶意,则普通赔偿金是不够的,需要有额外赔偿。如果是商标侵权,基本规则也是补偿,有时要证明损害有多大是很困难的。在假冒商标等明显侵权案件中,通常一旦发现侵权产品,法庭就立即发出禁令去制止。在商标侵权案件中,最好的救济是及时制止。

证据发现程序,即证据开示程序,对于损害赔偿金的计算很重要。英国法律中对于证据开示程序规定得比较详细,有助于深入收集侵权损害赔偿方面的证据,从而使英国法官在知识产权侵权诉讼中基本不需要考虑酌情赔偿的问题。这也是英国法官对我国知识产权案件中经常适用法定赔偿不理解的原因。

六、英国知识产权局

英国知识产权局是一个授权性、政策性和执法性的组织,可以进行专利、商标等知识产权的授权或者注册,并将收取的专利费等相关授权费用用于推动英国科技创新等工作。英国的知识产权局是商业部的下属司级机构,共 1000 名工作人员,大部分在南威尔士,有 50 人左右在伦敦负责政策工作。

英国知识产权局本身不是执法机构,但是其通过与警察等部门合作来协调全英的知识产权执法。在知识产权政策的制定方面,英国知识产权局强调经济证据,而且会委托各方面的专家进行经济分析,仅一小部分专利数据分析是其部门的经济学家团队所做的。在英国,政府部门大多会雇佣独立的第三方学者为其处理专业事务。

英国知识产权局设有裁判庭,由负责授权的资深审查员组成,可以审理法庭审理的大部分案件,如果当事人不满,还可以上诉,比普通法庭更加便利和快捷。其审理的案件大部分是所有权争议,第二是无效案件,第三是确认不侵权案件。在理论上,该裁判庭也可以审理侵权案件,但是未有先例,因为只有在双方都同意的情况下才能审理,而且不能授予禁令,只能做出损害赔偿的判决。

一般情况下,英国知识产权局不会成为被告,如果当事人对其裁判不满,可以选择上诉,但那也是当事人双方之间的问题。在英国知识产权局拒绝授予专利权、商标权等案件中,英国知识产权局有可能成为被告。

七、体会和收获

从总体上看,本次考察内容非常丰富,在重点考察英国知识产权审判体系、知识产权临时禁令、损害赔偿制度的同时,也充分利用远赴英国实地考察的难得机会,考察了英国知识产权局的运作、欧盟知识产权制度的协调等内容。通过在英国三天的考察,考察团成员接触了大量的信息,丰富了相关领域的知识,拓宽了思考问题的角度,每个人都感到很有收获。对于我国知识产权审判体系和临时禁令等制度的完善有如下启发:

(一)关于知识产权专门法院的建立

为了给中小企业和个人提供方便、快捷的知识产权诉讼服务,英国在已有的专门法院即郡专利法院的基础上进行了改革,成立了知识产权企业法庭,并完善了诉讼规则,吸引了更多的市场主体为知识产权纠纷寻求司法救济。知识产权企业法庭与大法官法庭中的专利法庭共同为英国的知识产权保护发挥了重要作用。

此外,在欧洲范围内,各国也重视专利专门法院的建立。欧洲统一专利法院的设立与运作虽然在语言统一或者主权放弃等方面存在重重障碍,但欧洲各国在这一问题上大都表现出积极的态度,主要是因为这样一种机制对于促进经济产业发展有重要作用。

为适应知识产权审判专业性和复杂性的要求,为保证裁判标准明确统一、进一步加强知识产权保护,为产业发展提供良好的环境,世界主要国家、地区早就开展了建立知识产权专门法院的探索和实践。在我国,对知识产权专门法院的设立经历了一个认识过程。2008 年 6 月,《国家知识产权战略纲要》从国家战略的高度提出要"探索建立知识产权上诉法院"。十八届三中全会决定明确提出了探索建立知识产权法院。2013 年《中共中央关于全面深化改革若干重大问题的决定》提出"探索建立知识产权法院",明确将设立知识产权专门法院作为国家的一项重要战略部署。最高人民法院正在中央有关部门的领导下,加强顶层设计和统筹规划,积极稳妥地推进知识产权法院的设立工作。英国知识产权企业法庭和大法官法庭的专利法庭的运作将为我国建立知识产权专门法院提供有益经验。

(二)关于知识产权临时禁令制度

我国知识产权诉前禁令制度主要是由《最高人民法院关于对诉前停止侵犯专利权行为适用法律问题的若干规定》和《最高人民法院关于诉前停止侵犯注册商标专用权行为和保全证据适用法律问题的解释》确立的。我国知识产权诉前禁令与英国临时禁令均是一种临时措施,旨在避免权利人遭受难以弥补的损失,具体制度设计上存在如下不同:

1. 与侵权纠纷诉讼在程序上的衔接不同

我国知识产权诉前禁令申请与侵权纠纷是两个案件,因此也称为诉前禁令。根据规定,权利人或者利害关系人在人民法院采取停止有关行为的措施后15日内不起诉的,人民法院解除裁定所采取的措施。而在英国,权利人只有在就实体侵权纠纷起诉至法院后才可以申请临时禁令。因此,英国是没有诉前禁令的。如果有,也是指在正式开庭审理前采取的禁令。

2. 发布临时禁令或者诉前禁令考虑的因素存在不同

上述两个司法解释并没有规定发布诉前禁令应当满足的条件,但规定了当事人对诉前禁令裁定不服提出的复议进行审查的标准,包括四个方面的内容:被申请人正在实施或即将实施的行为是否构成侵犯专利权或者其他知识产权;不采取有关措施,是否会给申请人合法权益造成难以弥补的损害;申请人提供担保的情况;责令被申请人停止有关行为是否损害社会公共利益。在司法实践中,人民法院同样会考虑不发布诉前禁令对申请人造成的损害与发布诉前禁令对被申请人造成的损害,在两者之间进行利弊平衡。据介绍,在英国的司法实践中,也要考虑公共利益。

与我国知识产权诉前禁令制度相比,笔者感到,英国临时禁令考虑的第一个因素是双方纠纷的可辩论性,而我国知识产权诉前禁令考虑的第一个因素是申请人实体胜诉的可能性。这是双方在考虑因素方面的最大不同。从理论研究来看,国内在研究英美临时禁令制度时,提到的往往是实体胜诉可能性。据英国大法官法庭专利法庭的伯斯法官介绍,胜诉可能性本身是一个模糊的概念,而恰当的可辩论性是一个相对比较容易达到的门槛,判断的重点应当是在难以弥补的损害方面。

2012年修改的《民事诉讼法》开始实施后,我国正在完善诉前行为保全制度。由于时间有限,有关英国临时禁令制度的很多问题均没有进行讨论。但已经介绍和讨论的英国临时禁令制度内容对于完善我国知识产权诉前行为保全制度也很有启发。需要明确的是,由于时间和语言所局限,笔者就此次考察所理解的英国临时禁令制度内容可能存在偏失,上述总结和体会仅供参考。

(三)关于知识产权损害赔偿制度

关于侵权损害赔偿,应当说我国的立法是非常完善的,但由于当事人在损害赔偿方面举证能力不足,或者说现实经济生活没有为其提供非常便利的获取证据的途径,致使法定赔偿在我国法院适用较多。有观点认定,目前知识产权案件判决赔偿数额低,致使侵权代价低、维权成本高。我们尚不能确定这种观点来自何方、是否准确。对于侵害无形财产或者权利来说，损害赔偿的确定本身就存在很多困难。我国在财务制度、公司制度、社会信用制度等各方面与发达国家存在的差距，进一步导致我国现在知识产权侵权损害赔偿数额确定方面的困难。我们认为，不能因为判决确定的赔偿数额相对于当事人诉请的赔偿数额低，就得出判决赔偿数额低的结论。损害赔偿需要根据当事人提供的证据依法确定。确保知识产权权利人能够得到合理的赔偿，需要当事人和社会各界的共同努力。

（四）关于知识产权政策的制定

根据英国知识产权局的介绍，在知识产权政策的制定方面，其非常强调经济证据，也就是说，在对经济现实进行实证分析的基础上才出台相关政策，反映了其制定政策非常关注能够反映经济现实、解决实际问题，从而保证了政策对经济生活的积极影响和有效性。单就知识产权企业法庭的设立来说，将有专人负责对该法院的运行进行评估，包括受理案件的多少、审理期限、效果、当事人的反映等十分详尽的内容，有关方面将会根据评估情况不断完善知识产权企业法庭的运作。知识产权政策对于经济生活、产业发展和社会公共利益的影响很大，我国在出台相关政策时，也应当注重实证分析，在考察论证的基础上出台相关政策，保证政策的积极效果。

赴日本参加国际知识产权联合会京都论坛的报告

最高人民法院知识产权庭　朱　理

4 月 10 日至 13 日，经批准，我赴日本京都参加国际知识产权联合会（FICPI）京都论坛。本次论坛邀请了来自世界各地的法官、学者、律师、专利代理人等共计 400 余人参加会议。本次会议历时两天，共分以下议题，分别为专利无效与审查制度、专利权实施的最新进展、知识产权制度的国家发展和全球知识产权制度的未来趋势、专利说明书的要求（清楚、支持和可实施）、注册外观设计侵权考量、专利申请文件的修改与新事项、非传统商标的保护、知识产权战略与知识产权许可的影响等。会议规模宏大，各国代表在会议上就相关专题展开热烈研讨，探讨同一问题在不同国家的解决方式和可能结果，并对未来进行展望，既是各国展现所在国家法律和制度理念的舞台，更是一场精彩的比较法研究现场教学比赛。会议安排紧凑、内容丰富，代表反响热烈，令人受益匪浅。

由于多个专题同时进行，我根据兴趣和安排选择了专利权实施、注册外观设计侵权考量、专利申请文件的修改与新事项三个专题参加了会议，并在专利权实施专题下作了题为《专利等同侵权在中国》的英文演讲，介绍了中国专利司法保护中的权利要求解释和等同侵权的制度、理念和案例进展。

一、关于权利要求的解释与等同侵权

从与会的德国、日本和美国法官的介绍看,由于专利制度的趋同性,各国法院在权利要求解释和等同原则的适用方面表现出相当的一致性。

对于权利要求的解释,各国法院均采取了折衷原则。法院在解释权利要求时,会利用说明书解释权利要求的含义,但并非严格局限于权利要求的字面含义。同时,美国、德国的法院还认为,权利要求的解释与确定权利要求的保护范围是不相同的两件事情,但是它们相互联系。正确解释权利要求是正确确定权利要求保护范围的基础。权利要求解释告诉我们专利权利要求的含义,而确定专利保护范围告诉我们专利权人的排他权的范围。解释权利要求时,必须考虑专利权利要求的上下文。解释权利要求始于确定现有技术和利用发明的技术手段所要解决的技术问题。技术问题必要、客观、确定。说明书所描述的发明目的会给予正确解释权利要求以某些线索。

在解释权利要求时,德国、日本和美国的法院均高度重视权利要求本身的决定作用,以保护社会公众对专利保护范围的可预期性。德国最高法院于 2011 年 5 月 10 日判决的 AGA v. Occlutech 案是其中的典型。本案涉及一种可折叠的医疗装置,其权利要求 1 的技术特征为:(1)一种可折叠的医疗装置;(2)由编织线组成的金属编织结构构成;(3)该装置具有一种用于在患者体内管道输送的可折叠编织结构;(4)以及一个大致呈哑铃型扩展的编织结构,该哑铃型扩张结构包括被在装置相对端形成的缩小直径部分所区隔的两个增大直径部分;(5)其特征在于利用夹钳(clamps 复数)夹住位于装置相对端的编织线。专利说明书第 23 段记载:根据本发明制备该医疗装置时,将适当尺寸的金属编织物从更大的金属编织物上切割下来,该金属编织物由编制在一起的金属编织线所形成的长管状编织物制成。第 25 段记载:在未经处理的 NiTi 编织结构中,编织线倾向于回复成其未经编织的结构,且编织物可以很快地散开,除非被切割下来的构成该医疗装置的编织物的长度端相对于另一端受到限制。第 27 段记载:当使用平面状编织物例如附图 1B 中的编织物时,也会出现同样的问题。对于这样的编织物,可以对其进行反向翻转以形成凹进和坍塌,同时可以夹紧凹进处以在切割前形成中空的袋子。该案中,被诉侵权产品只有一个夹钳。本案的关键在于如何解释权利要求中的夹钳(clamps)。对此,杜塞尔多夫上诉法院和德国最高法院采取了不同的解释进路。杜塞尔多夫上诉法院认为,从语言学的角度考虑时,诉争专利表达的是多于一个夹钳,此外,它还说明这些夹钳被用于夹住装置相对端的编织线。尽管如此,本领域的普通技术人员并不会满足于这种纯粹语言学的解释,因此,他将根据该措辞的基本技术含义,认为该权利要求同样包含了其他实施方式。在该实施方式中,一个编织线端被重叠放置,且同时被该装置一端的一个夹钳夹住。从说明书第 27 段和附图 1B 可以清楚得知,通过反向翻转平面结构来制造闭塞器——此时只需要一个夹钳——也应该被涵盖在权利要求范围内。在这些变化的实施方式中,关于这些夹钳的功能只能产生一个技术含义:在事实上具有松散线端的地方附加夹钳。权利要求使用的复数夹钳对此并没有施加任何限制,因为以第 27 段所讲述的实施例为背景，本领域的普通技术人员将把该表述理解为一种类别描述。据此，技术特征 5 中的复数夹钳"clamps"应该被解释为一个或者一个以上的夹钳。因此，被诉侵权产品落入本案专利的字面保护范围。德国最高法院否定了这种解释，该院认为：上诉法院没有对"位于装置相对端"这一表述给予充分考虑，可以确定夹钳需要附加到该装置的两个相对端，因而必然是必须存在两个夹钳。"装置的两个相对端"在技术特征 4 中亦已经提及，且无法作字面含义之外的其他理解。上诉法院认为该相对端在技术特征 4 和技术特征 5 中可以作不同理解，这一点无论是在权利要求中还是在说明书中均得不到支持。上诉法院受到了如下方面的绝对指引：权利要求 1 同样涵盖了这样的实施例——弯折的编织线被重叠放置，因而只在装置的一段捆扎，这就是为何权利要求 16 也被装配成用夹钳夹住编织线的两端而不是装置的两端。这一解释的基础无疑是诉争专利说明书第 27 段中提及的通过翻转所形成的"中空的袋子"。但是，上诉法院的上述解释无法得到说明书的支持。上诉法院关于只有当编织线端需要夹住的情况下才需要夹钳的认定偏离了主题。根据权利要求 1，在装置的两端均有编织线端，其可以而且必须用夹钳夹住以防止破损。因此，任何在一侧缺乏该类线端的实施例均不能被援引，因为其与权利要求的明确用语相背。根据欧洲专利公约第 69 条(1)第一句的规定，专利所授予的保护范围由权利要求确定。为使该条能够以解释协定第一条的目的得以实现的方式发挥效力，首先需要结合说明书和附图，确定从本领域技术人员的角度所能得知的权利要求用语的技术含义。为了确定被保护的对象，对权利要求作字面解释是不合适的；同样，被保护对象也不能通过概括权利要求所述的具体技术方案的方式进行扩展。特别是一个较窄的权利要求不能根据用更宽泛用语描述的说明书进行解释。相反，权利要求优先于说明书。任何在权利要求中没有反映的内容均不在专利保护范围之内。如果说明书的技术教导与权利要求的技术教导不相协调，则权利要求具有更高权威。本领域的专家可能会努力在有意义的上下文中解读专利文献，并以消除冲突的方式来理解其整个内容。这种考虑并不能得出包括争议实施例的结论。如果权利要求的用语不能与说明书的某个内容相协调，说明书不能用作矫正权利要求的参考。因此，权利要求中的夹钳(clamps)应该被理解为两个或者两个以上的夹钳。

此外，在适用等同侵权时，德国、日本、美国法院的判决均呈现出严格限制适用的趋势。德国贝克尔法官和美国瑞德法院均表示，近年来，法院运用等同原则认定侵权成立的案件极少，甚至认为等同侵权已经死亡。日本饭村敏明法官则指出，日本最高法院对等同侵权设定了发明的非本质部分、可置换性、置换的容易性、被诉侵权产品不属于现有技术、专利权人没有将被诉侵权方案明确排除的意图等五个要件，通过上述五个要件的限制，等同侵权的适用范围受到了严格限制。对于何谓发明的本质部分，存在将两种观点：一种理解是将权利要求的技术特征进行分解，将其区分为本质特征和非本质特征。根据这种理解，对于属于本质部分的技术特征，即使进行了哪怕是非常微小的改变，也不构成等同侵权。这种理解对于公平保护权利人的利益显然是不利的。另一种理解是将本质部分理解为构成专利发明的独特的问题解决手段之基础的本质特征,且如果该本质特征被替换为其他要素,则其整体将被认为与体现专利发明技术思想的对象不同。后一种理解是现在日本的通说。饭村敏明法官认为,即使按照后一种理解,区分本质部分与非本质部分也是非常困难的,因此应该把重心放在前四个要件上,以降低非本质部分这一要件的重要性。

二、关于外观设计的保护

在外观设计方面,各国法律制度既体现出一定的相同性,又呈现出较大的差异性。

关于外观设计的保护范围是否限于相同或者相近产品。在日本,根据法律规定和司法判决,侵权成立的基本条件有两个:一是产品相同或者相似;二是设计相同或者相似。对于相似产品,日本东京知识产权高等法院在 2006 年 7 月 18 日的运动衫案件中指出,如果两件产品在功能和用途方面具有共同特点,则构成相似产品。在 2005 年 10 月 31 日的铁锁案中,东京知识产权高等法院认为,注册设计所适用的产品是铁锁,被诉侵权产品是钥匙环,尽管两者的设计相似,但是产品不相似。如果注册设计用于钥匙环,其与注册设计人销售的铁锁不会造成消费者混淆,因而未认定侵权。在欧盟,产品的相似性则不是考虑的主要因素,关键因素在于是否使用了相同或者近似的设计。

无论是日本、美国还是欧盟,判断是否属于相似设计都是根据以消费者的眼光来看注册设计与被诉设计所产生的整体视觉形象(日本称美感)来确定,所采取的判断方法应该是整体观察、综合判断。在具体判断中,各国法院均考虑现有设计,关注注册设计相对于现有设计的区别点,并在此基础上做出判断。例如在日本,在判断设计相似时,有法院采取了通过考虑注册设计吸引消费者的部分来识别特有(本质)特征的方法,考虑注册设计的实施例的性质和用途以及没有在现有设计中出现过的新颖性和创造性部分。如果注册设计与被诉设计具有相同的特有特征,且两个设计的共同部分所包含的特有特征超越了其不同部分,则两者构成近似。在 2007 年 4 月 18 日的扬声器一案中,东京地区法院认为,注册设计是扬声放大器,被诉侵权产品是扬声器,两者具有相同的功能,是相似产品。与现有设计相比,注册设计的独特特征是三角柱体与突出的半圆形凸台的结合。被诉侵权产品具有上述独特特征,其不同特征,即位于透明外壳内的真空管并没有超越上述独特特征,因为独特特征的新颖性和创造性程度更高,因而构成侵权。在美国,侵权判定一般分为两个步骤,首先是根据说明书解释设计保护范围(如果需要的话),然后对设计专利与被诉侵权进行普通观察者测试。美国联邦巡回上诉法院在 Egyptian Goddess 案的全席判决中,抛弃了与最高法院的高汉姆案判决不相符合的新颖点测试原则,同时将高汉姆案的标准修正为:考虑现有设计,了解设计专利与现有技术不同的部分,然后进行普通观察者测试;被诉侵权人承担现有技术的举证责任;最终的侵权证明责任仍由权利人承担。不过,在美国的司法实践中,独特特征和设计自由并不是明确被认可的概念,但是法院同样会考虑功能性以及普通观察者所可能注意的特别特征。在欧盟,进行侵权判定时,其步骤通常是:确定设计的内容;确定

“知情用户”(informed user)及其对设计产品的了解;确定设计自由度;确定设计所产生的整体形象,然后进行对比。在这个过程中,相同特征和不同特征均需要考虑,并给予同等重视,但是视觉上可见性较低的特征以及平庸(banal)的特征不受重视。所谓平庸的特征,是指诉争类型产品的普通特征。在何种程序上设计的某个特征是普通特征是一个相对的考量。一个极端是现有设计中没有出现过的独特特征,另一个极端是该类型设计中均可发现的平凡特征。在两者之间是相当常见但非无处不在或者相当少见却非完全没有听说的特征。这些考量会对该特征给予不同的权重。所谓知情用户,根据欧洲法院在 Metal Rappers 案中的解释,应该理解为位于如下两种极端消费者之间:一极是商标案件所适用的一般消费者,其不需要具有任何专业知识,而且原则上不对争议标识进行直接对比;另一极是相关领域的专家,拥有具体的技术专业知识。因此,知情用户可以被理解为,并非具有一般注意力的用户,而是一个基于其个人体验或者相关领域广泛知识的特定观察者。他并非能够观察到争议设计之间可能存在的微小差别的专家或者专业人士。“知情”这一限定词表示,一个并非设计人员或者技术专家的用户,他知道相关领域现存的各种设计,拥有与该设计所通常具有的特征有关的一定程度的知识,作为他对相关产品的兴趣的结果,当其使用相关产品时展现出相对高程度的注意力。在欧盟法院看来,在外观设计侵权判断时,不排除知情用户会进行直接对比,但是多数情况下是进行间接对比,因为用户并不总是处于会将两个设计可以直接对比的状态下。

在外观设计专利侵权判定中,另一个具有国际共通性的问题是,当被诉侵权人提出现有设计抗辩时,如果被诉侵权产品的设计与主张权利的外观设计以及现有设计均近似,如何认定现有设计是否成立。这一问题被称为侵权与有效性的紧张(squeeze)。对此,日本法院和欧盟成员国司法实践均给出了如下答案:在考量被诉侵权产品是否利用了外观设计专利的独特特征的基础上,将被诉侵权产品与主张权利的外观设计以及现有设计进行三方比较。如果与被诉侵权设计与外观设计专利的近似程度相比,现有设计与外观设计专利更为相似,则认定不构成侵权。如果现有设计与外观设计专利的距离不比被诉侵权设计与现有设计的距离更近,则仍需要判断现有设计专利的保护范围。此时,应该考虑被诉侵权设计是否利用了外观设计专利的区别特征并产生了与之相近似的整体形象。这种三者比较的方式表明,外观设计专利的新颖性程度低,则其保护范围就小;新颖性程度越高,其将拥有更宽的保护范围。

三、关于专利申请文件的修改与新事项

日本、欧盟、美国等国家的现有实践表明,对于专利申请文件的修改文件,尽管各国法律规定了不同的措辞,但是在允许修改的范围上基本保持了一致,即专利申请文件的修改应该限于原始权利要求书、说明书和附图公开的内容;以外国语言提出的专利申请,可以为修正翻译错误的目的进行修改,其修改依据同样是该以外国语言提出的原始权利要求书、说明书及附图。只在上述范围内的修改,均不认为引入了新事项。同时,对于无效阶段的修改,各国均施加了比申请阶段更多的限制。

关于日本法院在司法实践中对修改超范围的掌握,可以通过如下实例予以说明。在2008年5月30日的阻焊剂一案中,涉及的原权利要求为:一种光敏热固化树脂组合物,包括(A)一种具有……的光敏预聚物;(B)一种光敏引发剂;(C)一种光聚乙烯单体……和(D)一种精细粉末状环氧树脂复合物……在无效程序中,为克服抵触申请问题,专利权人对权利要求进行了订正,采用"排除"方式将与抵触申请重复的部分排除到保护范围之外。修改后的权利要求如下:一种光敏热固化树脂组合物,包括(A)一种具有……的光敏预聚物;(B)一种光敏引发剂;(C)一种光聚乙烯单体……和(D)一种精细粉末状环氧树脂复合物……但是如下光敏热固化树脂组合物应被排除,该光敏热固化树脂组合物包括:(A)通过……制得的反应物;(B)2甲基蒽醌或者……;(C)季戊四醇四丙烯酸酯……和(D)多功能环氧树脂。日本东京知识产权高等法院认为:如果修改的内容属于本领域技术人员在考虑了说明书和附图的全部表述后所能理解的技术内容,如同其在说明书或者附图中已经记载了一样,应认为这种修改没有引入新事项,不超范围。为克服抵触申请问题,采用"排除"方式将与抵触申请重复的部分排除到保护范围之外,应认为该修改没有超出原权利要求书、说明书和附图记载的范围。根据该案的裁判,日本特许厅修改了专利审查基准。

在美国的司法实践中,如下修改方式均不认为超范围:(1)没有改变含义而仅仅是对文本进行改述;(2)纠正明显错误的修改;(3)以申请的其他部分为根据修改说明书、权利要求书或者附图;(4)增加在原审申请文件中通过引用方式所包含的明确信息;(5)将原审申请文件中原有但是后来被删除的信息重新增加到文本中;(6)与原始申请同时提交的修改;(7)将原审申请中隐含的、内在的或者固有的内容进行明确表述的修改。为了满足书面描述和可实施性的要求而作的修改则被认为是增加了新事项而超出范围。

加拿大专利法的标准则更为宽松,该法第38条2款规定,说明书的修改不能描述无法从原提交的说明书或者附图合理推导出的内容,但是如果是将与发明有关的现有技术增加到说明书中,则应予允许。

在欧盟,修改专利申请文件被认为是申请人的一项权利。欧洲专利局扩大技术上诉委员会在G2/10号案的裁决中,确立了修改范围的"黄金法则":如下修改根据欧洲专利公约123条2款的规定不被允许,如果在考虑到申请时提交的全部文件对本领域技术人员所隐含提供的信息之后,该修改导致本领域技术人员被提供了不能从原始公开的信息中直接而清晰地导出的信息。因此,修改无须得到字面支持。欧洲专利局根据修改方式的不同对修改是否超范围进行衡量。如果增加技术特征,根据审查指南H-IV,2.2的规定,应使用"新颖性测试方法"进行判断。将修改与原始申请文件进行对比,如果原审申请文件可以预见该修改,则修改应为允许;如果修改与原始申请文件所公开的内容相比具有新颖性,则不被允许。如果替换或者删除技术特征,应根据审查指南H-V,3.1及T333/87号案确定的规则,使用"本质性测试方法"。如果本领域技术人员能够直接而清晰地认识到:该技术特征在原始申请公开的内容中不能被解释为本质部分;根据发明所解决的技术问题,该技术特征对实现发明的功能而言并非必不可少;替换或者删除该技术特征不需要事实上修改其他技术特征以补偿这种修改。如果是中间概括的修改,则在如下条件下可以被允许:原始文件描述的组合特征之间不存在结构和功能上的联系。在评估增加从组合特征中抽象出的技术特征的修改是否超范围时,不应该这样考虑:将原始提交的申请文件内容作为资源,将与不同实施例有关的单个技术特征进行组合以人为地创造出特定的组合方式。当从特定实施例中提取的技术特征被加入权利要求时,申请人必须证明:该特征与该实施例的其他特征没有关联性或者无法脱离的联系;该实施例中被删除的特征通过了本质性测试(利用上文提到的本质性测试方法);原申请所公开的信息能够合理证明该特征的概括提取和将其引入权利要求的合理性。对于放弃方式的修改,根据扩大技术上诉委员会在 G1/03 和 G2/03 案中的裁决,通过放弃的方式排除原申请文件没有公开的技术特征以限制权利要求的保护范围可能被允许:根据欧洲专利公约第 54 条 3 款为恢复新颖性而对公开内容进行的修改;根据欧洲专利公约第 54 条 2 款为恢复新颖性而对意外预见的内容进行修改;根据欧洲专利公约第 52 条至 57 条,对因非技术原因而被排斥可专利性的内容的删除。应该注意的是,在欧盟的实践中,修改超范围的判断在今天依然源于大量的判例法,而且可以被允许的修改的边界迄今仍在变化当中。2014 年 2 月 7 日,欧洲专利局召开了一个讨论会。在该会议上,专利界人士倡议在衡量修改超范围问题时更少形式主义,更多考虑真实发明,更多在本领域技术人员可以理解的范围内进行。过于严格的进路迫使申请人用所有可能的能够预见、可能修改的结合方式来填塞申请文件,在涉及从多个清单中进行选择的情况下该问题尤为严重。增加内容在口审程序中占用了太多时间,应该把重点放在实体性问题例如创造性的审查上。欧洲专利局过于严格的修改标准受到了越来越多的批评,可以预见在下次审查指南的修改中将涉及该问题,并采用一定程度上更宽松的标准。当然,欧洲专利局的实践仍将尽力在灵活性、专利质量和第三人的法律确定性之间保持必要的平衡。

会议还讨论了中国目前的专利申请文件的修改标准问题,与会国一致认为中国国家知识产权局的修改标准过于严格和机械,可能是世界上最严格的修改标准。会议对我院在矫正国家知识产权局的不合理实践方面所作的裁决表示了极大关注和赞赏,并认为未来中国国家知识产权局将根据法院的裁决进一步修正其过于苛刻的标准,将之进一步合理化。

四、感想与建议

首次参加国际知识产权联合会的会议,我在两天的时间中接触、了解、掌握了各国知识产权实践的大量信息,同时也向世界传达了中国的声音,在开阔眼界的同时,也增强了对我国知识产权制度的自信。主要收获和感想如下:

1. 我国知识产权审判必须增强国际视野和世界眼光。由于知识产权制度具有很强的国际共通性,各国在制度和实践方面可以相互学习和借鉴的地方颇多。而且,随着国际专利和商标申请的增多,跨国知识产权纠纷频发,不同国家法院面对的共同课题越来越多。如果不具有国际视野和世界眼光,不能够及时了解国际知识产权实践,不能把握国际知识产权纠纷的动态和走向,闭门造车和故步自封,就不能作出既符合国际标准,又有利于维护国家利益和形象的裁判。对于国际上已有成熟经验,同时我国又不存在特殊利益考量的地方,应该充分学习和借鉴;对于国际上正在探索之中,且基于我国的特殊国情、利益考量和案件特点,我们可以对国际规则的形成和发展有所贡献的地方,我国法院完全可以大胆探索,勇于裁判,引导纠纷解决的方向和国际规则的形成。对于外观设计专利保护范围和侵权判定、专利申请文件修改超范围等问题,国际上尚不存在统一的规则,我们均可以在这些方面根据我国的国情和实践创立自己的规则和标准。

2. 我国知识产权审判必须充分利用各种场合发出中国声音和树立中国形象。在本次会议上,我归纳和总结了我国在专利司法保护中等同原则的适用标准,通过丰富的案例介绍了等同原则的实践发展和最新动态。在介绍时,既充分说明了中国法院与外国法院在适用等同原则上的一致性,又解释了差异的原因所在。这种自信和开放的态度受到与会者的欢迎。与会者通过对中国法院和其他法院实践的比较,深切感受到中国法院的司法水平与其他法院完全处于同一水平,甚至在某些方面还具有独特和优越之处,对中国法院的司法保护留下了深刻印象。在知识产权国际交流中,既要克服弱国心态和学生心态,又不盲目自大和自以为是,应该进行平等交流和对话,充分向国际社会介绍我国司法实践的真实情况,说明理由和依据,增进彼此了解。唯有如此,中国知识产权司法保护的负责任大国形象才能逐步确立。

3. 我国知识产权审判必须增强道路、制度和理论自信。通过交流,知己知彼,才能真正增强自信。在本次会议上,通过日本、美国和欧盟专家的介绍,我了解到国外司法实践在涉及现有设计抗辩时,如果被诉侵权设计与现有设计、外观设计专利均有一定的相似性,则需要进行三者比较。这与我院对普利司通轮胎案的裁决不谋而合。而对于我院的裁判,法官内部还存在一定争议,有观点认为现有设计抗辩与现有技术抗辩一样,应该仅进行被诉侵权设计与现有设计之间的对比,只要两者近似,即应认定现有设计抗辩成立。我院在裁判普利司通案件时,从外观设计整体视觉形象相似性判断的相对性出发,考虑到被诉侵权设计与现有设计、外观设计专利可能出现家族相类的情况这一客观规律,因此采取了三者比较的方法。尽管当时对于国外的裁决并未完全了解,但是通过对设计规律的把握,同样做出了符合国际通行做法的裁判。可见,法官对法律运用的功夫在法外。只要真正把握了客观规律,就能做出正确的判断。我们必须树立这种司法自信。

随中国知识产权公务员代表团访问韩国的情况报告

最高人民法院知识产权庭 宋淑华

受韩国驻华大使馆的邀请,经批准,最高人民法院宋淑华法官于2014年10月20日至24日随第七届中国知识产权公务员代表团出访韩国。访韩期间,走访了韩国特许厅、特许法院、关税厅等司法和行政机关,并访问了大韩贸易投资振兴公社、韩国广播电视公社(KBS)、LG电子等韩国企业,听取了有关部门对于韩国知识产权保护情况的介绍,交流了中韩两国在知识产权司法和行政保护方面的制度建设,行程涉及首尔和大田。

一、出访活动基本情况

(一)出访活动目的和主办单位

中国知识产权公务员访韩知识产权交流活动始于2008年,至今已持续七届。交流活动的主要目的是:增进中韩两国知识产权领域的交流,加深相互理解与合作,为中韩两国知识产权交流构筑良好渠道。

本届活动的主办单位为韩国国家知识产权局(也称韩国特许厅,korean Intellectual Property Office)、大韩贸易投资振兴公社(Korean Trade-Investment Promotion Agency)、韩国知识财产百户协会(KIPRA)。

(二)出访交流活动内容

本届出访交流活动内容包括:访问韩国特许厅、特许法院等知识产权有关政府机构;参加相关研讨会、座谈会等各种交流会议,交流中韩两国在知识产权行政和司法保护方面的实践现状和相关信息;访问韩国企业,了解和沟通韩国企业在中国知识产权保护现状和需求等。

(三)代表团组成

本届代表团由27人组成,分别来自国家工商行政管理总局、国家知识产权局、地方工商行政管理局、知识产权局、海关、法院和高等院校等部门。

二、访问韩国行政和企业部门的基本情况

(一)韩国国家知识产权局(KIPO)

韩国国家知识产权局,也称韩国特许厅,是负责知识产权(专利、商标等)事宜的韩国国家政府机构。从业务范围上看,KIPO相当于我国国家知识产权局和商标局;从政府机构编制上看,KIPO隶属于航过知识经济部,但KIPO在人事和预算的运行上是完全独立的。

1. KIPO的主要职能

(1)对发明、实用新型、外观设计和商标申请等,实行审查、授权和注册;制定反不正当竞争和保护商业秘密的政策;对半导体集成电路布图设计进行注册;(2)对专

利和商标相关纠纷,进行行政复议、评审和裁定;(3)打击假冒活动;(4)管理并公布知识产权文献与信息;(5)鼓励发明创新活动;(6)开展知识产权领域人力资源建设。

2. KIPO 的机构设置

KIPO 总部设在大田市。KIPO 下设有:对外合作司、企划调整司、知识产权政策司、信息企划司、5 个领域(商标与外观设计、机械与金属材料、化学与生命技术、电器电子、信息通信)的审查司、专利商标审判院(相当于专利复审委员会和商标评审委员会)、知识产权培训学院以及首尔分局等下属机构。除此以外,KIPO 下设的企事业团体有:韩国知识产权保护协会、韩国发明协会、知识产权研究院、专利商标信息院等。

3. KIPO 的人员编制

KIPO 总人数为 1568 人。其中,审查员 893 人、审判员 97 人、政策行政人员 542 人。KIPO 特许厅长的级别为副部级,下设有副厅长、专利商标审判院长以及 9 各部门的司长等。

(二)大韩贸易投资振兴公社(KOTRA)

1. KOTRA 基本情况

KOTRA 作为贸易促进机构,是韩国知识经济部下属的非营利事业单位,负责开展对外经贸交流活动、促进韩国与各国的经贸往来。KOTRA 始建于 1962 年,旨在促进韩国与海外地区的经贸交流,通过开展贸易信息传递、市场调研服务、跨国投资、技术合作和商务联系等多种贸易促进活动,大力帮助韩国的对外经济发展。

KOTRA 建立了一个外延至世界范围的韩国海外贸易工作网,至今已在海外 79 个国家地区设有 114 个韩国贸易馆。在中国设有 17 个代表处,分别是北京、上海、广州、郑州、青岛、大连、沈阳、杭州、成都、香港、武汉、西安、重庆、长沙、南京、厦门、台湾。KOTRA 代表韩国政府大力促进中韩两国贸易的健康蓬勃发展,无偿向中韩两国企业提供咨询、信息联络发布、贸易投资、协助参加各种展览等优质服务。

2. KOTRA IP-China Desk

KOTRA 受 KIPO 之托,在中国设立 IP-China Desk,以协助韩国企业在中国的知识产权相关服务事宜。KOTRA IP-China Desk 至今已在中国的北京、上海、青岛、广州、沈阳设立 5 个办事处,分别配有 Desk 长、KOTRA 韩国本部职员、中国专职职员和辅助职员等,为韩国企业提供知识产权相关服务。

KOTRA IP-China Desk 的业务内容包括:(1)知识产权咨询,采用电子邮件、面谈、访问和巡回咨询方式为已经或打算在中国发展的韩国企业提供针对中国知识产权相关的申请程序、运用、保护及解决方案,2006 年至 2012 年 8 月,提供咨询量达 5159 次。(2)举办知识产权说明会、研讨会,以中国地方政府公务员为对象,已经举办 6 届韩国商标说明会;以中国专利审查员为对象,举办新技术说明会 3 届;以在中国发展的韩国企业为对象,举办知识产权说明会 120 次,中、韩、日联合举办知识产权研讨会 2 届。(3)提供中国知识产权制度相关信息,向韩国企业提供中国知识产权相关的新的法律和政策信息 449 个,刊印中国知识产权制度相关的书籍 20 余本,并发放给韩国企业。(4)帮助韩国企业在华的商标、专利申请及知识产权保护,指导申请程序、联系代理人、资助所需费用(总费用的 50% ~70%),2009 年至 2012 年 8 月,共计 1063 件。(5)增进中韩两国政府及企业间知识产权领域相互交流,邀请中国公务员赴韩访问知识产权相关部门和企业,同时组织韩国官民联合代表团访问中国知识产权相关部门。

KOTRA IP-China Desk 的发展方向是:(1)扩展 IP-China Desk 的业务范围,由知识产权申请保护扩展到促进知识产权运用和交易,发展拥有市场潜力知识产权中小企业,并支援在华营销。(2)鼓励韩国企业知识产权的最大化运用,选定"专利明星企业",支援其在中国创业和发展,支援知识产权的转化和商品化。(3)加强与中国知识产权有关部门的交流合作,扩展与中国中央及地方政府知识产权相关部门、QBPC 等非政府机构的交流领域,共同举办知识产权有关各种说明会、研讨会和座谈会,加强双方合作。

(三)知识财产保护协会(KIPRA)

KIPRA 属于会员制的行业协会组织,其主要任务是制裁假冒产品、进行公益咨询、国际专利纠纷预防、专利法律援助以及为会议服务和提高知识产权保护意识。

三、韩国特许法院基本情况

(一)特许法院的设立背景

韩国特许审判制度起源于 1908 年颁布的《韩国特许令》。根据 1946 年特许法,特许审判制度是一种特别行政争讼体系,即经过特许厅的审判所和抗告审批所两个阶段的行政审判之后,由大法院作终审判决。在这样的体系下,只有当申请人认为抗告审判所的审判违背法律时,才能以对该审决不服为由向大法院上诉。

但随着知识经济的大发展,有关特许纠纷由法院来审判,已经成为发达国家的主流制度设计。因此,韩国在建立近代司法制度 100 周年之际,掀起了司法制度改革风潮,有人主张作为司法制度改革的一环,应将从 1984 年甲午改革时开始的"审判与行政分开"这一近代司法的基础原则体现在工业产权领域。

1993 年 8 月,韩国大法院表示,特许法第 186 条第一款违背宪法,并向宪法裁判所提请违宪审查。与此同时,成立了由法律界、学术界、国会、舆论媒体及各个社会组织的代表组成的泛国民司法改革机构——司法制度发展委员会,并以该委员会为主,对特许制度的审级结构进行了讨论。1994 年 7 月 8 日,司法制度发展委员会与特许厅关于特许诉讼制度的改革,就成立特许法院、制定技术审查官制度、设立特许审判院、增加特许法院的法官人数、提高法官的专业性及保障辨理士(相当于我国的专利和商标代理人)的诉讼代理权等问题达成了协议。

根据上述协议内容,以由高等法院级别的特许法院管辖特许诉讼的一审,并由技术审理官参与特许诉讼的审理为主要内容的《法院组织法修改案》于 1994 年 7 月 24 日在国会通过。此外,《特许法》、《实用新案法》、《意匠法》(现《外观设计保护法》)及《商标法》的修正案于 1995 年 1 月 5 日陆续颁布。此后,如果对将特许厅的审判所与抗告审判所统合起来新设的特许审判院的审决或决定不服而提出诉讼的话,由特许法院专门负责管辖,如果对特许法院的判决不服就向大法院上告。

至于大法院提请的违宪审查案,宪法裁判所于 1995 年 9 月 28 日作出决定:"不符合宪法"。

(二)特许法院的成立及组织人员

特许法院于 1998 年 3 月 1 日在首尔设立,2000 年 3 月 1 日搬迁到大田。2003 年

9月1日建设了地上10层、地下1层规模(16125平方米)的特许法院大楼。特许法院为高等法院级别。截至2014年3月,特许法院共有83人,其中有13名法官(1名法院长、4名部长法官、8名配席法官)、61名普通员工、4名聘任制员工、5名特殊职位员工。

1. 法院长

特许法院设有法院长,现任院长为姜永虎。法院长负责掌管特许法院的司法行政业务,领导并监督所属公务人员。法院长缺位或因突发事故无法执行任务时,首席主审法官和先任主审法官等依次代理行使法院长的职权。

2. 审判部

特许法院现有4个审判部(第一、二、三、四部)。各审判部由1名部长法官与两名配席法官组成,部长法官就是案件审判庭的审判长。每个审判部有4~5名技术审理官,还有参与事务官、参与实务官及速记员各1名。特许法院各审判部的法官都拥有知识产权领域的专业知识。部长法官大约有20年以上、配席法官大约有10年以上的法律从业经历。此外,特许法院还聘请具有理工科背景或者知识产权法律专业背景的法官,以提高审判的专业性和效率。

3. 技术审理官

特许法院设技术审理官。目前在机械、通信、电气电子、化学、药品、农药、建筑设施等各领域有17名专业的技术审理官辅佐法官开展工作。其中15人是曾在特许厅工作了10年以上并专门负责特许审查及审判业务的审查员或审判官,其他2人是特许法院自己聘请的技术审理官。

4. 事务局

事务局长受法院长之命掌管司法行政业务,领导并监督所属员工。总务课负责总务、人事、官印和图书管理、保存、文献管理、退休金、规划、统计、会计及不属于其他课室的一切业务。特许课负责办理特许、实用新案、外观及商标案件的受理程序、参与审判做记录并保持各种文件等业务。

5. 会议机构

法官会议是为法院长提供司法行政领域的咨询而召开的,分成两种:由所有法官参加,以法院长为主席的全体法官会议;按级别或业务召开的内部法官会议。法官会议对司法政策及审判业务的改善方案等议题进行审议。

员工会议有局长课长会议、技术审理官会议、一般员工会议。

(三)特许法院的管辖范围

1. 法定管辖

特许法院负责审判《特许法》第186条第1款和准用该条款的《实用新案法》第33条、《外观设计保护法》第166条第1款及《商标法》第85条之三第3款所规定的案件以及根据其他法律归属于特许法院管辖的案件。根据上述法律规定,属于特许法院管辖的案件主要有两种:对特许审判院的审决及决定不服而提出的取消诉讼;对品种保护审判委员会的审决及其决定的取消诉讼。

2. 地域管辖

特许法院地域管辖的范围及于韩国全部地区,即对特许审判院的审决及决定的诉讼,无论当事人的地址在何处,均得向特许法院提出诉讼。

3. 级别管辖

特许法院负责处理一审案件。对特许法院的判决不服,只能向大法院提出上诉。

4. 最新进展

最近为集中管辖,韩国正在进行法律修改工作,按照集中管辖的安排(将现在由韩国各地高等法院管辖的知识产权民事侵权诉讼的二审集中到特许法院等几个法院),特许法院有将来管辖知识产权民事侵权上诉案件的可能性。

(四)特许法院诉讼程序特点

1. 集中审理

特许及实用新案案件由审判部审查诉讼文书,听取技术审理官的说明,了解技术内容之后,无特殊情况就进入辩论阶段,进行集中审理;若技术内容较难、专业性强且争论焦点较复杂,会付诸辩论准备程序。通常外观设计或者商标案件相较于特许或实用新案案件,其内容与争论焦点较为简单,在大多数情况下不启动准备程序就直接指定辩论日期。

辩论程序由审判长主持,允许当事人利用各种多媒体设备、实物及模型等进行陈述辩论,详细说明技术内容。同时,通过提交书证、对证人进行询问等进行证据调查,对技术内容进行广泛深入的审理。原则上,技术审理官可以参与辩论。

2. 辩论主义

特许法院的诉讼程序与民事诉讼一样,采取公开审理、口头审理及辩论主义。特许诉讼是一种行政诉讼,因此审判部因当事人取证不够、难以得到心证等原因,认为有必要的话,即使没有当事人的取证申请,也可依职权进行证据调查。特许法院在配备了实务投影仪、幻灯机、电脑网络等高科技设施的电子法庭进行辩论,以体现辩论主义精神。

3. 技术审理官的参与

在特许及实用新案案件审判的全过程中,技术审理官为技术性的问题向审判部提供咨询。若审判部认为有必要,技术审理官可参与辩论准备程序或在辩论当天直接参与审理过程,并在获得审判长或受命法官许可的情况下就技术问题向当事人提问。技术审理官参与上述审理程序时,一般坐在审判部的最左边。技术审理官在审判部合议案件时可以就技术性问题陈述自己的看法。

4. 认可辨理士的诉讼代理权

根据《辨理士法》第 8 条的规定,在特许法院的一审诉讼程序中,除了律师外,辨理士也可以作为诉讼代理人。在其他知识产权纠纷中,辨理士不能当诉讼代理人,但最近开始讨论是否应扩大认可辨理士角色的范围。

5. 判决的效力

特许法院的诉讼对象是特许审判院的审决或决定。因此,如果原告请求取消特许审判院的审决或决定时所提理由不能成立,特许法院就驳回原告的请求。相反,则需作出撤销审决或决定的判决。特许审判院在其审决或决定被撤销后,需重新进行审理并作出审决或决定,并且不能作出有违特许法院判决的审决或决定。

6. 向特许审判院长通报起诉事实,诉讼结束后将判决书原件传送给特许审判院长

对于要求撤销特许审判院的审决等诉讼立案的请求,特许法院应立刻通知特许审判院长,在诉讼程序结束后,也要立刻将判决原件传送给特许审判院长。

(五)特许法院受理和审理案件情况

1. 案件数量

年份	受理案件		处理案件				取消行政裁决案(胜诉率%)	未结案件	上诉案件(上诉率%)
	上年旧存	当年受理案件	共计	判决	其他	共计			
2010	499	978	1477	817	195	1012	219(26.8)	465	318(38.9)
2011	465	1257	1722	1026	217	1243	280(27.3)	479	422(41.1)
2012	479	1154	1633	946	238	1184	271(28.6)	449	397(42.0)
2013	449	1040	1489	795	229	1024	214(26.9)	465	351(44.1)

2. 案件类型分布

年份	受理案件				处理案件			
	发明	实用新型	外观设计	商标	发明	实用新型	外观设计	商标
2010	527(53.9)	79(8.1)	100(10.2)	272(27.8)	517(51.1)	98(9.7)	124(12.3)	273(26.9)
2011	639(50.8)	93(7.4)	128(10.2)	397(31.6)	632(50.8)	115(9.3)	117(9.4)	379(30.5)
2012	592(51.3)	83(7.2)	74(6.4)	405(35.1)	647(54.65)	70(5.91)	74(6.25)	393(33.19)
2013	575(55.2)	62(5.9)	99(9.5)	304(29.2)	537(52.44)	75(7.32)	85(8.3)	327(31.93)

注:括号里面的数字表示各类案件占案件总数的比重。

3. 案件平均审理期间

年份	发明	实用新型	外观设计	商标	整体期间
2011	223.1	194.6	108.6	123.8	178.5
2012	165.0	156.6	113.8	124	147.3
2013	176.0	172.2	136.7	143.2	161.9

四、访韩体会

此次访韩时间虽短,但收获颇丰,体会如下:

1. 韩国企业保护知识产权意识很强,值得我们学习和借鉴。本次赴韩交流活动即是由韩国企业界具体承办的,韩国政府和企业连续7年举办这样的交流活动,足见其知识产权保护的意识是非常强的。在我们访问的韩国广播电视公社、LG电子、韩国人参公社等企业,均设有相应的知识产权保护机构,他们在注重科技研发的同时,对于保护知识产权成果不被侵犯也投入了大量的人力和物力,这些企业还在中国国内设置了派出机构,专门负责处理知识产权事务。

2. 韩国的特许法院设置是韩国在知识产权司法制度上的一个特色制度,有值得我们借鉴之处。韩国特许法院目前只审理专利和商标行政案件,不审理有关的民事侵权案件,但这种状况有望在2015年被打破,特许法院有增加管辖知识产权民事侵权上诉案件的可能性。韩国特许法院在审理专利行政案件中所设置的技术审理官制度,一直以来发挥了很好的作用,其技术审理官虽大多来自韩国特许厅,但鲜有对其公正性的质疑。韩国特许法院的每个审判部一般配有3~4名的技术审理官,技术审理官在参与案件审理过程中,也要参与庭审,在开庭时与法官一同座于审判台上。技术审理官的设置,对韩国特许法院的审判效率和审判质量的提高都发挥了积极的作用。

3. 在新形势下应进一步加强中韩两国的知识产权交流和合作。随着今年中韩两国自贸区的建立,中韩两国的经贸往来步入了一个新的阶段,也迎来了前所未有的机遇。在推进两国经贸往来的过程中,要尤其注重加强两国的知识产权交流和合作,为企业的发展铺路架桥,减少后顾之忧,特别是要加强我国企业的知识产权意识的提升,在尊重其他企业的知识产权前提下,加强自身的知识产权创新和保护工作,以创新带动企业的发展,同时也为企业的发展提供良好的创新环境。

赴韩国参加韩美知识产权司法研讨会及韩国司法论坛的报告

最高人民法院知识产权庭　夏君丽

应韩国最高法院的邀请,经批准,我于2013年10月20日至10月24日赴韩国参加在首尔举行的“韩—美知识产权司法研讨会”和“2013年韩国司法论坛”。“韩—美知识产权司法研讨会”由“韩—美知识产权司法研讨会”组委会、美国联邦巡回上诉法院律师协会主办,由韩国专利法院、韩国知识产权局、美国联邦巡回上诉法院共同承办,会期两天。“2013年韩国司法论坛”由韩国最高法院主办,会议主题为“法院在知识产权和创新的作用”,会期一天,我应邀在“全球知识产权诉讼的最新关注”一节用英文做了题为“中国法院知识产权审判的新发展”的主题发言。

一、会议的简要情况

(一)关于“韩—美知识产权司法研讨会”

“韩—美知识产权司法研讨会”是继在东京召开的“日—美知识产权司法研讨会”、北京召开的“中—美知识产权司法研讨会”后,在首尔召开的系列会议之一。

2012年5月,中美知识产权司法审判研讨会在北京召开,会议的规格、规模、人数空前。除了从事知识产权审判工作的法官,参加会议的还有来自中美两国知识产权界的政府官员、专家、学者、律师,以及知名企业的知识产权权利人代表。与会的中外各界代表共计1200余人,并有143位代表在会上发言。

此次在首尔召开的“韩—美知识产权司法研讨会”,会议的议程仍延续了北京会议的形式。韩国高等法院、区法院、专利法院的法官们,以及律师、知识产权局、贸易局、企业、学者等近 1000 人参加了会议。会议的目的是增进两国不同制度下的知识产权司法保护的了解和交流,会议议程分为法官对话、分论坛研讨、知识产权局的改革动态、模拟法庭等环节,研讨当前快速增长的国际市场形势下,知识产权保护面临的新问题和对策。韩国国民议会立法和司法委员会委员长、韩国国家法院管理大臣等主持了会议并致词。来自韩美的近四十位法官、官员、学者和律师做了主题发言。

“韩—美知识产权司法研讨会”是以韩国与美国为主体的对话,但会议的主办方特别邀请了来自中国、英国、澳大利亚、日本的四个嘉宾参加了会议。在 21 ~ 22 日的两天时间里,会议进行了主会场的研讨、专利案件模拟法庭的开庭以及八个分会论坛的专题研讨。研讨内容涉及美国专利商标局、韩国知识产权局在提升创新战略中的战略作用和措施;美国际贸易委员会和韩贸易局专家就 337 关税法案的调查措施;事实和证据的发现制度;版权、外观设计、装潢和不正当竞争对产品的不同保护方式;救济和禁令;韩美不同体系下的知识产权立法动态;专利和公平贸易;专利链接、有偿延迟制度涉及的药品专利诉讼与授权程序的关系;全球知识产权管理等。议题内容广泛而具有前瞻性。

(二)关于“2013 年韩国司法论坛”

该论坛由韩国最高法院主办,会议主题为“法院在知识产权和创新的作用”。除我作为演讲嘉宾应邀参加会议外,会议主办方还邀请了美国联邦巡回上诉法院的首席法官 Randall R. RADER、日本知识产权高等法院的首席法官 Toshiaki IMURA、德国慕尼黑大学的教授 Joseph STRAUS 做专题演讲;另外还邀请了美国伊利诺伊北区地方法院的法官、英国律师、日本北海道大学的教授、澳大利亚国家大学的教授进行了专题讨论。韩国专利法院的法官、韩国成均馆大学的教授也参加了讨论。会议分上午和下午两节进行,上午的研讨主题是“知识产权专门法院的成就和挑战”,下午研讨的主题是“全球知识产权诉讼的最新关注”。

二、会议研讨的主要内容

在短短四天的时间里,两个议题的研讨具有丰富的内容。除了韩国和美国的知识产权诉讼制度外,知识产权专门法院的作用具有更加重要的现实意义。

(一)日本的知识产权高等法院

关于知识产权法院的成就和面临的问题,来自日本的知识产权高等法院的 Toshiaki IIMURA 首席法官在其发言中介绍了日本知识产权高等法院的基本情况。2005 年 4 月 1 日,日本根据《知识产权高等法院设置法》的规定,设立了知识产权高等法院。

知识产权高等法院受理的案件分为两种类型:

一是民事侵权纠纷案件。这类案件又分为技术类和非技术类两种。技术类案件涉及专利和其他技术类型的上诉案件,如有关发明、实用新型、半导体集成电路权,以及有关计算机软件著作权案件。这些案件一审分为东、西两部分,东部地区的案件由东京地区法院受理,西部地区的案件由大阪地区法院审理。东、西部的二审案件全部上诉到日本知识产权高等法院审理。非技术类型的案件,涉及外观设计专利、商标权、著作权(计算机程序除外)、品种权和不正当竞争法损害商业利益的民事案件,同样分为东、西两部分。东京地区法院以外的地区法院和东京地区法院一样具有一审的管辖权;西部也如此,其他地区法院和大阪地区法院同样具有一审管辖权。对这些案件的上诉并没有特别规定管辖范围,一般来讲,既可以向相关的高等法院上诉,也可以到日本知识产权高等法院上诉。但实际上,东京地区法院一审受理了大部分案件,当然这些案件均上诉到知识产权高等法院。

二是不服日本知识产权局(JPO)的裁决而提起的诉讼案件,日本知识产权高等法院是作为一审案件受理的。

日本将知识产权案件集中到东京地区法院、大阪地区法院和知识产权高等法院管辖,东京地区法院和大阪地区法院都设立了专门的知识产权庭和具有专门经验的法官来处理知识产权纠纷案件。

2011 年,地区法院受理的知识产权案件为 510 件,其中专利 207 件、实用新型 7 件、外观设计 16 件,商标 76 件、著作权 90 件、不正当竞争 102 件、商业秘密和其他案件 12 件。平均审理期限为 12 个月。

高等法院(主要是知识产权高等法院)2011 年受理的上诉案件为 155 件,其中专利 47 件、实用新型 4 件、外观设计 2 件,商标 16 件、著作权 58 件、不正当竞争 24 件、商业秘密和其他案件 4 件。平均审理期限为 12 个月。受理的不服知识产权局裁决的案件 453 件,其中专利 355 件,实用新型 5 件、外观设计 7 件,商标 86 件。78% 的案件在一年内审结,99.5% 的案件在两年内审结。平均期间为 8 ~ 9 个月。

知识产权高等法院现有 4 个庭、17 个专业法官。法官的技术知识来源于 11 个技术调查官(research officials),他们涉及机械、电子和化学领域,是法院的全职雇员,由具有专业的技术背景的专利审查员、专利代理人等组成,他们解决技术方面的问题,为法官提供公正高效的技术专业的支持。

另外,日本于 2004 年建立了专家系统(expert system)来解决高度复杂的技术前沿问题。至今已有 200 名专家委员(experts commissioners)注册。东京地区法院和大阪地区法院也具有同样的人力资源设置。

知识产权高等法院还设立了由 5 个法官组成的大合议制(Grand Panel system),至今已审理了 7 件案件,其中包括著名的打印机墨盒专利侵权纠纷案件,知识产权高等法院就该案所作出的侵权判决得到了日本最高法院的支持。

(二)韩国专利法院

随着知识信息化的高度发展,专利商标纠纷案件激增,韩国于 1994 年 7 月 27 日公布了《法院组织法》,包括设立专利法院作为上诉法院和专利诉讼的一审法院。另外,1995 年 1 月 5 日,《专利法》、《实用新型法》、《外观设计法》、《商标法》等也作了修改。韩国知识产权局也随即成立 Intellectual Property Tribunal(IPT)。1998 年 3 月 1 日在首尔设立了相当于高等法院的专利法院(2000 年 3 月 1 日搬迁到大田)。

到 2013 年 10 月,专利法院共 91 人,包括 16 个法官,其中 1 个首席法官,5 个审判长和 10 个助理法官;46 个一般事务官;20 个技术官;4 个临时合同事务官;5 个特别服务官。设有 5 个审判庭,每个审判庭由审判长1名和辅助法官2名组成。技术审理官对技术问题为法官提供咨询,按各技术领域,现有15名来自于韩国特许厅,且均有10年以上的工作经历。另外2人由法院通过合同选任。

专利法院管辖根据《专利法》第186条第1款、《实用新型法》第33条、《外观设计保护法》第75条及《商标法》第85条第3款所规定的针对韩国知识产权局IPT作出的涉及专利、实用新型、外观设计、商标裁决提出的撤销之诉。依据其他法律规定属于专利法院管辖的一审案件(即《种子产业法》第105条所规定的针对品种保护审判委员会裁定的撤销裁决诉讼)。

专利法院管辖案件采取二审终审制度,如对专利法院判决不服,可上诉到大法院("最高法院")。韩国知识产权委员会正在讨论进一步扩大专利法院的管辖权。讨论认为,一审侵权案件知识产权案件应由首尔中心区法院和大田区法院管辖,二审案件由专利法院管辖。这个讨论在韩国律师协会和代理人协会越来越热烈。

专利法院的诉讼程序包括:(1)集中审理。对于专利和实用新型案件,3个法官组成的合议庭审查诉讼文件,1个技术调查官向合议庭提供详细的技术说明。一般情况下,案件无需要预先审理,对于较复杂的疑难的技术案件需要预审。合议庭的审判长主持庭审,要求当事方通过使用各种多媒体设备就技术问题进行举证。对于较为复杂的技术问题,技术调查官也可以参与庭审;(2)举证责任。在专利法院的审理过程中,适用普通民事诉讼程序的公开审判原则、口头辩论原则、答辩和举证原则,这与韩国IPT的依职权审理程序不同。但由于专利诉讼是行政诉讼,专利法院在没有当事人请求的情况下,如果法院认为当事人提供的证据不充分难以确定事实,可以依职权进行审查。采用补充性的职权主义;(3)技术调查官参与。专利法院设置技术调查官,在案件审理过程中随时就技术问题向审判庭提供咨询。如法庭认为必要,技术调查官可以参加预审和庭审。经审判长允许可以询问当事人和证人,在法官的评议中,技术调查官也可以发表他们对技术问题的意见;(4)专利代理人的参与。根据《专利代理人法》第8条的规定,专利代理人和律师一样,可以代理当事人参加专利法院涉及不服IPT裁决的专利、实用新型、外观设计或商标有关诉讼事项,但不能作为其他类型的知识产权案件的代理人。当然也有一些观点认为需要进一步扩大专利代理人的代理权限;(5)法院裁判的效力。法院作出撤销韩国知识产权局IPT裁决的裁判,IPT应当根据法院的最终判决重新作出裁决。

韩国专利法院的案件数量统计

	受理量			处理量			取消行政裁决的案件数量	未结案	上诉量
	前一年未结案	当年受理量	共计	判决	其他	共计			
2010	499	978	1477	817	195	1012	219(26.8%)	465	318(38.9%)
2011	465	1257	1722	1026	217	1243	280(27.3%)	479	422(41.1%)
2012	479	1154	1633	946	238	1184	271(28.6%)	449	397(40.2%)
比较	3.0%	-8.2%	-5.2%	-7.8%	9.7%	-4.7%	-3.2%	-6.3%	-5.9%

知识产权案件类型比率

	受理量				处理量			
	发明专利	实用新型	外观设计	商标	发明专利	实用新型	外观设计	商标
2010	527 (53.9%)	79 (8.1%)	100 (10.2%)	272 (27.8%)	517 (51.1%)	98 (9.7%)	124 (12.3%)	273 (26.9%)
2011	639 (50.8%)	93 (7.4%)	128 (10.2%)	397 (31.6%)	632 (50.8%)	115 (9.3%)	117 (9.4%)	379 (30.5%)
2012	592 (51.3%)	83 (7.2%)	74 (6.4%)	405 (35.1%)	647 (54.6%)	70 (5.9%)	74 (6.2%)	393 (33.1%)

随着专利法院的建立,知识产权案件的审判效率明显提高,以 2012 年为例,73.6%的案件在六个月内审结,99.1%的案件在1年内审结。专利法院的专业审判经验也不断增强,专业能力不断提升。专利法院实施的电子诉讼也对整个司法体系的电子诉讼产生了影响。

(三)美国的联邦地区法院专利案件试点计划

2011 年1月,美国总统奥巴马签署了公共法案 111 - 349,实行专利案件试点计划,旨在通过建立10年的试点计划,在特定的地区法院促进自荐的专利法官增加专利案件的审判经验。法案要求不少于6个联邦地区的法院这一计划,挑选专利案件较多的法院或者已采取及即将采取相应规则的法院进行试点。到2011 年9月,共有包括伊利诺伊北区法院在内的11 个联邦地区的法院进行了。该计划邀请试点法院的法官自愿地审理专利案件。最初的案件仅是随机地分配给试点法院的所有法官,如果没有被指定为专利法官的法官,可以在30天内将案件转给希望审理专利案件法官办理。公共法案还定期发布报告对计划的实施情况进行分析,分析案件审理效果、审结效率、审理期限和选择管辖的情况。

来自伊利诺伊北区法院的 YOUNG B KIM 法官介绍,地区法院的法官一般7年才可以审理1件专利案件。由于案件审理的经验不足,一些代理机构和学术部门对地区法官的专利技术审判经验和能力有所质疑,出现较高的上诉率、选择管辖、审理超期等问题,使得案件的诉讼成本增加。《哈佛法学和技术》杂志甚至撰文提出:“地区法官适合审理专利案件吗?”专利权人抱怨:这些问题妨碍了美国的专利权人难以有效地利用有效的司法体系,从而损害了他们专利权的价值。

试点计划实施2年来,伊利诺伊北区法院的33个法官中的11人选择参与这一计划,以获得更多的审理专利案件的机会。395个案件中的84个专利案件(21%)被11个法官移交。不管法官移交案件的理由是什么,这种选择使得更多的法官获得审理专利案件的机会。这些案件中,目前仅有2件案件上诉到联邦巡回上诉法院,因此,尚不能有充分的数据来证明这项计划目前的实施效果。

(四)欧洲统一专利法院

来自英国的律师 Bo-Eun JUNG 介绍了欧洲统一专利法院的最新进展。经过近40

年的磋商和无数次的调试,2012 年 12 月 17 日,欧洲议会和欧盟理事会先后通过《欧洲议会和理事会在创设统一专利保护问题上加强合作实施条例》和《欧盟理事会在创设统一专利保护翻译事宜安排问题上促进合作实施条例》。这两个条例是自 1970 年来欧洲专利系统最大的一次调整,为欧洲的统一专利制度铺平了道路,于 2013 年 1 月生效。2013 年 1 月 11 日,欧盟理事会公布了《统一专利法院协议》(Unified Patent Court Agreement)。同年 2 月 19 日,欧盟 24 个成员国部长在布鲁塞尔就设立统一专利法院签署协议,同年 3 月 5 日,保加利亚在国内审批程序完成后签署了该协议。截至目前,欧盟成员国除西班牙和波兰外,均已签署该协议。这将大大改变现行模式下专利无效程序和诉讼程序的耗时长和高成本的现状。欧盟委员会也希望统一专利法院系统尽快设立和运行,并将于 2014 年初开始受理统一的专利申请。其目的是为了进一步提高创新和竞争能力,特别是为中小型企业提供更加高效的专利解决方案。依据《欧洲专利公约》(European Patent Convention)的规定,欧洲统一专利(European patent with unitary effect)将与成员国国内专利和欧洲专利(European patent)并存且法律依据和授予程序相同。

欧盟使用 23 种不同的语言。统一专利将于《统一专利法院协议》生效后开放申请,英语、法语或德语为三种官方申请语言。申请一个有效的欧洲统一专利,提交的专利文件是英文,需要被翻译成其他语言。如果申请是法语或者德语,则必须被翻译成英语。

统一专利法院将于《统一专利法院协议》生效后开始受理案件。统一专利法院实行两级审理,设一审法院(Courts of first instance)、上诉法院(Appeal Court)。一审法院由中央法庭(Central Division)、地方(Local Divisions)或地区分庭(Regional Divisions)组成。中央法庭由设在巴黎的主法庭和设在伦敦、慕尼黑的法庭分部组成。各成员国均可设立一个地方分庭,也可与其他一个或几个成员国共同设立地区分庭(regional division、local division of the group)。地方和地区分庭地点由成员国自己决定。上诉法院设在卢森堡。

统一专利法院的法官设置不同。一审法院中央法庭设 3 个法官,其中 2 个法官为不同国籍的法律法官,1 个法官为技术法官。一审法院地方或者地区分庭由本国和外国不同国籍的 3 个法律法官组成,依一方当事人或合议庭申请,还可以选择 1 个技术法官。上诉法院由 5 个法官组成,其中 3 个为法律法官,2 个为技术法官。

关于统一专利法院的程序规则还在起草中,其将会采用普通法和大陆法的元素构建一个不同于现行欧洲模式的体系。证人陈述将会是一个主要特征。法院指定的专家也将可行,当事人双方指定的专家不会自动参与交叉质证,而技术专家的角色也在确定中。

三、出访的体会和建议

此次受邀请参加韩国最高法院举办这次研讨会,一方面感受到中国的知识产权司法保护所取得的成绩受到国际社会,特别是受到美国、日本、英国和欧盟等知识产权保护领先的国家的关注;另一方面也感受到国际交流的重要性。

此次研讨会的主题是"法院在知识产权和创新中的角色"。美国、日本、韩国等国家先后建立了知识产权专门法院,虽然各个国家知识产权法院的管辖和诉讼特点有所区别,但无一例外,是从国家战略利益出发,将设立知识产权专门法院作为激励创新、提升国家综合竞争力的有效手段,作为提高知识产权案件审理专业性、统一司法标准、优化司法资源、提高司法效率的重要举措。欧盟各成员国虽然有巨大的分歧和差异,但多年来不断磋商和谈判,也终于初步形成了统一的专利法院。另据了解,德国、英国、泰国、印度、土耳其、新加坡、马来西亚、我国台湾地区等十余个国家和地区也设立了知识产权专门法院。2013 年年初,俄罗斯、芬兰也相继设立了知识产权法院。设立专门法院负责审理知识产权纠纷已经成为普遍认同的国际趋势。

我国的知识产权审判制度和审判机制建立以来,经过多年的实践和发展,取得了长足的进步。最高人民法院和地方各级法院在审理好知识产权案件的同时,也对知识产权审判的体制和机制进行了积极有益的探索,如知识产权案件的集中管辖、知识产权侵权案件和授权确权案件双轨制的协调和统一、基层法院知识产权管辖权的合理布局、知识产权审判庭集中审理知识产权民事、行政和刑事案件的试点工作(简称知识产权审判"三合一")、技术事实查明的专家证人、技术咨询专家的设立、知识产权诉讼临时措施等。我在研讨会上的演讲,受到与会者的热切关注,会议主持人还专门就中国法院所作出的探索进行了讨论。但同时,我们也清醒地意识到,知识产权纠纷案件持续大幅增长,权利人的保护需求日益强烈,国际竞争的形势日益严峻,新的技术和新的经营模式等新问题也使我们面临考验。

2008 年,国家知识产权战略中就明确了积极探索建立知识产权法院,党的十八届三中全会也明确提出这一要求。在研究设立知识产权法院的过程中,既要参考和借鉴其他国家的成功经验,也要考虑我国知识产权保护的特殊性。与其他国家的知识产权保护制度和状况相比,中国有自己的特色和具体情况。中国的知识产权纠纷案件多,分布地域广,地域经济发展水平不平衡。知识产权民事案件和行政案件双轨制的运行机制还有待于进一步协调,"三合一"试点工作取得的经验还需要进一步分析和总结。

(一)在知识产权专门法院数量设置上,应充分考虑知识产权案件多以及数量不断增长的趋势

无论日本的知识产权高等法院还是韩国的专利法院,知识产权案件集中管辖后,相关数据表明,每年受理量约在 500 件至 1500 件。如 2011 年,日本知识产权区法院和高等法院受理的知识产权案件分别为 510 件和 608 件。韩国专利法院 2011 年审理的案件数量为 1633 件。根据美国联邦巡回上诉法院网站公布的统计数据,该院 2012 年财政年度(从当年的 10 月 1 日到次年的 9 月 30 日)受理案件 1381 件。在 2013 年待处理案件中,来自联邦地区法院的专利侵权案件占 36%,来自美国专利商标局(即其内设专利复审与干预委员会)的专利行政案件占 9%,商标案件占 2%,来自国际贸易委员会的专利案件占 1%,以上涉及知识产权法的案件共占 48%,也仅 600 余件。而我国地方法院 2012 年受理的知识产权一审民事案件为 87419 件,行政案件为 2928 件,且比上年分别上升 45% 和 20%。中级法院一般作为知识产权案件受理的一审法院,在较为发达的地区,知识产

权庭一年的案件受理量达 2000 件左右。由于同时审理知识产权侵权民事案件，又审理不服商标评审委员会和专利复审委员会专利商标的授权确权纠纷，北京一中院 2013 年 3 月份受理的知识产权案件已近 2000 件。因此，在我国设立知识产权法院，不仅要考虑地域发展的不平衡，还要考虑知识产权案件的分布情况。不能数量过少，也不能过于集中，否则不仅不利于提高审判效率和统一标准，还可能不利于大量知识产权纠纷的及时有效解决。同时还要考虑案件持续增长的发展空间。既要考虑中级法院对知识产权法院一审案件的集中受理，也要考虑到上诉法院集中受理知识产权案件所带来的人员力量的压力，在人力资源的配备上做好充分的准备。而且我国已在多年审判实践经验的基础上，调整了知识产权管辖布局，根据知识产权案件增长和审理的需要，注重调整和衔接好集中管辖和适度扩大管辖之间的关系。集中管辖后，还要面对可能出现的选择管辖(Forum Shopping，即挑选法院)的情况和问题。

(二)在管辖案件设置上，积极吸取“三合一”法院试点的有益经验

日本的高等法院、韩国的专利法院以及美国的联邦巡回上诉法院，受理的知识产权案件均是民事和行政案件，而我国的知识产权审判却已采取更为领先的举措。在过去的几年中，最高法院积极推进知识产权审判“三合一”，完善知识产权民事、行政和刑事审判协调机制，司法保护知识产权的综合效能初步发挥。截至 2012 年底，全国已有 5 个高级法院、59 个中级法院和 69 个基层法院开展了相关试点工作。2012 年，广东省法院系统全面推进知识产权审判“三合一”改革试点工作，省法院、19 个中院和 30 个基层法院实行知识产权审判“三合一”，近 90% 涉知识产权的刑事案件纳入试点工作。江苏省高级人民法院在知识产权审判“三合一”的改革试点工作中，加强对知识产权刑事法律适用问题的调研，牵头完成《关于知识产权刑事法律适用问题纪要(征求意见稿)》。中国法院的“三合一”试点工作，引起国外同行的关注。要充分吸取分析和总结经验，对我们现已取得的成绩通过有效的方式予以确定。

(三)充分考虑我国知识产权案件类型的特点，为知识产权法院审理各类知识产权案件预留发展的空间

美国的联邦巡回上诉法院、韩国的专利法院和日本的知识产权高等法院，集中的主要还是涉及技术类的专利案件和实用新型案件，以及不服专利、商标确权授权裁定的案件。其出发点是为了解决技术方面的难题，统一审理标准，培养专门人才。这无疑也是我们的目标之一。但是分析美国、日本和韩国等知识产权法院受理的案件类型，其发明专利纠纷案件占所有知识产权案件类型的绝大多数。如韩国专利法院 2012 年审理的 1633 件案件中，专利案件为 902 件，占 55%，实用新型案件 108 件。日本知识产权区法院受理的专利案件(207 件)占所有知识产权案件(510 件)的近 40%，高等法院受理的专利撤销无效案件 355 件占 78.3%。而我国知识产权案件中，以 2012 年地方法院新收知识产权民事一审案件为例，61.59% 为著作权纠纷，22.66% 为商标权纠纷，专利权纠纷案件仅占 11.07%。知识产权行政一审案件 2928 件中，专利案件 760 件，占 25.95%；商标案件 2150 件，占 73.42%。这其中还不仅仅

是专利、商标授权确权行政纠纷案件。即使在专利纠纷的案件中，涉及发明权的专利纠纷也相对较少，更多是外观设计和实用新型专利纠纷，这与我国的技术发展现状直接相关。因此，我国知识产权法院的设立，不能过于考虑技术类案件的解决途径和效果，而应在集中解决技术类问题的同时，为各类型的知识产权案件的审理留有发展的空间。

欧盟知识产权保护制度及启示

元　明[①]　张建忠[②]　余　岚[③]

目前，根据中国和欧盟商定的知识产权第三期合作项目，最高人民检察院派团赴法国、西班牙和意大利进行了为期 10 天的知识产权交流活动。通过交流学习，我们了解了欧盟知识产权法律制度和执法司法体系，颇受启发。欧盟在知识产权保护方面的成熟经验，对进一步提高我国知识产权保护水平具有较强的借鉴意义。

一、欧盟的知识产权法律制度

（一）欧盟的知识产权法

2004 年 4 月以来，欧洲议会和欧盟理事会分别通过了《关于执行知识产权的指令》、《欧洲议会和欧盟理事会关于旨在确保执行知识产权的刑事措施指令（建议稿）》、《欧盟理事会关于打击知识产权犯罪加强刑事法律的框架决定（建议稿）》和《知识产权刑事措施指令》（以下简称《指令》）等法律文件，旨在通过协调各成员国在欧盟范围内进一步加强打击侵权假冒。其中，《指令》对知识产权的范围、侵犯知识产权的罪刑以及刑事程序等作了较为全面的规定，确立了有充分威慑力的、可适用于整个欧共体的刑罚体系。根据《指令》，凡具有商业规模的故意侵犯知识产权的行为，以及对侵权的帮助、教唆、煽动均是犯罪。侵权的自然人应当被判处监禁，涉嫌洗钱或有组织生产、销售假冒伪劣商品的犯罪即属于严重犯罪。鉴于侵犯知识产权人实施犯罪的主要目的在于谋取经济利益，《指令》要求各成员国应当扣押、没收或销毁犯罪工具和侵权商品、关闭营业场所、永久或临时禁止从事商业活动等。《指令》关于权利人参与刑事诉讼程序也有独特的规定，如：权利人可以参加联合调查组；权利人可以从执法机关获取被侵权的证据以针对同一侵权人提起民事诉讼。

（二）法国的知识产权法

法国有关知识产权保护的内容和措施

① 最高人民检察院侦查监督厅副厅长、全国检察业务专家。

② 最高人民检察院侦查监督厅保护知识产权处处长。

③ 最高人民检察院侦查监督厅检察官。

散见于《知识产权法》、《刑法》和《海关法》中。一些与知识产权相关的专门性法令也对惩处侵权假冒行为作了详细、严格规定。1992 年颁布的《知识产权法》是当今世界上知识产权保护领域中的第一部法典,后又随着经济和技术的不断发展更新作了多次修改和增补,现仍处于世界各国同类规定的前列。在法国,持有侵权商品、非法下载侵权作品的行为均构成犯罪,依法应处最高一年监禁、三十万欧元的高额罚金。2004 年 3 月通过的第 204 号法令规定,通过网络实施侵权的犯罪工具等也应予以查封、扣押。根据《刑法》规定,通过网络实施侵犯知识产权的行为并不是加重处罚的情节;而有组织犯罪以及生产、销售危害人体、动物健康的假冒商品才是加重处罚的情节。

2009 年 9 月,国民议会通过了打击网络非法下载行为的法令(HADOPI 法令)。这是欧盟国家中首部专门规范网络版权秩序的法令,是迄今为止世界上最严厉的互联网法律。根据法令,权利人发现侵权可向法国网络著作传播与权利保护高级公署(HADOPI)举报,HADOPI 将通过电子邮件对在互联网上发布侵权作品或非法下载的用户予以初次警告;如果再犯,将通过有签收回执的挂号信发出警告通知;第三次再犯,HADOPI 会将案件移交给检察官,由其决定是否提起诉讼。法官可采取快速审判的程序,用刑事判决的方式对侵权者或非法下载的用户作出处以长达一年的断网惩罚,并处一千五百欧元的罚金。互联网使用者在此期间不能再找另一家互联网服务商。对屡犯者,罚金数额将加倍。对严重的盗版侵权行为,法官会作出判处三年监禁,并处罚金三十万欧元的判决。网络服务商必须服从法院关于断网的决定,否则网络服务商将会受到严厉处罚。处理决定会向 HADOPI 通报,HADOPI 则会向互联网服务商核实网络是否断开,并通知权利人。与此同时,互联网使用者应尽到注意义务,确保自身线路不被他人用来侵权。一旦发生侵权,除非能够提供足够的证据加以澄清,否则也会被认定为违法。

(三)意大利的知识产权法

早在 1941 年,意大利政府就颁布了以保护版权为内容的第 633 号法令。1992 年的第 518 号法令则扩大了法律对版权的保护范围,将计算机软件纳入其中。2003 年 4 月,意大利在欧盟国家中率先修改国内版权法,使其内容符合欧盟新颁布的《信息社会指令》,从而体现了世界知识产权组织的《版权条约》和《表演和录音制品公约》的有关规定。同年 6 月,意大利颁布第 168 号法令,确定在罗马、佛罗伦萨、米兰、都灵和威尼斯等 12 个城市设立知识产权法庭。2005 年 3 月颁布的《工业产权法》进一步明确了"工业产权"的定义,并扩大了专利商标局的职权。在意大利,实施侵犯知识产权的行为会面临民事或刑事的处罚。《刑法》规定,侵犯专利商标权者,判处三年以上监禁,并处罚金;进口或销售侵权商品者,判处两年以上监禁,并处罚金;销售易使消费者对商品质量或来源产生混淆的商标之商品者,判处一年以上监禁,并处罚金。但实践中,绝大多数侵犯知识产权案件都是通过民事诉讼解决的。

二、欧盟知识产权组织机构及职责

(一)欧洲内部市场协调局(OHIM)

该局是依据欧洲共同体法律而成立的,是拥有独立法人地位的欧盟官方机构,总部位于西班牙阿利坎特,主要负责欧盟成员国内的外观设计和欧盟商标的注册工作。经OHIM核准注册的欧盟商标可在欧盟成员国内产生效力并受到保护。

(二)欧洲刑警组织(EUROPOL)

由于欧盟的刑事执法尚未实现一体化,为了加强成员国对毒品、贩卖人口、非法移民、知识产权犯罪、假币、洗钱、恐怖主义等12种犯罪的打击力度,欧盟理事会于2009年4月决定在荷兰海牙设立EUROPOL。其主要工作职责,一是通过信息平台帮助成员国实现信息数据的交换、分析。目前,EUROPOL的个人数据平台、欧洲信息组织系统和案件分析工作档案平台能够向成员国或协议国提供犯罪人个人信息、个案数据和类案数据,较好地实现了战略性数据情报的分享。数据的存储和查询均遵循严格的规定和程序;上传数据的类型由录入国自行决定;数据主要通过系统自动上传,减少了二次录入的麻烦。二是通过监测中心对新型犯罪、有组织犯罪等进行监测,提供犯罪线索。三是提供对犯罪现场勘查的支持。四是通过各种联系会、协调会等向各成员国、成员国与非成员国提供战略合作支持。目前,EUROPOL设有28个成员国联络办公室和12个第三方联络办公室。

(三)法国国家打假委员会(CNAC)

CNAC于1995年设立,隶属于经济财政工业部,主席由参议员担任,成员包括政府部门(外交部、文化部、教育部、内政部等)、国际保护工业与艺术产权制造商联合会(UNIFAB)、私营企业组成的行业协会(烈酒组织、皮具联合会、制表业联合会、制药公司协会等)。CNAC是政府公共部门和权利人直接对话的桥梁。委员会下设不同的工作组,分别负责法制宣传、提出修法建议、开展国际合作、开展网络打假等工作,每个工作组都由私营部门的合作伙伴和政府机构代表共同负责。企业和政府通过CNAC实现信息交流、协调打假行动。每年底,打假委员会向经济财政部部长提交工作总结和下一年工作计划。

(四)法国海关司法处(SNDJ)和网络海关查处中心

这两个海关部门都是法国知识产权边境保护的重要力量。SNDJ成立于2002年,是专门从事司法警察活动的海关部门。SNDJ在打击跨境知识产权犯罪、金融犯罪以及走私犯罪方面,享有与国家司法警察和国家宪兵一样的司法权力。SNDJ下辖7个地方单位,分别位于波尔多、里尔、里昂、马赛、梅斯、南特和图卢兹。SNDJ只能在获得检察官或预审法官的授权后才能行使侦查、逮捕和搜查等司法权。

网络海关查处中心是专门负责跨境电子商务中与知识产权有关的行政执法部门。根据《海关法》的授权,网络海关查处中心可以直接进入电子商务平台提供商的数据库,获取售假者的身份、IP地址、地理位置等信息。国内的雅虎、支付宝、EBAY均是其合作伙伴。目前,欧盟已有10余个成员国的海关设立了网络海关查处中心。

(五)法国国家宪兵

国家宪兵隶属于法国的内政部。目前,国家宪兵有10万余名在编人员和2.5万名预备役人员,其执法范围覆盖了法国95%的区域和50%的人口。主要职责包括:司法权、行政执法权、治安权以及交通安全管理等职权。宪兵是享有军阶的国家警察。与海关依职权查处侵权假冒案件不一样的是,国家宪兵必须依知识产权权利人的申请才能启动调查和查办案件的程序。所以,国家宪兵与权利人的合作非常紧密。鉴于犯罪分子实施侵犯知识产权的目的在于牟利,国家宪兵打击侵权假冒的重点不在于查获假货的数量,而是查明违法所得和查封资产。国家宪兵现有550名资产调查专家专门负责调查与制售假冒伪劣相关的洗钱犯罪。

(六)法国国际保护工业与艺术产权制造商联合会(UNIFAB)

UNIFAB是一家成立于1872年的非政府机构,是世界上第一个保护工业产权和打击假冒产品的联合会。该组织囊括了法国工业产业的全部领域,是法国经济工业部的"对话伙伴"。联合会采用企业出钱、协会组织的方式与政府合作打假。联合会设有检测中心可提供假冒证据,同时组织力量开发和推广防伪技术,并通过举办识别真假标志等技术性培训班的方式,提高执法人员辨认假冒产品的能力。

(七)意大利财税警察(GDF)

GDF是具有武装部队性质的执法部门,现役人员共68000余人。GDF的职责主要涉及经济和金融领域,具体包括:确保欧盟以及本国财政预算的正确执行;对本国资本市场的秩序予以监督;打击有组织犯罪;与其他警种合作履行部分治安职能;监督欧盟基金的使用情况;防范、侦查和打击打击洗钱、高利贷;知识产权保护。近年来,立法机关新赋予了GDF与海关开展海上缉私合作、参与打击经济领域跨国犯罪国际合作等职责,以便其更好地履行"本国和欧盟经济与金融利益守护者"的职责。目前,打击侵权假冒已成为GDF的主要任务之一。由于贸易全球化以及跨国侵犯知识产权犯罪日益增多,GDF在应对有组织犯罪等方面的优势使其日益成为许多国家和国际组织的重要合作伙伴。

(八)意大利反仿制品牌监管中心协会(INDICAM)

INDICAM是全球反假冒集团的创始成员之一,迄今已有近30年历史。目前,INDICAM有100多家遍布不同行业的会员单位。INDICAM作为行业代表参与意大利政府对公共管理的决策,曾多次在意大利国内发起知识产权保护运动。

三、欧盟的经验对我们的启示

(一)加强部门间协调是保护知识产权的有效手段

知识产权保护工作是一项系统工程,不仅需要政府主导,更需要各部门齐抓共管、多方参与,才能使工作不断推进并取得成效。从欧洲刑警组织和法国国家打假委员会运作的经验来看,在政府知识产权保护部门之间、政府部门与司法机关之间、司法机关之间建立强有力的协作机制,使各保护主体在共同规则的协调下,步调一致地协同作战是十分有效的保护手段,这一做法应当坚持下去。近些年,我国也建立了多部门分别保护、一部门日常总体统筹协调的知识产权保护体制,如早期的全国整顿和规范市场经济秩序领导小组、现在的全国打击侵权假冒工作领导小组和国家知识产权战略实施工作部际联席会议。从工作实践看,最高人民检察院通过参加两个机构的日常工作,不仅很好地实现了与其他部门的情况通报和沟通对话,加强了打击侵权假冒的合力,也拓宽了法律监督的渠道,提升了检察人员的办案能力和水平。因此,有必要继续参加这些机制并发挥积极作用。

(二)充分发挥行业协会的作用是保护知识产权的必要手段

此次访问的两大行业协会——法国国际保护工业与艺术产权制造商联合会(UNIFAB)和意大利反仿制品牌监管中心协会(INDICAM),不仅是知识产权权利人的利益代表,也是政府部门和司法机关的得力助手。它们在知识产权刑事保护中发挥了相当重要的作用,这主要体现在两个方面:一是主动发现侵权线索并收集侵权证据。两大行业协会对打击侵权犯罪积极性高,协会或其成员通常能主动发现案件线索,并在进行较为详尽的调查后,向执法司法部门报告。二是密切配合执法司法部门工作。包括:编印辨别真伪产品的小册子免费送给执法司法人员参考;在案件调查中为执法司法人员提供技术支持等。过去几年,我国南京、镇江等地检察机关积极探索引导、发挥行业协会在打击侵权假冒工作中的作用,取得了一定的成绩。但总体看来,我国的行业协会在打击侵权假冒方面参与度普遍不高。为了充分利用行业协会在各自领域的丰富知识和经验,政府部门和司法机关应积极拓宽其参与渠道、大力激发其参与热情,以充分发挥行业协会在预防和打击侵权假冒中的作用。

(三)"跟钱走"的打击策略是保护知识产权的关键手段

谋取非法利益是侵犯知识产权犯罪分子的目的,投入资产、资金也是其从事犯罪不可或缺的条件。因此,与查处侵权假冒商品数量相比,欧盟更注重以釜底抽薪的方式切断犯罪分子的经济来源,追缴违法所得、收缴犯罪工具、查封生产场所,使其不敢为、不能为。交流中,欧盟方面屡次提及查处包括知识产权犯罪在内的牟利型犯罪应当"跟钱走"(FOLLOW THE MONEY),也就是加大对制假售假者财产的处罚力度,从经济上剥夺侵权者的再犯能力和条件。此外,有组织的侵犯知识产权犯罪往往伴随着洗钱犯罪,其危害不可小觑。查处犯罪资产、犯罪所得不仅是证明案件事实的有力证据,也是防止犯罪分子死灰复燃、继续从事违法犯罪活动的需要。因此,借鉴欧盟的经验,及时查封、扣押、冻结犯罪资产和资金、查明犯罪所得,开展金融调查让侦查"跟钱走",将有助于彻底摧毁犯罪组织及其利益纽带,实现上下游犯罪的打击一体化;将有利于明显遏制有组织侵犯知识产权犯罪在我国的进一步发展。

(四)修订入罪门槛是保护知识产权的基本手段

在侵犯知识产权犯罪的认定中,数额起着衡量犯罪行为社会危害性的作用。因此,我国刑法将涉案数额的大小作为区分知识产权罪与非罪的标准。从本次交流的情况来看,欧盟《指令》及成员国国内法均吸收了《TRIPs 协定》中将"侵犯知识产权行为的商业规模"设为犯罪门槛的规定。反观我国虽然加入了 TRIPs 协定,但刑事立法并没有吸收这一条款,这是因为我国目前采用行政执法与刑事司法"两条途径,并行运作"的"双轨制"保护模式。所以,数额较低的轻微违法行为只能被行政处罚,只有数额达到法律要求的程度才被认定为犯罪。但在实践中,侵权假冒犯罪的隐蔽性强,犯罪人的反侦查能力较强,数额证据往往易灭失或者不易提取,完全不考虑"侵犯知识产权行为的商业规模",仅仅以涉案数额作为入罪的唯一标准容易导致"漏网之鱼"。在当前保持对侵权假冒犯罪高压打击的大背景下,仅以数额作为入罪门槛是片面的,并不利于震慑犯罪分子。因此,建议在修订刑法时参考《刑法修正案(八)》对污染环境罪的修改,取消数额标准或适当提高其他情节在认定知识产权犯罪中的作用。

(五)侦查陷阱的运用是保护知识产权的有力手段

近年来,知识产权犯罪案件数量增长迅速,且往往涉案人数众多、涉案金额数额特别巨大。但是由于此类犯罪具有高度隐蔽性、有组织性和跨区域性的特点,犯罪证据难搜集、查处难度大,从而导致打击不力。因此,欧盟一些执法机构采用侦查陷阱的方式进行调查取证,效果良好。如网络海关可以根据司法部门的授权,采用隐藏身份的方式购买假货,以打击日益严重的网络跨境交易中的侵权假冒违法行为。2013年10月,法国网络海关通过侦查陷阱破获了丝路网站(SILK ROAD)特大售卖假药案。目前,我国警方很少在知识产权犯罪的侦查取证中适用侦查陷阱。从欧盟的经验以及我国多年在侦查毒品犯罪中适用侦查陷阱的经验来看,侦查陷阱是适应我国法律追诉门槛、适应双轨并行的执法体制、提高侦办案件效率、及时发现和严厉打击侵权假冒犯罪的有力手段。检察机关应加强对公安机关侦办侵犯知识产权犯罪中采用侦查陷阱获取证据的监督。

中美知识产权立法及司法双边交流项目参访报告

——美国版权立法、行政、司法概况及新近动向

张雪珂①

应美国贸易发展署的邀请,经批准,我作为最高人民检察院代表,随商务部知识产权项目双边交流团于2014年9月14日至28日访美,进行了以“中美知识产权立法及司法交流”为主题的访问交流,对美国在知识产权领域的立法、行政与司法体系有了初步的概括性了解。

一、出访的基本情况

在美期间,主要开展了以下学习交流活动:在美国国会众议院、专利商标局、版权局、贸易发展署听取相关专业人士的讲座;参观联邦第二巡回上诉法院、特拉华地区法院、国际商标协会、佛德汉姆大学和纽约大学;与美国商会各界人士座谈并进行工作交流。我们在行前进行了周密安排,每个团员都认真准备议题应答材料并明确了交流讨论分工,确保了学习交流的效果。访问期间,我们学习了美国在专利、商标、

① 最高人民检察院侦查监督厅检察官。

著作权、商业秘密等知识产权领域的立法、行政和司法概况及最新发展动向，并就知识产权民事诉讼、行政诉讼以及刑事诉讼等议题，与美国的官员、专家和学者开展了深入而热烈的交流。高质量的提问、深层次的交流以及饱满的精神状态充分展示了我方良好的素质和形象。本次访问时间紧张、活动紧凑、内容务实、气氛友好，达到了加强交流、展示形象、增进友谊、推动合作的目的。

二、美国知识产权立法、行政及司法概况

（一）国会立法程序及立法的制度框架

根据美国宪法第一条的规定，一切立法权均由国会享有。国会分为参众两院，参议院议员按每州2名的比例由各州选民直接选出，任期六年，每两年改选总数的1/3，当选议员须年满30周岁、被选举时已加入美国国籍9年以上且为选举州居民；众议院议员按地区人口比例选出，任期两年，任期届满全部改选，当选议员须年满25周岁、被选举时已加入美国国籍7年以上且为选举州居民。当前第113届美国国会有参议院议员100名，众议院议员435名。

任何一名参议院或者众议院议员均有权提起法律案，虽然提起程序简单，但法律案审议、表决及签署过程复杂烦琐。以众议院议员提出的法律案为例：首先须交由众议院专门委员会研究决定是否提交众议院审议表决，通常情况下，法律案经两次审议后进行表决，如获多数票通过（435张表决票中至少218票赞成），则提交至参议院，由参议院专门委员会研究决定是否提交参议院表决，如获多数票通过（100张表决票中至少51票赞成），法律案将提交总统。需要注意的是，两院审议时如果分别对法律案作出修改，导致两院表决的法律案文本不一致，则两院议员需组成协商委员会确定最终文本，再重新提交两院表决。此外，与一些国家的情况不同，国会表决通过的法律案并不当然生效，而是须提交总统，总统有权在10日内决定签署或者否决。总统签署的，法律案成为生效法律。总统拒绝签署或者否决的，国会可以对该法律案重新表决，获得两院三分之二议员赞成后，该法律案自动生效；国会也可以根据总统的意见修改法律案，重新提交两院表决通过后，再度提交总统签署。概观美国法律制定的整个过程，其政治体制中错综复杂的权力分立与权力制衡被体现得淋漓尽致。

现行的美国知识产权相关法律并非一部统一的单行法，其内容繁杂，例如版权法，主要包括四个部分：一是以1976年版权法为基本框架；二是以一系列适应经济社会及科技发展的单行法为重要支柱，如1998年《数字千年版权法》、2004年《知识产权保护与法院修正法案》、2004年版《税及发行权改革法》、2008年《知识产权资源优先与组织管理法》、2010年《卫星电视保护期延长法》及2014年《消费者解锁选择与无线竞争法》等；三是美国将其参加的国际条约进行了国内法实施转化，如1988年《伯尔尼公约实施法》、1994年《乌拉圭回合协定法》及与《贸易相关的Trips协议》等，该类转化法是美国版权法律制度的重要补充。此外，具体就版权侵权责任的确定及司法保护而言，其版权立法的制度框架还包括美国法典第18编犯罪与刑事程序、第28编司法与审判程序的具体内容。

（二）知识产权行政机构的主要职能

美国的知识产权保护主要依赖其司法

体系——由权利人向联邦法院提起侵权诉讼。版权行政机构并不介入具体争端,对侵权行为也不具有行政执法职能。以版权行政机构为例,美国版权局作为版权行政管理机构,主要职能是版权登记与政策制定。与其他国家版权行政机构的设置不同,美国版权局隶属国会图书馆,这种管理体制源于1790年的美国版权法,其沿袭了英国《安娜法令》的做法,将作品登记作为版权保护的前提条件(当时由各联邦地区法院负责版权登记工作),1870年国会改革将版权登记与管理权限集中于国会图书馆,1897年成立了版权局,局长由国会图书馆长任命。

虽然根据现行美国版权法,版权登记并非作品享有版权保护的前提条件,但是在法律上,是否登记对版权人的权益影响巨大:其一,如果作品来源国为美国,作品已进行版权登记是权利人向法院提起侵权诉讼的前提;其二,如果作品发表后三个月内进行版权登记或者侵权行为发生前已经登记的,版权人有权获得法定赔偿及合理支出的律师费,否则,只能就实际损失和侵权人获益数额要求赔偿。通常情况下,权利人向版权局申请登记,须提交作品的两份复制件,这些复制件最终交存于国会图书馆并成为其馆藏作品的主要来源。从1870年至今,美国版权局登记的作品总量超过3300万件,目前每年受理的版权登记申请超过60万件,涉及的作品超过100万件。版权局建立了庞大的版权登记信息库,有雇员500余名,对版权登记、转让、授权和其他权利信息进行记录,为版权公共服务提供了基本的数据支撑。

除版权登记外,就版权法实施及版权政策的制定,版权局负有向国会及联邦政府提供咨询建议的职责。以正在讨论的技术保护措施为例,美国《数字千年版权法》第1201条赋予国会图书馆每三年进行一次政策评估、并豁免特定类型规避行为的权力,目前,版权局已经启动相关程序,邀请社会公众和利益团体对技术保护措施规避行为豁免清单发表意见。

(三)知识产权诉讼与联邦法院的专属管辖

美国司法体系的一大特色是两套系统并行——联邦法院和州法院,但二者在管辖范围上有较大区别。以联邦法院为例,其管辖范围主要为:(1)涉及联邦宪法、联邦法律或国际条约的案件;(2)一方当事人为联邦政府的案件;(3)涉及外国政府代理人的案件;(4)公海或国境内涉及对外贸易和州际贸易之间的通航水域案件;(5)不同州之间,不同州公民之间的争议以及州政府向他州公民提起的诉讼。由于知识产权领域的立法多为联邦立法,因此,知识产权案件一般由联邦法院专属管辖。根据美国法典第28编第1338条的规定,专利、植物品种保护、版权、商标、不正当竞争民事案件的初审管辖法院,为联邦地区法院。换言之,各州法院对版权诉讼没有管辖权。

美国联邦法院分为三个层级——由宪法直接设立的联邦最高法院,和由宪法授权国会设立的联邦地区法院和联邦上诉法院。其中,地区法院(初审法院)94个,按辖区划分为12个区,每区设一个上诉法院;除上述12个上诉法院外,华盛顿特区还另设一巡回上诉法院,对有关专利、版权等知识产权及涉及国际贸易、联邦政府赔偿的上诉案件享有专属管辖。联邦法院法官任命均须总统提名、国会参议院批准,非因受弹劾、辞职等原因外,终身任职。目前,全美共有联邦法官874名,其中,最高法院大法官9名,上诉法院法官179名,地区法院法官677名及国际贸易法院法官9名。

三、美国版权立法的新动向——技术保护措施问题上权利人与公众利益的博弈

当前,美国版权立法及政策制定中最富争议的热点之一,就是与技术保护措施(Technical Protection Measure)和数字权利管理(Digital Rights Management)相关的侵权豁免问题。自20世纪90年代以来,对版权制度影响最大的高新技术莫过于互联网和数字技术。新技术为作品的传播提供了新方式,同时也使低成本、大规模的侵权成为可能。于是技术保护措施作为版权人的新型自救工具,应运而生——它是权利人在数字化作品之上附加的一种特定技术手段,用以控制公众对作品的接触或者复制——例如,软件中设置序列号输入指令,未付费购买正版软件的用户,无法提供序列号就不能正常运行软件;再如,音乐CD或电影DVD中采用防复制技术措施,消费者购买CD后只能播放而无法复制。

但是,技术没有永远的主人。从技术保护措施诞生之时,对技术保护措施进行规避的各种技术工具和各类行为就相伴而生——互联网上不难找到破解各类软件序列号的程序,而技术爱好者解码各类技术保护措施并在互联网上与公众分享的例子也层出不穷,公众可以利用这些规避工具轻而易举地绕开权利人的限制。为了抑制各类规避行为,早在1996年,世界知识产权组织主持缔结的《版权条约》(WCT)及《表演和录音制品条约》(WPPT),就要求缔约国规定适当有效的法律,以制止未经法律许可的规避行为。随后,各国相继修订法律,增加有关技术保护措施的内容。总体来看,版权法上技术保护措施问题的核心,在于法律如何对规避行为进行划界:哪一类规避行为构成侵权,哪一类能够豁免。

(一)美国《数字千年版权法》有关技术保护措施的规定捍卫版权人的利益

由于在版权问题上存在着重大的国家利益以及来自国内版权人利益集团(如唱片业、电影业及软件业巨头)的游说,1998年美国《数字千年版权法》(Digital Millennium Copy Act,简称DMCA)采取了较高的保护标准,能够豁免的规避行为非常有限。

DMCA第1201条首先将技术保护措施区分为两类:一类是访问/接触控制技术(Access Control Technologies),如通过设置口令等手段限制公众接触、访问文艺作品或者运行计算机软件。DMCA规定,规避该类技术措施的行为本身构成侵权;此外,提供或者销售为规避该类技术保护措施而设计制造的技术工具或者技术设备(包括有形及无形),也构成侵权。另一类是复制控制技术(Copy Control Technologies),如通过加密或者设置数字水印等手段限制公众复制作品,对该类技术措施的规避行为本身不构成侵权,但是,提供或者销售为规避该类技术保护措施而设计制造的技术工具或者技术设备的,构成侵权。

同时,DMCA还列举了七项可以豁免的法定情形——为执行法律、保护未成年人利益、出于纯粹私人目的、反向工程(对计算机程序进行反向解码)或者安全测试需要,以及非营利性图书馆为浏览作品而规避技术保护措施的行为。除上述法定豁免的情形外,DMCA还授权国会图书馆每

三年进行一次评估,根据利益相关方的申请,权衡制定规避行为豁免清单。自1998年DMCA颁布以来,国会图书馆已经制定了四期豁免清单,根据DMCA的规定,每次豁免许可均受三年期限的限制,不得自动续期。目前,国会图书馆下属的版权局正就第五轮规避豁免政策评估向社会公众征求意见。

(二)社会公众对DMCA技术保护措施规定的声讨

2014年9月17日上午,美国国会众议院司法委员会下辖的法院、知识产权与互联网委员会,邀请相关利益方进行立法听证。听证会上,美国盲人基金会、美国App协会及电子前沿基金会等相关利益方提出,DMCA第1201条的规定在实践执行中已经偏离了国会立法的最初预期,该制度已经被版权人滥用,侵蚀公有领域和公共利益,损害合理使用制度,妨碍市场竞争与技术创新,国会应当尽快修改法律。

1. 侵蚀合理使用制度

版权法中的合理使用,是指公众有权不经权利人许可而以不损害其市场利益的方式利用作品,包括个人或者非商业性使用,以及为评论、新闻报道、教学科研等目的的使用。公众要对某一作品进行合理使用,首先要能够接触到作品。但是,许多作品数字化后附加技术保护措施,限制公众接触。而美国DMCA第1201条对接触控制技术的法律保护最为严格,不仅禁止所有规避行为(例如,电子书通常含有DRM技术,该技术禁止视听障碍人士将其合法购得的电子书文字版本转化为音读版本),还禁止所有用于该类规避的技术工具的研发、销售。有观点认为,在数字化背景下,DMCA第1201条实际赋予了权利人单方禁止公众合理使用的权力。

美国盲人基金会在众议院听证会上提出,有途径接触并阅读书籍(access to books)在当前社会已经被视为一项基本人权,从布莱叶凸点印刷到有声电影,技术的发展使盲人能够获得平等的接触作品的机会。在1998年DMCA第1201条出台之前,盲人及其他视听障碍人士以适当方式接触作品的权利,一直得到国会及联邦最高法院的支持。1996年国会通过了Chafee版权法修正案,对无法在合理期限内获得权利人同意的作品,授权国会图书馆可以直接转化为布莱叶盲文或者其他替代性版式。该修正案强调了国会及最高法院的一贯立场——使公众有适当途径接触到版权作品的行为,构成合理使用。

两年后,电子书阅读器问世,大量版权作品以电子书的形式传播,这些作品的权利人通常以电子锁或者数字权利管理技术控制公众对作品的访问。而DMCA第1201条有关反规避行为的规定,将出于合理使用目的的规避,如为将作品转化为布莱叶盲文而对作品的技术保护措施进行解码,也置于法律的争议之地。尽管DMCA同时授权国会图书馆可以制定三年一轮的规避行为豁免清单,并且盲人基金会已经在前四轮的审查中均获许可(2010年,版权局曾建议拒绝盲人群体的豁免请求,但国会图书馆最终予以批准)。考虑到每次获得的豁免许可均受三年期限的限制,每三年一次的评估审查,已令基金会不堪重负;并且,所获豁免的范围受到严格限制,如为研发视听障碍接触转化技术而进行的规避行为,被明确禁止。在《马拉喀什条约》已经获得国际社会普遍认同的今天,使视听残障人士有合法途径接触受版权保护的作品,已经是一项普遍共识,盲人基金会及其他视听障碍群体呼吁美国国会尽快修改法律。

2. 妨碍竞争与创新、钳制科研

作为技术使用者的利益代表,全美APP协会及电子前沿基金会在听证会上提出,虽然DMCA制度设计的初衷是赋予权利人采取技术措施防侵权行为于未然,但在实践中,该制度却有被权利人滥用的嫌疑,这种无形财产的权利甚至影响到人们对有形财产的控制和利用。传统模式下,消费者一旦合法购买产品,就有权决定如何使用产品。正如家用汽车消费者有权改装汽车一样,电子产品的消费者也应当有权改造所购产品以适应个性化的需求——例如智能机器人的购买者应当有权改写机器人控制程序,手机消费者应当有权选择竞争性的增值类手机软件或者可替代性软件。但是现实中,由于技术保护措施的滥用,消费者对其有形财产的利用已经遭到不合理的限制——例如一些厂商在手机程序中内置技术保护措施,使消费者无法自主选择服务软件,而消费者对该类软件进行解锁的行为,被视为违反DMCA第1201条的侵权行为;再比如一些相机生产厂商在读取软件中内置技术保护措施,使消费者无法通过其他软件读取程序(如该厂商竞争者的软件程序),损害了消费者自主选择图片编辑处理程序的自由。

具有市场竞争优势地位的权利人,利用DMCA第1201条的规定妨碍竞争的例子也屡见不鲜。例如,苹果公司通过在其运行程序中设置技术保护措施,将消费者对软件服务的选择严格限定于iTunes的APP商店,并拒绝竞争对手的产品进驻,这在美国就引发数以百万计的苹果产品消费者集体“越狱”——破解苹果产品软件的技术保护措施,以自主选择不同厂商的软件服务。虽然最终国会通过法律(2014年《消费者解锁选择与无线竞争法》)维护了消费者的权利,但规避豁免的范围有限。再如,微软公司也曾试图利用DMCA阻止对手竞争,2009年,微软为Xbox360游戏机推出一款强制性更新软件,用户进行软件更新后,来自Datel公司推出的廉价存储卡不能再与游戏机兼容,消费者只能使用微软生产的存储卡。Datel公司诉微软不正当竞争,微软反诉Datel违反DMCA技术保护措施的规定。

法律对权利人滥用技术保护措施的放任,还导致技术创新与科学研究的停滞。虽然DMCA豁免了一些出于技术目的的规避行为,如安全测试、软件反向工程、加密研究和执法行为,但是列举范围过窄。几年前,全美安全数字音乐倡议组织曾发起一项公众挑战赛,鼓励技术人员破解数字音乐作品上的内置水印(该技术阻止用户复制、篡改作品),普林斯顿大学的计算机团队胜出,当该团队准备将该技术成果在学术会议上发表时,却收到几大唱片公司申请法院向其发出的禁令。出于对DMCA责任的担忧,一些网络服务提供者已经开始审查有关技术规避的讨论内容,一些程序研发人员已经将有关内容移除出网站,专家也不再将研究成果的具体细节披露于世。有鉴于此,全美APP协会及电子前沿基金会,呼吁国会权衡版权人与社会公众在技术保护措施上的利益冲突,尽快修改DMCA第1201条的规定。

四、美国知识产权保护立法和司法工作

笔者着重考察了商业秘密保护问题。在美国的商业生活中,每年都有成千上万的员工从一个企业流动到另一个企业,在这中间,不乏带走原来雇主的商业秘密并且在后一个企业中披露和使用的情形。然而事实上,这类诉讼却很少发生。

第一,美国雇主一般不愿意针对雇员提起竞业禁止协议的诉讼。因为法院通常会宣告竞业禁止协议无效,从而使得雇主陷于妨碍自由竞争、妨碍员工自由流动的境地。通观美国的相关做法,限制员工自由流动的竞业禁止协议应当是无效的。员工的自由流动,有利于知识和技能的传播,有利于社会经济和文化的发展。

第二,在美国,即使是在商业秘密协议或者竞业禁止协议等同于保密协议的情况下,雇主也不太愿意提起针对离职雇员的诉讼。因为雇主必须在相关的诉讼中证明,有关的信息是自己的商业秘密,而非员工的技能和知识。

第三,即使雇主可以证明有关的信息是自己的商业秘密,他还必须进一步证明,离职员工确实或者威胁披露和使用相关的商业秘密。很多雇主不愿意提起商业秘密诉讼,因为担心在诉讼过程中暴露自己的商业秘密。

第七部分　典 型 案 例

最高人民法院知识产权案件年度报告(2013)

中华人民共和国最高人民法院

二〇一四年四月

序　言

2013 年,最高人民法院以推动增强创新驱动发展新动力为核心,以进一步突出加大知识产权司法保护力度为导向,解放思想,改革创新,大力加强知识产权司法公正,不断提升知识产权司法公信力和国际影响力,为建设创新型国家、社会主义文化强国和全面建成小康社会提供了有力保障。

最高人民法院知识产权审判庭全年共新收各类知识产权案件 594 件,比 2012 年增长 65.46%。在新收案件中,按照案件审理程序划分,共有二审案件 7 件,提审案件 51 件,申请再审案件 488 件,抗诉案件 2 件,请示案件 46 件。按照案件所涉客体类型划分,共有专利案件 186 件,植物新品种案件 6 件,商标案件 141 件,著作权案件 176 件,垄断案件 1 件,商业秘密案件 8 件,其他不正当竞争案件 9 件,知识产权合同案件 24 件,其他案件 43 件(主要涉及知识产权审判管理事务)。按照案件性质划分,共有行政案件 137 件,占全部新收案件的 23.06%,其中专利行政案件 64 件,商标行政案件 73 件,分别比 2012 年上升 45.45% 和 35.19%;共有民事案件 457 件,占全部新收案件的 76.94%。另有 2012 年旧存案件 39 件,2013 年共有各类在审案件 633 件。全年共审结各类知识产权案件 548 件,其中二审案件 3 件,提审案件 40 件,申请再审案件 458 件,请示案件 45 件,抗诉案件 2 件。在审结的 458 件申请再审案件中,行政申请再审案件 104 件,民事申请再审案件 354 件;裁定驳回再审申请 355 件,裁定提审 67 件,裁定指令或者指定再审 15

件,裁定撤诉(包括和解撤诉)8件,裁定终结3件,以其他方式处理10件。

最高人民法院2013年审理的知识产权和竞争案件的基本规律和特点是:案件数量呈现猛增势头,增长率创2009年以来新高。专利等技术类案件增幅较大,所涉法律问题深度触及专利基本制度和基本理念,所涉技术事实愈加前沿和复杂,市场价值和利益更加巨大;专利行政案件增长较快,涉及医药、电子、通讯等领域基本专利的案件比重增大;专利民事案件中涉及侵权判定规则的案件较多;植物新品种案件呈现高速增长态势。商标案件整体增幅回落,商标民事案件基本稳定,商标行政案件比重进一步增加,涉及商标抢注的案件占有较大比例。著作权案件中关联案件较多,涉及软件、动漫、实用艺术等文化创意产业的案件继续增多。竞争案件中涉及网络技术和新型商业模式的案件比重较大,商业秘密和仿冒行为案件继续增多,最高人民法院首次审理垄断案件。

最高人民法院根据新形势、新任务的要求,结合案件特点,在行使知识产权审判职能方面体现出如下特点:大力加强知识产权司法保护力度,把加强保护作为当前知识产权审判工作的总基调;提高司法政策指导的针对性,根据不同产业和技术领域的创新和发展需求,结合各类知识产权的属性、功能、特点,不断丰富和完善具体司法政策;注重发挥司法保护知识产权的主导作用,发挥裁判指引功能,明晰知识产权行政授权、确权案件司法标准;深化司法公开,加大公开力度,完善知识产权审判宣传工作机制,积极回应新媒体时代司法宣传新要求。

本年度报告从最高人民法院2013年审结的知识产权和竞争案件中精选了30件(案件事实和法律问题基本相同的关联案件计为1件)典型案件,归纳出39个具有普遍指导意义的法律适用问题,反映了最高人民法院在知识产权和竞争领域处理新型、疑难、复杂案件的审判标准、裁判方法和司法导向,现予公布。

一、专利案件审判

(一)专利民事案件审判

1. 主题名称对专利权保护范围是否具有限定作用

在再审申请人哈尔滨工业大学星河实业有限公司(以下简称星河公司)与被申请人江苏润德管业有限公司(以下简称润德公司)侵害发明专利权纠纷案【(2013)民申字第790号】(以下简称“排水管道”发明专利侵权案)中,最高人民法院指出,在确定权利要求的保护范围时,权利要求记载的主题名称应当予以考虑;主题名称对权利要求保护范围的实际限定作用取决于其对权利要求所要保护的主题本身产生何种影响。

本案的基本案情是:星河公司系名称为“一种钢带增强塑料排水管道及其制造方法和装置”的发明专利(即本案专利)的权利人。本案专利有三个独立权利要求,分别是权利要求1、2和6。上述三个独立权利要求分别为:1. 一种钢带增强塑料复合排水管道,包括一个塑料管体和与管体成一体的加强肋,加强肋内复合有增强钢带,其特征在于钢带上有若干矩形或圆形的通孔或钢带两侧轧制有纹路,两个加强肋之间塑料形状具有中间凸起,管体的端部具有一个连接用的承插接头,承插接头的连接部具有密封胶或橡胶圈。2. 一种制造权利要求1所述的钢带增强塑料排水管道的方法,其特征在于包括如下步骤:A. 将挤出机与复合机头成直角布置,钢带从机头一端引入复合机头,并在机头内与塑料复合,经冷却、定型、牵引后成型为钢带增强塑料复合异型带材钢带;B. 将异型带材运送到安装现场;C. 缠绕并熔焊异型带材形成钢带增强塑料排水管;D. 在排水管的端口设置塑料承插接头并将其熔焊连接形成连续的排水管道。6. 一种实施权利要求2所述方法的制造钢带增强塑料排水管的装置,包括:A. 将钢带与塑料复合形成具有钢带加强肋的异型带材的复合装置;B. 缠绕并熔焊异型带材形成钢带增强塑料排水管的缠绕装置;C. 在钢带增强塑料排水管的端口设置承插接头的装置。星河公司发现润德公司使用与其本案专利相同的制造方法和装置生产、销售塑料钢带缠绕排水管,遂提起诉讼,请求法院判令润德公司停止侵权并赔偿损失。江苏省南京市中级人民法院一审认为,润德公司管道缺少权利要求1记载的"钢带上有若干矩形或圆形的通孔或钢带两侧轧制有纹路"和"两个加强肋之间塑料形状具有中间凸起"两个技术特征,故润德公司制造的管道未落入本案专利独立权利要求1的保护范围;权利要求2和6的这一主题名称不属于技术特征,对其保护范围不具有限定作用,故润德公司制造排水管道的方法落入权利要求2的保护范围;生产排水管道的装置落入权利要求6的保护范围。润德公司不服,提出上诉。江苏省高级人民法院二审认为,主题名称属于解决技术问题的必要技术特征,在确定专利权的保护范围时应当予以考虑;权利要求2和6引用在先权利要求是为了避免权利要求之间相同内容的不必要重复,其所引用的在先权利要求的技术特征对权利要求2和6具有限定作用。故润德公司生产被诉侵权产品的方法未落入引用在先权利要求的权利要求2的保护范围,不构成专利侵权;润德公司制造被诉侵权产品的装置也未落入引用在先权利要求的权利要求6的保护范围,同样不构成专利侵权。遂判决撤销一审判决,驳回星河公司的诉讼请求。星河公司不服,向最高人民法院申请再审。最高人民法院于2013年12月30日裁定驳回星河公司的再审申请。

最高人民法院审查认为:根据《专利法实施细则》第21条的规定,发明或者实用新型的独立权利要求应当包括前序部分和特征部分。前序部分写明要求保护的发明或者实用新型技术方案的主题名称和发明或者实用新型主题与最接近的现有技术共有的必要技术特征,特征部分写明发明或者实用新型区别于最接近的现有技术的技术特征。这些特征和前序部分写明的特征合在一起,限定发明或者实用新型要求保护的范围。因此,通常情况下,在确定权利要求的保护范围时,对权利要求中记载的主题名称应当予以考虑,而其实际的限定作用应当取决于该主题名称对权利要求所要保护的主题本身产生了何种影响。本案中,确定权利要求2和6的保护范围时,均应当考虑其主题名称对所要求保护的主题本身实际上所起的限定作用。

2. 并列独立权利要求引用在前独立权利要求时保护范围的确定

在前述"排水管道"发明专利侵权案中,最高人民法院还明确了并列独立权利要求引用在前的独立权利要求时,在前独立权利要求对该并列独立权利要求保护范围的限定作用应当如何确定的问题。最高人民法院指出，在确定引用在前独立权利要求的并列独立权利要求的保护范围时，虽然被引用的在前独立权利要求的特征应当予以考虑，但其对该并列独立权利要求并不必然具有限定作用，其实际的限定作用应当根据其对该并列独立权利要求的技术方案或保护主题是否有实质性影响来确定。

最高人民法院审查认为：在一件专利申请的权利要求书中，应当至少有一项独立权利要求。当有两项或者两项以上独立权利要求时，写在最前面的权利要求为第一独立权利要求，其他独立权利要求为并列独立权利要求。独立权利要求应当反映整体的技术方案，并按照各自的内容确定专利权的保护范围。独立权利要求之间可以不存在引用关系，也可以存在引用关系。当并列独立权利要求引用在前的独立权利要求时，该并列独立权利要求仍然属于独立权利要求，而不属于从属权利要求。虽然在确定并列独立权利要求的保护范围时，被引用的独立权利要求的特征均应当予以考虑，但其对该并列独立权利要求并不必然具有限定作用，其实际的限定作用应当根据其对该并列独立权利要求的技术方案或保护主题是否有实质性影响来确定。本案中，润德公司的被诉侵权产品与本案专利权利要求 1 相比，缺少“钢带上有若干矩形或圆形的通孔或钢带两侧轧制有纹路”和“两个加强肋之间塑料形状具有中间凸起”两个技术特征。本案专利独立权利要求 2 记载了一种制造权利要求 1 所述的钢带增强塑料排水管道的方法，独立权利要求 6 记载了一种实施权利要求 2 所述方法的制造钢带增强塑料排水管的装置，包括了将钢带与塑料复合形成具有钢带加强肋的异型带材的复合装置。从本案专利权利要求书及说明书记载的一步复合方式来看，普通钢带在权利要求 6 记载的复合装置中，经过权利要求 2 记载的步骤 A，形成了复合异型带材，即钢带上有矩形或圆形的通孔或纹路，塑料熔融后在两个加强肋之间生成了中间凸起。虽然权利要求书和说明书对形成通孔或纹路以及凸起的装置部件未作具体的结构描述，但根据本案专利权利要求 1 记载的产品技术特征，可以推定权利要求 6 记载的复合装置必然具备生成上述区别技术特征的部件。可见，权利要求 1 记载的技术特征对于权利要求 2 和 6 产生了实质性的影响，具有限定作用。被诉侵权产品没有通孔或纹路以及凸起，星河公司亦未举证证明被诉侵权的装置具备生成上述特征的部件，因此可以推定被诉侵权的装置不同于权利要求 6 所记载的装置，也未使用被诉侵权的方法。

3. 封闭式权利要求的侵权判定

在再审申请人河北鑫宇焊业有限公司（以下简称鑫宇公司）与被申请人宜昌猴王焊丝有限公司（以下简称猴王公司）侵害发明专利权纠纷案【（2013）民申字第 1201 号】中，最高人民法院指出，对于封闭式权利要求这种特殊类型的权利要求，如果被诉侵权产品或者方法除具备权利要求明确记载的技术特征之外，还具备其他特征的，应当认定其未落入权利要求保护范围。

本案的基本案情是：鑫宇公司系名称为“高强度结构钢用气体保护焊丝”发明专利（即本案专利）的独占许可使用权人。本案专利权利要求 1 为：“一种高强度结构钢用气体保护焊丝，其特征在于：由下列重量百分比的元素:C:0.04 -0.12、Mn:1.2 -2.20、Si:0.40 -0.90、Ti:0.03 -0.20、V:0.03 -0.06、B:0.002 -0.006、S <0.025、P <0.025,余量为铁及其不可避免的杂质构成。”鑫宇公司以猴王公司侵害本案专利权为由提起诉讼,请求法院判令猴王公司承担停止侵权、赔偿损失等责任。经鉴定,猴王公司生产的被诉侵权产品定量分析(含量百分比)如下:碳(C)0.085、硫(S)0.004、铬(Cr)0.080、铜(Cu)0.087、锰(Mn)1.69、镍(Ni)0.049、磷(P)0.009、硅(S1)0.69、钛(Ti)0.091、钒(V)0.031、铁(Fe)余量、硼(B)0.0028、铌(Nb) <0.002。湖北省宜昌市中级人民法院一审认为,对于以封闭式权利要求表征的组合物专利,如果被诉侵权技术方案含有权利要求记载的组分之外的其他组分,则应认定其未落入专利权的保护范围。被诉侵权产品中镍的含量高达0.049%,应认定为猴王公司有意添加的组分。鑫宇公司在专利背景技术中指出加镍的种种弊端,不添加镍正是本案专利的特征。因此,被诉侵权产品未落入本案专利权的保护范围。据此判决驳回鑫宇公司的诉讼请求。鑫宇公司不服,提出上诉。湖北省高级人民法院二审判决驳回上诉,维持原判。鑫宇公司仍不服,向最高人民法院申请再审。最高人民法院于2013年9月15日裁定驳回鑫宇公司的再审申请。

最高人民法院审查认为:封闭式权利要求通过“由……组成”、“余量为……”等表达方式的限定,表明其排除权利要求明确记载的技术特征之外的其他组分、结构或者步骤。本案专利权利要求1采用了“由……构成”、“余量为铁及其不可避免的杂质构成”等措辞,表明权利人以明确的意思表示,对权利要求1请求保护的“高强度结构钢用气体保护焊丝”组分进行了穷尽式列举,权利要求1属于封闭式权利要求。根据全面覆盖原则,如果被诉侵权技术方案包含与权利要求记载的全部技术特征相同或者等同的技术特征,则构成侵权行为。即使被诉侵权技术方案还附加有其他技术特征,亦不影响侵权判断,仍应认定侵权行为成立。适用全面覆盖原则时,应当首先确定权利要求的保护范围。封闭式权利要求是一种特殊类型的权利要求,其以特定措辞或者表达,限定了其保护范围仅包括权利要求中明确记载的技术特征及其等同物,排除了其他组分、结构或者步骤。因此,对于封闭式权利要求,如果被诉侵权产品除具备权利要求明确记载的技术特征之外还具备其他特征,应当认定被诉侵权产品未落入权利要求的保护范围。否则,会出现在授权、确权程序中权利要求从严解释,权利人更容易避开现有技术获得授权;在侵权诉讼中从宽解释,覆盖更宽保护范围,权利人两头得利,法律适用前后脱节的情形。本案被诉侵权产品除具有权利要求1记载的全部组分之外,还含有铬、铜、镍三种组分,其中镍是本案专利说明书中明确指出需要排除的组分。因此,被诉侵权产品未落入本案专利权的保护范围。

4. 采用与权利要求限定的技术手段相反的技术方案是否构成等同侵权

在再审申请人北京市捷瑞特弹性阻尼体技术研究中心(以下简称捷瑞特中心)与被申请人北京金自天和缓冲技术有限公司(以下简称金自天和公司)、王菡夏侵害实用新型专利权纠纷案【(2013)民申字第1146号】中,最高人民法院认为,被诉侵权技术方案的技术手段与权利要求明确限定的技术手段相反,技术效果亦相反,且不能实现发明目的的,不构成等同侵权。

本案的基本案情是:捷瑞特中心是名称为“快进慢出型弹性阻尼体缓冲器”的实用新型专利(即本案专利)的权利人。本案专利权利要求1为:“一种快进慢出型弹性阻尼体缓冲器,主要由套筒座,承接头,活塞,弹性阻尼体和密封装置组成,其特征在于:在承接头的内腔中装入弹性阻尼体将活塞与活塞杆相连接,装入承接头的内腔之中,将缸盖与承接头连接成一整体,沿活塞圆周部位设置有单向限流装置,压缩行程时单项限流装置打开,回复行程时单项限流装置关闭,活塞外径与内腔之间留有间隙。”本案专利说明书记载,“本实用新型的目的在于提供一种当缓冲器受到冲击载荷后,可迅速缓冲能吸收大部分撞击能量,然后缓慢稳定地回复,免予弹跳,保护设备并有效降低了噪音的一种快进慢出型弹性阻尼体缓冲器。为了实现上述目的,本实用新型通过以下技术方案来实现:……沿活塞圆周部位设置有单向限流装置,压缩行程时单向限流装置打开,回复行程时单向限流装置关闭。由于采用了上述技术方案,本实用新型具有以下优点和效果:……能承受较大的冲击载荷,承撞头快进慢出,外载荷撤销后自动回复,无需增设回弹装置,有效地保护了设备和降低了噪声”。金自天和公司制造并销售了HM-1型缓冲器弹性胶泥芯体,该产品在单向限流装置上采取了压缩行程时关闭、回复行程时打开的安装方式,实现了承撞头慢进快出的效果。捷瑞特中心认为,金自天和公司的被诉侵权产品落入本案专利权保护范围,王菡夏非法窃取捷瑞特中心的专利技术信息与金自天和公司合作生产被诉侵权产品,均构成侵权,遂提起诉讼,请求法院判令两被告停止侵权行为,连带赔偿其经济损失1000万元。北京市第一中级人民法院一审认为,被诉侵权产品没有本案专利的套筒座,且单向限流装置安装方式与本案专利相反,未落入本案专利权的保护范围;捷瑞特中心关于王菡夏共同侵犯本案专利权的主张,无事实和法律依据。据此判决驳回捷瑞特中心的诉讼请求。捷瑞特中心不服,提出上诉。北京市高级人民法院二审判决驳回上诉,维持一审判决。捷瑞特中心不服,向最高人民法院申请再审。最高人民法院于2013年11月18日裁定驳回捷瑞特中心的再审申请。

最高人民法院审查认为:从本案专利说明书的记载来看,本案专利的发明目的是提供一种快进慢出型的弹性阻尼体缓冲器。为实现这一发明目的,本案专利在单向限流装置上采取了压缩行程时打开、回复行程时关闭的安装方式,以达到承撞头快进慢出的效果。对此,本案专利权利要求1对单向限流装置的安装方式也作出了明确的限定。本案被诉侵权产品在单向限流装置上采取的是压缩行程时关闭、回复行程时打开的安装方式,实现的是承撞头慢进快出的效果。因此,本案被诉侵权产品在单向限流装置的安装方式上与本案专利权利要求1限定的安装方式既不相同,也不等同,没有落入本案专利权保护范围。

5. 改变方法专利的步骤顺序是否构成等同侵权

在再审申请人浙江乐雪儿家居用品有限公司(以下简称乐雪儿公司)与被申请人陈顺弟,一审被告、二审上诉人何建华,第三人温士丹侵害发明专利权纠纷案【(2013)民提字第225号】中,最高人民法院指出,方法专利的步骤顺序是否对专利权的保护范围起到限定作用,从而导致发生步骤顺序改变时限制等同原则的适用,关键在于所涉步骤是否必须以特定的顺序实施以及这种顺序的改变是否会带来技术功能或者技术效果的实质性差异。

本案的基本案情是:陈顺弟系"布塑热水袋的加工方法"发明专利(即本案专利)的权利人。本案专利权利要求1为:"布塑热水袋的加工方法,布塑热水袋由袋体、袋口和袋塞所组成,所述的袋体有内层、外层和保温层,在袋体的边缘有粘合边,所述的袋塞是螺纹塞座和螺纹塞盖,螺纹塞座的外壁有复合层,螺纹塞盖有密封垫片,袋塞中的螺纹塞座是聚丙烯材料,复合层是聚氯乙烯材料,密封垫片是硅胶材料所制成,其特征在于:第一步:首先取内层、保温层以及外层材料;第二步:将内层、保温层、外层依次层叠,成为组合层;第三步:将两层组合层对应重叠,采用高频热合机按照热水袋的形状对两层组合层边缘进行高频热粘合;第四步:对高频热粘合的热水袋进行分只裁剪;第五步:取聚丙烯材料注塑螺纹塞座,再把螺纹塞座作为嵌件放入模具,另外取聚氯乙烯材料在螺纹塞座外二次注塑复合层;第六步:将有复合层的螺纹塞座安入袋口内,与内层接触,采用高频热合机对热水袋口部与螺纹塞座复合层进行热粘合;第七步:对热水袋袋体进行修边;第八步:取塑料材料注制螺纹塞盖;第九步:取硅胶材料注制密封垫片;第十步:将密封垫片和螺纹塞盖互相装配后旋入螺纹塞座中;第十一步:充气试压检验,向热水袋充入压缩空气进行耐压试验;第十二步:包装。"本案专利说明书在第3页中明确记载步骤10和11可以调换。陈顺弟认为,乐雪儿公司生产、销售,何建华销售和许诺销售的布塑热水袋侵犯了其本案专利权,遂提起诉讼。请求法院判令:何建华立即停止销售侵权产品,赔偿其经济损失50万元;乐雪儿公司立即停止制造、销售侵权产品,并赔偿经济损失100万元。乐雪儿公司辩称,其被诉侵权方法的步骤6、7和步骤8、10分别与本案专利权利要求1的步骤6、7和步骤10、11顺序相反,且这种步骤顺序的改变产生了不同的技术效果;同时,被诉侵权方法亦不包括本案专利权利要求1的步骤5、8、9,即加工螺纹塞座、螺纹塞盖和密封垫片的步骤,其生产的热水袋中的上述三个部件均为合法外购取得;上述外购部件的加工方法是注塑,其没有义务知晓该加工方法,故其行为不构成侵权。辽宁省沈阳市中级人民法院一审认为,被诉侵权方法的技术特征完全覆盖了本案专利权利要求的全部技术特征,乐雪儿公司的行为侵犯了本案专利权;何建华销售被诉侵权产品,未举证证明其合法来源,不能免除赔偿责任。据此判决何建华停止销售侵权产品,赔偿陈顺弟经济损失及合理费用1万元;乐雪儿公司停止侵权行为,赔偿陈顺弟经济损失及合理费用30万元;驳回陈顺弟其他诉讼请求。乐雪儿公司、何建华均不服,提出上诉。辽宁省高级人民法院二审认为,被诉侵权方法的步骤6、7和步骤8、10虽然分别与本案专利权利要求1的步骤6、7和步骤10、11顺序相反,但其技术特征和技术效果无实质区别,故被诉侵权方法落入本案专利权保护范围。鉴于陈顺弟在二审中放弃了对何建华的诉讼请求,遂判决撤销一审判决中针对何建华的判项内容。乐雪儿公司不服,向最高人民法院申请再审。最高人民法院裁定提审本案,并于2013年12月25日判决撤销原审判决，驳回陈顺弟的全部诉讼请求。

最高人民法院提审认为：方法发明专利的权利要求是有时间过程的活动。涉及产品制造方法的发明专利通常是通过方法步骤的组合以及一定的步骤顺序来实现的。方法专利的步骤顺序是否对专利权的保护范围起到限定作用，从而导致在步骤互换时限制等同原则的适用，关键要看这些步骤是否必须以特定的顺序实施以及这种互换是否会带来技术功能或者技术效果上的实质性差异。关于本案专利权利要求1步骤6、7是否与被诉侵权方法的步骤6、7构成等同的问题。从被诉侵权方法此前的加工步骤来看，其已在步骤4中对高频热粘合后的热水袋进行了裁剪，此时修边的主要目的是为了使热水袋美观，接近成品，其减少空间的作用非常有限，而且多余边角料的存在不会干扰塞座的粘合，对塞座粘合不会产生实质性影响。因而，这两个步骤的实施不具有先后顺序的唯一对应性，先修边还是先进行热粘合对于整个技术方案的实现没有实质性影响，这两个步骤的互换在技术功能和技术效果上也没有产生实质性的差异。故被诉侵权方法调换后的步骤与本案专利权利要求1的步骤6、7属于等同的技术特征。关于本案专利权利要求1的步骤10、11是否与被诉侵权方法的步骤8、10构成等同的问题。本案专利权利要求1的步骤10是将密封垫片和螺纹塞盖互相装配后旋入螺纹塞座中，步骤11步充气试压检验。被诉侵权方法采用的是先充气试压检验，后将密封垫片和螺纹塞盖互相装配后旋入螺纹塞座。对热水袋进行充气试压检验，需要通过热水袋的口部进行。按照本案专利权利要求1的步骤10、11进行操作，在进行充气试压检验前，必须要从螺纹塞座中旋下螺纹塞盖后方能进行。与被诉侵权方法所采取的先试压检验后再装配螺纹塞盖的步骤相比，这种操作步骤实质上是增加了充气试压检验的操作环节，导致操作时间延长，效率降低。故将步骤10、11调换后，确实产生了减少操作环节、节约时间、提高效率的技术效果。因此这种步骤互换所产生的技术效果上的差异是实质性的，调换后的步骤与本案专利权利要求1的步骤10、11不构成等同技术特征。被诉侵权方法未落入本案专利权的保护范围。

6. 外观设计专利侵权判定中相同或相近种类产品的认定

在再审申请人福建省晋江市青阳维多利食品有限公司（以下简称维多利公司）与被申请人漳州市越远食品有限公司（以下简称越远公司），一审被告、二审被上诉人李欣彩侵害外观设计专利权纠纷案【（2013）民申字第1658号】中，最高人民法院指出，在外观设计专利侵权判定中，确定产品种类是否相同或相近的依据是产品是否具有相同或相近似的用途，产品销售、实际使用的情况可以作为认定用途的参考因素。

本案的基本案情是：越远公司是名称为“工艺品（凤梨拼盘）”外观设计专利（即本案专利）的独占被许可人。越远公司在李欣彩经营的商店公证购买了名称为“旺来拼盘吸冻”的被诉侵权产品。维多利公司确认被诉侵权产品由其生产、销售。被诉侵权产品的外形整体造型为承载在托盘上的凤梨，自上而下由三部分构成：顶层是朝上伸展的叶子；中间层是由若干颗粒捆扎而成的圆柱形果实，圆柱形果实的内部填充了具有可食用性的果冻;底层是带底座的托盘。销售时,顶层的装饰物、底层的托盘与中间层的圆柱形果实一同销售。根据产品实际使用情况,被诉侵权产品除供食用外,消费者购买后也可以将其作为贡品和摆设,达到装饰的效果。越远公司以李欣彩和维多利公司为被告提起诉讼,请求法院判令两被告立即停止侵害本案专利权的行为,赔偿经济损失 8 万元。福建省厦门市中级人民法院一审认为,本案被诉侵权产品为果冻,系可食用食品,而本案外观设计专利为“工艺品(凤梨拼盘)”,系装饰品,两者用途不同,产品功能不同,且在国际外观设计分类表中分别属不同的类别,故本案被诉侵权产品的外观设计未落入本案专利保护范围。据此判决驳回越远公司的全部诉讼请求。越远公司不服,提出上诉。福建省高级人民法院二审认为,在凤梨模型中注入可食用的材料并不影响其同时具有装饰的功能和用途,被诉侵权产品可以用作装饰陈列、摆放,故被诉侵权产品与本案专利产品属于相近种类产品。维多利公司在与本案专利相近的产品种类上使用与本案专利相近似的外观设计,构成侵权。遂判决维多利公司、李欣彩立即停止侵权行为,维多利公司赔偿越远公司 2 万元。维多利公司不服,向最高人民法院申请再审。最高人民法院于 2013 年 9 月 26 日驳回维多利公司的再审申请。

最高人民法院审查认为:外观设计不能脱离其产品而单独存在,但外观设计专利的保护客体并非产品本身,也并非脱离外观设计专利限定的产品类别抽象出来的设计方案。在确定外观设计专利权的保护范围时,产品的种类以及外观设计均是需要考虑的因素。如果在与外观设计专利产品相同或者相近种类产品上,被诉侵权产品采用了与授权外观设计相同或者近似的外观设计,则应当认定被诉侵权产品落入外观设计专利权的保护范围。确定产品种类相同或相近的依据是产品是否具有相同或相近似的用途,而产品销售、实际使用的情况是认定用途的参考因素。根据产品实际使用情况,被诉侵权产品除供食用外,消费者购买后也可以将其作为贡品和摆设,达到装饰的效果。尽管被诉侵权产品的果实中盛装了果冻,具有食用的功能,但由于其与本案专利产品具有相同的装饰用途,应认为被诉侵权产品与本案外观设计专利产品种类相近。维多利公司在与本案专利相近的产品种类上使用与本案专利相近似的外观设计,二审法院认定被诉侵权产品落入本案外观设计专利的保护范围,并无不当。

(二)专利行政案件审判

7. 权利要求的解释方法在专利授权确权程序和民事侵权程序中的异同

在再审申请人精工爱普生株式会社(以下简称精工爱普生)与被申请人中华人民共和国国家知识产权局专利复审委员会(以下简称专利复审委员会)、郑亚俐、佛山凯德利办公用品有限公司(以下简称凯德利公司)、深圳市易彩实业发展有限公司(以下简称易彩公司)发明专利权无效行政纠纷案【(2010)知行字第 53-1 号】(以下简称“墨盒”专利无效行政案)中,最高人民法院认为,专利权利要求的解释方法在专利授权、确权程序与专利民事侵权程序中既有根本的一致性,又在特殊场合下体现出一定的差异性,其差异突出体现在当事人意见陈述的作用上;在专利授权、确权程序中,申请人在审查档案中的意见陈述原则上只能作为理解说明书以及权利要求书含义的参考,而不是决定性依据。

本案的基本案情是:精工爱普生是名称为“墨盒”的00131800.4号发明专利(即本案专利)的申请人和权利人。本案专利是99800780.3号发明专利申请的分案申请,而99800780.3号发明专利申请是进入中国国家阶段的国际申请(PCT/JP99/02579)。该国际申请的申请日是1999年5月18日,其主张的最早优先权日是1998年5月18日,进入中国国家阶段后的公开日是2000年11月1日。该国际专利申请原文为日文,其内容可以参照该国际申请文件的中文译文,即99800780.3号发明专利申请的申请文件。99800780.3号发明专利申请公开文本的权利要求书和说明书中,均未出现“记忆装置”的用语。但在PCT/JP99/02579号国际专利申请文件的权利要求书中出现过“半導体記憶手段”的日文用语,在说明书中则分别出现过“半導体記憶手段”和“記憶手段”的用语,上述用语在99800780.3号发明专利申请公开文本中分别被翻译为“半导体存储装置”和“存储装置”。2000年10月30日,精工爱普生以分案方式提出本案专利申请。本案专利申请公开文本的权利要求书共计12项权利要求,其中权利要求6、7和8中出现了“记忆装置安装部分”的用语。此后,精工爱普生对本案专利申请进行了多次修改。第三次修改时,将原来的12项权利要求修改为66项权利要求。该次修改后的权利要求书的独立权利要求和部分从属权利要求中使用了“记忆装置”的用语,且在从属权利要求19、36、37中,“记忆装置”和“存储装置”的用语同时出现。第四次修改时,删除了原权利要求1~22、24、53以及66,并将剩余的权利要求重新编号为1~41,并对其中部分权利要求进行了修改,同时增加了新权利要求42。在此次修改中,精工爱普生将权利要求1(即第三次修改后的权利要求23)中的“记忆装置”修改为“存储装置”,对于其他独立权利要求则均保留了“记忆装置”的用语。对于重新编号后的权利要求8中的“记忆装置”,精工爱普生在意见陈述中作了如下说明:“申请人首先希望解释,该权利要求及其后的权利要求中所述的‘记忆装置’是指说明书及附图中记载的电路板及设置在其上的半导体存储装置。”针对本案专利权,凯德利公司、郑亚俐和易彩公司分别向专利复审委员会提出无效宣告请求。精工爱普生在无效宣告审查阶段再次修改其权利要求书,将原来的42项权利要求变为40项权利要求。专利复审委员会于2008年4月15日作出第11291号无效宣告请求审查决定(以下简称第11291号决定),以精工爱普生有关记忆装置的修改以及其他修改均超出原说明书和权利要求书记载的范围,违反《专利法》第33条的规定为由,宣告本案专利全部无效。精工爱普生不服,提起行政诉讼。北京市第一中级人民法院一审判决维持第11291号决定。精工爱普生不服,提出上诉。北京市高级人民法院二审认为,“记忆装置”系专利申请人新增加的内容,不符合《专利法》第33条的规定;关于“存储装置”的修改符合《专利法》第33条的规定;一审判决及第11291号决定部分事实认定错误,适用法律不当,应予撤销。遂判决撤销一审判决及第11291号决定,判令专利复审委员会重新作出审查决定。精工爱普生不服,向最高人民法院申请再审,主张其关于“记忆装置”的修改符合《专利法》第33条的规定。

最高人民法院于 2013 年 9 月 23 日裁定驳回了精工爱普生的再审申请。

最高人民法院审查认为:在专利授权、确权程序与专利民事侵权程序中,权利要求的解释方法既存在很强的一致性,又存在一定的差异性。其一致性至少体现在如下两个方面:一是,权利要求的解释属于文本解释的一种,无论是专利授权、确权程序还是专利民事侵权程序,对权利要求的解释均需遵循文本解释的一般规则;二是,无论是专利授权、确权程序还是专利民事侵权程序,对权利要求的解释均应遵循权利要求解释的一般规则。但是,由于专利授权、确权程序与专利民事侵权程序中权利要求解释的目的不同,两者在特殊场合又存在一定的差异。在专利授权、确权程序中,解释权利要求的目的在于通过明确权利要求的含义及其保护范围,对专利权利要求是否符合专利授权条件或者其效力如何作出判断。基于此目的,在解释权利要求用语的含义时,必须顾及《专利法》关于说明书应该充分公开发明的技术方案、权利要求书应当得到说明书支持、专利申请文件的修改不得超出原说明书和权利要求书记载的范围等法定要求。若说明书对该用语的含义未作特别界定,原则上应采本领域普通技术人员在阅读权利要求书、说明书和附图之后对该术语所能理解的通常含义,尽量避免利用说明书或者审查档案对该术语作不适当的限制,以便对权利要求是否符合授权条件和效力问题作出更清晰的结论,从而促使申请人修改和完善专利申请文件,提高专利授权、确权质量。在专利民事侵权程序中,解释权利要求的目的在于通过明确权利要求的含义及其保护范围,对被诉侵权技术方案是否落入专利保护范围作出认定。在这一程序中,如果专利保护范围字面含义界定过宽,出现权利要求得不到说明书支持、将现有技术包含在内或者专利审查档案对该术语的含义作出过限制解释因而可能导致适用禁止反悔原则等情形时,可以利用说明书、审查档案等对保护范围予以限制,从而对被诉侵权技术方案是否落入保护范围作出更客观公正的结论。因此,专利权利要求的解释方法在专利授权、确权程序与专利民事侵权程序中既有根本的一致性,又在特殊场合下体现出一定的差异性。这种差异突出体现在当事人意见陈述的作用上。在专利授权、确权程序中解释权利要求时,意见陈述书的作用在特定的场合下要受到《专利法》明文规定的限制。例如,我国《专利法》规定了说明书应当对发明作出清楚完整的说明、权利要求书应当得到说明书的支持、专利申请文件的修改不得超出原说明书和权利要求书记载的范围等法定要求。在审查某项专利或者专利申请是否符合上述法定要求时,当然应该以说明书或者原说明书和权利要求书为依据,当事人意见陈述不能也不应该起到决定作用。相反,如果将当事人的意见陈述作为判断某项专利或者专利申请是否符合上述法定要求的决定性依据,则无法促使专利申请人将相关内容尽量写入说明书,《专利法》的前述法定要求也将无法得到实现。因此,在专利授权、确权程序中,申请人在审查档案中的意见陈述在通常情况下只能作为理解说明书以及权利要求书含义的参考,而不是决定性依据。而在专利民事侵权程序中解释权利要求的保护范围时,只要当事人在专利申请或者授权程序中通过意见陈述放弃了某个技术方案,一般情况下应该根据当事人的意见陈述对专利保护范围进行限缩解释。

8. 物质的医药用途发明的撰写要求

在再审申请人卡比斯特制药公司(以下简称卡比斯特公司)与被申请人中华人民共和国国家知识产权局专利复审委员会(以下简称专利复审委员会)发明专利权无效行政纠纷案【(2012)知行字第75号】(以下简称"抗生素的给药方法"发明专利无效行政案)中,最高人民法院指出,如果发明的实质及其对现有技术的改进在于物质的医药用途,申请专利权保护时,应当将权利要求撰写为制药方法类型权利要求,并以与制药相关的技术特征对权利要求的保护范围进行限定。

本案的基本案情是:卡比斯特公司于1999年9月24日向中华人民共和国国家知识产权局申请了名称为"抗生素的给药方法"的发明专利(即本案专利),并于2004年5月19日获得授权。授权公告的权利要求为:"1. 潜霉素在制备用于治疗有此需要的患者细菌感染而不产生骨骼肌毒性的药剂中的用途,其中用于所述治疗的剂量是3~75mg/kg的潜霉素,其中重复给予所述的剂量,其中所述的剂量间隔是每隔24小时一次至每48小时一次……"2008年6月4日,肖红针对本案专利向专利复审委员会提出无效宣告请求。其提交的证据6公开了在2毫克/千克每24小时剂量下,潜霉素显示出有效治疗多种革兰氏阳性感染,在3毫克/千克每12小时的剂量下注意到偶发的副作用,并公开了潜霉素的抗菌机理。证据7公开了潜霉素可用于治疗细菌感染,患者单独用潜霉素与用潜霉素加氨基糖苷类(庆大霉素或妥布霉素)治疗相比,取得了类似的有利效果,还公开了潜霉素与阿米卡星的联合给药。证据8公开了制药学纯化的潜霉素或其盐可以配制为口服或非胃肠给药的制剂,用于治疗或预防细菌感染。2009年4月7日,专利复审委员会作出第13188号无效宣告请求审查决定(以下简称第13188号决定),宣告本案专利权全部无效。专利复审委员会认为,没有证据表明对潜霉素不产生骨骼肌毒性的副作用的进一步认识能使权利要求1保护的制药用途区别于证据6公开的已知制药用途。同时,本领域技术人员公知给药剂量、重复给药和时间间隔特征是医生在治疗过程中针对患者进行选择和确定的信息,属于用药过程的信息,与制药过程无关,不能使权利要求1的制药用途区别于证据6公开的已知制药用途。权利要求1的制药用途与证据6、证据7或证据8公开的用途实质相同,不具备新颖性和创造性。卡比斯特公司不服,提起行政诉讼。卡比斯特公司主张,现有技术在潜霉素高剂量给药时产生骨骼肌毒性,本案专利"不产生骨骼肌毒性"使得潜霉素在针对严重革兰氏阳性菌感染的治疗中,具备了真正的用药安全性及工业实用性,进而具备了治疗用途和制药用途。"不产生骨骼肌毒性"是本案专利区别于现有技术的关键功能和效果特征,使得本案专利与现有技术的制药用途实质不同,具备新颖性、创造性。北京市第一中级人民法院和北京市高级人民法院先后判决维持第13188号决定。卡比斯特公司不服,向最高人民法院申请再审。最高人民法院于2013年11月19日裁定驳回卡比斯特公司的再审申请。

最高人民法院审查认为:在化学领域发明专利的申请中,制药用途权利要求是一类特殊的权利要求。当物质的医药用途以"用于治病"、"用于诊断病"、"作为药物的应用"等这样的权利要求申请专利,会因为属于我国《专利法》第25条第1款第3项"疾病的诊断和治疗方法",而不能被授予专利权。但若该物质用于制造药品,则可依法授予专利权。由于药品及其制备方法均可依法授予专利权,故物质的医药用途发明以药品权利要求或者以"在制药中的应用"、"在制备治疗某病的药物中的应用"等属于制药方法类型的用途权利要求申请专利的,则不属于《专利法》第25条第1款第3项规定的情形。为了保护发明人对现有技术的创新性贡献,实现专利法保护创新、鼓励发明创造的立法宗旨,在相当长时间的专利审查实践中,国务院专利行政部门均允许将那些发明实质在于药物新用途的发明创造,撰写成制药方法类型的权利要求来获得专利权,如"化合物X作为制备治Y病药的应用"或与此类似的形式。其实质上是针对物质的医药用途发明创造所作的特别规定,通过给医药用途发明创造提供必要的保护空间和制度激励,平衡社会公众与权利人的利益。经过多年的审查实践,该规定已被普遍认可和接受。《专利审查指南》在《关于化学领域发明专利申请审查的若干规定》中明确,化学物质的用途发明是基于发现物质新的性能,利用此性能而作出的发明。无论是新物质还是已知物质,其性能是物质本身所固有的。用途发明的本质不在于物质本身,而在于物质性能的应用。因此,用途发明是一种方法发明,其权利要求属于方法类型。当发明的实质及其对现有技术的改进在于物质的医药用途,申请人在申请专利权保护时,应当按照《专利审查指南》的相关规定,将权利要求撰写为制药方法类型权利要求,并以与制药相关的技术特征,对权利要求的保护范围进行限定。

9. 不产生特定毒副作用的特征对权利要求请求保护的医药用途发明是否具有限定作用

在前述"抗生素的给药方法"发明专利无效行政案中,最高人民法院认为,如果权利要求中不产生特定毒副作用的特征没有改变药物已知的治疗对象和适应症,也未发现药物的新性能,不足以与已知用途相区别,则其对权利要求请求保护的医药用途发明不具有限定作用。

最高人民法院审查认为:"不产生骨骼肌毒性"不是患者在潜霉素施用之前呈现的症状,而是患者在施用潜霉素之后身体中某些指标发生变化的结果,体现的是药物本身是否具有毒副作用。本案专利"不产生骨骼肌毒性"仅是改善了潜霉素的不良反应,使得骨骼肌毒性降低,并没有改变潜霉素本身的治疗对象和适应症,更没有发现药物的新性能。使用潜霉素后不产生骨骼肌毒性,其针对的适应症是细菌感染,使用潜霉素后产生了骨骼肌毒性,其针对的适应症也是细菌感染。就潜霉素本身的用途而言,二者并没有任何区别。本专利在撰写中采用"不产生骨骼肌毒性"的限定,没有使其与现有技术公开的已知用途产生区别,对药物用途本身不具有限定作用,对本专利权利要求并未产生限定作用。

10. 给药特征对权利要求请求保护的制药方法发明是否具有限定作用

在前述"抗生素的给药方法"发明专利无效行政案中,最高人民法院认为,用药过程的特征对药物制备过程的影响需要具体判断和分析;仅体现于用药行为中的特征不是制药用途的技术特征，对权利要求请求保护的制药方法本身不具有限定作用。

最高人民法院审查认为：在实践中，给药对象、给药形式、给药剂量、时间间隔等是制药方法权利要求中经常出现的特征。分析各个技术特征体现的是制药行为还是用药行为，以及新用途与已知用途是否实质不同，对判定所要求保护的技术方案与现有技术相比是否具备新颖性非常关键。由于制药方法权利要求约束的是制造某一用途药品的制造商的制造行为，所以仍应从方法权利要求的角度来分析其技术特征。通常能直接对其起到限定作用的是原料、制备步骤和工艺条件、药物产品形态或成分以及设备等。专利法意义上的制药过程通常是指以特定步骤、工艺、条件、原料等制备特定药物本身的行为，并不包括药品的说明书、标签和包装的撰写等药品出厂包装前的工序。对于仅涉及药物使用方法的特征，例如药物的给药剂量、时间间隔等，如果这些特征与制药方法之间并不存在直接关联，其实质上属于在实施制药方法并获得药物后，将药物施用于人体的具体用药方法，与制药方法没有直接、必然的关联性。这种仅体现于用药行为中的特征不是制药用途的技术特征，对权利要求请求保护的制药方法本身不具有限定作用。给药剂量与单位剂量是不同的概念：单位剂量通常是指每一药物单位中所含药物量，该含量取决于配制药物时加入的药量；给药剂量是指每次或者每日的服药量，指药物的使用份量，可由药物的使用者自行决定，如一天两次或一天三次的给药，属于对药物的使用方法。临床实践中，若单位剂量的药物含量没有达到用药量，可通过服用多个单位剂量的药物实现，若药物含量大于用药剂量，则减量服用。本案专利权利要求1记载的所述治疗的剂量是3～75毫克/千克，并没有限定是单位剂量还是给药剂量。本案专利说明书也没有记载该剂量对制药过程及制药用途种类具有影响。作为本领域的技术人员，对于本案专利权利要求1中记载的所述治疗的剂量是3～75毫克/千克，通常理解为每千克的活性成分为3～75毫克，所限定的是给药剂量。针对患者个体修改服用方式，选择服用的药物剂量，从而达到药品的最佳治疗效果是用药过程中使用药物治病的行为。给药剂量的改变并不必然影响药物的制备过程，导致药物含量的变化。同样，本案专利通过时间间隔形成的给药方案是用药过程中如何使用该药物的方法特征，属于体现在用药过程、不体现在制药阶段的医学实践活动。该用药过程的特征与药物生产的制备本身并没有必然的联系，没有对潜霉素的制备方法产生改变，从而影响药物本身，对制药过程不具有限定作用，不能使该制药用途具备新颖性。

11. 开放式与封闭式权利要求的区分适用于机械领域专利

在再审申请人北京世纪联保消防新技术有限公司（以下简称世纪联保公司）与被申请人国家知识产权局专利复审委员会（以下简称专利复审委员会）、二审第三人山西中远消防设备有限公司（以下简称中远公司）发明专利权无效行政纠纷案【（2012）行提字第20号】（以下简称“灭火装置”发明专利无效案）中，最高人民法院认为，“含有”、“包括”本身就具有并未排除未指出内容的含义，因而成为开放式专利权利要求的重要标志；开放式和封闭式权利要求的区分在包括化学、机械领域在内的全部技术领域有普遍适用性。

本案的基本案情是:世纪联保公司是名称为“脉冲超细干粉自动灭火装置”的发明专利(即本案专利)的权利人。本案专利属于机械领域发明专利,授权公告的权利要求1如下:“1. 脉冲超细干粉自动灭火装置,含有启动器和内装超细干粉灭火剂(冷气溶胶灭火剂)的壳体,其特征在于,它含有:壳体,它包括:外壳、装在外壳内的粒度在30μm以下的超细干粉灭火剂及壳体喷口密封用的铝膜;传导速度大于0.5米/秒的启动器,它包括:由燃点大于或等于135℃,并对火焰或温度敏感的热敏线和套在热敏线外的套管组成的启动组件,由靠螺母和贯穿着热敏线的穿孔螺栓紧压在壳体内侧的铝板、与热敏线接触的产气剂和扣压在铝板上用以包住产气剂的非金属薄膜共同组成的产气组件。”针对本案专利,中远公司提出无效宣告请求,并提交了附件1,即中国第00200992.7号实用新型专利说明书作为对比文件。该对比文件中公开的灭火装置中有多孔件,而本案专利技术方案没有提及该部件。专利复审委员会认定本案专利权利要求1与附件1存在三个区别技术特征,但未将权利要求1缺少多孔件以及由多孔件上端与顶盖底部环形凸端配合形成的产气室作为区别技术特征。专利复审委员会认为,权利要求1~5相对于附件1不具有创造性;本案专利权利要求1中没有多孔件,相应地也就不具有附件1说明书中所述的多孔件的功能,缺失多孔件不能使权利要求1的技术方案具备创造性。2010年3月2日,专利复审委员会作出第14523号无效宣告请求审查决定(以下简称第14523号决定),宣告本案专利权全部无效。世纪联保公司不服,提起行政诉讼。北京市第一中级人民法院一审维持第14523号决定。世纪联保公司不服,提出上诉。北京市高级人民法院二审认为,虽然附件1的灭火器中还装有多孔件,本案专利权利要求1没有记载该部件,但是本案专利权利要求1属于开放式的权利要求,其并没有排除还可能包含除了其中明确限定的部件以外的部件,因此“多孔件”并不能构成本案专利权利要求1与附件1的区别技术特征。遂判决维持一审判决及第14523号决定。世纪联保公司仍不服,向最高人民法院申请再审。最高人民法院裁定提审本案,并于2013年2月26日判决维持原一、二审判决。

最高人民法院提审认为:2001年版《审查指南》仅在第二部分第十章“关于化学领域发明专利申请审查的若干规定”中第3.2.1节规定了开放式、封闭式及半开放式三种表达方式。开放式表示组合物中并不排除权利要求中未指出的组分,封闭式则表示组合物中仅包括所指出的组分而排除所有其他的组分,半开放式介于两者之间。这三种表达方式的保护范围不同。其中,“含有”、“包括”为开放式表达方式的常用措辞。鉴于开放式和封闭式权利要求在其他领域也有普遍适用性,且半开放式权利要求保护范围的判断方法与开放式权利要求的判断方法在实际操作中相同,2006年版《审查指南》对此作了修改,删除了半开放式权利要求的相关规定,并将原来的半开放式权利要求的几种表达方式归入开放式权利要求中,同时将开放式权利要求和封闭式权利要求的规定移入权利要求的通用章节即第二部分第二章第3.3节“权利要求的撰写规定”中。虽然本案专利的审查应当适用2001年版《审查指南》,且根据该《审查指南》,开放式与封闭式权利要求的表达方式仅适用于化学领域发明专利,但是开放式、封闭式权利要求的常用措辞本身是对专利申请审查实践中不同类型权利要求常用措辞的总结,申请人应当考虑到了措辞本身的含义。根据《现代汉语词典(第5版)》,"包括"的含义为包含(或列举各部分,或着重指出某一部分)。本案专利权利要求1使用的"含有"、"包括"措辞的本身含义就应当理解为没有排除未指出的结构组成部分。在此情况下,二审判决关于"本案专利权利要求1是一开放式的权利要求,其并没有排除还可能包含除了其中明确限定的部件以外的部件"的认定并无不妥。

12. 开放式权利要求的区别技术特征的认定

在前述"灭火装置"发明专利无效案中,最高人民法院认为,认定开放式权利要求相对于对比文件的区别技术特征时,如果对比文件的某个技术特征在该开放式权利要求中未明确提及,一般不将缺少该技术特征作为开放式权利要求相对于对比文件的区别技术特征。

最高人民法院提审认为:专利复审委员会根据本案专利权利要求1使用的"含有"、"包括"措辞的本身含义以及本案专利没有将多孔件排除在保护范围之外的限定内容,在多孔件是附件1的技术特征而不是本案专利权利要求1的技术特征的情况下,未将"多孔件"作为本案专利权利要求1与附件1的区别技术特征,符合机械领域专利审查实践的常规做法,并无不妥。二审法院基于同样理由认定本案专利权利要求1是开放式权利要求,其并未排除还可能包含除明确限定的部件以外的部件,多孔件并不能构成本案专利权利要求1与附件1的区别技术特征。二审法院的相关认定并不存在错误。世纪联保公司所述的产气室是指由附件1灭火器中的多孔件与顶盖底部环形凸端配合形成的腔室,本身并不是一个独立的部件,没有多孔件,就不会形成所谓的产气室。在多孔件不属于本案专利权利要求1与附件1的区别技术特征的情况下,依附于多孔件而存在的所谓产气室自然也不属于本案专利权利要求1与附件1的区别技术特征。

13. 技术偏见是否存在应结合现有技术的整体内容进行判断

在申诉人阿瑞斯塔生命科学北美有限责任公司(以下简称阿瑞斯塔公司)与被申诉人中华人民共和国国家知识产权局专利复审委员会(以下简称专利复审委员会)发明专利权行政纠纷案【(2013)知行字第31号】中,最高人民法院认为,认定现有技术中是否存在技术偏见,应当结合现有技术的整体内容进行判断。

本案的基本案情是:本专利申请为名称"以取代的苯基磺酰基氨基羰基三唑琳酮为基础的选择性除草剂"的发明专利申请。2006年6月30日,申请人变更为阿瑞斯塔公司。中华人民共和国国家知识产权局结合对比文件1(US5534486A)和对比文件2(WO98/12923A1),认定本专利申请权利要求1和2不具有新颖性、权利要求3~6不具有创造性,于2005年2月25日驳回本专利申请。阿瑞斯塔公司不服,向专利复审委员会提出复审请求,同时提交了本专利申请权利要求书和说明书的修改替换页,删除了原权利要求1~5,将原权利要求6修改为新的权利要求1,并增加了新的从属权利要求2~7。专利复审委员会发出复审通知书,指出权利要求1相对于对比文件2不具备创造性,从属权利要求2~7也不具有创造性。阿瑞斯塔公司针对上述复审通知书,对权利要求1增加了药效限定的技术特征。修改后的权利要求1为:"在谷类作物中选择性控制至少一种杂草的方法,所述杂草选自冰草属、燕麦属、芸苔属、荠属、黑麦草属、芥属、遏蓝菜属、婆婆纳属及其组合,该方法包括将有效量的式(I)化合物2-(2-三氟甲氧基-苯基磺酰基氨基羰基)-4-甲基-5-甲氧基-2,4-二氢-3H-1,2,4-三唑-3酮和/或式(I)化合物的盐施用于所述谷类作物和/或其环境中,其中对至少一种杂草的药效百分比为70%至100%。"对比文件2公开了一种除草组合物,该组合物含有式(I)化合物或其盐以及另一种除草剂以及表面活性剂和/或常规扩充剂,所述组合物除草剂具有特别高的除草活性,可用于各种作物,特别是小麦中以去除杂草,杂草种类包括冰草属、燕麦属、荠属、黑麦草属、芥属、婆婆纳属等单子叶和双子叶杂草。对比文件2表A-2中还公开了作为本专利申请的已知单一化合物(1-2,Na盐)施用于风草和狗尾草的效果,与含式(I)化合物的钠盐和赛克津的组合物相比,针对风草测试植物破坏或有效的百分比,前者为60%,后者为98%;针对狗尾草测试植物破坏或有效的百分比,前者为90%,后者为100%。权利要求1要求保护的技术方案与对比文件2的区别在于:权利要求1中将式(I)化合物的钠盐(I-2,Na盐)具体限定应用于谷类作物,并具体限定用于去除冰草属、燕麦属、芸苔属、荠属、黑麦草属、芥属、遏蓝菜属、婆婆纳属杂草,以及对上述至少一种杂草的药效百分比为70%至100%。专利复审委员会于2007年11月29日作出第11964号复审请求审查决定(以下简称第11964号决定),认为权利要求1不具有创造性,遂维持国家知识产权局的驳回决定。阿瑞斯塔公司不服,提起行政诉讼。北京市第一中级人民法院一审判决维持第11964号决定。阿瑞斯塔公司不服,提出上诉。北京市高级人民法院二审判决驳回上诉,维持一审判决。阿瑞斯塔公司向北京市高级人民法院申请再审,北京市高级人民法院予以驳回。阿瑞斯塔公司仍不服,向最高人民法院申诉。最高人民法院于2013年11月5日裁定驳回阿瑞斯塔公司的申诉。

最高人民法院审查认为:主张克服了技术偏见而具备创造性的前提是能够证明这种技术偏见客观存在。虽然对比文件2表A-2的数据表明,单独使用与本专利申请完全相同的式(I)化合物的钠盐(I-2,Na盐),与其和赛克津组合使用的协同作用效果相比,显示的效果较差,但对比文件2并没有披露式(I)化合物的钠盐(I-2,Na盐)不能用于对比文件2所述的施用作物范围和除草范围。相反,对比文件2表A-2的数据表明,单独使用式(I)化合物的钠盐(I-2,Na盐)时,针对风草和狗尾草的药效百分比分别达到了60%和90%。阿瑞斯塔公司提交的证据尚不能证明单独选择使用单一化合物式(I)化合物(I-2,Na盐)作为谷类作物选择性的控制杂草是本领域技术人员舍弃的技术方案,也不能证明对比文件2记载的式(I)化合物在除草方面存在何种具体的活性缺陷或不足,从而导致本领域技术人员不去考虑单独使用式(I)化合物来去除任何杂草。尽管对比文件2的表A-2是用于说明式(I)化合物的钠盐(Ⅰ-2,Na盐)与其他活性物质混合使用的效果好于单独使用式(Ⅰ)化合物的钠盐(Ⅰ-2,Na盐),但观察到的对比结果表明,单独使用式(Ⅰ)化合物的钠盐(Ⅰ-2,Na盐)在风草和狗尾草上也有一定的技术效果。因此,将式(Ⅰ)化合物和其他化合物组合使用的技术方案与单独使用式(Ⅰ)化合物的技术方案并不属于两个完全对立的技术方案。对本领域技术人员而言,存在将式(Ⅰ)化合物的钠盐(Ⅰ-2,Na盐)应用于对比文件2所述的施用作物范围和除草范围的技术启示。阿瑞斯塔公司提出本专利申请克服了技术偏见以及对比文件2具有反面教导的理由不能成立。

14. 专利申请文件修改超范围的判断

在再审申请人株式会社岛野与被申请人中华人民共和国国家知识产权局专利复审委员会(以下简称专利复审委员会)及一审第三人宁波赛冠车业有限公司(以下简称赛冠公司)发明专利权无效行政纠纷案【(2013)行提字第21号】(以下简称"后换挡器"发明专利无效行政案)中,最高人民法院指出,《专利法》第33条中"原说明书和权利要求书记载的范围"应当理解为原说明书和权利要求书所呈现的发明创造的全部信息;审查专利申请文件的修改是否超出原说明书和权利要求书记载的范围,应当考虑所属技术领域的技术特点和惯常表达、所属领域普通技术人员的知识水平和认知能力、技术方案本身在技术上的内在要求等因素。

本案的基本案情是:株式会社岛野是"后换档器"发明专利(即本案专利)的权利人。本案专利系以"后换挡器支架"发明专利申请(即原申请)为基础提出分案申请被授权。根据赛冠公司的无效宣告请求,专利复审委员会就本案专利作出第15307号无效宣告请求审查决定(以下简称第15307号决定),宣告本案专利权全部无效。第15307号决定认为,"圆形孔"是"圆的螺栓孔"、"圆形螺栓孔"的上位概念,而且与"螺栓孔"的含义也有所不同,将原申请中"圆的螺栓孔"、"圆形螺栓孔"或"螺栓孔"概括修改为本案专利权利要求1、3、6中的"圆形孔",包含了并未记载在原申请中的内容。"压制"为"模压"的上位概念,对本领域技术人员来说,原申请中的"模压"和本专利权利要求2以及说明书中"压制"表达的是不同的信息。上述修改均使得本领域技术人员看到的信息与原申请记载的信息不同,并且不能从原申请记载的信息中直接地、毫无疑义地确定,其余权利要求也不能完全克服上述缺陷。因此,本案专利权利要求1~6和说明书的修改均不符合《专利法》第33条的规定。北京市第一中级人民法院和北京市高级人民法院先后判决维持第15307号决定。株式会社岛野不服,向最高人民法院申请再审。其理由之一是,导致本案专利被宣告无效的两处修改均与发明点无关,第15307号决定无视本领域的技术现状和本专利的实际贡献,违背了《专利法》第33条的立法本意。最高人民法院裁定提审本案,并于2013年12月27日判决撤销原一、二审判决和第15307号决定,判令专利复审委员会重新作出审查决定。

最高人民法院提审认为:《专利法》第33条的立法目的在于实现先申请制下专利申请人与社会公众之间的利益平衡:一方面,允许专利申请人对其专利申请文件进行修改和补正,以保证确有创造性的发明创造取得专利权;另一方面,将专利申请人的修改权限制在申请日公开的技术信息范围内,以保护社会公众对原专利申请文件的信赖利益。因此,可以将《专利法》第33条的含义作如下分解:第一,专利申请人有权对其专利申请文件进行修改。其一,可以通过修改补正专利申请文件中的撰写瑕疵;其二,可以通过修改对专利申请文件中公开的技术信息以适当的方式进行表述,对要求保护的范围作出调整。第二,基于先申请原则,专利申请人对发明和实用新型专利申请文件的修改不得超出原说明书和权利要求书记载的范围。究其原因,一是为了鼓励专利申请人在申请日充分公开其发明创造,二是为了防止专利申请人将其在申请日未公开的发明创造通过修改纳入申请文件而不正当地获得先申请利益。实践中,对于《专利法》第33条的适用,争议主要集中在什么是"原说明书和权利要求书记载的范围"。从该条的立法目的出发,"原说明书和权利要求书记载的范围"应当理解为原说明书和权利要求书所呈现的发明创造的全部信息,是对发明创造的全部信息的固定。这既是先申请制度的基石,也是专利申请进入后续阶段的客观基础。"原说明书和权利要求书记载的范围"具体可以表现为:原说明书及其附图和权利要求书以文字和图形直接记载的内容,以及所属领域普通技术人员根据原说明书及其附图和权利要求书能够确定的内容。审查专利申请文件的修改是否超出原说明书和权利要求书记载的范围,应当考虑所属技术领域的技术特点和惯常表达、所属领域普通技术人员的知识水平和认知能力、技术方案本身在技术上的内在必然要求等因素,以正确确定原说明书和权利要求书记载的范围。本案中,对本领域普通技术人员而言,"圆形孔"与"圆的螺栓孔"具有不同的技术含义,本案专利权利要求1、3的修改不符合《专利法》第33条的规定;权利要求6通过附加技术特征的限定,将8b从"圆形孔"修改回"圆的螺栓孔",符合《专利法》第33条的规定;对本领域普通技术人员而言,"压制"属于"模压"的上位概念,两者具有不同的技术含义,权利要求2的修改不符合《专利法》第33条的规定。

15. 专利申请文件中"非发明点"的修改及其救济

在前述"后换挡器"发明专利无效行政案中,最高人民法院还指出,为避免确有创造性的发明创造因为"非发明点"的修改超出原说明书和权利要求书记载的范围而丧失其本应获得的与其对现有技术的贡献相适应的专利权,相关部门应当积极寻求相应的解决和救济渠道,在防止专利申请人获得不正当的先申请利益的同时,积极挽救具有技术创新价值的发明创造。

最高人民法院提审认为:一项技术方案能够被授予独占性的专利权,是因为其对现有技术做出了实质性的贡献。被授予的专利权的范围与该技术方案对现有技术的贡献大小相当,是专利制度的合理性基础。一般而言,一项技术方案包含多个技术特征,其中体现发明创造对现有技术做出贡献的技术特征通常被称为"发明点"。"发明点"使发明创造相对于现有技术具有新颖性和创造性,是发明创造能够被授予专利权的基础和根本原因。在专利授权和确权程序中,确实存在因为"发明点"以外的技术特征的修改超出原说明书和权利要求书记载的范围而使得确有创造性的发明创造不能取得专利权的情形。《专利法》第33条对专利申请文件的修改没有区分"发明点”和“非发明点”而采取不同的标准，但是该条款的立法本意之一是尽可能保证确有创造性的发明创造取得专利权，实现专利申请人所获得的权利与其技术贡献相匹配。如果仅仅因为专利申请文件中“非发明点”的修改超出原说明书和权利要求书记载的范围而无视整个发明创造对现有技术的贡献，最终使得确有创造性的发明创造难以取得专利权，专利申请人获得的利益与其对社会做出的贡献明显不相适应，不仅有违实质公平，也有悖于《专利法》第33条的立法本意，不利于创新激励和科技发展。因此，在现行法律框架和制度体系下，在维护《专利法》第33条标准的前提下，相关部门应当积极寻求相应的解决和救济渠道，在防止专利申请人获得不正当的先申请利益的同时，积极挽救具有技术创新价值的发明创造。譬如，可以考虑通过在专利授权、确权行政审查过程中设置相应的回复程序，允许专利申请人和专利权人放弃不符合《专利法》第33条的修改内容，将专利申请和授权文本再修改回申请日提交的原始文本状态等程序性途径予以解决，避免确有创造性的发明创造因为“非发明点”的修改超出原说明书和权利要求书记载的范围而丧失其本应获得的与其对现有技术的贡献相适应的专利权，以推动科技进步和创新，最大限度地提升科技支撑引领经济社会发展的能力。

16. 申请人可否基于审查员对专利申请文件修改的认可获得信赖利益保护

在前述“墨盒”专利无效行政案中，最高人民法院还对专利申请人是否可基于其修改在专利授权过程中得到审查员认可而享有信赖利益保护问题表明了态度。最高人民法院指出，是否对专利申请文件进行修改原则上是申请人的一项权利；国家知识产权局依法行使对专利申请进行审查的职权，但并不负有保证专利授权正确无误的责任，申请人对其修改行为所造成的一切后果应自负其责。

最高人民法院审查认为：根据1992年修订的《专利法》第33条及其实施细则的规定，是否对专利申请文件进行修改原则上是申请人的一项权利，只是该项权利的行使方式和范围受到《专利法》及其实施细则的限制。在主动修改的情况下，只要遵守《专利法》及其实施细则的相关规定，是否修改专利申请文件以及如何修改，很大程度上由申请人自主决定。即使在被动修改的情况下，申请人对于如何修改仍有自主决定的权利。国家知识产权局依法行使对专利申请进行审查的职权，但并不负有也不可能负有保证专利授权正确无误的责任。申请人对其修改行为所造成的一切后果应自负其责。本案中，精工爱普生针对记忆装置的修改属于主动修改，并非应审查员的要求进行的被动修改，当然应该对其修改行为的后果负责。精工爱普生关于其修改行为在实审程序中已经得到审查员认可，其基于信赖该审查结论而产生的信赖利益在后续无效程序中应得到保障的主张，缺乏法律依据。

17. 判断专利申请文件修改是否合法时当事人意见陈述的作用

在前述“墨盒”专利无效行政案中，最高人民法院还阐明了当事人意见陈述在判断专利申请文件修改是否合法时的作用。最高人民法院认为，判断专利申请文件修改是否合法时，当事人的意见陈述通常只能作为理解说明书以及权利要求书含义的参考，而不是决定性依据；其参考价值的大小取决于该意见陈述的具体内容及其与说明书和权利要求书的关系。

最高人民法院审查认为:判断专利申请文件的修改是否符合《专利法》第 33 条的规定,其基本依据是原说明书和权利要求书记载的范围。在判断专利申请文件的修改是否超出原说明书和权利要求书记载的范围时,当事人的意见陈述在通常情况下只能作为理解说明书以及权利要求书含义的参考,而不是决定性依据。至于其参考价值的大小,则取决于该意见陈述的具体内容及其与说明书和权利要求书的关系。尤其需要注意的是,如果当事人意见陈述的内容超出了原说明书和权利要求书中记载的范围,则该部分内容将完全丧失参考作用,不能参考该意见陈述的相关内容对说明书或者权利要求书进行解释。

二、商标案件审判

(一)商标民事案件审判

18. 商品通用名称的认定与正当使用

在再审申请人山西沁州黄小米(集团)有限公司(以下简称沁州黄公司)与被申请人山西沁州檀山皇小米发展有限公司(以下简称檀山皇发展公司)、山西沁县檀山皇小米基地有限公司(以下简称檀山皇基地公司)确认不侵害商标权及侵害商标权纠纷案【(2013)民申字第 1642 号】中,最高人民法院认为,因历史传统、风土人情、地理环境等原因形成的相关市场较为固定的商品,其在该相关市场内的通用称谓可以认定为通用名称;注册商标权人不能因其在该商品市场推广中的贡献主张对该商品的通用名称享有商标权,无权禁止他人使用该通用名称来表明商品品种来源。

本案的基本案情是:沁州黄公司享有第 606790 号“沁州”注册商标专用权。该商标于 1992 年被核准注册,核定使用商品为第 30 类小米。2003 年和 2006 年,该商标先后被认定为长治市知名商标和山西省著名商标、驰名商标。檀山皇发展公司享有第 1368854 号“檀山皇 + 图形 + 拼音”商标、第 1368856 号“檀山 + 图形 + 拼音”注册商标专用权。该商标于 2000 年被核准注册,核定使用商品为第 30 类谷类制品、米。2006 年 3 月,“檀山皇”商标被认定为山西省著名商标。2006 年 2 月,山西省长治市工商局根据沁州黄公司的投诉,对四伟檀山皇名优特产经销部涉嫌侵犯“沁州”注册商标专用权的产品进行了查处。檀山皇发展公司不服,向山西省长治市中级人民法院提起行政诉讼。该院一审认定檀山皇发展公司的行为构成侵权。檀山皇发展公司不服,提起上诉。山西省高级人民法院二审判决驳回上诉,维持一审判决。2008 年,山西省太原市工商行政管理局在处理山西省工商行政管理局转来的沁州黄公司投诉材料时,就小米商品上使用“沁州黄”等字样是否侵权,请示山西省工商行政管理局。山西省工商行政管理局批复:依法保护“沁州”商标专用权,对涉嫌侵权行为依法进行查处。檀山皇发展公司等企业不服,针对该批复向国家工商行政管理总局提起行政复议。国家工商行政管理总局复议认为,司法机关已认定“沁州黄”不是小米品种的通用名称,复议申请人的行为侵害了“沁州”商标专用权。2008 年 11 月,檀山皇发展公司、檀山皇基地公司以沁州黄公司为被告向山西省太原市中级人民法院提起本案诉讼,要求确认其有权在小米商品上以非商标形式使用“沁州黄”,不侵犯“沁州”商标专用权。沁州黄公司提出管辖权异议后,本案被移送至山西省长治市中级人民法院审理。一审法院审理认为,在先生效裁判文书已确认“沁州黄”不是商品通用名称,檀山皇发展公司在相同商品包装上突出使用“沁州黄”等字样的行为构成侵权。双方当事人均不服,提出上诉。山西省高级人民法院二审认为,“沁州黄”是谷物类中小米特产的通称,檀山皇发展公司、檀山皇基地公司在商品包装上使用“沁州黄”属正当使用,不侵犯“沁州”注册商标专用权。沁州黄公司不服,向最高人民法院申请再审。2013 年 12 月 30 日,最高人民法院裁定驳回沁州黄公司的再审申请。

最高人民法院审查认为:依据本案事实,根据 1959 年山西省农业建设厅编辑的《山西省农作物品种志》以及 1987 年商业部粮食购销司编著的《粮食商品手册·名优品种》等文献,“沁州黄”小米是小米品种名称,且列为 5 个小米名优品种之一。2004 年 7 月 1 日实施的中华人民共和国国家标准《原产地域产品沁州黄小米》(GB19503-2004)及 2008 年 11 月 1 日实施的中华人民共和国国家标准《地理标志产品沁州黄小米》(GB/T19503-2008),对“沁州黄小米”的定义均为:源于古沁州,即现今山西省长治市所辖沁县、武乡、襄垣及屯留县境内特定的小米产区,选用沁州黄等优质品种,按照特定生产技术规程种植的谷子加工而成的粳性小米。约定俗成的通用名称一般以全国范围内相关公众的通常认识为判断标准。对于由于历史传统、风土人情、地理环境等原因形成的相关市场较为固定的商品,在该相关市场内通用的称谓,可以认定为通用名称。“沁州黄”能够反映出一类谷子(米)与其他谷子(米)的根本区别,符合通用名称的要求。“沁州黄”不是沁州黄公司最初使用并创造的名称。作为谷物品种的名称,“沁州黄”符合通用名称对广泛性和规范性的要求。在“沁州”商标申请注册前,“沁州黄”已经成为通用的谷物品种名称,沁州黄公司对沁州黄小米品种提纯复壮、产业化及商品化的贡献,不能成为其垄断“沁州黄”这一通用名称的理由。沁州黄公司没有提交证据证明“沁州黄”已经与其形成一一对应的关系。“沁州”注册商标虽然具有较高知名度,但是无权禁止其他企业将“沁州黄”文字使用在以“沁州黄”谷子加工而成的小米商品上,以表明其小米的品种来源。檀山皇发展公司、檀山皇基地公司在包装上使用“沁州黄”文字以表明小米品种来源的行为,属于正当使用。

(二)商标行政案件审判

19.《商标法》第 15 条规定的代理人或者代表人身份的推定

在再审申请人新东阳企业(集团)有限公司(以下简称新东阳企业公司)与被申请人新东阳股份有限公司(以下简称新东阳股份公司)、原审被告国家工商行政管理总局商标评审委员会(以下简称商标评审委员会)商标异议复审行政纠纷案【(2013)知行字第 97 号案】中,最高人民法院指出,与代理人或者代表人有串通合谋抢注商标行为的人,可以视为代理人或者代表人;判断是否构成串通合谋抢注行为,可以视情根据该人与代理人或者代表人的特定身份关系进行推定。

本案的基本案情是:2000 年 11 月 23 日,新东阳企业公司向国家工商行政管理总局商标局(以下简称商标局)提出第

1691098 号“新东阳及图”(即被异议商标)的注册申请。在法定异议期内,新东阳股份公司向商标局提出异议,商标局审查后裁定被异议商标予以核准注册。新东阳股份公司不服,向商标评审委员会申请复审。2010 年 10 月 12 日,商标评审委员会作出商评字〔2010〕第 26528 号《关于第 1691098 号“新东阳及图”商标异议复审裁定书》(以下简称第 26528 号裁定),裁定被异议商标予以核准注册。新东阳股份公司不服,提起行政诉讼。北京市第一中级人民法院一审认为,新东阳企业公司申请注册“新东阳”商标并未违反《商标法》第 15 条的规定,遂判决维持商标评审委员会第 26528 号裁定。新东阳股份公司不服,提出上诉。北京市高级人民法院二审认为,由于麦石来曾为新东阳股份公司的副董事长,现在仍为其董事、股东,并且曾担任由新东阳股份公司投资的上海新东阳食品有限公司的负责人,因此能够认定麦石来与新东阳股份公司形成代表关系。同时,新东阳企业公司系麦石来所设立,其行为与麦石来具有主观的合谋,新东阳企业公司的行为应视为麦石来的行为,其商标注册行为违反了《商标法》第 15 条的规定,故被异议商标不应当予以核准注册。遂判决撤销一审判决及第 26528 号裁定。新东阳企业公司不服,向最高人民法院申请再审。最高人民法院于 2013 年 12 月 20 日裁定驳回新东阳企业公司的再审申请。

最高人民法院审查认为:根据《商标法》第 15 条的规定,未经授权,代理人或者代表人以自己的名义将被代理人或者被代表人的商标进行注册,被代理人或者被代表人提出异议的,不予注册并禁止使用。本院《关于审理商标授权确权行政案件若干问题的意见》第 12 条规定,与代理人或者代表人有串通合谋抢注行为的商标注册申请人,可以视其为代理人或者代表人。至于串通合谋抢注行为,可以视情况根据商标注册申请人与上述代理人或者代表人之间的特定身份关系进行推定。本案中,新东阳股份公司在争议商标申请日前在我国台湾地区注册有多个“新东阳”商标。麦石来自 1978 年至 1993 年间任新东阳股份公司要职多年,并曾以企业副董事长身份被董事会委任全权负责大陆市场业务,至今仍为新东阳股份公司董事之一。新东阳企业公司在向本院申请再审时提交的上海新东阳食品有限公司 2013 年 6 月 28 日的说明也证明了“麦石来先生受新东阳股份有限公司董事会委任全权负责中国大陆市场业务”这一事实。据此可以认定,麦石来受新东阳股份公司董事会委任全权负责中国大陆市场业务,其是新东阳股份公司在中国大陆的代表人,未经新东阳股份公司许可,其无权以自己的名义将新东阳股份公司的“新东阳”商标在中国大陆申请注册。现麦石来通过其任法定代表人的新东阳企业公司的名义申请注册该商标,新东阳企业公司可以视为《商标法》第 15 条所称的代理人或者代表人。因此,二审法院认定新东阳企业公司在未经授权的情况下,擅自在我国大陆地区申请注册“新东阳”系列商标,违反了《商标法》第 15 条的规定,并无不妥。

20.《商标法》第 31 条“以不正当手段抢先注册他人已经使用并有一定影响的商标”的适用及其例外

在再审申请人抚顺博格环保科技有限公司(以下简称抚顺博格公司)与国家工商行政管理总局商标评审委员会(以下简称

商标评审委员会)、营口玻璃纤维有限公司(以下简称营口玻纤公司)商标争议行政纠纷案【(2013)行提字第11号】中,最高人民法院认为,依据《商标法》第31条主张争议商标应予撤销的当事人,应证明其在争议商标申请日之前,已经在相同或者类似产品上使用了与争议商标相同或者近似的商标,并且在相关公众中具有了一定影响,而争议商标申请人申请注册争议商标具有抢占其商标商誉的恶意;一般情况下,商标申请人明知或者应知他人在先使用并有一定影响的商标而申请注册即可推定其具有利用他人商标商誉获利的意图,但不排除特殊情况下,在先商标虽然已经具有一定影响,但商标申请人并不具有抢占在先商标商誉的恶意。

本案的基本案情是:第1994272号"氟美斯FMS"商标(即争议商标)由抚顺市工业用布厂于2001年5月31日向国家工商行政管理局商标局(以下简称商标局)提出注册申请,于2002年8月21日被核准注册,核定使用商品为第24类无纺布、过滤布、滤气呢、纺织品过滤材料、纺织用玻璃纤维织物、玻璃布等。2006年5月7日,经商标局核准,争议商标被转让给抚顺博格公司。2002年12月30日,营口玻纤公司向商标评审委员会提出撤销争议商标的申请。2008年10月20日,商标评审委员会作出商评字〔2008〕第19498号《关于第1994272号"氟美斯FMS"商标争议裁定书》(以下简称第19498号裁定),该裁定依据《商标法》第31条、第41条第1款和第43条的规定,撤销争议商标的注册。商标评审委员会认为:营口玻纤公司称"氟美斯FMS"系多功能玻璃纤维复合滤料商品的通用名称,但营口玻纤公司未能提供相应的证据支持。营口玻纤公司主张争议商标在作为商品名称的同时,又作为商标使用,抚顺市工业用布厂违反诚实信用原则,属于恶意抢注行为。营口玻纤公司提交的证据可以证明,其将"FMS氟美斯"指定使用于针刺滤料商品上早于抚顺市工业用布厂提出争议商标注册申请的时间。抚顺市工业用布厂与营口玻纤公司为同一地域的同行,理应知晓营口玻纤公司将"氟美斯FMS"指定使用于针刺滤料商品上,仍将"氟美斯FMS"作为商标指定使用于相同商品上进行申请注册,致使营口玻纤公司在先获得的新产品名称不能正常使用。同时,该行为也违反了《商标法》第31条"不得以不正当手段抢先注册他人已经使用并有一定影响的商标"的规定。抚顺博格公司不服,提起行政诉讼。北京市第一中级人民法院一审认为,根据抚顺博格公司在诉讼阶段提交的新证据表明,截至争议商标申请日之前,抚顺市工业用布厂在商业活动中已经大量使用了争议商标,并使之具有了一定的知名度。在抚顺博格公司与营口玻纤公司都使用争议商标的情况下,本案已经没有适用《商标法》第31条的必要,根据商标注册的先申请原则,抚顺博格公司申请注册争议商标并无不当。据此判决撤销第19498号裁定。商标评审委员会、营口玻纤公司不服,提出上诉。北京市高级人民法院二审认为,营口玻纤公司在先使用了"氟美斯"商标并在相关公众中已经具有一定影响,抚顺市工业用布厂申请注册争议商标属于《商标法》第31条规定的"以不正当手段抢先注册他人已经使用并有一定影响的商标"的情形,第19498号裁定据此撤销争议商标的注册并无不当。遂判决撤销一审判决,维持第19498号裁定。抚顺博格公司不服,向最高人民法院申请再审。最高人民法院裁定提审本案,并于2013年9月26日判决撤销二审判决,维持一审判决。

最高人民法院提审认为:营口玻纤公司依据《商标法》第31条“以不正当手段抢先注册他人已经使用并有一定影响的商标”主张争议商标应予撤销,应证明其在争议商标申请日之前,已经在相同或者类似产品上使用了与争议商标相同或者近似的商标,并且在相关公众中具有了一定影响,同时抚顺博格公司申请注册争议商标具有抢占其商标商誉的恶意。本案证据可以证明,营口玻纤公司是氟美斯新产品的主要研发者,抚顺市工业用布厂仅提供了辅助性的帮助;该产品命名有从斯氟美(CFM)到氟美斯的变化过程,最终定名氟美斯(FMS)。营口玻纤公司作为氟美斯(FMS)产品的主要研发者和命名者,其在1998年即开始销售“氟美斯FMS”产品,并于2000年获得国家级新产品证书和国家级火炬计划项目证书及其他多项奖励。至争议商标申请日,营口玻纤公司已经使用“氟美斯FMS”商标近三年,有一定的市场规模,且获得了一定荣誉,可以认为该商标已经成为其在先使用并有一定影响的商标。虽然一般情况下,商标申请人明知他人在先使用并有一定影响的商标而申请注册即可推定其具有利用他人商标商誉获利的意图。但是,本案事实显示,抚顺博格公司申请注册争议商标并不具有抢占营口玻纤公司在先使用并有一定影响的商标商誉的恶意。抚顺博格公司的前身抚顺市工业用布厂与营口玻纤公司几乎同时开始使用“氟美斯FMS”商标,且在争议商标申请日前其销售规模大于营口玻纤公司。本案争议商标申请日前,营口玻纤公司和抚顺市工业用布厂同时在市场上销售“氟美斯FMS”商品且互相知晓,但双方对该标识的归属并无特别约定。我国商标法采用“先申请原则”,并未有类似“创作作品的人为作者”、“对发明的技术方案作出实质性贡献的人为发明人”的规定。在缺乏其他法律或者合同依据的情况下,不能类比得出“共同使用商标者应为共有商标权人”的结论。本案中抚顺博格公司独自申请注册争议商标并不侵犯营口玻纤公司的合法权益,亦不违反诚实信用原则,不应依据《商标法》第31条的规定予以撤销。

21. 长期停止使用的商业标识不能作为有一定影响的未注册商标或在先权利予以保护

在再审申请人余晓华与国家工商行政管理总局商标评审委员会(以下简称商标评审委员会)、第三人成都同德福合川桃片食品有限公司(以下简称成都同德福公司)商标争议行政纠纷案【(2013)知行字第80号】中,最高人民法院指出,《商标法》第31条所称的“有一定影响”,应当是一种基于持续使用行为而产生的法律效果,“在先权利”应当是指至争议商标的申请日时仍然存在的现有权利;在长期停止使用的情况下,商业标识已经不具备《商标法》第31条所规定的未注册商标的知名度和影响力,不构成在先使用并有一定影响的商标或者在先权利。

本案的基本案情是:第1215206号“同德福TONGDEFU及图”商标(即争议商标)由合川市桃片厂温江分厂于1997年8月4日提出注册申请,1998年10月14日经国家工商行政管理总局商标局(以下简称商标局)核准注册,指定使用在第30类桃片(糕点)等商品上。2000年11月7日,该商标注册人名义经商标局核准变更为成都同德福公司。2003年4月24日,余晓华以争议商标违反了《商标法》第31条、第41条规定为由,申请对争议商标予以撤销。2010年5月4日,商标评审委员会作出商评字〔2010〕第9618号《关于第1215206号"同德福TONGDEFU及图"商标争议裁定》(以下简称第9618号裁定),对争议商标的注册予以维持。该裁定认为:根据余晓华提交的证据,"同德福"于20世纪20年代至50年代在桃片商品上在四川地区已形成一定商誉,具有较高知名度。但是1956年公私合营后,由于历史原因,余晓华父亲停止使用"同德福"四十余年。余晓华提交的证据不足以证明"同德福"作为商号经余晓华先辈使用所形成的商誉和商业价值在其停止使用该商号四十余年后仍得以延续至争议商标注册申请日。且余晓华重新启用"同德福"并以其为商号成立合川市老字号同德福桃片厂的时间为2002年,晚于争议商标注册申请日。故不能认定成都同德福公司在"同德福"停用四十余年后申请注册争议商标构成《商标法》第31条所指"损害他人现有的在先权利"之情形。此外,余晓华提交的证据不足以证明"同德福"作为商标经余晓华先辈使用所具有的影响力延续至争议商标注册申请日,亦不足以证明余晓华在争议商标注册申请日之前重新使用"同德福"商标并具有一定影响以及成都同德福公司系以不正当手段恶意抢注争议商标。故不能认定争议商标的注册构成《商标法》第31条所指"以不正当手段抢先注册他人已经使用并有一定影响的商标"之情形。余晓华不服第9618号裁定,于法定期限内提起行政诉讼。北京市第一中级人民法院一审判决维持第9618号裁定。余晓华不服,提出上诉。北京市高级人民法院二审判决驳回上诉、维持原判。余晓华仍不服,向最高人民法院申请再审。最高人民法院于2013年12月4日裁定驳回余晓华的再审申请。

最高人民法院审查认为:《商标法》第31条所称的"他人在先使用并有一定影响的商标",是指已经使用了一定的时间、因一定的销售量、广告宣传等而在一定范围的相关公众中具有知名度,从而被视为区分商品来源的未注册商业标志。这里所称的"有一定影响"应当是一种基于持续使用行为而产生的法律效果,争议商标的申请日是判断在先商标是否有一定影响的时间节点。"同德福"商号确曾在余晓华先辈的经营下获得了较好的发展,于20世纪20年代至50年代期间,在四川地区于桃片商品上积累了一定的商誉,形成了较高的知名度。但自1956年起至争议商标的申请日,作为一个商业标识的"同德福"停止使用近半个世纪的时间。在这种情况下,即使余氏家族曾经在先将"同德福"作为商业标识使用,但至争议商标的申请日,因长期停止使用,"同德福"已经不具备《商标法》第31条所规定的未注册商标的知名度和影响力,不构成"在先使用并有一定影响的商标"。虽然余晓华自2002年又开始使用"同德福"作为字号,成立了同德福桃片厂,但该行为的发生已经晚于争议商标的申请日。在成都同德福公司已经在先注册并实际使用争议商标、余晓华对此又不享有任何在先权益的情况下,不能以其在后的使用行为对抗第三人已经合法形成的注册商标专用权。成都同德福公司注册争议商标的行为,不构成抢注他人在先使用并有一定影响的商标,亦未违反诚实信用原则。同理,《商标法》第31条所称的“在先权利”应当是指至争议商标的申请日时仍然存在的现有权利。“同德福”作为商号的使用最早始于同德福京果铺,后经余家人接手经营而逐渐壮大,但至1956年公私合营之时停止使用。至争议商标的申请日,四十余年的时间里没有任何人将“同德福”作为商号使用。因此,在争议商标申请注册之时,“同德福”已不构成商标法所保护的、现有的在先权利,不符合阻却争议商标注册的法定事由。

22.《商标法》第41条第1款规定的“其他不正当手段”的认定

在再审申请人李隆丰与被申请人中华人民共和国国家工商行政管理总局商标评审委员会(以下简称商标评审委员会)、一审第三人三亚市海棠湾管理委员会(以下简称海棠湾管委会)商标争议行政纠纷案【(2013)知行字第41、第42号】中,最高人民法院指出,《商标法》第41条第1款规定的“以其他不正当手段取得注册”,是指以欺骗手段以外的扰乱商标注册秩序、损害公共利益、不正当占用公共资源或者以其他方式谋取不正当利益的手段取得注册;民事主体申请注册商标,应该有使用的真实意图,其申请注册商标的行为应具有合理性或正当性。

本案的基本案情是:2005年6月8日,李隆丰在第36类的不动产出租、不动产管理、住所(公寓)等服务上注册了第4706493号“海棠湾”商标,在第43类住所(旅馆、供膳寄宿处)、旅游房屋出租、饭店、餐馆等服务上注册了第4706970号“海棠湾”商标(即两争议商标)。海棠湾管委会依据《商标法》第31条、第41条第1款、第10条规定向商标评审委员会申请撤销上述两争议商标。商标评审委员会分别作出商评字〔2011〕第13255号《关于第4706493号“海棠湾”商标争议裁定书》(以下简称第13255号裁定)和〔2011〕第12545号《关于第4706970号“海棠湾”商标争议裁定书》(以下简称第12545号裁定),裁定撤销上述两个“海棠湾”商标。李隆丰不服,分别提起行政诉讼。北京市第一中级人民法院一审分别判决撤销第13255号裁定和第12545号裁定。商标评审委员会和海棠湾管委会不服,提出上诉。北京市高级人民法院二审分别判决撤销一审判决,维持第13255号裁定和第12545号裁定。李隆丰不服,向最高人民法院申请再审。最高人民法院于2013年8月12日分别裁定驳回李隆丰的再审申请。

最高人民法院审查认为:根据《商标法》第41条第1款的规定,已经注册的商标是以欺骗手段或者其他不正当手段取得注册的,其他单位或者个人可以请求商标评审委员会裁定撤销。审查判断诉争商标是否属于该条款规定的“以其他不正当手段取得注册”的情形,要考虑其是否属于欺骗手段以外的扰乱商标注册秩序、损害公共利益、不正当占用公共资源或者以其他方式谋取不正当利益的手段。《商标法》第4条规定,自然人、法人或者其他组织对其生产、制造、加工、拣选或者经销的商品或者提供的服务,需要取得商标专用权的,应当向商标局申请商标注册。从该条规定的精神来看,民事主体申请注册商标,应该有使用的真实意图,以满足自己的商标使用需求为目的,其申请注册商标行为应具有合理性或正当性。根据商标评审委员会及原审法院查明的事实,在李隆丰申请注册争议商标之前,“海棠湾”标志经过海南省相关政府机构的宣传推广,已经成为公众知晓的三亚市旅游度假区的地名和政府规划的大型综合开发项目的名称,其含义和指向明确。李隆丰自己在接受媒体采访时也承认是在看到报纸报道香港著名企业家将参与开发海棠湾的消息后,认为该标志会非常知名,作为商标会具有较高的价值,因而才将其申请注册为商标。李隆丰作为个人,不仅在第36类的不动产出租、不动产管理、住所(公寓)等服务上和第43类的住所(旅馆、供膳寄宿处)、旅游房屋出租、饭店、餐馆等服务上注册了本案争议商标,还在其他商品或服务类别上申请注册了“海棠湾”商标。此外,李隆丰在多个类别的商品或服务上还注册了“香水湾”、“椰林湾”等30余件商标,其中不少与公众知晓的海南岛的地名、景点名称有关。李隆丰利用政府部门宣传推广海棠湾休闲度假区及其开发项目所产生的巨大影响力,抢先申请注册多个“海棠湾”商标的行为,以及没有合理理由大量注册囤积其他商标的行为,并无真实使用意图,不具备注册商标应有的正当性,属于不正当占用公共资源、扰乱商标注册秩序的情形。

23. 同一主体的不同注册商标的知名度在特定条件下可以辐射

在再审申请人博内特里塞文奥勒有限公司(以下简称博内特里公司)与被申请人中华人民共和国国家工商行政管理总局商标评审委员会(以下简称商标评审委员会)、被申请人佛山市名仕实业有限公司(以下简称名仕公司)商标争议行政纠纷案【(2012)行提字第28号】中,最高人民法院认为,同一主体的不同注册商标的知名度在特定条件下可以辐射;在争议商标申请日前,争议商标的标识因同一主体对相近似商标的长期广泛使用已经具有较高知名度,而引证商标不具有知名度的,引证商标的排斥权范围应受到限制。

本案的基本案情是:博内特里公司于2002年3月20日向国家工商行政管理总局商标局(以下简称商标局)申请注册第3119295号“花图形”商标(即争议商标),2003年7月2日该商标被核准注册,指定使用在第25类:围兜(衣服)、婴儿睡衣、吊裤带、婴儿用鞋、皮带(服饰用)等商品上。名仕公司于1990年10月29日申请注册第572522号“花图形”商标(即引证商标),2001年11月20日该商标被核准注册,指定使用在第26类:裤带扣、女装裙扣、鞋花扣商品上。2005年8月8日,名仕公司针对博内特里公司的争议商标提出撤销申请。2009年8月3日,商标评审委员会作出商评字〔2009〕第20773号《关于第3119295号图形商标争议裁定书》(以下简称第20773号裁定)。商标评审委员会认为:争议商标指定使用的“皮带(服饰用)”与引证商标核定使用的“裤带扣”属于商品和配件关系,两商品功能用途联系紧密,属于类似商品。争议商标与引证商标构成相近商标,使用在上述商品上易使消费者对两商品来源产生混淆。据此裁定争议商标核定使用在“皮带(服饰用)”商品上的注册商标予以撤销,核定使用在其他商品上的注册商标予以维持。博内特里公司不服,提起行政诉讼。北京市第一中级人民法院一审判决维持第20773号裁定。博内特里公司不服,提出上诉。北京市高级人民法院二审判决驳回上诉,维持一审判决。博内特里公司不服,向最高人民法院申请再审。最高人民法院裁定提审本案,并于

2013 年 12 月 13 日判决撤销原一、二审判决及第 20773 号裁定，责令商标评审委员会重新作出裁定。

最高人民法院提审认为：争议商标与引证商标整体视觉效果近似；引证商标核定使用的“裤带扣”与争议商标核定使用的“服饰用皮带”在功能、用途、生产部门、销售渠道、消费对象等方面有一定交叉，相关公众一般会认为二者存在特定联系。但是，名仕公司在本案中未提交任何足以证明引证商标在争议商标申请日之前的使用证据，故引证商标在争议商标申请注册之前并不具备一定的知名度。博内特里公司最早于 1977 年 8 月 11 日在法国注册了国际注册号为 432096 号的“花图形”商标。1985 年 8 月 19 日，博内特里公司向商标局申请注册第 253489 号“MONTAGUT + 花图形”组合商标，该商标于 1986 年 6 月 30 日被商标局核准注册，核定使用在第 25 类衣服等商品上。该商标中包含的“花图形”与争议商标的“花图形”基本无差别。自此，博内特里公司在中国开始大量使用含有“花图形”标志的商标。1991 年 12 月 30 日，博内特里公司经商标局核准注册了第 577537 号“萝特娇”文字商标，核定使用在第 25 类衣服等商品上。1994 年 2 月 21 日，博内特里公司在中国申请注册第 795657 号“花图形”商标，该商标于 1995 年 11 月 28 日被核准注册在第 25 类的服装、鞋、帽、皮带服饰用、腰带、服装带等商品上。2004 年 11 月 29 日，博内特里公司注册的“花图形”、“MONTAGUT + 花图形”、“萝特娇”商标被认定为使用在服装等商品上的驰名商标。从上述事实看，博内特里公司于 1985 年申请注册的“MONTAGUT + 花图形”组合商标中就包含有与争议商标基本相同的“花图形”标志，该“花图形”标志的申请注册时间早于引证商标的申请注册日。博内特里公司又于 1994 年将与争议商标基本相同的“花图形”商标申请注册在服饰用皮带等商品上。本案争议商标于 2002 年申请，2003 年被核准注册，博内特里公司包括“花图形”在内的三个系列商标于 2004 年就被认定为驰名商标。显然，其中被认定为驰名商标的“花图形”商标的知名度不是由刚核准注册一年的争议商标带来的，而是由于博内特里公司在申请注册争议商标之前就在中国长期、大量地使用带有“花图形”标志的“MONTAGUT + 花图形”商标及 1994 年申请注册“花图形”商标，使“花图形”标志在相关公众中广为知晓，在服饰领域产生了较高的知名度。相关公众已经将“花图形”、“MONTAGUT + 花图形”、“萝特娇”商标与博内特里公司之间建立了特定的联系。博内特里公司 1994 年申请注册的第 795657 号“花图形”商标与本案争议商标基本无差别且同样都注册在服饰用皮带上。尽管本案争议商标与已被认定为驰名商标的“MONTAGUT + 花图形”、“花图形”商标与本案争议商标为不同的商标，本案争议商标又在引证商标之后申请注册，但争议商标的“花图形”标识早在其申请注册之前已经过长期、广泛使用，“花图形”标志多年来在博内特里公司“MONTAGUT + 花图形”、“花图形”驰名商标上建立的商誉已经体现在争议商标“花图形”商标上，本案争议商标延续性地承载着在先“花图形”商标背后的巨大商誉。因此，虽然不同的注册商标专用权是相互独立的，但商标所承载的商誉是可以承继的，在后的争议商标会因为在先驰名商标商誉的存在而在较短的时间内具有了较高的知名度。因此,即便争议商标与引证商标在自然属性上构成近似,争议商标核定使用在“皮带(服饰用)”上的商品与引证商标核定使用在“裤带扣”的商品构成类似,但毕竟争议商标在第 25 类注册、引证商标在第 26 类注册,二者属于不同类别上注册的不同商品。而且,引证商标不具有一定的知名度,名仕公司对引证商标虽享有商标专用权,但其商标专用权的排斥力因其商标不具知名度而应受到一定的限制。相反,博内特里公司在先注册并大量使用的“花图形”标识的商誉已延续至争议商标,使得争议商标具有较高的知名度,已建立较高市场声誉和形成相关公众群体,相关公众已在客观上将博内特里公司的争议商标与名仕公司的引证商标区别开来。此时允许争议商标存在只是限制引证商标排斥权的范围,并不限制其商标专用权。从本案争议商标的特殊性考虑,认定争议商标的注册具有合法性,能维护已经形成和稳定的市场秩序。商标评审委员会及一、二审法院认定争议商标在“皮带服饰上”的注册违反《商标法》第 28 条的规定,有失偏颇。

三、著作权案件审判

24. 实用性与艺术性兼备的客体作为美术作品获得保护的条件

在再审申请人乐高公司与被申请人广东小白龙动漫玩具实业有限公司(以下简称小白龙动漫公司)、北京华远西单购物中心有限公司(以下简称西单购物中心)侵害著作权纠纷案【(2013)民申字第 1262 号至 1271 号、第 1275 号至 1282 号、第 1327 号至 1346 号、第 1348 号至 1365 号】中,最高人民法院指出,不同种类作品对独创性的要求不尽相同,美术作品的独创性要求体现作者在美学领域的独特创造力和观念;对于既有欣赏价值又有实用价值的客体而言,其是否可以作为美术作品保护取决于作者在美学方面付出的智力劳动所体现的独特个性和创造力,那些不属于美学领域的智力劳动则与独创性无关。

本案的基本案情是:乐高公司主张其为第 6015 号轮胎造型等 56 件积木块的著作权人,并提交了设计图纸、产品图册以及使用说明书等证据。2007 年 4 月 2 日、4 月 3 日、10 月 26 日,乐高公司的委托代理人通过公证程序,在西单购物中心购买了“COGO 积高玩具”及“小白龙 LWDRAGON 玩具”,西单购物中心出具了相应的购买发票,其中包含涉案 56 件被诉侵权积木块。乐高公司以小白龙动漫公司生产、西单购物中心销售的被诉侵权积木块侵犯其著作权为由,提起诉讼。北京市第一中级人民法院一审认为,乐高公司请求保护的 56 块积木块不具有独创性,不构成美术作品,判决驳回乐高公司的诉讼请求。乐高公司不服,提出上诉。北京市高级人民法院二审判决驳回上诉、维持原判。乐高公司仍不服,向最高人民法院申请再审。最高人民法院于 2013 年 11 月 29 日裁定驳回乐高公司的再审申请。

最高人民法院审查认为:独创性是作品的基本属性,是指作品由作者独立完成并表现了作者独特的个性和思想。独创性是一个需要根据具体事实加以判断的问题,不存在适用于所有作品的统一标准。实际上,不同种类作品对独创性的要求不尽相同。对于美术作品而言,其独创性要求体现作者在美学领域的独特创造力和观念。因此,对于那些既有欣赏价值又有实用价值的客体而言,其是否可以作为美术作品保护取决于作者在美学方面付出的智力劳动所体现的独特个性和创造力,那些不属于美学领域的智力劳动则与独创性无关。乐高公司在原审程序中提交的产品设计图纸等证据,可以证明涉案玩具积木块由乐高公司独立完成,并为此付出了一定的劳动和资金。但是,独立完成和付出劳动本身并不是某项客体获得著作权法保护的充分条件。从涉案玩具积木块的设计来看,它并未赋予涉案玩具积木块足够的美学方面的独特性,不符合著作权法关于美术作品的独创性要求。此外,涉案玩具积木块获得著作权登记本身并不能成为其当然能够获得著作权法保护的依据。即使著作权登记能够成为权利人享有权利或者某项客体属于著作权法保护的作品的初步证据,在当事人于个案中对此发生争议时,人民法院仍然有权对权属或者独创性问题重新作出审查判断。

25. 立体造型美术作品的保护范围与侵权判断

在再审申请人景德镇法蓝瓷实业有限公司(以下简称法蓝瓷公司)与被申请人潮州市加兰德陶瓷有限公司(以下简称加兰德公司)侵害著作权纠纷案【(2012)民申字第1392号】中,最高人民法院认为,设计思路以及相应的工艺方法并非著作权法的保护对象,权利人不能通过著作权垄断相应的设计思路和工艺方法;他人可以采用同样的设计思路和工艺方法,设计并生产类似主题的产品,但不能抄袭他人具有独创性的表达。

本案的基本案情是:法蓝瓷公司经著作权人海畅实业有限公司(以下简称海畅公司)许可获得了“蜂鸟茶具系列”、“小红莓系列”、“蜂鸟摆饰系列”等陶瓷作品的专有使用权。加兰德公司生产“圣诞果系列”、“金鱼系列”、“鸢尾花系列”陶瓷产品。法蓝瓷公司主张加兰德公司的产品是对其享有专有使用权的作品的刻意模仿,侵犯了法蓝瓷公司的著作权,遂提起著作权侵权诉讼。福建省厦门市中级人民法院一审认为,加兰德公司“圣诞果系列”产品侵犯了法蓝瓷公司“小红莓系列”作品著作权,据此判决加兰德公司承担停止侵权、赔偿损失的民事责任。法蓝瓷公司和加兰德公司均不服,提出上诉。福建省高级人民法院在一审判决的基础上,又增加认定加兰德公司“鸢尾花系列”中的大盘、杯盘组构成侵权,但认为“鸢尾花系列”中的茶壶、奶罐糖罐以及“金鱼系列”陶瓷制品不构成侵权。法蓝瓷公司不服,向最高人民法院申请再审。最高人民法院于2013年3月25日裁定驳回法蓝瓷公司的再审申请。

最高人民法院审查认为:将动植物形象引入到生活用品中,制作出精美的陶瓷制品的设计思路、工艺方法早在一百多年前已经出现。海畅公司借鉴已有的设计思路和工艺方法,用鸢尾花、蜂鸟、金鱼等动植物的形象来装饰茶壶、杯盘汤匙组和奶罐糖罐等产品,使其系列瓷制品在艺术造型、结构、色彩搭配上具有独创性,构成有审美意义的立体造型艺术作品,应当受到著作权法的保护。但著作权法保护思想的表达,并不保护思想本身。将动植物形象装饰陶瓷制品,在各种器形载体的杯缘、瓶口、把手上刻画出立体生动的动植物造型的设计思路以及相应的工艺方法并非海畅公司所独创,也非著作权法的保护对象。海畅公司不能通过著作权垄断相应的设计思路和工艺方法，否则将违背著作权法的立法原意，阻碍文学、艺术、科学的进步和作品的多样性。模仿是文学、艺术和自然科学、社会科学、工程技术等进步的基本手段和方法，他人可以采用同样的设计思路和工艺方法，设计并生产类似主题的产品。著作权制度并不禁止他人的适度模仿，但不能抄袭他人具有独创性的表达。自然界中已经客观存在的动植物形象不属于海畅公司独创，但如果其用特定的方式、赋予其具有特定审美意义的造型表达，则应当予以保护。将加兰德公司的“鸢尾花系列”产品中的茶壶、奶罐糖罐以及“金鱼系列”产品与海畅公司的相应产品对比可见，虽然加兰德公司的产品具有模仿海畅公司产品的痕迹，两者产品有相同之处，但也有明显的差异。相同之处主要是设计主题、思路、位置关系和动植物形象等元素，这些相同之处尚未使两公司产品达到实质性相似的程度，加兰德公司的行为没有超出合法模仿的界限，二审法院认定加兰德公司生产的“鸢尾花系列”中的茶壶、奶罐糖罐以及“金鱼系列”陶瓷制品未侵犯法蓝瓷公司著作权是正确的。

四、竞争案件审判

26. 知名商品特有的包装、装潢权益能否承继

在再审申请人桂林南药股份有限公司（以下简称桂林南药公司）与被申请人三门峡赛诺维制药有限公司（以下简称赛诺维公司）侵害外观设计专利权和擅自使用知名商品特有包装、装潢纠纷案【（2013）民提字第163号】中，最高人民法院指出，知名商品特有的包装、装潢属于反不正当竞争法保护的财产权益，依法可以转让和承继。

本案的基本案情是：1963年10月9日，广西壮族自治区卫生厅批复同意桂林制药厂生产乳酶生片。1979年至2000年，相关部门多次授予桂林制药厂生产的乳酶生片名牌产品及优质产品等称号。2001年6月11日，广西壮族自治区人民政府批复同意以桂林制药厂等为发起人设立桂林南药公司，并于2001年6月22日成立。2001年10月12日，桂林制药厂乳酶生片等72个品种的生产单位变更为桂林南药公司。自2001年12月1日起，桂林制药厂停止生产已变更生产单位的药品。2002年2月2日，桂林南药公司向广西壮族自治区药品监督管理局申请涉案包装、装潢版本一，2002年9月18日获得批准。2006年11月8日，桂林南药公司向广西壮族自治区食品药品监督管理局申请涉案包装、装潢版本二，该包装、装潢与版本一整体相同，细节上略有区别，2007年6月4日获得批准。2010年12月22日，桂林南药公司吸收合并桂林制药有限责任公司（其前身为桂林制药厂）。2011年5月17日，桂林制药有限责任公司经核准注销。2001年8月8日，赛诺维公司成立。2005年3月21日，赛诺维公司的老厂区分立为三门峡华一制药有限公司。2007年5月25日，河南省食品药品监督管理局同意三门峡华一制药有限公司乳酶生片药品说明书和标签备案，该标签内容同桂林南药公司的涉案包装、装潢版本二基本相同。2008年2月26日，三门峡华一制药有限公司生产的使用上述包装袋的乳酶生片在市场上销售。后赛诺维公司与三门峡华一制药有限公司合并，原三门峡华一制药有限公司的复方氢氧化铝等26个品种的生产单位变更为赛诺维

公司,原药品批准文号不变。2008 年 5 月 20 日,赛诺维公司委托他人印制同三门峡华一制药有限公司乳酶生片包装、装潢相同的包装。桂林南药公司以赛诺维公司仿冒桂林南药公司知名商品包装、装潢,构成不正当竞争为由,提起诉讼。河南省洛阳市中级人民法院一审认为,桂林制药厂所生产的乳酶生片虽有一定知名度,但在桂林南药公司吸收合并桂林制药厂之前,桂林制药厂仅仅是桂林南药公司的股东之一,桂林制药厂的声誉和知名度不能为桂林南药公司享有;两公司合并后,桂林制药厂已停止生产乳酶生片近十年,其所曾经享有的声誉和知名度也不能为桂林南药公司所继续享有。据此判决驳回桂林南药公司的诉讼请求。桂林南药公司不服,提出上诉。河南省高级人民法院二审认为,桂林南药公司成立后,对乳酶生片这一产品重新进行药品审批,其生产单位、药品批号等已发生变化,桂林南药公司生产的乳酶生片与桂林制药厂生产的乳酶生片已不是同一商品,不能认定桂林南药公司生产的乳酶生片是知名商品,故赛诺维公司使用涉案包装、装潢的行为不构成不正当竞争。据此判决驳回上诉,维持一审判决。桂林南药公司不服,向最高人民法院申请再审。最高人民法院裁定提审本案,并于 2013 年 12 月 7 日判决撤销原一、二审判决,改判赛诺维公司停止使用涉案包装、装潢的不正当竞争行为,赔偿桂林南药公司经济损失 21. 32 万元。

最高人民法院提审认为:桂林南药公司一直在生产销售乳酶生片,而且该乳酶生片与桂林制药厂生产的乳酶生片为同一种商品,药品批准文号的变化并不足以证明二者不是同一种商品。知名商品特有的包装、装潢属于反不正当竞争法保护的财产权益,依法可以转让和承继。在桂林制药厂生产的乳酶生片为知名商品的情形下,其生产的 0. 15 克袋装乳酶生片的包装、装潢应当属于知名商品特有的包装、装潢。基于桂林南药公司和桂林制药厂本身就具有较为特殊的承继关系,且两者生产的乳酶生片为同一种商品,因桂林南药公司和桂林制药厂在 0. 15 克袋装乳酶生片上使用的包装、装潢并无实质性差别,故桂林南药公司应当有权利承继桂林制药厂所拥有的上述知名商品特有的包装、装潢权益。桂林南药公司生产销售的 0. 15 克袋装乳酶生片的包装、装潢属于知名商品特有的包装、装潢。赛诺维公司生产销售的 0. 15 克袋装乳酶生片的包装、装潢侵犯了桂林南药股份有限公司知名商品特有的包装、装潢权益,构成不正当竞争。

27. 知名商品的名称、包装和装潢的特有性与新颖性的关系

在再审申请人华文出版社有限公司(以下简称华文出版社)与被申请人吉林文史出版社及一审被告长春联合图书城有限公司(以下简称长春联合图书城)侵害著作权及不正当竞争纠纷案【(2013)民申字第 371 号】(以下简称《男人来自火星·女人来自金星》图书不正当竞争案)中,最高人民法院指出,知名商品的名称、包装和装潢的特有性是指该商品名称、包装和装潢能够起到区别商品来源的作用,而不是指该商品名称、包装和装潢具有新颖性或者独创性;即使商品名称、包装和装潢不具有新颖性或者独创性,也不意味着其必然不具有特有性。

本案的基本案情是:吉林文史出版社自 2004 年取得美国作者约翰·格雷博士

的授权,在中国大陆范围内独家出版其作品,英文名为“Men Are from Mars, Women Are From Venus”,中文名为《男人来自火星·女人来自金星》。该书封面以两张大幅男人、女人头像图片为背景,图片为黑白色,封面整体呈现蓝绿色。封面中间是中文书名,封面顶端是宣传语,中文书名的左上角是美术体的英文书名,中文书名的正下方是“全球最畅销图书被翻译成40多种语言”的宣传语。该书封底呈黑绿色,上部以美术体标示英文书名,中间是“让男人读懂女人,让女人读懂男人”的宣传语,然后依次引用有关外文报刊对本书的评论。2006年、2007年、2009年在中国图书商报统计的各地书店畅销书排序中,本案图书均榜上有名且销量较大。2007年至2011年当当网图书畅销榜,该书亦榜上有名。华文出版社于2010年1月出版了翟文明编著的《男人来自火星·女人来自金星大全集》一书。在该书封面上的“男人来自火星·女人来自金星”字体显著突出,“大全集”三字字体相对较小。同时,该书在封面的装饰图片选择、位置排列、颜色搭配以及封面和封底的中英文文字、宣传标语的选择、排列布置等方面与吉林文史出版社的涉案图书非常接近。2010年7月,吉林文史出版社在长春联合图书城购买华文出版社出版的《男人来自火星·女人来自金星大全集》两本。吉林文史出版社以华文出版社侵犯其本案图书著作权及擅自使用其知名商品特有名称和装潢为由,提起诉讼,请求法院判令华文出版社停止侵权并赔偿损失。吉林省长春市中级人民法院一审认为,华文出版社及长春联合图书城未侵犯吉林文史出版社的专有出版权,但是华文出版社擅自使用与他人知名商品特有名称和装潢近似的名称和装潢,构成不正当竞争行为。遂判决华文出版社停止出版、发行“使用《男人来自火星·女人来自金星大全集》名称及其封面封底设计”的图书,赔偿吉林文史出版社20万元;长春联合图书城停止销售前述图书。华文出版社不服,提出上诉。吉林省高级人民法院二审认为,一审判决确定的赔偿数额过高,应予调整。遂改判华文出版社赔偿吉林文史出版社10万元。华文出版社仍不服,向最高人民法院申请再审。其主要理由是文史出版社本案图书的名称和装潢不构成知名商品的特有名称和装潢;本案可以判决责令附加区分来源的其他标识,原审判决停止出版、发行被诉侵权图书,责任过重。最高人民法院于2013年12月26日裁定驳回华文出版社的再审申请。

最高人民法院审查认为:《反不正当竞争法》第5条第2项规定的知名商品的名称、包装和装潢的特有性是指该商品名称、包装和装潢能够起到区别商品来源的作用,而不是指该商品名称、包装和装潢具有新颖性或者独创性。对相关公众而言,只要该商品名称、包装和装潢由于商业使用已经客观上起到区别商品来源的作用,其便具有了特有性,其是否具有新颖性或者独创性并不重要。当然,商品名称、包装和装潢的新颖性或者独创性与特有性具有一定的联系。如果商品名称、包装和装潢具有新颖性或者独创性,将该种具有新颖性或者独创性的商品名称、包装和装潢用于商业活动,则该名称、包装和装潢通常会起到区别商品来源的作用,因而具备特有性。但是,即使商品名称、包装和装潢不具有新颖性或者独创性,也不意味着其必然不具有特有性。在经营者将该不具有新颖性或者独创性商品名称、包装和装潢用于商业活动的情况下,如果经过使用,该商品及其名称、包装和装潢具有了一定的知名度,该名称、包装和装潢成为相关公众区分商品来源的标识之一,则其同样具备特有性。关于本案图书的商品名称的特有性。虽然本案图书名称《男人来自火星·女人来自金星》来自西方谚语,并非吉林文史出版社独创,但是吉林文史出版社在先将其作为图书商品名称并出版发行,且本案没有证据表明其他经营者也将同样的名称用于图书类商品并早于本案图书出版发行。在本案图书已具有较高知名度的情况下,其名称已经具有了区别商品来源的作用,构成知名商品的特有名称。关于本案图书装潢的特有性。本案图书的装潢包含封面与封底,封面的装饰图片选择、位置排列、颜色搭配以及封面和封底的中英文文字、宣传标语的选择、排列布置等均体现出一定的特色。本案没有证据证明有他人早于本案图书在相同或者类似商品上使用了相同或者近似的装潢设计。在本案图书已具有较高知名度的情况下,其装潢已经具有区别商品来源的作用,构成知名商品的特有装潢。

28. 不具有市场属性的信息不属于商业秘密

在再审申请人王者安与被申请人卫生部国际交流与合作中心(以下简称卫生部国际中心)、李洪山、原晋林侵害商业秘密纠纷案【(2013)民申字第1238号】中,最高人民法院指出,《反不正当竞争法》所规范的“竞争”并非任何形式、任何范围的竞争,而是特指市场经营主体之间的“市场竞争”;商业秘密应以市场为依托,仅在单位内部为当事人带来工作岗位竞争优势的信息不属于商业秘密。

本案的基本案情是:王者安是卫生部国际中心工作的工作人员。2000 年 5 月,卫生部国际中心根据卫生部的要求开始酝酿人事制度改革。王者安是改革小组的成员之一,负责薪酬的改革方案,并参与完成了《卫生部国际交流中心分配制度改革办法》(以下简称《分配制度改革办法》)。后王者安向北京市第一中级人民法院起诉称,《分配制度改革办法》符合商业秘密的所有特征,卫生部国际中心原主任李洪山有预谋地骗取了王者安的《分配制度改革办法》,并将其提供给原晋林,供原晋林履行综合人事部处长职责,并与王者安进行岗位竞争,导致王者安在 2001 年竞争综合人事部处长职位时失利。2001 年以后,卫生部国际中心一直使用王者安的《分配制度改革办法》,资产增长到 5 亿多,取得了巨大的经济利益。王者安请求法院判令卫生部国际中心、李洪山、原晋林停止侵权,共同赔偿损失 1036 万元。北京市第一中级人民法院一审认为,王者安提交的现有证据不足以证明《分配制度改革办法》系由王者安独立完成,且卫生部国际中心的人事制度改革方案是集体参与制定的,王者安作为员工参与该项工作是履行单位分配的工作任务。据此判决驳回王者安的全部诉讼请求。王者安不服,提出上诉。北京市高级人民法院以基本相同的理由判决驳回上诉,维持一审判决。王者安仍不服,向最高人民法院申请再审。最高人民法院于 2013 年 12 月 18 日裁定驳回王者安的再审申请。

最高人民法院审查认为:反不正当竞争法规范的主体应为参与市场经营活动的市场主体即经营者,其规范的行为应为经营者的经营行为。本案中,王者安并非从事商品经营或者营利性服务的经营者,其与三被申请人之间亦不存在市场竞争关系。王者安与卫生部国际中心为劳动合同关系,王者安与李洪山、原晋林为同事关系。王者安起草、制定《分配制度改革办法》系履行工作职责、完成工作任务。故本案三被申请人的行为不构成《反不正当竞争法》规定的不正当竞争行为。《反不正当竞争法》所规范的"竞争",并非任何形式、任何范围的竞争,而是特指市场经营主体之间的"市场竞争"。因此,王者安所谓的"工作岗位竞争"即综合人事部处长职位竞争系单位内部职位竞争,并不属于《反不正当竞争法》规范的"市场竞争"。商业秘密应以市场为依托,仅在单位内部为当事人带来工作岗位竞争优势的信息不属于商业秘密。因此,三被申请人未侵害王者安的商业秘密。

五、知识产权合同案件审判

29. 尚未获得注册的商标的许可使用合同是否有效

在再审申请人天津开发区泰盛贸易有限公司(以下简称泰盛公司)与被申请人北京业宏达经贸有限公司(以下简称业宏达公司),一审被告、二审被上诉人广州睿翔春皮具有限公司(以下简称睿翔春公司)商标许可使用合同纠纷案【(2012)民申字第1501号】中,最高人民法院认为,法律、法规对许可他人使用尚未获得注册的商标未作禁止性规定,商标许可合同当事人对商标应该获得注册亦未有特别约定,一方以许可使用的商标未获得注册构成欺诈为由主张许可合同无效的,不予支持。

本案的基本案情是:2007年3月1日,业宏达公司从案外人沃尔西公司获得"wolsey"系列文字及图形商标在中国内地、香港、澳门地区的独占使用权和再许可权,期限为2007年3月1日至2013年12月31日。2007年4月12日,业宏达公司与泰盛公司签订《再许可授权协议》,约定业宏达公司授权泰盛公司在中国大陆独家使用第1802类商品上的"wolsey"商标、"无赛"商标和"狐狸图形"商标,该协议有效期为2007年5月1日至2013年12月31日。其中"wolsey"商标的注册/申请号为3730891号,"无赛"商标的注册/申请号为37308090号,"狐狸图形"商标的注册/申请号为3730889号,其授权使用的商品均为第1802类皮革、人造革及其制品、皮箱和旅行包等商品。协议还规定了泰盛公司应从2008年1月1日起向业宏达公司支付商标使用费的数额与方式,以及泰盛公司应向业宏达公司提交相关报表和报告等义务。同日,业宏达公司与泰盛公司签订《补充协议》,约定泰盛公司的法定代表人金立锡成立新公司后,以新公司的名义重新签署合同;泰盛公司向业宏达公司交付50万美元(人民币383万元)的wolsey(金狐狸)商标的加盟费用等。2007年6月1日,睿翔春公司成立,随后向业宏达公司支付了383万元商标加盟费。前述商标许可合同中的三个商标均由沃尔西公司于2003年9月24日申请,其中第3730889号"狐狸图形"注册商标和37308090号"无赛"注册商标于2006年6月7日获得注册,核定使用的商品包括第1802类箱包皮具商品。第3730891号"wolsey"商标申请注册时其申请使用的商品类别为包括第1802类箱包皮具商品在内的第18类商品。商标局于

2006 年 2 月 14 日裁定驳回了该商标在第 1802 类箱包皮具商品上的注册申请。国家工商行政管理总局商标评审委员会于 2010 年 3 月 1 日维持了商标局裁定。随后,第 3730891 号"wolsey"商标于 2010 年 9 月 7 日获得注册,核定使用的商品为第 1801 类、第 1804 类、第 1805 类、第 1806 类。上述情况发生的原因在于,案外人海图公司已经在先申请"wolsey"商标,并于 2009 年 11 月 28 日在第 1802 类箱包皮具商品上获准注册。案外人海图公司获得"wolsey"注册商标之后,向工商行政管理部门投诉泰盛公司使用"wolsey"商标的行为。泰盛公司因此受到工商行政管理部门的行政处罚。2011 年 10 月 11 日,业宏达公司以泰盛公司、睿翔春公司未依约提供报表、报告,拒不支付商标许可费为由,提起诉讼,请求法院判令解除许可合同,两被告给付商标使用费 1488 万元及逾期付款滞纳金。泰盛公司、睿翔春公司以许可合同中的第 3730891 号"wolsey"注册商标并未在第 1802 类皮具商品上获得注册,业宏达公司构成根本违约为由,提出抗辩。北京市第二中级人民法院一审认为,本案商标许可合同有效,但是第 3730891 号"wolsey"注册商标核定使用的商品并不包括协议约定的第 1802 类皮具商品,致使泰盛公司签订合同目的不能实现,业宏达公司构成根本违约。遂判决解除本案商标许可协议,业宏达公司返还泰盛公司商标加盟费 383 万元。业宏达公司不服,提出上诉。北京市高级人民法院二审认为,泰盛公司并未就主张业宏达公司返还商标加盟费提起反诉,一审判决超出了当事人的诉讼请求范围;业宏达公司在签订合同时不存在欺诈,本案商标许可合同有效。遂判决解除本案商标许可合同,同时改判泰盛公司给付业宏达公司商标许可使用费 446.4 万元。泰盛公司不服,向最高人民法院申请再审。其主要理由之一为,第 3730891 号"wolsey"商标具有核心价值,业宏达公司故意隐瞒其不享有该商标在第 1802 类商品上的注册商标专用权的事实,与泰盛公司就包括该商标在内的三个商标签订许可协议,构成合同欺诈,业宏达公司无权收取商标使用费。最高人民法院于 2013 年 3 月 26 日裁定驳回泰盛公司的再审申请。

最高人民法院审查认为:关于业宏达公司是否存在欺诈行为的问题。本案业宏达公司与泰盛公司签订的《再许可授权协议》及《补充协议》是双方当事人的真实意思表示,不违反法律禁止性规定。泰盛公司主张业宏达公司构成欺诈,其主要理由是认为业宏达公司隐瞒了沃尔西公司在第 1802 类商品上不享有"wolsey"注册商标专用权的事实。但根据查明的事实,首先,2007 年 3 月 1 日沃尔西公司将"wolsey"商标许可业宏达公司独占使用,以及 2007 年 5 月 1 日业宏达公司再许可泰盛公司独占使用时,海图公司尚未获得"wolsey"注册商标,3730891 号"wolsey"商标系沃尔西公司正在申请注册(包括在第 1802 类商品上)中的商标。在此期间,业宏达公司将该商标再许可泰盛公司使用的行为并无不当。其次,未注册商标能否许可他人使用,法律、法规对此没有禁止性规定,且在业宏达公司与泰盛公司签订的合同中,亦未限定许可泰盛公司使用的三个商标必须均为注册商标。相反,许可合同明确写明了业宏达公司"不保证商标有效性"的条款。根据该条款的内容,泰盛公司作为本案商标的被许可方,理应知晓签订合同时被许可使用的三个商标的权利状态，其中第3730891号“wolsey”商标为业宏达公司正在申请注册中的商标。最后，本案合同关于商标许可使用费的约定未区分三个商标各自的独立价值，特别是未就第3730891号“wolsey”商标是否具有核心价值，其使用费应高于其他两个商标等作出特别约定。二审法院结合泰盛公司在签订本案合同前即与业宏达公司存在商业合作关系，以及泰盛公司一直将“wolsey”商标与“狐狸图形”商标在相关商品上同时使用等情况，认定业宏达公司“wolsey”商标在第1802类皮具商品上未获得注册，不影响泰盛公司实现签订本案合同根本目的，业宏达公司不存在欺诈行为，并无不当。

30. 技术转让合同中出让方技术资料真实保证义务的延续性

在再审申请人北京福瑞康正医药技术研究所（以下简称福瑞研究所）与被申请人济川药业集团股份有限公司（以下简称济川公司）技术转让合同纠纷案【（2013）民申字第718号】中，最高人民法院认为，药品临床批件申请项下的技术发生转让的，技术出让方在后续的药品申报生产阶段仍负有保证申报资料数据真实可靠的约定义务和法定义务。

本案的基本案情是：2003年12月16日，济川公司与福瑞研究所签订新药技术转让合同，转让项目为新药盐酸罗哌卡因原料与注射剂的临床批件，包括原料药与注射剂。双方约定：因福瑞研究所技术原因，导致该新药申报失败的，福瑞研究所应在责任判定后十日内全额退回已收技术转让费给济川公司；福瑞研究所负有保证技术内容与有关数据的真实与可靠性的义务；福瑞研究所向济川公司提供技术转让项目所有相关技术资料与临床批件，包括新药综述研究资料、新药药学研究资料等。2004年，国家食品药品监督管理局向福瑞研究所下发审批意见通知件，同意对盐酸罗哌卡因原料药、注射液进行临床研究，对盐酸罗哌卡因氯化钠注射液免予临床研究。同年3月9日，福瑞研究所授权济川公司对盐酸罗哌卡因原料与水针开展二期临床研究。福瑞研究所向济川公司提供了包括盐酸罗哌卡因原料药及注射液在内的稳定性研究的试验资料及文献资料。济川公司按照合同约定向福瑞研究所付款150万元。为盐酸罗哌卡因注射液Ⅱ期临床试验，济川公司与有关医院签订协议并支付了临床验证费，还就盐酸罗哌卡因Ⅱ期临床研究统计分析工作签订技术服务合同，并支付了技术服务费。临床试验结束后，济川公司与福瑞研究所共同向国家食品药品监督管理局申请新药证书和生产批件。2008年8月28日，国家食品药品监督管理局向两单位下发审批意见通知件，不批准两单位对盐酸罗哌卡因及其注射液提出的注册申请，理由均为本申请在药学方面资料的真实性存在问题。经比对，真实性存在问题的图谱资料来源于福瑞研究所向国家食品药品监督管理局申请盐酸罗哌卡因原料及注射液临床批件时提交的申报资料10。济川公司以福瑞研究所提供的资料不真实，导致生产批件和新药证书申报失败为由提起本案诉讼，请求法院判决解除双方签订的技术转让合同，判令福瑞研究所退回已收取的技术转让费，赔偿济川公司临床研究费用损失以及利息损失。江苏省泰州市中级人民法院一审判决解除本案技术转让合同，判令福瑞研究所返还济川公司技术转让费150万元，驳回济川公司其他诉讼请求。福瑞研究所不服,提出上诉。江苏省高级人民法院二审判决驳回上诉,维持一审判决。福瑞研究所仍不服,向最高人民法院申请再审。最高人民法院于2013年7月9日裁定驳回福瑞研究所的再审申请。

最高人民法院审查认为:《合同法》第349条规定,技术转让合同的让与人应当保证自己是所提供的技术的合法拥有者,并保证所提供的技术完整、无误、有效,能够达到约定的目的。作为技术受让方,济川公司对从福瑞研究所受让而来的技术的真实性有着合理的期待。双方在合同中也约定福瑞研究所负有保证技术内容和有关数据的真实与可靠性的义务以及由于技术原因导致该新药申报失败时全额退回已收技术转让费的责任。因此,福瑞研究所作为新药研发的技术出让方,应当知晓其向济川公司所提供相关技术资料的用途,并应当负有保证该转让品种的技术内容与有关数据的真实性与可靠性的义务。此外,根据《药品注册管理办法》的规定,药品注册申请人应当对申报资料内容的真实性负责。福瑞研究所向济川公司提供真实可靠的技术资料,不仅是双方合同约定的义务,也是其作为药品注册申请人的法定义务。对新药及其制剂进行稳定性研究,是确保用药安全有效的一项重要内容。通常,申报生产时的稳定性数据是临床申报时稳定性数据的一种延续,在新药申报中保证数据的真实性属于技术出让方应当负有的责任。福瑞研究所作为临床批件的技术出让方,应当保证延续生产中的技术数据的稳定性。本案中,申请新药证书及生产批件过程中出现的不真实的药学图谱资料来源于福瑞研究所申请临床批件的药物稳定性研究的试验资料,而该资料已经由福瑞研究所依技术转让合同的约定提供给了济川公司。由于负有法定和约定义务的福瑞研究所提供的药学试验资料的真实性存在问题,致使该新药的有效期、安全性和临床药效无法确定,无法确定该新药的技术是否稳定可靠,直接导致济川公司签订的技术转让合同目的落空,福瑞研究所理应承担违约责任。

六、知识产权侵权责任承担

31. 停止侵害民事责任具体承担方式的确定

在前述《男人来自火星·女人来自金星》图书不正当竞争案中,最高人民法院还明确了确定停止侵害民事责任的具体方式的原则和标准。最高人民法院认为,停止侵害民事责任的具体方式的确定,应该遵循比例原则,结合被诉行为的特点,考虑具体责任方式的合目的性、必要性和均衡性。

最高人民法院审查认为:停止侵害责任的具体方式的确定,需要结合被诉行为的特点,考虑具体责任方式的合目的性、必要性和均衡性。即该种具体责任方式要能够和适于实现停止侵害的目的;在能够有效实现停止侵害目的的各种手段中,对被诉侵权人利益造成的不利影响相对较小,且不会与停止侵害的目的不成比例。本案中,华文出版社实施了使用与他人知名商品近似的名称和装潢的不正当竞争行为。对于使用与他人知名商品近似的名称的行为而言,只要被诉侵权图书使用“男人来自火星·女人来自金星”这一名称,均可能导致相关公众发生混淆和误认,附加区别标识不足以起到停止侵害的目的。对于使用与他人知名商品近似的装潢的行为而言，只有在变更装潢，改变原有装潢的显著性的情况下，才能达到停止侵害的目的。因此，本案中通过附加区别标识不足以实现停止侵害的目的，原审法院判令华文出版社于判决生效后立即停止出版、发行“使用《男人来自火星·女人来自金星大全集》名称及其封面封底设计”的图书，这一责任方式并无不当。

32. 企业字号与注册商标冲突时的民事责任

在再审申请人北京大宝化妆品有限公司（以下简称大宝化妆品公司）与被申请人北京市大宝日用化学制品厂（以下简称大宝日化厂）、深圳市碧桂园化工有限公司（以下简称碧桂园公司）侵害注册商标专用权和不正当竞争纠纷案【（2012）民提字第166号】中，最高人民法院认为，企业字号与注册商标冲突时应根据案件的具体情况予以处理：因突出使用企业名称侵犯注册商标专用权的，可以判令规范使用企业名称；该企业名称因特殊的历史关系已经长期善意使用的，可以不判令变更企业名称。

本案的基本案情是：案外人北京三露厂（以下简称三露厂）于1987年至1995年经国家工商行政管理总局商标局（以下简称商标局）核准，注册了“大宝”系列商标。其中“大宝”文字加图形商标与“Dabao”拼音商标被商标局认定为驰名商标。1989年，三露厂出资设立北京市大宝特种粘合剂厂（以下简称粘合剂厂）。从1991年起，粘合剂厂使用“大宝”文字加图形商标生产五洁粉产品。1999年，三露厂设立大宝化妆品公司，因涉及字号重名问题，粘合剂厂为此出具函件，同意大宝化妆品公司使用“大宝”字号。2004年8月，粘合剂厂进行股份制改造，将企业名称变更为大宝日化厂，三露厂出具函件同意该厂使用“大宝”作为企业字号。此后，大宝日化厂在其五洁粉产品上使用了“大宝”文字加图形与“Dabao”拼音注册商标。同年9月，三露厂将涉案“大宝牌”文字加图形、“大宝”文字加图形与“Dabao”拼音注册商标转让给大宝化妆品公司所有。2007年1月15日，大宝日化厂与碧桂园公司签署协议，合作生产、销售日用化学品。两公司联合出品的“SOD蜜”、“洗发露”等产品上均带有“大宝日化”或“DABAO RIHUA”字样，并同时使用了大宝日化厂的“贝贝熊”商标；碧桂园公司在其网站上展示了其与大宝日化厂联合生产的标有“大宝日化”字样的多种产品；大宝日化厂在其网站上使用了“大宝日化”字样，并展示了该厂生产的标有“大宝日化”字样的包括涉案产品在内的多种产品。2008年7月，三露厂将大宝化妆品公司全部股权出售给案外人强生（中国）投资有限公司，此过程未涉及大宝日化厂。大宝化妆品公司以大宝日化厂与碧桂园公司为共同被告提起诉讼，请求二被告停止侵害注册商标专用权行为、消除影响；大宝日化厂停止使用并限期变更带有“大宝”字样的企业名称；连带赔偿大宝化妆品公司经济损失及合理费用500万元。北京市第一中级人民法院一审认为，大宝日化厂与碧桂园公司构成商标侵权，判令二被告停止在其产品和网站上使用“大宝日化”、“DABAO RIHUA”字样的行为及在其网站上展示带有“大宝日化”及“DABAO RIHUA”字样产品的行为，驳回大宝化妆品公司的其他诉讼请求。大宝化妆品公司不服，提出上诉。北京市高级人民法院二审判决驳回上诉，维持一审判决。大宝化妆品公司不服，向最高人民法院申请再审。最高人民法院裁定提审本案，并于 2013 年 5 月 7 日改判撤销二审判决及一审判决第二项，维持一审判决第一项，大宝日化厂、碧桂园公司共同赔偿经济损失及合理费用 50 万元。

最高人民法院提审认为：首先，本案中，大宝日化厂成立时将“大宝”作为企业字号不具有恶意是各方当事人均认可的事实，因而不能简单地以该字号晚于“大宝”系列商标注册的时间为由，否认大宝日化厂使用“大宝”字号的合理性。其次，注册商标专用权与企业名称权均是受法律保护的民事权利，不同的权利主体在行使权利时，均不得超越其权利边界而损害他人的合法权益。鉴于“大宝”系列注册商标显著性较强，特别是通过多年的广告宣传已经具有了较高的知名度，只要提到“大宝”，消费者就会将其与大宝化妆品品牌联系在一起。从大宝日化厂与碧桂园公司共同生产、销售的 SOD 蜜等化妆品与洗涤类产品的包装看，“大宝日化”字样在前且明显，大宝日化厂的“贝贝熊”注册商标在背面且很小。因“大宝日化”中的“大宝”字样具有区别商品来源的作用，故大宝日化厂与碧桂园公司突出使用“大宝日化”标识，明显具有攀附“大宝”系列注册商标商誉的恶意，易使相关公众对其商品来源产生混淆误认，或者认为不同的生产者之间具有关联关系。大宝日化厂与碧桂园公司在被诉侵权的产品上突出使用“大宝日化”、“DABAO RIHUA”标识的行为，违反了商标法及商标司法解释的相关规定，侵害了大宝化妆品公司“大宝”系列注册商标专用权，应承担相应的民事责任。根据《最高人民法院关于审理注册商标、企业名称与在先权利冲突的民事纠纷案件若干问题的规定》第四条的规定，被诉企业名称侵犯注册商标专用权或者构成不正当竞争的，人民法院可以根据原告的诉讼请求和案件的具体情况，确定被告承担停止使用、规范使用等民事责任。该司法解释中提到的“规范使用”，主要针对的是突出使用企业名称字号侵害他人注册商标专用权的行为人，在行为构成侵权时，法院可以判令其以规范的方式使用商业标识。本案大宝日化厂应停止突出使用“大宝日化”、“DABAO RIHUA”标识的侵权行为，以消除或者避免权利冲突的发生。对于大宝日化厂应否停止使用“大宝”字号问题，考虑到大宝日化厂持续使用“大宝”字号已 20 多年，特别是本案中没有证据证明强生中国公司收购大宝化妆品公司时，大宝日化厂也参与其中且已经明确大宝日化厂不能再继续使用“大宝”字号的事实，故对大宝化妆品公司关于判令大宝日化厂停止使用“大宝”字号的请求不予支持。

33. 专利权人与侵权人的事先约定可以作为确定专利侵权损害赔偿数额的依据

在再审申请人中山市隆成日用制品有限公司（以下简称隆成公司）与被申请人湖北童霸儿童用品有限公司（以下简称童霸公司）侵害实用新型专利权纠纷案【（2013）民提字第 116 号】中，最高人民法院认为，侵权人与权利人就再次侵权的赔偿数额作出约定后再次侵权的，人民法院可直接适用该约定确定侵权损害赔偿数额。

本案的基本案情是：隆成公司系名称为“前轮定位装置”实用新型专利（即本案专利）的专利权人。2008 年 4 月，隆成公司曾以童霸公司侵犯本案专利为由提起诉讼。湖北省武汉市中级人民法院一审判决童霸公司停止侵权并赔偿损失。童霸公司不服,提起上诉。二审期间,经法院主持调解,双方达成调解协议并由湖北省高级人民法院制作了民事调解书,其主要内容为:童霸公司保证不再侵犯隆成公司的专利权,如发现一起侵犯隆成公司实用新型专利权的行为,自愿赔偿隆成公司100万元。后隆成公司发现童霸公司仍在从事侵害本案专利权的经营行为,遂于2011年5月再次向湖北省武汉市中级人民法院提起诉讼,请求法院判令童霸公司赔偿隆成公司100万元并承担诉讼费用。一审庭审中,经法院释明,隆成公司明确表示本案依据专利侵权起诉,不选择合同违约之诉,但请求法院对侵权赔偿数额按双方约定的标准计算。一审法院认为,根据《合同法》第122条的规定,侵权责任与违约责任竞合时,受损害方有选择权。隆成公司明确选择提起侵权之诉,应根据侵权责任法确定赔偿数额。若赔偿标准以前案民事调解书的约定为准,则与《合同法》的上述规定相冲突。因隆成公司主张侵权之诉,违约之诉无法纳入法庭调查和辩论的范围,法院无须对违约行为及违约责任作出判断,故不宜适用当事人约定的违约赔偿金。一审法院遂适用法定赔偿判决童霸公司赔偿隆成公司14万元。隆成公司不服,提出上诉。湖北省高级人民法院二审认为,侵权行为成立与否是本案双方当事人权利义务关系的基础,前案中被诉侵权童车产品的型号与本案中被诉侵权童车产品的型号不同,故调解协议约定的赔偿数额不能适用于本案。遂判决驳回上诉,维持一审判决。隆成公司仍不服,向最高人民法院申请再审。最高人民法院裁定提审本案,并于2013年12月7日判决撤销原一、二审判决,判令童霸公司赔偿隆成公司100万元。

最高人民法院提审认为:关于本案能否适用双方在前案调解协议中约定的赔偿数额确定方法。首先,本案中童霸公司应承担的民事责任不属于侵权责任与违约责任竞合之情形。《合同法》第122条所规定的违约责任与侵权责任发生竞合的前提是当事人双方之间存在基础交易合同关系,基于该交易合同关系,一方当事人的违约行为侵害了对方权益而产生侵权责任。因此,该规定中的违约行为是指对基础交易合同约定义务的违反,且该违约行为同时侵害了对方权益,而不是指对侵权行为发生之后当事人就如何承担赔偿责任所作约定的违反。前案调解协议不是隆成公司与童霸公司之间的基础交易合同,而是对侵权行为发生后如何承担侵权赔偿责任(包括计算方法和数额)的约定。因此,本案中童霸公司应承担的民事责任不属于《合同法》第122条规定的侵权责任与违约责任竞合的情形。其次,本案中童霸公司应承担的民事责任系侵权责任。前案调解协议的法律意义与效果不在于对童霸公司的合同交易义务作出约定,而在于对侵权责任如何承担作出约定。当事人双方将童霸公司将来侵权行为发生后的具体赔偿方法和数额写进调解协议,只是为了明确童霸公司再次侵权时其侵权责任应如何承担。再次,《侵权责任法》、《专利法》等法律并未禁止被侵权人与侵权人就侵权责任的方式、侵权赔偿数额等预先作出约定。这种约定的实质是,双方就未来发生侵权时权利人因被侵权所受到的损失或者侵权人因侵权所获得的利益,预先达成的一种简便的计算和确定方法。基于举证困难、诉讼耗时费力等因素的考虑,双方当事人在私法自治的范畴内完全可以对侵权赔偿数额作出约定。这种约定既包括侵权行为发生后的事后约定,也包括侵权行为发生前的事先约定。因此,本案适用调解协议中双方约定的赔偿数额确定方法,与《专利法》第65条的有关规定并不冲突。综上,本案可以适用前案调解协议中约定的赔偿数额确定方法。

七、关于知识产权诉讼程序与证据

34. 侵权结果地应当理解为侵权行为直接产生的结果的发生地

在再审申请人郑州润达电力清洗有限公司(以下简称郑州润达公司)、陈庭荣与被申请人湖北洁达环境工程有限公司(以下简称湖北洁达公司),一审被告、二审上诉人吴祥林侵害商业秘密纠纷管辖权异议案【(2013)民提字第16号】中,最高人民法院指出,侵权结果地应当理解为侵权行为直接产生的结果的发生地,不能简单地以原告受到损害就认定原告住所地是侵权结果发生地。

本案的基本案情是:2011年9月,湖北洁达公司以吴祥林、陈庭荣和郑州润达公司侵害商业秘密为由,向湖北省荆州市中级人民法院提起诉讼,吴祥林、陈庭荣、郑州润达公司对管辖权提出异议,认为本案应由被告住所地人民法院管辖。湖北省荆州市中级人民法院一审认为,本案系湖北洁达公司以吴祥林、陈庭荣、郑州润达公司侵害其商业秘密为由提起的诉讼,三被告的住所地及侵权行为地法院均有管辖权。湖北洁达公司有权选择向侵权行为地法院提起诉讼,三被告提出的管辖权异议不能成立,遂裁定驳回吴祥林、陈庭荣、郑州润达公司的管辖权异议。郑州润达公司、陈庭荣、吴祥林不服,提出上诉。湖北省高级人民法院二审裁定驳回上诉,维持一审裁定。郑州润达公司、陈庭荣不服,向最高人民法院申请再审。最高人民法院裁定提审本案,并于2013年4月23日裁定撤销原一、二审裁定,将本案移送湖北省襄阳市中级人民法院审理。

最高人民法院提审认为:对于吴祥林和陈庭荣使用或者允许他人使用其所掌握的商业秘密这一被诉侵权行为而言,其侵权行为实施地应是涉案商业秘密的使用行为地。本案中,被诉使用该商业秘密实施设备清洗行为的行为地均不位于湖北省荆州市。对于陈庭荣作为法定代表人的郑州润达公司明知陈庭荣和吴祥林的违法行为仍使用他人商业秘密这一被诉侵权行为而言,其行为实施地与前述吴祥林和陈庭荣的被诉侵权行为实施地重合,亦不位于湖北省荆州市。侵权结果地应当理解为侵权行为直接产生的结果的发生地,不能以权利人认为受到损害就认为原告所在地就是侵权结果发生地。本案中,侵权结果地与上述侵权行为实施地重合,不位于荆州市。因此,湖北洁达公司关于荆州市是侵权结果地的主张不能成立。吴祥林和陈庭荣作为湖北洁达公司的员工,在工作中获知湖北洁达公司的商业秘密,不属于《反不正当竞争法》第10条规定的侵害商业秘密的具体行为种类。湖北洁达公司在起诉时也未将该行为列入其指控的对象。因此,原二审裁定以陈庭荣、吴祥林涉嫌在湖北洁达公司工作期间掌握涉案商业秘密为由,认定侵害商业秘密的行为发生在湖北洁达公司住所地湖北省荆州市,适用法律有误,应予纠正。本案被诉侵权行为的实施地、结果地以及被告住所地均不位于湖北省荆州市,湖北省荆州市中级人民法院对本案没有管辖权。

35. 与本诉具有牵连关系的对抗性诉讼可以作为反诉受理

在再审申请人江西盛世欣兴格力贸易有限公司(以下简称江西格力公司)与被申请人江西美的制冷设备销售有限公司(以下简称江西美的公司)、原审被告美的集团股份有限公司(以下简称美的公司)不正当竞争纠纷案【(2013)民申字第2270号】中,最高人民法院认为,与本诉在具体事实和法律关系方面具有同一性并非反诉的必要条件;基于产生原因上的联系而提起的具有明显针对性、对抗性和关联性的诉讼,因其与本诉具有牵连关系,可以作为反诉处理。

本案的基本案情是:珠海格力公司通过媒体在全国范围内宣传使用1赫兹变频技术的格力空调产品,江西格力公司是在江西省范围内销售格力空调产品的公司。广东美的制冷设备有限公司亦通过媒体在全国范围内宣传使用全直流变频技术的美的空调产品,江西美的公司是在江西省范围内销售美的空调产品的公司。江西美的公司于2012年4月1日至5日在《江南都市报》《南昌晚报》等媒体发布"全直流比1赫兹好,为什么"、"1赫兹OUT了,请别再忽悠消费者了"等广告语。江西格力公司于2012年4月5日、6日亦在相同媒体上发布"全直流早OUT了,不再用10年前的技术"等广告语。2012年4月9日,江西格力公司以江西美的公司、美的公司对其构成不正当竞争为由,向江西省南昌市中级人民法院提起本诉。2012年8月27日,江西美的公司以江西格力公司对其构成不正当竞争为由,向江西省南昌市中级人民法院提起反诉。一审法院将本诉与反诉合并审理,认为江西格力公司与江西美的公司均对对方构成商业诋毁,遂判决双方同时承担停止侵权行为、赔礼道歉、赔偿损失等法律责任。江西格力公司与江西美的公司均不服,提出上诉。江西省高级人民法院二审判决驳回上诉,维持原判。江西格力公司不服,以原审法院受理并审理江西美的公司所提反诉违反民事诉讼法的规定为由,向最高人民法院申请再审。2013年12月10日,最高人民法院裁定驳回江西格力公司的再审申请。

最高人民法院审查认为:本案中,本诉要解决的问题是江西美的公司在《江南都市报》《南昌晚报》等媒体上刊登广告语的行为是否构成对江西格力公司的商业诋毁,反诉要解决的问题是江西格力公司在《江南都市报》《南昌晚报》等媒体上刊登广告语的行为是否构成对江西美的公司的商业诋毁。本诉与反诉所针对的具体事实和法律关系虽然不具有同一性,但两项侵权行为的实施者互为本诉与反诉的原告、被告,借助的媒体完全相同,实施时间极为接近,侵权行为的具体形式高度近似。由此可以看出,两侵权行为在产生原因上具有明显的针对性、对抗性和关联性,其目的均是通过发布比较广告的方式获取相关地域内空调销售方面的竞争优势。由于本案反诉与本诉之间存在事实与法律关系上的关联性,原审法院以反诉与本诉具有牵连关系、合并审理符合设立反诉制度的目的为由,对江西美的公司的反诉予以受理和审理,并无不当。江西格力公司所提反诉与本诉之间必须基于同一法律关系和原因事实的再审理由缺乏法律依据。此外,从当事人诉权的行使和保障以及本案处理的法律效果和社会效果来看,原一、二审法院基于两侵权行为具有的明显的对抗性和针对性,在同一案件中对江西格力公司和江西美的公司的行为性质同时作出评判,在双方当事人的行为均构成侵权的情况下,判决其同一时间、在同一媒体之上以刊登道歉声明的方式消除相互诋毁行为所产生的不良影响,实现了对双方当事人同等程度的惩戒和救济,有利于对公平竞争的市场秩序的维护,也获得了较好的法律效果和社会效果。

36. 因诉争焦点变化而未能及时提交的证据属于"新的证据"

在再审申请人安斯泰来制药株式会社与被申请人成都力思特制药股份有限公司(以下简称力思特公司)及一审被告张红兵侵害发明专利权纠纷案【(2013)民申字第261号】(以下简称"四氢苯并咪唑衍生物的制备方法"发明专利侵权案)中,最高人民法院认为,举证期限届满后,因诉争焦点发生变化,当事人为支持其主张而补充提交关键性证据,不审理该证据可能导致裁判明显不公的,应认定该证据属于"新的证据"。

本案的基本案情是:安斯泰来制药株式会社是名称为"四氢苯并咪唑衍生物的制备方法"发明专利(即本案专利)的专利权人。该公司以力思特公司擅自使用本案专利技术生产、销售和许诺销售盐酸雷莫司琼注射液,张红兵销售上述产品,共同侵犯专利权为由,提起诉讼。北京市第一中级人民法院两次开庭审理本案。在第一次开庭审理中,力思特公司主张其将外购的雷莫司琼原料进行拆分后再转化为盐酸雷莫司琼,该制备方法不同于本案专利方法,且其使用的雷莫司琼原料来源于案外人,并提供了在国家食品药品监督管理局备案的盐酸雷莫司琼注射液生产工艺等材料予以证明。安斯泰来制药株式会社认为,力思特公司提供的上述证据不能证明其实际使用的雷莫司琼原料确实来源于案外供应商,存在自产的可能;力思特公司生产的盐酸雷莫司琼与使用本案专利权利要求9的方法生产的产品完全一样,即使力思特公司的外购行为是真实的,其拆分行为也与案外供应商一起构成共同侵权。双方当时争议的焦点在于外购行为是否确实发生,以及力思特公司使用雷莫司琼原料进行拆分后转化为盐酸雷莫司琼的步骤是否包含在本案专利权利要求9中,并未涉及外购的雷莫司琼原料在数量上能否满足生产需要的问题。在第二次开庭审理中,安斯泰来制药株式会社通过计算指出,力思特公司要满足其销售的盐酸雷莫司琼和盐酸雷莫司琼注射液的生产,需要雷莫司琼原料的数量为2.8公斤,而力思特公司从案外供应商购买的雷莫司琼原料仅为1公斤左右,故主张力思特公司使用的雷莫司琼原料还存在其他来源,并提出力思特公司存在自产的可能。针对上述质疑,力思特公司在第二次开庭审理结束后提交了其外购雷莫司琼原料的2张发票的复印件(购买量分别为1公斤),并申请追加案外供应商为共同被告。北京市第一中级人民法院一审认定力思特公司构成侵权并判决承担赔偿损失等责任。力思特公司不服,提出上诉。在二审期间,力思特公司除提交上述2张发票的原件外,又提交了另外5张发票的原件以及相关付款凭证、进货检验报告等,用以证明其生产使用的雷莫司琼原料系外购。安斯泰来制药株式会社认为上述7张发票不属于二审"新的证据",并对其真实性、关联性持异议。为审查核实上述证据的真实性,北京市高级人民法院到相关税务机关和供应商处进行调查。在力思特公司提交新的证据的基础上,该院二审判决撤销一审判决,改判驳回安斯泰来制药株式会社的诉讼请求。安斯泰来制药株式会社不服,向最高人民法院申请再审。其申请再审理由之一为,力思特公司在二审期间提交的一系列材料均在本案起诉前已经形成并一直为力思特公司控制和持有,不属于"新的证据",不应采信。最高人民法院于2013年5月30日裁定驳回力思特公司的再审申请。

最高人民法院审查认为:在诉讼过程中,双方当事人关注和争议的焦点往往会发生变化,而焦点的变化通常会影响当事人对证据材料本身价值的判断,并进而影响证据的提交。本案中,力思特公司首先提交了在国家食品药品监督管理局备案的材料以证明其使用的雷莫司琼原料系外购,在安斯泰来制药株式会社针对雷莫司琼原料的购买数量提出质疑后又补充提交发票予以回应和反驳。可见,力思特公司未及时提交发票与双方关注焦点的变化密切相关,在一审中未提交相关发票有正当理由。而且,在本案中,上述发票是认定力思特公司是否构成侵权的关键性证据,不审理该证据可能导致裁判明显不公。因此,对于安斯泰来制药株式会社提出的力思特公司在二审期间提交的发票等证据不属于"新的证据"的申请再审理由,不予支持。

37. 人民法院依职权调查收集必要证据的正当性

在前述"四氢苯并咪唑衍生物的制备方法"发明专利侵权案中,最高人民法院认为,人民法院为了审查核实当事人提供证据的真实性而收集必要的证据,属于行使民事诉讼法规定的职权,不违反法定程序。

最高人民法院审查认为:根据民事诉讼法的相关规定,当事人对自己提出的主张,有责任提供证据;当事人及其诉讼代理人因客观原因不能自行收集的证据,或者人民法院认为审理案件需要的证据,人民法院应当调查收集;人民法院应当按照法定程序,全面地、客观地审查核实证据。同时,民事诉讼法还要求审判人员必须认真审核诉讼材料,调查收集必要的证据。根据上述规定,人民法院有审查核实证据的职权。本案中,力思特公司在二审期间自行提交7张发票以证明其使用的雷莫司琼原料系外购的主张,该7张发票并非二审法院主动调查收集的证据。二审法院要求力思特公司进一步提交相关付款凭证等证据,并到相关税务机关和相关公司进行调查,是为了核实力思特公司提交的发票的真实性,确认力思特公司以该发票所欲证明的购销事实是否真实发生。人民法院为了审查核实当事人提供证据的真实性而收集必要的证据,属于行使民事诉讼法规定的职权,不违反"谁主张、谁举证"等程序要求。

38. 外国鉴定机构出具的鉴定结论能否采信

在再审申请人圆谷制作株式会社、上海圆谷策划有限公司(以下简称上海圆谷公司)与被申请人辛波特·桑登猜、采耀版权有限公司(以下简称采耀公司)及一审被告广州购书中心有限公司(以下简称广州购书中心)、上海音像出版社侵害著作权纠纷案【(2011)民申字第259号】中,最高人民法院认为,鉴定结论只有经过审查判断才能作为认定事实的依据;对于鉴定程序合法、当事人没有异议的鉴定结论,一般可以作为法院认定相关案件事实的依据;对于外国鉴定机构出具的鉴定结论,在当事人提出质疑时能否采信,应当按照中国的相关法律进行审查。

本案的基本案情是:2005 年 9 月 30 日,辛波特、采耀公司以圆谷制作株式会社、上海圆谷公司、广州购书中心、上海音像出版社四被告侵害其著作权为由,提起诉讼,请求法院判令四被告停止侵害、赔礼道歉并赔偿损失。辛波特、采耀公司主张权利的证据有:(1)《1976 年合同》(1976 年 3 月 4 日)。其主要内容是圆谷制作与企业有限公司向采耀公司总裁辛波特就有关动画片及影片进行授权。授权区域和授权期限为无期限的在日本国以外的独占专权。授权范围为分销权、制作权、复制权、版权、商标权、广告权、角色形象权以及将上述权利转分给第三方的权利。合同的最后一段的内容为:"我,圆谷皋,通过本合同宣布已经全额收到了第一条记载的所有动画片和影片的独占专权金额,在此代表圆谷制作与企业有限公司签名并加盖公司印章。"在合同的底部有圆谷皋的英文签名和圆谷企业株式会社公章以及圆谷皋的汉字印章。(2)《致歉信》(1996 年 7 月 23 日)。该信系圆谷皋之子圆谷一夫向辛波特发出。其主要内容是澄清《1976 年合同》的真实性和有效性,并对圆谷制作株式会社 1989 年 9 月与 UM 公司签署世界范围内的分销和授权代理合同时,没有将上述已授予采耀公司的权利排除在外表示歉意,并对辛波特声明圆谷制作株式会社已与 UM 公司等达成的合同在期满前有效,而不提出控诉表示感激。圆谷制作株式会社与辛波特此前在日本国和泰国均发生过与本案具有关联性的诉讼。2001 年,圆谷制作株式会社在日本国提起著作权确认之诉,经日本国最高裁判所终审裁决,认定《1976 年合同》真实有效,确认辛波特享有在日本国以外的奥特曼作品的独占使用权,驳回圆谷制作株式会社的其他诉讼请求。此外,圆谷制作株式会社还在泰国起诉采耀公司、辛波特等四被告侵害著作权,泰国中央知识产权和国际贸易法院判决认定《1976 年合同》真实有效,圆谷制作株式会社应根据反诉向辛波特承担赔偿责任。圆谷制作株式会社上诉后,泰国最高法院终审判决采信由泰国警察总署证据检验处处长任命的七名专家组成的文件审核委员会出具的鉴定意见,对《1976 年合同》的真实性不予确认,并撤销一审判决。广东省广州市中级人民法院一审认为:泰国最高法院采信的鉴定报告由泰国警察总署作出,结论客观真实,可以作为证据予以采信;《致歉信》虽然真实,但不足以印证《1976 年合同》的客观真实性。遂判决驳回辛波特和采耀公司的诉讼请求。辛波特与采耀公司不服,提出上诉。广东省高级人民法院二审认为,一审法院直接认定泰国鉴定机构的鉴定结论,缺乏法律依据,且泰国法院的判决在中国不具约束力,遂判决撤销一审判决,改判广州购物中心、上海音像出版社、上海圆谷公司、圆谷制作株式会社停止侵权行为并赔偿损失。圆谷制作株式会社、上海圆谷公司不服,向最高人民法院申请再审。最高人民法院于 2013 年 9 月 29 日裁定驳回圆谷制作株式会社、上海圆谷公司的再审申请。

最高人民法院审查认为:鉴定机构出

具的鉴定结论属于证据的一种形式。作为具有重要诉讼价值的鉴定结论，必须符合客观性、关联性和合法性的要求。对于鉴定程序合法、当事人没有异议的鉴定结论，一般可以作为法院认定相关案件事实的依据。但是，这并不意味着简单地将鉴定结论直接作为裁判的依据，具体案件中对案件事实的实质性审查判断仍是法官采信鉴定结论的前提，否则无异于将对案件事实的审查权让渡于鉴定机构。中国法院对涉及外国鉴定机构出具的鉴定结论能否采信，应当按照中国的相关法律进行审查。在辛波特、采耀公司对该鉴定结论提出合理质疑的情况下，二审法院未采信泰国警察总署出具的鉴定结论并无不当。

39. 非新产品制造方法专利侵权纠纷中的事实推定

在再审申请人潍坊恒联浆纸有限公司（以下简称潍坊恒联公司）与被申请人宜宾长毅浆粕有限责任公司（以下简称宜宾长毅公司）、一审被告成都鑫瑞鑫塑料有限公司（以下简称成都鑫瑞鑫公司）侵害发明专利权纠纷案【(2013)民申字第309号】中，最高人民法院认为，在专利权人能够证明被诉侵权人制造了同样产品，经合理努力仍无法证明被诉侵权人确实使用了该专利方法的情况下，根据案件具体情况，结合已知事实及日常生活经验，能够认定该同样产品经由专利方法制造的可能性很大，被诉侵权人拒不配合法院调查收集证据或者保全证据的，可以推定被诉侵权人使用了该专利方法。

本案的基本案情是：宜宾长毅公司是“木浆粕变性生产工艺”发明专利（即本案专利）的权利人。利用本案专利可生产粘胶木浆粕产品，但该产品并非新产品。2011年4月，宜宾长毅公司从成都鑫瑞鑫公司购买了标注为“潍坊恒联公司”生产的粘胶木浆粕产品。2011年6月，宜宾长毅公司对上述粘胶木浆粕抽样进行检验，检验结果报告单载明该产品浆粕纤维种类为100%针叶木浆。据此，宜宾长毅公司以潍坊恒联公司、成都鑫瑞鑫公司侵害其本案方法专利权为由提起诉讼。四川省成都市中级人民法院一审认为，宜宾长毅公司提供的证据能够证明本案粘胶木浆粕产品系潍坊恒联公司生产和销售，潍坊恒联公司生产粘胶木浆粕的具体生产方法需通过其生产现场或原始生产记录等方法获得，而该证据在潍坊恒联公司实际控制之下，宜宾长毅公司无法获得，故本案非新产品粘胶木浆粕生产方法的举证责任应由潍坊恒联公司承担。潍坊恒联公司经法院释明后无正当理由拒不提供其本案粘胶木浆粕生产方法，构成举证妨碍，可推定宜宾长毅公司主张成立。遂判决潍坊恒联公司和成都鑫瑞鑫公司立即停止侵权行为，潍坊恒联公司赔偿宜宾长毅公司经济损失50万元。潍坊恒联公司不服，提起上诉。四川省高级人民法院二审维持一审判决。潍坊恒联公司不服，向最高人民法院申请再审。最高人民法院于2013年7月17日裁定驳回潍坊恒联公司的再审申请。

最高人民法院审查认为：在专利权人能够证明被诉侵权人制造了同样产品，经合理努力仍无法证明被诉侵权人确实使用了该专利方法的情况下，根据案件具体情况，结合已知事实及日常生活经验，能够认定该同样产品经由专利方法制造的可能性很大，被诉侵权人拒不配合法院调查收集证据或者保全证据的，可以推定被诉侵权人使用了该专利方法。本案中，专利权人宜宾长毅公司提供了“潍坊恒联公司棉浆粕出门证”、“潍坊恒联公司浆粕质量检验单”等一系列证据证明被诉侵权人潍坊恒联公司生产销售了被诉侵权产品,并且通过产品检验等方式证明了该产品是与本案专利方法生产的产品相同的粘胶木浆粕。对于该被诉侵权产品的制造方法,宜宾长毅公司提供了其所拍摄到的潍坊恒联公司的生产车间、相关机器设备以及原材料木浆板投放过程的视频资料。虽然这些证据不能形成完整的生产步骤和工艺参数,尚不足以证明潍坊恒联公司生产被诉侵权产品的制造方法,但是潍坊恒联公司在一审中认可该视频资料显示的是其公司的生产现场。一审法院根据宜宾长毅公司的证据保全申请,两次赴潍坊恒联公司进行调查取证:第一次取证中,潍坊恒联公司称其负责人不在,阻止法院进入生产现场;第二次取证中,该公司将法院带至棉浆粕生产现场而非上述视频资料所显示的生产现场。由于潍坊恒联公司不予配合,致使法院未能调取到被诉侵权产品制造方法的证据。根据上述事实和日常生活经验,可以推断潍坊恒联公司侵权的可能性较大。原一、二审法院据此认定潍坊恒联公司被诉侵权产品的制造方法落入本案专利权保护范围,并无不当。

结　语

知识产权案件年度报告发布六年来,日益受到社会的普遍关注和高度重视,在明晰裁判规则、指导审判实践、统一法律适用等方面发挥着日益重要的作用。但仍应指出的是,本年度报告是最高人民法院在具体案件裁判中针对新型、复杂、疑难问题形成的认识,具有较强的阶段性、个案性和探索性,其中归纳总结的法律适用标准和方法不可避免地存在一定的局限性,而且可能会随着认识的深入和形势的发展发生调整和变化。在未来的工作中,最高人民法院将继续坚持执法办案第一要务,加强疑难复杂案件审判指导,大力推进司法公开,不断提高知识产权案件审判质量和效率,努力让人民群众在每一个知识产权司法案件中都感受到公平正义。

2013 年中国检察机关保护知识产权十大典型案例

最高人民检察院侦查监督厅厅长　万春

(2014 年 4 月 22 日)

各位记者:

大家好!刚才张本才主任向大家通报了全国检察机关加强知识产权司法保护的情况,现在由我向大家通报 2013 年中国检察机关保护知识产权十大典型案例。

这批案例是高检院第二次发布的年度知识产权保护典型案例。高检院通过评选和公布“中国检察机关保护知识产权十大典型案例”,积极发挥典型案例的示范效应和指导作用。一方面集中展示中国检察机关知识产权司法保护工作取得的新进展,另一方面也为全国检察机关正确适用法律提供指引,并且对提高权利人知识产权保护意识具有积极的影响。

为了做好本次典型案例的评选工作,各省级检察院侦查监督部门会同公诉、民刑检察部门从2013年当地终审审结的知识产权案件中挑选了90余件案件上报高检院侦查监督厅。本次公布的典型案例就是从中精选出来的。入选的10个案例中,侵犯著作权案件5件,侵犯商标权案件3件,侵犯商业秘密案件2件;刑事案件8件,民事抗诉案件1件,行政抗诉案件1件。这些案件涉及工业技术、电子商务和软件信息等多个知识经济领域。

一、亿铂公司、沃德公司、余志宏等4人侵犯商业秘密案

本案是由全国首家独立设置的知识产权检察室——广东珠海市人民检察院高新区知识产权检察室承办的。针对本案案情复杂且跨省犯罪、涉案人员多、专业性强、调查取证难等问题,检察机关及时介入、积极督促公安机关立案侦查并有针对性地提出引导侦查意见,同时对侦查活动全程跟进,使案件得以成功办理。

典型意义在于,本案犯罪数额高、危害大、影响范围广,案件的成功办理充分体现了检察机关知识产权案件专业化办理模式的体制机制优势,以及检察机关对重大疑难、复杂案件敢于监督、善于监督,严格依法履行法律监督职责的能力和决心。

二、瑞创公司、韩猛等8人侵犯著作权案

本案侵权时间历时三年之久,侵权行为涉及全国29个省(自治区、直辖市)的286个城市,侵权软件数量和非法经营数额均特别巨大,被害单位(微软公司)曾就本案提出1亿元人民币的民事赔偿请求。

典型意义在于,检察机关没有就案办案,而是延伸办案效果,不仅积极开展法庭教育促使侵权人真诚悔罪,而且尽力修补社会关系,彻底化解当事人间的矛盾。8名被告人当庭向被害单位鞠躬致歉,被告单位在庭审后通过官网发布道歉声明,并赔偿被害单位人民币3600万元,取得被害单位谅解。案件宣判后,被害单位专程至检察机关,对中国司法机关打击侵权盗版的力度和细致入微的工作作风表示赞赏和感谢。

三、佳飞公司销售假冒注册商标的商品案

这是一起依托行政执法与刑事司法衔接工作机制,成功监督行政执法机关移送涉嫌犯罪案件的案件。

典型意义在于,检察机关并未满足于监督移送售卖假酒案件,而是持续跟踪案件侦办情况,引导公安机关深挖出一个跨省制售假冒茅台酒的大案。当地公安机关向公安部汇报后,公安部指挥重庆、贵州、四川等地统一行动,一举捣毁了一个跨省的制售假酒的源头,扩大了办案效果。

四、李海涛等3人侵犯商业秘密案

被害单位齐鲁安替公司是国内知名药企齐鲁制药厂的子公司,是中国最大的头孢菌素原料药专业生产企业。本案案情复杂、专业性强、时间跨度长、取证难度大。

典型意义在于,检察机关为查清案件

事实,不仅认真核查证据,还详列补查提纲,引导公安机关收集、调取、固定证据,为案件的成功办理奠定了坚实基础。特别是检察机关关于案件性质的准确认定,使公安机关及时调整侦查取证方向,保证了打击犯罪的质效。

五、新飞仕公司、郑武岳等19人侵犯著作权案

本案是公安部和文化部共同挂牌督办的案件,是一起严重侵害本土影视文化产业发展的案件。案件涉及范围广、人员多,犯罪环节错综复杂,备受社会关注。

典型意义在于,检察机关充分履行检察职能,适时介入侦查,依法引导取证,成功追诉了犯罪单位,还督促公安机关彻底捣毁了数个遍及全国的售卖盗版光盘的窝点,并促使一部分在逃涉案人员投案自首。办案同时,检察机关还积极为被害企业挽回经济损失人民币2500余万元。

六、朱建君侵犯著作权、罗明勇等13人销售侵权复制品案

本案是近年来上海市查获的一起最大的盗版教材案。朱建君、罗明勇等14人形成了一个统一供货、统一进价、统一售价、统一分红的销售非法复制注册金融分析师和国际注册会计师教材的团伙。该团伙涉案人员众多,成员间分工严密、关系复杂,取证十分困难。

典型意义在于,针对目前知识产权犯罪处于多发态势,而且犯罪手法不断变换,不法分子对付刑事打击能力也在增强的特点,一些地方检察机关组建专业队伍或成立专门机构,加强了对此类案件的办理。上海市在这方面走在了全国前列。2010年以来,该市杨浦等七个区检察院相继成立了专门的知识产权和金融犯罪办案机构。2011年11月,上海市人民检察院设立金融犯罪检察处,这是全国首个在省级检察院设立的专门办理知识产权犯罪及金融犯罪案件的机构。本案办理中,上海市杨浦区检察院充分利用专业办案机制的优势,就电子证据固定、线下证据补强等提出意见,积极引导侦查,为案件的成功办理夯实了基础。

七、中孚电子公司、李强侵犯著作权案

本案是一起利用预装计算机盗版软件牟利的新型侵犯著作权案。

典型意义在于,本案是全国计算机销售商预装盗版软件获刑第一案。案件的成功办理开创了刑事打击硬盘预装盗版软件的先例。检察机关关于以预装盗版软件数量认定侵犯著作权犯罪的公诉意见,最终被审判机关采纳,为今后查处和判罚同类案件提供了借鉴。案件经国内外媒体报道后,收到广泛的正面评价。

八、萧宗华假冒注册商标、陈月蕉销售假冒注册商标的商品案

本案系公安部重点督办案件,涉及福建、广东、台湾等多个省份,侵犯的商标系台湾知名商标,涉案主要人员为台湾人,社会影响较大。

典型意义在于,办案中检察机关提出的定性意见获法院判决支持,还对侦查活动中的执法不规范问题提出了纠正意见,取得了良好的办案效果。

九、天津肉联厂与宋晓曼著作权纠纷民事抗诉案

本案双方当事人诉争的焦点是商标图形的使用是否侵犯著作权。检察机关经抗诉,纠正了原终审判决的错误。

典型意义在于,本案的处理直接关系到人民群众对知名食品品牌的信任度。检察机关依法履行民事诉讼监督职责,准确认定案件事实,抗诉意见获得人民法院再审判决的支持,保护了权利人的合法权益,维护了正常的市场秩序,促进了知名企业的品牌建设。

十、王亮、林洁诉武汉市工商行政管理局行政强制措施行政抗诉案

本案一方当事人不服工商行政管理部门对涉嫌侵犯商标专用权的财物采取的行政强制措施,提起行政诉讼。一、二审法院判决工商局败诉。检察机关依法抗诉后,人民法院经再审予以改判。

典型意义在于,本案发生在与人民群众生命健康财产安全息息相关的药品监管领域,且涉案商标品牌在国内享有较高知名度,社会影响较大。检察机关及时依法行使行政抗诉权,促使法院再审改判,支持了工商行政管理机关对权利人商标专用权的行政保护。

附:

2013年中国检察机关保护知识产权十大典型案例

典型案例一

亿铂公司、沃德公司、余志宏等4人侵犯商业秘密案

珠海赛纳打印科技股份有限公司(以下简称赛纳公司)成立于2006年,是一家集研发、制造和销售激光打印机及其他打印耗材为一体的创新型企业,拥有330多项国内外自有专利技术,曾获得“全球通用激光打印耗材行业的龙头企业”、“2011福布斯中国潜力企业”、“广东省著名品牌企业”、“广东省出口名牌企业”、“广东省高新技术企业”、“珠海市知识产权优势企业”等称号,被誉为“21世纪未来之星”。

2011年1月至3月,赛纳公司原常务副总经理余志宏与他人仿照赛纳公司的经营模式,成立了江西亿铂电子科技有限公司(以下简称亿铂公司)和中山沃德公司(以下简称沃德公司),并在香港、美国、欧洲成立了三个专门用于销售亿铂公司产品的公司。随后,余志宏伙同赛纳公司原销售总监罗石和、原产品部经理李影红、原产品销售经理肖文娟在未与赛纳公司办理离职手续的情况下,到亿铂公司和沃德公司工作。四人离职时,私自将赛纳公司客户类经营信息资料带走,并通过对信息的分析,有针对性地制定销售策略和价格体系后向赛纳公司客户倾销产品。余志宏等人恶意争夺赛纳公司客户的行为,给公司造成巨额经济损失,引发该公司生产经营上的极大困难,造成公司陷入濒临破产的境地。

典型案例二

瑞创公司、韩猛等8人侵犯著作权案

2008年起,上海瑞创网络科技股份有限公司(以下简称瑞创公司)总经理韩猛、副总经理韩红昌为推广公司2345导航网站,在未经软件著作权人微软公司许可的情况下,指使员工钱武星、罗华等人通过非法复制微软公司Windows操作系统软件,制成"萝卜家园"等版本的盗版操作系统,并在盗版软件中捆绑、集成恶意代码,通过发布下载链接和雇佣人员线下免费发放盗版光盘等手段,提高公司网站浏览量,吸引付费广告、加载有偿链接,牟取巨额非法利益。经审计,2345网站为瑞创公司获取营业收入计人民币2387万余元。

典型案例三

佳飞公司销售假冒注册商标的商品案

2011年10月至2012年2月间,重庆佳飞商贸有限公司(以下简称佳飞公司)总经理龚应兵与公司法定代表人王子泉共谋购买假冒贵州茅台注册商标的飞天茅台酒,用于销售牟利。后二人在销售业务会上组织公司人员销售了上述假酒。截至案发,佳飞公司共销售假飞天茅台酒240瓶,销售金额共计人民币270360元;尚未销售的假飞天茅台酒128瓶(按已销售平均价格计,价值为人民币144192元)。

典型案例四

李海涛等3人侵犯商业秘密案

2006年8月,李海涛从齐鲁制药有限公司辞职。辞职前后,李海涛通过非法手段,获取了头孢他啶等药品的生产工艺。2008年8月,李海涛向齐鲁安替制药有限公司(以下简称齐鲁安替公司)职工靳超购买该公司的头孢米诺的生产工艺。2006年年底至2010年间,李海涛将非法获取的头孢他啶等五种药品的生产工艺,非法披露给哈药集团制药总厂厂长助理赵玉新并允许其使用。赵玉新在明知上述药品生产工艺系非法取得的情况下,仍在哈药集团制药总厂进行了工艺试验、技术储备及工艺改进等。经鉴定,李海涛、赵玉新因非法披露、获取头孢他啶等五种生产工艺,给齐鲁安替公司造成人民币246万余元的经济损失,靳超非法披露头孢米诺生产工艺的行为给齐鲁安替公司造成人民币114万余元的经济损失。案发后,李海涛赔偿齐鲁安替公司经济损失人民币60万元,靳超赔偿齐鲁安替公司经济损失人民币1万元。

典型案例五

新飞仕公司、郑武岳等19人侵犯著作权案

2011年12月,郑武岳、张秀兰分别通过张少波联系广东新飞仕激光科技有限公司(以下简称新飞仕公司,是广东省广州市一家生产音像制品的正规企业)生产电影《遍地狼烟》的盗版光盘4000张。新飞仕公司在没有获得著作权人浙江横店影视制作有限公司许可的情况下,为张少波生产了上述盗版光盘。经郑武岳、张秀兰包装,光盘被销至全国各地。案发后,公安机关从郑武岳、张秀兰、张少波及其下线零售商处扣得各类盗版光盘、母盘、碟心等非法音像制品光盘15万余张,冻结在案人员账户内赃款人民币300余万元。

典型案例六

朱建君侵犯著作权、罗明勇等13人销售侵权复制品案

2011年10月,罗明勇、宁传银等人为牟取非法利益,在未取得权利人授权的情况下,共谋成立一个统一供货、统一进价、统一销售价格、统一分红销售非法复制CFA教材(注:CFA是“注册金融分析师”或“特许金融分析师”的简称,是国际公认的金融证券业最高认证书)的团伙。至案发,朱建君已将非法印制的CFA教材共2万余套销售给罗明勇等人,销售金额计人民币100余万元。2012年1月至3月间,该团伙销售非法复制的CFA教材违法所得共计人民币130余万元。2012年7月,公安机关在罗明勇租赁的仓库内查获盗版的CFA教材25000本。

另查明,宁传银为牟取非法利益,伙同他人在未取得权利人授权的情况下,非法复制销售ACCA教材(注:ACCA指“国际注册会计师”,是全球最权威的财会金融领域的证书之一)。至案发,宁传银共销售非法复制的ACCA教材100余本,非法获利人民币2500余元。公安机关查获宁传银尚未销售的非法复制的ACCA教材521本。

典型案例七

中孚电子公司、李强侵犯著作权案

2011年7月,山东平度市教育体育局面向社会招标购买计算机,青岛中孚信息产业有限公司(以下简称中孚信息公司)中标。2011年9月,平度市教育体育局与中孚信息公司签订销售合同,约定中孚信息公司负责供货并免费安装常用软件。2011年9月20日,中孚信息公司委托青岛中孚电子有限公司(以下简称中孚电子公司)进行安装。中孚电子公司的法定代表人李强未经微软(中国)有限公司同意,从互联网上下载了Windows XP操作软件和Office(2003)办公软件,并雇佣他人将下载的软

件复制安装到1076台计算机上。经鉴定,李强安装的Windows XP操作软件、Office(2003)办公软件与微软公司相关的正版软件文件目录结构高度相似,二进制相同的占89%以上,运行界面、软件功能相同。

典型案例八

萧宗华假冒注册商标、陈月蕉销售假冒注册商标的商品案

2010年至2012年,台湾商人萧宗华指使他人在广东省汕头市组织多名工人生产假冒“素手浣花”黑糖棒棒糖,并销售给陈月蕉等人,累计销售人民币117万余元。截至案发,陈月蕉先后共以人民币7万余元的价格向萧宗华购得假冒的“素手浣花”黑糖棒棒糖155件用于销售。

典型案例九

天津肉联厂与宋晓曼著作权纠纷民事抗诉案

天津市肉类联合加工厂(以下简称天津肉联厂)是一家从事生猪屠宰及肉类产品生产的大型国有企业。1995年1月13日起,该厂开始使用“卡通猪”的形象宣传产品。1999年,天津肉联厂与天津市相互广告有限公司(以下简称相互广告公司)签订《广告代理发布合同》,约定相互广告公司于当年5月8日至6月6日间,担任该厂广告播出代理,且在电视广告中使用“卡通猪”形象。5月31日,天津肉联厂在《今晚报》上发布的产品广告及该厂随后取得的“香肠包装袋”、“标贴(放心肉专卖店)”的外观设计专利证书都使用了“卡通猪”图形。自此,“卡通猪”图形被天津肉联厂广泛使用在产品包装、专卖店牌匾、产品广告、产品运输车厢上。

2010年4月7日,宋晓曼将“卡通猪”图形注册为商标。同年8月27日,天津肉联厂向国家工商行政管理总局商标局提出异议申请。2012年2月20日,国家工商行政管理局商标评审委员会裁定,撤销争议商标。

2010年7月30日,宋晓曼向国家版权局提出申请,请求将其于1998年3月25日创作完成的作品“龙猪乐乐”(即诉争“卡通猪”)予以版权登记。同年9月2日,国家版权局向其颁发了《著作权登记证书》。

典型案例十

王亮、林洁诉武汉市工商行政管理局行政强制措施行政抗诉案

2005年8月,武汉市工商行政管理局(以下简称市工商局)接山西亚宝药业集团股份有限公司(以下简称亚宝公司)举报称:武汉市三楚科技发展有限公司(以下简称三楚公司)生产、销售的“丁桂宝腹泻贴”涉嫌侵犯亚宝公司“丁桂”注册商标专用权。市工商局经初步调查,认定三楚公司的行为违反了《商标法》的有关规定,决定

立案调查。10月17日,三楚公司向国家工商行政管理总局商标评审委员会对注册商标"丁桂"提起商标评审申请。12月16日,市工商局依据国家工商行政管理总局有关规定,在三楚公司提供担保后,解除了扣押强制措施。2006年1月27日,国家工商行政管理总局商标局作出《关于"丁桂"商标有关问题的批复》。2月16日,市工商局依据批复,以三楚公司涉嫌生产、销售侵权商品,作出工商扣通字第(2006)第8号《扣留财物通知书》。三楚公司不服,向武汉市人民政府申请行政复议。复议机关作出维持原具体行政行为的复议决定。

2013年中国法院10大知识产权案件、10大创新性知识产权案件和50件典型知识产权案件

2013年中国法院10大知识产权案件

一、知识产权民事案件

1. 新材料技术领域等同判定专利侵权案

湖南科力远新能源股份有限公司与爱蓝天高新技术材料(大连)有限公司等侵害发明专利权纠纷上诉案〔江苏省高级人民法院(2011)苏知民再终字第1号民事判决书〕

2. "威极"酱油侵害商标权及不正当竞争纠纷案

佛山市海天调味食品股份有限公司与佛山市高明威极调味食品有限公司侵害商标权及不正当竞争纠纷案〔广东省佛山市中级人民法院(2012)佛中法知民初字第352号民事判决书〕

3. 钱钟书书信手稿拍卖诉前行为保全案

杨季康与中贸圣佳国际拍卖有限公司、李国强诉前行为保全案〔北京市第二中级人民法院(2013)二中保字第9727号民事裁定书〕

4. "奥特曼"著作权纠纷案

圆谷制作株式会社、上海圆谷策划有限公司与辛波特·桑登猜、采耀版权有限公司、广州购书中心有限公司、上海音像出版社侵害著作权纠纷申请再审案〔最高人民法院(2011)民申字第259号民事裁定书〕

5. 树脂专利相关信息侵害商业秘密纠纷案

圣莱科特国际集团、圣莱科特化工(上海)有限公司与华奇(张家港)化工有限公司、徐捷侵害商业秘密纠纷上诉案〔上海市高级人民法院(2013)沪高民三(知)终字第93号民事判决书〕

6. 标准必要专利许可使用费案件

华为技术有限公司与 IDC 公司标准必要专利使用费纠纷上诉案〔广东省高级人民法院(2013)粤高法民三终字第 305 号民事判决书〕

7. 确认"两优 996"品种权实施许可合同无效纠纷案

福建超大现代种业有限公司与安徽省农业科学院水稻研究所确认植物新品种权实施许可合同无效纠纷上诉案〔安徽省高级人民法院(2012)皖民三终字第 81 号民事裁定书〕

二、知识产权行政案件

8. "圣象"驰名商标保护案

圣象集团有限公司与国家工商行政管理总局商标评审委员会、河北广太石膏矿业有限公司商标争议行政纠纷提审案〔最高人民法院(2013)行提字第 24 号行政判决书〕

9. "金骏眉"通用名称商标行政纠纷案

武夷山市桐木茶叶有限公司与国家工商行政管理总局商标评审委员会、福建武夷山国家级自然保护区正山茶业有限公司商标异议复审行政纠纷上诉案〔北京市高级人民法院(2013)高行终字第 1767 号行政判决书〕

三、知识产权刑事案件

10. 假冒食用油注册商标犯罪案

宗连贵等 28 人假冒注册商标罪案〔河南省高级人民法院(2013)豫法知刑终字第 2 号刑事裁定书〕

2013 年中国法院 10 大创新性知识产权案件

1. 北京锐邦涌和科贸有限公司与强生(上海)医疗器材有限公司、强生(中国)医疗器材有限公司纵向垄断协议纠纷上诉案〔上海市高级人民法院(2012)沪高民三(知)终字第 63 号民事判决书〕

2. 美国礼来公司、礼来(中国)研发公司与黄孟炜侵害技术秘密纠纷案〔上海市第一中级人民法院(2013)沪一中民五(知)初字第 119 号民事判决书〕

3. 百度在线网络技术(北京)有限公司等与北京奇虎科技有限公司等不正当竞争纠纷上诉案〔北京市高级人民法院(2013)高民终字第 2352 号民事判决书〕

4. 谷歌公司与王莘侵害著作权纠纷上诉案〔北京市高级人民法院(2013)高民终字第 1221 号民事判决书〕

5. 天津天隆种业科技有限公司与江苏徐农种业科技有限公司侵害植物新品种权纠纷上诉案〔江苏省高级人民法院(2011)苏知民终字第 194 号、(2012)苏知民终字第 55 号民事判决书〕

6. 中山市隆成日用制品有限公司与湖北童霸儿童用品有限公司侵害实用新型专利权纠纷提审案〔最高人民法院(2013)民提字第 116 号民事判决书〕

7. 北京鸭王烤鸭店有限公司与上海淮海鸭王烤鸭店有限公司、国家工商行政管理总局商标评审委员会商标异议复审纠纷

申请再审案〔最高人民法院(2012)知行字第9号行政裁定书〕

8. 李隆丰与中华人民共和国国家工商行政管理总局商标评审委员会、三亚市海棠湾管理委员会商标争议行政纠纷申请再审案〔最高人民法院(2013)知行字第41号行政裁定书〕

9. 卡比斯特制药公司与中华人民共和国国家知识产权局专利复审委员会发明专利权无效行政纠纷申请再审案〔最高人民法院(2012)知行字第75号行政裁定书〕

10. 江西亿铂电子科技有限公司、中山沃德打印机设备有限公司、余志宏、罗石和、李影红、肖文娟侵犯商业秘密罪案〔广东省珠海市中级人民法院(2013)珠中法刑终字第87号刑事判决书〕

2013年中国法院50件典型知识产权案例

一、知识产权民事案件

(一)侵犯专利权纠纷案件

1. 马培德公司与阳江市邦立贸易有限公司、阳江市伊利达刀剪有限公司侵害外观设计专利权纠纷申请再审案〔最高人民法院(2013)民申字第29号民事裁定书〕

2. 宜宾长毅浆粕有限责任公司与潍坊恒联浆纸有限公司、成都鑫瑞鑫塑料有限公司侵害发明专利权纠纷申请再审案〔最高人民法院(2013)民申字第309号民事裁定书〕

3. 北京市捷瑞特弹性阻尼体技术研究中心与北京金自天和缓冲技术有限公司、王菡夏侵害实用新型专利权纠纷申请再审案〔最高人民法院(2013)民申字第1146号民事裁定书〕

4. 桂林南药股份有限公司与三门峡赛诺维制药有限公司侵害外观设计专利权和擅自使用知名商品特有包装、装潢纠纷提审案〔最高人民法院(2013)民提字第163号民事判决书〕

5. 陈顺弟与浙江乐雪儿家居用品有限公司、何建华、温士丹侵害发明专利权纠纷提审案〔最高人民法院(2013)民提字第225号民事判决书〕

6. 大连大金马基础建设有限公司与大连北兴构件吊装运输有限公司侵害发明专利权纠纷案〔辽宁省大连市中级人民法院(2011)大民四初字第23号民事判决书〕

7. 塞伯股份有限公司与浙江爱仕达电器股份有限公司侵害发明专利权纠纷上诉案〔浙江省高级人民法院(2013)浙知终字第59号民事判决书〕

8. 陈锡奎与晋江市凯达石材机械有限公司侵害实用新型专利权纠纷上诉案〔福建省高级人民法院(2013)闽民终字第482号民事判决书〕

9. 本田技研工业株式会社与江门气派摩托车有限公司、力帆实业(集团)股份有限公司、湘潭瑞骑力帆摩托车销售有限公司侵害外观设计专利权纠纷案〔湖南省长沙市中级人民法院(2012)长中民五初字第620号民事判决书〕

10. 江门市亚泰机电科技有限公司与

雷炳全侵害实用新型专利权纠纷上诉案〔广东省高级人民法院(2013)粤高法民三终字第15号民事判决书〕

(二)著作权权属、侵权纠纷案件

11. 吉林美术出版社与海南出版社有限公司、长春欧亚集团股份有限公司欧亚商都侵害著作权纠纷申请再审案〔最高人民法院(2012)民申字第1150号民事裁定书〕

12. 景德镇法蓝瓷实业有限公司与潮州市加兰德陶瓷有限公司侵害著作权纠纷申请再审案〔最高人民法院(2012)民申字第1392号民事裁定书〕

13. 窦骁与北京新画面影业有限公司演出经纪合同纠纷上诉案〔北京市高级人民法院(2013)高民终字第1164号民事判决书〕

14. 北京中文在线数字出版股份有限公司与北京智珠网络技术有限公司侵害作品信息网络传播权纠纷案〔北京市朝阳区人民法院(2013)朝民初字第8854号民事判决书〕

15. 哈尔滨秋林食品有限责任公司与哈尔滨秋林糖果厂有限责任公司、哈尔滨秋林里道斯食品有限责任公司侵害著作权纠纷上诉案〔黑龙江省高级人民法院(2012)黑知终字第45号民事判决书〕

16. 北京汉仪科印信息技术有限公司与青蛙王子(中国)日化有限公司、福建双飞日化有限公司、苏果超市有限公司侵害著作权纠纷上诉案〔江苏省高级人民法院(2012)苏知民终字第161号民事判决书〕

17. 郑子罕与杭州市普通教育研究室著作权权属纠纷上诉案〔浙江省高级人民法院(2012)浙知终字第105号民事判决书〕

18. 蒋友柏与周为军、江苏人民出版社有限公司、北京凤凰联动文化传媒有限公司侵害著作权纠纷上诉案〔浙江省杭州市中级人民法院(2013)浙杭知终字第13号民事判决书〕

19. 广州万唯建设工程顾问有限公司与广州市番禺交通建设投资有限公司、广东海外建设监理有限公司侵害著作权纠纷上诉案〔广东省广州市中级人民法院(2012)穗中法民三终字第96号民事判决书〕

(三)侵犯商标权纠纷案件

20. 北京大宝化妆品有限公司与北京市大宝日用化学制品厂、深圳市碧桂园化工有限公司侵害商标权及不正当竞争纠纷提审案〔最高人民法院(2012)民提字第166号民事判决书〕

21. 陕西茂志娱乐有限公司与梦工场动画影业公司、派拉蒙影业公司侵害商标权纠纷上诉案〔北京市高级人民法院(2013)高民终字第3027号民事判决书〕

22. 兰建军、杭州小拇指汽车维修科技股份有限公司与天津市小拇指汽车维修服务有限公司、天津市华商汽车进口配件公司侵害商标权及不正当竞争纠纷上诉案〔天津市高级人民法院(2012)津高民三终字第46号民事判决书〕

23. 广州市芳奈服饰有限公司与李菊红侵害商标权纠纷上诉案〔江西省高级人民法院(2013)赣民三终字第21号民事裁定书〕

24. 环球股份有限公司与青岛际通文具有限公司、青岛际通铅笔有限公司、青岛

永旺东泰商业有限公司侵害商标权纠纷上诉案〔山东省高级人民法院(2013)鲁民三终字第32号民事判决书〕

25. 河南杜康酒业股份有限公司与汝阳县杜康村酒泉酒业有限公司、河南世纪联华超市有限公司侵害商标权纠纷上诉案〔河南省高级人民法院(2011)豫法民三终字第194号民事判决书〕

26. 湖北十堰武当山特区仙尊酿酒有限公司与湖北神武天滋野生葡萄酒业有限公司、武汉天滋武当红酒业销售有限公司侵害商标权纠纷上诉案〔湖北省高级人民法院(2013)鄂民三终字第132号民事判决书〕

27. 广州饮食服务企业集团有限公司与广州市西关世家园林酒家有限公司商标及老字号品牌使用许可合同纠纷上诉案〔广东省高级人民法院(2013)粤高法民三终字第123号民事判决书〕

28. 北京王致和(桂林腐乳)食品有限公司与桂林花桥食品有限公司侵害商标权纠纷上诉案〔广西壮族自治区高级人民法院(2012)桂民三终字第19号民事判决书〕

29. 路易威登马利蒂与三亚宝宏实业有限公司宝宏大酒店、三亚宝宏实业有限公司、潘小爱侵害商标权纠纷上诉案〔海南省高级人民法院(2013)琼民三终字第80号民事判决书〕

30. 成都同德福合川桃片食品有限公司与重庆市合川区同德福桃片有限公司、余晓华侵害商标权及不正当竞争纠纷案〔重庆市第一中级人民法院(2013)渝一中法民初字第273号民事判决书〕

31. 宜宾五粮液股份公司与江西精彩生活投资发展有限公司侵害商标权纠纷上诉案〔四川省高级人民法院(2013)川民终字665号民事判决书〕

32. 普拉达有限公司与陕西东方源投资发展有限公司、华商报社侵害商标权及不正当竞争纠纷案〔陕西省西安市中级人民法院(2013)西民四初字第227号民事判决书〕

(四)不正当竞争、垄断纠纷案件及其他

33. 天圣制药集团股份有限公司与海南国栋药物研究所有限公司、海南欣安生物制药有限公司技术转让合同纠纷申请再审案〔最高人民法院(2012)民申字第1542号民事裁定书〕

34. 济川药业集团股份有限公司与北京福瑞康正医药技术研究所技术转让合同纠纷申请再审案〔最高人民法院(2013)民申字第718号民事裁定书〕

35. 湖北洁达环境工程有限公司与郑州润达电力清洗有限公司、陈庭荣、吴祥林侵害商业秘密纠纷管辖权异议提审案〔最高人民法院(2013)民提字第16号民事裁定书〕

36. 北京天道新源风电科技股份有限公司与哈尔滨空调股份有限公司技术合同纠纷案〔黑龙江省哈尔滨市中级人民法院(2011)哈知初字第59号民事判决书〕

37. 江苏建华管桩有限公司与上海中技桩业股份有限公司虚假宣传纠纷上诉案〔江苏省高级人民法院(2012)苏知民终字第219号民事判决书〕

38. 南京国资绿地金融中心有限公司与江苏紫峰绿洲酒店管理有限公司侵犯著作权、商标权及不正当竞争纠纷上诉案〔江苏省南京市中级人民法院(2012)宁知民终字第24号民事判决书〕

39. 曹彬与济南乾豪科技发展有限公司特许经营合同纠纷上诉案〔山东省高级

人民法院(2013)鲁民三终字第 223 号民事判决书〕

40. 襄阳市农业科学院与四川隆平高科种业有限公司植物新品种实施许可合同纠纷上诉案〔湖北省高级人民法院(2013)鄂民三终字第 323 号民事判决书〕

41. 华为技术有限公司与 IDC 公司滥用市场支配地位纠纷上诉案〔广东省高级人民法院(2013)粤高法民三终字第 306 号民事判决书〕

42. 兰州正丰石油化工技术装备有限责任公司与无锡奋图过滤材料有限公司、王京良、无锡奋图网业进出口贸易有限公司侵害商业秘密纠纷上诉案〔甘肃省高级人民法院(2013)甘民三终字第 5 号民事判决书〕

二、知识产权行政案件

(一)专利授权确权案件

43. 精工爱普生株式会社与中华人民共和国国家知识产权局专利复审委员会、郑亚俐、佛山凯德利办公用品有限公司、深圳市易彩实业发展有限公司发明专利权无效行政纠纷申请再审案〔最高人民法院(2010)知行字第 53 – 1 号行政裁定书〕

44. 北京世纪联保消防新技术有限公司与国家知识产权局专利复审委员会、山西中远消防设备有限公司发明专利权无效行政纠纷提审案〔最高人民法院(2012)行提字第 20 号行政判决书〕

45. 株式会社岛野与中华人民共和国国家知识产权局专利复审委员会、宁波赛冠车业有限公司发明专利权无效行政纠纷提审案〔最高人民法院(2013)行提字第 21 号行政判决书〕

46. 新日铁住金不锈钢株式会社与中华人民共和国国家知识产权局专利复审委员会、李建新发明专利权无效行政纠纷上诉案〔北京市高级人民法院(2013)高行终字第 1754 号行政判决书〕

(二)商标授权确权案件

47. 博内特里塞文奥勒有限公司与中华人民共和国国家工商行政管理总局商标评审委员会、佛山市名仕实业有限公司商标争议行政纠纷提审案〔最高人民法院(2012)行提字第 28 号行政判决书〕

三、知识产权刑事案件

48. 尤艳、宋兵峰、马化涛侵犯著作权罪案〔安徽省蚌埠市禹会区人民法院(2013)禹知刑初字第 2 号刑事判决书〕

49. 王文利、张剑毅、陈邦取生产、销售伪劣产品罪案〔福建省厦门市中级人民法院(2011)厦刑初字第 62 号刑事判决书〕

50. 周开忠、蔡细漂假冒注册商标罪案〔湖北省宜昌市中级人民法院(2013)鄂宜昌中知刑初字第 1 号刑事判决书〕

十大案件

湖南科力远新能源股份有限公司诉爱蓝天高新技术材料（大连）有限公司、湖南凯丰新能源有限公司侵犯发明专利权纠纷案

——阅读提示：对于有明确端点数值范围的专利技术特征，如何确定其适用等同原则的范围

【裁判要旨】

专利权利要求中有明确端点的数值范围是经过专利申请人进行概括选择之后所确定的范围。在专利申请阶段可能导致专利无法获得授权的过于宽泛的数值范围，既然其没有记载在授权后的权利要求范围内，如果通过等同特征的方式再将其纳入到专利权的保护范围，显然对于公众而言是不公平的。因此，对于专利所要求保护的技术方案中有明确端点数值范围的技术特征，且属于对现有技术方案进行优化选择而形成的优选技术方案，其适用等同的范围应当受到严格限制。

【案号】

一审：湖南省长沙市中级人民法院（2008）长中民三初字第0501号

二审：湖南省高级人民法院（2010）湘高法民三终字第1号

再审：江苏省高级人民法院（2011）苏知民再终字第0001号

【案情与裁判】

原告（被上诉人、被申请人）：湖南科力远新能源股份有限公司（以下简称科力远公司）

被告（上诉人、申请再审人）：爱蓝天高新技术材料（大连）有限公司（以下简称爱蓝天大连公司）。

被告：湖南凯丰新能源有限公司（以下简称凯丰公司）

起诉与答辩

科力远公司诉称：其合法拥有"一种海绵状泡沫镍的制备方法"的发明专利权，爱蓝天大连公司未经许可，为生产经营目的长时间、大规模地使用涉案专利方法生产泡沫镍产品并在国内外大量销售，侵犯其发明专利权。凯丰公司未经许可，为生产经营目的，从爱蓝天大连公司处直接购买依照专利方法直接获得的产品并生产镍氢电池，亦侵犯其发明专利权。请求判令爱蓝天大连公司、凯丰公司立即停止侵权；爱蓝天大连公司赔偿其经济损失4990万元；

爱蓝天大连公司、凯丰公司承担全部诉讼费用。

爱蓝天大连公司辩称:其已就涉案专利提出无效宣告请求,本案应予中止;其生产泡沫镍产品的方法未落入涉案发明专利权的保护范围;科力远公司要求赔偿4990万元无事实和法律依据。

凯丰公司答辩称:其能够提供所使用的泡沫镍产品的合法来源,且对该产品或生产该产品的方法是否侵权并不知情,不应承担赔偿责任。

法院审理查明

经受让,2007年6月1日科力远公司成为ZL95102640.2号发明专利(以下简称涉案专利)的专利权人。涉案专利权利要求1的记载内容为:一种海绵状泡沫镍的制备方法,使用经过粗化的聚醚聚氨酯作基底,制作电镀用阴极;经镀镍,水洗干燥等后处理过程,制备出海绵状泡沫镍,所说的镀镍是在含镍离子的电镀液中进行,时间为(40~50分钟);本发明的特征在于所说的制作电镀用阴极是用磁控溅射的方法进行的,在镀膜机中,以纯镍为靶,在氩气气氛中,控制电流密度在$(0.1 \sim 1.5) \times 10^{-2} A/cm^2$范围,控制溅射时间在(20~100)S,两电极间距离在(10~30)cm之间,溅射前先抽真空,真空度为$(0.8 \sim 3.5) \times 10^{-5}$毫米汞柱,充入氩气后真空度在$(2 \sim 3.5) \times 10^{-4}$毫米汞柱;通电后,在基底表面和孔隙内生长镍,形成含金属镍的电镀用阴极;所说的后处理是在(800~900)℃温度下保温1小时,烧掉聚醚聚氨酯基底。

1998年1月1日,国家专利局对涉案专利申请作出第一次审查意见通知书,1998年4月14日,专利申请人根据专利局的审查意见进行了答复。在专利申请人的意见陈述书中,引用的对比文献系审查意见通知书所列的对比文献,专利申请人对本发明的创造性进行了如下阐述:本发明跟对比文献比较,其创造性体现在如下几方面:首先是在诸多的泡沫金属化制作电镀阴极方法中,优选了最佳的磁控溅射的方法;其次是总结出了磁控溅射的工艺条件;最后是热处理方法。并称与对比文献相比,本发明权利要求的重点是电镀用阴极的制备方法,且电镀用阴极采用的磁控溅射法可以制成金属化的多孔平板形泡沫,也可以制成卷材。

2003年11月19日,爱蓝天大连公司成立,其经营范围为发泡镍制造、销售,新材料研发,技术咨询,售后服务,国际贸易,该公司的外资投资方为英可亚洲控股有限公司、韩国镍业公司。爱蓝天大连公司生产了海绵状泡沫镍产品,在其生产泡沫镍的PVD真空镀工序中,使用"IMG-1000型真空磁控溅射镀膜机",使用的基材是聚酯聚氨酯软泡沫,如INOAC公司的MF-45LE型软泡沫、BRIDGESTONE公司的HHWR-46型软泡沫。对基材进行镀膜的真空磁控溅射镀膜机内基材两侧对称平行设置一对上下错位相向的镍靶,形状为长方形,镍靶长145cm,镍靶宽为25.1cm,使用的靶材为纯镍,两镍靶上靶的上沿和下靶的下沿之间的垂直距离为850mm,两镍靶之间的垂直距离为25.5cm,基材在上下胶辊间的距离为1570mm。镀膜电流为10~30A,镀膜速度为0.4~0.9m/min,本底真空度为$\leq 2.0 \times 10^{-2}$Pa;工作真空度为$(2.0 \sim 2.5) \times 10^{-1}$Pa。具体操作时的工艺参数为:基材厚度分别是1.7mm、1.71mm、1.73mm,阴极镍靶镀膜电流分别为26A、25A,镀膜速度为0.8m/min,起靶前真空度

2.0×10^{-2}Pa,选择氩气气氛,工作真空度为2.1×10^{-1}Pa、2.2×10^{-1}Pa、2.3×10^{-1}Pa、2.5×10^{-1}Pa。镀膜后基材在电镀工序中完成镍的沉积,所得产品具有不同面密度。该工序预镀时间16分22秒53,主镀时间52分40秒。对电镀后产品经过水洗干燥后送至热处理工序进行处理。热处理工艺中,烧结焚烧炉长度是6.7米,氧化处理温度为(400~650)℃,烧结还原炉长度是6.0米,还原段炉温(820~950)±20℃,走速为25米/小时。

2007年至2008年间,凯丰公司从爱蓝天大连公司购进"英可泡沫镍",并使用其生产电池。

爱蓝天大连公司2006年至2008年的财务报表记载:该公司2006年11月产品销售收入24762099.21元、产品销售毛利4160736.27元、产品销售利润2824475.52元;2006年12月产品销售收入15368228.46元、产品销售毛利-799406.68元,产品销售利润-2919588.27元。2007年全年的产品销售收入347806114.8元、产品销售毛利24903085.82元、产品销售利润15043725.96元。2008年1月至10月31日期间的产品销售收入189796804.1元、产品销售毛利19746497.8元、产品销售利润14865584.75元。以上2006年11月至2008年10月的产品销售收入共为577733246.57元、产品销售毛利共为48010913.21元、产品销售利润共为29814197.96元,且从该公司的财务报表中可知,产品销售毛利系从产品销售收入中减去了产品销售成本后的余额,而产品销售利润系从产品销售毛利中扣除了销售费用、管理费用、财务费用后的余额。

诉讼中,科力远公司将涉案专利独立权利要求1拆分为以下14个技术特征:(1)一种海绵状泡沫镍的制备方法;(2)使用经过粗化的聚醚聚氨酯作基底;(3)在镀膜机中,使用磁控溅射方法,形成含金属镍的电镀用阴极;(4)该镀膜机中以纯镍为靶;(5)镀膜机内为氩气气氛;(6)电流密度在$(0.1\sim1.5)\times10^{-2}A/cm^2$范围;(7)溅射时间在20~100S;(8)两电极间距离在10~30cm之间;(9)9-1:溅射前抽真空至真空度$(0.8\sim3.5)\times10^{-5}$毫米汞柱,9-2:充入氩气后真空度为$(2\sim3.5)\times10^{-4}$毫米汞柱;(10)通电后,在基底表面和孔隙内生长镍;(11)将上述电镀用阴极在含镍离子的电镀液中镀镍;(12)镀镍时间为40~50分钟;(13)将镀镍所得产品水洗干燥;(14)后处理,即在800~900℃下保温1小时,烧掉聚醚聚氨酯基底。

一审判理和结果

湖南省长沙市中级人民法院认为:(一)科力远公司有权提起本案诉讼;本案无需追加当事人及委托技术鉴定;本案不应中止审理,也未超过诉讼时效。(二)拆分技术特征(1)"一种海绵状泡沫镍的制备方法"系该发明专利的技术名称,不应单独作为一个比对的技术特征;拆分特征(11)至(14),即电镀工艺和热处理工艺,申请日前即已用于泡沫镍制造领域,非涉案专利对于现有技术的贡献,且与现有技术内容完全相同。因此,涉案专利的保护范围应该限定为权利要求1中进行基材导电化处理的真空磁控溅射工艺,即拆分特征(2)至(10)。(三)在拆分特征(2)至(10)中,特征(2)、(9)与涉案专利构成等同,其余与涉案专利相同,均落入了涉案专利的保护范围。(四)爱蓝天大连公司关于现有技术抗辩的主张不能成立。(五)爱蓝天大连公司财务数据中的“销售利润”29814197.96 元系“营业利润”,依法应将其认定为爱蓝天大连公司因侵权所获利益。一审法院于 2009 年 9 月 29 日作出判决:一、爱蓝天大连公司和凯丰公司立即停止侵犯科力远公司 ZL95102640.2 号发明专利权的行为;二、爱蓝天大连公司赔偿科力远公司经济损失人民币 29814197.96 元;三、驳回科力远公司的其他诉讼请求。案件受理费 292100 元,证据保全费 5000 元,共计 297100 元,由科力远公司负担 59420 元,爱蓝天大连公司负担 237680 元。

上诉与答辩

爱蓝天大连公司上诉称:一审法院认定事实不清,适用法律错误,且存在程序错误。请求依法改判或发回重审,驳回科力远公司的诉讼请求。

科力远公司答辩称:请求维持一审判决。

二审判理和结果

湖南省高级人民法院认为:(一)科力远公司是本案的适格诉讼主体;本案也需追加其他关联人为必要的共同诉讼当事人。(二)本案中,涉案专利权利要求 1 所记载的全部技术特征共计 14 项拆分特征。拆分特征第(11)-(13)项关于电镀及热处理的技术特征是完整的泡沫镍制备方法所必需的工艺流程,属于专利权利要求 1 的保护范围。拆分特征(1)虽是专利主题名称,但鉴于专利申请人将其写入权利要求 1,且爱蓝天大连公司就该特征不相同提出了异议,也应予比对。(三)在 14 项拆分特征中,特征(2)、(9)、(12)、(14)与涉案专利构成等同,其余与涉案专利相同,均落入了涉案专利的保护范围。(四)爱蓝天大连公司关于现有技术抗辩的主张不能成立。(五)一审法院确定的赔偿数额适当。(六)本案无需委托技术鉴定及中止审理。据此,判决驳回上诉,维持原判。

申请再审理由与答辩

爱蓝天大连公司申请再审称:(一)在对技术特征 2 的比对过程中,二审判决的认定违反了“禁止反悔原则”和“捐献原则”。1. 在涉案专利的审查过程中,针对第一次审查意见通知书的内容,专利申请人作出了相应意见陈述并为此修改了说明书,上述意见陈述及修改的内容充分表明,专利申请人明确涉案专利公开的工艺条件是针对聚醚聚氨酯的工艺条件,放弃了对采用其他聚合材料(包括聚酯聚氨酯)作为基底材料的技术方案,根据禁止反悔原则,不应再将聚酯聚氨酯作为基底材料的技术方案纳入涉案专利的保护范围。2. 专利申请人明知可以采用其他聚合材料(包括聚酯聚氨酯)作为基底材料,且将其他聚合材料也罗列在说明书的情况下,仍坚持在权利要求书中明确将基底材料限定为聚醚聚氨酯,以上事实表明专利申请人实质向公众捐献了采用其他聚合材料(包括聚酯聚氨酯)作为基底材料的技术方案。根据捐献原则,也不应再将聚酯聚氨酯作为基底材料的技术方案纳入涉案专利的保护范围。(二)在对技术特征 8 的比对过程中,二审判决不仅偷换概念,而且错误地颠覆了物理学的基本常识。1. 被控侵权技术使用的基片是绝缘体聚酯聚氨酯。二审判决将该绝缘体认定为可以导电的电极—阳极,颠覆了物理学的基本常识。2. 在磁控溅射技术中,必须单独设置阳极,基片不可能作为阳极使用。3. 被控侵权技术中阳极设置方式属于传统的冷模式,完全合理。4. 二审判决错误地混淆了“两电极间距离”和“靶基距”两个概念。5. 被控侵权技术使用的两电极间距离与技术特征 8 存在明显差异,不可能属于等同的技术特征。(三)在对技术特征 9 的比对过程中,二审判决将多个相差达一个数量级(10 倍)的参数认定为等同的技术特征,明显滥用等同原则。1. 从涉案专利的审查档案可知,本底真空度与工作真空度对于实现涉案专利的发明目的非常重要,该参数是经过反复实验才选择出来的,不能随便变更。因此对于这一技术特征的保护范围,应仅限于涉案专利选择的保护范围而不应超越这一范围。2. 被控侵权技术使用的本底真空度与工作真空度相较于涉案专利,差异巨大,不属于等同的技术特征。(四)在对技术特征 12 的比对过程中,二审判决同样滥用等同原则。1. 从涉案专利的审查档案可知,镀镍时间对于实现涉案专利的发明目的非常重要,该参数是经过反复实验才选择出来的,不能随便变更。因此对于这一技术特征的保护范围,应仅限于涉案专利选择的保护范围而不应超越这一范围。2. 根据涉案专利的限定,该专利可容忍的最长镀镍时间与最短镀镍时间仅差 10 分钟,因此在被控侵权技术所使用的镀镍时间(68 分钟)与涉案专利限定的最长镀镍时间(50 分钟)相差达 18 分钟的情况下,不应再适用等同原则。(五)在对技术特征 14 的比对过程中,二审判决不仅存在明显的计算错误,而且比对对象错误,不可能得出正确结论。1. 被控侵权技术中的保温时间应是 0.24 小时,而非 0.3 ~ 0.9 小时,二审判决对此计算错误。2. 从涉案专利技术特征 14 的限定内容来看,其仅为对基材进行焚烧的氧化步骤,并不包括还原步骤。二审判决却将被控侵权技术中的还原步骤与之相比较,显然比对对象错误。3. 在被控侵权技术中,焚烧温度为 400 ~ 650 摄氏度、焚烧时间为 0.27 小时,远远低于涉案专利技术特征 14 所限定的条件。请求:1. 撤销湖南省长沙市中级人民法院(2008)长中民三初字 501 号民事判决和湖南省高级人民法院(2010)湘高法民三终字第 1 号民事判决;2. 驳回科力远公司的全部诉讼请求;3. 由科力远公司承担一、二审诉讼费用。

科力远公司答辩称:(一)爱蓝天大连公司向再审法院提交的再审申请书的内容超出了其向最高人民法院申请再审的内容,建议再审法院在原再审申请书的基础上进行审查。否则应移送最高人民法院审理。(二)湖南省高级人民法院的二审判决认定事实清楚,适用法律正确,程序正当合法,爱蓝天大连公司的再审申请无事实和法律依据,应予驳回。

再审审理查明

再审法院确认二审法院审查的事实属实,另查明:

1. 在涉案专利的授权程序中,专利申请人针对国家知识产权局专利局第一次审查意见通知书中有关该专利申请不具备创造性的审查意见,陈述称:“本发明跟对比文献比较,其创造性在如下几方面。首先是在诸多的泡沫金属化制作电镀阴极的方法中,优选了最佳的磁控溅射的方法;其次是总结出了磁控溅射的工艺条件,最后是热处理方法……2. 不仅在优选磁控溅射的方法时投入了大量的艰苦劳动,而且在工艺条件的确定上也花费了许多心血……同时,溅射电流、时间、气氛及压力、电极间距离是相互配合、相互制约的,没有反复的实验、没有创造性的活动是很难甚至不可能得到一整套工艺条件的。”在此基础上，专利申请人将原权利要求1和涉及磁控溅射具体工艺参数的原权利要求2合并修改为新的权利要求1，以体现涉案专利的创造性。

2. 2011年6月29日，中国电池工业协会组织专家张善梅、杨裕生、陈洪渊、黄伯云、谭晓华、王敬忠、王金良召开论证会，并形成“关于ZL95102640.2专利技术与英可(现爱蓝天)技术比对的论证意见”。在该论证意见的技术比对部分有“(2)英可(现爱蓝天)技术采用的工作真空度比‘ZL95102640.2’专利要低近一个数量级，这是生产中考虑到成本因素，企业有可能在某些范围内调整，并不涉及创新。‘ZL95102640.2’专利申请日前，这一真空度已被使用”的内容。

3. 2011年10月26日的再审庭审中，科力远公司陈述称：本底真空度在教科书中有记载。2012年3月14日的再审庭审中，科力远公司陈述称：爱蓝天大连公司对真空度的选择是在现有范围内作出的选择。科力远公司代理人在庭后提交的代理词中载有“……磁控溅射工艺在上世纪七十年代就已出现，至涉案专利申请日，该工艺已发展了二十余年……涉案专利对真空度的限定源自其实验室研究数据。而爱蓝天所采用的较低真空度，由于现有技术已有明确教导，因此，属于本领域技术人员在面临工业化生产成本和效率时必然会进行的选择(第13～14页)”的内容。

4. 为准确查明本案所涉技术事实，再审法院根据《最高人民法院关于民事诉讼证据的若干规定》第61条的规定，要求双方当事人提供专家辅助人参与诉讼，就涉案技术的专门性问题向法庭作出说明。同时，法庭也指定了专家辅助人出庭，协助法庭进行技术事实调查。在2011年10月26日的再审庭审中，科力远公司聘请的技术专家贺跃辉(中南大学教授、博士生导师)、谭晓华[理想能源(上海)有限公司技术总监、高级工程师]、爱蓝天大连公司聘请的技术专家吴锦雷(北京大学教授、博士生导师)，以及法庭指定的技术专家黄晓华(南京师范大学教授、博士生导师)、梅天庆(南京航空航天大学教授)、宋凤麟(南京大学副教授)等六人对本案再审争议焦点所涉及的技术问题进行了长达一天的深入论证。六位技术专家分别为来自物理电子学、粉末冶金、真空镀膜、稀土化学、纳米物理学、金属电沉积领域的高级研究人员。庭审过程中，各方技术专家基于各自的专业技术知识对于本案所涉及的技术问题充分发表了各自的意见，有些争议的问题已达成或接近达成共识；对于分歧较大、无法达成共识的问题，各方技术专家相互之间也进行了深入的讨论，各自给出了相对明确的最终意见，并且当事人及专家一致同意由法庭作出最终认定和裁决。各方技术专家的主要观点归纳如下：

(1)关于基底的选择(技术特征2)。大部分专家认为基底温度的升高或降低取决于其能量的供应和基底材料本身的散热速率，涉案专利中降低溅射温度的效果实际上是由其所采用的设备或技术决定的，即由于采用了磁控溅射技术使得溅射过程中能量的供应有所降低，继而在基底材料散热性能接近的情况下，涉案专利相对于没有采用磁控溅射的传统工艺获得了降低溅射温度的有益效果。而在采用相同设备或技术例如同时使用磁控溅射的情况下，溅射过程中的能量供应相同，聚醚聚氨酯和聚酯聚氨酯的散热性能差别不大,此时,选用聚醚聚氨酯还是聚酯聚氨酯对溅射温度的降低没有实质影响。个别专家认为理论上聚醚聚氨酯的结构相对于聚酯聚氨酯更有利于散热,但其在实际中是否如此需要实验数据的支持。

(2)关于两电极间距离(技术特征8)。爱蓝天大连公司的专家认为专利权利要求中电极间距离在数据上与靶基距是相同的,但二者在科学概念上不同。被控侵权方案中的基底不能作为电极,其电极是另外设置的,因此被控侵权方案中的靶基距不是镍靶和基底之间的距离。其他专家均认为聚氨酯材料本身不是电极,但其通过溅射形成镍金属膜后可以充当电极,并且爱蓝天大连公司专家所称的另外设置的电极实际上是辅助电极。根据爱蓝天大连公司在再审申诉状中所给出的示意图2-55可知,由于基底放置在主阳极上,并且厚度较小,因此,两极间距离可以按照镍靶与基底之间的靶基距来计算,二审的认定结论没有实质性错误。

(3)关于本底真空度和工作真空度(技术特征9)。除科力远公司专家外,其他各方专家均同意真空度相差一个数量级在数量上属于显著的差别,虽然最终都能够制备得到泡沫镍产品,但此本底真空度以及工作真空度上的差别必然会导致制备工艺条件的选择以及生产成本和生产效率方面存在明显差异。并且,部分专家还认为上述真空度差别对于金属镍在基底表面的沉积特征例如其结晶形式会产生影响,继而影响最终产品的质量。但也有专家认为,虽然真空度不同会对溅射膜的结构产生一定影响,但是由于该溅射膜厚度非常小,而之后的电镀层相对要厚得多并且还要经过烧蚀处理,这会使得溅射膜的瑕疵对最终产品质量影响很小。

(4)关于电镀时间(技术特征12)。大部分专家认为,虽然电镀工艺的最终效果由多个工艺参数决定,但是在其他条件相同的情况下,电镀时间能够影响泡沫镍电镀的厚度,继而影响最终的面密度。也有专家认为,虽然被控侵权的方案中电镀时间与涉案专利在数值上有一定的差异,但是不足以说明其对电镀层的质量一定产生实质影响。

(5)关于后处理步骤(技术特征14)。各方专家均认为,泡沫镍的后处理过程至少包括氧化和还原两个过程,而涉案专利中仅提到"800-900℃保温一小时"一个步骤,撰写上存在瑕疵。在此基础上,部分专家认为涉案专利仅包括了一个步骤,而被控侵权方案涉及多个阶段,二者是完全不同的内容。其他专家认为根据本领域一般的认识,涉案专利中"800-900℃保温一小时"应理解为包含了还原过程,但由于无法将被控侵权方案中的保温时间与涉案专利分阶段有效对比,因此没办法确定二者是否产生了基本相同的效果。

5. 本院于2011年10月26日庭审后,向最高人民法院调取了爱蓝天大连公司向该院提交的再审申请书及该院所作的询问笔录。在爱蓝天大连公司向最高人民法院提交的再审申请书所附的"涉案专利技术特征和被控侵权技术特征认定比对一览表(部分争议较大技术特征)"中,涉及专利特征2、4、6~9、12、14。而在最高人民法院的询问笔录中,爱蓝天大连公司主张其有异议的是专利特征8、9、12、14,并陈述了相关理由。

再审判理和结果

《最高人民法院关于审理专利纠纷案

件应用法律若干问题的解释》第7条规定,专利侵权是指被控侵权的技术方案包含了与某项专利权利要求记载的全部必要技术特征相同或等同的技术特征。在专利侵权诉讼中,如果被控侵权的技术方案有一个或一个以上的技术特征与涉案专利要求保护的必要技术特征既不相同也不等同的,则不认为其构成专利侵权。而《最高人民法院关于审理专利纠纷案件适用法律若干问题的解释》第17条规定,等同特征是指与专利权利要求记载的技术特征以基本相同的手段,实现基本相同的功能,达到基本相同的效果,并且本领域的普通技术人员无需经过创造性劳动就能够联想到的特征。

对照上述规定,现有证据足以证明涉案被控侵权技术方案中的"本底真空度及工作真空度"技术特征与涉案专利权利要求记载的"本底真空度和工作真空度"必要技术特征既不相同也不等同,能够满足上述专利法司法解释所规定的专利侵权判定的相关要求,故被控侵权的技术方案未落入涉案专利权的保护范围,爱蓝天大连公司不构成专利侵权。具体理由分析如下:

首先,被控侵权技术方案中的本底真空度及工作真空度分别为 2×10^{-2} Pa、$(2.0\sim2.5)\times10^{-1}$ Pa,而涉案专利权利要求记载的本底真空度及工作真空度分别为 $(1.1\sim4.7)\times10^{-3}$ Pa、$(2.7\sim4.7)\times10^{-2}$ Pa,两者相差一个数量级(10倍),明显不相同。

其次,在本案所属技术领域中,真空蒸发、溅射镀膜和离子镀等常被称为物理气相沉积技术,这是本领域中基本的薄膜制作技术。它们均要求沉积薄膜的空间要有一定的真空度。因此,真空技术是薄膜制作技术的基础,获得并保持所需的真空环境是镀膜的必要条件,真空度大小在此类工艺过程中属于重要的工艺参数。具体言之:

对于本底真空度而言,其抽真空的目的是减少真空室中残余气体(甚至除去真空室壁和真空室中其他零件上可能存在的吸附气体),从而减少沉积到基片上的杂质含量,提高沉积薄膜的纯度。本底真空度越高,溅射薄膜的纯度越高,但另一方面,其对抽真空的动力源、设备的承压能力和密封性能等要求都有相应的提高,并且由于提高真空度需要耗费更长的时间,其生产效率可能也会有所降低。本案中,虽然均属高真空度范围,但本底真空度由涉案专利权利要求中的 $(1.1\sim4.7)\times10^{-3}$ Pa降低到 2×10^{-2} Pa,相差一个数量级(大约10倍),相对于权利要求对本底真空度所限定的变化范围(即在 10^{-3} Pa数量级上由1.1变化到4.7,大约4倍的压力变化),大约10倍的压力变化应属于明显差异。因此,一方面,在没有直接证据显示这样的变化不会引起真空室内杂质含量的变化进而影响溅射膜纯度的情况下,不应当认为在溅射膜纯度方面二者能够达到基本相同的效果;另一方面,涉案专利相对于被控侵权技术方案的压力变化达到10倍,必然会对抽真空动力源、设备的承压能力等提出更高的要求,并且需要更长的操作时间,因此,在这些方面也不能认定涉案专利与被控侵权技术方案达到了基本相同的效果。

对于工作真空度而言,其是在本底真空度的基础上通过充入氩气而获得的工作状态下的真空度数值。众所周知,磁控溅射的工作原理是:电子e在电场E作用下,在飞向基板过程中与氩原子发生碰撞,使

其电离出 Ar^+ 和一个新的电子 e,电子飞向基板,Ar^+ 在电场作用下加速飞向阴极靶,并以高能量轰击靶表面,使靶材发生溅射,在溅射粒子中中性的靶原子或分子则沉积在基板上形成薄膜。可见,氩气在此过程中除了充当惰性气体保护镍材料不被氧化以外,还充当重要的溅射原子参与磁控溅射过程。由于工作真空度大小关系到工作状态下真空室中存在氩气多少,影响电子和氩气碰撞形成电离的几率,进而影响溅射所需的氩离子的密度,影响溅射效率。也就是说,在一定范围内,工作真空度越低(如被控侵权技术方案中的工作真空度),其中充入的氩气越多,相同条件下电子与氩气碰撞形成电离的几率越大,溅射的效率越高。本案中,工作真空度由专利权利要求中的 $(2.7\sim4.7)\times10^{-2}$Pa(高真空度)降低到 $(2.0\sim2.5)\times10^{-1}$Pa(中真空度),相差一个数量级(大约10倍),相对于权利要求对工作真空度所限定的变化范围(即在 10^{-2}Pa 数量级上由2.7变化到4.7,大约2倍的压力变化),大约10倍的压力变化应属于明显差异。因此,在没有直接的证据表明此大约10倍的压力变化不会影响溅射效率的情况下,不应认定涉案专利与被控侵权技术方案达到了基本相同的效果。

综上,由于本底真空度以及工作真空度的作用和/或效果在本案所涉及的磁控溅射过程中并不单一,并且各种作用和/或效果之间也会存在相互影响,例如本底真空度升高虽然能够提高溅射膜纯度,但相应的对抽真空能力以及设备承压能力等要求更高,而生产效率会有所降低,并且更重要的是无法对这些升高或降低进行定量比较。因此,在目前证据的基础上不能直接认定不同的本底真空度和工作真空度所产生的整体效果基本相同,也不宜简单地认定被控侵权技术方案的低真空度相对于权利要求的高真空度是变劣的技术方案。

再次,对于磁控溅射过程中所涉及的各种参数条件(包括电流密度、溅射时间、电极距离、本底真空度、工作真空度等),虽然其都是现有技术中曾经提到过或者是从现有技术大范围中选择出的小范围,但是,这些工艺参数并不是孤立存在的,为了获得最终的期望溅射效果,通常需要结合具体操作条件,例如溅射基底的材质、磁控溅射装置的类型等,综合调整各个工艺参数,这样的工艺条件的选择是一个动态的过程,需要在设计人员精心计算的基础上进行大量的具体实验才能确定出合适的参数范围,并且这些参数范围都是配套使用的,例如对于被控侵权技术方案在使用聚酯聚氨酯作为基底的情况下,使用相应的较低的真空度,而涉案专利权利要求中则针对聚醚聚氨酯采用相对较高的真空度。因此,这些参数已经由现有技术中供所有人员参考选择的公开属性转变为专用于某种特定对象的专有属性。另外,从专利申请人在授权程序中所作的相关意见陈述内容及科力远公司代理人于庭后提交的代理词的相关内容来看,涉案专利的磁控溅射工艺条件均系专利申请人花费许多心血进行创造性活动,经过反复实验得出的能体现其创造性的发明内容,是专利申请人经过创造性劳动从现有工艺条件(即现有技术)中优选出的技术方案。而被控侵权技术方案中所采用的本底真空度和工作真空度则系本领域普通技术人员无需创造性劳动即可从现有技术中轻易得到的技术方案。因此不能轻易地以两者间可能存在简单联想来主张等同特征的适用。

最后,涉案专利权利要求中本底真空度和工作真空度是有明确端点的数值范围,与权利要求中其他具体的技术特征(例如聚醚聚氨酯特征)不同,有明确端点的数值范围是经过专利申请人进行了概括选择之后所确定的范围。一方面,根据专利法的原理,专利申请人在撰写权利要求保护范围的过程中会在客观条件的限制下,以及在法律允许的情况下尽最大可能要求其保护范围,权利要求书中未经修改的数值范围是专利权人自主选择的结果,该数值范围以外的内容应当视为专利权人认为不能或不应得到专利保护的内容,因此,不应当将有明确端点的数值范围之外,并且与该范围差异明显的数值纳入到等同技术特征的范围内。另一方面,在专利的审查过程中,专利行政管理部门是在申请人撰写的包括端点明确数值范围的权利要求的基础上,认为其符合专利法及其实施细则的有关规定,从而授予其专利权的。如果申请人在专利申请时要求保护一个过于宽泛的数值范围,则可能由于此范围所限定的技术方案包括了与现有技术相同或相似的内容从而不具备新颖性、创造性而得不到授权,或者可能由于此范围的概括超出了说明书具体公开的范围从而得不到说明书的支持而不能获得授权。这些在申请阶段可能导致专利无法获得授权的过于宽泛的数值范围,既然其没有记载在授权后的权利要求范围内,但如果通过等同特征的方式再将其纳入到专利的保护范围内,显然对于公众而言是不公平的。因此,对于权利要求中端点明确的数值范围,其等同特征的范围应当相对狭窄,即应当严格控制等同原则的适用,尤其是与权利要求所限定范围差异明显的技术特征。正如前述,本案被控侵权方案中的本底真空度和工作真空度均系本领域普通技术人员无需创造性劳动即可从现有技术中轻易得到的技术方案、涉案专利的本底真空度和工作真空度的技术特征系专利申请人从现有技术方案中优选出来的技术方案,故不应再将专利申请人未写入权利要求的现有技术方案纳入到等同特征的范围内,以防止权利人不当侵占公众利益的空间。

综上所述,本案中因被控侵权技术方案中的“本底真空度以及工作真空度”技术特征与涉案专利权利要求记载的“本底真空度以及工作真空度”必要技术特征既不相同也不等同,所以被控侵权技术方案未落入涉案专利权的保护范围,爱蓝天大连公司使用该技术方案未侵犯科力远公司的涉案专利权。有鉴于此,对于双方当事人争议的其他技术特征是否相同或等同已无需再予理涉。同时,对于双方争议的技术特征2的技术比对是否应纳入本案审理范围问题,亦不再理涉。原审判决认定事实清楚,但适用法律不当,应予纠正。爱蓝天大连公司关于其不构成专利侵权的申请再审理由成立,应予支持。据此,判决:一、撤销湖南省高级人民法院(2010)湘高法民三终字第1号民事判决及湖南省长沙市中级人民法院(2008)长中民三初字第501号民事判决;二、驳回科力远公司的诉讼请求。

佛山市海天调味食品股份有限公司诉佛山市高明威极调味食品有限公司侵害商标权及不正当竞争纠纷案

——阅读提示：当有证据证明原告因被告的侵权行为而遭受的损失远高于法定赔偿数额最高限额，但原告又无法准确证明其所受损失数额，法院该如何确定被告应承担的损害赔偿数额？

【裁判要旨】

在权利人有证据证明权利人的损失远超过法定赔偿限额，但却无法准确证明其实际所受的损失时，法院可结合相关证据在法定赔偿额最高限额以上确定损害赔偿数额。

【案号】

一审：佛山市中级人民法院(2012)佛中法知民初字第352号

二审：广东省高级人民法院(2013)粤高法民三终字第75号

【案情与裁判】

原告(被上诉人)：佛山市海天调味食品股份有限公司(以下简称海天公司)

被告(上诉人)：佛山市高明威极调味食品有限公司(以下简称威极公司)

起诉与答辩

海天公司为“威極”注册商标专用权人。海天公司认为威极公司恶意使用海天公司“威極”注册商标中的“威极”二字作为其企业字号，并在其厂区周边范围设置的广告牌、企业厂牌上故意重点突出其企业名称中的“威极”字号，还在其网站中将海天公司特有的基本情况介绍和海天公司的产品图片作为其公司的简介和产品对外予以宣传展示。上述行为不仅损害了海天公司的商标专用权，同时也构成不正当竞争。海天公司请求法院判决：一、判令威极公司停止侵权、停止继续实施不正当竞争行为，包括：(一)销毁设置在威极公司厂区周边范围内侵犯海天公司商标专用权(突出使用“威极”字号)的广告牌、企业厂牌；(二)删除涉案网站(http://gmwjdwsp.6262988.com/cn.html)上所有侵犯海天公司“海天”、“威極”商标专用权的图片和文字，删除与海天公司有关、引起社会公众误解的所有宣传资料；(三)停止在其企业名称中使用“威极”字号，并向工商行政管理机关办理相应的工商登记变更手续。二、判令威极公司在全国具有影响力的主流媒体上刊登公告，就其不正当竞争行为公开向海天公司赔礼道歉、消除影响(公告内容由法院审查)。三、判令威极公司赔偿海天公司暂计至起诉之日止的损失1000万元，包括：1. 暂计至起诉之日止，海天公司为了消除公众误会、防止损失进一步扩大而在媒体上刊登澄清公告所支出的合理费用4008004元；2. 海天公司因本案诉讼维权而支出的一审律师费用

50000 元;3. 暂计至起诉之日止,威极公司因其种种不正当竞争行为误导了社会公众而造成海天公司品牌受损、产品销量下滑的损失,约 5941996 元。计算赔偿的时间暂计至 2012 年 6 月 6 日。

威极公司辩称:一、威极公司没有实施商标侵权行为。威极公司的商品用的是“威顶”及“巨浪”商标,既没有在同一种商品或者类似商品上使用“威極”商标,也没有将企业字号“威极”在相同或者类似商品上突出使用。威极公司的广告牌及企业厂牌上突出企业名称中的“威极”厂名是用于指路及便于客户辨识威极公司厂名,非商标性使用。二、威极公司并没有实施不正当竞争行为。威极公司成立时“威極”牌产品并没有市场知名度。威极公司自开办至今一直使用企业字号“威极”,没有造成过任何混淆。因此,威极公司注册时在企业字号中使用“威极”二字不构成所谓“傍名牌”的不正当竞争。威极公司的广告牌及企业厂牌上突出企业名称中的“威极”厂名是用于指路,不构成“虚假广告宣传”行为。威极公司本身与海天公司也没有任何关联关系。涉案网站根本不是威极公司的网站。

一审查理查明

海天公司是“威極”商标的商标权人。威极公司违法使用工业盐水生产酱油产品事件曝光后,海天公司的产品遭受大范围的下架。海天公司提交的公证书显示,威极公司的广告牌上的一瓶酱油产品旁边印有较大的“威极”二字,威极公司的企业厂牌“高明市威极调味食品有限公司”中“威极”二字为红色,其他字体为黑色,而且“威极”二字字体较其他文字的字体大。

海天公司在其《招股说明书》中的审计报表载明,海天公司在 2009 年年度利润总额为 1056642638. 38 元,2010 年年度利润总额为 972600789. 6 元,2011 年年度利润总额为 1175589345. 02 元。

海天公司为澄清事实、消除影响,于 2012 年 5 月 25 日至 2012 年 6 月 1 日期间在包括北京、上海、广东、湖南、山东、海南、四川等十多个省、市投放广告,共支付了广告费 4076644 元。威极公司还为本案诉讼支付了律师费 50000 元。

一审判理和结果

《商标法实施条例》第 3 条规定,商标法和本条例所称商标的使用,包括将商标用于商品、商品包装或者容器以及商品交易文书上,或者将商标用于广告宣传、展览以及其他商业活动中。因此,威极公司将“威极”二字在广告牌上使用属于商标的使用。尽管“威极”是威极公司依法登记注册的企业字号,但威极公司在其广告牌上并没有将“威极”二字与其企业名称的其他组成部分同时使用,而是将“威极”二字单独突出使用,威极公司在其企业厂牌上也以与其他文字明显区别的字体和颜色标示“威极”二字,故威极公司在广告牌和企业厂牌上使用“威极”二字的行为属于《关于审理商标民事纠纷案件适用法律若干问题的解释》第 1 条第 2 项所述“将与他人注册商标相同或者相近似的文字作为企业的字号在相同或者类似商品上突出使用,容易使相关公众产生误认的”的情形,构成商标侵权。同时,因设立威极公司的两位股东在威极公司成立前从事食品和酱油行业,其理应清楚海天公司及其商标的知名度及所附的商誉,其将海天公司“威極”注册商标中的“威极”二字登记为其企业字号具有攀附海天公司商标商誉的故意,客观上已造成社会公众的混淆，其行为构成不正当竞争。威极公司的行为构成商标侵权和不正当竞争，导致海天公司商誉受损，给海天公司造成严重的经济损失。

关于威极公司应承担的损害赔偿数额问题。海天公司在本案中所受的损失包括因产品销量下降造成的损失、广告费和律师费三部分。海天公司招股说明书中的审计报表反映了海天公司近三年的平均利润约10亿元，以此为基数计算，海天公司在所主张的16天时间内预期可获得的平均利润约为4300万元。一审法院在此基础通过上参考各项因素，最后确定海天公司因产品销量下降导致的利润损失为350万元。海天公司实际支出的广告费为4076644元，由于海天公司广告中产品宣传的部分篇幅过大，已超过为消除影响、恢复商誉所需的必要限度，故一审法院对广告费用中的300万元予以支持。海天公司为本案诉讼而支付的5万元律师费属于海天公司为制止侵权而支付的合理费用，依法应予以支持。综上，威极公司应赔偿海天公司因产品销量下降而导致的利润损失、广告费中合理部分的支出以及为本案诉讼支付的律师费三项损失共计655万元。

综上所述，依照《民法通则》第4条、第118条、第120条、第134条第1款第1、7、9、10项、第2款、《侵权责任法》第6条第1款、《反不正当竞争法》第2条第1款、第2款、第20条、《商标法》第52条第5项、第56条第1款、第2款、《关于审理商标民事纠纷案件适用法律若干问题的解释》第1条第1项、第16条第1款、第2款、第17条、第21条第1款、《商标法实施条例》第三条的规定，判决如下：

1. 威极公司应于判决发生法律效力之日起立即停止侵犯海天公司第679197号“威極”注册商标专用权的行为，即立即停止在其户外广告牌及企业厂牌上突出使用“威极”二字的行为，并拆除突出使用“威极”二字的广告牌及企业厂牌；

2. 威极公司应于判决发生法律效力之日起立即停止不正当竞争行为，即立即停止使用其带有“威极”字号的企业名称，并在本判决发生法律效力之日起十日内向工商行政管理部门办理企业字号变更手续；

3. 威极公司应于判决发生法律效力之日起三十日内在《法制日报》、《南方日报》上刊登面积不小于10cm×10cm的公开声明，向海天公司赔礼道歉，消除影响（内容须经法院审核。逾期不履行，法院将根据海天公司的申请公布判决书的主要内容，费用由威极公司承担）；

4. 威极公司应于判决发生法律效力之日起十日内赔偿海天公司经济损失人民币655万元；

5. 驳回海天公司的其他诉讼请求。

案件受理费81800元，由海天公司负担11800元，由威极公司负担70000元。

二审情况

威极公司对一审判决不服，提起上诉，并在案件二审受理后不久主动撤回上诉。

杨季康申请中贸圣佳国际拍卖有限公司等诉前停止侵害著作权案

——阅读提示:(1)私人书信是否构成作品,其著作权如何保护?(2)何为诉前禁令的发布标准?(3)侵害发表权是否“将给权利人造成难以弥补的损害”?

【裁判要旨】

书信不应因具有特殊功能而被排除出作品范围。未经许可发表他人私人书信可能构成对发表权的侵害。由于侵害著作人格权的后果一般难以通过金钱赔偿和消除影响等非金钱赔偿方式完全消弭,因此,如果对权利人人格权的潜在损害威胁是重大的或不可逆转的,应当认定行为将造成“难以弥补的损害”,并及时做出诉前禁令。为避免过度保护或滥用禁令,只能对那些可能严重损害权利人或利害关系人人身权益和精神利益的侵权行为发布诉前禁令。此外,还要权衡禁令做出与否对双方利益及公共利益的影响。

【案号】

北京市第二中级人民法院(2013)二中保字第9727号

【案情与裁判】

申请人:杨季康

被申请人:中贸圣佳国际拍卖有限公司(简称中贸圣佳公司)

被申请人:李国强

申请理由与答辩

申请人杨季康称:钱钟书(已故)与杨季康(笔名杨绛)系夫妻,二人育有一女钱瑗(已故)。钱钟书、杨季康及钱瑗与李国强系朋友关系,钱氏一家三人曾先后致李国强私人书信百余封,该信件本由李国强收存,但是2013年5月间,中贸圣佳国际拍卖有限公司发布公告表示其将于6月21日举行“也是集——钱钟书书信手稿”公开拍卖活动,公开拍卖上述私人信件,此外还将举行相关研讨会和预展活动。杨季康主张中贸圣佳公司及李国强即将实施的上述活动将侵害其所享有和继承的著作权,如不及时制止将会使其合法权益受到难以弥补的损害,故请求判令中贸圣佳公司及李国强立即停止侵害著作权的行为。

被申请人中贸圣佳公司称:确实计划举办“也是集——钱钟书书信手稿”公开拍卖及相关研讨会、预展等活动,拍品包括钱钟书、杨季康及钱瑗所撰写的书信手稿,中贸圣佳公司事先未对拍品的著作权权属情况进行审查,亦未取得著作权人许可。

法院审理查明

钱钟书(已故),系著名作家、文学研究家。杨季康(笔名:杨绛),系著名作家、翻译家。钱钟书与杨季康系夫妻,二人育有一女钱瑗(已故)。李国强曾任《广角镜》月刊总编辑。钱钟书与李国强于1979年相识后,钱钟书、杨季康夫妇及其女儿钱瑗与李国强往来密切,通信频繁,钱氏家人的书信本应由李国强收存。

中贸圣佳公司是综合性拍卖公司。2013年5月间，中贸圣佳公司在其网站（网址为：http://zmsj.artron.net）首页刊登了2013春季拍卖会拍卖公告，其中显示其将于6月21日拍卖“也是集——钱钟书书信手稿”，预展时间为6月18日至6月20日。此后，新华网、人民网、光明日报、中国日报网、中国作家网、东方早报、京华时报、搜狐网、中新网、MSN中国网站等多家媒体对中贸圣佳公司即将进行拍卖活动并将首次大规模曝光钱钟书手稿一事进行了相关报道。

经查，中贸圣佳公司上述预计拍卖的拍品中包括钱钟书、杨季康、钱瑗写给李国强的若干封信札、手稿作品百余封。据杨季康本人回忆及中贸圣佳公司拍卖宣传稿件中记载的信息显示，即将拍卖的信件涉及发信人关于图书出版细节、私人交流、家庭琐事、个人情感以及文学历史时事评论等内容。除个别信件曾在为本次拍卖而进行的宣传活动中向媒体记者披露外，上述信件均未曾公开发表。

杨季康反对公开拍卖钱钟书一家的私人书信手稿，向北京市第二中级人民法院提出诉前停止侵害著作权行为的申请。

杨伟成向法院出具书面声明表示，钱瑗的继子女二人在钱瑗与杨伟成结婚时均已成年，二人未曾与钱瑗共同居住、共同生活，且互相不存在经济往来，故该二人与钱瑗不存在扶养关系，对钱瑗遗产不享有继承权。此外，杨伟成同意杨季康以继承人身份主张涉案权利。

经查，钱瑗于1997年3月4日病故，钱钟书于1998年12月19日病故，杨伟成声明内容属实。案外人紫光集团有限公司向本院出具了担保书、营业执照副本复印件及最新财务报表，表示其作为保证人，愿意为杨季康提供担保，并书面承诺如因申请错误给被申请人造成财产损失，将对所有经济损失承担连带责任。该保证人实际注册资本6.7亿元。

判理和结果

北京市第二中级人民法院经审理认为：我国《著作权法》所称的作品，是指文学、艺术和科学领域内具有独创性并能以某种有形形式复制的智力创造成果。书信作为人类沟通感情、交流思想、洽谈事项的工具，通常是写信人独立构思并创作而成的文字作品，其内容或表现形式通常不是或不完全是对他人已发表的作品的引用、抄录，即不是单纯摹仿、抄袭、篡改他人的作品。因此，书信通常具有独创性和可复制性，符合《著作权法》关于作品的构成要件，可以成为《著作权法》保护的作品，其著作权应当由作者即发信人享有。根据我国《著作权法》的相关规定，钱钟书、杨季康、钱瑗分别对各自创作的书信作品享有著作权。钱钟书去世后，杨季康作为其唯一继承人，有权依法继承其著作权中的财产权，依法保护其著作权中的署名权、修改权和保护作品完整权，依法行使其著作权中的发表权。钱瑗去世后，杨季康、杨伟成作为其继承人，有权依法继承其著作权中的财产权，依法保护其著作权中的署名权、修改权和保护作品完整权，依法行使其著作权中的发表权。鉴于杨伟成明确表示在本案中不主张权利，故杨季康依法有权主张相关权利。任何人包括收信人及其他合法取得书信手稿的人，对于合法取得的书信手稿进行处分时均不得侵害著作权人的合法权益。

发表权是著作权中重要的人身权。根据我国《著作权法》的规定，如果作者未明确表示不发表，作者死亡后50年内，其发表权可由继承人或受遗赠人行使。杨季康作为著作权人或著作权人的继承人,享有涉案书信作品的发表权,即享有决定作品是否公之于众的权利。如果他人未经许可非法发表涉案书信手稿,将导致对申请人杨季康的发表权造成难以弥补的损害。此外,发表权是著作权人行使和保护其他权利的基础,一旦作品被非法发表,极易导致权利人对其他复制、发行等行为难以控制。在杨季康明确表示不同意将其享有权利的涉案作品公之于众的情况下,中贸圣佳公司即将公开预展、公开拍卖涉案书信手稿,及为拍卖而正在或即将通过报刊、光盘、宣传册、计算机网络等方式复制发行涉案书信手稿的行为构成对杨季康发表权及复制权、发行权的侵犯,将导致杨季康受到难以弥补的损害。

根据现有证据,可以确认中贸圣佳公司是涉案拍卖、预展等活动的实施主体,杨季康提出的责令禁止中贸圣佳公司实施侵害著作权行为的申请,于法有据,理由充分,本院予以支持。虽然现有证据可以证明涉案书信手稿本应由李国强保存,但并无证据证明李国强与中贸圣佳公司正在或即将共同实施被请求禁止的侵权行为,故杨季康提出的责令李国强停止实施杨季康所述侵权行为的申请,依据不足,本院对其该项申请不予支持。

北京市第二中级人民法院依照《中华人民共和国著作权法》第 10 条第 1 款第 1 项、第 19 条第 1 款、第 21 条第 1 款、第 50 条,《中华人民共和国著作权法实施条例》第 17 条,《中华人民共和国继承法》第 10 条、第 11 条,《中华人民共和国民事诉讼法》第 100 条、第 101 条、第 108 条,《最高人民法院关于审理著作权民事纠纷案件适用法律若干问题的解释》第 30 条第 2 款的规定,裁定如下:

中贸圣佳国际拍卖有限公司在拍卖、预展及宣传等活动中不得以公开发表、展览、复制、发行、信息网络传播等方式实施侵害钱钟书、杨季康、钱瑗写给李国强的涉案书信手稿著作权的行为。

静圆谷制作株式会社、上海圆谷策划有限公司诉辛波特·桑登猜、采耀版权有限公司、广州购书中心有限公司、上海音像出版社侵害著作权纠纷申请再审案

——阅读提示:如何审查当事人提交的外国鉴定机构出具的鉴定结论?人民法院能否对已经其他国家生效判决认定的事实进行审理并作出裁决?

【裁判要旨】

本案虽然为侵权诉讼,但实际争议的焦点在于辛波特、采耀公司是否享有相关著作权,主要涉及对《1976 年合同》真实性的判断。日本国、泰国、中国最高法院在相关案件中分别就该事实问题作出了不同的判决。中国最高法院在本案中明确,中国法院对当事人提交的外国鉴定机构出具的

鉴定结论能否采信,应当按照中国的相关法律进行审查。

【案号】

一审:广州市中级人民法院(2005)穗中法民三知初字第576号

二审:广东省高级人民法院(2010)粤高法民三终字第63号

申请再审:最高人民法院(2011)民申字第259号

【案情与裁判】

原告(上诉人、再审被申请人):辛波特·桑登猜(简称辛波特)

原告(上诉人、再审被申请人):采耀版权有限公司(简称采耀公司)

被告(被上诉人、再审申请人):圆谷制作株式会社

被告(被上诉人、再审申请人):上海圆谷策划有限公司(简称上海圆谷公司)

被告(被上诉人):广州购书中心有限公司(简称广州购书中心)

被告(被上诉人):上海音像出版社

起诉与答辩

2005年9月30日,辛波特、采耀公司以圆谷制作株式会社、上海圆谷公司、广州购书中心、上海音像出版社四被告侵害其著作权为由提起诉讼,请求判令四被告分别停止侵权行为、公开赔礼道歉以及赔偿经济损失,其中广州购书中心、上海音像出版社分别赔偿人民币10万元、30万元,上海圆谷公司、圆谷制作株式会社共同赔偿人民币100万元。

广州购书中心答辩,其商品有合法来源。2005年1月1日,广州购书中心与上海音像出版社签订《销售合作协议》,其销售的被控侵权产品由上海音像出版社提供。上海音像出版社答辩,其系根据圆谷制作株式会社、上海圆谷公司的授权进行涉案VCD的出版、发行、销售。圆谷制作株式会社、上海圆谷公司答辩,涉案《1976年合同》系辛波特伪造。

一审审理查明

一、辛波特、采耀公司主张权利的证据

1. 1976年3月4日的合同(简称《1976年合同》)。主要内容:圆谷制作与企业有限公司(Tsuburaya Prod. and Enterprise Co.,Ltd.)向采耀公司总裁辛波特就下列条款、期限和条件进行授权。条款一授予的动画片及影片:(1)巨人对詹伯A;(2)哈卢曼和7个奥特曼;(3)奥特曼1;(4)奥特曼2;(5)奥特曼赛文;(6)奥特曼归来;(7)奥特曼艾斯;(8)奥特曼泰罗;(9)詹伯格艾斯。条款二授权区域和授权期限:无期限内,在日本国以外的独占专权。条款三授权范围:分销权,制作权,复制权,版权,商标权,在诸如广播、电视等大众媒体上的播映权和在任何报纸上的广告权,可以以任何商业目的按原始角色形象复制条款一所提影片中所使用的模型和角色形象,将上述权利转分给第三方的权利。合同的最后一段的内容为:"我,圆谷皋(Noboru Tsuburaya),通过本合同宣布已经全额收到了第一条记载的所有动画片和影片的独占专权金额,在此代表圆谷制作与企业有限公司签名并加盖公司印章。"在合同的底部有圆谷皋的英文签名和圆谷企业株式会社公章以及圆谷皋的汉字印章。

2. 1996年7月23日的《致歉信》。该信系圆谷皋之子圆谷一夫向辛波特发出。内容是:"这封信旨在澄清根据1976年3月4日圆谷皋和采耀公司辛波特签订的《授权合约》,您在无限期内,在授权区域包括泰国,独家拥有在所有媒介包括家庭录

像,利用特定财产包括咸蛋超人系列和詹伯格艾斯系列的权利。圆谷制作株式会社认识到其实施 1989 年 9 月与 UM 公司签署的在世界范围内的分销和授权代理合同时,没有将上述已授予采耀公司的权利排除在外,这完全是无意识的错误。圆谷制作株式会社在此对于其犯的,尽管是无心的错误,带来的麻烦和对您在泰国企业界的诚信和信誉的损害表示遗憾。我们希望这封澄清信能有助于恢复您在泰国的诚信和信誉。我们还对您声明我方已与 UM 公司及在泰国的一些被授权方间达成的合同在期满前有效,而不控诉我方在泰国的被授权方、UM 公司及圆谷制作株式会社感到感激。本着诚意,为了与您保持业务关系,我们希望与您保持紧密而全面的交往。”

辛波特曾经与圆谷皋的父亲圆谷英二共同工作。圆谷英二于 1970 年去世,其创办的圆谷制作株式会社和圆谷企业株式会社由其子圆谷皋接任。1995 年圆谷皋去世后,其子圆谷一夫为上述两企业的法定代表人。UM 公司系日本公司。

二、讼争影片著作权在泰国及日本国的诉讼情况

2001 年,圆谷制作株式会社在日本国提起著作权确认之诉。2003 年 2 月 28 日,日本国东京地方裁判所作出判决,认定《1976 年合同》真实有效,并判决确认辛波特就附件第二目录所记载的各作品在日本国以外与圆谷制作株式会社交易将侵害辛波特享有的著作权,驳回圆谷制作株式会社的其他诉讼请求。2003 年 12 月 10 日日本国东京高等裁判所作出判决,驳回圆谷制作株式会社的上诉,确认辛波特享有在日本国以外的奥特曼作品的独占使用权。2004 年 4 月 27 日日本最高裁判所判决驳回圆谷制作株式会社的申诉。

圆谷制作株式会社在泰国起诉采耀公司、辛波特等四被告侵害著作权,泰国中央知识产权和国际贸易法院于 2000 年 4 月 4 日作出判决:认定《1976 年合同》真实有效,并判决圆谷制作株式会社根据反索赔向辛波特赔偿;停止侵犯辛波特根据带有争议的合同所拥有的权利并停止再做出对辛波特的侵权行为;圆谷制作株式会社赔偿采耀公司、辛波特等四被告的律师费。圆谷制作株式会社提起上诉。泰国最高法院于 2008 年 2 月 5 日作出的终审判决中采信了泰国一审法院的证据鉴定报告。该鉴定由泰国警察总署证据检验处处长任命的七名文件和伪造品核查方面的专家组成的文件审核委员会作出,鉴定意见为:(1)把争议文件的打印纸上的蓝黑墨水的英文签名,共 2 处,与上面提供的样本文件中的皋圆谷(即本案中提到的圆谷皋)先生的英文签名对比后发现,写字的风格、字体的样式和字迹有差别,意见:不是同一人签名。(2)争议文件的英文打印纸中的第 1 段第 1 行及最后一段第 3 行上的“prod. and”打印字体,与同行的其他字体对比后发现,打印的水平线不一致,意见:不是同一时间打印。(3)英文打印纸中的第 1 段第 1 行和最后一段第 3 行上的“prod. and”打印字体,与争议文件中的其他打印字体予以对比后发现,字形和规格类似,但由于没有足够明显的差异,不给予任何可以作为证据的意见。(4)争议文件的英文打印纸中的第 1 段的第 1 行和最后一段第 3 行上的“prod. and”打印字体所使用的墨水,与同份争议件中其他打印字体的墨水对比后发现,物力品质同一,意见:可能为同一墨水。

三、辛波特与采耀公司之间的授权关系

2002年1月15日,辛波特签署《授权书》,将其享有的相关权利授予采耀公司行使。2002年8月23日,采耀公司与广州锐视公司(简称锐视公司)签订了《播片授权合同》、《商品权授权合约》、《音像授权合约》等三份合约,表明授权方对授权节目拥有特定的合法权利并希望授予被授权方在各合约中规定的独家权利和利益。

四、被诉侵权行为

2005年8月22日,锐视公司就其于广州购书中心处购买VCD《泰罗奥特曼》(1~7、9、11共九盒)及支付人民币90元的行为进行公证。锐视公司系辛波特、采耀公司在中国授予的唯一被许可人。一审时,锐视公司作为辛波特、采耀公司的共同原告提起诉讼,后撤诉。上海圆谷公司、圆谷制作株式会社于2005年11月25日向辛波特、采耀公司、锐视公司提起反诉,并于2008年6月10日撤回其反诉。一审庭审中,当事人均确认上述VCD中的内容与《1976年合同》中名称为《奥特曼泰罗》电视剧相同。碟片显示:上海音像出版社出版发行,日本圆谷制作株式会社公司制作,上海圆谷策划有限公司提供版权。

一审判理和结果

广州市中级人民法院认为:

中国、泰国和日本国均为《伯尔尼保护文学艺术作品公约》(简称《伯尔尼公约》)的成员国。根据《中华人民共和国著作权法》(简称中国《著作权法》)第2条第2款规定,泰国及日本国两国作者作品的著作权均受中国《著作权法》保护。本案是侵害著作权纠纷,关键在于确认《1976年合同》的真伪。(1)合同的签订方身份存在多处与事实不符的情况。首先,辛波特、采耀公司提交的《1976年合同》的一方当事人的名称为Tsuburaya Prod. and Enterprises Co.,Ltd.(辛波特、采耀公司提交的翻译件对应的中文名称为圆谷制作株式会社与企业有限公司)是否一个真实存在的法律实体,辛波特、采耀公司没有提出相应的合法注册资料予以证实。其次,该合同有圆谷皋的英文签名及汉字印章,以及圆谷企业株式会社的公章,但因实际著作权人是圆谷制作株式会社。合同签署方对于自身名称的表述以及盖章等重大事项上存在与事实不符的情况,与常理相悖。(2)该合同对包括《巨人对詹伯A》以及《哈卢曼和7个奥特曼》在内的九部影片的权利归属进行了划分。辛波特认为这两部影片实际上是其投资制作的,权利应归属于辛波特;圆谷制作株式会社经营陷入困境时,辛波特给予了圆谷制作株式会社巨大的支持;1974年、1975年圆谷制作株式会社将该两部片子许可他人播映,造成混乱,圆谷皋为了表示感恩以及理顺纠纷的情况下,签署了1976年的合同。如果诚如辛波特所述,两部电影的著作权应属于辛波特,但辛波特却在该合同中将自己享有著作权的影片供对方进行权属的区域划分,并且还向对方支付了"独占专用权金额",其主张在逻辑上存在矛盾之处。该合同仅提及圆谷皋收到了独占专用权金额,却没有关于合同的对价、付款方式、付款期限等必备条款。难以认定该合同成立且生效。(3)《致歉信》并非对《1976年合同》的全面追认。在圆谷皋已去世的情况下,难以对其真实意思表示进行核实。(4)泰国最高法院采信的鉴定报告是泰国警察总署作出的。该鉴定报告认为,《1976年合同》中两处的

“prod. and”与同行的其他字体相比对,打印的水平线不一致,不是同一时间打印。结合前文对合同中存在诸多疑点析,该鉴定报告的结论是客观真实的,可以作为证据予以采信。《致歉信》虽然是真实的,但不足以印证《1976 年合同》的客观真实性。一审法院于 2009 年 9 月 16 日作出判决,对《1976 年合同》不予确认。判决驳回辛波特、采耀公司的诉讼请求。

上诉与答辩

辛波特、采耀公司不服一审判决,向二审法院提起上诉称:(1)《1976 年合同》盖有圆谷企业株式会社和圆谷皋的汉字印章。两个印章由圆谷皋掌控,且与登记的样本放大 1000 倍比对一致。圆谷皋当时是两公司的法定代表人和股东,在合同上加盖两个印章,足以证明圆谷皋对该合同的重视和谨慎。本案一审期间,圆谷制作株式会社曾在反诉状中称“《1976 年合同》系辛波特利用在日本留学在圆谷打工期间私自藏匿……伪造圆谷皋的签名炮制而成”,实际确认了印章是真实的。(2)《致歉信》确认的特定财产指的是《1976 年合同》中所列九部作品,提到的两部只是特定财产的一部分。《致歉信》是圆谷一夫为恳求辛波特不起诉、争取谅解而出具的,还通过日本公证处公证后送达给辛波特。(3)一审法院采信外国鉴定机构的结论并作为主要证据缺乏依据。该鉴定使用的照片是复印件,一个人的签名因书写时所使用的笔、纸张、墨水以及心情不同而不同。(4)本案应适用日本国法律。日本国法院审查了泰国的鉴定报告、比较了《1976 年合同》的印章与圆谷皋、圆谷企业株式会社登记印章、双方当事人的陈述、证人证言,结合当时圆谷制作株式会社经营情况,认定《1976 年合同》是真实有效的。(5)锐视公司取得授权后,投入了巨额资金和大量人员,组织 100 多家国内企业进行生产和销售。(6)《1976 年合同》中的 Tsuburaya Prod. and Enterprises Co. ,Ltd. 的真实意思是指圆谷制作株式会社和圆谷企业株式会社两个公司。(7)在 90 年代以前,涉案作品的价值只是体现在电影院播放,收取门票,没有像现在商品化、多样化,故辛波特在此期间没有使用诉争的作品符合实际情况。请求二审法院依法改判,支持其一审诉讼请求。

上海音像出版社答辩称:辛波特、采耀公司在二审中增加的内容主要是与圆谷制作株式会社著作权之间的纠纷,与上海音像出版社的出版行为没有关系。一审法院对上海音像出版社的出版过程、证据的认定基本正确。

上海圆谷公司、圆谷制作株式会社答辩称:(1)Prod. 并不等于 Production,故 Prod. and Enterprises Co. ,Ltd. 应为一家公司,不能翻译成“制作与企业株式会社”。该合同中无对价条款,且记载的作品与实际不符。(2)圆谷制作株式会社是在出具《致歉信》后才得到合同的复印件。《致歉信》中所述的作品内容与合同中列明的作品不一致,《1976 年合同》中包括九部作品,但《致歉信》中所陈述的作品只有两部。(3)泰国警方作出的鉴定结论,应该作为本案的证据使用。(4)日本国法院的法官代替专业的鉴定机构,自行对有争议的公章进行比对,认定事实错误。《致歉信》可以证明圆谷制作株式会社从未停止在世界范围内行使其享有的著作权。本案应适用中国法。锐视公司在《基本合意书》中承认辛波特不享有任何有关奥特曼的权利。

广州购书中心未作答辩。

二审审理查明

二审法院补充查明的事实:(1)二审中,辛波特、采耀公司与圆谷制作株式会社对辛波特在中国享有《巨人对詹伯A》、《哈卢曼和7个奥特曼》两部作品的著作权均无异议。(2)辛波特、采耀公司向二审法院提交《确认函》确认:广州购书中心等四被告未在中国侵犯上述两部作品的著作权。(3)1996年3月19日,圆谷制作株式会社签署《授权委托书》,授权上海圆谷公司享有在中国大陆地区许可他人使用奥特曼系列作品和追究侵权责任的权利。1998年4月17日及之后,上海圆谷公司与上海音像出版社就涉案作品的出版发行事宜签订多份《协议书》。(4)锐视公司的法定代表人杨水源以该公司的名义与圆谷制作株式会社于2008年10月31日在日本签订《基本合意书》,锐视公司在该合意书中承认:圆谷制作株式会社在全世界拥有与"奥特曼系列"作品相关的著作权、商标权、创意权等,辛波特和采耀公司不拥有相关的正当权利。该合意书约定,在许可合同缔结之前,当由圆谷制作株式会社或锐视公司向对方发出不能缔结许可合同时,该合意书失效。此后,锐视公司与圆谷制作株式会社没有缔结许可合同。(5)二审期间,双方当事人均确认圆谷制作株式会社的英文译名为Tsuburaya Production(s) Co.,Ltd.,圆谷企业株式会社的英文译名为Tsuburaya Enterprise(s) Co.,Ltd.。广东省高级人民法院于2002年11月20日作出的(2002)粤高法民三终字第84号民事判决中认定:圆谷制作株式会社的英文译名缩写为Tsuburaya Prod.。(6)南京市中级人民法院于2005年1月17日受理锐视公司诉南京大洋百货有限公司侵害著作权纠纷一案,因锐视公司在该案中提交了《1976年合同》、日本国三级法院判决及泰国一审判决等证据,该院于2005年6月6日作出判决,认定《1976年合同》真实有效,并判决南京大洋百货有限公司承担停止侵权和赔偿损失的民事责任,该判决已发生法律效力。

二审判理和结果

广东省高级人民法院认为,二审期间本案有3个争议焦点:

一、关于辛波特、采耀公司是否在中国享有诉争的第3~第9七部作品的独占使用权

(1)关于《1976年合同》的效力问题。首先,中国《民事诉讼法》第64条规定:"当事人对自己提出的主张,有责任提供证据。"中国《最高人民法院关于民事诉讼证据的若干规定》第72条第1款规定:"一方当事人提出的证据,另一方当事人认可或者提出的相反证据不足以反驳的,人民法院可以确认其证明力。"因日本国、泰国法院判决的效力未经中国民事诉讼程序予以承认,两国判决在中国没有法律效力,本案不应以日本国、泰国法院判决确认的事实作为认定事实的依据。至于泰国鉴定机构针对《1976年合同》作出的鉴定报告,中国对于直接认定泰国鉴定机构的鉴定结论缺乏法律依据,且泰国法院的判决在中国不具约束力,故对泰国鉴定机构作出鉴定结论不予采信。其次,本案双方当事人对《致歉信》的真实性均无异议,由于圆谷制作株式会社未能提交圆谷皋在1976年3月4日与辛波特另外签订有其他合同,因此可以认定辛波特、采耀公司在本案中提交的《1976年合同》就是圆谷一夫在《致歉信》

中所提到的《授权合约》。再次,圆谷制作株式会社的英文译名缩写为 Tsuburaya Prod. ,认定圆谷皋将 Tsuburaya Prod. and Enterprise Co. ,Ltd. 作为圆谷制作株式会社和圆谷企业株式会社两家公司英文名称的统称更符合常理。《1976 年合同》上虽仅有圆谷企业株式会社的签章,但合同的底部有圆谷皋的签名,圆谷皋的行为可以视为两家公司的公司行为。因合同中已注明“我,圆谷皋,通过本合同宣布已经全额收到了第一条记载的所有动画片和影片的独占专权金额”,足以证明该合同中具有合同对价条款。因本案诉争的第 1、第 2 部作品在日本国的著作权属于圆谷制作株式会社,在日本国以外区域的著作权属于辛波特,不排除圆谷皋将其混在该合同中进一步予以明确的可能性。圆谷制作株式会社对该合同提出的种种疑点并不能得出该合同为虚假的结论。最后,锐视公司并非《1976 年合同》的签订主体,其针对该合同相关事实予以承认的证明力不予认定。综上,认定《1976 年合同》属于合法有效的合同,该认定与前述南京市中级人民法院民事判决对《1976 年合同》真实有效的认定相一致。(2)关于辛波特、采耀公司享有何种权利的问题。从《1976 年合同》中两次提到独占专权和对授权事项的具体约定以及《致歉信》的内容可以看出,圆谷皋签订合同的真实意思是授予辛波特相关作品的在日本国以外区域的独占使用权,而并非著作权。鉴于双方当事人对涉案第 1、第 2 部作品的著作权没有争议,辛波特、采耀公司二审期间也将其诉讼请求明确为独占使用权,可以确认双方当事人对涉案第 3 ~ 第 9 七部作品的著作权仍归圆谷制作株式会社享有没有异议,对此予以确认。

二、关于广州购书中心、上海音像出版社、上海圆谷公司、圆谷制作株式会社是否侵害辛波特、采耀公司的独占使用权

辛波特、采耀公司分别基于《1976 年合同》、《授权书》享有的涉案作品的独占使用权受中国《著作权法》的保护。圆谷制作株式会社未经许可,通过上海圆谷公司授权上海音像出版社复制、出版、发行、销售涉案《奥特曼归来》、《奥特曼·艾斯》、《奥特曼·泰罗》三部作品(即涉案第 6 ~ 第 8 作品),上海音像出版社使用该三部作品的行为,均侵害了辛波特、采耀公司享有的独占使用权;广州购书中心销售了涉案第 8 部作品,亦侵害了辛波特、采耀公司的独占使用权。

三、关于民事责任的承担

中国《著作权法》规定,未经著作权人许可,复制、发行其作品的,应承担停止侵害、消除影响、赔礼道歉、赔偿损失等民事责任。侵权人应当按照权利人的实际损失给予赔偿;实际损失难以计算的,可以按照侵权人的违法所得给予赔偿。赔偿数额还应当包括权利人为制止侵权行为所支付的合理开支。权利人的实际损失或者侵权人的违法所得不能确定的,由人民法院根据侵权行为的情节,判决给予 50 万元以下的赔偿。本案中,上海圆谷公司、圆谷制作株式会社应当承担停止以任何方式在中国境内许可任何人生产和销售涉案第 6 ~ 第 8 三部作品的行为。因辛波特、采耀公司对其经济损失没有提供充分的证据证明,上海圆谷公司、圆谷制作株式会社对其获利情况也没有提供证据证明。本案根据上海圆谷公司、圆谷制作株式会社的过错、侵权程度等因素,酌定其共同赔偿辛波特、采耀公司人民币 30 万元及合理开支人民币

101930元。关于上海音像出版社的责任，根据中国《最高人民法院关于审理著作权民事纠纷案件适用法律若干问题的解释》的规定，出版者、制作者应当对其出版、制作有合法授权承担举证责任；出版物侵害他人著作权的，出版者应当根据其过错、侵权程度及损害后果等承担民事赔偿责任；出版者尽了合理注意义务，著作权人也无证据证明出版者应当知道其出版涉及侵权的，依据《中华人民共和国民法通则》第117条第1款的规定，由出版者承担停止侵权、返还其侵权所得利润的民事责任。本案中，因无证据证明上海音像出版社与上海圆谷公司签订合同时应当知道其出版涉及侵权，故该社已尽到合理注意义务，但应承担停止侵权、返还其侵权所得利润的民事责任。本案酌定上海音像出版社返还辛波特、采耀公司所得利润人民币10万元。广州购书中心依法应承担停止销售涉案作品的民事责任，不承担赔偿责任。鉴于辛波特、采耀公司享有的仅为涉案部分作品的独占使用权，是一种财产权利，并不包括著作人身权的内容，故对其要求侵权人公开赔礼道歉的请求不予支持。

二审法院于2010年10月25日作出判决：(1)撤销一审判决。(2)广州购物中心停止销售侵权产品；上海音像出版社停止生产和销售，并销毁相关的母带、生产工具等；上海圆谷公司、圆谷制作株式会社停止以任何方式在中国许可任何人生产和销售上述三部作品的音像制品的行为。(3)上海圆谷公司、圆谷制作株式会社赔偿辛波特、采耀公司人民币30万元及合理费用人民币101930元，上海音像出版社向辛波特、采耀公司返还其侵权所得利润人民币10万元。

申请再审理由与答辩

圆谷制作株式会社、上海圆谷公司申请再审称：《1976年合同》系伪造的，二审判决认定该合同真实、有效，属事实不清，适用法律不当。圆谷制作株式会社和辛波特在二审庭审时均同意对合同上的公章进行司法鉴定，二审法院对此未作评述；《致歉信》不能直接证明《1976年合同》真实有效；二审法院不采信泰国的鉴定结论，有失公允，根据中国与泰国关于民商事司法协助的协定，提请对涉案泰国最高法院民事判决予以承认。2011年2月1日泰国法院刑事判决辛波特因伪造合同进行授权活动，辛波特已被判刑，并被处罚款，该新证据可以在民事案件中加以采用。在泰国刑事案件中，辛波特于2010年9月15日为减轻其罪责作出声明：辛波特已将根据《1976年合同》所取得的权利，在2008年2月泰国最高法院判决《1976年合同》为伪造文件后不久，全部转让给了UM公司。辛波特已失去了合同当事人的身份，也失去了本案的诉讼主体资格。圆谷制作株式会社于2010年11月12日向二审法院提交辛波特的上述证言，二审法院此后还送达二审判决属于程序错误。请求撤销二审判决，维持一审判决。

辛波特、采耀公司提交意见认为：(1)《1976年合同》底部有圆谷企业公司的印章、圆谷皋的汉字印章以及圆谷皋的英文签名，其真实性有《致歉信》予以印证；(2)圆谷皋于1974年10月14日、1975年2月19日将属于辛波特的两部电影分别卖给台湾虎龙电影公司和香港南方公司，并分别收取3万美金和12万美金的许可费，这是签订《1976年合同》的原因；(3)圆谷制作株式会社在诉北京长安商场侵害署名权纠纷案件中称其署名方式为"TSUBURAYA PORD",日本国法院也查明圆谷制作株式会社使用该简称;(4)圆谷制作株式会社、上海圆谷公司申请再审所述的泰国刑事诉讼目前仅作出一审判决,且辛波特已提起上诉并在审理之中。圆谷制作株式会社、上海圆谷公司声称泰国刑事诉讼与本案存在事实方面的关联,但未说明与本案存在哪些方面的关联性,故其要求推翻二审法院查明的事实,理据不充分。请求维持二审判决。

再审判理和结果

最高人民法院认为,圆谷制作株式会社、上海圆谷公司(以下两公司简称圆谷公司)申请再审的请求能否得到支持,需要结合本案的具体案件事实及相关证据进行综合分析认定。根据本案现有证据以及查明的事实,圆谷公司申请再审的理由不符合中国《民事诉讼法》规定的再审事由,不足以推翻二审判决认定的事实。鉴于圆谷公司申请再审理由中的部分理由二审判决已有回应,因而对二审判决已回应的内容本院予以确认,不再赘述。本院主要回应圆谷公司申请再审新提出的如下问题:(1)关于二审法院是否存在程序错误的问题。首先,从时间上看,二审法院系于2010年10月25日作出的二审判决,而圆谷公司是在2010年11月12日向二审法院递交辛波特于2010年9月15日泰国法院刑事案件中所作自述,故二审法院未对此予以评判不存在程序错误。其次,圆谷公司申请再审期间提交该证据的目的,是要证明辛波特于2008年2月之后已将《1976年合同》的权利转让给了日本国UM公司,辛波特因此失去合同当事人的身份,故已不具备本案的诉讼主体资格。本案中,辛波特、采耀公司提起本案一审诉讼的时间为2005年9月30日,而被诉的侵权行为发生在2002年至2005年之间,即使辛波特在一审起诉之后将《1976年合同》的相关权利转让给了第三方,也不当然丧失其权利转让前依法享有的民事权益,进而影响其在本案中的诉讼主体资格。鉴此,圆谷公司以二审法院违反诉讼程序为由向本院申请再审,本院不予支持。(2)关于是否需要对《1976年合同》上的"公章"予以鉴定问题。鉴于辛波特、采耀公司提交的证据已经能够证明该合同上的"公章"的真实性,故二审法院未委托鉴定机构对此进行鉴定并无不当,但未在判决中予以说明理由欠妥,对此予以纠正。(3)关于泰国警察总署出具的鉴定报告能否予以采信的问题。中国法院对涉及外国鉴定机构出具的鉴定结论能否采信,应当按照中国的相关法律进行审查。二审法院认为本案直接认定泰国警察总署出具的鉴定结论缺乏法律依据是正确的。(4)关于圆谷公司能否向本院申请承认泰国最高法院判决问题。本案中,泰国、日本国最高法院就同一事实作出的民事判决相互矛盾,因而任何一方当事人申请承认泰国或者日本国法院生效判决不管能否得到支持,都应向中国有管辖权的中级人民法院申请,并由该院依法进行审查。圆谷公司向本院申请承认涉案泰国最高法院民事判决不符合上述规定,超出了本院对本案的审查范围。(5)关于泰国法院刑事判决对本案是否具有证明力问题。鉴于圆谷公司申请再审期间提交的泰国法院刑事判决系一审判决,且仅涉及该刑事案件当事人于2006年5月19日签订的《修订版许可授予合同》是否伪造问题。对此,本院认为,即使该刑事判决系生效判决,且与本案有关联性，也不必然对本案案件事实具有证明力。中国法院审理本案应依照中国法律进行审查，并根据当事人提供的相关证据依法作出裁判。圆谷公司以该刑事判决作为推翻二审判决的证据，本院不予采纳。

综上所述，最高人民法院认为，二审判决认定事实清楚，适用法律正确，应予维持。圆谷公司的再审申请不符合《中华人民共和国民事诉讼法》第200条规定的再审事由，裁定驳回圆谷公司的再审申请。

圣莱科特国际集团、圣莱科特化工（上海）有限公司诉华奇（张家港）化工有限公司、徐捷侵害商业秘密纠纷案

【裁判要旨】

涉外商业秘密案件审理中，应当坚持平等保护、对等保护、诚实信用等原则。通过合理分配举证责任，制定恰当的举证、质证规则，保密制度及实施完善、规范的司法鉴定等程序对是否存在商业秘密以及是否存在侵权行为等进行审理。规范当事人之间的公平竞争，维护市场的正当秩序，展现我国良好的司法形象。

【案情与裁判】

原告（上诉人）：圣莱科特国际集团（简称美国圣莱科特）

原告（上诉人）：圣莱科特化工（上海）有限公司（简称上海圣莱科特）

被告（被上诉人）：华奇（张家港）化工有限公司（简称华奇公司）

被告（被上诉人）：徐捷

起诉与答辩

原告美国圣莱科特、上海圣莱科特共同诉称：美国圣莱科特生产SP－1068产品的20个技术信息属于美国圣莱科特的商业秘密。上海圣莱科特经授权，系上述商业秘密在中国的独占被许可人。被告徐捷原系上海圣莱科特员工，其在职期间接触并掌握了两原告的涉案商业秘密，并负有保密义务。但两原告发现，徐捷从上海圣莱科特离职后在华奇公司任职期间违反保密义务，将涉案商业秘密披露给华奇公司。华奇公司未经许可使用涉案商业秘密生产、销售SL－1801产品，并在其申请的发明专利（申请号200810041551.7，以下简称涉案树脂专利）申请公布说明书中披露了涉案商业秘密。两原告遂诉至法院请求判令两被告：（1）停止侵权；（2）在www.sinolegend.com网站首页及《轮胎工业》期刊上登载声明，消除影响；（3）赔偿两原告经济损失人民币200万元。

华奇公司、徐捷辩称：（1）两原告在本案中主张的涉案商业秘密属于公知技术信息。（2）华奇公司生产SL－1801产品及涉案树脂专利中的相关技术信息均系其自主研发完成。（3）华奇公司生产SL－1801产品及涉案树脂专利中的相关技术信息与两原告在本案中主张的涉案商业

秘密完全不同。两被告请求驳回两原告的诉讼请求。

一审审理查明

美国圣莱科特是 SP－1068 产品的生产者。美国圣莱科特授权上海圣莱科特在中国,使用其技术生产、销售 SP－1068 等产品。

徐捷原系上海圣莱克特员工。2007 年 5 月,徐捷从上海圣莱克特辞职后,在中远酚醛纤维项目、张家港酚醛树脂项目担任项目经理。

华奇公司成立于 2006 年 8 月 11 日。2007 年底,华奇公司开始生产 SL－1801 产品。2009 年 1 月 7 日,国家知识产权局公开涉案树脂专利的申请公布说明书。

2012 年 12 月 21 日,法院就涉案技术问题委托工信鉴定所进行技术鉴定。2013 年 5 月 14 日,工信鉴定所向法院出具《司法鉴定意见书》。上述《司法鉴定意见书》认为:(1)两原告主张的秘点 4、9、10、11、12、15、16、20 以及秘点 6 中的首次反应阶段加入 C 原料的温度控制属于非公知技术信息。两原告主张的其余技术秘点属于公知技术信息。(2)华奇公司生产 SL－1801 产品的技术信息,与上述两原告主张秘点中属于非公知技术信息的技术信息不相同且实质不同。(3)华奇公司涉案树脂专利中的技术信息,与上述两原告主张秘点中属于非公知技术信息的技术信息,不相同且实质不同。(4)华奇公司提供的自主研发材料显示了华奇公司 SL－1801 产品的研发过程。

法院另查明:

一、关于案件由来的事实

2008 年 11 月,上海圣莱科特以华奇公司、徐捷侵害其商业秘密为由向上海市公安局经侦支队(以下简称上海经侦)报案。嗣后,上海经侦委托上海市科技咨询服务中心(以下简称上科咨询中心)就上海圣莱科特生产 SP－1068 产品的技术信息是否属于非公知技术信息等进行鉴定。上科咨询中心为此出具了三份鉴定报告(以下简称上科报告)。上科报告的主要内容为:(1)报告在上海圣莱科特生产 SP－1068 产品技术信息中,首次反应原料的配方数值等三个技术信息属于非公知技术信息的基础上,确定 SP－1068 产品的技术信息属于非公知技术信息。(2)报告认为 SP－1068 产品与 SL－1801 产品的生产工艺基本相同。但报告内容显示,上述 SP－1068 产品技术信息中属于非公知技术信息的技术信息与 SL－1801 产品的对应技术信息存在明显区别。(3)报告未按上海经侦要求,对上述不同的技术信息为何属于基本相同,进行分析、说明。2009 年 9 月 4 日,上海经侦以没有犯罪事实为由对上海圣莱科特的报案不予立案。

2010 年 3 月 5 日,上海圣莱科特以华奇公司、徐捷侵害其商业秘密为由向法院提起(2010)沪二中民五(知)初字第 38 号、第 39 号两起案件(以下简称 38 号、39 号案件)的诉讼。在该两案庭审时,上海圣莱克特将其原主张的两个技术秘点变更为其生产 SP－1068 产品的具体技术信息共 10 个秘点,并对原主张秘点的具体内容进行了变更。在未获法院准许后,上海圣莱克特撤回上述两案的起诉,并与美国圣莱科特共同提起本案诉讼。在本案中,两原告将 SP－1068 产品的技术信息变更为 20 个秘点,且与原 38 号案件庭审中确定的内容不同。

二、关于一审中相关程序问题的处理

(1)审理中,法院以赖承仪并非本案的

必要共同当事人,就赖承仪的相关事实两原告可另案起诉;工信鉴定所的鉴定结论尚未质证,是否需重新鉴定尚需开庭质证后才能决定为由,驳回了两原告追加被告、重新鉴定的申请。(2)审理中,两原告申请撤诉,法院以本案系两原告再次诉讼,但其撤诉理由表明其诉讼意愿依然存在,如再次准许两原告撤诉,显然会使两被告长期处于涉嫌侵权的不稳定状态,损害两被告合法权利;工信鉴定所已出具了鉴定意见,继续开庭审理本案,有助于本案纠纷的实质解决,亦可充分维护当事人的诉讼权利为由,口头裁定驳回了两原告的撤诉申请。(3)审理中,法院以口头裁定已生效为由,驳回了两原告请求书面裁定及延期开庭的申请。并于2013年5月29日、30日不公开开庭审理了本案。两原告经法院合法传唤,无正当理由据不到庭参加诉讼。法院依法予以缺席判决。

一审判理和结果

法院一审认为:首先,从上海经侦侦查阶段至本案诉讼的过程中,两原告多次变更其生产SP-1068产品技术信息中相关秘点的内容。两原告在本案中主张的涉案商业秘密中20个秘点的技术信息与上科咨询中心鉴定意见中确定的3个秘点的技术信息已完全不同。且上科咨询中心的相关鉴定结论与其鉴定依据存在多处矛盾,上科咨询中心对此并未进行说明。故上科报告中关于SP-1068产品与SL-1801产品的生产工艺基本相同的鉴定结论的依据明显不足,鉴定结论缺乏科学性和正确性。故法院对于上科报告不予采信。而法院已依法开庭对工信鉴定所的鉴定报告进行了质证,询问了鉴定专家,并对鉴定内容、材料、依据、过程、结论等进行了审查,审查中没有发现工信鉴定所的涉案鉴定中存在违反法律规定的事由,综上,法院对于两原告重新鉴定的申请不予采纳。

其次,根据法院查明的事实,两原告在本案中主张的秘点4、9、10、11、12、15、16、20以及秘点6中的首次反应阶段加入C原料的温度控制的技术信息符合《反不正当竞争法》第10条第3款的规定,属于两原告的商业秘密。

最后,根据法院查明的事实,华奇公司生产SL-1801产品的技术信息以及涉案树脂专利中的相关技术信息,与属于两原告商业秘密的秘点4、9、10、11、12、15、16、20以及秘点6中的首次反应阶段加入C原料的温度控制的技术信息不相同且实质不同。故两原告关于两被告侵犯其商业秘密的主张不成立,法院不予支持。

据此,法院依照《中华人民共和国反不正当竞争法》第10条,《最高人民法院关于审理不正当竞争民事案件应用法律若干问题的解释》第9条、第10条、第11条、第14条,《中华人民共和国民事诉讼法》第145条第2款之规定,判决:驳回原告美国圣莱科特、上海圣莱科特的诉讼请求。

上诉与答辩

美国圣莱科特、上海圣莱科特不服一审判决,向上海市高级人民法院提起上诉。

美国圣莱科特、上海圣莱科特上诉称:(1)原审判决忽略了徐捷、赖承仪与华奇公司接触的事实。(2)上科咨询中心与工信鉴定所鉴定结论存在矛盾,原审法院应当重新鉴定或补充鉴定。(3)工信鉴定所的鉴定结论依据不足,结论错误。(4)原审法院存在诸多严重违反法定程序的情况。请求二审法院撤销一审判决或发回重审。

被上诉人华奇公司、徐捷辩称:(1)被

上诉人没有接触上诉人主张的商业秘密,华奇公司技术系自行开发。且两者技术信息经司法鉴定后被判定为并不相同,亦无须判断是否存在接触的事实。(2)工信鉴定所的鉴定结论客观公正,可以作为定案依据。请求二审法院驳回上诉,维持原判。

二审审理查明

上海市高级人民法院经二审,确认了一审查明的事实。

二审判理和结果

上海市高级人民法院二审认为:

首先,原审法院严格执行了鉴定程序,工信鉴定所的鉴定结论依据充分、鉴定方法科学合理,应当作为本案的定案证据。原审法院据此判断上诉人在本案中主张的技术信息是否构成其商业秘密、华奇公司生产 SL-1801 产品及其涉案树脂专利中的技术信息,是否属于与上诉人商业秘密中的技术信息相同或实质相同的技术信息,合法有据,认定无误。其次,上科咨询中心在其鉴定过程中,既未给予双方当事人充分的举证权利,也未进行实地勘验等调查。就鉴定内容而言,上科咨询中心所鉴定的上诉人 3 个秘点技术信息与上诉人在本案中主张的 20 个秘点的技术信息明显不同。且上科咨询中心鉴定报告中并未对于双方对应不同的技术信息是否构成相同或实质相同进行说明。故上科咨询中心的鉴定结论明显依据不足。原审法院据此未采信该鉴定结论理由充分,二审法院予以认同。最后,在一审审理过程中,上诉人在知道工信鉴定所鉴定结论对其明显不利,其所指控的侵权事实已经基本审查完毕并可以作出明确认定时,存在追加被告、申请撤诉、拒不到庭诉讼等拖延诉讼,明显有违诚实信用原则的行为。原审法院综合各种因素,兼顾双方诉讼权利,驳回上诉人申请,依法缺席审理并无不当。由此导致的不利后果当然应由上诉人自行承担。据此,上海市高级人民法院依照《中华人民共和国民事诉讼法》第 170 条第 1 款第 1 项之规定,判决:驳回上诉,维持原判。

华为技术有限公司诉交互数字通信有限公司等标准必要专利使用费纠纷案

——阅读提示:许可人与被许可人之间因标准必要专利许可使用费问题不能达成协议而提起诉讼,人民法院应否受理?人民法院受理后,如何确定案由和标准必要专利使用费如何计算?

【裁判要旨】

标准必要专利是因纳入某一技术标准,而在实施该标准时必然要运用的专利技术。许可人与被许可人之间因标准必要专利使用费问题通过协商未能达成一致时,可以请求人民法院裁决。目前,民事案由规定中,对此类案件的立案没有相对应的案由,但人民法院可以根据当事人主张的法律关系的性质,将该类纠纷确定为"标准必要专利使用费纠纷”。

确定本案的准据法,应当考虑所涉专利的授权地、实施地、使用者所在地、谈判协商地等因素。

人民法院在确定标准必要专利使用费或者费率时,应当依据公平、合理、无歧视原则(FRAND 原则),充分考虑专利对标准的贡献率、专利对产品的贡献率、同样专利收取他人的许可费、市场经济环境和科技发展状况以及双方在磋商中的意思表示等因素。

【案号】

一审:广东省深圳市中级人民法院(2011)深中法知民初字第 857 号

二审:广东省高级人民法院(2013)粤高法民三终字第 305 号

【案情与裁判】

原告(被上诉人):华为技术有限公司(简称华为公司)。

被告(上诉人):交互数字通信有限公司(InterDigital Communications,INC)。

被告(上诉人):交互数字技术公司(InterDigital Technology Corporation)。

被告(上诉人):交互数字专利控股公司(INterDigitalPatent Holdings Inc)。

被告(上诉人):IPR 许可公司(IPR Licensing Lnc.)。

以上四被告统称 IDC 公司。

起诉与答辩

2011 年 12 月 6 日,华为公司向一审法院提起诉讼,请求判令:(1)按照公平、合理、无歧视(FRAND)条件判决确定 IDC 公司就其中国标准必要专利许可华为公司的许可费率或费率范围。(2)由 IDC 公司承担本案全部诉讼费用。

IDC 公司答辩认为:原告的诉讼请求不明确,不符合《民事诉讼法》规定的起诉条件;本案理应适用 ETSI 所在国即法国的法律;即使根据中国法律,原告与被告之间也未成立任何专利实施许可合同;原告主张的 FRAND 条件或 FRAND 义务并非中国法律概念;仅确定许可费率并不足以成立许可合同,应由双方继续谈判,通过协商解决纠纷。

法院审理查明

华为公司的经营范围包括开发、生产、销售程控交换机、数据通信设备、无线通讯设备等电信设备。IDC 公司从事用于数字蜂窝和无线产品先进数字无线技术的研究、设计和开发。华为公司、IDC 公司均为欧洲电信标准化协会会员。

现行主要通信标准包括 2G、3G、4G。2G 标准包括 GSM 和 CDMA 标准。GSM 标准由欧洲电信标准化协会(即 ETSI)主持制定,并在欧洲推行使用。CDMA 标准由美国电信工业协会(即 TIA)主持制定,并在美国推行使用。在中国的 2G 时代,中国移动、中国联通运营 GSM 网络,中国电信运营 CDMA 网络。3G 标准包括 WCDMA、CDMA2000、TD—SCDMA 标准。WCDMA 标准使用地区包括欧洲、中国。TD—SCDMA 标准使用地区主要为中国。CDMA2000 标准使用地区包括美国、中国。中国联通、中国电信、中国移动分别使用 WCDMA、CDMA2000、TD—SCDMA 标准。4G 标准主要是指 LTE 标准,由 3GPP 制定并发布,在欧洲、美国、中国使用。

华为公司生产相关通信产品必须符合包括中国联通、中国电信、中国移动分别使用的 WCDMA、CDMA2000、TD—SCDMA 标准在内的无线通信技术标准。IDC 公司在 WCDMA、CDMA2000、TD—SCDMA 标准等中国现行的无线通信技术标准中拥有多项必要专利。

《欧洲电信标准化协会》知识产权政策的主要内容为:该政策第 4.1 条规定:各成员应当在合理范围内尽量(特别是在其参与的对标准或技术规范的制定过程中)及时将基本知识产权向 ETSI 通告。特别是:提交关于标准或技术规范技术提案的成员应当在诚信基础上提请 ETSI 注意任何在提案被采纳后可能变成基本知识产权的成员知识产权。该政策第 6.1 条规定:当与某特定标准或技术规范有关的基本知识产权引起 ETSI 的注意时,ETSI 总干事应当立即要求知识产权所有者在三个月内以书面形式给予不可撤回的承诺,该承诺须说明知识产权所有者将准备根据该知识产权中所规定的公平、合理和无歧视条件来授予不可撤销的许可。该政策第 12 规定:本方针适用于法国法律。但是,任何成员不得以本方针之名,违反本国法律、法规,或者从事违反适用于本国的超国家法律、法规的活动,且此等法律不允许双方协议减损法规效力。

美国电信工业协会(即 TIA)的知识产权政策:鼓励权利人尽早披露纳入标准的专利,并要求权利人按照合理和无歧视的原则(RAND)许可其专利。

IDC 公司加入相关标准组织并承诺:将准备按照欧洲电信标准化协会(ETSI)知识产权方针第 6.1 条所规定的条款和条件来授予该知识产权下的不可撤销许可。并承诺遵守 FRAND(即 Fair, Reasonable and Non - discriminatory,公平、合理、无歧视)义务。

2008 年 9 月至 2012 年 8 月,华为公司与交互数字通信有限公司就涉案专利许可在中国广东省深圳市等地进行了多次谈判。IDC 公司提出要将该公司全球范围内的电信终端装备和基础设施设备中的专利非排他性的许可给华为公司,向华为公司收取不可退还的许可费。同时要求华为公司将该公司的相关专利全球性的、免许可费的、非排他性的许可给 IDC 公司。华为公司则要求对 IDC 公司在中国的标准必要专利予以许可。

2012 年 6 月 28 日,IDC 公司宣布撤销之前 2009 年 5 月、2011 年 3 月以及 2012 年 3 月的要约。IDC 公司方继续承诺提供全球性的、基于专利组合的许可,华为公司拒绝要约的任何一项要件构成对要约要件的完全拒绝。IDC 公司方提供给华为公司一次性付款许可和按销售量付款许可两种选择方式。(许可费的具体数额因属双方商业秘密而略去)

IDC 公司曾将 2G 通信标准专利和 3G 通信标准专利许可给苹果公司,从 2007 年开始,七年的许可使用费共计 5600 万美元。根据 STRATEGY ANALYTICS 研究机构对全球手机市场的分析报告,2007 年至 2012 年,苹果公司的全球手机销售收入达到 2000 亿以上。

三星公司曾因标准必要专利问题与 IDC 公司发生诉讼,诉讼中双方达成许可协议。根据双方 2009 年协议,三星公司在 18 个月内分四次向交互数字公司支付了 4 亿美元。根据 STRATEGY ANALYTICS 研究机构对全球手机市场的分析报告,2007 年至 2012 年,三星公司的全球手机销售收入达到 2000 亿以上。

双方谈判期间,IDC 公司在美国特拉华州法院对华为公司等提起专利侵权诉讼,同时还向美国国际贸易委员会(ITC)起诉,请求法院禁止华为公司等继续实施其专利并作出赔偿,也请求美国国际贸易委员会启动337调查并发布全面禁止令。

一审判理和结果

一审法院经审理认为:本案所要解决的是华为公司因实施中国通信标准而要求按照公平、合理、无歧视条件获得IDC公司在中国的标准必要专利的授权许可,双方争议标的、华为公司住所地、主要经营场所、涉案专利实施地、谈判协商地均在中国,按照密切联系原则,本案应适用中国法律。就专利许可费率条件问题,如果不寻求司法救济,华为公司除被迫接受IDC公司单方面所提出的条件,没有任何谈判余地,故应由法院管辖。IDC公司的几次要约均含有华为公司无法挑选和选择的整体要件,属于对标准必要专利权利的滥用,不符合FRAND的要求。综合考虑IDC公司标准必要专利数量、质量、价值,业内相关许可情况以及被告的中国标准必要专利在被告全部标准必要专利中所占份额等因素,许可费率以相关产品实际销售价格计算,以不超过0.019%为宜。

据此,一审法院判决:IDC公司就中国标准必要专利及标准必要专利申请给予华为公司许可,许可费率以相关产品实际销售价格计算,不超过0.019%。本案一审案件受理费人民币1000元,由IDC公司共同承担。

上诉与答辩

IDC公司上诉称:(1)一审判决确定的以相关产品实际销售价格计算不超过0.019%的许可费率,缺乏事实和法律依据。(2)在中国法律概念里并不存在与“FRAND”义务对等的概念,一审法院简单套用中国法律原则来解释“FRAND”义务,属于适用法律错误。(3)一审法院对于“FRAND”义务内容的解释存在严重偏差。(4)交互数字通信有限公司不是专利权人,不是本案适格被告。(5)一审判决认定事实不清,判决内容不明确。请求二审法院撤销一审判决,驳回华为公司的全部诉讼请求。

华为公司辩称:(1)交互数字通信有限公司属于本案适格被告。(2)华为公司的诉讼请求是明确的,一审判决也是明确的,程序是合法的。(3)一审法院确认IDC公司负有FRAND义务,有充分的事实和法律依据。(4)IDC公司上诉提出一审判决对FRAND义务的理解出现严重偏差,完全是在模糊和虚化FRAND义务和责任。(5)一审判决适用法律是正确的,IDC公司在费率协商过程中,严重违反了FRAND义务,一审判决将许可费率确定为0.019%是恰当的。

二审判理和结果

二审法院经审理认为:本案纠纷属于标准必要专利使用费纠纷,双方争议和请求法院解决的问题并非华为公司与IDC公司是否要加入ETSI协议以及对ETSI协议的相关规定是否适当等问题,双方争议的问题仅仅是标准必要专利使用费问题。根据当事人的诉辩主张,双方争议的标的是IDC公司在中国的专利或者专利申请。华为公司与IDC公司之间并未约定如果双方就标准必要专利使用费问题发生纠纷应当适用哪国法律;而华为公司住所地、涉案专利实施地、谈判协商地均在中国,与中国有最密切的联系。本案所涉IDC公司的中国标准必要专利或者专利申请,均是根据中国专利法的规定申请或者获得授权的,应当依照中国法律予以保护。因此,本案应当适用中国法律。

本案所涉的"FRAND"义务是《欧洲电信标准化协会》和美国电信工业协会中的知识产权政策和相关承诺。华为公司与IDC公司作为会员,应当受到前述协议约束。"FRAND"义务的含义在前述协议中是明确的。尽管中国法律没有具体规定"FRAND"的含义,但有类似的规定,如果双方当事人对合同条款或者协议中词语的理解存在分歧,人民法院可以根据相关法律法规等对其做出解释。"FRAND"义务的核心在于合理、无歧视的许可费或者许可费率。在确定合理的使用费时,至少应考量以下因素:实施该专利所获利润以及该利润在相关产品销售利润中所占比例、专利对标准作出的技术贡献、技术标准中有效专利的数量及其比例、专利许可使用费在不同被许可人之间的分配、许可费总量不应超过产品利润的一定比例、相同专利许可他人的收费情况以及市场经济状况等;尤其要考虑"无歧视"的条件,在基本相同的交易条件下,如果标准必要专利权人给予某一被许可人比较低的许可费,而给予另一被许可人较高的许可费,通过对比,后者即有理由认为其受到了歧视待遇,标准必要专利权人就违反了无歧视许可的承诺。

IDC公司许可给华为公司的专利许可使用费率是其许可给苹果公司的百倍左右,是许可给三星公司的十倍左右。在IDC公司与苹果公司和三星公司之间的专利许可中,许可使用的专利及其范围是全球范围内。而本案华为公司要求IDC公司许可的专利仅仅是指IDC公司在中国的标准必要专利,故根据以上情况,综合考虑他们之间专利许可实际情况的差别,以及华为公司如果使用IDC公司在中国之外的标准必要专利还要另行支付使用费的情况,为避免专利许可使用费的过高堆积,将其使用费率确定为0.019%,是适当的。一审判决认定事实清楚,适用法律正确。因此,二审判决:驳回上诉,维持原判。

福建超大现代种业有限公司诉安徽省农业科学院水稻研究所、合肥科源农业科学研究所确认合同无效纠纷案

——阅读提示:植物新品种的亲本品种权人是否当然享有新品种的共有权?未经亲本品种权人的授权,新品种育种人与第三方签订的新品种实施许可合同是否有效?

【裁判要旨】

该起备受关注的涉台植物新品种案件,通过合议庭的精心调解,最终促成当事人与关联公司成立合资公司,共同合作开发涉案新品种。该起纠纷的和解解决不仅维护了品种权人、涉台企业及关联公司的合法权益,也实现了各方当事人市场利益的最大化,促进了各方合作共赢,对涉案农

业科技成果推广、密切海峡两岸农业合作起到了积极推进作用。

【案号】

一审：安徽省合肥市中级人民法院(2012)合民三初字第00060号

二审：安徽省高级人民法院(2012)皖民三终字第00081号

【案情与裁判】

原告(被上诉人)：安徽省农业科学院水稻研究所(简称农科院水稻所)

被告(被上诉人)：合肥科源农业科学研究所(简称科源农科所)

被告(上诉人)：福建超大现代种业有限公司(简称福建超大公司)

起诉与答辩

农科院水稻所诉称：2006年3月22日,科源农科所为选育新品种,利用其享有品种权的两系不育系1892S品种作为母本进行配组,承诺如配组成功,农科院水稻所将按育种界的惯例,对配组后的组合占有相应比例的品种权,并为该组合的第二育种人,所产生的成果和效益均按比例享有。2009年科源农科所利用1892S与其他品种进行配组,选育出"两优996"品种,并申报长江中下游杂交稻组合区试。2011年3月22日,科源农科所未征得我方同意私自与福建超大公司签订《两系杂交中稻两优996品种权实施许可合同》,约定将该品种以独占许可方式许可福建超大公司在中国境内生产和销售。现福建超大公司已经生产、包装"两优996"投放市场进行销售。

农科院水稻所认为,科源农科所的行为严重侵犯了其合法权益,而福建超大公司在明知该品种母本(1892S)的品种权归其所有的情况下,仍然与科源农科所签订涉案品种权实施许可合同,在主观上具有明显的过错。为维护自身的合法权益,遂于2012年3月26日向法院提起诉讼,请求判决确认农科院水稻所对科源农科所选育的两优996水稻新品种享有共有权;确认两被告签订的涉案品种权实施许可合同无效。

福建超大公司辩称:(1)本案王步林出具的《承诺函》所体现的内容是附条件的民事法律行为,由于两优996至今未审定,农科院水稻所取得共有权的条件尚未成就,农科院水稻所无权提出相关共有权的要求,亦不能就此起诉,其诉讼请求不应得到支持。(2)本案的案由不是植物新品种权属纠纷,而应是技术合同纠纷或商业秘密合同纠纷。(3)福建超大公司在订立涉案合同过程中不知道"两优996"品种权属存在纠纷或具有其他共有人。我公司受让"两优996"水稻品种的实施许可是善意的,农科院水稻所并不是"两优996"的共有人,故涉案品种权实施许可合同合法有效,应予保护。

科源农科所答辩称:"两优996"新品种尚在审定中,至今没有获得新品种权证书。整个培育过程是由科源农科所单独完成的,该品种的植物新品种权应由科源农科所单独享有,农科院水稻所不能因为提供了母本就当然成为新品种权的权利人。科源农科所作为"两优996"的品种权人与他人订立合同是其权利的体现,合同应属合法有效。2006年3月22日王步林出具的承诺函,是"两优996"育种人王步林与"1892S"品种育种人杨联松课题组之间的承诺,不是科源农科所对农科院水稻所之间的承诺。农科院水稻所作为与合同无关的人,无权主张他人合同无效。

一审审理查明

2004年11月1日,农科院水稻所就杂

交水稻品种“1892S”向国家农业部申请植物新品种权保护,2007年11月1日,国家农业部对该品种授予植物新品种权,并颁发品种权证书,品种权号为:CNA20040612.4。

2006年3月22日,王步林出具《函件》:本人所育成的恢复系拟用杨(连)联松课题组的两系不育系“1892S”进行配组,经协商课题组提供“1892S”,按照科技成果共享的原则,如配组后的组合能够审定,审定后的组合按育种界的惯例,课题组拥有不育系所占有的比例的品种权,并为该组合的第二育种人,所产生的成果和效益均按比例分享。

2007年11月30日,科源农科所以“两优996”杂交水稻品种名申请“国家农作物品种区域试验”,申请材料载明该水稻品种亲本来源:母本“1892S”系农科院水稻所从“培矮64S”变异单株经3年6代系统选育而成;“父本R996”,“蜀恢527”*“明恢63”杂交后代系选;该组合2006年在合肥配组,2007年正季在合肥试验田种植表现突出等。

2008年9月2日,科源农科所缴纳“两优996”南方水稻试品种筛选试验费2000元。

2009年、2010年、2011年连续三年的《国家稻品种试验实施方案的通知》均记载:品种名称“两优996”、亲本组合“1892S”*“R996”,选育供种单位合肥科源农业科学研究所、联系人王步林等。

2009年、2010年、2011年连续三年的《南方稻区长江中下游中籼迟熟A组国家品种试验汇总总结》均有关于“两优996”杂交水稻品种的介绍。

2009年7月3日,福建超大公司与科源农科所订立《杂交水稻组合“两优996”合作意向书》,双方约定:“两优996”审定通过后,科源农科所以有偿永久性独占使用许可的方式向福建超大公司转让“两优996”品种权;若发生亲本权属纠纷,由科源农科所负责协调;并对因此造成的损失予赔偿。

2011年3月22日,科源农科所与福建超大公司订立《两系杂交中稻“两优996”品种权实施许可合同》,约定:科源农科所以独占实施许可方式许可福建超大公司实施其所拥有的水稻新品种“两优996”生产、销售、使用和标记权。本合同签订前,科源农科所没有以商业目的生产、销售、使用“两优996”。福建超大公司分两次向科源农科所支付“两优996”品种权独占实施许可费165万元。如果该品种没有通过国家审定,则科源农科所确认后当年原额退还福建超大公司支付的品种权独占实施许可费。科源农科所应向福建超大公司提供“两优996”制种、栽培技术资料、品种审定资料,指导监督“两优996”种子试制工作。“两优996”品种权保护申报工作和区试及相关费用由科源农科所承担。“两优996”组合的母本使用权问题由科源农科所负责与母本品种权所有单位协商解决。“两优996”国家审定通过后,科源农科所应督促母本品种权单位按预约数量、质量向福建超大公司提供不育系种子,不育系种子每公斤价格不超过35元,种子质量按国家标准操作等。本协议签订后,双方签订的《杂交水稻新组合“两优996”合作意向书》自动失效,以本协议为准等。

合同订立后,福建超大公司向科源农科所支付款项112万元,科源农科所向福建超大公司提供《两优996制种技术要点》。2011年7月8日,福建超大公司从科源农科所购入183公斤父本"R996"。

2011年12月3日,科源农科所向农科院水稻所出具书面函,请求农科院水稻所提供"1892S"的相关鉴定材料,同时鉴于其已将"两优996"品种许可福建超大公司独占实施生产、销售,恳请农科院水稻所一并给予母本授权。

2011年12月15日,农科院水稻所回函称:根据相关法律及品种权管理的相关规定,我所应享有"两优996"的署名和部分品种权,同时对该品种的生产、经营享有共同处置权。贵所未经我所同意,擅自用1892S进行品种组配,并将所配组育成的"两优996"的品种生产、经营权授予福建超大公司的行为损害了我所合法权益。请求贵所立即停止侵权行为,共同协商"两优996"的审定、生产和经营等事宜。同时,我所将保留进一步法律追偿的权利。

科源农科所收悉该函件后,将回函内容告知福建超大公司,请求福建超大公司就母本"1892S"授权问题与农科院水稻所进行沟通,其将尽力予以协助。如双方协商不成,请福建超大公司就合同如何处置提出可行方案。

2011年12月29日,福建超大公司向农科院水稻所出具《关于请求授权使用1892S的函》,请求农科院水稻所授权其合法生产和销售"两优996"(使用1892S品种),并愿意支付相应的品种权使用费。

2012年3月,福建超大公司向农科院水稻所再次出具书面函件,请求农科院水稻所给予"1892S"使用授权并愿意就使用费进行协商。

农科院水稻所对福建超大公司的信函没有回复。

另查明,以科源农科所名义申请进行区域性试验和生产试验的"两优996"品种,一审期间没有获得国家农业部品种审定委员会审定通过。

科源农科所是普通合伙企业,执行事务合伙人为王步林。

一审法院认为:

对于王步林出具给"1892S"育种课题组杨联松函件所涉法律关系的主体,因为申报"两优996"水稻新品种的主体是科源农科所,王步林是科源农科所的执行事务合伙人,因此王步林出具函件的行为是科源农科所的职务行为。杨联松课题组是"1892S"的育种人,该品种权的权利人是农科院水稻所,对该品种权享有处分权,因此科源农科所出具函件的相对人应是农科院水稻所,故该函件所涉法律关系的主体是科源农科所和农科院水稻所。

根据本案查明的事实,科源农科所选育配组的"两优996"新组合使用了不育系"1892S"作为母本,同时该新组合参加并通过南方稻区长江中下游中籼迟熟A组国家品种试验,依法应认定该新组合为科源农科所利用"1892S"与"R996"配组育成的含有创造性劳动的新成果。根据植物遗传学规律和民法上权利产生的法理,该权利载体的产生显然含有该成果母本"1892S"权利人的创造性劳动,即"1892S"的品种权人对新组合"两优996"享有共有权利。科源农科所依法仅独立享有对"两优996"组合科学研究的权利,而没有对该组合之上的民事权利独立处分的权利。科源农科所在该新成果完成区域试验而等待审定期间,即与福建超大公司订立涉案品种权实施许可合同,并已实际履行,此行为显然不是对"两优996"新组合的科研活动,而是以营利为目的处分新成果"两优996"的行为,该处分行为未取得共有人农科院水稻所的授权,也未获得其许可,是对“两优 996”的无权处分行为,损害了作为共有权人农科院水稻所的权益;同时,福建超大公司在订立《合作意向书》和涉案品种权实施许可合同之初,通过合同中对“两优 996”组合中母本权利人的约定,以及订立合同后,福建超大公司与农科院水稻所之间的函件充分证明福建超大公司在订立合同之时,已经明知科源农科所对合同中被许可的“两优996”并不享有完整的权利。因此,福建超大公司在订立合同之时,基于该合同受让的权利并非出于善意,因此,科源农科所与福建超大公司订立的涉案品种权实施许可合同属于共有人之一无权处分许可标的而产生的无效民事行为,依法应认定该合同无效。科源农科所与福建超大公司对于农科院水稻所第二项诉讼请求的抗辩理由均不成立。据此,依照《中华人民共和国种子法》第 2 条、第 15 条,《中华人民共和国植物新品种保护条例》第 6 条,《中华人民共和国民法通则》第 78 条第 1、第 2 款,《最高人民法院关于贯彻执行〈中华人民共和国民法通则〉若干问题的意见(试行)》第 89 条,《中华人民共和国合同法》第 52 条第 2 项之规定,判决:科源农科所与福建超大公司 2011 年 3 月 22 日订立的《两系杂交中稻“两优 996”品种权实施许可合同》无效。案件受理费 19650 元,农科院水稻所承担 5000 元,科源农科所承担 7650 元,福建超大公司承担 7000 元。

上诉与答辩

福建超大公司不服一审判决,向本院提起上诉称:(1)原判认定杂交水稻品种的亲本品种权人当然享有杂交水稻品种的共有权,没有科学根据,不符合法律规定和客观事实。(2)农科院水稻所不能依据王步林出具给杨连松课题组的函件而获得“两优 996”的共有权。(3)福建超大公司与科源农科所签订的涉案品种权实施许可合同合法有效。综上,原审判决认定事实不清,适用法律错误,请求二审法院撤销原判,改判涉案品种权实施许可合同合法有效;本案所有诉讼费用由农科院水稻所承担。

农科院水稻所在二审庭审中答辩称:(1)我所对于利用“1892S” * “R996”选育配组出杂交水稻品种“两优 996”的科技成果是享有共有权的,未经我所同意,科源农科所无权单独处分该权益。(2)我所通过提供不育系“1892S”,参与了选育杂交水稻品种“两优 996”技术成果的劳动,应当享有该技术成果的权益,不因“两优 996”水稻品种暂未获得国家审定,而丧失该技术成果的分配和利用权利。(3)科源农科所不具有对“两优 996”水稻品种新组合技术成果独立处分的权利,与福建超大公司订立和履行涉案品种权实施许可合同的行为明显侵犯了我所的合法权利,应当认定所签订的合同无效。综上,原审判决认定事实清楚,适用法律正确,请求二审法院查清事实,驳回上诉,维持原判。

科源农科所在二审庭审中答辩称:“两优 996”品种权即将通过国家农作物品种审定委员会的审定,有可能于近期取得品种权。请求二审法院依法公正处理。

二审审理查明

二审法院经庭审对一审法院查明的事实予以确认。

另查明:农业部国家农作物品种审定委员会 2012 年 12 月 24 日颁布的《国家农作物品种审定证书》载明:审定编号:国审稻 2012021;品种名称:徽两优 996;选育单

位:合肥科源农业科学研究所、安徽省农业科学院水稻研究所;品种来源:1892S×R996,公告号:中华人民共和国农业部第1877号。

二审审理期间,因福建超大公司系国台办指定对台农产品采购重点企业福建超大农业集团下属公司,与台湾农业界合作紧密,而本案合同涉及的两系杂交中稻“两优996”项目是福建超大农业集团与台湾省农会、高雄农业开发股份有限公司合作,建设闽台现代化种业育繁推一体化集团的重点项目,故案件的处理结果不仅关系到品种权人、涉台企业及关联公司的合法权益,亦直接影响两岸农业界的合作与发展。在此背景下,合议庭确定了“立足调解、找准症结、多元化解、案结事了”的审理思路,最终促成当事人及关联公司之间签订《合作协议书》,成立注册资本1500万元的合资公司,共同开发涉案水稻新品种“两优996”,彻底解决了本案所有纷争。

圣象集团有限公司诉国家工商行政管理总局商标评审委员会、河北广太石膏矿业有限公司商标争议行政纠纷案

——阅读提示:在不相同或者不相类似商品上注册的商标系对他人已在中国注册的驰名商标的复制、摹仿或者翻译时,在何种情况下对其不予注册?

【裁判要旨】

就不相同或者不相类似商品申请注册的商标是复制、摹仿或者翻译他人已经在中国注册的驰名商标,误导公众,致使该驰名商标注册人的利益可能受到损害的,对该商标不予注册并禁止使用。

【案号】

一审:北京市第一中级人民法院(2009)一中知行初字第2473号

二审:北京市高级人民法院(2010)高行终字第478号

申请再审:最高人民法院(2013)知行字第7号

再审:最高人民法院(2013)行提字第24号

【案情与裁判】

原告(被上诉人、再审申请人):圣象集团有限公司(以下简称圣象集团)

被告(上诉人、再审被申请人):国家工商行政管理总局商标评审委员会(以下简称商标评审委员会)

第三人(上诉人、再审第三人):河北广太石膏矿业有限公司

起诉与答辩

2009年8月31日,商标评审委员会作出商评字【2009】第23269号认定:(1)圣象集团提供的证据不足以证明在争议商标申请注册之前,在与争议商标指定使用的商品相同或类似的行业内,圣象集团的企业字号经过使用已具有一定知名度,消费者

易将争议商标与圣象集团的企业字号相联系,从而造成消费者混淆,损害圣象集团的利益,故争议商标的注册未违反《商标法》第31条的规定。(2)圣象集团的引证商标虽然在地板等商品上具有较高的知名度,但其在案证据不能证明其引证商标在争议商标申请注册之前已达到驰名程度,故争议商标不构成《商标法》第13条规定的侵害驰名商标权利的情形。圣象集团主张争议商标违反《商标法》第10条第1款第8项,但未提供充分证据。本案在案证据不足以证明争议商标的注册是采取不正当手段对圣象集团商标的恶意抢注。依据《商标法》第10条第1款第8项、第13条、第31条以及第43条的规定,裁定:争议商标予以维持。

圣象集团不服该裁定,向北京市第一中级人民法院提起诉讼称:(1)从整体观察和要部对比看,争议商标与引证商标非常近似。(2)争议商标侵犯圣象集团的在先商号权,违反《商标法》第31条的规定。圣象集团自1996年10月31日起就以"圣象"作为企业字号使用。引证商标早在1995年10月23日申请注册,一直在使用。圣象集团在中国有30多家子公司,"圣象"品牌经过10余年发展壮大,最终于2002年成立集团公司。圣象集团中的知识产权集中到集团母公司,由圣象集团统一管理和维护。圣象集团对"圣象"二字所享有的商号权应当从北京圣象爱家公司成立时算起。(3)争议商标是对圣象集团驰名商标的摹仿、复制,违反了《商标法》第13条第2款的规定。商标局于2005年认定引证商标为第19类地板上的驰名商标,是基于圣象集团在2004年之前几年对引证商标的使用、宣传、获奖等证明知名度的证据进行的认定,其中包括国家统计局中国行业企业信息发布中心证据。广太公司作为建材行业的经营者,其理应知晓引证商标的知名度,其争议商标与引证商标如此近似,根本目的就是"傍名牌"、"搭便车",让消费者对其产品来源产生混淆、误认,获得不正当利益。(4)争议商标指定使用的商品为"水泥、石膏、石膏板"等建筑材料,而引证商标广泛使用的商品为"地板",二者都属于建筑用装饰装修材料,一般都在专门的建筑市场进行销售,具有相同的消费群体,这些商品具有相同或类似的性质、功能、消费对象和销售渠道,属于类似商品。在两商标的标识十分近似的情况下,一般消费者在购买、使用这些商品时必然会对生产主体发生混淆和误认,争议商标的注册属于违反《商标法》第28条规定的在相同或类似商品上注册与他人已经注册的商标近似的商标,不应给予注册。(5)圣象集团以及"圣象"品牌在中国已被大众广为知晓,"圣象"二字作为显著性很强的主观臆造词,具有很高的知名度。广大消费者已将"圣象"和圣象集团紧密联系在一起,形成了相互对应的指向关系。争议商标使用在水泥、石膏板等商品上,必然会引起消费者的误认。商标评审委员会第23269号裁定认定事实不清,适用法律错误,请求予以撤销。

商标评审委员会辩称:(1)圣象集团提供的证据不足以证明在争议商标申请注册之前,圣象集团的企业字号已经过使用且有一定的知名度,易使消费者误认为使用争议商标的商品来源于圣象集团或关联企业,争议商标未违反《商标法》第31条的规定。(2)圣象集团在行政程序中提交的证据不足以认定"圣象"商标达到驰名程度,争议商标注册并不构成侵犯驰名商标的情形。(3)圣象集团在行政程序中未明确提出《商标法》第28条有关商品类似和商标近似的问题。请求法院维持商标评审委员会第23269号裁定。

广太公司陈述意见称:(1)广太公司是全国知名的石膏矿业公司,“圣象”是自创品牌。争议商标与引证商标不构成使用在类似商品上的近似商标,没有违反《商标法》第28条之规定。(2)争议商标的申请时间早于圣象集团注册时间,圣象集团关联公司的成立时间与本案无关。圣象集团关联公司商号是“圣象爱家”,而非“圣象”,两者在呼叫、含义、整体外观上存在巨大差异。圣象集团仅在地板行业中有较高知名度,广太公司在石膏、石膏板行业全国知名,两者相关公众不同,广太公司未违反《商标法》第31条之规定。(3)争议商标没有违反《商标法》第13条的规定。圣象集团自称在争议商标申请前已经驰名,但没有提供相关证据。在不同商品上注册相同的商标是法律所允许的。(4)争议商标已经具有一定的知名度和影响力,为相关公众所熟知。争议商标与引证商标指定使用商品不类似,两者同时使用不会造成相关公众的混淆误认。圣象集团认为争议商标注册侵犯其商号权及驰名商标的相关权利没有事实和法律依据。

一审审理查明

北京市第一中级人民法院一审查明:争议商标(见下图)由中文“圣象”及一个站立大象的写实图形构成,其申请日为2001年10月8日,2003年3月21获得注册,申请人为广太公司,申请号为1989239号,经核准注册使用在第1902～第1904、1913类的石膏、石膏板等商品上,其专用期限至2013年3月20日。

争议商标

引证商标是注册号为1002957的“圣象及图”商标(见下图),由北京兰图科技开发公司(以下简称兰图公司)于1995年10月23日申请,1997年5月14日获得核准注册,核定使用在第1901类、第1907类、第1909类的地板等商品上。1996年10月31日,兰图公司许可北京圣象爱家公司使用该商标。1999年8月19日,该商标由兰图公司转让给爱家强化木地板(深圳)有限公司(以下简称爱家深圳公司)。2001年1月20日,该商标由爱家深圳公司转让给北京圣象爱家装饰材料有限公司(以下简称北京圣象爱家公司)。2001年3月,爱家深圳公司许可北京圣象百隆装饰材料有限公司(以下简称北京圣象百隆公司)使用该商标。2002年10月11日,该商标由北京圣象爱家公司转让给圣象实业(深圳)有限公司(以下简称圣象实业深圳公司)。2004年12月21日,该商标由圣象实业深圳公司转让给圣象集团。

2006年2月21日,圣象集团向商标评审委员会提出撤销注册申请,其认为:(1)争议商标系对引证商标的恶意摹仿,其使用足以导致消费者的混淆误认,产生不良社会影响,依据《商标法》第10条第1款第8项、第13条、第41条第1款及第2款的规定,请求撤销争议商标。(2)两商标在

引证商标

组成结构和整体视觉效果上完全雷同,足以导致消费者对产品提供者产生误认。争议商标指定使用的商品"石膏、水泥等"与引证商标核定使用的"地板等"商品关联性很强,结合圣象集团在地板行业有极高的知名度和影响力,以及上述商品在功能用途上都属于建筑用材料,一般都在建材市场销售,这些商品具有相同或类似的消费市场和消费群体,消费者在购买和使用这些商品时极易对上述商品的生产者发生混淆误认。(3)争议商标是对圣象集团驰名商标的摹仿和抄袭,依据《商标法》第13条,争议商标理应撤销。圣象品牌在中国被广为知晓,与圣象集团具有紧密关联。广太公司违反诚实信用原则,恶意仿名牌,其注册争议商标,足以造成广大消费者对商品来源的混淆误认,淡化圣象集团的驰名商标。(4)"圣象"既是圣象集团的驰名商标,也是圣象集团的企业字号,是圣象集团长期使用并致力打造的标志。争议商标与圣象集团的著名字号近似,极易使他人对市场主体及其商品来源产生混淆,是典型的不正当竞争行为,不符合国家工商行政管理总局《关于解决商标和企业名称中的若干问题的意见》中的规定,该商标理应被撤销。

圣象集团为支持其请求,向商标评审委员会提交了以下证据:(1)商标局2005年12月31日作出的关于认定引证商标为驰名商标的批复;(2)圣象品牌荣誉证书和资质证书;(3)圣象集团产品检验报告;(4)圣象集团的宣传资料。

2006年6月25日,广太公司向商标评审委员会提交答辩意见称:其成立于1992年,经营范围包括石膏、石膏粉、石膏板及其制品和水泥的生产和销售等。争议商标是其自创的一个具有美好涵义和强烈显著性的商标,与引证商标区别明显,使用的商品不同,不存在关联性。争议商标被核准注册后,广太公司合理使用自己的商标,不会对引证商标的正常使用造成干扰和侵害。广太公司也没有侵害圣象集团的企业名称权,也不存在不正当竞争。请求驳回圣象集团的争议申请。

北京一中院另查明:(一)圣象集团为集团公司,成立时间是2002年9月19日。其关联公司包括以下情况:1992年11月1日,圣象品牌的创始人彭鸿斌成立了兰图公司,经营地板业务。1996年10月31日,彭鸿斌和刘共庭等成立了北京圣象爱家公司,经营地板的生产和销售,刘共庭任法定代表人。1997年,翁少斌、刘共庭、彭鸿斌作为股东,共同成立了爱家深圳公司。翁少斌、刘共庭、彭鸿斌三人于1999年在香港成立亚洲创建控股有限公司,该公司于1999年在新加坡上市。2000年,亚洲创建控股有限公司在深圳成立了圣象实业深圳公司,法定代表人为刘共庭。2001年3月19日,圣象集团现任总裁翁少斌作为法定代表人成立了北京圣象百隆公司。2002年,大亚科技股份有限公司、圣象实业深圳公司作为股东成立了圣象集团。(二)引证商标的使用情况。1. 宣传内容:2000年、

2001年,北京圣象爱家公司连续两届与中国足协共同主办的"圣象杯"中国足球"龙之队"评选活动中,突出使用了"圣象"企业标识。2001年8月2日,北京圣象百隆公司与北京龙之声影视广告艺术公司签订广告代理业务专用订单,委托项目是"世界杯十强赛12场",宣传媒体是中央电视台一套、二套。广告内容包括:引证商标的图形、"圣象地板"及广告语"德国制造圣象出品,让生命与生命更近些"等内容。2000年11月7日,北京圣象爱家公司与广东百合媒介广告有限公司(以下简称百合公司)签订"CCTV投标代理协议",由百合公司购买中央电视台A特段广告时段。同年11月23日,北京圣象爱家公司与百合公司签订广告代理合同,由百合公司制作,在中央电视台一套(A特段广告)发布15秒广告,宣传圣象集团系列产品。2. 相关荣誉。(1)从1999年至2003年,国家统计局中国行业企业信息发布中心分别在"统计信息认证证明"中,认定"圣象木地板"连续在全国市场同类产品销量第一名。(2)2002年3月20日,圣象实业深圳公司的"强化木地板"获得由建设部住宅产业化促进中心颁发的"国家康居示范工程选用部品与产品证书"。同时,国家质量监督检验检疫总局向圣象集团颁发了"产品质量国家免检"证书,对圣象系列(圣象、爱家、波瑞、康树、康林)产品在2002~2005年免检。(3)2005年12月11日,商标局根据广东省工商行政管理局上报的《粤工商标字[2004]593号圣象及图商标为驰名商标的报告》,作出认定引证商标为驰名商标的批复。(4)2002年之后,圣象集团陆续获得了中国名牌产品证书、最具价值的品牌证书、中国环保产品认证证书、中国环境标志产品认证证书等荣誉。

一审判理和结果

一审法院认为,本案争议焦点内容是争议商标的注册是否违反了《商标法》第13条、第31条的规定。首先,关于争议商标的注册是否违反《商标法》第13条的问题。本案引证商标"圣象及图"于1995年10月23日申请注册,1997年5月14日获得注册,核定使用在地板等商品上。该商标通过兰图公司、爱家深圳公司、北京圣象爱家公司以及圣象集团的长时间使用,使得该商标在市场上广为知晓。第一,"圣象"地板销售区域广泛。根据国家统计局中国行业企业信息发布中心颁发的"统计信息认证证明",可以确认从1998年开始圣象集团的"圣象"的地板销售连续多年获得全国同类产品销量第一,证明该商品在中国境内的建材市场中具有较好的市场份额。第二,圣象集团及其关联公司对引证商标进行了广泛宣传。其在2000年、2001年赞助中国足球,以及在中央电视台黄金时段进行广告宣传,应当视为其在全国范围进行了大范围的宣传活动。第三,圣象集团的"圣象"牌地板在地板建材市场上获得了良好的市场声誉。圣象集团及其关联公司通过对"圣象"品牌的使用,其生产的"强化木地板"经过建设部住宅产业化促进中心颁发的"国家康居示范工程选用部品与产品"的荣誉证书。虽然该证书颁发于2002年3月,但是取得这样的荣誉并非一朝一夕,应当是通过多年的使用和宣传取得的。之后,"圣象"品牌陆续取得的中国环境产品认证证书、环境体系认证证书、产品免检证书等荣誉证书佐证了"圣象"品牌从1998年后具有长期良好的市场声誉。虽然"圣象及图"商标由兰图公司申请注册,后来经过几次转让,但其关联公司一直在地板商品上使用该商标。虽然该商标一直到2002年12月才转到圣象实业公司名下,但上述使用“圣象及图”商标的公司为圣象集团的关联公司,这些公司在使用“圣象及图”商标的事实行为对圣象集团有影响。因此,圣象集团及其关联公司通过上述一系列宣传和使用行为,使其“圣象”地板在本案争议商标申请日(2001年)之前已经被中国足够广泛的相关公众所知晓,应当受到《商标法》第13条的保护。广东省工商局根据“圣象”品牌的知名度,于2004年向商标局上报认定为驰名商标。商标局经审查,于2005年认定本案引证商标“圣象及图”在地板等商品上为驰名商标。在此基础上,将争议商标与引证商标进行对比,引证商标由中文“圣象”和站立大象剪影图形构成,其中“圣象”二字为臆造词,为其商标的显著认读部分,具有显著性。争议商标也是由中文“圣象”和站立大象的写实图形构成。两者的文字均设计在商标图形的下方,而且文字字体相似、文字大小和排列顺序相同,两者的区别仅是大象的站立姿势略有差异。根据整体观察和比对主要部分的方法,两商标在视觉上基本无差别,争议商标系对引证商标的摹仿。虽然争议商标与引证商标核定使用的商品不类似,争议商标核定使用的石膏等商品属于建筑材料,但广太公司作为建筑材料生产经营者应当知晓同处建材行业的“圣象”地板已经具有相当高的知名度,其在石膏商品上注册与引证商标近似的争议商标,容易引起相关公众对商品的提供者产生混淆和误认,依法不应予以注册。商标评审委员会认定“圣象公司的证据不足以证明引证商标在争议商标申请注册之前已经达到驰名程度,不构成《商标法》第13条规定情形”的结论事实不清,不予支持。其次,关于争议商标的注册是否违反《商标法》第31条的问题。本案中,圣象集团的关联企业北京圣象爱家公司在1996年成立使用的企业字号是“圣象爱家”;圣象实业深圳公司2000年成立使用的企业字号是“圣象”;圣象百隆公司在2001年3月19日成立使用的企业字号是“圣象百隆”。虽然圣象集团的上述关联企业字号中均有“圣象”,但是圣象集团没有提交其关联企业将“圣象”作为企业字号使用,并在争议商标申请注册之前已经产生了一定影响的证据。因此,商标评审委员会认定争议商标未违反《商标法》第31条规定的结论正确,应予支持。最后,关于圣象集团提出的争议商标的注册违反《商标法》第28条的问题。由于争议商标和引证商标分别核定使用的商品在生产、销售渠道、消费群体等方面有差异,不属于相同或类似商品,争议商标的注册未违反《商标法》第28条的规定,但本案圣象集团在复审申请书中提出了争议商标与引证商标构成使用在类似商品上的近似商标的主张,商标评审委员会在第23269号裁定中未对该项内容进行评审,不符合《商标评审规则》第29条的规定,应予以指出。综上,商标评审委员会第23269号裁定的主要证据不足,依照《中华人民共和国行政诉讼法》第54条第2项第1目之规定,判决:撤销商标评审委员会第23269号关于第1989239号“圣象及图”商标争议裁定。

上诉与答辩

商标评审委员会与广太公司均不服一审判决,分别向北京市高级人民法院(简称二审法院)提起上诉,请求撤销一审判决并维持商标评审委员会第23269号裁定。

二审审理查明

二审法院另查明,圣象集团向商标评审委员会提交的“注册商标争议裁定申请书”的评审请求为:根据《商标法》第41条第1款、第2款和《商标法实施条例》第28条的规定,请求撤销争议商标。在该申请书的事实与理由部分,圣象集团主张,应依据《商标法》第10条第1款8项、第13条、第41条第1款、第2款等规定撤销争议商标。其中,在论述应当依据《商标法》第10条撤销争议商标时,提及争议商标和引证商标指定使用的商品构成类似及两商标构成近似商标。

二审判理和结果

北京市高级人民法院经审理认为:二审诉讼中的争议焦点是争议商标的注册是否违反《商标法》第13条第2款的规定。该条款规定,就不相同或者不相类似商品申请注册的商标是复制、摹仿或者翻译他人已经在中国注册的驰名商标,误导公众,致使该驰名商标注册人的利益可能受到损害的,不予注册并禁止使用。从圣象集团向商标评审委员会及一审法院提交的关于引证商标构成驰名商标的证据看,首先,中国行业企业信息发布中心的“统计信息认证证明”上没有“国家统计局”和“国家统计局中国行业企业信息发布中心”的印鉴,发证单位与该证明上的印鉴不符,亦无相关销售合同、销售发票等必要证据相佐证。并且,上述证据材料中,除编号为20045.00061、99093的“统计信息认证证明”及中国行业企业信息发布中心给北京圣象雷通公司、北京圣象爱家公司的证书等部分证据外,其余证据包括相关媒体的宣传材料上载明的日期均晚于争议商标的申请日。因此,上述证据不足以证明使用引证商标的产品在争议商标申请日之前销售广泛、占有较多市场份额。其次,圣象集团于2000年、2001年赞助中国足球以及在中央电视台广告宣传的证据没有交款凭证及相应的视频资料,不能证明该广告已实际播出;国家康居示范工程选用部品与产品以及环境认证证书、环境体系证书及免检产品证书等证据的发生时间均晚于争议商标申请日;引证商标被认定为驰名的时间是2005年12月31日,而争议商标的申请日为2001年10月8日。故上述证据不足以证明引证商标在争议商标申请日之前构成驰名商标。一审判决关于商标评审委员会认定圣象集团的证据“不足以证明引证商标在争议商标申请注册之前已经达到驰名程度,不构成《商标法》第13条规定情形的结论事实不清”的认定错误,予以纠正。从圣象集团向商标评审委员会提交的“注册商标争议裁定申请书”的请求及理由看,其在行政程序中并未提出争议商标的注册违反《商标法》第28条的规定,一审判决认定商标评审委员会漏审是错误的,予以纠正。一审判决认定的圣象集团关联公司的基本情况,因无相应的工商登记注册材料予以证实,故对该部分事实不予认定。综上所述,依照《中华人民共和国行政诉讼法》第61条第3项,《最高人民法院关于执行〈中华人民共和国行政诉讼法〉若干问题的解释》第70条之规定,判决:撤销一审判决;维持商标评审委员会第23269号裁定。

二审判决后,圣象公司不服该判决,向最高人民法院申请再审。

再审审理查明

最高人民法院经审查,确认一审查明事实,另查明:根据圣象集团在商标评审程序中提交的国家统计局中国行业企业信息发布中心“统计信息认证证明”，圣象集团“圣象牌”地板自1998年至2001年连续四年荣获全国市场同类产品销量第一名。2000年，圣象集团前身北京圣象爱家公司出资1429万余元，于2001年3、4、7、8、11、12月在中央电视台一套播出圣象系列广告；2001年8月，北京圣象百隆公司出资118万元在中央电视台第一套、第二套世界杯十强赛通过“赛前到三位置”播出12场精品套装广告；2000年12月至2001年4月，圣象集团前身圣象制造集团与中国足协联合举办“圣象杯2000中国足球龙之队评选活动”。国家统计局中国行业企业信息发布中心于2011年3月发布的“统计信息认证证明”：圣象牌强化木地板1996～2010年度连续15年荣列全国市场同类产品销量第一名。2000年、2001年中国70多家主要报纸对圣象集团“圣象”品牌地板产品的报道，其中包括圣象地板的知名度、维权情况、品牌的创始以及演变发展过程、产品质量、销售量、展会宣传等内容。1996年至2002年，中国多家期刊对“圣象”品牌地板产品的报道，其中包括品牌策划宣传以及叶茂中为圣象策划的“让生命与生命更近些”的广告语等内容。

再审判理和结果

最高人民法院认为，根据当事人的再审请求和答辩意见，本案争议焦点为争议商标的注册是否违反了《商标法》第13条第2款。《商标法》第14条规定“认定驰名商标应当考虑下列因素：(一)相关公众对该商标的知晓程度；(二)该商标使用的持续时间；(三)该商标的任何宣传工作的持续时间、程度和地理范围；(四)该商标作为驰名商标受保护的记录；(五)该商标驰名的其他因素。”在本案中，圣象集团的“圣象及图”商标自1997年核准注册以来至争议商标申请日时，圣象集团、兰图公司、爱家深圳公司、北京圣象爱家公司等相关关联公司对其已经进行了5年持续使用，国家统计局中国行业企业信息发布中心“统计信息认证证明”载明：“圣象牌”地板自1998年至2001年连续四年荣获全国市场同类产品销量第一名。圣象集团为证明其引证商标构成驰名商标，不仅在商标评审阶段提供了相关证据，在一审、二审以及再审期间又提交了大量补强证据。根据以上证据，考虑到相关公众对圣象集团“圣象及图”商标的知晓程度、圣象集团、圣象集团相关关联公司对该商标的持续使用情况及宣传情况、相关媒体对圣象集团及“圣象及图”的宣传报道情况，本院认定圣象集团“圣象及图”商标已经达到驰名的程度。北京市高级人民法院关于“不足以证明引证商标在争议商标申请日之前构成驰名商标”的认定，认定事实和适用法律均有错误，本院予以纠正。

《商标法》第13条第2款规定：“就不相同或者不相类似商品申请注册的商标是复制、摹仿或者翻译他人已经在中国注册的驰名商标，误导公众，致使该驰名商标注册人的利益可能受到损害的，不予注册并禁止使用。”本案中，争议商标和圣象集团“圣象及图”引证商标均由“圣象”文字及站立大象图形构成，其文字均位于商标图形下方，整体视觉基本无差异。由于石膏等商品和引证商标核定使用的商品木地板均为建筑材料，广太公司作为建筑材料的生产企业，应知该引证商标的知名度，仍然将与该引证商标极为近似的标识申请为商标，系对圣象集团“圣象及图”商标的摹仿，违反了《商标法》第13条第2款之规定,应予撤销,一审法院对此认定事实清楚,适用法律正确,本院予以维持。

综上,争议商标系对圣象集团"圣象及图"驰名商标的摹仿,违反了《商标法》第13条第2款的规定,一审法院判决撤销商标评审委员会商评字[2009]第23269号商标争议裁定认定事实清楚,适用法律正确,二审法院认定争议商标不应予以撤销没有事实和法律依据,本院予以纠正。判决:(1)撤销北京市高级人民法院(2010)高行终字第478号行政判决;(2)维持北京市第一中级人民法院(2009)一中知行初字第2473号行政判决;(3)国家工商行政管理总局商标评审委员会就圣象集团撤销第1989239号"圣象及图"争议申请重新作出争议裁定。

武夷山市桐木茶叶有限公司诉国家工商行政管理总局商标评审委员会、福建武夷山国家级自然保护区正山茶叶有限公司商标异议复审行政纠纷案

——阅读提示:商品的通用名称应当如何认定?不同类型的商标在注册过程中是否应当加以区分?

【裁判要旨】

诉争商标申请注册时不属于通用名称但在核准注册时已经成为通用名称的,仍应认定其属于本商品的通用名称。

商品商标与集体商标在性质、功能等方面均存在明显区别,如果诉争商标将确定地成为集体商标性质的商标而由某一团体、协会的成员使用,则其将因丧失区分商品或者服务来源的识别作用,而不能作为商品商标加以注册。

【案号】

一审:北京市第一中级人民法院(2013)一中知行初字第894号

二审:北京市高级人民法院(2013)高行终字第1767号

【案情与裁判】

原告(上诉人):武夷山市桐木茶叶有限公司(简称桐木茶叶公司)

被告(被上诉人):国家工商行政管理总局商标评审委员会(简称商标评审委员会)

第三人(原审第三人):福建武夷山国家级自然保护区正山茶叶有限公司(简称正山茶叶公司)

起诉与答辩

桐木茶叶公司诉称:商标评审委员会作出的商评字〔2012〕第53057号《关于第5936208号"金骏眉"商标异议复审裁定书》(简称第53057号裁定)违反法定程序,认定事实不清,证据部分不足,请求依法撤销该裁定,判令商标评审委员会重新作出裁定。

商标评审委员会辩称,第53057号裁

定依据充分,认定事实清楚,适用法律正确,符合法定程序,请法院予以维持。

正山茶叶公司述称:第 5936208 号“金骏眉”商标(以下简称被异议商标)由正山茶叶公司创造并首先使用在第 30 类茶等商品上,具有独特的显著性,未表示商品的主要原料,也不是任何商品的通用名称。而且,被异议商标的核准注册不会有损社会主义道德风尚或带来其他社会不良影响,未违反《商标法》第 10 条第 1 款第 8 项、第 11 条第 1 款第 1、2 项的规定。桐木茶叶公司恶意阻碍被异议商标获得注册的行为应被禁止,被异议商标应依法获得核准注册。因此,请求法院维持第 53057 号裁定。

一审审理查明

被异议商标由正山茶叶公司于 2007 年 3 月 9 日申请,指定使用商品为第 30 类 3002 类似群组的茶、冰茶、茶饮料、茶叶代用品。在公告期内桐木茶叶公司向商标局提出异议申请,商标局经审查作出裁定,对被异议商标予以核准注册。桐木茶叶公司不服商标局裁定,向商标评审委员会提起复审申请。

2013 年 1 月 4 日,商标评审委员会作出第 53057 号裁定。该裁定认为:在案证据尚不足以证明“金骏眉”已成为本商品的通用名称或仅仅直接表示商品主要原料的标志,故被异议商标的注册或使用未违反《商标法》第 11 条第 1 款第 1、2 项的规定,被异议商标不属于《商标法》第 10 条第 1 款第 8 项规定的情形。综上,依据《商标法》第 33 条、第 34 条的规定,裁定:被异议商标予以核准注册。

原审庭审中,桐木茶叶公司认可其未提交证据证明在被异议商标申请日前“金骏眉”、“银骏眉”为茶商品上的通用名称。

一审判理和结果

北京市第一中级人民法院认为:“金骏眉”不是茶叶的法定通用名称。桐木茶叶公司主张“金骏眉”属于约定俗成的茶叶名称的内容缺乏事实依据。至于其他茶企在产品外包装上使用“金骏眉”名称的情况,不能证明其他茶企使用他人的劳动成果后,“金骏眉”必然就成为茶叶的通用名称。因此,被异议商标“金骏眉”不违反《商标法》第 11 条第 1 款第 2 项的规定。“金骏眉”文字本身并没有任何消极的含义,不违反《商标法》第 10 条第 1 款第 8 项的规定。商标评审委员会在行政程序方面的错误没有侵害桐木茶叶公司的合法利益,也不必然导致第 53057 裁定的结论违法。

综上,依照《最高人民法院关于执行〈中华人民共和国行政诉讼法〉若干问题的解释》第 56 条第 4 项之规定,判决:驳回桐木茶叶公司的诉讼请求。

上诉与答辩

桐木茶叶公司不服原审判决,向本院提起上诉,请求撤销原审判决及第 53057 号裁定,判令商标评审委员会重新作出裁定。其主要理由为:(1)“金骏眉”产品名称并非由正山茶叶公司首创。(2)大量证据证明“金骏眉”最初以产品名称方式诞生并演变为产品通用名称。(3)原审判决未依照《中华人民共和国行政诉讼法》第 54 条第 2 款第 3 项判决撤销第 53057 号裁定,严重违反法定程序。

商标评审委员会、正山茶叶公司服从原审判决。

二审审理查明

本院补充查明以下事实:桐木茶叶公司和正山茶叶公司提交的证据显示,“金骏眉”系作为茶叶产品名称加以使用。武夷山市人民政府印发《武夷山市人民政府关于“金骏眉”商标注册工作专题纪要》、正山茶叶公司与武夷山市茶业同业公会2012年6月26日签订的《“金骏眉”商标使用许可合同》等证据，证明正山茶叶公司明确表示被异议商标若获准注册，将授权武夷山市茶业同业公会永久、无偿、独占管理被异议商标。

二审判理和结果

北京市高级人民法院二审认为，根据在案证据不能认定在被异议商标申请注册时，“金骏眉”属于茶等商品的通用名称。但是，被异议商标是否构成其指定使用商品的通用名称、其申请注册是否违反了《商标法》第11条第1款第1项的规定，亦应当考虑商标评审委员会作出第53057号裁定时的实际情况。综合正山茶叶公司和桐木茶叶公司提供的相关证据，足以证明在第53057号裁定作出时，“金骏眉”已作为一种红茶的商品名称为相关公众所识别和对待，成为特定种类的红茶商品约定俗成的通用名称。因此，基于第53057号裁定作出时的实际情况，应当认定被异议商标的申请注册，违反了《商标法》第11条第1款第1项的规定。

在《商标法》的框架下，商品商标与集体商标从性质、功能等方面均是完全不同的，不应混为一谈。如果某一商标标志将确定地成为集体商标性质的商标而由某一团体、协会的成员使用，则其将因丧失区分商品或者服务来源的识别作用，而不应作为商品商标加以注册。本案中，根据《“金骏眉”商标使用许可合同》的约定，即使被异议商标获准注册，正山茶叶公司亦仅为名义上的商标注册人，武夷山市茶业同业公会将实际行使该商品商标的相关权利。合同约定的上述内容，虽然是正山茶叶公司与武夷山市茶业同业公会之间签订的合同，但其导致的结果必然是使被异议商标丧失了商品商标的一般性质而成为具有集体商标性质的商标。《商标法》明确规定了注册商标的不同种类，商标注册应当按照《商标法》明确设定的商标种类和相应程序进行，不能将不同种类的注册商标混淆在一起而加以注册。因此，基于上述事实，本案被异议商标亦不应当予以核准注册。

综上，依照《中华人民共和国行政诉讼法》第61条第3项、《最高人民法院关于执行〈中华人民共和国行政诉讼法〉若干问题的解释》第70条之规定，判决：(1)撤销一审判决；(2)撤销第53057号裁定；(3)商标评审委员会重新作出裁定。

被告人宗连贵、黄立安等人犯假冒注册商标、销售假冒注册商标的商品、销售非法制造的注册商标标识罪一案

——阅读提示：人民法院对公诉机关提供的会计报告应如何查证认定；犯罪嫌疑人提供其销售非法制造的注册商标标识来源，主动供述其上线犯罪嫌疑人的，能否认定立功。

【裁判要旨】

公诉机关提供的证据，经人民法院查证，除符合形式要件外，还应当满足能够证明案件真实情况的要件，对于不符合上述要件的证据不能当然采纳。被告人供述其销售非法制造的注册商标标识系他人销售的，属如实供述自己的罪行，不构成立功。

【案号】

一审：郑州市中级人民法院（2012）郑知刑初字第14号（2013年4月9日）

二审：河南省高级人民法院（2013）豫法知刑终字第2号刑事裁定书（2013年8月15日）

【案情与裁判】

公诉机关河南省郑州市人民检察院。

被告人（上诉人）宗连贵，男，1975年2月17日出生，汉族，郑州鼎鼎油脂有限公司法定代表人。因涉嫌犯假冒注册商标罪于2011年10月21日被逮捕。

被告人（上诉人）黄立安，男，1974年2月14日出生，汉族，郑州鼎鼎油脂有限公司合伙人。因涉嫌犯假冒注册商标罪，于2011年3月16日被河南省三门峡市公安局第三分局刑事拘留，同年4月23日被三门峡市公安局第三分局逮捕，同年6月20日被三门峡市公安局第三分局取保候审；因涉嫌犯假冒注册商标罪于2011年9月16日被郑州市公安局郑东第一分局刑事拘留，同年10月21日被逮捕。

被告人（上诉人）陈金孝，男，1958年2月6日出生，汉族，郑州鼎鼎油脂有限公司销售经理。因涉嫌犯假冒注册商标罪于2012年11月2日被逮捕。

被告人（上诉人）马东运，男，1958年7月4日出生，汉族，郑州鼎鼎油脂有限公司销售经理。因犯销售伪劣产品罪于2008年11月19日被郑州市金水区人民法院判处拘役四个月，并处罚金人民币五万元，2008年12月22日刑满释放；因涉嫌犯销售假冒注册商标的商品罪于2012年2月13日被逮捕。

被告人（上诉人）黄健康，男，1985年11月11日出生，汉族，务工。因涉嫌犯假冒注册商标罪于2012年3月15日被逮捕。

被告人（上诉人）张海龙，男，1991年6月10日出生，汉族，务工。因涉嫌犯假冒注册商标罪于2012年11月2日被逮捕。

被告人（上诉人）司玉文，男，1970年3月6日出生，汉族，务工。因涉嫌犯假冒注

册商标罪于2012年11月2日被逮捕。

被告人(上诉人)黄淑楠,女,1989年12月16日出生,汉族,务工。因涉嫌犯假冒注册商标罪于2011年10月21日被逮捕。

被告人(上诉人)徐金金,女,1987年6月25日出生,汉族,务工。因涉嫌假冒注册商标于2013年4月8日被逮捕。

被告人(上诉人)李保松,男,1973年3月14日出生,汉族,务工。因涉嫌犯假冒注册商标罪于2012年11月2日被逮捕。

被告人(上诉人)王户生,男,1990年10月19日出生,汉族,务工。因涉嫌犯假冒注册商标罪于2012年11月2日被逮捕。

被告人(原审被告人)宗艳荣,女,1968年9月4日出生,汉族,务工。因涉嫌犯假冒注册商标罪于2011年9月6日被刑事拘留,同年9月26日被取保候审。

被告人(原审被告人)李春记,男,1967年4月4日出生,汉族,个体户。因涉嫌犯假冒注册商标罪于2012年5月18日被逮捕。

被告人(原审被告人)翟桂叶,女,1967年11月16日出生,汉族,个体户。因涉嫌犯假冒注册商标罪于2011年10月25日被刑事拘留,同年11月2日被取保候审,2012年11月2日被逮捕。

被告人(原审被告人)王星星,男,1988年4月29日出生,汉族,务工。因涉嫌犯假冒注册商标罪于2011年10月25日被刑事拘留,同年11月2日被取保候审,2012年11月2日被逮捕。

被告人(原审被告人)翟振磊,男,1994年9月10日出生,汉族,务工。因涉嫌犯假冒注册商标罪于2011年10月25日被刑事拘留,同年11月2日被取保候审。

被告人(上诉人)安双梅,女,1969年2月12日出生,汉族,个体户。因涉嫌犯销售非法制造的注册商标标识罪于2011年9月24日被刑事拘留,同年9月27日被取保候审,2012年11月2日被逮捕。

被告人(上诉人)刘志勇,男,1976年9月8日出生,汉族,个体户。因涉嫌犯销售假冒注册商标的商品罪于2011年10月28日被刑事拘留,同年11月15日被逮捕。

被告人(上诉人)张志强,男,1974年10月13日出生,回族,个体户。因涉嫌犯销售假冒注册商标的商品罪于2011年11月15日被逮捕。

被告人(上诉人)刘汉领,男,1963年10月2日出生,汉族,个体运输户。因涉嫌犯销售假冒注册商标的商品罪于2011年12月9日被逮捕。

被告人(上诉人)刘开亮,男,1972年3月14日出生,汉族,务农。因涉嫌犯销售假冒注册商标的商品罪于2011年11月16日被刑事拘留,同年12月9日被逮捕,2012年1月13日被郑州市取保候审,2012年11月2日被逮捕。

被告人(上诉人)李玉宝,男,1962年3月1日出生,汉族,个体运输户。因涉嫌犯销售假冒注册商标的商品罪于2012年3月15日被逮捕。

被告人(原审被告人)凌东峰,男,1982年10月11日出生,汉族,个体户。因涉嫌犯销售假冒注册商标的商品罪于2011年12月9日被逮捕。

被告人(原审被告人)白平,男,1959年8月20日出生,汉族,个体户。因涉嫌犯销售假冒注册商标的商品罪于2012年1月12日被刑事拘留,同年1月19日被取保候审,2012年11月2日被逮捕。

被告人(上诉人)李建敏,男,1980 年 6 月 1 日出生,汉族,个体户。因涉嫌犯假冒注册商标罪于 2011 年 12 月 4 日被刑事拘留,2012 年 1 月 11 日被监视居住,2012 年 7 月 10 日被取保候审,2012 年 11 月 2 日被逮捕。

被告人(上诉人)袁凯华,男,1984 年 10 月 8 日出生,汉族,务农。因涉嫌犯假冒注册商标罪于 2011 年 12 月 4 日被刑事拘留,同年 12 月 29 日被取保候审,2013 年 4 月 8 日被逮捕。

被告人(原审被告人)魏永春,男,1988 年 10 月 19 日出生,汉族,务工。因涉嫌犯销售假冒注册商标的商品罪于 2011 年 10 月 21 日被逮捕。

被告人(上诉人)刘国宾,男,1988 年 2 月 5 日出生,汉族,务工。因涉嫌犯销售假冒注册商标的商品罪于 2012 年 5 月 25 日被逮捕。

郑州市人民检察院于 2012 年 11 月 2 日向郑州市中级人民法院提起公诉,指控:被告人宗连贵、黄立安、陈金孝、马东运、黄淑楠、徐金金、黄健康、张海龙、司玉文、宗艳荣、李保松、王户生伙同他人,未经注册商标所有人许可,在同一种商品上使用与注册商标相同的商标,情节特别严重,其行为已构成假冒注册商标罪;被告人宗连贵、黄立安、陈金孝、司玉文、黄健康、黄淑楠、徐金金销售非法制造的注册商标标识,情节特别严重,其行为构成销售非法制造的注册商标标识罪。被告人李春记、翟桂叶、王星星、翟振磊未经注册商标所有人许可,在同一种商品上使用与其注册商标相同的商标,情节特别严重;明知是假冒注册商标的商品仍予以销售,销售金额较大,其行为分别构成假冒注册商标罪、销售假冒注册商标的商品罪。被告人刘志勇、张志强、刘开亮、刘汉领、李玉宝、凌东峰、魏永春、刘国宾、白平明知是假冒注册商标的商品仍予以销售,其中刘志勇、张志强、刘开亮、刘汉领、李玉宝销售金额巨大,凌东峰、魏永春、刘国宾、白平销售金额较大,其行为已构成销售假冒注册商标的商品罪。被告人李建敏、袁凯华未经注册商标所有人许可,在同一种商品上使用与其注册商标相同的商标,情节严重,其行为已构成假冒注册商标罪。被告人安双梅销售非法制造的注册商标标识,情节严重,其行为已构成销售非法制造的注册商标标识罪。上述犯罪事实,提请依法予以惩处。

被告人黄立安、陈金孝、马东运、黄健康、张海龙、司玉文、黄淑楠、徐金金、李保松、王户生、宗艳荣对起诉书指控的犯罪事实无异议。宗连贵的辩护人称,郑州鼎鼎油脂有限公司系单位犯罪,宗连贵应认定为直接负责的主管人员。李春记辩称公安机关查扣账本上记录的不是其购进的货物。安双梅的辩护人辩护称,安双梅有重大立功表现,悔罪态度好。刘开亮、刘汉领、凌东峰对指控其销售假冒注册商标的商品的非法经营数额有异议。

法院审理查明

一、假冒注册商标

1. 2007 年 11 月,被告人宗连贵、黄立安共同出资在郑州高新技术产业开发区欢河村注册成立郑州鼎鼎油脂有限公司,由宗连贵担任法定代表人。自 2008 年 8 月至 2011 年 9 月 4 日期间,被告人宗连贵、黄立安为获取非法经济利益,在未经“金龙鱼”、“鲁花”注册商标所有人许可的情况下,分别从他处购进原油以及非法制造的“金龙鱼”、“鲁花”注册商标标识,雇佣多名工人在其公司内生产假冒“金龙鱼”、“鲁花”注册商标的食用油并销售。在明知宗连贵、黄立安组织生产的食用油系假冒“金龙鱼”、“鲁花”注册商标的商品的情况下，被告人陈金孝、马东运、黄健康、张海龙、司玉文、宗艳荣、李保松、王户生、黄淑楠、徐金金等人仍接受雇佣生产、销售假冒“金龙鱼”、“鲁花”注册商标的食用油。其中，被告人陈金孝、马东运主要负责对外销售假冒“金龙鱼”、“鲁花”注册商标的食用油，被告人黄健康、张海龙、司玉文、宗艳荣、李保松、王户生等人负责生产，被告人黄淑楠、徐金金担任会计主要负责记录公司的进货、销售情况以及相关的费用结算。现查明：被告人宗连贵、黄立安等人自2009年11月至2011年9月非法经营数额为19249759.5元，其中，已销售数额19213119.5元，尚未销售的假冒“金龙鱼”、“鲁花”注册商标的食用油价值36640元。

2011年9月6日，公安机关在该公司当场查获假冒“金龙鱼”、“鲁花”注册商标标识945966件，假冒“金龙鱼”注册商标的食用油4件价值640元（按实际销售价160/件），假冒“鲁花”注册商标的食用油约160件价值36000元（按实际销售价225/件）。2011年9月7日，公安机关当场查获该公司购买的88000件非法制造的“金龙鱼”注册商标标识。

2. 2010年1月16日至2011年9月2日，被告人李春记、翟桂叶多次从郑州鼎鼎油脂有限公司宗连贵、陈金孝处购进假冒“金龙鱼”注册商标的瓶盖、商标、纸箱和胶带，然后与被告人王星星、翟振磊一起把“口福”注册商标的食用油商标标识更换为假冒“金龙鱼”注册商标，而后将假冒“金龙鱼”注册商标的食用油对外销售，销售金额合计204630元。

3. 被告人李建敏、袁凯华为谋取非法利益，在陈金孝的安排下，未经“金龙鱼”注册商标所有人许可，于2011年3月至8月期间，从郑州鼎鼎油脂有限公司司玉文处购买假冒“金龙鱼”注册商标标识，在郑州市中原区须水镇西岗村李建敏、袁凯华的油脂厂内非法生产假冒“金龙鱼”注册商标的食用油（大豆油、调和油）1050件，又通过陈金孝销售给安阳的刘志勇，销售金额合计178500元。

二、销售假冒注册商标的商品

1. 2009年11月2日至2011年4月8日期间，被告人刘志勇在明知郑州鼎鼎油脂有限公司生产的金龙鱼、鲁花食用油系假冒“金龙鱼”、“鲁花”注册商标的商品的情况下，仍多次通过黄立安从该公司购进假冒的“金龙鱼”、“鲁花”食用油9979件，金额合计1738315元，在其经营的安阳市商都粮油批发市场的兆丰粮行粮油店内予以销售。2011年3月至8月，被告人刘志勇在明知是假冒“金龙鱼”、“鲁花”注册商标的商品的情况下，经陈金孝介绍先后三次从郑州市中原区须水镇李建敏、袁凯华经营的油脂厂内购进1050件，金额合计178500元，并将假冒的金龙鱼食用油在其经营的粮油店内予以销售。

2. 2009年底至2011年9月1日，被告人张志强在明知郑州鼎鼎油脂有限公司生产的金龙鱼、鲁花食用油系假冒“金龙鱼”、“鲁花”注册商标的商品的情况下，多次通过黄立安从该公司购进假冒的金龙鱼、鲁花食用油5894件，金额合计1094855元，在其经营的郑州市黄河食品城的宏鑫粮油商行内予以销售。

3. 2010年2月份至2011年1月28

日,被告人刘汉领在明知郑州鼎鼎油脂有限公司生产的金龙鱼、鲁花食用油系假冒“金龙鱼”、“鲁花”注册商标的商品的情况下,多次通过宗连贵从该公司购进假冒的“金龙鱼”、“鲁花”食用油 4495 件,金额合计 791006 元,在平顶山地区予以销售。

4. 2010 年 1 月 21 日至 2011 年 7 月 24 日,被告人刘开亮在明知郑州鼎鼎油脂有限公司生产的金龙鱼、鲁花食用油系假冒“金龙鱼”、“鲁花”注册商标的商品的情况下,多次通过宗连贵从该公司购进假冒的金龙鱼、鲁花食用油,在洛阳地区予以销售,销售金额合计 550460 元。

5. 2011 年 2 月 10 日至 2011 年 8 月 25 日期间,被告人李玉宝在明知郑州鼎鼎油脂有限公司生产的金龙鱼、鲁花食用油系假冒“金龙鱼”、“鲁花”注册商标的商品的情况下,多次通过宗连贵从该公司购进假冒的金龙鱼、鲁花食用油 3162.5 件,金额合计 612957.5 元,在平顶山地区予以销售。

6. 2010 年 4 月 19 日至 2011 年 8 月 15 日,被告人凌东峰在明知郑州鼎鼎油脂有限公司生产的金龙鱼、鲁花食用油系假冒“金龙鱼”、“鲁花”注册商标的商品的情况下,多次通过马东运从该公司购进假冒的金龙鱼、鲁花食用油 805 件,金额合计 128600 元,在其经营的西安市新城区胡家庙粮油市场的庆丰粮油店内予以销售。

7. 2010 年 1 月 16 日至 2011 年 9 月 2 日期间,被告人李春记、翟桂叶、王星星在明知郑州鼎鼎油脂有限公司生产的金龙鱼、鲁花食用油系假冒“金龙鱼”、“鲁花”注册商标的商品的情况下,仍通过陈金孝从该公司购进假冒“金龙鱼”、“鲁花”注册商标的食用油共计 1237.25 件,金额 219047 元,在其经营的开封市春记商贸有限公司内予以销售。

8. 2011 年 1 月,被告人白平在明知郑州鼎鼎油脂有限公司生产的金龙鱼、鲁花食用油系假冒“金龙鱼”、“鲁花”注册商标的商品的情况下,通过马东运从该公司购进假冒的金龙鱼食用油 505 件,金额合计 101000 元,在其经营的平顶山市平安大道旁的调味品店内予以销售。

9. 2011 年 8 月 31 日、9 月 1 日、9 月 2 日,被告人魏永春、刘国宾在明知崔纪正(另案处理)销售的是假冒“金龙鱼”注册商标的食用油的情况下,根据崔纪正的安排,将崔纪正从郑州鼎鼎油脂有限公司购买的假冒金龙鱼食用油先后销售给河南豫津隆通讯器材有限公司、河南亚商投资担保有限公司和河南奥鑫合金有限公司,其销售金额合计 147540 元。

三、销售非法制造的注册商标标识

1. 2009 年 11 月至 2011 年 9 月,被告人宗连贵、黄立安伙同被告人黄健康、黄淑楠、徐金金、陈金孝、司玉文在明知购进的金龙鱼、鲁花注册商标标识系他人非法制造的注册商标标识的情况下,仍将购进的非法制造的“金龙鱼”、“鲁花”注册商标标识对外予以销售。销售给李春记、刘开亮、李玉宝、马建梅(另案处理)、张铁中(另案处理)、翟起锋(另案处理)等人非法制造的“金龙鱼”、“鲁花”注册商标标识共计 542604 件。

2. 2010 年 7 月至 2011 年 4 月,被告人安双梅在明知是非法制造的金龙鱼和鲁花注册商标标识的情况下,仍从河北廊坊董永来(已判刑)处购进非法制造的“金龙鱼”和“鲁花”注册商标标识,销售给郑州鼎鼎油脂有限公司的宗连贵,共计销售非法制造的“金龙鱼”、“鲁花”注册商标标识共计186000件,销售金额43425元。

一审法院认为:被告人宗连贵、黄立安伙同陈金孝、马东运、黄健康、张海龙、司玉文、黄淑楠、徐金金、李保松、王户生、宗艳荣,未经注册商标所有人许可,在同一种商品上使用与其注册商标相同的商标,情节特别严重,其行为已构成假冒注册商标罪。公诉机关指控被告人宗连贵、黄立安、陈金孝、马东运、黄健康、张海龙、司玉文、黄淑楠、徐金金、李保松、王户生、宗艳荣犯假冒注册商标罪,事实清楚,证据确实、充分,指控的罪名成立,予以支持。在共同假冒注册商标犯罪中,被告人宗连贵、黄立安共同出资成立郑州鼎鼎油脂有限公司,总体负责假冒金龙鱼、鲁花注册商标食用油的生产、销售,采购散装油及伪造的金龙鱼、鲁花注册商标标识,并负责具体销售,起主要作用,系主犯。根据《最高人民法院关于审理单位犯罪案件具体应用法律有关问题的解释》第2条的规定,个人为进行违法犯罪活动而设立的公司、企业、事业单位实施犯罪的,或者公司、企业、事业单位设立后,以实施犯罪为主要活动的,不以单位犯罪论处。被告人宗连贵、黄立安合伙成立郑州鼎鼎油脂有限公司,并以实施犯罪为主要活动,假冒注册商标非法经营数额19249759.5元,销售非法制造的注册商标标识542604件,依法不以单位犯罪论处。故被告人宗连贵的辩护人提出的郑州鼎鼎油脂有限公司系单位犯罪,宗连贵应认定为直接负责的主管人员的辩护意见不予采纳。被告人陈金孝担任销售经理期间,销售假冒金龙鱼、鲁花注册商标食用油,并负责采购伪造的金龙鱼、鲁花注册商标标识,起主要作用,系主犯。被告人马东运担任销售经理期间,销售假冒金龙鱼、鲁花注册商标的食用油,起主要作用,系主犯。被告人黄健康从事假冒金龙鱼、鲁花注册商标食用油的灌装、贴标、装车、维修机器设备等工作,期间多次参与运输假冒鲁花、金龙鱼注册商标的食用油,起主要作用,系主犯。被告人张海龙自2009年至2011年9月,从事假冒金龙鱼、鲁花注册商标食用油的灌装、贴标、装车等工作,期间多次参与运输假冒鲁花、金龙鱼注册商标的食用油,起主要作用,系主犯。被告人司玉文负责运输假冒金龙鱼、鲁花注册商标食用油所使用的散装油,起主要作用,系主犯。故被告人马东运的辩护人及被告人黄健康、张海龙、司玉文关于其系从犯的辩护意见及辩解不能成立,不予采纳。被告人黄淑楠自2008年至2011年9月期间,负责资金账目管理、现金支出、制作出库单据、下发生产订单等工作,起主要作用,系主犯。被告人徐金金自2008年6月至2009年2月、2010年3月至2011年9月,负责资金账目管理、现金支出等工作,起辅助作用,系从犯,应当对其从轻处罚。被告人李保松、王户生、宗艳荣,从事假冒“金龙鱼”、“鲁花”注册商标食用油的灌装、贴标等工作,起次要作用,系从犯,应当对其从轻处罚。

被告人宗连贵、黄立安、陈金孝、司玉文、黄健康、黄淑楠、徐金金销售伪造的注册商标标识,情节特别严重,其行为已构成销售非法制造的注册商标标识罪。公诉机关指控被告人宗连贵、黄立安、陈金孝、司玉文、黄健康、黄淑楠、徐金金犯销售非法制造的注册商标标识罪,事实清楚,证据确实、充分,指控的罪名成立,予以支持。在共同销售非法制造的注册商标标识犯罪中,被告人宗连贵、黄立安总体负责销售,起主要作用,系主犯。被告人陈金孝从他处购买伪造的“金龙鱼”、“鲁花”注册商标标识,并负责对外销售,起主要作用,系主犯。被告人司玉文销售、运输伪造的“金龙鱼”、“鲁花”注册商标标识,被告人黄健康销售伪造的“金龙鱼”、“鲁花”注册商标标识,起次要作用,系从犯,应当对其从轻处罚。被告人黄淑楠、徐金金负责记账,起辅助作用,系从犯,应当对其从轻处罚。

根据《最高人民法院　最高人民检察院关于办理侵权知识产权刑事案件具体应用法律若干问题的解释》(以下简称《两高解释》)第1条第2款第2项之规定,假冒两种以上注册商标,非法经营数额在十五万元以上的,属于“情节特别严重”。被告人宗连贵、黄立安假冒两种注册商标,非法经营数额19249759.5元,对其依法应在“三年以上七年以下有期徒刑,并处罚金”的法定幅度内处以适当刑罚。被告人陈金孝、马东运、黄健康、张海龙、司玉文、黄淑楠、徐金金、李保松、王户生、宗艳荣尽管所参与的时间与程度与被告人宗连贵、黄立安有所差别,但对其依法亦应在“三年以上七年以下有期徒刑,并处罚金”的法定幅度内处以适当刑罚。根据《两高解释》第3条第2款第2项之规定,销售伪造、擅自制造两种以上注册商标标识数量在五万件以上的,属于“情节特别严重”,对其依法应在“三年以上七年以下有期徒刑,并处罚金”的法定幅度内处以适当刑罚。被告人宗连贵、黄立安、司玉文、黄淑楠销售两种伪造的注册商标标识542604件,被告人陈金孝、黄健康、徐金金尽管所参与的时间与程度与被告人宗连贵、黄立安、司玉文、黄淑楠有所差别,均对其依法应在“三年以上七年以下有期徒刑,并处罚金”的法定幅度内处以适当刑罚。被告人陈金孝协助公安机关抓获张志强、刘开亮、李建敏、袁凯华、李春记等人,有立功表现,依法可从轻处罚。被告人马东运犯有前科,被处理后又犯新罪,酌情对其从重处罚。被告人司玉文、徐金金主动向公安机关投案,如实供述自己的罪行,系自首,依法可从轻处罚。被告人陈金孝、马东运、黄健康、张海龙、黄淑楠、李保松、王户生、宗艳荣归案后如实供述自己的罪行,可以对其从轻处罚。根据被告人宗艳荣的犯罪情节和悔罪表现,可以对其适用缓刑。

被告人安双梅销售伪造的注册商标标识,情节特别严重,其行为构成销售非法制造的注册商标标识罪。公诉机关指控罪名成立,予以支持。根据《两高解释》第12条第3款之规定,“件”是指标有完整商标图样的一份标识;第3条第2款第2项规定,销售伪造、擅自制造的两种以上注册商标标识数量在五万件以上的,属于“情节特别严重”,安双梅销售两种伪造的注册商标标识合计186000件,对其依法应在“三年以上七年以下有期徒刑,并处罚金”的法定幅度内处以适当刑罚。公诉机关及安双梅的辩护人提出其供述董永来的罪行,构成立功的公诉意见及辩护意见。经查,安双梅供述其销售的伪造的注册商标标识系董永来销售,属如实供述自己的罪行,不属于刑法关于“有揭发他人犯罪行为,查证属实的,或者提供重要线索,从而得以破获其他案件”的规定。对安双梅构成立功的意见,不予采纳。被告人安双梅归案后如实供述自己的罪行,可以对其从轻处罚。

被告人李春记、翟桂叶、王星星、翟振磊未经注册商标所有人的许可,在同一种商品上使用与其注册商标相同的商标,情节严重,其行为已构成假冒注册商标罪。被告人李春记、翟桂叶、王星星明知是假冒注册商标的商品仍予以销售,销售金额数额较大,其行为已构成销售假冒注册商标的商品罪。公诉机关指控被告人李春记、翟桂叶、王星星、翟振磊犯假冒注册商标罪,指控被告人李春记、翟桂叶、王星星犯销售假冒注册商标的商品罪,事实清楚,证据确实、充分,指控的罪名成立,予以支持。在共同假冒注册商标犯罪中,被告人李春记、翟桂叶起主要作用,系主犯;被告人王星星、翟振磊起次要作用,系从犯,应当对其从轻处罚。在共同销售假冒注册商标的商品犯罪中,李春记、翟桂叶起主要作用,系主犯。王星星起次要作用,系从犯,应当对其从轻处罚。

根据《两高解释》第1条第1款第1项之规定,非法经营数额在五万元以上的,属于"情节严重"。被告人李春记、翟桂叶、王星星、翟振磊假冒注册商标,非法经营数额204630元,对其依法应在"三年以下有期徒刑或者拘役,并处或者单处罚金"的法定幅度内处以适当刑罚。根据《两高解释》第2条第1款之规定,销售金额在五万元以上的,属于"数额较大"。被告人李春记、翟桂叶、王星星销售假冒注册商标的商品,销售金额219047元,对其依法应在"三年以下有期徒刑或者拘役,并处或者单处罚金"的法定幅度内处以适当刑罚。被告人李春记提出公安机关查扣的账本所记录的货物非其所购买的辩解意见,经查,李春记假冒注册商标、销售假冒注册商标的商品的犯罪事实,有翟桂叶、王星星、陈金孝等人的供述,另有公安机关查扣的账本及黄淑楠的供述等证据予以证实,足以认定,李春记的辩解意见不予采纳。公诉机关指控被告人翟振磊犯销售假冒注册商标的商品罪,没有其本人的供述,翟桂叶、王星星的供述亦不能证明翟振磊销售假冒注册商标的商品的犯罪事实,公诉机关指控翟振磊的该起犯罪事实,不能达到《刑事诉讼法》规定的证据证明标准,不予支持。被告人翟桂叶、王星星、翟振磊归案后如实供述自己的罪行,依法可以从轻处罚。被告人翟振磊犯罪时未满十八周岁,应当对其从轻处罚,根据翟振磊的犯罪情节和悔罪表现,可以对其适用缓刑。

被告人李建敏、袁凯华伙同陈金孝,未经注册商标所有人的许可,在同一种商品上使用与注册商标相同的商标,其行为已构成假冒注册商标罪。公诉机关指控被告人李建敏、袁凯华犯假冒注册商标罪,事实清楚,证据确实、充分,指控的罪名成立,予以支持。在共同犯罪中,李建敏、袁凯华均起主要作用,系主犯,应当按照其所参与的全部犯罪处罚。根据《两高解释》第1条第1款第1项之规定,非法经营数额在五万元以上的,属于"情节严重",对其依法应在"三年以下有期徒刑或者拘役,并处或者单处罚金"的法定幅度内处以适当刑罚。李建敏、袁凯华归案后如实供述自己的罪行,可以对其从轻处罚。袁凯华提出其系从犯的辩解意见,经查,其与李建敏合伙经营油脂厂,其对李建敏假冒注册商标的犯意形成起重要作用,也是犯罪所得的分享者,在共同犯罪中系主犯。袁凯华的辩解意见,不予采纳。袁凯华在共同犯罪中,相对于李建敏作用较轻,可以酌情从轻处罚。

被告人刘志勇、张志强、刘汉领、刘开亮、李玉宝、凌东峰、白平、魏永春、刘国宾明知是假冒注册商标的商品仍予以销售,其中刘志勇、张志强、刘汉领、刘开亮、李玉宝销售金额数额巨大,凌东峰、白平、魏永春、刘国宾销售金额数额较大,其行为构成销售假冒注册商标的商品罪。公诉机关指控被告人刘志勇、张志强、刘汉领、刘开亮、李玉宝、凌东峰、白平、魏永春、刘国宾犯销售假冒注册商标的商品罪,事实清楚,证据确实、充分,指控的罪名成立,予以支持。被告人魏永春、刘国宾在崔纪正(另案处理)的安排下,帮助运送假冒金龙鱼注册商标的食用油,在共同犯罪中起次要作用,系从犯,应当对其从轻处罚。

根据《两高解释》第2条之规定,被告人刘志勇、张志强、刘汉领、刘开亮、李玉宝销售金额均在二十五万元以上,属于"数额巨大",对其依法应在"三年以上七年以下有期徒刑,并处罚金"的法定幅度内处以适当刑罚。被告人凌东峰、白平、魏永春、刘国宾销售金额均在五万元以上,属于"数额较大",对其依法应在"三年以下有期徒刑或者拘役,并处或者单处罚金"的法定幅度内处以适当刑罚。被告人刘志勇提出公诉机关指控的销售金额有误,其销售金额为15万余元的辩解意见,经查,关于李春记的销售金额,有其在公安机关的供述,另有公安机关查扣的账本及黄淑楠、李建敏、陈金孝等人的供述证实,足以认定。对刘志勇的辩解意见,不予采纳。被告人刘汉领及其辩护人提出公诉机关指控的销售数有误的辩解意见。经查,公诉机关指控刘汉领的该起犯罪事实,有公安机关查扣的账本及刘汉领、黄淑楠、徐金金、陈金孝等人的供述,另有陈金孝、徐金金对刘汉领的辨认笔录等证据予以证明,但账本所记录的郑州鼎鼎油脂有限公司于2011年1月30日所售出的假冒金龙鱼注册商标的食用油69488元系刘恩岭购买,公诉机关将该笔数额计入刘汉领的销售金额有误,予以纠正。刘汉领提出的公诉机关指控其销售金额有误的辩解意见,予以采纳,但其辩解销售金额为15万余元的意见,不予采纳。被告人刘开亮提出公诉机关指控的销售金额有误,其销售金额应为50余万元的辩解意见。经查,刘开亮在公安机关供述其从郑州鼎鼎油脂有限公司购买假冒金龙鱼、鲁花注册商标的食用油518800元予以销售,销售金额550460元。公诉机关提交的账本记载刘开亮购买假冒金龙鱼、鲁花注册商标的食用油675090元,而无其他有效证据予以印证。刘开亮的辩解意见成立,予以采纳。对其辩护人提出的刘开亮认罪态度好,请求从轻处罚的辩护意见予以采纳。被告人李玉宝的辩护人提出公诉机关指控证据不足,罪名不能成立的辩护意见。经查,李玉宝假售假冒注册商标的商品,有李玉宝在公安机关的供述,公安机关查扣的账本及黄淑楠、黄健康、宗连贵对李玉宝的辨认笔录等证据证实,足以认定。其辩护人提出的该辩护意见,不予采纳。被告人凌东峰及辩护人提出公诉机关指控的销售金额有误的辩解及辩护意见。经查,公安机关查扣的账本记载凌东峰于2011年8月从郑州鼎鼎油脂有限公司购买假冒"金龙鱼"、"鲁花注"册商标的食用油金额为111100元,该起犯罪事实无凌东峰的供述,亦无陈金孝的供述予以证明,不能认定。凌东峰的辩解及辩护人的辩护意见成立,予以采纳。被告人白平的辩护人提出公诉机关指控证据不足、事实不清的辩护意见。经查,公诉机关指控其的犯罪事实,有其在公安机关的供述及查扣的账本、马东运、黄淑楠的供述等证据相印证,足以认定。其辩护人的该辩护意见,不予采纳。被告人张志强、魏永春、刘国宾归案后如实供述自己的罪行,可以对其从轻处罚。

综上,依照《中华人民共和国刑法》第213条,第214条,第215条,第25条第1款,第26条第1款,第27条,第67条第1款、第3款,第68条,第69条,第72条,第73条,第17条第1款、第3款,第64条及《最高人民法院 最高人民检察院关于办理侵犯知识产权刑事案件具体应用法律若干问题的解释》第1条第1款第1项、第2款第2项,第2条,第3条第3款第2项,《最高人民法院 最高人民检察院关于办理侵犯知识产权刑事案件具体应用法律若干问题的解释(二)》第4条之规定,判决如下:

1. 被告人宗连贵犯假冒注册商标罪,判处有期徒刑七年,并处罚金人民币10000000元;犯销售非法制造的注册商标标识罪,判处有期徒刑六年零六个月,并处罚金人民币500000元,决定执行有期徒刑十二年零六个月,并处罚金人民币10500000元。

2. 被告人黄立安犯假冒注册商标罪,判处有期徒刑六年零六个月,并处罚金人民币10000000元;犯销售非法制造的注册商标标识罪,判处有期徒刑六年,并处罚金人民币500000元,决定执行有期徒刑十一年零六个月,并处罚金人民币10500000元。

3. 被告人陈金孝犯假冒注册商标罪,判处有期徒刑五年,并处罚金人民币700000元;犯销售非法制造的注册商标标识罪,判处有期徒刑四年,并处罚金人民币200000元,决定执行有期徒刑八年,并处罚金人民币900000元。

4. 被告人马东运犯假冒注册商标罪,判处有期徒刑五年零六个月,并处罚金人民币600000元。

5. 被告人黄健康犯假冒注册商标罪,判处有期徒刑五年零六个月,并处罚金人民币200000元;犯销售非法制造的注册商标标识罪,判处有期徒刑三年零六个月,并处罚金人民币50000元,决定执行有期徒刑八年,并处罚金人民币250000元。

6. 被告人张海龙犯假冒注册商标罪,判处有期徒刑五年,并处罚金人民币200000元。

7. 被告人司玉文犯假冒注册商标罪,判处有期徒刑四年,并处罚金人民币140000元;犯销售非法制造的注册商标标识罪,判处有期徒刑三年零九个月,并处罚金人民币60000元,决定执行有期徒刑六年零九个月,并处罚金人民币200000元。

8. 被告人黄淑楠犯假冒注册商标罪,判处有期徒刑四年零六个月,并处罚金人民币150000元;犯销售非法制造的注册商标标识罪,判处有期徒刑四年,并处罚金人民币60000元,决定执行有期徒刑七年零六个月,并处罚金人民币210000元。

9. 被告人徐金金犯假冒注册商标罪,判处有期徒刑三年,并处罚金人民币70000元;犯销售非法制造的注册商标标识罪,判处有期徒刑三年,并处罚金人民币30000元,决定执行有期徒刑五年,并处罚金人民币100000元。

10. 被告人李保松犯假冒注册商标罪,判处有期徒刑三年零六个月,并处罚金人民币160000元。

11. 被告人王户生犯假冒注册商标罪,判处有期徒刑三年零六个月,并处罚金人民币160000元。

12. 被告人宗艳荣犯假冒注册商标罪,判处有期徒刑三年,缓刑三年,并处罚金人民币 70000 元。

13. 被告人李春记犯假冒注册商标罪,判处有期徒刑二年零二个月,并处罚金人民币 100000 元;犯销售假冒注册商标的商品罪,判处有期徒刑二年零五个月,并处罚金人民币 110000 元,决定执行有期徒刑三年零七个月,并处罚金人民币 210000 元。

14. 被告人翟桂叶犯假冒注册商标罪,判处有期徒刑一年零十一个月,并处罚金人民币 50000 元;犯销售假冒注册商标的商品罪,判处有期徒刑二年零二个月,并处罚金人民币 60000 元,决定执行有期徒刑三年零一个月,并处罚金人民币 110000 元。

15. 被告人王星星犯假冒注册商标罪,判处有期徒刑十个月,并处罚金人民币 10000 元;犯销售假冒注册商标的商品罪,判处有期徒刑一年,并处罚金人民币 10000 元,决定执行有期徒刑一年零四个月,并处罚金人民币 20000 元。

16. 被告人翟振磊犯假冒注册商标罪,判处拘役六个月,缓刑一年,并处罚金人民币 5000 元。

17. 被告人安双梅犯销售非法制造的注册商标标识罪,判处有期徒刑三年零三个月,并处罚金人民币 22000 元。

18. 被告人刘志勇犯销售假冒注册商标的商品罪,判处有期徒刑四年零三个月,并处罚金人民币 970000 元。

19. 被告人张志强犯销售假冒注册商标的商品罪,判处有期徒刑三年零九个月,并处罚金人民币 550000 元。

20. 被告人刘汉领犯销售假冒注册商标的商品罪,判处有期徒刑三年零六个月,并处罚金人民币 400000 元。

21. 被告人刘开亮犯销售假冒注册商标的商品罪,判处有期徒刑三年零三个月,并处罚金人民币 280000 元。

22. 被告人李玉宝犯销售假冒注册商标的商品罪,判处有期徒刑三年零四个月,并处罚金人民币 310000 元。

23. 被告人凌东峰犯销售假冒注册商标的商品罪,判处有期徒刑一年零六个月,并处罚金人民币 65000 元。

24. 被告人白平犯销售假冒注册商标的商品罪,判处有期徒刑一年零三个月,并处罚金人民币 55000 元。

25. 被告人李建敏犯假冒注册商标罪,判处有期徒刑一年零九个月,并处罚金人民币 100000 元。

26. 被告人袁凯华犯假冒注册商标罪,判处有期徒刑一年零七个月,并处罚金人民币 90000 元。

27. 被告人魏永春犯销售假冒注册商标的商品罪,判处有期徒刑一年零七个月,并处罚金人民币 3000 元。

28. 被告人刘国宾犯销售假冒注册商标的商品罪,判处有期徒刑一年零五个月,并处罚金人民币 3000 元。

29. 查扣的涉案赃物,予以没收。

一审宣判后,被告人宗连贵、黄立安、刘汉领、刘开亮等人不服,提出上诉。

二审法院认为:关于郑州鼎鼎油脂有限公司是否系单位犯罪的问题。经查,该公司成立后,以实施犯罪为主要活动,假冒注册商标非法经营数额 19249759.5 元,销售非法制造的注册商标标识 542604 件,依法不以单位犯罪论处。关于安双梅上诉及辩护人提出“检举揭发董永来的犯罪行为,有立功”的理由。经查,安双梅被抓获后,供述其销售的非法制造的注册商标标识系从董永来处购买,并提供了其犯罪中掌握的同案犯董永来的联络方式，虽公安机关根据该线索抓获董永来，但安双梅的行为依法不构成立功，其行为属如实供述自己的罪行，依法可对其从轻处罚。关于刘汉领上诉提出“销售金额应为15万元”的理由。经查，原判认定刘汉领通过宗连贵从郑州鼎鼎油脂有限公司购进假冒的金龙鱼、鲁花食用油4495件，金额合计791006元，在平顶山地区予以销售的犯罪事实，有公安机关查扣的郑州鼎鼎油脂有限公司账本及刘汉领、黄淑楠、徐金金、陈金孝等人的供述，另有陈金孝、徐金金对刘汉领的辨认笔录等证据在案证实，足以认定……上诉人宗连贵、黄立安、陈金孝、马东运、黄健康、张海龙、司玉文、黄淑楠、徐金金、李保松、王户生及原审被告人宗艳荣，未经注册商标所有人的许可，在同一种商品上使用与其注册商标相同的商标，情节特别严重；上诉人李建敏、袁凯华、原审被告人李春记、翟桂叶、王星星、翟振磊未经注册商标所有人的许可，在同一种商标上使用与其注册商标相同的商标，情节严重，其行为均已构成假冒注册商标罪；上诉人宗连贵、黄立安、陈金孝、司玉文、黄健康、黄淑楠、徐金金及安双梅销售伪造的注册商标标识，情节特别严重，其行为均已构成销售非法制造的注册商标标识罪；上诉人刘志勇、张志强、刘汉领、刘开亮、李玉宝、刘国宾、原审被告人凌东峰、白平、魏永春、李春记、翟桂叶、王星星明知是假冒注册商标的商品仍予以销售，其中刘志勇、张志强、刘汉领、刘开亮、李玉宝销售金额数额巨大，凌东峰、白平、魏永春、刘国宾、李春记、翟桂叶、王星星销售金额数额较大，其行为均已构成销售假冒注册商标的商品罪。均应依法惩处。原判定罪准确，量刑适当，审判程序合法。各上诉人的上诉理由及辩护人的辩护意见均不能成立，不予采纳。依照《中华人民共和国刑事诉讼法》第225条第1款第1项之规定，裁定如下：

驳回上诉，维持原判。

十大创新性案件

北京锐邦涌和科贸有限公司诉强生(上海)医疗器材有限公司、强生(中国)医疗器材有限公司纵向垄断协议纠纷案

——阅读提示:如何判断限制最低转售价格协议是否构成垄断协议?

【裁判要旨】

限制最低转售价格的协议、决定或其他协同行为,具有排除、限制竞争的效果,才能构成垄断协议。分析评价限制最低转售价格行为的经济效果,可以从相关市场竞争是否充分、实施企业在相关市场是否具有很强的市场地位、实施企业是否具有限制竞争的行为动机、限制最低转售价格行为的竞争效果四个方面进行综合判断。

【案号】

一审:上海市第一中级人民法院(2010)沪一中民五(知)初字第169号

二审:上海市高级人民法院(2012)沪高民三(知)终字第63号

【案情与裁判】

原告(上诉人):北京锐邦涌和科贸有限公司(以下简称锐邦公司)

被告(被上诉人):强生(上海)医疗器材有限公司(以下简称强生上海公司)

被告(被上诉人):强生(中国)医疗器材有限公司(以下简称强生中国公司)

起诉与答辩

原告锐邦公司诉称:其作为两被告医用吻合器、医用缝线产品在北京地区的经销商,与两被告有长达15年的合作。2008年因在北京大学人民医院(以下简称人民医院)采购招标中降价竞标,违反经销合同中限制转售价格条款,遭受两被告处罚,先是被取消在部分医院的经销权,继而被完全停止供货,遭受重大经济损失。两被告在经销合同中约定转售价格限制条款以及依据该条款对锐邦公司进行处罚直至终止经销合同的行为,构成《中华人民共和国反垄断法》(以下简称《反垄断法》)第14条第1款第2项所列“限定向第三人转售商品的最低价格”之违法行为,于2010年8月向上海市第一中级人民法院提起诉讼,诉请判令两被告赔偿锐邦公司因上述违法行为而致经济损失人民币1439.93万元,并承担全部诉讼费用。

两被告辩称,本案所涉经销合同签订行为及被控垄断行为发生在《反垄断法》实

施之前，本案不应适用《反垄断法》；本案被控垄断协议由双方当事人共同签订和执行，锐邦公司本身作为被控垄断行为的直接参与者和实施者，无资格提起本案诉讼；锐邦公司主张的经济损失从性质上而言是合同纠纷项下的损失，与垄断纠纷无关，故请求驳回锐邦公司全部诉请。

一审审理查明

上海市第一中级人民法院一审查明：原告是两被告吻合器及缝线产品在北京地区的经销商，双方之间有着长达 15 年的合作，经销合同每年一签，有效期为一年。2008 年 1 月 2 日，三公司签订《2008 年经销合同》（以下简称《经销合同》），约定原告在两被告指定的相关区域销售缝线产品，合同期限自 2008 年 1 月 1 日至同年 12 月 31 日。合同附件五第 2 条规定，原告不得低于两被告规定的产品价格进行销售。2008 年 7 月 1 日，强生上海公司以原告于 2008 年 3 月在人民医院的竞标中私自降低销售价格为由，取消原告在中国医学科学院阜外心血管医院、北京整形医院（以下分别简称阜外医院、整形医院）的销售权。

一审判理和结果

上海市第一中级人民法院一审认为：首先，根据《反垄断法》第 13 条第 2 款之规定，《反垄断法》所规定的垄断协议是指排除、限制竞争的协议、决定或者其他协同行为。因此，认定《反垄断法》第 14 条所规定的行为构成垄断协议，不能仅依据经营者与交易相对人是否达成了固定或者限定转售价格协议，还需要进一步考察此等协议是否具有排除、限制竞争效果。本案中原告提交的证据仅为被告强生上海公司在互联网上对其缝线产品所作的简短介绍，不能确切地反映出涉案产品在相关市场所占份额，不能说明相关市场的竞争水平、产品供应和价格的变化等情况。相反，被告提交的证据表明还存在多家同类产品的供应商。本案中认定被告实施垄断行为的事实依据不足。其次，垄断行为所造成的损害，主要应该为排除、限制竞争所带来的损害，原告在本案中所主张损失赔偿，均属于在购销合同纠纷中得以主张的损害赔偿，与价格限制条款本身并无直接关联。据此，上海市第一中级人民法院依照《最高人民法院关于民事诉讼证据的若干规定》第 2 条、《反垄断法》第 50 条之规定，于 2012 年 5 月 18 日判决驳回原告全部诉讼请求。

上诉与答辩

锐邦公司不服一审判决，向上海市高级人民法院提起上诉称：（1）《反垄断法》第 13 条所规定横向垄断协议、第 14 条所规定纵向垄断协议，都因行为目的违法而被法律明文禁止，该等协议一经签订即构成垄断协议，不需要再根据是否存在排除、限制竞争效果来确定是否构成垄断协议。（2）被上诉人限定最低转售价格，目的即在于直接限制竞争，应当构成垄断协议。（3）根据《最高人民法院关于审理因垄断行为引发的民事纠纷案件应用法律若干问题的规定》（以下简称《最高人民法院垄断纠纷审理规定》）第 7 条的规定，被诉横向垄断协议的制定者应对该协议不具有排除、限制竞争效果承担举证责任，以此类推，被上诉人作为本案纵向协议条款的制定者也应该对涉案协议不具有排除、限制竞争效果承担举证责任。（4）被上诉人所实施转售价格限制，既非为推广新产品，又非为提高产品技术，完全不具有促进竞争的效果。相反，被上诉人的行为扭曲了市场竞争机制，既限制了品牌内竞争，又限制了品牌间的竞争,使北京地区强生缝线产品价格维持在一个很高的水平,严重损害了消费者利益。(5)上诉人所主张损失均源起于被上诉人违法实施转售价格限制,均属于反垄断法意义上的损失,被上诉人应予赔偿。请求二审撤销原审判决,并判令支持上诉人一审诉请。

被上诉人辩称:(1)根据《最高人民法院垄断纠纷审理规定》第7条规定,认定横向垄断协议尚须满足排除、限制竞争效果这一要件,相对于横向协议,纵向协议对市场竞争的影响更小,因此认定限制最低转售价格协议构成垄断协议更需要以具有排除、限制竞争效果为前提。(2)因无法律和司法解释的特别规定,本案所涉限制最低转售价格协议不适用举证责任倒置,仍应由上诉人承担证明涉案协议具有排除、限制竞争效果的责任。(3)上诉人未能举证证明本案限制最低转售价格协议存在排除、限制竞争效果。(4)涉案产品即医用缝线产品在中国大陆市场充分竞争,涉案协议不存在排除、限制竞争的效果,相反可以增进强生品牌内部经销商之间在产品推广、售后服务、品牌维系、诚信守约等方面的竞争。(5)《反垄断法》于2008年8月1日实施,本案《经销合同》在2008年1月签订,被上诉人取消上诉人两家医院经销权发生在2008年7月,2008年8月1日后未实施上诉人所指控垄断行为,因此本案不应当适用《反垄断法》。(6)上诉人在本案中主张的损失并非属于"垄断损失",而是合同行为导致的损失。(7)《反垄断法》保护的是市场公平竞争秩序、消费者利益和社会公共利益,并不保护垄断行为参与者、实施者的利益。因此,有权提起反垄断诉讼的主体是遭受垄断行为损害的竞争者和消费者,不包括垄断行为参与者、实施者,故上诉人不是本案诉讼的适格原告。请求二审法院维持原判。

二审审理查明

上海市高级人民法院经二审,另查明:(1)关于涉案产品营销体系。强生公司涉案产品均通过经销商销售,强生公司不进行直销;经销商不得销售其他品牌同类产品;强生公司以医院为基本销售单位进行授权,没有授权,经销商无法在医院销售;医院针对同一品牌缝线产品通常只会选择一家经销商,通常依据产品价格、业务往来、经销商销售服务、医院账期等因素选择经销商。(2)关于限制最低转售价格约定。强生公司在2009年以前一直采用最低转售价格限制,2009年以后修改经销协议,放弃了长期以来采取的最低转售价格限制。(3)关于医用缝线产品。各品牌缝线产品均须符合国家实行的缝线产品标准,实践中对各品牌产品质量并不存在统一、权威或公认的评价;医院在不同品牌的缝线产品间选择时,对于产品价格的敏感度较低,但在同一品牌内,医院倾向于选择能够提供更低价格的经销商。(4)关于涉案产品上市时间。绝大部分涉案产品在2004年之前注册,在2008年已不是新产品。(5)关于涉案产品价格。至2008年,强生公司缝线产品在15年里维持价格基本不变;上诉人在人民医院低价竞标以后,涉案产品在人民医院的销售价格一直维持在上诉人的报价水平。(6)关于经销商的销售服务。经销商售前服务主要包括产品推广、报价和议价,售后服务主要包括备货、配送、定期不定期拜访医院,协助回答医院疑问、协助收集临床使用反馈信息等。(7)关于被上诉人停止供货。2008年8月

15日，上诉人向被上诉人发出缝线订货要求，被上诉人在上诉人并不拖欠货款的情形下拒绝供货，此后停止缝线产品供货。2008年9月11日以后，被上诉人停止吻合器产品供货，但此时上诉人已有多笔货款超过30天账期，已符合《经销合同》约定的停止供货条件。

二审判理和结果

上海市高级人民法院二审认为：

1. 本案应当适用《反垄断法》

《反垄断法》于2008年8月1日实施，本案《经销合同》虽于2008年1月2日签订，但其有效期一直延续到2008年12月31日。《反垄断法》实施后，强生公司与经销商继续履行该合同，并实施本案被控垄断行为，故本案应当适用《反垄断法》。

2. 上诉人作为经销商是本案诉讼的适格原告

经销商是限制最低转售价格协议的当事人，但由于执行限制最低转售价格协议而失去在最低限价以下销售的机会，可能因此失去部分客户和利润，属于《反垄断法》第50条规定的因垄断行为遭受损失的民事主体，因此可以提起反垄断民事诉讼。

3. 垄断协议应当以具有排除、限制竞争效果为构成要件

《反垄断法》第13条第2款规定："本法所称垄断协议，是指排除、限制竞争的协议、决定或者其他协同行为"，该条规定对垄断协议的定义适用于整部法律，因此《反垄断法》第14条所规定的纵向协议，必须是"排除、限制竞争的协议"才构成垄断协议。根据《最高人民法院垄断纠纷审理规定》第7条的规定，认定《反垄断法》第13条所规定的横向协议构成垄断协议，应以该协议具有排除、限制竞争效果为前提。举重以明轻，限制竞争效果相对较弱的纵向协议更应以具有排除、限制竞争效果为必要条件。

4. 上诉人对本案限制最低转售价格协议具有排除、限制竞争效果承担举证责任

由于现行法律和司法解释没有对限制最低转售价格协议举证责任作特别规定，故本案不适用举证责任倒置，根据"谁主张、谁举证"原则，仍由上诉人对本案限制最低转售价格协议排除、限制竞争承担举证责任。

5. 本案限制最低转售价格协议构成垄断协议

本案应从相关市场竞争是否充分、被告市场地位是否强大、被告实施限制最低转售价格的动机、限制最低转售价格的竞争效果等四方面情况进行分析。

(1)本案相关市场竞争不够充分。首先，依据以下事实，可以确认本案相关市场为中国大陆地区的医用缝线产品市场：①医用缝线是外科手术中用于伤口缝合的必需品，目前没有其他产品可以作为医用缝线的替代品。②我国对医疗器械生产与销售采取严格的准入限制，境内与境外缺乏替代性，没有证据表明国内医院会选择从境外购买缝线产品，故本案相关地域市场应界定为中国大陆市场。其次，依据以下事实，可以确认本案相关市场是一个竞争不充分的市场：①医院采购缝线的成本最终可以转嫁给患者，因此医用缝线市场缺乏足够的来自买方的价格竞争动力。②强生公司通过培养和强化医生、护士对强生公司缝线产品的使用习惯而推进缝线销售，医生、护士由于使用习惯而对缝线产品形成品牌依赖，降低了本案相关市场的竞争。③医用缝线产品市场存在多方面较高的进入障碍，包括市场准入、品牌依赖，

还包括缝线产品制造商、经销商与医院客户之间长期比较稳固的客户关系,这些障碍导致潜在竞争者难以进入这个市场。④强生公司缝线产品价格15年维持基本不变,说明强生公司在相关市场具有很强的定价能力,可以反证医用缝线市场是一个缺乏竞争的市场。

(2)强生公司在本案相关市场具有很强的市场地位。依据以下事实,可以认为强生公司在相关市场具有很强的市场地位:①依据强生公司网站宣传,其缝线产品在全球市场占有70%以上份额,在美国市场占有80%以上份额,强生公司有能力提供而不提供其缝线产品在中国大陆市场的确切市场份额,考虑其在本案中的诉讼地位,其缝线产品在本案相关市场的实际份额应高于其所估算的20.4%的市场份额。本案证据表明,强生公司缝线产品在北京市三甲医院中应当占有很高的市场份额。②强生公司缝线产品价格15年维持基本不变、在相关市场长期具有很强定价能力这一事实,既表明相关市场竞争不充分,又表明强生公司在相关市场具有很强的市场地位。③强生公司及其缝线产品在全球市场、中国市场均享有很高声誉,其品牌影响力一定程度上维护了强生公司在本案相关市场的市场地位。④强生公司对经销商具有很强的控制力,经销商不得销售其他品牌产品,医院客户由强生公司在经销商之间调配,强生公司对经销商实行严格的监督管理,而且一年一签的短期合约安排导致经销商不得不受制于强生公司。

(3)本案限制最低转售价格的动机在于回避价格竞争。①《经销合同》及附件等证据显示,强生公司不仅禁止经销商主动降价,即使是在市场降价压力下的被动降价行为也属于对经销商业绩的负面评价。②上诉人提交的有关经销管理计划的证据显示,强生公司在其缝线产品价格处于竞争劣势情况下,宁愿通过维护客户关系来维持价格,也不愿意降价销售。

(4)本案限制最低转售价格协议限制竞争效果明显而促进竞争效果不明显。首先,本案限制最低转售价格协议具有明显限制竞争的效果:①强生公司多年来一直执行最低转售价格限制,其缝线产品价格15年维持基本不变,而又普遍高于其他品牌缝线产品,可以确认强生公司多年来所采取的最低转售价格限制行为帮助其缝线产品价格长期维持在竞争价格水平之上。②强生公司的行为也使得其他品牌厂商亦有机会回避价格竞争,相关市场的价格竞争由此减弱。③强生公司的行为排挤了有效率的经销商,其价格体系得以维系,消费者福利却因此受损。其次,本案限制最低转售价格协议不具有明显的促进竞争效果:①不足以证明存在被上诉人所述通过限制最低转售价格促进产品质量和安全性提升的效果。缝线产品的质量安全主要在于工厂生产和医护人员使用两个环节,生产环节由强生公司来保障,对医护人员的培训也由强生公司来负责,无论是否限制价格,经销商所提供的销售服务对提高产品质量安全没有明显的贡献。②不足以证明存在被上诉人所述通过限制最低转售价格解决经销商“搭便车”问题的必要。医院客户由强生公司在经销商之间调配,没有强生公司授权,即使经销商降价也不可能从其他经销商那里夺走客户,不存在所谓“搭便车”问题。③涉案产品不是新产品,不足以证明存在通过限制最低转售价格促进新品牌、新产品进入相关市场的必要。④不足以证明本案限制最低转售价格协议存在维护产品声誉、鼓励库存、扩张经销商体系等其他经济学上可以解释的促进竞争并由消费者分享利益的效果。综上,本案限制最低转售价格协议促进竞争的效果不明显或者说非常有限,远远抵不上其排除、限制竞争的效果。因此,可确认本案《经销合同》中限制最低转售价格条款属于《反垄断法》所禁止的垄断协议,被上诉人制定该协议和按照该协议处罚上诉人的行为属违法行为。

6. 被上诉人应就本案垄断行为对上诉人造成损失承担赔偿责任。依据《反垄断法》第50条的规定,本案被上诉人应就其制定和实施本案垄断协议的行为对上诉人造成损失承担赔偿责任。首先,关于上诉人所主张2008年缝线产品利润损失,该项损失与本案中被上诉人执行限制最低转售价格协议的行为存在直接因果关系,上诉人主张损失的权利依据来源于《反垄断法》,属于《反垄断法》意义上的损失赔偿。上诉人不能依据《合同法》规则计算损失赔偿额,即不应该按照履行限制最低转售价格协议的可得利润来计算损失,而应参照相关市场的正常利润计算利润损失。在参考同行业其他品牌产品价格、上诉人应承担税负等因素后,酌定上诉人因被上诉人垄断行为造成上诉人2008年缝线产品销售损失的正常利润为530000元。其次,上诉人所主张其他损失均与本案垄断行为无直接因果关系,不应支持。

综上,上海市高级人民法院认为,原审判决确有错误,应予纠正。依照《中华人民共和国反垄断法》第14条第1款第2项、第50条之规定,《中华人民共和国民事诉讼法》第170条第1款第2项之规定,于2013年8月1日判决:(1)撤销上海市第一中级人民法院(2010)沪一中民五(知)初字第169号民事判决;(2)被上诉人强生(上海)医疗器材有限公司、强生(中国)医疗器材有限公司应于本判决生效之日起十日内,共同赔偿上诉人北京锐邦涌和科贸有限公司经济损失人民币530000元;(3)驳回上诉人北京锐邦涌和科贸有限公司的其余诉讼请求。

美国礼来公司、礼来(中国)研发有限公司诉黄孟炜侵害商业秘密纠纷案

——阅读提示:商业秘密侵权诉讼中行为保全措施如何审查及适用?

【裁判要旨】

2012年修正的《中华人民共共和国民事诉讼法》引入了行为保全措施,弥补了《中华人民共和国反不正当竞争法》及相关司法解释未规定行为禁令的缺憾,有利于商业秘密权利人及时有效地寻求救济措施。法院要综合考虑原告胜诉的实质可能性,如不发布禁令将遭受无可挽回损失的实质性威胁、原告可能受到的损害大于对被告的任何潜在损害、发布禁令不违反公

共利益等因素作出裁定。在现实裁判中,除前述条件外,还要关注原告诉请与禁令申请统一、临时禁令与终局裁判关系、审执兼顾等问题。不作为行为禁令的执行需要被申请人的配合,法院应当通知被申请人到庭,送达裁定并告知法律义务,以增强被申请人履行生效法律文书的自觉性。

【案号】

一审:上海市第一中级人民法院(2013)沪一中民五(知)初字第119号

【案情与裁判】

申请人(原告):美国礼来公司(Eli Lilly and Company)

申请人(原告):礼来(中国)研发有限公司(以下简称礼来中国公司)

被申请人(被告):黄孟炜

申请理由

2013年7月2日,美国礼来公司、礼来中国公司向上海市第一中级人民法院(以下简称上海一中院)起诉状告黄孟炜侵害技术秘密,同时向该院提出行为保全的申请,要求法院责令被告不得披露、使用或者允许他人使用从申请人处盗取的21个商业秘密文件。

申请人称:被申请人于2012年5月入职礼来中国公司,担任化学主任研究员工作。礼来中国公司与被申请人签订了《保密协议》,并进行了相应的培训。2013年1月,被申请人从礼来中国公司的服务器上下载了48个申请人所拥有的文件(其中21个为原告核心机密商业文件),并将上述文件私自存储至被申请人所拥有的设备中。经交涉,2013年2月,被申请人签署同意函,向申请人承认:"我从公司的服务器上下载了三十三(33)个属于公司的保密文件……"并承诺:"我允许公司或公司指定的人员检查第一手非公司装置和第二手非公司装置,以确定我没有进一步转发、修改、使用或打印任何公司文件。如果公司或其指定人员在非公司装置中发现任何公司文件或内容,我授权公司或其指定人员删除这些公司文件及相关内容……"此后,申请人曾数次派员联系被申请人,要求其配合删除机密商业文件,并由申请人派员检查并确认上述机密商业文件已被删除。但是,被申请人无视申请人的交涉和努力,拒绝履行同意函约定的事项。鉴于被申请人严重违反公司制度,申请人于2013年2月27日致信被申请人宣布解除双方劳动关系。申请人认为,被申请人私自下载的21个核心机密商业文件,系申请人的商业秘密,被申请人对此明知且已在承诺书中予以认可。由于被申请人未履行承诺,致使申请人的商业秘密处于随时可能因被申请人披露、使用或者许可他人使用而被外泄的危险境地,对申请人造成无法弥补的损害。据此,申请人依法请求法院责令被申请人不得披露、使用或者允许他人使用从申请人处盗取的21个商业秘密文件。为支持其申请,申请人还向法院提供了涉案21个商业秘密文件的名称及内容、被申请人的承诺书、公证书、员工信息设备配备表格、劳动关系终止通知函、直接及间接成本统计表等证据材料。申请人就上述申请还提供了担保金人民币10万元。

一审裁定

上海一中院裁定禁止被申请人黄孟炜披露、使用或允许他人使用申请人美国礼来公司、礼来(中国)研发有限公司主张作为商业秘密保护的21个文件。被申请人在裁定指定的期限内未申请复议,该裁定已经发生法律效力。

百度在线网络技术(北京)有限公司等诉北京奇虎科技有限公司等不正当竞争纠纷案

——阅读提示:互联网产品和服务竞争应当遵守什么样的基本规则?

【裁判要旨】

互联网产品或服务应当和平共处,自由竞争。是否使用某种互联网产品或者服务,应当取决于网络用户的自愿选择。互联网产品或服务之间原则上不得相互干扰。确实出于保护网络用户等社会公众的利益的需要,网络服务经营者在特定情况下不经网络用户知情并主动选择以及其他互联网产品或服务提供者同意,也可干扰他人互联网产品或服务的运行,但是,应当确保并证明干扰手段的必要性和合理性。

【案号】

一审:北京市第一中级人民法院(2012)一中民初字第5718号

二审:北京市高级人民法院(2013)高民终字第2352号

【案情与裁判】

原告(被上诉人):北京百度网讯科技有限公司(简称百度网讯公司)

原告(被上诉人):百度在线网络技术(北京)有限公司(简称百度在线公司)

被告(上诉人):北京奇虎科技有限公司(简称奇虎公司)

被告:奇智软件(北京)有限公司(简称奇智公司)

起诉与答辩

百度网讯公司和百度在线公司提起诉讼称:2012年,奇虎公司和奇智公司经营的360安全卫士在百度网(www.baidu.com)搜索结果页面上有选择地插入了红底白色感叹号图标作为警告标识,以警示用户该搜索结果对应的网站存在风险,即使搜索结果对应的为同一个网站,奇虎公司对google等其他搜索引擎网站的结果页面没有进行插标,而且,奇虎公司不仅进行了插标,还逐步引导用户点击安装360安全浏览器,通过百度搜索引擎服务对其浏览器产品进行推广。2012年,奇虎公司在其网址导航网站(hao.360.cn)网页上嵌入百度搜索框,改变了百度网在其搜索框上向用户提供的下拉提示词,引导用户访问本不在相关关键字搜索结果中靠前位置的、甚至与用户搜索目的完全不同的奇虎公司经营的影视、游戏等页面,获得更多的用户访问量,并且在网络用户仅设置搜索方向、未输入相关关键词的时候也进入奇虎公司的相关网页。百度公司认为360卫士的上述行为构成不正当竞争,因此向北京市第一中级人民法院起诉请求法院判令:(1)两被告立即停止不正当竞争行为和侵犯商标权行为;(2)在www.360.cn网站首页显著位置连续三十天刊登道歉声明,并在《法制日报》显著位置刊登道歉声明,消除影响;

(3)两被告赔偿经济损失1000万元以及为制止侵权的合理支出15万元;(4)本案诉讼费用由两被告承担。

奇虎公司和奇智公司辩称:本案原告主体不适格,应当分案审理。两被告没有不正当竞争和侵犯商标权、侵犯著作权的行为,两原告的主张没有事实和法律依据。综上,请求法院驳回百度网讯公司和原告百度在线公司的诉讼请求。

一审审理查明

北京市第一中级人民法院查明:

一、关于涉案插标的事实

360安全卫士默认开启插标功能,标注百度搜索结果(插入红色感叹号标记),修改百度页面。当用户点击被标记的红色感叹号的搜索结果时,360通过弹窗提示,将用户与百度搜索的正常会话跳转至360自身的域名及网页中。用户一旦点击"我要安全上网",即进入360浏览器的官方推广页面,引导用户安装360自身的浏览器。通过查看网页代码可知,360系通过修改百度网页代码,并注入其自身代码,实现插标及修改百度页面的目的。同样的搜索结果,360安全卫士标注了百度,却没有标注谷歌。如图5所示,同样链接标注了百度。但是,如图6所示,同样链接未标注谷歌。即使关闭插标功能,360安全卫士仍可实现弹窗拦截、提示等功能。

二、关于涉案修改搜索提示词的事实

360网址导航站使用百度搜索引擎的搜索框,修改、自行设置下拉提示词。当用户点击下拉提示词时,并非进入百度的搜索结果页面,而是被引导至360自身的网页、服务中,用户被直接引导至360自身的视频服务中。360网址导航站的上述流量劫持行为同时覆盖网页、新闻、MP3、图片、视频、地图多个频道,覆盖面广。以MP3搜索频道为例,360采同样方式修改、自行设置下拉提示词。当用户点击下拉提示词时,将被引导至360视频服务中,为360视频带来流量。此处,用户的搜索需求是搜索与MP3相关的内容,360却将用户引向与其搜索需求无关的视频服务中。以地图搜索频道为例,360亦采同样方式修改、自行设置下拉提示词。当用户点击下拉提示词时,同样会被引导至360视频服务中,为360视频带来流量。当用户的搜索需求是搜索与地理位置相关的内容,360将用户引向与其搜索需求无关的视频服务中。360网址导航站的上述流量劫持行为,涉及将流量全面导入360多个服务,包括360的视频(影视网站)、游戏(游戏中心)、软件(软件宝库)等服务。当用户在百度搜索框中输入视频类关键词时,360网址导航站将流量劫持至其视频服务。当用户在百度搜索框中输入游戏类关键词时,360网址导航站采同样方式,将本应由百度搜索结果页面获得的流量引导至360自身的游戏服务中。

一审判理和结果

北京市第一中级人民法院认为:

被告的360安全卫士在原告网站搜索结果页面上有选择地插入了红底白色感叹号图标作为警告标识,以警示用户该搜索结果对应的网站存在风险,这一行为违反了《反不正当竞争法》第2条规定的诚实信用原则,属于不正当竞争行为。在本案中,被告不仅进行了插标,还逐步引导用户点击安装360安全浏览器,其插标和引导行为系通过利用原告搜索引擎服务对其浏览器产品进行了推广,属于明显的"搭便车"行为。被告的插标行为违反了《反不正当竞争法》第 2 条,构成了对原告的不正当竞争。

关于被告网址导航站劫持流量行为是否违反《反不正当竞争法》第 2 条。审查被告行为是否具有恶意是评判其行为是否违反《反不正当竞争法》第 2 条的关键。被告擅自改变原告在其搜索框上向用户提供的下拉提示词,并且采用增加文字介绍、设置背景颜色等方式,甚至在用户设置了其他搜索方向,依然插入了与用户设置的搜索方向关联性很小的下拉提示词,引导用户访问本不在相关关键字搜索结果中靠前位置的,甚至与用户搜索目的完全不同的被告的影视、游戏等页面,获得更多的用户访问量,以便谋取不正当的利益,属于明显的“搭便车”行为。

北京市第一中级人民法院依据《中华人民共和国民法通则》第 134 条、《中华人民共和国反不正当竞争法》第 2 条、第 20 条之规定,判决:奇虎公司立即停止涉案不正当竞争行为,连续 15 日在 360 网首页显著位置刊载消除影响的声明,赔偿百度网讯公司、百度在线公司经济损失 40 万元、合理支出 5 万元。

上诉与答辩

奇虎公司不服一审判决,向北京市高级人民法院提起上诉,请求撤销一审判决,将本案发回重审或者改判驳回百度网讯公司和百度在线公司的全部诉讼请求。其上诉理由为:第一,百度网讯公司和百度在线公司经营搜索引擎服务,奇虎公司经营网络安全服务,二者并不存在竞争关系。第二,奇虎公司并不特定地针对百度搜索结果网页进行插标,360 安全卫士的插标是保障网络安全的必要的正当的行为,并未违反诚实信用原则,不构成不正当竞争。一审法院错误地理解了《反不正当竞争法》第 2 条的适用条件。第三,百度搜索框不同于百度搜索引擎,本身没有自动显示下拉提示词,奇虎公司因此在百度搜索框设置了下拉提示词。下拉提示词并不能决定用户访问行为,制作下拉提示词并不属于“搭便车”的行为,也不构成对百度搜索流量的劫持,不构成不正当竞争行为。第四,一审判决确定奇虎公司赔偿百度公司经济损失四十万元没有事实和法律依据。第五,一审判决的事实认定与百度公司主张的事实和理由不一致,构成程序违法。百度网讯公司、百度在线公司、奇智公司服从一审判决。

二审审理查明

北京市高级人民法院查明:原审法院查明的事实基本清楚,故对原审法院查明的事实予以确认。

二审判理和结果

北京市高级人民法院认为:互联网经营者在经营互联网产品或服务的过程中,应当遵守公平竞争原则、和平共处原则、自愿选择原则、公益优先原则和诚实信用原则。在互联网产品或服务竞争应当遵守的上述五项基本原则基础上,应当认为:虽然确实出于保护网络用户等社会公众的利益的需要,网络服务经营者在特定情况下不经网络用户知情并主动选择以及其他互联网产品或服务提供者同意,也可干扰他人互联网产品或服务的运行,但是,应当确保干扰手段的必要性和合理性。否则,应当认定其违反了自愿、平等、公平、诚实信用和公共利益优先原则,违反了互联网产品或服务竞争应当遵守的基本商业道德,由此损害其他经营者合法权益、扰乱社会经济秩序的,应当承担相应的法律责任。前述规则可以简称为非公益必要不干扰原则。在本案中,360卫士被诉的插标行为和修改搜索框提示词的行为干扰了百度搜索的正常运行,而且奇虎公司并未证明上述行为确系保护网络用户的安全所必需,因此,二审法院认为上述行为构成不正当竞争,判决驳回上诉,维持原判。

王莘诉谷歌公司等侵害著作权纠纷案

——阅读提示:在网络环境下认定合理使用要考虑哪些因素?

【裁判要旨】

对在《中华人民共和国著作权法》(以下简称《著作权法》)第22条规定的具体情形外认定合理使用,应当从严掌握认定标准。除非使用人充分地、明确地证明其使用行为构成合理使用,否则应当认定其构成侵权。判断是否构成合理使用,应当综合考虑"四个要件"和"三步检验法"。上述因素中涉及的事实问题,应当由使用者承担举证责任。

【案号】

一审:北京市第一中级人民法院(2011)一中民初字第1321号

二审:北京市高级人民法院(2013)高民终字第1221号

【案情与裁判】

原告(被上诉人):王莘

被告(上诉人):谷歌公司

被告:北京谷翔信息技术有限公司(以下简称谷翔公司)

起诉与答辩

王莘诉称:笔名为棉棉的王莘是《盐酸情人》一书(以下简称涉案作品)的作者。2009年10月,王莘的委托代理人登录谷翔公司经营的域名为http://www.google.cn的"Google谷歌"网站(以下简称谷歌中国网站),在图书搜索栏目页面键入"棉棉"关键词可以搜索到涉案作品的内容片段。王莘以谷歌公司电子化扫描涉案作品、谷翔公司在谷歌中国网站上显示涉案作品片段的信息网络传播行为侵害了王莘的信息网络传播权为由,要求被告停止侵权、赔偿损失1000万元。

谷翔公司辩称:王莘与涉案图书的作者"棉棉"名称不同,涉案图书的著作权人并非原告。涉案网站实施的系对涉案图书的搜索、链接行为,而非信息网络传播行为。作为搜索、链接服务提供商,我公司已尽到法定义务,在知晓本案诉讼后即已删除涉案图书,因此,我公司并不构成侵权。

谷歌公司辩称:我公司系在美国注册的公司,我公司对涉案图书进行数字化扫描的行为发生在美国,该行为虽然并未经过涉案图书著作权人的许可,但并未违反美国法律,因此,中国法院对我公司所实施的行为并无管辖权,且不应适用《著作权法》来评价我公司的行为。

一审审理查明

北京市第一中级人民法院查明:

2000年3月,上海三联书店出版了《盐

酸情人》一书,该书总字数为130千字,其中包含十一篇文章,分别为《序:棉棉的意义》、《香港情人》、《九个目标的欲望》、《白色飘渺》、《黑烟袅袅》、《啦啦啦》、《盐酸情人》、《看在上海的老外男人》、《我会暴怒在音乐里》、《上海是我的情人》、《把魔鬼放在你面前》。该书著者署名为"棉棉",但其中的《序:棉棉的意义》一文署名为葛红兵。为证明王莘与棉棉系同一民事主体,王莘提交了其户口登记簿的原件,其中在"曾用名"一栏中显示有"棉棉"字样。

为证明谷歌中国网站上提供了涉案作品《盐酸情人》,王莘提交了(2009)京方圆内经证字第18828号公证书,该公证书表明,2009年10月30日,王莘的代理人登录谷歌中国网站,进行了以下操作:

1. 进入其中图书搜索栏目页面,在搜索框中键入"棉棉"关键词进行搜索。在搜索结果中位于第一位的即为《盐酸情人》。

2. 点击该搜索结果,进入下一页面。该页面中显示有《盐酸情人》的图书概述、作品的片段、常用术语和短语、作品的版权信息等内容,上述页面均在谷歌中国网站页面下,未显示其他网站网址。

3. 在该页面下,选择前一页面中常用术语和短语中所列明的相应关键词进行搜索,可以看到相关的作品片段,但整个过程仍均在谷歌中国网站页面下,未显示其他网站网址。

一审庭审中,王莘指出,因上述过程始终处于谷歌中国网站页面下,并未跳转到其他网站页面,故应认定涉案作品系由谷歌中国网站所提供,该网站经营者谷翔公司实施的是信息网络传播行为。谷翔公司对此不予认可,认为上述行为并非信息网络传播行为而是搜索行为。对于为何整个搜索过程均未脱离谷歌中国网站页面这一问题,谷翔公司称该情形系由其新型的图书搜索模式所决定的,在这一图书搜索模式下,网页不会跳转到其他网站中。但其同时指出,因这一事实属于客观上难以证明的事实,故无法提交相关证据佐证。

为证明谷歌中国网站已不再提供涉案作品,谷翔公司在一审诉讼中提交了北京市方圆公证处出具的(2009)京方圆内经字第26193号公证书,其中显示在谷歌中国网站中搜索涉案作品已无搜索结果。王莘对此予以认可。

谷歌公司的《情况说明》,对涉案作品的扫描行为说明如下:"《盐酸情人》由Google. Inc于2008年3月14日在美国进行了扫描。Google. Inc根据与位于美国的斯坦福大学的协议获得了涉案作品的纸件版本,并根据美国法律对该图书合法地进行了数字化扫描,涉案作品的数字化扫描的电子版本仅保存于Google. Inc在美国的服务器中。""北京谷翔信息技术有限公司、谷歌信息技术(中国)有限公司从未获得、持有该书的扫描后的复制品,其服务器中未以任何形式保存该书的扫描后的版本……亦未以任何形式参与扫描事务。"

对于涉案作品向社会公众提供的形式,谷歌公司称:"Google. Inc通过其图书搜索计划将所扫描的图书的很少部分内容(亦即'片段')开放给google. cn搜索引擎,从而使其搜索结果中出现少量的'片段'……用户可以通过搜索结果中出现的'片段'来判断该书是否是自己正在找的书,并可决定是否购买该书等事项。用户在没有购买或未得到授权的情况下,无法通过www. google. cn图书搜索下载或阅读受著作权保护的整部作品。"

一审庭审中,王莘对谷歌公司声称涉案扫描行为发生在美国的主张不予认可。谷歌公司并未进一步提交证据证明涉案扫描行为在美国实施。此外,谷歌公司明确认可其对涉案作品进行的是"全文扫描",但认为这一扫描行为在美国具有合法性。

王莘为证明其为本案所支付的合理支出,提交了金额为1500元的公证费发票一张。谷歌公司和谷翔公司认可王莘为本案诉讼支付了上述费用,但指出公证书并非民事诉讼中必需的证据形式,因此,该费用并非本案"合理"的支出。同时,谷歌公司和谷翔公司认为因其实施的行为均未构成侵权,因此,谷歌公司和谷翔公司无需支付该项费用。

此外,王莘表示其提出的1762462元经济损失是按照每字1美元的稿酬标准计算而得,但未提交证据佐证其稿酬标准。王莘表示,精神损害赔偿金67787元是估算得出。

一审判理和结果

北京市第一中级人民法院认为:

谷翔公司的信息网络传播行为构成合理使用,主要理由为:第一,涉案信息网络传播行为并不属于对涉案作品的实质性利用行为,尚不足以对涉案作品的市场价值造成实质性影响,亦难以影响涉案作品的市场销路。涉案作品为文字作品,王莘创作涉案作品的根本目的在于通过文字表述向读者传递其思想感情,因此,对于无法使读者相对完整地获知作者思想感情的使用行为,较难认定其属于对涉案作品的实质性使用行为。第二,涉案信息网络传播行为所采取的片段式的提供方式,及其具有的为网络用户提供方便快捷的图书信息检索服务的功能及目的,使得该行为构成对涉案作品的转换性使用行为,不会不合理地损害王莘的合法利益。

谷歌公司明确认可其实施了全文电子化扫描行为,该行为属于复制行为,且未取得著作权人许可,故该复制行为是否侵犯王莘复制权的关键在于该行为是否构成合理使用。一审法院认为,该复制行为并不构成合理使用,主要理由为:就行为方式而言,谷歌公司的"全文复制"行为已与王莘对作品的正常利用方式相冲突。就行为后果而言,这一全文复制行为已对涉案作品的市场利益造成潜在危险,将不合理地损害王莘的合法利益。基于上述原因,一审法院认为该复制行为并未构成合理使用行为。

北京市第一中级人民法院依照《中华人民共和国民事诉讼法》第243条、《中华人民共和国立法法》第84条、《中华人民共和国民法通则》第130条、第146条、《最高人民法院关于贯彻执行中华人民共和国民法通则若干问题的意见》第148条、第187条、2001年修正的《中华人民共和国著作权法》(以下简称《著作权法》)第10条第4项、第5项、第12项、第11条、第46条第4项、第47条第1项、第48条之规定,判决:(1)谷歌公司立即停止侵权行为;(2)谷歌公司赔偿王莘经济损失人民币5000元,诉讼合理支出人民币1000元;(3)驳回王莘的其他诉讼请求。

上诉与答辩

谷歌公司不服一审判决,向本院提起上诉,请求撤销一审判决第一、二项,判决驳回王莘的全部诉讼请求。其上诉理由为:(1)一审法院存在程序问题。首先,一审法院未对谷歌公司提出的管辖权异议作出裁定。其次,涉案的复制行为发生在美利坚合众国(简称美国),被诉的侵权结果发生地也在美国,因此中国法院对本案无管辖权。(2)一审法院法律适用错误。首先,因被诉侵权行为发生在美国,因此本案应当适用美国法律;其次,一审法院"提供作品"的表述错误,谷歌公司并没有提供行为;再者,谷歌公司的复制行为构成合理使用,并不构成侵权。(3)一审判决确定的赔偿责任是错误的。谷歌公司的行为并没有造成损害,不应当赔偿。一审确定的赔偿数额没有事实和法律依据。王莘、谷翔公司服从一审判决。

二审审理查明

北京市高级人民法院二审查明:原审法院查明的事实基本清楚,故对原审法院查明的事实予以确认。

二审判理和结果

北京市高级人民法院认为:谷歌公司上诉主张涉案复制行为构成合理使用,但复制权属于著作权人享有的权利,而且涉案复制行为并不属于《著作权法》第 22 条规定的合理使用行为,因此应当初步推定涉案复制行为构成侵权。考虑到人民法院已经在司法实践中认定《著作权法》第 22 条规定之外的特殊情形也可以构成合理使用,因此,在谷歌公司主张并证明涉案复制行为属于合理使用的特殊情形时,该行为也可以被认定合理使用。在判断涉案复制行为是否构成《著作权法》第 22 条规定之外的合理使用特殊情形时,应当严格掌握认定标准,综合考虑各种相关因素。判断是否构成合理使用的考量因素包括使用作品的目的和性质、受著作权保护作品的性质、所使用部分的性质及其在整个作品中的比例、使用行为是否影响了作品正常使用、使用行为是否不合理地损害著作权人的合法利益等。而且,使用人应当对上述考量因素中涉及的事实问题承担举证责任。在本案中,谷歌公司虽然主张涉案侵权行为构成合理使用,但并未针对上述相关因素涉及的事实问题提交证据。因此,谷歌公司主张涉案复制行为构成合理使用,证据不足,应当不予支持。王莘在二审诉讼中还对一审法院认定涉案信息网络传播行为构成合理使用提出异议,但王莘并没有对此提出上诉,故对该项主张,二审法院不予审理。综上,北京市高级人民法院判决:驳回上诉,维持原判。

天津天隆种业科技有限公司诉江苏徐农种业科技有限公司侵犯植物新品种权纠纷案

——阅读提示:生产涉案水稻品种的双方当事人,分别持有享有植物新品种权的父本和母本,能否判令双方必须相互许可且互免许可费?

【裁判要旨】

分别持有父本与母本的植物新品种权利人因不能达成相互授权许可而相互指控对方侵权,法院立足该品种权的历史渊源,从双方行使权利的性质、行为以及涉案品种的社会影响出发,在平衡父本与母本对涉案品种生产具有相同价值的基础上,判令双方当事人相互授权许可且互免许可费,体现了公平原则和鼓励植物新品种转化实施的基本司法价值导向。

【案号】

一审:江苏省南京市中级人民法院(2009)宁民三初字第63号、(2010)宁知民初字第069号

二审:江苏省高级人民法院(2011)苏知民终字第0194号、(2012)苏知民终字第0055号

【案情与裁判】

(2011)苏知民终字第0194号案当事人基本情况(简称天隆公司诉徐农公司案)

原告(被上诉人):天津天隆种业科技有限公司(简称天隆公司)

被告(上诉人):江苏徐农种业科技有限公司(简称徐农公司)

(2012)苏知民终字第0055号案当事人基本情况(简称徐农公司诉天隆公司案)

原告(被上诉人):江苏徐农种业科技有限公司(简称徐农公司)

被告(上诉人)天津天隆种业科技有限公司(简称天隆公司)

被告:淮安市高新种业科技有限公司

天隆公司诉徐农公司案起诉与答辩

2009年6月3日,天隆公司向一审法院起诉称,其系C418品种独占实施许可权利人,徐农公司未取得天隆公司同意,也未取得品种权人辽宁省稻作研究所(以下简称辽宁稻作所)同意,擅自将植物新品种C418种子重复使用于生产9优418杂交粳稻种子,并在市场上进行销售,其行为构成侵权。请求依法判令:(1)徐农公司侵犯了天隆公司对C418植物新品种享有的独占实施许可权;(2)徐农公司立即停止销售9优418杂交粳稻种子并不得将植物新品种C418种子重复使用于生产9优418杂交粳稻种子;(3)徐农公司赔偿天隆公司人民币116.6万元(2008年度)。

徐农公司辩称,其未侵犯C418植物新品种权。江苏徐淮地区徐州农业科学研究所(以下简称徐州农科所)在选育9优418杂交粳稻品种的过程中,并未使用辽宁稻作所选育的被授予植物新品种权的C418作为恢复系,而是使用辽宁稻作所提供的

性状仍在分离的高世代 C418 育种材料经系统选育的品系作为恢复系，与被授予植物新品种权的 C418 不是同一品种；天隆公司主张的赔偿额没有法律依据。

徐农公司诉天隆公司案起诉与答辩

2010 年 1 月 21 日，徐农公司向一审法院起诉称，徐州农科所许可徐农公司独占实施徐 9201A 植物新品种权。天隆公司未经徐农公司或者品种权人徐州农科所许可，擅自使用徐 9201A 生产 9 优 418 杂交粳稻种子，其行为构成侵权。请求判令：(1) 天隆公司停止侵犯徐农公司对徐 9201A 植物新品种享有的独占实施许可权；(2) 天隆公司赔偿徐农公司经济损失 200 万元。

天隆公司一审辩称，天隆公司生产 9 优 418 使用的母本是 9201A，不是徐 9201A，可以通过鉴定确定 9201A 与徐 9201A 的关系。徐农公司提交的现有证据不能证明天隆公司侵权，其诉讼请求没有事实和法律依据，应当予以驳回。

淮安高新公司未出庭应诉和发表答辩意见，亦未提交相关证据。

法院审理查明

一、关于涉案 9 优 418 水稻品种

2000 年 11 月 10 日，全国农作物品种审定委员会颁发审定证书，确认北方杂交粳稻工程技术中心、徐州农科所共同培育的 9 优 418 水稻品种审定通过。北方杂粳中心与辽宁稻作所为一套机构两块牌子，主管部门均为辽宁省农业科学院。

二、关于涉案父本 C418

2003 年 12 月 30 日，辽宁稻作所向国家农业部提出 C418 水稻品种植物新品种权申请，2007 年 5 月 1 日获得授权，品种权号为 CNA20030544.1，品种权人杨振玉、张忠旭、华泽田。

2007 年 5 月 1 日，辽宁稻作所（甲方）与天隆公司（乙方）签订了《杂交粳稻恢复系“C418”植物新品种权独占实施许可合同》。双方约定：C418 是辽宁稻作所选育的杂交粳稻恢复系。辽宁稻作所授权天隆公司独占（辽宁省除外）实施三系粳稻恢复系 C418 植物新品种生产、收购、运输、加工、包装以及销售等有关业务。在合同有效期限内甲方不得将 C418 植物新品种权转让或授权给任何第三方单位或个人开展粳稻恢复系 C418 任何相关的开发经营行为；甲方允许乙方向第三方实施 C418 种子生产等的再许可行为；甲方允许乙方以自己的名义开展 C418 植物新品种权的维权工作；乙方向甲方支付本合同期前三年的三系粳稻恢复系 C418 植物新品种权独占实施许可费人民币 350 万元。

天隆公司成立于 2005 年 12 月 28 日，注册资金为 3990 万元，经营范围为：农作物新品种研究及产业化；农作物种子生产；农产品深加工技术的产业化及其产品销售；畜牧养殖技术的研究和畜牧产品的生产、销售；生物肥料、农药、水稻种子批发、零售等。国有专营、专项规定的按专营专项规定办理。

三、关于涉案母本徐 9201A

2003 年 9 月 25 日，徐州农科所就其选育的徐 9201A 水稻品种向国家农业部申请植物新品种权保护，2007 年 1 月 1 日获得授权，培育人刘超、王健康等 6 人，品种权号为 CNA20030344.9。

2006 年 4 月 3 日，徐州农科所水稻室与天隆公司订立《关于“徐 9201A”引种使用协议》，约定：徐 9201A 已申请国家品种权保护，按照知识产权保护要求，外单位引用仅可用于测交配组,不得用于商业开发,并保证不向第三方扩散;使用期间未经同意不得自行繁殖,否则追究侵权责任。

2008 年 1 月 3 日,徐州农科所与徐农公司订立《技术转让合同书》,约定:徐9201A 是徐州农科所选育的三系杂交粳稻不育系。徐州农科所将徐 9201A 植物新品种权许可徐农公司以独占方式实施;实施范围包括:生产、包装和销售;许可使用费为每年 200 万元;对涉嫌侵犯徐 9201A 植物新品种权的行为,徐农公司有权以自己的名义行使索赔、请求相关行政机关予以查处、向人民法院提起诉讼等权利。

2008 年 5 月 30 日,徐农公司和徐州农科所共同致函天津市种子管理站,称:“我所自主选育的中粳不育系徐 9201A 于 1996 年通过,在审定之前命名为‘9201A’,简称‘9A’,审定时命名为‘徐 9201A’。以徐 9201A 为母本先后选配出 9 优 138、9 优 418、9 优 24 等三系杂交粳稻组合,其中 9 优 418 是我所与北方杂交粳稻工作技术中心联合选育的杂交粳稻组合……在 2000 年填报全国农作物品种审定申请书时关于亲本的内容仍沿用 1995 年配组时的品种来源 9201A × C418。徐 9201A 于 2003 年 7 月申请农业部新品种权保护,在品种权申请请求书的品种说明中已注明徐 9201A 配组育成了 9 优 138、9 优 418、9 优 24、9 优 686、9 优 88 等杂交组合,有关其转育亲本名称也与报请江苏省品种审定时填写一致,即为‘黎明 A/9201’。9201 的亲本来源为‘南粳 32 × 南粳 11’。综合以上情况,徐 9201A 与 9201A 是同一个中粳稻不育系……天隆公司侵权使用 9201A 就是侵权使用徐 9201A,请贵站予以查处。”

在二审期间,徐州农科所水稻室主任王健康(徐 9201A 植物新品种培育人之一)受徐州农科所指派参与本院组织的调解,其称:“徐 9201A 与 9201A 在性状上有差异,在配种后代上也有差异”,“现在已无法鉴定,因为已经没有 9201A 的鉴定样本。同时,9201A 目前已经停止使用且已被徐州农科所封存不再外流,故现在生产 9 优 418 只能使用徐 9201A。”

徐农公司成立于 2001 年 9 月 3 日,注册资金为 1000 万元,系徐州农科所全资设立的国有种子公司,是徐州农科所实施农作物育种科技成果转化的重要平台,经营农作物种子生产销售(凭许可证经营)。

四、关于 9 优 418 水稻品种的商业化推广情况

9 优 418 水稻品种于 2000 年通过审定后,辽宁稻作所与徐州农科所对该品种的后续商业化开发未作约定。徐州农科所在该品种通过审定后即组织进行商业化推广,徐州明天种业科技有限公司(即徐农公司的前身)在 2003 年即获得了 9 优 418 水稻品种的生产许可证。因 9 优 418 水稻品种不适于在北方推广,辽宁稻作所在 2007 年取得 C418 植物新品种权后,将 C418 品种权独占许可给天隆公司实施,自此天隆公司开始介入 9 优 418 品种的生产和销售。

一审判理和结果

一、天隆公司诉徐农公司案

天隆公司依据合同获得植物新品种 C418 独占实施许可权依法应受保护。现有证据均证明被控侵权品种 9 优 418 的配组采用了 C418 作为恢复系。徐农公司提出其使用从辽宁稻作所提供的性状仍在分离的高世代 C418 育种材料作为恢复系,与被授予植物新品种权的 C418 不是同一品种的抗辩理由缺乏事实和法律依据,不予采

信。徐农公司以商业目的重复以授权品种的繁殖材料为亲本与其他亲本另行繁殖生产被控侵权品种9优418的行为构成侵权，应承担相应的民事责任。天隆公司提出116.6万元的赔偿请求，其计算方法缺乏事实依据。天隆公司未按其与辽宁稻作所约定的期限、数额支付许可费，而于2009年2月23日实际支付140万元。法院将根据植物新品种实施许可的种类、时间、范围等因素，以天隆公司实际支付的许可费数额为参考，合理确定赔偿数额。一审判决：(1)徐农公司立即停止销售9优418杂交粳稻种子，未经权利人许可不得将植物新品种C418种子重复使用于生产9优418杂交粳稻种子；(2)徐农公司于判决生效之日起十五日内赔偿天隆公司经济损失50万元；(3)驳回天隆公司的其他诉讼请求。

二、徐农公司诉天隆公司案

徐农公司依法享有徐9201A植物新品种独占实施许可权，任何人未经权利人许可，不得为商业目的将该授权品种的繁殖材料重复使用于生产另一品种的繁殖材料。鉴定机构出具的《检验报告》(NZJH－2010－276)结果显示，在测试的所有标记中，被控侵权品种完全继承了C418和徐9201A的带型，可以认定被控侵权品种与C418、徐9201A存在亲子关系。天隆公司未经徐农公司许可，且系为商业目的，其行为构成侵权。关于赔偿责任的范围，一审法院认为，可以考虑亲本在组合中的价值、天隆公司生产、销售品种(组合)的数量、利润、侵权行为的性质、徐农公司所支付的合理费用等因素综合予以确定。关于涉案品种的价值。虽然在生物学意义上，母本和父本的价值是相同的，但是在经济和应用价值上则是不同的。首先，徐9201A品种是不育系，其价值通过市场销售价格、数量、利润等不能得到完全体现，更多的是作为用于生产另一品种(组合)的繁殖材料，并通过该品种(组合)之特性和价值体现出来。天隆公司将涉案徐9201A用于生产另一品种(组合)9优418的繁殖材料，其价值更多的是通过9优418的市场价值得以体现。其次，在繁殖过程中母本和父本的用种量是不同的，一般为10～12行母本，配2行父本，或者类似的配比，母本的用种量明显大于父本，其应用价值更高。再次，亲本的选育难度也是不同的。杂交水稻新品种选育工作中最重要、最困难的是不育系的选育，需要克服育种材料种质资源来源少、不育基因导入难、性状不易稳定、杂交亲和力差等诸多困难，不育系的育成一般要付出更多的时间和物力。因此，涉案徐9201A作为不育系相对于C418具有更大的经济和实用价值，其稀缺性和可获取难度更大，在考虑其对于组合品种的贡献时应当占据更大的比例。根据涉案组合品种的情况，一审法院确定9优418组合品种销售所产生的利润由徐9201A和C418分享，比例为6:4。天隆公司2009～2010年度生产、销售9优418种子的数量为11万公斤，其所获利润为11万公斤×20元/公斤＝220万元。根据利润分享比例，可分配到徐9201A品种上的利润为220万元×6/10＝132万元。对于2008～2009年度的生产、销售数量，没有证据证明，法院将结合2009～2010年度生产、销售的数量、侵权行为的性质和对证据的占有及其提交便利程度以及抗辩权的行使等因素作一个合理推定。淮安高新公司销售9优418种子，系国家审定品种，为天隆公司生产，种子包装上信息标注清楚，且有合法的进货渠道，其已尽到合理的注意义务。徐农公司认为淮安高新公司的销售行为构成侵权,缺乏事实和法律依据,法院不予支持。一审判决:(1)天隆公司于判决生效之日起立即停止对徐农公司涉案徐9201A植物新品种权之独占实施权的侵害;(2)天隆公司于判决生效之日起10日内赔偿徐农公司经济损失200万元;(3)驳回徐农公司的其他诉讼请求。

天隆公司诉徐农公司案上诉与答辩

徐农公司不服(2009)宁民三初字第63号民事判决,向本院提起上诉,请求撤销一审判决,驳回天隆公司的诉讼请求。其上诉理由仍同于一审抗辩理由,即徐农公司未使用授权C418,并认为一审未作有效鉴定,仅凭品种名称就认定徐农公司侵权,系事实不清。徐农公司请求二审重新按照国家标准对其使用的父本C418进行双亲本鉴定。

天隆公司二审答辩称,徐农公司的上诉请求与理由没有事实和法律依据。

该案二审争议焦点为:徐农公司是否侵犯了天隆公司享有的C418植物新品种独占实施许可权。

徐农公司诉天隆公司案上诉与答辩

天隆公司不服(2010)宁知民初字第69号民事判决,向本院提起上诉,请求撤销一审判决,驳回徐农公司的诉讼请求。其主要上诉理由是,天隆公司在一审中要求鉴定被控侵权产品是否与9优418为同一品种,目的是如果两者为同一品种,则其母本来源就与徐9201A无任何关系,不构成侵权;一审认定母本徐9201A的作用大于父本C418,缺乏依据;一审判赔200万元缺乏事实依据。

徐农公司二审答辩称,天隆公司的上诉请求与理由没有事实和法律依据。

该案二审争议焦点为:(1)天隆公司是否侵犯徐农公司享有的徐9201A植物新品种独占实施许可权;(2)如构成侵权,一审判决200万元赔偿额是否适当。

二审判理和结果

江苏省高级法院认为:

综合分析两上诉案件查明的事实,徐农公司、天隆公司在生产9优418水稻品种时相互指控对方侵权,均缺乏事实与法律依据。主要理由如下:

第一,9优418品种系辽宁稻作所与徐州农科所合作选育,双方具有合作的历史渊源。经查,9优418品种选育始于上世纪九十年代的国内穿梭合作育种,本案合作双方系相互无偿提供品种供对方使用、培育和繁殖,即辽宁稻作所与徐州农科所分别提供父本C418和母本9201A,合作培育成功9优418水稻品种,并由徐州农科所向全国农作物品种审定委员会提出品种审定的申请。在合作之初以及品种通过审定后,合作双方对涉案合作的后续权利以及之后获得授权的亲本植物新品种权如何行使,并没有特别约定。事实上,自2000年该品种通过审定开始,徐州农科所即开始通过各种方式组织种植推广9优418品种,而辽宁稻作所亦在2007年获得C418植物新品种授权后,独家授权许可天隆公司使用C418生产9优418品种,直至在本案双方当事人发生争议且相互提起诉讼后,9优418品种亦从未停止过种植生产。正是基于本案特殊的历史背景,在合作双方没有特别约定的情况下,本院认为,应当视为合作双方均有权利使用对方的亲本繁殖材料继续生产9优418品种,即辽宁稻作所应当允许对方使用父本C418,反之徐州农科所也应当允许对方使用并提供母本9201A。

第二,合作双方均面临着限制对方也被对方限制的法律障碍。经查,双方均认可9优418品种本身并无植物新品种权,该品种已进入公有领域,但之后辽宁稻作所与徐州农科所又分别通过各自的行为使得9优418品种间接获得法律保护。

具体而言,一方面,辽宁稻作所于2003年申请了父本C418的植物新品种权,即生产9优418使用父本C418需获得品种权人辽宁稻作所的授权许可;另一方面,徐州农科所亦于2003年申请了母本徐9201A的植物新品种权。本院二审查明,徐农公司在诉讼中认可,其目前已将未获品种权保护的母本9201A全部封存,这意味着只要天隆公司生产9优418就只能使用母本徐9201A。目前徐农公司和天隆公司生产9优418使用的配组完全相同,都是使用父本C418和母本徐9201A。

尽管天隆公司在诉讼中一直主张其使用的母本是9201A,并认为徐9201A就是9201A。对此,本院认为,一审法院已通过司法鉴定认定天隆公司使用的母本是徐9201A,且天隆公司系以科研配组的名义直接从徐农公司获得了徐9201A,故对天隆公司的抗辩本院不予采纳。而徐农公司亦主张其使用的父本C418与辽宁稻作所获得授权的C418不是同一品种,本院亦认为,徐农公司并没有提供任何证据对其主张加以证明,且被控侵权物包装上注明的品种名是“9优418(C418/9201A)”,故一审据此直接推定徐农公司使用的父本就是受到保护的C418并无不当。既然双方当事人均使用对方获得保护的亲本材料用于生产9优418,且双方生产的9优418均标注审定品种名为“9优418(C418/9201A)”,故双方当事人在二审中再行提出相关司法鉴定的申请,既无实际意义也无必要。因为二审中徐农公司申请鉴定其使用的C418与获得授权的C418品种不相同,对此,根据现有证据已经可以作出判断;天隆公司申请鉴定徐9201A与9201A是相同品种,涉及授权条件问题,本院在本案中无意对此作出进一步判断,且本院同时亦认为这并非双方各自利益最大化的理性选择。

本院认为,在通常情况下,植物新品种权作为一种重要的知识产权应当受到尊重和保护。《植物新品种保护条例》第6条明确规定:“完成育种的单位或者个人对其授权品种,享有排他的独占权。任何单位或者个人未经品种权所有人许可,不得为商业目的生产或者销售该授权品种的繁殖材料,不得为商业目的将该授权品种的繁殖材料重复使用于生产另一品种的繁殖材料”,但需要指出的是,该规定并不适用于本案情形。因为9优418的合作培育源于20世纪90年代国内杂交水稻科研大合作,本身系无偿配组。9优418品种性状优良,在江苏、安徽、河南等地广泛种植,受到广大种植农户的普遍欢迎,已成为中粳杂交水稻的当家品种,而双方当事人相互指控对方侵权,本身也足以表明9优418品种具有较高的经济价值和市场前景,涉及辽宁稻作所与徐州农科所合作双方以及本案双方当事人的重大经济利益。在二审期间,本院做了大量调解工作,希望双方当事人能够相互授权许可,使9优418这一优良品种能够继续获得生产,双方当事人也均同意就涉案品种权相互授权许可,但仅因一审判令天隆公司赔偿徐农公司200万元,徐农公司赔偿天隆公司50万元,就其中的150万元赔偿差额双方当事人不能达成妥协,故调解不成。本院认为,天隆公司与徐农公司不能达成妥协,致使9优418品种不能继续生产,不能认为仅关涉双方的利益,实际上已经损害了国家粮食安全战略的实施,有损公共利益,且不符合当初辽宁稻作所与徐州农科所合作育种的根本目的,也不符合促进植物新品种转化实施的根本要求。从表面上看,双方当事人的行为系维护各自的知识产权,但实际结果是损害知识产权的运用和科技成果的转化。鉴于该两案已关涉国家粮食生产安全等公共利益,影响9优418这一优良品种的推广,双方当事人在行使涉案植物新品种独占实施许可权时均应当受到限制,即在生产9优418水稻品种时,均应当允许对方使用己方的亲本繁殖材料,这一结果显然有利于辽宁稻作所与徐州农科所合作双方以及本案双方当事人的共同利益,也有利于广大种植农户的利益,故一审判令该两案双方当事人相互停止侵权并赔偿对方损失不当,应予纠正。

第三,在9优418配组生产中,父本与母本至少具有相同的地位和价值。一审认为,杂交水稻新品种选育工作中最重要、最困难的是不育系的选育,因其需要克服育种材料种质资源来源少,不育基因导入难、性状不易稳定、杂交亲和力差等诸多困难,不育系的育成一般要付出更多的时间和物力。一审法院正是基于这一认识,并根据母本与父本在实际生产中使用数量的差异,认定涉案9优418品种销售所产生的利润,按6:4的比例由母本徐9201A与父本C418分享。对此,本院认为,9优418是三系杂交组合。在品种审定时,其母本是徐州农科所育成的早中熟中粳不育系9201A,父本是辽宁稻作所育成的C418。根据本院查明的事实以及相关资料显示,9201A性状优良,米质好、配合力高、适应力强、灌浆速度快,是目前大面积应用为数不多的优良不育系;而C418具有特异亲和性,抗病性强、配合力高、穗大粒多,结实性好。C418含有1/3籼稻遗传成分,杂种F1,籼粳遗传成分搭配适度,实现了籼粳有利基因集团与本地优势生态群相结合,使杂种优势达到新水平。9优418综合双亲优良性状,杂种优势显著,在江苏、安徽、河南种植面积逐年扩大,受到广泛好评。试验表明,9优418竞争优势强,产量显著高于常规中粳和原有杂粳组合。这说明,对于9优418而言,虽然母本不育系的作用重要,而C418的选育成功因解决了三系杂交粳稻配套的重大问题,故在9优418配组中父本与母本至少具有相同的地位及作用。因此,一审认定涉案9优418品种销售所产生的利润按6:4的比例在母本徐9201A与父本C418之间进行分配,缺乏科学依据,应予纠正。

综合以上三个方面的分析,本院认为,基于辽宁稻作所与徐州农科所就9优418品种的合作渊源及合作目的,以及双方各自生产9优418面临的法律障碍,又鉴于父本与母本在配组生产9优418过程中地位及作用至少基本相当,本院判令合作双方及本案双方当事人均有权使用对方获得授权的亲本繁殖材料,而且应当相互免除许可使用费,但仅限于生产和销售9优418这一水稻品种,且不得用于其他商业目的。

当然,本院亦注意到,徐农公司二审中主张其为推广9优418品种付出了许多商业努力并进行种植技术攻关,目前9优418在江苏、安徽、河南等地为农户广泛接受并种植,正是徐州农科所和徐农公司多年不懈努力的结果,天隆公司对此亦予以认可。

由于天隆公司是在9优418品种已获得市场广泛认可的情况下进入该生产领域，明显减少了其推广该品种的市场成本，故天隆公司给予徐农公司一定的经济补偿具有公平合理性。

综上，本院认为，无论是工业产权还是植物新品种权，知识产权的价值在于运用。司法保护知识产权的目的，是为了通过保护权利，推动知识产权的转化实施，实现知识产权的市场价值。正是基于以上认识，本院认定辽宁稻作所与徐州农科所合作双方及获得独占实施许可权的双方当事人在生产9优418水稻品种时，互相不构成侵权，不仅符合双方的共同利益，更符合公共利益，亦体现了公平原则和鼓励植物新品种转化实施的基本司法价值导向。但同时本院亦需要指出，双方当事人各自生产9优418，事实上存在着一定的市场竞争和利益冲突，故双方当事人应当遵守我国《反不正当竞争法》的相关规定，诚实经营，有序竞争，确保质量，尤其应当清晰标注各自的商业标识，防止发生新的争议和纠纷，共同维护好9优418品种的良好声誉。依照《中华人民共和国合同法》第5条，《中华人民共和国植物新品种保护条例》第2条、第6条、第39条，《最高人民法院关于审理侵犯植物新品种权纠纷案件具体应用法律问题的若干规定》第1条、第2条、第6条，《中华人民共和国民事诉讼法》第170条第1款第2项之规定，判决如下：(1)撤销江苏省南京市中级人民法院(2009)宁民三初字第63号、(2010)宁知民初字第069号民事判决。(2)天津天隆种业科技有限公司于本判决生效之日起十五日内补偿江苏徐农种业科技有限公司50万元整。(3)驳回天津天隆种业科技有限公司、江苏徐农种业科技有限公司的其他诉讼请求。

中山市隆成日用制品有限公司诉湖北童霸儿童用品有限公司侵害实用新型专利权纠纷案

——阅读提示：知识产权的权利人与侵权人就侵权损害赔偿数额作出的事先约定是否具有法律效力？其法律属性为何？法院可否直接以该事先约定作为确定侵权损害赔偿数额的依据？

【裁判要旨】

知识产权的权利人与侵权人就侵权损害赔偿数额作出的事先约定合法有效；该事先约定的法律属性是双方就未来发生侵权时权利人因被侵权所受到的损失或者侵权人因侵权所获得的利益，预先达成的一种简便的确定方法，不构成权利人与侵权人之间的交易合同，故侵权人应承担的民事责任仅为侵权责任，不属于《合同法》第122条规定的侵权责任与违约责任竞合的情形；法院可直接以该事先约定作为确定侵权损害赔偿数额的依据。

【案号】

一审:湖北省武汉市中级人民法院(2011)武知初字第467号

二审:湖北省高级人民法院(2012)鄂民三终字第86号

再审:最高人民法院(2013)民提字第116号

【案情与裁判】

原告(上诉人、再审申请人):中山市隆成日用制品有限公司(简称隆成公司)

被告(上诉人、被申请人):湖北童霸儿童用品有限公司(简称童霸公司)

起诉与答辩

2011年5月,隆成公司向武汉市中级人民法院提起诉讼称:其是专利号为ZL 01242571.0,名称为“前轮定位装置”实用新型专利(以下简称涉案专利)的权利人。2008年4月,隆成公司曾以童霸公司侵犯涉案专利为由向武汉市中级人民法院提起诉讼,法院判决童霸公司停止侵权并赔偿损失。童霸公司不服提起上诉。二审期间,双方达成调解协议并由湖北省高级人民法院制作了民事调解书,其主要内容为:童霸公司保证不再侵犯隆成公司的专利权,如发现一起侵犯隆成公司实用新型专利权的行为,自愿赔偿隆成公司人民币100万元。但童霸公司仍通过网络继续许诺销售,并实际生产、销售侵权产品。综上,隆成公司请求法院判令童霸公司赔偿隆成公司100万元并承担本案的诉讼费用。

童霸公司辩称:隆成公司利用不正当手段到童霸公司取证。2011年3月,隆成公司派外商连同公证人员到童霸公司购买被控侵权产品。童霸公司的业务员告知对方没有被控侵权产品,本公司与隆成公司存在侵权纠纷,需等隆成公司的专利失效后再进行生产。但对方坚持订货,称先拿几个样品回去,等专利失效后再大批量订货生产。因此,童霸公司的业务员就向对方提供了几个样品。此外,隆成公司请求赔偿100万元没有法律依据。

一审审理查明

涉案专利的申请日为2001年7月10日,授权日为2002年5月15日,年费缴纳至2011年7月10日。涉案专利的原权利人为中山隆顺日用制品有限公司,2004年7月30日,权利人变更为隆成公司。涉案专利有五项权利要求。2008年8月11日,国家知识产权局专利复审委员会作出第12067号无效宣告请求审查决定,宣告涉案专利权利要求第1~3项无效,在权利要求4、5的基础上维持涉案专利权继续有效。

2009年10月16日,隆成公司委托代理人徐畅在广东省中山市公证处公证员的监督下,从互联网进入阿里巴巴网站(http://china.alibaba.com)页面,在该页面经搜索进入童霸公司网站(http://chen980412.cn.alibaba.com/)并对该网站相关页面进行截屏,页面内容包括童霸公司简介和多种型号婴儿推车照片。广东省中山市公证处对上述过程出具了(2009)中证内字第5846号公证书。2010年2月24日,隆成公司委托代理人林雁英在广东省中山市公证处公证员的监督下,从互联网进入童霸公司网站(http://www.tongba888.cn),浏览童霸公司简介及多种型号婴儿推车照片,并进行截屏。广东省中山市公证处对上述过程出具(2010)中证内字第938号公证书。上述两公证书对童霸公司网站网页所作截屏,没有涉案被控侵权产品的内容。

2010年3月10日,湖北省汉川市公证

处出具(2010)川证字第125号公证书,该公证书记载:林雁英在童霸公司处购买了一箱童车,为防止争议,于2010年3月9日向湖北省汉川市公证处申请保全证据。当日,该公证处公证员与林雁英一起到童霸公司门前,林雁英从童霸公司处取出包装箱型号为TBT85-670#的童车一箱,该包装箱运至湖北省汉川市公证处开箱、拍照后封存。2010年3月9日,童霸公司向隆成公司出具销售结算单一份,该结算单写明所售产品型号为TB85。

质证及庭审中,合议庭对湖北省汉川市公证处封存的被控侵权童车进行了拆封,双方当事人对封存情况无异议。被控侵权童车的包装箱上显示型号为TBT85-670#,启封后包装箱内没有被控侵权童车的说明书或合格证等任何资料,童霸公司当庭表示童车型号以包装箱内童车实物为准。启封后,隆成公司经比对认为被控侵权产品完全落入了涉案专利权的保护范围,童霸公司认可隆成公司的比对意见。

一审庭审中,隆成公司明确本案依据专利侵权诉讼起诉,不选择合同违约之诉,但侵权赔偿数额请求法院按双方约定的违约金标准计算。

2008年4月2日,隆成公司曾以童霸公司侵害其涉案专利权为由,向武汉市中级人民法院提起民事诉讼。2009年6月16日,武汉市中级人民法院作出(2008)武知初字第144号民事判决书,判决童霸公司停止侵权,并赔偿隆成公司80000元。童霸公司不服提起上诉。2009年9月2日,湖北省高级人民法院作出(2009)鄂民三终字第42号民事调解书调解结案。隆成公司与童霸公司达成的调解协议的主要内容为:(1)童霸公司于调解协议签字之日起停止制造、许诺销售、销售被控侵权的B858C-B型号童车产品,清除童霸公司网站上关于该型号童车产品的图片以及产品宣传册中关于该型号童车产品的文字与图片介绍,并保证不再侵犯隆成公司的专利权。如发现一起侵犯隆成公司外观设计专利权的行为,童霸公司自愿赔偿人民币50万元,如发现一起侵犯隆成公司实用新型专利权的行为,童霸公司自愿赔偿人民币100万元;(2)童霸公司于调解协议签字之日起十日内赔偿隆成公司经济损失55000元,并支付隆成公司垫付的一审案件受理费3300元、证据保全费30元;(3)双方均放弃基于本案事实的其他诉讼请求。

一审判理和结果

一审法院认为,本案争议焦点为:童霸公司是否实施了侵权行为;如何确定童霸公司的民事责任。

关于童霸公司是否实施了侵权行为。(2010)川证字第125号公证书证明,2010年3月9日林雁英从童霸公司处取出包装箱型号为TBT85-670#的童车一箱,当日童霸公司出具销售结算单一份。质证及庭审中,童霸公司承认隆成公司所指控的侵权童车由其销售。故一审法院认定童霸公司存在生产、销售被控侵权产品的行为。关于隆成公司指控童霸公司许诺销售问题。隆成公司提交(2009)中证内字第5846号公证书、(2010)中证内字第938号公证书、中国进出口商品交易会《参展商名录》、《产品宣传册》,用以证明童霸公司有许诺销售行为。经审查,上述两份公证书所作童霸公司网站网页截屏及《参展商目录》没有被控侵权童车内容,仅《产品宣传册》上有若干童车照片及简要文字介绍,无法对童车的形状、构造及其结合方式等技术特征与涉案专利的权利要求进行比对,因此,隆成公司关于童霸公司许诺销售被控侵权产品的主张证据不足,不予支持。关于被控侵权产品的型号。一审庭审中,启封勘验公证封存的被控侵权童车,包装箱内没有说明书或合格证等能够说明童车型号的资料,童霸公司当庭表示童车的型号以包装箱内的童车实物为准,一审法院将童车实物与童霸公司的产品宣传册比对,童车实物与宣传册上的TBT86型号产品一致,故认定侵权公证封存的童车型号为TBT86。庭审中童霸公司对被控侵权产品落入涉案专利保护范围没有异议,也未提交证据证明其有法定的免责事由,因此,童霸公司生产、销售TBT86型号童车的行为侵害了隆成公司享有的涉案专利权,应依法承担民事责任。

关于童霸公司应承担的民事责任。隆成公司当庭明确本案系侵权之诉,要求童霸公司承担侵权赔偿责任,赔偿标准以双方在(2009)鄂民三终字第42号民事调解书中的约定为准。一审法院认为,侵权责任与违约责任的事实基础和法律基础不同,产生于不同的法律关系。《合同法》第122条规定,因当事人一方的违约行为,侵害对方人身、财产权益的,受损害方有权选择依照《合同法》要求其承担违约责任或者依照其他法律要求其承担侵权责任。本案中隆成公司既然明确选择对被控侵权行为提起侵权之诉,就应根据《侵权责任法》确定赔偿数额。隆成公司关于本案为侵权之诉,赔偿标准以(2009)鄂民三终字第42号民事调解书的约定为准的主张,与合同法的上述规定相冲突,不予支持。本案因隆成公司主张侵权之诉,导致童霸公司不能就违约之诉的违约事实及违约金是否过高提出抗辩,违约之诉也无法纳入法庭调查和辩论的范围。在隆成公司未主张违约之诉的情况下,法院无须就当事人双方是否有违约行为及违约责任作出判断,故不宜简单适用当事人约定的违约赔偿金。隆成公司在本案中没有提交证据证明其实际损失或童霸公司的侵权获利,一审法院依法适用法定赔偿。综合考虑涉案专利权已到期、前轮定位装置在被控侵权童车整车中为部件之一、整车售价不高,销售数量无法确定、童霸公司系再次侵权等因素,一审法院确定在前案判赔数额的基础上适当提高赔偿数额。

综上,一审法院判决:(1)童霸公司赔偿隆成公司14万元;(2)驳回隆成公司的其他诉讼请求。

二审审理查明

2010年3月9日,隆成公司为购买涉案TBT86型号童车支付260元。

二审判理和结果

关于童霸公司是否实施了侵权行为。2009年9月2日,涉案双方签订调解协议。调解协议签订后,隆成公司指控童霸公司存在的侵权事实包括三个方面:一是2009年10月23日至25日,在中国进出口产品交易会上展出侵权产品并派发《产品宣传册》;二是通过网络许诺销售侵权产品;三是2010年3月隆成公司再次对侵权行为进行调查取证。首先,关于童霸公司是否存在许诺销售行为。由于公证书所作网页截屏没有被控侵权童车内容,且提交的网页图片不够清晰;《参展商名录》仅有童霸公司名称;《产品宣传册》仅有TBT86童车的一幅照片及简要文字介绍,且其来源不明、印刷时间不详。故现有证据不足以证明童霸公司存在许诺销售行为。其次,关于童霸公司是否存在生产行为。隆成公司在一审中提交了(2010)川证字第125号公证书及销售结算单,用于证明童霸公司存在生产、销售被控侵权产品行为。经查,(2010)川证字第125号公证书载明"取出童车一箱",其包装箱外侧显示"ITEMNO. TBT85-670#",外包装箱上未标明具体生产日期。销售结算单上标明的一款品名为"TB85",另一款则不清晰。一审将公证购买的童车与童霸公司产品宣传册上的产品进行比对,实际与"TBT86"型号产品一致。据此,至少可以认定童霸公司在2010年3月9日提供给隆成公司的童车型号中有一款型号系TBT86,但该款产品的具体生产时间并不明确。由于双方当事人达成调解协议的时间为2009年9月2日,故现有证据并不能证明童霸公司在签订调解协议之后实施了生产侵权行为。最后,关于童霸公司是否存在销售行为。虽然隆成公司公证购买的TBT86型号童车产品的具体生产时间并不明确,但隆成公司为此支付了260元的对价,且童霸公司出具了相应的销售结算单,故可认定童霸公司存在销售被控侵权产品的行为。综上,童霸公司存在销售被控侵权产品的行为,但无证据证明其存在生产、许诺销售行为。

关于童霸公司应承担的民事责任。双方当事人曾因专利侵权纠纷在法院的主持下达成调解协议,协议约定赔偿损失的条件是童霸公司存在新的侵权行为。因此,侵权行为成立与否是本案双方当事人权利义务关系的基础,不能直接以调解协议的内容作为双方权利义务关系的基础。并且,童霸公司与隆成公司在涉案专利侵权的前案中达成调解协议,该前案中被控侵权童车产品的型号为B858C-B,而本案被控侵权产品的型号为TBT86,故在被控侵权产品型号不相同的情况下,前案调解协议中约定的赔偿数额不能适用于本案。专利侵权赔偿数额的确定不能忽略本案的实际情况。现有证据仅表明童霸公司存在销售侵权行为,而且,并无证据显示童霸公司存在隆成公司诉称的"仍然大规模、不间断地从事侵犯涉案专利权的行为",故一审法院酌定童霸公司赔偿隆成公司14万元符合本案实际。

综上,隆成公司的上诉请求及理由均不能成立,依法予以驳回。童霸公司关于其未在调解协议签订后再生产被控侵权产品的理由成立,一审法院对此认定有误,依法予以纠正;童霸公司的其他上诉请求及理由不能成立,依法予以驳回。一审判决实体处理并无不当,依法应予维持。二审法院判决驳回上诉,维持原判。

申请再审理由与答辩

隆成公司向最高人民法院申请再审,请求撤销一审、二审判决,改判支持其一审提出的诉讼请求。隆成公司申请再审的主要理由为:(1)二审法院认定事实错误。①童霸公司没有否认被控侵权产品系其生产的事实,二审法院对此认定错误。②童霸公司许诺销售被控侵权产品的事实清楚,二审法院对此认定错误。(2)二审法院适用法律错误。①二审法院未适用(2009)鄂民三终字第42号民事调解书约定的赔偿标准,属于适用法律错误。本案作为专利侵权纠纷,一审法院认为按照(2009)鄂民三终字第42号民事调解书的约定来确定本案赔偿数额与《合同法》的有关规定相冲突,二审法院没有纠正一审法院的该项错误。民事调解书是双方意思表示一致的司法确认,本案适用民事调解书确定赔偿责任,不会与《专利法》、《合同法》的规定发生冲突。

②二审法院以本案被控侵权产品的型号“TBT86”与前案所涉侵权产品的型号“B858C－B”不同为由,否定调解书约定赔偿标准的适用,属于明显错误。相对于前案,只要有证据证明童霸公司再次实施了侵权行为,调解书约定赔偿的条件就已成就。

童霸公司答辩称:(1)二审法院认定事实清楚。二审法院认定童霸公司没有实施生产、许诺销售被控侵权产品的行为,认定事实清楚。(2)二审法院适用法律正确。①本案是侵权诉讼,应依侵权法的有关规定确定赔偿数额。当侵权责任与违约责任竞合时,隆成公司可选择侵权之诉或违约之诉进行维权,但其选择侵权之诉后,就不能再依据调解书提出违约赔偿请求。隆成公司要求按照调解书约定的赔偿数额计算方法确定本案赔偿责任,其实质就是在侵权诉讼中主张违约责任,违反了民事责任竞合的处理原则。②《专利法》没有就事先约定赔偿作出规定,一审、二审法院依据《专利法》第65条规定的法定赔偿方式确定赔偿数额,并在适用法定赔偿时考虑了童霸公司再次侵权的主观过错等因素,适当加重了对童霸公司的赔偿制裁力度,判决确定的赔偿数额合理适当。③本案被控侵权产品型号与前案所涉侵权产品型号不同,故前案调解书中约定的赔偿数额不能适用于本案。

再审审理查明

一、在先案件与民事调解书的情况

2008年4月,隆成公司以童霸公司生产、销售的童车侵犯隆成公司的专利权为由,向武汉市中级人民法院提起三个诉讼。

隆成公司诉童霸公司侵犯“婴儿车收合关节”外观设计(专利号为ZL 02322197.6)一案,涉案侵权产品为D900型号童车,武汉市中级人民法院作出(2008)武知初字第143号民事判决,认定侵权成立,判决童霸公司停止侵权并承担赔偿责任。宣判后,双方当事人均未上诉。

隆成公司诉童霸公司侵犯“婴儿车可单手收合结构”实用新型专利(专利号为ZL 00228933.4)一案,涉案侵权产品为D900型号童车,武汉市中级人民法院作出(2008)武知初字第142号民事判决,认定侵权成立,判决童霸公司停止侵权并承担赔偿责任。童霸公司不服一审判决,向湖北省高级人民法院提起上诉。二审期间,当事人自愿达成调解协议,其主要内容为:(1)童霸公司于调解协议签字之日起立即停止制造、许诺销售、销售D900型号童车产品,清除童霸公司网站上该型号童车产品的图片及产品宣传册中对该型号产品的介绍,并保证不再侵犯隆成公司的专利权,如发现一起侵犯隆成公司外观设计专利权的行为,童霸公司自愿赔偿人民币50万元,如发现一起侵犯隆成公司实用新型专利权的行为,童霸公司自愿赔偿人民币100万元;(2)童霸公司于调解协议签字之日起十日内赔偿隆成公司经济损失55000元,并支付隆成公司垫付的一审案件受理费3300元、证据保全费30元;(3)双方均放弃基于本案事实的其他诉讼请求。湖北省高级人民法院对该调解协议进行审查确认后,于2009年9月2日制作(2009)鄂民三终字第41号民事调解书。

隆成公司诉童霸公司侵犯“前轮定位装置”实用新型专利(专利号为ZL 01242571.0)一案,涉案侵权产品为B858C－B型号童车,武汉市中级人民法院作出(2008)武知初字第144号民事判决,认定侵权成立,判决童霸公司停止侵权并承担赔偿责任。童霸公司不服一审判决,向湖北省高级人民法院提起上诉。二审期间,当事人自愿达成调解协议,除涉及的侵权童车产品型号由D900变化为B858C-B外,其内容与(2009)鄂民三终字第41号民事调解书确认的调解协议的内容一致。湖北省高级人民法院对该调解协议进行审查确认后,于2009年9月2日制作(2009)鄂民三终字第42号民事调解书。

二、调解协议解释的有关情况

就调解协议"如发现一起侵犯隆成公司实用新型专利权的行为,童霸公司自愿赔偿人民币100万元"这一约定,隆成公司在再审庭审中主张,"一起侵犯隆成公司实用新型专利权的行为"是指侵犯隆成公司一项实用新型专利权的行为,既不限于前案中特定型号的侵权产品,也不限于前案中所涉的实用新型专利权,若侵犯"几项"实用新型专利权,就构成"几起"侵权行为。

童霸公司在提交给最高人民法院的书面答辩意见中主张,"一起侵犯隆成公司实用新型专利权的行为",是针对前案特定型号侵权产品的有关侵权行为,后在再审庭审中主张,按调解协议的字面理解,有关侵权行为应不限于前案特定型号的侵权产品,案外其他产品如构成侵犯实用新型专利权,同样满足调解协议约定的条件。

再审判理和结果

最高人民法院认为,本案再审的争议焦点为:童霸公司在调解协议签订后是否实施了制造、许诺销售被控侵权产品的行为;如何确定童霸公司的赔偿责任。

一、童霸公司在调解协议签订后是否实施了制造、许诺销售被控侵权产品的行为

隆成公司为证明童霸公司再次实施了制造被控侵权产品的行为,在一审程序中向法院提交了(2010)川证字第125号公证书、童霸公司出具的销售结算单以及公证封存的被控侵权产品。由于(2010)川证字第125号公证书与销售结算单仅能证明童霸公司销售被控侵权产品的时间为2010年3月9日,无法证明童霸公司制造被控侵权产品的时间,而一审庭审的勘验结果亦不能证明童霸公司在调解协议签订之后实施了制造被控侵权产品的行为,故二审法院关于无证据证明童霸公司在调解协议签订后实施制造被控侵权产品行为的认定,并无不当。

隆成公司为证明童霸公司再次实施了许诺销售被控侵权产品的行为,在一审程序中向法院提交了(2009)中证内字第5846号公证书、(2010)中证内字第938号公证书、《中国进出口商品交易会参展商名录》以及童霸公司的《产品宣传册》。关于证据《产品宣传册》,童霸公司在一审质证程序中对该份证据的真实性、合法性、关联性均无异议。据此,一审法院在庭审中将公证封存的童车实物与《产品宣传册》上的童车图片进行比对,从而确定了本案被控侵权产品为TBT86。但另一方面,一审法院又认为,《产品宣传册》上仅有若干童车照片及简要文字介绍,无法对童车的形状、构造及其结合方式等技术特征与涉案专利的权利要求进行比对,进而对童霸公司的许诺销售侵权行为不予认定,前后说理存在矛盾。二审法院认为,《产品宣传册》来源不明,印刷时间不详,故对童霸公司的许诺销售侵权行为不予认定。对此,最高人民法院认为:第一,由于一审法院已在庭审中将公证封存的童车实物与《产品宣传册》上的童车图片进行比对,并据此确定本案被控侵权产品为TBT86,且双方当事人均无异

议,故可以认定《产品宣传册》包含有被控侵权产品信息。第二,童霸公司对《产品宣传册》的质证意见表明,其对《产品宣传册》的真实性、合法性、关联性均无异议,故二审法院关于其"来源不明"的认定不能成立。第三,《产品宣传册》的印刷时间,对于本案认定童霸公司是否存在许诺销售行为不具有法律意义,即使印刷时间在调解协议签订前,也不影响将调解协议签订后传播、散发《产品宣传册》的行为认定为许诺销售。因此,结合一审法院庭审中的勘验比对情况与童霸公司对《产品宣传册》的质证意见,可以认定童霸公司在调解协议签订后实施了许诺销售被控侵权产品的行为。二审法院对此事实认定错误,应予纠正。

二、如何确定童霸公司的赔偿责任

(一)关于双方在前案中达成的调解协议的效力

由于调解协议系双方自愿达成,其内容仅涉及私权处分,不涉及社会公共利益、第三人利益,也不存在法律规定的其他无效情形,且湖北省高级人民法院对调解协议进行审查确认后制作了民事调解书,故双方在前案中达成的调解协议合法有效。

(二)关于本案能否适用双方在调解协议中约定的赔偿数额确定方法

首先,应当明确,本案中童霸公司应承担的民事责任,不属于侵权责任与违约责任竞合之情形。《合同法》第122条所规定的侵权与违约责任的竞合,其法律要件是"因当事人一方的违约行为,侵害对方人身、财产权益"。就该规定来看,违约责任与侵权责任发生竞合的前提,是当事人双方之间存在一种基础的交易合同关系。基于该交易合同关系,一方当事人违反合同约定的义务,同时该违约行为侵害了对方权益产生侵权责任。就本案所涉调解协议的内容来看,该协议并非隆成公司与童霸公司之间的交易合同,而是对童霸公司将来再次侵权应如何承担侵权赔偿责任(包括计算方法和数额)的约定。因此,本案中童霸公司应承担的民事责任,不属于合同法第122条规定的侵权责任与违约责任竞合的情形。

其次,应当明确,本案中童霸公司应承担的民事责任为侵权责任。一方面,前已述及,隆成公司与童霸公司之间并不存在基础的交易合同关系;另一方面,调解协议的法律意义与效果,不在于对童霸公司的合同交易义务作出约定,而在于对侵权责任如何承担作出约定。即使没有调解协议,童霸公司基于法律规定也同样负有不侵权的义务。当事人双方将童霸公司将来再次侵权所产生的侵权赔偿责任的计算方法与数额写进调解协议,只是为了便于确定当童霸公司再次侵权时其应如何承担侵权责任,童霸公司并未因此而负担有新的合同义务。

最后,《侵权责任法》、《专利法》等法律并未禁止被侵权人与侵权人就侵权责任的方式、侵权赔偿数额等预先作出约定。这种约定的法律属性,可认定为双方就未来发生侵权时权利人因被侵权所受到的损失或者侵权人因侵权所获得的利益,预先达成的一种简便的计算和确定方法。基于举证困难、诉讼耗时费力不经济等因素的考虑,双方当事人在私法自治的范畴内完全可以对侵权赔偿数额作出约定,这种约定既包括侵权行为发生后的事后约定,也包括侵权行为发生前的事先约定。因此,本案适用调解协议中双方约定的赔偿数额确定方法,与《专利法》第65条的有关规定并不冲突。值得注意的是,《最高人民法院关于审理著作权民事纠纷案件适用法律若干问题的解释》第25条第3款规定，双方当事人基于权利人的实际损失或者侵权人的违法所得，就赔偿数额达成协议的，法院应当准许。该规定即为法院对当事人就侵权责任赔偿数额作出的“事后约定”的认可。

综上，本案可以适用隆成公司与童霸公司在调解协议中约定的赔偿数额确定方法。

（三）关于本案如何适用双方在调解协议中约定的赔偿数额确定方法

本案具体如何适用调解协议中约定的赔偿数额确定方法，取决于对调解协议中“如发现一起侵犯隆成公司实用新型专利权的行为，童霸公司自愿赔偿人民币100万元”这一约定的解释。根据再审查明的事实，（2009）鄂民三终字第41号民事调解书与（2009）鄂民三终字第42号民事调解书所涉案件均为侵害实用新型专利权案，但在调解协议中却同时包含童霸公司不得再侵害隆成公司外观设计与实用新型专利权的内容，结合隆成公司与童霸公司之间曾发生多起侵害专利权纠纷案件，以及再审庭审中双方当事人就这一问题发表的意见等相关情况，可以认定调解协议中关于童霸公司不得再实施侵权行为以及相应赔偿数额的约定为一揽子约定，即：第一，上述约定中的“一起侵权行为”，不限于前案中所涉特定型号的侵权婴儿车；第二，上述约定中的“一起侵权行为”，不限于前案中所涉的专利权；第三，上述约定中的“一起侵权行为”，是指侵害隆成公司一项专利权的行为。因此，童霸公司在本案中应当赔偿隆成公司100万元。隆成公司该项申请再审理由成立，应予支持。二审法院就童霸公司的赔偿责任如何确定这一问题适用法律错误，应予纠正。

综上，最高人民法院认为，二审判决认定童霸公司在调解协议签订后未实施许诺销售侵权行为，认定事实错误，应予纠正；二审判决酌定童霸公司赔偿隆成公司14万元，适用法律错误，应予纠正。最高人民法院判决：撤销一、二审判决，童霸公司赔偿隆成公司100万元。

北京鸭王烤鸭店有限公司诉上海淮海鸭王烤鸭店有限公司、国家工商行政管理总局商标评审委员会商标异议复审纠纷案

——阅读提示：《商标法》第31条所规定的“以不正当手段抢先注册他人在先使用并有一定影响的商标”应如何理解？

【裁判要旨】

在注册原则下，只有在先使用的未注册商标已经具有了一定影响，而在后的商标申请人明知或者应知该在先商标而且具有从该商标声誉中获利的恶意，才是《商标法》第31条要遏制的对象。通常情况下，如果在先使用商标已经具有一定影响，而

在后商标申请人明知或应知该商标而将其申请注册即可推定其具有占用他人商标声誉的意图,即二者一般是重合的。

【案号】

一审:北京市第一中级人民法院(2007)一中行初字第966号

二审:北京市高级人民法院(2008)高行终字第19号

再审:北京市高级人民法院(2010)高行再终字第53号

申诉:最高人民法院(2012)知行字第9号

【案情与裁判】

原告(被上诉人、申诉人):北京鸭王烤鸭店有限公司(简称北京鸭王)

被告(被申诉人):国家工商行政管理总局商标评审委员会(简称商标评审委员会)。

第三人(上诉人、被申诉人):上海淮海鸭王烤鸭店有限公司(简称上海淮海鸭工。原名上海淮海全聚德烤鸭店有限公司,简称上海全聚德)

起诉与答辩

2007年7月13日,北京鸭王向北京市第一中级人民法院提起诉讼,请求撤销国家工商行政管理总局商标评审委员会作出的商评字[2007]第2831号《关于第3083416号"鸭王"商标异议复审裁定书》(简称第2831号裁定)。

一审审理查明

北京紫云阁鸭王烤鸭店有限公司成立于1996年7月24日,法定代表人穆民。北京鸭王成立于1997年9月10日,法定代表人穆民。北京鸭王建国门分店成立于2000年2月23日,负责人刘邵华。北京鸭王广安门分店成立于2001年1月3日,负责人刘邵华。北京鸭王乌鲁木齐分店成立于2001年8月29日,负责人刘邵华。北京新大都鸭王烤鸭店有限公司成立于2001年1月15日,法定代表人穆民。北京鸭王大北窑烤鸭店有限公司成立于2001年10月9日,法定代表人刘邵华。

2000年12月21日,北京鸭王在第33类、第42类商品上向国家工商行政管理总局商标局(简称商标局)提出"鸭王"商标的注册申请,在第33类上于2002年2月7日获准注册,注册号为1711298,核定使用商品为葡萄酒等。2001年7月30日,商标局(2001)标审(三)驳字第1015号商标核驳通知书认为北京鸭王在第42类餐厅等服务上申请注册的"鸭王"商标直接表示了服务的内容及特点,予以驳回。北京鸭王未申请复审。

2000年至2001年期间,北京鸭王在北京到上海的日航班机宣传手册上刊登含有企业名称及"鸭王"字样的广告。2000年7月号《环球职业家》刊登文章《"鸭王"的故事》,讲述北京鸭王的创业过程,在文章中"鸭王"一词成为北京鸭王的代名词。2000年12月2日,《北京晚报》刊登北京鸭王的广告"新北京、新烤鸭"。因社会上有以"鸭王"烤鸭分店名义经营的烤鸭店,北京鸭王于2001年1月7日、15日在《北京晨报》刊登声明,表明其北京分店的地址和名称,以便消费者识别。2001年1月19日,《北京青年报》春节特刊刊登了"鸭王"烤鸭广告。2001年2月16日,《北京青年报》刊登文章《鸭王烤鸭,百年烤鸭王朝的一代新君》。2001年4月29日,《中国食品报》餐饮周刊刊登文章《张扬个性 挑战自我——京城烤鸭巨头纵论大市场》,介绍了包括北京鸭王在内的几家"重量级"烤鸭店。2001年5

月1日,《北京晚报》刊登北京鸭王"新世纪、新北京、新烤鸭——不到长城非好汉,不到鸭王真遗憾"的广告。2001年5月25日,《精品购物指南》刊登文章《流行菜引来洋口碑》,第一章介绍的就是"鸭王"不肥不腻的烤鸭。2001年6月29日,《北京青年报》刊登"世界拳击协会举办的重量级拳击争霸赛"广告上,北京鸭王作为特别鸣谢单位名列其中。《中国食品》2001年半月刊第2期刊登文章《吃时尚烤鸭哪里去——北京鸭王烤鸭店》。《中国食品》2001年半月刊第3期刊登了"不到长城非好汉,不到鸭王真遗憾"的广告。《商务旅游》2001第2期刊登文章《食特色 品文化——鸭王一景》。《中国财经杂志》2001年6月号刊登文章《一个烤鸭店老板的网络经济学》,介绍北京鸭王法定代表人穆民的经历和管理理念,并刊登了穆民的照片,其照片背景有"鸭王"商标及"鸭王烤鸭店"字样。2001年9月26日,《北京晨报》刊登报道《鸭王ISO9001:2000质量管理体系发布运行》。

2001年2月26日,北京鸭王与北京天琴之声广告有限责任公司签订《广告发布业务合同》,约定北京鸭王委托北京天琴之声广告有限责任公司于2001年3月3日至4月3日期间发布超市媒体广告,广告发布地点为北辰购物中心、华联商厦超市、百佳超市中粮店和丰联店,广告发布媒介为收款机打印纸带,每月在一家超市发行十五万次;北京鸭王按约支付了广告费。2001年5月29日,北京鸭王与北京电视台《每日财经》栏目、北京天赏人和广告有限公司签订广告播出协议书,约定在《每日财经》栏目播出北京鸭王广告22次。2001年11月16日,北京鸭王与慧聪公司签订网络建设合同,慧聪公司依约建立了北京鸭王的网站。2001年10月22日、11月26日、12月19日,北京鸭王与北京东方艺神影视文化传播公司分别签订《北京电视台BTV-5〈热卖场〉栏目广告合同》,约定在北京电视台BTV-5频道播出共计48次广告;北京鸭王按约支付了广告费。

北京市朝阳区地税局出具涉税证明:北京鸭王在1998年11月1日至2001年10月31日期间缴纳地税总计190万元。北京鸭王建国门分店在2000年5月至2001年10月缴纳地税总计114万元。北京鸭王总经理刘邵华因1999年至2001年共纳税304万元而获得北京市户口。

2001年12月5日,《北京晨报》刊登文章《湖南老板拿到北京户口》,介绍北京鸭王总经理刘邵华3年纳税300万元,落户朝阳。2001年12月5日,《北京青年报》刊登文章《只为孩子上学 三百万换户口》,报道北京鸭王总经理刘邵华3年纳税304万,成为北京市第一位获得常住户口资格的外地私企老板。2001年12月10日,《中国税务报》刊登文章《缴税300万 户口可进京》,报道了刘邵华作为首位外地来京投资开办私企人员领到申请北京户口涉税证明。中央电视台《聊天》栏目纪录片,就此事专访北京鸭王总经理刘邵华。

上海全聚德成立于1998年9月11日,股东分别为北京市东宫门招待所、修忠,法定代表人为范臻。1998年8月21日,上海全聚德向中国北京全聚德烤鸭集团公司支付10万元加盟金。上海鸭王餐饮管理有限公司(简称上海鸭王)成立于2002年6月20日,法定代表人为范小京。据甘肃省灵台县公安局出具的证明,范臻与范小京为同胞兄弟。

2002年1月29日,上海全聚德向商标

局申请注册“鸭王”文字商标(以下简称被异议商标),指定使用服务项目为第43类餐馆等服务。2002年12月24日,商标局以被异议商标仅直接表示了服务的内容、特点为由予以驳回。2003年月1月8日,上海全聚德向商标评审委员会申请复审。商标评审委员会作出商标评字(2005)第478号决定书,认为被异议商标指定使用在所报服务项目上虽对指定服务具有一定叙述性,但尚不属此类服务所属行业中的通用术语。此外,被异议商标经多年的使用及宣传,显著性亦得以加强。被异议商标未构成《中华人民共和国商标法》(简称《商标法》)第11条第1款第2项规定的不得注册的标志,可以初步审定公告。

在初审公告异议期内,北京鸭王于2005年5月31日提出异议。商标局于2006年5月15日以(2006)商标异字《第00926号“鸭王”商标异议裁定书》,裁定北京鸭王异议理由成立,被异议商标不予核准注册。上海全聚德不服,于2006年6月1日向商标评审委员会申请复审,北京鸭王进行了答辩。

2007年6月18日,商标评审委员会做出第2831号裁定,该裁定认定:(1)被异议商标“鸭王”指定使用在餐馆等服务项目上虽对指定服务具有一定叙述性,但尚不属此类服务所属行业中的通用术语。被异议商标未构成《商标法》第11条第1款第2项规定的仅仅直接表示指定服务的内容、特点的标志,其本身具备了商标应有的显著性。(2)虽然北京鸭王早于上海全聚德在餐馆服务上使用“鸭王”作为商号并在北京产生了一定知名度,但是考虑到餐馆之类的服务行业具有较强的地域性,北京鸭王未能提供其在先使用“鸭王”作为商号影响力及于上海全聚德的有力证据,加之“鸭王”本身的独创性较弱,不排除上海全聚德与北京鸭王创意相同的巧合性。因此,被异议商标的申请注册不易与北京鸭王的在先商号发生混淆从而损害北京鸭王的利益。《商标法》第31条对在先使用商标的保护不仅要求具有一定影响,还应当满足商标申请人具有不正当手段的要件。考虑到上海全聚德所在地远离北京,“鸭王”商标本身的独创性较弱,因此,被异议商标亦未构成《商标法》第31条规定的“不正当手段”情形。综上,被异议商标的注册申请未违反《商标法》第31条的规定。依据《商标法》第33条、第34条第2款的规定,商标评审委员会裁定:被异议商标予以核准注册。

北京鸭王不服该裁定,以北京鸭王具有商号在先权利和已经使用并有一定影响的未注册商标权利,上海全聚德申请注册被异议商标构成以不正当手段抢注北京鸭王已经使用并有一定影响的商标,是对北京鸭王在先商号权利和在先商标权利的侵害为由,向北京市第一中级人民法院提起诉讼。请求判令撤销第2831号裁定,责令商标评审委员会重新作出被异议商标不予核准注册的裁定。

一审判理和结果

“鸭王”系北京鸭王的企业名称核心部分,系北京鸭王的商号,其登记及使用日期均早于被异议商标申请日。虽然“鸭王”作为商号独创性较弱,但经过北京鸭王五年多的经营,其于2001年已然成为京城烤鸭市场最具影响的烤鸭店之一。况且,烤鸭系北京特色食品,在中外享有盛名。北京的流动商务人员及旅游者众多,京沪两地又是中国的两大经济交流中心,两地人员和信息交流频繁,有关北京鸭王的媒体报道及广告宣传的影响力亦非仅仅局限于北京,北京鸭王所做广告的报纸并非仅在北京发行即可证明这一点。因此,被异议商标申请注册之前,北京鸭王在相关公众中已经具有一定的知名度。同时,被异议商标的指定使用服务为餐馆类服务行业,与北京鸭王属于相同的服务行业,被异议商标的注册与使用将会导致相关公众误以为该商标所标识的服务来自于北京鸭王,或者与北京鸭王系关联企业,导致相关公众混淆误认,致使北京鸭王的利益受到损害。因此,上海全聚德申请注册被异议商标损害了北京鸭王的在先商号权,应当不予核准注册。从相关北京鸭王的媒体报道及广告宣传内容,可以得知“鸭王”既是其商号,也是其商标。北京鸭王的“鸭王”商标在被异议商标申请注册日之前已被相关公众所知晓,并具有一定的知名度。上海全聚德与北京鸭王均经营京城烤鸭,属同行业企业,其理应知道北京鸭王对“鸭王”商标的使用情况及“鸭王”商标的知名度,上海全聚德申请注册被异议商标,主观上显然存在恶意,系以不正当手段抢先注册他人已经使用并有一定影响的商标的行为,违反诚实信用原则,对被异议商标不应予核准注册。综上,判决撤销商标评审委员会第2831号裁定;被异议商标不予核准注册。

二审审理查明

二审另查明:自2002年6月上海鸭王成立后至2007年6月商标评审委员会作出第2831号裁定期间,上海鸭王即在餐馆服务中使用“鸭王”商标,并以“鸭王”作为餐馆服务商标进行了广告投入和宣传。2004年7月至2006年8月期间,上海鸭王相继成立了上海虹桥鸭王餐饮管理有限责任公司、上海杨浦环岛鸭王餐饮管理有限公司、上海江宁鸭王餐饮管理有限公司等六家公司,法定代表人均为范小京。自2003年5月起,上海鸭王成为上海市烹饪协会、中国饭店协会会员。自2002年,上海鸭王获得多种奖项。其中有:中国十大餐饮品牌企业、中国餐饮行业十大影响力品牌、中国餐饮市场著名品牌、中国十佳酒家、中国品牌建设十大杰出企业、中国名宴、国际美食质量金奖等。此外,上海鸭王还投入了大量的广告宣传,广告载体包括有报纸(新民晚报、解放日报、人民日报、每日经济新闻报、文汇报等)、刊物(台商杂志等)、黄页(中国电信上海黄页等)、互联网、广播电台等。

2000年9月8日,上海市工商行政管理局卢湾分局向范臻、修忠等出具的《企业名称预先核准申请收件凭据》,主要内容有:你申请上海鸭王餐饮经营管理有限公司企业名称预先核准的申请收悉……。2000年9月15日由上海工商行政管理局向范臻、修忠等出具的《企业名称预先核准通知书》,主要内容有:根据《公司登记管理条例》的规定,同意预先核准名称:上海鸭王餐饮经营管理有限公司。

二审判理和结果

“鸭王”系北京鸭王的商号,其登记及使用日期均早于被异议商标申请注册日;京、沪两地均系我国两大商业中心,两地人员和信息交流频繁;北京鸭王所做广告宣传的报纸并非仅在北京发行,有关北京鸭王的媒体报道及广告宣传的影响力亦并非仅局限于北京。因此,被异议商标申请注册之前,北京鸭王在相关公众中已经具有一定的知名度。同时,被异议商标的指定使用服务为餐馆类服务行业,与北京鸭王属于相同的服务行业,被异议商标的注册与使用将会导致相关公众误以为该商标所标识的服务来自于北京鸭王,或者与北京鸭王关联的企业,从而导致相关公众混淆误认,致使北京鸭王的利益受到损害。因此,应认定上海全聚德申请注册被异议商标损害了北京鸭王的在先商号权。

如前所述,从有关北京鸭王的媒体报道及广告宣传内容中,可以得知“鸭王”既有作为其商号,也有作为其商标标识的情形,应认定通过广告及媒体报道的宣传,北京鸭王的“鸭王”商标在被异议商标申请注册日之前在相关公众中已具有一定影响。上海全聚德与北京鸭王均从事餐馆服务行业,其理应知道北京鸭王对“鸭王”商标的使用情况及“鸭王”商标的知名度。因此,上海全聚德申请注册被异议商标的行为,属于违反诚实信用原则,以不正当手段抢先注册他人已经使用并有一定影响的商标的行为。根据我国《行政诉讼法》的规定,对于行政诉讼案件,人民法院经过审理根据不同情况作出维持、撤销或者一并要求重作决定的判决。一审法院在判决主文中直接对涉案被异议商标作出不予核准注册的判决,缺乏充分的法律依据。上海全聚德有关一审法院直接作出不予核准注册被异议商标的判决缺乏法律依据的上诉理由成立,应予支持。上海全聚德的上诉理由及请求部分成立,对此予以支持。一审判决认定事实清楚,适用法律正确,判决结果基本正确。综上判决:(1)维持北京市第一中级人民法院(2007)一中行初字第966号行政判决第一项,即撤销商标评审委员会作出的第2831号裁定;(2)撤销北京市第一中级人民法院(2007)一中行初字第966号行政判决第二项,即上海全聚德申请注册的被异议商标不予核准注册;(3)由商标评审委员会重新对被异议商标是否予以核准注册作出决定。

抗诉理由

最高人民检察院高检行抗[2009]1号行政抗诉书认为,(1)二审判决超越了行政审判的职能范围。法院应对商标评审委员会第2831号裁定适用的程序和裁决的实质内容是否合法进行审理,但法院一系列判断、推论等超越了审理范围和裁判范围,超越了行政审判的职能范围。(2)二审判决认定事实错误。北京鸭王并未举证证明其商号的影响力及于上海,另外相同的服务行业并不当然会造成相关公众混淆误认,亦没有证据证明上海全聚德给北京鸭王造成了损害,故认定被异议商标损害了北京鸭王的在先商号权没有事实依据。二审判决认定北京鸭王的“鸭王”商标是有一定影响的商标亦属于认定事实错误,并且没有论证上海全聚德如何运用了不正当手段,上海全聚德从事餐饮业并不必然知道北京鸭工的存在,其注册被异议商标没有恶意。(3)二审判决适用法律错误。“鸭王”商标本身的独创性较弱,商标评审委员会关于“不排除上海全聚德与北京鸭王创意相同的巧合性”的认定并无不当。二审判决没有审理“鸭王”的显著性问题,适用法律错误。

最高人民法院于2009年11月16日作出(2009)行抗字第1号行政裁定书,指令北京市高级人民法院再审本案。

再审查明事实、判理和结果

北京市高级人民法院再审审理查明的事实除与原一、二审查明的事实一致外,另查明,2010年3月10日,上海市工商行政管理局卢湾分局准予上海全聚德名称变更登记为“上海淮海鸭王”。

北京市高级人民法院再审认为:“鸭

王”系北京鸭王企业名称的核心部分,是北京鸭王的商号,其登记及使用日期均早于被异议商标申请注册日。虽然“鸭王”作为商号独创性较弱,但是经过北京鸭王的持续经营和使用,“鸭王”已经具有一定的显著性和知名度。北京鸭王于2001年已成为京城烤鸭市场颇具影响的烤鸭店之一,烤鸭是北京特色食品,在中外享有盛名,京、沪两地均系我国两大商业中心,两地人员和信息交流频繁,北京鸭王所作广告宣传的报纸并非仅在北京发行,有关北京鸭王的媒体报到及广告宣传的影响力亦并非仅局限于北京。因此,在被异议商标申请注册日之前,北京鸭王在相关公众中已具有一定的知名度,其形成的在先权益应该得到维护。

根据我国《商标法》的立法精神,从维护企业的经营和市场秩序,保护市场生产力的角度,对于使用时间较长,已建立较高市场声誉和形成相关公众群体的诉争商标,应将保护在先商业标志权益与维护市场秩序相协调结合起来,充分尊重相关公众已在客观上将相关商业标志区别开来的市场实际,注重维护已经形成和稳定的市场秩序。结合本案的具体情况,上海淮海鸭王曾在2000年9月向工商行政管理机关申请带有“鸭王”字样的企业名称,并于2002年1月向商标局申请“鸭王”商标。自2002年至今,其迅速持续发展,在上海开设了多家分店,并通过报纸、杂志等媒体渠道对被异议商标进行了大量的广告宣传,从其上缴税收的情况看,其具有很好的经济效益和较大的经营规模。此外,上海淮海鸭王及其关联企业在各方面展示自己的产品和品牌,获得了多种荣誉和奖项,形成了相应的消费者群体,使相关消费者能够将上海淮海鸭王与北京鸭王餐饮服务区别开来,故目前不宜将被异议商标予以撤销。综上,依据《中华人民共和国行政诉讼法》第54条第1项、第61条第2项之规定,判决如下:撤销北京市高级人民法院(2008)高行终字第19号行政判决和北京市第一中级人民法院(2007)一中行初字第996号行政判决;维持第2831号裁定。

申诉与答辩

北京鸭王向最高人民法院申请再审称:(1)原再审判决根据我国商标法的立法精神而不是具体的法律作出裁判,并且没有对商标评审委员会和一、二审判决的法律适用等问题做出评价,直接根据立法精神撤销一、二审判决,违反了行政诉讼法的相关规定。(2)北京鸭王在商标异议复审程序及一、二审程序中主张被异议商标的申请注册构成以不正当手段抢先注册他人已经使用并有一定影响的商标行为,但原再审判决对该事实没有进行审查和评价,仅认定了对北京鸭王商号权应予保护,且对北京鸭王主张被异议商标侵犯北京鸭王商号权的事实亦不予评判,认定事实错误。(3)第2831号裁定及原再审判决适用法律错误。北京鸭王的“鸭王”商号和商标在被异议商标申请注册日之前已经在先使用并有一定影响,且影响力及于上海。上海淮海鸭王申请注册被异议商标容易导致相关公众将两者混淆从而损害北京鸭王的利益,上海淮海鸭王系北京鸭王的同行,且其股东和实际经营人一直在北京从事餐饮服务及与旅游相关的出租车、宾馆服务,与北京有密切的联系,应熟知北京鸭王的情况,在此情况下其申请被异议商标具有明显的恶意。商标评审委员会对此适用法律错误,而原再审判决没有对此作出法律评价,回避具体法律规则的适用,亦属于适用法律错误。(4)北京鸭王提交的新证据显示上海淮海鸭王的股东和实际经营人自1999年至今持续在北京从事餐饮、宾馆、出租车等经营活动,应熟知北京鸭王的情况,说明其申请注册被异议商标具有明显的恶意,而非商标评审委员会所认定的巧合。上海淮海鸭王在被异议商标申请日之后的使用系违法使用,不能产生合法的民事权益。综上,请求撤销原再审判决,维持二审判决。

上海淮海鸭王提交意见认为,(1)北京鸭王针对原再审判决再次启动再审程序于法无据,应当予以驳回。(2)北京鸭王在其再审申请中所表述的部分事实不真实或者不准确,比如关于使用鸭王字号的企业情况、关于广告和宣传的情况等。(3)北京鸭王所称最近发现的新证据不符合法律关于"新的证据"的规定,且与本案不具有关联性,不应予以采信。(4)上海淮海鸭王申请注册"鸭王"商标没有侵犯北京鸭王的在先商号权益。"鸭王"标识没有独创性,上海淮海鸭王申请注册商标时北京鸭王的门店数量、经营状况、广告宣传以及市场影响等均很有限,加上餐饮服务地域性强的特点,被异议商标的申请注册不会对北京鸭王的商号造成任何损害。(5)被异议商标申请注册时,北京鸭王的鸭王商标不构成"有一定影响的商标"。"鸭王"标识用于餐馆等服务具有叙述性,是通过上海淮海鸭王及其关联企业多年的使用使其获得了显著性,即鸭王商标的注册条件是上海淮海鸭王创造的。被异议商标申请注册时北京鸭王的"鸭王"商标知名度有限,上海淮海鸭王没有抢注的恶意。(6)上海淮海鸭王对鸭王商标进行了精心的培育和建设,使其获得了很高的市场知名度和美誉度,原再审判决依据《商标法》的立法精神作出不宜将被异议商标予以撤销的认定,符合法律规定。综上,本案没有再次再审的法律依据与需要,应当驳回北京鸭王的再审申请。

申诉审查结果

最高人民法院认为:本案核心的法律问题是上海淮海鸭王的前身上海全聚德申请注册被异议商标是否违反《中华人民共和国商标法》(以下简称《商标法》)第31条的规定,即是否侵犯北京鸭王的在先商号权以及以不正当手段抢先注册北京鸭王在先使用并有一定影响的商标。该条规定意在遏制恶意抢注行为,以弥补实行严格的注册原则所可能造成的不公平后果。在注册原则下,只有在先使用的未注册商标已经具有了一定影响,而在后的商标申请人明知或者应知该在先商标而且具有从该商标声誉中获利的恶意,才是该条要遏制的对象。最高人民法院《关于审理商标授权确权行政案件若干问题的意见》第18条规定:"如果申请人明知或者应知他人已经使用并有一定影响的商标而予以抢注,即可认定其采用了不正当手段。"该意见将"不正当手段"解释为"明知或者应知",而未再进一步要求有"搭便车"、侵占他人商誉的意图。因为通常情况下,如果在先使用商标已经具有一定影响,而在后商标申请人明知或应知该商标而将其申请注册即可推定其具有占用他人商标声誉的意图,即二者一般是重合的。本案中,在被异议商标申请日,即2002年1月29日,北京鸭王已成立五年,在北京地区有四五家分店,并进行过一些媒体宣传和报道,其在北京地区已经有了一定的知名度和一定影响。但考虑到本案的具体情形,上海全聚德申请注册被异议"鸭王"商标并不构成"不正当手段抢先注册",具体理由如下:(1)北京鸭王曾于2000年12月21日向国家工商行政管理总局商标局(以下简称商标局)提出在第42类餐厅等服务上的“鸭王”商标注册申请,2001年7月30日,商标局以“直接表示了服务的内容及特点”为由,予以驳回,北京鸭王未申请复审。之后上海全聚德申请本案被异议商标,同样被驳回。但上海全聚德申请商标评审委员会复审,并提交了其使用被异议商标的证据而获得初审公告。北京鸭王未获得注册商标有在先不同行政程序的原因,亦印证了上海全聚德申请注册被异议商标并非以不正当手段抢先注册。(2)上海全聚德申请注册被异议商标并在上海开展相关经营活动,主观上并无借用北京鸭王商誉的意图,客观上也没有刻意与北京鸭王相联系、造成相关公众混淆的行为。自被异议商标申请注册至今,上海淮海鸭王(上海全聚德)及其关联企业鸭王餐饮集团有限公司在上海地区对被异议商标进行了广泛的使用和宣传,形成了自己的声誉和品牌影响力,是其依靠自身努力经营取得的成果而非是搭北京鸭王便车的结果。因上海全聚德和上海淮海鸭王申请、使用被异议商标并没有占用北京鸭王商誉的意图,客观上亦未损害北京鸭王的利益,亦不构成对北京鸭王商号权的侵犯。

商标评审委员会第2831号裁定认定上海全聚德申请注册被异议商标不构成“不正当手段”从而核准其注册是正确的。原一、二审判决未考虑被异议商标的申请注册是否有侵占在先使用商标声誉的恶意,适用法律不当。原再审判决虽然未对《商标法》第31条的具体适用问题进行论述,但其判决充分考虑了北京鸭王和上海淮海鸭王的利益,判决结果应予肯定。北京鸭王相关申请再审理由不能成立,不予支持。但北京鸭王在先使用所形成的在先权益应该得到保护,其有权在北京地域范围内继续使用其在先使用的鸭王标识。

综上,依照《最高人民法院关于执行〈中华人民共和国行政诉讼法〉若干问题的解释》第74条之规定,裁定驳回北京鸭王的再审申请。

李隆丰诉国家工商行政管理总局商标评审委员会、三亚市海棠湾管理委员会商标争议行政纠纷案

——阅读提示:没有真实使用意图大量注册囤积商标的行为,是否可以认定属于《商标法》第41条第1款规定的以“不正当手段取得注册”的情形?

【裁判要旨】

没有真实使用意图大量注册囤积商标的行为会不正当占用公共资源、扰乱商标注册秩序,属于《商标法》第41条第1款规定的以“不正当手段取得注册”的情形。

【案号】

一审:北京市第一中级人民法院(2011)一中知行初字第2752号行政判决

二审:北京市高级人民法院(2012)高行终字第582号行政判决

申请再审:最高人民法院(2013)知行字第41号行政裁定

【案情与裁判】

原告(被上诉人、再审申请人):李隆丰,香港特别行政区居民。

被告(上诉人、再审被申请人):国家工商行政管理总局商标评审委员会(以下简称商评委)

第三人(上诉人、再审被申请人):三亚市海棠湾管理委员会(以下简称海棠湾管委会)

2011年7月4日,商评委作出商评字〔2011〕第13255号《关于第4706493号"海棠湾"商标争议裁定书》(以下简称第13255号裁定),裁定第4706493号"海棠湾"商标(简称争议商标)予以撤销。李隆丰不服该裁定,2011年8月23日向北京市第一中级人民法院提起行政诉讼,请求撤销第13255号裁定,维持争议商标注册。一审法院依法通知海棠湾管委会作为第三人参加诉讼。

法院审理查明

争议商标由李隆丰于2005年6月8日申请、2009年1月21日被核准注册,核定使用在第36类不动产出租、不动产代理、不动产中介、不动产评估、不动产管理、住所(公寓)、受托管理、资本投资、租赁担保、典当等服务上。

2005年5月22日,香港《大公报》刊登的《李嘉诚父子将联手开发三亚海棠湾》报道称,李嘉诚、李泽楷父子决定联手开发三亚海棠湾,早日启动高档酒店建设。

2009年5月25日,《海南周刊》刊登的题为《李隆丰抢注独白,我的初衷是保护自己的策划》采访报道中,李隆丰称:2005年我在香港的报纸上看到一个信息——香港著名实业家李嘉诚先生表示将投资海南海棠湾。我获悉第二天就从香港飞抵海棠湾,现场进行了考察。"海棠湾"将来也会是一个投资的热土,将来一定会非常知名,那么知名的地名,作为商标来说,就会具有相当的价值。

另查明,李隆丰还在不同类别商品或服务上申请注册了"香水湾"、"椰林湾"、"铜鼓岭"、"新埠岛"、"东胶椰林"、"椰林海岸"、"神州半岛"、"南国黎寨"等与海南地名、景点有关的商标30余件,并且多件商标有转让记录。李隆丰曾与海棠湾管委会联系,希望以高价转让"海棠湾"商标。李隆丰未提供使用"海棠湾"等商标的证据。

2010年3月10日,海棠湾管委会向商评委提出撤销争议商标的申请。商评委第13255号裁定认为:(1)海棠湾管委会提交的证据足以证明海棠湾休闲度假区作为三亚市政府规划的重大建设项目,在2005年5月规划之初便已引起媒体和投资人的广泛关注,经媒体对其规划开发内容以及对知名投资人与当地政府接洽合作等情况的集中报道,"海棠湾"在短时间内迅速取得了较大知名度,并在海内外产生了广泛影响。李隆丰申请注册大量与海南地名、景观、物产有关的商标的事实以及媒体对其采访报道的证据均证明其申请争议商标并非偶然,其在媒体采访时的自述足以印证其正是在明知"海棠湾"使用情况及其知名度的情况下,出于企图利用商标保护制度谋取经济利益的目的申请注册争议商标。因此,李隆丰申请注册争议商标属于《商标法》第31条所指"以不正当手段抢先注册他人已经使用并具有一定影响的商标"的情形。(2)海棠湾是三亚市政府规划开发的重大建设项目,也是《国务院关于推进海南国际旅游岛建设开发的若干意见》中确定建设的精品旅游景区之一,对海南国际旅游岛的建设具有重大的社会经济意义。作为休闲度假区,房地产的开发利用是其主要内容之一,而李隆丰并非该项目的开发主体,在不动产出租等服务项目上注册争议商标势必对该项目的实施产生消极影响,故争议商标属于《商标法》第10条第1款第8项所指"有其他不良影响"的情形。(3)李隆丰并无从事不动产相关生产经营活动的主体资格,结合其申请注册大量与海南地名、景观、物产有关的商标的情况,以及其自述的有关申请注册商标的目的,可以认定其注册争议商标不是以使用为目的,主观动机难谓正当,客观上不仅妨碍政府有关建设项目的实施,而且还会妨碍有正当需求的他人申请此类商标注册,扰乱了商标注册管理秩序,构成《商标法》第41条第1款规定的以"不正当手段取得注册"的情形。据此,商评委裁定争议商标予以撤销。

一审判理和结果

一审法院经审理认为:海棠湾管委会提交的证据系作为乡镇级行政区划的地名或者风景区的意义上使用"海棠湾",不属于商标意义的使用;其证据不能证明争议商标申请日前其已经在不动产出租、典当等服务上使用"海棠湾"商标。因此,商评委认定争议商标申请注册之前他人已在先使用"海棠湾"商标并已产生一定影响证据不足,其关于争议商标违反《商标法》第31条规定的认定错误。争议商标的注册会对特定项目的实施产生消极影响的情形并不属于商标具有不良影响的考虑因素,商评委也未说明争议商标具有何种不良含义。因此,商评委关于争议商标具有不良影响的认定错误。海棠湾作为乡镇地名,争议商标权利人无权禁止他人正当使用,因此,仅依据争议商标为地名尚难以认定争议商标的注册会损害公共利益、不正当占用公共资源。第13255号裁定认定争议商标的注册客观上会妨碍政府有关建设项目的实施、扰乱了商标注册管理秩序没有证据证明,其认定缺乏事实依据。争议商标注册是否妨碍他人申请此类商标,如系损害特定民事权益的情形,应适用《商标法》第41条第2款、第3款及其他相应规定进行审查。因此,商评委关于争议商标违反《商标法》第41条第1款的规定的认定错误。据此,一审法院判决撤销第13255号裁定,判令商评委重新作出裁定。

上诉与答辩

商评委、海棠湾管委会均不服一审判决,分别向北京市高级人民法院提出上诉,请求撤销一审判决,维持第13255号裁定。

商评委的主要上诉理由为:海棠湾之所以引起广泛关注以及媒体的集中报道,是由于海棠湾是三亚市政府规划开发的重大建设项目。争议商标的注册违反了《商标法》第31条、第10条第1款第8项、第41条第1款的规定。

海棠湾管委会的主要上诉理由为:"海棠湾"标志通过系列宣传和推广,客观上起到了区分商品或服务来源的功能;在案证据可以证明其在先使用该商标并有一定影响;争议商标的注册违反了《商标法》第10条第1款第8项、第41条第1款的规定。

二审判理和结果

二审法院认为:海棠湾管委会提交的证据充分证明,海棠湾休闲度假区作为三亚市政府规划的重大建设项目,经过有关媒体的集中宣传报道,在2005年5月规划之初就已引起了媒体和投资人的广泛关注,“海棠湾”作为一个商业标识在短时间内迅速取得了较大的知名度,并在海内外产生了广泛的影响,李隆丰在知悉海棠湾开发建设的情况下,在相同或类似服务上申请注册争议商标,属于《商标法》第31条所指“以不正当手段抢先注册他人已经使用并具有一定影响的商标”的情形。

李隆丰在不同类别商品或服务上申请注册了“香水湾”、“椰林湾”等与海南地名、景点有关的商标30余件,并且多件商标有转让记录。李隆丰还曾与海棠湾管委会取得联系,希望以高价转让“海棠湾”商标。李隆丰亦未提供其使用“海棠湾”等商标的有关证据,上述情况足以认定李隆丰申请注册争议商标的行为构成《商标法》第41条第1款规定的以“不正当手段取得注册”的情形。

海棠湾作为三亚市政府规划开发的重大建设项目,是《国务院关于推进海南国际旅游岛建设开发的若干意见》中确定建设的精品旅游景区之一,对海南国际旅游岛的建设具有重大的社会经济意义。李隆丰作为个人,无正当理由申请注册争议商标,属于《商标法》第10条第1款第8项所指“有其他不良影响”的情形。

综上,二审法院判决撤销一审判决,改判维持第13255号裁定。

申请再审理由与答辩

李隆丰不服北京市高级人民法院的二审判决,向最高人民法院申请再审称:(1)商评委的裁定认定事实不清,证据不足。争议商标不存在以不正当手段抢注等事实。李隆丰2002年5月完成了《南国黎寨》旅游项目的创意策划书,海棠湾是该项目的选址地之一。争议商标申请注册之时,海棠湾还属于未开发的处女地。李隆丰为保护自己的创意成果,先后将“南国黎寨”及“海棠湾”注册为商标,未违反《商标法》的规定,争议商标不应被撤销。李隆丰从未与海棠湾管委会商谈过“海棠湾”商标的转让事宜,迄今为止也未正式转让过任何商标,而且正常的商标转让也并不违法。海棠湾管委会称李隆丰的多个商标有转让记录,实际上是李隆丰授权的合作人周泽文在李隆丰不知情的情况下,采用欺骗手段将李隆丰名下的14个商标(包括“海棠湾”商标)不健康地转让给海南的一家公司,李隆丰知悉后立即请求商标局制止了转让。(2)商评委适用法律错误。①李隆丰申请注册争议商标在先,海棠湾管委会在2007年9月以后才成立,其不可能在先使用该商标。在海棠湾管委会提交的证据中,“海棠湾”均是作为地名使用,因此商评委认定李隆丰抢注他人使用在先的商标,没有事实依据,其适用《商标法》第31条错误。②“海棠湾”是三亚市所属县级以下行政区划名称,《商标法》并不禁止此类标志作为商标注册,而且其作为商标并不是特指海南岛的海棠湾,该商标注册也不会影响他人作为地名正常使用。“海棠湾”标志不属于有害于社会道德风尚或者有其他不良影响的情形。商评委适用《商标法》第10条第1款第8项错误。③商标法并未限制注册商标的数量,李隆丰为保护自己的创意成果,必然涉及申请注册众多的商标,其注册的多个商标都与自己的创意策划相关联,不属于以不正当手段取得注册。商评委以《商标法》第41条第1款作为依据撤销争议商标,适用法律错误。(3)二审法院判决维持商评委的错误裁定,同样属于认定事实和适用法律错误。综上,请求对本案进行再审,撤销二审判决及商评委第13255号裁定,维持争议商标注册。

海棠湾管委会答辩称:李隆丰的再审申请不符合法律规定的再审条件,请求驳回其再审申请。(1)李隆丰恶意抢注"海棠湾"商标的行为损害了运作"海棠湾"项目的三亚市政府、海棠湾镇政府等利益相关人的在先权利,违反了《商标法》第31条的规定。海棠湾管委会成立后,统一行使海棠湾开发建设的管理职权,也承继了此前有关政府机构对海棠湾开发建设的投入成果及形成的一切相关权益,有权依法对"海棠湾"商标主张在先权利。(2)李隆丰以不正当手段取得争议商标注册,其牟取不正当利益的目的明显。李隆丰试图坐享他人投入带来的巨大商业利益,抢注商标意图高价转卖获利,其手段和目的的不正当性是明显的,属于《商标法》第41条第1款规定的以其他不正当手段取得注册的情形。(3)李隆丰为了谋求个人的不正当利益抢注争议商标,阻碍了海棠湾项目及海南国际旅游岛建设,会对国家战略等社会公共利益和公共秩序会产生消极、负面的影响,属于《商标法》第10条规定的"有其他不良影响"的情形。

申请再审判理和结果

最高人民法院认为:审查判断诉争商标是否属于《商标法》第41条第1款规定的"以其他不正当手段取得注册"的情形,要考虑其是否属于欺骗手段以外的扰乱商标注册秩序、损害公共利益、不正当占用公共资源或者以其他方式谋取不正当利益的手段。《商标法》第4条规定,自然人、法人或者其他组织对其生产、制造、加工、拣选或者经销的商品或者其提供的服务,需要取得商标专用权的,应当向商标局申请商标注册。从该条规定的精神来看,民事主体申请注册商标,应该有使用的真实意图,以满足自己的商标使用需求为目的,其申请注册商标的行为应具有合理性或正当性。根据商评委及原审法院查明的事实,在李隆丰申请注册争议商标之前,"海棠湾"标志经过海南省相关政府机构的宣传推广,已经成为公众知晓的三亚市旅游度假区的地名和政府规划的大型综合开发项目的名称,其含义和指向明确;李隆丰在接受媒体采访时也承认是在看到报纸报道香港著名企业家将参与开发海棠湾的消息后,认为该标志会非常知名、作为商标会具有较高的价值,才将它申请注册为商标的;李隆丰作为个人,不仅在第36类的不动产出租、不动产管理、住所(公寓)等服务上注册了本案的争议商标,还在其他商品或服务类别上申请注册了"海棠湾"商标,其还在多个类别的商品或服务上注册了30余件商标,其中不少与公众知晓的海南岛地名、景点名称有关。李隆丰利用政府部门宣传推广海棠湾项目所产生的巨大影响力,抢先申请注册多个"海棠湾"商标的行为,以及没有合理理由大量注册囤积其他商标的行为,并无真实使用意图,不具备注册商标应有的目的正当性,属于不正当占用公共资源、扰乱商标注册秩序的情形。商评委及二审法院综合考虑本案的事实,认定争议商标注册属于《商标法》第41条第1款规定的以"不正当手段取得注册"的情形,裁判撤销该争议商标,相关事实的认定及法律适用并无不当。

“海棠湾”标志本身并不具有不良含义,不属于《商标法》第10条第1款第8项规定所指的“有其他不良影响”的情形;在案证据不足以证明在争议商标申请注册日之前“海棠湾”在商标意义上的使用已经具有了一定影响。因此,商评委及二审法院认定争议商标注册构成《商标法》第10条第1款第8项所指“有其他不良影响”的情形和第31条所指抢注他人商标的情形,没有充分的事实和法律依据,适用法律不当。但是,鉴于争议商标注册违反了《商标法》第41条第1款的规定应予撤销,因此,商评委的裁定及二审判决的裁判结果应予维持。

据此,最高人民法院裁定驳回李隆丰的再审申请。

卡比斯特制药公司诉国家知识产权局专利复审委员会发明专利权无效行政纠纷案

——阅读提示:如何判断涉及给药特征的物质的医药用途专利是否具备新颖性

【裁判要旨】

物质的医药用途发明是一种方法发明,其权利要求属于方法类型,应从方法权利要求的角度来分析其技术特征。对于仅涉及药物使用方法的特征,如果与制药方法之间并不存在直接关联,其实质上属于在实施制药方法并获得药物后,将药物施用于人体的具体用药方法,与制药方法没有直接、必然的关联性。这种仅体现于用药行为中的特征不是制药用途的技术特征,对权利要求请求保护的制药方法本身不具有限定作用。

【案号】

一审:北京市第一中级人民法院:(2009)一中行初字第1847号

二审:北京市高级人民法院(2010)高行终字第547号

申请再审:最高人民法院(2012)知行字第75号

【案情与裁判】

原告(上诉人、再审申请人):卡比斯特制药公司(Cubist Pharmaceuticals, Inc.)。

被告(被上诉人、被申请人):中华人民共和国国家知识产权局专利复审委员会。

第三人:肖红。

起诉与答辩

原告卡比斯特公司于2009年7月主要诉称:(1)本专利具备新颖性。权利要求1中的“不产生骨骼肌毒性”特征对该用途权利要求具有限定作用。(2)本专利具备创造性。本专利的技术方案产生了令人意料不到的技术效果,解决了人们一直渴望解决但始终未能获得成功的技术难题,而且权利要求1的给药方案所显示出的技术效果是无法从现有技术中预测出来的。请求撤销专利复审委员会作出的第13188号无效决定。

专利复审委员会辩称：相对于证据6、证据7、证据8或证据9公开的内容，本专利权利要求进一步包括了“不产生骨骼肌毒性”，以及给药剂量和给药间隔的限定。但是没有证据表明对潜霉素不产生骨骼肌毒性的副作用的进一步认识能使本专利权利要求保护的制药用途区别于上述证据公开的已知制药用途；同时，给药剂量、重复给药和给药间隔特征是医生在治疗过程中针对患者进行选择和确定的信息，属于用药过程的信息，与制药过程无关。药剂量、重复给药和给药间隔特征对药物本身不产生限定作用。本专利不具备新颖性、创造性。

第三人肖红述称：用药方法特征不会对制药时选用的各原料成分的品种、不同成分的配比或含量、制备工艺等制药要素必然产生限定性的影响，“不产生骨骼肌毒性”的特征并不是限定“制药用途”技术方案的技术特征。在判断新颖性和创造性的时候不应予以考虑。

法院审理查明

卡比斯特公司于1999年9月24日向中华人民共和国国家知识产权局申请了名称为“抗生素的给药方法”的发明专利，并于2004年5月19日获得授权，专利号为99812498.2。本专利授权公告的权利要求共15项，权利要求1为：潜霉素在制备用于治疗有此需要的患者细菌感染而不产生骨骼肌毒性的药剂中的用途，其中用于所述治疗的剂量是3～75mg/kg的潜霉素，其中重复给予所述的剂量，其中所述的剂量间隔是每隔24小时一次至每48小时一次。

2008年6月4日，肖红针对本专利向专利复审委员会提出无效宣告请求。其提交的证据6公开了在2mg/kg每24小时剂量下，潜霉素显示出有效治疗多种革兰氏阳性感染，在3mg/kg每12小时的剂量下注意到偶发的副作用，并公开了潜霉素的抗菌机理。证据7公开了潜霉素可用于治疗细菌感染，患者单独用潜霉素与潜霉素加氨基糖苷类治疗相比，取得了类似百分比的有利效果，还公开了潜霉素与阿米卡星的联合给药。证据8公开了制药学纯化的LY146032（即潜霉素）或其盐可以配制为口服或非胃肠给药的制剂，用于治疗或预防细菌感染。证据9公开了潜霉素单独以及与阿米卡星联合抗菌的试验，潜霉素与庆大霉素或头孢曲松的联用对抗粪肠球菌通常具有协同作用。

2009年4月7日，专利复审委员会作出第13188号决定，宣告本专利权全部无效。主要理由为本专利不具备新颖性，也不具有创造性。关于权利要求1的新颖性。第13188号决定认为没有证据表明对潜霉素不产生骨骼肌毒性的副作用的进一步认识能使权利要求1保护的制药用途区别于证据6公开的已知制药用途；同时，本领域技术人员公知给药剂量、重复给药和时间间隔特征是医生在治疗过程中，针对患者进行选择和确定的信息，属于用药过程的信息，与制药过程无关。因此，给药剂量、重复给药和时间间隔特征对药物本身不产生限定作用，不能使权利要求1的制药用途区别于证据6公开的已知制药用途，权利要求1的制药用途与证据6公开的用途实质相同，不具备新颖性。权利要求1与证据7或证据8相比，虽然进一步包括“其中用于所述治疗的剂量是3～75mg/kg的潜霉素，其中重复给予所述的剂量，其中所述的剂量间隔是每隔24小时一次至每 48 小时一次”的内容。但是,这些信息不能使权利要求 1 的制药用途中的药剂区别于证据 7 或证据 8 中公开的潜霉素药物制剂,不能使权利要求 1 的制药用途区别于证据 7 或证据 8 公开的已知用途。权利要求 1 的制药用途与证据 7 或证据 8 公开的用途实质相同。

卡比斯特公司不服第 13188 号无效决定,向北京市第一中级人民法院提起诉讼。

一审判理和结果

北京市第一中级人民法院认为,本专利“不产生骨骼肌毒性”以及给药剂量、重复给药和时间间隔特征与医生对治疗方案的选择有关,仅体现在用药过程中,对制药过程不具有限定作用,对制药用途权利要求的保护范围没有限定作用,不能使上述权利要求所要求保护的用途区别于现有技术公开的已知用途。判决维持了第 13188 号决定。

卡比斯特公司不服该一审判决,向北京市高级人民法院提起上诉。

二审判理和结果

二审法院认为,本专利权利要求中记载的给药剂量、重复给药和时间间隔特征仅体现在用药过程中,对制药过程不具有限定作用,第 13188 号决定关于新颖性的认定,并无不当。关于本专利创造性的争议焦点仍在于权利要求中限定的“不产生骨骼肌毒性”以及给药剂量、重复给药和时间间隔特征对其是否具有限定作用,由于上述特征对制药用途权利要求没有限定作用,因此,不能够使其所要求保护的技术方案具备创造性。判决驳回上诉,维持原判。

卡比斯特公司不服二审行政判决,向最高人民法院申请再审。

申请再审判理和结果

最高人民法院审理认为:关于卡比斯特公司申请再审提出“不产生骨骼肌毒性”的限定致使本专利针对的是新的适应症,导致本专利权利要求 1 与现有技术的制药用途实质不同。首先,本专利权利要求 1 仅限定潜霉素用于治疗细菌感染,并没有对所感染的细菌类型以及感染程度进行限定,本专利说明书中,也没有公开本专利只适用于敏感菌的深度感染。说明书多处记载本专利在申请日时主张的保护范围针对的是潜霉素敏感菌感染的制药用途,包括了革兰氏阳性菌导致的任何感染,并非是卡比斯特公司申请再审所主张的严重的革兰氏阳性菌感染。其次,“不产生骨骼肌毒性”不是患者在潜霉素施用之前呈现的症状,而是患者在施用潜霉素之后身体中某些指标发生变化的结果,体现的是药物本身是否具有毒副作用。使用潜霉素后不产生骨骼肌毒性,其针对的是细菌感染,使用潜霉素后产生了骨骼肌毒性,其针对的也是细菌感染。就潜霉素本身的用途而言,二者并没有任何区别。最后,现有技术公开了潜霉素可用于治疗多种革兰氏阳性菌感染的医药用途的同时,还公开了在高剂量使用治疗深度感染时会出现可逆性的骨骼肌毒性的技术内容。根据现有技术以及本专利记载的有关内容,本领域技术人员并不会认定“不产生骨骼肌毒性”与治疗革兰氏阳性菌的深度感染有直接的对应关系。无法根据本专利权利要求 1 限定的“不产生骨骼肌毒性”,就得出本专利涉及的是治疗严重革兰氏阳性菌感染的制药用途,与现有技术公开的潜霉素已知用途存在实质上不同的结论。最高人民法院进而认为,潜霉素具有一定的毒性作用并不排斥其成为一种抗菌药物进行研发。本专利“不产生骨骼肌毒性”仅是改善了潜霉素的不良反应,使得骨骼肌毒性降低,并没有改变潜霉素本身的治疗对象和适应症,更没有发现药物的新性能。本专利在撰写中采用“不产生骨骼肌毒性”的限定,没有使其与现有技术公开的已知用途产生区别,对药物用途本身不具有限定作用,对本专利权利要求并未产生限定作用。

关于卡比斯特公司申请再审提出的制药过程还包括药品说明书、标签和包装的撰写等药品出厂包装前的所有工序,本专利给药剂量、时间间隔对制药过程具有限定作用。最高人民法院认为,国家对物质的医药用途相关专利制度不同于对药品的行政管理制度,二者规范的目的、对象以及具体内容都存在实质性的区别。专利法意义上的制药过程通常是指以特定步骤、工艺、条件、原料等制备特定药物本身的行为,并不包括药品的说明书、标签和包装的撰写等药品出厂包装前的工序。本专利权利要求1中记载的所述治疗的剂量是3~75mg/kg,并没有限定是单位剂量还是给药剂量。本专利说明书也没有记载该剂量对制药过程及制药用途种类具有影响。作为本领域的技术人员,对于本专利权利要求1中记载的所述治疗的剂量是3~75mg/kg,通常理解为是每千克的活性成分为3~75mg,所限定的是给药剂量。针对患者个体修改服用方式,选择服用的药物剂量,从而达到药品的最佳治疗效果是用药过程中使用药物治病的行为,给药剂量的改变并不必然影响药物的制备过程,导致药物含量的变化。同样,本专利通过时间间隔形成的给药方案是用药过程中如何使用该药物的方法特征,属于体现在用药过程,不体现在制药阶段的医学实践活动。该用药过程的特征与药物生产的制备本身并没有必然的联系,没有对潜霉素的制备方法产生改变,影响药物本身,对制药过程不具有限定作用,不能使该制药用途具备新颖性。本专利权利要求1与证据7或证据8相比,针对的药物用途是相同的,区别仅在于本专利权利要求1进一步包括给药剂量、时间间隔等特征。如前所述,给药剂量、时间间隔等特征属于药物制备完成后用药过程的方法特征,对制药过程不具有限定作用,不能使权利要求1的制药用途区别于已知制药用途。虽然本专利权利要求1包括了给药剂量、时间间隔等特征,但这些属于给药方法的特征对制药过程不具有限定作用,不能使权利要求1的制药用途区别于已知制药用途,对权利要求1请求保护的药物制备方法不具有限定作用。第13188号决定和一、二审判决认定权利要求1不具备新颖性,并无不当。由于卡比斯特公司提交的证据仅能证明“克必信”药品已取得商业成功,但不能证明这种成功是由发明的技术特征,即对权利要求有具体限定作用的、使其区别于现有技术的技术特征直接导致的,因此,不能证明本专利相对于现有技术具备创造性。最高人民法院以(2012)知行字第75号行政裁定,驳回卡比斯特制药公司的再审申请。

江西亿铂电子科技有限公司等侵犯商业秘密罪案

——阅读提示:在侵犯商业秘密犯罪案件中,如何认定某些经营信息构成商业秘密?权利人的经济损失如何计算?

【裁判要旨】

某项经营信息是否构成商业秘密应当由人民法院依照《中华人民共和国刑法》第219条第3款的规定直接认定,而不能进行鉴定。商业秘密权利人的经济损失应当按照侵权人因侵权所获利润或者商业秘密权利人因被侵权所丧失的预期利润计算。

【案号】

一审:广东省珠海市香洲区人民法院(2012)珠香法刑初字第1204号、(2012)珠香法刑初字第1204号之一

二审:广东省珠海市中级人民法院(2013)珠中法刑终字第87号

【案情与裁判】

公诉机关(原公诉机关):广东省珠海市香洲区人民检察院

被告单位(上诉人):江西亿铂电子科技有限公司,住所地:江西省新余市飞宇大道飞宇工业园内

法定代表人:黄兴志,董事长

诉讼代表人:徐俊,副总经理

被告单位(上诉人):中山沃德打印机设备有限公司,住所地:广东省中山市三乡镇雅居乐新城8期D1幢A22号A卡

法定代表人:余志荣

诉讼代表人:杜斌,法律部负责人

被告人(上诉人):余志宏,男,1973年12月18日出生,因涉嫌侵犯商业秘密罪于2012年2月3日被逮捕

被告人(上诉人):罗石和,男,1981年12月8日出生,因涉嫌侵犯商业秘密罪于2012年2月3日被逮捕

被告人(上诉人):李影红,女,1979年8月25日出生,因涉嫌侵犯商业秘密罪于2012年3月15日被逮捕

被告人(上诉人):肖文娟,女,1983年11月27日出生,因涉嫌侵犯商业秘密罪于2012年3月15日被逮捕

广东省珠海市香洲区人民检察院于2012年7月10日向广东省珠海市香洲区人民法院指控称:2010年6月,被告人余志宏在担任被害单位珠海赛纳打印科技股份有限公司(以下简称珠海赛纳公司)副总经理期间,与公司另一员工被告人罗石和密谋成立公司,生产与赛纳公司相同的产品。2011年1月至3月,被告人余志宏以余志荣的名义与黄兴志成立了被告单位江西亿铂电子科技有限公司(以下简称江西亿铂公司)、在中山市成立了被告单位中山沃德打印机设备有限公司(以下简称中山沃德公司)。被告人余志宏负责两家公司的日常管理,被告人罗石和担任中山沃德公司的销售总监。2011年3月7日至17日,被告人余志宏、罗石和、李影红、肖文娟等人从珠海赛纳公司离职,并违反与公司签订的保密协议,将各自在工作中掌握的公司价格体系、客户名单等资料带到江西亿铂

公司、中山沃德公司继续使用。上述两个公司利用珠海赛纳公司的客户信息，抢夺珠海赛纳公司的客户，截至2012年4月，共给珠海赛纳公司造成经济损失人民币23200264.31元。广东省珠海市香洲区人民检察院认为：被告单位江西亿铂电子科技有限公司（以下简称江西亿铂公司）、中山沃德打印机设备有限公司（以下简称中山沃德公司）、被告人余志宏、罗石和、李影红、肖文娟犯侵犯商业秘密罪，提请依法判处。

针对公诉机关的指控，各被告单位、各被告人均辩称不构成犯罪，理由是：1.珠海赛纳公司的价格体系、客户名单不属于商业秘密，其也未将上述信息用于江西亿铂公司、中山沃德公司的生产、经营；2.公诉机关采用的“江西亿铂公司销售产品的数量×珠海赛纳公司相应型号产品的平均毛利润率=珠海赛纳公司的经济损失”的计算方法不能作为计算本案经济损失的方法。

广东省珠海市香洲区人民法院经不公开审理查明：被告人余志宏、罗石和、肖文娟、李影红等人原系被害单位珠海赛纳公司的员工，四人利用在工作中掌握的珠海赛纳公司的产品成本价、警戒价、销售价等经营性信息制定了被告单位江西亿铂公司、中山沃德公司的美国价格体系、欧洲价格体系，并以低于珠海赛纳公司的价格向原属于珠海赛纳公司的11个海外客户销售与珠海赛纳公司相同型号的产品，销售金额共计7659235.72美元，按照珠海赛纳公司相同产品的平均利润率计算，给珠海赛纳公司造成的经济损失共计人民币22705737.03元，其中，肖文娟参与犯罪行为造成的经济损失为人民币6240425.88元。

广东省珠海市香洲区人民法院于2013年2月6日、2013年2月19日分别作出（2012）珠香法刑初字第1204－1号、（2012）珠香法刑初字第1204－1号刑事判决。认为：被告人余志宏、罗石和、李影红、肖文娟违反约定，披露、使用、允许他人使用所掌握的商业秘密，被告单位江西亿铂公司、中山沃德公司使用明知是他人非法披露的商业秘密，给商业秘密权利人造成特别严重后果，其行为均已构成侵犯商业秘密罪。依照《中华人民共和国刑法》第219条第1款第3项及第2款、第3款，第220条，第27条之规定作出判决：被告单位江西亿铂公司犯侵犯商业秘密罪，判处罚金人民币四千五百万元；被告单位中山沃德公司犯侵犯商业秘密罪，判处罚金人民币三千万元；被告人余志宏犯侵犯商业秘密罪，判处有期徒刑六年，并处罚金人民币一百万元；被告人罗石和犯侵犯商业秘密罪，判处有期徒刑五年，并处罚金人民币五十万元；被告人肖文娟犯侵犯商业秘密罪，判处有期徒刑四年，并处罚金人民币三十万元；被告人李影红犯侵犯商业秘密罪，判处有期徒刑三年，并处罚金人民币二十万元。

宣判后，江西亿铂公司、中山沃德公司、余志宏、罗石和、李影红、肖文娟均不服，以原判决认定事实不清、证据不足为由向广东省珠海市中级人民法院提出上诉。

广东省珠海市中级人民法院经不公开开庭审理查明：余志宏、罗石和、肖文娟、李影红原系珠海赛纳公司的员工，四人在日常工作中，能够接触并掌握珠海赛纳公司的品牌区、南美区、亚太区的客户资料以及2010年的销售量、销售金额及珠海赛纳公司产品的成本价、警戒价、销售价等经营性信息,并负有保守珠海赛纳公司商业秘密的义务。2011 年初,余志宏与江西商人黄兴志成立江西亿铂公司,生产打印机用硒鼓等耗材产品,并成立中山沃德公司及香港 Aster 公司、美国 Aster 公司、欧洲 Aster 公司销售江西亿铂公司产品。余志宏、罗石和、李影红、肖文娟等人将各自因工作关系掌握的珠海赛纳公司的客户采购产品情况、销售价格体系、产品成本等信息私自带入江西亿铂公司、中山沃德公司,以此制定了该二公司部分产品的美国价格体系、欧洲价格体系,并以低于珠海赛纳公司的价格向原属于珠海赛纳公司的部分客户销售相同型号的产品。经对江西亿铂公司、中山沃德公司的财务资料和出口报关单审计,二公司共向原珠海赛纳公司 11 个客户销售的与珠海比赛公司相同型号的产品金额共计 7659235.72 美元;按照珠海赛纳公司相同型号产品的平均销售毛利润率计算,给珠海赛纳公司造成的经济损失共计人民币 22705737.03 元(2011 年 5 月至 12 月的经济损失人民币 11319749.58 元;2012 年 1 月至 4 月的经济损失人民币 11385987.45 元)。其中,肖文娟参与犯罪行为造成的经济损失为人民币 6240425.88 元。

广东省珠海市中级人民法院认为:

一、涉案的客户名单、价格体系属于经营信息类商业秘密

《中华人民共和国刑法》第 219 条第 3 款规定:“本条所称商业秘密,是指不为公众所知悉,能为权利人带来经济利益,具有实用性并经权利人采取保密措施的技术信息和经营信息”,对某项信息是否属于商业秘密应当由人民法院依据上述法律规定,结合案件相关证据,直接对某项信息是否属于商业秘密作出认定,而不能由鉴定机关进行鉴定。一种信息要成为商业秘密,必须具备下列构成要件:第一,秘密性,即有关信息不为其所属领域的相关人员普遍知悉和容易获得。第二,经济性,即有关信息具有现实的或者潜在的商业价值,能为权利人带来竞争优势。判断一项信息是否具有经济性,不应单纯从信息的持有人角度出发,而应当以其在社会上能否为持有人带来经济利益为标准。第三,采取了合理的保密措施,即信息持有人在主观上将信息作为商业秘密,同时在客观上为防止信息泄露采取了与其商业价值相适应的合理保护措施。珠海赛纳公司的《赛纳客户资料》、《赛纳欧洲区部分客户资料 2010 交易量及产品单价》、《赛纳美国公司客户资料 2011 年 1 季度交易》事实上包含了三方面的内容:一是客户名称、地址、联系方式;二是客户交易习惯、所购产品的型号及数量、产品价格、进货周期、进货渠道;三是不同客户购买产品的数量、价格、交易习惯各不相同。涉案的价格体系体现为珠海赛纳公司对每一型号的产品拟定了五个级别的价格,从高到低分别是:(1) FOB Zhuhai(离岸价);(2) Agent Price(代理价);(3) Team Price(区域价);(4) Bottom Price(底线价);(5)警戒线价。对珠海赛纳公司的市场竞争者来说,上述客户名单中任意一个客户的名称、地址、联系方式,均可通过书刊、报纸、网络等公开媒介检索得知,属于该行业公知性信息。因此,单纯的客户名称、地址、联系方式不具有秘密性。但涉案的客户名单除包含了客户名称、地址、联系方式外,还包括了每个客户的交易习惯、所购产品的型号及数量、产品价格、进货周期、进货渠道等内容。客户与客户之间,所购产

品的型号及数量、价格、交易量、交易习惯各不相同,这种不同不具有一般的规律性。珠海赛纳公司与每个客户之间的交易信息,是其根据客户的要求,结合企业自身的技术、生产、资金等因素决定的,是双方综合考虑自身和市场具体情况,经过反复协商、不断调整,形成双方均可接受的内容,从而逐渐形成的具有一定规律性的交易方式,并进而形成了特定的交易习惯。珠海赛纳公司将这些特定客户从世界范围众多企业中筛选出来,成为特殊的客户群体,保持长期稳定的交易关系、交易习惯。这种区别于相关公知信息的客户名单和价格体系的信息组合,是珠海赛纳公司在多年生产经营活动中开发积累获得的,属于独创性的智力劳动成果,并非该行业经营者的一般常识和行业惯例,不为该行业相关人员所普遍知悉和容易获得。在市场经济中,市场上并不存在现成的客户,客户源的不确定性,决定了经营者难以准确地获知哪些人对产品有需求。任意一个稳定客户的形成,都需要经营者花费大量的人力和财力不断挖掘和培养,稳定的客户又能够为经营者带来大量的经济利益。珠海赛纳公司提交的《赛纳客户资料》、《赛纳欧洲区部分客户资料 2010 交易量及产品单价》、《赛纳美国公司客户资料 2011 年 1 季度交易》证实该公司已与名单上所列客户实际发生了大量交易,足以认定其客户名单、价格体系能够使该公司产品占领一定的市场份额,并为其带来经济利益。因此,珠海赛纳公司的客户名单、价格体系具有经济性。珠海赛纳公司已与四上诉人签订了保密协议,约定员工未经公司书面同意,不得向第三方泄露、知悉、披露商业秘密信息,亦不得自己使用商业秘密信息。另外,珠海赛纳公司的客户和产品均以系统化编码的形式出现,未掌握上述编码内容的人即使拿到了上述客户资料也无法解读其中具体指代内容。综上所述,珠海赛纳公司的客户名单、价格体系是不为公众所知悉,能为其带来经济利益,具有实用性并经其采取保密措施的经营信息,属于经营信息类商业秘密。

二、珠海赛纳公司的经济损失如何认定

侵犯商业秘密行为侵犯的是权利人的无形财产权,与侵犯有形财产权不同,其损失并不一定表现为财产的直接减少,而是体现为无形财产价值的贬损和产品销售市场的被侵占,继而造成权利人在正常情况下获利的减少,侵权行为人的获利就是商业秘密权利人的损失,侵权人无偿使用权利人的客户名单和价格体系等商业秘密,对商业秘密所有人本身就是损失。侵犯商业秘密给权利人造成的实际损失不仅表现为侵权人因侵权所获的非法利益,还表现为权利人丧失的预期利润。本案侦查过程中,因江西亿铂公司拒绝提供该公司的生产销售财务资料,导致公安机关无法取得上诉人江西亿铂公司、中山沃德公司侵犯商业秘密所获非法利益的相关证据。为此,可以商业秘密权利人丧失的预期利润计算其经济损失。上诉人江西亿铂公司、中山沃德公司非法利用被害单位珠海赛纳公司的价格体系,向珠海赛纳公司的客户低价销售与珠海赛纳公司相同型号的产品,其行为必然直接导致珠海赛纳公司客户流失、市场销售份额缩小、预期利润减少。因此,原判决采用江西亿铂公司销售与珠海赛纳公司相同型号产品的数量×珠海赛纳公司相应型号产品的平均毛利润率=珠海赛纳公司的经济损失之计算方法并无不当。经审核,上述计算结果准确。

广东省珠海市中级人民法院于2013年7月8日作出(2013)珠中法刑终字第87号刑事判决,认为原判决定罪准确,但认定部分事实和适用法律错误,量刑不当,结合二审期间各上诉人积极赔偿珠海赛纳公司经济损失的情节,予以改判:(1)上诉人江西亿铂电子科技有限公司犯侵犯商业秘密罪,判处罚金人民币二千一百四十万元。(2)上诉人中山沃德打印机设备有限公司犯侵犯商业秘密罪,判处罚金人民币一千四百二十万元。(3)上诉人罗石和犯侵犯商业秘密罪,判处有期徒刑三年,并处罚金人民币二十万元。(4)上诉人李影红犯侵犯商业秘密罪,判处有期徒刑二年,缓刑三年,并处罚金人民币十万元……(10)上诉人肖文娟犯侵犯商业秘密罪,判处有期徒刑二年,缓刑三年,并处罚金人民币十万元。判决已发生法律效力。

五十件典型案例

马培德公司诉邦立公司、伊利达公司等外观设计专利权纠纷案

——阅读提示：被诉侵权产品除使用与涉案外观设计专利相同或近似的设计之外，还额外增加有其他图案、色彩设计要素的，该额外增加的设计要素是否对外观设计侵权判断造成实质性影响。

【裁判要旨】

在确定外观设计专利权的保护范围以及侵权判断时，应当以图片或者照片中的形状、图案、色彩设计要素为基本依据。

在与外观设计专利产品相同或者相近种类的产品上，采用与外观设计专利相同或者近似的外观设计的，人民法院应当认定被诉侵权产品落入外观设计专利权的保护范围。被诉侵权产品在采用与外观设计专利相同或者相近似的外观设计之余，还附加有其他图案、色彩设计要素的，如果这些附加的设计要素属于额外增加的设计要素，则对侵权判断一般不具有实质性影响。

【案号】

一审：广东省广州市中级人民法院(2010)穗中法民三初字第165号

二审：广东省高级人民法院(2011)粤高法民三终字第164号

申请再审：最高人民法院(2013)民申字第29号

【案情与裁判】

原告(上诉人、再审申请人)：马培德公司(MAPED)。住所地：法兰西共和国阿戈耐普吉林路530号

被告(被上诉人、被申请人)：阳江市邦立贸易有限公司(简称邦立公司)

被告(被上诉人、被申请人)：阳江市伊利达刀剪有限公司(简称伊利达公司)

起诉与答辩

2010年4月29日，马培德公司诉诸一审法院称，邦立公司、伊利达公司共同生产、销售被诉侵权产品，侵犯其外观设计专利权。请求判令邦立公司、伊利达公司：(1)立即停止侵权行为，销毁侵权产品及其生产模具；(2)共同赔偿马培德公司人民币10万元；(3)承担本案的诉讼费用。

被告邦立公司、伊利达公司共同答辩称：(1)伊利达公司实际上没有参加本案的任何行为，也没有生产被诉侵权产品。(2)被诉侵权产品与外观设计专利不相同也不近似。(3)邦立公司仅销售涉嫌侵权产品，且具有合法来源。邦立公司不知道被诉侵权产品是否侵犯专利权。(4)因伊

利达公司没有生产涉嫌侵权产品,故原告请求销毁侵权产品及其生产模具不能成立。请求法院驳回原告的全部诉讼请求。

法院审理查明

马培德公司于2004年2月6日向国家知识产权局申请了专利号为200430002915.3、名称为“剪刀”的外观设计专利(以下简称涉案专利),2004年9月1日获得授权。

将被诉侵权产品与涉案专利相比较,两者的主要区别在于:(1)被诉侵权产品的整个刀片上有彩色图案,而专利产品没有;(2)连接两个刀片的铆钉虽都为圆形,但被诉侵权产品的铆钉比专利产品的大,且铆钉上面还有凸起的弧形线条。两者的其余部分均相同。

一审判理和结果

一审法院认为,关于被诉侵权产品与涉案专利是否相同、相近似的问题。将本案被诉侵权产品与马培德公司涉案专利比对,被诉侵权设计具有与涉案专利不同的设计特征,即整个刀片上有彩色图案,连接两个刀片的圆形铆钉比专利产品的大,且铆钉上面还有凸起的弧形线条的特征。而剪刀普遍是由刀片和握柄两大部分组成,且刀片所占的比例通常都是比较大,故在刀片上设计有彩色图案,可成为该剪刀的主要设计特征,吸引一般消费者的注意力。因此,在本案中以一般消费者的知识水平及认知能力来判断,被诉侵权产品的不同设计特征已经达到使被诉侵权设计与涉案专利在整体视觉效果上产生实质性差异的程度,故两者既不相同也不近似。故对邦立公司、伊利达公司认为被诉侵权产品与马培德公司涉案专利既不相同,也不相近似的抗辩,予以采纳。

一审法院据此判决:驳回马培德公司的全部诉讼请求。一审案件受理费人民币2300元,由马培德公司负担。

二审判理和结果

马培德公司不服一审判决,向广东省高级人民法院提起上诉。

邦立公司和伊利达公司请求二审法院驳回上诉,维持原判。

广东省高级人民法院二审认为,关于被诉侵权设计是否落入涉案外观设计专利权的保护范围的问题。将被诉侵权设计与涉案专利进行比对,两者的相同之处在于:由剪刀把和剪刀片两部分组成;剪刀把底端由两个相等大小的椭圆形环手指孔组成,手指环由外环,内环两部分组成,其中内环呈深色,外环呈浅色,两个椭圆形手指孔相切于中心部位,并形成一个接点;手指环向上延伸形成两个竖直形状套柄,两个套柄包裹住两个剪刀片向下的延伸部分:两个剪刀片露出的部分呈三角形,相交于中轴部分。两者的不同之处在于:被诉侵权设计的整个剪刀片上有彩色图案,连接两个剪刀片的圆形铆钉比专利产品的大,且铆钉上面还有凸起的弧形线条。由于剪刀一般是由剪刀把和剪刀片两部分组成,剪刀片所占的比例通常都相对较大,属于产品正常使用时容易被直接观察到的部分,因此在剪刀片上设计有彩色图案,通常对外观设计的整体视觉效果更具有影响。以一般消费者的知识水平和认知能力来判断,侵权外观设计与涉案专利在剪刀片上的上述差异已经构成整体视觉效果的实质性差异,故两者既不相同也不近似。马培德公司关于被诉侵权设计与涉案专利实质相同的上诉主张不成立,不予支持。

马培德公司上诉还认为,除去彩色图

案等表面装饰部分的剪刀本体应当视为制造被诉侵权产品的一个零部件,邦立公司、伊利达公司将侵犯外观设计专利权的产品作为零部件,制造另一产品并销售的行为,属于《专利法》第11条规定的销售行为。二审法院认为,本案被诉侵权产品是带有彩色图案的剪刀,这是一个不可分割的整体。彩色图案是附着在剪刀本体之上的,不能脱离后者单独存在。因此,剪刀本体与彩色图案之间的关系并非零部件与零部件之间的关系。邦立公司、伊利达公司的行为并不属于将侵犯外观设计专利权的产品作为零部件,制造另一产品并销售的行为。马培德公司该上诉理由不成立,予以驳回。由于被诉侵权设计与涉案专利既不相同也不近似,故二审法院对邦立公司、伊利达公司是否共同制造、销售被诉侵权产品以及应否承担民事责任等问题不再评判。二审法院据此判决:驳回上诉,维持原判。二审案件受理费2300元,由马培德公司(MAPED)负担。

申请再审理由

马培德公司不服二审判决,向最高人民法院申请再审,其主要理由为:(1)单纯形状类型的外观设计专利权应当得到充分有效的法律保护,二审判决认定被诉侵权产品与涉案专利既不相同也不近似,不符合《中华人民共和国专利法》(以下简称《专利法》)第59条第2款的规定及其立法宗旨。①二审判决认定“在剪刀片上设计有彩色图案,通常对外观设计的整体视觉效果更具有影响。以一般消费者的知识水平和认知能力来判断,侵权外观设计与涉案专利在剪刀片上的上述差异已经构成整体视觉效果的实质性差异,故两者既不相同也不近似”,认定事实错误,适用法律不当。②在确定单纯形状类型的外观设计专利权的保护范围,判断被诉侵权产品是否侵权时,应当参照适用《专利审查指南》第四部分第五章5.2.3的规定,无须考虑图案、色彩要素。被诉侵权产品外表上增添的图案、色彩要素应当不予考虑。③涉案专利权属于单纯形状类型的外观设计,是对产品外观的基础性创新,创新难度更大,应获得更宽的保护范围,得到更为充分的法律保护。因此,只要被诉侵权产品采用了与涉案专利相同或者近似的产品外形,即应当认定其落入涉案专利权的保护范围。④被诉侵权产品在抄袭涉案专利的产品形状的同时,有意在产品外表上添加了图案,既利用涉案专利权人的创新成果,又逃避侵权责任。(2)被诉侵权产品与涉案专利构成相同或近似的设计,落入涉案专利权保护范围。①被诉侵权产品除了铆钉尺寸略大以外,其他形状要素与涉案专利相同。按照整体观察,综合判断的方法,铆钉尺寸的变化属于局部细微变化,涉案专利与被诉侵权产品属于相同或近似设计。②从产品正常使用时容易观察到的部位分析,被诉侵权产品落入涉案专利保护范围。综上,马培德公司根据《中华人民共和国民事诉讼法》(2007年修正)第179条第1款第2项、第六项的规定申请再审。请求:(1)撤销一、二审判决。(2)判令邦立公司、伊利达公司停止侵犯涉案专利权的行为,赔偿经济损失10万元。(3)一、二审及再审案件诉讼费用由被申请人承担。

申请再审判理和结果

最高人民法院再审审查认为,本案焦点在于被诉侵权产品是否落入涉案外观设计专利权的保护范围。

将被诉侵权产品与涉案外观设计专利

相比较,二者均包括手柄、刀片以及设置于剪刀中部的铆钉三个主要部分。二者的共同点为:手柄、刀片的形状基本相同,手柄包括内、外两个明暗不同的同心圆环,并且在手柄中部均设置水滴状通孔。二者的主要区别在于:(1)被诉侵权产品的铆钉为分别设置于剪刀两侧的两个圆台状凸起,体积明显较大,其中心线上还设置有波浪状条纹;涉案专利的铆钉为金属铆钉,体积明显较小,且仅在一侧中部设置有直线槽(简称区别特征1)。(2)被诉侵权产品的剪刀片上还设置有彩色图案(简称区别特征2)。

关于两项区别特征对整体视觉效果的影响。区别特征2系被诉侵权产品在采用与外观设计专利相同或者相近似的外观设计之余,还额外附加的设计要素,对侵权判断不具有实质性影响。由于区别特征1导致二者的整体视觉效果产生明显差异,故被诉侵权产品与涉案外观设计专利既不相同也不近似。二审判决结论正确,予以维持。

附

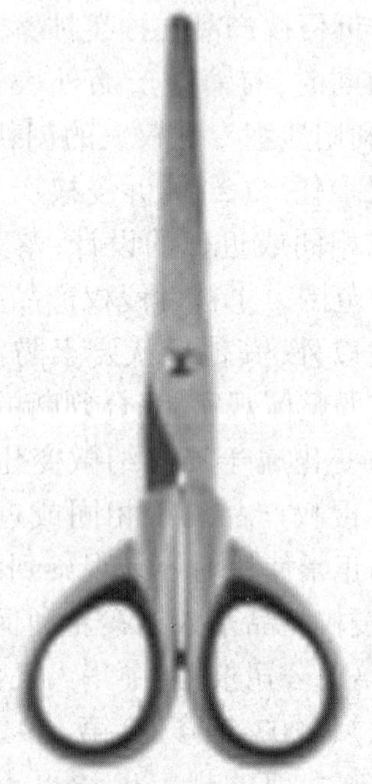

被诉侵权产品图片

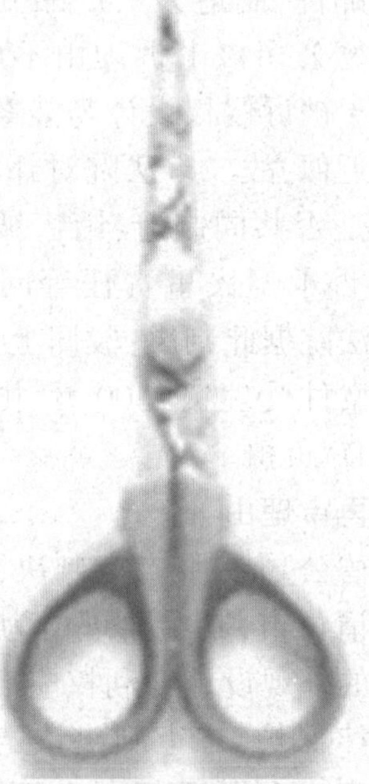

涉案专利主视图

宜宾长毅浆粕有限责任公司诉潍坊恒联浆纸有限公司等侵害发明专利权纠纷案

——阅读提示:在非新产品制造方法发明专利侵权纠纷中,举证责任如何分配?

【裁判要旨】

在非新产品制造方法发明专利侵权纠纷中,专利权人能够证明被诉侵权人制造了同样产品,经合理努力仍无法证明被诉侵权人确实使用了该专利方法,根据案件具体情况,结合已知事实及日常生活经验,能够认定该同样产品经由专利方法制造的可能性很大的,可以不再要求专利权人提供进一步的证据,而由被诉侵权人提供其制造方法不同于专利方法的证据。被诉侵权人拒不配合法院调查收集证据或者保全证据的,可以推定被诉侵权人使用了该专利方法。

一审:四川省成都市中级人民法院(2011)成民初字第458号

二审:四川省高级人民法院(2012)川民终字第533号

再审:最高人民法院(2013)民申字第309号

【案情与裁判】

原告(二审被上诉人、再审被申请人):宜宾长毅浆粕有限责任公司(简称宜宾长毅公司)

被告(二审上诉人、再审申请人):潍坊恒联浆纸有限公司(简称潍坊恒联公司)

一审被告:成都鑫瑞鑫塑料有限公司(简称成都鑫瑞鑫公司)

2011年,宜宾长毅公司向四川省成都市中级人民法院提起本案诉讼称,潍坊恒联公司及成都鑫瑞鑫公司未经其许可,擅自生产、销售使用了其ZL200610021387.4专利技术生产的产品,侵害了其专利权,请求法院判令潍坊恒联公司及成都鑫瑞鑫公司停止侵权行为,连带赔偿其经济损失50万元。

法院审理查明

涉案专利是名称为"木浆粕变性生产工艺"的发明专利(专利号:ZL2006100213187.4),专利权人是宜宾长毅公司。2011年4月,宜宾长毅公司从成都鑫瑞鑫公司购买了标注为"潍坊恒联公司"生产的粘胶木浆粕产品,该批粘胶木浆粕产品所附的"潍坊恒联公司棉浆粕出门证"、"潍坊恒联公司浆粕质量检验单"落款处均为潍坊恒联公司员工签名。2011年6月,宜宾长毅公司对涉案粘胶木浆粕进行抽样检验,检验结果报告单载明该产品浆粕纤维种类为100%针叶木浆。

一审法院经审理认为,宜宾长毅公司提供的证据能够证明涉案粘胶木浆粕产品系潍坊恒联公司生产和销售。潍坊恒联公司生产粘胶木浆粕的具体生产方法需通过其生产现场或原始生产记录等方法获得,而该证据在潍坊恒联公司实际控制之下,宜宾长毅公司无法获得,故本案非新产品粘胶木浆粕生产方法的举证责任应由潍坊恒联公司承担。潍坊恒联公司经法院释明后无正当理由拒不提供其持有的涉案粘胶木浆粕生产方法,致使法院无法查明该生产方法是否落入宜宾长毅公司专利权保护范围。根据《最高人民法院关于民事诉讼证据的若干规定》(以下简称《民事诉讼证据规定》)第75条关于举证妨碍的规定,推定宜宾长毅公司主张成立。据此判决:潍坊恒联公司和成都鑫瑞鑫公司立即停止侵权行为,潍坊恒联公司赔偿宜宾长毅公司经济损失50万元。

潍坊恒联公司不服一审判决,向四川省高级人民法院提起上诉。

二审法院经审理认为,根据现有证据,能够认定潍坊恒联公司生产并销售了涉案木浆粕产品的基本事实。是否由被诉侵权人提交其生产方法的相关证据,应当依照公平原则和诚实信用原则,正确分配举证责任。根据最高人民法院《关于充分发挥知识产权审判职能作用推动社会主义文化大发展大繁荣和促进经济自主协调发展若干问题的意见》第15条的规定,本案被诉侵权方法的举证责任应由潍坊恒联公司承担。潍坊恒联公司经一审法院释明后无正当理由拒不提供其持有的涉案粘胶木浆粕生产方法,应适用民事诉讼证据规定中举证妨碍的推定规则,推定宜宾长毅公司的主张成立。潍坊恒联公司未能举证证明该推定的事实不存在,即应认定其生产涉案粘胶木浆粕的生产方法落入了宜宾长毅公司专利权保护范围。据此判决:驳回上诉,维持原判。

潍坊恒联浆纸有限公司不服二审判决,向最高人民法院(简称最高法院)申请再审。

最高法院认为,一般而言,对制造方法专利的使用表现在产品的制造过程中,产品制造过程涉及生产步骤和工艺参数,具体的流程和数据只能在生产现场或者查看生产记录才能得知。通常情况下,专利权人难以接近被诉侵权人的生产现场和生产记录以取得完整的制造方法证据,在产品制造方法证据完全掌握在被诉侵权人手中的情况下,如果不结合具体案情对侵权指控成立的可能性大小以及双方当事人的举证能力进行分析,只是简单地适用“谁主张谁举证”的一般原则,由专利权人来举证证明被诉侵权人生产同样产品的制造方法,显然不利于客观事实的查明,亦有违公平原则。《民事诉讼证据》规定第7条规定:“在法律没有具体规定,依本规定及其他司法解释无法确定举证责任承担时,人民法院可以根据公平原则和诚实信用原则,综合当事人举证能力等因素确定举证责任的承担”。凡是掌握证据的当事人均有责任提供证据以还原客观事实,举证责任的分配原则应当是在公平和诚实信用的基础上,确保最大限度地查明客观事实。具体到产品制造方法发明专利侵权纠纷,当使用专利方法获得的产品属于新产品时,法律规定对被诉侵权人生产新产品的制造方法适用举证责任倒置规则。究其原因,是因为新产品在方法专利申请日前不为公众所知,经由专利方法制造的可能性较大,其制造方法的证据又处于被诉侵权人的实际控制之中,因此,应当由距离证据更近的被诉侵权人提供该证据证明针对自己的侵权指控不成立。当使用专利方法获得的产品不属于新产品时,意味着在方法专利申请日前,通过其他方法已经制造出同样的产品,因此,同样产品经由专利方法制造的可能性就没有新产品的大,如果也适用举证责任倒置规则,一律由被诉侵权人对其制造方法进行举证,就有可能被专利权人滥用来套取被诉侵权人的商业秘密,不利于对被诉侵权人商业秘密的保护,所以法律和司法解释没有规定适用举证责任倒置规则。但是,这类产品的制造方法往往只有被诉侵权人知道,专利权人很难举证,所以,简单地适用“谁主张谁举证”的原则,一律由专利权人对被诉侵权人的制造方法进行举证,确有困难和不公,不利于案件事实的查明。为了既能查明案件事实,又能确保被诉侵权人的商业秘密不被泄露,平衡好专利权人和被诉侵权人的利益,根据审判实践,在专利权人能够证明被诉侵权人制造了同样产品,经合理努力仍无法证明被诉侵权人确实使用了该专利方法,根据案件具体情况,结合已知事实及日常生活经验,能够认定该同样产品经由专利方法制造的可能性很大的,人民法院可以不再要求专利权人提供进一步的证据,而由被诉侵权人提供其制造方法不同于专利方法的证据。

本案涉及产品制造方法发明专利侵权纠纷,涉案粘胶木浆粕并非新产品。一审中,专利权人宜宾长毅公司提供了“潍坊恒联公司棉浆粕出门证”、“潍坊恒联公司浆粕质量检验单”等一系列证据证明被诉侵权人潍坊恒联公司生产销售了涉案产品,并且通过产品检验等方式证明了涉案产品是与涉案专利方法生产的产品相同的粘胶木浆粕而非潍坊恒联公司辩称的粘胶棉浆粕。对于涉案产品的制造方法,宜宾长毅公司提供了其所拍摄到的潍坊恒联公司的生产车间、相关机器设备以及原材料木浆板投放过程的视频资料,虽然这些证据不能形成完整的生产步骤和工艺参数,尚不足以证明潍坊恒联公司生产涉案产品的制造方法,但是潍坊恒联公司在一审中认可该视频资料所显示的是其公司的生产现场。一审法院根据宜宾长毅公司的证据保全申请,两次赴潍坊恒联公司进行调查取证:第一次取证中,潍坊恒联公司称其负责人不在,阻止法院进入生产现场;第二次取证中,该公司将法院带至棉浆粕生产现场而非上述视频资料所显示的生产现场。由此可见,宜宾长毅公司已经完成了涉案产品与涉案专利方法生产的产品相同的举证责任,在涉案产品制造方法证据由潍坊恒联公司掌握的情况下,积极提供生产现场视频资料,并申请法院进行证据保全,为证明涉案产品制造方法落入涉案方法专利权保护范围尽了合理努力。而潍坊恒联公司虽然否认其生产销售了涉案产品,同时主张涉案产品为粘胶棉浆粕,却没有提供有力的证据予以反驳。在一审法院对其掌握的制造方法证据进行保全时,亦不予配合,致使法院未能调取到涉案产品制造方法证据。根据上述事实和日常生活经验,可以推断潍坊恒联公司侵权的可能性较大,因此,原一、二审法院综合考虑双方当事人已经完成的举证情况、距离证据的远近等因素,将证明涉案产品制造方法的举证责任分配给潍坊恒联公司承担,并无不当。潍坊恒联公司应当并且也完全有能力提供证据证明涉案产品制造方法不同于专利方法,但是在一、二审法院释明后,其无正当理由拒不提供涉案产品制造方法证据,原一、二审法院认定其生产涉案粘胶木浆粕产品的制造方法落入涉案专利权保护范围,宜宾长毅公司的侵权指控成立,亦无不当。据此裁定:驳回潍坊恒联公司的再审申请。

北京市捷瑞特弹性阻尼体技术研究中心诉北京金自天和缓冲技术有限公司、王菡夏侵害实用新型专利权纠纷案

——阅读提示:被诉侵权技术手段与专利权利要求明确限定的技术手段相反是否构成等同侵权?

【裁判要旨】

在专利侵权案件中,被诉侵权技术方案的技术手段与权利要求明确限定的技术手段截然相反,技术效果亦相反,且不能实现发明目的的,不构成等同侵权。

【案号】

一审:北京市第一中级人民法院(2009)一中民初字第13772号

二审:北京市高级人民法院(2010)高民终字第1867号

申请再审:最高人民法院(2013)民申字第1146号

【案情与裁判】

原告(上诉人、再审申请人):北京市捷瑞特弹性阻尼体技术研究中心(以下简称捷瑞特中心)

被告(被上诉人、再审被申请人):北京金自天和缓冲技术有限公司(以下简称金自天和公司)

被告(二审被上诉人、再审被申请人):王菡夏(曾用名王函夏)

起诉与答辩

捷瑞特中心于2009年9月11日起诉称:捷瑞特中心是涉案实用新型专利权人。捷瑞特中心发现金自天和公司生产、销售的"HM－1缓冲器弹性胶泥芯体"侵犯了其涉案专利权,同时王函夏利用曾在捷瑞特中心任职期间非法窃取的专利技术信息与金自天和公司合作生产被诉侵权产品,两被告的行为均构成对涉案专利权的侵犯,故请求法院判令:(1)金自天和公司停止制造、销售被诉侵权产品的侵权行为;(2)金自天和公司收回并销毁被诉侵权产品,销毁制造诉侵权产品的设备;(3)金自天和公司就其侵权行为消除影响;(4)金自天和公司及王函夏赔偿捷瑞特中心经济损失一千万元;(5)金自天和公司及王函夏承担捷瑞特中心因主张权利而支出的合理费用共计1001140元。

金自天和公司辩称:捷瑞特中心提交的被诉侵权产品不能证明是金自天和制造、销售,该被诉侵权产品也未落入涉案专利权的保护范围。捷瑞特中心主张的赔偿数额和合理支出费用缺乏事实依据。因此,请求驳回捷瑞特中心的全部诉讼请求。

王函夏辩称:其虽系金自天和公司职员,但没有证据证明其与金自天和公司共同实施了侵犯涉案专利权的行为,故请求驳回捷瑞特中心的全部诉讼请求。

一审审理查明

捷瑞特中心是专利号为01274761.0的“快进慢出型弹性阻尼体缓冲器”实用新型的专利权人，该专利申请日为2001年12月28日，授权公告日为2002年12月18日。涉案专利独立权利要求为：“一种快进慢出型弹性阻尼体缓冲器，主要由套筒座（1），承接头（2），活塞（3），弹性阻尼体（4）和密封装置（5）组成，其特征在于：在承接头（2）的内腔（22）中装入弹性阻尼体（4）将活塞（3）与活塞杆（31）相连接，装入承接头（2）的内腔（22）之中，将缸盖（21）与承接头（2）连接成一整体，沿活塞（3）圆周部位设置有单向限流装置（32），压缩行程时单项限流装置（32）打开，回复行程时单项限流装置（32）关闭，活塞（3）外径与内腔（22）之间留有间隙。”

捷瑞特中心向一审法院提交了一份齐齐哈尔轨道交通装备有限责任公司技术中心（以下简称齐齐哈尔公司技术中心）出具的《收条》，其上载明：“今收到齐齐哈尔轨道交通装备有限责任公司技术中心提供的北京金自天和缓冲技术有限公司生产的HM－1型缓冲器弹性胶泥芯体两只，编号为：JTH0903－1336与JTH0903－1234。其中一只已经由齐齐哈尔轨道交通装备有限责任公司拆解。北京市捷瑞特弹性阻尼体技术研究中心使用完毕后归还。”收条落款处的交件人为王晓龙，收件人为吴懿兵，落款时间为2009年5月23日。该收条没有交接双方单位的印章，捷瑞特中心称王晓龙为齐齐哈尔公司技术中心的技术人员。此后，捷瑞特中心又提交了一份盖有交接双方单位印章的《收条》，内容与落款时间与前者相同，但交件人的签字和手写时间与前者中的不同。

一审诉讼中，捷瑞特中心提交了一份《铁路车辆产品验收合格证》复印件，其中载明的生产单位为金自天和公司，产品名称为“弹性胶泥芯体”，数量为100只，规格型号为HM－1，图号为QCP837－10－00，收货单位为牡丹江金缘钩缓制造有限责任公司，检验单位为铁道部驻北京二七车辆厂车辆验收室，检验员为华正荣。该验收合格证后附有《铁路车辆产品编号清单》复印件一张，其中包括编号为JTH0903－1234在内的一百个编号。金自天和公司对《铁路车辆产品验收合格证》的复印件和《铁路车辆产品编号清单》复印件的真实性有异议。捷瑞特中心表示无法提供上述材料的原件，请求一审法院向铁道部驻北京二七车辆厂车辆验收室华正荣调查相关情况。一审法院与铁道部驻北京二七车辆厂车辆验收室检验员华正荣进行了联系，华正荣表示该验收室为铁道部的派出单位，不对外接受相关调查，捷瑞特中心和金自天和公司均具有制造“弹性胶泥芯体”产品的能力。此外对捷瑞特中心在本案中提供的上述证据复印件的真实性均不予确认。

《铁路车辆产品验收合格证》的复印件中载明的收货单位牡丹江金缘钩缓制造有限责任公司与捷瑞特中心有业务往来。根据捷瑞特中心提交的《北京市增值税专用发票》记载，捷瑞特中心向牡丹江金缘钩缓制造有限责任公司销售过“HM－1型缓冲器用弹性胶泥芯体”产品，图号亦为QCP837－10－00。

捷瑞特中心在一审庭审前向法院提交了被诉侵权产品实物，即编号为JTH0903－1234的产品，并表示该实物为捷瑞特中心自行拆解后提交法庭。经查，实物上除其中的承撞头和密封装置上有1234的编号外,其余部件并无该产品由金自天和公司制造的其他信息。金自天和公司对该被诉侵权产品的真实性有异议,认为该产品的取得方式不符合法律规定,且在作为证据提交前就已由捷瑞特中心拆解,而捷瑞特中心也具备制造相关产品的能力,因此对该证据的真实性不予认可。

审庭审过程中,法庭主持对涉案专利权利要求1与捷瑞特中心在举证期限内提交的被诉侵权产品实物的技术方案进行了对比,双方共同确认区别在于:捷瑞特中心提交的被诉侵权产品没有套筒座,涉案专利有套筒座;二者的单向限流装置安装方式相反。金自天和公司还主张,二者的技术主题不同,本专利为快进慢出型,被诉侵权产品为慢进快出型;被诉侵权产品中没有弹性阻尼体,涉案专利中有弹性阻尼体。捷瑞特中心在一审庭审结束后提交了套筒座,但该部件没有编号,亦无其他体现制造者的信息。

2004年2月,江苏省徐州市中级人民法院以王菡夏非法窃取捷瑞特中心的弹性阻尼体技术秘密构成侵犯商业秘密罪为由判处王菡夏有期徒刑。但捷瑞特中心在本案中没有提交证据证明王菡夏与金自天和公司共同实施了制造、销售被诉侵权产品的行为。

捷瑞特中心在本案中主张侵权赔偿数额为人民币1000万元为其酌定,捷瑞特中心未提交其因侵权行为所受损失或金自天和公司因侵权获利的证据。捷瑞特中心主张的诉讼合理支出共计1001140元,其中包括公证费1140元和律师代理费100万元。

一审判理和结果

一审法院认为:捷瑞特中心提交的证据不足以证明被诉侵权产品为金自天和公司制造、销售。通过勘验,双方当事人均确认被诉侵权产品缺少涉案专利中的必要技术特征——套筒座。捷瑞特中心在庭后补充提交套筒座已超出了举证期限,且补充提交的套筒座并无被诉侵权产品的编号,因此,被诉侵权产品未落入涉案专利权的保护范围。王菡夏窃取技术秘密与侵犯专利权纠纷系不同的法律关系,捷瑞特中心主张王菡夏共同侵犯涉案专利权,无事实和法律依据。据此,一审法院依照《专利法》第11条第1款、第56条第1款、《民事诉讼法》第64条第1款之规定,判决:驳回捷瑞特中心的全部诉讼请求。

上诉与答辩

捷瑞特中心不服一审判决,向二审法院提起上诉称:捷瑞特中心提交的证据能够证明金自天和公司制造、销售了被诉侵权产品。被诉侵权产品确实有套筒座,捷瑞特中心于庭后及时补充提交了套筒座,套筒座可批量生产,其编号不必与芯体对应。金自天和公司并未对被诉侵权产品进行实质性否认,也没有相反证据证明被诉侵权产品不是其制造、销售,故应当承担不利后果。因此,请求撤销一审判决,改判支持其全部诉讼请求。

二审判理和结果

二审法院认为:本案当事人对于被诉侵权产品是否为金自天和公司制造、销售有争议,因此应当结合当事人提交的证据对争议事实予以认定。《收条》中载明编号为1234的产品实物为齐齐哈尔公司拆解后交给捷瑞特中心,而捷瑞特中心在一审开庭审理时声称被诉侵权产品实物为其自行拆解后提交法院,捷瑞特中心的陈述与《收条》的记载相互矛盾。捷瑞特中心自身具备被诉侵权产品实物的加工能力，其向齐齐哈尔公司取得的两件产品实物并未封存后向法院提交，并声称自行对从齐齐哈尔公司取得的产品实物进行了拆解，金自天和公司对其提交的被诉侵权产品实物的真实性也不予认可，因此，即使捷瑞特中心从齐齐哈尔公司取得的产品实物为金自天和公司制造、销售，捷瑞特中心也未证明其向一审法院提交的被诉侵权产品实物为齐齐哈尔公司向其提供。一审法院认为捷瑞特中心并未证明被诉侵权产品为金自天和公司制造、销售，并无不当。

本案中，当事人已经确认被诉侵权产品实物的技术方案与涉案专利权利要求1的技术方案相比，有以下区别：捷瑞特中心提交的被诉侵权产品没有套筒座，涉案专利技术方案中有套筒座；二者的单向限流装置安装方式相反。而且，涉案专利技术方案中有弹性阻尼体，而捷瑞特中心并未证明被诉侵权产品中有弹性阻尼体。因此，一审法院认定被诉侵权产品未落入涉案专利权的保护范围，并无不当。捷瑞特中心虽然在一审庭审后提交了套筒座，但未证明其与在先提交的被诉侵权产品具有关联性，因此，捷瑞特中心的上诉主张证据不足，不予支持。

王菡夏曾因窃取技术秘密而被判处承担刑事责任，但涉案专利的相关信息是公开的，并非商业秘密，而且捷瑞特中心亦未证明王菡夏侵犯商业秘密的行为与本案涉诉侵犯专利权行为之间的关系，因此一审法院认定捷瑞特中心的主张缺乏事实和法律依据，并无不当。

综上，二审法院依照《民事诉讼法》第153条第1款第1项之规定，判决：驳回上诉，维持原判。

申请再审审查查明

涉案专利说明书记载："本实用新型的目的在于提供一种当缓冲器受到冲击载荷后，可迅速缓冲能吸收大部分撞击能量，有效地保护了设备，然后缓慢稳定地回复，免予弹跳保护了设备，有效降低了噪音的一种快进慢出型弹性阻尼体缓冲器。""为了实现上述目的，本实用新型是通过以下技术方案来实现的：……沿活塞(3)圆周部位设置有单向限流装置(32)，压缩行程时单向限流装置(32)打开，回复行程时单向限流装置(32)关闭"。"由于采用了上述技术方案本实用新型具有以下优点和效果……2. 本实用新型能承受较大的冲击载荷，承撞头快进慢出，外载荷撤销后自动回复，无需增设回弹装置，有效地保护了设备和降低了噪声。"

申请再审判理和结果

最高法院认为：关于本案被诉侵权产品是否系金自天和公司制造、销售的问题。捷瑞特中心称其提交的被诉侵权产品实物是从齐齐哈尔公司技术中心取得，其提交的《收条》载明其中一只已经由齐齐哈尔轨道交通装备有限责任公司拆解。在一审庭审时，捷瑞特中心称编号为1234的产品实物为其自行拆解后提交给一审法院。捷瑞特中心的上述主张表明，其在取证过程中并未对其取得的被诉侵权产品实物进行封存，且自行进行了拆解，在金自天和公司不认可该产品实物系其制造的情况下，按照"谁主张谁举证"的原则，捷瑞特中心有责任通过申请被诉侵权产品实物提供方出庭作证等方式进一步举证证明该产品实物的来源及原始状态。由于捷瑞特中心并未履行相应的举证责任，导致本案现有证据尚不足以证明被诉侵权产品实物系由金自天和公司制造,此不利后果依法应由捷瑞特中心承担。

关于被诉侵权产品是否落入涉案专利权保护范围的问题。根据涉案专利说明书的记载,涉案专利的发明目的是提供一种快进慢出型的弹性阻尼体缓冲器。为实现这一发明目的,其在单向限流装置上采取了压缩行程时打开、回复行程时关闭的安装方式,以达到承撞头快进慢出的效果。而被诉侵权产品在单向限流装置上采取的是压缩行程时关闭、回复行程时打开的安装方式,实现的是承撞头慢进快出的效果。因此,被诉侵权产品在单向限流装置的安装方式上与涉案专利限定的安装方式既不相同,也不等同,没有落入涉案专利权的保护范围。

综上,捷瑞特中心的再审申请不符合《民事诉讼法》第200条第1款第1项、第5项规定的情形。依照《民事诉讼法》第204条第1款之规定,裁定:驳回捷瑞特中心的再审申请。

桂林南药股份有限公司诉三门峡赛诺维制药有限公司侵犯外观设计专利权和擅自使用知名商品特有包装、装潢纠纷案

——阅读提示:知名商品特有的包装、装潢的法律属性如何?应当如何保护?

【裁判要旨】

知名商品特有的包装、装潢属于反不正当竞争法保护的财产权益,依法应当可以转让和承继。

【案号】

一审:河南省洛阳市中级人民法院(2011)洛知民初第90号

二审:河南省高级人民法院(2012)豫法民三终字第88号

再审:最高人民法院(2013)民提字第163号

【案情与裁判】

原告(二审上诉人、再审申请人):桂林南药股份有限公司(以下简称桂林南药公司)

被告(二审被上诉人、被申请人):三门峡赛诺维制药有限公司(以下简称赛诺维公司)

起诉与答辩

桂林南药公司于2011年6月17日向河南省洛阳市中级人民法院提起诉讼称:其前身为1958年成立的广西壮族自治区桂林制药厂(以下简称桂林制药厂),自1963年开始生产乳酶生片,迄今已有50年的历史,该产品多次被评为广西名牌及优质产品,1991年被国家医药管理局授予优质产品奖。2001年12月1日,广西壮族自治区药品监督管理局批准原属桂林制药厂生产的包括乳酶生片在内的72个品种的生产单位变更为桂林南药公司。1990年至

2010年,该产品远销全国,平均年产销量超过25亿片,累计产销量530亿片,产值超2亿元。桂林南药公司生产的乳酶生片在国内市场销售时间长、销售额大,具有极高的市场知名度,为相关公众所知悉,属于知名商品。其生产的0.15克袋装乳酶生片包装、装潢在文字、图形、色彩及其排列组合上具有显著的区别性特征,是桂林南药公司商品特有的包装、装潢。赛诺维公司生产的0.15克袋装乳酶生片包装、装潢在文字、图形、色彩及其排列组合上,均与桂林南药公司袋装乳酶生片产品包装、装潢形成一一对应关系,赛诺维公司以极其近似的方式仿冒桂林南药公司包装、装潢并在全国范围销售,其行为构成不正当竞争。2008年11月27日,桂林南药公司将涉诉包装、装潢向国家知识产权局申请了外观设计专利,2009年11月25日获得授权,赛诺维公司在授权之日后仿冒桂林南药公司享有外观设计专利权的药品包装袋的行为侵犯了桂林南药公司的外观设计专利权。由于赛诺维公司近年来以低价在全国范围内销售涉案产品,导致桂林南药公司0.15克袋装乳酶生片2010年的销售量明显下降,利润损失约60万元,因此诉请人民法院判令赛诺维公司:(1)立即停止销售侵权产品,销毁尚未使用的侵权包装;(2)赔偿桂林南药公司经济损失20万元;(3)承担桂林南药公司因调查取证的公证费、差旅费、资料制作费等共计5500元;(4)承担本案全部诉讼费用。

赛诺维公司辩称:桂林南药公司所生产的乳酶生片不符合知名商品的认定条件,不属知名商品;赛诺维公司方所生产乳酶生片的包装、装潢系于2007年5月25日经河南省食品监督管理局批准并依法予以备案后,于2008年1月开始使用,该包装、装潢使用日期在桂林南药公司外观设计专利申请日之前,且赛诺维公司仅在原有范围内继续使用,依法未侵犯其专利权。况且桂林南药公司所诉的乳酶生片包装、装潢,赛诺维公司现已经停止使用,更换为加印电子码的新版包装、装潢,新包装与原包装有明显区别。因此,赛诺维公司既不构成不正当竞争,也未侵犯桂林南药公司的外观设计专利权,请求依法驳回桂林南药公司的诉讼请求。

一审审理查明

1963年10月9日,广西壮族自治区卫生厅批复同意桂林制药厂生产乳酶生片,1979年至2000年,相关部门多次授予桂林制药厂生产的乳酶生片名牌产品及优质产品等称号。2001年6月11日,广西壮族自治区人民政府批复同意以桂林制药厂等为发起人设立桂林南药公司。2001年6月22日,桂林南药公司成立。2001年10月12日,广西壮族自治区药品监督管理局以桂药管注(2001)111号文件批复将桂林制药厂的乳酶生片等72个品种的生产单位变更为桂林南药公司,自2001年12月1日起,桂林制药厂应立即停止生产已变更生产单位的药品,所余标签、说明书及相关包装材料就地及时销毁。2002年2月2日,桂林南药公司向广西壮族自治区药品监督管理局申请涉案包装、装潢版本一,于2002年9月18日获得批准。2006年11月8日,桂林南药公司向广西壮族自治区食品药品监督管理局申请涉案包装、装潢版本二,该包装、装潢与版本一整体相同,细节上略有区别,于2007年6月4日获得批准。2008年11月27日,桂林南药公司就涉案包装、装潢版本二向国家知识产权局申请外观设计专利,于 2009 年 11 月 25 日获得授权。2009 年,桂林南药公司生产的乳酶生片销往重庆、贵阳、昆明等地。

2010 年 12 月 22 日,桂林南药公司与桂林制药有限责任公司(桂林制药厂于 2003 年 12 月 23 日变更名称为桂林制药有限责任公司)签订合并协议,由桂林南药公司吸收合并桂林制药有限责任公司。2011 年 1 月 6 日,桂林南药公司与桂林制药有限责任公司联合在《桂林晚报》上刊登公司合并公告。2011 年 5 月 17 日,桂林制药有限责任公司经核准注销。2011 年 6 月 16 日,桂林制药有限责任公司经核准变更登记。

桂林南药公司提交相关知名商品的证据有:广西壮族自治区经济委员会授予桂林制药厂乳酶生片为 1979 年广西名牌产品的荣誉证书;广西壮族自治区经济委员会授予桂林制药厂乳酶生片为 1984 年广西名牌产品的荣誉证书;广西壮族自治区经济委员会授予桂林制药厂乳酶生片为 1988 年自治区优质产品的荣誉证书;国家医药管理局授予桂林制药厂乳酶生片为 1991 年度国家医药管理局优质产品的荣誉证书;广西壮族自治区经济委员会授予桂林制药厂乳酶生片为 1994 年自治区名牌产品的荣誉证书;广西壮族自治区经济贸易委员会授予桂林制药厂乳酶生片为 1997 年广西优质产品的荣誉证书;广西壮族自治区人民政府授予桂林制药厂乳酶生片 1999 年广西优质产品的荣誉证书;广西壮族自治区人民政府授予桂林制药厂乳酶生片 2000 年广西优质产品的荣誉证书;广西壮族自治区医药管理局授予桂林制药厂乳酶生质量管理小组为 1992 年度广西壮族自治区医药管理局优秀质量管理小组的荣誉证书;1986 年 3 月 31 日《中国医药报》刊载的桂林制药厂乳酶生系列品种广告;1987 年 6 月 11 日《中国医药报》刊载的桂林制药厂乳酶生系列品种广告;1988 年 1 月 15 日《桂林日报》刊载的桂林制药厂建厂 30 周年广告;1994 年 9 月 13 日《中国医药报》新闻报道关于桂林制药厂乳酶生产品的报道;1995 年桂林市人民政府授予桂林制药厂 1994 年度亿元企业的奖状;2009 年度桂林南药公司的销售合同 11 份。根据以上证据,足以认定桂林制药厂生产的乳酶生片为知名商品。

1999 年 5 月 18 日,河南省医药管理局以豫药综便字(1999)第 19 号文件同意三门峡市制药厂更名为三门峡金渠制药有限公司。2001 年 7 月 23 日,河南省药品监督管理局以豫药监安便(2001)52 号批复同意三门峡金渠制药有限公司更名为赛诺维公司,2001 年 8 月 8 日,赛诺维公司成立,注册资本 3572 万元。2005 年 3 月 21 日,河南省食品药品监督管理局以豫食药监安函(2005)14 号批复同意赛诺维公司的老厂区分立成三门峡华一制药有限公司,并给其核发《药品生产许可证》,生产范围包括涉案乳酶生片。2007 年 5 月 25 日,河南省食品药品监督管理局豫 SBH20070046 - OTC 号《同意药品说明书和标签备案通知书》同意三门峡华一制药有限公司乳酶生片药品说明书和标签备案,该标签内容同桂林南药公司的涉案包装、装潢版本二基本相同。2008 年 1 月 11 日,三门峡华一制药有限公司与新乡四五商标印刷有限公司签订乳酶生片复合膜印刷合同,印制该经备案的乳酶生片包装。2008 年 2 月 26 日,三门峡华一制药有限公司使用该包装袋的乳酶生片在市场上销售。

2008年3月19日,河南省食品药品监督管理局批准同意赛诺维公司同三门峡华一制药有限公司合并。2008年5月19日,河南省食品药品监督管理局批准同意原三门峡华一制药有限公司的复方氢氧化铝等26个品种的生产单位变更为赛诺维公司,原药品批准文号不变,并要求对说明书、包装、标签做相应修改,原包装、标签、说明书可以继续使用三个月。2008年5月20日,赛诺维公司与新乡四五商标印刷有限公司签订乳酶生片复合膜印刷合同,印制同三门峡华一制药有限公司乳酶生片包装、装潢相同的包装。

另查明,2011年4月,赛诺维公司将其生产的所有产品包装、装潢,统一更换为以蓝天、白云、飞机尾气为主要内容,并按国家食品、药品监督管理局国食药监办(2010)194号文的规定在包装上统一加印电子监管码。

一审判理和结果

一审法院认为,本案的争议焦点主要有:(1)桂林南药公司生产的乳酶生片是否属于知名商品。(2)赛诺维公司的行为是否侵犯了桂林南药公司的外观设计专利权。

关于第一个争议焦点。本案中,桂林南药公司所举证据均系证明桂林制药厂所生产的乳酶生片获得了多项殊荣,具有一定声誉和知名度。但在桂林南药公司吸收合并桂林制药厂(2002年变更名称为桂林制药有限公司)之前,桂林制药厂仅仅是桂林南药公司的股东之一,在两个不同的权利主体人格并存的过程中,依附于前一权利主体人格的声誉和知名度不能仅仅因为两者的参股关系而当然为后者所享有。2011年两公司合并之后,由于桂林制药厂已停止生产乳酶生片近十年,其在生产乳酶生片方面所曾经享有的声誉和知名度也不能为桂林南药公司所继续享有。同时,本案所涉包装、装潢是桂林南药公司在其成立后开始使用的,庭审过程中桂林南药公司未能提供其所生产的乳酶生片系知名商品,涉案包装、装潢系知名商品特有包装、装潢的相关证据,因此,桂林南药公司关于其所生产的乳酶生片系知名商品、该商品的包装系知名商品特有的包装,赛诺维公司使用相似包装构成擅自使用知名商品特有的包装、装潢的主张不能成立,不予支持。

关于第二个争议焦点。由于涉案外观设计专利申请日为2008年1月27日,授权日为2009年11月25日,而桂林南药公司早在2002年已开始使用同外观设计专利相似的涉案包装、装潢,赛诺维公司的前身三门峡华一制药公司于2008年2月26日在市场上公开销售的乳酶生片也使用了与外观设计相同的包装、装潢,2008年5月20日,赛诺维公司与新乡四五商标印刷有限公司签订乳酶生片复合膜印刷合同,印制相同的包装。三公司的公开使用时间均早于涉案外观设计专利的申请日,因此,赛诺维公司使用涉案包装、装潢的行为不构成对桂林南药公司外观设计专利权的侵犯。综上,桂林南药公司请求赛诺维公司承担停止侵犯外观设计专利权及擅自使用知名商品特有包装、装潢不正当竞争行为并承担相应民事责任的主张不能成立,不予支持。依据《中华人民共和国反不正当竞争法》(以下简称《反不正当竞争法》)第5条第2项、《最高人民法院关于审理不正当竞争民事案件应用法律若干问题的解释》(以下简称《反不正当竞争法司法解释》)第1

条第1款、《中华人民共和国专利法》第42条、第69条、《中华人民共和国民事诉讼法》第138条之规定,判决驳回桂林南药公司的诉讼请求。案件受理费4382元,由桂林南药公司负担。

上诉与答辩

桂林南药公司上诉称:(1)一审认定桂林南药公司未提供所生产的乳酶生片系知名商品、涉案包装、装潢系知名商品特有包装、装潢的相关证据为认定事实错误。桂林南药公司提交的证据证明生产的乳酪生片获得过多项荣誉。1986年和1987年的《中国医药报》上刊登的广告、1994年9月13日的《中国医药报》上的新闻报道,证明所经营的乳酶生片多年全国销量第一。1988年1月15日的《桂林日报》刊登的报道证明桂林南药公司的客户在全国范围内均有分布,在西南市场销售量大。(2)一审法院以桂林南药公司不能享有桂林制药厂依附于权利主体人格的知名度为由不予认定桂林南药公司生产的乳酶生片为知名商品,以及认定桂林制药厂在生产乳酶生片方面所曾经享有的声誉和知名度不能为桂林南药公司享有适用法律错误。请求撤销一审判决,依法改判。

赛诺维公司辩称:一审判决认定事实清楚,适用法律正确,应予维持。

二审判理和结果

二审法院认为:根据已查明的事实,桂林南药公司是2001年根据企业重组方案,由桂林制药厂与其他4家公司共同组建成立的,桂林南药公司成立后,桂林制药厂立即停止生产包括乳酶生片在内已变更生产单位的药品,所余标签、说明书及相关包装材料就地及时销毁。桂林制药厂生产的乳酶生片虽然在1979年至2000年多次被授予名牌产品等荣誉称号,知名度较高,但因2001年桂林制药厂企业变更时,乳酶生片不再生产销售,该商品已不再具有市场份额,相应的产品知名度也必定不再存在。桂林南药公司在2001年成立后,对乳酶生片这一产品重新进行药品审批,取得了新的批准文号,并且对该产品重新申请了包装、装潢进行生产,虽然桂林南药公司生产的乳酶生片包装、装潢与桂林制药厂生产的乳酶生片包装、装潢比较近似,但因生产单位、药品批号等已发生变化,桂林南药公司生产的乳酶生片与桂林制药厂生产的乳酶生片已不是同一商品。桂林南药公司要求对其生产的乳酶生片的包装、装潢作为知名商品特有的包装、装潢进行保护,应根据法律规定提交其自生产乳酶生片以来该商品的销售区域、销售量、市场份额、宣传力度、所获荣誉等证据,但桂林南药公司并未提交上述相关证据,因此不能认定桂林南药公司生产的乳酶生片系知名产品,桂林南药公司上诉称其生产的乳酶生片系知名商品,赛诺维公司侵犯其知名商品包装、装潢的理由不能成立,不予支持。一审判决认定事实清楚,适用法律正确,应予维持。依照《中华人民共和国民事诉讼法》第153条第1款第1项的规定,判决驳回上诉,维持原判。二审案件受理费4382元,由桂林南药公司负担。

申请再审理由与答辩

桂林南药公司申请再审称:一、二审判决认定事实和适用法律错误,其主要理由是:(1)二审判决关于2001年桂林制药厂企业变更时,乳酶生片不再生产销售,该商品已不再具有市场份额,相应的产品知名度也必定不再存在的认定,缺乏证据证明。2001年12月1日,广西壮族自治区药品监督管理局批准原属广西壮族自治区桂林制药厂生产的包括乳酶生片产品在内的72个品种的生产单位变更为桂林南药公司,由桂林南药公司在原有厂房按照原有工艺由原有人员继续生产乳酶生片,该行政许可只是变更生产单位,乳酶生片转由桂林南药公司继续生产销售,并未退出市场,产品知名度仍存在。一审法院认定自2001年6月22日桂林南药公司成立后才开始使用涉案包装、装潢,缺乏证据证明。(2)二审判决关于因生产单位、药品批号等已发生变化,桂林南药公司生产的乳酶生片与桂林制药厂生产的乳酶生片已不是同一商品的认定,缺乏证据证明。生产单位变更前和变更后,乳酶生片的名称和规格均没有发生变化,而且使用的是同一份药品生产证明文件。乳酶生片批准文号变更为桂卫药准字(1982)第012102号,国家药品监督管理局在2002年统一换发批准文号时,该产品批准文号变更为国药准字H45020337。按照药品质量管理规范(GMP)的要求,药品批号与生产投料相关,药品批号发生变化是非常正常的,生产单位不发生变化时药品批号也会不同。桂林南药公司生产的乳酶生片与桂林制药厂生产的乳酶生片是同一商品。(3)二审判决适用法律错误。虽然乳酶生片的生产者不再是桂林制药厂,但与产品相关的知名因素同样可以用于证明产品是否为知名商品,《反不正当竞争法》司法解释第1条第1款规定:"人民法院认定知名商品,应当考虑该商品的销售时间、销售区域、销售额和销售对象,进行任何宣传的持续时间、程度和地域范围,作为知名商品受保护的情况等因素,进行综合判断。"该规定未对商品的经营主体作出任何限定。桂林南药公司提供的乳酶生片所获得的产品荣誉、产品广告、产品销量等证据可以用于证明产品是否为知名商品。一、二审判决关于乳酶生片转由桂林南药公司生产后,桂林制药厂生产的乳酶生片所获产品荣誉的证据不能用来认定涉案乳酶生片为知名商品,法律适用存在错误。(4)涉案产品乳酶生片为知名商品,桂林制药厂自1963年开始生产乳酶生片,产品于1979年、1984年、1994年三次评为广西壮族自治区名牌产品,1988年、1997年、1999年、2000年四次获得广西壮族自治区优质产品称号,1991年荣膺国家医药管理局优质产品奖。桂林制药厂曾在1986年、1987年的《中国医药报》上为乳酶生片刊载广告进行宣传。1994年9月13日,《中国医药报》就桂林制药厂所生产的乳酶生片进行了新闻报道。桂林制药厂生产的乳酶生片多年全国销量第一。桂林南药公司自2001年成立后,对该产品进行了持续生产和销售,2009年度的乳酶生片产品销售合同足以证明乳酶生片在西南市场销售量大。(5)涉案产品使用的包装、装潢为知名商品的特有包装、装潢。桂林南药公司生产销售的袋装乳酶生片(规格为0.15克)的包装、装潢有过三次修改,与桂林制药厂1994年申报使用的包装、装潢在细节上略有不同,但整体相比无实质性差别。桂林南药公司生产的乳酶生片所使用的包装、装潢,在文字、图形、色彩及其排列组合上具有显著的区别性特征,是袋装乳酶生片特有的包装、装潢。(6)桂林南药公司曾书面申请一审法院调查收集因客观原因不能自行收集的被诉侵权的乳酶生片包括批号、数量、价格等内容的销售凭证,但一审法院未予调查收集,一审法院存在程序错误。故请求撤销一、二审判决,认定桂林南药公司生产的乳酶生片为知名商品;认定桂林南药公司生产的乳酶生片的包装、装潢为知名商品特有的包装、装潢;判决赛诺维公司构成不正当竞争行为,并赔偿桂林南药公司损失及调查取证费用合计21.32万元(含再审期间的合理费用5400元);由赛诺维公司负担本案全部诉讼费。

赛诺维公司答辩称:(1)乳酶生片由桂林制药厂于1963~2001年生产,在此期间,乳酶生片于1979~2000年获得了相关部门的颁发的荣誉。但2001年后乳酶生片的生产单位由桂林制药厂变更为桂林南药公司。自从乳酶生片变更了生产单位、批准文号以及包装、装潢后,至今乳酶生片都没有再获得任何荣誉。(2)涉案乳酶生片经历了两个不同的生产主体,桂林南药公司生产的乳酶生片与桂林制药厂生产的乳酶生片不属于同一商品,有关部门颁发的相关荣誉具有人身属性,不能随着主体的吸收合并而转归另一个生产主体。而且,由于乳酶生片的生产单位以及产品批号不同,桂林制药厂和桂林南药公司所生产的产品的知名度当然也不同。(3)桂林南药公司对《反不正当竞争司法解释》的相关条款的认识存在错误,一、二审法院认定事实和适用法律并无不当。(4)桂林南药公司在提审期间请求认定其生产的乳酶生片为知名商品以及增加合理费用的诉讼请求不应当予以审理。故请求驳回桂林南药公司的再审申请。

再审审理查明

再审期间,桂林南药公司提交了该公司生产的100片规格的乳酶生片的部分购销合同、增值税发票、发货通知单原件。购销合同记载的交易时间分别为2002年、2003年、2004年、2005年、2006年、2007年、2008年、2009年。经过当庭质证,最高人民法院对其真实性予以认可。

另查明,根据(2011)桂证民字第1437号公证书、广西壮族自治区食品药品监督管理局2002年2月2日批准同意的药品包装、标签、说明书审查表和广西壮族自治区食品药品监督管理局2007年6月4日批准同意的桂药包标字(2007)第1580号药品包装、标签、说明书审查表,桂林南药公司生产的0.15克袋装乳酶生片包装、装潢有三个版本,分别为2002年至2007年(版本一)、2007年至2010年(版本二)、2010年至今(版本三)。三个版本相同的部分有:包装袋长宽尺寸一致,正面和背面均为醒目的深蓝色双曲线,双曲线端点处宽度最宽,中间最窄,双曲线中间全部为浅蓝色,色标一致。生产者名称位于正面的下方中间位置。主要不同有:版本一药品通用名在正面双曲线中部中间位置,字体颜色为白色;商标位于上方三分之一部位的中间,约占横向宽度的五分之二,OTC文字位于正面右上方,字体颜色为白色,衬底为红色;版本二药品通用名在正面双曲线上部三分之一中间位置,字体为黑体,OTC文字位于正面右上方,字体颜色为白色,衬底为绿色,商标在正反面的左上角位置;版本三是在版本二的基础上增加了条形码,并将商标和生产者名称颜色改为蓝色,加入了提示性文字。虽然上述包装、装潢与桂林制药厂使用的包装、装潢在局部略有不同,但并无实质性差别。

再查明,桂林南药公司为制止赛诺维公司的不正当竞争行为,共支出合理费用1.32万元,双方当事人对此无异议。

庭审期间,经询问,桂林南药公司放弃

了关于赛诺维公司侵犯其外观设计专利权的主张。

再审判理和结果

最高人民法院认为,本案的争议焦点是:(1)桂林南药公司生产销售的乳酶生片与桂林制药厂生产的乳酶生片是否为同一种商品;(2)桂林南药公司是否能够承继桂林制药厂所有的知名商品特有的包装、装潢权益;(3)审法院程序是否违法;(4)增加的诉讼请求是否应予审理。

一、关于桂林南药公司生产销售的乳酶生片与桂林制药厂生产的乳酶生片是否为同一种商品的问题

根据一、二审法院查明的事实,桂林南药公司是由桂林制药厂划出部分厂房、车间、产品等生产经营性资产与其所属的桂林市第二制药厂,联合其他企业经资产重组而成,且划出的产品仍在原有厂房、车间生产。原属桂林制药厂生产的包括乳酶生片产品在内的72个品种的生产单位自2001年12月1日起变更为桂林南药公司,后桂林制药厂又被桂林南药公司吸收合并。桂林南药公司和桂林制药厂生产的乳酶生片的名称和规格均相同。此外,桂林南药公司还提交了其2002～2009年销售乳酶生片的购销合同的原件,证明其一直在生产销售乳酶生片。以上事实和证据足以证明桂林南药公司一直在生产销售乳酶生片,而且该乳酶生片与桂林制药厂生产的乳酶生片为同一种商品,药品批准文号的变化并不足以证明二者不是同一种商品。据此,二审判决认定二者不属于同一种商品显属不当。

二、关于桂林南药公司能否承继桂林制药厂所有的知名商品特有的包装、装潢权益的问题

在桂林制药厂生产的乳酶生片为知名商品的情形下,其生产的0.15克袋装乳酶生片的包装、装潢应当属于知名商品特有的包装、装潢。基于桂林南药公司和桂林制药厂本身就具有较为特殊的承继关系且两者生产的乳酶生片为同一种商品,同时因为桂林南药公司和桂林制药厂在0.15克袋装乳酶生片上使用的包装、装潢并无实质性差别,所以桂林南药公司应当有权利承继桂林制药厂所拥有的上述商品知名商品特有的包装、装潢权益,桂林南药公司生产销售的0.15克袋装乳酶生片的包装、装潢属于知名商品特有的包装、装潢。据此,一、二审认定事实错误,适用法律不当。

三、关于一审法院程序是否违法的问题

桂林南药公司主张一审法院未支持其调取证据的申请属于程序违法,其请求调取的证据为赛诺维公司销售被诉侵权产品的凭证,上述凭证可以证明侵权事实存在并用于计算侵权获利,但一审法院认为赛诺维公司未构成侵权,上述证据对案件判决结果没有影响,因此一审法院未调取上述证据并无不当。

四、关于增加的诉讼请求是否应当审理的问题

桂林南药公司在最高人民法院提审阶段请求将其生产的乳酶生片认定为知名商品。本案的案由为侵犯外观设计专利权及擅自使用知名商品特有包装、装潢纠纷,而且桂林南药公司在起诉状中主张其生产的乳酶生片在国内市场销售时间长、销售额大,具有较高的市场知名度,为相关公众所知悉,属于知名商品。因此,认定桂林南药公司生产的乳酶生片是否为知名商品是本案必须审理的问题。

五、关于赔偿数额的问题

桂林南药公司估算其因被侵权遭受的利润损失约60万元,并根据其生产的乳酶生片每包的利润率以及2010年以后其销售量的下降情况估算出赛诺维公司销售被诉侵权产品获利不少于50万元,据此请求赛诺维公司赔偿损失20万元。上述请求合法有据,最高人民法院予以支持。关于合理费用,桂林南药公司提供的费用支出的有效票据显示,其为制止侵权行为所支付的合理费用共计约13200元,最高人民法院予以支持。

综上,三门峡赛诺维制药有限公司生产销售的0.15克袋装乳酶生片的包装、装潢侵犯了桂林南药股份有限公司知名商品特有的包装、装潢权益,构成不正当竞争。二审判决认定事实错误,适用法律不当,依据《中华人民共和国民事诉讼法》第170条第1款第2项、第3项的规定,判决撤销河南省洛阳市中级人民法院(2011)洛知民初字第90号民事判决和河南省高级人民法院(2012)豫法民三终字第88号民事判决;三门峡赛诺维制药有限公司于本判决生效之日起立即停止在其生产销售的0.15克袋装乳酶生片上使用被诉侵权的包装、装潢;三门峡赛诺维制药有限公司于本判决生效之日起十日内赔偿桂林南药股份有限公司经济损失21.32万元(包括为制止侵权行为所支付的合理费用1.32万元);驳回桂林南药股份有限公司的其他诉讼请求。如果未按本判决指定的期间履行给付金钱义务,应当依照《中华人民共和国民事诉讼法》第253条之规定,加倍支付迟延履行期间的债务利息。一审案件受理费4382元,二审案件受理费4382元,均由三门峡赛诺维制药有限公司负担。

陈顺弟诉浙江乐雪儿家居用品有限公司等侵害发明专利权纠纷案

——阅读提示:方法专利的加工步骤互换是否构成等同侵权的审查判断;“捐献原则”在专利侵权案件中适用的时间标准是什么;被诉侵权人委托案外人依样品加工产品的行为,能否视为被诉侵权人的实施行为?

【裁判要旨】

审查方法专利的步骤顺序对专利权的保护范围是否起到限定作用,从而导致在步骤互换中限制等同原则的适用,关键是判断这些步骤是否必须以特定的顺序实施以及这种互换是否会带来技术功能或者技术效果上的实质性差异。

《最高人民法院关于审理侵犯专利权纠纷案件应用法律若干问题的解释》第5条规定的“捐献原则”的适用以被诉侵权行为发生日为准。

被诉侵权人委托案外人按照其提供的样品加工制造产品的,视为被诉侵权人的实施行为。

【案号】

一审:辽宁省沈阳市中级人民法院(2010)沈中民四初字第389号

二审:辽宁省高级人民法院(2011)辽民三终字第27号

再审:最高人民法院(2013)民提第225号

【案情与裁判】

原告(二审被上诉人、被申请人):陈顺弟

被告(二审上诉人、再审申请人):浙江乐雪儿家居用品有限公司(简称乐雪儿公司)

一审被告、二审上诉人:何建华

一审第三人:温士丹

起诉与答辩

2010年9月17日,陈顺弟向一审法院起诉称:其是涉案专利权人,2010年,其发现由乐雪儿公司生产、何建华正在销售和许诺销售的布塑热水袋与涉案专利产品结构相同,侵犯了涉案专利权,故请求一审法院判令:(1)何建华立即停止销售侵权产品,乐雪儿公司立即停止制造、销售侵权产品,并销毁侵权产品及模具;(2)何建华赔偿陈顺弟经济损失50万元,乐雪儿公司赔偿陈顺弟经济损失100万元(含陈顺弟为制止侵权行为而支出的合理费用);(3)由乐雪儿公司和何建华承担本案诉讼费用。

乐雪儿公司辩称:乐雪儿公司是按照与他人签订的专利实施许可合同生产的被诉侵权产品,该专利的工艺方法公开时间早于涉案专利申请日,属于现有技术。涉案专利所涉及的产品不属于新产品,因此对被诉侵权产品的生产工艺,应由陈顺弟承担举证责任。被诉侵权方法与涉案专利不相同也不等同,不构成侵权。

一审审理查明

陈顺弟系专利号为200610049700.5的“布塑热水袋的加工方法”发明专利人,该专利申请日为2006年2月24日,授权日为2010年2月17日,该专利权至今有效。该专利权利要求1为:布塑热水袋的加工方法,布塑热水袋由袋体、袋口和袋塞所组成,所述的袋体有内层、外层和保温层,在袋体的边缘有粘合边,所述的袋塞是螺纹塞座和螺纹塞盖,螺纹塞座的外壁有复合层,螺纹塞盖有密封垫片,袋塞中的螺纹塞座是聚丙烯材料,复合层是聚氯乙烯材料,密封垫片是硅胶材料所制成,其特征在于:第一步:首先取内层、保温层以及外层材料;第二步:将内层、保温层、外层依次层叠,成为组合层;第三步:将两层组合层对应重叠,采用高频热合机按照热水袋的形状对两层组合层边缘进行高频热粘合;第四步:对高频热粘合的热水袋进行分只裁剪;第五步:取聚丙烯材料注塑螺纹塞座,再把螺纹塞座作为嵌件放入模具,另外取聚氯乙烯材料在螺纹塞座外二次注塑复合层;第六步:将有复合层的螺纹塞座安入袋口内,与内层接触,采用高频热合机对热水袋口部与螺纹塞座复合层进行热粘合;第七步:对热水袋袋体进行修边:第八步:取塑料材料注制螺纹塞盖;第九步:取硅胶材料注制密封垫片;第十步:将密封垫片和螺纹塞盖互相装配后旋入螺纹塞座中;第十一步:充气试压检验,向热水袋充入压缩空气进行耐压试验;第十二步:包装。(为表述方便,以下对上述步骤用对应的阿拉伯数字表示)

2010年9月7日,陈顺弟的委托代理人在沈阳小商品大世界公证购买了“乐雪儿”牌时尚热水袋40个,其中大号热水袋1

个,中号热水袋 39 个,并取得了加盖“沈阳市大东区任国良杂品批发部普通发票专用章”及“沈阳市大东区任国良杂品批发部、沈阳小商品大世界市场 4044 床”印章的发票一张、带有“沈阳小商品大世界四楼 4107、4044 床任国良”字样的该店销售人员名片一张。上述热水袋外包装袋标明了“乐雪儿”商标等信息。

一审庭审中,乐雪儿公司自述被诉侵权方法第 1~4 步、第 11 步与涉案专利权利要求 1 的第 1~4 步、第 12 步相同,被诉侵权方法第 6、7、8、10 步分别与涉案专利权利要求 1 的第 7、6、11、10 步相同,被诉侵权方法不包括涉案专利权利要求 1 的第 5、8、9 步。

另查明,何建华是地址在沈阳小商品大世界市场 4044 号摊位的沈阳市大东区任国良杂品批发部的经营者。温士丹是地址在沈阳小商品大世界市场 4107 号摊位的沈阳市大东区永利来杂品批发部的经营者。任国良系 4044 号和 4107 号两个摊位的业务员。

一审判理和结果

一审法院认为:(1)由于涉案专利权利要求并未对“保温层”的材质、大小进行限定,故对乐雪儿公司关于被诉侵权产品在内层和外层之间夹放的半片空心薄棉不属于“保温层”的抗辩,不予支持。被诉侵权方法第 6、7、8、10 步分别与涉案专利权利要求 1 中的第 7、6、11、10 步的内容相同,虽顺序不同,但二者在技术特征及效果上并无实质性区别。涉案专利权利要求 1 的第 5、8、9 步是螺纹塞座、螺纹塞盖及密封垫片的加工方法,被诉侵权产品的上述三个部件与依照涉案专利方法直接获得的产品对应部件结构及材质相同,乐雪儿公司虽主张上述部件系从外部购买,但其提交的购销合同签订时间晚于被诉侵权产品出厂时间,且未能证明该合同的真实性及履行情况,对上述三个部件的加工方法亦未进行说明及举证,故对其关于被诉侵权方法缺少涉案专利第 5、8、9 步的抗辩主张,不予支持。乐雪儿公司主张被诉侵权方法采用的是 ZL200520015446.8 号实用新型专利公布的实施方式,属于现有技术,但未举证证明被诉侵权方法与该专利的相应技术特征相同或者无实质性差异,故其抗辩不能成立。综上,被诉侵权方法落入涉案专利权的保护范围,乐雪儿公司的行为侵犯了涉案专利权。(2)何建华是 4044 号摊位的经营者,应对其业务员购进和销售被诉侵权产品的行为承担法律责任,因其未能举证证明被诉侵权产品的合法来源,故不能免除赔偿责任。陈顺弟主张何建华实施了许诺销售被诉侵权产品的行为,但未提供证据证明。(3)鉴于陈顺弟未举证证明其实际损失或者侵权人侵权获利的具体数额,故综合考虑涉案专利权的类别、侵权人侵权的性质、情节、范围、时间以及陈顺弟为调查、制止侵权行为所支付的实际费用的合理性等因素,依法酌情确定本案的赔偿数额。综上,一审法院依照《民法通则》第 118 条,第 134 条第 1 款第 1 项、第 7 项,第 2 款,《专利法》第 11 条第 1 款,第 59 条第 1 款,第 62 条,第 70 条、《关于审理专利纠纷案件适用法律问题的若干规定》第 21 条、《关于审理侵犯专利权纠纷案件应用法律若干问题的解释》第 14 条之规定,判决:(1)何建华于判决生效之日起立即停止销售涉案侵权产品;(2)何建华于判决生效后十日内赔偿陈顺弟经济损失及合理费用 1 万元;(3)乐雪儿公司于判决生效之日起立即停止侵权行为;(4)乐雪儿公司于判决生效后十日内赔偿陈顺弟经济损失及合理费用30万元;(5)驳回陈顺弟其他诉讼请求。

上诉与答辩

乐雪儿公司上诉称:一审法院允许陈顺弟当庭提交超过举证期限的公证书系程序违法;要求乐雪儿公司对外购产品的加工方法承担举证责任,超出了其举证能力;推定其外购的三个部件的加工方法与涉案专利权利要求相同,没有事实和法律依据。乐雪儿公司被许可使用的专利权中所包含的产品和工艺方法构成现有技术。一审法院认定事实不清、适用法律错误,对赔偿数额的认定缺乏事实依据。

二审审理查明

一审法院除认定乐雪儿公司自述被诉侵权方法的第1、2步与涉案专利权利要求1的第1、2步相同不正确以外,认定的其他事实属实,二审法院予以确认。另查明,2010年4月28日,乐雪儿公司与案外人签订了《购销合同》,约定乐雪儿公司向其采购热水袋盖子(含垫片)20000套、热水袋螺纹座20000套,交货时必须配套交,2010年5月10日之前交3000套(大小各1500套),2010年8月30日之前结清,该合同已履行完毕。2010年9月7日,陈顺弟的委托代理人在沈阳市小商品大世界四楼购买"乐雪儿"牌热水袋的摊位为4107号。在二审法院审理期间,陈顺弟申请放弃对何建华的诉讼请求。

二审判理和结果

二审法院认为:一审法院要求乐雪儿公司对螺纹塞座、螺纹塞盖、垫片三个部件的加工方法承担举证责任不妥。乐雪儿公司自认被诉侵权产品中的螺纹塞座系由聚丙烯材料注塑而成,其复合层(聚氯乙烯材料)通过注塑成型在螺纹塞座的表面;螺纹塞盖、垫片分别为塑料材料、硅胶材料注制而成。因此,上述三个部件的加工方法与涉案专利权利要求1的第5、8、9步相同。被诉侵权方法的第6、7步和第8、10步与涉案专利权利要求1的第6、7步和第10、11步在技术特征和效果上无实质区别。被诉侵权方法中的"空心棉"相当于涉案专利权利要求1中的"保温层"。乐雪儿公司提供的证明被诉侵权方法为现有技术的证据仅公布了被诉侵权方法的部分技术特征,而被诉侵权方法与涉案专利构成等同。综上,被诉侵权方法落入涉案专利权的保护范围。乐雪儿公司的行为侵犯了涉案专利权,一审法院酌情确定其赔偿陈顺弟30万元,并无不当。依照《民事诉讼法》第153条第1款第3项之规定,判决:(1)维持一审判决第三、四、五项;(2)撤销一审判决第一、二项。

再审审理查明

涉案专利说明书第2页记载:"本热水袋的袋体由3层材料所构成,因为有了保温层,使袋中热量缓慢下降,开始时避免过热,保温时间长,提高了使用效果。"在该页具体实施方式部分记载:"而内层4与外层3之间安装保温层5,如人造保温棉等各种有关材料,提高热水袋保温性能,慢慢散热降温,延长使用时间,又克服灌入热水开始过烫现象。"第3页记载:"第十步:将密封垫片10和螺纹塞盖9互相装配后旋入螺纹塞座8中;但也可以试压后旋入塞盖。第十一步:充气试压检验,向热水袋中充入压缩空气进行耐压试验;耐压试验的压力一般为0.5kg/cm,或者略大于该压力。"乐雪儿公司提交的专利号为ZL200520015446.8的"一种新型热水袋"的实用新型专利说明书载明,该专利的授权公告日为2006年12月27日。

再审判理和结果

最高人民法院认为:

1. 关于乐雪儿公司的现有技术抗辩是否成立问题。乐雪儿公司用于主张现有技术抗辩的实用新型专利的申请日虽早于涉案专利申请日,但授权公告日晚于涉案专利申请日,故不构成现有技术,但依法构成抵触申请。由于抵触申请能够破坏对比专利技术方案的新颖性,故在被诉侵权人以实施抵触申请中的技术方案主张其不构成专利侵权时,应该被允许,并可以参照现有技术抗辩的审查判断标准予以评判。乐雪儿公司用以抗辩的实用新型专利仅公开了一种热水袋产品,并未公开具体的生产步骤,也未公开塞座的材料组成和塞盖处有密封垫片等技术特征。因此,乐雪儿公司以此来主张现有技术抗辩,不能成立。

2. 关于被诉侵权产品的加工方法是否落入涉案专利权的保护范围问题。(1)关于第5、8、9步的争议问题。由于乐雪儿公司认可外购的螺纹塞座、螺纹塞盖及垫片部件的材质、结构与依照涉案专利第5、8、9步的加工方法所直接获得的部件的材质、结构相同,并认可外购部件的加工工艺是注塑,且螺纹塞座也是二次注塑成型。因此,能够判定上述部件的加工方法与涉案专利权利要求1第5、8、9步的加工方法相同。虽然乐雪儿公司主张螺纹塞座绝大多数是在同一台机器上完成的,与涉案专利的加工方式不同,但涉案专利权利要求1的第5步并未限定二次注塑的加工方式,二次注塑是否在同一台机器上完成不构成对该步骤的限定条件,故乐雪儿公司的该主张不能成立。上述外购部件是案外人按照乐雪儿公司的要求进行加工制作的,故乐雪儿公司对由此产生的法律后果应承担相应的法律责任。因此,乐雪儿公司主张被诉侵权方法缺少第5、8、9步,没有事实和法律依据。(2)关于步骤互换是否构成等同侵权的问题。关于第6、7步的互换问题。乐雪儿公司主张按照互换后的步骤加工可以节省后续步骤中被加工产品所占用的空间,利于快速加工和提高加工精度,并能够使产品直接进入检测程序,但从被诉侵权方法此前的加工步骤来看,其已在第4步中对高频热粘合后的热水袋进行了裁剪,此时修边的主要目的是为了使热水袋好看,接近成品,其减少空间的作用非常有限,而且多余边角料的存在,对塞座粘合不会产生实质性影响,因而第6、7步的实施不具有先后顺序的唯一对应性,且其互换在技术功能和效果上也未产生实质性的差异,故互换前后的步骤属于相等同的技术特征。关于第10、11步的步骤互换问题。按照涉案专利的步骤进行操作,在进行充气试压检验前,必须要从螺纹塞座中旋下螺纹塞盖后方能进行,与被诉侵权方法所采取的先试压检验后再装配螺纹塞盖的步骤相比,这种操作步骤实质上是增加了充气试压检验的操作环节,导致操作时间延长,效率降低。故将第10、11步的步骤调换后,能够产生减少操作环节,节约时间,提高效率的技术效果,因此这种步骤互换所产生的技术效果上的差异是实质性的,调换后的步骤与涉案专利的第10、11步不构成等同技术特征。陈顺弟主张,涉案专利说明书已记载了步骤10、11的顺序可以调换,权利要求1并未排除说明书中记载的这一技术方案,因此调换步骤的技术方案应当纳入涉案专利权的保护范围,对本案不应适用"捐献原则"。最高人民法院认为,《关于审理侵犯专利权纠纷案件应用法律若干问题的解释》从2010年1月1日起施行,本案被诉侵权行为发生在2010年9月,故该解释第五条的规定能够适用于本案。涉案专利说明书在第3页中明确记载了第10、11步的步骤可以调换,而这一调换后的步骤并未体现在权利要求中,因此调换后的步骤不能纳入涉案专利权的保护范围。(3)关于"空心棉软垫"与"保温层"是否构成等同的问题。根据涉案专利说明书中关于保温层的描述及附图中公开的内容来看,该保温层由人造保温棉等各种有关材料制作,位于内层和外层之间,将内层、外层完全覆盖并隔离开,可以起到提高保温性能,慢慢散热降温,延长使用时间,克服灌入热水开始过烫现象的作用。被诉侵权产品所设置的半块空心棉软垫在材质上与涉案专利的"保温层"相同,在结构上也设置于内层和外层之间,在大小上虽然没有完全覆盖内层和外层,但其设置方式实质上起到了减弱热对流和热传导的作用,也能够实现保温和防烫的技术效果。虽然半块空心棉的保温和防烫效果与整块空心棉的效果会稍有差异,但是非实质性的,因此"空心棉软垫"与"保温层"构成等同。

综上,被诉侵权产品的加工方法与涉案专利方法既不相同也不等同,没有落入涉案专利权的保护范围。依照《专利法》第11条第1款、第59条第1款、《民事诉讼法》第207条第1款、第170条第1款第2项的规定,判决:(1)撤销一审和二审判决;(2)驳回陈顺弟的诉讼请求。

大连大金马基础建设有限公司诉大连北兴构件吊装运输有限公司侵害发明专利权纠纷案

——阅读提示:方法专利侵权纠纷中的举证责任如何分配?

【裁判要旨】

判断被控侵权产品制造方法是否落入涉案专利产品制造方法发明专利的权利保护范围时,如果专利权人已证明涉案专利产品为新产品,则应由侵权人举证证明被控侵权产品制造方法不同于专利方法,否则应承担举证不能的不利后果。在侵权人举证不能的情况下,应判定被控侵权产品制造方法落入涉案专利产品制造方法发明专利的权利保护范围。

【案号】

一审:辽宁省大连市中级人民法院(2011)大民四初字第23号

【案情与裁判】

原告:大连大金马基础建设有限公司(简称大金马公司)

被告:大连北兴构件吊装运输有限公司(简称北兴构件公司)

诉称与辩称

原告大金马公司诉称:原告于2008年7月14日向国家知识产权局申请了名称为"预应力方桩预制桩尖及其加工方法"的发

明专利,2011 年 2 月 9 日获得了国家知识产权局授予的发明专利证书,专利号为 ZL200810012334.5。此后,原告大金马公司发现市场上出现使用上述专利方法生产的预应力方桩预制桩尖,经调查,使用上述专利方法生产预应力方桩预制桩尖的为被告北兴构件公司。被告的行为严重损害了原告合法权益,给原告造成了严重经济损失,也严重扰乱了市场的经济秩序。原告为维护其自身的合法权益,特依据《专利法》的规定,请求法院判令:(1)被告立即停止对专利权人为原告的《预应力方桩预制桩尖及其加工方法》(专利号:ZL200810012334.5)发明专利的侵权行为,停止生产、销售涉案专利产品;(2)请求法院判令被告赔偿因侵犯原告的发明专利权而造成的各项经济损失及其他合理开支 100 万元;(3)判令被告承担本案所有相关诉讼费用。

被告辩称:被告不存在侵权行为,且原告也没有证据证明被告存在侵权行为,被告不应承担侵权责任,请求法院依法驳回原告的诉讼请求。

一审审理查明

国家知识产权局于 2011 年 2 月 9 日授予大金马公司一项发明专利权,名称为:预应力方桩预制桩尖及其加工方法,专利号为:ZL02109830.1,专利申请日为:2008 年 7 月 14 日。原告每年均按法律规定缴纳年费,最后一次交纳专利年费日为 2010 年 12 月 8 日,交纳了年费 525 元。2011 年 6 月 13 日,北兴构件公司在大金马公司向本院起诉后,向国家知识产权局申请确认该专利无效,2011 年 11 月 9 日,国家知识产权局专利复审委员会作出《无效宣告请求审查决定书》,决定维持专利权有效。北兴构件公司在起诉期限内未向人民法院提起诉,该专利目前处于有效法律状态。

该专利的权利要求书记载权利要求为:

1. 预应力方桩预制桩尖,其特征是:钢尖内侧四周同配焊接锚筋,锚筋外层由环形螺旋箍筋绑固,浇注砼体预留有预应力筋孔位,所述预应力筋孔位长线台布放预应力钢筋、螺旋箍筋和预制桩尖,该预制桩尖部分预应力筋经张拉线台双控张拉应力,所述预制桩尖与方桩整体成型。

2. 根据权利要求 1 所述的预应力方桩预制桩尖,其特征是:预留预应力筋孔位与锚筋间隔分布。

3. 根据权利要求 1 所述的预应力方桩预制桩尖,其特征是:锚筋为高强度螺旋肋钢筋。

4. 根据权利要求 1 所述的预应力方桩预制桩尖,其特征是:螺旋筋箍为密集、等距成斜度的螺旋箍筋。

5. 预应力方桩预制桩尖的加工方法,其特征是:首先由钢板制作钢尖,在钢尖内侧四周同配焊接有锚筋,锚筋外侧以机械拉紧,环形螺旋箍筋将各锚筋牢固绑扎成骨架,成型后的桩尖骨架垂直装入浇筑砼支架上合模,留有预应力钢筋穿筋孔道,然后将砼垂直整浇,振捣密实成型预制桩尖。

根据原告专利的权利要求书载明的内容,该专利包含两项内容,一是预应力方桩预制桩尖产品;二是预应力方桩预制桩尖加工方法。

2011 年 3 月 3 日,大连市金州区公证处两名公证员到北兴构件公司进行了现场摄像和照相,出具了(2010)金证经字第 234 号公证书,公证照片 12 张,光盘一份。

2011 年 3 月 15 日,大连市中级人民法院依大金马公司申请作出(2011)大民四特字第2号民事裁定,准许大金马公司证据保全申请并予以执行,但法院到北兴构件公司生产现场进行证据保全时受到阻挠,致使证据保全工作未能顺利进行,但对制作桩尖现场进行了录像。

在庭审过程中,大连市中级人民法院组织原、被告双方对被控侵权的产品分别与涉案专利产品进行了比对,比对结果是:被控侵权产品包括有钢板制作的钢尖,钢尖内侧四周配有焊接锚筋,锚筋为高强度螺旋肋钢筋,预留预应力筋孔位与锚筋间隔分布,与涉案专利产品相同;被控侵权产品采用拉筋焊接固定锚筋,涉案专利产品则采用在锚筋的外层由环形、密集、等距成斜度螺旋箍筋绑固,拉筋与箍筋的目的作用在专利产品中均相同,故两者此项技术特征构成等同。

2011年6月14日,大金马公司委托大连市科学技术信息研究所对涉案发明专利“预应力方桩预制桩尖”进行科技查新,查新结论为:未见有提出预应力预制方桩桩尖采用“钢尖内测四周同配焊接锚筋,锚筋外层由环形螺旋箍筋绑固,浇注砼体预留有预应力筋孔位”结构形式的相关文献。大连市中级人民法院于2012年2月23日告知北兴构件公司对大金马公司的产品非“新产品”举证,但在举证期限内,被告并未提供新证据。

一审判理和结果

辽宁省大连市中级人民法院经审理认为:

本案系发明专利产品及制造方法的侵权纠纷,故首先应判定被控侵权产品是否落入涉案专利产品的权利保护范围,即需要审查被告生产的被控侵权产品是否与原告利用涉案发明专利生产的产品是否相同,如相同,则应再行判定其所采用的生产方法是否落入了涉案专利产品方法发明专利的保护范围。故本案争议的焦点是:(1)关于被控侵权产品是否落入涉案专利的权利保护范围;(2)关于被控侵权产品制造方法是否落入涉案专利产品制造方法发明专利的权利保护范围;(3)如构成侵权,关于侵权赔偿数额应如何确定。

一、关于被控侵权产品是否落入涉案专利的权利保护范围问题

《关于审理侵犯专利权纠纷案件应用法律若干问题的解释》第7条第2款规定:“被诉侵权技术方案包含与权利要求记载的全部技术特征相同或者等同的技术特征的,人民法院应当认定其落入专利权的保护范围;被诉侵权技术方案的技术特征与权利要求记载的全部技术特征相比,缺少权利要求记载的一个以上的技术特征,或者有一个以上技术特征不相同也不等同的,人民法院应当认定其没有落入专利权的保护范围。”因此,判定被控侵权产品是否构成侵权,应当以专利权利要求书中记载的技术方案的全部必要技术特征与被控侵权产品的全部技术特征逐一进行比对,若被控侵权产品的全部技术特征包含了专利独立权利要求中记载的全部技术特征,则被控侵权产品落入专利权的保护范围。根据庭审查明的事实,被控侵权产品全部技术特征与原告涉案专利的技术特征有四项相同、一项等同,其技术方案全面覆盖了涉案专利产品权利要求保护的全部必要技术特征,故北兴构件公司被控侵权产品构成侵权。

二、关于被控侵权产品制造方法是否落入涉案专利产品制造方法发明专利的权

利保护范围的问题

根据《专利法》第61条第1款之规定,要判定被控侵权产品的制造方法是否构成侵权,首要问题是应确定被控侵权产品制造方法不同于专利方法的举证责任应如何分配,而要确定举证责任的分配,在判定被控侵权产品是同样产品的前提下,应首先确定涉案产品是否属于专利法意义上的“新产品”,即在涉案专利申请日之前,产品或者制造产品的技术方案从未在市场出现过。判定一项专利产品是否为新产品,要求原告证明其专利产品或者制造产品的技术方案在申请日之前从未在市场出现过较难,但被告证明则较易。因此,按照公平原则,证明一项专利产品是否为新产品的举证责任应当主要由被告承担,同时,原告也应当承担与其举证能力相称的举证责任。具体而言,在证明一项专利产品是否属于新产品时,应当首先由原告提供初步证据对涉案产品是否属于专利法意义上的新产品给予足够的说明和解释,然后再由被告提交反驳证据,在此基础上,最后由法院结合双方当事人提供的证据来综合认定诉争产品是否属于新产品。具体到本案,原告大金马公司提供的《科技查新报告》足以初步证明涉案产品为新产品,在大金马公司提供初步证据之后,被告北兴构件公司应当提供反驳证据来证明涉案产品非新产品,鉴于北兴构件公司提供的证据与涉案产品虽为同类产品,但与涉案专利产品完全不同,并不能证明涉案专利产品在专利申请日之前已经公开出现过,且国家知识产权局驳回被告北兴构件公司确认该发明专利无效的申请,足以说明涉案专利的新颖性,因此北兴构件公司关于涉案专利产品不属于新产品的主张缺乏事实和法律根据,不予支持,应当认定案涉专利产品属于新产品。

《专利法》第61条第1款规定,“专利侵权纠纷涉及新产品制造方法发明专利的,制造同样产品的单位或者个人应当提供其产品制造方法不同于专利方法的证明。”鉴于被控侵权产品与专利产品为同样产品,且案涉专利产品为新产品,因此应由北兴构件公司提供被控侵权产品制造方法不同于专利方法的证明,即应举证证明其产品制造方法未落入涉案发明专利方法的保护范围,否则应当承担举证不能的不利后果,但北兴构件公司在本院指定的举证期限内未提供被控侵权产品的制造方法,故北兴构件公司应承担举证不能的不利后果,因此,法院判定北兴构件公司被控侵权产品制造方法落入涉案专利产品制造方法发明专利的权利保护范围。

三、关于侵权赔偿数额应如何确定的问题

法院认为,本案中,北兴构件公司未经大金马公司许可,以生产经营为目的使用涉案专利构成侵权,北兴构件公司应就其侵权行为对大金马公司承担赔偿责任,对大金马公司要求北兴构件公司赔偿损失的诉讼请求,理由成立,予以支持。关于赔偿损失数额的确定,《专利法》第65条规定,“侵犯专利权的赔偿数额按照权利人因被侵权所受到的实际损失确定;实际损失难以确定的,可以按照侵权人因侵权所获得的利益确定。权利人的损失或者侵权人获得的利益难以确定的,参照该专利许可使用费的倍数合理确定。赔偿数额还应当包括权利人为制止侵权行为所支付的合理开支。权利人的损失、侵权人获得的利益和专利许可使用费均难以确定的,人民法院可以根据专利权的类型、侵权行为的性质和情节等因素,确定给予一万元以上一百万元以下的赔偿。”本案中,大金马公司未提供其权利被侵害后造成经济损失数额的证据,北兴构件公司的侵权获利也无法查明,因此,根据专利权的类型、侵权行为的性质和情节等因素综合考虑,酌定由北兴构件公司向大金马公司赔偿经济损失人民币60万元整。

综上,依照《专利法》第11条、第22条、第59条第1款、第61条第1款、第65条第2款、《关于审理侵犯专利权纠纷案件应用法律若干问题的解释》第7条、第16条、第17条、《民事诉讼法》第64条、《关于民事诉讼证据的若干规定》第4条第1款第1项之规定,作出判决:(1)被告大连北兴购件吊装运输有限公司于本判决生效之日起立即停止生产、销售侵犯原告大连大金马基础建设有限公司名称为“预应力方桩预制桩尖及其加工方法”、专利号为ZL200810012334.5的发明专利权的侵权产品。(2)被告大连北兴购件吊装运输有限公司于本判决生效之日起十日内赔偿原告大连大金马基础建设有限公司经济损失人民币六十万元。(3)驳回原告大连大金马基础建设有限公司的其他诉讼请求。本案案件受理费13800元,由大连北兴购件吊装运输公司负担8280元,大连大金马基础建设有限公司负担5520元。

一审判决后,北兴购件公司不服,向辽宁省高级人民法院提起上诉。辽宁省高级人民法院审理后,作出驳回上诉,维持原判的终审民事判决。

塞伯股份有限公司诉浙江爱仕达电器股份有限公司、杭州家乐福超市有限公司侵害发明专利权纠纷案

——阅读提示:如何确定权利要求中功能性技术特征的内容以准确界定专利权保护范围?

【裁判要旨】

由于知识产权既缺乏物权所具有的天然物理边界,又缺乏债权所具有的清晰法律边界,司法实践在强调依法保护知识产权的同时,应防止不适当地扩张权利保护范围、压缩创新空间、损害创新能力和公共利益。本案主要通过结合说明书和附图描述的具体实施方式及其等同的实施方式以解释、确定专利权利要求中所涉及的功能性技术特征的内容,以合理划定专利权的保护范围,厘清专利权与公有领域的法律界限,实现专利权人与社会公众的利益平衡。

【案号】

一审:浙江省杭州市中级人民法院(2012)浙杭知初字第409号

二审:浙江省高级人民法院(2013)浙知终字第59号

【案情与裁判】

原告(上诉人):塞伯股份有限公司(简

称塞伯公司)

被告(上诉人):浙江爱仕达电器股份有限公司(简称爱仕达公司)

被告(被上诉人):杭州家乐福超市有限公司(简称家乐福公司)

起诉与答辩

2012年3月31日,塞伯公司向一审法院起诉称:爱仕达公司、家乐福公司未经其许可,制造、销售落入其涉案发明专利权保护范围的被诉侵权压力锅,应承担相应的侵权责任。故请求一审法院判令:(1)爱仕达公司立即停止制造、销售侵害涉案专利权的压力锅,并销毁制造该侵权产品的模具和半成品;(2)家乐福公司立即停止销售侵权压力锅;(3)爱仕达公司赔偿塞伯公司经济损失人民币90万元和制止侵权的合理费用人民币10万元,并承担本案诉讼费用。

爱仕达公司答辩称:(1)塞伯公司的涉案专利缺乏创造性,其已提出无效宣告请求并已被受理;(2)被诉侵权压力锅的结构、工作过程及技术效果均区别于涉案专利,不具备涉案专利的必要技术特征,故未落入涉案发明专利权的保护范围;(3)塞伯公司未提供有关爱仕达公司真实有效的销售证据,其巨额索赔缺乏依据。综上,请求中止本案诉讼,或驳回塞伯公司的全部诉讼请求。

家乐福公司答辩称:其销售的被诉侵权产品系合法来源于爱仕达公司,且爱仕达公司不构成专利侵权,故其亦不构成侵权。

一审审理查明

2005年2月28日,塞伯公司向中华人民共和国国家知识产权局申请了名称为"打开时具有安全系统的用于在压力下蒸煮食物的家用器具"的发明专利,并于2009年8月5日获得授权,专利号为ZL200510051142.1。该专利权利要求书共包括11项权利要求。塞伯公司主张以权利要求1,即独立权利要求来确定专利权的保护范围。该权利要求包含如下技术特征:一种用于在压力下蒸煮食物的卡口式闭合的家用器具,设置有带有盖子手柄的盖子以及带有锅手柄的锅,盖子及其盖子手柄能够相对于锅和锅手柄自由旋转,且当所述器具处于关闭状态时所述手柄意欲放置成一个置于另一个之上,所述器具具有锁定/解锁系统,其包括:安全阀,其安装成能够在盖子上在泄漏位置和密封位置之间移动;具有控制底部的安全销,所述安全销安装在盖子手柄上,能够在第一和第二停止位置之间弹性径向滑动,从而适于在第一停止位置允许安全阀自由活动,而在第二停止位置阻止安全阀从其泄漏位置移动到其密封位置;安全销的闭锁装置,其能够使安全销停止在第二停止位置,其一方面包括闭锁凸缘,安装成在安全销上并在静止位置和受压位置之间弹性移动,且另一方面包括闭锁抵对凸缘,设置在盖子手柄上,所述闭锁凸缘和所述闭锁抵对凸缘旨在在其中所述闭锁凸缘处于其静止位置的状态下相互配合,从而确保安全销保持在其第二停止位置;设置在锅手柄上的触发装置,从而当所述盖子手柄接近该盖子手柄的关闭位置时,该触发装置使所述闭锁凸缘移动到该闭锁凸缘的受压位置,由此允许该闭锁凸缘与闭锁抵对凸缘脱离,并使安全销松开,该安全销弹性返回到其第一停止位置;凹槽,其容置在锅手柄中,当安全销处于第一停止位置时,控制底部插入到该凹槽中;其特征在于,所述锁定/

解锁系统包括用于安全打开的控制装置，该装置包括：保持边缘，与凹槽邻接并设置成当安全销处于其第一停止位置时形成抵靠控制底部的止挡，从而防止手柄沿打开器具的方向相对旋转；制动装置，其与安全销功能连接，一方面允许控制底部移出凹槽，从而使手柄中的一个相对于另一个旋转并打开器具，另一方面允许闭锁装置自动复位，且这是这样实现的，使盖子手柄在打开过程中从其关闭位置偏移一个足以使闭锁凸缘移离触发装置的角度，并使所述闭锁凸缘返回到其弹性静止位置，在该位置所述闭锁凸缘与闭锁抵对凸缘相配合，以将安全销锁定在其第二停止位置。2012年3月6日，塞伯公司经公证购买了由爱仕达公司制造、家乐福销售的被诉侵权压力锅。

一审判理和结果

杭州市中级人民法院认为，本案重点在于技术比对。其主要的比对意见为：(1)虽然被诉侵权压力锅具有限位装置，锅盖与锅之间不能任意旋转，但涉案专利旨在发明一种打开时装配有安全系统的家用压力锅，专利目的明确指向的是该安全系统，故压力锅盖及手柄相对于锅及手柄旋转的角度大小，并不影响权利要求的实质内容，且涉案专利对所谓"自由"旋转的方式和盖及手柄相对于锅及手柄旋转的角度并无明确限定，故旋转角度的差异不成立。(2)涉案专利未限定"闭锁抵对凸缘"的具体结构，亦未限定闭锁装置是否存在外凸、其他接触等结构，而被诉侵权产品亦存在与闭锁凸缘相配合动作的设置，彼此共同组成闭锁装置，两者虽在构件的结构上有所区别，但手段、功能、效果无实质上的差别，且对本领域普通技术人员而言，这种结构形式的改变是容易联想到的，且改变后的主要功能仍是用于完成涉案专利所指的锁定/解锁功能，故爱仕达公司关于其缺乏"闭锁抵对凸缘"的主张不能成立。被诉侵权产品完全具备了塞伯公司涉案专利权利要求1所限定的全部技术特征，构成专利侵权，被诉方应停止侵权，爱仕达公司已停止制造、销售，并赔偿经济损失；家乐福公司销售的被诉侵权产品具有合法来源，无需承担赔偿责任，且塞伯公司亦确认家乐福公司已停止销售，故无须另列判项。该院于2012年12月12日判决：爱仕达公司立即停止生产、销售落入涉案专利权保护范围的产品，并销毁模具；爱仕达公司赔偿塞伯公司经济损失人民币30万元；驳回塞伯公司的其他诉讼请求。

上诉与答辩

一审判决后，塞伯公司、爱仕达公司均不服，向浙江省高级人民法院提起上诉。

塞伯公司上诉称：(1)家乐福公司未实际停止被诉侵权产品的销售，并延续至今，故不能免除其所应承担的停止侵权的法律责任；(2)原判所确定的赔偿额偏低，塞伯公司的赔偿请求应得到法院的全额支持。综上，塞伯公司请求二审法院：(1)判令家乐福公司立即停止销售侵权产品；(2)改判爱仕达公司赔偿100万元，并与家乐福公司共同承担全部诉讼费用。

爱仕达公司上诉称：(1)不宜对涉案专利中明确限定结构和功能关系的技术特征做等同扩张解释，以防过度保护，被诉侵权产品缺乏涉案专利的多项必要技术特征，不落入涉案专利权的保护范围，不构成专利侵权；(2)塞伯公司涉案专利的技术含量和商业价值均不高，而爱仕达公司销售的被诉侵权产品亦极为有限，原审法院判决爱仕达公司赔偿人民币 30 万元不当。综上,请求二审法院撤销原判,发回重审或改判驳回塞伯公司的全部诉讼请求。

针对塞伯公司的上诉请求和理由,爱仕达公司答辩称:(1)判令家乐福公司停止销售缺乏事实和法律依据;(2)塞伯公司要求法院全额支持其索赔请求依据不足;(3)爱仕达公司的产品销售因塞伯公司提起的本案诉讼受阻,致可预期的经济收益和商誉受损,故保留索赔权利。

针对塞伯公司的上诉请求和理由,家乐福公司答辩称:塞伯公司现提出要求其停止销售的上诉请求,与该公司在原审中的自认相悖,且缺乏依据,请求二审法院驳回塞伯公司针对家乐福公司提出的上诉请求。

针对爱仕达公司的上诉请求和理由,塞伯公司答辩称:爱仕达公司关于不侵权及原审判赔数额畸高等主张,明显与事实不符,请求二审法院驳回其上诉请求。

二审审理查明

塞伯公司和爱仕达公司就被诉侵权产品与涉案专利的技术比对主要存有以下争议:(1)被诉侵权产品有专门的限位结构,盖子及盖子手柄与锅及锅手柄受结构限制只能在特定位置作小角度相对位移,是否不符合专利所限定的"自由旋转"。(2)被诉侵权产品具备的"锁定/解锁系统"的部分部件及相应的动作方式、技术效果与专利不同,被诉侵权产品采用"贯通缺口"与闭锁凸缘相配合实现闭锁功能,是否不具备"闭锁抵对凸缘"这一技术特征,及在触发装置等方面是否亦存在差别。

二审判理和结果

浙江省高级人民法院审理认为,准确解释权利要求,从而合理、正确界定涉案专利权的保护范围,是进行侵权比对的前提和关键。浙江省高级人民法院主要的比对意见为:(1)在涉案专利未对"自由旋转"作出特殊限定或说明的情况下,按照该类高压锅产品现有技术,结合日常语义理解,锅盖相对于锅身应该至少可以在两者手柄形成相对较大角度处扣合后再行旋转至两者手柄吻合的位置。而被诉侵权产品在锅盖边缘设置有限位凸块,锅盖与锅身只能在两者手柄相接近的特定狭小角度范围内扣合后,方能旋转至闭合状态,两者在实际使用及技术效果方面客观上存在一定的差异。(2)涉案专利中描述的"锁定/解锁系统"含有由闭锁凸缘和闭锁抵对凸缘构成的安全销闭锁装置,但对于"安全销的闭锁装置"这一技术特征虽有安装位置的限定,但并未涉及详细的结构表达,只是以效果或功能加以表述,即描述为"该装置'能够使安全销停止在第二停止位置,其一方面包括闭锁凸缘,安装成在安全销上并在静止位置和受压位置之间弹性移动,且另一方面包括闭锁抵对凸缘,设置在盖子手柄上,所述闭锁凸缘和所述闭锁抵对凸缘旨在在其中所述闭锁凸缘处于其静止位置的状态下相互配合,从而确保安全销保持在其第二停止位置。'"故应按照《最高人民法院关于审理侵犯专利权纠纷案件应用法律若干问题的解释》第 4 条之规定,对于此类技术特征,应当结合说明书和附图描述的该功能或者效果的具体实施方式及其等同的实施方式,确定该技术特征的内容。由于被诉侵权产品由"内凹贯通缺口"与"闭锁凸缘"相配合形成的一种缺口插入式锁合装置与涉案专利所限定的"闭锁凸缘"和"闭锁抵对凸缘"组合形成的闭锁装置相比,在产品结构、技术手段、技术目的与效果等方面均存在明显区别,故两者不属于技术特征的等同替换。被诉侵权产品不具备涉案专利权利要求1所限定的全部技术特征,不落入涉案专利权的保护范围,爱仕达公司、家乐福公司的涉案被诉行为不构成专利侵权。二审法院遂于2013年4月17日判决:撤销原审判决;驳回塞伯公司的诉讼请求。

陈锡奎诉晋江市凯达石材机械有限公司侵害发明及实用新型专利权纠纷案

——阅读提示:权利人以相同的技术方案分别获得发明专利和实用新型专利,其是否有权以该两项专利同时起诉同一行为侵权?人民法院应如何认定两项专利权的效力?对权利人通过两项专利权同时起诉的行为应如何处理?

【裁判要旨】

权利人以相同的技术方案先后向国家知识产权局专利局申请实用新型专利和发明专利,并先后获得实用新型和发明两项专利。如果专利权人以上述两项专利分别指控被告同一行为构成专利侵权,虽然从形式上应认定两项专利权均为有效,但人民法院应只保护其中一项专利,可由权利人自主作出选择。

【案号】

一审:福建省泉州市中级人民法院(2012)泉民初字第764号、第765号

二审:福建省高级人民法院(2013)闽民终字第482号、第522号

【案情与裁判】

原告(被上诉人):陈锡奎

被告(上诉人):晋江市凯达石材机械有限公司(以下简称凯达公司)

起诉与答辩

2012年8月10日,陈锡奎向泉州市中级人民法院起诉凯达公司,认为凯达公司生产销售的"多头圆柱石材仿形机"产品侵害其名称为"多头圆柱形石材仿形机"发明专利和"圆柱形石材自动仿形机"实用新型专利,陈锡奎请求对本案的实用新型专利及发明专利分别进行保护,如果法院只能保护其一项专利,其请求保护发明专利。诉讼请求为:停止生产、销售侵权产品,并销毁有关侵权的库存产品;删除侵权产品的各种广告宣传;赔偿经济损失及律师费用共计62万元(分别为侵害发明专利权30万元,实用新型专利权30万元,合理费用2万元);由被告承担本案的诉讼费用。

凯达公司认为两项专利为同一发明创造,前一项实用新型专利构成在后申请的发明专利的抵触申请,在后申请的发明专利为重复授权,不应被保护,应驳回陈锡奎的起诉。

一审审理查明

陈锡奎系个人独资企业佳能公司创办人及法定代表人。2008年9月23日,陈锡奎申请"多头圆柱形石材仿形机"发明专

利,2011 年 9 月 7 日获得授权,专利号为 ZL200810071856. 2,该项发明提供一种多头圆柱形石材仿形机,前、后立柱对应垂直固定在底座上,前、后立柱分别包括对称布置在底两侧的两立柱;在前立柱上设有工件夹持机构,工件夹持机构可同时夹装多个被加工工件、并驱使所有工件同步自转;在后立柱上设有工件切削装置,工件切削装置包括通过垂直升降和水平横移驱动机构可上下、前后移动地水平架设在后左、右立柱之间的横梁以及若干由沿纵向垂直支承在横梁上的主轴带动以同步切割工件的切削刀盘以及通过光电感应跟踪仿形模板曲面以控制各切削驱动机构的仿形控制装置。该仿形机可一次同时加工多个工件,操作简单,减轻劳动强度,工作效率高,降低生产成本,加工的成品外形同一性好。2011 年 9 月 15 日,陈锡奎将上述发明专利技术许可给佳能公司生产经营使用。

另查明,2008 年 8 月 28 日陈锡奎还申请了名称为"圆柱形石材自动仿形机"的实用新型专利,2009 年 10 月 28 日获得授权,专利号为 ZL200820145412. 4,该实用新型专利的权利要求书、说明书、附图及摘要等与本案讼争的名称为"多头圆柱形石材仿形机"(专利号为 ZL ZL200810071856. 2)发明专利完全相同。

凯达公司成立于 2009 年 8 月 4 日,主要生产线条机等石材机械。2011 年间,陈锡奎发现凯达公司的产品广告册上刊登的"多头圆柱形石材仿形机"与佳能公司的专利产品外观基本一致,遂发出律师函要求被告停止侵权行为。审理中,凯达公司承认其广告册上宣传照片中的机械是由佳能公司的产品翻拍而成的。

一审判理和结果

一审法院认为,根据《专利法》第 11 条的规定,发明和实用新型专利权被授予后,除本法另有规定的以外,任何单位或者个人未经专利权人许可,都不得实施其专利,即不得为生产经营目的制造、使用、许诺销售、销售、进口其专利产品。从现有证据分析,凯达公司向佳能公司购买"多头圆柱形石材仿形机",并将该款机械的照片用作广告宣传。虽然其否认收到佳能公司发出的律师函,否认生产、销售该产品,但在凯达公司经营场所提取的"凯达机械"产品广告册,该图册第 26 页展示的"多头栏杆仿型机"与凯达公司承认的其向佳能公司购买的"多头圆柱形石材仿形机"的技术特征基本相同,许诺销售侵权事实成立。本案中,鉴于陈锡奎未能充分举证凯达公司实际生产、销售了侵权产品,故仅能根据许诺销售侵权行为的持续时间、性质、制造被控侵权产品的单价、被控侵权产品的市场利润率等因素,对凯达公司的侵权损害赔偿数额酌情予以确定。据此,依照《中华人民共和国专利法》等相关法律的规定,一审法院判决如下:凯达公司应立即停止侵害陈锡奎"多头圆柱形石材仿形机"发明专利权(专利号为 ZL200810071856. 2)及"圆柱形石材自动仿形机"实用新型专利权(专利号为 ZL200820145412. 4)的行为;对侵害发明专利案,凯达公司应赔偿 8 万元人民币,对侵害实用新型专利案,凯达公司应赔偿 3 万元人民币。

上诉与答辩

凯达公司不服一审判决,上诉称:(1)原审法院在没有具体侵权产品存在的情况下,仅是将上诉人的"多头栏杆仿型机"图片与佳能公司的"多头圆柱形石材仿形机"及"圆柱形石材自动仿形机"图片比对,就得出两款机械的技术特征基本相同,原审法院认定事实错误。(2)原审法院在没有证据证明有侵权产品存在的情况下,认定许诺销售侵权成立,属于适用法律错误。综上,请求撤销原审判决,改判驳回被上诉人的诉讼请求。

二审审理查明与原审认定的事实属实。二审期间,陈锡奎请求对本案的实用新型专利及发明专利分别进行保护,如果法院只能保护其一项专利,其请求保护发明专利。

二审判理和结果

被上诉人陈锡奎分别以“圆柱形石材自动仿形机”、“多头圆柱形石材仿形机”的名称于2008年8月10日、2008年9月23日向国家知识产权局专利局分别申请实用新型专利和发明专利,并分别于2009年10月28日、2011年9月7日被授予发明专利权和实用新型专利权。经比较,两项专利的权利要求书、说明书、附图及摘要等内容完全相同,应当认定两项专利的名称虽然不同,但法律保护的发明创造涉及的技术方案完全相同,实质为同一技术方案。

《中华人民共和国专利法》(2000年修订)第22条规定:授予专利权的发明和实用新型,应当具备新颖性、创造性和实用性。新颖性,是指在申请日以前没有同样的发明或者实用新型在国内外出版物上公开发表过、在国内公开使用过或者以其他方式为公众所知,也没有同样的发明或者实用新型由他人向国务院专利行政部门提出过申请并且记载在申请日以后公布的专利申请文件中。本案中,被上诉人陈锡奎于2008年8月10日申请讼争的实用新型专利,该时间比其在2008年9月23日又以同样的技术方案申请发明专利的时间早,但由于当时的《专利法》关于“新颖性”规定,同一个人先后以相同的技术方案申请发明和实用新型专利,并不构成抵触申请,因此,从形式上而言,应当认定被上诉人申请的发明专利及实用新型专利均为有效。但《中华人民共和国专利法》第9条规定:同样的发明创造只能授予一项专利权。因此,对同一专利权人就相同的技术方案申请的两项专利,法律应该只保护其一项专利。因发明专利的保护期限为20年,而实用新型专利的保护期限才10年,现被上诉人陈锡奎请求保护其发明专利,从有利于保护发明创造、鼓励创新的角度,被上诉人陈锡奎选择请求保护其发明专利,即本案讼争的名称为“多头圆柱形石材仿形机”发明专利,应予准许。

根据《中华人民共和国专利法》第11条的规定,发明和实用新型专利权被授予后,除本法另有规定的以外,任何单位或者个人未经专利权人许可,都不得实施其专利,即不得为生产经营目的制造、使用、许诺销售、销售、进口其专利产品。本案中,上诉人向被上诉人陈锡奎个人独资创办的佳能公司购买“多头圆柱形石材仿形机”专利产品,并将该款机械命名为“多头栏杆仿型机”,登载在其印制的广告册中,目的在于招揽销售业务。将讼争的发明专利与上诉人宣传册上的“多头栏杆仿型机”相比较,讼争发明专利的独立权利要求的全部技术特征在“多头栏杆仿型机”图片中均有体现,且“多头栏杆仿型机”系对被上诉人的专利产品“多头圆柱形石材仿形机”拍照制成,上诉人的行为依法构成许诺销售行为,构成专利侵权,原审法院判决上诉人构成专利侵权正确,应予维持。原审法院在上诉人住所地执行证据保全时,上诉人的董事长林远秋已经承认其产品广告册系用被上诉人企业生产的“多头圆柱形石材仿形机”拍照而成,因此,上诉人上诉认为原审法院认定其广告中“多头栏杆仿型机”与讼争专利的技术特征基本相同错误无理。上诉人将讼争的专利产品登载在其产品的广告上,目的就是为了介绍其公司的产品、招揽业务,该行为依法构成许诺销售专利侵权。上诉人认为认定许诺销售还必须使产品处于能够销售状态无法律依据,因此应当认定上诉人侵害发明专利权成立。对陈锡奎又要求以已经作出评判的发明专利相同技术方案的实用新型专利追究凯达公司同样行为的侵权责任,因该发明与实用新型专利属于同一技术方案,本质上属于重复请求,对其诉讼请求显然应予以驳回。综上,二审法院维持了一审法院对发明专利的判决结果,即认定凯达公司许诺销售侵权成立,对侵害实用新型专利的上诉,改判驳回陈锡奎的起诉。

本田株式会社诉江门气派摩托车有限公司等侵害外观设计专利权纠纷案

——阅读提示:在专利侵权案件中,被诉侵权产品的商标注册人是否一定是该产品的制造者?被诉侵权产品的商标注册人是否应承担侵权责任?

【裁判要旨】

专利侵权诉讼中,在认定被诉侵权产品的制造者时,不能简单地认为产品的商标注册人就是制造者,而应当根据全案事实进行判断。因此,如果商标注册人仅许可商标,而没有其他证据证明商标注册人明知专利侵权事实存在,在案件能查明实际制造者的情况下,无须认定商标注册人为产品制造者。

【案号】

一审:长沙市中级人民法院(2012)长中民五初字第620号

【案情与裁判】

原告:本田技研工业株式会社(以下简称本田公司)

被告:江门气派摩托车有限公司(以下简称江门公司)

被告:力帆实业(集团)股份有限公司(以下简称力帆公司)

被告:湘潭瑞骑力帆摩托车销售有限公司(以下简称瑞琦)

起诉与答辩

本田公司向一审法院起诉称:本田公司系“小型摩托车”外观设计专利权人。原告在市场上发现,由瑞骑销售公司销售、许诺销售,由江门公司、力帆公司制造、销售、许诺销售的“LF100T-V”型号摩托车外观设计与原告专利外观设计极为近似,落入了该专利权的保护范围。据此,请求法院判令:(1)被告江门公司、力帆公司立即停止制造、销售、许诺销售侵犯原告外观专利权的“LF100T-V”型号摩托车;被告瑞骑销售公司立即停止销售、许诺销售“LF100T－V”型号摩托车;(2)被告对其侵权行为承担连带赔偿责任,赔偿原告经济损失50万元,并承担原告因调查、制止被告侵权所支出的合理费用6万元(含律师费)。庭审中,原告认为被告江门公司实施的是制造、销售被诉侵权摩托车的行为,被告瑞骑销售公司实施的是销售被诉侵权摩托车的行为,被告力帆公司实施的是制造、销售被诉侵权摩托车的行为。

被告江门公司辩称:其公司制造的产品没有落入原告专利权的保护范围,也没有许诺销售侵犯原告专利权产品的行为,不应承担赔偿责任。

被告力帆公司辩称:被诉侵权车辆没有落入涉案专利权的保护范围;被告力帆公司没有实施制造、销售侵犯原告专利权的行为,因力帆公司仅是许可其商标给被告江门公司使用,商标许可人只对产品质量有监督义务,不应承担被许可使用产品因专利侵权而导致的法律责任。

被告瑞骑销售公司辩称:被诉侵权车辆没有落入原告专利权保护范围,不构成侵权;瑞骑销售公司所销售车辆有合法来源,不应承担赔偿责任。

一审法院经审理查明,本田公司系成立于日本的企业法人,原告于2009年3月31日向国家知识产权局申请“小型摩托车”外观设计专利,该专利于2010年3月3日获得授权,专利号为ZL200930181688.8。原告通过公证取证的方式,在被告瑞骑销售公司处购得被诉侵权力帆“LF100T－V”型摩托车,经当庭拆封公证实物,该实物系一辆白色摩托车,并配有车辆购置税纳税申报表、车辆一致性证书、力帆摩托车保修保养手册、力帆“LF100T－V”型摩托车使用说明书、机动车销售统一发票抵扣联、报税联、注册登记联、发票联(发票号01482397)、机动车整车出厂合格证、摩托车工具袋等。在摩托车车身前后均装有“力帆摩托”铭牌。在力帆LF100T－V型摩托车使用说明书的封面及封底均有“LIFAN力帆集团”标志,封面标示有“江门气派摩托车有限公司”,封底标示有“力帆实业(集团)股份有限公司”。在力帆摩托车保修保养手册的封面与封底亦均标有“LIFAN力帆摩托　壹生活”和“力帆实业(集团)股份有限公司”。在车辆一致性证书中标注的企业为力帆实业(集团)股份有限公司,生产厂名称为江门气派摩托车有限公司。在机动车整车出厂合格证以及车辆购置税纳税申报表中标注的LF100T－V型号摩托车的企业为江门气派摩托车有限公司。庭审中,江门公司承认上述摩托车由其生产,并在车上使用了“?”、“力帆”、“LIFAN”三枚商标。

被告江门公司,成立于2002年4月29日,投资者为本案第二被告,经营范围为研制、开发、生产、销售摩托车及其零配件等。

被告力帆公司,成立于1997年12月1日,经营范围为研制、开发、生产、销售摩托车等。该公司分别于1997年9月26日、2001年9月24日、2002年6月27日向国家商标局申请注册了“?”、“力帆”、“LIFAN”三枚商标,商标有效期分别至2018年12月27日、2014年6月27日、2013年6月27日。2010年11月18日,该公司将上述三枚商标许可被告江门公司使用在摩托车等商品上,许可使用期限均自2010年11月20日起,分别至2018年12月27日、2016年9月6日、2013年6月27日止。该三枚商标的许可合同均于2011年5

月 16 日在国家商标局备案。

被告瑞骑销售公司,成立于 2010 年 5 月 25 日,经营范围为摩托车及配件的销售等。

一审判理和结果

法院认为,原告系 ZL200930181688.8 小型摩托车外观设计专利的权利人,其所享有的专利权应当受到《专利法》的保护,原告有权就专利合法有效期间的侵权行为主张权利。根据本案各方当事人的证据和论辩观点,本案主要涉及以下几个问题:

一、关于本案各被告行为分析

根据公证取证时拍摄的店名、销售发票上的销货单位及公章、随车的车辆一致性证书,可以证明被告瑞骑销售公司系被诉侵权产品的销售者。根据购买被诉侵权摩托车随车所附车辆一致性证书、机动车整车出厂合格证、车辆购置税纳税申报表,可以证明被告江门公司系该车辆的制造销售者。关于力帆公司,本案现有证据能证明其系被诉侵权摩托车上"?"、"力帆"、"LIFAN"三枚商标的权利人,并且将该三枚商标许可江门公司使用,而力帆公司同时又系江门公司的独资股东。江门公司与力帆公司分别系独立的法人,并不必然共同承担责任;力帆公司虽是商标许可人,但根据 2001 年修正的《商标法》第 40 条之规定,许可人应当监督被许可人使用其注册商标的商品质量。被许可人应当保证使用该注册商标的商品质量。本案现有证据反映被诉摩托车系经国家相关部门审批后生产的质量合格产品,力帆公司作为商标权人,对被许可商标商品的质量尽到了注意义务。另外,力帆公司许可江门公司使用三枚商标,是以其标识本身的外观、呼叫、知名度来引导消费者认牌购物,而外观设计则是以富于美感的视觉效果吸引消费者,二者采用不同的方式引导消费者购买商品,故江门公司使用三枚商标和擅自使用他人的外观设计是属于两个独立的行为。摩托车是一种高速交通工具,国家对生产商的要求不同于一般商品的生产商,从本案证据来看,车辆一致性证书、机动车整车出产合格证均明确地标明了制造商是江门公司,故不需从商标持有人推定生产商;且本案中并没有证据证明力帆公司参与了被诉侵权行为的其他环节因此,在本案被诉产品具有明确生产者的情况下,原告主张商标权人亦为产品制造者的主张,法院不予支持。

二、关于被诉侵权产品是否落入原告专利权保护范围问题

本田公司的外观设计专利产品和被诉侵权产品均为摩托车,两者系相同产品。从要部特征分析,涉案专利产品的车把罩体的整体形状及前方向指示灯、前罩体及前大灯形状、车后罩体造型、车尾灯的形状等可以被认为是对专利产品的外观设计的整体美感带来较大影响并容易引起一般消费者注意的要部。将二者进行比较,有以下共同点:(1)根据专利图片左视图视角观察,二者车把罩体部分从正面看均为上边缘为弧形整体近似矩形的造型,前方向指示灯为以菱形为基调的水滴形;(2)车前罩体上均有呈"狐狸头"状的前大灯,前罩体面板上均有凹面;(3)根据专利图片主视图视角观察,车后罩体有从踏板后部向中心罩体下方延伸的圆弧形棱线;车尾部灯为"V"形;(4)根据专利图片右视图视角观察,刹车尾灯呈倒置梯形。经比对,被诉侵权摩托车在上述要部的设计上与本田公司的外观设计专利产品相同。三被告辩称,

被诉摩托车前罩体凹陷是“V”形而不是“M”形，前大灯轮廓是倒三角形而不是上部呈狐头型，后罩体是三角形而不是“V”形，中心罩体有两个自下而上依次排列月牙形的造型设计，后刹车灯专利产品不是原告所称的倒梯形而是三角形，被诉摩托车是倒梯形，故普通消费者不会混淆被诉摩托车与专利产品。法院认为，三被告辩称的上述不同，不影响二者整体视觉效果相同，且未导致实质性差异，因此二者系近似设计。被告还认为被诉摩托车车把罩体、前罩体的前护栏部分、踏板侧罩体部分、中心罩体属于现有设计。法院认为，被诉侵权设计与一个现有设计相同或者无实质性差异的，属于专利法规定的现有设计。被告根据原告专利检索报告中多个相关专利文献，从这些专利文献中挑出一个或几个设计要点，组合后认为被诉摩托车车把罩体形状、前罩体的前护栏形状、踏板侧罩体形状、中心罩体形状与检索专利文献中的设计相同，但被告这种将多个在先设计组合起来进行现有设计对比的方法，违反了现有设计抗辩应以一项现有设计或者一项现有设计与公知常识的简单组合进行对比的原则，且被诉摩托车在车把罩体、前车灯、后罩体、后车灯等显著部分，与被告主张现有技术的任一个文献相比较，没有一个对比文献能够同时反映上述全部要素，法院对被告的该项抗辩理由不予采信。综上，被诉摩托车的外观设计落入涉案专利权的保护范围。

三、关于本案各被告责任承担问题

因江门公司未经原告许可，制造、销售的“力帆 FL100T－V”型摩托车落入涉案专利权的保护范围，且不存在法律规定的不视为侵权的情形，故侵犯了涉案外观设计专利权，应承担停止侵权、赔偿损失的民事责任。瑞骑公司未经原告许可，销售的“力帆 FL100T－V”型摩托车落入涉案专利保护范围，侵犯了涉案专利权，应承担停止销售侵权产品的责任。瑞骑公司主张该产品具有合法来源。法院认为，根据车辆一致性证书、机动车整车出厂合格证，可以证明被诉侵权摩托车来源于江门公司，且江门公司对这一事实也予以认可，故对瑞骑公司的该项抗辩理由法院予以采信。本案中，在原告亦起诉制造者的情况下，判决瑞骑公司停止侵权已足以维护原告的合法权利，故江门公司应承担停止侵权的民事责任。本案中，没有证据证明力帆公司实施了制造、销售被控侵权摩托车的行为，原告对其提出的诉讼请求缺乏事实依据，且本案直接由生产商瑞骑公司承担责任足以保护专利权人的利益，故原告对江门公司提出的诉讼请求，法院不予支持。

有关赔偿数额的确定，因本案双方均未提交证据证明原告因侵权所受的损失以及被告侵权获利的情况，本案符合定额赔偿的条件，故法院将依法适用定额赔偿。结合本案具体情况，综合考虑涉案专利类型、侵权时间、侵权范围及侵权人的主观状态及权利人维权的合理费用支出等情形确定赔偿数额。

综上，依照《侵权责任法》第 15 条第 1 款第 1 项、第 6 项、《专利法》第 11 条第 2 款、第59 条第2 款、第60 条、第65 条、第70 条和最高人民法院《关于审理侵犯专利权纠纷案件应用法律若干问题的解释》第 8 条、第 9 条、第 10 条、第 11 条之规定，判决：

1. 江门公司立即停止制造、销售侵犯涉案外观设计专利权的“力帆 LF100T－V”型摩托车商品的行为；

2. 瑞骑公司立即停止销售侵犯涉案外观设计专利权的"力帆 LF100T－V"型摩托车商品的行为；

3. 江门公司于判决生效之日起十日内赔偿本田公司经济损失 180000 元(包括原告为制止侵权行为所支付的合理费用)；

4. 驳回本田公司的其他诉讼请求。

案件受理费 10200 元,由江门公司负担 8000 元,由瑞骑公司负担 2200 元。

江门市亚泰机电科技有限公司诉雷炳全侵害实用新型专利权纠纷案

——阅读提示:我国《专利法》规定的"销售行为"与买卖合同中的"买卖行为"是否属于完全相同的行为?被诉销售行为的发生时间是以合同的签订日、交货日、付款日还是验收日为准?

【裁判要旨】

根据我国《专利法》的规定,在实用新型专利权被授予后,他人未经许可不得实施该专利。因此,被诉销售行为的发生时间是判断侵权与否的重要依据。本案裁判认为,一般情况下,出卖人与买受人签订买卖合同之日,就是实际销售行为的发生之日,应以此时间点来判断被诉侵权行为的发生时间。

【案号】

一审:广东省东莞市中级人民法院(2012)东中法民三初字第2号

二审:广东省高级人民法院(2013)粤高法民三终字第15号

【案情与裁判】

原告(被上诉人):江门市亚泰机电科技有限公司(以下简称亚泰公司)

被告(上诉人):雷炳全

起诉与答辩

2011 年 12 月 20 日,亚泰公司以雷炳全侵犯专利为由,向一审法院提起诉讼,请求判令雷炳全:(1)立即停止侵犯亚泰公司 ZL201020617223. X 号专利。(2)立即销毁用于生产侵权产品的图纸、模具和设备,收回已售出的侵权产品。(3)在广东省主要媒体上向亚泰公司公开道歉,消除影响。(4)赔偿亚泰公司经济损失 100 万元并承担诉讼费用和合理维权开支。

雷炳全辩称:(1)授权公告日是实用新型专利权生效并获得保护之日,在该日之前所发生的一切实施专利的行为均不属于侵权行为。本案的被诉侵权行为发生在专利授权之日前,不构成侵权。(2)被诉侵权产品没有落入本案专利权保护范围,不构成侵权。

法院审理查明

2010 年 11 月 19 日,亚泰公司向国家知识产权局申请名称为"一种内圆抛光机构"的实用新型专利,于 2011 年 10 月 5 日获得授权,专利权人是亚泰公司,专利号为 ZL201020617223. X。亚泰公司在庭审中明确其要求保护的范围是权利要求 1。权利要求 1 内容为“一种内圆抛光机构,包括机座,机座上设有依次由下而上连接的纵向滑台、横向滑台、微调纵向滑台、微调横向滑台,于微调横向滑台上设有滑座、滑座上设有带第一电机的电机座,第一电机输出端设有安装抛光轮的抛光转轴,其特征在于:所述的滑座上固定有滑块,电机座的底部设有与滑块配合的滑轨,滑座上设有减速电机,滑座上设有由减速电机驱动的偏心件,偏心件与电机座之间通过连杆机构连接。”

2011 年 11 月 3 日,公证人员来到芜湖美的精品电器电水壶公司自动抛光车间,现场拍摄了照片 12 张,并制作了现场工作记录,出具了(2011)皖芜鑫公证字第 1056 号公证书。

东莞市沙田厚达机械厂(以下简称厚达厂)是雷炳全开办的个体工商户。2011 年 5 月 14 日,厚达厂分别与芜湖美的精品电器制造有限公司(以下简称芜湖美的公司)签订一份购买合同,约定厚达厂向芜湖美的公司销售一台壶身自动内抛光机以及另外的机器,该壶身内抛光机的单价为人民币 50 万元。2011 年 5 月 28 日,厚达厂将上述抛光机交付芜湖美的公司。2011 年 7 月 12 日,芜湖美的公司对该机器出具验收单同意验收。2011 年 7 月 20 日,厚达厂与芜湖美的公司又签订一份购买合同,约定厚达厂向芜湖美的公司销售四台壶身自动内抛光机以及另外的机器,该壶身内抛光机的单价为人民币 49 万元。2011 年 8 月 18 日,厚达厂将上述四台抛光机交付芜湖美的公司。2011 年 10 月 14 日,芜湖美的公司对该四台机器出具验收单同意验收。双方在质证确认上述证据涉及的五台壶身内抛光机就是本案的被诉侵权产品。

经亚泰公司申请,一审法院连同双方委托代理人前往芜湖美的精品电器制造有限公司的生产车间对被诉侵权产品实物进行比对。在现场比对中看到被诉侵权产品上有美的公司贴的使用标签,标签上注明该机器的启用日期是 2011 年 7 月 28 日。现场观察被诉侵权产品的技术特征是:被诉侵权产品有纵向滑台、横向滑台、微调纵向滑台、微调横向滑台、第一电机、抛光转轴、减速电机、偏心件、连杆等结构,第一电机安装在抛光转轴的外壳上,抛光转轴与第一电机通过传动皮带进行连接,抛光转轴的外壳直接安装在微调纵向滑台上,而减速电机安装在微调横向滑台上,减速电机与微调横向滑台之间是否有滑座(包含滑块、滑轨)类似的结构相连接肉眼无法观察;被诉侵权产品的运行中,其减速电机通过偏心件、连杆驱动的是整个微调纵向滑台在横向滑台上移动。

雷炳全就本案专利提出了无效宣告申请。2012 年 8 月 7 日,国家知识产权局专利复审委员会作出第 19147 号无效宣告请求审查决定,维持本案专利权有效。

一审判理和结果

一审法院认为:本专利授权日期是 2011 年 10 月 5 日,被诉侵权产品的实施行为完成时间应当以其最后交付的时间为准,即在 2011 年 8 月已经完成,早于本专利的授权时间。授权公告日是实用新型专利权生效并获得保护之日,在该日之前所发生的一切实施专利的行为均不属于侵权行为。本案的被诉侵权行为发生在专利授权之日前,不构成侵权。即使如亚泰公司所称的被诉侵权产品的滑座结构位于减速电机下方,那这个滑座结构所带动的是减速电机而非第一电机的移动,与本专利中的滑座结构功能、位置均不相同,并非本专利中的滑座结构;被诉侵权产品的第一电机通过皮带驱动抛光转轴,而本专利的抛光转轴直接安装在第一电机的输出端上,两者并不等同,因此,被诉侵权产品的技术特征与本专利不同。

据此判决:驳回亚泰公司的诉讼请求。案件受理费13800元,由亚泰公司负担。

上诉与答辩

亚泰公司提起上诉称:一审法院将交付日认定为销售行为完成日,从而认定被诉侵权行为发生在专利授权日之前是错误的。被上诉人不仅从事了制造行为,还从事了销售行为。销售行为是否完成,应当看合同约定的交付行为与付款行为是否履行完毕,而不仅仅是看交付与否。本案被诉侵权产品大部分款项的付清时间是在验收日2011年10月14日之后,晚于本案专利的授权日,应当认定销售行为完成时间晚于本案专利授权时间。一审法院认定被诉侵权产品没有落入本案专利保护范围是错误的。请求撤销一审判决,改判雷炳全停止侵权赔偿亚泰公司经济损失及合理费用100万元等。

雷炳全辩称:被诉侵权行为发生在涉案专利授权公告之前,不构成侵权。销售只是买卖合同中的一个环节,卖方将标的物交付就表明销售行为已经完成,验收和付款行为何时完成,属于合同履行中的问题,无论何时付清款项,均不影响销售行为的认定。一审认定被诉侵权产品不具备涉案专利的全部必要技术特征,且部分技术特征与本案专利的必要技术特征不相同是正确的。

二审判理和结果

二审法院认为:雷炳全两次将被诉侵权产品销售给案外人芜湖美的公司,合同签订时间分别为2011年5月14日和2011年7月20日,被诉侵权产品的交付时间分别为2011年5月28日和2011年8月18日。合同签订日期与被诉侵权产品交付日均在本案专利授权公告日2011年10月5日之前。根据我国《合同法》的规定,当事人采用书面合同书形式订立合同的,自双方当事人签字或者盖章时合同成立。标的物所有权自标的物交付时起转移,但法律另有规定或者当事人另有约定的除外,当事人也可以在买卖合同中约定买受人未履行支付价款或者其他义务的,标的物的所有权属于出卖人。何时转移标的物的所有权或者支付价款等,并不影响买卖合同的成立及其效力,不能以是否支付价款或者标的物所有权是否转移来判定买卖合同成立与否,也不能以所有权转移时间或者付款时间来确定销售时间。因此,一般情况下,出卖人与买受人签订买卖合同之日,就是出卖人实际销售行为的发生日。而且本案中,雷炳全两次将被诉侵权产品销售给案外人芜湖美的公司时,合同签订日期与交货日期均在本案专利授权公告日之前,故应当认定被诉侵权行为发生在本案专利授权公告日之前。因此,亚泰公司主张以被诉侵权产品验收时间或者买受人支付价款的时间为准,确定销售行为发生的时间,没有法律依据,不予支持。一审判决据此驳回亚泰公司的诉讼请求并无不当。二审判决:驳回上诉,维持原判。二审诉讼费人民币13800元,由亚泰公司负担。

吉林美术出版社诉海南出版社有限公司、长春欧亚集团股份有限公司欧亚商都版式设计专用权纠纷案

——阅读提示：在判断版式设计专用权保护范围时，应考虑哪些因素？

【裁判要旨】

图书和期刊的出版者对其出版的图书、期刊独立进行智力创作的版式设计，应受《中华人民共和国著作权法》（以下简称《著作权法》）第36条的保护，禁止其他人未经许可擅自原样复制，或者很简单的、改动很小的复制以及变化了比例尺的复制。人民法院在判断出版者是否享有版式设计专用权时，应由原告对版式设计是否系其独立创作进行举证或者说明。版式设计专用权不保护图书和期刊的内容。版式设计的简单复杂或创造性的高低不是判断出版者享有版式设计专用权的标准。

【案号】

一审：长春市中级人民法院（2010）长民三初字第180号

二审：吉林省高级人民法院（2011）吉民三知终字第37号

申请再审：最高人民法院（2012）民申字第1150号

【案情与裁判】

原告（被上诉人、被申请人）：吉林美术出版社

被告（上诉人、再审申请人）：海南出版社有限公司

被告：长春欧亚集团股份有限公司欧亚商都（以下简称欧亚商都）

起诉与答辩

吉林美术出版社诉称：其对《学前三百字》、《儿童学画大全》、《儿童描红大全》和《儿童剪纸大全》享有版式设计专用权，海南出版社有限公司的行为已构成对其版式设计专用权的侵犯，欧亚商都销售了侵权产品，构成了共同侵权，请求法院确认二被告侵犯了上述图书的版式设计专用权，并判令二被告立即停止侵权、销毁侵权产品，在《法制日报》等媒体赔礼道歉、消除影响，赔偿经济损失人民币120万元。

海南出版社有限公司辩称：吉林美术出版社上述图书的版式设计仅遵循公知领域的简单排版方式，无创造性亦无显著性，不具有版式设计专用权。即便构成侵权，索赔数额也过高。此外本案系著作权的财产权纠纷，而非著作权的人身权纠纷，故吉林美术出版社要求赔礼道歉的诉求于法无据。

欧亚商都辩称：其无侵权的共同故意。原告在诉讼中提供的相关书证已证实所售图书系海南出版社有限公司出版发行，有合法来源。其销售数量仅为原告订购的4本书，不应承担赔礼道歉责任。

一审审理查明

长春市中级人民法院经审理查明：《学前三百字》、《儿童学画大全》、《儿童描红

大全》和《儿童剪纸大全》系吉林美术出版社于2001年、2005年、2006年出版的幼儿读物。四本书采用了吉林美术出版社设计的版式设计。① 海南出版社有限公司未经吉林美术出版社许可,于2010年出版了《学画大全》、《描红大全》、《剪纸大全》和《学前三百字》,其采用的版式设计与吉林美术出版社上述相对应图书的版式设计基本相同或仅有很小的变动。2010年8月,吉林美术出版社在欧亚商都处购得海南出版社有限公司出版的四本涉案图书。

一审判理和结果

长春市中级人民法院经审理认为:吉林美术出版社对《儿童剪纸大全》、《儿童学画大全》、《儿童描红大全》和《学前三百字》四书的版式设计体现了独创性,享有版式设计专用权。海南出版社有限公司出版的《剪纸大全》、《描红大全》、《学画大全》、《学前三百字》在版式设计方面与吉林美术出版社相对应书籍的版式设计除在个别版式设计元素上做微小变动外,基本一致,构成对版式设计的使用。海南出版社有限公司未经许可,在其出版的涉案图书上使用原告的版式设计,侵犯了原告的版式设计专用权。欧亚商都销售了涉案图书,亦构成侵权。据此,依据《著作权法》第36条、第47条规定第9项、第49条第2款、《最高人民法院关于审理著作权民事纠纷案件适用法律若干问题的解释》第25条之规定,判决:海南出版社有限公司停止侵犯吉林美术出版社对上述四书享有的版式设计专用权的行为;欧亚商都停止销售海南出版社有限公司出版的涉案图书的行为;海南出版社有限公司在《法制日报》上刊登声明,为吉林美术出版社消除影响并赔偿吉林美术出版社人民币48万元;驳回吉林美术出版社其他诉讼请求。

二审审理查明

海南出版社有限公司不服一审判决,向吉林省高级人民法院提起上诉。吉林美术出版社和欧亚商都服从一审判决。

吉林省高级人民法院查明的事实与一审查明的事实基本一致。

二审判理和结果

吉林省高级人民法院经审理认为:吉林美术出版社出版的《儿童剪纸大全》、《儿童学画大全》、《儿童描红大全》和《学前三百字》中对图书版心、排式、用字、行距、标点等因素的布局安排,是为了便于读者阅读和记忆而刻意完成的创造性劳动成果,且具有独创性。吉林美术出版社对上述图书享有版式设计权。海南出版社有限公司出版的《剪纸大全》、《描红大全》、《学画大全》、《学前三百字》的版式设计与吉林美术出版社相对应书籍的版式设计除在个别版式设计元素上做微小变动外,基本一致,属于对吉林美术出版社版式设计的使用。海南出版社有限公司未经权利人吉林美术出版社许可,依照《著作权法》第36条第1款之规定,构成对吉林美术出版社版式设计权的侵害,应当承担侵权责任。

关于本案赔偿数额问题。本案中,吉林美术出版社和海南出版社有限公司均没有提供证据证明吉林美术出版社的实际损失,亦没有证据证明海南出版社有限公司的违法所得。海南出版社有限公司向法庭提交图书印制合同书、图书期刊印刷委托书、随州报业印务有限责任公司出具的证明、湖北省新闻出版局印刷复印管理处出

① 关于四本图书版式设计的详细描述可参见吉林省长春市中级人民法院(2010)长民三初字第180号民事判决,考虑到行文的需要,此处不再阐述。——笔者注

具的情况说明、海南省文化广电出版体育厅介绍信存根，以证明其印刷、发行涉案图书为500套的事实。吉林美术出版社否认上述证据的唯一性。因海南出版社有限公司以上述证据所要证明的相关事实均发生在其与本案案外人之间，无法证明其因侵权事实所获利润，且其在出版图书上并未标明印刷册数，故对海南出版社有限公司的上述证据不予采信。鉴于本案涉及的作品系四本儿童读物，具有广大的消费群体，海南出版社有限公司以简单改变进行抄袭的方式侵害权利人的版式设计专用权，一审法院判决其赔偿吉林美术出版社48万元并无不妥。

关于本案是否适用消除影响的侵权责任问题。依照《著作权法》第47条的有关规定，侵犯版式设计权，权利人有权要求停止侵害、消除影响、赔偿损失等民事责任。消除影响的侵权责任并非仅适用于侵害著作人身权，一审法院判决海南出版社有限公司承担消除影响的侵权责任并无不当。

综上，一审判决认定事实清楚，适用法律正确。依照《中华人民共和国民事诉讼法》第153条第1款1项之规定，判决如下：驳回上诉，维持一审判决。

申请再审理由与答辩

海南出版社有限公司申请再审称：(1)吉林美术出版社主张的版式设计专用权仅是简单排版，不属于《著作权法》第36条规定的版式设计专用权。即使吉林美术出版社享有版式设计专用权，其既没有“复制”，也没有“很简单的、改动很小的复制以及变化了比例尺的复制”，未侵犯吉林美术出版社的版式设计专用权。(2)其提交的证据已经充分证明其“违法所得”已经查明(不超过21600元)，且吉林美术出版社的实际损失也可以查明。本案不应适用法定赔偿，一、二审法院判决赔偿48万元错误。(3)即使其构成侵权，也未对吉林美术出版社造成不良影响，一、二审法院判决消除影响属适用法律错误。请求最高人民法院驳回吉林美术出版社的全部诉讼请求，一、二审诉讼费由吉林美术出版社承担。

吉林美术出版社提交意见认为：(1)儿童类图书为了吸引和提高儿童的学习兴趣，主要依靠版式设计，其经过长期对儿童认知习惯的研究，出版的《儿童剪纸大全》、《儿童学画大全》、《学前三百字》、《儿童描红大全》每本书中都含有版心等6~10个以上的版面布局因素，享有版式设计专用权。(2)海南出版社有限公司出版的《剪纸大全》等四本涉案图书复制了其出版的上述图书的版式设计，侵犯了其版式设计专用权。(3)一、二审法院判决海南出版社有限公司赔偿其48万元符合法律规定。

欧亚商都提交意见认为：吉林美术出版社在诉讼中提供的相关书证已证实其销售的涉案图书系海南出版社有限公司出版发行，其主观上无共同侵权故意，客观上无涉案图书库存，不应承担任何法律责任。

申请再审查明

最高人民法院再审审查查明的事实与一、二审查明的事实基本一致。

申请再审判理和结果

最高人民法院经审查认为：图书和期刊的出版者对其出版的图书、期刊独立进行智力创作的版式设计，应受《著作权法》第36条的保护，禁止其他人未经许可擅自原样复制，或者很简单的、改动很小的复制以及变化了比例尺的复制。版式设计专用权不保护图书和期刊的内容。人民法院在判断出版者是否享有版式设计专用权时，按照民事诉讼“谁主张谁举证”的举证规则,应由原告对版式设计是否系其独立创作进行举证,就版式设计的意图、特点、设计元素、布局及安排等独创部分进行说明,在原告完成独创部分的举证后,被告如认为原告不享有版式设计专用权,则应提交相应证据予以证明。此外,在判断版式设计专用权保护范围时,还应考虑版式设计专用权和设计空间的关系。对出版者独立完成的版式设计进行保护并非限制了其他出版者的设计空间,相反促进了其他出版者的创作激情和创造力,有利于鼓励出版者加大创新投入,创作出更多更好的版式设计,也有利于促进出版行业的健康发展以及图书市场的繁荣。本案中,吉林美术出版社在主张其享有涉案图书版式设计专用权时,提出了每本书所包含的6~10个版式设计的诸多元素。最高人民法院认为,尽管吉林美术出版社主张的版式设计中部分涉及图书内容和方法,但绝大部分是版式设计的内容,故吉林美术出版社已经初步完成了涉案图书享有版式设计专用权的举证责任。海南出版社有限公司虽主张吉林美术出版社涉案图书的版式设计仅仅是上下左右的简单的行业通用的排版方式,但其既未提交在涉案图书出版之前公开出版的相同或基本相同版式设计的其他图书,也未提交行业通用的排版方式的相关规定以及其他能证明其主张的证据。此外,版式设计的简单复杂或创造性的高低并不是判断出版者享有版式设计专用权的标准。且海南出版社有限公司在上下左右的排版方式中对相关图书内容的布局和安排也有一定的设计空间,并不是没有独创的空间,而必须要与吉林美术出版社涉案图书的版式设计基本一致,否则无法实现其图书的版式设计。故海南出版社有限公司主张吉林美术出版社的版式设计没有版式设计专用权和独创性的理由不能成立。

本案中,海南出版社有限公司出版的《剪纸大全》等四本涉案图书在版式设计方面与吉林美术出版社相对应图书的版式设计除在个别版式设计元素上做微小改动外,基本一致,构成对吉林美术出版社版式设计的使用。根据《著作权法》第36条的规定,海南出版社有限公司未经吉林美术出版社的许可,在其出版的涉案图书上使用吉林美术出版社涉案图书的版式设计,侵犯了吉林美术出版社的版式设计专用权。海南出版社有限公司主张其出版的四本书虽然从视觉上与吉林美术出版社涉案图书在排版上有些相似,但其既没有“复制”,也没有“很简单的、改动很小的复制以及变化了比例尺的复制”,未侵犯吉林美术出版社的版式设计专用权的申请再审理由既与事实不符,亦无法律依据。

根据《著作权法》第47条的规定,海南出版社有限公司侵犯了吉林美术出版社涉案图书的版式设计专用权,应当承担民事责任。二审法院以消除影响的侵权责任并非仅适用于侵害著作人身权为由而判决海南出版社有限公司承担消除影响的侵权责任并无不妥。本案中,吉林美术出版社未提交权利人的实际损失或侵权人的违法所得的证据,海南出版社有限公司虽然提交了《图书期刊印刷委托书》、《印刷合同》等证据材料以证明其违法所得,但上述证据材料即便人民法院予以采纳也只能证明被控侵权图书的一次印数,并不能证明实际印次和印数,故二审法院考虑本案所涉作品类型、侵权行为性质、后果等情节,综合确定海南出版社有限公司赔偿吉林美术出版社经济损失48万元并无明显不妥。

据此,最高人民法院裁定驳回了海南出版社有限公司的申请再审。

景德镇法蓝瓷实业有限公司诉潮州市加兰德陶瓷有限公司侵犯著作权纠纷案

——阅读提示:实用艺术品能否作为作品受《著作权法》保护?保护条件如何设定?如何进行侵权判定?

【裁判要旨】

设计思路以及相应的工艺方法并非《著作权法》的保护对象,权利人不能通过著作权垄断相应的设计思路和工艺方法;他人可以采用同样的设计思路和工艺方法,设计并生产类似主题的产品,但不能抄袭他人具有独创性的表达。

【案号】

一审:福建省厦门市中级人民法院(2009)厦民初字第258号

二审:福建省高级人民法院(2011)闽民终字第15号

申请再审:最高人民法院(2012)民申字第1392号

【案情与裁判】

原告(上诉人、再审申请人):景德镇法蓝瓷实业有限公司(简称法蓝瓷公司)

被告(上诉人、再审被申请人):潮州市加兰德陶瓷有限公司(简称加兰德公司)

起诉与答辩

法蓝瓷公司于2009年提起诉讼称:海畅实业有限公司(以下简称海畅公司)系鸢尾花系列之一、鸢尾花系列之二、小红莓系列、金鱼茶具系列、金鱼摆饰、蜂鸟茶具系列等陶瓷产品的著作权人。法蓝瓷公司经海畅公司授权,在中国大陆境内专有使用海畅公司享有著作权的全部作品。加兰德公司大量生产仿冒法蓝瓷公司享有专有使用权的系列陶瓷产品,侵犯法蓝瓷公司的著作权,请求判令:(1)确认加兰德公司的行为构成侵权和不正当竞争;(2)加兰德公司立即停止侵权,公开赔礼道歉;(3)加兰德公司赔偿经济损失50万元;(4)加兰德公司赔偿法蓝瓷公司因制止侵权所支付的合理开支10万元。

加兰德公司辩称:法蓝瓷公司涉案作品是对《Rorstrand 瓷器:新艺术杰作》一书中作品的抄袭、剽窃,不具有艺术性和独创性;涉案作品是采用模具的方法大规模生产的工业产品,不是美术作品,依法不受《中华人民共和国著作权法》(以下简称《著作权法》)的保护;加兰德公司生产、销售的涉嫌侵权作品是其独立构思创作完成的,不构成对法蓝瓷公司涉案作品的侵权。

一审审理查明

法院审理查明:海畅公司于2004年和2005年在江西版权局就美术作品《蜂鸟茶具

系列》、《小红莓系列》、《蜂鸟摆饰系列》、《金鱼茶具系列》、《金鱼摆饰系列》、《鸢尾花系列之一》、《鸢尾花系列之二》进行了版权登记。2006 年 11 月,海畅公司与法蓝瓷公司签订《著作权许可使用合同》,约定海畅公司将其所拥有的全部著作财产权,许可法蓝瓷公司在中国大陆境内(不包括港澳台)享有专有使用权,许可期间为十年。2009 年 4 月,加兰德公司经厦门海关出口一批瓷餐具。经查,该批餐具包括圣诞果系列、金鱼系列和蓝鸢尾花系列。法蓝瓷公司申请厦门海关予以查扣并提起本案诉讼。

一审判理和结果

一审法院经审理认为:法蓝瓷公司利用大自然动植物的艺术造型,以线条、色彩搭配等装饰日常生活中使用的日用陶瓷用品,其形成的具有独创性的富有美感的实用工艺品,是美术作品的一种,依法应受我国《著作权法》保护。加兰德公司"圣诞果系列"与法蓝瓷公司的"小红莓系列"在对设计元素的取材上基本相同,都是小红果实配以绿叶,这些设计元素的艺术造型设计、色彩使用和搭配、装饰在日用品上的具体位置,以及由此产生的作品的设计风格、整体造型均基本相似,侵犯了法蓝瓷公司的著作权。其他系列虽有些元素相同,但整体上不近似,不构成侵权。因此判决加兰德公司承担停止侵权、赔偿损失和维权合理支出 6 万元。

二审情况

法蓝瓷公司和加兰德公司不服提起上诉。福建省高级人民法院在一审判决的基础上,又增加认定加兰德公司"鸢尾花系列"中的大盘、杯盘组构成侵权,但认为"鸢尾花系列"中的茶壶、奶罐糖罐以及"金鱼系列"陶瓷制品不构成侵权。

申请再审判理和结果

法蓝瓷公司不服,向最高人民法院申请再审,认为加兰德公司的圣诞果系列、金鱼系列、蓝鸢尾花系列产品与海畅公司作品的艺术风格、形态处理、结构布置、装饰效果、设计理念等方面实质相似,加兰德公司产品存在明显的刻意模仿痕迹,构成对专有使用权人法蓝瓷公司著作权的侵犯。

最高人民法院经审查认为:从《Rorstrand 瓷器:新艺术杰作》一书中可以看出,一百多年前已出现了将动植物形象引入到生活用品中制作出精美的陶瓷制品的设计思路、工艺方法。海畅公司借鉴已有的设计思路和工艺方法,用鸢尾花、蜂鸟、金鱼等动植物的形象来装饰茶壶、杯盘汤匙组和奶罐糖罐等产品,使其系列瓷制品在艺术造型、结构、色彩搭配上具有独创性,构成有审美意义的立体造型艺术作品,应当受到《著作权法》的保护。但《著作权法》保护思想的表达,并不保护思想本身。本案中,将动植物形象装饰陶瓷制品,在各种器形载体的杯缘、瓶口、把手上刻画出立体生动的动植物造型的设计思路以及相应的工艺方法并非海畅公司所独创,也非《著作权法》的保护对象,海畅公司不能通过著作权垄断相应的设计思路和工艺方法,否则将违背《著作权法》的立法原意,阻碍文学、艺术、科学的进步和作品的多样性。他人可以采用同样的设计思路和工艺方法,设计并生产类似主题的产品,因为模仿是文学、艺术和自然科学、社会科学、工程技术等进步的基本手段和方法,著作权制度并不禁止他人适度的模仿,但不能抄袭他人具有独创性的表达。自然界中已经客观存在的动植物形象不属于海畅公司独创,但如果其用特定的方式、赋予其具有特定审美意义的造型表达,则应当予以保护。

海畅公司的鸢尾花系列包括大盘、茶壶、杯盘汤匙组和奶罐糖罐等,基本的设计主题是在器体上装饰鸢尾花和蜂鸟,主要元素包括白底器体、蓝色鸢尾花、绿色叶梗及蜂鸟。海畅公司的茶壶和奶罐糖罐中鸢尾花的叶梗由器体下方向上延伸,开出花朵,并有一朵花在器体上缘绽放,一只蜂鸟与绽放的花朵相向设计,花鸟相戏,茶壶和糖罐的盖纽由花瓣构成;加兰德公司的产品也在白底的器体上装饰绿色的叶、蓝紫色的鸢尾花,茶壶和糖罐的盖纽也由花瓣构成,但与海畅公司产品相比,两者的茶壶、奶罐糖罐本身器体形状差别较大,鸢尾花造型设计、位置及色彩搭配等也存在诸多不同,加兰德公司产品没有蜂鸟和叶梗等设计元素,在整体装饰效果上海畅公司的产品造型更加流畅温婉,颜色和空间布局过渡更加自然。

海畅公司的金鱼系列包括茶壶、汤匙杯盘组、糖罐奶罐、大盘和摆饰等,基本的设计主题是在器体上装饰金鱼和水草,主要元素包括白底器体、悠游的红色金鱼、绿色的水草等。具体而言,海畅公司以一条红色金鱼装饰茶壶和奶罐的把手处,一条红色金鱼作为糖罐和茶壶盖的盖纽,金鱼的相对位置处有绿色水草;其汤匙杯盘组中分别以一条红色金鱼装饰于杯子手柄、托盘和汤匙上端部,金鱼头朝向处有绿色水草;其大盘以一条红色金鱼和绿色水草装饰于盘缘;其摆饰为呈游动姿态、尾部红白相间的红色金鱼。将加兰德公司的产品与海畅公司的产品相比,两者在主题、元素和布局上确有很多相同之处,比如均有一条红色金鱼装饰在茶壶和奶罐的把手处,一条红色金鱼作为糖罐和茶壶盖的盖纽,金鱼的相对位置处有绿色水草,以一条红色金鱼装饰于汤匙杯盘组中的杯子手柄、托盘和汤匙上端部,金鱼头朝向处有绿色水草,其大盘也有一条红色金鱼和绿色水草装饰于盘缘,摆饰也是呈游动姿态的红色金鱼,但两者也有诸多明显差异:比如器体整体差别较大,水草的形状、姿态、位置不同,金鱼的形态不同,颜色搭配也有区别等。

由上述对比可见,虽然加兰德公司的产品具有模仿海畅公司产品的痕迹,两者产品有相同之处,但也有明显的差异。相同之处主要是设计主题、思路、位置关系和动植物形象等元素,这些相同之处尚未使两公司产品达到实质性相似的程度,加兰德公司的行为没有超出应有的界限,二审法院认定加兰德公司生产的鸢尾花系列中的茶壶、奶罐糖罐以及金鱼系列陶瓷制品未侵犯法蓝瓷公司著作权正确。因此裁定驳回法蓝瓷公司的再审申请。

窦骁诉北京新画面影业有限公司演出经纪合同纠纷案

——阅读提示:在“演出经纪合同”中合同相对方是否享有“任意解除权”?[①]

【裁判要旨】

因“演出经纪合同”在合同属性上既非代理性质亦非行纪性质,属于具有各类型相结合的综合性合同,因此不能依据《合同法》关于代理合同或行纪合同的规定由合同相对方任意行使“解除权”。为了体现合同自愿、公平以及诚实信用等基本原则,在该类合同权利义务关系终止的确定上应当主要遵循双方约定、按照《合同法》的规定进行判断,从而确定合同权利、义务的履行状态。

【案号】

一审:北京市第二中级人民法院(2012)二中民初字第16451号

二审:北京市高级人民法院(2013)高民终字第1164号

【案情与裁判】

原告(反诉被告、被上诉人):窦骁

被告(反诉原告、上诉人):北京新画面影业有限公司(以下简称新画面公司)

起诉与答辩

窦骁提起原审诉讼称:窦骁与北京新画面影业有限公司(以下简称新画面公司)签订了《合约》,该合同约定由新画面公司为窦骁代理演出事宜。该合同是无效合同,理由是:(1)新画面公司并无办理营业性演出经营的主体资格;(2)签约时窦骁是外国留学生,此后窦骁长期居住在国外,不具备履约资格和条件;(3)该合同违反《教育法》及学校的相关规定。即使该合同有效,新画面公司也没有按照该合同的约定履行义务,构成根本性违约,窦骁已向新画面公司发出了解除涉案合同的通知。而且,涉案合同符合委托合同的性质,窦骁有权随时解除该合同。同时,涉案合同约定的债务属于非金钱债务,无法强制履行,在窦骁主张解除的情况下应当解除。故诉至法院,请求法院确认涉案合同无效或解除。

新画面公司辩称:涉案合同系演出经纪合同,《营业性演出管理条例》的有关规定是管理性强制性规定,而非效力性强制性规定,窦骁以此为由主张合同无效不能成立。窦骁的签证种类和居住地均不能影响合同的效力。《教育法》中的相关规定不能导致涉案合同无效。新画面公司已经积极履行了合同,为窦骁提供了演出机会,并未违约。涉案合同不应适用委托合同的随时解除权。涉案合同约定窦骁可以自主选择是否接受新画面公司提供的演出机会,不具有强制性。故不同意窦骁的诉讼请求。

---

① 所谓任意解除权,系指不以合同相对方违约为条件,亦未达到合同约定的解除条件,而由一方随时可以享有解除合同的权利,具有形成权的属性。

新画面公司反诉称:涉案合同合法有效,新画面公司如约履行了合同,使窦骁获得了很高的知名度,窦骁却严重违约,擅自与第三方签约参加演艺活动并收取酬金,故请求法院:(1)确认涉案合同有效;(2)判令窦骁向新画面公司交付其擅自与第三方签约参加演艺活动的全部合同原件并说明履行情况;(3)判令窦骁赔偿因其违约行为给新画面公司造成的经济损失494万元;(4)判令窦骁继续履行涉案合同;(5)如判令解除涉案合同,则请求判令窦骁赔偿因其违约行为给新画面公司造成的经济损失494万元,以及因窦骁毁约给新画面公司造成的经济损失2000万元。

窦骁反诉答辩的意见除与本诉意见相同外,另主张新画面公司关于解除涉案合同后经济损失2000万元的主张毫无依据,故不同意新画面公司的反诉请求。

一审审理查明

北京市第二中级人民法院查明:2010年3月23日,新画面公司与窦骁签订了《合约》。该合同约定:新画面公司从2010年3月23日至2018年3月22日,作为窦骁的演艺工作代理方。凡窦骁有意参加的所有演艺活动(影视、唱片、广告、代言、发布会、公众活动等),由新画面公司提供指导、建议和意见,进行相关咨询,并由新画面公司代表窦骁出面洽谈及签约。窦骁对所有演艺活动有选择的权利,新画面公司给予意见但尊重窦骁的决定。对于窦骁参加的所有演艺活动,新画面公司收取酬金的30%。合约期间,窦骁不得与第三方签订任何演艺合约或协议。合约期满后,新画面公司享有优先续约权;若窦骁欲与他人签约,必须事先征得新画面公司同意。

2012年9月5日,《新京报》上刊登了《张伟平声明"张艺谋工作室"不具备倪妮、周冬雨等人经纪管理权——"二张"分家,新画面收回艺人》一文。该文章称:新画面公司发声明强调旗下12名签约演员未经公司同意,不能擅自开展演艺活动。此前《二张》合作的新画面公司并未签约新人,从2010年的《山楂树之恋》后,才对两位男女主角窦骁、周冬雨开了绿灯,签至麾下,并由该片副导演蒲伦负责经纪事务。新画面公司在声明中指出,这些艺人的合约期为8年,目前都未到期。合约期内新画面公司全权代理上述演员的所有演艺活动,未经新画面公司书面确认,任何公司和个人不能代理他们的演艺活动,而演员也不能和第三方签约演艺活动。张伟平在接受腾讯网采访时强调:"现在这个经纪人,没有新画面的书面授权,属于不正常现象,张艺谋工作室和蒲伦是打着新画面公司的旗号在进行这些艺人的经纪活动,但张艺谋工作室不具备法律效应,蒲伦也不具备经纪人的上岗资格。"

2012年9月21日,中华人民共和国北京市东方公证处出具了(2012)京东方内民证字第6026号公证书。该公证书记载:新画面公司委托律师发布了声明。该声明称:演员窦骁等12人为新画面公司的合法签约演员,合约期为8年,目前均在合约有效期内;新画面公司在合约期内全权代理上述演员的所有演艺活动,未经新画面公司书面授权确认,任何单位和个人不得擅自代理上述演员的演艺活动,否则新画面公司将追究其相应的法律责任;合约期内,未经新画面公司事先许可,上述演员不得与第三方签署任何演艺合约,不得参加第三方安排的任何演艺活动。

2012年9月21日,中华人民共和国北

京市东方公证处出具了(2012)京东方内民证字第6029号公证书。该公证书记载:窦骁的外国人居留许可证的时间是2008年10月8日至2009年8月30日,居留事由是学习。

2012年9月26日,窦骁委托律师向新画面公司发出了律师函。该律师函称:新画面公司未根据国务院《营业性演出管理条例》的规定办理并获得营业性演出经营的主体资格,没有3名以上的专职演出经纪人员,不能开展演出经纪活动,根本没有法律条件和资质与表演者签订相关合约,更无从履行合约。自参演电影《金陵十三钗》后,新画面公司根本不与窦骁联系,从未实施过所谓针对窦骁演艺活动的经纪行为。窦骁与新画面公司的合约应视为无效协议。本律师函发出后,新画面公司不得以窦骁签约公司的名义,影响窦骁的演艺活动。新画面公司于2012年9月27日收到了该律师函。

2012年9月21日,新画面公司取得了《营业性演出许可证》,经营范围是:经营演出及经纪业务。

电影《山楂树之恋》于2010年4月16日开机,于2010年9月16日上映,窦骁出演男主角。电影《金陵十三钗》于2011年1月10日开机,于2011年12月15日上映,窦骁出演配角。新画面公司主张,上述两部均是对其涉案合同的履行,并主张如果窦骁不签署涉案合同则不会让其出演电影《山楂树之恋》。窦骁主张,窦骁是参加海选成功才取得了出演电影《山楂树之恋》男主角的机会,与涉案合同无关;而且,演出经纪应当是新画面公司为窦骁提供其他单位的工作机会,而非新画面公司自己的工作机会,故窦骁出演上述两部电影均与涉案合同无关。

2012年3月21日,中誉会计师事务所有限责任公司出具了《2010年7月至2012年3月北京新画面影业有限公司蒲伦女士演员经纪人代理经费收支情况审核报告》。该报告记载:自2010年10月22日至2011年11月15日,窦骁参加了13场活动,签约金额总计约为800万元。该报告所附的合同中有一份合同记载的当事人为新画面公司/窦骁,全权代表人为蒲伦;另有一份合同由蒲伦代表窦骁和周冬雨签约。新画面公司主张,窦骁已按照涉案合同的约定将该审核报告所获收益分配给了新画面公司的蒲伦。窦骁主张,其确实参加了上述13场活动,但这些均不是新画面公司给其介绍的,更不是对涉案合同的履行行为;同时,签约金额并非税后收入,窦骁正因此在朝阳区税务局补税,且因未完税其基数需倒推增加至1400万元,税率在40%以上。新画面公司主张,应当由演出组织方而非新画面公司交税。

新画面公司主张,窦骁未经其许可,自2010年10月至2012年8月擅自参加了59场演艺活动。窦骁承认其确实参加了这59场活动,但主张其中大部分都不是演艺活动,且均未获酬。

一审判理和结果

北京市第二中级人民法院认为:

一、关于涉案合同的性质问题

涉案合同虽内容简单,且双方当事人均未提交原件,但双方当事人均认可该合同的真实性,故可以认定该合同成立。涉案合同内容设定双方当事人的权利义务关系符合演出经纪的性质,涉案合同为演出经纪合同。

二、关于涉案合同的效力问题

(一)关于新画面公司缺乏相关资质能否导致涉案合同无效的问题

新画面公司在签订涉案合同时确实不具备演出经纪机构的资质,其于 2012 年 9 月 21 日方取得演出经纪机构的资质。本案中,新画面公司不具备演出经纪机构的资质而签订涉案合同的行为,既没有明确规定属于无效行为,也不会必然损害国家利益和社会公共利益,不能据此认定为无效合同。因此,窦骁以此为由认为涉案合同系无效合同的主张,于法无据。

(二)关于窦骁的外国人身份及其居留事由能否导致涉案合同无效的问题

本案中,窦骁在签约时是外国留学生,涉案合同未经有关规定报批。即使按照涉案合同约定的内容履行,窦骁在实际参加演出活动前亦可向有关机关报批,如果符合有关规定则会得到批准,故不能据此认定合同无效。窦骁以此为由认为涉案合同系无效合同的主张,于法无据。

(三)关于教育法及学校有关规定能否导致涉案合同无效的问题

《中华人民共和国教育法》第 43 条第 2 项规定,受教育者应当遵守学生行为规范。《北京电影学院学生课外活动管理规定》规定,学生参加社会活动须向所属教学单位、学院教务处和学生处等部门提出申请并获得批准。本案中,窦骁与新画面公司签订涉案合同并未履行报批手续。《教育法》中的上述规定即使被认为是强制性规定也仅为管理性强制性规定而非效力性强制性规定,不能据此认定涉案合同无效。窦骁以此为由认为涉案合同系无效合同的主张,于法无据。

综上,窦骁关于确认涉案合同是无效合同的诉讼请求缺乏依据,不予支持;新画面公司关于确认涉案合同是有效合同的反诉请求于法有据,予以支持。

三、关于涉案合同能否解除的问题

(一)关于新画面公司是否未给窦骁安排工作从而构成根本性违约的问题

演出经纪合同的履行并非只能限于演出经纪机构为演员提供其他单位的工作,新画面公司为演员提供电影《山楂树之恋》和《金陵十三钗》的演出工作可以认为是对涉案合同的履行行为。关于其他 13 项工作是否为新画面公司履行涉案合同行为的问题,由于新画面公司的主张缺乏充分的证据予以证明,故依据现有证据不能认定该 13 项工作是新画面公司履行涉案合同的行为。综上,窦骁关于新画面公司未履行涉案合同为其提供工作的主张缺乏依据,不予采信,其相应的诉讼请求不予支持。

(二)关于窦骁以委托合同中的随时解除权主张涉案合同解除的问题

由于演艺经纪合同既非代理性质也非行纪性质,是综合性合同,孤立地适用“单方解除”规则有违合同权利义务的一致性、均衡性及公平性。故窦骁关于随时解除涉案合同的主张不能成立,对其相应的诉讼请求不予支持。

(三)关于窦骁以《中华人民共和国合同法》(以下简称《合同法》)第 110 条的规定主张涉案合同解除的问题

《合同法》第 110 条规定,当事人一方不履行非金钱债务或者履行非金钱债务不符合约定的,对方可以要求履行,但有下列情形之一的除外:(1)法律上或者事实上不能履行;(2)债务的标的不适于强制履行或者履行费用过高;(3)债权人在合理期限内未要求履行。

在本案中,虽然涉案合同约定窦骁对于新画面公司提供的具体工作机会有决定权,但如果窦骁不接受必将面临在合同期内不能接受任何演艺工作的后果,即在客观上长期失去在公众面前展示的机会。因此,涉案合同具有特定人身属性的非金钱债务的性质,可以适用上述法律规定予以解除,但窦骁应当依法承担相应的违约责任。

综上,窦骁关于解除涉案合同的诉讼请求于法有据,予以支持。

四、关于窦骁承担违约责任的问题

(一)关于窦骁是否擅自从事演艺活动的问题

本案中,新画面公司提出了窦骁违约擅自与第三方签约参加了59场演艺活动并获取报酬的主张,但其就此问题仅提出了相关活动宣传的网页打印件,窦骁主张其虽参加了该59项活动但均未获酬,新画面公司并未就此提供证据证明该59项活动均为演艺活动及窦骁因此而获酬,故新画面公司关于窦骁违约擅自与第三方签约参加了59场演艺活动并获取报酬的主张缺乏依据,不予采信,其相应的判令窦骁向新画面公司交付其擅自与第三方签约参加演艺活动的全部合同原件并说明履行情况以及赔偿因其违约行为给新画面公司造成的经济损失494万元的反诉请求,不予支持。

(二)关于合同解除后窦骁应承担的违约责任问题

新画面公司主张,如判令解除涉案合同,则请求判令窦骁赔偿因其违约行为给新画面公司造成的经济损失494万元,以及因窦骁毁约给新画面公司造成的经济损失2000万元,其中494万元为窦骁擅自与第三方签约参加演艺活动给其造成的损失,其为培养、宣传窦骁所支付的费用以及涉案合同预期可得利益综合酌定为2000万元。新画面公司关于窦骁违约擅自与第三方签约参加演艺活动并获取报酬的主张缺乏依据,不予采信,故其相应的判令窦骁向其赔偿经济损失494万元的反诉请求,不予支持。关于新画面公司提出的因窦骁毁约给新画面公司造成经济损失2000万元的反诉请求,因涉案合同中并无违约责任的约定,且新画面公司亦未就此提出证据予以证明,故对于新画面公司提出的该项反诉请求不予支持。

北京市第二中级人民法院依照《合同法》第52条第5项、第94条、第110条、第410条,《中华人民共和国出境入境管理法》第43条,《中华人民共和国教育法》第43条第2项,《营业性演出管理条例》第6条,《最高人民法院关于适用〈中华人民共和国合同法〉若干问题的解释(二)》第14条,《中华人民共和国民事诉讼法》第120条之规定,判决:(1)确认窦骁与新画面公司签订的《合约》是有效合同;(2)窦骁与新画面公司签订的《合约》于判决生效之日起解除;(3)驳回窦骁的其他诉讼请求;(4)驳回新画面公司的其他反诉请求。

上诉与答辩

新画面公司不服一审判决,向北京市高级人民法院提起上诉,请求:撤销一审判决第二项、第四项,依法判令窦骁向新画面公司交付其擅自参加演艺活动的全部合同并说明每份合同的履行情况,由窦骁赔偿因其在《合约》有效期间擅自参加演艺活动的违约行为给新画面公司造成的经济损失人民币494万元;判令窦骁继续履行与新画面公司签订的《合约》或判令窦骁赔偿因其恶意毁约给新画面公司造成的经济损失暂计人民币2000万元。其上诉理由是：第一，窦骁认可新画面公司所提供的《审核报告》中所载明的13项演艺活动是蒲伦作为窦骁经纪人为其安排的工作，由于蒲伦是受新画面公司指派作为窦骁的经纪人，因此所涉的13项演艺活动系新画面公司为窦骁进行的安排，一审判决对此认定错误。同时，一审法院对新画面公司要求向相关会计师事务所调取证据的申请未作处理，亦存在违法，应予纠正。第二，新画面公司已经举证证明窦骁自2010年10月至2012年10月参加了59项演艺活动，窦骁对此亦予认可，虽其主张参加相关活动并未获取报酬，但是根据举证责任的分配，窦骁应当承担相应的举证责任，而且新画面公司在一审诉讼中亦提出对相关主办单位进行调查取证，但一审法院对此未予处理，亦存在错误，应予纠正。第三，一审判决依据《合同法》第110条的规定认定解除涉案《合约》，显属适用法律错误，同时继续履行《合约》并不会侵犯窦骁的人身权，因此只有在窦骁赔偿因其恶意毁约给新画面公司造成损失的情况下，才能终止涉案《合约》的履行。第四，一审法院如果支持艺人在成名获利后任意毁约，而艺人从中获得不正当利益，就会鼓励艺人恶意毁约的不诚信行为，使演艺经纪公司遭受重大损失，破坏行业交易秩序的稳定性。

二审审理查明

北京市高级人民法院除原审法院查明的事实外，另查明：2012年3月21日，中誉会计师事务所有限责任公司出具了《审核报告》。该报告记载：自2010年10月22日至2011年11月15日，窦骁参加了13场活动，签约金额总计约为800万元。该报告所附的甲方为上海凯羿影视传播有限公司的《合约书》中载明了乙方为新画面公司/窦骁，全权代表人为蒲伦，涉及电影《倾城之泪》，日期为2011年8月20日；另有甲方为合肥美的荣事达电冰箱有限公司的合同书一份，乙方窦骁、周冬雨，合同有效期为2010年11月10日至2012年12月31日，签约日为2010年11月10日；另有甲方为上海蝶亿广告有限公司、乙方为窦骁的《合同》一份，由蒲论代表窦骁签约，日期为2011年2月18日。新画面公司主张，窦骁已按照涉案合同的约定将该审核报告所获收益分配给了新画面公司的蒲伦。窦骁主张，其确实参加了上述13场活动，但这些均不是新画面公司给其介绍的，更不是对涉案合同的履行行为，虽然已将相关酬金向蒲伦进行了支付，但并非支付给了新画面公司；同时，签约金额并非税后收入，窦骁正因此在朝阳区税务局补税，且因未完税其基数需倒推增加至1400万元，税率在40%以上。新画面公司主张，应当由演出组织方而非新画面公司交税。

新画面公司主张，窦骁未经其许可，自2010年10月至2012年8月擅自参加了59场演艺活动。窦骁承认其确实参加了这59场活动，但主张其中大部分都不是演艺活动，且均未获酬。新画面公司明确其中Zegna（杰尼亚）品牌及佳洁士品牌代言、微电影《下半场》及电影《城市游戏》的出演、出席上海D&G等活动按照行业惯例，不可能是免费参加的，窦骁收取了相关报酬。窦骁表示关于Zegna（杰尼亚）品牌及佳洁士品牌代言带有商业性质，是在蒲伦的安排下进行的，而且窦骁只获得了70%的代言费，同时窦骁本人并无参加相关活动的合同文本。

二审判理和结果

北京市高级人民法院认为：

一、关于涉案的13项演艺活动是否为新画面公司履行《合约》的行为

根据《中华人民共和国民法通则》第63条的规定，公民、法人可以通过代理人实施民事法律行为。代理人在代理权限内，以被代理人的名义实施民事法律行为。被代理人对代理人的代理行为，承担民事责任。《合同法》第50条规定，法人或者其他组织的法定代表人、负责人超越权限订立的合同，除相对人知道或者应当知道其超越权限的以外，该代表行为有效。

本案中，《审核报告》记载了13项涉及窦骁的工作活动。由于在涉案《合约》中蒲伦作为新画面公司的代表进行了签字确认，并加盖了新画面公司公章，结合《审核报告》中所涉合同或为蒲伦签字确认或为蒲伦参与磋商的情况，同时在与上海凯羿影视传播有限公司所签订的合约中明确载明"北京新画面影业/窦骁，全权代表人蒲伦"，应当认为《审核报告》所涉的13项活动或为蒲伦名义或为新画面公司名义为窦骁进行地安排，系蒲伦接受新画面公司委托所从事的经纪活动，该效力及于新画面公司。根据民事案件中优势证据的认定规则，由于在案证据已经能够形成基本的证据链，在无其他证据予以证明的情况下，应当认定新画面公司不仅为窦骁安排了电影《山楂树之恋》和《金陵十三钗》，同时《审核报告》所涉的13项活动亦是新画面公司履行涉案《合约》的履约行为。虽然窦骁提交了新京报关于《张伟平声明"张艺谋工作室"不具备倪妮、周冬雨等人经纪管理权——"二张"分家，新画面收回艺人》的报道，但是该报道刊登时间为2012年9月5日，而涉案的上述13项活动均发生在2010年至2011年之间，在新画面公司并未明确表示涉案13项活动中蒲伦的行为与其并无关联的情况下，无法得出一审判决所认定的"依据现有证据不能认定涉案13项工作细新画面公司履行涉案《合约》"的结论。据此，新画面公司此部分上诉主张具有事实及法律依据，本院予以采纳。

一审法院在错误分配举证责任的情况下，并未结合民事证据高度盖然性的认定规则，进而认定《审核报告》中的13项工作与新画面公司无关，显然存在事实认定错误，予以纠正。

二、关于窦骁是否应当向新画面公司承担因其擅自参加59项活动而产生的违约责任以及违约金如何确定

涉案《合约》第四条及第五条规定，窦骁参加的所有演艺活动，新画面公司收取酬金的30%。窦骁不得与第三方签订任何演艺合约或协议。在案相关证据能够证明窦骁参加了涉案的59场演艺活动，根据该59场演艺活动所显示的内容，以及商业惯例及市场基本规则，结合在二审诉讼过程中窦骁亦认可所参加的Zegna杰尼亚品牌和佳洁士品牌代言存在商业属性的情况，窦骁关于所参加的59场活动并未获取报酬的主张显然与基本的商业惯例及行业常识相违背。

根据《最高人民法院关于民事诉讼证据的若干规定》第75条的规定，有证据证明一方当事人持有证据无正当理由拒不提供，如果对方当事人主张该证据的内容不利于证据持有人，可以推定该主张成立。由于窦骁系参加涉案59场演艺活动的当事人，其应当持有相关活动的合同文本，其

中对具体活动是否存在报酬以及相应数额应当进行了明确约定，但经本院释明后，窦骁表示其不持有相关合同文本，且未向本院提交，由此应当根据上述司法解释作出不利于窦骁的认定，一审法院在法律有明确规定的情况下，将证明是否存在报酬的举证责任直接归属于新画面公司，显属未依法合理分配当事人的举证责任，从而导致事实认定的错误；同时新画面公司在一审诉讼中明确向法院提出过要求调查取证的申请，一审法院对此未予处理，亦存在不当。

虽然窦骁认为相关活动的酬金已经向蒲伦进行了支付，但并未提交证据予以证明，由此应当自行承担举证不能的法律后果。

综上，窦骁应当向新画面公司按照《合约》的约定支付相应报酬。综合考虑新画面公司所主张涉案59场活动的性质、规模以及窦骁作为艺人的知名度、影响力，并且结合涉案《审核报告》中窦骁以往接受此类商业活动的酬金情况等方面的因素，酌定由窦骁向新画面公司支付因其在《合约》期间擅自参加演艺活动所造成的损失人民币一百万元。

由于窦骁明确表示其不存有擅自参加演艺活动的合同文本，且新画面公司对此部分的上诉请求亦未举证证明，故新画面公司此部分上诉主张缺乏事实依据，不予支持。同时，新画面公司上诉要求窦骁因此部分违约行为赔偿经济损失人民币494万元的请求缺乏事实依据。根据上述因素，综合酌定窦骁因擅自参加商业活动的赔偿数额。据此，一审判决此部分认定存在认定事实及适用法律的错误，新画面公司部分上诉请求具有事实及法律依据，予以支持。

三、涉案《合约》是否应当予以解除

（一）关于涉案《合约》性质的认定及是否存在单方解除权

本案《合约》具有居间、代理、行纪的综合属性，属于演出经纪合同。此类合同既非代理性质亦非行纪性质，而是具有各类型相结合的综合性合同，因此不能依据《合同法》关于代理合同或行纪合同的规定由合同相对方单方行使解除权。为了体现合同自愿、公平以及诚实信用等基本原则，在该类合同权利义务关系终止的确定上应当主要遵循双方约定、按照合同法的规定进行界定，不能在任何情况下都赋予当事人单方合同解除权。因为在演艺行业中，相关从业人员（即艺人）的价值与其自身知名度、影响力紧密相关，而作为该行业从业人员的经纪公司，在艺人的初期培养、宣传以及知名度的积累上必然付出商业代价，同时艺人是否能够达到市场的影响力，存在不确定性，由此，经纪公司在艺人的培养过程中存在一定风险。在艺人具有市场知名度后，经纪公司对其付出投入的收益将取决于旗下艺人在接受商业活动中的利润分配，故若允许艺人行使单方解除权，将使经纪公司在此类合同的履行中处于不对等的合同地位，而且也违背诚实信用的基本原则，同时会鼓励成名艺人为了追求高额收入而恶意解除合同，不利于演艺行业的整体运营秩序的建立，因此在演艺合同中单方解除权应当予以合理限制。

（二）一审判决依据《合同法》第110条的规定认定解除《合约》是否具有法律依据

《合同法》第110条系规定在第七章违约责任部分，该法条系关于非金钱债务的违约责任的规定，并不涉及合同权利义务终止的认定,而《合同法》关于合同解除的规定应当适用该法第 94 条的相关规定。因此,一审判决仅适用第 110 条从而认定合同解除,显然存在适用法律错误,予以纠正。

本案中,虽然涉案《合约》的履行属于具有人身依赖关系性质的合同,合同的履行需要当事人主观自愿进行配合,但是否此类合同在一方当事人明确表示不再履行时,即能够依法解除。对此,法院认为,作为从事演艺工作的人员,其主要生活来源基本来自于参加的各类商业活动,若经纪公司本身不予安排活动或者恶意阻却活动的成立,将不仅导致演艺人员在合同期内不能出现在公众面前,无法接受任何商业活动,而且可能面临基本的生存困境。在此情况下,从合同的基本属性及人身权利的基本内涵出发,解除相关合同具有合理性。

然而,涉案《合约》第三条规定,窦骁对所有演艺活动具有自己选择决定权。同时,其他条款亦未规定在窦骁自行参加演艺活动后,需要承担何种合同违约责任。由此,本案中窦骁不仅具有自主选择权,而且其参加非新画面公司安排的演艺活动仅需承担支付相应酬金的违约责任,并不存在直接损害其人身权的情况。同时根据在案证据,新画面公司亦不存在任何过错及违约行为,并已履行了为窦骁安排演出、商业代言及市场推广等合同义务。因此,一审判决依据《合同法》第 110 条的规定解除涉案《合约》显然缺乏法律依据,本院予以纠正。新画面公司此部分上诉理由具有事实及法律依据,予以采纳。

(三)涉案《合约》能否依法解除

《合同法》第 94 条第 2 项规定:在履行期限届满之前,当事人一方明确表示或者以自己的行为表明不履行主要债务的,可以解除合同;第 5 项规定:法律规定的其他情形。上述法律规定系为了保障合同守约方具有是否继续履行的自主选择权。本案中,在窦骁明确不再履行《合约》义务的情况下,新画面公司一方面要求继续履行合同,一方面又主张若合同解除,应由窦骁承担解除合同给新画面公司造成的经济损失,故虽新画面公司未明确表示同意解除合同,考虑到涉案《合约》的履行需要双方当事人在相互信任的基础上实现合同的根本目的,有利于艺人和经纪公司的共同发展,在窦骁已经明确表示不再履行合同主要义务,而新画面公司对于合同解除亦存在意向的情况下,应当本着有利于合同当事人实现各自利益及发展,本着公平、有价、平等的基本原则,在实现合同当事人真实意思的情况下,确定合同权利、义务关系。若涉案《合约》解除后,在窦骁赔偿相应损失的情况下,不仅新画面公司作为经纪公司能够实现培养艺人的经济收益,而且窦骁亦能够正常发展其自身演艺事业。故综合考虑在案情况,依法解除涉案《合约》将有利于双方当事人各自合同利益,一审判决解除涉案《合约》的认定结论并无不当,予以确认。

新画面公司此部分上诉理由虽具有法律依据,但并不足以影响认定结论,本院在纠正一审判决错误的基础上,依法确认解除涉案《合约》。

四、解除涉案《合约》后,新画面公司关于要求窦骁赔偿其恶意毁约给新画面公司造成的经济损失人民币 2000 万元是否应予支持

涉案《合约》的解除,系因窦骁根本违

约所致,窦骁应当依法承担相应的违约责任,赔偿新画面公司相应的经济损失。关于违约责任的承担,其不仅可以依据合同约定条款进行确定,亦可根据守约方的实际损失进行确定,因此,一审判决直接以双方并无约定驳回新画面公司此方面的诉讼请求,显然存在适用法律的错误。实际损失的确定,包括合同履行后可以获得的利益,但不得超过违反合同一方订立合同时预见到或者应当预见到的因违反合同可能造成的损失。由于演艺活动因市场波动产生的收益变化较大,因此新画面公司依据窦骁此前的年收入平均数,乘以剩余合同履行期的计算方式显然缺乏事实依据,不予采纳。在窦骁应当承担的赔偿数额的确定上,应综合考虑新画面公司前期对窦骁演艺发展的培养投入、宣传力度、艺人自身的影响力、知名度、发展前景以及可能给经纪公司带来的收益等因素。在综合以上因素的情况下,本院酌定此部分赔偿数额为人民币200万元。新画面公司相关上诉请求部分具有事实及法律依据,予以支持。一审判决相关认定错误,依法予以纠正。

北京市高级人民法院依照《中华人民共和国合同法》第5条、第6条、第60条第1款、第94条、第97条、第107条,《中华人民共和国民事诉讼法》第170条第1款第2项之规定,判决:(1)维持原审判决第一、二、三项;(2)撤销原审判决第四项;(3)窦骁赔偿因其擅自参加演艺活动给北京新画面影业有限公司造成的经济损失人民币一百万元;(4)窦骁赔偿因其毁约给北京新画面影业有限公司造成的经济损失人民币二百万元;(5)驳回北京新画面影业有限公司的其他诉讼请求。

北京中文在线数字出版股份有限公司诉北京智珠网络技术有限公司侵害作品信息网络传播权纠纷案

——阅读提示:网络服务提供者教唆侵权责任中的过错应如何判断?与网络服务提供者之间不存在雇佣关系的网络版主上传或者编辑侵权作品的行为对网络服务提供者教唆侵权责任中的过错判断有何种影响?

【裁判要旨】

存在过错是网络服务提供者对侵权作品的传播采取了诱导或鼓励措施时承担教唆侵权责任的必要条件,而对于过错的判断,应当结合个案情形重点考量侵权作品的类型、侵权作品的知名度以及实施直接侵权行为的主体身份三个因素。对于由论坛版主编辑上传的侵权作品,如果该作品已经在先发表并且具有一定知名度,而网络服务提供者又采取了诱导、鼓励网络用户传播作品措施的,可以认定该网络服务提供者存在过错,构成教唆侵权。

【案号】

一审:北京市朝阳区人民法院(2013)

朝民初字第08854号

【案情与裁判】

原告:北京中文在线数字出版股份有限公司(简称中文在线公司)

被告:北京智珠网络技术有限公司(简称智珠网公司)

起诉与答辩

中文在线公司于2013年2月17日向北京市朝阳区人民法院起诉称:该公司经作者授权获得了文字作品《后宫甄嬛传》自2011年11月2日至2016年11月2日期间的全球范围内的独占专有信息网络传播权。后该公司发现智珠网公司通过其运营的178游戏网(网址为http://iFan.178.com)下的ePub电子书区向公众提供文字作品《后宫甄嬛传》的下载服务,而具体的发帖行为由智珠网公司招募的上述专区论坛版主"用手抓痒痒"实施。故该公司认为智珠网公司侵犯了其对涉案文字作品《后宫甄嬛传》享有的独占专有信息网络传播权,请求法院判令智珠网公司赔偿其经济损失161500元以及为诉讼支出的合理费用3000元。

智珠网公司答辩称:涉案《后宫甄嬛传》确实由版主"用手抓痒痒"上传,但版主的行为不属于公司行为。因为版主为网站用户自行申请产生,该公司与版主"用手抓痒痒"不存在雇佣关系,也不向其支付任何费用,版主上传涉案作品不会通知该公司,也不需要征得公司的同意。另外,该公司提供的是信息存储空间服务,作为网络服务提供商,该公司无法对用户发布的信息资源进行逐条审核,因此该公司没有过错,不应承担侵权责任。

一审审理查明

吴雪岚(笔名流潋紫)为《后宫甄嬛传》作者。2011年11月2日,吴雪岚将浙江文艺出版社出版的《后宫甄嬛传》(修订典藏版)1至6部(中文简体和繁体)全球范围内的数字版权专有使用权授予中文在线公司,相关权限包括但不限于信息网络传播权等。授权期限自2011年11月2日至2016年11月2日。后,浙江文艺出版社出版发行了《后宫甄嬛传》(修订典藏版)1至6部。

178游戏网Apple粉丝站(网址为http://iFan.178.com)下的ePub电子书区由智珠网公司运营。2010年2月1日,ePub电子书区"用手抓痒痒"发布了名为"后宫—甄嬛传/流潋紫著"的帖子,帖子有该书的下载链接并对该书进行了介绍,上述内容位于帖子的首页;帖子左侧显示有"'用手抓痒痒'声望40,银币59234,人气1064"的内容;该帖子被设置为"取消高亮",下载链接下方显示有"本帖最后由用手抓痒痒(4627964)于2010-2-8 10:51编辑"字样;以普通用户身份注册登录ePub电子书区后点击上述下载链接能够直接下载到名为"后宫—甄嬛传"的电子书文件。"用手抓痒痒"为ePub电子书区版主,拥有将ePub电子书区其他用户所发帖子进行提升置顶、删除、编辑整理、添加"高亮"设置的权限,并发布有涉及"版规"的帖子。版规规定"发布资源有奖励　发布多部小说　加亮加钱",并且专门针对版主有"本版置顶主题加高亮规则",而论坛回复或者发布资源将会获得"银币"奖励。

公证下载的名为"后宫—甄嬛传"的电子书文件中使用了《后宫甄嬛传》(修订典藏版)1至6部1457千字的内容。

智珠网公司对版主申请的考核会给予一个月左右的期限,相关版主的招募最终确认由该公司完成并授予版主较高级别的会员权限用于帖子管理,该公司会备案版主邮箱等注册信息,但不会备案身份证信息,亦不向版主支付经济报酬。

一审判理和结果

法院审理后认为:中文在线公司获得了文字作品《后宫甄嬛传》在授权期限内的独家信息网络传播权。版主"用手抓痒痒"未经权利人许可以论坛发帖的形式非法向公众提供了涉案作品《后宫甄嬛传》部分内容的在线下载服务。智珠网公司为涉案ePub电子书区的经营者,其提供的是论坛服务本质上属于信息存储空间服务。版主"用手抓痒痒"将涉案侵权内容发布于帖子的首页,并对涉案载有侵权内容的帖子进行了"取消高亮"和编辑等推介行为,其行使了相应的版主权利,而相应的版主权利为智珠网公司经过审查后授予;智珠网公司经营的涉案ePub电子书区版规中规定有奖励发布资源者的内容,并且论坛回复或者发布资源将会获得"银币"奖励。上述给予版主相应的权利以及提供资源奖励的方式实质上会诱导、鼓励网络用户来实施侵害信息网络传播权的行为。综上,智珠网公司对涉案侵权行为的发生存在过错,已经构成教唆侵权,应当承担停止侵权、赔偿损失的民事责任。

法院依照《中华人民共和国著作权法》第48条第1项、第49条,《最高人民法院关于审理侵害信息网络传播权民事纠纷案件适用法律若干问题的规定》第7条之规定,判令被告智珠网公司赔偿原告中文在线公司经济损失及合理支出共计四万零一百元。

宣判后,双方均未上诉,判决已经发生法律效力。

哈尔滨秋林食品有限责任公司诉哈尔滨秋林糖果厂有限责任公司等侵犯著作权纠纷案

——阅读提示:计划经济时代,职务作品所代表的单位意志应当如何确定?能否仅以作者劳动关系所在作为确定职务作品著作权归属的依据?

【裁判要旨】

本案中,"秋林 QiuLin及图"作品的作者系秋林食品公司职工,涉案作品是职务作品。本案争议焦点在于该职务作品著作权的归属。涉案作品创作完成时正值我国计划经济向市场经济转型的特殊历史时期。在当时的历史条件下,计划经济占据主导地位,企业的产权制度不明晰,具有隶属关系的企业之间,上级部门对下级部门的管理具有强烈的指令性特点。当时,秋林食品公司是秋林集团公司的下属企业,虽然形式上是独立的企业法人,但在企业生产、经营、人员管理等方面均受秋林集团公司领导。根据"秋林 QiuLin及图"商标的设计说明,以及该商标的整体设计思路,可证明涉案作品具有明确的创作指向,代表的是秋林集团公司的意志,体现的是秋林集团公司的元素特点及“秋林”品牌的整体形象。结合当时特殊的历史背景,应当认定作者创作涉案作品是按照秋林集团公司的要求,完成秋林集团公司工作任务的职务行为,不能仅凭作者的劳动关系在秋林食品公司就认定涉案作品是秋林食品公司的职务作品。

【案号】

一审:哈尔滨市中级人民法院(2011)哈知初字第19号

二审:黑龙江省高级人民法院(2012)黑知终字第45号

【案情与裁判】

原告(上诉人):哈尔滨秋林食品有限责任公司(以下简称秋林食品公司)

被告(被上诉人):哈尔滨秋林糖果厂有限责任公司(以下简称秋林糖果公司)

被告(被上诉人):哈尔滨秋林里道斯食品有限责任公司(以下简称秋林里道斯公司)

起诉与答辩

秋林食品公司于2011年2月24日向哈尔滨市中级人民法院起诉称,涉案“秋林QiuLin及图”作品系杜力天创作的职务作品,著作权属于秋林食品公司,秋林糖果公司、秋林里道斯公司未经其允许,在诸多产品上使用“秋林QiuLin及图”图案,侵犯其著作权。请求判令:秋林糖果公司、秋林里道斯公司停止侵犯著作权的行为,消除影响,并在报纸上向其赔礼道歉;给付侵权期间“秋林QiuLin及图”图案使用费30万元;给付因制止侵权行为所支出的合理费用5万元;并负担本案诉讼费用。

被告辩称:涉案“秋林QiuLin及图”是杜力天为完成秋林集团公司工作任务所创作的职务作品,著作权应当归秋林集团公司享有。“秋林QiuLin及图”商标的商业价值是秋林糖果公司和秋林里道斯公司创造的,秋林食品公司阻止秋林糖果公司及其子公司使用“秋林QiuLin及图”注册商标,违背诚实信用、公平竞争原则和商业道德。请求法院判决驳回秋林食品公司的诉讼请求。

一审审理查明

涉案“秋林QiuLin及图”图形作品系原秋林公司下属企业秋林食品厂(后更名为秋林食品公司)的职工杜力天于1991年设计完成。1991年11月19日,秋林集团公司以该作品作为商标图案,向国家商标局提出商标注册申请。《商标注册申请书》中对商标设计说明的描述为:“秋林”商标设计采用带有花边的圆形构成,圆内上有一个经过概括的四层俄式建筑,代表秋林公司建筑形象;楼形的下方有一条较宽的横带,横带上有活泼的“秋林”汉字,横带的运用既使整个图的构图平稳,又代表着公司的基础稳固;横带下是秋林的拼音“QiuLin”,起到装饰作用。国家商标局于1992年授予秋林集团公司注册商标专用权。其后,秋林集团公司分别授权秋林食品公司和秋林糖果公司使用。1997年12月22日,秋林糖果公司根据秋林集团公司的授权,以涉案“秋林QiuLin及图”作品为图案,申请在第29类(香肠、风干肠、火腿等)商品注册商标。1999年4月21日,经国家商标局核准,秋林糖果公司获得第1266601号(香肠、风干肠、火腿等)注册商标专用权。秋林糖果公司及其子公司秋林里道斯公司分别在各自生产的红肠、风干香肠、大虾酥糖、巧克力酒心糖、格瓦斯饮料等商品上,使用了“秋林QiuLin及图”注册商标。

一审判理和结果

涉案“秋林 QiuLin 及图”商标设计图属《中华人民共和国著作权法》(以下简称《著作权法》)规定的美术作品,受《著作权法》调整。“秋林 QiuLin 及图”整体设计图由杜力天受单位指派完成,是杜力天为完成单位工作任务所创作的职务作品。在 1991 年杜力天创作涉案“秋林 QiuLin 及图”作品时,杜力天所在的秋林食品公司是秋林集团公司的下属企业。秋林集团公司从“秋林”品牌统一管理的角度出发,要求以秋林集团公司名义注册,即秋林食品公司让杜力天完成“秋林 QiuLin 及图”商标设计及杜力天创作该商标作品,是按照秋林集团公司的要求完成的职务行为,秋林集团公司有权在业务范围内优先使用该职务作品。秋林食品公司让杜力天完成涉案商标设计时,明知秋林集团公司是用于申请注册商标,秋林食品公司无权反对秋林集团公司在其业务范围内优先使用。即使按照秋林食品公司所述,存在其与杜力天关于完成后作品的著作权归秋林食品公司的约定,秋林食品公司亦不能享有超出原作者的权利,无权反对秋林集团公司在其业务范围内优先使用该作品。

秋林食品公司系明知秋林集团公司为申请注册商标委托创作“秋林 QiuLin 及图”并用于企业经营。故即使“秋林 QiuLin 及图”是委托创作的作品,秋林集团公司亦有权在委托创作的特定目的范围内免费使用“秋林 QiuLin 及图”作品。秋林集团公司授权秋林糖果公司使用“秋林 QiuLin 及图”申请注册商标用于企业经营、宣传,后又将该注册商标转让给秋林糖果公司,属于符合创作目的在业务范围内的合法使用,不构成侵权。秋林里道斯公司是秋林糖果公司的子公司,秋林糖果公司、秋林里道斯公司使用“秋林 QiuLin 及图”申请注册商标用于企业经营、宣传,亦属于合法使用,不构成侵权。在“秋林 QiuLin 及图”商标注册和使用之前,“秋林 QiuLin 及图”本身仅具有美术作品价值,并不具有商业品牌价值。“秋林 QiuLin 及图”注册商标在“秋林·里道斯”红肠、“秋林·格瓦斯”饮料等商品上所产生的商业价值,是秋林糖果公司及其子公司秋林里道斯公司长期使用、经营、宣传、培育的结果。在秋林糖果公司及秋林里道斯公司经过长期使用、经营、宣传、培育,使“秋林 QiuLin 及图”注册商标形成了独立于“秋林 QiuLin 及图”作品本身的巨大商业价值之后,秋林食品公司提起诉讼,阻止秋林糖果公司等相关企业使用“秋林 QiuLin 及图”注册商标,确有“摘桃子”之嫌。秋林食品公司请求秋林糖果公司、秋林里道斯公司停止使用“秋林 QiuLin 及图”作品、赔礼道歉、赔偿作品使用费等,没有根据,不符合诚实信用、公平竞争原则和商业准则。据此,判决驳回秋林食品公司的诉讼请求。案件受理费 5800 元,由秋林食品公司负担。

上诉与答辩

秋林食品公司上诉称:原审判决认定事实错误,适用法律不当。(1)杜力天设计“秋林 QiuLin 及图”时是秋林食品公司的在职员工,其设计“秋林 QiuLin 及图”是受秋林食品公司委派进行的职务工作。秋林食品公司按照母公司秋林集团公司的要求,委派杜力天以秋林集团公司的名义办理申请注册商标,并不能改变杜力天属于秋林食品公司的员工这一劳动关系。杜力天创作的职务作品只能是秋林食品公司的职务作品,不可能是毫无劳动关系的秋林集团公司的职务作品。(2)杜力天是涉案商标作品的著作权人,其有权将著作权转移,杜力天将涉案商标作品的著作财产权转移给秋林食品公司,秋林食品公司当然享有著作财产权。(3)原审判决认定秋林集团公司享有"优先使用权"错误。杜力天是秋林食品公司的职工,只有秋林食品公司享有优先使用权。(4)原审判决混淆著作权与商标权。虽然秋林集团公司以"秋林 QiuLin 及图"作品申请注册了商标,但只能证明"秋林 QiuLin 及图"商标的权利人是秋林集团公司,而不能当然认定该作品的著作权也归秋林集团公司所有。(5)秋林集团公司无权许可秋林糖果公司将"秋林 QiuLin 及图"作为商标使用或注册。(6)原审判决对证据采信适用标准不一,有失公允。原审判决在没有任何证据佐证的情况下,否定张子礼、刘恕证言的效力,采信赵立强和赵廷阁的证言,具有明显的倾向性。综上,请求撤销原审判决,支持秋林食品公司的诉讼请求,一、二审诉讼费用由二被上诉人承担。

秋林糖果公司、秋林里道斯公司共同答辩称:(1)"秋林 QiuLin 及图"是杜力天为完成秋林集团公司工作任务所创作的职务作品,著作权应当归秋林集团公司享有。(2)秋林集团公司同意秋林糖果公司使用"秋林 QiuLin 及图"注册商标是依法行使优先使用权。即便按照秋林食品公司所述,存在其与杜力天关于完成作品后作品的著作权归秋林食品公司的约定,秋林食品公司也不能享有超出原作者的权利,无权反对秋林集团公司在其业务范围内优先使用"秋林 QiuLin 及图"作品。(3)无论"秋林 QiuLin 及图"的著作权是否属于秋林食品公司,秋林糖果公司长期使用"秋林 QiuLin 及图"注册商标,秋林食品公司对此一直明知且从未提出异议,亦未提出权属问题,即秋林食品公司事实上同意秋林糖果公司使用涉案作品注册商标并使用。(4)原审判决对证据的采信符合法律规定。张子礼、刘恕不是创作作品的当事人,无权处分作品著作权,作证内容不合法。杜力天的证言与事实矛盾,不能成立。杜力天亲笔填写的《商标注册申请书》与时任秋林集团公司负责人的赵廷阁、赵立强的证言相互印证,形成证据链条,应予采信。(5)"秋林 QiuLin 及图"商标在肉灌制品及格瓦斯等相关商品上所创造的巨大知识产权市场价值是秋林糖果公司和秋林里道斯公司多年以来艰苦创新、长期不懈努力的结果,该商誉应当归于秋林糖果公司。综上,秋林糖果公司、秋林里道斯公司使用"秋林 QiuLin 及图"注册商标没有侵犯秋林食品公司的著作权,请求判决驳回秋林食品公司上诉,维持原判。

二审审理查明

二审法院确认一审法院查明的事实属实,查明 2007 年以前,秋林食品公司和秋林糖果公司属于商业合作伙伴关系,秋林糖果公司生产的秋林红肠一直由秋林食品公司的直销网点秋林西饼屋、秋林面包房代为销售。双方发生纠纷后,中断了代销模式,秋林糖果公司、秋林里道斯公司开始设立自己的直销网点,自行销售本公司生产的食品。

二审判理和结果

二审法院认为,根据《著作权法》第 3 条"本法所称的作品包括美术、建筑作品"的规定,美术作品受《著作权法》保护。美术作品包括绘画、书法、雕塑等艺术作品。

本案被控侵权的“秋林 QiuLin 及图”是以图形、文字、色彩构成的平面绘画作品。原审判决认定涉案“秋林 QiuLin 及图”商标设计属于《著作权法》保护的美术作品，应受《著作权法》保护正确。综合双方当事人的诉辩主张，本案争议的焦点在于：涉案“秋林 QiuLin 及图”作品著作权的归属，以及秋林糖果公司、秋林里道斯公司使用该商标是否构成侵权两个问题。

一、关于涉案“秋林 QiuLin 及图”作品著作权的归属问题

根据《著作权法》第16条的规定，公民为完成法人或者其他组织工作任务所创作的作品是职务作品，主要是利用法人或者其他组织的物质技术条件创作，并由法人或者其他组织承担责任的工程设计图、产品设计图、地图、计算机软件等职务作品的作者享有署名权，著作权的其他权利由法人或者其他组织享有，法人或者其他组织可以给予作者奖励。本案中，“秋林 QiuLin 及图”作品创作完成时正值我国计划经济向市场经济转型的特殊历史时期。在当时的历史条件下，计划经济占据主导地位，企业的产权制度尚不明晰，具有隶属关系的企业之间，上级部门对下级部门的管理具有强烈的指令性特点。当时，虽然秋林食品公司形式上是独立的企业法人，但其作为秋林集团公司的下属企业，在企业生产经营、人员管理等方面均受秋林集团公司领导。秋林食品公司自认是按照秋林集团公司要求责成杜力天设计“秋林 QiuLin 及图”商标，由秋林集团公司对集团整体品牌统一进行管理，故应认定杜力天创作涉案作品的目的是为秋林集团公司整体管理商标品牌。根据涉案商标《商标注册申请书》的记载，涉案商标采用带有花边的圆形结构，圆内有一个经过概括的四层俄式建筑，代表秋林集团公司的建筑形象；楼的下方有一条较宽的横带，寓意秋林集团公司基础稳固；横带上有活泼的“秋林”汉字，下面是“秋林”的拼音“QiuLin”。上述商标设计以及该商标的整体设计思路说明，涉案作品具有明确的创作指向，代表的均是秋林集团公司的意志，体现的是秋林集团公司的元素特点及“秋林”品牌的整体形象。杜力天在填报的《商标注册申请书》上亦署名为“秋林公司杜力天”。因此，结合当时特殊的历史背景，应当认定杜力天创作涉案作品是按照秋林集团公司的要求，完成秋林集团公司工作任务的职务行为。在当时的历史条件下，仅凭杜力天的劳动关系在秋林食品公司不足以认定涉案作品是秋林食品公司的职务作品。此外，秋林食品公司在涉案作品设计完成后二十余年，并未对该作品著作权提出过权属主张，亦表明其对涉案商标状态持认可态度。故秋林食品公司主张“秋林 QiuLin 及图”的著作权缺乏事实与法律依据，本院不予支持。杜力天出具的《关于商标设计及著作权的说明》中对秋林食品厂时任厂长侯勇的陈述与工商档案记载不符，且该证言系在本案当事人产生纠纷之后的2008年形成，缺乏其他证据佐证，一审判决不予采信并无不当。关于张子礼、刘恕、赵廷阁、赵立强的证言均不能单独作为认定案件事实的依据，一审判决结合案件事实、客观书证，部分采信了赵廷阁、赵立强的证言也并无明显不当。涉案作品是在秋林集团公司主持和要求下创作完成的，在职务作品创作过程中所产生的权利和责任亦应由秋林集团公司享有和承担。杜力天仅享有涉案作品署名权，秋林食品公司则不享有该作品著

作权及相关权利。

二、关于秋林糖果公司、秋林里道斯公司使用“秋林 QiuLin 及图”商标是否构成侵权问题

如前所述,秋林食品公司不享有涉案“秋林 QiuLin 及图”作品的著作权,其无权以著作权人身份限制他人使用该作品。秋林糖果公司在第 29 类(香肠、风干肠、火腿等)和第 32 类(啤酒、汽水等)商品上申请注册并使用“秋林 QiuLin 及图”商标,得到了该作品的著作权人同时也是商标权人秋林集团公司的许可,其权利来源合法。秋林糖果公司作为第 1266601 号和第 617089 号注册商标的专用权人,有权对前述两项注册商标专用权进行处分。秋林里道斯公司使用第 1266601 号和第 617089 号注册商标得到了其母公司秋林糖果公司的授权,其权利来源亦合法。故秋林糖果公司在其生产的红肠、风干香肠、大虾酥糖、巧克力酒心糖,以及秋林里道斯公司在其生产的红肠、格瓦斯饮料等商品上,使用“秋林 QiuLin 及图”注册商标均属合法、正当的使用行为,不构成侵权。

综上,一审判决认定事实清楚,适用法律正确。秋林食品公司的上诉主张没有事实根据及法律依据,判决:驳回上诉,维持原判。

北京汉仪科印信息技术有限公司诉青蛙王子(中国)日化有限公司等侵害著作权纠纷案

——阅读提示:中文字库单字受著作权保护的标准是什么?

【裁判要旨】

只有体现较高独特审美,并能够与已有字体明确区分开来的字库单字才有可能被认定为美术作品,给予著作权保护。

【案号】

一审:江苏省南京市中级人民法院(2011)宁知民初字第 59 号

二审:江苏省高级人民法院(2012)苏知民终字第 161 号

【案情与裁判】

原告(上诉人):北京汉仪科印信息技术有限公司(简称汉仪公司)

被告(上诉人):青蛙王子(中国)日化有限公司(简称青蛙王子公司)

被告(上诉人):福建双飞日化有限公司(简称双飞公司)

被告:苏果超市有限公司(简称苏果超市)

起诉与答辩

汉仪公司诉称:其成立于 1993 年,是中国最早的专门从事研究、开发和销售数字化中文字体的高新技术企业。汉仪公司于 1998 年 12 月 26 日创作完成了美术作品汉仪秀英体(简、繁)字体,并于 1999 年 3 月 23 日在北京首次发表,汉仪公司对该美术作品依法享有著作权。该作品经著作权

登记,登记号为2009－F－020548。近来,汉仪公司发现双飞公司、青蛙王子公司在其注册商标中,未经许可使用汉仪公司享有著作权的秀英体,并在其生产、销售的产品上,使用该注册商标。为此,汉仪公司的委托代理人在位于南京市栖霞区学衡路上的苏果超市亚东新城购物广场以普通消费者的身份购买了由双飞公司、青蛙王子公司共同生产、销售的"城市宝贝"、"青蛙王子"儿童护肤系列产品,并当场取得了盖有"苏果超市有限公司发票专用章"的"苏果超市有限公司工商业统一发票"一张,江苏省南京市石城公证处对整个购买过程进行了证据保全公证。该系列产品上使用的注册商标"城市宝贝"分为三类,最早申请注册时间为2003年,广泛使用于其生产的一百多件产品及包装上。双飞公司、青蛙王子公司生产使用"城市宝贝"商标的产品,销售范围广、销量巨大、侵权时间持续长,给汉仪公司造成了巨大的损失。请求判令双飞公司、青蛙王子公司:(1)立即停止使用侵犯汉仪公司著作权的"城市宝贝"注册商标;(2)在媒体上公开赔礼道歉;(3)赔偿汉仪公司经济损失人民币50万元,及为制止侵权所支出的相关费用,承担本案的诉讼费;(4)判令苏果超市停止销售侵权产品。

双飞公司、青蛙王子公司共同辩称:(1)从字库的实际情况看,字库中的单个字不是《著作权法》中所阐述的美术作品,字库实际上是统一风格的一部作品,汉仪公司对字库中的单个的字并不享有著作权。虽然汉仪公司将字库进行了备案,取得计算机软件登记证书及字库著作权登记证书,但对汉仪公司是否享有字库中单个字的著作权不能以这些证书来判断,应当按照《著作权法》的作品的相关规定来判断,取得著作权登记证书仅是备案,是否享有及构成著作权应当依法进行判断。字库中的单字并不符合《著作权法》规定的作品具有独创性的要求。(2)汉仪公司没有提供证据来证明除了利用软件双飞公司、青蛙王子公司可以其他方式接触到汉仪秀英体,由此可以看出汉仪公司是通过软件对字库享有著作权,即汉仪公司的权利主要在于软件著作权。(3)双飞公司、青蛙王子公司在生产、销售的产品上使用的"城市宝贝"四字,是双飞公司的注册商标,且是委托案外人朱春江设计。双飞公司、青蛙王子公司使用"城市宝贝"四字,不论是否侵犯汉仪公司著作权,也不涉及侵犯汉仪公司的人身权问题,故不应当赔礼道歉。(4)关于汉仪公司提出的50万元损失的问题,虽有法定的赔偿标准,但本案当中所使用的"城市宝贝"四个字与一般的侵犯著作权不一样,双飞公司、青蛙王子公司销售的是产品,城市宝贝只是产品的注册商标。(5)青蛙王子公司只是授权双飞公司使用青蛙王子公司的技术生产涉案产品,涉案产品的生产、销售与青蛙王子公司无关,青蛙王子公司不是本案的适格被告。综上,请求驳回汉仪公司的诉讼请求。

被告苏果超市辩称:其销售的城市宝贝牌系列儿童洗护用品进货渠道正规,来源合法,不构成侵权。汉仪公司虽享有字库的著作权,但不享有字库中单字的著作权,字库中的单字不构成美术作品。

一审审理查明

一、汉仪秀英体的形成过程及包含该书体的字库软件发行情况

汉仪公司于1997年6月组织公司设计人员,开始进行汉仪秀英体字稿的设计,

1998年6月4日,汉仪公司制作审校批评单,最终确认秀英体各个汉字的字形。汉仪公司当庭陈述,秀英体笔画特征主要是:横竖笔画粗细基本相同笔画两端为圆形,点为心形桃点,短撇为飘动的柳叶形,长撇为向左方上扬飞起,捺为向右方上扬飞起,折勾以柔美的圆弧线条处理,折画整体变方为圆,其表现的形态与公知领域的美术字的基本笔画相比具有鲜明特色。设计字稿中多处有主要设计人员邹秀英的签名确认,并标注日期。邹秀英于1999年2月23日签署了《著作权权利归属确认书》,确认秀英体的创作由汉仪公司主持,代表汉仪公司的意志,其本人是接受汉仪公司的委托参与创作,包括著作权在内的一切权利归属汉仪公司独占性所有。

1999年4月,汉仪公司将汉仪秀英体(简、繁)制作成《汉仪浏览字宝》光盘。光盘的外包装上印有:"浏览字宝　汉仪字库系列产品"文字;包括涉案秀英体在内的多款字库及汉仪公司的企业名称;"配置要求"即Windows95/98/NT;汉仪字库—浏览字宝软件使用授权合同,主要内容是:

汉仪字库-文房字宝(130GB TTF)软件使用授权合同

这是一份最终用户与北京汉仪科印信息技术有限公司间的软件使用授权合同,在将本软件装入最终用户的硬盘中时,即表示最终用户已经同意接受此合同,最终用户在获得使用授权的同时也应遵守合同中的各项规定。

1. 授权:A. 固定使用:汉仪授权最终用户在一台已向汉仪公司登记的计算机上使用本软件,最终用户不可以在两台以上的计算机上同时使用一套软件,也不允许在其他电脑上有复制的本软件存在,此件不得扩充使用或进行超出授权范围的应用。B. 非固定使用:最终用户不得单独转移本软件的使用权,但最终用户可以在转移计算机的使用权时,一并转移本软件的使用权,但最终用户应要求本软件的使用者,在使用期间内应持有汉仪的授权合同,以及原始软件,并使其接受本合同的条款。

2. 著作权:本软件的著作权专属北京汉仪科印信息技术有限公司,因此本软件受《计算机软件保护条例》等有关法律的保护,最终用户应像对待其他著作权的著作(如书籍、录音)一样来对待。

经当庭演示,用windows98计算机系统运行该光盘,可以打出汉仪秀英体"**城、市、宝、贝**"四个汉字。在汉仪公司秀英体原始设计稿中含有"**城、市、宝、贝**"四字。

1999年4月,由印刷工业出版社出版的《常用软件入门》(统一刊号为(1999))一书的封底上记载有"订阅以上三本图书赠送价值150元的《汉仪浏览字宝》软件光盘一张"的文字。

二、汉仪秀英体的著作权登记情况

2009年9月9日,国家版权局就汉仪公司申请登记的《汉仪秀英体(简、繁)》,颁发2009-F-020548号《著作权登记证书》。证书内容为:申请者北京汉仪科印信息技术有限公司(中国)提交的文件符合规定要求,对其于1998年12月26日创作完成,并于1999年3月23日在北京首次发表的美术作品《汉仪秀英体(简、繁)》,申请者以法人作品著作权人身份依法享有著作权。经中国版权保护中心审核,对该作品的著作权予以登记。

2000年5月16日,国家版权局就汉仪公司开发的《汉仪浏览字宝》软件V2.0,颁发软著登字第0004793号《计算机软件著作权登记证书》。证书内容为：著作权人北京汉仪科印信息技术有限公司；根据中华人民共和国《计算机软件保护条例》的规定及申请人的申报，经审查，推定该软件的著作权人自1999年6月5日起，在法定的期限内享有该软件的著作权。

三、双飞公司申请注册的商标中使用汉仪秀英体情况

双飞公司自2003年开始先后向国家商标局申请注册了三个含有"城市宝贝"文字的注册商标，商标注册证号分别为：

1. 第3589726号文字商标，核定使用商品（第3类）化妆品、花露水、化妆用雪化膏、防晒剂、爽身粉、牙膏、肥皂、洗发液、洗面奶等。2003年6月1日申请注册，注册有效期限自2005年8月14日至2015年8月13日止（如下图所示）。

2. 第3880842号文字商标：核定使用商品（第21类）牙刷、电动牙刷、化妆用具等。2004年1月9日申请注册，注册有效期限自2006年7月7日至2016年7月6日止（如下图所示）。

3. 第6127596号文字商标：核定使用商品（第3类）肥皂、洗面奶、护发素、芳香剂（香精油）、化妆品、爽身粉、花露水、痱子粉、香水、牙膏等。2007年6月25日申请注册，注册有效期限自2010年2月7日至2020年2月6日止（如下图所示）。

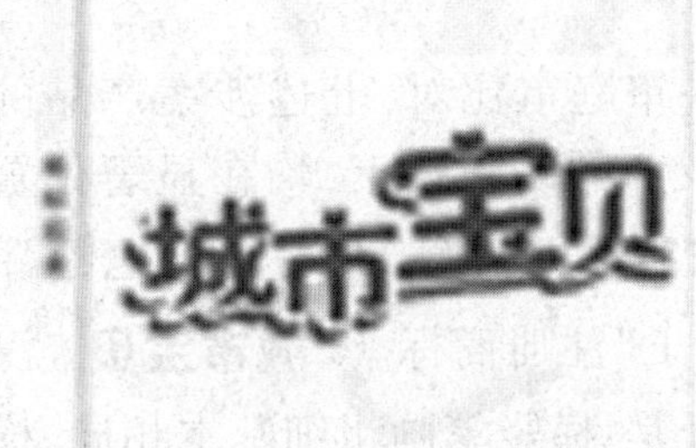

以上三个注册商标均为文字商标，商标标识中的文字"**城市宝贝**"四字均使用了汉仪秀英体。

四、青蛙王子公司、双飞公司生产、销售的产品上使用注册商标的情况

2010年12月25日下午，汉仪公司的委托代理人李文会同江苏省南京市石城公证处公证员周莹、公证人员芮剑魁来到位于南京市栖霞区学衡路上的苏果超市亚东新城购物广场，以普通消费者的身份购买了由双飞公司、青蛙王子公司生产、销售的城市宝贝、青蛙王子系列产品共计19件。并当场取得了盖有"苏果超市有限公司发票专用章"的"苏果超市有限公司工商业统一发票"一张，江苏省南京市石城公证处对整个购买过程进行了公证，并于2011年1月10日制作了（2011）宁石证经内字第115号公证书。

汉仪公司一审中当庭陈述，上述经公证购买的19款产品，其只对其中的8款主张权利：（1）鲜奶儿童柔肤营养霜；（2）芦荟儿童嫩肤呵护霜；（3）草莓深层滋养儿童嫩肤霜；（4）柠檬加倍滋润儿童嫩肤霜；（5）芦荟双层保湿儿童润肤霜；（6）儿童保湿呵护

霜;(7)滋养型儿童润肤霜。前述产品中均标注青蛙王子公司授权,双飞公司生产字样,标注的两公司的企业地址均是福建省漳州市龙文工业开发区北环城路8号;(8)婴儿舒眠润肤露,该产品标注由双飞公司生产(后汉仪公司向一审法院申请撤回该证据)。

经一审庭审比对,上述涉案产品的外包装以及产品的包装上,均在显著位置使用"**城市宝贝**"四个汉字,同时也标注了"青蛙王子"注册商标。"**城市宝贝**"汉字笔画特征是:横竖笔画粗细基本相同,横平竖直,笔画两端为圆形,点为心形,撇为柳叶形,折笔画为圆形,同汉仪秀英体的原始字稿中的"**城、市、宝、贝**"四字,除大小外其余均相同。就产品分类看,上述产品使用了上述第3589726号、第6127596号注册商标标识。

另查明,2009年4月15日,双飞公司与苏果超市签订《商品采购协议》,约定由苏果超市销售城市宝贝(青蛙王子)系列儿童护肤产品。根据苏果超市提交的证据证明,仅于2010年11月1日至30日期间,前述系列产品销售额计774976.97元。

一审审理查明

一审法院认为:

一、涉案秀英体字库中具有独创性的单字构成受《著作权法》保护的美术作品

我国《著作权法实施条例》第2条对"作品"有明确的定义,即《著作权法》所称作品,是指文学、艺术和科学领域内具有独创性并能以某种有形形式复制的智力成果。第4条第8项规定:美术作品,是指绘画、书法、雕塑等以线条、色彩或者其他方式构成的有审美意义的平面或立体的造型艺术作品。涉案字库中的单字若能成为受《著作权法》保护的美术作品,就应当符合上述法律规定的构成要件,即具有独创性,并能以某种有形形式复制,具有审美意义的平面造型艺术。

书法是中国传统文化的瑰宝。追溯三千年的中国书法发展轨迹,书法经历了甲骨文、大篆、小篆、隶书、草书、楷书、行书等几个演变阶段。在书法语境下,这其中的篆、隶、草、楷、行就是通说的字体。其中的一种或几种字体因书写者艺术成就和艺术风格影响力等原因,习惯上称某某体,如众所周知的唐代著名书法家欧阳询、颜真卿、柳公权书写的楷书、行书等书法作品,俗称为"欧体"、"颜体"、"柳体"。这里所指的欧体等不是字体而是书体。字体是固定的而书体却是无穷尽的。

书法是汉字的书写艺术,是把线条按一定规律组合起来塑造出具有审美意义的平面造型艺术。其中的线条就是通说的点、横、撇、捺等基本笔画,平面造型就是由基本笔画构建的汉字间架结构。具有审美意义的书法作品是线条美和结构美相得益彰的产物,书法家的创意和情感通过汉字的线条和结构以特定形态为表达方式。因此,书法作品受《著作权法》保护的要素是直接体现为构成"表达"的汉字线条(即笔画)和结构。书法艺术受其表达方式的限制,书法家能在前人的基础上形成有自己特色的艺术风格非常不易。书法的学习和传承方式离不开"临摹—创作—再临摹—再创作"过程,这里所指的"创作"实际是一种书写水平提高的过程,书法家都是在此循环往复中锤炼出来。因此,书法创作也离不开对前人作品的学习与借鉴。

现行的各类字库中的单字以书写方式不同总体分为两大类,一类是由书法家用

传统毛笔书写的单字(其中也包含集合古代书法家作品中的单字),如著名的“舒同体”、“启功体”。另一类是由书体设计人员使用铅笔等现代工具描绘的美术字。对于第一类单字具有独创性,是受《著作权法》保护的作品,目前没有争议。本案中涉及汉仪秀英体属第二类美术字,对于此类字库中单字是否具有独创性,是否能单独构成美术作品,应当从美术字的艺术创作规律和著作权法理论的角度来审视这一问题。

美术字是经过加工、美化、装饰而形成的文字,是一种运用装饰手法美化文字的一种书写艺术。美术字看似简单且宜于复制,但是设计一款具有创意并符合审美意义的美术字远非想象的那么容易。在现有上百种汉字美术字的基础上设计一款富有美感并被大众接受的美术字,要求书体的设计人员要具备一定的书法、美学、平面设计及相关学科的文化、艺术方面的知识和修养。美术字与用毛笔书写的书法作品一样,都要有艺术特色并具备吸引大众的视觉效果,不仅要求每个单字赏心悦目,而且要求整篇文字的艺术风格都要求达到整体美观、和谐统一的艺术效果。因此,美术字的设计者需对汉字的局部与整体进行全面的把握。设计者根据其创意和追求的艺术风格或艺术效果,在基本笔画形态确定的基础上,重点是在结构的安排和线条(笔画)的搭配上,协调笔画与笔画、单字与单字之间的关系。字库中美术字的设计者设计适宜字库使用的美术字,同样也要遵循此创作规律,首先要确定基本笔画形态,再根据单字的基本笔画的多少,对笔画进行长与短、横与竖、粗与细、曲与直等做适当的调整,直至达到设计者满意的艺术效果。其次是针对字库的特点和要求,对相应的与整体艺术风格不协调的单字再进行修正,最终实现字库中每个单字之间的笔画特征与艺术风格,从整体上均协调、统一的字库书体。由此可见,字库将每个单字集合后,其整体风格一致的基础是每个单字之间风格协调统一。

涉案争议的美术字汉仪秀英体,是在5cm见方的方格内描绘出大小相同的美术字。其笔画特点是:横竖笔画粗细基本相同,除笔画两端为圆形外与现有的黑体字无明显差别,点为心形桃点,短撇为飘动的柳叶形,长撇为向左方上扬飞起,捺为向右方上扬飞起,折勾以柔美的圆弧线条处理,折笔画整体变方为圆,其表现的形态与公知领域的美术字的基本笔画相比具有鲜明特色。设计者邹秀英在此基础上就其确定的艺术风格,对字库收录的每个单字根据字的笔画多少,在既定的间架结构框架下,对每个单字的重心、空间划分、黑白对比进行合理的编排,然后根据字库中单字整体艺术风格须统一、协调的要求,对每个单字逐一进行适当的修正,使之从整体上体现设计者的艺术风格,实现设计者的创意和追求的完美艺术效果。由此可见,字库中的每个单字都是用经过设计者设计的线条和结构,体现设计者创意思想的具体表达方式,这个过程凝聚着设计者的智慧和创造性劳动。设计完成的秀英体其中的单字所表现出的起舞飞扬动感形象,意寓了女性的柔和、优美曲线。与现有美术字书体相比,具有独特的艺术效果和审美意义,体现了设计者的独创性。

需要着重指出的是,美术字的创作与用毛笔进行书法创作一样,同样需要学习和借鉴前人的美术字作品。如同现有字库中收录的著名书法作品“舒同体”,书法家舒同的书体受颜体影响颇深,笔画特征有明显的颜体痕迹,但人们并未因此质疑其书写的书法作品的独创性。涉案秀英体汉字的横和竖的笔画与黑体美术字的横、竖笔画相似,从中可以看出设计者借鉴了黑体字的艺术特征。虽然美术字的创作难度和高度均无法与书法家用毛笔书写的书法作品相比,但我们不能因此就否定美术字或涉案秀英体的独创性,关键是看美术字或涉案秀英体整体的线条(笔画)和间架结构是否具独创性。特别是其与公知领域美术字相比所具有的不同特点,即表达的新颖性或表达的创新性,其受保护的要素体现为构成“表达”的符号和结构本身。

我们还应当看到汉字由于受自身固有笔画、结构等特征的限制,如笔画单一或较少的汉字如一、二、三、五、十等字,在进行美术字的创作设计时,笔画特征的创作空间非常有限。其笔画特征与现有公知的其他美术字书体相比,很难具有区别性特征的独创性。所以在判断字库中的单字是否能独立构成美术作品时,还需要具体问题具体分析,不能一概而论。因此,一审法院认为,对于字库中的单字是否具有独创性判断应当把握以下几点,首先应遵循美术字艺术创作的规律,根据汉字的笔画特征、笔画数量、结构等特点进行考量。其次是将单字体现的艺术风格、特点与公知领域的其他美术字书体如宋体、仿宋体、黑体等进行对比,看汉仪公司主张权利的单字是否具有明显的特点或一定的创作高度。第三是一种书体字库中的单字与汉仪公司发行的字库中其他相近书体中的相同单字进行对比,看汉仪公司主张权利的单字是否具有明显的特点或一定的创作高度。就本案而言,在汉仪秀英体整体风格的框架内,并不是每一个汉字均能达到美术作品独创性的创作高度。虽然单字的风格如**一、二、三、五、十**等字与秀英体字库整体风格一致,但其笔画特征与公有领域的如黑体一、二、三、五、十,包括汉仪公司《汉仪浏览字宝》中的汉仪字库中汉仪粗圆体相同汉字一、二、三、五、十相比,上述一、二、三、五、十等字,笔画、结构特征基本没有变化,两者差别不大,极为相似,此类受表达限制的汉字难以构成具有独创性的美术作品。

根据上述论证,本案中涉及的“**城、市、宝、贝**”四个汉字,基本体现了汉仪公司创作该字体的笔画特征。其中点、撇、折笔等笔画体现秀英体特色,与现有公知领域包括汉仪公司《汉仪浏览字宝》中其他美术字书体相比,不相同也不相似,具有明显的个性特征,能够独立构成美术作品。

另外,字库中单字设计完成后,应用现代计算机技术制作成适宜计算机适用的字库软件,只是因为技术进步而带来的复制的手段更先进而已,软件只是承载单字复制品的介质,是供计算机使用再现单字的一种工具,软件运行结果本身并不能产生字库以外与字库内艺术风格相同的单字。字库是单个书法作品的集合,一种书体的字库从整体上体现字库内所有单字的笔画、结构特征协调统一的艺术风格,从艺术风格整体协调统一的表达方式角度看,一种书体的字库与其他书体的字库相比,具有明显的显著性和区别特征,因此,从艺术风格整体协调统一的表达方式意义上说,字库整体上也是一部作品。但是正如上所述,字库整体艺术风格一致的基础是每个单字之间的艺术风格一致,我们不能因字库整体艺术风格一致的独创性而否定单字的独创性。

二、双飞公司、青蛙王子公司对汉仪字库中具有独创性单字的使用行为构成侵权

双飞公司虽陈述,涉案"**城市宝贝**"文字商标系委托他人设计。但因其提交的证据不能支持其此项主张,其所陈述的事实无证据证明。据此,双飞公司未经汉仪公司许可,在其注册的商标标识中使用汉仪公司享有著作权的秀英体,侵犯了的汉仪公司对此所享有的美术作品复制权、获得报酬权。双飞公司生产、销售使用侵犯汉仪公司著作权的文字商标的产品,应承担相应的侵权法律责任。

对于青蛙王子公司抗辩认为,其只是授权双飞公司使用技术生产涉案产品,其不应当成为本案被告并与双飞公司共同承担侵权责任之理由。一审法院认为,青蛙王子公司与双飞公司的法定代表人为同一人,产品外包装上均标注"青蛙王子公司授权,双飞公司生产"的字样,标注的企业地址也相同。由此可见,青蛙王子公司在产品上署名并授权双飞公司生产涉案产品,以此方式向消费者宣示其是产品生产者之一。因此,涉案产品的生产、销售系青蛙王子公司与双飞公司的共同行为,其应当与双飞公司共同对产品中侵犯汉仪公司著作权的行为承担法律责任。其此项抗辩理由无事实和法律依据,不予采纳。

另外,双飞公司、青蛙王子公司还抗辩认为,汉仪公司没有提供证据来证明除了利用软件其可以其他方式接触到汉仪秀英体,由此可以看出汉仪公司是通过软件对字库享有著作权,即汉仪公司的权利主要在于软件著作权。一审法院认为,如上所述,字库的软件只是承载单字复制品的介质,是供计算机使用再现单字的一种工具,软件运行结果本身并不能产生字库以外与字库内艺术风格相同的单字。并且汉仪公司的委托代理人当庭陈述在本案中,不对双飞公司、青蛙王子公司的行为主张软件著作权。因此,双飞公司、青蛙王子公司的此抗辩理由与本案无涉。

三、关于本案赔偿数额的确定

双飞公司申请注册的三个商标中所使用的"**城市宝贝**"四字,均使用了汉仪公司享有著作权的汉仪秀英体,同时双飞公司、青蛙王子公司将商标用于其生产、销售的产品上。为此,汉仪公司要求赔偿经济损失50万元。一审法院认为,汉仪公司对涉案"城市宝贝"四个汉字享有美术作品著作权。对于双飞公司、青蛙王子公司实施的侵权行为所获得的利益以及汉仪公司因此受到的损失,汉仪公司并未举证加以证明。根据查明的案件事实,双飞公司在申请涉案注册商标时,汉仪公司销售包含涉案秀英体在内的正版《汉仪浏览字宝》软件的价格是150元。但双飞公司是在商标标识中使用汉仪秀英体,并且与青蛙王子公司共同使用该商标的行为属商业使用。故双飞公司、青蛙王子公司侵权使用行为给汉仪公司造成的实际损失,就不能仅以软件的销售价格计算,还应当考虑双飞公司、青蛙王子公司使用美术作品作为商标使用的商业用途,商标使用的持续时间,商标标识中的文字对产品的销售的影响及相关文字在包装装潢中的使用,产品的销售价格、销售范围等因素。其中使用商标的持续时间应以涉案美术作品权利人汉仪公司向人民法院起诉之日起向前推算二年计算。其次,汉仪公司为制止侵权所支出的律师费、公证费、购买侵权产品的费用等合理费用,依

法也应当由双飞公司、青蛙王子公司负担。综上,对汉仪公司的该项诉讼请求,将综合以上因素在确定具体的赔偿数额时一并确定。

由于双飞公司、青蛙王子公司实施的侵权行为,侵犯的是汉仪公司就美术作品所应获得的财产性权利,未侵犯汉仪公司对涉案作品所享有署名权等精神权利,故汉仪公司要求双飞公司、青蛙王子公司在媒体上公开赔礼道歉,没有法律和事实依据,不予支持。

四、关于苏果超市的法律责任

苏果超市销售的涉案产品虽有合法来源,但如上所述,涉案产品所使用的商标标识侵犯了汉仪公司对商标中使用的文字享有的美术作品著作权,汉仪公司要求其停止销售涉案侵权产品有法律依据,依法应予支持。

本案的侵权行为发生在《中华人民共和国著作权法》修订之前,故本案应适用2010年2月26日修订前的《著作权法》。综上,一审法院根据《中华人民共和国民事诉讼法》第130条,《中华人民共和国著作权法》第10条第1款第5项及第2款、第47条第1款第1项、第48条,《中华人民共和国著作权法实施条例》第2条、第4条第8项,《最高人民法院关于审理著作权民事纠纷案件适用法律若干问题的解释》第25条第1款、第2款、第26条、第28条之规定,判决:(1)双飞公司、青蛙王子公司,自判决生效之日起停止使用涉案注册商标标识和其产品包装装潢中,汉仪公司享有著作权的汉仪秀英体“**城、市、宝、贝**”四字;(2)苏果超市自判决生效之日起,立即停止销售使用侵犯汉仪公司享有著作权的汉仪秀英体文字商标标识及包装、装潢中含有汉仪秀英体“**城、市、宝、贝**”四字的产品;(3)双飞公司、青蛙王子公司自判决生效之日起十五日内,赔偿汉仪公司经济损失包括为制止侵权所支出的合理费用计人民币4.8万元;四、驳回汉仪公司其他诉讼请求。本案诉讼费8800元,由双飞公司、青蛙王子公司负担。

上诉与答辩

汉仪公司上诉及答辩意见为:汉仪公司为开发具有独创性的秀英体字体投入了巨大的人力、物力、财力,理应得到法律更为有力的保护。青蛙王子公司、双飞公司侵权情节严重,侵权行为持续时间更长,侵权产品销售量大,销售范围广,获利巨大,应当承担更多的侵权责任。汉仪公司为维权花费巨大,原审判决确定的数额不足以弥补汉仪公司的维权花费。综上,请求判决青蛙王子公司、双飞公司赔偿损失30万元并承担一、二审诉讼费用及合理开支。

青蛙王子公司、双飞公司共同的上诉及答辩意见为:(1)涉案秀英体字库中的单字不构成《著作权法》保护的美术作品。①著作权法中的美术作品要求作品本身具有审美意义,其功能价值在于传递感受。而涉案字库中的字体具有工业产品的属性,其主要功能是传情达意,受到保护的是整体性的独特风格和数字化表现形式,其中的单字无法上升到美术作品的高度。②秀英体汉字的特征是整个字库的整体风格,而对具体的单个字而言,并不具有独创性。因此,一审法院认为字库中的每个字都确认具有独创性,享有美术作品的著作权,依据不足。③创作秀英体字体的作者许可他人制作字体工具,制作者创设了新的权利,即字体工具的权利,而字体的作者对字体工具产生的单字的权利由此而用尽。实用字体中的单字无版权。实用字体通过字体工具保护,仅有整体版权。④字体工具中的实用字体不能分拆成为单字受到保护。原因在于:第一,保护字体单字的版权将保护对象延伸到人类社会最基本的工具文字,损害社会;第二,字体作者主张保护的实用字体单字仅有抽象存在,并没有可复制的载体,不构成作品;最后,字体工具的制作者没有发行抽象的实用字体单字,只是在发行字体软件;第四,使用字体工具中的单字没有复制全套字体,不侵犯字体的版权。(2)没有证据证明青蛙王子公司实施了侵权行为。首先,青蛙王子公司仅授权双飞公司使用技术生产涉案产品。其次,一审判决依据青蛙王子公司和双飞公司法定代表人相同,企业地址相同,向消费者宣示青蛙王子公司为产品生产者之一而认定青蛙王子公司侵权错误。最后,涉案"城市宝贝"注册商标的商标权人是双飞公司,一审认定青蛙王子公司侵权没有依据。(3)双飞公司提供了委托他人设计的证据,一审未予认定没有依据。(4)一审判决确定的赔偿数额没有依据。首先,双飞公司的获利、生产和销售产品的数量与"城市宝贝"四字无直接关联。其次,一审判决将销售范围作为确定赔偿数额的依据,但未明确销售范围有多大。最后,汉仪公司正版浏览字宝仅150元,其销售后,无权再索取再次印刷的报酬。(5)一审判决未支持汉仪公司的全部诉讼请求,但却判决由青蛙王子公司、双飞公司承担全部诉讼费用不当。综上,请求撤销一审判决,依法改判。

苏果超市意见为:苏果超市销售的涉案产品有合法来源,且已停止销售。

二审审理查明

1. 在二审庭审中,朱春江出庭陈述,其是以个人名义接受双飞公司委托设计"城市宝贝"的;其从网上免费下载并安装了秀英体字库,但具体网站名称记不清楚了,使用秀英体字体完成设计后感觉不错,公司回复也挺满意,之后收取了一二千元费用。

2. 二审中,各方当事人确认,www. ps123. com、www. knowsky. com、www. chinaz. com、www. cndesign. com、www. sj00. com、www. dabaodu. com、www. pc6. com 等七网站提供秀英体字体下载。其中,www. knowsky. com、www. chinaz. com、www. dabaodu. com、www. pc6. com 等四网站有"仅供学习和研究使用"、"供学习研究之用,如用于商业用途,请购买正版"等说明。

3. 福建省厦门市中级人民法院(2009)厦民初字第513号民事判决书载明:汉仪公司向厦门享联科技有限公司提起诉讼,其运营的 www. chinaz. com 提供汉仪字库的下载,判决赔偿40000元。北京市大兴区人民法院(2011)大民初字第11823号民事调解书载明:汉仪公司起诉北京万户名媒科技有限公司侵犯著作权,双方达成调解协议:北京万户名媒科技有限公司支付汉仪公司三万元调解款。

4. 根据汉仪公司的陈述,汉仪秀英体字库的设计过程大致经历了如下几个阶段:字体创意、字形设计、扫描和曲线合成、扩展创作、创作符号、字形审定、二次创作、格式转换、测试校对。字体创意是设计师经过多次方案构思和草图勾画,确定将点设计成象征爱和情感的桃心形状,撇设计成柳叶的形状,捺的设计后端向上翘起,撇和捺同时存在的时候设计成两端向上翘起的形状,其他所有的笔画都尽可能地以更能表达温情色彩的弧线处理

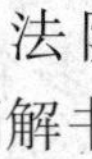

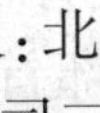

，以达到整个字亲和、秀丽的效果。字形设计是设计师根据每个单字的字形结构和笔画特征展开单字设计，期间设计师会多次修改，以达到最美观的艺术效果。涉案“城市宝贝”四字中，“市、宝、贝”三字是设计师直接设计出来的。扫描和曲线合成是先通过扫描设备将设计图稿转化为数字化图像存储于计算机中，最初扫描完成的数字化图像是一幅幅位图(位图，亦称为点阵图像或绘制图像，是由称作像素的单个点组成的图像，放大缩小后模糊不清，周边会有通常所说的锯齿)，然后通过专业的字库设计制作工具对位图字稿图像进行曲线合成或称数字化拟合，即通过程序模拟位图字稿中的字形轮廓，并以点和线的形式还原字形，形成字形的矢量轮廓。只有在纸稿进行的单字创作才需要扫描和曲线合成，现在很多设计师都是直接在电脑上进行设计，就不再需要这个阶段的工作了。扩展设计是设计师通过最初完成的两千多个单字以拼合的方式来设计其他单字。通过这些字的设计，设计师们会总结设计出一些具有秀英体风格特点的笔画和部首，然后以拼合这些笔画和部首的方式来设计其他字。涉案的“城”字是由单字“成”和“圩”的土字旁所拼成。这种设计方式极大地缩短了整个字库的设计时间，但拼字过程并非是简单的组合拼装，而需要设计师根据自己对秀英体字体风格的理解和对要设计的单字的字形特点和结构特征的理解，进行一对一的设计，同一个笔画和部首放在不同字中都要进行不同的设计，才可以保证单字的美观性。创作符号是根据字体的风格特点和笔画描述形式，设计创作与之匹配的各种符号、西文字母等。字形审定是单字和字符创作完成后，主设计师会对所有单字进行审定，包括审核每一个单字及其笔画的描述是否符合字体设计师的初衷，间架结构是否合理安排；整套字库版面效果是否和谐美观、风格统一。格式转换是所有的设计工作完成后，字库技术工程师利用专业软件将设计出来的单字和符号进行集合，赋以编码，并将其转换成为特定数学函数描述字形轮廓的文件格式(例如 truetype 格式)，再加以指令控制其字形的显示效果和排版效果，形成字库。目前国际通用的字库文件格式是 truetype 格式和 opentype 格式。测试校对是字库制作完成后要安装至各种字库应用环境中进行测试。测试内容包括字库软件的功能测试、其与软硬件的匹配以及校对单字是否有错字，是否有编码错误等。为确保字库产品质量，测试大致需要 1～3 个月的时间。测试合格后，字库所有的设计创作制作过程完成，可以上市销售。

二审判理和结果

二审法院认为：

一、双飞公司、青蛙王子公司侵犯了汉仪公司涉案著作权

(一)双飞公司、青蛙王子公司未使用汉仪公司秀英体原稿，不侵犯其字体原稿的著作权

根据现有证据应当认定双飞公司、青蛙王子公司未使用汉仪公司秀英体原稿，不侵犯其字体原稿的著作权。理由是：首先，双飞公司、青蛙王子公司主张，其委托的设计人员朱春江从网络上下载了秀英体字库，并使用载字库中的字体制作了涉案“**城市宝贝**”，并且，目前仍然有网站提供秀英体字库的下载；其次，汉仪公司并没有秀英体原稿公开发表的证据，其公开发表

的是字库，而非字体原稿，二者是不同载体；最后，汉仪公司并未提供其秀英体原稿，且其陈述，秀英体原稿中只有“市、宝、贝”三字，且这三个字亦经过了电脑中的二次创作，与原稿存在区别；“城”字是通过拼字创作完成的，不存在所谓有字体原稿。因此，应当认定双飞公司、青蛙王子公司所使用的涉案字体来源于字库。字库中的单字与原稿系不同的载体，双飞公司、青蛙王子公司未使用涉案“**城市宝贝**”四个单字的原稿，不侵犯原稿的著作权。

（二）涉案秀英体字库中输出的“**城、市、宝、贝**”四字具有独创性，属于美术作品

《中华人民共和国著作权法实施条例》第2条对“作品”有明确的定义，即《著作权法》所称作品，是指文学、艺术和科学领域内具有独创性并能以某种有形形式复制的智力成果。第4条第8项规定：美术作品，是指绘画、书法、雕塑等以线条、色彩或者其他方式构成的有审美意义的平面或立体的造型艺术作品。

汉字在中华文化的发展中发挥了非常重要的作用，其演变经历了几千年的漫长历程，经历了甲骨文、金文、篆书、隶书、楷书、草书、行书等阶段。汉字系由象形文字（表形文字）演变成兼表音义的意音文字，但总的体系仍属表意文字。所以，汉字具有集形象、声音和辞义三者于一体的特征。这一特征在世界文字中是独一无二的，明显区别于目前在世界范围内广泛使用的西文等其他字体，在中华民族的历史上留下了十分丰富的书法作品，成为中华民族的独特的文化瑰宝。优秀的书法作品能够体现作者独特的个性和审美，引起人们美妙的联想，给人以美的享受。这说明汉字字型具有很大的创作空间。美术字体的创作虽然与书法字体有所不同，但同样存在较大的创作空间，亦属于以线条、色彩等方式构成的具有审美意义的造型艺术作品。字库中的单字设计，每个字的最终定型，都是设计人员根据自己的设计理念，选择、取舍、判断、综合的结果，体现了设计人员的智力创造。

涉案秀英体字库的单字经过字体创意、字形设计、扫描和曲线合成、扩展创作、创作符号、字形审定、二次创作、格式转换、测试校对等几个步骤。其中两千多个基本单字是经过字稿设计、扫描合成，再经过字形审定、修改，还有可能要进行二次创作，以及最终进行的测试校对等步骤。其余的单字是通过拼字创作完成的，但同样要经过字形审定、修改，也有可能要进行二次创作，以及最终进行的测试校对等步骤。需要注意的是，拼字完成的单字并不是简单的拼合，需要设计者根据其对字体风格的理解和对单字字形特点和结构特征的理解，逐一进行设计。比如涉案的“城”字是通过单字“成”和“圩”中的土字旁所拼成，但二者的比例以及笔画之间相互的配合需要经过设计者不断的调整，以达到单字本身美观，并与字库其他单字在整体上协调统一的效果。所有字形的最终确定都是以显示为文字、符号的图像为载体，虽然该图像是数字化的形式，但同样是创作者以美术作品为基础所完成的智力成果。这种方式利用电脑工具完成，与传统纸笔完成创作只是随着新技术发展而在使用工具上有进一步发展，其本质并无不同。

虽然字库中的字体字形是由字形原稿经数字化处理后，由人工或计算机根据字形原稿的风格结合汉字组合规律拼合而

成,以相应的坐标数据和函数算法存在。但这种数字化的存储和复制方式,并不能改变其美术作品的性质。其在输出时经特定的指令调用、解释后,仍还原为相应的字形图像。这种数字化的形式更方便复制,但不能因此而否认字体单字可能成为美术作品的属性,计算机技术的运用并未改变其本质。如同游戏软件一样,虽然其是以数字化的程序形式存在,但其运行的某些画面在符合《著作权法》的独创性要求的情况下,仍可作为美术作品予以保护。因此,在满足独创性要求的前提下,字库中的单字属于《著作权法》规定的美术作品,应受法律保护。

但需要特别指出的是,鉴于字库字体本身同时兼具审美与实用工具的双重特性,字库字体创作的目的是为了满足计算机使用汉字的需要,因此,字库字体属于作品性和工具性紧密结合的智力成果,在将字库字体作为美术作品进行保护时,其独创性应当具备较高的独特审美的要求,亦即获得保护的字库单字,应当明显有别于已有的公知字体。一般的美术字如果系手工独立完成,即应认定为独创性美术作品,而字库字体的独创性要求则不能等同于一般美术字。且对运行字库软件输出的单字是否具有独创性应当逐一进行判断。如果字库单字的保护标准确定得较低,有可能很难将其与已有字体区分,造成混乱状况,妨碍公众对已有字体工具的正常使用,阻碍对文化的传播。故只有体现较高独特审美,并能够与已有字体明确区分开来的字库单字才有可能被认定为美术作品加以保护。

如前所述,秀英体字体具有鲜明的特征:横竖笔画粗细基本相同,笔画两端为圆形,点为心形桃点,短撇为飘动的柳叶形,长撇为向左方上扬飞起,捺为向右方上扬飞起,折勾以柔美的圆弧线条处理,折笔画整体变方为圆。涉案秀英体"**城、市、宝、贝**"四字具备秀英体上述鲜明的特征,其表现的形态与公知领域的美术字的基本笔画相比具有鲜明特色,符合较高独特审美的独创性要求,应受法律保护。

需要注意的是,字库整体是字形原稿经数字化处理后由人工或计算机根据字形原稿的风格结合汉字组合规律拼合而成,以相应的坐标数据和函数算法存在。字库中字体文件的功能是支持相关字体字形的显示和输出,其内容是形轮廓相关数据及构建指令与形轮廓动态调整数据及指令代码的结合,其经特定软件调用后产生运行结果,因此,应当认定其是为了得到可在计算机及相关电子设备的输出装置中显示相关字体形而制作的由计算机执行的代码化指令序列,属于《计算机软件保护条例》第3条第1项规定的计算机程序,系软件著作权法意义上的作品,并非简单的单字字形的汇编合集。因此,一审判决以字库艺术风格整体协调统一,一种书体的字库区别于其他书体的字库,进而认定字库整体也是一部美术作品,忽视了字库整体系计算机程序这一重要特性,同时也混淆了字库整体与字库经解释执行后显示的单字字体字形的关系,进而影响了对字库性质的认定,应予纠正,但这并不影响本案对涉案字体单字构成美术作品的认定。

(三)双飞公司、青蛙王子公司使用汉仪公司秀英体未经许可,侵犯了汉仪公司著作权。

双飞公司、青蛙王子公司使用汉仪公

司秀英体未经汉仪公司许可。理由是:首先,汉仪公司明确主张其未授权任何公司在互联网上提供免费秀英体字库下载。双飞公司、青蛙王子公司也无证据证明汉仪公司授权任何公司提供秀英体字库的下载。其次,汉仪公司主张目前提供其秀英体字库的下载网站均系不规范经营商所为,且其向其中的部分网站经营者主张过权利,并提供了获得相应赔偿的依据。故对双飞公司、青蛙王子公司关于网站提供下载的秀英体字库不知是否经汉仪公司授权,不构成侵权的主张,不予支持。

(四)青蛙王子公司构成共同侵权

任何将自己的姓名、名称、商标或者可资识别的其他标识体现在产品上,表明其为产品的制造者的企业或者个人,均属于《中华人民共和国民法通则》第122条规定的产品制造者和《中华人民共和国产品质量法》规定的生产者。青蛙王子公司在被控侵权产品上标注青蛙王子公司授权,属于前述表明其是产品制造者的行为,依法应承担相应的民事责任。因此,青蛙王子公司抗辩认为,其授权的仅为配方,与使用字体无关,不构成侵权的主张不能成立。

(五)双飞公司、青蛙王子公司关于字体原稿已制作成字库,形成新的权利,权利用尽的抗辩主张不成立

权利用尽原则是指专利权人、商标权人、著作权人等知识产权权利人制造或者许可他人制造的权利产品售出后,他人再使用或销售该产品的行为因属于对其财产权的行使而不构成侵权。这是对知识产权权利和他人财产权的一种界分。如前所述,字库中的字体要么是对字体原稿的复制或者数字化,要么是根据字体原稿中的单字进行演绎和制作形成新的单字,数字化的过程或者形式并不能改变其中具有较高独特审美的单字系美术作品的属性。字体单字被整合成字库工具或者软件,虽有可能形成新的权利,如字库工具整体或者字库软件的权利,但每个单字的可作品性并不因此而丧失,即符合较高独特审美的独创性标准的单字仍应认定为美术作品。另外,双飞公司、青蛙王子公司使用的涉案秀英体字库系未经汉仪公司授权许可的行为,不属于从正常销售渠道获得的字库字体。因此,双飞公司、青蛙王子公司关于权利用尽的主张于法无据,不予支持。

综上,双飞公司、青蛙王子公司未经汉仪公司的许可,在其产品上擅自使用了汉仪公司拥有著作权的秀英体单字,构成了著作权侵权,应当承担相应的民事责任。

二、一审判决确定的民事责任适当

根据《中华人民共和国著作权法》第47条的规定,未经著作权人许可,复制、发行、表演、放映、广播、汇编、通过信息网络向公众传播其作品的,应当根据情况,承担停止侵权、消除影响、赔礼道歉、赔偿损失等民事责任。本案中双飞公司、青蛙王子公司未经许可,在其生产的产品上擅自使用汉仪公司拥有著作权的四个单字,构成侵权,依法应承担停止侵权、赔偿损失等民事责任。

关于停止侵权,二审法院认为,由于涉案字库字体具有实用工具的性质,继续使用能够减少社会财富的浪费,可以考虑判决不停止侵权而由使用者支付一定的使用费用。而本案中,双飞公司、青蛙王子公司明确主张,如果法院认定其构成侵权,其将不再使用涉案四个单字,故法院尊重其选择,判令双飞公司、青蛙王子公司立即停止使用涉案秀英体“**城市宝贝**”四个单字。

关于赔偿数额,二审法院认为,首先,正版浏览字宝虽然仅售150元,但双飞公司、青蛙王子公司使用涉案字体属于商业性使用,因此不能仅根据售价来确定赔偿数额。其次,涉案侵权产品虽然销售数量、范围较大,但侵权获利不等于侵权产品全部利润,而应当是与使用涉案四个单字有关的一部分利润。因此,一审法院考虑到侵权产品的销售范围是在全国范围内销售,且使用的产品类别较多,并结合商标使用的商业用途、商标使用的持续时间、商标标识中的文字对产品销售的影响及相关文字在包装装潢中的使用等因素而确定赔偿数额为4.8万元(包括制止侵权所支出的合理费用)并无不当。

综上,上诉人汉仪公司、青蛙王子公司、双飞公司的上诉理由均不能成立,对其上诉请求均应予以驳回。一审判决认定事实清楚,适用法律正确,应予维持。依照《中华人民共和国民事诉讼法》第153条第1款第1项的规定,判决:驳回上诉,维持原判决。二审案件受理费人民币8800元,由汉仪公司负担人民币4400元,青蛙王子公司、双飞公司负担人民币4400元。

郑子罕诉杭州市普通教育研究室著作权权属纠纷案

——阅读提示:署名为"编写组"的中小学教材著作权的归属如何确定?在刑事判决已经对作品著作权进行认定的情况下,在后的民事案件应如何处理?

【裁判要旨】

中小学教材的著作权归属问题,应通过分析其创作过程判断其作品意志的体现。对涉案教材是否构成法人作品进行认定时,应考察其是否满足由法人或者其他组织主持、代表法人或者其他组织意志创作、并由法人或者其他组织承担责任这三个要件。在不构成法人作品和职务作品的情况下,涉案教材封面署名"编写组"应认定为编写该作品的编审委员会成员的集合,其著作权应归属全体编审委员会成员共同所有。

知识产权刑事案件中的权属确认等内容区别于传统刑事案件中犯罪构成的判断,在后的知识产权民事案件不应拘泥于刑事判决中关于权属问题的认定,仍应运用知识产权民事审理思路,判决涉案权利是否合法有效存续以及是否符合民事侵权行为的构成要件。

【案号】

一审:浙江省杭州市中级人民法院(2011)浙杭知初字第995号

二审:浙江省高级人民法院(2012)浙知终字第105号

【案情与裁判】

原告(上诉人):郑子罕

被告(被上诉人):杭州市普通教育研究室(简称普教研究室)

起诉与答辩

2011年9月27日,郑子罕以普教研究室妨碍其行使著作权人的权利为由诉至一审法院,请求判令:(1)确认其为《小学信息技术》、《中学信息技术》的著作权人；(2)由普教研究室承担本案诉讼费用。普教研究室则辩称，《小学信息技术》、《中学信息技术》为法人作品，其为编写书籍的组织者和费用支付者，应为该书的著作权人，出版合同也系其签订，要求驳回郑子罕的诉讼请求。

一审查理查明

浙江科学技术出版社出版、发行的《小学信息技术》(第1~8册)，封面署名《小学信息技术》编写组编；封二记载主编李伟、郑子罕，编委朱惠强等(共10人)；封底署名《小学信息技术》编写组，其中2001年8月第1版的第5册、2004年1月第4次印刷的第4册、2004年1月第3次印刷的第6册的封底有如下文字："本套教材由杭州市教育局教研室组织，由李伟、郑子罕主持编写，其他编委名单如下"等内容。浙江科学技术出版社2005年出版、发行的《中学信息技术》(第1~6册、2000年10月第1版)，封面署名《中学信息技术》编写组编；封二记载主编郑子罕、李伟，主审陈增武，编委王卫东等(共23人)；封底署名《中学信息技术》编写组。1999年，郑子罕与普教研究室的前身杭州市教委教研室签订专业技术职务聘约，约定郑子罕担任信息科学学科中学计算机教研员工作，并聘为中学高级教师，此后至2010年，郑子罕一直被普教研究室聘用。

一审判理和结果

一审法院认为，涉案作品虽然署名"《中学信息技术》编写组"、"《小学信息技术》编写组"编写，但实际上系由普教研究室组织编写。普教研究室为完成计算机学科课程改革试点工作，主持编写该套教材；在创作过程中，其创作意志始终围绕计算机学科课程改革这个主题，并根据国家教委《中小学计算机课程指导纲要(修订稿)》的精神进行创作；创作完成后，又由其向各下属教研室、各学校负责征订并获取收益，相应的法律责任也由其承担。因此，涉案教材符合《中华人民共和国著作权法》规定的法人作品的全部构成要件，即"由法人主持，代表法人的意志创作，并由法人承担责任的作品"。普教研究室应视为该作品的作者。郑子罕虽然在作品中有相应的署名，但这并非是《著作权法》意义上的署名，而是其在法人作品中完成的某一项工作的署名。该院遂于2012年3月10日判决：驳回郑子罕的诉讼请求；案件受理费900元，由郑子罕负担。

宣判后，郑子罕不服，向浙江省高级人民法院提起上诉。

二审审理查明

2011年11月2日，浙江省杭州市中级人民法院作出(2011)浙杭刑终字第498号刑事判决，认定郑子罕以普教研究室教研员的身份组织编写教材，代表教研室意志进行创作，利用职务便利，挪用应属于著作权人普教研究室的稿酬进行营利活动，情节严重，其行为构成挪用公款罪，判处有期徒刑5年。

二审判理和结果

二审法院认为本案二审的争议焦点为涉案教材著作权的归属问题。第一，普教研究室没有提供充分证据证明其组织人员编写了涉案作品。参与涉案作品创作的编审委员会成员，除郑子罕等个别人员为普教研究室职工外，其余的编写人员均来自不同的单位，并非普教研究室的工作人员，普教研究室也没有提供证据证明对这些编写人员进行了委任、组织等工作。第二，普教研究室也没有为创作涉案作品提供物质技术支持。涉案作品的稿费系作品创作完成出版后,由出版单位直接支付,既非创作作品时的物质投入,也非普教研究室支出。出版合同约定郑子罕等人一直获得只有作者才享有的稿酬或版税的8%,普教研究室始终没有获得稿酬,只是以折扣供书方式获得发行费用。故郑子罕挪用公款案刑事判决认定普教研究室支付给编写者的8%报酬,且该报酬应视为普教研究室对教材编写的物质支持,显与本案事实不符。第三,涉案作品作为教材,须报批审定后才能投入使用,有其特殊性,但其报批审定及征订、发行,均没有改变作品的内容,不影响著作权的归属与定性。以报批审定、征订、发行作为普教研究室组织编写涉案书籍的依据错误。因此,原审民事判决及郑子罕挪用公款刑事判决据以认定涉案作品为法人作品,普教研究室享有涉案作品著作权的理由均不能成立,依法予以纠正。综上,涉案作品既没有代表法人和其他组织意志,也不是由法人和其他组织主持创作,不符合法人作品的构成要件。涉案教材为个人合作作品,著作权由包括郑子罕在内的编审委员会的成员共同享有。综上,原审判决适用法律错误,应予纠正,浙江省高级人民法院于2012年11月21日判决:(1)撤销浙江省杭州市中级人民法院(2011)浙杭知初字第995号民事判决;(2)确认郑子罕为涉案教材的著作权人之一;(3)驳回郑子罕的其他诉讼请求。一、二审案件受理费各900元,均由普教研究室承担。

蒋友柏诉周为军等著作权侵权纠纷案

——阅读提示:为他人立传而使用被传记人博文内容的著作权侵权案件,审理时应如何区分擅自使用与有授权的使用?抄袭与《著作权法》规定的合理使用的界限又如何划分?

【裁判要旨】

为他人立传而使用被传记人享有著作权的文字作品,亦应取得被传记人许可,且该许可应是明确、具体的,仅仅知晓立传事宜不能等同于许可使用。合理使用被传记人博文应受到指明作者姓名、作品名称,使用文字的数量在一定的范围内等条件限制,否则构成抄袭。

【案号】

一审:浙江省杭州市西湖区人民法院(2010)杭西知初字第00254号

二审:浙江省杭州市中级人民法院(2013)浙杭知终字第13号

【案情与裁判】

原告(被上诉人):蒋友柏

被告(上诉人):周为军

被告(上诉人):江苏人民出版社有限公司(简称江苏出版社)

被告(上诉人):北京凤凰联动文化传媒有限公司(简称凤凰公司)

起诉与答辩

蒋友柏2010年7月27日诉称:2010

年5月,周为军(笔名:周为筠)在未获得任何授权的情况下撰写的《悬崖边的贵族 蒋友柏:蒋家王朝的另一种表达》一书,经被告凤凰联动公司全程策划,由被告江苏出版社出版发行。在该书中,周为军非法大量抄袭了原告的博客文章,甚至歪曲事实、篡改编造。江苏出版社未尽必要的调查核实义务,即将该书出版发行。凤凰联动公司为江苏出版社的关联企业,对该书进行了全程的策划及推广。该书已进入全国各大书店销售,并由当当网提供网络营销支持。全国近百家媒体对其进行了宣传。故原告诉至法院,请求判令三被告:(1)立即停止侵犯原告依法享有的著作权,立即收回并销毁所有未出售的侵权书籍:《悬崖边的贵族 蒋友柏:蒋家王朝的另一种表达》;(2)停止所有形式的传媒宣传活动,并立即清除各大报刊及网站上刊载的对上述侵权书籍的推介报道及内容连载;(3)于《人民日报》、《新华日报》、《浙江日报》、《北京日报》、《解放日报》、新浪网、搜狐网上刊登声明,向原告公开赔礼道歉,消除影响;(4)向原告支付本案证据调查费用、律师费用计人民币60000元;(5)向原告赔偿经济损失人民币500000元;(6)承担本案诉讼费用。

周为军辩称,(1)涉案书籍是合法出版物。周为军有权创作关于蒋友柏的个人传记,并不需要得到许可。但周为军主动联系过原告以期得到蒋友柏的许可,可见其对蒋友柏的尊重。(2)涉案书籍引用原告博客内容,属于合理使用,并不构成对蒋友柏著作权的侵犯。周为军在自己创作的作品中引用的原告博客内容只占了全书内容的极小比例,并不构成全书的主要部分或实质部分,且蒋友柏博客的内容应视为是蒋友柏已经发表的作品。综上,请求驳回蒋友柏的全部诉讼请求。

江苏出版社辩称,其同意周为军的答辩意见且已经尽到了合理的审查义务。

凤凰联动公司辩称,其同意周为军的答辩意见。凤凰联动公司只是涉案书籍的策划人,并未参与该书的出版发行,不是本案适格的被告。

法院审理查明

蒋友柏系网址为 http://www.yubou.tw 的"白木怡言博客"上文字的作者。涉案书籍《悬崖边的贵族 蒋友柏:蒋家王朝的另一种表达》的著者为周为筠(周为军笔名),由江苏出版社出版,书号为ISBN978-7-214-05493-7,定价28元。该书封面及书脊下端显示:"凤凰出版传媒集团 凤凰联动 江苏人民出版社"字样。涉案书籍亦通过卓越亚马逊网等网络销售。网易等多家网站、北京晚报等多家报刊对涉案书籍进行了介绍、摘录或连载。2010年,蒋友柏委托的律师多次致函周为军和江苏出版社,要求其停止侵权、赔礼道歉,同时致函北京晚报、人民网等媒体,要求其停止对涉案书籍的介绍、评论、连载等行为。另查明,涉案书籍累计印制数量为70000册。一审庭审中,凤凰公司确认对涉案书籍进行了策划、宣传推广,并参与销售。本案中,蒋友柏主张涉案书籍中与其博客文字内容完全一致的为13641字数、略微修改的为4304字。

一审判理和结果

一审审理认为:蒋友柏在博客上发表的文字,表达了其个人的思想、情感,具有独创性,属于我国《著作权法》意义上的文字作品。其享有著作权应受法律保护。本案争议焦点在于:(1)周为军在其撰写的涉案书籍中使用与蒋友柏博客中文字相同的内容13641字、略改的4304字,是否侵犯蒋友柏享有的著作权问题。对此,一审法院认为,周为军在涉案书籍不同章节多处使用蒋友柏的博文文字,未加注引号,未指明出处,并非属于为介绍、评论某一作品或者说明某一问题而进行的适当引用,故其关于合理使用的抗辩不能成立。周为军的行为已构成抄袭,侵犯了蒋友柏的著作权。(2)关于江苏出版社、凤凰公司的行为是否构成侵权的问题。本案中,江苏出版社作为涉案书籍的专业正规出版单位,应当对出版物的授权、稿件的来源、署名、内容尽到合理注意义务并负有举证责任,但其未能提供上述相关情况的证据以证明其已尽到了合理注意义务,依法应与周为军承担共同侵权责任。凤凰公司系出版发行涉案书籍的全程策划人,对涉案书籍进行了宣传、推广营销,其行为已构成帮助侵权,依法应承担共同侵权责任。(3)关于周为军、江苏出版社、凤凰公司应如何承担侵权责任的问题。一审法院认为,根据前述认定,周为军的抄袭行为,侵犯了蒋友柏享有的署名权、修改权、复制权、获得报酬权等著作权权利,依法应承担停止侵权、消除影响、赔礼道歉、赔偿损失的民事责任。江苏出版社、凤凰联动公司依法应当与周为军承担连带责任。对于蒋友柏提出的诉讼请求要求停止侵权,收回并销毁所有未出售的涉案书籍的请求,一审法院认为,停止出版发行涉案书籍即已达到了蒋友柏要求停止侵权的目的,而要求收回涉案书籍不现实可行,周为军、江苏出版社处尚存的涉案书籍应予销毁;对于蒋友柏提出的要求停止所有形式的传媒宣传活动,并立即清除各大报刊及网站上刊载的对上述侵权书籍的推介报道及内容连载。一审法院认为,由于传媒宣传行为属于帮助侵权形态之一,故对该项请求予以支持;对于蒋友柏提出的要求在《人民日报》、新浪网等媒体网站上刊登声明,公开赔礼道歉,消除影响的请求,一审法院考虑与涉案书籍当时宣传报道的范围及影响力相当的限度和范围来加以确定;对于蒋友柏提出的要求赔偿律师费等合理费用人民币60000元及经济损失人民币500000元的请求,因蒋友柏未能提供证据证明其在侵权期间因被侵权所遭受的损失及三被告在此期间因侵权行为所获得的利益,故一审法院考虑:(1)涉案作品的类型,作品内容所涉及的人物,侵权文字部分歪曲事实、篡改编造;(2)涉案书籍售价人民币28元/本,现有证据能够证明的印制量70000册,侵权文字完全相同的达13641字数、略微修改为4304字数;(3)三被告的侵权主观过错明显,侵权范围广、影响大;(4)蒋友柏为本案诉讼所支付的律师费、公证费等合理费用,综合上述因素酌情确定赔偿数额为400000元。

综上,一审法院依照《侵权责任法》第9条第1款,《著作权法》第10条、第11条、第47条第5项、第49条,《关于审理著作权民事纠纷案件适用法律若干问题的解释》第20条、第25条、第26条,《民事诉讼法》第64条第1款之规定,于2012年11月27日作出判决:(1)周为军、江苏出版社于本判决生效之日立即停止出版、发行《悬崖边的贵族　蒋友柏:蒋家王朝的另一种表达》一书,并销毁库存侵权书籍。(2)周为军、江苏出版社、凤凰公司于本判决生效之日立即停止所有形式的传媒宣传活动,并清除各自在各大报刊及网站上刊载的对上述侵权书籍的推介报道及内容连载。(3)周为军、江苏出版社、凤凰公司于本判决生效之日起30日内在《人民日报》(海外版)、《浙江日报》、新浪网、搜狐网上刊登赔礼道歉声明(内容须经本院审核)。(4)周为军、江苏出版社、凤凰公司于本判决生效之日起15日内赔偿蒋友柏经济损失(含合理费用)人民币400000元,并互负连带责任。(5)驳回蒋友柏的其他诉讼请求。如未按本判决指定的期间履行给付金钱义务,应当依照《中华人民共和国民事诉讼法》第229条之规定,加倍支付迟延履行期间的债务利息。案件受理费人民币9400元,由周为军、江苏出版社、凤凰公司负担人民币8058元;蒋友柏负担人民币1342元。

上诉与答辩

三被告不服一审判决,提起上诉。周为军上诉称:一审判决认定事实错误,适用法律不当。(1)涉案图书是一本正规的出版物,在前期准备和半年多的创作过程中,周为军曾就书稿的写作目的、出版意义、资料引用图片使用等问题,以电话、邮件、MSN等方式与蒋友柏的代表黄佑婷(橙果设计公司公关负责人)进行沟通,也曾把书稿初样全部发给对方,望求审核。对此,他们一再表示认可并大力鼓励和支持周为军出版该书,多次承诺不会因为相关权利的问题而使作者承担法律责任。黄佑婷已经构成了表见代理。(2)涉案图书作为纪实作品,在全书中分散地间接引用其博文部分内容的行为,属于合理使用。综上,请求二审法院:(1)撤销一审判决,发回原审人民法院重审,或在查清事实后依法改判,驳回被上诉人蒋友柏的诉讼请求。(2)一、二审诉讼费用由蒋友柏承担。

江苏出版社上诉称:(1)一审判决受案外因素干扰严重。主要考虑的因素是蒋友柏的社会知名度及其部分家人在我国近现代历史上具有重大的影响,前后矛盾之处比比皆是。(2)一审判决未能合理区分美术作品和文学作品。涉案图书未能明确在合适的位置标明蒋友柏博客为写作参考资料,这只能算是引用形式上存在瑕疵,不能视同抄袭。(3)一审法院没有依照法律规定的赔偿标准顺序进行判决,直接使用酌定赔偿,判决三被告赔偿原告损失40万元,违反法律规定。综上,请求二审法院:(1)撤销一审判决,依法改判。(2)一、二审上诉费由被上诉人蒋友柏承担。

凤凰公司上诉称:(1)一审判决在认定周为军是否已征得蒋友柏同意出版图书的问题上认定事实不清。(2)一审法院对于涉案书籍属于剽窃、编造、篡改的认定是完全错误的。(3)一审法院对于赔偿金额40万的计算无任何法律依据,适用法律错误,并且严重过高。综上,请求二审法院:(1)撤销一审判决,依法改判。(2)一、二审上诉费由被上诉人蒋友柏承担。

蒋友柏辩称:(1)蒋友柏从来没有授权周为军使用其博文。(2)周为军进行大量的原版抄袭,且抄袭内容超过其书内容的10%。不是《著作权法》允许的合理引用。(3)蒋友柏在公众中存在很高的知名度和美誉度,判赔金额应考虑到这些因素。综上,一审法院认定事实清楚,适用法律得当,判决金额合理,应当维持原判。

二审判理和结果

二审法院认为,本案的争议焦点集中在:(1)周为军为撰写涉案书籍而使用蒋友柏博文一事是否已得到蒋友柏的许可。(2)周为军使用蒋友柏的博文是否属于《著作权法》规定的合理使用范畴。(3)一审判决确定的赔偿数额是否合理合法。

1. 关于焦点一,二审审理认为,首先,周为军等上诉人陈述的事实没有得到有效的证据证明。其提交的电子邮件、MSN 交谈记录、证人证言仅能证明周为军与黄佑婷曾沟通过,不能证明黄佑婷已代表蒋友柏作出明确的授权。其次,本案中没有证据显示黄佑婷可以代表蒋友柏进行著作权的授权。即使黄佑婷曾代表蒋友柏回答媒体的提问,也仅能证明当时就该事黄佑婷有代理权,不能理所当然地认为黄佑婷在蒋友柏的著作权行使上也享有代理权。再次,蒋友柏起诉的是周为军撰写涉案书籍抄袭其博文内容,江苏出版社等出版、宣传该侵权书籍的行为,并没有起诉其未经许可而为蒋友柏立传的行为,故周为军等反复强调的授权事宜实与本案的著作权侵权无关。又次,即使蒋友柏同意周为军为其立传,也不意味着蒋友柏同意周为军使用其博文的内容。最后,周为军在撰写此书的过程中,在使用蒋友柏博文之前,就应当取得著作权人蒋友柏本人的同意,而不是事后以各种间接证据来推断蒋友柏有同意的意思表示。故此,各上诉人提出的该上诉理由不能成立。

2. 关于焦点二,二审认为,首先,作为纪实作品的传记,参考第一手资料是合理的,但参考并不意味着抄袭。作者在参考第一手资料后,完全可以以自己的方式表达出来,从而完成自己作品,而并非一定要原文摘抄。其次,《著作权法》第 22 条第 1 款第 2 项规定:"为介绍、评论某一作品或者说明某一问题,在作品中适当引用他人已经发表的作品",这属于合理使用的一种方式。但行为符合该条的规定应具备一定的条件,如:应指明作者姓名、作品名称,使用文字的数量在一定的范围内。本案中,周为军使用蒋友柏的博文时既没有为蒋友柏署名,也没有指明出处,且使用数量近 2 万字,该行为已超出了合理使用的范畴。

3. 关于焦点三,一审法院认为,"涉案书籍中与其博客文字内容完全一致的为 13641 字数、略微修改的为 4304 字"。经本院核对,上述数据与事实并无出入,一审法院对该事实的认定严肃、细致,其判决确定的赔偿额以此为依据,符合事实和法律的规定。涉案书籍售价 28 元/本,印刷 7 万册,按销售价格其金额达 196 万元。由于不能确定该图书的获利,一审法院在考虑了蒋友柏的社会知名度、其家族在中国近现代史上的重大影响等涉及该书销量的因素等,并考虑了蒋友柏支付的律师费、公证费等费用的情况下,按照法律规定,判决各上诉人向蒋友柏赔偿 40 万元,并无不当。

综上,一审判决认定事实清楚,适用法律正确,实体处理得当。依据《中华人民共和国民事诉讼法》第 170 条第 1 款第 1 项之规定,判决驳回上诉,维持原判。二审案件受理费人民币 7300 元,由周为军、江苏人民出版社有限公司、北京凤凰联动文化传媒有限公司负担。

广州万唯建设工程顾问有限公司诉广州市番禺交通建设投资有限公司等侵害著作权纠纷案

——阅读提示:合同文本是否应受到《著作权法》保护?

【裁判要旨】

本案合同文本的主要贡献在于解决实际问题,这些条款本身是根据《合同法》、其他法律、相关部门规章以及工程承包施工的实际情况而制作,而合同条款约定的是当事人之间的权利义务,法律表达方式较为有限,且准确而优化的表达方式尤为有限。如果允许合同文本书写较优的权利义务表达方式享有著作权,则意味着其他人在碰到相同法律问题时不能使用相同的表达方式,这实质是对思想形成垄断,违背《著作权法》的本意。

【案号】

一审:广州市南沙区人民法院(2011)穗南法民二知初字第243号

二审:广州市中级人民法院(2012)穗中法民三终字第96号

【案情与裁判】

原告(被上诉人):广州万唯建设工程顾问有限公司(以下简称万唯公司)

被告(上诉人):广州市番禺交通建设投资有限公司(以下简称交建投公司)

第三人:广东海外建设监理有限公司(以下简称海外建设公司)

起诉与答辩

万唯公司于2011年6月28日起诉称:万唯公司创作了《2009建设工程施工合同专用条款研究》,并经过了版权登记。交建投公司在网站上公布了《倚莲半岛居住小区一期低层住宅工程施工总承包招标文件》,共计123页。其中63页的内容为其提供内容(其中57页的内容为施工合同专用条款,6页的内容为被告单位的奖罚制度),该57页的施工合同专用条款抄袭剽窃了万唯公司的作品内容,抄袭内容达到92.9%。万唯公司曾通知交建投公司要求停止侵权行为,但遭到拒绝。交建投公司未经授权擅自剽窃使用万唯公司作品,不但侵犯万唯公司著作权,同时造成万唯公司重大经济损失,按照工程招标代理收费的50%计算,交建投公司造成万唯公司的直接经济损失达12.08万元,其网络传播行为还将会造成进一步经济损失。请求判令交建投公司:(1)从广州建设工程交易中心网上删除侵权文件并在该网站上发布赔礼道歉声明;(2)赔偿经济损失120800元;(3)赔偿因本案产生的公证费2000元、律师费6000元及证据文件装订费315元;(4)承担本案诉讼费用。

交建投公司答辩称:(1)万唯公司所主张版权的作品无独创性,不符合《著作权法》对作品的基本要求。万唯公司主张著作权的文件内容系直接复制于广东省建设厅发布的《广东省建设工程施工合同》的通用条款部分章节或者条款,即使非直接复制的内容,也与目前很多施工合同的内容相似。万唯公司的作品是在《广东省建设工程施工合同》并结合以往其他施工合同的内容拼凑而成的。无论是推荐文本,还是国际联合会文本内容都已进入公共领域,在其基础上修订,除非有独创性,否则均不构成《著作权法》保护的作品。(2)万唯公司所谓的作品没有公开发表和使用,大量的招投标公告和文件中都采用了类似版本的专用条款,交建投公司不存在抄袭万唯公司的可能性和必要性。万唯公司仅以版本相似就要求交建投公司支付费用无理。请求驳回万唯公司的诉讼请求,维护施工建设市场和工程咨询市场的公平与正义。

第三人海外建设公司述称:(1)万唯公司的作品没有独创性,不应受《著作权法》保护。本案所涉的专用条款形式、思路与通用条款相似,缺乏独创性。(2)本案所涉作品与第三人无关。

法院审理查明

2011 年 6 月,万唯公司向广东省版权局就《2009 建设工程施工合同专用条款研究》申请作品著作权登记,广东省版权局经审查准以登记,并将万唯公司提交审查的作品登记样本封存在信封中作为备份件。其中 A 版作品分为(1)总则;(2)合同主体;(3)担保、保险与风险;(4)工期;(5)质量与安全;(6)造价;(7)合同争议、解除与终止;(8)其他。共八章 97 条。

2010 年 3 月,万唯公司与广东青年干部学院签订《工程施工招标顾问协议》,约定万唯公司为该学院新校区一期工程施工总承包工程施工招标活动提供顾问服务。

万唯公司与广东青年干部学院于 2010 年 3 月就该学院一期工程签订顾问合同,并于 4 月下旬将涉案作品通过电子邮件发给该学院基建办,随后该学院将上述作品对投标人予以公布。后该学院就二期工程的招标工作将万唯公司招标文件在广州建设工程交易中心网上公布。万唯公司称已经发函要求该学院撤网。

《广东省建设工程施工合同 2009 年版》中的《通用条款》包括:(1)总则;(2)合同主体;(3)担保、保险与风险;(4)工期;(5)质量与安全;(6)造价;(7)合同争议、解除与终止;(8)其他。共八章 95 条。将其与万唯公司的《2009 建设工程施工合同专用条款研究》A 版作品内容向比对,虽然两者的章节结构相同,但具体章节下的条款数量、条款内容及排列顺序并不完全相同。

2011 年 2 月 23 日,交建投公司与海外建设公司签订《工程建设项目招标代理协议书》,交建投公司委托海外建设公司为倚莲半岛居住小区一期公建工程施工总承包招标代理机构。随后,海外建设公司为交建投公司提供招标合同文本,其中第三部分的《专用条款》内容与被控侵权的《倚莲半岛居住小区一期低层住宅工程招标文件》中第三部分的《专用条款》内容基本相同,交建投公司称被控侵权的《专用条款》来源于上述海外建设公司提供的《招标文件》中的《专用条款》,但其当时并没有要求海外建设公司提供相关的版权证明资料,只是要求其承诺保证权利的合法来源。

2011 年 6 月 8 日,交建投公司在广州建设交易中心网站上的"招标公告"页面发布《招标公告》,该公告第三部分为《专用条款》,分为:一、总则;二、合同主体;三、担保、保险与风险;四、工期;五、质量与安全;

六、造价；七、合同争议、解决与终止；八、其他。共八章 96 条。将上述《专用条款》与万唯公司《2009 建设工程施工合同专用条款研究》A 版作品相比对，两者章节结构及条款内容基本相同。

一审判理和结果

万唯公司提交的《著作权登记证书》可以作为证据，并据此认定其对涉案作品享有著作权。交建投公司使用的《倚莲半岛居住小区一期低层住宅工程施工合同专用条款》与万唯公司的《2009 建设工程施工合同专用条款研究》A 版作品内容高度近似。海外建设公司在其主张的作品完成日期之前有机会接触到万唯公司主张权利的作品内容，根据"接触 + 复制"的著作权侵权认定标准，海外建设公司提供给交建投公司使用的被控侵权作品已构成对万唯公司著作权的侵犯。交建投公司未经万唯公司许可，擅自发布《倚莲半岛居住小区一期低层住宅工程施工合同专用条款》的行为侵犯了万唯公司《2009 建设工程施工合同专用条款研究》A 版作品的著作权，使万唯公司丧失提供工程施工招标顾问服务并获取报酬的机会，应承担停止侵权、赔偿损失等法律责任。判决：(1) 交建投公司自判决生效之日起立即删除其发布在广州建设工程交易中心网上的《倚莲半岛居住小区一期低层住宅工程施工总承包招标公告》中第三部分《专用条款》的内容；(2) 交建投公司自判决生效之日起十日内赔偿万唯公司 50000 元（包括经济损失及合理费用）；(3) 驳回万唯公司的其他诉讼请求。

二审判理和结果

本案争议的焦点在于万唯公司的《2009 建设工程施工合同专用条款研究》A 版是否能够受《著作权法》的保护。《著作权法》所称作品，是指文学、艺术和科学领域内具有独创性并能以某种有形形式复制的智力成果。虽然万唯公司向广东省版权局申请了《作品著作权登记证》，该登记证可以作为其主张权利的证据使用，但该证据本身并不能够从法律上直接对万唯公司所主张的著作权进行确认。

万唯公司主张享有著作权的《2009 建设工程施工合同专用条款研究》A 版最早是万唯公司为履行其与广东青年干部学院的《工程施工招标顾问协议》，协助该学院修订并完善招标文件及合同文件所编制。万唯公司完成该合同文件目的是用于案外人对外招标，该学院需要将合同文件向所有投标人予以公布。从万唯公司提供的关于涉案合同文件之使用情况来看，该文件发挥的是实用技术功能，是为了解决经济生活中的施工承包中产生的法律问题，是针对不同情况设计的具有一定普适性的条款，具有相关人员根据实际需要进行增删、修改后进行使用的功能。交建投公司对于被控侵权文本的使用方式也是实用性使用。万唯公司的《2009 建设工程施工合同专用条款研究》A 版与《广东省建设工程施工合同 2009 年版》的章节结构相同，不同的是条款数量、条款内容以及排列顺序，从万唯公司增删的条款以及排列来看，该文本的主要贡献在于前瞻性地解决实际问题，这些条款本身是根据《合同法》、其他法律、相关部门规章以及工程承包施工的实际情况而制作，但合同条款约定的是当事人之间的权利义务，法律表达方式较为有限，且准确而简洁的表达方式尤为有限。万唯公司的合同文件本身只是将缔约当事人的意思表示书面化和成文化。如果允许合同文本书写较优的权利义务表达方式享有著作权,则意味着其他人在碰到相同法律问题时不能使用相同的表达方式,这实质是对思想形成垄断,违背《著作权法》的本意。综上,万唯公司的《2009 建设工程施工合同专用条款研究》A 版不是《著作权法》意义上的文字作品,也不属于《著作权法》所保护的其他类型的作品范畴,故不受《著作权法》保护。判决:撤销原审判决,驳回万唯公司的诉讼请求。

北京大宝化妆品有限公司诉北京市大宝日用化学制品厂、深圳市碧桂园化工有限公司侵害注册商标专用权和不正当竞争纠纷案

——阅读提示:企业字号与注册商标冲突时如何处理?

【裁判要旨】

企业字号与注册商标冲突时应根据案件的具体情况予以处理,对于突出使用企业名称侵害他人注册商标专用权的企业,人民法院应依法判令其规范使用企业名称,以消除或者避免权利冲突的发生。但对于因特殊的历史原因已经长期使用企业字号的,可以根据案件的具体情况,不判令停止使用企业字号。

【案号】

一审:北京市第二中级人民法院(2010)二中民初字第10235 号

二审:北京市高级人民法院(2011)高民终字第983 号

再审:最高人民法院(2012)民提字第166 号

【案情与裁判】

原告(上诉人、再审申请人):北京大宝化妆品有限公司(以下简称大宝化妆品公司)

被告(被上诉人、再审被申请人):北京市大宝日用化学制品厂(以下简称大宝日化厂)

被告(被上诉人、再审被申请人):深圳市碧桂园化工有限公司(以下简称碧桂园公司)

起诉与答辩

大宝化妆品公司诉称:大宝化妆品公司拥有第 289949 号等多个“大宝牌”文字加图形、“大宝”文字加图形与“Dabao”文字的注册商标专用权,其中“大宝”文字加图形与“Dabao”文字商标已经被认定为驰名商标。大宝日化厂与碧桂园公司在其联合出品的“SOD 蜜”、“洗发露”、“沐浴露”、“护手霜”、“内衣洗护液”、“羽绒服干洗/护理剂组合装”等产品上突出使用了“大宝日化”、“DABAO RIHUA”等标识,并在其网站上对侵权标识以及带有侵权标识的产品进行展示,构成对大宝化妆品公司注册商标专用权的侵犯。大宝日化厂使用带有“大宝”字样的企业名称违反了诚实信用原则,构成不正当竞争。请求判令:(1)大宝

日化厂与碧桂园公司停止侵害大宝化妆品公司注册商标专用权的行为,即停止生产销售侵权产品,收回、清理流通领域中的全部侵权产品,销毁全部侵权产品包装,消除网站上涉及侵权标识及侵权产品的内容;(2)大宝日化厂停止使用并限期变更带有"大宝"字样的企业名称;(3)大宝日化厂与碧桂园公司在全国性的报纸上刊登声明,消除影响;(4)大宝日化厂与碧桂园公司连带赔偿大宝化妆品公司经济损失及为本案支出的合理费用人民币500万元。

大宝日化厂辩称:(1)"大宝"是大宝日化厂的合法字号,"大宝日化"则是企业简称,"DABAO RIHUA"是该企业简称的拼音,在涉案商品包装上使用上述企业简称及拼音不违反法律。本案中,大宝化妆品公司所诉产品与大宝化妆品公司生产的相应产品在包装、装潢上均有明显区别,被诉产品包装上印有大宝日化厂的"贝贝熊"商标,且标明了大宝日化厂及碧桂园公司的企业名称全称和大宝日化厂简称,故大宝化妆品公司就此起诉大宝日化厂侵权没有依据。(2)大宝日化厂于1989年2月由北京市三露厂出资设立,原名粘合剂厂。大宝日化厂登记的企业名称已有20余年,大宝化妆品公司成立的时间晚于大宝日化厂近10年,其使用"大宝"字号作为企业名称系经大宝日化厂的许可。现大宝化妆品公司要求大宝日化厂变更企业字号既没有依据也不合情理。(3)大宝化妆品公司索要高额赔偿金缺乏依据。(4)大宝化妆品公司的部分索赔请求已经超过了20年的诉讼时效。请求驳回大宝化妆品公司的全部诉讼请求。

碧桂园公司辩称:碧桂园公司系根据与大宝日化厂签订的合同加工生产被诉产品,碧桂园公司作为受托加工方已尽到注意义务,没有侵权故意,无主观过错,不构成侵权。其同意大宝日化厂的答辩意见。

一审审理查明

北京市第一中级人民法院查明:案外人北京三露厂(以下简称三露厂)系北京市民政工业总公司下属福利企业。该厂于1987年至1995年经国家工商行政管理总局商标局(以下简称商标局)核准注册了"大宝牌"文字加图形、"大宝"文字加图形、"Dabao"文字等系列商标。其中"大宝"文字加图形与"Dabao"文字注册商标被商标局认定为驰名商标。1989年,三露厂出资设立北京市大宝特种粘合剂厂(以下简称粘合剂厂)。从1991年起,粘合剂厂使用"大宝"文字加图形注册商标生产五洁粉产品。1999年,三露厂设立大宝化妆品公司作为三露厂的下属福利企业,因涉及字号重名问题,粘合剂厂为此出具函件,同意大宝化妆品公司使用"大宝"字号。2002年12月7日,粘合剂厂被核准注册了1970335号"贝贝熊"文字加图形系列商标,核定使用商品为第3类的地板上光剂、干洗剂、皮革保护剂、漂白剂、清洁制剂、去油剂、洗涤剂、洗衣剂、拟菌洗手剂及织物柔软剂。2004年4月19日,三露厂将盖有其印章的第738399号"大宝"商标注册证书的复印件提供给粘合剂厂,并注明:仅供粘合剂厂改制后做名称核准在丰台区工商局备案使用,有效期1年。2004年8月,粘合剂厂进行股份制改造,将企业名称变更为大宝日化厂,三露厂出具函件同意该厂使用"大宝"作为企业字号。粘合剂厂改制后转为国有控股企业,北京市民政工业总公司对其拥有34%股权,其余股权归该公司的员工持股会所有。此后,大宝日化厂在其五洁粉产品上使用了"大宝"文字加图形与"Dabao"文字注册商标。同年9月,三露厂将涉案"大宝牌"文字加图形、"大宝"文字加图形与"Dabao"文字注册商标转让给大宝化妆品公司所有。2005年6月21日,大宝化妆品公司将盖有其印章的第738399号"大宝"、第738400号"Dabao"商标注册证书的复印件提供给大宝日化厂,并注明:仅供大宝日化厂在有关行政部门检查商标使用情况时备案使用。2005年8月28日,大宝日化厂被核准注册了第3608579号"贝贝熊"文字加图形商标,核定使用商品为第3类玻璃擦净剂、明矾石(消毒剂)、家用抗静电剂、去污剂、除锈制剂、厕所清洗剂、去污粉、宠物用香波、香皂及洗衣浸泡剂。2007年1月15日,大宝日化厂与碧桂园公司签署协议,合作生产、销售日用化学品。该协议于2010年1月14日期满后,双方未再续签协议。大宝化妆品公司提交的公证书显示,2009年8月29日至2010年1月19日期间,在乌鲁木齐市、深圳市、汕尾市、重庆市等地的商场、超市、购物中心等场所销售有大宝日化厂与碧桂园公司联合出品的"SOD蜜"、"洗发露"、"沐浴露"、"花浴露"、"护手霜"、"内衣洗护液"、"羽绒服干洗/护理剂组合装"等产品,上述产品上均带有"大宝日化"或"DABAO RIHUA"字样,并同时使用了大宝日化厂的"贝贝熊"文字加图形注册商标;碧桂园公司在其网站上(网址:www.szbgy.com.cn)展示了其与大宝日化厂联合生产的标有"大宝日化"字样的多种产品;大宝日化厂在其网站上(网址:www.dabaorihua.com)使用了"大宝日化"字样,并展示了该厂生产的标有"大宝日化"字样的包括涉案产品在内的多种产品。2008年7月,三露厂将大宝化妆品公司100%的股权出售给案外人强生(中国)投资有限公司(以下简称强生中国公司),总价人民币23亿元,其中无形资产17亿元。此过程未涉及大宝日化厂。大宝化妆品公司被收购后,已不属于福利企业,从2009年起,对于该公司的部分残疾职工,北京市民政工业总公司要求大宝日化厂接收并予以安置。2009年12月21日,经商标局核准,大宝日化厂注册了第5589542号"贝贝熊"文字加图形商标,核定使用商品为第3类的洗发液等。2010年2月21日,大宝化妆品公司致函大宝日化厂,要求该厂停止使用"大宝"字号以及带有"大宝"、"Dabao"字样的所有标识,并收回已投入到市场中的所有产品。一审审理期间,大宝日化厂称,其于2010年1月起已停止在其产品及网站上使用"大宝日化"或"DABAO RIHUA"字样。

一审判理和结果

北京市第一中级人民法院认为:

本案的焦点问题是大宝日化厂的企业名称与涉案"大宝牌"文字加图形、"大宝"文字加图形、"Dabao"文字注册商标的冲突问题。从历史因素角度看,大宝日化厂使用含有"大宝"二字的企业名称已有20余年。作为涉案"大宝牌"文字加图形、"大宝"文字加图形、"Dabao"文字注册商标原所有人的三露厂不仅是大宝日化厂的设立者,而且在2004年大宝日化厂进行股份制改造及企业名称变更时,再次明确同意该厂使用含有"大宝"二字的企业名称,说明三露厂对于大宝日化厂使用含有"大宝"二字的企业名称一直无异议。三露厂设立大宝化妆品公司的时间晚于大宝日化厂成立近10年,在该公司设立时,因涉及字号相同的问题,是在征得大宝日化厂同意后才完成了该公司企业名称的登记。特别是在2004年,三露厂将涉案“大宝牌”文字加图形、“大宝”文字加图形、“Dabao”文字注册商标转让给大宝化妆品公司后,直至2008年三露厂将大宝化妆品公司全部股权出售给强生中国公司前,大宝化妆品公司也没有对大宝日化厂使用含有“大宝”二字的企业名称提出过异议。强生中国公司在收购大宝化妆品公司时,对于大宝日化厂使用含有“大宝”二字的企业名称这一历史问题是应知的,但相关收购过程中并没有涉及要求大宝日化厂停止使用含有“大宝”二字的企业名称的内容。结合特定历史关系,大宝日化厂使用含有“大宝”二字的企业名称有其合理性,且其主观上并无过错,故对大宝化妆品公司关于判令大宝日化厂停止使用并限期变更含有“大宝”字样的企业名称的主张及诉讼请求,不予支持。“大宝日化”系大宝日化厂的企业字号,“DABAO RIHUA”系该字号的拼音,大宝日化厂在其产品及网站上使用“大宝日化”已有多年历史,三露厂及被收购前的大宝化妆品公司从未提出过异议。但是,由于大宝日化厂与碧桂园公司生产、销售的涉案产品与涉案“大宝牌”文字加图形、“大宝”文字加图形、“Dabao”文字注册商标核定使用的商品属于同类商品,大宝日化厂与碧桂园公司在其产品及网站上使用的“大宝日化”及“DABAO RIHUA”标识中,“大宝日化”与涉案“大宝牌”文字加图形、“大宝”文字加图形注册商标构成近似,“DABAO RIHUA”与涉案“Dabao”文字注册商标构成标识近似,易使相关公众产生混淆和误认。因此,对大宝化妆品公司请求判令大宝日化厂与碧桂园公司停止在其生产、销售的涉案产品及网站上使用“大宝日化”及“DABAO RIHUA”字样以及判令大宝日化厂与碧桂园公司停止在其网站上展示带有“大宝日化”及“DABAO RIHUA”字样产品的请求予以支持。鉴于采取上述措施已可起到避免相关公众对双方产品产生混淆和误认的作用,故对大宝化妆品公司要求判令大宝日化厂与碧桂园公司收回、清理流通领域中的全部涉案产品、销毁全部涉案产品包装的主张及诉讼请求,不予支持。因本案系侵犯注册商标专用权纠纷,属侵犯财产性权利纠纷范畴,故对大宝化妆品公司请求判令大宝日化厂与碧桂园公司在全国性的报纸上刊登声明为其消除影响不予支持。因大宝日化厂使用涉案“大宝日化”及“DABAO RIHUA”标识的行为受特定历史因素的影响且其不具有主观过错,而碧桂园公司系根据其与大宝日化厂签订的合同生产销售涉案产品,亦不具有主观过错,故对大宝化妆品公司关于判令大宝日化厂与碧桂园公司赔偿其经济损失以及诉讼合理支出的请求不予支持。综上,依照《中华人民共和国民法通则》第134条第1项,《中华人民共和国商标法》第51条第1款、第52条第5项,《中华人民共和国反不正当竞争法》第2条,《最高人民法院关于审理商标民事纠纷案件适用法律若干问题的解释》第1条第1项之规定,判决:(1)大宝日化厂与碧桂园公司于判决生效之日起,停止在其产品上、网站上使用“大宝日化”、“DABAO RIHUA”字样的行为及在其网站上展示带有“大宝日化”及“DABAO RIHUA”字样产品的行为;(2)驳回大宝化妆品公司的其他诉讼请求。

上诉与答辩

大宝化妆品公司不服一审判决,向二审法院提起上诉称:(1)一审判决遗漏重大、关键事实,遗漏商标侵权问题;(2)一审判决未支持大宝化妆品公司关于收回、清理流通领域中的全部侵权产品、销毁全部侵权产品包装、消除影响、赔偿损失的诉讼请求,系适用法律不当。

二审审理查明

二审法院确认一审法院查明的事实。另查明三露厂于1987年至1995年经商标局核准注册“大宝牌”文字加图形、“Dabao”文字等系列商标。“大宝牌”文字加图形系列商标均处于有效期内。1989年,三露厂出资设立粘合剂厂,该厂与三露厂同属于北京市民政局及北京市民政工业总公司的福利企业。1999年,涉案“大宝”文字加图形与“Dabao”文字注册商标被商标局认定为驰名商标。此外,“大宝”文字加图形与“Dabao”文字注册商标多次被有关部门评为著名商标。2005年4月1日,大宝化妆品公司与大宝日化厂签订《商标使用许可合同》,约定:大宝化妆品公司许可大宝日化厂在五洁粉产品上无偿使用前述第738399号“大宝”文字加图形和第728400号“Daobao”注册商标,许可期限自2005年4月1日起至2006年3月31日。该合同期满后未再续签。诉讼中,大宝化妆品公司主张涉案侵权产品有47种,大宝日化厂主张有8种13个规格。大宝化妆品公司提交了其2006~2009年度投入的广告费发票,用于证明“大宝”文字加图形商标与“Dabao”注册商标的知名度。大宝化妆品公司主张人民币500万元的赔偿数额,其中47种侵权产品各赔偿10万元,为本案支出的合理费用299153.2元。

二审判理和结果

北京市高级人民法院认为:

一审判决结合特定历史因素,认定大宝日化厂使用含有“大宝”二字的企业名称有其合理性,未支持大宝化妆品公司关于判令大宝日化厂停止使用并限期变更含有“大宝”字样的企业名称的诉讼请求正确。一审判决支持大宝化妆品公司关于判令大宝日化厂与碧桂园公司停止在其网站上展示带有“大宝日化”及“DABAO RIHUA”字样产品的诉讼请求正确。鉴于采取该措施已可起到避免相关公众对双方产品产生混淆和误认的作用,故一审判决对于大宝化妆品公司要求判令大宝日化厂与碧桂园公司收回、清理流通领域中的全部涉案产品、销毁全部涉案产品包装的诉讼请求未予支持,并无不妥。因大宝日化厂使用“大宝日化”、“DABAO RIHUA”标识的行为不具有主观过错,碧桂园公司系根据其与大宝日化厂签订的合同生产、销售涉案产品,亦不具有主观过错,故一审判决未支持大宝化妆品公司关于判令大宝日化厂与碧桂园公司赔偿其损失及在全国性的报纸上刊登声明为其消除影响的诉讼请求,亦无不妥。该院判决:驳回上诉,维持原判。

申请再审理由与答辩

大宝化妆品公司不服二审判决,申请再审称:(1)大宝化妆品公司获准注册的“大宝”、“Dabao”驰名商标经过多年的使用、宣传、推广,具有极强的显著性和知名度以及极高的品牌价值。大宝日化厂与碧桂园公司在其联合出品的“SOD蜜”等产品上将“大宝日化”、“DABAO RIHUA”等标识以特殊字体和颜色、加大加粗的字号或者进行特殊的艺术化设计后印刷在商品及其外包装的显著位置突出使用,而将大宝日化厂拥有的“贝贝熊”注册商标放置于产品背面等不易引起消费者注意的位置,大宝日化厂的行为侵害了大宝化妆品公司的注册商标专用权。大宝日化厂的侵权行为涉及成都、深圳、重庆、乌鲁木齐、汕尾等地,成都、深圳、重庆等工商行政管理部门对其作出了行政处罚。一审、二审判决仅支持了大宝化妆品公司关于判令大宝日化厂与碧桂园公司停止突出使用“大宝日化”的诉讼请求,但对大宝化妆品公司关于消除影响及合理的赔偿损失的请求未予支持,显失公允。(2)一审、二审判决以存在历史因素、使用有合理性为由认定大宝日化厂与碧桂园公司在被诉侵权(包括在SOD蜜)等商品上使用包含“大宝”的企业名称不构成不正当竞争的判定,不尊重历史和现实状况。在强生中国公司收购大宝化妆品公司之前,大宝化妆品公司未对大宝日化厂使用“大宝”字号的行为提起诉讼或投诉,是基于双方之间存在的关联关系,但这种关联关系随着强生中国公司完成收购已经不复存在,大宝日化厂继续使用该企业名称已失去合理性。(3)强生中国公司斥巨资人民币23亿元收购大宝化妆品公司,其中“大宝”商标以及大宝化妆品公司商誉的价值就高达17亿元。如允许大宝日化厂继续使用包含“大宝”字样的企业名称并在相关产品上继续标注,无疑将使得“大宝”的品牌价值大打折扣。综上,请求撤销二审判决及一审判决第(二)项;依法改判大宝日化厂与碧桂园公司收回、清理流通领域中的全部侵权产品,并销毁全部侵权产品包装;判令大宝化妆品公司停止使用并限期变更带有“大宝”字样的企业名称;判令大宝日化厂与碧桂园公司在全国性的报纸上刊登声明,为大宝化妆品公司消除影响;判令大宝日化厂与碧桂园公司连带赔偿大宝化妆品公司经济损失及为为本案支出的合理费用合计人民币500万元。

大宝日化厂答辩称:一审、二审判决认定事实清楚,适用法律正确。虽然判决我方承担相应的法律责任,但是处理结果还是公正的。请求驳回大宝化妆品公司的再审申请。

碧桂园公司答辩称:一审、二审判决结果公平合理。请求驳回大宝化妆品公司的再审申请。

申请再审查明

最高人民法院查明:一审、二审法院查明的事实基本属实,予以确认。另查明:2006年12月,大宝日化厂增加经营范围“化妆品销售”。在此之前,其主要生产五洁粉、玻璃水、洁厕灵、洗衣液等洗涤类产品。碧桂园公司除了本案被诉侵权行为外,还在香港注册了大宝日化(香港)公司,并生产了相应产品。大宝化妆品公司于2010年在深圳市中级人民法院起诉碧桂园公司不正当竞争,该院于2011年3月3日作出深中法民三初字第165号民事判决,认定碧桂园公司构成不正当竞争,判令其赔偿大宝化妆品公司经济损失人民币3万元。同年,大宝化妆品公司在北京市第二中级人民法院起诉大宝日化厂在五洁粉等商品及网站上未经许可使用“大宝”、“Dabao”及“大宝日化”的行为侵害其注册商标专用权及不正当竞争,北京市高级人民法院经过二审,于2011年6月3日作出(2011)高民终字第984号民事判决,认定大宝日化厂侵害了大宝化妆品公司注册商标专用权,判令大宝日化厂停止侵权行为,但未支持大宝化妆品公司的赔偿请求。大宝化妆品公司目前实际生产的“大宝”、“大宝牌”及“Dabao”商品主要包括:SOD蜜、洗面奶、护发香波、沐浴露、防晒霜、眼角皱纹蜜、日霜、晚霜及焗发乳等,以上商品均属于《类似商品及服务区分表》的第0301群组。一审、二审及再审期间,当事人均未提交强生中国公司收购大宝化妆品公司时所签订的《股权转让协议》。当事人对三露厂的下属企业除了大宝化妆品公司外,还有北京大宝物业管理有限公司、大宝广告公司、大宝出租车公司等,在强生中国公司收购大宝化妆品公司之后,三露厂下属企业已变更企业名称,不再使用“大宝”字号的事实没有争议。强生中国公司于2012年4月20日向本院提交一份函件,其所附的强生中国公司于2012年4月20日写给三露厂的一份函件中提到,谈判时强生中国公司提出北京民政系统中的其他企业不应再继续使用“大宝”字号。三露厂在该函件上盖有公司印章,并回复“已阅读以上内容,并认可全部内容。特此确认。”

申请再审判理和结果

最高人民法院认为,再审期间的争议焦点为:大宝日化厂与碧桂园公司是否侵害大宝化妆品公司的注册商标专用权;是否构成不正当竞争;大宝日化厂应否停止使用“大宝”字号;大宝日化厂与碧桂园公司应否承担其他民事责任。

一、关于大宝日化厂与碧桂园公司是否侵害大宝化妆品公司的注册商标专用权的问题

根据查明的事实,大宝日化厂与碧桂园公司生产、销售的涉案产品与大宝化妆品公司“大宝”系列注册商标核定使用的商品属于同类商品,该类商品包括SOD蜜等在内的化妆品及洗涤类产品。大宝日化厂与碧桂园公司在共同生产的产品,以及在各自网站宣传展示的产品上均使用了“大宝日化”及汉语拼音“DABAO RIHUA”标识。《商标法》第52条第1项规定:未经商标注册人的许可,在同一种商品或者类似商品上使用与其注册商标相同或者近似的商标的,属于侵犯注册商标专用权的行为。《最高人民法院关于审理商标民事纠纷案件适用法律若干问题的解释》(简称商标司法解释)第1条第1项规定,将与他人注册商标相同或者相近似的文字作为企业的字号在相同或者类似商品上突出使用,容易使相关公众产生误认的,属于《商标法》第52条第5项规定的给他人注册商标专用权造成损害的行为。本案中,判断大宝日化厂与碧桂园公司是否侵害大宝化妆品公司的注册商标专用权,需要综合考虑本案的具体情况。

1. 关于大宝日化厂与碧桂园公司突出使用“大宝日化”、“DABAO RIHUA”标识是否具有合理性问题。首先,大宝日化厂成立时将“大宝”作为企业字号不具有恶意是各方当事人均认可的事实,因而不能简单地以该字号晚于“大宝”系列商标注册的时间为由,否认大宝日化厂使用“大宝”字号的合理性。其次,注册商标专用权与企业名称权均属于受法律保护的民事权利,因而不同的权利主体在行使权利时,均不得超越其权利边界而损害他人的合法权益。就本案而言,承认大宝日化厂使用“大宝”字号的合理性,并不意味着大宝日化厂与碧桂园公司在相关产品上突出使用“大宝日化”、“DABAO RIHUA”标识的行为也具有合理性。

2. 关于大宝日化厂与碧桂园公司是否构成侵权的问题。鉴于“大宝”系列注册商标显著性较强,特别是通过多年的广告宣传,已经具有了较高的知名度。从大宝日化厂与碧桂园公司共同生产、销售的SOD

蜜等化妆品与洗涤类产品的包装看,“大宝日化”字样在前且明显,大宝日化厂的“贝贝熊”注册商标在背面且很小,因“大宝日化”中的“大宝”字样具有区别商品来源的作用,故大宝日化厂与碧桂园公司突出使用“大宝日化”标识,明显具有攀附“大宝”系列注册商标商誉的恶意,易使相关公众对其商品来源产生混淆误认,或者认为不同的生产者之间具有关联关系。当然,如果说大宝化妆品公司在SOD蜜等化妆品品牌上享有较高的知名度是不争的事实,那么洗涤类产品对大宝化妆品公司而言尚没有知名度也是客观事实。但由于大宝化妆品公司在洗涤类产品上也注册了“大宝”系列商标,因而,此类产品是否具有知名度,不影响对大宝化妆品公司注册商标专用权的保护。根据《商标法》的规定,注册商标并不以实际使用为前提,一旦商标获得注册,商标法即为商标权人预留了使用的空间。在注册商标存续期间,即使商标权人未实际使用,不存在现实的市场混淆,也不允许他人在相同商品上使用相同商标或者标识,否则会导致《商标法》为商标权人预留的使用空间受到侵害。

综上所述,大宝日化厂与碧桂园公司在被诉侵权的产品上突出使用“大宝日化”、“DABAO RIHUA”标识的行为,违反了商标法及商标司法解释的相关规定,侵害了大宝化妆品公司“大宝”系列注册商标专用权,应承担相应的民事责任。一审、二审法院认为大宝日化厂与碧桂园公司不具有主观恶意,不符合事实。

二、关于不正当竞争的问题

本案大宝化妆品公司主张大宝日化厂与碧桂园公司既构成侵害大宝化妆品公司的注册商标专用权,也构成不正当竞争。鉴于侵害注册商标专用权的行为从结果上看也属于不正当竞争,因而在涉及同一行为时,如已经认定大宝日化厂与碧桂园公司侵害大宝化妆品公司注册商标专用权,且能够涵盖不正当竞争行为,可不再单独考虑不正当竞争问题。

三、关于大宝日化厂应否停止使用“大宝”字号的问题

根据《最高人民法院关于审理注册商标、企业名称与在先权利冲突的民事纠纷案件若干问题的规定》第4条,被诉企业名称侵犯注册商标专用权或者构成不正当竞争的,人民法院可以根据原告的诉讼请求和案件的具体情况,确定被告承担停止使用、规范使用等民事责任。该司法解释中提到的“规范使用”,主要针对的是突出使用企业名称字号侵害他人注册商标专用权的行为人,在行为构成侵权时,法院可以判令其以规范的方式使用商业标识。大宝日化厂突出使用“大宝”字号的行为侵害了大宝化妆品公司的注册商标专用权,因而大宝日化厂应停止突出使用“大宝日化”、“DABAO RIHUA”标识的侵权行为,以消除或者避免权利冲突的发生。

本案中,大宝化妆品公司未完全否认大宝日化厂使用“大宝”字号具有合理性,但对“合理性”的时间界限,其认为应以强生中国公司收购大宝化妆品公司之时为准,即在此之前使用“大宝”字号具有合理性,在此之后继续使用“大宝”字号已不再具有合理性。鉴此,强生中国公司收购大宝化妆品公司时的对价,是否包括大宝日化厂也应与三露厂的其他下属企业一样,停止使用“大宝”字号,是一个事实问题。由于大宝化妆品公司与大宝日化厂对该事实说法不一,故根据“谁主张谁举证”的原则,大宝化妆品公司对其主张负有举证责

任。由于大宝化妆品公司始终未能提供《股权转让协议》,而其提供的证据都是该协议签订之后,强生中国公司与三露厂、大宝化妆品公司与大宝日化厂之间的来往信函等,因此,大宝化妆品公司以该等证据证明其主张的证明力较弱。因三露厂与大宝日化厂之间不存在隶属关系,故即使三露厂有所谓的确认、承诺,亦对大宝日化厂没有约束力。考虑到大宝日化厂持续使用"大宝"字号已20多年,特别是本案中没有证据证明强生中国公司收购大宝化妆品公司时,大宝日化厂也参与其中且已经明确大宝日化厂也不能再继续使用"大宝"字号的事实,故对大宝化妆品公司关于判令大宝日化厂停止使用"大宝"字号的请求不予支持。

四、关于大宝化妆品公司提出的其他救济方式应否支持的问题

大宝日化厂与碧桂园公司生产、销售侵权产品的行为,损害了大宝化妆品公司的经济利益,应承担赔偿大宝化妆品公司损失的民事责任。一审、二审法院认为大宝日化厂与碧桂园公司不具有主观恶意,不应承担赔偿责任不当。由于大宝化妆品公司未提交因被侵权所遭受损失以及大宝日化厂与碧桂园公司因侵权获利的证据,且损失主要限于SOD蜜等化妆品系列,故根据本案的具体情况,酌定赔偿数额为人民币50万元,其中包括大宝化妆品公司为本案支出的合理费用10340.20元。在判令大宝日化厂与碧桂园公司承担停止侵权行为、赔偿损失的民事责任后,特别是大宝日化厂已经声称不再使用侵权产品包装,对大宝化妆品公司关于判令大宝日化厂与碧桂园的公司消除影响、承担收回及清理流通领域中的侵权产品、销毁侵权产品包装的请求,不再予以支持。

最高人民法院依据《中华人民共和国商标法》第52条第1项、第56条第1款、第2款,《最高人民法院关于审理商标民事纠纷案件适用法律若干问题的解释》第1条第1项,《最高人民法院关于审理注册商标、企业名称与在先权利冲突的民事纠纷案件若干问题的规定》第4条及《中华人民共和国民事诉讼法》第207条、第170条第1款第2项、第3项之规定,于2013年5月7日作出判决:(1)撤销二审判决及一审判决主文第二项;(2)维持二审判决第一项;(3)大宝日化厂、碧桂园公司共同赔偿大宝化妆品公司经济损失人民币50万元,其中包括为本案支出的合理费用10340.20元;(4)驳回大宝化妆品公司的其他诉讼请求。本案一审、二审案件受理费各人民币46800元,由大宝日化厂、碧桂园公司共同负担65520元,大宝化妆品公司负担28080元。

陕西茂志娱乐有限公司诉梦工场动画影片公司、派拉蒙影业公司等侵害商标权案

——阅读提示:作为电影名称的使用能否认定为商标的使用

【裁判要旨】

通常而言,影视名称是为了表明影视的内容,并不表明该影视剧载体的提供者,影视创作者或者制作者在该影视作品上表明其身份,也不是《商标法》意义上说明商品的提供者的行为,而将该影视作品或者制品归属于其创作者或者制作者的著作权权利归属关系,因此影视名称并非商标,其使用不构成对影视制作服务上注册商标专用权的侵犯。

【案号】

一审:北京市第二中级人民法院(2011)二中民初字第10236号

二审:北京市高级人民法院(2013)高民终字第3027号

【案情与裁判】

原告(上诉人):陕西茂志娱乐有限公司(简称茂志公司)

被告(被上诉人):梦工场动画影片公司(DreamWorks Animation L. L. C)(简称梦工场公司)

被告(被上诉人)派拉蒙影业公司(Paramount Pictures Corporation)(简称派拉蒙公司)

被告(被上诉人)中国电影集团公司(简称中影公司)

被告(被上诉人)北京华影天映影院管理有限公司(简称华影天映公司)

起诉与答辩

茂志公司提起原审诉讼称:2007年11月1日,陕西茂志影视有限公司申请在第41类“电影制作”等服务上注册“功夫熊猫”图文组合商标,2009年4月16日,该公司将上述商标的有关权益转让给茂志公司;2010年6月28日,该商标获准注册,茂志公司取得该商标的注册商标专用权。

茂志公司发现由梦工场公司制作、派拉蒙公司发行的动画片《KUNG FU PANDA 2》即将在中华人民共和国大陆地区以《功夫熊猫2》的名称公映。茂志公司认为梦工场公司和派拉蒙公司的上述行为属于在相类似的服务上使用了与茂志公司涉案注册商标相近似的标识,由于涉案被诉侵权的电影知名度高,会在茂志公司以后使用其涉案注册商标的过程中,使相关公众产生反向混淆,故构成对其涉案注册商标专用权的侵害。中影公司配合梦工场公司和派拉蒙公司以“功夫熊猫”为片名进行该部电影的宣传、发行和放映工作,华影天映公司放映并在其宣传品中的显著位置使用了“功夫熊猫”字样,亦侵害了茂志公司涉案注册商标专用权,应当停止其侵权行为。故茂志公司诉至法院,请求判令梦工厂公司、派拉蒙公司、中影公司和华影天映公司

立即停止侵害茂志公司涉案注册商标专用权的行为并承担本案诉讼费用。

梦工场公司辩称:梦工场公司自2005年就开始使用“功夫熊猫”作为电影名称进行公开宣传,早于茂志公司涉案注册商标的申请日,《功夫熊猫2》作为《功夫熊猫》的电影续集,系梦工场公司对其合法权利的合理使用;梦工场公司将“功夫熊猫”作为电影名称使用,并非商标性使用,即使认为属于商标性使用,梦工场公司系在第9类“动画片”商品上使用“功夫熊猫”商标,与茂志公司涉案注册商标核定使用的服务不相同亦不相类似,不会造成消费者的混淆、误认,亦不会造成对茂志公司商标的反向混淆,不构成对茂志公司涉案注册商标的侵害,故请求驳回茂志公司的诉讼请求。

派拉蒙公司未答辩。

中影公司辩称:茂志公司仅在第41类服务上注册了涉案商标,未在第9类电影片类别上注册相关商标,无权禁止他人在电影片上使用与茂志公司涉案注册商标相同或近似的影片名称;《功夫熊猫2》系进口影片,该片在国内审核、发行、宣传及放映环节均注明其系梦工场公司制作,不可能造成相关公众对于该影片制作公司的混淆、误认;被诉电影使用“功夫熊猫”作为电影名称,系对于电影主题的说明,构成正当使用;中影公司已经取得派拉蒙公司的授权在中华人民共和国大陆地区发行涉案电影,早在茂志公司涉案注册商标的申请日之前即已使用“功夫熊猫”作为电影《功夫熊猫》的片名,此次延续使用“功夫熊猫”作为被诉电影的名称实属正当,不构成对茂志公司涉案注册商标专用权的侵害,故请求驳回茂志公司的诉讼请求。

华影天映公司辩称:其作为放映影院,放映电影及在相关宣传中使用电影的名称并非由其决定,其他意见同梦工场公司和中影公司,故请求驳回茂志公司的诉讼请求。

一审审理查明

北京市第二中级人民法院查明:茂志公司成立于2008年12月,经营范围包括广播影视剧(片)策划、制作、发行,影视广告代理,平面三维、三维图文的设计、制作,文化演出活动策划(经营性演出除外),演艺经纪代理,企业投资策划、营销管理,会展服务,玩具、服装、箱包、字画(文物除外)、工艺品的销售(除国家规定的专控及前置许可项目)。

2010年6月28日,经商标局核准注册,茂志公司取得第6353409号“功夫熊猫及图”文字图形组合注册商标专用权,核定使用服务为第41类的教育、图书馆服务、驯兽、组织教育或娱乐竞赛、图书出版、电影制作、经营彩票,专用权期限至2020年6月27日,该商标申请日为2007年11月1日。

动画电影《KUNG FU PANDA》(中文名称为《功夫熊猫》)、《KUNG FU PANDA 2》(中文名称为《功夫熊猫2》)均由梦工场公司制作、派拉蒙公司发行,先后于2008年6月和2011年5月在中华人民共和国大陆地区首映。

2008年9月3日,中华人民共和国国家版权局颁发登记号为2008-F-012323的《著作权登记证书》,其中载明:梦工场公司对其于2005年7月18日创作完成、并于2005年7月18日在美国首次发表的美术作品《功夫熊猫 KUNG FU PANDA》,以著作权人身份依法享有著作权。

2011年5月12日,广电总局电影管理

局颁发电审进字〔2011〕第16号、电审特字(进)字〔2011〕16号电影片公映许可证,其中载明:片名为“功夫熊猫2”,出品单位为“美国梦工场动画”。同年5月24日,中影集团数字电影发展有限公司向华影天映公司出具发行通知,通知中载明:影片名称为《功夫熊猫2》,联合出品为“美国梦工场动画”,发行放映期限为2011年5月28日至2011年7月3日。

华影天映公司系传奇时代影城的经营者。茂志公司提交的传奇时代影城的宣传册中显示有“功夫熊猫2”、“5月28日上映”等字样。

在《慧科中文报纸数据库》和《中国期刊全文数据库》(CKNI)中检索“功夫熊猫”在中华人民共和国大陆地区报纸期刊中的相关报道。根据检索结果,在《慧科中文报纸数据库》中打印全文31篇;在《中国期刊全文数据库》中打印全文18篇。其中,2005年7月23日的《新闻晨报》登载有标题为“梦工厂技术总监透露未来计划2008年,《功夫熊猫》诞生”的报道;同年11月12日的《长江日报》登载有标题为“梦工场邀成龙献声《功夫熊猫》”的报道,其中有“梦工场的CGI动画新片《功夫熊猫》最近公布了全明星阵容的配音名单……据悉,《功夫熊猫》将于2008年5月上映”等内容。多篇报道中有关于《功夫熊猫》和《功夫熊猫2》上座率、票房收入等情况的内容。梦工场公司据此主张其早在2005年就开始并持续使用“功夫熊猫”作为其电影名称进行宣传,《功夫熊猫》及《功夫熊猫2》具有极高的知名度。

一审判理和结果

北京市第二中级人民法院认为:

茂志公司依法在第41类电影制作等服务类别上享有涉案“功夫熊猫及图”文字图形组合商标的注册商标专用权。

涉案被诉电影《KUNG FU PANDA 2》及此前的《KUNG FU PANDA》在中华人民共和国大陆地区公映时均使用“功夫熊猫”作为电影名称,并自2005年起就在新闻报道、海报等宣传材料中以“功夫熊猫”作为电影名称对上述电影进行了持续宣传。“功夫熊猫”作为该部电影作品的组成部分,系用以概括说明电影内容的表达主题,本身具有叙述性,而并非用以区分电影的来源,即电影的制作主体。电影和电影制作的相关公众为电影观众和电影产业的经营者。从相关公众的一般认识角度来看,相关公众具有甄别电影名称与电影制作公司(导演、演员)关系的常识、意识和能力,其是从电影制作公司(导演、演员)的角度识别电影的来源,而并非通过电影名称。综上,电影名称不能起到商标所具有的区分服务来源的功能。因此,在涉案被诉电影及宣传材料中使用“功夫熊猫”作为电影名称并非商标性的使用。

使用“功夫熊猫”作为电影名称,在通常意义上不会产生任何在先权利,即使该部电影具有极强的知名度,也不能禁止他人拍摄以功夫熊猫为主题的电影并贯之以“功夫熊猫”的名称。茂志公司关于梦工场公司使用“功夫熊猫”名称系在第9类动画片商品上使用的商标的主张缺乏依据,不予支持。鉴于涉案被诉电影及宣传材料中使用“功夫熊猫”并非商标性使用行为,茂志公司关于梦工场公司、派拉蒙公司、中影公司和华影天映公司涉案行为构成对其涉案“功夫熊猫及图”注册商标专用权的侵害的主张,不能成立,不予支持。茂志公司要求梦工场公司、派拉蒙公司、中影公司和华影天映公司承担停止侵权的法律责任的诉讼请求,亦不予支持。

北京市第二中级人民法院依据《中华人民共和国商标法》第52条第1项、《中华人民共和国民事诉讼法》第130条之规定,判决:驳回茂志公司的诉讼请求。

上诉与答辩

茂志公司不服原审判决,向北京市高级人民法院提起上诉,请求撤销原审判决,改判支持茂志公司原审诉讼请求。其主要上诉理由是:茂志公司拥有在第41类电影制作等服务上的"功夫熊猫"注册商标专用权,也一直从事电影制作工作,由梦工场公司、派拉蒙公司、中影公司和华影天映公司制作、发行、放映的《功夫熊猫2》电影中将"功夫熊猫"作为系列电影名称使用,而这种类型片系列片的名称实际上已经成为电影产品的商标,能够作为区分电影产品来源的标志。消费者听到"功夫熊猫"就能联想到梦工场公司制作的系列电影,从而使得茂志公司在使用自己的"功夫熊猫"商标时会使消费者将其与梦工场公司联系起来,导致反向混淆的发生,割裂茂志公司与其注册的功夫熊猫商标的关系,阻碍茂志公司对"功夫熊猫"品牌的培育和发展,给茂志公司造成巨大损害。原审判决将梦工场公司、派拉蒙公司、中影公司和华影天映公司制作、发行、放映的《功夫熊猫2》电影中使用"功夫熊猫"的行为认定并非商标意义上的使用属于认定事实不清、法律定性错误,应当予以纠正。梦工场公司、派拉蒙公司、中影公司和华影天映公司服从原审判决。

二审审理查明

北京市高级人民法院查明:原审法院查明的事实基本清楚,故对原审法院查明的事实予以确认。

二审判理和结果

北京市高级人民法院认为:茂志公司主张的侵害商标权行为是,梦工场公司制作、派拉蒙公司和中影公司发行、华影天映公司放映《功夫熊猫2》电影的过程中使用"功夫熊猫"的行为侵犯其第6353409号"功夫熊猫及图"注册商标专用权。判断上述行为是否构成侵权,根据《商标法》和《商标法实施条例》的上述规定,首先应当确定被控侵权使用"功夫熊猫"的行为是否属于商标意义上的使用行为,对此应当考虑以下因素:(1)被控侵权的使用行为是否出于善意;(2)被控侵权的使用行为是否是表明自己商品来源的使用行为;(3)被控侵权的使用行为是否只是为了说明或者描述自己商品的特点。

梦工场公司制作的《功夫熊猫》电影在茂志公司第6353409号注册商标获准注册前的2008年就已经在中华人民共和国公映,因此,梦工场公司、派拉蒙公司、中影公司和华影天映公司在《功夫熊猫2》中使用"功夫熊猫"字样是对其2008年制作的《功夫熊猫》电影的延续,是善意使用并不具有侵犯茂志公司第6353409号"功夫熊猫及图"商标的恶意。梦工场公司、派拉蒙公司、中影公司和华影天映公司在《功夫熊猫2》中使用"功夫熊猫"字样是为了说明自己制作、发行、放映的电影的内容和特点,并不是作为表明其电影制作或者类似商品、服务的来源使用,并非商标意义上的使用行为。而且从电影观众或者其他相关消费者的角度来看,电影《功夫熊猫2》中的"功夫熊猫"表示的是电影的名称,因为该系列电影的广泛宣传,相关消费者知道该电影是由美国电影公司或者梦工场公司、派拉蒙公司等制作、发行,但这是《著作权法》意义上的对电影作品相关权利归属的认知和确定,并非是对商品或者服务来源的认知。因此,原审判决关于梦工场公司、派拉蒙公司、中影公司和华影天映公司的涉案行为并非商标性使用行为,不构成对茂志公司第6353409号注册商标专用权的侵犯的认定,并无不当,本院予以维持。茂志公司关于上述涉案行为构成商标性使用从而构成侵权的上诉理由不能成立,对此不予支持。

兰建军、杭州小拇指汽车维修科技股份有限公司诉天津市小拇指汽车维修服务有限公司等侵害商标权及不正当竞争纠纷案

——阅读提示:经营者存在非法经营行为,是否影响其民事权益的保护?市场主体之间竞争关系的存在,是否以相同行业或服务类别为限?

【裁判要旨】

即便经营者的有关行为构成非法经营,该行为并不影响其依法制止商标侵权和不正当竞争行为的民事权利,也不影响人民法院依法保护其民事权益,被诉侵权者亦不能以此作为不侵权的抗辩。

认定不正当竞争行为并不以经营者之间存在直接的竞争关系或处于同一行业为条件。

【案号】

一审:天津市天津市第二中级人民法院(2012)二中民三知初字第47号

二审:天津市高级人民法院(2012)津高民三终字第0046号

【案情与裁判】

原告(上诉人):兰建军

原告(上诉人):杭州小拇指汽车维修科技股份有限公司(以下简称杭州小拇指公司)

被告(上诉人):天津市小拇指汽车维修服务有限公司(以下简称天津小拇指公司)

被告(上诉人):天津市华商汽车进口配件公司(以下简称天津华商公司)

原起诉与答辩

2012年3月21日,原告兰建军、杭州小拇指汽车维修科技股份有限公司向天津市第二中级人民法院提起诉讼,称其分别依法享有涉案商标专用权及企业名称权,而天津市小拇指汽车维修服务有限公司在其网站中使用了与其享有的“小拇指”商标拼音相同的域名进行注册,并在该网站、加盟店的企业招牌、店内宣传资料中单独或突出使用“小拇指”作为其服务名称,并进行招商加盟,构成商标侵权;同时,天津小拇指公司擅自使用杭州小拇指公司在先的企业名称,容易使相关公众对服务产生混淆误认,构成不正当竞争。天津市华商汽车进口配件公司在网站中使用了与涉案商标拼音相同的域名进行注册,并在该网站

使用“小拇指”标识帮助天津小拇指公司对外宣传汽车维修服务，进行招商加盟及虚假宣传，亦构成商标侵权和不正当竞争，故提起诉讼。请求：(1)判令天津小拇指公司立即停止使用“小拇指”字号进行经营；(2)判令天津小拇指公司及天津华商公司停止商标侵权及不正当竞争行为并公开赔礼道歉；(3)判令天津小拇指公司及天津华商公司连带赔偿经济损失63万元及合理开支24379.4元，并承担案件诉讼费用。

被告天津小拇指公司、天津华商公司辩称：(1)杭州小拇指公司的经营范围并不包含许可经营项目及汽车维修类，其也未取得机动车维修的相应许可，且不具备“两店一年”的特许经营条件，属于违法经营，故其权利不应得到保护。(2)天津小拇指公司、天津华商公司使用“小拇指”标识有合法来源，其网站域名早于涉案商标注册，故不构成商标侵权。(3)杭州小拇指公司并不从事汽车维修行业，双方不构成商业竞争关系，且不能证明为其知名企业，其主张企业名称权及虚假宣传缺乏事实依据，故请求驳回原告诉讼请求。

一审审理查明

杭州小拇指公司成立于2004年10月22日，法定代表人为兰建军，其下属分支机构萧山分公司于2008年8月1日取得《道路运输经营许可证》。2011年1月14日，杭州小拇指公司取得第6573882号“小拇指”文字注册商标，核定服务项目(第35类)：特许经营的商业管理、广告等。同日，兰建军将其所拥有在汽车维修服务上第6573881号“小拇指”文字注册商标以独占使用许可的方式，许可给杭州小拇指公司使用。

天津小拇指公司成立于2008年10月16日，法定代表人田俊山，该公司于2010年7月28日取得《天津市机动车维修经营许可证》。天津小拇指公司将标识进行了著作权登记，并于2010年10月28日向国家工商行政管理总局商标局申请注册图案为“”的商标。

2011年12月8日，天津市北方公证处先后对天津小拇指公司的八家招牌为“小拇指”的店面进行了摄像、拍照，公证书所附内容显示，上述店铺的牌匾上均使用“”标识，均使用名为“天津市小拇指汽车维修服务有限公司　客户联系卡”，且该客户联系卡标注“”标识，左侧位置以突出字体使用“小拇指”文字，背面以特殊字体均标注“有了小拇指　永远开新车”字样。天津小拇指公司在其对外宣传材料中多次使用了“”标识，并以特殊字体突出注明“天津小拇指专业特长”、“有了天津小拇指　永远开新车”、“汽车小划小碰怎么办？找天津小拇指”字样，并载明网址“www.tj xiaomuzhi.com”。

天津华商公司成立于1992年11月23日，法定代表人与天津小拇指公司系同一人，即田俊山，该公司取得了《天津市机动车维修经营许可证》。2008年6月30日，天津华商公司与杭州小拇指公司签订了《特许连锁经营合同》，许可天津华商公司在天津经营“小拇指”品牌汽车维修连锁中心，该合同于2010年12月16日经杭州市仲裁委员会仲裁裁决解除。

2011年6月30日，浙江省杭州市西湖公证处经杭州小拇指公司申请，在该处通过计算机登陆天津华商公司开办的www.tjxiaomuzhi.com及icp.valu.cn网站，公证书显示该网站首页显示“”标识以及“汽车小划小碰怎么办？有了小拇指永远开新车”字样，网页中浮动广告显示“小拇指”标识以及“天津小拇指会员招募中欢迎加盟共创市场”字样；网页中“联系我们”显示的均为天津小拇指公司及其分支机构的地址、电话等信息。

一审判理和结果

天津市第二中级人民法院一审认为，天津小拇指公司与天津华商公司共同侵害了兰建军、杭州小拇指公司享有权利的第6573881号和第6573882号“小拇指”文字注册商标的商标权，依法应当承担停止侵害、连带赔偿损失的民事责任。关于不正当竞争问题，天津小拇指公司与天津华商公司均从事汽车维修行业，而杭州小拇指公司无证据证明自己为合法的汽车维修行业的经营者，故双方在汽车维修行业并不存在具体的竞争关系，杭州小拇指公司此项诉讼请求无事实和法律依据，依法予以驳回。

据此，一审法院判决：天津市小拇指公司、天津华商公司停止侵害商标权的行为，并连带赔偿兰建军、杭州小拇指公司经济损失及维权费用5万元。

上诉与答辩

兰建军、杭州小拇指公司向天津市高级人民法院提起上诉，请求：(1)依法改判认定天津小拇指公司、天津华商公司网站域名构成商标侵权并予注销；(2)依法改判支持其对于天津小拇指公司、天津华商公司不正当竞争的诉请，判令天津小拇指公司停止使用“小拇指”字号；(3)改判对方连带赔偿经济损失及维权费用63万元；(4)判令一、二审诉讼费用由对方承担。主要理由：(1)原审判决确定的赔偿数额过低。(2)天津小拇指公司擅自使用杭州小拇指公司使用在先的企业名称，其采用特许加盟的经营模式与杭州小拇指公司属同行业竞争者，其行为构成不正当竞争。(3)天津小拇指公司、天津华商公司各自的网站域名构成侵权应予注销。

天津小拇指公司、天津华商公司亦不服一审判决，提起上诉，上诉请求：(1)依法改判驳回对方超过3万元部分的诉讼请求；(2)一、二审诉讼费用由对方承担。主要理由：(1)原审法院对于杭州小拇指公司超范围违法经营的事实没有查清。(2)天津小拇指公司、天津华商公司不存在商标侵权行为，其使用的标识来源于其合法著作权及企业字号。(3)原审法院确定的损失数额有误，判决有失公正。

二审审理查明

二审另查明，杭州小拇指公司于2008年4月8日取得商务部商业特许经营备案。

二审判理和结果

天津市高级人民法院二审认为：

一、关于天津小拇指公司、天津华商公司的被诉侵权行为是否构成不正当竞争及其责任承担的问题

根据已查明事实，杭州小拇指公司本身不具备从事机动车维修的资质，也并未实际从事汽车维修业务，但从其所从事的汽车玻璃修补、汽车油漆快速修复等技术开发活动，以及经授权许可使用的注册商标核定服务项目所包含的车辆保养和维修等可以认定，杭州小拇指公司通过将其拥有的企业标识、注册商标、专利、专有技术等经营资源许可其直营店或加盟店使用，使其成为“小拇指”品牌的运营商，以商业特许经营的方式从事与汽车维修相关的经营活动。因此，杭州小拇指公司是汽车维

修市场的相关经营者,其与天津小拇指公司及天津华商公司之间存在竞争关系。原审判决对此认定有误,应予纠正。另外,依据本案现有证据,并不能够直接认定杭州小拇指公司存在非法经营机动车维修或特许经营业务的行为。即使杭州小拇指公司因其经营范围中有关项目的记载违反行政法规和规章,也并不影响其主张合法民事权益,杭州小拇指公司有权提起本案不正当竞争之诉。

首先,关于天津小拇指公司注册使用"小拇指"字号是否构成擅自使用他人企业名称的不正当竞争。本案中,综合考虑杭州小拇指公司的企业字号的市场知名度、天津小拇指公司登记使用"小拇指"字号的主观故意及其"小拇指"字号的使用是否足以造成市场混淆等因素,可以认定,天津小拇指公司以"小拇指"为字号登记使用,主观上明显具有"搭便车"及攀附他人商誉的意图,且无论是否突出使用均难以避免产生市场混淆,构成不正当竞争,故应对此承担停止使用"小拇指"字号及赔偿相应经济损失的民事责任。其次,关于天津小拇指公司、天津华商公司是否存在虚假宣传的不正当竞争,杭州小拇指公司未就此提供充分证据加以证明,故该项主张事实依据不足,不予支持。

二、关于天津小拇指公司、天津华商公司是否侵害了兰建军、杭州小拇指公司的注册商标专用权及其责任承担问题,原审判决认定无误,应予维持

据此,二审法院判决:维持原审判决中关于商标侵权部分,并判决天津小拇指公司停止在其企业名称中使用"小拇指"字号及赔偿杭州小拇指公司经济损失3万元。

广州市芳奈服饰有限公司
诉李菊红侵害商标权纠纷案

——阅读提示:电子商务侵害商标权,当事人对侵权程度存有争议的,人民法院能否准确查明侵权事实?准确查明侵权事实对确定赔偿数额有何影响?

【裁判要旨】

电子商务平台的记录和储存系统的原始电子数据,应认定有证据效力,其交易量、结算数据可作为认定赔偿数额的重要参考。电子数据存有争议,可以通过其他途径加以印证。对电子数据的质证,应当局限在一定范围内进行。

【案号】

一审:江西省上饶市中级人民法院(2012)饶中民三初字第21号

二审:江西省高级人民法院(2013)赣民三终字第21号

【案情与裁判】

原告(上诉人):广州市芳奈服饰有限公司

被告(被上诉人):李菊红

起诉与答辩

原告广州市芳奈服饰有限公司(简称芳奈公司)与被告李菊红侵害商标权纠纷一案,于2012年10月22日向江西省上饶市中级人民法院提起诉讼。

芳奈公司诉称,"FanGnaiEr芳奈儿"商标注册号为第3119244号,商标注册人为章国鸣,核定使用的商品类别为第25类,包括服装等,注册有效期自2003年7月28日至2013年7月27日。2009年9月28日,芳奈公司与章国鸣签订了商标许可使用协议,协议约定,自签订之日起芳奈公司在国内以排他许可方式在内衣上使用上述注册商标。同日,章国鸣对芳奈公司签发经营、打假、维权授权书,授权芳奈公司为"FanGnaiEr芳奈儿"商标品牌中国区运营唯一总部单位,负责该品牌中国区运营、打假、维权等事宜。自"FanGnaiEr芳奈儿"商标获注册以来,权利人章国鸣与芳奈公司投入大量资金在全国宣传推广。李菊红在淘宝网站开设网店面向全国大量销售未经芳奈公司授权、非芳奈公司生产、却使用涉案商标作为商标标识的内衣。芳奈公司依法交涉,李菊红却置之不理。2010年9月20日,芳奈公司进行了公证购买,后又发了律师函,但李菊红不予以回复。为此,请求法院判令:(1)确认李菊红侵犯芳奈公司注册商标专用权;(2)李菊红赔偿芳奈公司经济损失及合理开支15万元。

被告李菊红辩称:自己因不懂法,打工闲时、在淘宝网开了一家网店,把自己穿不合身的一件内衣仿用了"芳奈儿"商标,几乎没获利,不构成侵权。芳奈公司没证据证明李菊红给其造成了巨大损失,索赔15万元没有依据。

一审审理查明

芳奈公司是"芳奈儿"注册商标专用权权的被许可人。李菊红未经芳奈公司许可,于2010年9月20日在淘宝网开设网店销售了一件未经芳奈公司授权、却使用"芳奈儿"商标的内衣,误导消费者,侵犯了芳奈公司的商标专用权。

一审判理和结果

一审法院认为,芳奈公司是"芳奈儿"商标注册人,其注册商标专用权受法律保护。李菊红的销售行为侵犯了芳奈公司的商标专用权。

《商标法》规定,侵犯注册的商标专用权赔偿数额,被侵权人所受到的损失难以确定的,由人民法院根据侵权行为的情节判决给予50万元以下的赔偿。本案中芳奈公司未能证明权利人因李菊红侵权造成商品销售减少量,因而无法算出因被侵权所受到的损失。李菊红打工闲时在淘宝网站开网店,经营规模很小,其侵权行为也是淘宝网站上注册的五六千家侵权者之一。因此本案赔偿的具体数额,应根据本案侵权行为性质、期间、后果及制止侵权行为的合理开支等因素综合确定。芳奈公司要求李菊红赔偿经济损失15万元,考虑到李菊红侵权时的经营状况,所获利润几乎没有的实情,加上其作为农民工的承受能力等情况。依照《中华人民共和国商标法》第52条、第56条,《关于审理商标民事纠纷案件适用法律若干问题的解释》第17条之规定,判决:(1)确认李菊红侵犯了芳奈公司"芳奈儿"注册商标专用权;(2)李菊红于判决生效之日起十日内赔偿芳奈公司经济损失5000元(含合理开支)。

上诉与答辩

芳奈公司不服上述判决,提起上诉,请

求改判李菊红赔偿芳奈公司经济损失及合理开支5万元。其理由如下:

一审法院低估了"芳奈儿"商标的品牌价值,李菊红是大量销售侵权产品。"开心拍拍88"系三皇冠网店,淘宝客服团队有5人,公证保全证据的网页明确显示涉案侵权产品库存有544件,并非打工闲时开的网店,应是规模较大的专职网店。一审认定"开心拍拍88"网店销售了1件侵权产品,导致判决赔偿金额过低。

李菊红辩称,李菊红只销售1件侵权产品,应驳回芳奈公司的上诉。

二审审理查明

江西省高级人民法院为查明李菊红侵害"芳奈儿"商标专用权的事实,依法向支付宝(中国)网络技术有限公司调取了"开心拍拍88"网店销售侵权产品时前后各三个月的销售交易记录(Excel表格显示交易记录共19391条,用CD光盘固定),查明淘宝网会员"开心拍拍88"(淘宝网会员"开心拍拍88"实名李菊红,身份证号3623***46)在淘宝网出售标有"FanGnaiEr芳奈儿"标识的产品的交易记录2次,共计货款503元。2010年9月20日,芳奈公司公证证据保全时购买产品1件,支付对价29元、运费8元。

二审判理和结果

查清上述侵权事实后,李菊红自愿赔偿芳奈公司7000元,双方和解。二审法院裁定准许芳奈公司撤回上诉。

环球股份有限公司(UNIVERSAL S. P. A.)诉青岛际通文具有限公司、青岛际通铅笔有限公司、青岛永旺东泰商业有限公司侵犯商标专用权纠纷案

——阅读提示:销售商在其销售的正品商品上擅自加以包装,在未遮挡或更换现有商标的基础上,在包装中标注自己商标的行为构成商标侵权

【裁判要旨】

《商标法》第52条第4项规定:"未经商标注册人同意,更换其注册商标并将该更换商标的商品又投入市场的行为属于侵犯注册商标专用权的行为。"如被控侵权人未经商标注册人同意,对其正品商品擅自加以包装,并在包装上标注了自己的商业标识,该行为不属于上述法律规定的"反向假冒"商标侵权,但因其损害了商标的识别功能,亦应认定为商标侵权行为。

【案号】

一审:山东省青岛市中级人民法院(2011)青知民初字第245号

二审:山东省高级人民法院(2013)鲁民三终字第32号

【案情与裁判】

原告(上诉人):环球股份有限公司(UNIVERSAL S. P. A.)(简称环球公司)

被告(上诉人):青岛际通文具有限公司(简称际通文具)

被告(上诉人):青岛际通铅笔有限公司(简称际通铅笔)

被告(被上诉人):青岛永旺东泰商业有限公司(简称永旺东泰)

起诉与答辩

2011年6月9日,环球公司向山东省青岛市中级人民法院起诉称,该公司是"CARIOCA"注册商标的商标权人,永旺东泰销售的36色细尖水彩笔使用了环球公司的"CARIOCA"注册商标,该商品由际通文具总经销,由际通铅笔生产。永旺东泰、际通文具、际通铅笔未经许可擅自使用环球公司商标,其行为侵犯了环球公司的注册商标专用权。请求判令永旺东泰、际通文具、际通铅笔:(1)立即停止生产、销售侵犯环球公司注册商标专用权商品的行为,并销毁全部侵权商品;(2)登报道歉、消除影响;(3)赔偿经济损失及维权费用15万元;(4)承担本案诉讼费用。

际通文具答辩称:际通文具使用涉案商标是基于环球公司的授权。另外,涉案水彩笔商品系环球公司与际通文具的合资企业青岛利通文具有限公司(以下简称利通公司)生产的。

永旺东泰答辩称:根据《商标法》第56条第3款的规定,永旺东泰不应承担赔偿责任。

法院审理查明

环球公司为G728061号"CARIOCA"注册商标的商标权人,核定使用商品为第16类,包括书写工具、绘图用具、纸、纸板和不属别类的纸和纸板制品、印刷品、照片、文具等。注册有效期自2010年1月7日至2020年1月7日。

青岛市市中公证处(2010)青市中经证字第002349号公证书记载:2010年11月8日9时45分,青岛利通文具有限公司的委托代理人肖晓莉与公证员付强、公证人员李绿来到青岛市市南区香港中路72号"JUSCO"商场二层卖场,肖晓莉购买了"好乐星36色细尖水彩笔"一盒、"好乐星20色超长水彩棒"一盒、"好乐星12色珍宝大水彩笔"一盒、"好乐星旋转彩虹大蜡笔"一支,并取得发票号为30953860的《青岛市商品销售发票》一张,随后肖晓莉将上述商品及发票交给公证员。购买行为结束后,肖晓莉在公证处对上述商品及发票进行了拍照,并由公证员对上述商品及发票进行了封存,李绿就此过程制作了《工作记录》。2010年12月1日,青岛市市中公证处为本次公证行为出具了公证书。

在公证处封存的商品中,品名为"36色盒装细尖水彩笔"的商品内装水彩笔笔杆上可见金色"CARIOCA"及UNIVERSAL图文标志,外包装上可见"好乐星"及"图形"等商标,生产日期注明为2010年6月9日,并标明由青岛际通文具有限公司总经销,青岛际通铅笔有限公司生产。该商品销售单价为人民币48.60元。该产品系际通文具向利通公司订购,由利通公司生产的。

2003年8月16日,际通文具(甲方)与环球公司(乙方)共同签订《合资经营企业协议》,约定双方共同出资成立合营企业,即青岛利通文具有限公司,在青岛从事文具及相关产品(以下称许可产品)的生产、销售和开发。其中,合同第五条"专利许可"约定:乙方同意向合营企业转让下列独家许可,其第(2)项即为商标独占许可——依据本协议的专利许可协议,用乙方商标销售许可产品。第六条"产品销售"约定:甲乙双方共同负责销售许可产品。通过乙方世界销售系统销售的产品初期销售量为总产量的100%。同时,甲方将协助合营企业通过中国的外贸公司出口许可产品。许可产品也可以在中国市场出售。

以中、英文同时书写,并经环球公司代表人QUERCIOLI ENRICO先生署名的两份授权书,其落款日期分别为2007年10月24日和2008年1月1日。该两份授权书中文部分内容相同,均为:意大利UNIVERSAL SPA公司在此授权青岛际通文具有限公司使用其"Carioca"和"Unix"品牌在中国境内销售其铅笔,水彩笔与圆珠笔;而英文部分一份有"for year 2007"字样,另一份有"for year 2008"字样。

一审判理和结果

青岛市中级人民法院一审认为,本案的争议焦点主要是:际通文具、际通铅笔、永旺东泰的行为是否侵犯了环球公司的注册商标专用权;如果构成侵权,其法律责任应如何承担。

关于际通文具和际通铅笔是否构成侵权,应如何承担法律责任。首先,关于际通文具提出的其具有环球公司的合法授权,有权使用"CARIOCA"注册商标的抗辩主张,一审法院认为,涉案两份授权书的授权期限应当为2007年、2008年两年,而本案36色细尖水彩笔上标明的生产日期为2010年6月9日,且该商品公证购买的日期为2010年11月8日,均超出了上述授权期限。其次,关于际通文具、际通铅笔提出的涉案商品系际通文具向环球公司授权的合营企业利通公司订购的,是合法取得的抗辩主张,一审法院认为,商标的主要功能就是标示和识别商品或服务的来源,就涉案商品来看,在标示了环球公司注册商标的商品上同时加标际通文具、际通铅笔商标的行为,会使相关消费者对涉案商品的来源产生混淆和误认,从而对环球公司的商标造成损害。最后,关于际通铅笔提出的其并非涉案商品的实际生产商的抗辩主张,一审法院认为,不论际通铅笔是否系涉案商品的实际生产商,其在涉案商品上标示自己为生产商的行为,在客观上已使其成为涉案商标的实际使用人,会使相关消费者对商品的来源产生混淆与误认,而且,涉案商品上的"好乐星"及"图形"等商标亦为际通铅笔所有。综上,一审法院认为,际通文具与际通铅笔侵犯了环球公司的注册商标专用权,依法应当停止侵权,并承担连带赔偿责任。

关于永旺东泰的法律责任。一审法院认为,根据《商标法》第56条第3款之规定,销售不知道是侵犯注册商标专用权的商品,能证明该商品是自己合法取得的并说明提供者的,不承担赔偿责任。本案中,永旺东泰提供了际通文具提供的授权书以证明其尽到了审慎注意义务,际通文具亦认可涉案商品系其提供给永旺东泰的,本案亦无证据显示永旺东泰在主观上构成明知或应知,因此永旺东泰不存在过错,依法不承担赔偿责任。

关于损失赔偿数额的确定。本案中,环球公司并未提交证据证明其因涉案被控侵权行为所受到的损失,亦无证据证明际通文具、际通铅笔销售侵权商品的数量及侵权所得等,而是请求法院酌定。一审法院根据有关法律规定进行酌定。鉴于环球公司"CARIOCA"商标自2010年1月7日方取得国家商标局注册,且本案系环球公司起诉际通文具与际通铅笔侵犯其"CARIOCA"注册商标专用权的多起同类案件中的其中一起,针对的亦系某一家具体的商场;同时,考虑到环球公司与际通文具、际通铅笔之间的复杂关联关系,并结合环球公司商标的知名度与价值、涉案商品的销售价格、侵权行为的持续时间、规模、手段与情节、际通文具与际通铅笔的主观过错程度等,确定损失赔偿数额为人民币50000元。

此外,由于环球公司并未提交证据证明际通文具、际通铅笔、永旺东泰尚有库存侵权商品、且库存商品与被诉商标不可分,同时,责令三公司停止侵权对于保护环球公司的商标权来说也已经足够,因此,对于环球公司要求销毁全部侵权商品的诉讼请求,不予支持。另外,环球公司亦未提交证据证明际通文具、际通铅笔、永旺东泰的侵权行为给其造成了具体的商誉损失或其他的不良影响,因此对于环球公司要求登报道歉、消除影响的诉讼请求,一审法院依法亦不予支持。

综上,一审法院依照《侵权责任法》第2条、第8条、第15条第1款第1项、第6项、《商标法》第52条第1项、第2项、第56条第2款、第3款、《关于审理商标民事纠纷案件适用法律若干问题的解释》第9条第1款、第16条第1款、第1款之规定判决,(1)青岛永旺东泰商业有限公司、青岛际通文具有限公司、青岛际通铅笔有限公司立即停止侵犯环球股份有限公司"CARIOCA"注册商标专用权的行为;(2)青岛际通文具有限公司、青岛际通铅笔有限公司于本判决生效之日起十日内连带赔偿环球股份有限公司经济损失人民币50000元;(3)驳回环球股份有限公司的其他诉讼请求。案件受理费人民币3300元,由环球股份有限公司承担1100元,青岛际通文具有限公司、青岛际通铅笔有限公司共同承担2200元。

上诉与答辩

环球公司不服一审判决,提起上诉称:(1)一审法院认定永旺东泰不承担赔偿责任错误。(2)一审法院认定赔偿金额过低。请求二审法院改判被上诉人永旺东泰、际通文具和际通铅笔赔偿环球公司经济损失15万元。

上诉人际通文具不服原审判决,提起上诉,请求二审法院依法改判或发回重审。主要理由为:(1)一审法院认定授权书有期限错误。(2)一审法院判决赔偿数额过高。(3)际通文具、际通铅笔经是在利通公司的授权下在涉案产品上使用"际通经销"等文字内容的。利通公司依约有权使用环球公司的商标,故其对涉案商标的使用完全合法。

上诉人际通铅笔不服原审判决,提起上诉,请求二审法院依法改判或发回重审。主要理由为:涉案产品不是际通铅笔生产的,际通铅笔不应承担侵权责任。

二审判理和结果

山东省高级人民法院认为,根据双方当事人的诉辩主张,本案的争议焦点主要有以下三点:

1. 际通文具、际通铅笔是否侵犯了环球公司的注册商标专用权,应否承担侵权责任。环球公司在本案中主张,由际通文具销售、际通铅笔生产的被控水彩笔侵犯了其"CARIOCA"注册商标专用权。际通铅笔、际通文具抗辩称其生产销售行为有环球公司合法授权,该授权没有期限。对此,二审法院认为,根据已查明的事实,际通文具获得的授权仅限于销售行为,即环球公司授权书(中、英文)仅授权际通文具有权使用"CARIOCA"品牌在中国境内销售其铅笔、水彩笔与圆珠笔,并未授权其使用"CARIOCA"品牌进行生产。而际通文具在

2010 年销售被控水彩笔,亦超出环球公司授权期限。际通文具虽主张环球公司对其销售行为的授权没有期限,但其分别于 2007 年、2008 年获取环球公司两份授权书说明环球公司是按年度进行授权的,故际通文具的上述主张与事实不符。一审法院依据两份授权书英文内容认定际通文具获得授权的期限应为 2007 年、2008 年两年,认定事实清楚,并无不当。综上,际通文具和际通铅笔关于其生产、销售被控水彩笔有环球公司合法授权的主张缺乏证据支持,不能成立,二审法院不予支持。

另,根据已查明的事实,可以认定被控水彩笔系由环球公司授权的生产商利通公司生产,但际通文具、际通铅笔在该产品的包装物上添附了中文标识,其上标注有"总经销:青岛际通文具有限公司"、"生产商:青岛际通铅笔有限公司"等字样,还标注有"好乐星"文字及图形商标。二审法院认为,商标的基本功能为识别功能,即将商标权人的商品或服务与其他人的商品或服务区别开来。消费者借助商标选购自己喜爱的商品或服务,经营者则借助商标推销自己的商品,而这一切均依赖于商标识别功能的正常发挥。侵害商标权行为的表现形式多种多样,其本质特征都是对商标识别功能的破坏,造成相关公众对商品或服务的来源产生误认或者认为其来源与注册商标的商品有特定的联系。因此,《商标法》保护商标就是保护商标的识别功能。本案中,际通文具、际通铅笔在环球公司产品的包装物上添加自己企业字号和商标的行为、将自己标注为产品经销商和生产商的行为,破坏了环球公司"CARIOCA"注册商标的识别功能,割裂了环球公司"CARIOCA"注册商标所对应的市场主体,容易使相关消费者误认为被控水彩笔系来源于际通文具、际通铅笔,或者认为际通文具、际通铅笔与环球公司存在关联关系,侵犯了环球公司的注册商标专用权。故际通文具、际通铅笔作为市场经营者,在未取得商标权人环球公司授权的情形下,在环球公司产品上标注自己的企业标识和商标,借他人商标宣传自己,构成商标侵权,应承担相应的侵权责任。一审法院判令际通文具、际通铅笔应承担停止侵权、赔偿损失的责任并无不当,应予维持。

2. 永旺东泰作为销售商应否承担赔偿责任。本案中,永旺东泰在原审中提交了相应的证据证明其销售的涉案侵权产品有合法来源,而环球公司没有提交其"CARIOCA"商标具有较高知名度的证据,不能证明永旺东泰知道或应当知道其销售的涉案产品侵权。故,永旺东泰销售不知道是侵犯他人注册商标专用权的产品,该产品系通过真实的市场交易获取且存在真实供货人,永旺东泰依法得以免除赔偿责任。

3. 一审法院确定的 5 万元赔偿数额是否适当。根据《关于审理商标民事纠纷案件适用法律若干问题的解释》第 16 条的规定,一审法院在双方当事人均未提交证据证明侵权人获利或权利人损失的情形下,综合考虑涉案商标的知名度、侵权行为的性质、持续时间以及际通文具、际通铅笔的侵权主观恶意等因素,确定本案赔偿数额为 5 万元,属在法律规定的范围内依法行使自由裁量权,并无不当。际通文具、际通铅笔虽对 5 万元赔偿数额持有异议,但未提交有效证据证明其真实获利事实,故其关于赔偿数额过高的抗辩理由不能成立,二审法院不予支持。

综上,依照《中华人民共和国民事诉讼

法》第 171 条第 1 款 1 项之规定，二审法院判决驳回上诉，维持原判。二审案件受理费 2300 元，由上诉人青岛际通文具有限公司、青岛际通铅笔有限公司共同承担。

河南杜康酒业股份有限公司诉汝阳县杜康村酒泉酒业有限公司、河南世纪联华超市有限公司侵犯商标专用权纠纷一案

——阅读提示：第三人不当使用他人共用商标的侵权认定

【裁判要旨】

商标权共同使用人将商标许可第三人使用，导致共同使用人的产品与第三人的产品产生来源混淆，应认定第三人的行为侵犯商标使用权。

【案号】

一审：郑州市中级人民法院(2011)郑民三初字第 74 号

二审：河南省高级人民法院(2011)豫法民三终字第 194 号

【案情与裁判】

原告(被上诉人)：河南杜康酒业股份有限公司(以下简称杜康酒业公司)

被告(上诉人)：汝阳县杜康村酒泉酒业有限公司(以下简称酒泉酒业公司)

被告：河南世纪联华超市有限公司(以下简称世纪联华超市)

起诉与答辩

原告杜康酒业公司诉称：伊川县杜康酒厂始建于 1968 年，2008 年 2 月正式更名为河南杜康酒业股份有限公司。1981 年 12 月 15 日，杜康酒业公司获得了注册商标(以下简称"杜康"商标，见附图 1)。自建厂以来，杜康酒业公司生产的"杜康"系列白酒获得了诸多荣誉，"杜康"商标于 2006 年 1 月被认定为"中国驰名商标"和"中华老字号"称号。2009 年 10 月，杜康酒业公司发现酒泉酒业公司未经许可，在其网站上多处使用"杜康"文字进行宣传，同时在其生产的 30 多种酒产品中，均突出使用了"杜康"文字作为商品名称的主要部分。被告世纪联华超市销售了酒泉酒业公司生产的 5 种杜康酒。故杜康酒业公司于 2010 年 12 月 6 日诉至法院，请求判令：(1)二被告立即停止生产、销售侵犯"杜康"商标使用权的产品；(2)酒泉酒业公司立即删除其公司网站上的侵权产品图片、虚假宣传用语；(3)酒泉酒业公司在其网站首页显著位置、《大河报》上刊登赔礼道歉声明；(4)酒泉酒业公司赔偿经济损失以及杜康酒业公司为制止侵权行为支付的合理费用共计 100 万元。

被告酒泉酒业公司辩称：(1)由于历史原因，国家商标局决定"杜康"商标由一厂家注册、三厂家使用，而并非杜康酒业公司独自享有专用权。酒泉酒业公司生产的杜康系列酒产品使用的"白水杜康"商标，是陕西白水杜康酒业有限责任公司(以下简称白水杜康酒业公司)于 1996 年申请核准

注册的。酒泉酒业公司与白水杜康酒业公司签订了商标许可使用合同,因此不存在非法经营。(2)酒泉酒业公司生产的杜康系列酒产品标注有生产厂家、厂址,不会误导公众对该商品来源产生混淆。(3)公证处保全的网址不是酒泉酒业公司的网站,其宣传的内容与酒泉酒业公司没有任何关系。因此请求驳回杜康酒业公司的诉讼请求。

被告世纪联华超市辩称:世纪联华超市销售酒泉酒业公司生产的杜康系列白酒,有正常的进货手续及销售单据。因此不应当承担法律责任,请求驳回杜康酒业公司的诉讼请求。

法院审理查明

20世纪70年代,河南省的伊川县、汝阳县,陕西省的白水县分别建立了杜康酒厂并均将"杜康"作为酒的特定名称。1980年10月,国家相关部门要求酒的名称和商标名称统一,一种商标仅允许一家注册。伊川县杜康酒厂、汝阳县杜康酒厂、白水县杜康酒厂分别向国家工商总局申请注册"杜康"商标。1983年7月18日,国家商标局出面协调,并与有关部门协商研究决定,由伊川县杜康酒厂注册"杜康"商标,许可汝阳县杜康酒厂和白水县杜康酒厂使用。1983年10月,伊川县杜康酒厂分别与汝阳县杜康酒厂、白水县杜康酒厂签订了商标使用合同。合同约定,伊川县杜康酒厂注册"杜康"商标,汝阳县杜康酒厂、白水县杜康酒厂同时同期使用。为了区别三个厂家的产品,在各自产品贴花的"杜康"商标下面分别标注"伊川"、"汝阳"、"白水"字样。

伊川县杜康酒厂经改制更名为杜康酒业公司,现"杜康"商标专用权为该公司的关联公司——伊川杜康酒祖资产管理有限公司享有,杜康酒业公司为"杜康"商标独占使用权人。1996年12月14日,汝阳县杜康酒厂在酒类商品上依法获得商标(以下简称"汝阳杜康"商标,见附图2)的注册。同日,白水县杜康酒厂依法获得商标(以下简称"白水杜康"商标,见附图3)的注册,核定使用商品为第33类白酒。现该商标专用权人为白水杜康酒业公司。2008年12月5日,白水杜康酒业公司的关联公司——陕西白水杜康品牌管理有限公司与酒泉酒业公司签订《品牌使用协议》,双方约定,白水杜康酒业公司将"白水杜康"商标、产品名称、款式、文字、图案、规格等许可酒泉酒业公司使用,许可方式为普通许可,销售区域为浙江省、辽宁省、江西省、福建省、河南省。指定产品的中文名称应为"白水杜康·酿酒村",酒泉酒业公司可自行确定副品牌名称,否则将以商标侵权追究酒泉酒业公司的相关法律责任。

伊川县杜康酒厂生产的杜康系列白酒、汝阳县杜康酒厂生产的汝阳杜康系列白酒以及"杜康"商标均获得了较高的荣誉。1997年、2005年、2008年"杜康"商标被评为河南省著名商标,2005年被认定为驰名商标。

2010年1月25日,杜康酒业公司委托代理人李永强及公证处人员先后来到世纪联华超市等多家商店,购买到"杜康"经典珍藏、"杜康"典藏、"杜康"富贵国花、"杜康"酿酒村等"杜康"系列白酒26瓶。上述酒产品均由酒泉酒业公司生产,其共同特征是:产品包装盒(瓶)的上方均有"白水杜康"商标,酒的名称为"杜康+其他",其中"杜康"文字单独排列,其他文字相对于"杜康"文字字体很小。"杜"字的侧上方有"白水"文字,"白""水"两字上下排列,形成"泉"字,且颜色与"杜康"文字颜色相比偏淡。包装盒均有“酿酒村”文字,但与“杜康”文字不在同一行排列,且字体较小。酒泉酒业公司网站的宣传内容载明:杜康酒已成为中国十大文化名酒、中国驰名商标……绝对认同我公司的经营和杜康品牌……网页中有“杜康客服”字样,并显示有40余种不同包装的酒。

一审判理和结果

一审法院认为:三厂家通过长期使用以及持续地对商标宣传,使“杜康”商标的知名度显著提升,相关公众已将“杜康”商标与三厂家之间产生特定的联系。白水县杜康酒厂于1996年获得了“白水杜康”商标,该商标的注册是基于“杜康”商标注册时的复杂背景,在使用“杜康”商标时为区分三厂家的产品来源,长期在“杜康”标识前加注地域限制,事实已形成了“白水杜康”的标识。虽然“白水杜康”商标已予以注册,但考虑到“杜康”商标与“白水杜康”商标之间的历史渊源关系,“杜康”商标在先注册的事实以及两个商标在外观上的高度近似性,即使白水杜康酒业公司将“白水杜康”商标许可酒泉酒业公司使用,酒泉酒业公司也应该保持高度审慎的注意义务,采取各种合理措施以避免引起消费者将其酒产品与三厂家的“杜康”酒产品相混淆。然而酒泉酒业公司并没有遵守《品牌使用协议》中关于“指定产品的中文名称为白水杜康·酿酒村”的约定,而是在酒的名称中突出使用“杜康”文字,使普通消费者误认为其产品是杜康酒业公司生产的“杜康”系列酒产品之一,混淆其产品的来源。因此该行为应当予以禁止。一审法院判决:(1)酒泉酒业公司立即停止在其生产销售的酒产品包装上突出使用“杜康”文字;(2)世纪联华超市立即停止销售侵犯杜康酒业公司商标使用权的酒产品;(3)酒泉酒业公司立即删除其公司网站上侵犯杜康酒业公司商标使用权的酒产品图片以及虚假宣传用语;(4)酒泉酒业公司赔偿杜康酒业公司经济损失十五万元;(5)驳回杜康酒业公司的其他诉讼请求。

上诉与答辩

宣判后,酒泉酒业公司不服判决,其上诉理由除与一审答辩意见相同外,另上诉称:酒泉酒业公司厂址在杜康村,其产品包装必然使用“杜康”文字。原审判决应追加“白水杜康”商标持有人参加本案诉讼。请求二审法院依法撤销原审判决,驳回杜康酒业公司的诉讼请求或者发还重审。

杜康酒业公司答辩称:原审判决未遗漏当事人,酒泉酒业公司不能证明“白水杜康”商标注册人许可其使用该商标。

二审判理和结果

二审审理期间,杜康酒业公司撤回对酒泉酒业公司虚假宣传行为的诉讼。

二审法院认为:杜康酒业公司申请撤回对酒泉酒业公司虚假宣传行为的诉讼,应予准许。酒泉酒业公司上诉原审遗漏当事人,因其履行《品牌使用协议》并未约定许可突出使用“杜康”文字,且《品牌使用协议》与本案非同一法律关系,其遗漏当事人理由不能成立。涉案《品牌使用协议》约定,酒泉酒业公司生产的产品中文名称为“白水杜康·酿酒村”。酒泉酒业公司在其生产的产品及包装上并未完全按照许可使用合同约定使用“白水杜康·酿酒村”,而是突出标识“杜康”文字,其“白水”、“酿酒村”标识字体较小,或者“白水”标识似“泉”,酒泉酒业公司生产的“杜康”产品与杜康酒业公司生产的“杜康”产品在同一市场作为商品销售,必然造成杜康酒业公司生产的“杜康”商品与酒泉酒业公司生产的白水“杜康”商品在市场上对消费者的直接混淆。特别是酒泉酒业公司在其生产的产品标识商标防伪标签上直接使用“杜康”文字,与“杜康”商标文字相符,误导消费者,已构成对杜康酒业公司“杜康”商标的侵权。二审法院判决:(1)维持河南省郑州市中级人民法院(2011)郑民三初字第74号民事判决第一项、第二项、第四项、第五项及逾期履行付款的内容;(2)撤销(2011)郑民三初字第74号民事判决第三项。

附图1:

附图2:

附图3:

湖北十堰武当山特区仙尊酿酒有限公司诉武汉天滋武当红酒业销售有限公司等侵害商标权纠纷案

——阅读提示:在先使用未注册商标与注册商标发生冲突时,人民法院在确定保护对象时应重点考量哪些因素?

【裁判要旨】

《商标法》(2001年修正)第31条规定:“申请商标注册不得损害他人现有的在先权利,也不得以不正当手段抢先注册他人已经使用并有一定影响的商标。”在原告湖北十堰武当山特区仙尊酿酒有限公司注册商标后并未实际投入使用取得识别性,且“武当”作为公共资源其本身显著性不强的情况下,对被告武汉天滋武当红酒业销售有限公司、湖北神武天滋野生葡萄酒业有限公司在先使用并有一定影响的“武当红”商业标识予以相应保护，符合《商标法》关于保护在先使用未注册商标、遏制恶意抢注他人商标的立法精神。

【案号】

一审：湖北省武汉市中级人民法院（2012）鄂武汉中知初字第01508号

二审：湖北省高级人民法院（2013）鄂民三终字第00132号

【案情及裁判】

原告（上诉人）：湖北十堰武当山特区仙尊酿酒有限公司（简称仙尊酿酒公司）

被告（被上诉人）：武汉天滋武当红酒业销售有限公司（简称天滋武当红公司）

被告（被上诉人）：湖北神武天滋野生葡萄酒业有限公司（简称神武天滋公司）

起诉与答辩

仙尊酿酒公司因天滋武当红公司、神武天滋公司侵害商标权及不正当竞争纠纷一案，于2012年5月22日向湖北省武汉市中级人民法院起诉，请求判令：（1）天滋武当红公司、神武天滋公司停止侵害仙尊酿酒公司商标权及不正当竞争的行为，并撤除销毁侵权包装盒、包装袋、酒瓶、名片及广告宣传材料等；（2）天滋武当红公司停止使用与仙尊酿酒公司商标相同或近似的企业名称，并限其在合理期限内到工商行政部门更改或注销企业名称；（3）天滋武当红公司、神武天滋公司停止使用“www. wudanghong. com”域名，并在合理期限内注销该域名；（4）天滋武当红公司、神武天滋公司连带赔偿仙尊酿酒公司经济损失以及对侵权行为进行调查支出的取证费用、律师代理费等合理费用共计人民币30万元；（5）天滋武当红公司、神武天滋公司承担本案诉讼费用。仙尊酿酒公司在一审庭审中明确放弃其不正当竞争的诉请。

天滋武当红公司、神武天滋公司共同答辩称：（1）仙尊酿酒公司试图通过注册武当系列商标垄断武当地名的商业使用，于法无据；（2）神武天滋公司在酒品包装、宣传资料等上使用“武当红”或山斟·武当红，性质上属于知名商品特有名称，且早于仙尊酿酒公司武当红商标注册时间，属于在先权利；（3）仙尊酿酒公司武当系列商标系地名商标，不能禁止所在区域内其他经营者为表明产品来源而在商品名称中正当合理使用该地名；（4）天滋武当红系依法注册的企业名称中的字号，且早于仙尊酿酒公司武当红商标注册时间，属于在先权利；（5）天滋武当红公司、神武天滋公司并未注册“http://www. wudanghong. com”域名，且该域名注册时间早于仙尊酿酒公司武当红商标注册时间，属于他人在先权利。

一审审理查明

仙尊酿酒公司成立于2004年3月19日，经营范围为白酒加工、销售等。其在本案主张权利的第671191号、第1083680号、第1107727号、第1393938号商标的原始注册人为北京醇武当山酿酒有限公司，2010年7月5日，上述四商标变更注册人为仙尊酿酒公司。第8333106号商标注册人为仙尊酿酒公司，获准注册时间为2011年5月28日，核定使用商品为烧酒、葡萄酒、酒（利口酒）、酒（饮料）、威士忌酒、含酒精浓汁、含酒精果子饮料、米酒、黄酒（截止）。上述商标经续展注册均处于有效保护期限内。神武天滋公司成立于1998年11月24日，自2009年起即生产被控侵权“武当红”葡萄酒，经营范围为野生葡萄酒及果酒制造销售等。天滋武当红公司成立于2010年4月20日，经营范围为酒文化咨询、预包装食品批发兼零售，系被控侵权“武当红”

葡萄酒的销售商。自2009年始,神武天滋公司分别在《东风汽车报》、《十堰晚报》等媒体上对“武当红”葡萄酒进行系列宣传。2012年5月7日,仙尊酿酒公司发现两被告利用www.wudanghong.com网站对涉嫌侵权的商品进行产品营销,且在购自天滋武当红公司的酒瓶包装、酒瓶、名片、宣传画册上标有标识,宣传画册上有“武当红”标识,并对被告涉案行为进行了公证取证。

一审判理和结果

仙尊酿酒公司第671191号、第1083680号、第1107727号、第1393938号商标与天滋武当红公司、神武天滋公司使用的“武当红”标识整体上存在差异,无混淆的可能。仙尊酿酒公司的第8333106号商标虽从视觉上与天滋武当红公司、神武天滋公司使用的“武当红”标识无差别,但仙尊酿酒公司未实际使用商标,天滋武当红公司、神武天滋公司使用涉案标识的时间在仙尊酿酒公司商标注册之前,且经过广泛持续宣传已构成在先使用并有一定影响的商标,故神武天滋公司、天滋武当红公司使用“武当红”标识不构成侵权。同时,天滋武当红公司使用的企业名称,天滋武当红公司、神武天滋公司注册使用的域名亦不构成侵权。根据《商标法》(2001年修正)第9条,第31条,第52条第1项、第2项,《关于审理商标民事纠纷案件适用法律若干问题的解释》第1条、第9条、第10条,《关于审理涉及计算机网络域名民事纠纷案件适用法律若干问题的解释》第4条、第5条第2款的规定,《民事诉讼法》第128条,一审法院判决:驳回仙尊酿酒公司的全部诉讼请求。

上诉与答辩

仙尊酿酒公司不服一审判决,上诉请求二审法院:(1)撤销一审判决;(2)判令天滋武当红公司、神武天滋公司停止侵害仙尊酿酒公司商标权的行为,并撤除销毁侵权包装盒、包装袋、酒瓶、名片及广告宣传材料等;(3)判令被上诉人停止使用与上诉人商标相同或近似的企业名称,并限其在合理期限内到工商行政管理部门更改或注销企业名称;(4)判令被上诉人停止使用“www.wudanghong.com”域名,并在合理期限内注销该域名;(5)判令二被上诉人连带赔偿上诉人经济损失,以及对侵权行为进行调查取证费用、律师代理费等合理费用共计30万元;(6)本案的诉讼费用由被上诉人承担。

被上诉人天滋武当红公司、神武天滋公司共同答辩称:(1)上诉人试图通过注册“武当”系列商标垄断对“武当”地名的商业使用,于法无据,亦不具有合理性。(2)神武天滋公司在其生产的酒品包装等上使用的系自己有一定影响的商品特有的名称,即“武当红”和“山斟武当红”。从广义的商标概念来讲,无论是有一定影响的商品特有的名称,还是未注册商标,相对于“武当”系列其他商标,均属于在先权利,“武当红”和“山斟武当红”均属于“武当”地名所在区域的其他经营者为表明地理来源而在商品名称中使用该地名的合理使用行为。(3)天滋武当红公司登记“天滋武当红”字号先于上诉人注册的商标,属于在先权利。(4)域名“www.wudanghong.com”先于注册,属于他人在先权利,相对“武当”商标,因“武当”的固有地域含义,没有显著性,不构成近似。

二审审理查明

(1)2008年4月8日,郧西山斟野葡萄酒业有限公司变更为湖北神农山斟野生葡萄酿酒有限公司;2009 年 5 月 21 日,湖北神农山斟野生葡萄酿酒有限公司变更为神武天滋公司;(2)神武天滋公司的“山斟”注册商标于2006 年2 月被十堰市工商行政管理局评为“十堰市知名商标”;(3)2010年2 月21 日,神武天滋公司向国家工商行政管理总局商标局申请注册“山斟武当红”商标,该商标目前处于异议期;(4)2009 年11 月26 日,神武天滋公司在《东风汽车报》上对“武当红”葡萄酒进行广告宣传。

二审判理和结果

关于天滋武当红公司、神武天滋公司是否侵害仙尊酿酒公司第 8333106 号注册商标的问题,应当根据公平、诚实信用以及保护在先取得的合法权利的原则进行综合判断。首先,从被控侵权标识的使用时间看,天滋武当红公司、神武天滋公司实际使用“武当红”的时间不晚于2009 年 11 月 26日,而仙尊酿酒公司第 8333106 号商标的申请注册日期为2010 年5 月26 日,核准注册时间为2011 年5 月28 日,其申请和核准时间均晚于天滋武当红公司、神武天滋公司实际使用“武当红”的时间。其次,从一、二审查明的事实看,天滋武当红公司、神武天滋公司在仙尊酿酒公司注册第 8333106号商标前,已经对被控侵权标识进行了大量使用,包括从 2009 年 11 月即开始在《楚天都市报》、《东风汽车报》、《十堰日报》、《十堰晚报》、《武汉晚报》等报刊上进行持续的广告宣传,使用的地域覆盖了仙尊酿酒公司住所地和竞争性产品销售地,其生产销售“武当红”葡萄酒具有一定的影响和市场知名度,已经形成了事实上的在先权利。《商标法》(2001 年修正)第 31 条规定:“申请商标注册不得损害他人现有的在先权利,也不得以不正当手段抢先注册他人已经使用并有一定影响的商标。”神武天滋公司和仙尊酿酒公司的住所地同在湖北十堰地区,同为生产酒类产品的企业,且在仙尊酿酒公司 2010 年 5 月 26 日申请注册商标之前,神武天滋公司已经于 2010 年 2月 21 日向国家工商行政管理总局商标局申请注册“山斟武当红”商标,仙尊酿酒公司随后就该商标向国家工商行政管理总局商标局提出了异议,并在异议期内申请注册商标,证明仙尊酿酒公司明知“武当红”标识已为神武天滋公司使用,仍然申请注册商标,显然与神武天滋公司的在先权利相冲突。由此可以认定,仙尊酿酒公司在申请注册商标时具有恶意。作为取得在先权利的神武天滋公司,其在先权利可以构成对注册商标权的抗辩。另外,一审依据“举重明轻”的解释规则,认为“以不正当手段抢注的商标并不能禁止他人在先使用并具有一定影响的商业标识……法院如保护通过不正当手段获得的利益,将有违诚实信用原则”,但从本案实际情况看,无充分证据和理由认定仙尊酿酒公司注册第8333106 号商标系通过不正当手段取得,故一审的上述表述不妥,依法应予纠正,但不影响天滋武当红公司、神武天滋公司善意使用的在先权利。最后,“武当”作为公共资源,不能为仙尊酿酒公司所独享,在商标其固有显著性并不强的情况下,商标或者“武当红”标识只有在实际使用中获得其识别性、显著性特征。相反,商标经核准注册后,尚未与商品相结合并实际投入市场使用,没有获得显著性和市场知名度,不造成市场混淆。天滋武当红公司、神武天滋公司使用“武当红”标识不构成对仙尊酿酒公司第 8333106 号商标权的侵害。况且,天滋武当红公司、神武天滋公司在经营活动中系将注册商标“山斟”与“武当红”结合使用,已经起到了区别注册商标的作用,不会引起相关消费者的误认。在仙尊酿酒公司合法取得注册商标后,天滋武当红公司、神武天滋公司虽有合理的避让义务,但神武天滋公司和天滋武当红公司在原有范围内使用“武当红”、标识,不构成对仙尊酿酒公司第 8333106 号商标权的侵害。天滋武当红公司使用其企业名称,天滋武当红公司、神武天滋公司注册使用的域名亦未侵害仙尊酿酒公司的注册商标专用权。原审认定事实清楚,适用法律正确,实体处理得当。遂依照《民事诉讼法》第 170 条第 1 款第 1 项之规定,判决:驳回上诉,维持原判。

广州饮食服务企业集团有限公司诉广州市西关世家园林酒家有限公司商标及老字号品牌许可使用合同纠纷案

——阅读提示:在合同约定不明确的情况下如何判断合同效力及合同内容?

【裁判要旨】

本案双方当事人广州饮食集团和西关世家知名度较高,“莲香楼”商标及老字号品牌更是家喻户晓,案件涉及老字号企业转制过程中产生的一系列法律问题,法律问题疑难复杂,社会影响较大。二审法院正确适用相关法律和司法解释的规定,在双方合同文本相对模糊的情况下,最大程度还原合同签订的本意,并结合签订合同的背景以及理性市场主体的交易习惯等,综合判断合同是否成立及合同条款如何确定。本案判决取得了良好的法律效果和社会效果,对进一步完善老字号品牌的保护起到了积极的引导作用。

【案号】

一审:广东省广州市中级人民法院(2010)穗中法民三初字第 433 号

二审:广东省高级人民法院(2013)粤高法民三终字第 123 号

【案情与裁判】

原告(上诉人):广州饮食服务企业集团有限公司(以下简称饮食集团)

被告(被上诉人):广州市西关世家园林酒家有限公司(以下简称西关世家)

起诉与答辩

2010 年 11 月 4 日,饮食集团向原审法院提起诉讼称:饮食集团是“莲香楼”系列商标及老字号品牌的所有人。2006 年,广州市荔湾区人民政府国有资产监督管理局(以下简称荔湾区国资局)通过公开挂牌转让的方式将广州市“莲香楼”有限公司 99% 的股权公开转让,但“莲香楼”系列商标及老字号品牌的使用权不包含在本次产权交易标的中,受让人必须向饮食集团缴纳商标使用费。使用费标准根据广州市人民政府国有资产监督管理委员会(以下简称广州国资委)穗国资批【2006】16 号《关于泮溪酒家和莲香楼老字号品牌使用费的批复》(以下简称广州国资委16号文)定为每年137万元,每年递增3%。之后,西关世家成功受让广州市"莲香楼"有限公司99%的股权,并于2006年9月1日与荔湾区国资局签订《股权交易合同》。合同签订后,西关世家一直使用"莲香楼"商标及老字号品牌进行经营,但并没有按照约定按时足额向饮食集团支付商标使用费,其间饮食集团多次催讨均未果。饮食集团认为,西关世家的行为已经构成违约,严重损害了饮食集团的合法权益。故请求法院判令:(1)西关世家向饮食集团支付2010年9月1日前积欠的商标使用费合计人民币25.1568万元(其中2007~2008年度欠4.11万元,2008~2009年度欠8.3433万元,2009~2010年度欠12.7035万元);(2)西关世家自2010年9月1日起以154.1946万元为基数,每年递增3%的商标使用费标准继续履行合同;(3)本案诉讼费用由西关世家承担。

西关世家辩称:(1)西关世家不是"莲香楼"系列商标及老字号品牌的使用人,使用人是广州市莲香楼有限公司。(2)西关世家与饮食集团从未约定商标使用费的数额及交付时间。(3)广州国资委16号文是对荔湾区国资局的内部批复,对西关世家没有约束力。且西关世家是在股权交易开标后至双方签订《股权交易合同》前才知道有该批复,但西关世家从未表示接受。(4)根据《股权交易合同》,西关世家认为"莲香楼"系列商标及老字号品牌使用费总值是900万元。正是基于这种理解,西关世家为顾全大局已经按照每年137万元交纳了2010年9月1日前的商标使用费,但并不代表西关世家同意广州国资委16号文所确定的支付标准。综上,饮食集团的诉请缺乏合同依据,西关世家不构成违约。请求驳回饮食集团全部诉请。

法院审理查明

2006年4月17日,广州国资委向荔湾区国资局发出《关于做好无形资产持有者更名工作的函》,称其已经委托饮食集团持有、管理"莲香"、"泮溪"老字号及商标,要求荔湾区国资局协助饮食集团做好上述商标及老字号品牌的注册更名等工作。之后,饮食集团受让了原属广州市莲香楼有限公司的"莲香楼"系列商标及老字号品牌。

2006年7月10日,广州产权交易所受荔湾区国资局委托,在《广州日报》发出公告,以公开竞投方式转让广州市莲香楼有限公司99%的股权。竞投截止期是2006年8月21日上午10时。西关世家以意向收购方身份参加了竞投。

2006年8月11日,广州国资委发给荔湾区国资局广州国资委16号文,主要内容有:企业改制后原国有企业性质发生了变化,必须按协议有偿使用"泮溪酒家"和"莲香楼"老字号及商标。有偿使用范围包括经国家有关部门注册、登记的老字号、商标及其派生的所有与其相关的商标,未经权属持有人的同意,不得私自注册与"泮溪酒家"和"莲香楼"商标有关系的其他商标,不得转租、分租。"泮溪酒家"和"莲香楼"老字号、商标的有偿使用费收取初定为以55万元和137万元为基数,每年递增3%,并作为招标条件之一,与股权转让标的一同在广州产权交易所挂牌招租。租赁期签约时另行商议。收费标准及办法,市有另行规定时,从新规定执行。

2006年8月21日上午10时,广州市产权交易所主持进行了开标。

2006 年 8 月 23 日,《羊城晚报》有“泮溪、莲香 99% 股权卖给新东家”的报道,称:“昨日凌晨,香港上市公司四洲集团所属的四洲物业有限公司和广州市荔湾区西关世家园林酒家,分别以 3800 万元收购了泮溪酒家 99% 的股权和以 5120 万元收购莲香楼 99% 的股权,成为两家老字号的新东家……据悉,目前为止,市政府有关部门并没有关于对老字号商标有偿使用的书面材料,而只有口头上的承诺。直至开标截止的前两天,才有国资委相关的书面办法,但是这也仅仅确定了每年的商标使用费及递增比例,而对于商标使用期为多长、使用期满后该怎么续等问题均未涉及。”同日,《广州日报》也有“西关世家 5120 万元买下莲香楼,四洲集团 3800 万元拿了泮溪酒家”的报道,称:“由两家接手企业和荔湾区政府达成的承诺书中明确了老字号商标、字号的使用问题……具体的商标使用费标准初步定为,‘莲香楼’和泮溪酒家分别以 137 万元和 55 万元为基数,每年递增 3%。”

2006 年 8 月 28 日,广州产权交易所书面通知西关世家成功竞得广州市莲香楼有限公司 99% 股权。

2006 年 9 月 1 日,荔湾区国资局(出让方)与西关世家(受让方)签订《股权交易合同》,约定:转让标的是出让方所持有的广州市莲香楼有限公司 99% 股权;转让价款为人民币 51200300 元;转让条件包括受让方承诺必须使用标的企业老字号商标,并向商标所有权人缴纳商标使用费,同时不准自行注册企业衍生商标,承诺“莲香楼”在原基础上有更大发展,并充分发挥和保持老字号优势。合同第五条“资产、债券债务和所有者权益处理”还约定:标的企业的资产、债券债务和所有者权益,出让方同意按广东公认会计师事务所有限公司出具的《广州市莲香楼有限公司资产评估报告书》[粤公会评报字(2006)第 2 号]中的结果予以认定,即截至资产评估基准日 2005 年 11 月 30 日的总资产为 9163 万元,总负债为 2410 万元,所有者权益为 6753 万元。其中剔除商标使用权价值 900 万元和未缴土地出让金 733 万元,调整后的所有者权益为 5120 万元。

2007 年 7 月 15 日,西关世家发给饮食集团《关于莲香楼商标和老字号品牌许可使用的复函》,称根据广州国资委 16 号文精神,结合其实际情况,请求饮食集团或由饮食集团向广州国资委反映,对原拟定收取“莲香楼”商标和老字号品牌使用费的标准(基数),给予调低和缓缴,建议每年的递增率从第三年开始递增,递增前三年递增率为 1.5%,后三年以 2% 左右的幅度进行递增。

2008 年 3 月 16 日,西关世家发给饮食集团《关于“莲香楼”老字号品牌有偿使用费的有关意见》称,根据广州国资委 16 号文精神和 2008 年 2 月 26 日“西关世家园林酒家会议”的意见,同意在第一个转制年按原约定的标准缴纳 137 万元使用费;但要求调整原拟定的使用费基数,建议以企业平均年营业纯利润的 5% 收取使用费,要求给予两年免缴使用费的时间,还要求签订协议时约定的使用期限不宜以一年为限。

2008 年 7 月 16 日,饮食集团发给西关世家《关于“莲香楼”商标和老字号品牌许可使用的复函》,称根据《股权交易合同》和广州国资委 16 号文,“莲香楼”的商标和老字号品牌第一期许可使用年限仍然为二年,即从 2006 年 9 月 1 日起至 2008 年 8 月

31日止;使用费第一年本来为137万元,考虑到2006年9月至2007年1月还在交接和装修,同意对该五个月减半收取使用费,故实际为108.4585万元,第二年以137万元为基数递增3%为141.11万元;关于今后使用费的缴费标准和使用年限如何界定,在合同期满前双方再认真商讨;要求西关世家于2008年7月25日前与其签订“莲香楼”的《商标和老字号品牌有偿使用许可合同》,并缴纳使用费。该复函的附件是《商标和老字号品牌有偿使用许可合同》。

2008年7月25日,西关世家发给饮食集团《关于请求对“莲香楼”商标使用许可合同进一步协商的函》称,已收到饮食集团2008年7月16日的复函及附件合同,但有不同看法,主张中央14部委联合下发的商改发[2008]104号文件《关于保护和促进老字号发展的若干意见》为双方进一步协商指明了方向,请求饮食集团在莲香楼老字号商标使用许可方面给予其大力支持和帮助;表示为体现其诚意,愿意在双方未签订商标使用许可合同前缴纳第一期使用费,以履行其承诺;希望就“莲香楼”老字号商标的许可使用条件、期限和范围等进行切合实际以及坦诚、务实地协商,修订完善《商标有偿使用许可合同》。

2009年4月28日,西关世家发给饮食集团《关于有偿使用老字号品牌意见函》,称其积极地支付了首期的商标使用费;认为由于企业历史遗留问题较多所带来的资金问题及2009年“金融海啸”的影响,企业的经营面临更大的困难,希望饮食集团给予更大的政策支持;提出由其永久使用莲香楼商标,使用费拟定为每年50万元,五年后递增1.5%,按每五年一个周期进行类推计算。

2009年5月8日,饮食集团发给西关世家《关于有偿使用“莲香楼”商标和老字号品牌的复函》称,原则上许可西关世家长期有偿使用“莲香楼”商标和老字号品牌,但要求必须签订《商标和老字号有偿使用许可合同》,以确定每一使用年度的费用标准及支付办法;要求严格履行《股权交易合同》的条款,根据广州国资委16号文,2006年9月1日至2007年8月31日第一年度使用费137万元,2007年9月1日至2008年8月31日第二年度使用费141.11万元,2008年9月1日至2011年8月31日期间的使用费每月按莲香楼的销售总额2%计提,2011年9月1日以后的使用费由双方在上一期合同届满前二个月再协商确定;如果将来中央或省、市政府部门出台有关扶持、发展老字号企业的政策、法规,涉及确需调整将来每一年度的使用费标准的,则由双方根据政府部门当时有效的政策规定和法律法规进行协商调整。

2009年5月30日,西关世家发给饮食集团《关于有偿使用“莲香楼”商标和老字号品牌的复函》称,原则上同意长期有偿使用莲香楼商标和老字号品牌,但要求在确定有偿使用费的标准后再签订相关的使用协议;重申由于企业历史遗留问题较多所带来的资金问题及2009年“金融海啸”的影响,企业的经营面临更大的困难,恳请使用费的拟定标准按其2009年4月28日复函意见执行。

2009年10月12日,饮食集团发给西关世家《关于有偿使用莲香楼商标和老字号品牌的函》,称就西关世家提出有关使用费定额等问题,已经向广州国资委进行了汇报和请示,广州国资委答复要严格履行《股权交易合同》的条款,签订《商标和老字号品牌有偿使用许可合同》,缴纳使用费;使用费按照广州国资委 16 号文确定的标准执行,不调减;如果西关世家既不签订《商标和老字号品牌有偿使用许可合同》,又不依期缴纳使用费,饮食集团将根据广州国资委意见终止许可西关世家使用“莲香楼”商标和老字号品牌。

另查明,广州市莲香楼有限公司于 2008 年 12 月 11 日向饮食集团缴纳 2006 年 9 月 1 日至 2007 年 8 月 31 日的商标及老字号品牌许可使用费 108.4585 元,于 2009 年 11 月 27 日缴纳 2007 年 9 月 1 日至 2008 年 8 月 31 日的使用费 137 万元,于 2010 年 8 月 18 日缴纳 2008 年 9 月 1 日至 2009 年 8 月 31 日的使用费 137 万元,于 2011 年 4 月 7 日缴纳 2009 年 9 月 1 日至 2010 年 8 月 31 日的使用费 137 万元。

再查明,荔湾区国资局为广州市莲香楼有限公司股权转让目的,曾委托广东公认会计师事务所有限公司对广州市莲香楼有限公司的全部资产及负债进行评估。2006 年 1 月 18 日,广东公认会计师事务所有限公司出具《广州市莲香楼有限公司资产评估报告书》[粤公会评报字(2006)第 2 号],其中认为“莲香楼”商标评估值为 900 万元,评估基准日是 2005 年 11 月 30 日。

又查明,庭审中,饮食集团明确其在本案主张的使用费是指“莲香楼”系列商标及“莲香楼”老字号的使用费,西关世家对此并无异议。双方还确认,饮食集团许可的“莲香楼”系列商标既包括股权转让之前注册的“莲香楼”商标,也包括转让之后注册的“莲香楼”商标。

一审判理和结果

原审法院认为,双方争议的焦点是:双方是否成立“莲香楼”商标及老字号的使用许可合同关系;如成立,商标及老字号使用费标准是多少;西关世家是否构成违约。

关于第一个问题。根据《中华人民共和国合同法》第 10 条,当事人订立合同,有书面形式、口头形式和其他形式。根据《最高人民法院关于适用〈中华人民共和国合同法〉若干问题的解释(二)》第 2 条的规定,当事人未以书面形式或者口头形式订立合同,但从双方从事的民事行为能够推定双方有订立合同意愿的,人民法院可以认定是以《合同法》第 10 条的“其他形式”订立的合同。本案中,根据《股权交易合同》中关于西关世家必须使用“莲香楼”商标及老字号品牌并缴纳商标使用费的约定,饮食集团、西关世家往来函件的内容,以及西关世家通过其经营管理的广州市莲香楼有限公司支付四年商标使用费的事实,足以认定饮食集团、西关世家已经成立“莲香楼”商标及老字号品牌的使用许可合同关系。西关世家通过其经营管理的广州市莲香楼有限公司使用“莲香楼”商标及老字号品牌并支付使用费,正是其使用商标的具体方式,故西关世家主张其不是商标及老字号品牌的使用人,依据不足,不能成立。根据《股权交易合同》涉及的原国有企业广州市莲香楼有限公司的改制背景,该合同关于西关世家必须使用商标并充分发挥和保持老字号优势的约定,以及双方在 2009 年 5 月 8 日、5 月 30 日往来函件中关于同意长期使用商标的表述,足以认定饮食集团许可西关世家长期使用商标及老字号品牌。另外,双方还确认,许可的商标范围既包括股权转让之前注册的“莲香楼”商标,也包括转让之后注册的“莲香楼”商标。

关于第二个问题。西关世家根据《股权交易合同》中关于商标使用权价值 900

万元的表述，主张商标使用费总额是900万元。原审法院认为，从《股权交易合同》中这一表述的上下文看，并不是对商标使用费的约定，而只是表明股权交易内容并不包括商标。其次，《股权交易合同》这一表述引用的是《广州市莲香楼有限公司资产评估报告书》的表述，事实上，该报告书表述的是商标评估价值，不是商标使用权价值。再者，从西关世家所有函件的内容看，西关世家从未主张过商标使用费总额是900万。综上，西关世家的主张缺乏充分依据，不能成立。

饮食集团根据双方的往来函件及西关世家支付商标使用费的事实，主张商标及老字号使用费是第一年137万元，次年起每年递增3%，即广州国资委16号文的使用费标准。原审法院认为，根据《中华人民共和国合同法》第61条的规定，合同生效后，当事人就质量、价款或者报酬、履行地点等内容没有约定或者约定不明确的，可以补充约定；不能达成补充约定的，按照合同有关条款或者交易习惯确定。本案中，虽然《股权交易合同》没有约定商标及老字号品牌使用费标准，但双方之后通过往来函件专门对此进行了多次协商。根据2008年3月16日西关世家函件中关于“同意在第一个转制年按原约定的标准缴纳137万元使用费”的表述，2008年7月16日饮食集团函件中关于“第一期许可使用年限仍然为二年，第一年同意五个月减半收取使用费，实际为108.4585万元，第二年以137万元为基数递增3%为141.11万元”的表述，以及2008年7月25日西关世家复函中关于“愿意在双方未签订商标使用许可合同前缴纳第一期使用费，以履行其承诺”的表述，足以认定双方对第一年、第二年的使用费已经达成补充约定，即按广州国资委16号文的标准执行。

关于第三年、第四年的使用费标准。根据饮食集团的函件，其先主张可在第一年、第二年合同期满后再商讨，或按照莲香楼的销售总额2%计提，但最后明确为按照广州国资委16号文的标准执行，不调减。而根据西关世家的函件，其先主张每年的递增率从第三年开始递增，前三年递增率为1.5%，后三年为2%，然后表示按企业平均年营业纯利润5%收取使用费，最后明确为每年50万元，五年后递增1.5%，按每五年一个周期进行类推计算。显然，双方未能就此达成书面约定。其次，虽然西关世家这两年每年按广州国资委16号文的基数137万元缴纳了使用费，但并没有按批复要求进行递增，故不足以认定西关世家是按批复标准执行。饮食集团虽接受了西关世家第三年使用费，但不久即起诉西关世家违约，而第四年使用费是西关世家在本案诉讼过程中缴纳，故也不足以认定饮食集团接受了西关世家的履行。综上，双方未就这两年使用费标准达成合意。饮食集团主张双方已达成按批复标准执行的合意，缺乏充分依据，原审法院不予支持。

关于第五年至今的使用费标准。由于西关世家未支付任何费用，且双方未有任何书面约定，故也不能认定双方就此已达成合意。

关于第三个问题。西关世家第二年没有按3%支付递增的使用费，显然构成违约。饮食集团诉请西关世家支付该年积欠的使用费4.11万元，依据充分，原审法院予以支持。由于双方未就第三年至今的使用费标准达成合意，故饮食集团主张西关世家违约，缺乏事实依据，不能成立。至于之后的使用费,尚未产生,饮食集团主张西关世家应按广州国资委 16 号文的标准予以支付,缺乏事实和法律依据,也不能成立。

综上,原审法院依照《中华人民共和国合同法》第 107 条、《中华人民共和国民事诉讼法》第 64 条第 1 款及《最高人民法院关于民事诉讼证据的若干规定》第 2 条的规定,判决:(1)广州市西关世家园林酒家有限公司于判决发生法律效力之日起十日内向广州饮食服务企业集团有限公司支付积欠的第二年使用费人民币 4.11 万元;(2)驳回广州饮食服务企业集团有限公司的其他诉讼请求。如未按判决指定的期间履行给付金钱义务的,应当依照《中华人民共和国民事诉讼法》第 229 条的规定,加倍支付迟延履行期间的债务利息。一审案件受理费人民币 22813 元,由广州饮食服务企业集团有限公司负担 22357 元,广州市西关世家园林酒家有限公司负担 456 元。

上诉与答辩

饮食集团上诉称:(1)原审法院对于事实的认定混乱,对同一合同关系适用不同的标准,前后矛盾,判决有误。原审判决首先认定合同成立,但在确定许可使用费时,又以双方约定和合意为标准,自相矛盾。此外,原审法院在认定事实方面,对双方来往函件断章取义,作出错误认定。双方来往函件只就是否变更原使用费标准进行建议和磋商,并未做出任何承诺。(2)饮食集团与西关世家就许可使用费已经达成协议,原审判决认定双方未达成协议属认定事实错误。西关世家在签订合同前已经知晓相应的价格条款,其仍然签订合同并履行,因此,广州国资委 16 号文规定的收费标准属于合同的组成部分,对双方具有法律约束力。(3)原审判决认定"饮食集团许可西关世家长期使用商标及老字号",不但认定事实错误,且逻辑混乱。

西关世家答辩称:原审法院查明的事实清楚,适用法律正确,请求二审法院驳回上诉,维持原判。

二审审理查明

二审法院对一审法院查明的事实予以确认。

二审法院另查明,双方签订的《股权交易合同》第 11 条第 2 点明确约定:受让方接受以下关于 1% 黄金股权利与义务的约定,并在标的公司变更后的公司章程中予以明确:(1)甲方代表政府持有的标的企业 1% 黄金股不作价,黄金股股东不参与标的企业董事会,不干预企业经营决策,不参与分红,不承担企业从事生产经营过程中发生的一切经济和法律责任。(2)黄金股股东有权对政府设定的转让条件执行情况进行监督,如果转让后的企业股东大会和董事会、经理层作出不履行本合同转让条件中第一条、第二条、第五条的约定的决议时,黄金股股东有权行使否决权,致使该项决议不能实施。其中,合同转让条件中第五条规定的是:受让标的企业股权后,承诺必须使用标的企业老字号商标并向商标所有权人缴纳商标使用费,同时不准自行注册企业衍生商标。

二审法院再查明,一审庭审中,饮食集团和西关世家双方均确认西关世家在签订《股权交易合同》之前已经知晓广州国资委 16 号文的内容。

二审判理和结果

广东省高级人民法院审理认为:本案为商标及老字号品牌使用许可合同纠纷。根据一、二审法院查明的事实、当事人的上诉意见,本案争议焦点为涉案"莲香楼"系列商标及老字号品牌的许可使用费标准如何确定,西关世家是否需要补缴商标及老字号品牌许可使用费以及补缴的数额如何确定的问题。(1)关于涉案"莲香楼"系列商标及老字号品牌的许可使用费标准如何确定的问题。第一,从合同约定的角度来看。《股权交易合同》在转让条件的第五条规定:受让标的企业股权后,承诺必须使用标的企业老字号商标,并向商标所有权人(广州市国有资产监督管理委员会或其委托代理人)缴纳商标使用费,同时不准自行注册企业衍生商标。该条款明确了西关世家必须使用莲香楼商标及老字号品牌并缴纳许可使用费。此外,《股权交易合同》第11条第2点明确约定了荔湾国资局所持有的黄金股的权利和义务,即如果转让后的企业股东大会和董事会、经理层作出不履行合同转让条件中第五条的约定的决议时,黄金股股东有权行使否决权,致使该项决议不能实施。由此可见,"莲香楼"系列商标及老字号品牌的许可使用权及许可使用费是该次股权交易中的重要条件。作为参与竞标交易主体的西关世家,理应对该条款高度重视,并对商标及老字号品牌许可使用费标准问题予以高度关注。第二,从股权交易情况和广州国资委16号文发布情况来看。西关世家从参与竞标开始,就已经从《股权转让公告》、《广州市莲香楼有限公司股权交易评审规则》等竞标项目文件中清楚知晓,标的企业广州市莲香楼有限公司原为国有独资企业,出让方荔湾区国资局系管理辖区内国有企业的国家机关。广州国资委专门针对莲香楼转制所涉商标及老字号品牌许可使用费问题而出台的广州国资委16号文,作为其下级部门的荔湾区国资局须遵照执行。广州国资委16号文于2006年8月11日印发,即于竞投截止日(2006年8月21日)前出台,相关条款内容亦在2006年8月23日《广州日报》上予以报道,西关世家在一审庭审中也明确承认其在合同签订前已经知晓该批复的内容。在此情况下,如西关世家不接受广州国资委16号文所确定的商标及老字号品牌许可使用费标准,理应不参与竞投,即使其是在参与竞投后、签订《股权交易合同》前方知晓广州国资委16号文,按照常理亦应在签订合同前向荔湾国资局提出变更相关费率,或者拒绝签订《股权交易合同》。其在未提出异议或所提异议未被采纳的情况下签订《股权交易合同》,应推定其接受广州国资委16号文确定的商标及老字号品牌许可使用费标准及递增比率这一交易条件。西关世家抗辩认为广州国资委16号文只对荔湾区国资局有效,西关世家即使知晓该批复也不能视同接受该批复内容,明显缺乏事实依据和法律依据,本院不予采信。第三,从日常生活经验及公平合理的角度看。作为理性的市场主体,在订立合同之前必然会审慎、全面地评估合同获益与风险,交易价格是整个交易过程中至关重要的因素。西关世家在参与竞标前,理应对商标及老字号品牌许可使用费这一股权交易所涉的重要问题做好充分评估和思想准备,并接受相应市场交易风险。其在明知存在广州国资委16号文的情况下,仍然签订《股权交易合同》,推定其接受并同意相关交易条件,符合日常生活经验和逻辑推理,亦是公平合理的。西关世家辩称广州国资委16号文不应作为确定商标及老字号品牌许可使用费的合同依据,该主张不能成立,不予支持。第四,从双方当事人就变更商标及老字号品牌许可使用费问题的磋商情况来看。2007 年 7 月 15 日至 2009 年 10 月 12 日期间,西关世家与饮食集团持续就“莲香楼”商标及老字号品牌使用费标准的变更问题进行了商谈。2008 年 7 月 16 日,饮食集团给西关世家发函,表示第一期商标许可使用年限为两年,从 2006 年 9 月 1 日起至 2008 年 8 月 31 日止。饮食集团同意 2006 年 9 月至 2007 年 1 月间的许可使用费减半收取,即第一年的许可使用费收取 108.4585 万元。2008 年 7 月 25 日,西关世家给饮食集团发函,表示同意在双方未签订商标使用许可合同前缴纳第一期使用费。由此,可以认定双方已对第一期的商标及老字号品牌许可使用费的变更达成补充协议。对 2008 年 9 月 1 日以后的商标及老字号品牌许可使用费变更问题,饮食集团并未同意西关世家关于调低商标及老字号品牌许可使用费的要求。综上,广州市国资委 16 号文确定的“莲香楼”商标及老字号品牌许可使用费标准应确认为本案“莲香楼”商标及老字号品牌许可使用费标准,双方当事人应当遵照履行。(2)关于西关世家是否需要补缴商标及老字号品牌许可使用费以及补缴的数额如何确定的问题。根据前文所述,西关世家应当按照广州国资委 16 号文及补充协议的要求缴纳商标及老字号品牌许可使用费。由于西关世家已缴纳部分商标及老字号品牌许可使用费,只须补缴不足部分,即 2007 年 9 月 1 日至 2008 年 8 月 31 日应补缴商标及老字号品牌许可使用费 4.11 万元,2008 年 9 月 1 日至 2009 年 8 月 31 日应补缴商标及老字号品牌许可使用费 8.3433 万元,2009 年 9 月 1 日至 2010 年 8 月 31 日应补缴商标及老字号品牌许可使用费 12.7035 万元。2010 年 9 月 1 日起以 154.1946 万元为基数,每年递增 3% 的标准缴纳商标及老字号品牌许可使用费。

综上所述,上诉人的上诉请求成立,应予支持。原审判决认定事实部分不当,二审法院予以纠正。依照《中华人民共和国合同法》第 8 条、第 10 条、第 60 条和《中华人民共和国民事诉讼法》第 170 条第 2 项之规定,判决:(1)维持广东省广州市中级人民法院(2010)穗中法民三初字第 433 号民事判决第一项;(2)撤销广东省广州市中级人民法院(2010)穗中法民三初字第 433 号民事判决第二项;(3)广州市西关世家园林酒家有限公司应于本判决生效之日起十日内向广州饮食服务企业集团有限公司补缴 2008 年 9 月 1 日至 2009 年 8 月 31 日商标及老字号品牌许可使用费8.3433万元;2009 年 9 月 1 日至 2010 年 8 月 31 日商标及老字号品牌许可使用费12.7035万元;2010 年 9 月 1 日起以 154.1946 万元为基数,每年递增 3% 的标准向广州饮食服务企业集团有限公司缴纳商标及老字号品牌许可使用费。本案一审案件受理费人民币 22813 元,二审案件受理费人民币 22357 元,均由被上诉人广州市西关世家园林酒家有限公司负担。

北京王致和(桂林腐乳)食品有限公司诉桂林花桥食品有限公司侵害商标权纠纷案

——阅读提示:商标注册证与国家工商行政管理总局商标局出具的《商标注册证明》、《商标档案》上的标识不一致如何确定注册商标的保护范围?怎样判断企业名称与注册商标的正当使用?

【裁判要旨】

商标权的公示方式是商标公告,当商标注册证上记载的商标保护范围不明确时,应根据商标公告并结合当事人向国家工商行政管理总局提交的商标注册申请来确定注册商标的保护范围。

在认定是否构成侵害商标专用权时,要结合案件的具体事实,从被诉侵权人是否存在恶意依傍权利人的品牌导致相关公众误认的主观故意及是否存在侵害权利人商标权的客观事实来判断被诉侵权人使用的企业名称及注册商标是商标侵权行为还是正当使用。

【案号】

一审:广西壮族自治区桂林市中级人民法院(2011)桂市民三初字第9号

二审:广西壮族自治区高级人民法院(2012)桂民三终字第19号

【案情与裁判】

原告(上诉人):北京王致和(桂林腐乳)食品有限公司(简称北京王致和公司)

被告(被上诉人):桂林花桥食品有限公司(简称桂林花桥公司)

起诉与答辩

北京王致和公司于2011年5月26日向广西壮族自治区桂林市中级人民法院起诉称:北京王致和公司前身为广西桂林腐乳厂,生产的"花桥"牌白腐乳历史悠久、闻名中外,被誉为"桂林三宝"之一。桂林花桥公司在其生产和销售的"香和牌"腐乳产品的瓶贴和瓶盖上以醒目字体突出标示的"花桥食品"、"花桥食品系列"等字样侵犯了北京王致和公司的"花桥"注册商标专用权,请求判令:(1)桂林花桥公司立即停止侵权行为,回收和清除在市场上流通的侵权产品;(2)停止使用含有"花桥"字样的企业名称并进行变更;(3)赔偿经济损失人民币50000元;(4)在《南国早报》等报刊上以不低于四分之一的版面上刊登赔礼道歉书;(5)承担本案诉讼费用。

桂林花桥公司辩称:其于1965年依法获准"花桥"商标注册,商标图样为花桥图形及文字"花桥牌",使用至今。花桥为桂林著名景点之一,其公司原址位于花桥头,"花桥"商标及公司字号有其内在联系。请求依法驳回北京王致和公司的诉讼请求。

一审审理查明

北京王致和公司的前身为桂林腐乳厂,1979年8月28日获第3016号商标注册证,在豆腐乳产品上使用"花桥"商标,该证后被变更为第111427号商标注册证,商标为“花桥牌”,所附图形上文字“花桥商标”中的“花”字明显为“红”字手写改写而成,而该图形下方另有一花桥图案商标,未有任何文字。第111427号注册商标于2003年2月27日续展,有效期从2003年3月1日至2013年2月28日。2006年7月31日,第111427号商标变更注册人为北京王致和(桂林腐乳)食品有限公司。桂林腐乳厂是广西最大的腐乳生产企业,“花桥”腐乳历史悠久、中外闻名,是“桂林三宝”之一,花桥牌瓶装腐乳自1979年以来连续被评为广西优质名牌产品,1980年荣获广西“著名商标”,1982年、1983年、1987年3次获轻工部优质产品证书,1983年和1988年荣获国家银质奖。2010年,国家工商行政管理总局商标局给广西壮族自治区工商局的商标监字(2010)第98号《关于“花桥牌”文字是否享有商标专用权的复函》批复为:使用在商标注册用商品和服务国际分类第29类豆腐乳商品上的“花桥牌”商标是北京王致和公司的注册商标,注册号为第111427号,该商标“花桥”文字及图形均享有商标专用权,受法律保护。2011年3月14日,国家工商行政管理总局商标局给北京王致和公司核发了第7846442号商标注册证,核定在商品第29类腐乳等商品上原告享有花桥图形加文字“花桥牌”的商标。

桂林花桥公司的前身为桂林市酱料厂,该厂于1956年建厂,是桂林市生产桂林辣椒酱最大的国有企业,该厂生产的“花桥牌”桂林辣椒酱从1980年以来共获13次国家、省部级和博览会奖,1997年获广西名牌产品,1998年成为广西著名商标。2004年,桂林市酱料厂改制后与香港祥联发展有限公司合资成立新公司,于2004年10月28日成立桂林花桥食品有限公司。1965年,原桂林市酱料厂获得第49196号商标注册证,在辣椒酱商品上享有“花桥”文字及图形商标专用权。2008年,国家工商行政管理总局商标局核发第4810003号商标注册证,桂林花桥公司在第29类腐乳等商品上享有“香和”注册商标。

一审判理和结果

一审法院认为:北京王致和公司的前身原桂林腐乳厂于1979年10月取得第3016号商标注册证,在豆腐乳产品上享有“花桥”注册商标专用权,后该证变更为第111427号。经商标注册人名义变更,现北京王致和公司依法取得了第111427号商标注册证所载明的在豆腐乳产品上的“花桥”商标专用权。虽然北京王致和公司出示的第111427号商标注册证上商标图形中“花桥”文字中“花”字明显为“红”字手写改写而成,但国家工商行政管理总局商标局已通过给广西壮族自治区工商局复函的形式,明确了北京王致和公司在豆腐乳商品上享有“花桥”文字和图形商标专用权,北京王致和公司依法在豆腐乳类产品上享有“花桥”文字和图形的商标专用权。

北京王致和公司的商标专用权和桂林花桥公司的企业名称均是经法定程序确认的权利,分别受商标法律、法规和企业名称登记管理法律、法规的保护。根据我国《商标法》的有关规定,北京王致和公司有权禁止他人在豆腐乳商品上使用“花桥”文字作为标识。桂林花桥公司的企业名称中虽然包含与北京王致和公司注册商标“花桥”相同的文字,但桂林花桥公司在其生产的腐乳产品的瓶贴和瓶盖上均规范使用了其企业名称,“花桥”字号在字体、大小上与企业名称中的其他文字相同,与北京王致和公司的注册商标“花桥”字体相区别,桂林花桥公司自己的商标“香和”在瓶贴和瓶盖上字体和大小均非常突出，因此桂林花桥公司的行为不构成对“花桥”字号的突出使用。我国现行行政法规、规章允许企业使用简化名称和字号，且桂林花桥公司使用“花桥食品”和“花桥食品系列”等文字均未在字体、大小、颜色等方面突出“花桥”字号，故亦不构成突出使用，因此桂林花桥公司的行为不应认定为商标侵权行为。北京王致和公司主张桂林花桥公司侵犯“花桥”商标专用权的诉讼请求，法律依据不足，依法不予支持。

一审法院于2012年5月25日作出判决，驳回北京王致和公司的诉讼请求。一审案件受理费1050元，由北京王致和公司负担。

上诉与答辩

北京王致和公司上诉称：一审忽略了“花桥”注册商标的知名度以及其作为广西著名商标所具有的禁止他人作为商品名称和字号使用的权利；认定桂林花桥公司在其生产腐乳的标贴和瓶盖使用“花桥食品”“花桥食品系列”文字未构成法律上“突出使用”情形在理解和适用法律上存在明显错误，请求撤销一审判决，并支持其全部诉讼请求。

桂林花桥公司答辩称：桂林花桥公司为“花桥”商标的所有权人，有权以适格生产经营者的资格使用“花桥”商标标识。花桥是桂林著名景点之一，桂林花桥公司原地址位于花桥头，“花桥”商标及公司字号有其内在联系。桂林花桥公司冠以“花桥”名字(字号)与商标标识及原住所地一致，并为工商行政管理部门依法核准，为合法的名称(字号)所有权人。桂林花桥公司未将“花桥”文字作为香和牌腐乳产品的商标使用，其在产品瓶贴标识及包装上使用“花桥食品”及“花桥食品系列”为商务宣传用语且已于2008年停止了使用。请求驳回北京王致和公司的诉请。

二审审理查明

北京王致和公司二审提交了第111427号注册商标的《续展申请书》、《核准续展注册证明》、《有误商标数据更正通知单》、《商标档案》及1995年3月28日《商标续展注册公告》、1999年12月7日《变更注册人名义及地址商标公告》、2003年4月21日《商标续展公告》、2006年9月7日《商标续展公告》，证明：(1)第111427号注册商标再次续展，再次续展的期限为2013年3月1日至2023年2月28日。(2)北京王致和公司第111427号商标为文字加图形商标，国家工商行政管理总局商标局出具的《有误商标数据更正通知单》、《商标档案》证明了国家工商行政管理总局在2009年12月25日已对以前录入的北京王致和公司第111427号注册商标标识进行了纠正，现根据续展申请书、审定稿复印件重新扫描的商标图形为“花桥商标”文字加花桥图形标识，国家工商行政管理总局商标局在2013年5月2日出具的《商标档案》上为文字加图形商标。(3)北京王致和公司对第111427号文字加图形商标自注册以来持续使用，其标识与国家工商行政管理总局商标局《关于“花桥牌”文字是否享有商标专用权的复函》中确定的标识是一致的，均为文字加图形商标。二审认为：(1)《续展申请书》、《核准续展注册证明》证明了第111427号注册商标再次续展、续展期自2013年3月1日到2023年2月28日的事实。(2)国家工商行政管理总局商标局出具的《有误商标数据更正通知单》、2013年

5月2日《商标档案》证明了国家工商行政管理总局商标局在2009年12月25日之前存档的第111427号注册商标同续展申请书、审定稿不符,经2009年12月25日对第111427号注册商标的续展申请书、审定稿重新扫描,将原存档中错误的标识更正为"花桥"文字加花桥图形商标,《有误商标数据更正通知单》、《商标档案》中的花桥文字加图形标识与北京王致和公司续展申请书中的标识一致,也与北京王致和公司第111427号商标注册证上盖有钢印的标识一致,证实了第111427号注册商标为文字加图形组合商标。

广西壮族自治区高级人民法院二审确认以下事实:

北京王致和公司第111427号"花桥牌"注册商标为"花桥"文字加"花桥"图形组合商标,于2012年8月23日再次申请续展,被核准续展注册有效期自2013年3月1日至2023年2月28日。第111427号商标经广西著名商标评审委员会评审被确认为广西著名商标,有效期自2012年12月至2015年12月。

《桂林市志》记载:"桂林豆腐乳是闻名中外的传统名牌食品,至今已有200多年的历史"、"桂林辣椒酱是传统名牌食品……至今已有300年的历史。"2002年6月18日,桂林市政府在对国家质量监督检疫局总局的《桂林市人民政府关于确定"桂林三宝"原产地域的函》(市政函〔2002〕85号)说明:桂林生产的具有浓郁地方特色的辣椒酱、豆腐乳、三花酒,驰名中外,被誉为"桂林三宝"。广西壮族自治区桂林腐乳厂、桂林市酱料厂、桂林三花股份有限公司是生产"桂林三宝"的龙头企业。

再查明,花桥为桂林七星(岩)景区的景点之一,因历史悠久,景点著名,花桥也逐渐成为七星(岩)景区前门一带的地名。花桥也是桂林自由路的东段地名,在七星岩景区的前门一带。

二审判理及结果

北京王致和公司第111427号注册商标为"花桥"文字加"花桥"图形组合商标,北京王致和公司依法对该商标的"花桥"文字及图形享有商标专用权。桂林花桥公司主观上不存在恶意依傍北京王致和公司的"花桥"品牌而导致相关公众误认的故意,客观上既没有将北京王致和公司的第111427号"花桥牌"注册商标作为企业名称使用,也没有在其瓶贴、瓶盖突出使用,依法不属于《中华人民共和国商标法实施条例》第50条第1项和《最高人民法院关于审理商标民事纠纷案件适用法律若干问题的解释》第1条第1项所规定的侵害商标专用权的情形。北京王致和公司的上诉请求没有事实和法律依据,其要求桂林花桥公司停止侵权、赔礼道歉及赔偿损失的主张依法不应得到支持。一审认定事实清楚,适用法律正确,应当予以维持。判决:驳回上诉,维持原判。

路易威登马利蒂与三亚宝宏实业有限公司宝宏大酒店、三亚宝宏实业有限公司商标侵权纠纷案

——阅读提示:酒店对外租商铺的管理义务应如何界定?因未履行管理义务,酒店对侵权行为承担的是连带责任还是补充责任?多个注册商标使用在不同种类商品上时应如何确定侵权责任?

【裁判要旨】

教唆、帮助他人侵权的,才构成共同侵权,仅提供场地租赁、结算服务的,不属于帮助行为,但存在管理关系,履行管理义务存在过错或过失的,可判令承担一定比例的补充责任。

侵权行为涉及多个商标和多种商品时,对于每个注册商标是否被侵害应分别判断;不同种类商品侵害同一注册商标的,在确定侵权责任时应该予以考虑。

【案号】

一审:海南省三亚市中级人民法院(2012)三亚民二初字第18号

二审:海南省高级人民法院(2013)琼民三终字第80号

【案情与裁判】

原告(上诉人):路易威登马利蒂

被告(被上诉人):三亚宝宏实业有限公司宝宏大酒店(简称宝宏酒店)

被告(被上诉人):三亚宝宏实业有限公司(简称宝宏公司)

被告(被上诉人):潘小爱

起诉与答辩

原告路易威登马利蒂诉称:原告是第241017号"LOUIS VUITTON"文字商标的所有人,原告发现宝宏酒店在其内设商铺(承租人为潘小爱)内大量销售假冒原告注册商标权的商品,侵犯其注册商标专用权,于2012年5月29日以潘小爱、宝宏酒店及宝宏公司为共同被告,按侵权的商标使用的商品种类分13案向海南省三亚市中级人民法院提起诉讼,个案请求:(1)宝宏酒店、潘小爱停止销售侵权商品,并销毁其侵犯原告商标权的库存或待销售衣服商品;(2)宝宏酒店、潘小爱以在《三亚晨报》上登报和在酒店大堂张贴示牌等方式向原告公开赔礼道歉、消除影响;(3)宝宏酒店、潘小爱赔偿原告因商标专用权遭受侵犯所致的经济损失20万元;(4)宝宏酒店、潘小爱赔偿原告因制止侵权行为所支付的各项合理开支2万元;(5)宝宏公司对宝宏酒店应承担的责任承担连带赔偿责任;(6)三被告共同承担本案诉讼费。

被告宝宏酒店与宝宏公司共同辩称:本案假冒商品购自个体工商户独立经营的服装店,其与宝宏酒店之间是场地租赁关系。原告未举证证明宝宏酒店是销售涉案被控侵权商品的商场的经营者,也未举证证明宝宏酒店对该商场的经营管理负有法

律上或合同上的监督管理义务,更未举证证明二者存在合伙或者合作经营的关系。因此,发生在该商场的侵权行为应由实际经营者即潘小爱承担。

被告潘小爱辩称:被告对品牌认知不足,仅于2011年10月底进过少量的类似该品牌的商品销售,销售总额不超过2万元。被告知悉商品与原告品牌相似后,对商品进行了撤柜下架处理,销售相似产品属无心之过,未造成不良后果。潘小爱与宝宏酒店仅是租赁场地的关系,服装店系个体工商户且自主经营,宝宏酒店不应承担任何责任,请求驳回原告的诉求。

一审审理查明

原告路易威登马利蒂系第241017号"LOUIS VUITTON"注册商标的注册人,核定使用商品类别为第25类,商品项目包括鞋、衬衫、外衣、背带、服装带、裤子等,现行有效期至2016年1月14日。2011年12月22日,在海南省三亚市公证处公证员的监督下,原告委托代理人吴琼从潘小爱经营的商铺内购买了多件印有原告商标图案的皮带、皮包、钱包、鞋、眼镜、外套、T恤、长裤等商品(与本案相关的商品为印有"LOUIS VUITTON"标识的衬衫、外衣和裤子),宝宏酒店开具了发票和《特约客户签购单》。宝宏酒店前厅部出具的《客户账单》记载:客人为吴琼,房费为1042元,政府基金为11元,小爱商场挂账12500元,总额为13553元。随后,原告经商品比对,出具《假冒商品确认书》,确认前述商品为假冒伪劣商品,且声明宝宏酒店和潘小爱与原告不存在委托或其他关系。

另查明:宝宏公司成立于1994年7月18日,公司类型为有限责任公司,宝宏酒店是宝宏公司设立的分公司。涉案"三亚丽宝服装店"系个体工商户,亦称为小爱商场或小艾商场,成立于2009年5月25日,经营者为潘小爱,经营场所在宝宏酒店内部,有自行招录的员工二至三名,营业执照放置在商铺入门左侧小服务台后面的墙壁上。潘小爱经营的商铺租自宝宏酒店,租期从2011年3月1日至2012年2月29日止,月租金为7500元。潘小爱在宝宏酒店作出的《承租商铺诚信经营承诺书》上签名,该承诺书第4条约定:(承租人)不掺杂使假、以假充真、以次充好、短斤少两,不销售假冒伪劣产品。

一审判理与结果

一审法院认为,一审的争议焦点为:一是被控侵权商品是否属于侵权商品;二是潘小爱应否承担侵权责任;三是宝宏酒店是否构成共同侵权。

一、被控侵权商品属侵权商品的问题

被控侵权产品衬衫、外衣和裤子与原告第241017号注册商标核定使用商品类别相同,其上标有"LOUIS VUITTON"标识与第241017号注册商标的标识在视觉上无差别,且三被告均无证据证明其是原告的零售商或批发商,根据《商标法》第52条第1项的规定,应当认定涉案衬衫、外衣和裤子商品系假冒原告注册商标的侵权产品。

二、关于侵权责任的承担问题

潘小爱在宝宏酒店内销售被控侵权商品行为,属侵犯原告商标专用权的行为,且未提供证据证明被控侵权产品有合法来源,依法应承担相应的民事责任。原告诉求潘小爱赔偿经济损失20万元和合理开支2万元,但未提交证据予以证明。一审法院依据《商标法》第56条规定及《最高人民法院关于审理商标民事纠纷案件适用法律若干问题的解释》第16条、第17条的规定,结合本案的实际侵权情况确定潘小爱应当赔偿的经济损失,包括为制止侵权行为所支付的合理开支为8000元,同时驳回了原告有关赔礼道歉、消除影响的诉讼请求。

三、关于宝宏酒店共同侵权的问题

出售侵权商品的服装店是潘小爱,其经营场地租自宝宏酒店,两者是租赁关系。宝宏酒店出具的《客户账单》注明小爱商场挂账12500元,表明原告所购侵权商品来自潘小爱经营的服装店,经潘小爱挂账后代开发票,明确反映了潘小爱的身份及销售行为,故潘小爱与宝宏酒店之间不存在共同销售行为。在出租场地后,宝宏酒店要求潘小爱签署诚信经营承诺书,规定潘小爱不得在经营活动中侵犯他人合法的知识产权,且潘小爱在服装店内明显的位置悬挂个体工商户营业执照,使消费者购买商品能够将潘小爱商铺与宝宏酒店进行区分。宝宏酒店并非专业的市场管理企业,已尽到了一般房屋出租人的注意义务,其对潘小爱侵权行为并不具有过错,未构成侵权。原告主张宝宏公司与宝宏酒店承担连带赔偿责任,于法无据。

综上,一审法院判决:(1)潘小爱立即停止销售并销毁侵犯原告注册商标专用权的衬衫、外衣和裤子商品;(2)潘小爱赔偿原告经济损失8000元;(3)驳回原告的其他诉讼请求。

原告不服一审判决,上诉至海南省高级人民法院。

上诉与答辩

路易威登马利蒂上诉请求撤销一审判决,并支持其除了主张公开赔礼道歉、消除影响以外的其他诉讼请求。事实和理由为:(1)潘小爱经营的服装店位于宝宏酒店内部,经营过程中未使用独立商号,消费者有理由认定酒店是实际销售者。在实际经营中,宝宏酒店参与了收取价款和开具账单的销售活动,属共同经营行为,是共同侵权人,或者至少为潘小爱实施侵权行为提供了帮助,应承担连带责任。(2)原判的赔偿数额过低,与本案侵权行为情节严重的程度、商标的显著程度、及维权人的合理支出不相适应,不利于打击侵权及维护市场秩序。

宝宏酒店、宝宏公司共同辩称原判认定事实清楚,适用法律正确,应予维持。

潘小爱辩称:(1)坚持一审的答辩意见。(2)本次诉讼源于一个侵权行为,存在一个侵权结果,不应分别承担13个侵权责任。(3)潘小爱以为一共需承担8000元的侵权赔偿以及3800元诉讼费用,不清楚要在13个案子中均承担上述费用,因误解没有提出上诉,请求法院依法判决。

二审审理查明

二审法院确认一审查明的其他事实成立。另查明,宝宏酒店对外租商铺代收款服务收取手续费,宝宏酒店因潘小爱商铺出售的商品开具住宿费发票而收取的手续费为10%。

二审判理和结果

二审法院认为:各方对上诉人路易威登马利蒂是第241017号商标注册的所有人、潘小爱销售的产品侵犯了该商标专用权的事实及潘小爱作为侵权人应当承担责任的认定均无异议,故二审争议焦点为:(1)宝宏酒店和宝宏公司应否承担侵权赔偿责任;(2)侵权赔偿数额应如何认定。

一、关于宝宏酒店和宝宏公司应否承担侵权责任的问题

依据《商标法》第52条第2项之规定,

销售侵犯注册商标专用权商品的,属侵犯注册商标专用权。《侵权责任法》第 8 条规定,二人以上共同实施侵权行为且造成他人损害的,应当承担连带责任。本案中,潘小爱销售侵犯上诉人注册商标权的商品,构成侵犯注册商标专用权,应依法承担责任。宝宏酒店仅向潘小爱出租场地、收款并开具发票。其中租赁场地显然不能认定为宝宏酒店与潘小爱共同销售侵权商品,收款并开具发票则系宝宏酒店为在潘小爱所经营的服装店消费的顾客代为提供结算服务,这仅是出于酒店经营及方便顾客的需要,亦不能认定为系二者共同销售侵权商品,故宝宏酒店不应就潘小爱的侵权行为承担连带责任。宝宏酒店为在潘小爱所经营的“三亚丽宝服装店”消费的顾客代为提供结算服务且对潘小爱的日常经营活动进行巡查,可见其对潘小爱的经营活动进行一定的管理,故应对潘小爱的侵权行为承担相应的管理责任。依据《侵权责任法》第 9 条之规定,只有教唆、帮助他人实施侵权行为的,才应当与行为人承担连带责任。宝宏酒店对潘小爱的经营活动进行一定的管理,并非帮助潘小爱销售侵权商品,不应承担连带责任。宝宏酒店是宝宏公司设立的分公司,依据《公司法》第 14 条“公司所设立的分公司不具备法人资格的,其民事责任应由公司承担”的规定,宝宏公司应承担宝宏酒店基于管理潘小爱经营活动所产生的民事责任。

二、关于侵权赔偿的数额问题

一审法院依据《中华人民共和国商标法》第 56 条、《最高人民法院关于审理商标民事纠纷案件适用法律若干问题的解释》第 16 条及第 17 条的规定,综合考量本案的具体情况并就赔偿数额作出了判定,并无不当,予以维持。

此外,《中华人民共和国商标法》保护的对象是注册商标,即经注册取得商标号的具体商标。本案中,潘小爱销售的侵权商品虽有 13 种,但所涉及的注册商标仅有 7 个,因此只应承担 7 份侵权责任。原审以侵权商标使用的商品种类为标准判决潘小爱承担侵权责任不当,但鉴于潘小爱未提出上诉,故不作调整。

综上,二审经审判委员会讨论决定,判决:(1)维持原判第一项、第二项;(2)撤销原判第三项;(3)宝宏公司对潘小爱承担赔偿责任的 8000 元的 20%,即 1600 元承担补充责任;(4)驳回上诉人其他诉讼请求。

成都同德福合川桃片食品有限公司与重庆市合川区同德福桃片有限公司等侵害商标权及不正当竞争纠纷案

——阅读提示:就历史上知名但相当长时间无人使用的老字号,不同经营者分别注册了与之相同的不同种类的商业标识,在后注册者是否必然侵害在先注册者的权利?经营者使用该老字号的历史进行宣传是否构成不正当竞争?

【裁判要旨】

在先取得的商业标识权系在先权益,但若在后注册者基于历史原因注册其商业标识并规范使用,只要不违反诚实信用原则,造成与在先商业标识混淆,那么其行为并不构成侵权或不正当竞争。

商业标识的权利人在与老字号无任何历史渊源的情形下,使用老字号的历史进行宣传,容易使消费者对于其品牌的起源、历史产生误解,进而取得竞争上的优势,构成虚假宣传。

【案号】

一审:重庆市第一中级人民法院(2013)渝一中法民初字第00273号

二审:重庆市高级人民法院(2013)渝高法民终字第00292号

【案情与裁判】

原告(反诉被告、上诉人):成都同德福合川桃片食品有限公司(以下简称成都同德福公司)

被告(反诉原告、被上诉人):重庆市合川区同德福桃片有限公司(以下简称重庆同德福公司)

被告(反诉原告、被上诉人):余晓华

起诉与答辩

原告(反诉被告)成都同德福公司诉称,余晓华先后成立的个体工商户和公司在其字号及生产的桃片外包装上突出使用了"同德福",侵害了原告享有的第1215206号"同德福 TONGDEFU 及图"注册商标专用权并构成不正当竞争。请求判令:重庆同德福公司、余晓华停止使用并注销含有"同德福"字号的企业名称;停止侵犯原告商标权的行为,登报赔礼道歉、消除影响,赔偿原告经济、商誉损失50万元及合理开支5066.4元。

被告(反诉原告)重庆同德福公司、余晓华共同答辩并反诉称,重庆同德福公司的前身为始创于1898年的同德福斋铺,虽然其因公私合营而停止生产,但未中断独特技艺的传承。"同德福"第四代传人余晓华继承祖业,先后注册个体工商户和公司,规范使用其字号,不构成侵权。成都同德福公司与老字号"同德福"没有直接的历史渊源,却将其"同德福"商标与老字号"同德福"进行关联性宣传,属于虚假宣传。且,成都同德福公司擅自使用"同德福"知名商品名称,构成不正当竞争。请求判令成都同德福公司停止虚假宣传,在全国性报纸上登报消除影响;停止对"同德福"知名商品特有名称的侵权行为。

一审审理查明

根据历史文献记载,开业于 1898 年的同德福斋铺,在 1916 年至 1956 年期间,由余鸿春、余复光、余永祚三代人经营。20 世纪 20 年代至 50 年代,"同德福"商号享有较高知名度。同德福斋铺在商品包装纸上印有醒目广告:"同德福,在合川,驰名远,开多年,食品多,价亦廉,精工制,配料全,防假冒,认标签。"1956 年,由于公私合营,同德福斋铺停止经营。

第 1215206 号"同德福 TONGDEFU 及图"商标于 1998 年获准注册,核定使用范围包含桃片等。2000 年,前述商标的注册人名义变更为成都同德福公司。成都同德福公司的多种产品外包装上使用了"老字号"、"百年老牌"字样,并在产品外包装上标注"'同德福牌'桃片简介:'同德福牌'桃片创制于清乾隆年间(或 1840 年),有着悠久的历史文化。'同德福牌'桃片是桃片创始著名品牌"等字样。成都同德福公司网站中"公司简介"页面的部分文字与史料记载的关于同德福斋铺的历史相同。

2002 年,余晓华注册了个体工商户,字号为"合川市老字号同德福桃片厂",2007 年,变更为"重庆市合川区同德福桃片厂",后注销。2011 年,重庆同德福公司成立。重庆同德福公司系第 6626473 号"余复光 1898 及图"商标和第 7587928 号"余晓华及图"商标的注册商标专用权人。2010 年至 2012 年,余晓华注册的个体工商户以及重庆同德福公司获得了包括"重庆老字号"、"中华老字号传承创新先进单位"等在内的多项荣誉。重庆同德福公司的多种产品外包装包括以下内容:"余复光 1898 及图"商标、"余晓华及图"商标;"重庆老字号"、"百年老字号"字样;"老字号【同德福】商号,始创于清光绪二十三年(1898 年)历史悠久"等介绍同德福斋铺历史及获奖情况的内容;"【同德福】颂:同德福,在合川,驰名远,开百年,做桃片,四代传,品质高,价亦廉,讲诚信,无欺言,买卖公,热情谈"、"合川桃片"、"重庆市合川区同德福桃片有限公司"字样。

一审判理和结果

一审法院认为,成都同德福公司合法注册了第 1215206 号"同德福 TONGDEFU 及图"商标,其权利应当受法律保护。本案主要的争议焦点如下:

第一,余晓华、重庆同德福公司登记个体工商户字号、企业名称的行为是否构成不正当竞争。

个体工商户余晓华、重庆同德福公司与成都同德福公司存在竞争关系,且前二者字号与后者商标构成近似。在此情形下,前二者是否构成不正当竞争,关键在于其登记行为是否违反诚实信用原则。其一,各方当事人均认可在 1956 年公私合营之后至 1998 年"同德福 TONGDEFU 及图"商标注册之前,没有任何人使用"同德福"作为字号或商标。且,成都同德福公司未证明在"同德福 TONGDEFU 及图"商标注册之后至余晓华注册个体工商户之前,"同德福 TONGDEFU 及图"商标已经具有相当知名度。故,即便他人将"同德福"登记为字号并规范使用,也不会引起相关公众误认,从而不能说明余晓华有"搭便车"的恶意。其二,在公私合营之前,同德福斋铺主要由余鸿春、余复光、余永祚三代人经营,"同德福"商号在 20 世纪 20 年代至 50 年代享有较高商誉。余晓华是余复光之孙、余永祚之子,其基于同德福斋铺商号的知名度及其与同德福斋铺经营者之间的直系亲属关系,将个体工商户字号登记为“同德福”具有合理性。据此,余晓华登记个体工商户字号的行为不构成不正当竞争。基于经营的延续性,其变更个体工商户字号名称的行为以及重庆同德福公司登记公司名称的行为亦不构成不正当竞争。

第二,重庆同德福公司、余晓华使用其字号的行为是否构成商标侵权或不正当竞争。

判断重庆同德福公司在其产品外包装上标注其企业名称及“同德福颂”的行为是否构成商标侵权,需考量其标注的方式是否构成突出使用,是否容易使相关公众产生误认。重庆同德福公司在其产品外包装上使用的是企业全称,且与其他标识相比并不突出,系规范使用企业名称的行为,不构成商标侵权。产品外包装上的“同德福颂”四字与其左侧的具体内容形成一个整体,改编自同德福斋铺商品外包装上的文字,旨在表明“同德福”商号的历史和经营理念,客观上不容易使消费者误认为其商品来自于成都同德福公司,亦不构成商标侵权。此外,成都同德福公司未提供余晓华作为个体工商户时生产的产品外包装,无法证明余晓华侵犯了其注册商标专用权。

在注册行为不构成不正当竞争的前提下,余晓华、重庆同德福公司规范使用其个体工商户字号、企业名称的行为并不违反诚实信用原则,亦不会造成相关公众误认,不构成不正当竞争。同时,重庆同德福公司在其产品外包装上的“同德福颂”等处使用“同德福”字样的行为也不构成不正当竞争。原因在于:从主观上看,重庆同德福公司以前述方式使用“同德福”字样是为了表明同德福斋铺的商号具有较高知名度以及公司与该斋铺之间存在历史渊源,其并没有搭“同德福 TONGDEFU 及图”商标便车的故意;从客观上看,前述使用方式将重庆同德福公司与同德福斋铺联系起来,而未建立起其与“同德福 TONGDEFU 及图”商标的联系,不会造成相关公众的误认。

第三,成都同德福公司宣称“同德福”牌桃片创制于清乾隆年间等行为是否构成虚假宣传。

成都同德福公司的网站上登载的部分“同德福牌”桃片的历史及荣誉,与史料记载的同德福斋铺的历史及荣誉一致,但并未举证证明其与同德福斋铺存在何种联系。此外,成都同德福公司还在其产品外包装上标明其为“百年老牌”、“老字号”、“始创于清朝乾隆年间”等字样。这些标注与其商标注册于 1998 年的事实不符。前述行为容易使消费者对于成都同德福公司的品牌的起源、历史及其与同德福斋铺的关系产生误解,进而取得竞争上的优势,构成虚假宣传,应当承担停止侵权、消除影响的民事责任。

第四,成都同德福公司是否因擅自使用知名商品特有的名称而构成不正当竞争。

首先,重庆同德福公司、余晓华提交的荣誉证书、媒体报道主要是关于企业和余晓华个人的,而不能说明商品本身的知名度,且未提交商品销售情况、商品宣传情况、作为知名商品受保护情况等方面的证据,不能证明其商品为知名商品。其次,重庆同德福公司不同时期的产品外包装、荣誉证书均显示其产品名称是“合川桃片”,

亦无其他证据证明其自身或相关公众实际使用“同德福”指称其商品,因而,不能证明“同德福”是其商品的特有名称。重庆同德福公司、余晓华知名商品特有的名称的主张不能成立。进而,其对成都同德福公司的该项不正当竞争的指控亦不能成立。

综上,重庆市第一中级人民法院根据《中华人民共和国商标法》第52条第5项、《最高人民法院关于审理商标民事纠纷案件适用法律若干问题的解释》第1条,《中华人民共和国反不正当竞争法》第2条、第5条第2项、第9条,《最高人民法院关于审理不正当竞争民事案件应用若干问题的解释》第1条,《中华人民共和国民法通则》第134条,判决:(1)反诉被告成都同德福公司立即停止涉案的虚假宣传行为。(2)反诉被告成都同德福公司就其虚假宣传行为于本判决生效之日起连续五日在其网站(www.tongdefu.com)刊登声明消除影响。(3)驳回原告成都同德福公司的全部诉讼请求。(4)驳回反诉原告重庆同德福公司、余晓华的其他反诉请求。本诉案件受理费8850.66元、反诉案件受理费1000元,合计9850.66元,由原告(反诉被告)成都同德福公司负担。

上诉与答辩

成都同德福公司上诉称:余晓华对“同德福 TONGDEFU 及图”商标没有任何在先权利。在明知人民法院判决维持商标评审委员会作出的“同德福 TONGDEFU 及图”商标争议裁定的情况下,余晓华注册成立重庆同德福公司,构成侵害商标专用权和不正当竞争。公私合营后,“同德福”斋铺并入“合川县公私合营糖果厂”,该厂后更名为“合川县桃片总厂”。合川市桃片厂温江分厂注册了“同德福 TONGDEFU 及图”商标。后,注册名义人变更为成都同德福公司,并将该商标使用至今。因此其使用“百年老牌”、老字号字样等行为是有依据的。请求撤销一审判决,依法改判;一、二审诉讼费用全部由被上诉人承担。

重庆同德福公司、余晓华共同答辩称:一审判决认定事实清楚,适用法律正确,请求维持一审判决。

二审审理查明

二审查明的事实与一审查明的事实相同。

二审判理和结果

二审法院的判决理由与一审一致,此外还认为,重庆同德福公司的产品外包装使用了多项商业标识,其中“合川桃片”集体商标特别突出,其自有商标也比较明显,并同时标注了“合川桃片”地理标志及重庆市非物质文化遗产,相对于这些标识,“同德福颂”及其具体内容仅属于普通描述性文字,明显不具有商业标识的形式。因此,重庆同德福公司标注“同德福颂”的行为不属于侵犯商标权意义上的“突出使用”,不构成侵犯商标权。

据此,重庆市高级人民法院依照《中华人民共和国民事诉讼法》第170条第1款第1项之规定,判决:驳回上诉,维持原判。二审案件受理费1000元,由上诉人成都同德福公司负担。

宜宾五粮液股份有限公司诉江西精彩生活投资发展有限公司侵害商标权纠纷案

——阅读提示:未经商标注册人同意,更换其注册商标并将该更换商标的商品又投入市场的;在同一种或者类似商品上,将与他人注册商标相同或者近似的标志作为商品名称或者商品装潢使用,误导公众并使公众对商品产生混淆的行为,是否侵犯商标权?

【裁判要旨】

本案中,精彩生活公司虽与五粮液公司的尊酒经销商签订《订购协议》,但在其销售尊酒时,未经五粮液公司同意,使用瓶贴、箱贴覆盖了五粮液公司的尊酒商标,使消费者不能从外箱包装和尊酒的透明包装外壳上辨认该酒为尊酒,致使消费者混淆,误以为其所销售的是五粮液公司与精彩生活公司合作后为精彩生活公司会员专供的"五粮液"酒,同时,精彩生活公司随箱附赠的红色手提袋上也未经五粮液公司同意,在"精彩生活 尊贵会员专享"字样上部使用"五粮液"及图注册商标。还在瓶贴和箱贴及手提袋上,未经五粮液公司同意将五粮液公司的"尊"注册商标使用在"尊贵会员专享"的"尊"字部位,精彩生活公司的上述行为,构成对"五粮液"及图注册商标和"尊"注册商标的侵权。依照《中华人民共和国商标法》(2001 年修订)(以下简称《商标法》)第 52 条第 4 项和《中华人民共和国商标法实施条例》(2002 年修正)(以下简称《商标法实施条例》)第 50 条的规定,精彩生活公司的上述行为侵害了五粮液公司的商标权。

【案号】

一审:四川省宜宾市中级人民法院(2012)宜民初字第 15 号

二审:四川省高级人民法院(2013)川民终字第 665 号

【案情与裁判】

原告(被上诉人):宜宾五粮液股份有限公司(以下简称五粮液公司)

被告(上诉人):江西精彩生活投资发展有限公司(以下简称精彩生活公司)

起诉与答辩

2012 年 4 月 11 日五粮液公司向四川省宜宾市中级人民法院起诉,请求判决精彩生活公司:(1)立即停止销售加贴了突出使用注册商标"尊"牌图形的"精彩生活尊贵会员专享"酒;(2)停止使用并销毁印刷有"尊"、"五粮液"注册商标标志的外包装袋,删除含有"精彩生活尊贵会员专享"字样的网页等。

精彩生活公司答辩称,答辩人与"尊酒"系列酒在江西区域的总经销商江西盛然文化发展有限公司签订了订购协议,该协议就答辩人为精彩生活会员向江西盛然文化发展有限公司不定期团购"五粮液精彩生活会员尊(专)享"酒事宜进行了约定。

因此,精彩生活公司是通过五粮液公司授权的江西经销商取得许可的,可以认定其销售行为是经过商标专用权人同意的。精彩生活网站上宣称的"'精彩生活'与宜宾五粮液有限公司达成深度战略合作,共同推出精彩生活尊贵会员专享的尊酒"不是虚假信息,而是进行的市场宣传和推广,并没有给五粮液公司造成商誉损害。

法院审理查明

经国家工商行政管理总局商标局核准,五粮液集团有限公司取得第160922号"五粮液及图"注册商标和第5814630号"尊"注册商标,并授权许可五粮液公司独占使用,且出具授权书,授权五粮液公司就本案侵权行为提起民事诉讼。1991年,"五粮液"荣获"中国驰名商标"称号,并多次获得国际国内颁发的各种奖项,具有较高知名度。

四川卡彼森商贸有限公司系五粮液公司2011年度"尊"酒品牌在全国的经销商,并与南昌盛然文化发展有限公司签订了《经销合同》,授权"江西盛然文化发展有限公司"为五粮液公司"尊"酒产品"尊酒豪华装(111)"的江西省区域特约经销商,期限为"2011年1月15日至2012年1月14日"、"2012年4月19日至2013年4月18日"。2011年12月26日,精彩生活公司与江西盛然文化发展有限公司签订《订购协议》,约定:不定期向江西盛然文化发展有限公司团购五粮液·精彩生活会员尊(专)享酒;产品包装设计由精彩生活公司提出产品设计方案,经甲乙双方确定定型封样后,江西盛然文化发展有限公司按照此包装设计进行供货。精彩生活公司保证产品的包装不侵犯他人的专利权,因产品包装引发的纠纷所造成的法律后果由精彩生活公司承担;产品价格(含税结算价140元/瓶)。

2011年10月31日,精彩生活公司网页上网站公告显示:重大好消息,"精彩生活"震撼推出五粮液公司尊酒——"精彩生活尊贵会员专享"!……近日,"精彩生活"与宜宾五粮液股份有限公司达成深度战略合作,共同推出五粮液股份公司尊酒——"精彩生活尊贵会员专享"!尊酒"精彩生活尊贵会员专享"是由五粮液公司出品。随后,精彩生活公司开始在其网站以398元/瓶,2388元/箱、23880元/10箱、11940元/5箱的价格销售该酒。其网站评论中出现"品质与地面店销售的五粮液一模一样"、"我们的五粮液很好很正宗"、"终于喝上了真正的五粮液"、"酒不错,遗憾的是包装上不应有个'尊'字,简单的一个字让人顿感不舒服,总以为不是五粮液正品酒"等字眼。

另查明,精彩生活公司销售的"尊"酒,外箱包装在原"尊"酒商标处加贴了一张箱贴:"精彩生活尊贵会员专享",覆盖了原"尊"酒商标;在"尊"酒透明包装外壳上加贴"精彩生活尊贵会员专享"瓶贴,覆盖了透明包装外壳上的"尊"酒商标,且在瓶贴和箱贴中均突出使用了含有注册商标"尊"的图形标志;在其随箱赠送的红色手提袋上注明"五粮液"、"精彩生活"、"尊贵会员专享",其"尊贵会员专享"中的"尊"也是使用注册商标的"尊"图形标志。

一审判理和结果

《商标法》第52条第4项规定:未经商标注册人同意,更换其注册商标并将该更换商标的商品又投入市场的,属于侵犯注册商标专用权。《商标法》第52条第5项规定:给他人的注册商标专用权造成其他损害的,属于侵犯注册商标专用权。《商标法实施条例》第50条规定:有下列行为之一的,属于商标法第52条第5项所称侵犯注册商标专用权的行为:在同一种或者类似商品上,将与他人注册商标相同或者近似的标志作为商品名称或者商品装潢使用,误导公众的……精彩生活公司销售的“精彩生活尊贵会员专享”酒,虽其来源为从经销商手中购买的五粮液公司出品的“尊”酒,但精彩生活公司使用瓶贴、箱贴覆盖了五粮液公司的“尊”酒商标,使消费者不能从外箱包装和透明包装外壳上辨认该酒为“尊”酒,其随箱附赠的红色手提袋上也仅显示“五粮液”、“精彩生活”、“尊贵会员专享”字样,且在瓶贴和箱贴及手提袋上的“尊贵会员专享”字体中均突出使用了含有注册商标“尊”的图形标志,根据其网站消费者评价,有使消费者误以为所销售的为五粮液公司与精彩生活公司合作后为精彩生活公司会员专供的“五粮液”酒之意,精彩生活公司的上述行为,构成对“尊”酒与“五粮液”酒的注册商标的侵权。五粮液公司要求精彩生活公司停止侵权并赔偿经济损失的诉讼请求,理由正当,应予支持。据此,一审法院判决:(1)精彩生活公司停止销售加贴了突出使用注册商标“尊”牌图形的“精彩生活尊贵会员专享”酒;(2)精彩生活公司停止使用并销毁印刷有“尊”、“五粮液”注册商标标志的外包装袋,删除含有“精彩生活尊贵会员专享”字样的网页;(3)精彩生活公司于本判决生效之日起十日内赔偿宜宾五粮液股份有限公司经济损失30万元,等等。

上诉与答辩

宣判后,精彩生活公司不服,向四川省高级人民法院提起上诉称:精彩生活公司销售尊酒产品是江西尊酒经销商许可的。精彩生活公司在五粮液公司出品的“尊”酒上使用“尊”酒商标,不属于将与他人注册商标相同或类似的标志在同一种或类似商品上使用的行为,没有侵犯五粮液公司的商标权。其在精彩生活网站上宣称:“精彩生活与五粮液公司达成深度战略合作,共同推出精彩生活尊贵会员专享的尊酒”,不是虚假信息,而是精彩生活公司进行的市场宣传和推广,并没有给五粮液公司造成商誉损害。

五粮液公司的主要答辩理由为:精彩生活公司涉嫌传销,已被多家媒体进行报道。精彩生活公司在网站上宣称与五粮液公司进行深度合作,其所售的是尊酒,对外却宣称是五粮液酒,销售额达到了两百万,利润高达上百万,影响五粮液公司声誉。原审判决认定事实清楚,适用法律正确,请求驳回精彩生活公司的上诉请求,维持原判。

二审判理和结果

依据《商标法》第52条第4项的规定,未经商标注册人同意,更换其注册商标并将该更换商标的商品又投入市场的,属于侵犯注册商标专用权。《商标法实施条例》第50条规定:“有下列行为之一的,属于商标法第五十二条第(五)项所称侵犯注册商标专用权的行为:(一)在同一种或者类似商品上,将与他人注册商标相同或者近似的标志作为商品名称或者商品装潢使用,误导公众的。”精彩生活公司虽与五粮液公司的尊酒经销商签订《订购协议》,但在其销售尊酒时,未经五粮液公司同意,使用瓶贴、箱贴覆盖了五粮液公司的尊酒商标,使消费者不能从外箱包装和尊酒的透明包装外壳上辨认该酒为尊酒,致使消费者误以为其所销售的是五粮液公司与精彩生活公司合作后为精彩生活公司会员专供的“五粮液”酒,同时,精彩生活公司随箱附赠的红色手提袋上也未经五粮液公司同意,在“精彩生活　尊贵会员专享”字样上部使用“五粮液”及图注册商标。还在瓶贴和箱贴及手提袋上,未经五粮液公司同意将五粮液公司的“尊”注册商标使用在“尊贵会员专享”的“尊”字部位,精彩生活公司的上述行为,构成对“五粮液”及图注册商标和“尊”注册商标的侵权。五粮液公司要求精彩生活公司停止侵权并赔偿经济损失的诉讼请求,应当予以支持。精彩生活公司认为其与五粮液公司授权经销商签订《订购协议》,商标权人已同意其在五粮液公司出品的“尊”酒上使用“尊”酒商标,其行为没有侵犯五粮液公司的商标权,也未给五粮液公司造成商誉损害的主张,与其在销售中未经商标权人同意,擅自将“尊”注册商标用于其公司“精彩生活尊贵会员专享”的文字之中等侵权事实不符,应予驳回。二审法院判决:驳回上诉,维持原判。

普拉达有限公司诉陕西东方源投资发展有限公司等侵害商标权及不正当竞争纠纷案

——阅读提示:

被控侵权人在商业广告中使用他人的注册商标但不具有识别功能,这种攀附商标声誉的行为能否作为侵害商标权加以规制?被控侵权人为获取市场竞争优势,非法利用了商标的声誉,是否构成不正当竞争?

【裁判要旨】

被控侵权人在商业广告中使用他人的注册商标,若该种使用行为不具有识别功能,则不能作为侵害商标权的行为加以规制;被控侵权人为获取交易机会,非法攀附了商标的声誉,构成不正当竞争行为。

【案号】

一审:陕西省西安市中级人民法院(2013)西民四初字第227号

【案情与裁判】

原告:普拉达有限公司(以下简称普拉达公司)

被告:陕西东方源投资发展有限公司(以下简称东方源公司)

被告:华商报社

起诉与答辩

原告普拉达公司诉称,普拉达公司自1990年起在中国取得了“PRADA”注册商标后,在中国境内开始销售产品。2012年9月,普拉达公司发现东方源公司擅自将“PRADA”文字和图案商标、企业字号使用在华商报刊登的介绍东方国际中心房产项目和推销店铺招租的广告中。普拉达公司认为,东方源公司的行为侵犯了普拉达公司的注册商标权,并构成不正当竞争。华商报社作为广告发布者,应对东方源公司的侵权行为承担连带责任。故于2013年4月2日诉至法院,请求判令东方源公司、华商报社:停止侵犯普拉达公司"PRADA"文字及图案商标专用权行为;停止擅自使用普拉达公司"PRADA"字号及其他不正当竞争行为;在《华商报》上刊登更正声明,以消除其侵权及不正当竞争行为导致的不良影响;赔偿普拉达公司损失人民币50万元;赔偿普拉达公司为本案支出的律师费及其他费用计人民币56780元。

被告东方源公司辩称,东方源公司将"PRADA"商标用于在《华商报》上介绍东方国际中心商业房产项目商铺招商广告宣传,属于合理使用,且该商业房产项目未开业经营,未给普拉达公司造成实际损失。东方源公司在宣传广告中未使用普拉达公司的企业名称,只使用过其字号。故东方源公司不构成不正当竞争行为,请求驳回普拉达公司的诉讼请求。

被告华商报社辩称,华商报社作为广告发布者,提供的是传播平台,华商报社未与普拉达公司产生市场竞争关系,不可能侵犯普拉达公司的商标权,也不构成不正当竞争行为。请求驳回普拉达公司的诉讼请求。

一审审理查明

1994年7月29日,普拉达公司成立。1999年4月14日,普雷菲尔股份公司经国家工商行政管理总局商标局(以下简称商标局)核准,获得第1263052号"PRADA"注册商标,核定使用商品为"手提包等"。2001年6月7日,普雷菲尔股份公司将第1263052号商标注册人变更为普拉达公司。2009年6月8日,商标局核准续展上述商标有效期至2019年4月13日。2011年12月12日,商标局注册证明普拉达公司在18类商品上使用的"PRADA MILANO"商标已注册,注册号G572096,核定使用商品为"手提包等"。注册有效期限至2021年6月25日。普拉达公司在《世界时装之苑》等报刊进行了广告宣传。

2012年8月29日,《华商报》刊登了东方源公司为推介东方国际中心房产项目和推销店铺的招租广告,广告中的手提包使用了"PRADA MILANO"商标,广告语为"全球顶级奢侈品牌进驻,引领国际奢侈生活潮流",普拉达——PRADA为意大利时尚品牌,创始于1913年,产品主要有高级时装等,深受欧洲王公贵族们青睐,很多欧洲皇室成员都是它的忠实顾客,著名的倒三角标志已成为时尚与品位的代名词;"国际潮牌街、餐饮大食代";广告中突出使用了"PRADA"。华商报社发布广告时审查了相关企业法人营业执照、合同书等与广告发布有关的证明文件。

一审判理和结果

西安市中级人民法院经审理认为,普拉达公司在中国依法取得的"PRADA"、"PRADA MILANO"注册商标权,应受法律保护。东方源公司虽在商业广告中使用的手提包有"PRADA MILANO"及"PRADA"注册商标,但刊登广告的目的是为了推介其投资开办的东方国际中心房产项目和推销店铺,引进商户进驻东方国际中心;东方源公司并未在其经营的房产项目和推销的店铺商品上使用"PRADA MILANO"及"PRADA"注册商标,其与普拉达公司在本案中主张的商品并非同一种商品;东方源公司只是向消费者描述了自己投资开办了东方国际中心房产项目和推销店铺,将引进"PRADA"等全球奢侈品牌进驻,并未表明自己是普拉达商品的提供者,广告中涉及的图案及商标对东方源公司的东方国际中心房产项目和推销店铺没有商标性标识作用,不能起到识别东方源公司投资的东方国际中心房产项目和推销店铺来源于普拉达公司的作用,不会使消费者对商品的来源产生混淆和误认,故东方源公司在广告中使用"PRADA MILANO"及"PRADA"注册商标,不构成侵害商标权的行为。华商报社发布广告也不构成侵害商标权的行为。

关于东方源公司、华商报社之行为是否构成不正当竞争。普拉达公司先后在《世界时装之苑》等报刊进行了广告宣传,其商品已成为时尚文化品位的象征。"PRADA"商标及字号在中国享有极高的知名度,相关公众易将其与奢侈的服饰、手提包等商品相联系。东方源公司为获取有利的市场竞争地位,所做广告属于故意利用普拉达公司的商誉,借用"PRADA"的知名度,吸引公众视线,提高自己的商品交易机会,不正当地获取了比其他竞争者更为有利的地位和利益;东方源公司在广告中宣称其商业中心为"国际潮牌街、餐饮大食代",暗示该商业中心亦聚集众多档次不同餐饮商铺。东方源公司的广告无法避免给消费者造成普拉达公司的商铺与中低端餐饮品牌混同在一起经营的印象,有可能损害普拉达公司的品牌形象和商标声誉。因此,东方源公司的行为本质上属于利用他人享有极高知名度的注册商标和企业字号为自己获取市场竞争优势,违反了诚实信用和公平竞争的原则,损害了商标权人的合法权益,破坏了正常的市场竞争秩序。华商报社作为广告发布者,其在发布广告时已审查了相关企业法人营业执照、合同书、商标使用授权委托书、工作联系单等与广告发布有关的证明文件,尽到了合理的注意义务,主观上没有侵权的故意或者过错,因此华商报社发布广告的行为,不构成不正当竞争。依照《中华人民共和国民法通则》第118条、《中华人民共和国商标法》第51条、第52条第1款第1项、《中华人民共和国反不正当竞争法》第2条、第20条、《中华人民共和国广告法》第38条、《中华人民共和国民事诉讼法》第65条之规定,判决:东方源公司立即停止擅自使用普拉达公司争讼之注册商标及企业字号的不正当竞争行为;东方源公司赔偿普拉达公司(含为制止侵权行为所支出的合理开支)损失人民币3万元;驳回普拉达公司其余诉讼请求。

宣判后,当事人均未上诉,本案已发生法律效力。

天圣制药集团股份有限公司诉海南国栋药物研究所有限公司、第三人海南欣安生物制药有限公司技术转让合同纠纷案

——阅读提示：解除合同的通知可采取何种方式？怠于通知的法律后果如何？

【裁判要旨】

解除合同通知的目的在于解除权人将其行使合同解除权的意思表示告知对方当事人，以期对方当事人知晓其解除合同的意思表示。只要能够实现上述效果，通知的方式可以多种多样。专门的解除合同的通知当然符合通知的要求；通过起诉的方式要求解除合同也可以看做是一种通知；对方起诉后一方在应诉过程中表示解除合同的意思亦可视为一种通知。为保障交易安全、尽快明确双方之间法律关系，解除权人应该及时向对方当事人发出解除合同的通知。解除权人怠于发出解除合同的通知，致使对方当事人产生合同未解除的信赖并因此遭受损失的，应当承担相应的违约责任。

【案号】

一审：海南省海口市中级人民法院(2011)海中法民三初字第26号

二审：海南省高级人民法院(2012)琼民三终字第21号

申请再审：最高人民法院(2012)民申字第1542号

【案情与裁判】

原告(上诉人、再审申请人)：天圣制药集团股份有限公司(以下简称天圣公司)

被告(被上诉人、被申请人)：海南国栋药物研究所有限公司(以下简称国栋公司)

原审第三人(被上诉人、被申请人)：海南欣安生物制药有限公司(以下简称欣安公司)

起诉与答辩

天圣公司向海口市中级人民法院诉称：2008年1月18日，天圣公司与国栋公司签订《技术转让合同》和《生产合作协议》，约定国栋公司将其取得的二甲双胍格列吡嗪片的相关新药证书和生产批件转让给天圣公司。协议及合同签订后，天圣公司依约向国栋公司陆续支付102.8万元。国栋公司在取得了二甲双胍格列吡嗪片新药证书和注册生产批件后，未及时通知天圣公司，且未按照双方所签订的协议履行转让手续。国栋公司有意拒不履行协议和合同的行为，已严重违约，请求法院判决：(1)国栋公司继续履行《技术转让合同》，向其转让二甲双胍格列吡嗪片药品新药证书和生产批件等相关技术资料；(2)判决国栋公司向其支付违约金60.8万元；(3)判决欣安公司配合办理药品注册批件转让手续，将注册批件上的药品生产企业变更为天圣公司；(4)诉讼费用由国栋公司承担。

国栋公司辩称：天圣公司的诉请无理，

其不合法的诉讼请求不应当得到法律的保护。天圣公司自2008年2月2日支付了40.8万元的首付款后,一直没有再支付任何款项。根据《技术转让合同书》第13条第4款的规定,由于天圣公司不按照合同约定支付款项,该《技术转让合同书》因符合合同约定的终止条件已经自行终止,国栋公司有权停止向原告进行新药技术转让,并不退还天圣公司的已支付款。

法院审理查明

2008年1月18日,天圣公司(甲方)与国栋公司(乙方)达成本案新药技术转让合同,合同内容如下:"本合同乙方拥有二甲双胍格列吡嗪片新药证书和生产批件实际所有权(乙方与生产批件持有者有协议,可将生产批件转让),甲方受让该药品新药证书和生产批件并支付相应的转让价款……第三条:转让标的:1. 乙方将其取得的二甲双胍格列吡嗪片(2.5mg:250mg)新药证书和生产批件转让给甲方。2. 乙方继续完成二甲双胍格列吡嗪片(5mg:500mg)的相关研究和申报生产工作,并转让给甲方……第七条:甲方向乙方支付转让权的价款及支付方式如下:1. 转让价款总额为人民币肆佰零捌万整。2. 新药技术转让款由甲方分期支付乙方。具体支付方式和时间如下:(1)签订合同10日内,支付总金额10%;(2)本药品通过药审中心审查,交付国家食品药品监督管理局注册司制作批件,支付总金额40%;(3)乙方取得新药证书及生产批件支付20%;甲方取得二甲双胍格列吡嗪片(2.5mg:250mg)生产批件支付25%;(4)甲方取得二甲双胍格列吡嗪片(5mg:500mg)生产批件支付5%……第十二条:双方责任:1. 甲方按合同支付款项,并进行专项策划,积极推广市场。2. 乙方主导完成二甲双胍格列吡嗪片(2.5mg:250mg)的相关研究和申报工作并转让给甲方,甲方积极配合,所需费用由乙方支出。3. 乙方负责原生产批件生产厂家配合新药技术转让,并在转让成功时注销原生产批件。4. 未经甲方同意,乙方不得生产本品,不得将本品技术转让给第三者。第十三条:双方确定,按以下约定承担各自的违约责任:……5. 若甲方不支付约定款项,乙方有权停止向甲方进行新药技术转让,并不退还甲方已支付款。"合同签订后,天圣公司于2008年2月2日向国栋公司支付了40.8万元的转让款。

2006年5月1日,国栋公司与欣安公司签订了《生产合作协议书》,约定:二甲双胍格列吡嗪片的所有权属于国栋公司,如因故双方中止合作,国栋公司有权处置本产品,如将本产品通过技术转让的方式转到其他的生产企业,欣安公司应配合国栋公司办理转让手续等。

2009年3月16日,国栋公司取得二甲双胍格列吡嗪片(2.5mg:250mg)的新药证书和药品生产批件。新药证书的持有者为国栋公司,药品生产企业为欣安公司。

2009年4月8日,天圣公司的股东重庆长龙实业集团有限公司向国栋公司发出《关于二甲基双胍格列吡嗪转让函》,要求将合同金额降为378万元,同时将原来支付于脂肪乳注射液等仿制药技术转让的首付金额(由于多种原因未能进行),转用于二甲基双胍格列吡嗪转让费。

2010年4月15日,国栋公司向天圣公司传真《致重庆天圣制药有限公司的函》,国栋公司在该函中提出将二甲基双胍格列吡嗪片项目转让金额调整为560万元。

2010年8月20日,国栋公司与海南通

用同盟药业有限公司(以下简称通用公司)签订了《新药技术抵债协议书》,将二甲双胍格列吡嗪片(新药证书)的生产技术所有权作价200万元转让给案外人。

在国栋公司和天圣公司签订本案新药技术转让合同之前,双方还签订了六份合同,基于该六份合同,天圣公司向国栋公司共计付款62万元。天圣公司和国栋公司均认可,在重庆长龙实业集团有限公司向国栋公司发出《关于二甲基双胍格列吡嗪转让函》之前,双方对上述六份合同是否继续履行或者解除未进行过协商。

2012年10月16日,天圣公司向国栋公司发出《解除合同的通知》,要求解除上述六份技术转让合同,国栋公司返还天圣公司基于上述六份合同已经支付的转让费62万元,并要求国栋公司承担38万元的违约金。

一审判理和结果

海口市中级人民法院一审认为:首先,确认天圣公司与国栋公司签订的二甲双胍格列吡嗪片《技术转让合同》已经解除。《技术转让合同》合法有效,但天圣公司在签订上述技术转让合同后仅支付了40.8万元,在随后的几年时间里,经国栋公司多次催讨,天圣公司仍未支付。在此情况下,国栋公司将二甲双胍格列吡嗪片转让给了通用公司。按照合同约定,若天圣公司不支付约定款项,国栋公司有权停止向天圣公司进行新药技术转让,并不退还天圣公司的已支付款。故国栋公司将二甲双胍格列吡嗪片(新药证书)的生产技术所有权转让给案外人的行为应属有效。国栋公司解除该合同的行为符合事实和法律规定,应予支持。其次,《技术转让合同》已经无法继续履行。鉴于天圣公司的违约以及国栋公司已将二甲双胍格列吡嗪片(新药证书)的生产技术所有权转让通过《调解书》抵给了案外人。因此,已无法达到合同最终实现的目的,上述《技术转让合同》已无法继续履行。对于天圣公司要求该合同继续履行的诉请,不予支持。最后,至于天圣公司诉称其支付的转让款项为102.8万元的主张,在102.8万元的款项中,62万元属天圣公司支付给国栋公司的其他技术转让款,国栋公司未予认可,且目前亦无任何直接证据证明该款项属涉案技术转让款,故天圣公司对此的主张因无事实和法律依据。据此,该院判决:国栋公司须于判决发生法律效力之日起十五日内向天圣公司支付40.8万元;驳回天圣公司的其他诉讼请求。

上诉与答辩

天圣公司不服一审判决,提起上诉,请求撤销一审判决,依法改判支持其诉讼请求:(1)一审判决刻意忽略天圣公司已履行主要付款义务的事实,导致错误判决,应当予以纠正。天圣公司并非如一审判决认定的,仅向国栋公司支付了40.8万,而是还支付了上述62万元,共计支付了102.8万元的二甲双胍格列吡嗪片新药技术转让款,已逾总转让价款的50%,天圣公司已经履行了主要付款义务。(2)一审判决错误认定国栋公司将2.5mg:250mg二甲双胍格列吡嗪片新药技术抵偿给案外人的行为性质,应当予以纠正。既然天圣公司已经履行了其主要的付款义务,那么天圣公司与国栋公司之间就2.5mg:250mg二甲双胍格列吡嗪片新药技术的转让关系并没有当然终止,双方之间《技术转让合同》并没有解除,合同约束力一直持续并有效。在天圣公司与国栋公司技术转让关系一直有效的期间内,国栋公司将本已约定转让给天圣公司的标的抵偿给其他人,这一行为属于侵害天圣公司合法权益的无效行为。

国栋公司答辩称:请求判令驳回天圣公司的全部上诉请求,维持原判。主要理由为:天圣公司在其上诉状中所提到的62万元的款项与本案没有任何关联性。在长达几年的时间里,天圣公司仍未将上述合同转让款支付给国栋公司的情况下,已经构成严重违约,故国栋公司停止向天圣公司进行新药技术转让的情况符合合同约定。对于在天圣公司严重违约并造成合同自行解除后,国栋公司对其所有的二甲双胍格列吡嗪片如何处置,完全属于国栋公司自身的权利。

二审判理和结果

海南省高级人民法院审理认为:(1)天圣公司并未依约履行主要付款义务。在签订《技术转让合同》和天圣公司向国栋公司支付了人民币40.8万元的转让款后,双方当事人均曾就技术转让款进行过协商,但是不管是天圣公司提出的合同金额降为378万元并将其他技术转让合同的首付款62万元转用于涉案合同,还是国栋公司提出的将二甲双胍格列吡嗪片的转让价格增高为560万元,双方当人均未达成合意,均不能构成对《技术转让合同》的修改或补充。双方当事人仍应继续履行合法有效的《技术转让合同》。天圣公司在签订上述技术转让合同后仅支付了40.8万元,并未依据该合同约定履行按时分期付款的义务。(2)涉案技术转让合同无法继续履行。根据该合同第13条的约定,若天圣公司不支付约定款项,国栋公司有权停止向其进行新药技术转让,并不退还天圣公司已支付款。由于天圣公司的违约行为,国栋公司已将二甲双胍格列吡嗪片(新药证书)的生产技术所有权转让给案外人。因此,双方当事人已无法达到合同最终实现的目的,《技术转让合同》已无法继续履行。故判决驳回上诉,维持原判。

申请再审判理和结果

天圣公司不服二审判决,向最高人民法院申请再审称:一、二审判决认定天圣公司未履行主要的付款义务,认定事实错误。天圣公司已经向国栋公司支付了二甲双胍格列吡嗪片(2.5mg:250mg)新药技术转让款102.8万,已逾总转让价款的50%,完成了主要的付款义务。即使天圣公司未及时支付转让款,国栋公司因而拥有解除双方讼争合同的权利,国栋公司也并没有依照法定的方式和程序行使解除权,并没有实际产生解除合同的效力。国栋公司并没有向天圣公司发出过任何解除合同的通知,双方之间的合同关系并未解除,应当继续履行。

国栋公司提交意见称:因天圣公司的严重违约,本案技术转让合同符合法定解除的条件。同时,本案技术转让合同附有约定的解除条件,该解除条件因天圣公司的违约行为已经成就,本案技术转让合同已经解除。

最高人民法院审查认为:关于本案技术转让合同是否已经解除。根据本案技术转让合同第13条第5项的约定,若天圣公司不支付约定款项,国栋公司有权停止向天圣公司进行新药技术转让,并不退还天圣公司已支付款项。本案合同双方当事人对上述约定的性质存在不同理解。天圣公司认为,上述约定属于约定解除的条款,即使国栋公司拥有解除合同的权利,也应按照《合同法》第96条第1款规定的方式和程序行使解除权。国栋公司没有向天圣公司发出解除合同的通知，没有实际产生解除合同的效力，双方之间的合同关系并未解除。国栋公司认为，上述约定属于《合同法》第45条第1款规定的解除条件，本案技术转让合同属于附解除条件的合同。该解除条件因天圣公司的违约行为已经成就，本案技术转让合同已经解除，无需通知天圣公司。对此，分析如下：（1）本案技术转让合同第13条第5项约定的性质。合同效力附条件是指当事人对合同效力的发生或者消灭施加限制，使其取决于将来的不确定性事实，附条件包括附生效条件和解除条件。附解除条件的合同，自条件成就时失效。一般认为，合同所附解除条件是对合同所加的附款，通常与合同自身的内容以及合同的履行行为本身无关。合同约定的解除条件则是指当事人在合同中约定了解除合同的条件，合同的解除条件成就时，解除权人可以依照法律规定的程序和方式解除合同。对本案技术转让合同第13条第5项约定的性质的解释，应结合该约定的内容、该约定与整个技术转让合同的关系、约定的目的等因素进行。从约定的内容看，该项约定在天圣公司不支付约定款项的情况下，赋予了国栋公司停止向天圣公司进行技术转让的权利，并且不退还天圣公司已支付款项。这实际上是约定了在天圣公司出现违约的情况下，国栋公司享有的权利以及所产生的相应法律后果。从该约定与整个技术转让合同的关系看，该约定被规定在本案技术转让合同的第13条即违约责任条款中。显然，合同双方当事人约定该项的目的在于防范一方的违约行为，而不是简单地通过附款限制本案技术转让合同的效力。由上可见，本案技术转让合同第13条第5项实际上约定了合同解除的条件以及合同解除后双方当事人之间的权利义务关系处理，该项约定应该属于《合同法》第93条规定的合同约定的解除条件，而不是对本案技术转让合同的效力附条件。（2）本案技术转让合同第13条第5项约定的合同解除条件是否已经成就。天圣公司虽然提出减少技术转让费价款的要求，但未获得国栋公司同意，双方未就合同价款的变更达成合意，天圣公司应按照本案技术转让合同原约定的付款条件支付后续技术转让费却未支付，构成违约。本案技术转让合同第13条第5项约定的合同解除条件已经成就，国栋公司因此享有合同约定的解除权。（3）解除合同的通知的方式与效力。根据《合同法》第96条的规定，当事人一方依照约定解除的条件主张解除合同的，应当通知对方，合同自通知到达对方时解除。解除合同通知的目的在于解除权人将其行使合同解除权的意思表示告知对方当事人，以期对方当事人知晓其解除合同的意思表示。只要能够实现上述效果，通知的方式可以多种多样。专门的解除合同的通知当然符合通知的要求；通过起诉的方式要求解除合同也可以看做是一种通知；对方起诉后一方在应诉过程中表示解除合同的意思亦可视为一种通知。本案中，技术转让合同第13条第5项约定的合同解除条件已经满足，国栋公司因此享有合同约定的解除权，但应向天圣公司发出解除合同的通知。在天圣公司提起本案诉讼前，本案没有证据证明国栋公司向天圣公司发出过解除合同的通知。但是，在天圣公司提起本案诉讼后，国栋公司在答辩状以及庭审过程中一直主张本案技术转让合同已经解除，该主张为天圣公司所知晓，应视为已经向天圣公司发出了解除合同的通知。应当说明的是,尽管解除合同的通知有多种方式,但是为保障交易安全、尽快明确双方之间法律关系,解除权人应该及时向对方当事人发出解除合同的通知。解除权人怠于发出解除合同的通知,致使对方当事人产生合同未解除的信赖并因此遭受损失的,应当承担相应的违约责任。国栋公司没有及时向天圣公司发出解除合同的通知,且在本案技术转让合同解除前即将本案技术抵偿给案外人,违反了本案技术转让合同第12条第5项"未经甲方同意,乙方不得生产本品,不得将本品技术转让给第三者"的合同约定,构成违约,应承担相应的违约责任。本案一审、二审判决已经判令国栋公司按照合同约定承担10%的违约金即40.8万元,适用法律正确。遂驳回天圣公司的再审申请。

济川药业集团股份有限公司诉北京福瑞康正医药技术研究所技术转让合同纠纷案

——阅读提示:审理涉及药品的技术转让合同时如何认定违约行为以及判断合同的目的?

【裁判要旨】

在新药申报中,申报生产时的稳定性数据是临床申报时稳定性数据的一种延续,保证申报资料数据的真实可靠属于技术出让方所应当负有的责任。药品研发中的技术出让方提供真实可靠的技术资料、对申报资料内容的真实性负责,不仅是合同义务,也是其作为药品注册申请人的法定义务。

【案号】

一审:江苏省泰州市中级人民法院(2009)泰民三初字第30号

二审:江苏省高级人民法院(2011)苏知民终字第54号

申请再审:最高人民法院(2013)民申字第718号

【案情与裁判】

原告(被上诉人、被申请人):济川药业集团股份有限公司(原江苏济川制药有限公司,以下简称济川公司)

被告(上诉人、再审申请人):北京福瑞康正医药技术研究所(以下简称福瑞研究所)。

起诉与答辩

济川公司向江苏省泰州市中级人民法院于2009年3月2日起诉称:2003年12月16日,其与被告福瑞研究所签订《盐酸罗哌卡因原料与注射剂技术转让合同》约定:被告将其所有的"盐酸罗哌卡因原料与注射剂"(包括盐酸罗哌卡因原料药)、盐酸罗哌卡因注射液、盐酸罗哌卡因氯化钠注射液的临床批件转让给原告,原告分四期支付160万元的技术转让费。合同生效后,原告依约分别付款,并投入数十万元进行临床试验。临床试验结束后,在原告与被告共同申请新药证书和生产批件的过程中,国家药监局告知原告,由于申请资料中被告提交的药学方面资料存在真实性问题,不批准注册申请。原告又向国家药监局审评中心进一步查询,该中心《查询回复通知单》证实,被告提交的申报临床批件阶段的药学研究资料确实存在真实性问题。至此,盐酸罗哌卡因原料与注射剂已不可能获得国家药监局颁发的生产批件。由于盐酸罗哌卡因原料与注射剂申报临床批件阶段的药学研究资料全部由被告提供,被告应承担资料不真实导致生产批件和新药证书申报失败的全部责任,退回所收原告技术转让费150万元。同时原告为该项目临床研究支付的巨额费用和大量劳动付之东流,对此,被告应承担违约责任。故诉请判令被告:(1)退回收取的原告技术转让费150万元;(2)赔偿原告临床研究费用损失167500元,并赔偿原告利息损失4640030.9元。庭审中,原告增加诉讼请求。请求解除双方签订的《盐酸罗哌卡因原料与注射剂技术转让合同》,并将利息损失数额变更为463830.1元。

福瑞研究所辩称:(1)原告以未获得新药证书和生产批件为由要求退还150万元没有法律依据。(2)原告以技术真实性存在问题为由要求被告退还费用、赔偿损失没有法律和事实依据。被告盐酸罗哌卡因原料及注射剂技术是真实可靠的。否则,不可能获得国家药监局批准的临床批件,也无法生产出盐酸罗哌卡因原料、制备出合格的盐酸罗哌卡因水针,实施临床试验研究,达到预期的临床疗效,通过江苏省食品药品监督管理局的生产工艺现场核查与江苏省药品监督检验所的样品检验。(3)申请新药证书和生产批件失败的主要原因是国家政策调整和修改、导致对资料审查标准提高,双方应根据合同约定共同承担责任。(4)即使原告返还被告已交付的盐酸罗哌卡因原料及注射剂的技术资料,原告已知悉该技术资料内容,合同解除后的恢复原状已客观不能。请求法院驳回原告诉讼请求。

法院审理查明

2003年12月16日,济川公司(甲方)与福瑞研究所(乙方)签订盐酸罗哌卡因原料与注射剂技术转让合同,项目名称为"新药盐酸罗哌卡因原料与注射剂的临床批件转让",包括原料药与注射剂。2004年,国家药监局向福瑞研究所下发审批意见通知件,同意对盐酸罗哌卡因原料药、注射液进行临床研究,对盐酸罗哌卡因氯化钠注射液免予临床研究。同年3月9日,福瑞研究所出具授权书,授权济川公司对盐酸罗哌卡因原料与水针开展二期临床研究。福瑞研究所向济川公司提供了包括盐酸罗哌卡因原料药、盐酸罗哌卡因注射液在内的稳定性研究的试验资料及文献资料。济川公司按照合同约定分别向福瑞研究所累计付款150万元。为盐酸罗哌卡因注射液Ⅱ期临床试验,济川公司与有关医院签订协议并支付了临床验证费,还就盐酸罗哌卡因Ⅱ期临床研究统计分析工作签订了技术服务合同,并支付了技术服务费。临床试验结束后,济川公司与福瑞研究所共同向国家药监局申请新药证书和生产批件。2008年8月28日,国家药监局向两单位下发审批意见通知件,不批准两单位对盐酸罗哌卡因及盐酸罗哌卡因注射液提出的注册申请,理由均为:发现本申请药学方面资料存在真实性问题。因盐酸罗哌卡因原料药等新药注册申请未获批准,盐酸罗哌卡因氯化钠注射液注册申请亦未批准。国家药监局药品审评中心就申报材料针对济川公司的查询回复认为,依据2008年4月10日专家会议确定的《研究资料及图谱真实性问题判定标准》,可以判定本品申报资料中药学试验资料存在真实性问题,根据《药品注册管理办法》的有关规定,不批准本注册申请。

国家药监局药品审评中心就盐酸罗哌卡因注射液申报资料的查询回复通知单载明,依据2008年4月10日专家会议确定的《研究资料及图谱真实性问题判定标准》,可以判定本品申报资料中药学试验资料存在真实性问题。根据《药品注册管理办法》的有关规定,不批准本注册申请。经比对,存在真实性问题的图谱资料来源于福瑞研究所向国家药监局申请盐酸罗哌卡因及盐酸罗哌卡因注射液临床批件时的申报资料10。

济川公司按照合同约定分别向福瑞研究所付款48万元、80万元、22万元,累计150万元。为盐酸罗哌卡因注射液Ⅱ期临床试验以及临床研究统计分析,济川公司与案外人签订协议并支付临床验证费、技术服务费共计16.75万元。

一审判理和结果

江苏省泰州市中级人民法院一审认为:系福瑞研究所技术原因导致新药申报失败,福瑞研究所行为构成根本违约。根据双方订立合同的目的以及福瑞研究所违约行为及其对实现合同目的即申请新药证书、生产批件的影响以及庭审中福瑞研究所亦同意解除涉案技术转让合同,双方都有不再继续履行合同的意愿等实际情况,本案技术转让合同应予解除。至于对合同解除后双方纠纷的实体处理,虽然名义上由济川公司与福瑞研究所共同申报注册,但用以申请注册的药学研究资料实由福瑞研究所提供,相关数据资料是福瑞研究所试验的结果,福瑞研究所作为相关技术出让人提供不真实的试验数据,其主观上具有主要过错。如果合同解除只向将来发生效力,不仅背离了济川公司所欲实现的合同目的,客观上也加大了药品生产企业作为技术受让方时的合同风险,失衡的利益分配或者责任负担对济川公司显失公平。因此,对济川公司因福瑞研究所违约要求解除合同,并要求福瑞研究所根据合同约定返还已收取的技术转让价款150万元之本息的诉讼请求应予支持;对于济川公司已经发生的临床试验费用176500元的损失,根据其相应的过错和应预知的风险责任,应由济川公司自行承担。由于福瑞研究所已交付涉案相应技术,合同解除后即使返还相关技术资料已不得使其回复至未交付前的状态,根据《中华人民共和国合同法》第92条的规定,济川公司应根据诚实信用原则对本案合同履行期间知悉的盐酸罗哌卡因原料与注射剂技术承担保密义务,且未经福瑞研究所同意,不得利用其所掌握的上述技术单独或者与其他单位合作申请该药品的注册与生产批件。双方都有不再继续履行合同的意愿等实际情况,本案技术转让合同应予解除。依照《中华人民共和国合同法》第94条第4项、第97条、第107条的规定,一审法院于2010年11月22日作出(2009)泰民三初字第30号民事判决,判令:解除涉案盐酸罗哌卡因原料与注射剂技术转让合同;福瑞研究所返还济川公司技术转让费150万元,并赔偿相应的利息损失;驳回济川公司其他诉讼请求。

上诉与答辩

福瑞研究所不服一审判决,向江苏省

高级人民法院提起上诉,理由为:(1)福瑞研究所已经按照合同约定转让临床批件,提交全部申报临床批件的资料,并帮助济川公司掌握技术后,就已经履行了其合同义务,实现了合同目的。(2)福瑞研究所已经履行了提供临床批件和技术资料的义务,不存在违约,而技术转让费并不以取得新药证书和生产批件为前提,故济川公司无权要求福瑞研究所返还技术转让费,如果解除合同,也只能解除双方未履行的权利义务。济川公司是否取得、何时取得生产批件,完全取决于济川公司,其风险也应当由其自己承担。

济川公司答辩称:一审判决认定事实清楚,适用法律正确,请求驳回上诉,维持原判。

二审判理和结果

江苏省高级人民法院二审认为,因福瑞研究所未能依照合同约定向济川公司提供真实可靠的技术资料,最终导致济川公司未能获得新药证书和生产批件,构成违约。根据技术转让合同中的约定,济川公司有权向福瑞研究所主张返还其已经支付的150万元技术转让费及相应利息。江苏省高级人民法院依照《中华人民共和国民事诉讼法》第153条第1款第1项的规定,于2011年5月30日作出(2011)苏知民终字第0054号民事判决,判令:驳回上诉,维持原判决。二审案件受理费22474元,由福瑞研究所负担。

福瑞研究所不服江苏省高级人民法院二审判决,向最高人民法院申请再审。

申请再审判理和结果

最高人民法院审查认为,双方签订合同的目的是取得新药批准证书与生产批件,并非仅为转让临床批件。福瑞研究所向济川公司提供真实可靠的技术资料,不仅是双方合同的约定,也是其作为药品注册申请人的法定义务。作为临床批件的技术出让方,其应当保证延续生产中的技术数据的稳定性。在新药申报中保证数据的真实性属于技术出让方所应当负有的责任。由于福瑞研究所所提供的药学试验资料存在真实性的问题,致使该新药的有效期、安全性和临床药效无法确定,无法确定该新药的技术是否稳定可靠,直接导致济川公司签订的技术转让合同目的落空,福瑞研究所理应承担违约责任。

由于福瑞研究所违反约定向济川公司提供了不真实的技术资料,致使济川公司无法获得新药证书和生产批件并生产出合格产品,无法实现合同目的,济川公司有权要求解除本案的技术转让合同。根据合同约定"因福瑞研究所技术原因,导致该新药申报失败,福瑞研究所应在责任判定后十日内全额退回已收的技术转让费给济川公司"。一、二审判决解除技术转让合同,并返还技术转让费,法律适用正确。最高人民法院裁定驳回福瑞研究所的再审申请。

湖北洁达环境工程有限公司诉郑州润达电力清洗有限公司、陈庭荣、吴祥林侵害商业秘密纠纷管辖权异议案

——阅读提示:如何认定侵权结果地?

【裁判要旨】

侵权结果地应当理解为侵权行为直接产生的结果发生地,不能以权利人认为受到损害就认为原告所在地就是侵权结果发生地。

【案号】

一审:湖北省荆州市中级人民法院(2011)鄂荆中民四初字第 20 - 2 号

二审:湖北省高级人民法院(2012)鄂民三终字第 14 号

再审:最高人民法院(2013)民提字第 16 号

【案情与裁判】

原告(被上诉人、再审被申请人):湖北洁达环境工程有限公司(简称湖北洁达公司)

被告(上诉人、再审申请人):郑州润达电力清洗有限公司(简称郑州润达公司)

被告(上诉人、再审申请人):陈庭荣,郑州润达公司总经理

被告(上诉人):吴祥林

起诉与管辖权异议

2011 年 9 月,湖北洁达公司以吴祥林、陈庭荣和郑州润达公司侵害商业秘密为由,向湖北省荆州市中级人民法院提起诉讼,请求法院判令该三被告连带赔偿经济损失 45 万元,承担本案全部诉讼费用及律师费用。吴祥林、陈庭荣、郑州润达公司对管辖权提出异议,认为本案应由被告住所地人民法院管辖。

一审判理和结果

湖北省荆州市中级人民法院一审认为,本案系湖北洁达公司以吴祥林、陈庭荣、郑州润达公司侵害其商业秘密为由提起的诉讼,三被告的住所地及侵权行为地法院均有管辖权。湖北洁达公司有权选择向侵权行为地法院提起诉讼。三被告提出的管辖权异议不能成立,遂依法裁定驳回吴祥林、陈庭荣、郑州润达公司的管辖权异议。

上诉与答辩

郑州润达公司、陈庭荣、吴祥林不服一审裁定,向湖北省高级人民法院提起上诉。其主要上诉理由为:(1)因侵权行为提起的诉讼,由侵权行为地或者被告住所地人民法院管辖。侵权行为地包括侵权行为地实施地、侵权结果发生地。被上诉人诉状中列明的四处电厂为侵权行为地,而湖北洁达公司所在地不是侵权行为地,仅是原告住所地,因此湖北省荆州市中级人民法院对本案没有管辖权。(2)吴祥林于 2010 年 5 月 4 日由湖北省荆州市迁入河南省郑州市惠济区南阳路 170 号院 37 号楼 89 号,陈

庭荣2006年3月辞去湖北洁达公司的工作于2009年3月23日由湖北省荆州市迁入河南省新乡市卫滨区高村路27号附56号。郑州润达公司的所在地、陈庭荣、吴祥林的户籍住所地和经常居住地法院才有管辖权。(3)湖北省荆州市中级人民法院所在地既不是侵权行为地,也不是被告住所地,仅是原告住所地,故湖北省荆州市中级人民法院对本案没有管辖权。

二审判理和结果

湖北省高级人民法院二审认为,陈庭荣、吴祥林曾经是湖北洁达公司的员工,涉嫌在湖北洁达公司工作期间掌握涉案商业秘密,其侵害商业秘密的行为发生在湖北洁达公司住所地湖北省荆州市,因此,湖北省荆州市中级人民法院作为侵权行为地法院对本案享有管辖权。又据《中华人民共和国民事诉讼法》(以下简称《民事诉讼法》)第35条的规定,两个以上人民法院都有管辖权的诉讼,原告可以向其中一个人民法院起诉。因此,湖北洁达公司有权选择向侵权行为地法院即湖北省荆州市中级人民法院提起诉讼,遂依法裁定驳回上诉,维持原裁定。

申请再审理由与答辩

郑州润达公司、陈庭荣向本院申请再审称:湖北洁达公司在起诉状中称原审被告在深能和合电力(河源)有限公司、湖北黄石电厂、襄阳电厂、宁夏大唐国际大坝电厂承揽清洗施工业务。该四处电厂为侵权行为地、侵权行为实施地、侵权结果发生地,而湖北洁达公司不是侵权行为地。而且,本案起诉时,陈庭荣、吴祥林户籍所在地、经常居住地均不在荆州市。因此,荆州市中级人民法院对本案没有管辖权。一、二审裁定认定的基本事实缺乏证据证明,适用法律错误,请求本院撤销一、二审民事裁定,改判本案由河南省郑州市中级人民法院管辖。

被申请人湖北洁达公司答辩称:陈庭荣、吴祥林均曾是湖北洁达公司员工,负有保守商业秘密的合同义务。吴祥林以代洪漳之名办理第二代身份证,并以代洪漳的身份代表郑州润达公司申请专利、对外签订清洗合同。这表明其在为实施侵害商业秘密的行为作准备,荆州市属于侵害商业秘密的预备实施地。因侵害商业秘密的结果就是对权利人市场销售造成影响,故权利人住所地可以视为侵权行为结果发生地。因此,湖北省荆州市中级人民法院作为侵权行为地法院对本案有管辖权。

一审被告、二审被上诉人吴祥林陈述意见认为:其在湖北洁达公司工作期间正当获取经营信息,不能将获取信息的地点认为是侵权行为地。侵权结果发生地应当是侵权行为直接产生的结果发生地。而且,吴祥林的户籍所在地在河南省郑州市。因此,湖北省荆州市中级人民法院对本案没有管辖权。

再审审查查明

最高人民法院提审查明,湖北洁达公司一审起诉时指控吴祥林、陈庭荣、郑州润达公司侵犯其商业秘密的主要事实和理由为:吴祥林和陈庭荣系湖北洁达公司原员工,分别担任副总经理和工程部负责人,在工作期间与湖北洁达公司签订了具有竞业限制条款的劳动合同。吴祥林和陈庭荣在离开湖北洁达公司后,有义务保守工作期间获取的商业秘密,且在离职两年内不得到与湖北洁达公司有竞争业务的公司工作,也不得自行从事与湖北洁达公司相同的业务。吴祥林于2009年11月擅自从湖北洁达公司离职后,于2010年2月化名代洪漳加入郑州润达公司担任总经理,利用其在湖北洁达公司处获取的商业秘密(包括专有技术、客户网络、经营模式)为湖北洁达公司开展业务。陈庭荣于2006年初离职后,从2006年起先后在荆州三雄科技发展有限公司、河南平顶山润达电力设备有限公司和郑州润达电力设备有限公司工作,随后又于2010年1月自行成立郑州润达公司。陈庭荣利用在湖北洁达公司工作期间获取的商业秘密在上述单位从事与湖北洁达公司相同的清洗业务。陈庭荣曾于2006年和2007年因侵犯湖北洁达公司的商业秘密而受到法院判决制裁,但其在2007年后继续大肆侵犯湖北洁达公司的商业秘密,非法承揽了20多家电厂清洗业务获取巨额利润至今。陈庭荣和吴祥林以郑州润达公司为掩护,利用在湖北洁达公司处获取的商业秘密,先后在深能和合电力(河源)有限公司(2010年6月)、湖北黄石电厂(2011年5月)、襄阳电厂(2011年6月)、宁夏大唐国际大坝电厂(2011年7月)承揽清洗施工业务,给湖北洁达公司造成巨大经济损失。

再审判理和结果

最高人民法院认为,本案是侵犯商业秘密纠纷,应当按照《民事诉讼法》及其司法解释关于侵权纠纷的规定确定管辖。《民事诉讼法》第28条规定,因侵权行为提起的诉讼,由侵权行为地或者被告住所地人民法院管辖。《最高人民法院关于适用〈中华人民共和国民事诉讼法〉若干问题的意见》第28条规定,侵权行为地包括侵权行为实施地、侵权结果发生地。侵权结果地应当理解为侵权行为直接产生的结果发生地,不能以权利人认为受到损害就认为原告所在地就是侵权结果发生地。本案中,侵权结果地与上述侵权行为实施地重合,不位于荆州市。因此,湖北洁达公司关于荆州市是侵权结果地的主张亦不能成立。

吴祥林和陈庭荣作为湖北洁达公司的员工,在工作中获知湖北洁达公司的商业秘密,不属于《中华人民共和国反不正当竞争法》第10条规定的侵害商业秘密的具体行为种类。况且,湖北洁达公司在起诉时也未将该行为列入其指控的侵权行为。因此,原二审裁定以陈庭荣、吴祥林涉嫌在湖北洁达公司工作期间掌握涉案商业秘密为由,认定侵害商业秘密的行为发生在湖北洁达公司住所地湖北省荆州市,适用法律有误,应予纠正。

因吴祥林、陈庭荣和郑州润达公司的住所地均不位于荆州市,且湖北洁达公司亦未举证证明吴祥林、陈庭荣的经常居住地位于荆州市,故湖北省荆州市不是被告住所地。

综上,本案被诉侵权行为的实施地、结果地以及被告住所地均不位于湖北省荆州市,湖北省荆州市中级人民法院对本案没有管辖权。因襄阳电厂所在地是本案被诉侵权行为地之一,故湖北省襄阳市中级人民法院可以管辖并审理本案。依照《中华人民共和国民事诉讼法》第28条、第170条第1款第2项、第207条第1款的规定,裁定撤销一、二审民事裁定;本案移送湖北省襄阳市中级人民法院审理。

北京天道新源风电科技股份有限公司诉哈尔滨空调股份有限公司技术合同纠纷案

——阅读提示:在一方当事人根本违约、政府政策限制等多种原因造成对方当事人终止合同的情况下,如何认定违约责任?

【裁判要旨】

一方当事人根本违约在先,政府政策限制在后,对方当事人因此而提出终止合同的,不能简单地认定后者构成违约。后者有权行使《合同法》规定的解除合同的权利,并要求前者承担违约责任。

【案号】

一审:黑龙江省哈尔滨市中级人民法院(2011)哈知初字第59号

【案情与裁判】

原告(反诉被告):北京天道新源风电科技股份有限公司(简称天道公司)

被告(反诉原告):哈尔滨空调股份有限公司(简称哈空调公司)

起诉与答辩

2011年4月1日,天道公司起诉称:天道公司与哈空调公司签订TD200908号《技术转让(技术秘密)合同》,约定:天道公司将自有的1.5MW Ⅱ型直驱式风力发电机组及发电机项目技术秘密使用权转让给哈空调公司,哈空调公司支付使用费200万元。涉案合同双方意思表示真实,合法有效。天道公司履行了合同义务。哈空调公司以种种理由推迟验收图纸,后通知终止执行合同,其所称"哈尔滨市政府以及哈尔滨工业资产经营有限公司作出了停止哈空调风电建设的决定"不属于法定或约定的终止合同事由,也不属不可抗力。请求判令:(1)哈空调公司继续履行合同,并向天道公司支付技术秘密使用费120万元;(2)哈空调公司向天道公司支付违约赔偿金40万元;(3)哈空调公司负担本案诉讼费用。

哈空调公司答辩并反诉称:2009年10月13日,天道公司与哈空调公司签订TD200907号、TD200908号《技术转让(技术秘密)合同》约定:天道公司将1.5MW Ⅱ型直驱式风力发电机组及发电机项目和2.0MW直驱式风力发电机组及发电机的技术秘密使用权转让给哈空调公司。哈空调公司按照涉案TD200908号《技术转让(技术秘密)合同》约定,给付首付款80万元。但天道公司未在2009年11月14日前交付全部技术资料,其首次交付部分资料的时间是2009年11月21日,且不符合合同标准。在此后六个多月里,哈空调公司采购了大量原材料及组装部件,但天道公司后五次提交的技术资料均不能保证有效实施涉案技术,无法生产样机。天道公司多次表示是其对图纸资料质量不够重视造成的。天道公司未按期提供符合合同标准的技术资料,经多次催告后仍不能履行合同义务,导致哈空调公司不能按预定时间进行样机生产、试验,不能如期履行正常审批手续,错过了项目最佳时机,致哈空调公司不能实现合同目的。哈空调公司履行了全部合同义务,而天道公司构成违约,应当承担违约责任。哈空调公司有权解除涉案合同,天道公司无权向哈空调公司主张继续履行合同、支付使用费120万元和40万元违约金。应驳回天道公司的诉讼请求。反诉请求:(1)解除TD200908号《技术转让(技术秘密)合同》,天道公司返还合同价款80万元;(2)天道公司给付违约金100万元并赔偿经济损失;(3)天道公司负担诉讼费用。

天道公司对哈空调公司的反诉答辩称:哈空调公司的反诉没有事实及法律依据。(1)哈空调公司决定终止风电项目建设,是基于上级主管部门的决定及其自身对投资风险的评估,不是天道公司的原因。哈空调公司《关于终止风电项目技术转让合同的通知》称:"哈尔滨市政府以及哈尔滨工业资产经营有限公司作出了停止哈空调风电建设的决定,因此不得不终止执行与贵公司所签订的技术转让合同";还称,作出该决定是因为国家出台了一系列调控政策,特别是工业和信息化部会同发改委、国家能源局根据国务院相关要求,共同组织研究起草了《风电设备制造行业准入标准》,"对生产并网型风力发电机组的风电设备企业进行了若干规定,致使哈空调公司风电项目在准入、技术、市场和资金方面出现很多不确定性和较大的风险,为了最大程度规避和降低投资损失"。(2)哈空调公司同时从外国公司引进的样机及相关技术项目也下马了,说明不是由于天道公司的原因。哈空调公司董事会决议对外公告称:"鉴于在风电研发过程中,一是国内风电企业发展数量激增,同质化竞争严重,风险加大;二是国家产业政策发生较大变化,规范风电行业发展力度增强,对后进入该行业的企业实行准入制度,提高了公司进入风电行业的准入门槛,公司继续从事风电业务风险较大。为规避风险,减少损失,经公司董事会慎重审议,决定终止风电研发活动。"(3)天道公司延迟履行合同,责任在哈空调公司。合同签订后,哈空调公司提出修改样机设计,造成天道公司必须重新计算和校核机组的全部参数,重新验证和调整主要部件的尺寸,重新进行轮毂、发电机、机舱底座、塔筒、连接螺栓、法兰等所有部件的静强度分析和疲劳分析,工作量和工作流程与重新开发一套新机组几乎差不多。而一般开发设计一套永磁风电机组需要约十二个月的时间。另外,在合同履行中,哈空调公司要求将提交方式变更为天道公司提交厂化图纸。天道公司提交图纸过程中出现的一系列问题,均是将技术图纸进行厂化过程中可能出现的,而将图纸厂化并不是合同约定的天道公司应履行的合同义务。应驳回哈空调公司的反诉请求。

一审审理查明

甲方哈空调公司与乙方天道公司于2009年10月13日签订合同编号为TD200908的《技术转让(技术秘密)合同》,主要内容为:"有效期限2009年10月13日~2011年10月13日。第一条,乙方转让甲方的技术秘密内容:1. 技术秘密的范围:77-1.5Ⅱ型直驱式风力发电机组及电机设计图纸、技术文件、试验大纲、配套设备文件、计算文件等。2. 技术主要指标参数:(1)额定功率:1.5MW;(2)风轮直径:77M;(3)额定风速:11.5m/s;(4)设计等级:IECII;(5)风轮额定转速:18rpm;(6)产品结构:三叶片、水平轴、上风向、变浆距;(7)发电机结构:永磁同步发电机;(8)功率调节:变浆、转钜调节方式。第二条,为保证甲方有效实施本项目技术秘密,乙方应向甲方提交以下技术资料(但不限于):1. 机组及发电机全套图纸;2. 零部件清单、外购件采购清单和技术要求;3. 主要零部件的计算分析报告;4. 主要零部件的三维设计图;附件一:D77 - 1.5MW 直驱式风力发电机组技术文件清单;附件二:1.5MW 直驱机组培训计划。第三条,乙方提交技术资料时间、地点、方式:1. 提交时间:首付款到后15天内交付全套图纸及本合同第二条所包括的全部资料;2. 提交地点:哈尔滨市;3. 提交方式:电子版图纸(光盘)二盘及带有签章的白图壹份。乙方提交上述资料后,应在一周内协助甲方进行资料验收。如提交的资料不能保证甲方有效实施本项目技术,乙方须在一周内补足。第五条,甲方应以如下范围、方式和期限实施本项技术秘密:1. 实施范围:甲方在本企业及关联企业内实施,不许转让和在本企业及关联企业外实施(只能由甲方确定的一个法人实施);2. 实施方式:生产 77 - 1.5MWⅡ型直驱式风力发电机组及发电机;3. 实施期限:合同生效后10个月内生产并安装二台样机,二年内批量生产。第六条,乙方保证本项技术秘密的实用性、可靠性,并保证本项技术秘密不侵犯第三人的合法权利。第九条,为保证甲方有效实施本项技术秘密,乙方应向甲方提供以下技术服务和技术指导:1. 负责对甲方技术人员的技术培训;培训计划:1.1 交付机组及发电机图纸时机械培训、电气培训;1.2 外购件采购规范技术培训;1.3 样机制造过程中技术服务;1.4 工厂装配、调试过程中技术服务;1.5 风电场安装、发电过程中技术服务;1.6 根据甲方需要安排的技术服务。2. 技术服务的方式及费用:在甲方地点进行的技术培训和技术服务。培训时间及内容见附件二。3. 乙方应协助甲方取得设计及制造许可证。4. 甲方如需乙方提供技术服务,应以传真或邮件的形式通知乙方,乙方应在三日内派人给予解决。第十条,甲方向乙方支付受让该项技术秘密的使用费及支付方式为:1. 技术秘密使用费总额为:合计200万元技术转让费(含发电机技术)。2. 技术秘密使用费由甲方三次分期支付乙方。(1)合同签订后七日内支付80万元;(2)图纸交付验收合格并完成附件二第六条发电机设计图答疑后七日内支付80万元;(3)并网发电并达到机组设计要求三十日内支付40万元。第十一条,乙方许可甲方实施本项技术秘密、提供技术服务和技术指导,按以下标准和方式验收:1. 工厂安装调试;2. 并网发电运行。第十二条,甲方应在本合同生效后二十日内开始实施本项技术秘密;逾期未实施的,应当及时通知乙方并予以正当解释。乙方未及时向甲方提供技术服务,应当及时通知甲方并予以正当解释,由此影响甲方生产造成损失的,乙方应承担赔偿责任。第十四条,本合同联合设计开发的技术成果及知识产权归甲乙双方共有,甲方具有该技术使用权、生产权、产品销售权,甲方有权在其产品上标注甲方及关联企业的标识,但甲方及关联企业不得以任何形式向第三方实施再转让。第十五条,本合同的变更必须由双方协商一致,并以书面形式确定。但有下列情形之一的,一方可以向另一方提出变更合同权利与义务的请求,另一方应当在十五日内予以答复;逾期未予以答复的,视为同意:1. 项目技术目标的调整;2. 项目技术内容的调整;3. 项目技术进度的调整。第十六条,双方按以下约定承担各自的违约责任:1. 乙方违反本合同第二、三、六等条款的约定,应当承担违约所造成损失的赔偿(支付违约金或损失赔偿的计算方法—因乙方技术问题造成的重大失误,乙方无条件负责解决并赔偿项目合同额的50%)。2. 甲方违反本合同第五、十、十四条约定,应当承担违约所造成损失的赔偿,赔偿项目合同额的50%。因甲方生产问题造成的重大失误,甲方负责解决。第二十二条,本合同经双方签字盖章后生效。"

2009年10月28日,哈空调公司致天道公司《关于样机设计的意见》载明:现拟定按TD200907和TD200908技术转让(技术秘密)合同技术每个规格各制造一台样机,并与哈空调公司引进德国Aerodyn公司的1.5MW永磁高速机型的样机一起安装在位于黑龙江省杜尔伯特蒙古族自治县巴彦查干乡的大庆瑞好风电场(IECⅢ)试运行。为取得良好试运行效果,体现与引进机型竞争力,便于日后市场推广,对样机设计提出以下意见:样机试运行安装地点大庆瑞好风电场属于IECⅢ类风场(该风场的风资源与工程地质资料已经提供给天道公司),建议样机(1.5MW和2.0MW)的设计按IECⅢ类风场考虑。同地点安装的引进德国Aerodyn公司的1.5MW永磁高速机型样机的风轮直径是82m,建议TD200908号合同77-1.5MWⅡ型直驱式风力发电机组样机的风轮直径也按82m考虑。

2009年10月29日,天道公司致哈空调公司《回复传真》表示,同意哈空调公司所提意见。

2009年10月30日,天道公司收到哈空调公司项目款180万元。其中,涉案TD200908号《技术转让(技术秘密)合同》首付款80万元,TD200907号《技术转让(技术秘密)合同》合同首付款100万元。

2009年11月2日,天道公司致哈空调公司《传真》表示:180万元项目款已收到。哈空调公司对设计条件更改的建议,造成需要变更设计,计算和图纸更改的工作量比较大,天道公司会力争确保按合同约定的时间执行合同。

2009年11月20~21日,甲方哈空调公司与乙方天道公司签订《1.5MW永磁直驱机型技术交底首次会议会议纪要》,约定:天道公司对所要移交的图纸进行整理并规范编号,两套光盘资料先移交给哈空调公司。

2009年11月30日,哈空调公司致天道公司《沈工大技术资料交接清单修改》及附件:哈空调公司发现1.5MW风电机的技术文件以及图纸中有些部分不准确,在附件中已指出不确切部分。

2009年12月3日,哈空调公司致天道公司《关于下次技术交流的意见》表示:附件中文件标明了交接文件中不清晰及有错误的部分。

2009年12月4日,哈空调公司致天道公司《关于1.5MW交接资料出现的一些问题》及附件。

2009年12月7日,哈空调公司致天道公司《采购清单中所遇到的问题》及附件。

2009年12月10日,哈空调公司致天道公司《1.5MW风力发电机最新问题》及附件。

2009年12月14日,甲方哈空调公司

与乙方天道公司签订《会议纪要》载明:“1. 预交的图纸资料存在的问题,乙方在本周内修改并提交资料补充计划;2. 双方同意现将资料提交给技术人员,技术人员在图纸和资料转化(用户厂化)过程中再继续进行图纸资料的改进和补充工作;3. 力争在一周内通过甲方资料员对图纸资料的验收入库;5. 乙方派人指导甲方技术人员理解和使用甲方的采购规范,确保在1月15日前全部签订外部采购合同;7. 甲方不接受乙方提供的具有其他公司标识的正式图纸和资料,乙方应转化为自己的图纸和资料,满足质量可追溯性;9. 缺少的部分图纸和资料,按如下方案处理:(1)工艺文件,不属于合同范围内规定提供的资料,乙方配合甲方进行工艺设计;(2)图纸等技术文件2009年12月28日前提供;10. 本周内完成采购规范中订货周期较长的产品的资料沟通和修改;11. 双方商定新的图纸资料交付方式为:乙方先提交电子文件,甲方确认后乙方再提交正式的纸质和电子版图纸;13. 1. 5MW产品的最终资料移交2009年12月28日前完成。”

2009年12月24日,甲方哈空调公司与乙方天道公司签订《1. 5MW永磁直驱机型技术联络会议会议纪要》载明:双方商定于2010年1月6日来哈尔滨交付全套82－1. 5MWⅡ型直驱式发电机及风力发电机组技术资料。

哈空调公司2010年1月9日的《接收文件情况》记载:“1. 哈空调公司2010年1月9日接收82－1. 5MWⅡ型风力发电机组文件,文件包存在下列问题,请尽快更改:(1)非图纸类文件未在文件清单中注明总页数;(2)文件名称和编号有错误;(3)请统一零部件目录表是否编号,不要重复编号;(4)3D图纸没有详细的目录。2. 哈空调公司此次不能接收82－1. 5MWⅡ型直驱式发电机及风力发电机组永磁发电机文件:(1)缺少一个文件(YF1. 5MW－03－09－1后端盖);(2)文件包存在严重的编号和文件名称误差;(3)错别字问题仍很严重;(4)未提供发电机补充规范。请核对并尽快提交符合接收标准的文件。”

2010年1月28日,哈空调公司出具《D82－1. 5MW直驱机组和YF－1. 5MW永磁发电机技术资料专业审查意见》表示:天道公司分别于2010年1月9日和1月13日移交了D82－1. 5MW直驱机组和YF－1. 5MW永磁发电机的技术资料,哈空调公司审查结论如下:(1)天道公司移交的资料没有完全按照2009年12月24日技术联络会议纪要要求进行整改,尤其是YF－1. 5MW永磁发电机技术资料,原来存在的问题几乎没做任何处理。(2)除2009年12月24日《会议纪要》所列问题外,整套资料还存在很多其他问题,详见附件。(3)全套资料不具备指导生产的条件,暂时不能接收。(4)请天道公司全面、细致地对全套资料认真整改,达到具备指导生产的条件。请考虑分期移交。(5)如果同意分期整改、分期移交意见,请天道公司在2010年1月31日前提供分期移交的时间计划。

2010年1月30日,天道公司致哈空调公司《图纸完善计划》及附件图纸分期移交计划。

2010年2月8日,天道公司致哈空调公司《关于2MW直驱电机图纸交付时间》,并对造成拖延表示歉意。

2010年2月10日,天道公司致哈空调公司《1. 5MW及2. 0MW图纸资料交付计划》及附件表示:天道公司认识到提交的资料不规范问题的严重性。完善改进图纸资料造成交付时间拖延,天道公司表示非常抱歉。附件:《1.5MW 及 2.0MW 图纸资料交付计划》,其中,1.5MW 项目于 2010 年 3 月 31 日提交剩余部分全部图纸,以整套图纸形式提交,包括一套完整的白图。

2010 年 2 月 22 日,哈空调公司致天道公司、卢志勇董事长《传真》表示:天道公司自签订合同以来,已三次交付 1.5MW 项目技术资料,历时近三个月,仍存在很多问题,不能满足技术资料的接收标准。2.0MW 项目的技术资料至今尚未提出交付。哈空调公司曾多次提出交涉,现再次申明:(1)天道公司严重拖期交付合格的技术资料,致使哈空调公司实施计划严重拖延。(2)天道公司以后交付技术资料,必须满足要求(详见 2009 年 12 月 14 日和 24 日《会议纪要》、2010 年 1 月 28 日《审查意见》)。(3)天道公司必须严格按照 2010 年 2 月 10 日《交付计划》所规定的时间交付相应的 1.5MW 和 2.0MW 项目技术资料。

2010 年 2 月 24 日,天道公司致哈空调公司《回复传真件》表示:对造成哈空调公司项目实施计划拖延,天道公司深表歉意。天道公司未对图纸资料质量问题予以重视,对资料细节的审查完善不够重视。天道公司已按要求进行整改,预计工作量共需 60 人月,但将加班加点,全力争取,严格按图纸资料交付计划执行。

2010 年 4 月 1 日,哈空调公司出具接收修改后的 1.5MW 风力发电机组及永磁发电机技术文件(包括电子版和白图)《接收文件情况》。

2010 年 4 月 11 日,天道公司致空调公司《关于合作问题的交涉》表示:抱歉,天道公司没有监控好项目执行计划。谨向大家道歉。

2010 年 4 月 19 日,哈空调公司出具《D82 - 1.5MW 直驱机组和 YF - 1.5MW 永磁发电机技术资料专业审查意见》表示:天道公司于 2010 年 4 月 1 日向哈空调公司移交了 D82 - 1.5MW 直驱机组和 YF - 1.5MW 永磁发电机的技术资料,审查意见如下:(1)电控部分没有发现严重问题。(2)机械部分存在大量的问题,明细详见附件 1。(3)发电机部分存在的问题比较多,详见附件 2,多数都是 2010 年 3 月 9 日《会议纪要》中提及的问题,至今均未得到有效解决,希望天道公司能够遵循区分设计与工艺的客观标准,履行合同义务。(4)审查结论:对本次移交的技术资料不予验收,请天道公司对技术资料进行整改,择期移交,并在 2010 年 4 月 25 日前提交整改计划。

2010 年 4 月 19 日,天道公司致哈空调公司《天道公司卢总对"审查意见"邮件的答复》表示:天道公司会尽快准备好,对工作不周到给哈空调公司带来的麻烦表示抱歉。

2010 年 5 月 5 日,哈空调公司致天道公司《关于直驱式风力发电技术合作》表示:天道公司已先后五次交付 1.5MW 风电技术资料,严重影响样机制造进度。(1)请天道公司对移交的资料认真进行系统整改,达到可移交的标准再移交;(2)请天道公司在 2010 年 5 月 9 日前明确提交技术资料移交计划,并达到验收标准;(3)天道公司对哈空调公司的邮件回复严重不及时。若因天道公司没能及时进行技术联络而造成的拖期责任由天道公司负责。

2010 年 5 月 8 日,天道公司致哈空调公司《1.5MW 及 2.0MW 资料移交计划》表示:对 1.5MW 资料,天道公司正在进行内部自查,将于5月17日正式全部移交。天道公司保证不再出现回复邮件不及时等现象。

2010年5月18日,哈空调公司出具接收D82－1.5MW项目文件《接收文件情况》表示:一般性文件接收审查中发现存在版本号不是A版本的问题,请天道公司尽快解决此问题。专业问题待各专业组人员进行技术审查。

2010年5月25日,天道公司致哈空调公司《2MW计划》表示:目前项目组人员正在对1.5MW项目图纸进行内部再审查及整改,预计本周完成此项工作。

2010年6月12日,哈空调公司致天道公司《关于1.5MW和2.0MW图纸》表示:收到天道公司提供的1.5MW和2.0MW机械部分图纸。

哈空调公司出具《接收文件情况》表示:2010年6月12日接收天道公司提交的D82－1.5MW及2.0MW项目文件,一般性文件接收审查中发现并不存在2.0MW机组的任何文件,实际接收文件为1.5MW机组文件中2D机械文件中的部分文件,且并没有根据前次发回整改的意见要求对图纸标题栏中的版本号统一为A版本。专业问题待各专业组人员进行技术审查。

哈空调公司针对北京天道公司2010年6月12日提交的电子版文件审核意见如下:(1)对上次提出的修改要求没有进行彻底的更改,甚至是零更改。(2)共性问题为:①图标指示线指示错误;②装配图、总图中无技术要求;③部分总图中检验要求太笼统、不具体;④部分总图中有乱码;⑤图中尺寸缺少公差;⑥图号与文件夹中图号不符;⑦有些引用标准已经过时,没有及时更新;⑧部分图改动后没有升级版本;⑨零件图中缺少材料标准。焊接部件图应拆件列出明细表等;⑩应提供图号编码规则。(3)部分实例(共列出26项存在的问题)。

2010年6月17日,哈空调公司出具致天道公司《关于终止风电项目技术转让合同的通知》表明:根据哈尔滨市政府及哈尔滨工业资产经营有限公司"关于停止建设哈空调风电项目"的通知精神,经哈空调公司董事会决定,从即日起停止哈空调公司所有风电项目的建设工作,终止与天道公司签订的合同编号为TD200907的87－2.0MW直驱式发电机及发电机组《技术转让(技术秘密)合同》和合同编号为TD200908的77－1.5MWⅡ型直驱式发电机及风力发电机组《技术转让(技术秘密)合同》。自签订技术转让合同以来,哈空调公司高度重视,严格按照合同的要求给付天道公司款项,在天道公司未正式交付技术资料的情况下,已经完成了样机制造所需要的多数零部件的订货,充分体现哈空调公司积极合作的态度。天道公司自首次交付合同约定的技术资料以来,所交付的技术资料一直存在诸多问题,未能通过哈空调公司组织的专业验收,至今未能正式交付,严重制约项目的开展,也是造成项目下马的原因之一。近期,国家出台一系列风电调控的政策,特别是2010年3月26日工业和信息化部会同发改委、国家能源局,根据《国务院办公厅关于落实抑制部分行业产能过剩和重复建设的重点工作部门分工的通知》(国办函[2009]116号文)要求,共同组织研究并起草了《风电设备制造行业准入标准》,对生产并网型风力发电机组的风电设备企业进行了若干规定,致使哈空调公司风电项目在准入、技术、市场和资金方面出现很多不确定性和较大的风险。为了最大限度规避风险和降低投资损失,哈尔滨市政府及哈尔滨工业资产经营有限公司作出了停止哈空调风电建设的决定,因此不得不终止执行与天道公司所签订的技术转让合同,希望天道公司能够给予理解,妥善解决善后事宜。

2011 年 1 月 28 日,哈空调公司董事会作出《哈尔滨空调股份有限公司 2011 年第一次临时董事会决议公告》,会议通过了如下决议:审议通过了公司《关于终止风电研发活动的提案》。鉴于在风电研发过程中,一是国内风电企业发展数量激增,同质化竞争严重,风险加大;二是国家产业政策发生较大变化,规范风电行业发展力度增强,对后进入该行业的企业实行准入制度,提高了公司进入风电行业的准入门槛,公司继续从事风电业务风险较大。为规避风险,减少损失,经公司董事会慎重审议,决定中止风电研发活动,集中精力做大做强主业。

一审判理和结果

一审法院生效裁判认为:《中华人民共和国合同法》第 322 条规定:“技术合同是当事人就技术开发、转让、咨询或者服务订立的确立相互之间权利和义务的合同。”天道公司与哈空调公司 2009 年 10 月 13 日签订的合同编号为 TD200908 的《技术转让(技术秘密)合同》属于技术秘密转让合同,当事人意思表示真实,符合法定形式,内容有效。双方对涉案合同的效力、内容和实际履行情况没有异议。

《中华人民共和国合同法》第 10 条规定:“当事人订立合同,有书面形式、口头形式和其他形式”;第 11 条规定:“书面形式是指合同书、信件和数据电文(包括电报、电传、传真、电子数据交换和电子邮件)等可以有形地表现所载内容的形式”。天道公司与哈空调公司在涉案合同中约定了联系人、传真、邮箱、通讯地址,对于对方举证的传真、邮件、会议纪要等没有异议。对双方实事求是的诉讼态度,应予肯定。

综合分析双方当事人的诉辩主张、举示的证据及发表的质证意见和查明的案件事实,本案的焦点问题是:天道公司、哈空调公司是否构成违约以及是否应当承担违约责任。

关于转让技术内容的变更。《中华人民共和国合同法》第 77 条第 1 款规定:“当事人协商一致,可以变更合同。”哈空调公司于 2009 年 10 月 28 日致天道公司《关于样机设计的意见》,提出变更设计。天道公司《回复传真》表示同意。天道公司的回复和提交有关技术资料等履行合同的行为表明,双方已就变更转让技术的内容达成一致,符合涉案合同第十五条的约定。

关于变更转让技术内容涉及的合同履行期限问题。天道公司在 2009 年 11 月 2 日的《传真》中表示“会力争确保按合同约定时间执行合同”,但其关于哈空调公司对合同约定的主要技术指标进行了调整,必须给天道公司必要的准备时间的抗辩主张合理,故不应要求天道公司仍然按照涉案合同第三条的约定在首付款到后 15 天内提交合同第二条所包括的全部资料。对天道公司最有利的解释是,天道公司所需要的最长准备时间是到其自己承诺提交技术资料的时间为止。按照涉案合同第三条关于天道公司在提交资料后,应在一周内协助哈空调公司进行资料验收,如提交的资料不能保证哈空调公司有效实施本项目技术,天道公司须在一周内补足的约定,天道公司在向哈空调公司提交技术资料后，还有两周的时间弥补、完善。哈空调公司向天道公司于2009年12月3日提出交接文件中不清晰及有错误的部分，于2009年12月4日提出《关于1.5MW交接资料出现的一些问题》，于2009年12月7日提出《采购清单中所遇到的问题》，于2009年12月10日提出《1.5MW风力发电机最新问题》。即使认为上述时间均不能认定为天道公司已正式向哈空调公司提交技术资料的时间，双方于2009年12月14日签订的《会议纪要》清楚约定，力争在一周内通过对图纸资料的验收入库，天道公司应提供转化的图纸和资料，2009年12月28日前提供缺少的图纸等技术文件，2009年12月28日前完成1.5MW产品的最终资料移交；双方2009年12月24日又签订《1.5MW永磁直驱机型技术联络会议会议纪要》，约定于2010年1月6日交付全套的技术资料；按照哈空调公司2010年1月9日的《接收文件情况》，天道公司迟至2010年1月9日才提交涉案技术资料且存在问题。天道公司没有按照自己承诺并与哈空调公司达成一致的时间提交技术资料，以及在一周内协助验收和在一周内补足，构成违约。《中华人民共和国合同法》第107条规定："当事人一方不履行合同义务或者履行合同义务不符合约定的，应当承担继续履行、采取补救措施或者赔偿损失等违约责任。"此后，哈空调公司于2010年1月28日出具《D82-1.5MW直驱机组和YF-1.5MW永磁发电机技术资料专业审查意见》，于2010年2月22日致天道公司、卢志勇董事长《传真》，于2010年4月1日出具《接收文件情况》，于2010年4月19日出具《D82-1.5MW直驱机组和YF-1.5MW永磁发电机技术资料专业审查意见》，于2010年5月5日致天道公司《关于直驱式风力发电技术合作》，于2010年5月18日和2010年6月12日出具《接收文件情况》并形成针对天道公司2010年6月12日提交的电子版文件审核意见，是在天道公司违约后行使要求天道公司继续履行、采取补救措施等权利，符合法律规定。并且，这些证据可以进一步证明，天道公司没有按照约定的时间提交符合约定的技术资料，以及已提交的部分技术资料确实存在诸多问题，没有达到实用性、可靠性条件。

天道公司2010年2月10日的《1.5MW及2.0MW图纸资料交付计划》承认提交的资料不规范，对完善改进图纸资料造成交付时间拖延表示抱歉；2010年2月24日的《回复传真件》对造成哈空调公司项目实施计划拖延深表歉意，承认未对图纸资料质量问题予以重视，对资料细节的审查完善不够重视，承诺进行整改，争取严格按图纸资料交付计划执行；2010年4月11日的《关于合作问题的交涉》对没有监控好项目执行计划道歉；2010年4月19日的《天道公司卢总对"审查意见"邮件的答复》，对于工作不周到给哈空调公司带来的麻烦表示抱歉；2010年5月8日的《1.5MW及2.0MW资料移交计划》保证不再出现回复邮件不及时等现象；2010年5月25日的《2MW计划》，承认正在对1.5MW项目图纸进行内部再审查及整改。这些证据充分证明，虽经哈空调公司一再提出交涉，天道公司直至2010年5月25日仍在对1.5MW项目图纸进行内部再审查及整改，尚不具有实用性、可靠性，没有达到提交和验收条件，证明天道公司知道并且承认违约。

关于天道公司转让哈空调公司技术秘密的技术标准。《中华人民共和国合同法》第347条规定:“技术秘密转让合同的让与人应当按照约定提供技术资料,进行技术指导,保证技术的实用性、可靠性,承担保密义务”;第349条规定:“技术转让合同的让与人应当保证自己是所提供的技术的合法拥有者,并保证所提供的技术完整、无误、有效,能够达到约定的目标”。涉案合同亦约定:天道公司保证哈空调公司有效实施本项目技术秘密,保证本项技术秘密的实用性、可靠性。哈空调公司举示的大量证据证明,天道公司不仅没有按照约定的时间提交符合约定的技术资料,而且已提交的部分技术资料确实存在诸多问题,没有达到实用性、可靠性验收标准,天道公司亦予承认,并一再道歉。天道公司不仅迟延履行构成逾期违约,而且其技术资料亦没有达到法律规定的完整、无误、有效和约定的实用性、可靠性目标,亦构成质量违约。

《中华人民共和国合同法》第94条规定:“有下列情形之一的,当事人可以解除合同:……(三)当事人一方迟延履行主要债务,经催告后在合理期限内仍未履行;(四)当事人一方迟延履行债务或者有其他违约行为致使不能实现合同目的。”《最高人民法院关于适用〈中华人民共和国合同法〉若干问题的解释(二)》第26条规定:“合同成立以后客观情况发生了当事人在订立合同时无法预见的、非不可抗力造成的不属于商业风险的重大变化,继续履行合同对于一方当事人明显不公平或者不能实现合同目的,当事人请求人民法院变更或者解除合同的,人民法院应当根据公平原则,并结合案件的实际情况确定是否变更或者解除。”哈空调公司于2010年6月17日致天道公司《关于终止风电项目技术转让合同的通知》,在通知解除涉案合同的同时阐明了解除合同的理由:一是天道公司所交付的技术资料一直存在诸多问题,未能通过验收,至今未能正式交付,严重制约项目的开展,是造成项目下马的原因之一;二是由于国家调控政策变化,哈尔滨市政府及哈尔滨工业资产经营有限公司作出停止哈空调风电建设的决定。天道公司迟延履行主要义务和履行义务质量不合格,并经催告后在合理期限内仍未履行,构成逾期和质量违约,致使合同目的不能实现,哈空调公司行使合同解除权符合法律规定。对哈空调公司关于解除涉案合同的反诉请求应予支持。依照《中华人民共和国合同法》第92条关于“合同的权利义务终止后,当事人应当遵循诚实信用原则,根据交易习惯履行通知、协助、保密等义务”的规定,在解除涉案合同后,哈空调公司仍应承担保守涉案技术秘密的义务。

《中华人民共和国合同法》第97条规定:“合同解除后,尚未履行的,终止履行;已经履行的,根据履行情况和合同性质,当事人可以要求恢复原状、采取其他补救措施,并有权要求赔偿损失”;第351条规定:“让与人未按照约定转让技术的,应当返还部分或者全部使用费,并应当承担违约责任。”天道公司未按照约定转让技术,哈空调公司也没有实际使用约定转让的技术,故天道公司应向哈空调公司全额返还已收取的第一期技术转让费。

《中华人民共和国合同法》第114条第1款规定:“当事人可以约定一方违约时应当根据违约情况向对方支付一定数额的违约金,也可以约定因违约产生的损失赔偿额的计算方法。”涉案合同约定:天道公司违约,应当承担违约所造成损失的赔偿(支付违约金或损失赔偿的计算方法—因天道公司技术问题造成的重大失误,天道公司无条件负责解决并赔偿项目合同额的50%)。哈空调公司没有举证证明天道公司违约给哈空调公司造成的具体损失,也没有举证证明因天道公司技术问题造成的重大失误。故哈空调公司关于天道公司给付100万元违约金并赔偿经济损失的反诉请求没有根据,不予支持。

关于哈空调公司是否构成违约问题。天道公司在哈空调公司2010年6月17日出具《关于终止风电项目技术转让合同的通知》及哈尔滨市人民政府和哈尔滨工业资产经营有限公司作出停止哈空调风电建设的决定之前即已构成违约。哈空调公司董事会于2011年1月28日作出的《哈尔滨空调股份有限公司2011年第一次临时董事会决议公告》,没有涉及天道公司的违约问题,不能以此否定天道公司存在违约行为的客观事实,也不是认定哈空调公司是否构成违约的客观证据。《中华人民共和国合同法》第67条规定:“当事人互负债务,有先后履行顺序,先履行一方未履行的,后履行一方有权拒绝其履行要求。先履行一方履行债务不符合约定的,后履行一方有权拒绝其相应的履行要求。”天道公司在收取哈空调公司第一期转让费后,负有在约定的时间内交付符合约定条件的技术资料的先履行义务,其没有按照约定的时间提交完整、无误、有效,达到实用性、可靠性标准的技术资料,履行债务不符合法律规定和约定,哈空调公司有权拒绝天道公司的履行要求。天道公司关于哈空调公司构成违约的诉讼主张不成立,对其关于哈空调公司继续履行合同和向天道公司支付违约金的诉讼请求不应支持。同时,本案也不具备天道公司图纸交付验收合格和并网发电并达到机组设计要求的哈空调公司支付第二期和第三期付款条件,天道公司请求哈空调公司支付技术秘密使用费120万元,没有事实根据,不应支持。

综上所述,天道公司的诉讼请求不成立,不予支持。哈空调公司的反诉请求部分成立,对成立部分予以支持。依据《中华人民共和国合同法》第60条、第67条、第77条第1款、第94条第3项和第4项、第97条、第107条、第114条第1款、第347条、第351条,《最高人民法院关于适用〈中华人民共和国合同法〉若干问题的解释(二)》第26条的规定,判决如下:(1)解除原告(反诉被告)北京天道新源风电科技股份有限公司与被告(反诉原告)哈尔滨空调股份有限公司2009年10月13日签订的合同编号为TD200908的《技术转让(技术秘密)合同》;(2)原告(反诉被告)北京天道新源风电科技股份有限公司向被告(反诉原告)哈尔滨空调股份有限公司返还技术转让费80万元,于本判决生效之日起十日内付清;(3)驳回原告(反诉被告)北京天道新源风电科技股份有限公司的诉讼请求;(4)驳回被告(反诉原告)哈尔滨空调股份有限公司的其他反诉请求。

江苏建华管桩有限公司诉上海中技桩业股份有限公司虚假宣传纠纷案

——阅读提示:内容不实及片面的宣传行为,是否必然受到我国《反不正当竞争法》的规制?

【裁判要旨】

引人误解的虚假宣传行为系我国《反不正当竞争法》所规制的不正当竞争行为,但对于内容不实及片面的宣传行为是否足以达到《反不正当竞争法》所规制的引人误解的虚假宣传行为的程度,应当综合考虑该宣传内容是否会引起相关公众的误解、有无损害其他经营者的合法权益等因素,综合作出认定。

【案号】

一审:江苏省镇江市中级人民法院(2012)镇知民初字第75号

二审:江苏省高级人民法院(2012)苏知民终字第0219号

【案情与裁判】

原告(上诉人):江苏建华管桩有限公司(简称江苏建华公司)

被告(被上诉人):上海中技桩业股份有限公司(简称上海中技公司)

起诉与答辩

江苏建华公司诉称:江苏建华公司成立于2002年10月,是目前全国规模最大的管桩生产基地。上海中技公司成立于2005年11月,是专业生产、销售预应力混凝土离心方桩(以下简称方桩)的企业。因双方产品在生产工艺、用途方面基本相同,产品销售范围均覆盖江苏省及周边省市,两者在市场上处于竞争地位。2011年至2012年间,上海中技公司因申请上市,根据证监会的规定,在其网站上先后公开发布两份《招股说明书(申报稿)》。江苏建华公司认为两份《招股说明书(申报稿)》有多达13处引人误解的虚假宣传,对其构成不正当竞争,遂于2012年3月14日向法院提起诉讼。请求确认上海中技公司发布的《招股说明书(申报稿)》含有引人误解的片面对比和虚假宣传为不正当竞争行为;责令上海中技公司立即停止不正当竞争行为,向江苏建华公司致歉,并赔偿经济损失人民币1148万元和为制止不正当竞争行为所支出的律师费、打印费等人民币5万元。

上海中技公司辩称:《招股说明书(申报稿)》中涉及离心方桩和管桩13个方面的比较和陈述都有科学依据,不存在引人误解的虚假宣传行为。《招股说明书(申报稿)》是依照证监会《首次公开发行股票并上市管理办法》的要求制作并在证监会官方网站公布的文件,不属于商品宣传的方式。故请求法院驳回江苏建华公司的诉讼请求。

法院审理查明

方桩和管桩是桩基行业的两种桩型,主要应用于民用、工业、公路、铁路、机场、桥梁、港口、水利、市政等公共基础设施的桩基建设。在产品的生产工艺上,离心方桩和管桩均属于预制混凝土桩行业的产品,整体上采用的生产技术工艺基本相同,均为:布料→合模→张拉→离心→蒸养→脱模→蒸压→成品堆放。但在关键技术上,方桩与管桩有各自的专利技术,并有生产工艺上的商业秘密。因管桩和方桩产品在很多场合相互可以替代,故在市场上处于竞争地位。

建华管桩集团有限公司设立于1993年2月,是建筑基础材料——预应力混凝土管桩生产的专业厂家,该公司在桩基行业的市场占有率达36%左右。江苏建华公司设立于2002年10月8日,系建华管桩集团有限公司的子公司,注册资本1620万美元,经营范围为:生产预应力混凝土管桩和其他混凝土产品,并提供相应售后技术服务,销售公司自产产品。江苏建华公司是目前全国规模最大的管桩生产基地。

上海中技公司成立于2005年11月11日,注册资本人民币2亿8千万元,经营范围为:混凝土预制构件专业承包,销售预应力空心方桩、建筑材料、新型桩型专业领域内的“四校”服务、商务咨询、生产预应力空心方桩、建筑材料。该公司自成立以来获得多项荣誉,拥有多项涉及方桩的技术专利,其中,2008年住房和城乡建设部将上海中技公司自行研发的离心方桩列入《2007年建设行业科技成果推广项目》,2010年被住房和城乡建设部及科学技术部列入《村镇宜居型住宅技术推广目录》在全国推广应用,2011年该公司被评为上海市民营企业100强,2012年1月“离心法预应力混凝土空心方桩自动化生产线及产品研发”项目被中国建筑材料联合会、中国硅酸盐学会评为建筑材料科学技术二等奖(科学进步类),该公司系上海市高新技术企业,节能减排先进企业,并通过了ISO 9001:2000质量管理体系认证。截至2011年12月31日,公司已经拥有专利共84项,其中发明专利5项、实用新型专利48项、外观设计专利31项,目前均处于有效状态。

2011年1月10日,上海中技公司申请上市,根据证监会《首次公开发行股票并上市管理办法》(第32号)的规定,在中国证监会网站公开了索引号为:40000895X/2011-00070的《招股说明书(申报稿)》,因未通过证监会审核后撤回。2012年4月19日,上海中技公司再次在证监会的网站上公开发布了索引号为:40000895X/2012-02197新《招股说明书(申报稿)》。上述两份涉案《招股说明书(申报稿)》同期在上海中技公司的网站上予以公开。

江苏建华公司认为上海中技公司两份涉案《招股说明书(申报稿)》有13处为引人误解的虚假宣传,对其构成不正当竞争,遂申请证据保全公证。江苏省句容公证处出具公证书,证实了下载内容和过程。江苏建华公司列举了国家标准《先张法预应力混凝土管桩》GB13476—2009、《常熟市住房和城乡建设局会议纪要》2012年第1期等证据,证明上海中技公司《招股说明书(申报稿)》中存在虚假、片面性陈述,在混凝土的有效预应力、混凝土的保护层、竖向承载力、抗弯承载力、抗裂承载力、抗剪承载力上管桩不比方桩差。

上海中技公司列举了“03SG409”、“10SG409”《预应力混凝土管桩》图集、JG197—2006《预应力混凝土空心方桩》标准、中国混凝土与水泥制品协会《预应力钢筋混凝土空心方桩设计与应用技术专家座谈会纪要》(以下简称《座谈会纪要》)等证据,证明《招股说明书(申报稿)》中对比陈述的科学性及依据。

一审判理和结果

一审法院认为,本案双方当事人均为从事桩基行业的生产经营者,构成了同业竞争者的关系。(1)涉案《招股说明书(申报稿)》具有披露产品、经营管理等方面的信息,亦通过公开网站向不特定的公众公开,使之可以感受或者了解该信息。因此,可以认定为反不正当竞争法第九条第一款中规定的"其他方法"。(2)涉诉13处陈述及其结论不存在虚构事实、片面宣传的情况,陈述内容亦不足以造成相关公众的误解,不具有反不正当竞争法的苛责性。一审法院于2012年6月4日作出判决,驳回江苏建华公司诉讼请求。

上诉与答辩

江苏建华公司上诉称:(1)一审判决对上海中技公司提交的证据认定错误。①上海中技公司对比时采用的有关离心方桩的生产、使用标准不是该公司的企业标准,即对比所指的离心方桩是按普通标准生产出来的普通离心方桩,而不是上海中技公司荣获相关证书生产出来的特殊离心方桩,因此上海中技公司一审提供的其方桩产品和企业历年来取得的荣誉及技术专利与本案争议的方桩产品无关联性,不能起到证明作用。②上海中技公司提交的中国混凝土与水泥制品协会出具的《座谈会纪要》涉嫌伪造与会单位,不能起到证明作用,一审法院未对该证据是否涉嫌伪造和该证据的真实性、合法性进行评判和认定。③上海中技公司副总裁兼总工程师朱建舟的文章观点不具有科学性,一审法院对该证据的证明效力未进行评判。④上海中技公司一审提交的声称是东南大学出具的《可行性研究报告》,实际是江苏省电力公司的一个技术报告,一审法院对此未作认定和说明。(2)一审判决对上海中技公司在涉案《招股说明书(申报稿)》中13处陈述和结论是否构成引人误解的虚假宣传行为的事实认定错误。一审法院在没有经过权威专业部门进行司法鉴定的前提下,直接对上海中技公司涉嫌侵权的内容所作评价是错误、片面的。如果上海中技公司在《招股说明书(申报稿)》中陈述被认定是片面、虚假的陈述,其结果必然会导致引人误解,也应当具有法律上的苛责性。请求撤销一审判决,改判支持江苏建华公司一审诉讼请求;由上海中技公司承担一、二审诉讼费用。

上海中技公司答辩称:(1)江苏建华公司对上海中技公司一审提供证据提出的质疑不能成立。(2)《招股说明书(申报稿)》不符合虚假宣传不正当竞争行为的构成要件。一是《招股说明书(申报稿)》的内容不足以造成相关公众误解;二是江苏建华公司未能举证证明《招股说明书(申报稿)》的内容对其造成直接损害。(3)《招股说明书(申报稿)》即使存在虚假陈述,也不构成不正当竞争,不应受《反不正当竞争法》的规制。故请求驳回上诉,维持原判。

二审判理和结果

江苏省高级人民法院认为:

上海中技公司在《招股说明书(申报稿)》中13处被控侵权陈述的内容具有一定程度的夸大及片面宣传的成分。从《招股说明书(申报稿)》对桩型选择的介绍来看,建筑行业中如何选择桩型,是一个非常专业及复杂的过程。对离心方桩与管桩的优劣进行比较,只有在同一个建筑工程中、针对基本相同的条件,才具有可比性。如果脱离具体建筑工程项目的实际情况，基于特定的前提条件，仅从单一或个别数据出发，比较离心方桩与管桩在某些方面性能的孰优孰劣并无实际意义，而由此得出的结论显然不够全面、严谨。因此，虽然上海中技公司一、二审提供了大量的证据证明其所做对比具有相应依据，但由于这种对比本身的前提条件缺乏科学严谨性，故比对的内容及得出的结论也必然存在片面和夸大的成分，且其为此提供的证据缺乏相应的证明力，部分证据亦不充分。如，上海中技公司庭审中认可在《招股说明书（申报稿）》中比对的方桩并未特指其公司的产品，但其部分比对所引用的依据却是上海中技公司拥有科技成果评估证书或专利证书的特定产品，故这些证据并不能作为上海中技公司在《招股说明书（申报稿）》中对普通离心方桩与管桩所作对比的依据；又如，中国混凝土与水泥制品协会《座谈会纪要》中记录的只是部分专家进行研讨的观点，王重的文章及时任上海中技公司总工程师朱建舟的文章也均是学者个人观点，将学术探讨或学者个人意见作为毫无争议的科学定论予以引用，依据不够充分；再如，《可行性研究报告》是上海中技公司与江苏省电力公司针对特定的装配式屋架体系所作的研究报告，由此得出“大大延伸桩的使用范围”的结论，显然存在夸大之嫌。

虽然《招股说明书（申报稿）》中 13 处被控侵权陈述的内容存在不实及片面的成分，但综合衡量，本院认为其尚未达到反不正当竞争法所规制的“引人误解”的虚假宣传行为的程度。本院在作出这一判断时，综合考虑了以下三个方面的因素：

第一，《反不正当竞争法》所规制的引人误解的虚假宣传行为，主要针对的是商品或服务市场。按照市场交易观念，能够成为购买及决定购买某商品或服务的相关公众，需根据商品或服务的不同类型划定相应的范围。对于普通的商品或服务，应以一般消费者的普通注意力进行判断；对于专业性商品或服务，则应根据专业人士的普通注意力进行判断。本案中，针对涉案建筑施工桩基商品市场，因桩基不属于普通的日常消费品，作为专业性很强的特殊商品，消费该商品的相关公众应当是指购买或决定购买桩基的建筑工程相关业主和从事桩基工程有关的专业技术人员。对于建筑工程的业主而言，相关工程中是否需要使用桩基，以及如何选择桩型，必须依靠从事桩基工程的具有相应资质的专业技术人员的选择。而在桩基建筑工程中，桩基行业的专业技术人员需要综合考虑建筑物的地基要求、建筑场地的工程地质和水文地质条件、环境条件、工程项目的特点，荷载大小、施工场地和设备的制约、施工安全、工程造价、工期要求等诸多因素，在充分对比、全面评价的基础上，依据相关国家、行业和地方规范、技术标准，选择确定最合适的桩型。建筑工程的业主会对工程的资金、进度等提出一些具体要求，而这些要求恰恰是专业技术人员选择桩型时需要考虑的因素之一，但绝不是唯一或关键的因素。由于桩基工程有关的专业技术人员不会也不可能仅凭《招股说明书（申报稿）》中的相关陈述即作出选择桩型的决定，作为建筑工程的业主自然也不会根据《招股说明书（申报稿）》中对两种桩基的比对陈述轻易作出选择决定。因此，《招股说明书（申报稿）》中被控侵权的内容不会引起桩基商品相关公众的误解。

第二,上海中技公司的被控侵权行为亦不会造成证券市场中潜在投资者及股民的误解。其一,根据《首次公开发行股票并上市管理办法》第 60 条的规定,招股说明书(申报稿)不是发行人发行股票的正式文件,因发行申请尚未得到证监会的核准,作为预先披露之用,其并不具有据以发行股票的法律效力。投资者是以正式公告的招股说明书全文作为作出投资决定的依据。其二,涉案《招股说明书(申报稿)》是对发行人上海中技公司有关股权和组织结构、股东及股本等基本情况,风险因素,业务与技术,同业竞争与关联交易,董事、监事、高级管理人员等核心人员简介,公司治理,财务会计信息,有关财务状况、盈利能力等管理层讨论与分析,公司未来发展战略与规划,募集资金投向,股利分配政策等重要内容的全面披露,13 处被控侵权陈述仅是第六节"业务与技术"中的一小部分内容,相对于整个《招股说明书(申报稿)》而言,所占比例极小。其三,上海中技公司在涉案《招股说明书(申报稿)》中全面介绍了整个桩基行业,特别是预制混凝土桩行业的总体情况,强调管桩是该行业的主要产品,占行业产品总量的 90% 左右,同时列明了管桩存在的优势。虽然部分介绍内容夸大了离心方桩的特点和技术优势,但同时也披露了上海中技公司作为发行人的劣势。综上,作为潜在的投资者及股民未来是否决定购买上海中技公司的股票进行投资,通常需要结合该发行人披露的公司经营管理及产品特点等全部信息进行综合考虑,《招股说明书(申报稿)》中所占比例极小的被控侵权内容尚不足以成为未来作出投资决策的依据,故被控侵权内容尚不足以引起潜在投资者及股民的误解。

第三,江苏建华公司也未提供证据证明涉案《招股说明书(申报稿)》中涉及的 13 处被控侵权的宣传内容使其自身利益受到了直接损害。至于镇江新区城乡建设局出台的要求政府性工程使用离心方桩的文件,没有证据证明是受涉案被控侵权宣传行为所致,且该文件后已被决定停止。

综上所述,上海中技公司在《招股说明书(申报稿)》中的陈述虽有不实、片面的成分,但尚不足以引起《反不正当竞争法》的规制,不构成对江苏建华公司的不正当竞争。但上海中技公司应当对涉案《招股说明书(申报稿)》中的不实及片面的内容进行修改、调整,使其符合证券市场管理的相关规定。江苏建华公司的上诉理由不能成立,其上诉请求应予驳回。一审判决认定事实清楚,判决结果正确,应予维持。依照《中华人民共和国民事诉讼法》第 170 条第 1 款第 1 项之规定,江苏省高级人民法院于 2013 年 6 月 3 日作出二审判决:驳回上诉,维持原判决。

南京国资绿地金融中心有限公司诉江苏紫峰绿洲酒店管理有限公司侵害著作权、商标权以及不正当竞争纠纷案

——阅读提示:新类型不正当竞争行为的侵权判断标准如何确定?

【裁判要旨】

不正当竞争行为侵害的是一种商业上的利益,而不限于权利,必须通过公认的商业道德标准来判断当事人是否构成不正当竞争。当被告的被诉行为具有明显的不诚信、不正当性,同时该行为对权利人所具有的法律上值得保护的合法权益造成损害,人民法院可以适用《反不正当竞争法》的一般条款来维护市场公平竞争。

【案号】

一审:江苏省南京市鼓楼区人民法院(2011)鼓知民初字第32号

二审:江苏省南京市中级人民法院(2012)宁知民终字第24号

【案情与裁判】

原告(被上诉人):南京国资绿地金融中心有限公司(简称国资绿地中心)

被告(上诉人):江苏紫峰绿洲酒店管理有限公司(简称紫峰绿洲公司)

起诉与答辩

原告国资绿地中心诉称:原告花费约人民币40亿元建造紫峰大厦,并陆续申请了"紫峰"、"紫峰大厦"等注册商标,先后成立了紫峰购物广场、绿地洲际酒店两个分公司对紫峰大厦进行经营管理,紫峰品牌已具有广泛影响,在南京市民中享有相当的声誉。紫峰绿洲公司的企业名称中含有"紫峰绿洲"四个字,侵犯了其企业名称权和商标权;经营场所模仿紫峰大厦的建筑外观,侵犯了其建筑作品著作权;自称是"南京市标志性建筑"、"超五星级管理模式"构成虚假宣传;模仿紫峰大厦的装修设计,名称中使用"紫峰"的行为构成擅自使用知名商品特有的名称和包装装潢;紫峰绿洲公司的一系列行为造成社会公众对原被告的市场主体产生混淆,是违反诚实信用的不正当竞争行为。故原告诉至法院,请求判令紫峰绿洲公司立即停止在其门店招牌及广告宣传中使用"紫峰绿洲"字样,并在其登载广告及招聘启事的报纸和网站上刊登声明消除影响;立即停止在企业名称中使用"紫峰绿洲"字样,并责令其限期到工商部门变更其企业名称;赔偿国资绿地中心经济损失100000元以及因调查被告不正当竞争行为所支付的律师费、公证费、调查费等合理费用53300元;承担本案的诉讼费。

被告紫峰绿洲公司辩称:原告不享有"紫峰"的企业名称权,也不是紫峰大厦建筑外观的著作权人,原告主体不适格。原告的注册商标不是驰名商标,商标注册类别与被告的营业范围不相同,且双方的建

筑外观装潢既不相同也不相近,请求法院驳回原告的起诉。

法院审理查明

2003年12月,原告由南京市国资集团和上海绿地集团共同出资成立,经营范围是房地产开发、酒店管理等。此后,原告开始策划建设超高层建筑,并于2004年为该建筑起名"紫峰大厦"。原告陈述"紫峰"的含义为"紫金山之巅",并取"紫气东来"的寓意。

原告提供的《工程设计合同》载明其投入约800万美元聘请美国SOM设计师事务所对紫峰大厦进行设计,双方约定紫峰大厦的建筑外观设计成果著作权由原告和美国SOM设计师事务所共同享有,未经原告同意不得用于其他工程。

紫峰大厦2009年竣工时高度为江苏第一、中国第四、世界第七,为南京市的标志性建筑,其主要功能有五星级酒店、甲级办公楼和高级购物中心。原告设立紫峰购物广场和绿地洲际酒店两个分公司对紫峰大厦进行管理,同时聘请国际知名的洲际酒店管理有限公司经营管理五星级的绿地洲际酒店。紫峰购物广场于2009年6月注册成立,经营范围是设计制作各类广告、百货销售等。绿地洲际酒店于2010年1月注册成立,经营范围是餐饮服务、酒店管理等。原告的证据显示其自2004年至2008年期间持续不断投入巨资,通过报纸和网络对原告及紫峰大厦进行宣传,不断提升其在南京市的知名度。

原告于2010年4月注册**紫峰**商标,核定使用服务为第37类商品房建造、室内装潢,有效期限自2010年4月14日至2020年4月13日;2011年2~3月期间,原告注册3个**紫峰大厦**商标,有效期限自2011年至2021年,核定使用商品或服务分别为第24类、第37类、第42类,行业包括建设、商品房建造、室内装潢等。

被告于2010年10月27日登记成立,经营范围是餐饮服务、酒店管理、咨询服务、会务服务等。被告的经营场所对外挂牌"紫峰绿洲国际会所"。

紫峰绿洲国际会所开业前,被告陆续在《现代快报》、《东方卫报》等报纸上刊登招聘广告,广告中载明"南京最顶级KTV娱乐会所,是南京市一家现代化超五星级酒店式管理模式的高级豪华娱乐会所,坐落于南京市标志性建筑——紫峰绿地广场北侧……",并明确开业时间为12月20日左右,要求招聘人员的上岗时间为11月中旬,主要内容为招聘"女公主、K少、女公关、前厅主管、酒吧主管"等。

原告委托上海执天企业管理咨询有限公司进行了紫峰大厦、紫峰购物广场、绿地洲际酒店与被告的关联度调查,该公司出具《紫峰大厦、紫峰购物广场、绿地洲际酒店与紫峰绿洲国际会所关联度市场调查报告》,最后的调查结论为四个比对对象之间在名称、外观、地理位置和经营业务关联度很高,已经使得超出60%的消费者认为是同一家公司,对消费者产生很大的误导。

经庭审比对紫峰大厦、紫峰购物广场、绿地洲际酒店以及紫峰绿洲国际会所的建筑外观照片,紫峰购物广场与紫峰绿洲国际会所中的"紫峰"两个汉字完全相同,紫峰绿洲国际会所玻璃幕墙形状、墙面与玻璃幕墙相嵌的装修风格与紫峰大厦局部存在相似之处。

原告与律师事务所签订《委托代理合同》,约定原告需支付一审代理费4万元,二审代理费2万元。签约后原告已支付2

万元律师代理费。原告与上海执天企业管理咨询有限公司签订《合同》,约定原告委托上海执天企业管理咨询有限公司开展市场调查工作,项目款总金额为1万元。签约后原告已支付咨询费1万元。另,原告还支付了公证费3080元、工商查询费300元。

一审判理和结果

一审法院认为:原告认为被告侵犯其商标权、建筑物作品著作权,发布的广告构成虚假宣传、侵犯原告企业名称权和知名商品特有名称、包装、装潢专有使用权的主张均不能成立。综合考虑本案的基本事实及以下因素,可以认定被告攀附"紫峰大厦"的知名度,故意注册并使用带有"紫峰"字样企业名称的行为构成法律所禁止的不正当竞争行为:(1)"紫峰大厦"的名称在南京市享有相当的知名度。(2)原告对"紫峰大厦"的名称享有法律上的权益。(3)被告攀附使用"紫峰大厦"名称的行为足以造成市场混淆。紫峰大厦凝聚了原告的良好商誉,而被告攀附紫峰大厦的知名度,注册并使用带有"紫峰"字样的企业名称的行为构成法律所禁止的不正当竞争行为,应当承担停止使用"紫峰"字号的侵权行为,并承担赔偿经济损失的法律责任。综合考虑原告紫峰大厦的知名度、被告侵权行为性质、侵权情节、被告经营所获利润与侵权行为之间的因果关系、原告诉讼请求获支持情况、被告经营时间较短、原告为制止侵权而支出合理费用等因素,酌定被告向原告赔偿经济损失并支付原告为制止侵权支出的合理费用共计人民币8万元。

据此,一审法院依据《民法通则》第134条第1款第1项、第7项,《反不正当竞争法》第2条、第5条第2项、第3项、第9条,《商标法》第52条第1项,《著作权法实施条例》第2条、第4条第9项之规定,判决:(1)紫峰绿洲公司于本判决生效之日起在企业名称和招牌中停止使用"紫峰"字号并于判决生效之日起30日内到工商登记部门办理名称变更登记;(2)紫峰绿洲公司于本判决生效之日起十日内一次性赔偿原告国资绿地中心经济损失及合理费用人民币8万元;(3)驳回国资绿地中心的其他诉讼请求。一审案件受理费由国资绿地中心负担1566元、紫峰绿洲公司负担1800元。

上诉与答辩

被告紫峰绿洲公司不服一审判决,提起上诉,请求撤销一审判决,改判驳回国资绿地中心的起诉或诉讼请求。主要理由为:(1)一审判决在"紫峰大厦"名称权的权利主体和权利范围确定以及不正当竞争行为认定中的法律适用等问题上存在重大错误。①"紫峰大厦"即便认定为有建筑物名称权,其权利应属于全体业主,被上诉人作为开发商并无独立诉权。②即便"紫峰大厦"名称权应当得到保护,也不能无限制地延伸至不同经营领域和不存在竞争关系的主体范围。③一审判决对不正当竞争行为的认定存在"偷换概念"和适用法律错误等问题。"紫峰大厦"真正享有知名度的原因在于大厦的高度,而非"紫峰"名称存在任何与众不同。(2)一审判决的部分判词法理混乱。(3)一审判决判令上诉人停止使用"紫峰"字样并变更企业名称超出了被上诉人的诉讼请求。

国资绿地中心答辩称:一审判决认定事实清楚,适用法律正确,应予维持。

二审判理和结果

二审法院认为:

一、紫峰绿洲公司在企业名称和招牌

中使用“紫峰”字样对国资绿地中心构成不正当竞争

首先,国资绿地中心对“紫峰大厦”享有的商誉依法应受法律保护。其一,国资绿地中心策划建设了“紫峰大厦”。其二,国资绿地中心确定了“紫峰大厦”的命名并获得南京市地名委员会的批准。其三,国资绿地中心对“紫峰大厦”进行经营管理。其四,国资绿地中心享有“紫峰”、“紫峰大厦”的注册商标专用权。其五,国资绿地中心对“紫峰大厦”和“紫峰”品牌进行广告宣传。因此,“紫峰大厦”虽然从自然属性上看属于建筑物,但在本案中它同时也是国资绿地中心商誉的重要载体,国资绿地中心通过策划构思、开发建设、经营管理、广告宣传等,使“紫峰大厦”凝聚了其良好的商誉,使“紫峰”字样的显著性逐渐增强,“紫峰”品牌的知名度不断提高,具有越来越高的识别商品或服务提供者的作用,并在“紫峰”品牌与国资绿地中心之间建立了较高程度的关联性。故国资绿地中心有权就损害其商誉的不正当竞争行为提起诉讼。

其次,紫峰绿洲公司在企业名称和招牌中使用“紫峰”字样对社会公众造成了混淆和误认。理由如下:

1.“紫峰大厦”和“紫峰”品牌在南京市享有很高的知名度。经过国资绿地中心的策划构思和开发建设,“紫峰大厦”成为当时“江苏第一、中国第四、世界第七”的超高层建筑,并呈现深蓝色玻璃镜面和浅灰色墙砖组成的“蟠龙”造型,“紫峰大厦”以其特有的高度和外观为南京市的社会公众广为知晓,成为南京市的地标性建筑。通过命名“紫峰”,“紫峰大厦”与南京几乎无人不知的紫金山联系起来,又扩大了其知名度。经过国资绿地中心的经营管理和广告宣传,树立了“紫峰”的品牌,使“紫峰”成为代表南京市高端消费层次和水平的品牌,与“紫峰大厦”所呈现的高度和外观相称,进一步提升了“紫峰大厦”和“紫峰”品牌在南京市的知名度。

2. 紫峰绿洲公司的行为方式具有攀附国资绿地中心商誉的主观意图,足以导致社会公众混淆和误认。第一,紫峰绿洲公司在企业名称中使用了“紫峰”的字样。第二,紫峰绿洲公司在企业名称中使用“绿洲”字样印证了其攀附国资绿地中心商誉的主观意图。第三,紫峰绿洲公司的经营场所在地理位置上紧邻“紫峰大厦”。第四,紫峰绿洲公司的经营场所在建筑外观上与“紫峰大厦”存在相似之处。第五,紫峰绿洲公司提供的服务消费层次和水平与国资绿地中心树立的“紫峰”品牌相一致。第六,紫峰绿洲公司和国资绿地中心的经营范围和消费群体部分重合。第七,紫峰绿洲公司在招牌中突出使用了“紫峰绿洲国际会所”的字样。紫峰绿洲公司的上述行为方式或手段应当予以综合分析和考量,足以导致消费者产生混淆,误认为紫峰绿洲公司系国资绿地中心所设立的另一家分公司或关联公司,或是与国资绿地中心同属一家公司。

二、一审判决判令紫峰绿洲公司在企业名称和招牌中停止使用“紫峰”字号并限期办理名称变更登记适当

首先,一审判决判令紫峰绿洲公司停止使用“紫峰”字样,属于部分支持国资绿地中心诉讼请求的判决,未超出诉讼请求。其次,一审判决判令紫峰绿洲公司停止使用和限期变更“紫峰”字号,属于停止侵权民事责任的具体体现和细化,更具有可操

作性,有利于及时制止紫峰绿洲公司的不正当竞争行为。

据此,二审法院依照《民事诉讼法》第170条第1款第1项之规定,判决驳回上诉,维持原判决。二审案件受理费3366元,由紫峰绿洲公司负担。

曹彬诉济南乾豪科技发展有限公司特许经营合同纠纷案

——阅读提示:被特许人单方解约权的行使

【裁判要旨】

合同的订立和履行应当遵循诚实信用原则。特许经营合同对被特许人的单方解约权和解约期限未作约定,被特许人在合同订立后的合理期限内仍可以主张单方解约权。判断期限是否合理,主要考虑:(1)被特许人是否已经实际利用经营资源。(2)被特许人解除合同是否会不恰当转移其应当承担的商业风险。(3)被特许人解除合同是否会不恰当地损害特许人的合法权益。

【案号】

一审:山东省济南市中级人民法院(2013)济民三初字第55号

二审:山东省高级人民法院(2013)鲁民三终字第223号

【案情与裁判】

原告(上诉人):济南乾豪科技发展有限公司(以下简称乾豪公司)

被告(被上诉人):曹彬

起诉与答辩

2012年6月4日,曹彬向山东省济南市中级人民法院起诉称,2010年9月26日,其与乾豪公司签订《AA国际动漫专营(标准店)合作协议》(以下简称涉案协议)。涉案协议约定,曹彬向乾豪公司支付品牌加盟费18000元、合作保证金15000元、装修保证金3000元,共计36000元;乾豪公司同意曹彬在河南省洛阳市建西区开设专营店加盟经营AA国际动漫品牌授权经营范围内的所有产品。涉案协议签订之时,曹彬向乾豪公司支付了36000元。涉案协议签订后,曹彬认真研究了乾豪公司的加盟政策,发现自己的具体实际情况不适合从事乾豪公司的业务,遂及时找到乾豪公司要求解除涉案协议、返还所交费用,但遭乾豪公司拒绝。乾豪公司的行为违反了公平合理、等价有偿的原则,请求法院判令:(1)认定涉案协议中不予退还加盟费和保证金的条款无效;(2)解除涉案协议;(3)乾豪公司返还曹彬交纳的加盟费18000元、合作担保金15000元、装修保证金3000元,合计36000元;(4)诉讼费用由乾豪公司承担。

乾豪公司辩称,涉案协议是双方真实的意思表示,合法有效。曹彬依约依法均不享有合同解除权,其主张解除合同的诉讼请求应予驳回。乾豪公司已经履行了合同义务,不存在违约行为,曹彬作为违约一方无权要求返还加盟费、合作保证金和装修保证金。

法院审理查明

2010年9月26日,曹彬(乙方)与乾豪公司(甲方)签订涉案协议。协议约定,甲方授权乙方为河南省洛阳市建西区专营店;乙方支付甲方品牌加盟费18000元,合作担保金15000元,在三年合作协议履行完毕情况下,合作担保金无息退还乙方,乙方若中途单方面退出合作,合作担保金不予退还;协议签约时乙方向甲方交纳装修保证金3000元,用来保证乙方按甲方要求进行规范装修,在装修通过甲方审核情况下,甲方在2个工作日内退回乙方全额装修保证金;乙方在未经甲方授权的情况下,不得私自转让或变更"AA国际动漫专营店"的经营权;协议有效期为三年,自2010年9月26日至2013年9月25日;协议生效后即具有法律约束力,任何一方不得随意变更或解除。协议还约定了加盟涉及的商品、商品价格、交货方式、支付方式、乙方的经营模式、甲方的培训支持等事宜。

协议签订后,曹彬参加了乾豪公司组织的培训。AA国际动漫专营店管理规范、DIY测试题、打印机测试题、产品测试题、经营测试题、店主信息档案、费用报销单等培训材料上,均有曹彬的签字。2010年9月30日,乾豪公司给曹彬出具收到品牌加盟费18000元、合作担保金15000元、装修保证金3000元的收据。此后,曹彬一直未着手实施涉案协议,向乾豪公司提出解除涉案协议。因协商未果,故曹彬提起本案诉讼。

乾豪公司于2008年6月30日注册成立,注册资本100万元。在国家商务部的商业特许经营信息管理系统,可以查询到乾豪公司的特许人备案信息,其特许品牌为AA国际动漫,第一家加盟店时间为2008年11月19日,加盟店分布区域在北京、天津、上海、浙江、山东等地。

一审判理和结果

济南市中级人民法院一审认为,曹彬、乾豪公司双方签订的涉案协议,系乾豪公司将其拥有的AA国际动漫经营资源许可曹彬在统一的经营模式下开展经营,乾豪公司收取曹彬加盟使用费为目的而签订的协议,应为商业特许经营合同。我国的法律、法规对商业特许经营合同的订立、特许经营活动的开展均有严格规定,特许人必须严格按照相关规定订立合同、依法从事特许经营。

我国《商业特许经营管理条例》第12条规定:"特许人和被特许人应当在特许经营合同中约定,被特许人在特许经营合同订立后一定期限内,可以单方解除合同。"该条款即所谓的"冷静期"条款,此条款是考虑到被特许人对加盟的行业可能没有充分的了解,法律从保护被特许人的利益出发,要求特许人必须给予被特许人考虑是否继续从事特许经营的一定期限,如被特许人决定不从事特许经营的,在此期限内可以随时单方解除合同。本案的乾豪公司作为具有特许经营资格的特许人,在明知法律有明确规定的情况下,在合同中不载明上述法定条款,使被特许人难以知悉其应有的合法权益,具有缔约的过错。且曹彬在支付加盟费等各项费用后,一直未着手实施涉案协议,没有实际利用乾豪公司的经营资源。故曹彬主张解除合同,退还加盟费、合作担保金、装修保证金的诉讼请求应予支持。鉴于,已经支持曹彬要求退还加盟费、合作担保金的诉讼请求，曹彬要求认定涉案协议中不予退还加盟费和保证金的条款无效的该项诉讼主张，不再另行支持。综上，一审法院依照《合同法》第60条、第94条第1款第5项、第97条，《商业特许经营管理条例》第14条、第12条之规定判决：(1)曹彬与济南乾豪科技发展有限公司于2010年9月26日签订的《AA国际动漫专营(标准店)合作协议》，于本判决生效之日起解除；(2)济南乾豪科技发展有限公司于本判决生效之日起十日内返还曹彬已付的加盟费18000元、合作担保金15000元、装修保证金3000元，合计36000元；(3)驳回曹彬的其他诉讼请求。案件受理费1000元，由济南乾豪科技发展有限公司负担。

上诉与答辩

乾豪公司不服一审判决，提起上诉称：(1)原审法院认定事实错误。①曹彬在提起本案诉讼之前，从未与乾豪公司协商过解除合同，也不存在双方协商未果的情况。②涉案协议签订后，曹彬已经实际使用了乾豪公司的经营资源。曹彬实际上已经取得了在合同约定区域内设立专营店的特许经营权，接受了乾豪公司向其提供的专营店管理规范、专业技术问题等专业培训及住宿费加盟优惠待遇，这些均是曹彬与乾豪公司签订加盟合同并支付费用后才能获得的各种好处。③我国《商业特许经营管理条例》属于行政法规，是向社会公开的。因此，不存在涉案协议没有载明上述法定条款曹彬就难以知悉其应有权益的问题。(2)原审法院适用《商业特许经营管理条例》第12条的规定解除涉案协议属适用法律错误。曹彬应在合理期限内行使单方解除合同权，该条规定不适用于本案。(3)涉案协议系因曹彬单方违约导致不能继续履行，乾豪公司依约不应返还合作担保金、加盟费和装修保证金。请求二审法院撤销原审判决，依法改判或发回重审。

被上诉人曹彬答辩称：(1)曹彬从未考虑过着手实施与乾豪公司所签加盟协议的事宜，经多次要求解约退费均无果，才提起本案诉讼。2010年9月26日，曹彬与乾豪公司签约并付款后返回洛阳，经冷静分析认为自己不适合从事该加盟连锁业务，急忙电话通知乾豪公司并于2010年国庆长假后与其姐夫一起专程赴乾豪公司处说明情况并要求解约退费，但遭到拒绝。(2)曹彬参加培训不构成实际利用乾豪公司的经营资源。根据法律规定和涉案协议约定，乾豪公司承诺提供的经营资源是“AA国际动漫品牌授权经营范围内所有产品”的经营权，而非免费培训。(3)曹彬从未享有在合同约定区域内的特许经营权。河南省洛阳市根本没有“建西区”这个地方。(4)涉案协议是乾豪公司单方提供的格式合同，曹彬并无参与协商订立合同具体内容的可能，原审法院认定乾豪公司具有缔约过错，适用法律正确。(5)曹彬依法享有单方合同解除权，无论涉案协议有无约定，都不影响曹彬行使该法定权利。合同对“一定期限”没有约定，特许人应承担由此带来的一切不利后果。请求二审法院驳回上诉，维持原判。

二审判理和结果

山东省高级人民法院认为，根据双方当事人的诉辩主张，本案的争议焦点有两点：一是曹彬能否单方解除涉案协议；二是如涉案协议解除，乾豪公司应否向曹彬返还加盟费、合作担保金、装修保证金。

1. 关于曹彬能否单方解除涉案协议的

问题。根据我国《商业特许经营管理条例》第12条的规定,特许经营合同应当约定被特许人在特许经营合同订立后一定期限内,可以单方解除合同。据此,法律赋予了被特许人在一定期限内享有单方解约权。因特许人的能力和实力与被特许人不对等,处于缔约优势地位,此应为特许人的缔约义务。本案中,曹彬作为被特许人,理应享有单方解除涉案协议的法定权利,而涉案协议对曹彬的单方解约权和解约期限均未作约定,特许人乾豪公司对此具有缔约过失,应承担由此产生的不利后果。在此情形下,为维护合同订立应遵循的公平原则,曹彬在涉案协议订立后的合理期限内仍可以主张单方解约权。

关于曹彬行使单方解约权是否超出合理期限的问题。二审法院认为,因涉案协议对曹彬解约期限未作约定,本案应根据民事活动应遵循的公平原则确定合理期限,主要考虑以下几点:(1)被特许人是否已经实际利用经营资源。根据我国《商业特许经营管理条例》第3条的规定,经营资源是指特许人拥有的注册商标、企业标志、专利、专有技术等。本案中,曹彬签约后一直未着手实施涉案协议,没有实际使用乾豪公司拥有的AA国际动漫品牌等经营资源。(2)被特许人解除合同是否会不恰当转移其应当承担的商业风险。法律赋予被特许人单方解约权是对被特许人利益的特殊保护,而不是为被特许人提供一个试营业的机会,被特许人不能将其应承担的市场风险传嫁给特许人。本案中,曹彬没有实际开展经营活动,因此,解除合同并不存在转嫁商业风险的问题。(3)被特许人解除合同是否会不恰当地损害特许人的合法权益。根据我国《合同法》的相关规定,被特许人可以单方解除合同,但造成特许人损失的,应当赔偿损失。因此,合理期限的确定还应考虑特许人的经营利益会否因解除合同遭受不利影响。根据涉案协议,曹彬对其店面1公里范围享有区域保护政策。而根据本案已查明的协议履行情况,曹彬与乾豪公司并未进行店面选址,因经营地址尚未确定,故不产生区域保护问题。在此情形下,虽然涉案协议履行期限过半,但乾豪公司的经营利益不会因涉案协议解除而受到实质性影响。综上,曹彬与乾豪公司签约后,双方未依约进行店面选址,曹彬未实际利用乾豪公司的经营资源开展经营,解除协议无损于乾豪公司的经营利益,故曹彬主张单方解约权并未超出合理期限,可以单方解除涉案协议。乾豪公司关于曹彬参加乾豪公司培训是利用其经营资源的抗辩主张,缺乏法律依据,不能成立,二审法院不予支持。

2. 关于如涉案协议解除,乾豪公司应否向曹彬返还加盟费、合作担保金、装修保证金的问题。本案中,曹彬依法行使单方解约权,涉案协议解除。根据我国《合同法》第97条的规定,合同解除后,尚未履行的,终止履行;已经履行的,根据履行情况和合同性质,当事人可以要求恢复原状等。因涉案协议未实际履行,乾豪公司应返还曹彬加盟费、合作担保金、装修保证金。乾豪公司关于曹彬单方解除协议构成违约、其不应返还上述款项的抗辩主张缺乏法律依据,不能成立,二审法院不予支持。

综上,依照《中华人民共和国民事诉讼法》第171条第1款第1项之规定,二审法院判决驳回上诉,维持原判。二审案件受理费1000元,由上诉人济南乾豪科技发展有限公司承担。

襄阳市农业科学院诉四川隆平高科种业有限公司植物新品种实施许可合同纠纷案

——阅读提示：如何在知识产权合同纠纷中适用诚实信用原则？如何认定致使合同目的不能实现的根本违约行为？

【裁判要旨】

当事人应当遵循诚实信用原则，根据合同的性质、目的和交易惯例履行通知、协助、保密义务。本案原告作为本地的科研单位，在知晓审定结果后未告知外地企业，即本案被告，有违诚实信用原则和合同履行中的附随义务。

判断某一行为是否属于根本违约，需根据该行为是否构成违约、违约的具体形态以及案件的具体情况进行判断。本案原告以本案被告迟延九天付款、其"积极推广涉案植物新品种"的合同目的不能实现为由主张解除合同，不能得到法院支持。

【案号】

一审：湖北省武汉市中级人民法院(2011)武知初字第796号

二审：湖北省高级人民法院(2013)鄂民三终字第00323号

【案情与裁判】

原告(上诉人)：襄阳市农业科学院(简称襄阳农科院)

被告(被上诉人)：四川隆平高科种业有限公司(简称四川隆平高科)

起诉与答辩

原告襄阳农科院于2011年8月15日诉至一审法院称：襄阳农科院与四川隆平高科就杂交稻新组合"广两优35"生产经营权实施许可相关事项签订了《技术转让(技术秘密)合同》，四川隆平高科支付第一期、第二期款项均逾期，合同自行终止，襄阳农科院已书面函告四川隆平高科，并退回逾期支付的第二期款项。请求法院判令：(1)双方签署的《技术转让(技术秘密)合同》终止履行；(2)四川隆平高科立即停止与"广两优35"相关的生产经营活动；(3)四川隆平高科向襄阳农科院支付违约金20万元；(4)四川隆平高科承担本案全部诉讼费用。

被告隆平高科公司庭审答辩称：其未违反合同约定，合同终止的条件不成就，请求法院驳回原告全部诉讼请求。

法院审理查明

2010年3月，襄阳农科院与四川隆平高科签订《技术转让(技术秘密)合同》一份。该合同约定：甲方襄阳农科院(原称襄樊市农业科学院，即襄阳农科院前称)以独占许可方式，许可乙方四川隆平高科实施其所拥有的水稻新品种"广两优35"(区试名)的生产、销售、使用、标记和再许可权；实施许可品种"广两优35"(亲本来源广占63－4xR35)，选育单位襄阳农科院；该品种在合同签订前甲方没有以商业目的的生产、销售、使用。2009年参加湖北省中稻区试，达到湖北续试标准,同年进行试生产;实施许可范围为中国境内,实施方式为独占许可,实施期限为12年;乙方应向甲方支付许可费78万元,支付时间为双方签订合同后两周内支付10万元,通过湖北省品种审定委员会审定,正式公告后一个月内付清余款68万元;为保证乙方有效实施本合同约定的品种生产经营权,甲方应在2010年3月31日前向乙方免费提供“广两优35”示范种子10公斤,用于布点示范和召开现场会,提供恢复系R35种子5公斤,不育系广占63-4S种子10公斤,用于试制种和亲本繁殖以满足第二年生产使用;乙方应当及时投入足够的人力、物力,积极、稳妥地在国内市场开发“广两优35”的市场,确保“广两优35”在实施许可后能快捷、稳步地发展;乙方若违反合同第四条(许可费支付条款)、第八条,合同自行终止,乙方向甲方支付违约金20万元;本合同一式四份,经双方签字盖章后生效。该合同文本显示,乙方于2010年3月12日签字盖章,甲方签字盖章但未填写具体日期。

2010年3月29日,四川隆平高科通过中国农业银行向襄阳农科院支付首笔款10万元。随后,襄阳农科院也向四川隆平高科提交了“2009年湖北省中稻品种区试B组汇总报告”、“2010年湖北省中稻品种区试A组汇总报告”,两报告均涉及涉案“广两优35”品种区试资料。同时,襄阳农科院还向四川隆平高科提交了涉案“广两优35”品种的父本种子和示范种子。2011年3月25日,湖北省“湖北种业信息网”报道了“湖北省审定一批农作物新品种”的消息,其中通过审定的新品种名册中包括涉案“广两优35”新品种。2011年3月30日,湖北省农业厅发布省农业厅关于发布审定农作物新品种的通知。该通知附件载明的新品种包括经湖北省农作物审定委员会审定通过的涉案新品种“广两优35”。2011年4月11日,湖北省农业厅、湖北农业信息网发布的《2011年春季农作物审定公告》公开了湖北省农作物品种审定委员会审定通过的品种名单及品种简介,在审定通过的新品种名单及简介中包括“广两优35”农作物新品种。2011年4月30日,襄阳农科院获得湖北省农作物审定委员会颁发的“广两优35”新品种的证书。

2011年5月9日,四川隆平高科通过银行向襄阳农科院支付许可费尾款68万元。2011年5月10日,襄阳农科院以四川隆平高科对“广两优35”新品种的市场开发和今后推广缺乏明确定位,推广工作缺乏切实可行的方法和措施,且违反双方实施许可合同第四条,逾期支付首期许可费10万元和尾期许可费68万元构成违约为由,书面致函四川隆平高科,提出自动终止前述实施许可合同,要求四川隆平高科一周内派员解决合同终止善后事宜。次日,襄阳农科院将四川隆平高科支付的第二期许可费68万元退还给四川隆平高科。四川隆平高科接到襄阳农科院于2011年5月10日的函后没有立即回复。后经多次交涉,四川隆平高科于2011年6月2日书面致函襄阳农科院称,双方签订合同后,四川隆平高科已按照合同约定支付首期许可费用,襄阳农科院也按约定向四川隆平高科交付了涉案杂交种子和亲本。随后,四川隆平高科进行了示范布点、亲本生育期观察和试制,安排了生产计划2380亩和确定2011年度销售商等推广工作。而襄阳农科院获悉“广两优35”通过审定后没有及时告知四川隆平高科,四川隆平高科通过公开网站获得审定通过信息后按照约定支付第二期许可费 68 万元。四川隆平高科认为襄阳农科院提出终止合同的理由纯属无中生有，不同意终止合同，并希望襄阳农科院尊重合同条款，继续履行合同。

另查明：(1)2011 年 3 月 30 日，湖北省农作物审定委员会通过涉案“广两优 35”新品种审定后，襄阳农科院没有向四川隆平高科通报该品种审定通过的相关信息。(2)2011 年 8 月 20 日，襄阳农科院与案外人中国种子集团公司(以下简称中种集团)签订战略合作协议。协议约定：双方按照市场化原则，以推广襄阳农科院两系杂交中稻品种“广两优 35”为切入点，争取共同将中种集团所属湖北分公司打造成为湖北市场前三位的种业公司，将襄阳农科院打造成中种集团湖北农作物品种研发中心等。该协议已于 2011 年 8 月 20 日由双方代表签字盖章。(3)2012 年 1 月 6 日、16 日、20 日，四川隆平高科分别与盐城市诚工种业有限公司等三家公司签订农作物种子生产合同，由以上三家种业公司负责生产“广两优 35”稻种，四川隆平高科向三家生产单位提供生产资金，收购其所生产的稻种。以上三份“广两优 35”稻种生产合同均实际履行。(4)2013 年 4 月 1 日，四川隆平高科于诉讼中发现湖北省赤壁市农望种业门市部经销“广两优 35”稻种涉嫌侵权后，申请湖北省赤壁市公证处证据保全，包装袋实物上标注有“广两优 35”、“中种集团湖北分公司生产、销售”字样。

一审判理和结果

一审法院认为：襄阳农科院与四川隆平高科签订的《植物新品种实施许可合同》合法、有效。襄阳农科院认为涉案合同约定的终止条件成就的理由没有事实依据和法律依据，不予支持。一审法院依照《中华人民共和国合同法》第 8 条、第 32 条、第 60 条第 2 款、第 91 条第 7 项、第 93 条，《最高人民法院关于适用〈中华人民共和国合同法〉若干问题的解释》(二)第 2 条，《中华人民共和国民事诉讼法》第 142 条的规定，判决：驳回襄阳农科院的全部诉讼请求。本案一、二审案件受理费 4300 元，均由襄阳农科院负担。

上诉与答辩

襄阳农科院不服，提起上诉，请求撤销一审判决，改判支持襄阳农科院的一审诉讼请求等。(1)一审判决认定襄阳农科院与四川隆平高科就第一次付款时间订立了新的合同没有事实和法律依据；(2)一审法院认定四川隆平高科第二次付款没有违约同样没有事实依据。湖北省农业厅鄂农发〔2011〕7 号文件的公告日期为 2011 年 3 月 30 日，双方当事人在合同中约定第二笔款项在“通过湖北省品种审定委员会审定正式公告后一个月内付清”，不是四川隆平高科知道公告后一个月内付清。四川隆平高科于 2011 年 5 月 9 日付款违反了合同约定。

四川隆平高科庭审中口头答辩称，一审认定事实清楚，适用法律正确，审理程序合法，请求二审予以维持。

二审判理和结果

二审法院认为，涉案《技术转让(技术秘密)合同》系襄阳农科院与四川隆平高科的真实意思表示，合同内容不违反法律法规的强制性规定，应为有效。虽然四川隆平高科支付第一笔款项与合同约定相比迟延了三天，但襄阳农科院用自己的履约行为对四川隆平高科第一次付款迟延的行为表示了认可。关于第二次付款时间的起算点,虽然双方当事人有分歧,但将审定通过的文件上传网站的时间认定为正式公告时间,更能体现诚实信用原则和公平原则。据此,四川隆平高科支付第二笔款项符合合同约定,不构成违约。并且,四川隆平高科在实施许可合同中积极推广涉案"广两优35"新品种,履行了合同中对其提出的积极推广新品种的合同义务。襄阳农科院认为四川隆平高科没有履约能力和履约诚意、涉案合同约定的终止条件成就的上诉理由没有事实依据和法律依据,二审法院不予支持。依据《中华人民共和国民事诉讼法》第170条第1款第1项之规定,判决:驳回上诉,维持原判。二审案件受理费4300元,由襄阳农科院负担。

华为公司诉交互数字滥用市场支配地位案

——阅读提示:涉及无线通信领域标准必要专利许可的相关市场应如何界定?

【裁判要旨】

当某一专利技术被选入标准后成为必要专利,参与该行业竞争的产品制造商/服务提供商就必须提供符合标准的商品/服务,这意味着其不得不实施相关专利技术。这种标准带来的封锁效应与专利权自身具有的法定垄断属性相结合,使必要专利成为产业参与者唯一且必须使用的技术,产业参与者不得不寻求必要专利权人的许可。因此,标准必要专利与一般专利不同,其并不存在充足的替代品。

【案号】

一审:广东省深圳市中级人民法院(2011)深中法知民初字第858号

二审:广东省高级人民法院(2013)粤高法民三终字第306号

【案情与裁判】

原告(上诉人):华为技术有限公司

被告(上诉人):交互数字技术公司

被告(上诉人):交互数字通信有限公司

被告(上诉人):交互数字公司

起诉与答辩

2011年12月6日,华为公司向原审法院提起诉讼称:华为公司是全球主要的电信设备提供商。被告交互数字技术公司、交互数字通信有限公司、交互数字公司(以下统称为交互数字)参与各类无线通信国际标准的制定,将其直接或间接拥有的专利权纳入无线通信的国际标准,并以此形成了相关市场的支配地位。华为公司主张,本案相关商品市场为交互数字为专利权人的必要专利的许可市场,相关地域市场为全球必要专利许可市场中的中国市场和美国市场。交互数字在相关市场处于垄断地位。交互数字无视其在加入标准组织时对公平、合理、无歧视原则的承诺,对其专利许可设定不公平的过高价格,对条件相似的交易相对人设定歧视性的交易条件,在许可条件中附加不合理的条件,在许可过程中涉嫌搭售,通过在美国起诉华为公司及华为公司的美国子公司来拒绝与华为公司进行交易,滥用其市场支配地位,不仅损害了竞争秩序,也对华为公司造成实质损害,已威胁到华为公司在相关市场的正常运营。故华为公司请求法院判令:(1)交互数字立即停止垄断民事侵权行为,包括停止过高定价行为、停止差别定价行为、停止搭售行为、停止附加不合理交易条件行为以及停止拒绝交易行为;(2)交互数字连带赔偿华为公司经济损失人民币2000万元,华为公司保留根据进一步获知的证据以及交互数字技术公司、交互数字通信有限公司、交互数字公司侵权延续造成的损失对赔偿数额予以增加的权利;(3)交互数字共同承担本案的诉讼费用以及华为公司为维权而支付的合理开支,包括调查费、公证费、律师费等。

交互数字辩称:(1)交互数字不认可华为公司所主张的相关市场的划分。(2)交互数字在相关市场中不具有市场支配地位和排除或限制竞争的能力。(3)交互数字没有实施任何违反《反垄断法》、从事限制竞争的行为。(4)交互数字没有给华为公司造成任何实际损害。

法院审理查明

1. 现行通信领域技术标准的基本情况。现行通信领域技术标准主要包括2G、3G和4G。华为公司明确其生产相关通信产品必须符合无线通信技术标准。交互数字认可,其在中国、美国现行的无线通信技术标准中均拥有"标准必要专利"(以下简称必要专利)。

2. 以《欧洲电信标准化协会》(ETSI)为例介绍标准化组织的知识产权政策。根据《欧洲电信标准化协会》(ETSI)知识产权政策的主要内容,各成员应当在合理范围内尽量及时将基本知识产权向ETSI通告,并以书面形式给予不可撤回的承诺,该承诺须说明知识产权所有者将准备根据该知识产权中所规定的公平、合理和无歧视条件来授予不可撤销的许可。交互数字技术公司在ETSI声称的必要专利,对应中国和美国电信领域的移动终端和基础设施之技术标准,亦是中国和美国的必要专利。

3. 当事人专利许可谈判的基本情况及诉讼情况。华为公司与交互数字通信有限公司就涉案专利许可在中国广东省深圳市等地进行了多次谈判,谈判持续多年。谈判期间,交互数字突然于2011年7月26日分别在美国特拉华州法院、美国国际贸易委员会起诉华为公司必要专利侵权,并请求颁布禁令,禁止华为公司相关产品进口和销售。

一审判理和结果

原审法院认为,本案为垄断纠纷。本案双方争议的焦点问题为:涉案相关市场的范围如何界定;交互数字在相关市场中是否具有市场支配地位;华为公司指控交互数字滥用市场支配地位,实施垄断民事侵权行为是否成立;如果华为公司指控侵权成立,则交互数字应如何承担相应的法律责任。

对相关市场的界定,主要取决于商品或服务市场的可替代程度。由于本案涉及专利技术标准化所带来的相关市场之界定问题,因此,分析该问题必须要了解技术标准化条件下的必要专利。当技术标准采用专利技术,从而使该专利技术成为必要专利以后,实施技术标准就意味着同时要实施专利技术。由于专利技术具有垄断性,因此,技术标准与专利技术的结合使专利的垄断性被技术标准的强制性大大加强。一旦专利技术被纳入相关的技术标准,产品的制造商为了使产品符合技术标准就不得不使用该专利技术。换句话说,产品的制造商也就不得不向专利权人寻求专利许可。在标准技术条件下,每一个3G无线通信领域内的必要专利许可市场,均是唯一和不可替代的。本案交互数字拥有全球(包括中国和美国)3G标准必要专利,华为公司是全球范围内的无线移动终端和基础设施的生产商、销售商和服务商,华为公司在生产经营中必然要使用这些3G标准必要专利,每一个3G标准必要专利,都很难为其他技术或其他专利技术所替代。鉴于3G标准每一个必要专利的唯一性和不可替代性,故原审法院依法认定华为公司对本案相关市场范围的界定,符合我国《反垄断法》的规定。

关于交互数字在相关市场中是否具有市场支配地位的问题。本案交互数字在3G标准中的每一个必要专利许可市场均拥有完全的份额,交互数字在相关市场内具有阻碍或影响其他经营者进入相关市场的能力。另,由于交互数字不进行任何实质性生产,仅以专利许可作为其经营模式,华为公司无法通过标准必要专利的交叉许可来制约交互数字。故就本案来说,交互数字在与华为公司进行3G标准必要专利许可谈判时,具备控制华为公司使用其3G标准必要专利的价格、数量及其他交易条件的能力,因此,原审法院依法认定,交互数字在华为公司界定的本案相关市场中具有市场支配地位。

关于华为公司指控交互数字滥用市场支配地位实施垄断民事侵权行为是否成立的问题。关于华为公司指控交互数字过高定价、差别定价和拒绝交易的问题。将交互数字向华为公司发出的涉及专利许可使用费具体条件的多次要约内容来看,并与之将交互数字授权给苹果公司、三星公司、RIM、HTC公司的专利许可条件进行比较,均可看出交互数字公司对华为公司提出的专利许可要价明显不合理地高于对其他公司提出的许可价格。本案交互数字不仅要求华为公司支付高昂的许可费,还强迫华为公司及其联属公司给予相关交叉许可,使之可以获得额外的利益,这将进一步加剧交互数字收取过高的专利许可使用费对价。交互数字向华为公司发出要约时,明确提出其发出的要约具有完整、不可分性,华为公司不可从中挑选和选择单独项目,并提出华为公司对其要约之承诺不得有任何修改,否则即视为拒绝要约。在双方还处于谈判阶段时,在交互数字自身在缔约阶段违背公平、合理、无歧视义务的情况下,交互数字向美国国际贸易委员会和美国特拉华州地方法院,对华为公司提出必要专利的禁令之诉,要求禁止华为公司使用其必要专利,由于华为公司在与交互数字的谈判中一直处于善意状态,交互数字在美国提起诉讼的目的,在于逼迫华为公司接受过高专利许可交易条件,该行为在性质上不属于拒绝交易行为,而属于逼迫华为公司接受过高专利许可交易条件的行为。由于华为公司的生产活动主要在中国深圳,交互数字在美国提起的必要专利禁令之诉,会对华为公司出口产品的行为产生排除、限制性影响,所以交互数字该行为属于滥用市场支配地位的行为,受我国《反垄断法》约束。

关于华为公司指控交互数字搭售和附加不合理交易条件的问题。华为公司指控交互数字向其发出的必要专利授权许可要约之条件,包括将其必要专利和其他专利捆绑搭售给华为公司。标准技术条件下的必要专利具有唯一性和不可替代性,而其他专利具有可替代性。专利权人不应当利用标准化的力量为自己的非必要专利寻求最大化的许可市场,本案交互数字利用其必要专利授权许可市场条件下的支配地位,将必要专利与其他专利搭售,属于滥用市场支配地位的行为。

关于交互数字如何承担垄断民事侵权的法律责任问题。由于双方当事人均未提供证据证明,“因被告方侵权致原告受损或被告方因侵权获利数额”的确切证据,原审法院考虑由于交互数字的垄断民事侵权行为,会导致华为公司在中国因委托律师而产生律师费、在美国因委托律师而产生律师费、因公证取证而产生公证费,以及竞争利益受损等损失,加之再考虑交互数字侵权行为的性质、主观过错程度,以及给华为公司造成损害的严重性,原审法院酌定交互数字赔偿华为公司垄断民事侵权之经济损失人民币2000万元。

综上,广东省深圳市中级人民法院作出如下一审判决:(1)交互数字技术公司、交互数字通信有限公司、交互数字公司立即停止针对华为技术有限公司实施的过高定价和搭售的垄断民事侵权行为;(2)交互数字技术公司、交互数字通信有限公司、交互数字公司自本判决生效之日起十日内连带赔偿华为技术有限公司经济损失人民币2000万元;(3)驳回华为技术有限公司的其他诉讼请求。本案一审案件受理费人民币141800元,由交互数字技术公司、交互数字通信有限公司、交互数字公司共同承担。

上诉与答辩

华为公司上诉称:原审判决关于交互数字将不同标准下的必要专利捆绑销售以及将特定范围专利捆绑搭售的行为符合市场惯例的认定,在事实认定和法律适用上均有错误。相关行为违反了《反垄断法》的相关规定,给华为公司造成严重损失,故上诉请求二审法院撤销原审相关判决,改判交互数字立即停止将其不同标准下的专利捆绑搭售的行为,立即停止将特定范围内的专利捆绑搭售的行为。

交互数字亦提起上诉称:原审法院对交互数字是否构成垄断民事侵权的认定错误。原审法院关于2000万赔偿额的判决缺乏事实基础和法律依据。交互数字公司和交互数字通信有限公司并非本案的适格被告,原审判决要求其承担侵权责任及连带赔偿责任显属错误。故上诉请求二审法院判决撤销原审判决,驳回华为公司的全部诉讼请求,并由华为公司承担本案一、二审诉讼费用。

二审审理查明

二审法院对一审法院查明的事实予以确认。

二审判理和结果

广东省高级人民法院审理认为:根据《国务院反垄断委员会关于相关市场界定的指南》(以下简称《指南》)第2条、第3条、第4条、第7条规定和《中华人民共和国反垄断法》第12条规定,对本案相关市场的界定,主要基于涉案必要专利满足消费者需求的基本属性,考虑需求者对涉案必要专利技术的功能、用途、价格等因素进行需求替代分析,并适当考虑供给替代分析。据此,原审法院认定,交互数字在中国和美国的3G无线通信技术标准中的每一个必要专利许可市场,均构成一个独立的相关市场,该认定符合相关事实和法律规定,二审法院予以确认。交互数字作为涉案必要专利许可市场唯一的供给方,其在3G标准中的每一个必要专利许可市场具有完全的份额,故其完全具有阻碍或者影响其他经营者进入相关市场的能力。而且,由于交互数字仅以专利授权许可作为其经营模式,自身并不进行任何实质性生产,不需依赖或者受制于3G标准中其他必要专利权利人的交叉许可,故其市场支配力未受到有效制约。在此情况下,原审法院认定交互数字在相关必要专利许可市场具有市场支配地位正确。在此基础上,二审法院依法逐一审查被控行为是否构成滥用市场支配地位的问题。最终认定交互数字存在不公平、不合理的过高定价行为及不合理地将必要专利与其他专利相捆绑搭售的事实行为,滥用其市场支配地位,对相关市场竞争产生了排除、限制影响。

广东省高级人民法院依照《中华人民共和国民事诉讼法》第170条第1款第1项之规定,判决如下:驳回上诉,维持原判。本案二审案件受理费141800元,由上诉人华为技术有限公司负担2000元,上诉人交互数字技术公司、交互数字通信有限公司、交互数字公司负担139800元。

兰州正丰石油化工技术装备有限责任公司诉无锡奋图过滤材料有限公司等侵犯商业秘密纠纷案

——阅读提示:职工“跳槽”怎样才能不侵犯原企业的商业秘密?保密条款和竞业限制能否成为人民法院认定侵犯商业秘密的依据?

【裁判要旨】

保密协议及竞业限制等类似条款,是企业保护其商业秘密的正当手段,应该得到尊重和维护。这些内容也是人民法院判断行为是否侵犯商业秘密的重要依据。

【案号】

一审:甘肃省兰州市中级人民法院(2011)兰法民三初字第45号

二审:甘肃省高级人民法院(2013)甘民三终字第00005号

【案情与裁判】

原告(上诉人):兰州正丰石油化工技术装备有限责任公司(简称正丰公司)

被告(上诉人):无锡奋图过滤材料有限公司(简称过滤材料公司)

被告(上诉人):无锡奋图网业进出口贸易有限公司(简称网业公司)

被告(上诉人):王京良

被告:余志文

一审审理查明

正丰公司是一家从事石化机械、环保节能设备的开发、设计的公司,从2000年12月开始与颇尔公司合作,为法国颇尔(北京)公司研制生产各种规格的不锈钢网孔管,为此,正丰公司专门成立开发小组进行网孔管系列产品的攻关并改进网孔管生产设备。2005年5月,正丰公司《流体过滤用不锈钢螺旋焊接网孔管》企业标准在甘肃省兰州市质量技术监督局备案。2005年12月,正丰公司制定保密制度。在长期经营中,正丰公司以网孔管系列产品形成了主要生产支柱并以颇尔公司为特殊客户发展了相对固定的客户群。

王京良于2005年1月到正丰公司工作,后受聘为正丰公司《流体过滤用不锈钢螺旋焊接网孔管》、《流体热交换用无缝波纹钢管》企业标准的评审专家,2005年11月以后,王京良分别担任正丰公司工程技术部经理、质检部经理、供销部副经理等职务。2008年1月,王京良与正丰公司签订了《保守商业秘密和竞业限制制度》。2009年7月至8月间,王京良与正丰公司员工张发到苏州、无锡等地调研。同年8月29日,王京良以请假名义自动离职,未办理辞职手续。之后,王京良经余志文介绍在网业公司和过滤材料公司从事网孔管生产技术指导工作并领取报酬,参与了有关生产设备的制造。

网业公司和过滤材料公司分别设立于2003年和2010年,法定代表人均为马彦海,经营项目为:过滤材料、过滤器、滤芯等的生产、加工和销售。网业公司和过滤材料公司系关联企业,同一生产面向不同市场,网业公司主要面向海外市场营销。余志文曾在被告网业公司负责技术工作,余志文了解王京良懂网孔管生产技术,并介绍王京良到二被告公司解决有关生产难题。2011年1月,过滤材料公司与颇尔公司签订合同为其生产115739系列不锈钢网孔管,此后陆续与颇尔公司发生网孔管业务。

2010年12月,正丰公司以王京良涉嫌侵犯商业秘密罪向兰州市公安局报案,兰州市公安局经侦查后以没有证据为由决定不予立案。正丰公司于2011年10月31日以侵犯商业秘密为由向一审法院提起诉讼,请求判令王京良及过滤公司停止侵权并赔偿损失,同时提出证据保全、财产保全和不公开审理申请。后依正丰公司申请,一审法院追加网业公司和余志文为本案共同被告,并依法对上述被告的资金财产予以保全。2012年2月8日,过滤材料公司向一审法院提出申请,要求对本案所涉技术信息进行司法鉴定并申请中止本案审理。一审法院依法裁定中止审理,并委托北京国威知识产权司法鉴定中心进行鉴定。北京国威(2012)知司鉴字第11号司法鉴定意见书载明:(1)原告螺旋焊接网孔管卷焊机技术资料所反映的技术秘点1~6,到查新日(2012年5月14日)为止,在国内外尚是不为公众所知的信息。(2)由于无锡奋图过滤材料公司卷焊机的特征B1、B2分别和兰州正丰石油化工技术装备有限责任公司技术秘点A1、A2相同,因此无锡奋图过滤材料公司卷焊机包含了兰州正丰石油化工技术装备有限责任公司卷焊机的核心技术秘点,或者说无锡奋图过滤材料公司卷焊机技术使用了兰州正丰石油化工技术装备有限责任公司卷焊机的核心技术秘点A1和A2。

一审判理和结果

一审法院审理认为,本案争议焦点是:(1)原告起诉主张的网孔管生产设备技术信息及经营信息是否构成本案商业秘密?(2)被告王京良是否将原告的相关信息带到了被告过滤材料公司和被告网业公司?(3)本案审理中是否涉及竞业限制纠纷?(4)如侵权成立,各被告应承担何种赔偿责任?

关于本案商业秘密的构成。一审法院

认为,作为技术信息的商业秘密,可以是一项完整的技术方案,也可以是完整技术方案中的一个或若干个相对独立或共同作用的技术要点。客户名单也是经营信息的一个重要表现形式,能够反映与权利人有关的供求关系和价格等具体经营信息。《最高人民法院关于审理不正当竞争民事案件应用法律若干问题的解释》第 13 条规定:“商业秘密中的客户名单,一般是指客户的名称、位址、联系方式以及交易的习惯、意向、内容等构成的区别于相关公知信息的特殊客户信息,包括汇集众多客户的客户名册,以及保持长期稳定交易关系的特定客户。”本案中,经司法鉴定机构检索查新,到查新日止,原告所主张的技术方案在国内外是不为公众所知的技术信息;原告在长期经营中经多年供销合作、技术改进和商誉积累,形成了以颇尔公司为特殊客户的客户群并加以保护,该客户资料不为一般同业竞争者所清晰了解和普遍掌握,从其他公开渠道也不易获得,属原告特定的经营信息,二信息具有秘密性。其次,该技术信息系原告多年前斥资组团研发,并持续给其公司带来经济利益,网孔管产品已成为其公司的生产支柱;客户资料包含了原告公司的营销渠道或客户的消费状况,原告为此付出了时间、资金和劳动,是原告稳定生产、开拓市场、增强企业竞争力的重要依据,二信息均具有价值性和实用性。再次,原告对该技术信息和客户资料采取了严格保密措施。2005 年,原告公司员工签字确认的兰正(综)字第(2005)012 号《保密制度》第二条“保密范围 2 - 1”明确了保护螺旋焊接网孔管成套生产装备和制造工艺;原告还将网孔管产品的质量标准及技术指针在甘肃省兰州市质量技术监督局备案,根据《技术监督工作中国家秘密及其密级具体范围的规定》,凡列入“行业内部标准中不易对外公开的部分”以及“备案的企业内控标准”,都属于秘密级事项;原告公司的《网孔管生产质量控制与安全》内部培训教材规定,生产车间未经允许不得有公司以外的人随便进入参观;2008 年,原告与员工签订的《劳动合同书》及合同附件《保守商业秘密和竞业限制制度》,也明确约定了员工在原告公司工作期间及离职后对公司应当承担的保守商业秘密义务,明确了保密期限、商业秘密范围和经济补偿,并专门在《保守商业秘密和竞业限制制度》4. 1. 1①~⑥强调了对螺旋焊接网孔管和薄壁螺旋焊管成套生产装备和制造工艺的重点保护;《保密制度》保密范围和《保守商业秘密和竞业限制制度》商业秘密范围均显示,信息资料包括“报价单、订货合同、市场和用户信息、采购及外协加工渠道信息等”。由此可见,原告对其技术信息和客户资料均采取了尽可能的保密措施,故二信息具有保密性。综上,原告自主研发的螺旋焊接网孔管卷焊机技术信息和与之相关的客户资料构成原告的商业秘密。

关于被告王京良的行为。一审法院认为,被告王京良曾负责原告公司网孔管生产设备及产品的创新开发及质检工作,参与了《流体过滤用不锈钢螺旋焊接网孔管》、《流体热交换用无缝波纹钢管》的评审,知悉流体过滤用不锈钢螺旋焊接网孔管的专有生产技术;后负责原告公司供销部的市场销售工作,了解公司客户情况,属于原告的重要技术人员。颇尔公司是原告发展较早、合作时间较长、业务销量较大并互签保密协议的网孔管产品客户,正是颇尔公司启动了原告的网孔管技术及产品的生产研发。被告王京良作为原告的技术专家和市场负责人,掌握原告的这一重要经营信息。王京良在未与原告解除劳动合同的情况下,违反保密义务约定,未经辞职和脱密,擅自到其他公司从事与原告公司业务相同的技术工作,将所掌握原告的技术秘密和客户资料披露给了二被告公司,其行为侵害了原告的商业秘密。

关于本案各被告的责任及处理。一审法院认为,根据《反不正当竞争法》第10条的规定,王京良将其所知悉的原告商业秘密,非法披露给二被告公司;二被告公司使用了原告的核心技术,尤其是生产的产品直接销售给原告的特殊客户颇尔公司,影响了原告的销售渠道,减少了原告的销售量,给原告公司造成了经济损失。二被告公司明知或应当知道王京良系原告公司网孔管生产的技术人员仍竞业使用,主观上具有过错,客观上造成了侵权后果,违法行为与损害后果有直接因果关系。因此,一审法院认定被告的行为侵犯了原告的商业秘密。被告过滤材料公司、网业公司和王京良应连带承担对原告商业秘密的侵权责任。

本案赔偿数额确定。一审法院认为,按照《中华人民共和国反不正当竞争法》第20条的规定,侵害人对于商业秘密权利人可计算的财产及收入损失应当全面赔偿。包括商业秘密的研发成本、使用状况、市场容量和供求关系以及受害人营业额的减少量、维权成本等。本案审理中,原告主张的赔偿额是因被告侵权行为所受到的损失。庭审查明,原告研制网孔管设备的两次技术开发费合计为340000元,考虑该设备研发较早,生产过程中成本不断收回,一审法院酌情支持研发费用的一半,即170000元。关于减产利益损失,原告与颇尔公司网孔管购销合同销售量显示,2009年后大幅递减趋势明显。一审法院考虑被告侵权导致原告网孔管销售量减少的实际和适当弥补原告等因素,酌情支持销量减少损失200000元。为制止侵权行为,原告先向公安机关报案,后提起民事诉讼,陆续产生差旅费及调查费38602.06元、案件代理费40000元,共计78602.06元,有票据在卷证实,该部分费用是原告维权的合理开支,一审法院予以支持。本案侵权赔偿数额确定为448602.06元。

据此,一审法院认为,原告正丰公司拥有网孔管生产设备商业秘密,包括技术秘密和与之相关的经营信息。王京良违反保密约定和竞业限制,违法“跳槽”,将原告商业秘密披露给他人;二被告公司明知或应知王京良掌握原告的商业秘密而不当使用,主观故意明显并已造成损害后果。为保护商业秘密权利人的合法权益,依据《中华人民共和国民法通则》第4条、第5条、第106条第2款、第130条、第134条第1款第1项、第7项,《中华人民共和国反不正当竞争法》第10条、第20条,《中华人民共和国民事诉讼法》第130条之规定,判决:(1)被告王京良立即停止披露原告商业秘密的行为;被告无锡奋图过滤材料有限公司、被告无锡奋图网业进出口贸易有限公司立即停止使用与原告兰州正丰石油化工技术装备有限责任公司核心技术秘点相同的卷焊机技术生产网孔管产品及停止向颇尔过滤器(北京)有限公司销售网孔管产品的行为,无锡奋图过滤材料有限公司、被告无锡奋图网业进出口贸易有限公司对于已获取的原告兰州正丰石油化工技术装备有限责任公司商业秘密信息禁止向他人披露扩散;(2)被告无锡奋图过滤材料有限公司、无锡奋图网业进出口贸易有限公司和被告王京良连带赔偿原告兰州正丰石油化工技术装备有限责任公司经济损失448602.06元;(3)驳回原告兰州正丰石油化工技术装备有限责任公司的其他诉讼请求。

上诉与答辩

正丰公司、过滤材料公司、网业公司及王京良均不服,提出上诉。

兰州正丰公司上诉称:一审法院判赔的损失数额无法弥补上诉人巨大的经济损失。请求二审法院在一审判决的基础上再增加40万元。

网业公司、过滤材料公司和王京良答辩称:减少的损失没有证据,增加40万元没有事实依据,一审法院是在行使自由裁量权,上诉理由没有法律依据,不能成立。

网业公司、过滤材料公司和王京良上诉称:一审判决采信证据错误,认定事实不清,程序违法。主要理由是:(1)一审鉴定取样时未通知上诉人和代理人到场,鉴定取样少于司法解释规定的六种情形,违反法定程序,影响案件公正判决。(2)一审采信存在严重缺陷的鉴定意见书、依据未经质证的北京市司法局答复认定事实、对证据111不予确认,属于采信证据错误。(3)一审关于正丰公司主张的商业秘密是否成立、王京良是否违反保密义务、过滤公司、网业公司是否侵犯商业秘密等事实认定错误。正丰公司主张的技术信息、经营信息不符合商业秘密的法定要求,王京良、过滤公司和网业公司也未侵犯正丰公司的商业秘密。请求:发回重审或依法改判,并由正丰公司承担本案一切诉讼费用。

正丰公司答辩称:(1)上诉人过滤公司、网业公司和王京良的主体共同提交一份上诉状,缴纳一次案件上诉费,其诉讼主体不适格。(2)一审鉴定程序合法,上诉人的上诉理由与事实不符。本案在一审中,是过滤公司向一审法院申请鉴定的,在与原告协商无果的情况下,由一审法院依法指定北京国威知识产权鉴定中心鉴定,并经原告与过滤公司签字确认。鉴定取样前,原告与过滤公司同意以兰州市公安局经侦支队取得的证据材料作为本案的鉴定材料。2012年5月25日,一审法院工作人员、北京国威知识产权鉴定中心鉴定人员、原告技术人员共同到被告过滤公司,在四方在场下,鉴定人员进入生产车间提取鉴定材料,由笔录及录音录像。上诉人根据鉴定专家组的要求总结技术秘点只是为了更准确,而不是补充技术秘点。因此一审法院鉴定程序合法。过滤公司针对北京国威知识产权鉴定中心的鉴定行为向北京市司法局投诉,属于单方行为,北京市司法局的答复书不属于本案证据,一审法院无义务组织质证,上诉人所称一审依据未经质证的答复书认定事实,违反民事诉讼证据规则的上诉理由与事实不符。(3)上诉人称"一审对证人张发当庭确认无异议的证据111即王京良与张发通话记录不予确认,采信证据错误。"与事实不符。该通话录音张发承认是真实的,但对其内容和证明目的,并未承认。该录音恰恰证明王京良并未向正丰公司递交过辞职报告。(4)关于过滤公司、网业公司及王京良是否构成侵犯正丰公司的商业秘密的行为,答辩人在一审中已经提供了充分的证据证明。请上诉人对此提交相反的证据。

二审审理查明

二审查明的事实与一审一致。

二审庭审中，上诉人网业公司向二审法院提出了"1. 网业公司基本信息；2. 颇尔公司订单；3. 2008 年 6 月 8 日货运单；4. 2009 年 6 月 29 日货运单；5. 顺风速运快递清单；6. 无锡顺丰速运有限公司客户月结清单"等六份新证据，以证明颇尔公司是网业公司的固有客户，正丰公司控告网业公司侵犯其客户信息没有事实依据。正丰公司以其诉讼主体不适格不予质证。审查认为，上述证据的形成时间不属于《民事诉讼证据规则》规定的"新证据"，二审法院不予采信。

上诉人过滤公司提出以下 12 份新证据：证据 1～6 是产品介绍或宣传彩页，证明螺旋管产品已在市场上销售；证据 7 为网站上螺旋管产品的抓拍视屏；证据 8 是一张光盘，螺旋管的视屏证明其工作流程已公布于众；证据 9 是浙江某螺旋管机械的截屏图像；证据 10 是过滤公司的基本信息；证据 11 是买卖和收款收据；证据 12 是过滤公司设备研发和技术说明。对上述证据，正丰公司质证意见为：首先，上述证据不属于"新证据"，其次，上述证据中的设备与正丰公司的设备不同，且兰州市经侦支队的笔录上说明了过滤公司使用的技术也不是自己研发的。审查认为，上述证据并非新证据，其内容也不足以证明上述设备或产品与正丰公司的设备或产品是否相同，因而不予采信。

二审判理和结果

二审法院认为，原审判决认定的基本事实清楚，证据充分，应予确认。关于过滤公司、网业公司和王京良的诉讼主体资格问题。经审查：上述三方是原审中的被告，原审法院在判决中判令三方共同承担连带赔偿损失的责任。二审中三方均提出了上诉，是基于同一事实和上诉理由，出具了同一份上诉状，这一行为不违反民事诉讼法律的相关规定。至于三方共同缴纳诉讼费的行为，不是否定其诉讼主体资格的理由。因此过滤公司、网业公司和王京良应是本案的适格主体。

关于一审的鉴定意见是否存在取样程序违法、能否作为定案依据的问题。经查：一审法院审理期间，过滤公司提出鉴定申请，在双方就鉴定机构协商未果的情况下，由法院依法指定北京国威知识产权鉴定中心为鉴定机构，双方认可签字确认，并同意以兰州市公安局经侦支队取得的证据材料作为本案的鉴定材料。2012 年 5 月 25 日，一审法院工作人员、北京国威知识产权鉴定中心鉴定人员、原告技术人员共同到被告过滤公司，在四方在场下，鉴定人员进入生产车间提取鉴定材料，对涉案设备进行了拍照并全程录像。过滤公司的工作人员王彦旭等人在现场。而本案的其他当事人网业公司、王京良并非本案鉴定行为的当事一方，鉴定取样时没有通知其到场的义务。因此，过滤公司、网业公司及王京良关于鉴定取样未通知其到场的上诉理由与事实不符，二审不予采信。关于鉴定取样少于司法解释规定的六种情形，是否构成程序违法的问题。经查：《最高人民法院关于审理反不正当竞争民事案件应用法律若干问题的解释》第 9 条第 2 款列举了有关信息"不为公众所知悉"的六种情形，司法部的《司法鉴定程序通则》是司法鉴定的程序性规范，两部规范均没有对知识产权司法鉴定取样及鉴定的程序做强制性要求。因此，上诉人称鉴定取样少于司法解释规定的六种情形、违反程序的上诉理由缺乏法律依据。北京国威知识产权鉴定中心鉴定资质合法,取样程序不违反规定,上诉人也未能提出充分的证据否定该中心所作出的鉴定意见书。因此,鉴定意见应作为本案的定案依据。

关于过滤公司、网业公司和王京良的行为是否侵犯正丰公司商业秘密的问题。经查:正丰公司研发并生产的螺旋焊接网孔管配套设备,经鉴定为该公司所属的并采取了保密措施的专有技术,该技术在使用过程中已经为正丰公司带来了现实的经济利益,构成该公司的商业秘密。王京良原为正丰公司的工作人员,参与了该项专有技术的研制开发和经营销售,并与正丰公司签订了保密协议,承诺在公司工作期间和离职两年内保守公司的该商业秘密及竞业限制条款等。但王京良在2009年从公司离职后即到过滤公司和网业公司为其提供与正丰公司的螺旋焊接网孔管相同的技术服务,并开发销售相关产品,违反《中华人民共和国反不正当竞争法》第10条第1款第3项:“违反约定或者违反权利人有关保守商业秘密的要求,披露、使用或者允许他人使用其所掌握的商业秘密”的规定,过滤公司及网业公司明知王京良掌握正丰公司的相关技术秘密,仍要求其为自己生产与正丰公司存在竞争关系的设备和产品,存在明显的恶意,违反上述法律第10条第2款“第三人明知或应知前款所列违法行为,获取、使用或者披露他人的商业秘密,视为侵犯商业秘密”的规定,均构成侵犯他人商业秘密的行为,应承担相应的民事责任。综上,双方上诉人的上诉理由均缺乏事实及法律依据,上诉所提证据明显不足,应予驳回。原审判决认定事实清楚,证据充分,适用法律正确,程序合法,应予维持。依据《中华人民共和国民事诉讼法》第170条第1款第1项之规定,判决如下:

驳回上诉,维持原判。

二审案件受理费15329元,由正丰公司负担7300元,网业公司、过滤公司及王京良负担8029元。

精工爱普生株式会社诉国家知识产权局专利复审委员会等发明专利权无效行政纠纷案

——阅读提示:专利权利要求的解释方法在专利授权、确权程序与专利民事侵权程序中有何异同?

【裁判要旨】

专利权利要求的解释方法在专利授权、确权程序与专利民事侵权程序中既有根本的一致性,又在特殊场合下体现出一定的差异性,其差异性突出体现在当事人意见陈述的作用上。在专利授权、确权程序中解释权利要求时,意见陈述书的作用在特定的场合下要受到《专利法》明文规定的限制,只能作为理解说明书以及权利要求书含义的参考,而不是决定性依据。

【案号】

一审：北京市第一中级人民法院(2008)一中行初字第1030号

二审：北京市高级人民法院(2009)高行终字第327号

申请再审：最高人民法院(2010)知行字第53-1号

【案情与裁判】

原告(上诉人、再审申请人)：精工爱普生株式会社(简称精工爱普生)

被告(被上诉人、被申请人)：国家知识产权局专利复审委员会(简称专利复审委员会)

原审第三人(被申请人)：郑亚俐、佛山凯德利办公用品有限公司(简称凯德利公司)、深圳市易彩实业发展有限公司(简称易彩公司)

起诉与答辩

精工爱普生不服专利复审委员会第11291号无效宣告请求审查决定(简称第11291号决定)，起诉称：第11291号决定认定事实存在严重错误，请求人民法院依法予以撤销。其主要理由之一是：第11291号决定中相关认定背离客观事实。原告在实质审查阶段答复第一次审查意见通知书时已经将"存储装置"解释为"7(b)所示的'半导体存储装置61'"，将"记忆装置"解释为"指说明书及附图中记载的电路板及设置在其上的半导体存储装置"。从属权利要求4和34中相关附加技术特征以及权利要求8的技术方案，均未超出原说明书公开的范围。

专利复审委员会答辩称：根据《专利法》(2000年修正)第33条的规定，应当以"原说明书和权利要求书记载的范围"作为认定申请人的修改是否符合《专利法》第33条规定的基础，申请人在意见陈述书中对权利要求所作的解释不能作为认定的事实依据。第11291号决定认定事实清楚，适用法律、法规正确，审理程序合法，请求人民法院维持该决定。

法院审理查明

第11291号决定针对的专利是名称为"墨盒"的00131800.4号发明专利(以下简称本专利)。专利权人为精工爱普生。本专利授权公告的权利要求书包括42项权利要求。本专利是99800780.3号发明专利申请的分案申请，而99800780.3号发明专利申请是进入中国国家阶段的国际申请(PCT/JP99/02579)。该国际申请的申请日是1999年5月18日，其主张的最早优先权日是1998年5月18日，进入中国国家阶段后的公开日是2000年11月1日。99800780.3号发明专利申请的申请文件相当于是PCT/JP99/02579号国际申请的中文翻译件。该国际专利申请原文为日文，其内容可以参照该国际申请文件的中文译文，即99800780.3号发明专利申请的申请文件。99800780.3号发明专利申请公开文本的权利要求书共有75项权利要求，其中没有出现"记忆装置"的用语；在该专利申请公开文本的说明书中，亦未出现"记忆装置"的用语。但在PCT/JP99/02579号国际专利申请文件的权利要求书中出现过"半導体記憶手段"的日文用语，在说明书中则分别出现过"半導体記憶手段"和"記憶手段"的用语，上述用语在99800780.3号发明专利申请公开文本中分别被翻译为"半导体存储装置"和"存储装置"。

针对本专利权，凯德利公司、郑亚俐、易彩公司先后提出无效宣告请求，其中无效理由之一是本专利不符合《专利法》第

33 条和第 26 条第 4 款的规定。

针对上述无效宣告请求,精工爱普生对本专利权利要求书进行了修改,修改后有关权利要求如下:

“8. 一种装于喷墨打印设备的托架上的墨盒,用于通过一供墨针向喷墨打印设备的打印头供应墨水,该墨盒包括:

多个外壁;

一供墨口,用于接纳所述供墨针,形成于多个壁的其中一个上;

一记忆装置,由所述墨盒支承,存储关于墨水的信息;

多个触点,用于将所述记忆装置连接到喷墨打印设备,所述触点形成多个列,所述列的其中之一比另外的列更靠近所述供墨口,最靠近所述供墨口的触点列比离所述供墨口最远的触点列长。

12. 一种具有一打印头的喷墨打印设备的墨盒,将墨水滴喷射于记录介质上,该墨盒包括;

一含墨水的壳体;

一供墨口,形成在所述壳体的一个壁上,用于将所述壳体内的墨水导向打印头;

一设置于所述壳体上的记忆装置,存储墨水的信息;

多个设于所述壳体上的端子,当墨盒安装于打印设备上时,至少其中之一个端子将所述记忆装置电连接到所述喷墨打印设备并且其中之一个端子电连接到打印设备的两个触点元件上;

其中所述接触打印设备的两触点元件的端子是表示安装在打印设备上的墨盒的存在的检测端子,且其中所述接触打印设备的两触点元件的端子位于所述供墨口的中线。

13. 根据权利要求 12 的墨盒,其中所述记忆装置包括一个基片,在所述基片的一个表面上设置有一个存储装置,在所述基片的另外面上设置有多个端子。

14. 根据权利要求 12 的墨盒,其中所述记忆装置包括一个基片,在所述基片的一个面上设置有一个存储装置,在与所述存储装置所在的面相同的面上设置所述多个端子。”

精工爱普生提交了在本专利实质审查阶段答复第一次审查意见通知书时所提交的意见陈述书,以证明本专利在实质审查阶段所作的修改未超出原始公开的范围,符合《专利法》第 33 条的规定。

专利复审委员会认为:判断本专利在实质审查阶段所进行的上述修改是否超范围的关键在于:“存储装置”和“记忆装置”是否属于可根据原说明书和权利要求书中记载的“半导体存储装置”直接且毫无疑义地确定的内容。“存储装置”是用于保存信息数据的装置,除半导体存储装置外,其还包括磁泡存储装置、铁电存储装置等多种不同的类型。根据原说明书第 1 页第 29 ~ 32 行的记载,本发明专利是为了解决拆装墨盒时由于托架与墨盒之间存在间隙使半导体存储装置接触不好,信号可能在不适当的时候充电或施加,数据无法读出或丢失的问题。因此,包括实施例在内的整个说明书都始终在围绕着上述问题描述发明,即包括实施例在内的整个说明书都始终是针对半导体存储装置来描述发明的。同样,原权利要求书要求保护的技术方案中针对的亦是半导体存储装置,原说明书和权利要求书中均不涉及其他类型的存储装置,也不能直接且毫无疑义地得出墨盒装有其他类型的存储装置。因此,“存储装置”并非确定无疑就是原说明书和权利要求书中记载的“半导体存储装置”,本领域技术人员并不能从原说明书和权利要求书记载的“半导体存储装置”直接且毫无疑义地确定出“存储装置”。同理,“记忆装置”也不能从原说明书和权利要求书记载的“半导体存储装置”直接且毫无疑义地确定。专利权人在实质审查程序中将“半导体存储装置”修改为“存储装置”或“记忆装置”超出了原说明书和权利要求书记载的范围。因此,独立权利要求1、8、12、29和40不符合《专利法》第33条的规定。“记忆装置”本身并无“半导体存储装置”与“电路板”的组合这一含义。而且,根据本专利的权利要求书,权利要求12中记载的是“记忆装置”,其从属权利要求13和14才分别对“记忆装置”作出了限定。可见,“记忆装置”并非是指“‘半导体存储装置’与‘电路板’的组合”。由于上述独立权利要求中所包含的超出原说明书和权利要求书记载范围的技术特征“存储装置”或“记忆装置”同样也包含在相应的从属权利要求中,因此,相应的从属权利要求也不符合《专利法》第33条的规定。据此,专利复审委员会于2008年4月15日作出第11291号决定,宣告本专利全部无效。

一审判理和结果

北京市第一中级人民法院一审认为:本专利权利要求中修改而来的“存储装置”和“记忆装置”是清楚的术语,本领域技术人员公知“存储装置”不限于“半导体存储装置”,“记忆装置”也不等同于“电路板及设置在其上的半导体存储装置”。专利申请人在实质审查阶段将“半导体存储装置”修改为“存储装置”会将保护范围扩大到所有类型的存储装置。“记忆装置”在原说明书和权利要求书中并未记载,本领域技术人员不能从原说明书和权利要求书中直接明确认定“记忆装置”为“电路板及设置在其上的半导体存储装置”。据此,第11291号决定认定本专利权利要求1、8、12、29、40不符合《专利法》第33条的规定并无不当。该院判决维持专利复审委员会第11291号决定。

上诉与答辩

精工爱普生不服一审判决,向北京市高级人民法院提起上诉称:根据专利权利要求解释中公认的“禁止反悔原则”,本案应当根据上诉人在实质审查阶段为了获得授权而对技术术语的解释来确定其含义,即将“存储装置”解释为“图7(b)中所示的‘半导体存储装置61’”、将“记忆装置”解释为“指说明书及附图中记载的电路板及设置在其上的半导体存储装置”。本专利符合《专利法》第33条的规定。

二审判理和结果

北京市高级人民法院审理认为,关于本专利权利要求8、12、29中“记忆装置”的修改是否违反《专利法》第33条的问题。本专利原权利要求书及说明书中从未有“记忆装置”的记载,该术语系专利申请人新增加的内容。没有记载而新增加的内容不符合《专利法》第33条的规定。此外,虽然专利申请人在实质审查阶段答复通知书的意见陈述书中对“记忆装置”作出的明确限定,但仅仅在意见陈述中作出的说明不能作为允许修改的依据。据此,一审判决及第11291号决定关于“记忆装置”在原说明书和权利要求书并未记载,本领域技术人员不能从原说明书和权利要求书中明确认定“记忆装置”为“电路板及设置在其上的半导体存储装置”的认定正确。精工爱普生关于“记忆装置”的修改符合《专利法》第33条的上诉主张不能成立,予以驳回。

申请再审判理和结果

精工爱普生不服二审判决,向最高人民法院申请再审,请求依法纠正二审判决关于本专利权利要求8、12、29中"记忆装置"的修改违反《专利法》第33条规定的结论,并在此基础上维持二审判决。其主要理由为:(1)虽然本专利权利要求8、12和29中记载的"记忆装置"属于一个在原始公开文本中没有出现过而在实审程序修改中新提出的术语,但该术语所指称的技术方案却是在原说明书及附图中已有记载的"电路板及设置在其上的半导体存储装置"。精工爱普生在实审程序的修改中提出该新术语时,已在答复审查意见通知书的意见陈述书中将"记忆装置"所指代的技术方案明确限定为原始公开文本中已记载的技术方案。权利要求8、12和29中的"记忆装置"虽然是在修改中引入的新术语,但并未通过引入新术语而请求保护一个在原权利要求书和说明书中没有记载过的新的技术方案。(2)权利要求8、12和29在修改中新增加的"记忆装置"术语的含义,应当按照精工爱普生在专利审查档案中对该术语所作的限制性解释来理解。就同一项专利权而言,无论在侵权程序中还是在无效程序中,对权利要求的解释标准应当是统一的。侵权程序中关于专利审查档案可以用作解释权利要求的依据,这一原则同样应当适用于专利无效程序。精工爱普生在实审程序的修改中引入该术语时,在答复审查员的书面意见陈述中明确限定了"记忆装置"这个新增术语的具体含义,即"电路板及设置在其上的半导体存储装置"。除了上述专利审查档案,客观上并不存在可以用来解释该术语的其他事实依据。因此,权利要求8、12和29中记载的"记忆装置"系指"电路板及设置在其上的半导体存储装置"。

最高人民法院审理认为:

(一)关于专利授权确权程序中权利要求用语含义的解释方法

首先,关于专利授权、确权程序与专利民事侵权程序中权利要求解释方法的一致性与差异性。无论在专利授权、确权程序还是在专利民事侵权程序中,客观上都需要明确权利要求的含义及其保护范围,因而需要对权利要求进行解释。在上述两个程序中,权利要求的解释方法既存在很强的一致性,又存在一定的差异性。其一致性至少体现在如下两个方面:一是,权利要求的解释属于文本解释的一种,无论是专利授权、确权程序还是专利民事侵权程序中对权利要求的解释,均需遵循文本解释的一般规则;二是,无论是专利授权、确权程序还是专利民事侵权程序中对权利要求的解释,均应遵循权利要求解释的一般规则。例如,均应遵循专利说明书及附图、专利审查档案等内部证据优先、专利申请人自己的解释优先等解释规则。但是,由于专利授权、确权程序与专利民事侵权程序中权利要求解释的目的不同,两者在特殊的个别场合又存在一定的差异。在专利授权、确权程序中,解释权利要求的目的在于通过明确权利要求的含义及其保护范围,对专利权利要求是否符合专利授权条件或者其效力如何作出判断。基于此目的,在解释权利要求用语的含义时,必须顾及专利法关于说明书应该充分公开发明的技术方案、权利要求书应当得到说明书支持、专利申请文件的修改不得超出原说明书和权利要求书记载的范围等法定要求。若说明书对该用语的含义未作特别界定,原则上应采本领域普通技术人员在阅读权利要求书、说明书和附图之后对该术语所能理解的通常含义,尽量避免利用说明书或者审查档案对该术语作不适当的限制,以便对权利要求是否符合授权条件和其效力问题作出更清晰的结论,从而促使申请人修改和完善专利申请文件,提高专利授权、确权质量。在专利民事侵权程序中,解释权利要求的目的在于通过明确权利要求的含义及其保护范围,对被诉侵权技术方案是否落入专利保护范围作出认定。在这一程序中,如果专利保护范围字面含义界定过宽,出现权利要求得不到说明书支持、将现有技术包含在内或者专利审查档案对该术语的含义作出过限制解释因而可能导致适用禁止反悔原则等情形时,可以利用说明书、审查档案等对保护范围予以限制,从而对被诉侵权技术方案是否落入保护范围作出更客观公正的结论。因此,专利权利要求的解释方法在专利授权、确权程序与专利民事侵权程序中既有根本的一致性,又在特殊场合下体现出一定的差异性。当然,这种差异仅仅局限于个别场合,在通常情况下其解释方法和结果是一致的。其次,关于专利授权、确权程序与专利民事侵权程序中权利要求解释方法的具体差异。前述两个程序中权利要求解释方法的差异突出体现在当事人意见陈述的作用上。在专利授权、确权程序中,意见陈述书是申请人与专利审查机关进行意见交换的重要形式,是专利审查档案的重要内容之一。尽管如此,在专利授权、确权程序中解释权利要求时,意见陈述书的作用在特定的场合下要受到《专利法》明文规定的限制。例如,我国《专利法》规定了说明书应当对发明作出清楚完整的说明、权利要求书应当得到说明书的支持、专利申请文件的修改不得超出原说明书和权利要求书记载的范围等法定要求。在审查某项专利或者专利申请是否符合上述法定要求时,当然应该以说明书或者原说明书和权利要求书为依据,当事人意见陈述不能也不应该起到决定作用。相反,如果将当事人的意见陈述作为判断某项专利或者专利申请是否符合上述法定要求的决定性依据,则无法促使专利申请人将相关内容尽量写入说明书,《专利法》关于说明书应当对发明作出清楚完整的说明、权利要求书应当得到说明书的支持、专利申请文件的修改不得超出原说明书和权利要求书记载的范围等法定要求也将无法得到实现。因此,在专利授权、确权程序中,申请人在审查档案中的意见陈述在通常情况下只能作为理解说明书以及权利要求书含义的参考,而不是决定性依据。而在专利民事侵权程序中解释权利要求的保护范围时,只要当事人在专利申请或者授权程序中通过意见陈述放弃了某个技术方案,一般情况下应该根据当事人的意见陈述对专利保护范围进行限缩解释。最后,关于判断专利申请文件的修改是否超出原说明书和权利要求书记载的范围时当事人意见陈述的作用。判断专利申请文件的修改是否合法的基本依据是原说明书和权利要求书记载的范围。在判断专利申请文件的修改是否超出原说明书和权利要求书记载的范围时,当事人的意见陈述在通常情况下只能作为理解说明书以及权利要求书含义的参考,而不是决定性依据。至于其参考价值的大小,则取决于该意见陈述的具体内容及其与说明书和权利要求书的关系。尤其需要注意的是,如果当事人意见陈述的内容超出了原说明书和权利要求书中记载的范围,则该意见陈述将完全丧失参考作用,不能参考该意见陈述对说明书或者权利要求书进行解释。

(二)关于本专利权利要求8、12、29中"记忆装置"的含义解释

在本专利所属技术领域,"记忆装置"一词的通常含义应为"存储装置"。本专利原申请文件和授权文本的说明书中均无"记忆装置"的记载,但是本专利授权文本的权利要求书既使用了"记忆装置"的用语,又使用了"存储装置"的用语。而且,在从属权利要求13和14中,"记忆装置"和"存储装置"在一句话中同时出现。在同一权利要求中甚至在同一句话中出现两个不同的术语,应认为申请人在修改过程中刻意对该两个术语进行区分,在无其他证据表明该两个术语具有相同含义的情况下,对该两个术语的含义原则上应作不同解释。因此,本专利授权文本中权利要求8、12和29中的"记忆装置"不应解释为与"存储装置"具有同一含义。精工爱普生在意见陈述中指出,"记忆装置"是指说明书及附图中记载的电路板及设置在其上的半导体存储装置。关于精工爱普生在意见陈述中的这一解释对于确定"记忆装置"的含义的作用,分析如下:首先,前已述及,申请人的意见陈述在通常情况下可以作为理解说明书以及权利要求书含义的参考,而不是决定性依据,其参考价值的大小则取决于该意见陈述的具体内容及其与说明书和权利要求书的关系。其次,从该意见陈述的内容看,精工爱普生结合说明书和附图,将"记忆装置"这一抽象概念解释为"电路板及设置在其上的半导体存储装置"这一具体概念。"记忆装置"本身并无"电路板及设置在其上的半导体存储装置"的含义,这一解释在说明书中也找不到有说服力的根据。在这种情况下,不宜将精工爱普生的意见陈述作为确定"记忆装置"含义的决定性依据。最后,该意见陈述的内容与专利授权文本的权利要求书的记载存在不和谐之处。根据本专利授权文本独立权利要求12的记载,"记忆装置"与"设于所述壳体上的端子"是相互独立的,彼此之间不存在包含关系。而独立权利要求12的从属权利要求13和14中,"记忆装置"则不仅包括基片和存储装置,还包括设于基片上的端子。可见,如果采用精工爱普生在意见陈述中对"记忆装置"的解释,将记忆装置理解为说明书及附图中记载的电路板及设置在其上的半导体存储装置,该解释虽与独立权利要求12的记载可以相互契合,但与引用独立权利要求12的从属权利要求13和14形成冲突。因此,根据本案具体情况,不宜采用精工爱普生的意见陈述作为解释本专利授权文本中"记忆装置"含义的依据。

(三)关于本专利权利要求8、12、29中"记忆装置"的修改是否违反法律规定

判断本案"记忆装置"的修改是否违反《专利法》第33条的规定,应以PCT/JP99/02579号国际申请记载的内容为准。PCT/JP99/02579号国际申请及其中文翻译件(99800780.3号发明专利申请公开说明书)本身并无"记忆装置"的记载,只有半导体存储装置和存储装置的记载。在本专利申请过程中,精工爱普生在分案申请中通过主动修改的方式引入了"记忆装置"的这一新术语。这一新术语在专利说明书中并未作特别限定,其所指代的技术内容在原申请文件中无法确定,既不能理解为原申请

文件中提及的存储装置,又不能理解为精工爱普生在意见陈述中所谓的"电路板及设置在其上的半导体存储装置"。可见,修改后授权文本中"记忆装置"的内容既非原申请文件明确表达的内容,又非本领域普通技术人员在阅读原申请文件后通过综合原说明书及其附图和权利要求书可以直接、明确推导出来的内容。因此,关于"记忆装置"的修改违反了1992年修订的《专利法》第33条的规定。精工爱普生的相应申请再审理由不能成立,不予支持。裁定驳回精工爱普生株式会社的再审申请。

北京世纪联保消防新技术有限公司诉国家知识产权局专利复审委员会、第三人山西中远消防设备有限公司发明专利权无效行政纠纷案

——阅读提示:开放式与封闭式权利要求的区分是否适用于机械技术领域?

【裁判要旨】

"含有"、"包括"的本身含义应当理解为没有排除未指出的结构组成部分或方法步骤,属于开放式专利权利要求的措词;开放式与封闭式权利要求的区分在包括化学、机械领域在内的全部技术领域具有普遍适用性。

【案号】

一审:北京市第一中级人民法院(2010)一中知行初字第1729号

二审:北京市高级人民法院(2011)高行终字第76号

再审:最高人民法院(2012)行提字第20号

【案情与裁判】

原告(二审上诉人、再审申请人):北京世纪联保消防新技术有限公司(以下简称世纪联保公司)

被告(二审被上诉人、被申请人):国家知识产权局专利复审委员会

第三人:山西中远消防设备有限公司(以下简称中远公司)

专利无效程序结果

世纪联保公司系中国第02123866.9号名称为"脉冲超细干粉自动灭火装置"的发明专利(以下简称本专利)的专利权人。2009年6月16日,中远公司针对本专利向专利复审委员会提出无效宣告请求。本专利授权公告的权利要求1为:"脉冲超细干粉自动灭火装置,含有启动器和内装超细干粉灭火剂(冷气溶胶灭火剂)的壳体,其特征在于,它含有:壳体,它包括:外壳、装在外壳内的粒度在30μm以下的超细干粉灭火剂及壳体喷口密封用的铝膜;传导速度大于0.5米/秒的启动器,它包括:由燃点大于或等于135℃并对火焰或温度敏感的热敏线和套在热敏线外的套管组成的启动组件,由靠螺母和贯穿着热敏线的穿孔螺栓紧压在壳体内侧的铝板、与热敏线接触的产气剂和扣压在铝板上用以包住产气

剂的非金属薄膜共同组成的产气组件。”

中远公司提交了请求书和附件1～附件16,其中附件1是中国第00200992.7号实用新型专利说明书,授权公告日为2001年1月24日。附件1公开了一种可分离式启动器的超跨音速灭火器,其特征在于顶盖是圆盘形,中央位置有一螺纹孔,孔中装入一个可分离式的启动器,顶盖底部有环形凸端,多孔件是一外凸圆弧曲面形状,其上端与环形凸端配合,壳体是弧形圆锥体,上端与顶盖和多孔件配合,下端由挡板封闭接合,壳体内充填以灭火剂。其中,启动器上部是六角形体,下部连有一圆柱体,且有阳螺纹,下端又连有一圆柱体,上部六角形体有一凹槽,槽中装有2根导线通向圆柱体内,圆柱体内充填以产气剂。

2010年3月2日,专利复审委员会作出第14523号无效宣告请求审查决定书(以下简称第14523号决定),宣告本专利全部无效。第14523号决定认定,将本专利权利要求1与附件1进行对比可知,两者均是灭火器,主要包括启动器、灭火剂和壳体三个部分,两者的区别在于:(1)权利要求1中使用的是粒度为30μm以下的超细干粉灭火剂(冷气溶胶灭火剂),而附件1公开的是上位的灭火剂;(2)权利要求1中使用铝膜密封壳体喷口,而附件1公开的是挡板;(3)权利要求1的启动器中采用由燃点大于或等于135℃并对火焰或温度敏感的热敏线和套在热敏线外的套管组成的启动组件,其传导速度大于0.5米/秒,并且,采用扣压在铝板上用以包住产气剂的非金属薄膜,而附件1中公开的是经凹槽的带有双股导线的点火头,并且没有公开圆柱体(赛璐珞)的具体固定方式。

对于专利权人关于本专利没有产气室、与附件1的带有产气室的超跨音速灭火器在结构和各个技术特征的数值范围限定上具有本质区别的主张,第14523号决定认为:“根据附件1说明书的记载,专利权人所述的产气室意指由灭火器中的多孔件3与顶盖2之间的腔室。如上所述,该多孔件3用于产生超音速气流或跨音速气流,扩大了灭火器动力应用范围,本专利不使用多孔件3,自然相应地不具备上述功能,减少灭火器装置中的功能并不能使权利要求1的技术方案具备创造性。”“权利要求1中没有多孔件,相应地也就不具有附件1说明书中所述的上述功能。缺失多孔件,并不能使权利要求1的技术方案具备创造性。”

一审判理和结果

世纪联保公司不服第14523号决定,向北京市第一中级人民法院提起行政诉讼,其理由之一是,第14523号决定遗漏了区别技术特征(4),即,附件1的灭火装置有多孔件,而本专利中没有该部件。

北京市第一中级人民法院认为,区别技术特征(4)所述“多孔件”并不能构成本专利权利要求1与附件1的区别技术特征,并不能体现两个技术方案的不同之处。在此基础上,北京市第一中级人民法院作出(2010)一中知行初字第1729号行政判决(以下简称一审判决),维持了第14523号决定。

二审判理和结果

世纪联保公司不服一审判决,向北京市高级人民法院提出上诉。北京市高级人民法院作出(2011)高行终字第76号行政判决(以下简称二审判决):驳回上诉,维持原判。北京市高级人民法院二审认为,就区别技术特征(4)而言,虽然附件1的灭火器中还装有多孔件,本专利权利要求1中没有限定该部件,但是本专利权利要求1是一开放式的权利要求,其并没有排除还可能包含除了其中明确限定的部件以外的部件,因此"多孔件"并不能构成本专利权利要求1与附件1的区别技术特征,而且事实上第14523号决定第8页第2段对即使考虑权利要求1中没有"多孔件"这一部件,其也不能使权利要求1具有创造性进行了评述。由于权利要求1中没有多孔件,相应地也就不具有附件1说明书中所述的上述功能,本专利不属于要素省略发明。缺失多孔件,并不能使权利要求1的技术方案具备创造性。

再审判理和结果

世纪联保公司不服二审判决,向最高人民法院申请再审,其理由是,二审判决和第14523号决定没有认定本专利权利要求1与附件1的如下区别技术特征,即本专利权利要求1没有附件1中的多孔件,也就没有附件1中由多孔件上端与顶盖底部环形凸端配合形成的产气室。本专利的发明点就在于无产气室的内部结构。第14523号决定和二审判决对于区别技术特征的认定存在上述错误,直接导致创造性认定错误。

最高人民法院再审认为:本案的争议焦点在于:(1)本专利权利要求1是否属于开放式权利要求。(2)第14523号决定和二审判决对于本专利与附件1在多孔件和产气室方面的区别技术特征的认定是否存在错误。(3)本专利相对于对比文件是否具有创造性,第14523号决定和二审判决对于本专利创造性的评价是否正确,其中包括多孔件和产气室能否使本专利权利要求1相对于附件1具备创造性。

一、本专利权利要求1是否属于开放式权利要求

2001年版《审查指南》仅在第二部分第十章"关于化学领域发明专利申请审查的若干规定"中的第3.2.1节规定了开放式、封闭式及半开放式三种表达方式。开放式表示组合物中并不排除权利要求中未指出的组分,封闭式则表示组合物中仅包括所指出的组分而排除所有其他的组分,半开放式介于两者之间。这三种表达方式的保护范围不同。其中,"含有"、"包括"为开放式表达方式的常用措词。鉴于开放式和封闭式权利要求在其他领域也有普遍适用性,且半开放式权利要求保护范围的判断方法与开放式权利要求的判断方法在实际操作中相同,2006年版《审查指南》第二部分第十章"关于化学领域发明专利申请审查的若干规定"删除了半开放式权利要求的相关规定,并将原来的半开放式权利要求的几种表达方式归入开放式权利要求中,同时在权利要求的通用章节,即第二部分第二章第3.3节"权利要求的撰写规定"中,增加了开放式权利要求和封闭式权利要求的规定,即开放式的权利要求宜采用"包含"、"包括"、"主要由……组成"的表达方式,其解释为还可以含有该权利要求中没有述及的结构组成部分或方法步骤;封闭式的权利要求宜采用"由……组成"的表达方式,其一般解释为不含有该权利要求所述以外的结构组成部分或方法步骤。

本专利申请日为2002年7月5日,授权公告日为2008年1月9日。因此,本专利的审查应当适用2001年版《审查指南》。根据2001年版《审查指南》,开放式与封闭式、半开放式权利要求的表达方式仅适用

于化学领域发明专利。但是,开放式、封闭式权利要求的常用措词本身是对专利申请审查实践中不同类型权利要求常用措词的总结,应当考虑到了措辞本身的含义。根据《现代汉语词典》(第5版),包括是指包含(或列举各部分,或着重指出某一部分)。本专利权利要求1使用的“含有”、“包括”措辞的本身含义就应当理解为没有排除未指出的结构组成部分。在此情况下,二审判决关于“本专利权利要求1是一开放式的权利要求,其并没有排除还可能包含除了其中明确限定的部件以外的部件”的认定并无不妥。

二、第14523号决定和二审判决对于本专利与附件1在多孔件和产气室方面的区别技术特征的认定是否存在错误

世纪联保公司主张,其申请保护的灭火装置就是无产气室的内部结构,本专利权利要求1与附件1的区别在于本专利权利要求1没有附件1中由多孔件上端与顶盖底部环形凸端配合形成的产气室,第14523号决定和二审判决均没有认定该区别技术特征,属于认定事实错误。

专利复审委员会根据本专利权利要求1使用的“含有”、“包括”措辞的本身含义以及本专利没有将多孔件排除在保护范围之外的限定内容,在多孔件是附件1的技术特征而不是本专利权利要求1的技术特征的情况下,未将“多孔件”作为本专利权利要求1与附件1的区别技术特征,符合机械领域专利审查实践的常规做法,并无不妥。二审法院基于同样理由认定,本专利权利要求1是一开放式的权利要求,其并没有排除还可能包含除了其中明确限定的部件以外的部件,因此,多孔件并不能构成本专利权利要求1与附件1的区别技术特征。二审法院的相关认定并不存在错误。

世纪联保公司所述的产气室是指由附件1灭火器中的多孔件与顶盖底部环形凸端配合形成的腔室,本身并不是一个独立的部件;没有多孔件,就不会形成所谓的产气室。在多孔件不属于本专利权利要求1与附件1的区别技术特征的情况下,依附于多孔件而存在的所谓产气室自然也不属于本专利权利要求1与附件1的区别技术特征。二审法院未将产气室作为本专利权利要求1和附件1的区别技术特征并无不妥。需要指出的是,虽然未将产气室作为本专利权利要求1与附件1的区别技术特征,但并不意味着本专利权利要求1没有产气的功能,其通过包括产气剂在内的产气组件实现产气的功能。

三、多孔件和产气室能否使本专利权利要求1相对于附件1具备创造性

虽然多孔件和产气室并不构成本专利权利要求1与附件1的区别技术特征,但对于多孔件和产气室能否使本专利权利要求1相对于附件1具备创造性,第14523号决定分别在决定书第8页第2段和第9页第2段进行了评价。二审判决在第14页对此予以评述。最高人民法院认为,本专利权利要求1明确使用了“含有”、“包括”的措词,根据上述措词的本身含义,本专利权利要求1属于开放式权利要求,还可以含有该权利要求中没有指出的结构组成部分;世纪联保公司主张本专利权利要求1相对于附件1省略了多孔件,该主张与本专利权利要求1本身的字面含义相背,本专利原始权利要求书和说明书也没有关于本专利权利要求1相对于现有技术省略了多孔件的记载;即使将本专利权利要求1

认定为其相对于附件1省略了多孔件，但本专利同时失去了多孔件本身具备的功能，且未带来预料不到的技术效果，本专利权利要求1并不因此而具备创造性。

在前述理由的基础上，最高人民法院判决维持了二审判决。

株式会社岛野诉专利复审委员会发明专利权无效行政纠纷案

——阅读提示：审查专利申请文件的修改是否超范围时如何确定“原说明书和权利要求书记载的范围”？确有创造性的发明创造因“非发明点”的修改超范围而不能取得专利权的，应该如何救济？

【裁判要旨】

对于《专利法》第33条中“原说明书和权利要求书记载的范围”，应当理解为原说明书和权利要求书所呈现的发明创造的全部信息，是对发明创造的全部信息的固定。为避免确有创造性的发明创造因为“非发明点”的修改超出原说明书和权利要求书记载的范围而丧失其本应获得的与其对现有技术的贡献相适应的专利权，相关部门应当积极寻求相应的解决和救济渠道，在防止专利申请人获得不正当的先申请利益的同时，积极挽救具有技术创新价值的发明创造。

【案号】

一审：北京市第一中级人民法院(2011)一中知行初字第1139号

二审：北京市高级人民法院(2011)高行终字第1577号

再审：最高人民法院(2013)行提字第21号

【案情与裁判】

原告(二审上诉人、再审申请人)：株式会社岛野

被告(二审被上诉人、再审被申请人)：中华人民共和国国家知识产权局专利复审委员会(简称专利复审委员会)

一审第三人：宁波赛冠车业有限公司(简称赛冠公司)

法院审理查明

本专利是株式会社岛野的“后换档器”发明专利，以其“后换挡器支架”的发明专利申请(即原申请)为基础提出分案申请被授权而来。根据赛冠公司的无效宣告请求，专利复审委员会就本专利作出第15307号无效宣告请求审查决定(简称第15307号决定)，以本专利权利要求书和说明书的修改不符合《中华人民共和国专利法》(简称专利法)第33条的规定为由宣告本专利权全部无效。第15307号决定认定“圆形孔”是“圆的螺栓孔”、“圆形螺栓孔”的上位概念，而且和“螺栓孔”的含义也有所不同，将原申请中“圆的螺栓孔”、“圆形螺栓孔”或“螺栓孔”概括修改为本专利权利要求1、3、6中的“圆形孔”，包含了并未记载在原申请中的内容。“压制”为“模压”的

上位概念,对本领域技术人员来说,原申请中的“模压”和本专利权利要求2以及说明书中“压制”表达的是不同的信息。上述修改均使得本领域技术人员看到的信息与原申请记载的信息不同,并且不能从原申请记载的信息中直接地、毫无疑义地确定,其余权利要求也不能完全克服上述缺陷,因此,本专利权利要求1~6和说明书的修改均不符合《专利法》第33条的规定。

一审结果

株式会社岛野不服第15307号决定,向北京市第一中级人民法院提起本案诉讼。北京市第一中级人民法院一审认为,专利复审委员会认定本专利权利要求1~6和说明书的修改不符合《专利法》第33条的规定的结论正确,据此判决:维持第15307号决定。

二审判理和结果

株式会社岛野不服一审判决,向北京市高级人民法院提起上诉。

北京市高级人民法院二审认为,本案中株式会社岛野将原申请文件中被称为“基本上圆的螺栓孔”、“圆形螺栓孔”或“螺栓孔”的8a和8b修改为“大致圆形孔”。对所属领域技术人员而言,圆形孔是圆的螺栓孔、圆形螺栓孔的上位概念,且与螺栓孔的含义不同。株式会社岛野将“圆的螺栓孔”、“圆形螺栓孔”或“螺栓孔”概括修改为“圆形孔”,删除了原申请文件中始终作为发明的必要技术特征加以描述的“用于螺栓穿过”的技术特征,该修改内容不能从原申请记载的信息中直接地、毫无疑义地确定。因此,专利复审委员会及一审法院认定本专利权利要求1、3的修改不符合《专利法》第33条的规定的结论正确,予以支持。本专利从属权利要求4、5、6均是在将8a和8b界定为圆形孔的基础上进行进一步限定,因此,本专利权利要求3、4、6的修改亦不符合《专利法》第33条的规定。株式会社岛野将原说明书中的“模压”修改为权利要求2中的“压制”,对所属领域技术人员而言,压制属于模压的上位概念,两者含义不同。株式会社岛野所做的这种修改,致使所属领域的技术人员看到的信息与原申请记载的信息不同,而且又不能从原申请记载的信息中直接地、毫无疑义地确定。因此,专利复审委员会及一审法院认定本专利权利要求2和说明书的修改不符合《专利法》第33条的规定正确,予以支持。据此判决:驳回上诉,维持原判。

再审判理和结果

株式会社岛野不服二审判决,向最高人民法院(以下简称最高法院)申请再审。

最高法院提审认为,《专利法》第33条规定:“申请人可以对其专利申请文件进行修改,但是,对发明和实用新型专利申请文件的修改不得超出原说明书和权利要求书记载的范围,对外观设计专利申请文件的修改不得超出原图片或者照片表示的范围。”该条款的立法目的在于实现先申请制下专利申请人与社会公众之间的利益平衡:一方面,允许专利申请人对其专利申请文件进行修改和补正,以保证确有创造性的发明创造取得专利权;另一方面,将专利申请人的修改权限制在申请日公开的技术信息范围内,以保护社会公众对原专利申请文件的信赖利益。因此,可以将《专利法》第33条的含义作如下分解:第一,专利申请人有权对其专利申请文件进行修改。其一,可以通过修改补正专利申请文件中的撰写瑕疵;其二,可以通过修改对专利申请文件中公开的技术信息以适当的方式进行表述,对要求保护的范围作出调整。第二,基于先申请原则,专利申请人对发明和实用新型专利申请文件的修改不得超出原说明书和权利要求书记载的范围。究其原因,一是为了鼓励专利申请人在申请日充分公开其发明创造;二是为了防止专利申请人将其在申请日未公开的发明创造通过修改纳入申请文件而不正当地获得先申请利益。实践中,对于《专利法》第33条的适用,争议主要集中在什么是“原说明书和权利要求书记载的范围”。从该条款的立法目的出发,最高法院认为,“原说明书和权利要求书记载的范围”应当理解为原说明书和权利要求书所呈现的发明创造的全部信息,是对发明创造的全部信息的固定。这既是先申请制度的基石,也是专利申请进入后续阶段的客观基础。“原说明书和权利要求书记载的范围”具体可以表现为:原说明书及其附图和权利要求书以文字和图形直接记载的内容,以及所属领域普通技术人员根据原说明书及其附图和权利要求书能够确定的内容。审查专利申请文件的修改是否超出原说明书和权利要求书记载的范围,应当考虑所属技术领域的技术特点和惯常表达、所属领域普通技术人员的知识水平和认知能力、技术方案本身在技术上的内在必然要求等因素,以正确确定原说明书和权利要求书记载的范围。

本案中,从“圆的螺栓孔”到“圆形孔”的修改体现为对第一连接结构8a和第二连接结构8b的修改。“圆的螺栓孔”实质上由两个技术特征共同限定:一是圆形孔,二是供螺栓穿过。将“圆的螺栓孔”概括修改为“圆形孔”,删除了“供螺栓穿过”的技术特征,在本专利授权文本的其他部分也未显示出8a和8b仅能供螺栓穿过的技术信息。在机械领域,对于圆形孔而言,其也可以供销钉等其他连接部件穿过。对本领域普通技术人员而言,“圆形孔”与“圆的螺栓孔”具有不同的技术含义,本专利权利要求1、3的修改不符合《专利法》第33条的规定。权利要求6引用权利要求1,通过其附加技术特征“所述大致圆形孔8b设置成使一连接螺栓16穿过所述圆形孔而放置”的限定,将8b从权利要求1的“圆形孔”实质上修改回到了原申请文本的“圆的螺栓孔”,权利要求6的这种修改没有导致本领域普通技术人员就8b看到的技术信息与原申请文本公开的技术信息有所不同,符合《专利法》第33条的规定。在机械领域,“模压”是指在压力加工过程中,使用模具或者模具类似物进行加工,而“压制”是指用压的方法进行制造,其并不必然涉及模具的使用,还包括锻压、冲压等技术手段。对本领域普通技术人员而言,“压制”属于“模压”的上位概念,两者具有不同的技术含义,本专利权利要求2的修改不符合《专利法》第33条的规定。

株式会社岛野在庭审中主张导致本专利被宣告无效的两处修改均与发明点无关,第15307号决定无视本领域的技术现状和本专利的实际贡献,违背了《专利法》第33条的立法本意。对此,最高法院认为,专利制度是对技术方案的评价和肯定,一项技术方案能够被授予独占性的专利权,是因为其对现有技术做出了实质性的贡献。被授予的专利权的范围与该技术方案对现有技术的贡献大小相当,这是专利制度的合理性基础。一般而言,一项技术方案包含多个技术特征,其中体现发明创造对现有技术做出贡献的技术特征通常被称为“发明点”,“发明点”使发明创造相对于现有技术具有新颖性和创造性,是发明创造能够被授予专利权的基础和根本原因。在专利授权和确权程序中,确实存在因为“发明点”以外的技术特征的修改超出原说明书和权利要求书记载的范围而使得确有创造性的发明创造不能取得专利权的情形。《专利法》第33条对专利申请文件的修改没有区分“发明点”和“非发明点”而采取不同的标准,但是该条款的立法本意之一是尽可能保证确有创造性的发明创造取得专利权,实现专利申请人所获得的权利与其技术贡献相匹配。如果仅仅因为专利申请文件中“非发明点”的修改超出原说明书和权利要求书记载的范围而无视整个发明创造对现有技术的贡献,最终使得确有创造性的发明创造难以取得专利权,专利申请人获得的利益与其对社会做出的贡献明显不相适应,不仅有违实质公平,也有悖于《专利法》第33条的立法本意,不利于创新激励和科技发展。因此,在现行法律框架和制度体系下,在维护《专利法》第33条标准的前提下,相关部门应当积极寻求相应的解决和救济渠道,在防止专利申请人获得不正当的先申请利益的同时,积极挽救具有技术创新价值的发明创造。譬如,可以考虑通过在专利授权确权行政审查过程中设置相应的回复程序,允许专利申请人和专利权人放弃不符合《专利法》第33条的修改内容,将专利申请和授权文本再修改回到申请日提交的原始文本状态等程序性途径予以解决,避免确有创造性的发明创造因为“非发明点”的修改超出原说明书和权利要求书记载的范围而丧失其本应获得的与其对现有技术的贡献相适应的专利权,以推动科技进步和创新,最大限度地提升科技支撑引领经济社会发展的能力。

据此判决:撤销一、二审判决和第15307号决定;专利复审委员会就本专利重新作出无效宣告请求审查决定。

新日铁住金不锈钢株式会社诉国家知识产权局专利复审委员会、李建新发明专利权无效行政纠纷案

——阅读提示:化学混合物或组合物专利创造性的判断方法

【裁判要旨】

通常而言,涉及化学混合物或组合物的创造性的判断中,当本领域技术人员可以预测技术方案中组分及其含量的变化所带来的效果时,运用三步法判断创造性是可以的。但是,当本领域技术人员难以预测技术方案中组分及其含量的变化所带来的效果时,不能机械地适用三步法,应当将技术方案是否取得预料不到的技术效果作为判断是否具备创造性的方法。

【案号】

一审:北京市第一中级人民法院

(2013)一中知行初字第180号

二审:北京市高级人民法院(2013)高行终字第1754号

【案情与裁判】

原告(上诉人):新日铁住金不锈钢株式会社(简称新日铁住金会社)

被告(被上诉人):国家知识产权局专利复审委员会(简称专利复审委员会)

第三人:李建新

起诉与答辩

新日铁住金会社提起原审诉讼称:(1)专利复审委员会作出的第18653号无效宣告请求审查决定(以下简称第18653号决定)没有将具有特定含量的多种合金元素的组合作为一个整体进行技术特征的认定,而将不具有技术意义的各元素的含量作为技术特征进行认定,是基于区别技术特征仅在于Mn和Ti的错误的认定;(2)本专利权利要求7~11明确限定了"一种耐间隙腐蚀性优良"的不锈钢,而附件4所公开的是"一种高温强度优异"的不锈钢,第18653号决定遗漏了上述区别技术特征;(3)本专利与附件4所解决的技术问题不同,本领域技术人员没有任何动机从附件4中获得本专利所要求保护的技术方案;(4)本专利技术方案中各合金元素的作用与附件4公开内容不同,本领域技术人员不能从附件4中获得技术启示,而且本专利相对于附件4具有意想不到的技术效果。

专利复审委员会辩称:附件4已经公开了一种铁素系不锈钢,具体描述了各种元素的作用和含量范围,经对比可知,本专利权利要求7与附件4所述技术方案的区别就在于:权利要求7所述Mi、Ti含量范围在附件4所述范围之内,但是依据附件4描述的Mn和Ti的作用、含量范围、具体实施例子中Mn和Ti含量的选择,本领域技术人员容易想到根据实际性能需要、价格因素等综合考虑选用0.05%~1%范围内的Mn和0.02%~0.5%范围内的Ti,也就是说,附件4的基础上得到本专利权利要求7要求保护的技术方案对于本领域技术人员而言是显而易见的。

李建新辩称:(1)本专利权利要求7~11与附件4单独对比后,它们各自的区别均仅在于:Mn和Ti含量略有不同,而且在附件4的多个实施例中Mn和Ti的含量具体值均落入了本专利范围内,且这两个元素各自在附件4中所起到的作用和在本专利中相同。(2)权利要求9与附件4的实施例钢H对比后,其区别仅在于:Cr含量略有不同,然而控制Cr含量在本发明范围内以提高不锈钢的耐间隙腐蚀性是公知常识。(3)现有技术附件4.《不锈钢》一书等以及原告行政诉状中提交的证据5~证据10中已经公开了所述各元素的耐腐蚀或耐间隙腐蚀作用。

一审审理查明

北京市第一中级人民法院查明:新日铁住金会社系名称为"耐腐蚀性优良的不锈钢、耐间隙腐蚀性和成形性优良的铁素体系不锈钢以及耐间隙腐蚀性优良的铁素体系不锈钢"、专利号为200780016464.X的发明专利(以及简称本专利)的权利人。本专利修改后的权利要求书7如下:

"7.一种耐间隙腐蚀性优良的铁素体系不锈钢,其特征在于,以质量%计含有:C:0.001-0.02%、N:001-0.02%、Si:0.01-0.5%、Mn:0.05-1%、P:0.04%以下、S:0.01%以下、Cr:12-25%,按照Ti:0.02-0.5%、Nb:0.02-1%的范围含有Ti、Nb中的一种或两种,并且按照Sn:0.005-2%的

范围含有 Sn,剩余部分由 Fe 和不可避免的杂质构成。”

2011 年 9 月 7 日,李建新针对本专利权向专利复审委员会提出了无效宣告请求。2012 年 5 月 18 日,专利复审委员会作出第 18653 号无效宣告请求审查决定(以下简称第 18653 号决定),认定:

独立权利要求 7 要求保护一种铁素体系不锈钢。附件 4 公开了一种高温强度优异的铁素体系不锈钢,以重量% 计,含有 C:0.001% ~0.1%,N:0.001% ~0.05%,Cr:10% ~25%,S:0.01% 以下,P:0.04% 以下,Mn:0.01% ~2%,Si:0.01% ~2%,O:0.01% 以下,Sn:0.05% ~2%,还含有 Ti:0.01% ~1%,Nb:0.01% ~1% 的 1 种以上,剩余部分由 Fe 和不可避免的杂质构成。本领域公知附件 4 中所述的 O 属于不可避免的杂质。经对比可知,本专利权利要求 7 与附件 4 上述技术方案的区别在于:权利要求 7 所述 Mn、Ti 的含量范围在附件 4 所述范围之内。本领域公知 Mn 和 Ti 在铁素体不锈钢中的作用,且附件 4 公开了“Mn 从脱氧、耐氧化性的观点出发,需要添加,不足 0.01% 的话,效果不足,添加超过 2%,其效果也达到饱和,因此添加 0.01% ~2.0%”,“Ti 从脱氧、固定 C、N,以及改善高温强度的观点来看,可以根据需要添加,不足 0.01% 的话,无法获得上述效果,如果过量添加,则 C、N 的固定效果也达到饱和,此外,价格提高,因此上限为 1%。”同时附件 4 中多个实施例选用了 0.05% ~1% 范围内的 Mn,0.02% ~0.5% 范围内的 Ti,例如实施例 A 中所用 Mn 含量为 0.53%,实施例 V 中所用 Mn 含量为 0.84%,Ti 含量为 0.15%。因此,本领域技术人员在附件 4 的基础上容易想到根据实际性能需要、价格因素等综合考虑选用 0.05% ~1% 范围内的 Mn、0.02% ~0.5% 范围内的 Ti,即权利要求中限定的 Mn、Ti 的含量范围对于本领域技术人员来讲也是常规选择,其技术效果也是本领域技术人员可以预料的,本专利中也没有能够证明该小范围的选择产生了意想不到的技术效果的信息。因此,本专利权利要求 7 要求保护的技术方案相对于附件 4 不具备突出的实质性特点,从而不符合《专利法》第 22 条第 3 款有关创造性的规定。

一审判理和结果

北京市第一中级人民法院认为:本专利权利要求 7 要求保护一种耐间隙腐蚀性优良的铁素体系不锈钢,附件 4 公开了一种高温强度优异的铁素体系不锈钢。本专利权利要求 7 与附件 4 上述技术方案的区别在于:权利要求 7 所述 Mn 和 Ti 的含量范围在附件 4 所述范围之内。如果新日铁住金会社无证据证明这种预料不到的技术效果是该区别技术特征所致,那么本领域技术人员在附件 4 的基础上为了获得“高温下具有优异强度”这一效果,在附件 4 的范围内进行选择同样可以得到与权利要求 7 完全相同的铁素体系不锈钢。本专利说明书中只有编号为 C1 的钢涵盖在权利要求 7 的范围内,但其与比较例 C14 ~ C16 相比,由于多种元素的含量均存在差异,并不足以证明仅是由于 Mn 和 Ti 含量的区别使之具备了较好的耐间隙腐蚀性,故本领域技术人员为了获得“高温下具有优异强度”这一效果,在附件 4 的范围内进行选择以得到与权利要求 7 完全相同的铁素体系不锈钢是显而易见的,因此,权利要求 7 相对于附件 4 不具备创造性。权利要求 8 进一步限定权利要求 7 所述不锈钢还含有一定量Sb、Ni、Mo中的一种以上,权利要求9进一步限定权利要求8和9所述不锈钢还含有一定量Cu、V、W中一种或两种以上。附件4在公开了在一种高温强度优异的铁素体系不锈钢产品的基础上,还公开了Sb、Ni、Mo、Cu、V、W等各元素的作用及其根据需要可以添加的含量,因此,结合上述对权利要求7的评述,本领域技术人员完全可以根据附件4公开的内容,得出本专利权利要求8~权利要求9要求保护的技术方案。因此,权利要求8~权利要求9相对于附件4亦不具备创造性。权利要求10和权利要求11进一步限定权利要求7、8或9所述不锈钢还含有一定量A1、Ca、Mg、B中的一种或两种以上。在附件4公开的技术方案中,包含Mg、A1、B的作用及其根据需要可选用的适当含量,且本领域公知Ca和Mg属于同族元素,均具有脱氧化作用,故本领域技术人员容易想到在此基础上还加入适量的Ca。因此,权利要求10~权利要求11相对于附件4亦不具备创造性。

北京市第一中级人民法院依照《中华人民共和国行政诉讼法》第54条第1项之规定,判决:维持专利复审委员会作出的第18653号决定。

上诉与答辩

新日铁住金会社不服原审判决,提起上诉,请求撤销原审判决及第18653号决定。其理由为:(1)原审判决及第18653号决定没有将具有特定含量的多种合金元素的组合作为一个整体进行技术特征的认定,而将不具有技术意义的各元素的含量作为技术特征进行认定,是基于区别技术特征仅在于Mn和Ti的错误的认定;(2)本专利权利要求7~权利要求11明确限定了“一种耐间隙腐蚀性优良”的不锈钢,而附件4所公开的是“一种高温强度优异”的不锈钢,原审判决及第18653号决定均遗漏了上述区别技术特征;(3)本专利与附件4所解决的技术问题不同,本领域技术人员没有任何动机从附件4中获得本专利所要求保护的技术方案;(4)本专利技术方案中各合金元素的作用与附件4公开内容不同,本领域技术人员不能从附件4中获得技术启示,而且本专利相对于附件4具有意想不到的技术效果。专利复审委员会、李建新服从原审判决。

二审审理查明

北京市高级人民法院查明:原审法院查明的事实基本清楚,故对原审法院查明的事实予以确认。

另查明:本专利说明书载明下列实验数据:

	No.	最大侵蚀深度(μm)
本发明例	C1	516
参考例	C2	534
本发明例	C3	487
参考例	C4	402
本发明例	C5	376
参考例	C6	397
本发明例	C7	213
本发明例	C8	205
参考例	C9	188
本发明例	C10	168
本发明例	C11	336
本发明例	C12	138
本发明例	C13	356
比较例	C14	846
	C15	875
	C16	925

上述实验数据中,C16 未落入本专利权利要求 7 中,但落入附件 4 中,C14、C15 也均未落入本专利权利要求 7 中。

二审判理和结果

北京市高级人民法院认为:本案中,本专利权利要求 7 要求保护一种耐间隙腐蚀性优良的铁素体系不锈钢,属于由诸多金属元素及其含量作为必要技术特征的合金领域。附件 4 作为最接近的现有技术,公开了一种高温强度优异的铁素体系不锈钢。两者比对,本专利权利要求 7 各组分与附件 4 的技术方案中各组分相同,本专利权利要求 7 各组分除 Mn 和 Ti 外,其含量数值范围均与附件 4 相应组分含量数值范围有共同的一个端点,另一端点也落入附件 4 所述范围之内,其中,权利要求 7 中 Mn 和 Ti 的含量范围完全落入附件 4 所述范围之内。由此可见,权利要求 7 的技术方案均落入附件 4 的技术方案之中。在此情况下,权利要求 7 具备创造性的前提是权利要求 7 属于附件 4 技术方案的选择发明。在进行选择发明创造性判断时,该选择所带来的预料不到的技术效果是考虑的主要因素。

根据本专利说明书的记载,权利要求 7 的发明目的在于合成一种具有耐间隙腐蚀性铁素体系不锈钢,从本专利说明书载明的实验数据可知,本专利实施例中 C1 的最大侵蚀深度为 516μm,而对比例 C16 的最大侵蚀深度为 925μm。对比例 C16 属于落入附件 4 中而未落入权利要求 7 中的具体技术方案。从效果上看,本专利实施例的最大侵蚀深度比对比例 C16 的效果提高了 44%,可以认为本专利权利要求 7 取得了预料不到的技术效果,具备创造性。原审法院及专利复审委员会关于本专利权利要求 7 相对于附件 4 不具备创造性的认定有误,予以纠正。新日铁住金会社关于本专利权利要求 7 相对于附件 4 具备创造性的上诉主张成立,本院予以支持。

鉴于原审判决及第 18653 号决定对本专利权利要求 7 的评述有误,本院对原审判决及第 18653 号决定予以撤销,专利复审委员会应当重新作出无效宣告请求审查决定。

据此,北京市高级人民法院依据《中华人民共和国行政诉讼法》第 61 条第 3 项、最高人民法院《关于执行〈中华人民共和国行政诉讼法〉若干问题的解释》第 70 条之规定,判决如下:(1)撤销中华人民共和国北京市第一中级人民法院(2013)一中知行初字第 180 号行政判决;(2)撤销中华人民共和国国家知识产权局专利复审委员会作出的第 18653 号无效宣告请求审查决定;(3)中华人民共和国国家知识产权局专利复审委员会就专利号为 200780016464. X、名称为“耐腐蚀性优良的不锈钢、耐间隙腐蚀性和成形性优良的铁素体系不锈钢以及耐间隙腐蚀性优良的铁素体系不锈钢”的发明专利重新作出无效宣告请求审查决定。

博内特里塞文奥勒有限公司诉佛山市名仕实业有限公司、中华人民共和国国家工商行政管理总局商标评审委员会商标行政纠纷案

——阅读提示：同一主体的不同注册商标的知名度在特定条件下是否可以辐射？

【裁判要旨】

同一主体的不同注册商标的知名度在特定条件下可以辐射；在争议商标申请日前，争议商标的标识因同一主体对相近似商标的长期广泛使用已经具有较高知名度，而引证商标不具有知名度的，引证商标的排斥权范围应受到限制。

【案号】

一审：北京市第一中级人民法院(2010)一中知行初字第1344号

二审：北京市高级人民法院(2010)高行终字第1150号

再审：最高人民法院(2012)行提字第28号

【案情与裁判】

原告(上诉人、再审申请人)：博内特里塞文奥勒有限公司(BonneterieCevenole SARL)(简称博内特里公司)

被告(被上诉人、被申请人)：中华人民共和国国家工商行政管理总局商标评审委员会(简称商标评审委员会)

第三人(被上诉人、被申请人)：佛山市名仕实业有限公司(简称名仕公司)

起诉与答辩

博内特里公司不服商标评审委员会商评字〔2009〕第20773号裁定，一审起诉称：(1)第3119295号“花图形”商标(简称争议商标，见图2)指定使用的“皮带(服饰用)”商品与第572522号“花图形”商标(简称引证商标，见图1)指定使用的“裤带扣”商品不构成类似商品，商标评审委员会认定两者构成类似的结论没有事实和法律依据。二者在商品原料、功能、用途等方面存在较大差异。(2)争议商标与引证商标标识不近似：两商标花图形的外形明显不同，花瓣及叶子数量均不同，消费者看到二者能够予以区别，不会产生混淆；争议商标设计早于引证商标设计，2004年第11期《中华商标》刊登了商标评审委员会认定的11件驰名商标，其中包括争议商标的前身第795657号“花图形”商标，其已被核准使用在皮带(服饰用)商品上，争议商标在这一商品使用上具有延续性。(3)争议商标的使用不会使消费者认为其是由名仕公司所有，不会使消费者产生混淆误认。名仕公司没有证据证明其引证商标已经投入商业使用。请求判令商标评审委员会撤销商评字〔2009〕第20773号裁定，维持争议商标在“皮带(服饰用)”商品上的注册。

商标评审委员辩称：争议商标与引证

商标均为花朵图形,整体视觉效果近似。争议商标指定使用的皮带(服饰用)商品和引证商标核定使用的裤带扣(皮带扣)商品属于商品和配件关系,两商品属于类似商品,将争议商标与引证商标同时使用在上述类似商品上,易使消费者对商品来源产生混淆,故在皮带(服饰用)商品上两商标构成《中华人民共和国商标法》(2001 年 10 月 27 日修正,以下简称《商标法》)第 28 条所指的使用在类似商品上的近似商标。请求法院维持其作出的裁定。

名仕公司述称:争议商标与引证商标构成近似;争议商标与引证商标指定使用的商品类似,相关公众会认为二者存在特定关系,造成误认;第 795657 号"花图形"被认定为中国的驰名商标,不能当然成为争议商标应予核准注册的理由。请求法院予以维持商评字〔2009〕第 20773 号裁定。

一审审理查明

争议商标为博内特里公司于 2002 年 3 月 20 日申请注册,2003 年 7 月 2 日核准注册,指定使用在第 25 类:围兜(衣服)、婴儿睡衣、吊裤带、婴儿用鞋、皮带(服饰用)等商品上,标识为"花图形"商标,申请注册号为 3119295。

引证商标为名仕公司于 1990 年 10 月 29 日申请注册,2001 年 11 月 20 日被核准注册,指定使用在第 26 类:裤带扣、女装裙扣、鞋花扣商品上,标识为"花图形"商标,申请注册号为 572522。

2005 年 8 月 8 日,名仕公司针对博内特里公司争议商标提出撤销申请,理由是争议商标与其杏花牌商标近似,且该商标指定使用的商品与其杏花牌商标核定使用的商品类似,争议商标属于《商标法》第 28 条规定的情形,应予撤销。博内特里公司提出反驳意见认为两商标标识不近似,指定使用的商品也不类似,争议商标"花图形"与其"MONTANGUT"(见图 3)、"萝特嬌"等标识于 1985 年即开始在中国申请注册,注册类别包括第 25 类、第 26 类商品,注册和使用均早于名仕公司的引证商标。在此博内特里公司承认其反驳意见中并未明确指出将第 795657 号"花图形"商标(见图 4)作为反驳依据。

商标评审委员会注意到,名仕公司引证商标中指定使用商品之一"裤带扣"在《类似商品与服务区分表》中并无此商品名称。名仕公司为此向商标评审委员会提交了 1990 年 11 月 16 日的《羊城晚报》、1990 年 11 月 25 日的《信息时报》、1990 年 11 月 24 日的《粤港信息报》、1990 年 11 月 25 日和 1990 年 12 月 29 日的《广州日报》以及 1990 年 12 月 7 日的《南方日报》,用以证明其所称裤带扣系指皮带扣,其上均刊有名仕公司对其称之为"杏花"牌产品的宣传文章,其中多次提到其产品包括"真皮裤带及裤带扣"、"高档次镀金扣真皮皮带"、"男士系列产品真皮腰带",《信息时报》:"杏花皮带媲美洋货……杏花牌皮带全部用真皮制造,裤带扣有镀金、镀黑铬共 100 多种款式,是时下皮件市场的俏销货……"《粤港信息报》:"小'杏花'做出大文章……杏花牌裤带扣不断创新,目前有不同花式 100 多款,还有许多单位前往订购专门设计的裤带扣,作为礼品赠送。我们看到一种镌刻着保险公司标志的裤带扣,十分精致,工厂每年都生产十几万只,有些单位订购专门设计的裤带几千条,每条出厂价不到 10 元,该厂还生产各种金首饰、领带夹、表带和各种旅游纪念品。"针对上述证据,博内特里公司认为其不清楚裤带扣系属何物,它也不是《类似商品与服务区分表》中所有的商品,将其等同于皮带扣没有依据,其功能、用途、生产者、销售渠道、原料等与皮带商品无关且不同,故不能认定其与皮带属于类似商品。但博内特里公司认可裤带、腰带、皮带系指同一物。商标评审委员会表示由于《类似商品与服务区分表》中没有裤带扣这一商品名称,在此情况下,应当结合相关证据将该商品明确到恰当对应的商品上,上述证据能够证明名仕公司生产的产品包括裤带扣与皮带,裤带扣与皮带密切相关,裤带扣应当对应于皮带扣,只是当时当地人叫法不同而已。

博内特里公司认为1990年时,名仕公司尚未取得引证商标,上述报刊中所称"杏花"牌不是本案引证商标,且其所享有的与争议商标标识相同的第795657号"花图形"商标在1995年11月28日即获准注册,核准其使用的商品包括皮带(服饰用),而引证商标获准注册于裤带扣商品还在其第795657号"花图形"商标注册之后,商标管理机关能够准其第795657号"花图形"商标使用于皮带(服饰用)商品,却不准其争议商标使用于皮带(服饰用)商品,道理不通。另外,争议商标与引证商标标识也不近似,其提交的商评字〔2009〕第30412号异议复审裁定载明,商标评审委员会对其所享有的第795657号"花图形"商标注册与名仕公司带有本案引证商标图形部分的"名彩娇 MINGCAIGUT 及图"商标作出不近似的判定,本案也应当认定争议商标与引证商标不近似。

商标评审委员会称:(1)博内特里公司在评审时没有提出过这样的理由和证据。(2)商标评审实行个案审查原则,第795657号"花图形"商标不能作为本案定案依据。(3)商评字〔2009〕第30412号异议复审裁定涉及的"名彩娇 MINGCAIGUT 及图"商标与本案引证商标不同,引证商标没有文字部分,该裁定对两标识的近似性判断结论不同于本案是很正常的。

2009年8月3日,商标评审委员会针对博内特里公司申请注册的争议商标作出商评字〔2009〕第20773号《关于第3119295号图形商标争议裁定书》(以下简称第20773号裁定)。依照《商标法》第28条、第41条第3款、第43条、《中华人民共和国商标法实施条例》第29条及第41条之规定,商标评审委员会认为:争议商标指定使用的"皮带(服饰用)"与引证商标核定使用的"裤带扣"属于商品和配件关系,两商品功能用途联系紧密,故二者属于类似商品。争议商标与引证商标均为花朵图形,整体视觉效果相近,使用在上述商品上易使消费者对两商品来源产生混淆,故争议商标指定使用在"皮带(服饰用)"上与引证商标构成《商标法》第28条所指的使用在类似商品上的近似商标,争议商标其余指定使用商品与引证商标核定使用的商品不类似,两商标在其余商品上未构成类似商品上的近似商标。关于博内特里公司称名仕公司侵犯其在先著作权及恶意抢注引证商标问题,博内特里公司应依法对引证商标提起撤销申请。鉴于至本案审理时引证商标仍为合法有效的在先注册商标,其请求维持争议商标的主张商标评审委员会不予支持。裁定争议商标核定使用在"皮带(服饰用)"商品上的注册商标予以撤销,核定使用在其他商品上的注册商标予以维持。

一审判理和结果

一审法院认为:根据争议商标与引证

商标标识情况可见,两商标均为花儿图形,且均体现为花朵与枝叶的简单构图方式,只在花瓣与枝叶数目上存在一片之差,叶形略有不同,属于细微差异,据此商标评审委员会判定两商标构成近似正确。就本案而言,他案裁判结果与本案无关,不是本案判定事实的法定依据。对于博内特里公司引据商评字〔2009〕第30412号异议复审裁定的主张,一审法院不予采纳。

关于争议商标指定使用的皮带(服饰用)是否与引证商标核定使用的裤带扣构成类似商品问题。由于商标评审委员会据以参照的《类似商品与服务区分表》中无此商品,引证商标作为既有的注册商标属于法定事实,可以作为评审争议商标的事实依据,在此情况下,商标评审委员会为使不能确定的商品事实得以确定,督促名仕公司明确主张并以证据予以佐证,该审查行为合法有效。名仕公司明确其主张裤带扣系皮带扣,为此提供上述多份记述了相关情况报道的报刊予以佐证,上述报刊显示时间发生在1990年,众所周知,此时的广东省处在中国改革开放经济发展前沿,商品呈现多样性、新鲜性,使得商品称谓受到通俗习惯的影响,由此带来与日后标准性称谓的不一致,该情况符合客观常理,对此,商标评审委员会理当从实际出发,以便查明该商品可以恰当对应的现用商品。上述报刊内容可以证明,名仕公司当时作为金属制扣企业,从事皮带及其带扣的生产经营,该带扣曾被称为裤带扣、腰带扣,现称皮带扣,对该事实予以确认。鉴于博内特里公司一方面认可裤带、腰带、皮带系为同一种商品,一方面却表示不知裤带扣所指何物,对此一审法院认为:(1)博内特里公司应当认可裤带扣系皮带扣,因此裤带扣与皮带(服饰用)属于近似商品;(2)如果其确系不知裤带扣属于何种商品,其则不知晓该商品在功能、用途、生产者、销售渠道、原料方面情况,那么其主张裤带扣与皮带(服饰用)商品在上述方面不相同因而不类似的观点则无法成立。对其主张一审法院不予支持。博内特里公司在一审期间称其第795657号"花图形"商标作为与本案争议商标相同标识,早已被核准使用在皮带(服饰用)商品上,争议商标注册使用于皮带(服饰用)上是其延续使用的需要,但博内特里公司未明确该主张与本诉讼有何关联。对此,一审法院不予考虑。

综上所述,争议商标指定使用在皮带(服饰用)上构成与在先已有的引证商标核定使用在裤带扣上的类似商品上的近似商标,属于《商标法》第28条规定的不应予以注册的商标。商标评审委员会作出的第20773号裁定认定事实清楚,适用法律正确,程序确当。依据《中华人民共和国行政诉讼法》第54条第1项、《最高人民法院关于〈中华人民共和国行政诉讼法〉若干问题的解释》第49条之规定,判决如下:维持商标评审委员会第20773号裁定。一审案件受理费人民币一百元,由博内特里公司负担。

上诉与答辩

博内特里公司不服一审判决,提起上诉,请求撤销一审判决及第20773号裁定。其上诉理由是:(1)争议商标与引证商标不构成类似商品上的近似商标,两商标在外观上显著不同,花瓣及叶子数量均不同,消费者看到二者能够予以区别,不会产生混淆。争议商标所代表的花图形早于引证商标设计,享有在先权利。(2)争议商标指定使用的"皮带(服饰用)"商品与引证商标核定使用的“裤带扣”商品不构成类似商品,商标评审委员会认定两者构成类似商品的结论没有事实和法律依据。(3)第795657号花图形商标已经被认定为驰名商标,争议商标是对其延续注册。(4)争议商标已经通过使用获得与引证商标相区分的能力。(5)引证商标并未投入使用,争议商标的使用不会造成混淆误认。

商标评审委员会、名仕公司均服从一审判决。

二审审理查明

二审法院查明的事实与一审法院相同,另查明:引证商标核准注册时间是1991年11月20日。

二审判理和结果

二审法院认为:《商标法》第28条规定,申请注册的商标,凡同他人在同一种商品或者类似商品上已经注册的或者初步审定的商标相同或者近似的,由商标局驳回申请,不予公告。争议商标与引证商标均为花儿图形,且均体现为花朵与枝叶的简单构图方式,只在花瓣与枝叶数目上存在一片之差,叶形略有不同,属于细微差异,商标评审委员会认定争议商标与引证商标构成近似商标正确;争议商标核定使用的商品是“皮带(服饰用)”,而引证商标核定使用的商品为“裤带扣”,尽管《类似商品与服务区分表》中没有“裤带扣”这一商品名称,但是,名仕公司当时作为金属制扣企业,从事皮带及其带扣的生产经营,其生产的产品包括裤带扣与皮带,裤带扣与皮带密切相关,商标评审委员会认定争议商标核定使用的“皮带(服饰用)”与引证商标核定使用的“裤带扣”属于商品和配件关系,两商品功能用途联系紧密,二者属于类似商品正确。故争议商标指定使用在“皮带(服饰用)”上与引证商标构成使用在类似商品上的近似商标,容易使相关公众对商品的来源产生混淆误认,商标评审委员会据此裁定争议商标核定使用在“皮带(服饰用)”商品上的注册予以撤销正确。博内特里公司所称的其他在先商标注册情况,与本案具体情况不同,不属于本案审理范围。关于博内特里公司所称的引证商标并未投入使用,争议商标的使用不会造成混淆误认的问题,二审法院认为引证商标在本案审理时仍为合法有效的在先注册商标,所以,引证商标是否实际投入使用并不影响对争议商标的审查。依据《中华人民共和国行政诉讼法》第61条第1项的规定,判决:驳回上诉,维持一审判决。一审、二审案件受理费各人民币一百元,均由博内特里公司负担。

申请再审理由与答辩

博内特里公司申请再审称:(1)博内特里公司历史悠久,其“花图形”系列商标已经在中国具有了极高的知名度。公司设立于1925年,是世界上著名的服装服饰生产企业之一,主要从事服装设计、制造和销售。自1985年起,其开始在中国大量申请商标。其中,1986年6月30日,博内特里公司的第253489号“MONTAGUT+花图形”(图3)商标被核准注册,指定使用的商品为25类的服装、鞋帽等;1995年11月28日,博内特里公司的第795657号“花图形”商标(图4)被核准注册,指定使用的商品为25类的服装、皮带等。上述商标现均在有效期内。2004年起,商标评审委员会多次在商标争议裁定中认定“花图形”、“MONTAGUT+花图形”、“萝特嬌”商标为驰名商标。2006年,中华人民共和国北京市高级人民法院在(2006)高行终字第30

号等行政判决书中认定“花图形”、“MONTAGUT + 花图形”、“夢特嬌”商标为驰名商标。2006 年 4 月 26 日,中华人民共和国湖南省长沙市中级人民法院在(2006)长中民三初字第 89 号民事判决书中认定“MONTAGUT + 花图形”、“夢特嬌”商标为驰名商标。2008 年 4 月 24 日,中华人民共和国上海市第二中级人民法院在(2007)沪二中民五(知)初字第 290 号民事判决书中再次认定在 25 类的“花图形”、“MONTAGUT + 花图形”、“夢特嬌”商标为驰名商标。上述事实表明,争议商标已经多次被认定为驰名商标,客观上已经具有了极高的市场知名度。(2)博内特里公司注册争议商标没有主观恶意,是对自己已经注册商标权利的延续,并且经过长期使用,争议商标已经与其建立了固定的、唯一的联系,具有了极高的知名度,其商品的市场格局已经较为稳定。普通消费者针对争议商标的花图形已经周知,并不会与名仕公司的杏花图形商标产生关联,反而名仕公司注册杏花图形在第 25 类的皮带商品上会造成相关公众的混淆误认,也恰恰达到了名仕公司撤销争议商标的目的,来搭博内特里公司享有较高声誉的商标的便车。(3)一审、二审判决认为“皮带(服饰用)与裤带扣属于商品和配件的关系,两商品功能用途联系紧密,故二者属于类似商品……易使消费者对两商品来源产生混淆”属于认定错误。争议商标指定使用的商品为第 25 类的“皮带(服饰用)”与引证商标指定使用的商品为第 26 类的“裤带扣”不类似。判断争议商标与引证商标是否构成类似商品上的近似商标应当结合两商标的显著性和知名度,并且以是否导致相关公众混淆误作为最终的判断标准。两商标的构成要素近似,但争议商标设计时间较早,经过长期使用,具有较高的市场知名度,且争议商标的实际使用状态与引证商标具有较大的区别,因此两商标不构成近似商标。撤销争议商标,可能造成事实上的混乱。二审判决中认为“引证商标为佛山市名仕实业有限公司 1990 年申请注册”,该事实认定错误。引证商标最初并非由名仕公司申请注册,其通过欺骗商标局的非法手段受让了引证商标,名仕公司对引证商标的权利应当至始就不存在。第三,二审判决中认为“(报纸)上均刊登佛山市名仕实业有限公司对其杏花牌产品的文章”,该事实认定错误。请求撤销商标评审委员会第 20773 号裁定及一审、二审判决,判令商标评审委员会重新作出裁定。

商标评审委员会辩称:(1)争议商标与引证商标均由花朵与枝叶组成,构图元素、整体视觉效果相近。引证商标核定使用的裤带扣商品虽然非《类似商品和服务区分表》中规范的商品名称,但根据名仕公司在争议期间提交的《羊城晚报》等报纸材料可知,引证商标原注册人作为金属制扣企业,同时生产皮带和裤带扣商品,由此推定引证商标注册时指定使用的裤带扣商品即为皮带扣商品。争议商标指定适用的皮带(服饰用)商品与引证商标和定使用的裤带扣(皮带扣)商品属于商品和配件关系,两商品在功能用途方面联系较为紧密,属于类似商品。将争议商标与引证商标同时使用于上述商品上,易使消费者对商品来源产生混淆,争议商标与引证商标构成近似商标。(2)《羊城晚报》等报纸宣传的主体是“南海县南庄杏头金属制扣厂”,“南庄”指原注册人所在的南海县南庄镇,由此可知上述报纸宣传的主体是引证商标原注册人南海县杏头金属制扣厂。根据1990年11月25日的《广州日报》可知,原注册人皮带、皮带扣产品行销上海、东北等地和国内市场,还远销欧美及香港地区。(3)引证商标的转让行为是否通过欺骗手段获得,不属于其审查范围。(4)博内特里公司在再审阶段提交的证据在行政争议阶段均未提交,不能作为评判被诉行政行为是否合法的依据。请求本院依法维持第20773号裁定,驳回博内特里公司的再审申请。

名仕公司述称:(1)引证商标与博内特里公司的争议商标构成近似商标。(2)引证商标核定使用的商品"裤带扣"与争议商标核定使用的商品"皮带(服饰用)"构成类似商品。(3)其引证商标具有一定知名度,其使用具有连续性,应当从1990年申请引证商标开始计算。博内特里公司在第25类上的第795657号商标的申请时间是1994年,晚于引证商标申请时间,更不用说其驰名的时间。(4)若争议商标不予撤销会造成市场混乱及与名仕公司商标纠纷越来越复杂。(5)名仕公司是引证商标的所有权人,引证商标的所有权问题与争议商标在皮带(服饰用)商品上是否应被撤销是两个不同法律问题。博内特里公司在商标评审阶段和一审、二审诉讼阶段均未提出商标所有权问题,现以此作为理由,不符合新证据的规定。请求法院维持商标评审委员会的第20773号裁定以及一审、二审判决,驳回博内特里的公司再审申请。

再审审理查明

1990年7月20日,南海县杏头金属制扣厂成立,法定代表人为伦仲铭。1990年10月29日,南海县杏头金属制扣厂申请注册引证商标,1991年11月20日被核准注册。1996年12月5日,南海县杏头金属制扣厂更名为南海市杏头金属制扣厂。1998年7月28日,南海市南庄名仕金属制品有限公司成立,法定代表人为伦仲铭。1998年8月22日,南海市杏头金属制扣厂因集体企业转制及市场不景气,产品销售出现严重亏损等原因申请停产、注销牌照,该厂物资、债务由法定代表人伦仲铭承担,企业职工解散,该厂于1998年9月30日被核准注销,办理注销手续时送交的企业公章包括:南海市杏头金属制扣厂公章、南海市杏头金属制扣厂财务专用章、南海县杏头金属制扣厂业务专用章。2001年6月5日,南海市南庄名仕金属制品有限公司更名为南海市南庄名仕实业有限公司。2003年5月14日,南海县杏头金属制扣厂将引证商标转让给南海市南庄名仕实业有限公司,《转让注册商标申请书》上"转让人"处加盖了南海县杏头金属制扣厂的公章。2004年4月15日,南海市南庄名仕实业有限公司更名为名仕公司。2008年10月14日,名仕公司办理引证商标变更登记,变更后注册人为名仕公司。

1986年7月30日,南海县南庄杏头金属制扣厂经商标局在第52类猪牛皮裤带商品上注册了第257170号"杏花牌文字及图"商标,有效期限为1986年7月30日至1996年7月29日,该商标因有效期满未续展已被商标局注销。在商标评审阶段,名仕公司提交了1990年11~12月的《羊城晚报》、《信息时报》、《粤港信息报》、《广州日报》及《南方日报》共六份,用以证明裤带扣系指皮带扣。从上述报刊的内容看,宣传的均为南海县南庄杏头金属制扣厂注册的第257170号"杏花牌及图"商标。

二审期间,名仕公司提交了7张产品使用照片、2张参展照片、7份品牌宣传单、送货单及购销合同,用以证明引证商标的使用及知名度情况。经本院审查,7张产品使用照片有的为杏花牌皮带,有的为带有引证商标的裤带扣,均为实物图片,但未显示时间;2张参展照片中没有显示参展时间,也不能证明参展产品中包括引证商标;7份品牌宣传单均未显示时间;送货单及购销合同均为2007年以后形成。上述证据均不能证明引证商标在争议商标申请日之前的使用情况。

1977年8月11日,博内特里公司在法国注册了国际注册号为432096号的“花图形”商标,指定使用在第25类袜子、衣服、鞋和拖鞋商标上,基础注册地:法国,基础注册日:1976年7月23日,基础注册号:955140。

1985年8月19日,博内特里公司向商标局申请注册第253489号“MONTAGUT+花图形”组合商标,商标形式见图3,即:字母“G”的上方有一“花图形”,该商标于1986年6月30日被商标局核准注册,核定使用在第25类衣服、袜子、围巾、手套等商品上,经续展有效期至2016年6月29日。1991年12月30日,博内特里公司经商标局核准注册了第577537号“萝特嬌”文字商标,核定使用在第25类衣服、鞋、帽、头饰商品上,经续展有效期至2021年12月29日。1994年2月21日,博内特里公司在中国申请注册第795657号花图形商标,1995年11月28日,该商标被核准注册在第25类的服装、鞋、帽、皮带服饰用、腰带、服装带等商品上,经续展有效期至2015年11月27日。1999年11月14日,博内特里公司被核准注册第1333067号花图形商标,核准注册在皮带(非服饰用)、皮钱包、旅行箱、旅行袋、动物皮、兽皮、雨伞、阳伞、手杖、鞭子、马具等商品上,经续展有效期至2019年11月13日。商标评审委员会于2004年11月29日作出第6038号、第6040号、第6046号、第6048号、第6049号、第6050号、第6055号、第6061号、第6064号裁定,认定博内特里公司注册的“花图形”、“MONTAGUT+花图形”、“萝特嬌”商标为使用在服装等商品上的驰名商标,中华人民共和国北京市高级人民法院于2006年3月20日作出的(2006)高行终字第12~17号、第19~21号行政判决认为:商标评审委员会依据各类宣传资料确认上述商标为驰名商标,符合《商标法》关于驰名商标认定的相关规定。

商标评审委员会在第20773号裁定中认为,名仕公司主张争议商标的注册侵犯了其在先著作权,因博内特里公司早于引证商标最早注册时间已注册包含有争议商标图形的第253489号商标,名仕公司关于博内特里公司侵犯其在先著作权的理由不能成立。

1988年版《类似商品与服务区分表》中,第26类第2604组中仅有“腰带扣”,无“皮带扣”;1998年版、2002年版的《类似商品与服务区分表》中第2603组的有“皮带扣”,无“腰带扣”。

再审判理和结果

最高法院认为,再审期间本案各方当事人的争议焦点为:名仕公司是否合法拥有本案引证商标、争议商标核定使用在“皮带(服饰用)”商品上的注册是否应予撤销。

一、关于名仕公司是否合法拥有本案引证商标的问题

根据本院再审查明的事实,南海县杏头金属制扣厂于1990年7月20日成立后申请注册了引证商标,该厂于1996年12月5日更名为南海市杏头金属制扣厂,但引证

商标并未办理变更登记,此时商标仍在南海县杏头金属制扣厂名下。1998年8月22日,南海市杏头金属制扣厂申请停产、注销。在1998年9月30日办理注销手续时,该厂向工商行政管理部门上交了除“南海县杏头金属制扣厂”公章以外的其他三枚公章。因该厂注销后的物资、债务均由伦仲铭承担,未上交的“南海县杏头金属制扣厂”公章应由伦仲铭掌握,他同时也是名仕公司的前身南海市南庄名仕实业有限公司的法定代表人。2003年5月14日,伦仲铭利用手中掌控的引证商标原注册人“南海县杏头金属制扣厂”的公章,顺利将引证商标转让至南海市南庄名仕实业有限公司名下,后该公司更名为名仕公司。2008年10月14日,名仕公司办理引证商标变更登记,变更后的商标注册人为名仕公司。从上述事实可以看出,本案引证商标转让过程中确存在不规范之处,即引证商标的原注册人在企业注销时未及时办理商标转让手续,而是擅自留下公章,直到近五年之后才将引证商标转让给法定代表人相同的另一家公司。鉴于上述企业的法定代表人均为伦仲铭,引证商标的转让系转让方与受让方之间的真实意思表示,且引证商标现已合法登记在名仕公司名下,故引证商标在办理转让手续中的瑕疵不影响转让行为的效力。况且,博内特里公司在商标评审阶段、本案一审、二审期间均未就引证商标转让的合法性提出过主张,其在再审期间提出名仕公司不享有引证商标权利的主张不成立,本院不予支持。

二、关于争议商标核定使用在“皮带(服饰用)”商品上的注册是否应予撤销的问题

关于争议商标与引证商标的近似性判断。争议商标与引证商标均为花图形,均体现为花朵与枝叶的简单构图方式,花瓣与枝叶数目上存在一片之差,争议商标的花瓣为五瓣,引证商标为六瓣;争议商标共有三片叶,左边一片、右边两片,引证商标仅有两片叶,左右各一片。争议商标与引证商标叶形略有不同,存在细微差异。两商标整体视觉效果近似。

关于争议商标与引证商标核定使用商品的类似性判断。引证商标于1990年申请注册,当时适用1988年版《类似商品与服务区分表》,该表中没有引证商标核定使用的“裤带扣”商品,在第26类第2604组中仅有“腰带扣”,无“皮带扣”;1998年版、2002年版的《类似商品与服务区分表》将1988年版中第2604组的“腰带扣”调整为第2603组的“皮带扣”,可以视为“皮带扣”商品就是原来的“腰带扣”商品。引证商标核准注册的“裤带扣”,从字面上理解,裤带的材质应包括皮质和非皮质,其用途应包括腰带及连接肩与裤的裤背带(或称肩带、吊带),裤带扣即为裤带上的金属扣。从名仕公司生产的产品看,该公司生产裤带扣与皮带。争议商标核定使用的商品为“皮带(服饰用)”。引证商标核定使用的裤带扣与争议商标核定使用的服饰用皮带,二者虽不同,但在功能、用途、生产部门、销售渠道、消费对象等方面有一定交叉,相关公众一般会认为二者存在特定联系。

关于引证商标的知名度。名仕公司为证明争议商标申请注册日之前引证商标的使用及知名度情况,提交了产品使用照片、参展照片、品牌宣传单、送货单及购销合同等证据,上述证据能证明名仕公司使用了其注册的“杏花牌文字及图”商标,而非本

案的引证商标;带有引证商标的裤带扣的实物图片不能证明使用时间;参展照片中也没有显示参展时间,不能证明参展产品中包括引证商标;品牌宣传单均未显示时间;送货单及购销合同均为2007年以后形成。上述证据均不能证明引证商标在争议商标申请日之前的使用情况。因此,引证商标在争议商标申请注册之前并不具备一定的知名度。

关于争议商标的知名度。博内特里公司最早于1977年8月11日在法国注册了国际注册号为432096号的"花图形"商标。1985年8月19日,博内特里公司向商标局申请注册第253489号"MONTAGUT + 花图形"组合商标,该商标于1986年6月30日被商标局核准注册,核定使用在第25类衣服等商品上,商标形式为图3,即字母"G"的上方有一"花图形",该商标中包含的"花图形"与争议商标的"花图形"基本无差别。自此,博内特里公司在中国开始大量使用含有"花图形"标志的商标。1991年12月30日,博内特里公司经商标局核准注册了第577537号"萝特娇"文字商标,核定使用在第25类衣服等商品上。1994年2月21日,博内特里公司在中国申请注册第795657号"花图形"商标,该商标于1995年11月28日被核准注册在第25类的服装、鞋、帽、皮带服饰用、腰带、服装带等商品上。1999年11月14日,博内特里公司被核准注册第1333067号"花图形"商标,核准注册在皮带(非服饰用)、皮钱包、旅行箱、旅行袋、动物皮、兽皮、雨伞、阳伞、手杖、鞭子、马具等商品上。2004年11月29日起,博内特里公司注册的"花图形"、"MONTAGUT + 花图形"、"萝特娇"商标被认定为使用在服装等商品上的驰名商标。从上述事实看,博内特里公司于1985年申请注册的"MONTAGUT + 花图形"组合商标中就包含与争议商标基本相同的"花图形"标志,该"花图形"标志的申请注册时间早于引证商标的申请注册日。博内特里公司又于1994年将与争议商标基本相同的"花图形"商标(见图4)申请注册在服饰用皮带等商品上。本案争议商标于2002年申请、2003年被核准注册,博内特里公司包括"花图形"在内的三个系列商标于2004年就被认定为驰名商标。显然,其中被认定为驰名商标的"花图形"商标的知名度不是由刚核准注册一年的争议商标带来的,而是由于博内特里公司在申请注册争议商标之前就在中国长期、大量地使用带有"花图形"标志的"MONTAGUT + 花图形"商标及1994年申请注册的"花图形"商标,使"花图形"标志在相关公众中广为知晓,在服饰领域拥有较高的知名度,相关公众已经将"花图形"、"MONTAGUT + 花图形"、"萝特娇"商标与博内特里公司之间建立了特定的联系。博内特里公司1994年申请注册的第795657号"花图形"商标与本案争议商标基本无差别且同样都注册在服饰用皮带上,由此可见,尽管本案争议商标与已被认定为驰名商标的"MONTAGUT + 花图形"、"花图形"商标与本案争议商标为不同的商标,本案争议商标又在引证商标之后申请注册,但争议商标的"花图形"标识早在其申请注册之前已经过长期、广泛使用,"花图形"标志多年来在博内特里公司"MONTAGUT + 花图形"、"花图形"驰名商标上建立的商誉已经体现在争议商标"花图形"商标上,本案争议商标延续性地承载着在先"花图形"商标背后的巨大商誉。因此,虽然不同的注册商标专用权是相互独立的,但商标所承载的商誉是可以承继的,在后的争议商标会因为在先驰名商标商誉的存在而在较短的时间内具有了较高的知名度。

关于争议商标注册的合法性判断。在判断争议商标的注册是否违反《商标法》第28条的规定、与引证商标构成使用在类似商品上的近似商标时,需要考虑相关商标的显著性和知名度、所使用商品的关联程度等因素,以是否容易导致混淆作为判断标准。即便争议商标与引证商标在自然属性上构成近似,争议商标核定使用在"皮带(服饰用)"上的商品与引证商标核定使用在"裤带扣"的商品构成类似,但毕竟争议商标在第25类注册、引证商标在第26类注册,二者属于不同类别上注册的不同商品,且引证商标不具有一定的知名度,尽管名仕公司对引证商标享有商标专用权,但其商标专用权的排斥力因其商标不具知名度而应受到一定的限制。相反,博内特里公司在先注册并大量使用的"花图形"标识的商誉已延续至争议商标,使得争议商标具有较高的知名度,已建立较高市场声誉和形成相关公众群体,相关公众已在客观上将博内特里公司的争议商标与名仕公司的引证商标区别开来,此时允许争议商标存在只是限制引证商标排斥权的范围,并不限制其商标专用权。从本案争议商标的特殊性考虑,认定争议商标的注册具有合法性能维护已经形成和稳定的市场秩序。因此,商标评审委员会、一审、二审法院认定争议商标在"皮带服饰上"的注册违反《商标法》第28条的规定有失偏颇,本院予以纠正。

综上,商标评审委员会的第20773号撤销争议商标的裁定及一审、二审法院的判决在认定事实和法律适用方面均存在错误,应予以纠正。依照《中华人民共和国行政诉讼法》第54条第2项、第61条第3项、《最高人民法院关于执行〈中华人民共和国行政诉讼法〉若干问题的解释》第76条第1款、第78条之规定,判决如下:(1)撤销中华人民共和国北京市高级人民法院(2010)高行终字第1150号行政判决及中华人民共和国北京市第一中级人民法院(2010)一中知行初字第1344号行政判决;(2)撤销中华人民共和国国家工商行政管理总局商标评审委员会商评字〔2009〕第20773号《关于第3119295号图形商标争议裁定书》,中华人民共和国国家工商行政管理总局商标评审委员会就佛山市名仕实业有限公司提出的撤销第3119295号图形商标的申请重新作出裁定。本案一审、二审案件受理费共计200元,由中华人民共和国国家工商行政管理总局商标评审委员会负担。因博内特里塞文奥勒有限公司(BonneterieCevenole SARL)已向原一审、二审法院分别交纳了上述案件受理费,中华人民共和国国家工商行政管理总局商标评审委员会应在本判决生效后十日内直接将上述案件受理费支付给博内特里塞文奥勒有限公司(BonneterieCevenole SARL)。

附：

图 1　引证商标

图 2　争议商标

图 3　第 253489 号商标

图 4　第 795657 号商标

被告人尤艳、宋兵峰、马化涛侵犯著作权罪案

——阅读提示：私自通过网络下载他人享有著作权的录像作品并复制后再通过网络予以销售，是否构成侵犯著作权罪？侵权复制品的包装价值能否计入非法经营的数额？

【裁判要旨】

1. 通过网络下载他人享有著作权的作品，如果仅供自己使用，未另作商业使用，不构成对著作权的侵权。但是，如果侵权人通过网络下载作品实现"共享"，进而将下载的作品予以复制，并通过网络予以销售，获取非法利益，情节严重的，则构成侵犯著作权犯罪。

2. 被告人为销售侵权复制品而对复制品进行必要的包装，该包装虽未直接侵犯著作权人的著作权，但其作为侵权复制品的重要组成部分，与侵权复制品共同组成整体，仍然侵犯了著作权人的著作权。该包装的价值理应计入非法经营的数额。

【案号】

一审:安徽省蚌埠市禹会区人民法院(2013)禹知刑初字第00002号

【案情与裁判】

公诉机关:安徽省蚌埠市禹会区人民检察院

被告人:尤艳

辩护人:彭学兵,安徽百济律师事务所律师

被告人:宋兵峰

辩护人:王忠、许晓冬,安徽径桥律师事务所律师

被告人:马化涛

辩护人:尹文刚,安徽冠亚律师事务所律师

蚌埠市禹会区人民检察院指控,2011年年底至2012年11月8日,被告人尤艳创办"中国特色美食创业网",并从互联网收集各类美食制作的电子文档资料、视频母盘提供给被告人宋兵峰。宋兵峰按照尤艳的要求,复制各类盗版教学光盘、外包装等价值人民币16万余元。其间,宋兵峰又将各类侵权电子文档资料、视频母盘,交与被告人马化涛复制各类盗版美食小吃制作教学光盘8000张。尤艳利用"中国特色美食创业网"和以快递公司(顺丰、邮政EMS、宅急送)代收货款的方式,在全国范围内销售各类盗版美食小吃制作教学光盘,非法经营额达100余万元。经安徽省文化出版署鉴定及著作权人证实,尤艳销售的光盘属于未经授权的侵权音像制品。

被告人尤艳对上述指控不表示异议。辩护人彭学兵提出的辩护意见是:对公诉机关的定性不表示异议,但认为被告人尤艳主观恶性较小,另鉴定结论应委托具有鉴定资质的机关进行。

被告人宋兵峰认为,公诉机关指控的其帮助尤艳复制各类盗版教学光盘、外包装等价值人民币16万余元,但外包装的价值不应计入犯罪数额。辩护人王忠、许晓冬提出的辩护意见是:(1)起诉书指控的涉案金额为16万余元,其中有一半的外包装,故涉案金额应为8万余元;(2)宋兵峰系从犯,且坦白、具有立功表现,有悔罪表现,请求从轻处罚并适用缓刑。

被告人马化涛对上述指控不表示异议。辩护人尹文刚提出的辩护意见是:被告人马化涛系从犯,坦白;认罪态度好,请求从轻处罚并适用缓刑。

经审理查明:2011年至2012年期间,被告人尤艳创办"中国特色美食创业网",并从互联网收集到的各类美食制作的电子文档资料、视频母盘及小吃效果图,提供给被告人宋兵峰加工成各类盗版教学光盘、外包装等价值人民币160539元。其间,被告人宋兵峰又交与被告人马化涛,复制各类盗版美食小吃制作教学光盘8000张。被告人尤艳利用"中国特色美食创业网"和以快递公司(顺丰、邮政EMS、宅急送)代收货款的方式,在全国范围内销售各类盗版美食小吃制作教学光盘,非法经营额达150万余元。经安徽省蚌埠市文化广电新闻出版局出版物鉴定办公室、安徽省版权局及著作权人证实,尤艳销售的光盘均未经著作权人许可,属于未经授权的侵权音像制品。

本院经审理认为,被告人尤艳、宋兵峰、马化涛以营利为目的,未经著作权人许可,复制发行其录像作品,其中,被告人尤艳非法经营数额达150万余元,违法所得20万余元,复制品数量70000余张;被告人宋兵峰非法经营数额达16万余元,违法所

得2万余元,复制品数量70000余张;被告人马化涛非法经营数额6400元,违法所得800元,复制品数量8000张。被告人尤艳违法所得数额巨大,三被告人均属于“有其他特别严重情节”,三被告人的行为均已构成侵犯著作权罪。公诉机关指控的事实清楚、证据确实充分,罪名成立,予以支持。被告人尤艳与宋兵峰、马化涛系共同犯罪,被告人尤艳起主要作用,系主犯,应按其参与的全部犯罪处罚;被告人宋兵峰、马化涛起次要作用,系从犯,应当从轻或减轻处罚,对被告人宋兵峰及被告人马化涛的辩护人提出的该意见,本院予以采纳。被告人尤艳虽未主动归案,但在侦查阶段如实供述了自己的罪行,依照《中华人民共和国刑法》第67条第3款的规定,可以从轻处罚;被告人尤艳的辩护人彭学兵提出的鉴定结论应委托具有鉴定资质的机关进行鉴定的意见,经查:《最高人民法院、最高人民检察院、公安部关于办理侵犯知识产权刑事案件适用法律若干问题的意见》第11条规定,“未经著作权人许可”一般应当依据著作权人等出具的涉案作品版权认证文书,结合其他证据综合予以认定;在涉案作品种类众多且权利人分散的案件中,有证据证明涉案复制品系非法出版、复制发行的,且出版者、复制发行者不能提供获得著作权人许可的相关证明材料的,可以认定为“未经著作权人许可”。安徽省蚌埠市文化广电新闻出版局出版物鉴定办公室、安徽省版权局出具的鉴定书,虽未在鉴定书后附有鉴定资质资格证明,但其鉴定意见符合上述法律规定,本院予以认可。对被告人宋兵峰的辩护人提出的被告人宋兵峰涉案金额16万余元中有一半的外包装,故涉案金额应为8万余元的意见,因其出售的外包装中有侵权录像作品的效果图,故应作为一个整体考量,对辩护人的此意见不予采纳;被告人宋兵峰的辩护人提出的被告人宋兵峰具有揭发并辨认同案犯被告人,供述共同犯罪的事实,属于立功的意见,经查:宋兵峰在侦查机关具有揭发并辨认同案犯马化涛,供述共同犯罪的事实,只能认定为坦白,不能认定为“协助抓捕其他犯罪嫌疑人”,与法律规定中的“按照司法机关的安排,当场指认、辨认其他犯罪嫌疑人(包括同案犯)”规定不同,对属于立功的意见不予采纳,对于应认定为坦白的意见予以采纳,依法可以从轻处罚。对被告人马化涛的辩护人尹文刚提出的被告人马化涛到案后如实供述,应当认定为坦白的意见,予以采纳,可以从轻处罚;辩护人尹文刚提出的马化涛愿意退赃并交纳罚金、认罪态度好的意见,予以采纳。三被告人已退回全部违法所得,对三被告人酌情从轻处罚。辩护人提出的对被告人宋兵峰、被告人马化涛适用缓刑的意见,因符合适用缓刑的条件,对辩护人的此意见予以采纳。被告人尤艳提供开办网络投入的房租、水电、开办网站等相关费用合情合理,本院予以采纳;被告人尤艳提供的花费155万元的广告费用,因通过淘宝网查实的投入的广告费用为98万余元,超过的广告费用未有证据证实,对此本院不予认可。至于三被告人所获得的利润,从有利于被告人的原则出发,结合相关合理因素,以被告人供述为准。为维护社会主义市场经济秩序,保护知识产权权利不受侵犯,根据被告人的犯罪情节、社会危害性、认罪悔罪态度等,案经院审判委员会讨论决定,依照《中华人民共和国刑法》第217条、第25条第1款、第26条、第27条、第52条、第53条、第

64条、第67条第3款、第72条、第73条以及《最高人民法院、最高人民检察院关于办理侵犯知识产权刑事案件具体应用法律若干问题的解释(二)》第1条、第2条、第4条和《最高人民法院、最高人民检察院、公安部关于办理侵犯知识产权刑事案件适用法律若干问题的意见》第11项之规定,判决如下:

1. 被告人尤艳犯侵犯著作权罪,判处有期徒刑五年,并处罚金人民币100万元。

2. 被告人宋兵峰犯侵犯著作权罪,判处有期徒刑三年,宣告缓刑五年,并处罚金人民币16万元整。

3. 被告人马化涛犯侵犯著作权罪,判处有期徒刑二年,宣告缓刑三年,并处罚金人民币6000元。

4. 被告人尤艳退出违法所得204246.17元元,被告人宋兵峰退出违法所得20000元,被告人马化涛退出违法所得800元,以及罚金人民币116.6万元,予以上缴国库。

5. 扣押的盗版光盘,依法予以没收。

王文利等被告人生产、销售伪劣产品罪案

——阅读提示:假烟的所有者难以查证,如何认定各被告人在共同犯罪中的地位、作用?假烟在境外被查获,如何进行品质检验,境外证据如何认定?

【裁判要旨】

假烟的所有者难以查证,对其中在运输环节中起组织、指挥作用的被告人,可以认定为主犯,并根据其参与程度、对其他共犯的组织、指挥、控制程度等具体情节依法处罚。

对境外移交的证据应对材料来源、提供人等进行审查,与相关提取笔录、扣押清单等记载的内容相符的,可以采纳为定案根据。

【案号】

一审:福建省厦门市中级人民法院(2011)厦刑初字第62号

二审:福建省高级人民法院(2013)闽刑终字第409号

【案情与裁判】

公诉机关:福建省厦门市人民检察院

被告人(二审上诉人):王文利、张剑毅、陈邦取

指控与辩护

厦门市人民检察院于2011年4月15日以厦检刑诉(2011)043号起诉书,指控被告人陈邦取犯销售伪劣产品罪,向厦门市中级人民法院提起公诉。审理期间,因抓获同案被告人王文利、张剑毅,厦门市人民检察院于2011年9月27日以厦检刑追诉(2011)4号起诉书追加指控被告人王文利、张剑毅、陈邦取犯生产、销售伪劣产品罪。其间,因发现上列三被告人有遗漏其他的犯罪事实,厦门市人民检察院于2013年4月10日以厦检刑诉追(2013)6号起诉书再次追加起诉。

起诉指控,2010年6月,被告人王文利与被告人张剑毅事先商议,租赁被告人张剑毅的闽D13471集装箱货柜车运输假冒伪劣卷烟。被告人王文利通过被告人张剑

毅介绍,雇用被告人陈邦取为司机,从福建省漳州市、龙海市等地运输假冒伪劣卷烟至厦门。之后,被告人王文利将其伪报成普通货物出口,以牟取非法利润。

2010年10月6日凌晨,被告人王文利、张剑毅、陈邦取等人通过上述手段将一集装箱的假烟通过法国达飞轮船有限公司麦哲伦号轮船装船运输出口。同年11月7日,该批货物运抵法国勒阿弗尔港。2011年1月6日,法国勒阿弗尔海关对该集装箱开箱检查时发现,该批货物中藏匿有9860000支"REGAL"品牌卷烟,价值人民币4190500元(币种下同)。经检验,均为假冒注册商标的伪劣卷烟。

2010年12月5日,被告人王文利指使被告人陈邦取驾驶闽D13471集装箱货柜车从福建省龙海市运输假烟至厦门市海沧区海沧南海三路宇程国际货代公司停车场,被厦门市烟草专卖局稽查支队查获,当场查扣"WINSTON"牌卷烟53950条,价值4262050元。经检验,均为假冒注册商标的伪劣卷烟。

2010年12月3日,被告人王文利指使被告人陈邦取驾驶闽D13471集装箱货柜车从福建省龙海市运输假烟至厦门嵩屿集装箱海关码头。同年12月6日厦门海关查验时,发现该集装箱内货物中藏匿有"KENT"牌卷烟17850条,"L&M"牌卷烟4900条,价值计1797250元。经检验,均为假冒注册商标的伪劣卷烟。

起诉认为,被告人王文利、张剑毅、陈邦取违反国家有关产品质量法规,明知是假冒伪劣卷烟,为牟取非法利益进行销售,货值共计10249800元,其行为均应以生产、销售伪劣产品罪追究刑事责任。本案系共同犯罪。被告人王文利在共同犯罪中起主要作用,系主犯。被告人张剑毅、陈邦取在共同犯罪中起次要作用,系从犯,应当从轻或减轻处罚。

被告人王文利及其辩护人辩称,其只是受客户"老朱"之托从事代理出口业务,事先并不知道是假烟。其不是涉案假烟的"货主",仅参与假烟的运输环节,在共同犯罪中起辅助作用,依法应认定为从犯,并予从轻或者减轻处罚。假烟没有流向社会,没有造成实际危害后果,应酌情从轻处罚。

被告人张剑毅及其辩护人辩称,其只是提供运输车辆及介绍司机给王文利,不知道所运输的是假烟,其行为不构成犯罪。

被告人陈邦取及其辩护人辩称,被告人陈邦取仅参与帮助运输,在共同犯罪中起辅助作用,系从犯,依法应予减轻处罚。归案后能如实供述犯罪事实,悔罪表现较好,应从轻处罚。

法院审理查明

2010年6月,被告人王文利与被告人张剑毅事先商议,租赁被告人张剑毅的集装箱拖柜车及由被告人张剑毅帮助介绍司机专门负责运输假烟。被告人张剑毅通过丁辉(另作处理)介绍,与被告人陈邦取商谈雇佣其运输假烟的相关事宜,被告人陈邦取表示同意参加。之后,被告人王文利与被告人张剑毅、陈邦取商定由被告人张剑毅提供一部集装箱半挂车(车牌号为闽D13471),专门用于运输假烟及由被告人王文利直接支付被告人陈邦取运输假烟酬金及租车费用等事宜,并提供给被告人陈邦取一张手机卡(号码为15159245486)专门用于联系运输假烟。

每次运输假烟,被告人王文利通过其事先联系的货代公司将提取集装箱柜所需的排载单、订舱单传真给被告人张剑毅所经营的厦门宇程国际货运代理有限公司，由被告人张剑毅安排其公司人员到外轮代理公司打印设备交接单，交与被告人张剑毅，再转交给被告人陈帮取。被告人王文利还通过手机与被告人陈邦取核对所要提取的集装箱箱号。随后，被告人陈邦取驾驶该部拖柜车前往堆场提取空集装箱，然后根据被告人王文利的指示运载集装箱前往福建省漳州市、龙海市等地装载假烟，并运至厦门海关海沧监管码头，或位于本市海沧厦门宇程国际货运代理有限公司停车场。被告人王文利同时联系货代公司办理报关手续，将上述假冒伪劣卷烟伪报成普通货物以船运方式运输出境。之后，由被告人王文利负责相关货运、报关费用的结算及支付。

从2010年10月至同年12月，仅被查获的三起假冒伪劣卷烟货值金额已达10249800元。具体事实如下：

1. 2010年10月6日凌晨，被告人王文利通过上述手段将一集装箱（提单号XMPC190692，集装箱号为CMAU5705750）的假烟伪报成PVC花园管，通过法国达飞轮船有限公司麦哲伦号轮船装船运输出口。同年11月7日，该批货物运抵法国勒阿弗尔港。因该批货物长期无人接收，勒阿弗尔海关于2011年1月6日进行开箱检查，发现货物中藏有9860000支REGAL品牌卷烟。经北京市烟草质量监督检验站检验，均系假冒注册商标的伪劣卷烟。经福建省烟草专卖局计算，确认卷烟货值金额4190500元。上述卷烟于2011年7月由法国海关销毁。

2. 2010年12月5日，被告人陈邦取驾驶闽D13471集装箱货柜车（挂车号为闽D3237，集装箱货柜号为MSKU1872615，提单号码861198604）从福建省龙海市运输假烟至厦门市海沧区南海三路厦门宇程国际货运代理有限公司停车场，被厦门市烟草专卖局稽查支队查获，当场查扣WINSTON牌卷烟53950条。经福建省烟草质量监督检测站检验，均为假冒注册商标的伪劣卷烟；经福建省烟草专卖局确认，该批卷烟货值金额4262050元。上述卷烟现扣押于厦门市烟草专卖局。

3. 2010年12月3日，被告人陈邦取驾驶闽D13471拖车（提单号552832011、集装箱货柜号为MSKU1722298）从福建省龙海市运输假烟至厦门嵩屿集装箱海关码头停放。同年12月6日，厦门海关经查验发现，该集装箱内藏有“KENT”牌卷烟17850条、“L&M”牌卷烟4900条。经福建省烟草质量监督检测站检验，均为假冒注册商标的伪劣卷烟；经福建省烟草专卖局价值确认，该批卷烟货值金额为1797250元。上述卷烟现扣押于厦门市烟草专卖局。

被告人陈邦取于2010年12月5日被厦门市烟草专卖局稽查支队当场抓获。被告人王文利案发后潜逃至境外，后返回厦门，于2011年4月1日被抓获归案。被告人张剑毅于2011年5月10日被抓获归案。公安机关查扣了用于运输的作案工具车号为闽D13471的红岩牌拖头汽车1辆及用于联系的作案工具手机等物品。

一审判理和结果

被告人王文利、张剑毅、陈邦取明知是假冒注册商标且伪劣卷烟而非法运输出口，货值金额10249800元，其行为均已构成生产、销售伪劣产品罪。本案系共同犯罪。被告人王文利组织、指挥运输，在共同犯罪中起主要作用，系主犯，应按照其参与的及组织、指挥的全部犯罪处罚。其辩护人关于被告人王文利系从犯的辩护意见不予采纳。被告人张剑毅纠集被告人陈邦取参与犯罪,提供运输假烟的车辆及交付设备交接单,鉴于其系受雇参与犯罪,在共同犯罪中起次要作用,系从犯,依法可减轻处罚。其辩护人关于无罪的辩护意见不予采纳。被告人陈邦取驾驶车辆运输,鉴于其系受雇参与犯罪,在共同犯罪中起次要作用,系从犯,且作用相对被告人张剑毅小,又庭审自愿认罪,依法可减轻处罚。其辩护人关于从犯予以减轻处罚的辩护意见可以采纳。

依照《刑法》第140条、第25条第1款、第26条、第27条、第57条、第64条及《关于办理非法生产、销售烟草专卖品等刑事案件具体应用法律若干问题的解释》第2条第3项之规定,判决如下:

1. 被告人王文利犯生产、销售伪劣产品罪,判处无期徒刑,剥夺政治权利终身,并处没收个人全部财产。

2. 被告人张剑毅犯生产、销售伪劣产品罪,判处有期徒刑十三年,并处罚金人民币八十万元。

3. 被告人陈邦取犯生产、销售伪劣产品罪,判处有期徒刑九年,并处罚金人民币六十万元。

4. 扣押在厦门市烟草专卖局的假冒伪劣卷烟予以没收销毁;作案工具车号闽D13471的红岩牌拖头汽车1辆予以没收,上缴国库。

上诉与辩护

王文利、张剑毅及其辩护人分别提出与其一审辩称内容相同的上诉、辩护意见。

陈邦取上诉称,其在归案后能如实供述犯罪事实,在本案中系受雇用,作用小,量刑过重。

二审判理和结果

王文利及其辩护人诉、辩称,王文利仅参与假烟的运输物流环节,其行为没有造成实际危害后果。经查,王文利虽然供述其受"老朱"委托办理货物出口,但无法提供"老朱"的具体个人信息及其参与犯罪的证据。而在案证据足以证实,王文利纠集、雇用张剑毅、陈邦取参与犯罪,提供一张手机卡号让陈邦取专门用于联系运输,指使陈邦取驾驶车辆提取空箱并到外地装载假烟,将假烟运输到码头或停车场,联系假烟出口订舱、装船及伪报品名报关出境,负责相关运输、报关等费用的结算,且此前出口希腊被查获的假烟也由其负责处理及交付保证金,在共同犯罪中起组织、指挥作用,系主犯。而且本案假烟已走私出境,造成不良的国际影响。

张剑毅及其辩护人诉、辩称,张剑毅主观上并不明知是假烟。经查,证人丁辉的证言证实其受张剑毅的委托介绍陈邦取运输假烟,并将张剑毅所告知的运输假烟的报酬、途中被检查时如何应对及被抓获时的经济补偿条件等进行转达,该证言得到陈邦取的供述及张剑毅在侦查阶段的供述的印证。足以证实张剑毅的主观明知及故意。

陈邦取上诉称其系受雇用,作用小,量刑过重,经查,原判已认定陈邦取受雇运输假烟,在共同犯罪中起次要作用,系从犯,并已依法对其减轻处罚。

综上所述,原判事实清楚,证据确实充分,定罪准确,量刑适当,审判程序合法。上诉人王文利、张剑毅、陈邦取及其辩护人的诉辩意见均不能成立,不予采纳。依照《刑事诉讼法》第225条第1款第1项之规定,裁定如下:

驳回上诉,维持原判。

周开忠、蔡细漂假冒注册商标案

——阅读提示：为他人假冒注册商标犯罪提供主要原材料或包装材料等帮助的，定罪量刑的依据为何？与非法制造、销售非法制造的注册商标标识罪的区别为何？

【裁判要旨】

根据《刑法》第213条的规定，未经注册商标所有人许可，在同一种商品上使用与其注册商标相同的商标，情节严重的，处3年以下有期徒刑或者拘役，并处或者单处罚金；情节特别严重的，处3年以上7年以下有期徒刑，并处罚金。该罪将犯罪对象限定为“在同一种商品上”，犯罪行为表现为在同一种商品上使用与其注册商标相同的商标。一般构成该罪的主体为直接从事生产、销售假冒注册商标商品的行为人，对于某些提供帮助的人员，根据最高人民法院、最高人民检察院、公安部《关于办理侵犯知识产权刑事案件适用法律若干问题的意见》（2011年1月10日）第15条规定：“明知他人实施侵犯知识产权犯罪，而为其提供生产、制造侵权产品的主要原材料、辅助材料、半成品、包装材料、机械设备、标签标识、生产技术、配方等帮助，或者提供互联网接入、服务器托管、网络存储空间、通讯传输通道、代收费、费用结算等服务的，以侵犯知识产权犯罪的共犯论处。”适用这一条司法解释认定构成犯罪同样需达到“情节严重”的情形。

【案号】

一审：湖北省宜昌市中级人民法院（2013）鄂宜昌中知刑初字第00001号

【案情与裁判】

公诉机关：湖北省宜昌市人民检察院

被告人：周开忠，系四川省成都市泸粮酒厂厂长

被告人：蔡细漂，系浙江省苍南县龙港镇钱泰印刷厂厂长

公诉机关指控与被告人辩称

公诉机关指控：2011年5月前后，颜劲松、余晓飞、金孟细（均已判刑）为获取非法利润，在未经商标持有人湖北稻花香股份有限公司授权或许可的情况下，组织生产假冒“稻花香”清样白酒。之后，金孟细又分别联系到被告人周开忠、蔡细漂为其提供调酒、灌装、包装盒、手提袋、酒瓶盖等帮助。其中，被告人蔡细漂在无权利人合法授权证明文件的情况下，仍为金孟细在浙江省苍南县龙港镇组织生产印有“稻花香”、“清样”标识的包装木盒、酒瓶盖、手提袋各1600个；被告人周开忠在无权利人合法授权证明文件的情况下，仍以17元/斤的价格为金孟细调制并灌装假冒“清样”白酒共计358件（500ml×4瓶×1件）。后金孟细将生产好的假冒“清样”白酒以1000元/件的价格出售给颜劲松、余晓飞，非法经营数额合计358000元。

被告人周开忠、蔡细漂未经“稻花香”、“清样”注册商标所有人许可，在同一种商品上使用与其注册商标相同的商标，情节特别严重，其行为均已触犯《中华人民共和

国刑法》第213条,犯罪事实清楚,证据确实充分,应当以假冒注册商标罪追究其刑事责任。被告人周开忠、蔡细漂在共同犯罪中起次要作用,系从犯,依照《中华人民共和国刑法》第27条的规定,应当从轻或减轻处罚。依照《中华人民共和国刑事诉讼法》第172条的规定,提请本院依法判决。

被告人周开忠、蔡细漂对公诉机关指控的罪名及犯罪事实均不持异议,请求从轻处罚。

一审审理查明

一审法院经审理查明:2011年5月,金孟细(已判刑)请被告人蔡细漂帮忙联系做印有"稻花香"、"清样"标识木盒的厂家,被告人蔡细漂带着金孟细在龙港镇刘北村找到生产商尤丕有,定做木盒1600个。金孟细经被告人蔡细漂转手交给生产厂商定金15000元。两三天后,金孟细再次联系被告人蔡细漂,让其帮忙联系做手提布袋和酒瓶盖子,被告人蔡细漂带着金孟细到龙港镇站前路一个专门做布袋的门面,定做1600个布袋(每瓶一个袋子)。金孟细还让人邮寄一个酒瓶盖子样品,让被告人蔡细漂带到龙港镇站前路另一个门面定做1600个。被告人蔡细漂与金孟细约定:定做木盒、布袋、酒瓶盖子事宜都交给被告人蔡细漂处理,事后金孟细给付被告人蔡细漂好处费20000元。一个多月后,被告人蔡细漂将生产出来的四个木盒寄给金孟细,金孟细看后表示可以生产,布袋和酒瓶盖子经被告人蔡细漂看后也表示可以生产。随后,被告人蔡细漂将生产出来的1600个木盒、布袋、酒瓶盖子一起寄给金孟细。金孟细除向被告人蔡细漂给付货款外,另支付被告人蔡细漂好处费13000元。

2011年8月、9月,金孟细跟被告人周开忠联系,让其帮忙生产52度的散酒,自己回去灌装。被告人周开忠承诺只要有样酒,什么酒都能调好。几天后,金孟细拿了一瓶"清样"白酒给被告人周开忠,约定被告人周开忠给金孟细调1600斤白酒,价格以17元/斤计算,金孟细支付被告人周开忠押金10000元。之后,被告人周开忠按要求调好1700斤白酒,并通知金孟细拉酒。金孟细在与被告人周开忠取得联系后,将包装拉到其酒厂进行灌装,灌装完成共计358件"清样"白酒。嗣后,被告人周开忠获得报酬共计25500元(含工人工资)。

金孟细将假冒"清样"白酒以1000元/件的价格出售给颜劲松、余晓飞,非法经营数额共计358000元。

同时查明:(1)"稻花香"商标经国家工商行政管理总局商标局核准注册,注册人为湖北三峡稻花香酒厂,注册证号为第1396938号,核准使用商品(第33类):白酒、果酒(含酒精)、含酒精饮料(啤酒除外)。注册有效期自2000年5月14日至2010年5月13日。2004年9月7日,"稻花香"商标经国家工商行政管理总局商标局核准转让,受让人为湖北稻花香酒业股份有限公司。2005年12月30日,"稻花香"商标被国家工商行政管理总局商标局认定为驰名商标。2010年5月20日,"稻花香"商标被国家工商行政管理总局商标局核准续展注册,有效期自2010年5月14日至2020年5月13日。(2)"清样"商标经国家工商行政管理总局商标局核准注册,注册人为湖北稻花香酒业股份有限公司,注册证号为第7171044号,核定使用商品(第33类):果酒(含酒精)、开胃酒、酒

第八部分　大　事　记

2014年最高人民法院知识产权司法保护大事记

2014年2月24日，最高人民法院公开宣判腾讯科技（深圳）有限公司等诉北京奇虎科技有限公司不正当竞争纠纷上诉案。

2014年2月25日，最高人民法院与中国科学技术协会联合召开加强知识产权司法保护促进科技发展创新座谈会，并举行最高人民法院特邀科学技术咨询专家聘任仪式，最高人民法院院长周强，全国政协副主席、中国科学技术协会主席韩启德出席会议并讲话。

2014年3月25日，最高人民法院公布《关于商标法修改决定施行后商标案件管辖和法律适用问题的解释》。

2014年4月15日，最高人民法院印发2013年中国法院10大知识产权案件、10大创新性知识产权案件和50件典型知识产权案例的通知。

2014年4月21日，最高人民法院组织中央媒体开展"知识产权司法保护广东行"活动。

2014年4月21日，最高人民法院发布《中国法院知识产权司法保护状况（2013年）》白皮书。

2014年4月22日，最高人民法院民三庭在广东省广州市召开知识产权审判"三合一"改革试点工作座谈会。最高人民法院副院长陶凯元出席并讲话。

2014年4月，最高人民法院与最高人民检察院、公安部合作编辑的《中国知识产权司法保护年鉴》（2013）出版发行。

2014年4月23日，最高人民法院发布《最高人民法院知识产权案件年度报告（2013）》。

2014年4月24日，最高人民法院民三庭在广东省深圳市召开"三网融合"知识产权法律问题研讨会。

2014年7月3日，全国法院知识产权审判工作座谈会在湖北省武汉市召开，最高人民法院副院长陶凯元出席会议并讲话。

2014年8月31日，第十二届全国人大常委会通过了《关于在北京、上海、广州设立知识产权法院的决定》。

2014年8月31日，第十二届全国人民代表大会常务委员会第十次会议通过任命宋晓明为最高人民法院民事审判第三庭庭长。

2014年9月24日，最高人民法院副院长陶凯元在北京市海淀区人民法院调研知识产权司法保护情况。

2014年9月25日，全国部分法院"加大知识产权司法保护力度"调研座谈会在辽宁省沈阳市召开。

2014年10月16日，最高人民法院公开宣判北京奇虎科技有限公司诉腾讯科技（深圳）有限公司等滥用市场支配地位纠纷上诉案。

2014年10月30日，全国部分法院"加大知识产权司法保护力度"调研座谈会在安徽省合肥市召开。最高人民法院副院长陶凯元出席会议并讲话。

2014 年 11 月 3 日至 4 日,由世界法学家协会、最高人民法院共同举办的“知识产权保护的国际视野”国际研讨会在上海召开。最高人民法院副院长陶凯元大法官出席会议并致辞。

2014 年 11 月 3 日,最高人民法院召开新闻发布会,通报《关于北京、上海、广州知识产权法院案件管辖的规定》的有关情况。

2014 年 11 月 6 日,北京知识产权法院成立。

2014 年 11 月 25 日,最高人民法院民三庭主办,西南政法大学知识产权中心承办的“全国知识产权司法保护理论研究基地座谈会暨商标授权确权司法解释征求意见会”在重庆市召开。

2014 年 12 月 11 日,最高人民法院副院长陶凯元在北京知识产权法院调研,并与在京部分全国人大代表、最高人民法院特邀监督员和特邀科学技术咨询专家进行座谈。

2014 年 12 月 16 日,广州知识产权法院成立。

2014 年 12 月 24 日,最高人民法院印发《关于知识产权法院案件管辖等有关问题的通知》。

2014 年 12 月 28 日,上海知识产权法院成立。

2014 年 12 月 31 日,最高人民法院印发《关于知识产权法院技术调查官参与诉讼活动若干问题的暂行规定》。

2014 年最高人民检察院知识产权司法保护大事记

3 月 25 日至 26 日,最高人民检察院侦查监督厅参加中瑞第七次知识产权工作组会议。

4 月 9 日至 10 日,最高人民检察院侦查监督厅参加中美知识产权工作组司局级会议。

4 月 22 日,最高人民检察院发布“2013 年检察机关知识产权司法保护情况”和“2013 年中国检察机关保护知识产权十大典型案例”。

5 月 15 日,最高人民检察院侦查监督厅应邀参加跨国公司知识产权保护座谈会。

7 月 1 日至 5 日,最高人民检察院派员赴俄罗斯参加中俄知识产权工作组第七次会议。

7 月 1 日至 10 日,最高人民检察院侦查监督厅根据中国和欧盟商定的知识产权第三期合作项目的安排,组团赴欧盟进行以“刑事执法中的威慑和协作”为主题的访问交流。

7 月 20 日至 24 日,最高人民检察院侦查监督厅在辽宁省大连市举办第七届“全国检察机关知识产权培训班暨行政执法与刑事司法衔接工作现场推进会”,各省级检察院和部分地市级检察院业务骨干及部分世界500强企业驻亚太(华)代表共约150人参加了培训。

9月9日至14日,最高人民检察院赴美参加知识产权工作组会议及知识产权海外交流活动。

9月14日至28日,最高人民检察院派员赴美进行了以“中美知识产权立法及司法交流”为主题的访问交流。

10月14日,最高人民检察院侦查监督厅黄河厅长接待来访的美国专利商标局及美国驻华大使馆知识产权官员,全面介绍了近年来中国检察机关保护知识产权的情况。

2014年公安部知识产权刑事保护大事记

▲2014年1月5日至8日,公安部经侦局联合国家版权局版权管理司、高检院侦监厅、高法院刑二庭在国家行政学院举办版权执法高级研修班,全国版权、文化市场执法部门,以及部分省市公、检、法部门的100余名学员参加了培训。

▲2014年4月23日,基于对中国公安机关开展打击网上制售假药犯罪“云端行动”,积极保障公众健康安全等做出突出贡献的认可,美国商会全球知识产权中心授予公安部经侦局“2014知识产权捍卫者奖”,成为首获此奖的美境外执法部门。

▲2014年6月19日至20日,围绕两岸警方联合破获陈某某等人跨境销售假药案(共抓获5名犯罪嫌疑人,查获假冒辉瑞、礼来等制药企业的“西力士”、“万艾可”等品牌假药6.5万余粒,涉案价值400余万元人民币),公安部经侦局会同部港澳台办与台方开展同步宣传。新华社、中央电视台、中央人民广播电台、经济日报、法制日报、人民公安报、新京报、北京青年报等中央和首都主要媒体,以及新华网、中广网、中新网、中国警察网、新浪、搜狐、网易、腾讯等网站纷纷就该案侦办情况进行刊播转载,在两岸引起积极反响。

▲2014年6月20日至12月,根据全国打击侵犯知识产权和制售假冒伪劣商品工作领导小组关于集中开展互联网领域侵权假冒专项治理行动的部署,公安部组织全国公安机关开展网上打假行动。行动中,全国公安机关对各类利用互联网实施的假冒伪劣犯罪发起总攻,坚决斩断假冒伪劣犯罪猖獗泛滥的中枢咽喉,并以此带动打假整体工作,实现阶段性专项行动与常态化打击的有机结合。在网上打假行动的推动下,2014年,全国公安机关共破获侵犯知识产权和制售伪劣商品犯罪案件2.8万起,抓获犯罪嫌疑人3.3万名,保持了严打力度声势。

▲2014年7月8日至11日,公安部经侦局会同国际刑警组织在上海公安高等专科学校联合举办“公安机关知识产权刑事保护培训班”,来自上海、江苏、浙江等六省市公安机关经侦部门负责同志和业务骨干

共100余人参加了培训。

▲2014年7月29日,公安部会同海关总署、国家烟草专卖局联合下发《关于印发〈走私烟草专卖品重大案件督办制度〉的通知》,共同打击走私烟草专卖品违法犯罪活动。

▲2014年9月19日,公安部经侦局在京召开"打击侵犯知识产权犯罪工作情况通报会",介绍2014年以来打击侵犯知识产权犯罪工作,通报10起侵犯知识产权犯罪典型案件情况。中国美国商会(AmCham China)、中国欧盟商会(EUCCC)、中国外商投资企业协会优质品牌保护委员会(QBPC)等协会组织和40余家外商企业代表参会。新华社、中央电视台、中央人民广播电台、中国国际广播电台、经济日报、法制日报、人民公安报、凤凰卫视等10余家媒体记者到会采访会议情况。

▲2014年9月23日,国际刑警组织在第八届国际知识产权大会上特别授予公安部经侦局"最佳地区案例奖",以表彰中国公安机关在国际刑警组织2014年发起的打击侵权假冒犯罪"真实行动"中的突出战绩。

▲2014年11月27日至28日,公安部经侦局联合欧盟IP Key项目组在江苏省南京市成功举办"中欧知识产权合作IP Key项目知识产权刑事执法培训班"。来自全国14个省区市公安机关负责打击侵犯知识产权犯罪工作的近100名业务骨干参加培训。

▲2014年12月1日至5日,公安部经侦局联合国际刑警组织打击假药犯罪工作组在广东省广州市成功举办打击假药犯罪"风暴"行动总结会和打击假药犯罪培训班。总结会期间,国际刑警组织、世界卫生组织等国际组织,以及我国、印度、马来西亚等13个"风暴"行动亚洲成员国警察、海关和药监部门的50名代表共同就打击假药犯罪展开研讨,取得积极会议效果。

图书在版编目(CIP)数据

中国知识产权司法保护年鉴. 2014 / 中国知识产权司法保护年鉴编辑委员会编. —北京:法律出版社, 2015.6
ISBN 978-7-5118-7957-8
Ⅰ. ①中… Ⅱ. ①中… Ⅲ. ①知识产权保护—中国—2014—年鉴 Ⅳ. ①D923.4-54

中国版本图书馆 CIP 数据核字(2015)第 099612 号

责任编辑/慕雪丹　　**装帧设计**/马　帅

出版/法律出版社　　**编辑统筹**/法律应用出版分社
总发行/中国法律图书有限公司　　**经销**/新华书店
印刷/北京京华虎彩印刷有限公司　　**责任印制**/翟国磊

开本/787 毫米×1092 毫米　1/16　　**印张**/61.25　**字数**/1252千
版本/2015 年 6 月第 1 版　　**印次**/2015 年 6 月第 1 次印刷

法律出版社/北京市丰台区莲花池西里 7 号(100073)
电子邮件/info@lawpress.com.cn　　**销售热线**/010-63939792/9779
网址/www.lawpress.com.cn　　**咨询电话**/010-63939796

中国法律图书有限公司/北京市丰台区莲花池西里 7 号(100073)
全国各地中法图分、子公司电话:
第一法律书店/010-63939781/9782　**西安分公司**/029-85388843　**重庆公司**/023-65382816/2908
上海公司/021-62071010/1636　**北京分公司**/010-62534456　**深圳公司**/0755-83072995

书号:ISBN 978-7-5118-7957-8　　**定价:**360.00 元

(如有缺页或倒装,中国法律图书有限公司负责退换)